当代经济学系列丛书
Contemporary Economics Series
主编 陈昕

发展中国家的开放宏观经济学

[乌拉圭] 卡洛斯 · A. 韦格 著
何樟勇 译

当代经济学
教学参考书系

格致出版社
上海三联书店
上海人民出版社

主编的话

上世纪80年代，为了全面地、系统地反映当代经济学的全貌及其进程，总结与挖掘当代经济学已有的和潜在的成果，展示当代经济学新的发展方向，我们决定出版“当代经济学系列丛书”。

“当代经济学系列丛书”是大型的、高层次的、综合性的经济学术理论丛书。它包括三个子系列：(1)当代经济学文库；(2)当代经济学译库；(3)当代经济学教学参考书系。本丛书在学科领域方面，不仅着眼于各传统经济学科的新成果，更注重经济学前沿学科、边缘学科和综合学科的新成就；在选题的采择上，广泛联系海内外学者，努力开掘学术功力深厚、思想新颖独到、作品水平拔尖的著作。“文库”力求达到中国经济学界当前的最高水平；“译库”翻译当代经济学的名人名著；“教学参考书系”主要出版国内外著名高等院校最新的经济学通用教材。

20多年过去了，本丛书先后出版了200多种著作，在很大程度上推动了中国经济学的现代化和国际标准化。这主要体现在两个方面：一是从研究范围、研究内容、研究方法、分析技术等方面完成了中国经济学从传统向现代的转轨；二是培养了整整一代青年经济学人，如今他们大都成长为中国第一线的经济学家，活跃在国内外的学术舞台上。

为了进一步推动中国经济学的发展，我们将继续引进翻译出版国际上经济学的最新研究成果，加强中国经济学家与世界各国经济学家之间的交流；同时，我们更鼓励中国经济学家创建自己的理论体系，在自主的理论框架内消化和吸收世界上最优秀的理论成果，并把它放到中国经济改革发展的实践中进行筛选和检验，进而寻找属于中国的又面向未来世界的经济制度和经济理论，使中国经济学真正立足于世界经济学之林。

我们渴望经济学家支持我们的追求；我们和经济学家一起瞻望中国经济学的未来。

陈昕

2014年1月

前　言

新兴市场经济体以及众多发展中国家的宏观经济运行是一个令人着迷的世界，本书就是希望去理解这一世界而写就的。这些新兴市场经济体什么时候应该借钱？不完全的资本市场会对借贷决策产生怎样的影响？为什么经济活动总是如此频繁地出现大起大落？面对不同的冲击，相对价格是怎样作出调整的？价格是如何对货币贬值做出反应的？贸易条件的改变会带来怎样的后果？资本流入又会引起怎样的宏观经济结果？为了解决这些后果又需要使用怎样的政策工具？什么决定了最优的汇率机制？为什么新兴经济体基本执行顺周期的财政政策？中央银行为了捍卫本国货币而采取提高利率的政策一般应实施多久？它的代价是什么？为什么金融危机和国际收支危机总是会同时出现？这些问题只是启发本书写作的众多问题的一部分，相矛盾的是，这些问题也与许多后雷曼时代的工业化国家相关。

方法论上讲，本书由下列信念所驱动：现实世界是如此复杂，没有理论模型的指引，我们根本无法理解它。但是，如果理论模型过于复杂，它对我们理解世界的帮助就如同米尔顿·弗里德曼（Milton Friedman）曾经指出的那样，与我们使用一张1∶1比例尺地图的“帮助程度”是一样的。地图之所以对我们有帮助是因为它从大量无关紧要的琐碎细节中抽象出来，把核心的东西简明扼要地呈现出来。我们只需要看到森林，而不需要看到树木。地图是我们构建有用模型的最好参照案例。

建构经济模型与绘制地图类似。我们建立一个模型的出发点是简化现实，以便关注研究者认为该问题最关键的因素。非常不幸，当前的国际金融研究领域正越来越依赖（过于依赖?）量化方法，它们没有把教学的重心放在如何利用简单的模型来帮助学生理解相关的现实问题进而把握住开放经济下宏观经济学的基础理念上。毫无疑问，一些复杂模型已经成为研究国际贸易的基础工具。它奢侈地（对于社会科学而言）提供一个小型实验室，在其中以各种模型评估不同政策或传播渠道的定量效应。在最好的人手中（当然有很多是专业人士），这类方法论工具是强大而非常有用的。但如果我们仅仅教会我们的学生如何使用这种技术性的工具，而不引导他们去探讨这些理论模型背后的经济学含义，就恰如直接将一把AK-47手枪交到小孩的手中，悲剧发生的概率将会非常高。好一点的话，他们可以用它射杀苍蝇；严重一点的话，他们会漫无目的地射杀任何目标。我经常发现有许多非常聪明的学生，他们能在电脑上解决许多非常复杂的模型，但非常遗憾，他们对模型背后的含义、模型所蕴含的传导机制几乎一无所知，他们也不知道做这种练习的目的所在。一个个聪明的头脑就这样被白白浪费了，这实在是一件令人痛心疾首的事情。

本着这一精神，本书提供了一些非常简单基础的开放经济模型，并向大家展示了这些简单的模型非常容易被扩展到解释一些在新兴市场经济体中出现的非常重要的宏观经济问题。只有当我们需要对一个新问题作出解释时，我们才会引入新的变量。每一个变量的引进都确实对我们理解某个问题有非常重要的作用。我们绝不会为了使模型看起来“更真实”而有意地复杂化它，这是毫无意义的。实际上，我们构建的模型通常都是“不真实”的，但是它简单并有用。模型的假定是否合理不是通过“真实”性而是要通过它们是否有利于我们对某个问题的探究来判定。例如，对于一个新兴市场经济体来说，现金先行约束显然是一个“不真实”的假设，因为隐含的零利率弹性违背了任何可用的估计。但是，如果利率弹性在理解我们正在研究的问题时是无关紧要的，那么，引入现金先行约束就可以大大简化我们的模型，因此，采用这一假定就是合理的。换句话说，我们不能脱离要研究的问题去判定一个假定是否合理。相反，如果我们观察到名义汇率总是会对货币供给的增加产生过度的反应，并试图理解利率弹性在这一过程中究竟起到了怎样的作用，那么，现金先行约束的假定就必然是一个非常糟糕的假设。

当然，本书不是第一本尝试发展一个严谨的分析工具去理解开放经济下的宏观经济和国际金融领域诸多重要问题的研究生教科书。Obstfeld和Rogoff(1996)的经典教材可以视为本领域的最佳标准。像奥伯斯法尔德(Obstfeld)和罗戈夫(Rogoff)的教材一样，本书也用基本的小型开放经济范式作为我们探索之旅的起点。但接下来，我们会快速转向不同的领域，因为我们的目的是用扩展的或者修正的基本模型去理解新兴市场经济体的宏观经济问题，而不是为学生提供一个国际金融基础知识的详尽回顾。而且，在货币和汇率领域，本书还发展了一个新的范式去分析处理有关利率的问题。因此，本书应该被视为使用了奥伯斯法尔德和罗戈夫提出的国际金融理论工具，在几个重要方向上进行的扩展，并把它们应用于分析新兴市场经济体的宏观经济学中。

这也不是第一本内容覆盖发展中国家绝大部分宏观经济问题的教科书。Agenor和Montiel(1999)的教材对发展中国家的宏观经济进行的全面评论，应该是该领域的一本主要的参考书。本书所关注的问题要更集中一些——主要涉及货币、财政和汇率的政策问题。这主要是因为我倾向于认为这些政策问题更重要，而且也希望在一个统一的分析框架下对这些问题进行尽可能深入的研究和探讨。

在本书的酝酿写作过程中，我欠下了大量智力上的债务：

吉列尔莫·卡尔沃(Guillermo Calvo)先生是我在智力上亏欠最多的一位。熟悉他研究工作的人可以发现，他对我的影响贯穿全书。在20世纪80年代后期和20世纪90年代早期，吉列尔莫先生是一群由国际货币基金组织研究部门的年轻人组成的研究团队的知识领袖(非常幸运,我也是其中一员,其他成员还包括 Pablo Guidotti、Enrique Mendoza 以及 Carmen Reinhart 等人)。通过合作写论文以及无数次的交流,他的观念在我们的头脑中打下了烙印。在我看来,吉列尔莫的观念是如下一个理念的最好例子——经济学思维应适合于所有领域。他那种对重要问题天生具有的敏感性令人敬畏。一旦锁定问题,他会剥离掉所有无关的细节,以忽略这些无关的因素为代价而专注于最为核心的因素。吉列尔莫教会我简单是生存的第一法则。现在,我经常告诉我的学生,把模型复杂化是容易的,而要把模型简单化是非常有挑战的。

我的论文指导老师,芝加哥大学的教授——Jacob Frenkel、Michael Mussa、Joshua Aizenman 以及 Bob Lucas——毫无疑问影响了我思考问题的方式。在国际货币基金组织的研究部门,Mohsin Khan 也为我提供了一个相似的研究环境,Stanley Fischer 成为我们永不枯竭的智力源泉并第一次让我与 MIT 出版社的 Elizabeth Murry 建立了联系。

本书的很多部分都从这些年来我与我的合作者的研究成果中吸收了养分,这些合作研究者分别是 Michael Bordo、Guillermo Calvo、Sebastian Edwards、Stanley Fischer、Jose de Gregorio、Pablo Guidotti、Graciela Kaminsky、Anton Korinek、Amartya Lahiri、Sergio Rebelo、Carmen Reinhart、Ratna Sahay、Agustin Roitman、Ernesto Talvi 以及 Rajesh Singh。

我在加州大学洛杉矶分校(UCLA)以及马里兰大学工作期间,非常幸运地能碰到一批聪明并富有洞察力的学生,可以说,他们为本书的最终完成起到关键性的作用。他们为本书在时间和精力上的付出简直不可思议。他们确实是我灵感的主要源泉——特别是在我思绪枯竭的时候。加州大学洛杉矶分校的 Pablo Lopez Murphy(现在在 IMF 任职)怀着极大的热情说服我去写这本书,帮助我做计划,早期书稿的有些章节也是由他编写的。在马里兰大学,Guillermo Vuletin(现在在科尔比学院任教)花费了很多时间帮助我做本书后面几章的经验研究以及编写 MATLAB 代码。Guillermo 离开以后,Agustin Roitman(现在在 IMF 任职)接手了任务,一直持续到本书完稿。他花了无数的时间和精力帮助我处理书本后几章的模型、MATLAB 代码以及无数其他的任务。Rajesh Singh(从 UCLA 转过来,现在爱荷华州立大学任职)对本书的每一章都提出了非常有价值的评论和建议,并协助我完成书中很多模型的推导,直到本书完稿,他都是我的一个固定的求助对象。最后需要提及的是,Igor Zuccardi 仔细认真地阅读了本书的每一章节,检查了所有的数学推导,并帮助我完善了书中的模型和习题。Daniel Hernaiz 和 Maria Belen Sbrancia 总是耐心地容忍我一遍又一遍更新数据、修改图表的要求,Hyunsoo Joo 一次又一次地通读了我所提供的所谓的"最终"版书稿,并帮助我润色了最终版的书稿。

书稿中涉及的图表绘制总是既耗费时间又相当困难,Daniel Hernaiz、Fernando Im、Rong Qiang、Maria Belen Sbrancia、Agustin Roitman 和 Guillermo Tolosa 等人以娴熟的技巧帮助我处理了这项棘手的任务。Juliana Araujo、Carlos Garcia、Pablo Lopez Murphy、Nicolas Magud 和 Jorge Restrepo 等人也非常友善地帮助我绘制了属于他们专业技术领域的相关图表。

在过去的这些年中,在 UCLA、马里兰大学以及其他地方的很多学生对本书提出了很多非常有帮助的评论,并通过提出正确问题的方式,促使我不断厘清自己的思路并提高自己的表述技巧。由于人数实在太多，我无法一一提及，在这里，我愿意特别感谢如下学生：Gustavo Adler、Ari Aisen、Laura Alfaro、Francisco Arizala、Julien Bengui、Javier Bianchi、Marcelo Catena、Sebastian Claro、Pablo Federico、Eduardo Ganapolsky、Inci Gumus、Ho Chi Pui、Fabio Kanzcuk、Ruy Lama、Eduardo Olaberria、Alvaro Riascos 以及 Yossi Yakhim。

我在马里兰大学的同事 Anton Korinek，自愿帮助我完善了本书第 17 章中的模型。Ed Buffie 对书稿前面许多章节的内容都提出了有用的评论。Leonardo Auernheimer、Jorge Baldrich、Anton Korinek、Alessandro Rebucci 以及 Ratna Sahay 等人对书稿的各个章节都提出了有益的评论。

IMF 的研究部慷慨地为我提供了 2007 年 10 月《世界经济展望》中涉及资本流入的数据。

MIT 出版社的 Elizabeth Murry、Jane MacDonald 和 Emily Taber 为我提供了全方位的支持，而在书稿编辑方面的支持尤其巨大。整个书稿的编辑过程都得到了 Dana Andrus 编辑高效的指导。

这些年，除了不断鼓励我以外，我的父亲 Alejandro——始终是一个在真实世界不断贯彻经济思维的活生生的例子。

我的妻子 Ratna，我的继女 Maansi 以及我的母亲 Susan，在我整个写作过程中一直给予我支持、力量和鼓励。为了完成这本教材，无数个夜晚和周末我都不得不待在家中的书房工作，他们对此毫无怨言。

对上述提及的所有人，我愿意对他们表达我最诚挚的感谢！

本书框架

本书分为四个部分。前两个部分(实体经济模块和货币经济模块)发展了主要的理论模型,而第三部分(宏观政策)和第四部分(应用)则主要运用这些模型去处理各种重要的政策问题。

第一部分:实体经济模块

第1章以标准的跨期小型开放经济模型为起点,提炼出一些基本原理作为所有后续章节分析的支点。本章得出的关键结论是:在资本完全流动的开放经济情形下,不管产出的路径如何,家庭都能随时间的推移平滑自己的消费。这一结论已经与在封闭经济模型下得出的结论不同了:在封闭经济模型中,消费会对总禀赋的变化作出反应。这一基础模型蕴含的主要政策含义是:一个开放经济体应该对永久性的负向冲击作出调整,而对于一个暂时性的负向冲击,只需要通过"金融"(向国外借贷)就行。当然,这一简单的教训往往被一些国家所忽视,因为他们在遭受一个永久性负向冲击时还希望通过改变融资额度来应付,最终结果当然是积累起一个不可持续的外债水平而又于事无补。

第2、第3、第4章的分析偏离第1章所假设的无摩擦世界。第2章在国际资本市场中引入摩擦因素。在金融完全自给自足的极端情形下,当初始禀赋受到一个暂时的负向冲击时将会导致国内实际利率提高。从直觉上看,因为经济不能再像第1章分析时所假设的那样从国外部门进行借款,为了诱导家庭减少消费就只能靠提高实际利率来实现。这样,经济就完全失去了随时间的推移平滑消费的能力。当然,在现实中,大多数经济体可能在资本完全流动(像第1章所假设的那样)与金融完全自给自足之间运行,我们所构建的简单模型将预测在这种情形下,一个对产出的负向冲击将会导致贸易赤字加剧,同时实际利率提高。相反,一个对产出的正向冲击则会出现贸易盈余并降低实际利率。

如果禀赋路径是不确定的，资本市场的一个自然摩擦是指假定资本市场是不完全的，即没有国家或有债权可以获取。在这样的情境下，开放经济就会失去一些随时间的推移进行平滑消费的能力，也会失去跨越自然状态的能力，这会使消费出现顺周期现象（即消费在经济景气时是高的，而在不景气时是低的）。当然，在完全资本市场下，经济将恢复完全平滑消费的模式，这是一个重要的理论命题，但在实践中不太重要。国际资本市场中的另一种主要摩擦是主权风险的存在。当国家失去了完全偿还其外债的能力时，面对一个暂时性的负向冲击，就会限制其进一步借贷的能力。

第3章着重研究缘于跨期扭曲的存在而导致消费不能完全平滑的情形。跨期扭曲是由政策引起的跨期相对价格的波动，它会导致家庭选择一条非固定的消费路径。在现实中，税收的暂时增加（进口关税是一个主要的例子）或者货币政策的暂时性变化都会引发跨期扭曲效应。第3章聚焦于暂时的贸易自由化政策（例如，暂时性的进口关税下降），我们会阐明一旦家庭利用暂时的贸易自由化政策而带来的暂时性价格下降所产生的利益，就会不恰当地增加消费，而这从社会的角度看将是无效率的。就其本质而言，本章所得出的理论结果将蕴含着“无为政策”含义，因为根本不实行贸易自由化总是好于任何自由化，即使这种自由化今后有微小的概率被逆转。当然，如果我们允许贸易自由化有财富效应产生（例如提高了生产率），这种情形就会发生改变。当引入财富效应以后，暂时性政策的综合效果就要视财富效应与跨期扭曲效应孰大孰小了。一般而言，暂时性政策的持续时间越长，财富效应就越有可能占主导地位，从而这一政策就越有可能提高社会福利。研究者可以把这类分析模型做得非常花哨复杂（正如该领域的研究文献所展示的那样），但这些花哨模型背后的核心内容一定是比较财富效应与跨期扭曲效应。

第4章是第一部分的最后一章，在本章中我们把不可贸易商品引入第1章的基本模型中。不可贸易商品的引入意味着第1章基本模型的结论将不再成立，因为不可贸易商品的消费不能随时间的推移而保持平滑。不可贸易商品禀赋数量的波动会导致用可贸易商品衡量的不可贸易商品的相对价格发生变化，这反过来会影响可贸易商品的消费。尽管从社会的角度讲是有效率的，偏离平滑消费在动态模型中还是有很重要的含义。不可贸易商品的存在也从根本上改变了经济对冲击进行调整的方式。考虑一个经济对可贸易商品和不可贸易商品的需求都出现暂时性增加的情形。因为小型开放经济体中的可贸易商品具有无限供给弹性，更高的需求就会转化为更大的贸易赤字。与此形成对照的是，不可贸易商品的供给是完全缺乏弹性的，因此更大的需求只会导致不可贸易商品相对价格不断提高（实际升值）。换句话说，一个暂时的总需求增加会导致可贸易商品消费增加、贸易赤字、对外借贷、实际升值。当发生相反的需求冲击时则会导致可贸易商品的消费减少，贸易平衡账户从赤字转为盈余，资本流出，并出现一个急剧的实际贬值。新兴经济体所出现的无数次繁荣—萧条循环无不刻上这种周期模式的烙印。此外，研究者可以把这类分析模型做得非常花哨复杂（正如该领域的研究文献所展示的那样），但就其本质而言，无非就是可贸易商品和不可贸易商品供给弹性的差异，这一差异也是导致出现实际升值—实际贬值循环的原因（在实践中，这导致了高成本的部门再分配）。

第二部分：货币经济模块

第二部分从第5章开始，在本章中我们将把货币引入第1章的基础模型中。为了集中关注货币现象（与着重关注货币与实体经济之间相互作用关系相反），本章以如下这种方法引入货币，以至于货币就像一层“面纱”：货币供给（浮动汇率制下）的变化或者汇率（预先决定汇率制下）的变化不会对实际变量产生影响。在这样的背景下，我们将分析经济体对暂时性的货币需求变化如何作出反应的。尽管存在着一个普遍性的错觉，认为在浮动价格下汇率体制总体是无关紧要的，我们将证明经济的反应如何在根本上依赖于汇率体制的。考虑在时点 T 发生一个预期到的实际货币需求下降。在预先决定汇率制下，通货膨胀率通过（不变的）货币贬值率而保持固定不变，在时点 T 实际货币需求的下降是由公众在中央银行用名义货币余额交换外国债券来适应的。然而，在浮动汇率制下，预期到的实际货币需求下降要求在时点 T 之前通货膨胀率就增加，以便在冲击实际发生之前就逐步消除实际货币余额，这反过来要求名义利率在时点 T 之前就逐步增加。因此，在不同的汇率体制下，通货膨胀和利率的表现是根本不同的。特别地，通货膨胀和利率在浮动汇率体制下要比在预先决定汇率制下更易变。

正如前文已经提及的那样，在第5章中货币是一层“面纱”，因而货币和汇率政策将不会有实际效应。在随后的三章中我们将在第5章的基础模型中引入摩擦因素，这将导致货币/汇率政策会产生实际效应。第6章假设生息债券不存在了，这能被近似地视为存在着有限的资本流动。在这样的世界中，名义汇率水平或者名义汇率变化率的变化都将会产生实际效应。通过减少实际货币余额，货币贬值（也就是说，名义汇率水平的增加）将导致消费下降、贸易盈余，并因此增加国际储备。出于同样的原因，通过减少名义货币供给，国内信贷水平的下降也将导致中央银行的国际储备增加。这是所谓的利用货币方法处理国际收支平衡理论背后的关键机制。在大多数国家都采用预先决定汇率制的背景下，这种方法也是IMF做规划的核心。IMF会为国际储备的增加设定一个目标，然后借助这类模型来探讨国内信贷需要做多大的变化以实现这一目标。当然，迄今为止，对于实行预先决定汇率制（包括汇率区间）以及通过中央银行有规则地干预汇率的浮动汇率制的国家，这一机制都还十分有效。

通过在跨生产部门引入内生的劳动配置机制，第6章也处理了如下重要问题：名义货币贬值对价格将会产生怎样的影响效应。本章将证明即便是在价格完全灵活变动的情形下，不可贸易商品的价格对货币贬值的反应也是非常缓慢的。原因是家庭会通过减少消费来重新恢复自己的实际货币平衡，这会使可贸易商品和不可贸易商品的相对价格出现下降。实际货币贬值要求不可贸易商品的价格上升幅度要比可贸易商品的价格（上升幅度取决于货币贬值的程度）来得小一些。

第7章将在第5章的基础上引入另一个关键的摩擦因素，即名义利率的暂时性变化会产生实际效应。特别是，在本章中货币是借助现金先行约束（a cash-in-advance constraint）而被引入模型的，这要求消费者在购买消费品之前就必须准备好相应的现金。作为一个结果，持有货币的机会成本（即名义利率）现在成为消费品“实际”价格的一部分。

名义利率的暂时性变化将会导致消费品的实际价格路径不再固定不变,借助第 3 章中所强调过的机制,这进一步诱使消费出现暂时性变化。因此,这个简单模型为货币/汇率政策变化会导致消费出现繁荣—衰退循环提供了一个合理的解释(由于第 4 章所强调的原因,在不可贸易商品存在的情况下,实际汇率变化也会有这种效果)。

第 8 章是第二部分的最后一章,在第 5 章模型的基础上引入价格黏性因素,这是目前为止就产生非中性的货币/汇率政策中最为流行的一种摩擦因素。在这样一个穿着蒙代尔—弗莱明模型的现代外衣中,货币供给的增加会导致(1)更高的消费——因为产出是由需求决定的——和更高的产出;(2)名义和实际汇率都会增加(即名义和实际升值),因此也解释了在数据中发现两者高度的联动性;(3)在冲击下名义汇率存在过度反应的可能性(名义汇率在短期中比在长期中上升更多)。尽管在文献中关于黏性价格模型的内容会以各种面目出现,但其背后总是存在着关键的传导机制,这一传导机制是值得我们深入研究的。于是,我们发展了一个黏性工资模型,该模型允许我们阐释如下的见解,即负向的生产率冲击如何导致非自愿失业的出现,以及货币贬值是怎样帮助经济迅速调整到其在灵活价格均衡所处的位置。这是在政策圈里经常听到的对于货币贬值能进行最好设想的情形,其中最著名的是 1994 年鲁迪格·多恩布什(Rudiger Dornbusch)呼吁墨西哥的货币应当贬值。不用说,这个模型没有吸收诸如政策可信度等其他因素,当货币贬值带来的灾难性后果已经非常清楚时,政策制定者却仍旧忽视这种政策的风险。

第三部分和第四部分将运用我们在第一部分和第二部分发展起来的理论模型来分析与新兴市场经济相关的各种重要宏观经济问题。当然不可能分析所有的问题,所选择的问题反映了我从概念的视角看什么问题是重要的,以及什么问题适合用第一部分和第二部分发展起来的理论模型来进行分析。

第三部分:宏观经济政策

作为对开放经济的宏观经济学传统强调的反映,本书第二部分在两个主要的名义锚背景下对货币/汇率政策展开了讨论:货币供给和名义汇率。然而,在当代,名义利率越来越成为世界范围内被选择的政策工具。这一转变反映出:第一,缘于实际货币需求行为的不可预测性,货币供给作为名义锚已经越来越不合适;第二,尽管钉住汇率政策在刚开始时是成功的,并受到高度赞扬,但最后的结果基本是灾难性的,带来了代价高昂国际收支问题和金融危机(这是第四部分讨论的主题)。

第 9 章整个致力于研究名义利率作为主要政策工具的使用问题。本章的一个关键主题是,当涉及专门的利率政策时,需要谨慎,因为即便在一个最简单的货币模型中,钉住利率也会导致价格水平的不确定性。我们认为这是一个理论问题而不是一个现实世界中的问题。问题在于,在最简单的模型中,如果只是由货币当局设定名义利率,那么货币政策就没有得到充分规定。为了获得一个能用于分析利率政策对经济影响的模型,我们探讨了几种能充分规定货币政策的方法。很有趣的是,我们发现仅仅假设黏性价格并不能消除上面提到的基本不确定性。由于没有什么能限制通货膨胀率的初始水平,因此会出现多重均衡路径,在这个意义上说,黏性价格会导致出现更高阶的不确定性。假设存在一个泰勒规则可以消除更高价的不确定性，并为我们提供一个非常容易处理的模型，例如，在这个模型中，我们可以研究经济体对减少通货膨胀的目标是如何作出反应的，我们可以在世界许多国家看到这种在所谓的通货膨胀目标体制下运行的实际案例。

到目前为止，本书处理的都是实证分析而不是规范分析。第10章将重点关注财政和货币政策应该怎样被实施的问题。作为一个基准，本章将首先提供一个模型，在这个模型中随时间的推移，平滑消费税率将会是最优的。当然，鉴于在第3章中发展起来的关于引入跨期扭曲会导致社会无效的直觉，这一点就不足为奇了。然后我们研究了偏离这一范式的情形。尤其是——沿着第2章建立起来的直觉——当出现不确定性和不完全市场时，就不再可能随时间的推移而平滑税率。我们显示在这样的情形下，最优税率将与消费负向运动，在经济景气时将下降而在经济不好的时候将增加，这与在新兴市场经济国家所观察到的税率具有顺周期性这一事实是一致的。市场的不完全性也能使我们在新兴市场经济国家观察到的政府支出具有顺周期性，而在工业化国家却具有逆周期性这一事实得到合理化的解释。一个额外的——也许是补充性的——解释是在经济好的时候会存在增加公共支出的政治压力。转向最优的货币政策，我们展示了一个弗里德曼规则(即把名义利率设定为零)是最优的例子，并显示了征税成本是如何解释偏离弗里德曼规则仍旧是最优的。

第11章转向了一个在开放经济宏观经济学中永久性存在的问题：哪一种汇率体制更好？我们首先展示了在第7章现金先行的世界中，浮动汇率是怎样让经济完全免受来自国外名义汇率的冲击，比如来自国外通货膨胀变化的冲击。相反，预先决定汇率体制对来自国外的实际冲击时会有优势。这个例子清楚地反驳了如下流行的观点：在有黏性价格的情况下，汇率制度是无关紧要的。顺着第8章的逻辑，本章引入了黏性价格，并识别了著名的蒙代尔-弗莱明模型成立所需要的条件：预先决定汇率在处置货币冲击时会更好，而浮动汇率在处置实际冲击时会更好。直觉上看，预先决定汇率制下货币供给的内生性允许对货币冲击作出快速而有效的调整。相反，实际冲击通常要求相对价格作出变化，这在浮动汇率制下通过名义汇率的变化更容易实现。

尽管黏性价格是最常见的摩擦因素，我们也可以发现，在新兴市场经济国家中资产市场的摩擦同样常见。通过资产市场的分割(即家庭不能进入资产市场的比重)来模拟资产市场的摩擦，第11章显示了蒙代尔-弗莱明预言将整个反转过来：现在，预先决定汇率在处置实际冲击时会更好，而浮动汇率在处置名义冲击时会更好。背后的直觉是简单的，由货币冲击引起的实际货币余额变化的要求通过名义汇率的变化会更容易得到适应，而通过保持跨期的购买力不变，预先决定汇率制在对实际冲击作出反应时允许一些风险分担。

第12章通过研究有争论的“实际锚”的作用来结束整个第三部分的内容。术语“实际锚”指的是政策制定者努力以某个确定的实际变量为目标的行为。例如，政策制定者也许会设定一个更低的实际货币水平(即一个更高的实际汇率)以提高贸易收支。这种操作是充满危险的，因为通过放弃名义锚，政策制定者就冒着承担名义的不稳定性的风险，因为现在没有什么能锚定公众对未来价格或名义汇率水平的预期。我们首先在第7章现金先行模型的背景下研究了实际汇率的目标，并得出结论，政策制定者只能暂时性的设定一个更高的实际汇率水平，而且要付出更高通货膨胀和/或更高国内实际利率的成本。更高的通货膨胀和/或更高的国内实际利率需要缩减对不可贸易商品的需求,这会导致他们的相对价格的下降。我们转而关注购买力平价(PPP)规则,这一规则为了尽力保持实际汇率的大致固定,通常要贬低国内货币的价值。这些PPP规则在弹性价格的世界中会导致名义性的不确定性,或者在一个存在黏性通胀的世界里,更多的通胀是为了应对需要实际升值的冲击。

另一个被观察到的实际锚——尤其在智利——是实际利率。我们证明一个"纯"实际利率目标会导致通货膨胀率不确定性,并因此导致名义性的不稳定。然而,当实际利率变化被按照实际通货膨胀率偏离通货膨胀目标的程度来进行设定时,只要通货膨胀目标是充分可信的,经济的行为就会表现良好。最后,我们研究了阈值规则——在达到某个确定结果时,政策制定者就宣布实行政策变化(例如,假如贸易赤字达到某个确定的阈值就提高进口关税),这能导致多重均衡,并触发某种他们声称可以避免的精准结果。

第四部分:应用

在本书的最后一部分中,我们使用许多在之前各章中建立起来的理论工具来详细分析一些重要的政策问题。第13章研究了通货膨胀稳定计划。在过去50多年中,高通货膨胀(相对于工业化国家而言)一直是发展中国家的一个痼疾。在经历过许多失败的尝试以后,大多数新兴市场经济国家似乎最终找到了控制通货膨胀的方法,虽然通胀问题偶尔还会爆发(我们的头脑中最先闪出来的一定是阿根廷和委内瑞拉),但政策制定者已经敏锐地意识到市场的预期对控制通货膨胀是如何的敏感,因而对其保持密切的关注。尽管在工业化国家实施通货膨胀稳定计划会付出产出成本,但这种计划的实际效应在新兴市场经济国家中似乎要依赖于使用何种名义锚。在预先决定汇率制下,经济起初会经历一个消费和产出的繁荣,贸易赤字以及实际升值,继而发生衰退。在浮动汇率制下,起初似乎会出现萧条,这基本符合工业化国家的经验。换句话说,选择好像是在现在萧条(浮动汇率制下)与未来萧条(预先决定汇率制下)之间作决策。本章发展了几种用来解释预先决定汇率制下出现繁荣-萧条循环的现象,包括缺乏政策可信度(这里像在第3章与第7章一样引入了跨期扭曲效应)和通货膨胀惯性。

第14章处理了新兴市场经济中重复出现的一个主题:怎样处理资本流入的宏观经济效应。毋容置疑,资本流入可以促进长期经济增长,因为它们可以为许多仍未得到利用的投资机会提供资金,但它们也会通过如下方式产生短期的宏观经济混乱:表现为经济过热、货币的实际升值和贸易/经常账户赤字。特别是,每个国家通常害怕实际升值对国内制造行业所带来的负面影响。我们建立了第8章黏性价格模型的一个新版本,用以解释大多数在数据中观察到的资本流入的宏观经济效应,这些效应都是作为对世界实际利率暂时下降或者国内总需求暂时增长的反应。我们得出的结论是,无论冲击和汇率制度是什么,实际升值都将产生,只不过在预先决定汇率制下,大多数初始的实际升值是通过不可贸易品的更高通货膨胀来体现的,而在浮动汇率制下,则是通过名义汇率的下降来实现。因此,通过采用更灵活的汇率制度,新兴市场经济国家即便不能避免实际升值,至少也能避免一些因资本流入而产生的通货膨胀结果。然后我们分析了一些对资本流入事件的公共政策反应:外汇市场干预和财政紧缩。尽管两种政策都能帮助缓解初始的实际升值,但前一种政策会付出更高的通货膨胀代价,而后一种政策则要付出更高的产出成本。像往常一样,不存在免费的午餐。对短期资本流入征税的结果也差不多,最多使资本流动的时间延长,但会出现大量无效和寻租行为,从而导致中小企业获得贷款更为困难。

第15章重点关注“美元化”现象,指的是用一种国外货币代替国内货币进行价值储藏、记账单位和交易媒介功能的现象。美元化不仅在拉美国家,而且在诸如埃及、以色列、黎巴嫩、波兰和土耳其等国家都非常普遍。我们为如下这一种情形,即外国货币被唯一地用作交易媒介的情形预备了一个专门的术语:“货币替代”。为了模型化货币替代,我们在第5章基准货币模型基础上引入了外国货币。在这样的一个模型中,国内通货膨胀的下降会降低外国货币对本国货币的比率。然而在实践中,货币替代并不会因通货膨胀的下降而大幅下降,这被称为是“滞后现象”。我们证明,只要在模型中引入货币之间转换的固定成本,就可以创造出一个不敏感区间,在这个区间里,即便通货膨胀下降了,货币替代也会保持固定不变。

在美元化的经济体中一个典型担忧是,货币政策可能会失去决定名义数量的能力,因为它不能控制相关的货币总量,包括外币的国内价值。我们展示了一个两种货币之间具有完全替代性的例子,在这个例子中,汇率是真正具有不确定性的。尽管这是一个明显极端的例子,但它足以唤起我们对如下事实的关注,即在一个浮动汇率制且具有高度货币替代性的经济体中,名义汇率很有可能极具波动性。本章最后构建了一个随机组合模型,以阐述资产替代(即持有外国货币作为价值储存手段)与货币替代之间的关键区别。在这个模型中,最优的外币份额(即外国货币和外币债券的总额)将依赖于实际收益而不是名义收益。因此,即便货币替代下降了,通货膨胀的下降也不会使资产替代水平产生任何变化。因为在实践中我们真正测量的是资产替代,这意味着我们上文提及的迟滞现象之谜并不是一个谜,而仅仅是对经验证据的一个不正确的解释。

第16章我们开始关注国际收支危机,这是新兴市场经济国家普遍出现的问题,就近期而言,阿根廷2001年可兑换计划的破产可以说是最为壮观的例子。在这样的背景下,预先决定汇率体制的不可持续性反映了货币当局需要货币化基本的财政赤字这一事实。公众拒绝持有这些货币余额,并在中央银行窗口把它们兑换为国外资产。当中央银行耗费完自己的国际储备,就不得不放弃钉住汇率制而实行浮动汇率制。我们通过提高利率以增加对计息本币资产需求的方式把保护钉住汇率制的可能性引入到传统的模型中去。在第7章模型的背景下,我们展示了我们如何可以预期国际收支危机会以消费繁荣、实际升值和贸易赤字为先导,然后伴随着消费的剧烈下降和实际贬值,这种繁荣—萧条的循环让人回忆起第4章模型中的某些特征来。最后,一旦确定钉住汇率制是不可持续,我们就让货币当局选择最优的放弃时间。除非存在放弃的成本,否则立即放弃就是最优的,这也意味着做垂死挣扎是徒劳的,这在实践中普遍发生。

第17章通过分析金融危机来结束本书的全部内容,这也许最为合适。金融危机不仅会影响新兴市场经济国家,而且也会对工业化国家带来灾难。我们通过图示2008年9月雷曼兄弟破产前夕所观察到的极高水平的杠杆率——定义为资产对净值的比率——来开始我们的讲述。在几个主要的金融机构中,杠杆达到了30倍的水平。对于金融机构来说，使用高杠杆的诱惑也许是不可抵抗的，因为一个30倍的杠杆运作可以给金融机构带来29倍的超额收益。我们使用一些简单的算术来揭示，如果使用了30倍的杠杆，那么只要资产的价格下降3%就可以完全抹掉净资产，这意味着建立在杠杆基础上的许多金融帝国实际就像纸牌屋。然后，我们通过构建一个简单的模型，把一些具体的内容放进杠杆中，并证明一个对风险更高的忍耐度是怎样降低不确定性，并带来更多的生产性投资机会，从而使最优杠杆水平增加。尽管这个模型不能解释"超额杠杆"现象(即杠杆水平超过了借助基本原理可以解释的幅度)，它确实能部分地解释21世纪早期杠杆不断增加的现象。

然后，我们阐释了为什么金融摩擦能导致潜在的冲击放大效应，以及影子银行体系的发展如何通过提高标的资产的流动性使房价不断提升。我们也为应对资产价格暴跌而实行低利率政策提供一个合理的理由。在现实中，我们观察到新兴市场经济国家一开始似乎对爆发于美国的金融危机具有免疫力，但在之后都会受到影响。根据金融危机的传播方式而言，我们也为观察到的脱钩-再挂钩周期提供了理论依据。最后，我们通过构建一个可以用于解释银行危机和国际收支危机同时发生的(即孪生危机)模型来结束本章的内容①。

① 各章后面都附有一定量的习题，这是各章内容不可分割的一部分。

目　录

▶1

基本的跨期模型

1.1 引言

封闭经济和开放经济的根本不同是什么？首先考虑一个纯交换经济的情况（即一个没有生产并且产品不能保存的经济）。一个封闭经济体（即一个不与其他国家进行商品和资产贸易的经济）只能消费自身拥有的资源禀赋。因此，消费在（禀赋）充足时会高涨，而在（禀赋）不足时会低落。虽然从社会的角度看，如果一个经济体能在“晴天”进行储蓄以支持“雨天”的更多消费会更为合理，但在一个封闭经济体中，它无法做到这一点。相反，一个开放经济体，可以在经济不景气时向世界其他国家借款，在经济繁荣时偿还。换句话说，一个开放经济体可以从事跨期交易(intertemporal trade)。通过与其他国家的借贷，一个开放经济体可以完全分离当期消费和当期禀赋之间的关系。尤其是，尽管资源禀赋的路径是起伏不定的，行为人总是可以选择一个完全平滑的消费路径。因此，开放经济体实现跨期交易的这种能力也就成为现代开放宏观经济学的核心。

现在考虑一个包含生产的经济。虽然投资可以为一个封闭经济体提供跨期转移资源禀赋的可能。然而，封闭经济体受到限制，只能投资其所储蓄的资金。因此，为了利用一个有利可图的投资机会，封闭经济体将不得不通过减少消费来增加储蓄。相反，通过调节经常账户的平衡（即通过与其他国家的借入借出），一个开放经济体可以选择让自己的投资超过储蓄或者低于储蓄，即开放经济体中的投资不会受其储蓄水平的限制。我们可以再一次地发现，开放经济体可以分离今天的消费（即储蓄决策）与投资之间的联系。一个开放经济体可以通过对外借款来为一个有利可图的投资机会提供融资，而不必通过减少当期消费水平去增加国内储蓄。

由于经常账户在开放经济的宏观经济学中起着非常重要的作用，因此不用惊讶，对经常账户决定因素的分析就成为开放经济下宏观经济学的核心内容。在开放经济体宏观经济学发展的早期阶段，经常账户的决定本质上被认为是一个静态（即一期）的问题，且受限于贸易余额的决定。因此关注点也被聚焦于决定一国贸易余额的关键性因素——相对价格上。[①]然

① Obstfeld (1987)提供了一个富有洞察力的关于国际金融思想如何演变的解释。

而，正如 Sachs(1981, p.121)形象表达的那样："一个描述进出口静态平衡的单期经常账户理论，在某种意义上就与一个描述储蓄和投资的单期理论是一样的。"根据定义，储蓄本质上是一个跨期决策行为，凭借这一决策，行为人知道自己愿意牺牲多少当前的消费去换取未来的消费。投资只不过是硬币的另一面，也同样是一个跨期决策行为。因此，静态分析有着致命的缺陷。①

既然投资和储蓄是一种跨期(intertemporal)选择，分析这类行为的基本概念性框架当然就应该是跨期模型(即多期模型)。因此，经常账户的跨期模型[Sachs(1981)进行了开创性研究]就构成了现代开放经济下宏观经济学的基础。跨期模型后来也进一步被证明不仅仅是一个天然而简洁的分析工具，更让人们知道，跨期模型的分析结果也依存于人们对跨期维度的选择。一个密切相关的例子是，经常账户在面对长期和短期冲击时所产生的反应是不同的，这种不同借助静态模型完全无法分析。

如果两者有什么区别的话，那就是经常账户决定对于发展中国家更为重要。因为它们会面临更大的冲击，这也意味着随着时间的推移，它们应更多地依赖经常账户不平衡来缓和消费。因此，我们对发展中国家的宏观经济研究之旅，自然应该从运用现代跨模型理论对经常账户的决定进行详细分析开始。从方法论上讲，这个模型也将为本书其余部分提供一个基础。

为了凸显这一基本的目标，1.2 节抽象掉投资行为，在仅考虑初始禀赋的情形下发展了一个最基础的跨期模型。在 1.3 节提炼出了本章的中心结论：不管产出路径如何，随时间推移，消费者都会选择一条维持消费固定不变的消费路径。为了确保消费的完全平滑，消费者将在经济不景气时借入而在经济景气时借出。因此，外贸余额实际上扮演着"减震器"的作用——在经济景气的时候提高，在经济不景气的时候降低。当然，这一结论的背后是有重要假定的：完全的资本流动以及不存在跨期扭曲效应。这些假定在接下来的章节中都将被放松。然后，在 1.4 节我们会转而探讨一些未预期的、负面的产出冲击将对经济造成怎样的影响。如果这些产出冲击是永久的，经济体会立即减少消费作为反应。然而，如果这些冲击是暂时的，经济体将通过有意识地保持经常账户的赤字(即向外部借款)来保证消费的恒定不变。换言之，经济会做出调整以适应永久性负向冲击，但会为暂时的冲击融资。因为根据假定，经济中不存在扭曲，这样的反应是社会最优的。因此，从规范的角度讲，这一模型得出了重要的政策建议：在开放经济下，面对一个永久性负面冲击，经济体应该做出调整(例如减少消费)，而如果冲击是暂时的，则只要依靠融资手段(即借入或借出)应对即可。这为我们在发展中国家在经济不景气时能，尽可能地提高获得外部融资的能力提供了理论依据——不管是从功能完善的国际资本市场获取资金，还是通过像国际货币基金组织这样的多边金融机构那里获取资金。

基础模型的一个重要预测是：贸易余额和经常账户都是顺周期的。换言之，它们会在经济景气时上升，而在经济不景气时下降。但是在现实中，贸易余额又经常呈现出逆周期

① 有趣的是，尽管欧文・费雪(Irving Fisher)于 1930 年在跨期背景下正确分析了封闭经济下个人的储蓄和投资决策，但经济学家花了 50 年时间，才将费雪的分析扩展到开放经济中，这一看似显而易见的步骤才得以实现。

的特性(在景气时变差,而在不景气时变好)。这个典型性的事实也成了我们在1.5节中把投资引入模型的主要原因。毕竟,我们可以预期投资将会在经济景气时增加,而在萧条时下降。由于经常账户是储蓄额和投资额之差,在其他条件不变的情况下,投资的变化应该使贸易余额和经常账户的逆周期性变化。对外账户的周期性行为因此也将依赖于储蓄和投资效应的相对强度。1.5节的分析将进一步阐释清楚这一判断背后的经济学直觉:经常账户对一个正向生产率冲击的反应将依赖于冲击的持久性。冲击越持久,储蓄效应越小,而投资效应将越有可能占据主导地位,进而导致经常账户的恶化(逆周期的对外账户)。因此,这一模型预测的结果就能与观察到的典型事实相一致。

1.2 模型

假设有一个小型的开放经济体,居住大量相同的消费者。我们假定不存在不确定性,消费者也拥有完全的预见性。只有一种可交易但不可储存的商品。由于该经济体的商品市场很小,其他国家一般把这种可交易商品的价格视为给定的。我们也假设该经济体在每一时点上都会外生地得到某一给定数量的商品(即不存在生产活动)。资本是完全流动的,也就是说,消费者能在国际资本市场按照某个外生给定的利率 r_t 借入或借出任意他们所需要的资金(我们将在后面的章节讨论借贷会受其偿还能力约束的情形),我们也假定实际利率 r_t 不随时间发生变化,恒定为 r。

1.2.1 消费者的问题

偏好

消费者在 $t=0$ 时的终身效用 U_0 表示为:

$$U_0=\int_0^T u(c_t)e^{-\beta t}\,\mathrm{d}t \tag{1.1}$$

这里 c_t 表示 t 时刻的消费,$\beta(>0)$表示主观贴现率。$u(\cdot)$是一个瞬时效用函数,该函数是连续可微、严格递增,且严格凹的。①参数 $T(>0)$表示个人的寿命长度。②此外,为确保最优解的存在,我们也假设瞬时效用函数 $u(\cdot)$满足:

$$\lim_{c_t\to 0} u'(c_t)=\infty \tag{1.2}$$

隐含在式(1.1)中的重要假定是瞬时效用函数仅仅依赖于当期消费 c_t 且贴现是指数型的。这种终身效用的表达方式不仅比其他表达方式更容易处理——在这些其他表达方式中,今天的效用可能依赖于过去或未来的消费和/或其他假设的贴现类型——而且还显示了一个被称为时间一致性的关键特性。时间一致性意味着消费者的偏好不会随着时间

① 为了保证符号的简洁,我们用符号 x_t 表示变量 x 是时间的函数。换句话说,x_t 应被读为 $x(t)$。

② 为了突出无限水平方程中的一些微妙的问题,我们会假设时间跨度是有限的,这是本书的一个主要设定。

变化而变化。因此，在时点 0 所做的最优规划（如何做这种最优规划会在后文进行介绍），如果消费者在之后的某一个时点上需要重做优化，只需要简单重复时点 0 所做的最优规划就行了。①

流量预算约束

定义 b_t 为时点 t 消费者所拥有的净国外资产，用可交易的商品来衡量。②因此，消费者的流量预算约束条件可以表示为：

$$\dot{b}_t = rb_t + y_t - c_t \tag{1.3}$$

其中，y_t 代表消费者在时点 t 得到的禀赋流量。式(1.3)表示当消费者的总收入（包括利息收入和禀赋收入）超过了他的消费数量，那么其国外净资产将进一步得到积累。需要注意的是，除了一些外生变化以外，作为存量的国外资产净额 b_t 是时间的连续函数，在这个意义上说，它实际是一个前定变量。③我们也假定消费者在出生时就拥有 b_0 单位的国外净资产。

基础优化结构

消费者的最优化问题可以正式地表述为：

$$\max_{c_t,\ t\in[0,\ T]} \int_0^T u(c_t)e^{-\beta t}\,\mathrm{d}t$$

受约束于：

$$\begin{aligned} &\dot{b}_t = rb_t + y_t - c_t \\ &b_T \geqslant 0 \\ &b_0 \text{ 给定} \end{aligned} \tag{1.4}$$

式(1.4)一般被称为“非蓬齐博弈条件”(no-Ponzi games condition)：要求消费者在“死亡”时不能有负债。④此外，由于瞬时效用函数是消费的严格递增函数[即不存在餍足点(satiation point)]，因此，对行为人而言，当有正资产的时候就“死亡”了，这显然不会是最优的，因为在某个时点上再增加一点消费总是会提高其终身效用的。换句话说，在最优时一定有 $b_T \leqslant 0$。将这个条件与式(1.4)所给出的约束条件，即消费者在“死亡”时不能有负债，结合起来可以得到新的条件：

$$b_T = 0 \tag{1.5}$$

所以在求解该基本最优化问题时，我们可以用式(1.5)代替式(1.4)。

---

① 本章课后的习题 1 和习题 2 就是让读者去证明，在该模型的离散时间版本下，教材中的偏好是时间一致的，并且展示了不同类型的贴现方式（习题 1）以及时间不可分离（习题 2）将会导致时间不一致的偏好产生[参看 Calvo(1996)对时间不一致所做的详细的分析以及关于在连续时间背景下，偏好是时间一致的证明]。

② 在我们的分析框架中只有一个行为人和一类资产，因此净资产和总资产真的没有区别。

③ 比如，外国拨款就可以视为是一种外生变化。外国拨款会导致消费者的国外净资产发生非连续的变化。除了这样的事件以外，作为存量的国外净资产一定是时间的连续函数，因为它只会随储蓄或者负储蓄（都是流量）的变化而变化。这也是为什么所有前定变量随时间的演进方程都会借助像式(1.3)那样的积累方程来加以表述的原因。

④ 在此之前，意大利的一名诈骗者查尔斯·庞兹(Charles Ponzi，1882—1949)在波士顿进行了著名的骗局，即用后来投资者的钱来偿还早期投资者的钱。

一般而言，该最优问题无法用标准的微积分方法来解决。标准的微积分可以解决那些寻求某个函数的最大值最小值的问题。而我们的问题是要寻求一个最大化的函数，即最优值依赖于某个函数而不是某个实际的数字。在数学中，专门研究这种依赖于函数的最大化最小化问题的分支被称为变分法和最优控制理论①(例如参见 Reed，1998)。

我们在这里采用的处理方法是把该问题转化为一个能够借助拉格朗日乘子法来解决的优化问题。为此，我们要把这个含有无限个约束条件(即，在每一个时点上都存在的流量约束)的优化问题重新改写成只含一个约束条件(即，一个跨期约束条件)的最优化问题。②

跨期预算约束

为了得到消费者的跨期预算约束条件，将式(1.3)改写为：

$$(\dot{b}_t - rb_t)e^{-rt} = (y_t - c_t)e^{-rt}$$

两边同时积分，可以得到：

$$\int_0^T (\dot{b}_t - rb_t)e^{-rt}\,\mathrm{d}t = \int_0^T (y_t - c_t)e^{-rt}\,\mathrm{d}t \tag{1.6}$$

式(1.6)的左端可以进一步处理而得到：

$$\int_0^T (\dot{b}_t - rb_t)e^{-rt}\,\mathrm{d}t = \int_0^T \frac{\mathrm{d}(b_t e^{-rt})}{\mathrm{d}t}\mathrm{d}t = e^{-rT}b_T - b_0 \tag{1.7}$$

将式(1.7)代入式(1.6)，可得：

$$e^{-rT}b_T - b_0 = \int_0^T (y_t - c_t)e^{-rt}\,\mathrm{d}t \tag{1.8}$$

考虑到条件式(1.5)，我们可以将消费者的跨期预算约束条件式(1.8)重写成：

$$b_0 + \int_0^T y_t e^{-rt}\,\mathrm{d}t = \int_0^T c_t e^{-rt}\,\mathrm{d}t \tag{1.9}$$

该跨期约束条件的经济学含义非常直观，它表明消费者一生消费的折现值(等式右端)必须等于消费者一生的财富的折现值(等式左端)。而消费者一生财富的折现值由两部分组成:其初始拥有的国外净资产加上他在各时点上获得的禀赋的现值。

替代的优化结构

此时，消费者的优化问题可重述为选择一个最优的消费路径 c_t，$t \in [0, T]$，来达到在式(1.9)约束下使式(1.1)最大化。我们可以用标准的拉格朗日乘子法来解决这个问题。该拉格朗日函数为：

$$\mathcal{L} = \int_0^T u(c_t)e^{-\beta t}\,\mathrm{d}t + \lambda\left(b_0 + \int_0^T y_t e^{-rt}\,\mathrm{d}t - \int_0^T c_t e^{-rt}\,\mathrm{d}t\right)$$

---

① 最优控制理论是变分法的一般形式，它能帮助我们处理角点解问题。但是，就本书中所涉及的问题而言，我们能忽略这种区别，而把这两种方法视为“完全可替代的”。从第 6 章开始，我们将会使用最优控制理论。

② 在整本书中，只要我们能方便地把流量约束条件转化为跨期约束条件时，我们都会采用这种方法。

这里，λ 为拉格朗日乘子。

上式对 c_t 进行一阶求导，可以得到优化问题的一阶条件：①

$$u'(c_t)e^{-\beta t}=\lambda e^{-rt} \tag{1.10}$$

与标准的约束条件下求优化问题中的情形一样，我们只要让拉格朗日函数对拉格朗日乘子求导数，就可以得到式(1.9)的跨期预算约束条件。

假设 $\beta=r$，那么，一阶条件式(1.10)意味着：

$$u'(c_t)=\lambda \tag{1.11}$$

即在最优时，消费者会将消费的边际效用等同于财富的边际效用(拉格朗日乘子)。这个简单的条件构成了开放经济的宏观经济学现代跨期方法的整体基础。由于 λ 是一个固定的数，并且我们也没有对产出路径施加任何约束，因此，式(1.11)传递给我们一个非常强烈的信息：不管产出路径如何，随着时间的推移，消费的路径将是平滑的。换句话说，预期到的产出波动将不会对消费产生影响(参见图 1.1)。因此，我们可以得出如下结论(在后文我们将对这一结论展开更为详细的讨论)：完全的平滑消费实际是消费者的平滑消费偏好(严格凹效用函数就体现了这一点)，再加上完全自由流动的资本市场允许消费者在经济不景气的时候借款，而在经济景气的时候以固定的实际利率放贷。②

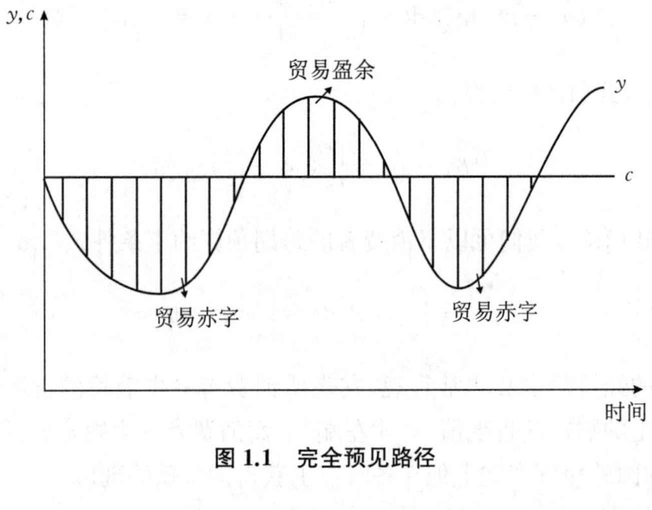

图 1.1 完全预见路径

对 $\beta=r$ 这一假设，我们应该作两个重要的观察(这一观察当然也适合下面的无限期模型)。③首先，如果 r 不随时间变化且并不等于 β(即 $\beta\neq r$)，将会使消费倾斜，即消费路径

① 在本章附录 1.7.1 中，介绍了在离散时间下的两种获取最优一阶条件的不同方法：(1)逐点优化(pointwise optimization)方法，(2)扰动法(perturbation)。术语“逐点优化”准确抓住了这一事实：消费者在每一时点上都要选择最优的消费。在实践中，逐点优化法允许我们在微分时“忽略”积分。需要注意的是，在每一个(不可数的)时点上我们都要选择一个最优的消费，因此对于任何一个 c_t，$t\in[0, T]$，都需要存在一个相应的一阶条件。

② 附录 1.7.2 证明了由式(1.11)代表的一阶条件所刻画的消费路径实际上就是一个最优路径。

③ 就像在习题 1.3 中所显示的那样，假设 $\beta=r$ 也意味着这一动态体系有零根解(在离散时间下就是单位根解)。单位根的解释以及数字含义会在第 2 章的专栏 2.4 中进行讨论。

会随时间变化而递增或递减(参见本章习题 4)。然而,从概念上讲,这种消费动态是令人乏味的,因为它们和模型中驱动行为的力量无关。换句话说,我们从这种情形中能了解到的东西并不多。此外,正如将会在习题 4 中阐述的那样,在无限期模型中,如果 $\beta \neq r$,最优的消费计划甚至可能不存在。

第二,随着时间的推移,我们的实际利率会出现波动。正如本章习题 5 中证明的那样,当 $r_t > \beta$ 时,消费会增加。这反映了如下事实:家庭的效用贴现率要比市场的资源折现率来得低。当 $r_t < \beta$ 时,情形正好相反。消费的这种波动是最优的,因为它们反映了实际利率的波动。然而,从数量上看,作为对实际利率波动的反应,消费的波动似乎很有限。①要证明实际利率的波动确实在数量上有很大的影响,研究者就不得不为这种影响寻找到传导机制,借助这一传导机制来进行定量分析,比如影响企业有效劳动力的成本(Neumeyer and Perri, 2005)。

1.2.2 无限期界的最优规划

无限期界是我们基本问题中最吸引人的优化问题,因为它避免了我们非常武断地把时点 T 作为结束点的尴尬。但是,为了处理无限期界的最优化问题,一些较深的数学工具必须被引入。②首先考虑把偏好扩展到无限期。此时,行为人终身效用现值的表达式为:

$$U_0 = \int_0^{\infty} u(c_t) e^{-\beta t} \mathrm{d}t \tag{1.12}$$

注意式(1.12)中包含了一个可能收敛也可能不收敛的广义积分。很明显,如果对于一些消费路径,该积分是不收敛的,我们就不能够为其排序。③

就像在有限期界情形下一样,我们可以将当前的最优化问题表述为:

$$\max_{c_t,\ t \in [0,\ \infty)} \int_0^{\infty} u(c_t) e^{-\beta t} \mathrm{d}t$$

受约束于:

$$\begin{aligned} &\dot{b}_t = r b_t + y_t - c_t \\ &\lim_{t \to \infty} e^{-rt} b_t \geqslant 0 \\ &b_0 \text{ 给定。} \end{aligned} \tag{1.13}$$

① 例如,参见 Mendoza(1991)以及 Correia 等人(1995)。

② 参见 Calvo(1996)对这一点所做的富有洞察力的探讨。

③ 确保积分收敛最简单的方法就是假设瞬时效用函数是上方有界的(即存在饱和点)。然而,在这种情形下,我们需要确保所给出的参数是这样,以至于在我们使用后文将要提到的转型条件之前,还没有达到饱和点。一般而言,我们需要首先检查积分是否收敛,以确保我们所研究的问题被良好定义。本章习题 4 证明了如果效用函数是 CES 型的,当 $\beta = r$ 时,积分一定是收敛的,并且推导了在 $\beta \neq r$ 时,积分要收敛的充分条件。也可参见 Chakravarty(1962)以及 Chiang(1992, ch.5)对这一问题所作的详细讨论。

在无限期界中，非蓬齐对策条件(no-Ponzi games condition)以式(1.13)的形式存在。换句话说，国外净资产的折现值在“消费者生命结束时”必须是非负的(即净债务是非正的)。关于这一点，我们需要进行三个相关方面的观察。第一，为了确保有限和无限期界模型的可对比性，我们可以把有限期界下的非蓬齐对策条件想象为 $e^{-rT}b_T \geqslant 0$。由于 $e^{-rT}>0$ 一定成立，所以这一条件就简化为如式(1.4)所表述的 $b_T \geqslant 0$。第二，把无限期界下的非蓬齐对策条件表述为：

$$\lim_{t\to\infty} b_t \geqslant 0 \tag{1.14}$$

这是不正确的。特别地，注意渐进的债务(即 $\lim\limits_{t\to\infty} b_t<0$)与式(1.13)是一致的。①式(1.13)仅仅是对债务的增长率强加了一个限制(即债务可能会以低于 r 的速率增长)。

就像在有限期界中一样，非饱和性假设确保了消费者在资产仍为正时，将绝对不愿意“死亡”。更正式地表述，最优化要求：

$$\lim_{t\to\infty} e^{-rt}b_t \leqslant 0 \tag{1.15}$$

式(1.13)所给的非蓬齐对策条件加上式(1.15)所给的最优化条件，进一步意味着：

$$\lim_{t\to\infty} e^{-rt}b_t = 0 \tag{1.16}$$

这一条件经常被称为横截性条件(transversality condition)。

那么，当问题转向无限期界时，跨期约束条件的推导又会受到怎样的影响呢？运用与前面相同的一系列推导步骤，再加上式(1.16)的横截性条件，我们可以得到：②

$$b_0 + \int_0^\infty y_t e^{-rt}\,\mathrm{d}t = \int_0^\infty c_t e^{-rt}\,\mathrm{d}t \tag{1.17}$$

式(1.17)就是与由式(1.9)所给出的有限期界下的跨期约束条件相对应的无限期界下的跨期约束条件。

与在有限期界模型中一样，我们也能把该最大化问题以熟悉的拉格朗日函数的形式重述出来：

$$\mathcal{L} = \int_0^\infty u(c_t)e^{-\beta t}\,\mathrm{d}t + \lambda\left(b_0 + \int_0^\infty y_t e^{-rt}\,\mathrm{d}t - \int_0^\infty c_t e^{-rt}\,\mathrm{d}t\right)$$

该优化问题的一阶条件将仍旧由式(1.11)给出。从现在开始，我们将讨论无限期界模型。

1.2.3 拉格朗日乘子的解释

由于式(1.11)的一阶条件是该小型开放宏观经济模型的基础，所以先来对拉格朗日乘

① 在有债务时就允许消费者“死亡”似乎是反常的。关键是要意识到债务偿还是无限期的，就像是偿还本金一样(参看式(1.28)后的注释中的讨论)。

② 需要注意的是，只有当产出的折现值是有限的时候，式(1.17)所给出的预算约束才是有意义的，这也意味着产出的增长率不能等于或高于利率 r。

子 λ 进行一番解释是很有必要的。通过解释，我们就将明白如下事实：如果行为人具有完全预期的能力，那么即便模型中的外生变量——比如本章中的资源禀赋——会随时间发生波动，拉格朗日乘子在完全预见路径上始终是常数；但是，如果变量发生了未预期的变化，那么，拉格朗日乘子也将做出变动的反应。

要弄明白这一点的一个思路是把 λ/r 看成是资产的价格，λ 看成是红利。为此，将式(1.11)左右两端都乘以 e^{-rt}再进行积分，可得：

$$\frac{\lambda}{r}=\int_0^{\infty}u'(c_t)e^{-rt}\mathrm{d}t$$

λ/r 项可以看成是资产的相对价格，在每一时点上将为消费者提供 $u'(c_t)$单位的“红利”。变量 λ 相当于“红利”的折现值的年金价值。若 c_t 随时间的推移，保持为一个常数 c，那么 λ 就相当于“红利”本身[也就是 $\lambda=u'(c)$]。这完全类似于在说股票价格反映的就是公司分红的折现值一样。正如我们从基本金融理论中所知的那样，股票的价格不会随着能够导致红利变化的可以预期到的因素而变化，因为这样的信息已经包含在股票价格里面了。但是股价会对“新的信息”，也就是会对能改变未来股利路径的意外事件作出反应。同样的，拉格朗日乘子 λ 也不会对可以预见的产出波动作出反应，因为消费的路径——即边际效用的路径——已经包含了这种信息。换句话说，正如后文将被定义的，可预见的产出改变并不会影响“持久收入”。相反，乘子会对未预见的产出变动作出反应，因为这些变动意味着“新的信息”出现，并且会改变持久收入。在接下来的时间里，当我们在不同情形中求解这个基本模型时，必须时刻牢记我们对拉格朗日乘子的这一解释。

1.2.4 均衡条件

由于消费者是该经济体中唯一的行为人(即没有政府和厂商)，式(1.3)的流动性约束和式(1.17)的跨期约束也是经济体的总体约束。现在再来考虑一下国际收支账户的平衡。

令 TB_t 表示贸易余额，即商品和劳务的净出口额；IB_t 表示收入余额，即来自国外的要素报酬净额。那么可以定义：

$$TB_t\equiv y_t-c_t \tag{1.18}$$

$$IB_t\equiv rb_t \tag{1.19}$$

同时，根据定义，经常账户将由下式给定：

$$CA_t\equiv TB_t+IB_t \tag{1.20}$$

根据式(1.18)和式(1.19)，表达式(1.3)可以表示为 $\dot{b}_t=IB_t+TB_t$。因此，由式(1.20)可得：

$$\dot{b}_t=CA_t \tag{1.21}$$

因此，经济体的国外净资产累积值将由当前账户余额给出。换句话说，如果一个经济体有经常账户的盈余，复式记账法意味着它实际上正在积累对世界的其余国家资产的要求权，这也意味着这个国家有负的资本账户余额。如果我们定义资本账户余额为 KA_t，在标准情况下，我们有：

$$KA_t \equiv -\dot{b}_t \tag{1.22}$$

因此，根据式(1.21)可得：

$$CA_t + KA_t = 0$$

这是国际收支账户余额的基本等式。这一等式意味着，经常账户的赤字必然要由资本账户的盈余(即通过从外部世界的借款)来弥补。

另外，我们也可以将经常账户余额理解为储蓄。为此，定义 S_t 为储蓄，有：

$$S_t \equiv rb_t + y_t - c_t \tag{1.23}$$

然后，根据经常账户余额的定义[式(1.20)]并结合式(1.18)和式(1.19)，可以得到：

$$CA_t = S_t \tag{1.24}$$

最后，利用式(1.18)给出的贸易余额的定义，我们可以将式(1.17)表述的跨期约束的条件重写为：

$$\int_0^{\infty} TB_t e^{-rt}\,\mathrm{d}t = -b_0$$

上式表明贸易余额的折现值必须等于经济体初始的外债净额。因此，我们可以观察到，对于一个借债运行的经济体，一定需要保持适度的贸易盈余以确保自己具有偿还债务的能力。

1.3 模型的求解

1.3.1 一般解法

我们之前已经提到，式(1.11)的一阶条件表明消费将会以一个完全预期的恒定路径(在其赋值为 c 的水平上)演进。①根据式(1.17)可以得到：

$$c = r\left(b_0 + \int_0^{\infty} y_t e^{-rt}\,\mathrm{d}t\right) \tag{1.25}$$

式(1.25)意味着消费将等于"持久收入"，被定义为可获得资源的折现值的年金值。持久收入最好的理解就是它能使消费永远维持在一个固定水平上。当然，这个思想并不新鲜，可以追溯到弗里德曼(Friedman，1957)对于持久收入假设的原创性贡献。本质上，弗里德曼认为当期消费不应该如凯恩斯所认为的那样依赖于当期收入，而应该依赖于长期

① 除非另有说明，在整本书中，当我们把一个变量的时间脚标去掉时，就表示这个变量是固定的常数。

的预期收入(也就是“持久收入”)。[①]因此,作为一个研究消费行为的模型,应用于开放经济的宏观经济学的现代分析方法可以被视为对弗里德曼的开拓性研究工作的一种简洁而又严谨的阐述。正如在有限期界模型揭示的那样,图 1.1 表明,即使禀赋随着时间的推移发生变动,消费也仍然会保持平滑。

那么,在完全预见均衡路径下,贸易余额的变动路径又是怎么样的呢?考虑到式(1.25),我们可以将式(1.18)的贸易余额重新写为:

$$TB_t = y_t - c$$

上式表明,在经济发展“景气的时期”(即当 y_t 较大时),经济体将产生贸易盈余,而当经济发展“不景气的时期”(即当 y_t 较小时),经济体将会产生贸易赤字(参见图 1.1)。从直觉上讲,贸易余额就像是一个“减震器”,使得经济体在面临一个波动的产出路径时仍能维持一个比较平滑的消费路径。

在具有完全预见能力下经常账户的均衡路径可以由下式给出:

$$CA_t = rb_t + y_t - c$$

从上式可以清楚地看到,当产出由高变低时,经常账户余额将会恶化,因为此时消费是平滑的(不变的),而 b_t 是一个前定变量。因此,当经济不景气时,经济体将增加从外部世界的借款。在经济景气时,情况正好相反。

需要指出的是,式(1.25)中所体现出的完全消费平滑的结果只是一个有用的概念性的基准,我们不能把其视为现代跨期方法应用于经常账户的一个关键性经验预测。随意浏览一下统计数据便可发现,随着时间的推移,消费也并不总是平滑的(或者更一般地,沿着一个固定不变的趋势变化)。然而,比这一方法在经验上遭到拒绝更有意义的是,这一观察结果表明了在接下来的章节中,我们会时刻讨论那些使消费偏离完全平滑路径的摩擦性因素,在真实世界中确实无处不在。依赖于摩擦因素类型的不同,偏离完全平滑的消费路径有时可能是有效的(即社会最优的),而有时则是无效的(即社会次优的):

- 无效偏离(inefficient deviations)。导致消费偏离稳定平滑路径的一个最显著的摩擦性因素是资本市场的不完全性(在第 2 章将会进一步讨论),以及由于政策行为或不可信政策(在第 3 章中讨论)而导致的跨期价格扭曲。第一个摩擦因素使得消费者在经济不景气时不能够借到自己所希望借到的数目的钱,而第二种摩擦因素促使消费者从一开始便不愿去选择一条固定的消费路径。在上述两种情况下,从社会的视角看都是次优的,因为计划者本该选择一条固定的消费路径。

- 有效偏离(efficient deviations)。偏离平滑消费路径反而会更优的主要来源为:(1)实际利率的波动;(2)有第二种变量引入效用函数中(例如,在效用函数中引入劳动/闲暇变量或者非交易性商品变量);(3)贸易条件的波动。正如在本章习题 5 中所显示的,实际利率的波动会诱使消费产生偏离。而正如在本章习题 6 中所证明的那样,在

① 当然,如果流动性和/或信贷约束存在,那么消费将依赖于(至少部分)当期收入。在第 2 章的分析中,当一个小型开放经济体的市场不完全时,也同样有这个结果。

一个消费的边际效用依赖于劳动的模型中，对劳动生产率的冲击将导致一个非恒定的消费路径。同样，在可贸易品消费的边际效用取决于不可贸易品消费的模型中，当出现一个对不可贸易商品禀赋的冲击，也将诱使消费产生偏离（在第 4 章进行讨论）。贸易条件的波动将会影响跨期相对价格的变化，进而导致消费路径发生偏离（在第 3 章进行讨论）。

1.3.2 平稳性态均衡

最后，出于进一步参考的目的，我们来描述一下平稳性态均衡的基本特征。①通常（虽然不总是）如果外生变量不随时间的推移发生变化，那么内生变量也会如此。②无论如何，均衡的稳定状态是我们需要去证明的一个特征，而不是做个简单假设就可以的。

在这样的情形中，我们可假设资源禀赋的路径为：

$$y_t = y^H, \qquad t \geqslant 0 \tag{1.26}$$

因为我们已经推导出模型的一般解（即在任何产出路径上都有效的一个解），因此，考虑到式(1.26)，我们将式(1.25)重写为：

$$c = rb_0 + y^H \tag{1.27}$$

将式(1.27)代入式(1.18)，并结合式(1.26)，有：

$$TB_t = -rb_0 \tag{1.28}$$

由此可知，在静态中，贸易余额可能取值为正、为零或者为负，主要取决于净外国资产的初始水平值。③

现在，让我们来证明为什么在具有平稳性态均衡中经常账户将总是等于零。将式(1.26)和式(1.27)两式代入式(1.3)，可得：

$$\dot{b}_t = rb_t - rb_0$$

很显然，在 $t=0$ 时，我们有 $b_0=0$。这样，对所有的 $t \geqslant 0$，都将会出现：

$$b_t = b_0$$

① 为了与"稳定状态"(steady state)相对照，我们有意地使用"平稳性态均衡"(stationary equilibrium)这一概念来特指如下的一种均衡状态，在这种均衡状态中，无论是外生变量还是内生变量都不随时间的推移而发生变化。我们将会在具有内部动态性的模型中使用"稳态"的表述，在该模型中不管初始条件如何，内生变量都将收敛于稳定状态。我们将在第 6 章才会遇到这样的模型。

② 本章习题 4 中分析了 $\beta \neq r$ 的情形，此时外生变量与内生变量的变化趋势不同。在第 16 章研究支付账户危机的模型中也会出现类似情况。

③ 平稳性态均衡为我们提供了一个理解"非蓬齐对策条件" $\lim_{t\to\infty} b_t e^{-rt} \geqslant 0$ 很好的例子。假设 $b_0<0$。然后，贸易余额将会是固定不变的，为 $-rb_0>0$。很明显，在极限情况下，初始债务 b_0 能被全额偿还的，因为贸易余额的折现值为 $-b_0$。因此，非蓬齐对策条件能得到满足。有意思的是，对于任何时点，债务值都是负的，即对所有 $t \in [0, \infty)$，有 $b_t = b_0 < 0$。这说明了像式(1.14)所给出的条件一般是限制太多。

因为净外国资产是固定不变的，因此，在平稳性态均衡中经常账户总是为零。

最后，我们可以发现在平稳性态均衡中拉格朗日乘子的值可以借助式(1.11)和式(1.27)导出：

$$\lambda = u'(rb_0 + y^H)$$

由上式可知，拉格朗日乘子的值将由持久收入的水平所决定。

1.4 未预期的冲击

为了进一步洞察一个小型开放经济体在面对产出变化的冲击时是如何作出反应的，我们接下来将研究在 0 时刻，产出路径发生了一个未预期的变化所产生的影响。①

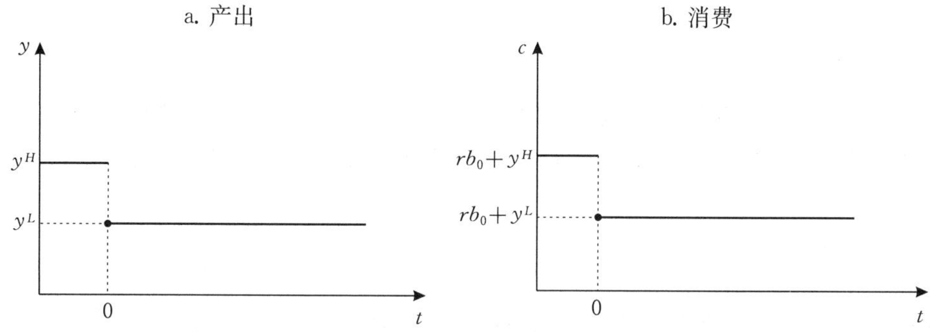

图 1.2 产出永久性下降

1.4.1 产出的永久性下降

假设经济在 0 时刻之前是处于如 1.3.2 节中所描述的稳定状态的均衡中。然后，在 0 时刻一个未预期的冲击发生了，导致产出从 y^H 永久性下降为 y^L(即 $y^L < y^H$，参见图 1.2a)。由于出现了一个未预期到的冲击，行为人将立即重新优化决策。现在，一阶条件将由下式给出：

$$u'(c_t) = \tilde{\lambda}$$

这里的 $\tilde{\lambda}$ 是新的跨期约束条件相对应的拉格朗日乘子(回忆一下，正如任何资产价格都会因各种冲击而发生变化一样，一个未预期的冲击也会使拉格朗日乘子发生变化)。因为沿着新的完全预期路径，消费是恒定的，因此，我们可以使用式(1.17)以及 $y_t = y^L$ 的条件计算得出新的消费水平(参见图 1.2b)，如下式所示：

① 读者可能会问的一个合理的问题就是，我们如何在一个完全预见的模型中引入未预期的冲击？因为从表面看，两者显然是矛盾的。严格来说确实如此，对于一个“纯粹主义”者很可能会拒绝接受这种智力上的实验。但是，在这里，一个未预期的冲击将被看成是对不确定世界里的一种近似，在一个不确定世界中，这种冲击发生的概率是非常小的，因此，我们一般假定它并不会对初始的具有平稳性态的均衡产生影响。

$$c=rb_0+y^L$$

由于消费发生与产出同比例的下降，所以贸易余额和经常账户并不会发生变化。因此，产出的未预期到的永久性下降会导致消费发生同比例的下降，但对经常账户并不会产生影响。经济也完全调整到一个更低的产出水平上。

最后，我们可以注意到拉格朗日乘子现在变得更高了（对应更低的财富水平），因为其值是由下式给出的：

$$\tilde{\lambda}=u'(rb_0+y^L)$$

我们认为经济会对永久性的负面冲击立刻作出调整。又因为经济中不存在扭曲现象，因此，这种调整是社会最优的。这个结果也成为标准的政策处方的基础，即无论多么痛苦，当一个经济面对任何长期持续的负面冲击时最好的应对措施就是作出调整。

1.4.2 产出的暂时性下降

现在假设经济在0时刻之前处于平稳性态均衡中，然后，在 $t=0$ 时刻，产出发生一个未预期的暂时性下降。这样，在 $t\geqslant 0$ 时刻产出的路径将由下式给出（参见图1.3a）：

$$y_t=y^L,\qquad 0\leqslant t<T$$
$$y_t=y^H,\qquad t\geqslant T$$

由于出现了一个未预期的冲击，消费者在 $t=0$ 时刻会立即重新优化决策。消费者面临的问题与之前一样，只不过现在他面对的跨期约束条件变为：

$$b_0+\int_0^T y^L e^{-rt}\mathrm{d}t+\int_T^\infty y^H e^{-rt}\mathrm{d}t=\int_0^\infty c_t e^{-rt}\mathrm{d}t \tag{1.29}$$

现在，消费者实际上是在式(1.29)的跨期约束条件下最大化式(1.12)。与之前一样，对应于该优化问题的一阶条件意味着消费将会沿着新的完全预期均衡路径保持平滑。所以从式(1.29)可得出：

$$c=rb_0+y^L(1-e^{-rT})+y^H e^{-rT} \tag{1.30}$$

消费将会下降，其下降幅度与持久收入的下降幅度是相同的（参见图1.3b）。持久收入将会从冲击前的 rb_0+y^H 下降到冲击后的 $rb_0+y^L(1-e^{-rT})+y^H e^{-rT}$ 水平。T 的数值越大，持久收入的下降幅度也会越大，因此消费的下降幅度也将越大。若 T 的数值很小，那么消费也将仅下降一点。若 T 的数值非常大（即 $T\rightarrow\infty$），那么消费下降的幅度就将会接近于由产出发生永久性下降而引起的消费下降的幅度。①

利用式(1.30)，我们可以得到贸易余额的变动路径（参见图1.3c）：

$$TB_t=y^L-c=-rb_0-(y^H-y^L)e^{-rT}<-rb_0,\qquad 0\leqslant t<T$$
$$TB_t=y^H-c=-rb_0+(y^H-y^L)(1-e^{-rT})>-rb_0,\qquad t\geqslant T$$

① 正如图1.3f部分所显示的那样，由于消费降低，会使拉格朗日乘子在 $t=0$ 时刻上升。

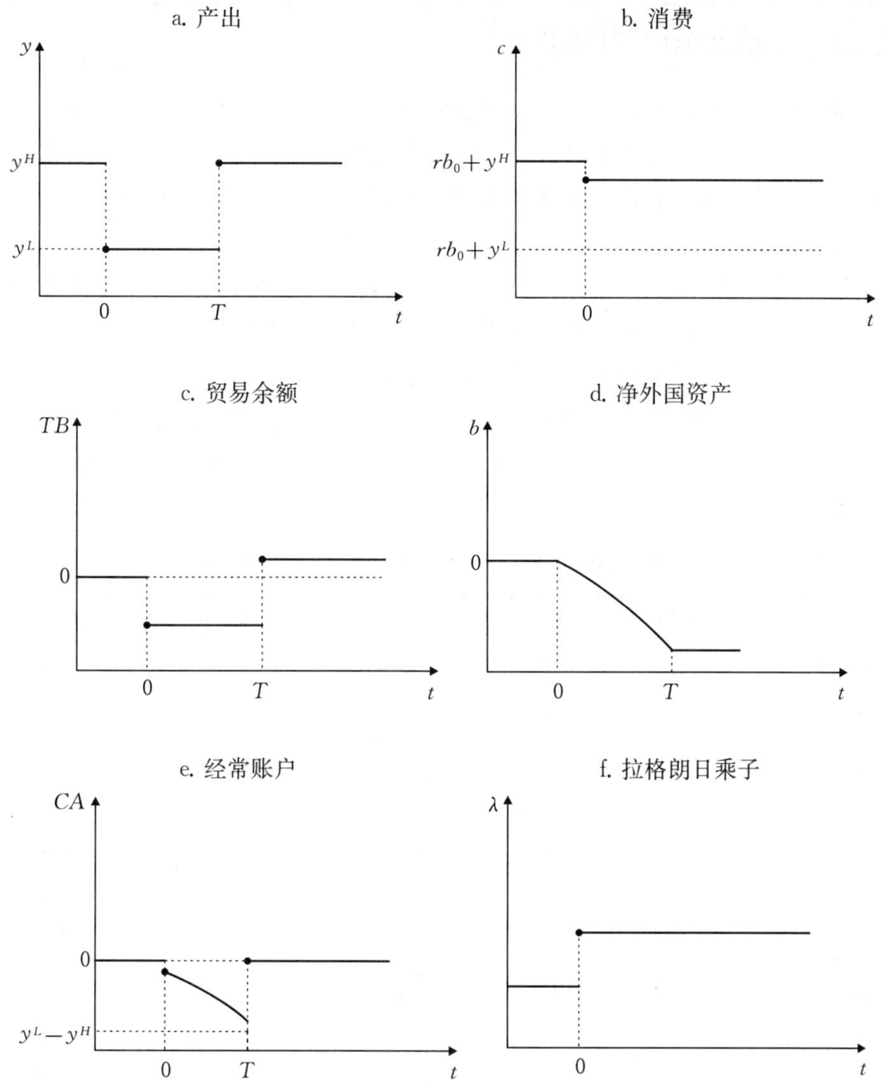

图 1.3　产出暂时下降

为了简化分析，可令 $b_0=0$。然后，为了使消费路径在 $t=0$ 时刻之后保持稳定平滑，经济会在产出下降时维持贸易赤字，而在产出恢复到其初始水平时维持贸易盈余（参见图 1.3c）。

在 $t=0$ 时刻的储蓄又会如何呢？回想一下，根据式(1.23)，我们知道 $S_0=rb_0+y^L-c$。因此，利用式(1.30)，可以得到：

$$S_0=-(y^H-y^L)e^{-rT}<0 \tag{1.31}$$

因为随着时间的推移，家庭为了平滑各期的消费而不得不减少储蓄，因此储蓄是负的。此外，S_0 也是 T 的增函数：意味着受到冲击的时间持续越久，家庭为应对冲击而作的减少储蓄的反应也会越小。因此，本模型预测了一个储蓄和产出之间的正向联动，大体上说，这一预测与我们在专栏 1.1 中所提供的证据是一致的。

专栏 1.1 储蓄是顺周期性的吗?

我们的模型预测,当经济中的产出发生了一个未预期的暂时性增加(或减少)时,家庭为了保持消费的稳定平滑必然会增加(或减少)储蓄,这意味着产出和储蓄之间存在正向的联动关系。在我们基本模型的随机情形下,这一联动就转变为储蓄和产出之间的正相关关系。[a]也就是说,储蓄应该是顺周期性的。

那么,统计数据是怎么说的呢? 表 1.1 汇总了 1970—2010 年间 22 个发展中国家和 18 个工业化国家储蓄和 GDP 之间的相关性(我们依据数据的可获得性来选择样本)[b]。时间序列数据是利用 HP 滤波法剔除了趋势效应。[c]在两组类别的国家中,平均相关系数都是正的(事实上,在所有 40 个国家中,只有 2 个国家的相关系数是负的,而且这 2 个国家都是发展中国家)。另外,在工业化国家组中的平均相关系数值(0.79)要大于发展中国家组中的值(0.46)。

表 1.1 GDP 和储蓄之间的相关系数(以真实值衡量)

发展中国家		工业化国家	
阿尔及利亚	0.26	奥地利	0.84
阿根廷	0.81	比利时	0.77
玻利维亚	0.33	加拿大	0.82
哥伦比亚	0.73	丹麦	0.81
多米尼加	−0.20	芬兰	0.88
洪都拉斯	0.11	法国	0.92
匈牙利	0.29	德国	0.83
冰岛	0.69	希腊	0.76
印度尼西亚	0.83	爱尔兰	0.88
以色列	0.70	意大利	0.72
肯尼亚	0.15	日本	0.91
马来西亚	0.64	荷兰	0.82
墨西哥	0.78	新西兰	0.84
巴拉圭	0.26	挪威	0.56
秘鲁	0.48	葡萄牙	0.74
新加坡	−0.18	瑞典	0.88
南非	0.21	瑞士	0.58
泰国	0.93	美国	0.72
特立尼达和多巴哥	0.20		
突尼斯	0.59		
土耳其	0.76		
乌拉圭	0.72		
平均值	0.46	平均值	0.79

注:以 1970—2010 年的年度数据为基础。
资料来源:世界发展指标(世界银行)。

Lane 和 Tornell(1998)认为,拉丁美洲的储蓄率往往低于工业化国家——甚至在某些情形下出现逆周期现象——他们也对此提出了一个政治经济学的解释:面对一个正向的冲击,压力集团为了争取新的可用资源,不得不增加支出,从而使支出超出了社会最优水平,进而导致储蓄率的下降,甚至可能出现负储蓄率。

尽管 Lane 和 Tornell(1998)的观点可能是符合逻辑的,但我们的简单模型能够将储蓄和产出之间的负向联动合理化。想象一个对产出的未预期的正向冲击,这一冲击不仅使得今天的产出增加了,而且还使未来产出增加得更多。因为家庭观察到今天的禀赋低于未来,为了维持消费的稳定平滑,家庭就会减少当前的储蓄。这就会导致出现当前的储蓄与产出之间发生负向联动关系。[d]我们的模型也可以解释为什么发展中国家两者间的联动关系要小于工业化国家。要明白这一点,想象经济遭受一个暂时性的正向冲击,此时式(1.31)就会变成 $S_0=(y^H-y^L)e^{-rT}>0$。这说明了 T 越大,储蓄的反应会越小。从某种程度上讲,发展中国家经济受到的冲击会具有更高的持久性——正如 Aguiar 和 Gopinath(2007)认为的那样——我们的模型就可以解释在发展中国家两者的相关性会更低。

总的来说,正如我们的基本模型所预计的那样,经验证据充分表明了储蓄是顺周期性的。而数据展现的其他特征——比如在发展中国家有更低的相关性以及个别国家两者间的相关系数会是负的——都能借助我们的模型加以解释。

专栏注:

a. 这一点在第 2 章中将阐述清楚,当市场是不完全时,在基本模型的随机情形(有一个不确定的资源禀赋路径)下将会产生相关关系,这与借助本章的模型所预测的结果是高度匹配的。原因是在两种情形下,冲击都会产生财富效应。

b. 各个国家的样本周期是不同的。入选样本中的国家,我们的一个基本要求是能获取 10 个连续年度的数据。

c. 使用的平滑参数值为 100,这也是分析年度数据时使用的标准值。

d. 这也是在图 1.4 中描述的情况(一旦我们把投资引入模型)。在 0 时刻产出会增加,而储蓄则会下降。

为了得到经常账户的变动路径,我们必须首先得出净外国资产的演进路径。为此,将流量约束条件式(1.3)重写为:

$$\dot{b}_t=rb_t+y^L-c, \qquad t<T \tag{1.32}$$

$$\dot{b}_t=rb_t+y^H-c, \qquad t\geqslant T \tag{1.33}$$

这是两个固定常数项 y^L-c 和 y^H-c 的一阶微分方程。该一阶微分方程的通解分别为:

$$b_t=b_0e^{rt}+\frac{y^L-c}{r}(e^{rt}-1), \qquad t<T$$

$$b_t=b_Te^{r(t-T)}+\frac{y^H-c}{r}\left[e^{r(t-T)}-1\right], \qquad t\geqslant T$$

考虑到 c 是由式(1.30)给定的，我们进一步可得：

$$b_t=b_0-e^{-r(T-t)}(1-e^{-rt})\frac{(y^H-y^L)}{r},\qquad t<T \tag{1.34}$$

$$b_t=b_0-(1-e^{-rT})\frac{(y^H-y^L)}{r},\qquad t\geqslant T \tag{1.35}$$

这里，为了去掉第二个等式中的 b_T，我们计算了在 $t=T$ 时刻的第一个表达式的值。

我们可以做一些简单的评论。第一，如果要验证我们的解，我们可以估算在 $t=0$ 时第一个等式右端的值，以证明在哪个时刻 $b_t=b_0$ 成立。第二，我们可以验证在 $t=T$ 时 b_t 是连续的(尽管是不可微的，这一点在后面将会阐述清楚)，通过估计在 $t=T$ 时刻的两种表达式，发现两个值是不一致的。第三，再一次地，由于经济处于具有平稳性态的均衡中，所以净外国资产水平在 $t\geqslant T$ 时刻是恒定的。图 1.3d 显示了净外国资产的变动路径。

为了得到经常账户的变动路径，我们可通过让式(1.34)和式(1.35)对时间 t 求导数，从而得到如下的表达式(变动路径的直观示意图可参见图 1.3e)：

$$\dot{b}_t=-e^{-r(T-t)}(y^H-y^L)<0,\qquad t<T$$

$$\dot{b}_t=0,\qquad t\geqslant T$$

在 $t=0$ 时刻，由于贸易余额的恶化，经常账户将转变为赤字。如果我们进一步让上式再对时间 t 求导数，有：

$$\ddot{b}_t=-re^{-r(T-t)}(y^H-y^L)<0$$

$$\dddot{b}_t=-r^2e^{-r(T-t)}(y^H-y^L)<0$$

可以发现，经常账户会随着时间的推移加速下降(绝对值)，这反应了如下事实：尽管贸易余额不随时间的推移而变化，但是利息收入会随着时间的推移而下降(或者债务偿还额会随时间的推移而增加)。在 T 时刻，因为产出的增加和贸易余额的提高，经常账户赤字消失。

如果经济遭遇一个未预期的负向冲击的话，对其进行分析得到的关键信息是：经济会对永久性的冲击作出“调整”而对暂时性的冲击只进行“融资”。由于不存在扭曲，经济总是处于完全均衡状态，因而这种反应是社会最优的。如果市场摩擦阻碍了国际资本的流动，以至于发展中国家在经济不景气时并不能从国际资本市场得到应有的融资，此时诸如 IMF 这样的多边金融组织的存在就显得很重要，它们可以在经济不景气时为发展中国家提供必要的融资。

1.5 在基本模型中加入投资

到目前为止，我们的模型都是建立在假设经济可以获得一个外生给定的产出流基础上的。由于没有引入投资，经常账户会恒等于储蓄。在这样的背景下，我们分析了为什么资源禀赋的暂时性下降会导致储蓄下降，进而使得经常账户出现赤字。同时，模型也预测贸易余额会是顺经济周期的(也就是说贸易余额在经济景气时增加，在不景气时下降)。然而，相关经验证据却显示了相反的结果(参见专栏 1.2)：贸易余额是逆周期性的(也就是说，其在经济景气时下降，在不景气时增加）。我们模型中可能遗漏的一个重要因素就是投资。毕竟，基本的直觉告诉我们，生产率的暂时性下降应该既会导致储蓄的下降（基于上述已讨论的行为人平滑消费的动机），也导致投资下降（因为生产率出现了暂时性下降）。因此，生产率暂时性下降对于经常账户的影响似乎应该取决于两种影响的相对强度。特别是，假如投资的影响占主导作用（即投资下降的幅度比储蓄下降的更大），那么经常账户会出现增加。在生产率出现暂时性增加的情况下，如果正的投资效应超过了正的储蓄效应，那么经常账户将会出现恶化。本节通过把投资引入我们的基本模型来对上述直觉形式化，并证明两种影响效应的相对力量均取决于冲击的持久性。

专栏 1.2　模型（预测结果）与数据的矛盾

我们的基本模型在实际中的应用是怎样的呢？让模型直接面对数据的一种非常流行的方法——也是实际经济周期理论研究时所采用的方法——就是直接用引入投资后我们基础模型的随机版本所产生的相关性与根据实际数据所得的相关性作比较。[a]特别是，在考虑生产力受到一个暂时性增加而产生的冲击效应时所推导出来的相关变量之间的联动性（参见图 1.7）。假设投资效应占主导作用，那么我们的模型所预测的联动性有：

- 消费与产出之间具有正相关性。
- 投资与产出之间具有正相关性。
- 贸易余额和产出之间具有负相关性。

表 1.2 显示了利用一些基本能代表“小型开放经济”国家的数据所计算的消费、产出、投资和净出口之间的同期相关性（借助 HP 滤波法得到的周期性成分进行计算），这些国家由 13 个新兴市场和 13 个发达国家所组成。

表 1.2　商业周期中的相关系数

新兴市场	$\rho(c, y)$	$\rho(y, I)$	$\rho(NX/y, y)$
阿根廷	0.90	0.96	−0.70
巴西	0.41	0.62	0.01
厄瓜多尔	0.73	0.89	−0.79
以色列	0.45	0.49	0.12
韩国	0.85	0.78	−0.61
马来西亚	0.76	0.86	−0.74
墨西哥	0.92	0.91	−0.74
秘鲁	0.78	0.85	−0.24
菲律宾	0.59	0.76	−0.41
斯洛伐克	0.42	0.46	−0.44
南非	0.72	0.75	−0.54
泰国	0.92	0.91	−0.83
土耳其	0.89	0.83	−0.69
均值	**0.72**	**0.77**	**−0.51**

续表

小型工业国家	$\rho(c, y)$	$\rho(y, I)$	$\rho(NX/y, y)$
澳大利亚	0.48	0.80	−0.43
奥地利	0.74	0.75	0.10
比利时	0.67	0.62	−0.04
加拿大	0.88	0.77	−0.20
丹麦	0.36	0.51	−0.08
芬兰	0.84	0.88	−0.45
荷兰	0.72	0.70	−0.19
新西兰	0.76	0.82	−0.26
挪威	0.63	0.00	0.11
葡萄牙	0.75	0.70	−0.11
西班牙	0.83	0.83	−0.60
瑞典	0.35	0.68	0.01
瑞士	0.58	0.69	−0.03
均值	**0.66**	**0.67**	**−0.17**

注:基于季度数据;参见 Aguiar 和 Gopinath(2007)的数据和样本周期。NX 是代表净出口,ρ 是指相关系数。其他变量与文中所定义的一样。

资料来源:Aguiar 和 Gopinath(2007)。

数据显示,消费和产出的相关系数的平均值在新兴市场中为 0.72,工业化国家为 0.66(且每个国家都为正)。投资和产出的相关系数的平均值在新兴市场中为 0.77,工业化国家为 0.67(且每个国家也都为正)。净出口(贸易余额的代理变量)和产出的相关系数的平均值在新兴市场经济体中为−0.51,工业化国家为−0.17(且 13 个样本国家中有 10 个为负)。基于这一标准,我们可以得出结论:目前分析经常账户的标准跨期模型具有非常强的解释力。因为它很好地描述了一些主要的宏观经济总量,如消费、投资和贸易余额(净出口)的周期性行为。

正如在正文中分析的那样,当生产率受到一个正向冲击而发生增加以后,贸易余额是否会变为负值取决于冲击的时长:冲击的持续性越久,投资的影响效应就越有可能占主导地位,从而贸易余额将会变负。Aguiar 和 Gopinath(2007)在经验上证明了新兴市场所受的冲击在"持久性"上要比工业化国家更大。依据我们的模型,如果生产率暂时性增加的持续性越久,那么贸易余额的负面反应会更大(绝对值),因为此时储蓄效应比较小。这与在表 1.2 中显示的数据是一致的,即新兴市场的相关系数(绝对值)要大于工业化国家。[b]

专栏注:

a. 真实商业周期方法首先是由芬恩·基德兰德(Finn Kydland,生于 1943 的挪威经济学家)和爱德华·普雷斯科特(Edward Prescott,生于 1940 年的美国经济学家)1982 年在《计量经济学杂志》(*Econometrica*)上发表的一篇论文中开创性使用的。他们荣获 2004 年诺贝尔经济学奖的部分原因也源于此。比起在商业周期理论——基本观点认为生产率的冲击是商业周期的根源——构想上的贡献，商业周期理论研究时所使用的方法论工具所带来的影响要更大。关于真实商业周期理论研究文献的一个优秀的综述，可参阅 King 和 Rebelo(2000)的文章。对于在开放经济形态下的标准真实经济周期模型，可参见 Aguiar 和 Gopinath(2007)，Correia 等人(1995)，以及 Mendoza(1991)的相关文献。

b. 同样地，Aguiar 和 Gopinath(2007)证明，在随机模型中，对于新兴市场来说，更持久的冲击对于产生一个更大的相关系数(绝对值)是十分关键的。

虽然我们的基本模型是以连续时间的方式构建的，可以证明现在转换到用离散时间的方式来表述模型也很合适。理由是，如果坚持使用连续时间表述就必须把调整成本引入模型中(否则，在任何时间点上投资都可能会是"无限的"，这样我们就无法很好地定义经常账户)。①调整成本的引入会大大增加模型解析解的复杂性，却又不能为模型增加任何新的洞见。相反，在离散时间下，当资本存量向新的均衡调整过程中天然地存在着一期滞后，这意味着我们并不需要引入调整成本就可以很好地定义投资。

1.5.1 家庭问题

技术

定义 k_t 为 t 时刻的资本存量。则 t 时刻的产出由下式给出：

$$y_t = A_t f(k_t) \tag{1.36}$$

其中 $A_t(>0)$表示生产率参数，$f(k_t)$是一个严格递增且严格凹的函数，即：

$$f'(k_t)>0$$
$$f''(k_t)<0$$

我们假设资本存量没有折旧。因此，根据定义，投资(I_t)由资本存量的变化给出：

$$I_t \equiv k_{t+1} - k_t \tag{1.37}$$

根据假设，t 时期的选择变量为 k_{t+1}。也就是说，家庭在 t 时期就选择了在$(t+1)$时期期初的资本存量水平。因此，资本存量存在一期的调整时间。此外，我们也假设投资可以为负(即如果需要，家庭可以"吃掉"一部分他们的资本存量)。

预算约束

为了简化，我们假设家庭也执行生产活动的任务。②令 b_t 定义为家庭在 t 时期所拥有的净外国资产。那么，家庭的流量预算约束可以由下式给出：

$$b_{t+1} = (1+r)b_t + y_t - c_t - (k_{t+1} - k_t) \tag{1.38}$$

① 当我们说"无限大的"投资，指的是资本存量路径可能会出现非连续性。

② 本章习题 7 说明了经济如何进行分散化处理。在一个分散经济中，家庭将同时拥有资本存量和企业，并把资本存量租给企业。企业则向家庭租用资本进行生产，并将获得的利润转交给家庭。

除了投资这一项以外，这一流量预算约束实际上就是连续时间下的流量约束式(1.3)在离散时间下的对应物。它告诉我们，资源除了用于消费以外也用于投资。

通过不断向前迭代式(1.38)，并利用如下的条件：

$$\lim_{t\to\infty}\frac{b_t}{(1+r)^{t-1}}=0$$

我们可以推导出如下的跨期约束条件：

$$(1+r)b_0+\sum_{t=0}^{\infty}\left(\frac{1}{1+r}\right)^t y_t=\sum_{t=0}^{\infty}\left(\frac{1}{1+r}\right)^t[c_t+(k_{t+1}-k_t)] \tag{1.39}$$

其中 b_0 和 k_0 是外生给定的。再一次，除了投资项以外，这一跨期约束条件实际上就是连续时间下的预算约束条件式(1.17)在离散时间下的对应项。

效用最大化

家庭终身的效用可以表示为：

$$\sum_{t=0}^{\infty}\beta^t u(c_t) \tag{1.40}$$

其中 $\beta(>0)$ 是折现因子，$u(c_t)$ 是严格递增并严格凹的，且满足条件式(1.2)的期效用函数。①

因此，家庭实际上就是在跨期预算约束条件式(1.39)下，通过选择一个合适的 $\{c_t, k_{t+1}\}_{t=0}^{\infty}$ 序列，来实现由式(1.40)所代表的终身效用折现值的最大化。根据拉格朗日函数方法，该最大化问题可以被表述为[利用式(1.36)来替代掉产出以后]：

$$\begin{aligned}\mathcal{L}=\sum_{t=0}^{\infty}\beta^t u(c_t)+\lambda\Bigg\{&(1+r)b_0+\sum_{t=0}^{\infty}\left(\frac{1}{1+r}\right)^t A_t f(k_t)\\&-\sum_{t=0}^{\infty}\left(\frac{1}{1+r}\right)^t[c_t+(k_{t+1}-k_t)]\Bigg\}\end{aligned}$$

对于任何的 $t=0, 1, 2, \cdots$，该最优化问题的一阶条件为：②

$$\beta^t u'(c_t)=\lambda\left(\frac{1}{1+r}\right)^t \tag{1.41}$$

$$A_{t+1}f'(k_{t+1})=r \tag{1.42}$$

出于在连续时间情形下我们已经讨论过的相同理由，如果假设 $\beta(1+r)=1$，我们可以将式(1.41)的一阶条件表达为：

$$u'(c_t)=\lambda \tag{1.43}$$

① 注意，虽然我们使用了同样的符号，但是 β 在这里代表的是折现因子，根据定义，应该等于 1/(1+贴现率)。而在连续时间下，它直接代表了贴现率。

② 当然，从技术上讲，一阶条件还应包括让拉格朗日函数对乘子 λ 求导数的那一项，只不过这一项实际就是跨期预算约束条件式(1.39)。

正如在我们之前没有投资的模型中时一样[回忆式(1.11)],条件式(1.43)意味着不管产出的路径(因此,也不管 A_t 的路径)如何,沿着一条完全预期的均衡路径,消费将会始终保持平滑。因此,图 1.1 对于引入投资的模型也仍然是有效的。这一结果也是符合直觉的,因为只要国际资本市场是完全可进出的,一般而言,消费决策就会独立于生产决策(参见 Fisher, 1930)。

方程式(1.42)决定了最优的资本存量水平。这个套利条件表明 1 单位资本的边际回报率——由方程式的左边给出——应该等于净国外资产的回报率 r。假如这一条件没有得到满足,那么家庭重新调整这两种资产的组合总是可以获利的。需要强调的是,对于 k_0,条件式(1.42)并不成立,因为初始资本存量是外部给定的,而不是一个选择变量。

1.5.2 均衡条件

与之前一样,由于家庭是经济体中唯一的行为主体,上述讨论的约束也同样适用于整个经济体。特别是利用式(1.37),我们可以把式(1.38)重写为:

$$b_{t+1}-b_t=rb_t+y_t-c_t-I_t \tag{1.44}$$

为了以熟悉的国际收支账户平衡的形式写出方程,可以把经常账户余额定义为国外净资产的变化:

$$CA_t \equiv b_{t+1}-b_t \tag{1.45}$$

结合式(1.44)和式(1.45)两式,可得:

$$CA_t=rb_t+y_t-c_t-I_t \tag{1.46}$$

与之前一样,有两种有用的方法来重写经常账户余额。首先,将贸易余额定义为:

$$TB_t \equiv y_t-c_t-I_t \tag{1.47}$$

然后,利用该定义——且回想式(1.19)——把经常账户余额重写为收入和贸易余额之和:

$$CA_t=IB_t+TB_t \tag{1.48}$$

等效地,经常账户也可以表示为储蓄和投资之差。为此,利用在式(1.23)中给出的储蓄的定义去重写式(1.46),有:

$$CA_t=S_t-I_t \tag{1.49}$$

1.5.3 具有平稳性态的经济体中的完全预期均衡

让我们来描述一个 A_t 取固定值(即对所有的 $t=0, 1, \cdots, A_t=A$)且全完预见的均衡路径。此时,由一阶条件式(1.42)所决定的资本存量水平 k 就是固定的,其数值的大小可由式(1.50)决定:

$$Af'(k)=r \tag{1.50}$$

我们假设 $k_0=k$。换句话说,经济一开始就获得了行为人想要的资本存量,因此无需投资($k_0<k$ 的情况将在下面分析)。因此,在任何一期投资都为零。根据方程式(1.36),固定的产出水平将由下式给出:

$$y=Af(k) \tag{1.51}$$

从条件式(1.43)中我们可以知道消费不会随时间的推移而发生变化。由于投资一直为零,那么,式(1.39)所代表的跨期预算约束可简化为:①

$$c=rb_0+Af(k) \tag{1.52}$$

我们有足够的信息来计算时期 0 的储蓄。由于 $y_0=y$, $c_0=c$,根据式(1.23)可得:

$$S_0=rb_0+y-c \tag{1.53}$$

利用式(1.51)和式(1.52),可知 $S_0=0$。为了计算随后各期的储蓄,我们将首先需要得出国外净资产的路径。

利用式(1.47),式(1.51)和式(1.52),可求出在时期 0 的贸易余额为:

$$TB_0=-rb_0$$

回忆一下,根据式(1.49)可知经常账户是储蓄和投资之差。由于投资和储蓄在时期 0 均为零,所以在时期 0 经常账户也为零。那么,根据式(1.45)可知 $b_1=b_0$。现在我们可以计算时期 1 的储蓄,并证明其也将为零。因此,经常账户在时期 1 也将会为零,且有 $b_2=b_1$。以此类推,可以知道经常账户将会一直为零,因而国外净资产的路径也不会随时间的推移而变化。这意味着贸易余额也不随时间而变化,且在数值上等于 $-rb_0$。

1.5.4 生产率发生未预期的永久性增加

假设在 $t=-1$ 时,经济体处于 1.5.3 小节所描述的具有平稳性态均衡中。在 $t=0$ 时,生产率参数发生一个未预期的永久性增加,从 A 增加到 A^H,此时 $A^H>A$(参见图 1.4a)。②因为出现了一个未预期的冲击,家庭会重新调整自己的最优规划。最优一阶条件仍然由式(1.42)和式(1.43)给出,但拉格朗日乘子可能会取不同的值,其中的理由我们已经在连续时间的版本中讨论过。

由于 $t=0$ 时期的资本存量 k_0 是在 $t=-1$ 时期就已经被决定了的,所以它不会对 A 的变化做出反应。换句话说,家庭在重新做自己的最优规划时,是把 $k_0(=k)$ 视为给定的。然而,从时期 1 开始,资本存量将会上升到一个更高的水平(参见图 1.4b),具体的数值水平将由下面的条件隐含地给出:

---

① 式(1.52)的推导方法:回想一下,一个无穷级数的等比数列之和为 $a/(1-x)$,其中,a 为等比级数的第一项,而 x 为级数的公比[在我们这个例子里等于 $1/(1+r)$]。

② 为了更直观地进行展示说明,在图 1.4,图 1.6 和图 1.7 中,我们将离散的数据点连起来而成一条线。

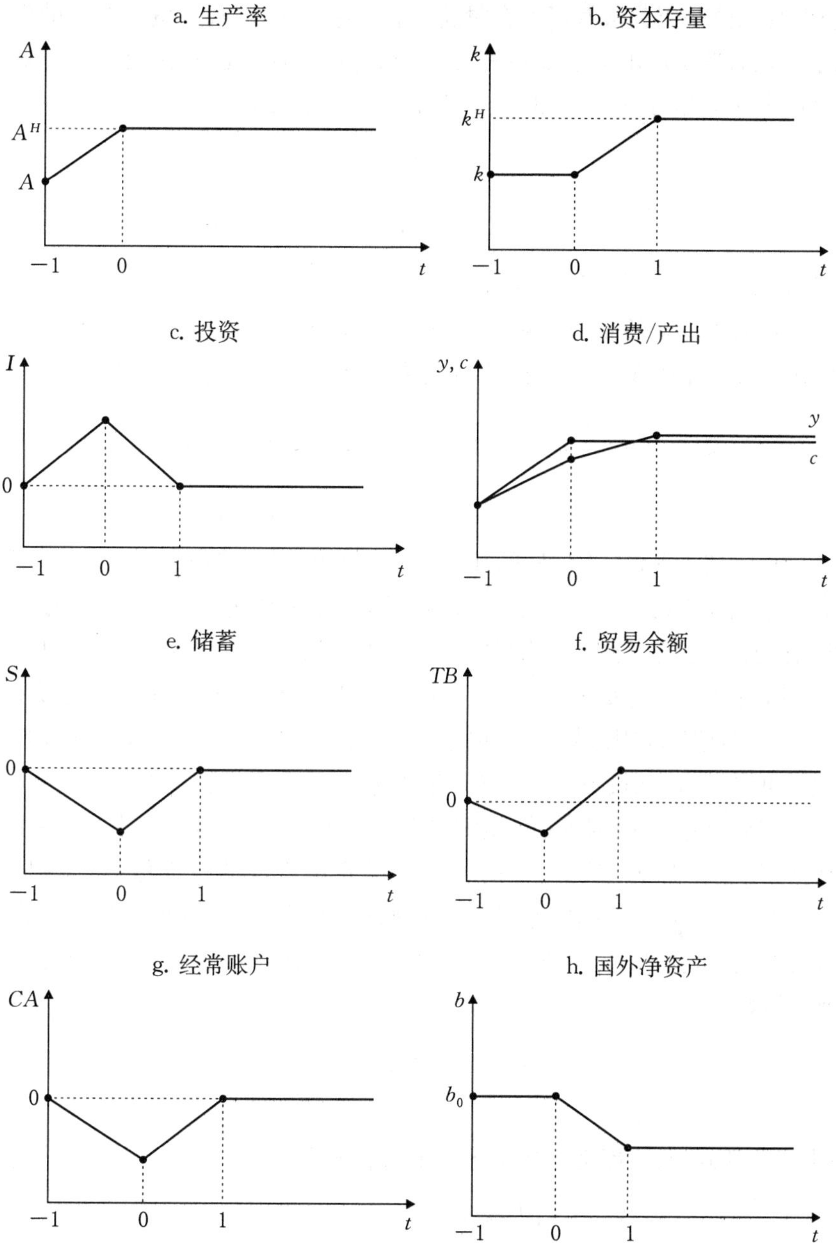

图 1.4　生产率的永久性增加

$$A^H f'(k^H)=r,\qquad t=1,\ 2,\ \cdots, \tag{1.54}$$

其中 k^H 代表着新的且处于具有稳定状态的更高水平的资本存量值。

一旦给定如图 1.4 中 b 部分中所描述的 k_t 的路径，投资的路径也随之给定(参见图 1.4c)，为：

$$\begin{aligned} &I_0=k^H-k>0, \\ &I_t=0,\qquad t=1,\ 2,\ \cdots \end{aligned} \tag{1.55}$$

产出又是如何变化的呢(图 1.4d 显示了产出的路径)？在 $t=0$ 时期，产出水平会比在

$t=-1$ 时期更高，这是因为虽然资本存量还没有发生变化，但现有资本存量的生产率已经开始提高了。在时期 1 产出会增加更多，因为此时资本存量也调整到了一个新的更高水平上了。从时期 1 开始，产出水平再一次保持不变。正式地有：

$$y_0=A^H f(k)>y_{-1} \tag{1.56}$$

$$y_t=A^H f(k^H)>y_0, \qquad t=1, 2, \cdots \tag{1.57}$$

现在让我们把关注点转到消费路径上去(参见图 1.4d)。与之前讨论的一样，一阶条件式(1.43)意味着沿着新的完全预期的均衡路径，消费会固定不变。要确定消费水平，我们结合刚得到的资本存量和产出路径，同时根据跨期预算约束条件式(1.39)，可以推出：

$$c=rb_0+A^H f(k)+\frac{r}{1+r}\underbrace{\left[\frac{A^H[f(k^H)-f(k)]}{r}-(k^H-k)\right]}_{\text{投资净现值}} \tag{1.58}$$

在一个有固定资本存量(等于 k)的经济中，新的(更高的)消费水平将由式(1.58)右边的前两项给出。这两项与我们第一个模型中资源禀赋发生未预期的永久性增加的情形相对应。但是，在我们目前的这个经济中，因为投资从 0 时期开始发生变化，所以从 $t=1$ 时期开始将会有一个更高水平的资本存量。式(1.58)中右端方括号中的一项表示了这种投资所带来的收益折现到 $t=0$ 时期的净现值数额[该项之所以要再乘以 $r/(1+r)$，是因为家庭是消费该净现值的年金值①]。该项投资方案的成本和收益又是多少呢？成本——主要发生在 $t=0$ 时期——当然就是在 $t=0$ 时期所承担的投资额，由(k^H-k)给出。收益主要由从时期 1 所获得的更高产出来体现。从 $t=1$ 时期以后的新增产出的折现值(折现到 0 时期)由 $A^H[f(k^H)-f(k)]/r$ 给出。因此方括号中的项就代表了该投资方案的净收益(即净现值)。

显然，从直觉上我们应该预期到这个投资的净现值一定是正的(否则投资就不会发生)。因此我们想去证明：

$$\frac{A^H[f(k^H)-f(k)]}{r}>k^H-k$$

重新安排上述表达式，我们能把上述不等式重新表述为：

$$\frac{A^H[f(k^H)-f(k)]}{k^H-k}>r$$

使用由式(1.54)给出的资本存量的边际条件，我们可以进一步得到：

$$\underbrace{\frac{A^H[f(k^H)-f(k)]}{k^H-k}}_{\text{平均收益}}>\underbrace{A^H f'(k^H)}_{\text{边际收益}}$$

在给定 $f(\cdot)$为严格凹函数时，上述不等式一定成立。从直觉上讲，上述不等式的左边代表了投资的平均收益，而右边则代表了最后一单位投资的收益(即投资边际收益)。

① 注意在离散时间下，某存量的年金值等于该存量乘以 $r/(1+r)$的值。

根据严格凹函数的特性可知，所有最后一单位之前的资本所获得的收益一定大于最后一单位资本所获得的收益。图 1.5 描述了由式(1.36)所给定的生产函数，为这一想法提供了一个最直观的几何图形表述。A 点代表了 $t=0$ 时期的生产(即有 k 单位资本存量时的生产)，而 B 点代表了时期 1 的生产(之后的所有时期，生产资本的存量都为 k^H)。新增资本 (k^H-k)所获得的平均收益由 A 和 B 两点连线的斜率给出。最后一单位资本的边际收益 r，则由生产函数在 B 点切线的斜率所表示。显然，所有比 k^H 低的资本存量所获得的边际收益(由过该资本存量在生产函数上所对应点的切线的斜率给出)都要高于 r。

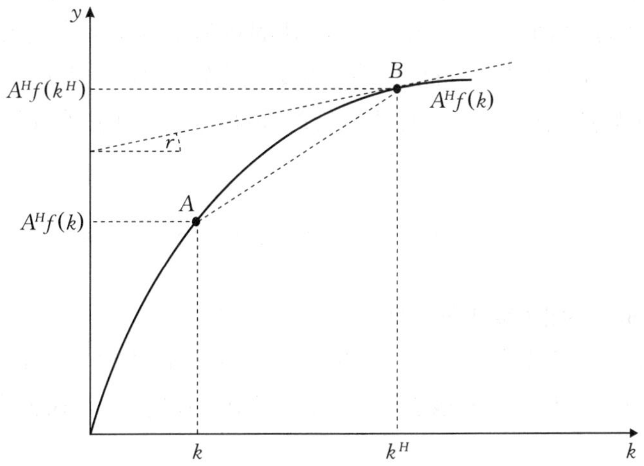

图 1.5 生产和投资

正如我们刚刚所证明的，因为投资的净现值为正，我们可以从式(1.58)中推出消费水平高于受到冲击之前消费水平的结论。事实上，正如图 1.4 中的 d 部分所显示的那样，在 $t=0$ 时期，消费的上升幅度超过产出，因为产出的增加仅受生产率提高的直接影响，而消费增长也受到投资净现值的永久组成部分的影响。

由于预期在 $t=1$ 时期产出会增加，所以消费会增加，这会导致储蓄将变为负值(参见图 1.4e)。这可以借助式(1.23)和式(1.58)两式来证明这一判断：

$$S_0=-\frac{r}{1+r}\underbrace{\left[\frac{A^H[f(k^H)-f(k)]}{r}-(k^H-k)\right]}_{+}<0 \tag{1.59}$$

显而易见，式(1.59)中方括号里的一项正是投资收益的净现值——正如我们在前面解释的那样——它的值为正。因此，在 $t=0$ 时期储蓄的减少额就等于投资收益的净现值中的持久收入部分。①

在 $t=0$ 时期贸易余额将会如何呢？贸易余额的变动不仅仅反映为储蓄的减少——这一点与没有引进投资的基本模型是一样的——还会反映在 $t=0$ 时期发生的投资额上。从形式上讲，根据式(1.47)和式(1.55)，再结合 $c_0=c$ 这一事实，在 $t=0$ 时期的贸易余额可由

① 尽管从直觉上看是非常清楚的，从 $t=1$ 时期开始，储蓄值就为零，但正规的证明必须等到我们推导出国外净资产的变动路径之后才可以给出。

下式给出：

$$TB_0 = y_0 - c - (k^H - k)$$

利用式(1.56)和式(1.58)，重新安排上式，可将其重写为：

$$TB_0 = -rb_0 - \underbrace{\frac{r}{1+r}\left[\frac{A^H[f(k^H)-f(k)]}{r} - (k^H - k)\right]}_{\text{消费平滑效应}} - \underbrace{(k^H - k)}_{\text{投资效应}} < -rb_0$$

这一表达式突出了平滑消费的动机以及投资效应，从而更符合我们的直观理解。假如初始的国外净资产为0(即 $b_0=0$)，在 $t=0$ 时期的贸易余额将会取负值(参见图1.4f)。

如果 $b_0=0$，那么贸易余额的折现值的总和必须为零。因此，从 $t=1$ 时期开始经济必须保持有贸易盈余以便偿还在 $t=0$ 时期所借的外部债务。利用式(1.47)、式(1.55)和式(1.58)，可以推得：

$$TB_t = -rb_0 + \frac{r}{1+r}\{A^H[f(k^H)-f(k)] + (k^H - k)\} > -rb_0, \qquad t=1, 2, \cdots$$

当 $b_0=0$ 时，上式取值为正(参见图1.4f)。

经常账户的路径又会如何呢？显然，在 $t=0$ 时期经常账户的取值一定为负，因为此时储蓄是负的[根据式(1.59)]而投资是正的(参见图1.4g)。形式上看，根据式(1.49)可得：

$$CA_0 = \underset{-}{S_0} - \underset{+}{I_0} < 0 \tag{1.60}$$

由于在 $t=1$ 时期，经济处于静止状态，所以经常账户从 $t=1$ 时期开始就应该为零。为了验证这一点，我们首先需要推导出在 $t=0$ 时期经常账户的显性表达式。将式(1.55)和式(1.59)代入式(1.60)，再进行整理之后可得：

$$CA_0 = -\frac{1}{1+r}\{A^H[f(k^H)-f(k)] + (k^H - k)\} < 0$$

因为根据式(1.45)有 $b_1 = b_0 + CA_0$，继而可得：

$$b_1 = b_0 - \frac{1}{1+r}\{A^H[f(k^H)-f(k)] + (k^H - k)\} < b_0 \tag{1.61}$$

因此，国外净资产会因为经常账户在 $t=0$ 时期出现赤字而下降(参见图1.4h)。现在我们来计算 $t=1$ 时期的储蓄。根据式(1.23)和式(1.57)，并结合 $c_1=c$ 这一事实，我们可以得到：

$$S_1 = rb_1 + A^H f(k^H) - c$$

利用式(1.58)和式(1.61)，我们很容易证明 $S_1=0$。由于在 $t=1$ 时期的投资为零，经常账户也将为零，而国外净资产则维持固定不变($b_2=b_1$)。所以，储蓄和经常账户在随后所有时期内都将为零。

在把投资引入模型以后，我们可以得出结论：生产率的一个永久性提高将会导致贸易余额和经常账户出现赤字。经常账户的赤字是由储蓄为负而投资为正共同作用的结果。这一结论与我们在 1.4.1 节中所得出的结论形成了强烈的对比：在 1.4.1 节中产出的一个永久性增加既不会改变贸易余额，也不会改变经常账户余额。

最后，储蓄行为值得作进一步的说明。当生产率发生一个永久性提高以后，储蓄会出现下降的结果多少有点令人惊讶。然而，正如前文所强调的，之所以会出现这样的结果，是因为生产率的提高会使行为人预期到从 $t=1$ 时期以后的产出将会增加。在我们的基础模型中，如果行为人预期到从 T 期开始资源禀赋将变得更高，那么储蓄也将会下降。有意思的是，如果生产率的提高幅度很小(即无穷小)，储蓄就不会发生变化(参见本章习题 8)，这与我们在当资源禀赋发生永久性变化情形下所形成的直觉是一致的。在那种情形下，投资增加的净产出效应为零，因此即便预期到未来会有更高的产出，行为人也没有理由减少储蓄。当然，由于投资的上升，经常账户仍然会出现赤字。

1.5.5　未预期生产率仅持续一期的提高

我们现在已经了解当生产率发生永久性上升将会导致经常账户赤字，这是因为储蓄会减少而投资会增加(参见图 1.4)。即使生产率的提高幅度很小，投资增加也会使经常账户出现赤字。现在我们将分析当生产率发生一个暂时性(持续一期)增长的情况，在这种情形下将会出现完全相反的结果(即经常账户会出现盈余)。这种情况实际上和 1.4.2 节中所研究的产出发生暂时性变化所引起的结果非常类似。

假设在 $t=-1$ 时期，经济处于 1.5.3 节中所描述的具有平稳性态的均衡状态。在 $t=0$ 时期，A 上升到 A^H，然后在 $t=1$ 时期回到其初始水平(参见图 1.6a)。由于发生了一个未预期的冲击，家庭在 $t=0$ 时期会在视 k_0 为给定的情况下再优化。再优化的一阶条件仍然由式(1.42)和式(1.43)给出。由于生产率的上升只持续一期，所以资本存量不会发生变化(参见图 1.6b)，因而投资仍然维持在零的水平(参见图 1.6c)。给定生产率在 $t=0$ 时期会更高，那么产出在 $t=0$ 时期也会更高，然后在 $t=1$ 时期再回落到其初始水平(参见图 1.6d)。

正如式(1.43)所清楚显示的那样，从 $t=0$ 时期开始，消费者会通过重新选择一个固定不变的消费水平来把暂时性增加的产出分散在之后的所有时期中消费(参见图 1.6d)。为了计算新的消费水平，我们可以在考虑进新的产出路径的同时，通过求解式(1.39)来得到：

$$c=rb_0+Af(k)+\underbrace{\frac{r}{1+r}f(k)(A^H-A)}_{\text{消费平滑效应}} \tag{1.62}$$

上式右边的第三项刻画出了消费平滑效应。生产率暂时性提高所带来产出的额外增加量为 $f(k)(A^H-A)$。家庭通过只消费年金值的方式分摊这些增加量。就像我们能预期的那样，在 $t=0$ 时期的储蓄将为正(参见图 1.6e)。我们可以从式(1.23)和式(1.62)中推知这一点：

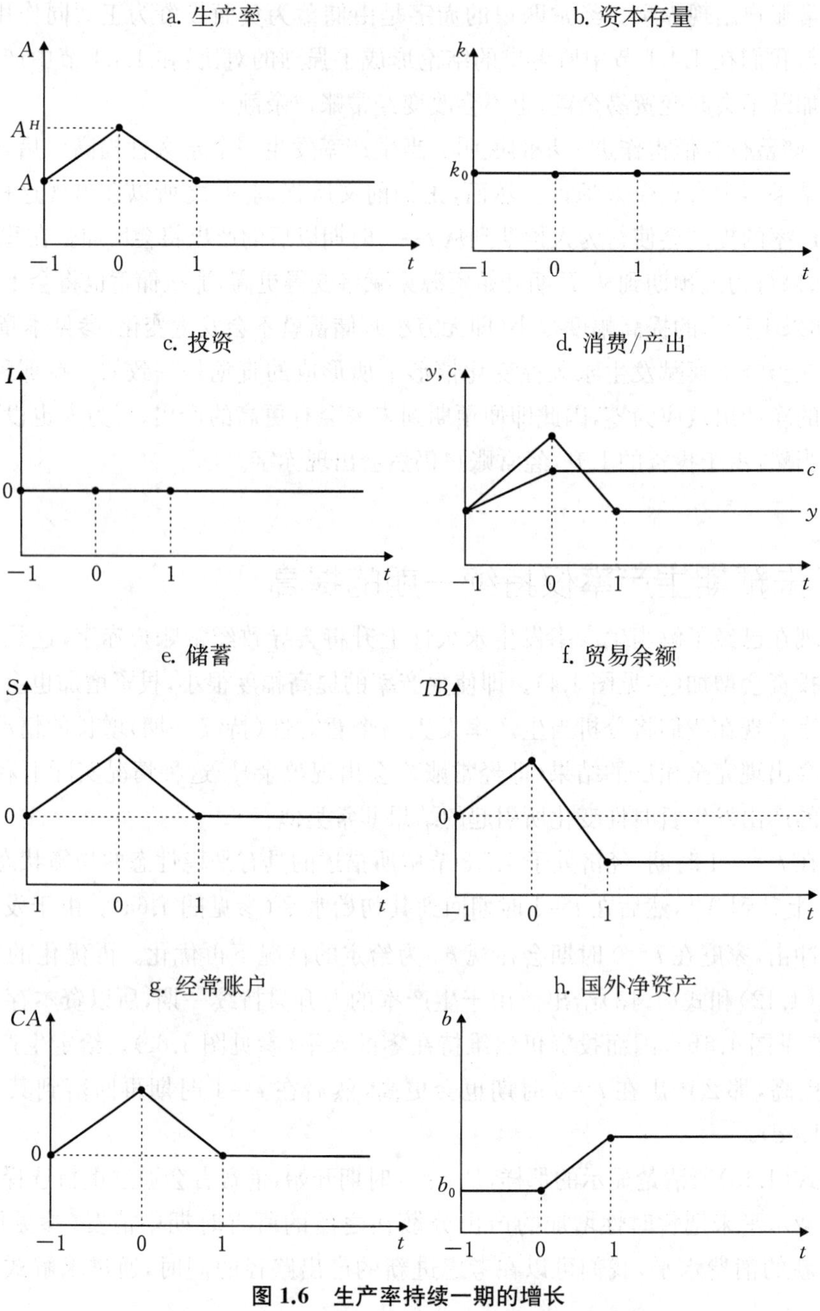

图 1.6　生产率持续一期的增长

$$S_0=\frac{f(k)(A^H-A)}{1+r}>0 \tag{1.63}$$

贸易余额会发生怎样的变化？由于投资仍旧为零，所以有 $y_0=A^Hf(k)$，且 $c_0=c$，这样可以从式(1.47)中推导出：

$$TB_0=A^Hf(k)-c \tag{1.64}$$

将式(1.62)代入式(1.64)，可得：

$$TB_0 = -rb_0 + \frac{f(k)(A^H - A)}{1+r} > -rb_0 \tag{1.65}$$

正如所预期的那样，在 $t=0$ 时期贸易余额将会上升(若 $b_0=0$，那么在 $t=0$ 时期，经济中就产生贸易盈余，正如图 1.6 中的 f 部分所显示的那样)。从 $t=1$ 时期开始，贸易余额将会下降到其受冲击之前的水平。要证明这一点，注意：

$$TB_t = Af(k) - c, \qquad t=1, 2, \cdots \tag{1.66}$$

将式(1.62)代入上式可得：

$$TB_t = -rb_0 + \frac{rf(k)(A - A^H)}{1+r} < -rb_0, \qquad t=1, 2, \cdots$$

因此，如果 $b_0=0$，经济便会在 $t=1$ 时期以后产生贸易赤字。

经常账户又会如何？显然，在 $t=0$ 时期经济体将会产生经常账户盈余，因为我们已经知道，储蓄是正的而投资为零(参见图 1.6g)。利用式(1.49)和式(1.63)，我们可以正式写出：

$$CA_0 = \frac{f(k)(A^H - A)}{1+r} > 0 \tag{1.67}$$

由于在 $t=0$ 时期有经常账户盈余，所以在 $t=1$ 时期国外净资产将会变得更高(参见图 1.6 中的 h 部分)。使用已经得到的 b_1 值，可以证明从 $t=1$ 时期开始储蓄就会为零，正如图 1.6 中的 e 部分所显示的那样。因此，从 $t=1$ 时期开始经常账户也将为零。

总之，当生产率发生一个未预期的暂时性的上升将会产生贸易盈余和经常账户盈余。由于在这种情形下投资没有发生变化，这种分析与在 1.4.2 节中(以及在图 1.3 中)分析资源禀赋发生暂时性下降的结果是类似的(尽管符号相反)。

1.5.6 生产率发生未预期的暂时性上升

到目前为止，我们已经分析了两种极端的情形，其结果都总结在图 1.4 和图 1.6 中。在第一种情形中(参见图 1.4)，生产率发生了一个永久性提高，这会使得经常账户出现赤字(储蓄下降且投资增加)。在第二种情形中(参见图 1.6)，生产率发生一个暂时性(持续一期)的上升，这使得经常账户产生盈余(储蓄为正而投资不变)。这两种极端情形很好地阐释了如下的命题：当生产率受到一个正向冲击时，既有可能导致经常账户产生赤字，也有可能导致经常账户出现盈余。如果这个正向冲击的持续时间超过一期，我们能推测储蓄和投资都会出现上升(当然，最终储蓄会发生一个幅度足够大的回落)，且这两种影响主要取决于冲击持续的时间长短。冲击持续的时间越长，在 $t=0$ 时期所产生的储蓄影响就会越小，因此这一冲击就越有可能会导致经常账户在 $t=0$ 时期发生赤字。

为了证明这一推测，我们现在开始研究如下的一种情形：生产率出现了一个未预期的暂时性上升，且上升持续了 T 期。由于我们已经在 1.5.5 节中分析了 $T=1$ 的情形，所以我们现在开始研究 $T \geqslant 2$ 的情形。我们再次假设在 $t=-1$ 时期，经济处于前文所描述的平稳性态的均衡中，其中资本存量给定为 k。在 $t=0$ 时期，A 的值增加到 A^H，并且持续 T 期(即 A 从 $t=0$ 时期开始变得更高并一直持续到 $t=T-1$ 时期为止)，然后在 $t=T$ 时期回到其初始值(参见图 1.7a)。面对这样一个未预期的冲击，家庭在视 $k_0(=k)$ 为给定的情况下，会进行再优化。再优化的一阶条件继续由式(1.42)和式(1.43)给出。

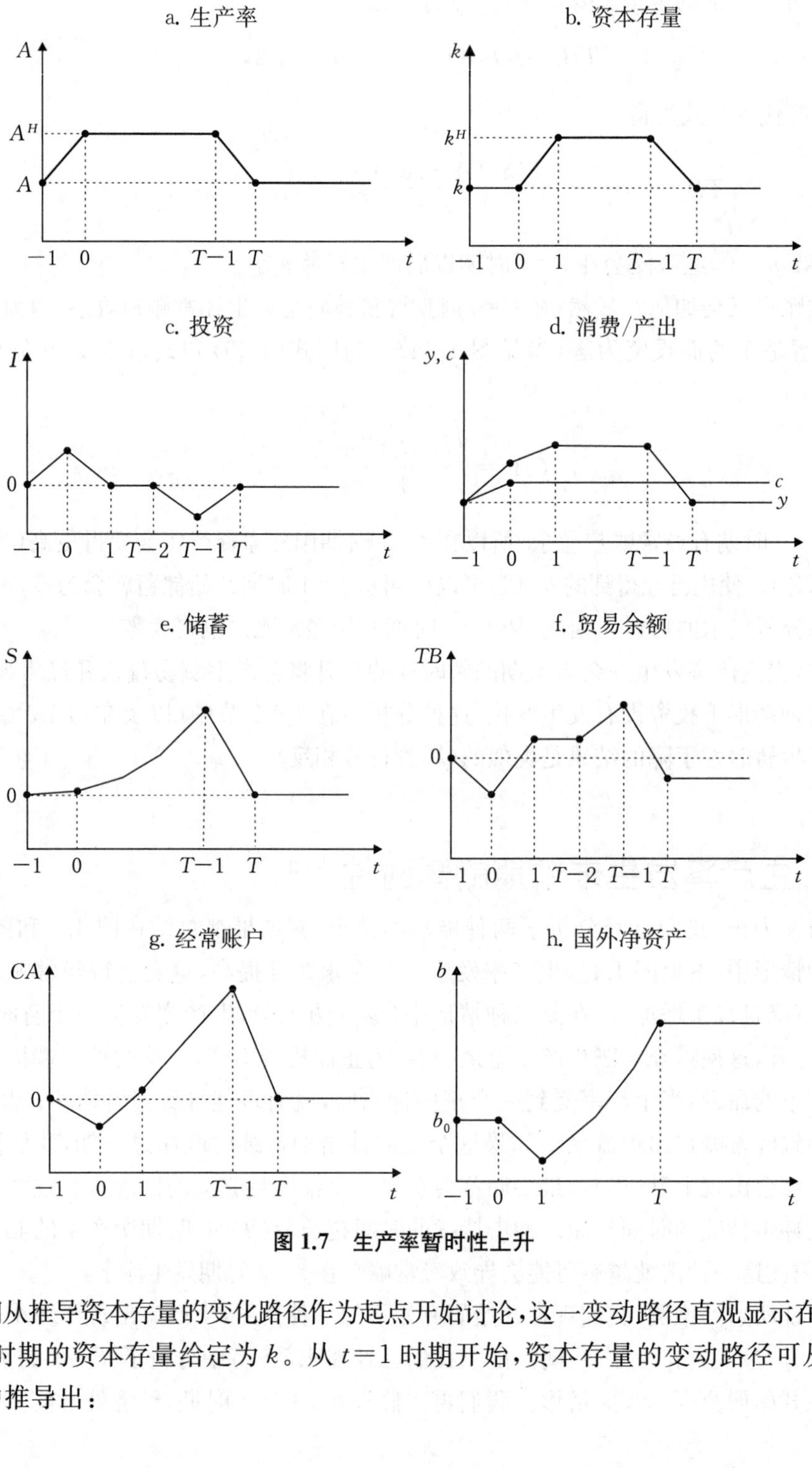

图 1.7　生产率暂时性上升

我们从推导资本存量的变化路径作为起点开始讨论，这一变动路径直观显示在图 1.7b。在 $t=0$ 时期的资本存量给定为 k。从 $t=1$ 时期开始，资本存量的变动路径可从条件式(1.42)中推导出：

$$A^H f'(k^H)=r, \qquad t=1, 2, \cdots, T-1 \tag{1.68}$$

$$Af'(k)=r, \qquad t=T, T+1, \cdots \tag{1.69}$$

因此，从 $t=1$ 时期开始资本存量就会变大，一直持续到 $t=T-1$ 时期为止(表示为 k^H)，然后回落到其受冲击之前的水平。值得注意的是，资本存量在 $t=1$ 时期的上升并不依赖于冲击的持续时间长度 T。

投资的变动路径直观显示在图 1.7c，紧密跟随在资本存量的变动路径之后。在 $t=0$ 时期投资为正，这是因为经济中的资本存量发生增长。而在 $t=T-1$ 时期投资是负的，因为经济中的行为人预期生产率会在 $t=T$ 时期下降，因而不会进行投资。

现在让我们来推导产出的变动路径，直观图显示在图 1.7d。根据式(1.36)以及我们刚刚得出的资本变动路径，可以推导出：

$$\begin{aligned} &y_0=A^H f(k)>y_{-1} \\ &y_t=A^H f(k^H)>y_0, \qquad t=1, 2, \cdots, T-1 \\ &y_t=Af(k)=y_{-1}, \qquad t=T, \cdots \end{aligned} \tag{1.70}$$

因此，产出在 $t=0$ 时期会出现上升，并在 $t=1$ 时期进一步增加，然后维持在这个增加后的水平一直到 $t=T-1$ 时期。在 $t=T$ 时期，产出会回落到其受冲击之前的水平。

为了计算消费的变化，采用分步计算的方法是有用的。首先让我们计算产出的折现值[用 $PDV(y)$ 代表]以及净产出(即投资的净产出)。利用式(1.70)，我们可以写出产出的折现值表达式：

$$PDV(y)=A^H f(k)+\sum_{t=1}^{T-1}\left(\frac{1}{1+r}\right)^t A^H f(k^H)+\sum_{t=T}^{\infty}\left(\frac{1}{1+r}\right)^t Af(k) \tag{1.71}$$

利用等比数列求和公式，我们可以将上式简化为：①

$$PDV(y)=A^H f(k)+\left[1-\left(\frac{1}{1+r}\right)^{T-1}\right]\frac{A^H f(k^H)}{r}+\left(\frac{1}{1+r}\right)^{T-1}\frac{Af(k)}{r} \tag{1.72}$$

为了计算净产出的折现值(即投资的净产出)，我们必须从产出的折现值[由式(1.72)给出]中减去在 0 时期所发生的投资以及在时期 $T-1$ 所收回的投资：

$$PDV(\text{净产出})=PDV(y)-(k_1-k_0)-\left(\frac{1}{1+r}\right)^{T-1}(k_T-k_{T-1}) \tag{1.73}$$

利用式(1.72)，并考虑进 $k_0=k_T=k$ 和 $k_1=k_{T-1}=k^H$，我们可以把上式重写为：

$$\begin{aligned} PDV(\text{净产出})= &\underbrace{\left(\frac{1+r}{r}\right)Af(k)}_{\text{无冲击时产出的}PDV}+\underbrace{\left(\frac{1+r}{r}\right)\left[1-\left(\frac{1}{1+r}\right)^T\right]f(k)(A^H-A)}_{PDV\text{的直接影响}} \\ &+\underbrace{\left[1-\left(\frac{1}{1+r}\right)^{T-1}\right]\left[\frac{A^H f(k^H)-A^H f(k)}{r}-(k^H-k)\right]}_{\text{投资的}NPV} \end{aligned} \tag{1.74}$$

① 为了得到式(1.72)，回忆一下，等比数列的和 $S_n=\frac{a(1-x^n)}{1-x}$，其中 a 为首项，n 为项数，x 是公比。

正如上式所显示的,净产出的折现值可以分解为三个组成部分。第一部分告诉我们如果没有任何冲击发生,产出的折现值(*PDV*)将会有多大。第二部分表示当生产率上升以后,会对产出的折现值产生多大的直接影响。①第三部分——现在我们应该非常熟悉了——则表明投资的净现值有多大(当然,因为目前投资方案只持续到时期 $T-1$,因此净现值的计算方法与之前相比略有调整)。正如我们所预期的那样,当冲击持续的时长 T 越大,净产出的折现值(*PDV*)就会越大,这是因为更高的生产率会持续更长时间。

现在让我们转向研究消费。再一次地,沿着新的完全预期的均衡路径,消费仍然将保持不变。由式(1.39)和式(1.74),可以推导出:

$$\begin{aligned} c = & rb_0 + Af(k) + \left[1-\left(\frac{1}{1+r}\right)^T\right]f(k)(A^H - A) \\ & + \frac{r}{1+r}\left[1-\left(\frac{1}{1+r}\right)^{T-1}\right]\left[\frac{A^H f(k^H) - A^H f(k)}{r} - (k^H - k)\right) \end{aligned} \tag{1.75}$$

从式(1.75)中可以清楚地看出,新的消费水平是两部分之和:利息收入加上净产出折现值中的持久收入部分。正如所预期的那样,消费也是 T 的增函数。

在 0 时期,储蓄会如何发生变化?从式(1.23)和式(1.75)中可以推导出:

$$\begin{aligned} S_0 = & \underbrace{\left(\frac{1}{1+r}\right)^T f(k)(A^H - A)}_{+} \\ & \underbrace{-\frac{r}{1+r}\left[1-\left(\frac{1}{1+r}\right)^{T-1}\right]\left[\frac{A^H[f(k^H)-f(k)]}{r} - (k^H - k)\right]}_{-} \gtreqless 0 \end{aligned} \tag{1.76}$$

基于前面两种极端情形的研究——直观图显示在图 1.4 和图 1.6 中——我们可以预期在 0 时期储蓄由两项组成部分(这两项组成部分的作用方向完全相反)。第一项(正如后文的方程中将要显示的那样,其取值为正)反映了在 0 时期因为产出出现了暂时性增加而诱发出来的储蓄[回想一下式(1.63),当我们在研究产出暂时性(仅持续一期)增加时也曾观察到这种效应]。这种效应会随着 T 的增加而变小,因为 T 增加意味着冲击变得"更持久"了。在冲击成为永久性冲击(即 $T\to\infty$)的极端情形下,这种效应会消失。第二项(正如后文的方程中将要显示的那样,其取值为负)反映了因未来产出的增加而诱发的储蓄减少[回忆一下式(1.59),当我们在研究生产率出现一个永久性上升时也曾观察到这种效应]。随着 T 的增加,储蓄减少的量也会越大,这是因为投资收益的净现值增加了(因为一个变大的资本存量得以持续更长的时间)。在 0 时期的储蓄究竟是正还是负就取决于这两种力量的相对大小(参见专栏 1.3)。②然而,无论储蓄在时期 0 是正还是负,有一点我们都很确定,即储蓄是 T 的减函数。

---

① 所谓的直接影响是指不存在任何新的投资情形下的产出水平的增加。

② 正如在专栏 1.3 中所讨论的那样,储蓄可能是正的这一事实为所谓的费尔德斯坦—霍里奥卡之谜(Feldstein-Horioka puzzle)提供了一个潜在的解释。

专栏 1.3 费尔德斯坦-霍里奥卡之谜(The Feldstein-Horioka puzzle)

在载于1980年《经济杂志》(*Economic Journal*)的一篇被广泛引用的文章中,马丁·费尔德斯坦(Martin Feldstein)和查尔斯·霍里奥卡(Charles Horioka)在研究开放经济中的储蓄和投资时碰到了一个困惑。[a]他们认为如果资本是完全流动的,投资者就应该将资本投资到那些具有最高资本边际生产率的国家,直到各国间的资本边际生产率趋于相等。这样,就没有必要通过国内储蓄来为国内投资进行融资,因此,我们应该可以预期,在任何一个单独的国家里,其储蓄和投资的相关系数应该很小或者为零。费尔德斯坦和霍里奥卡通过收集OECD国家的数据,研究发现其结果与我们的理论预期完全相反,即储蓄和投资具有高度相关性。表1.3通过列示了10个发展中国家和14个工业化国家的储蓄-投资相关系数,来说明这是一个典型性的事实。两组国家的相关系数的均值均为正(发展中国家为0.56,工业化国家为0.81),且每个国家的系数也都为正。费尔德斯坦和霍里奥卡认为该谜题的一个解释是对于高资本流动性这个假设是不切实际的,总的来说,资本的流动性——尤其是与长期投资有关的部分——大多是受限制的。

表 1.3 储蓄和投资的相关系数(实际值)

发展中国家		工业化国家	
阿根廷	0.92	奥地利	0.80
玻利维亚	0.08	比利时	0.83
哥伦比亚	0.85	加拿大	0.87
洪都拉斯	0.10	丹麦	0.78
墨西哥	0.59	芬兰	0.85
巴拉圭	0.26	法国	0.93
秘鲁	0.65	德国	0.80
土耳其	0.68	意大利	0.66
乌拉圭	0.88	日本	0.91
委内瑞拉	0.56	荷兰	0.81
		新西兰	0.78
		瑞典	0.87
		瑞士	0.67
		美国	0.85
均值	0.56	均值	0.81

注:以1970—2010年的年度数据为基础。投资是总资本形成与存货变化(如果数据可得)之和。

资料来源:世界发展指标(世界银行)。

虽然事实本身是毫无争议的，但费尔德斯坦和霍里奥卡把对于该谜题的解释归因于受限制的资本流动却引来了很大的争议。至少从定性的角度讲，在我们的引入投资后的简单模型就能解释这个谜题。确实，正如在 1.5.6 节中的分析那样，我们的模型预计当生产率出现了一个未预期的正向上升时，储蓄确实可能增加。这一情形直观表述在图 1.7 中，在那里我们可以看到，储蓄和投资在时期 0 都增加了。从直觉上讲，当生产率受到一个暂时性的正向冲击会使产出增加，而这又会诱使家庭进行储蓄，以便有可能把产出的这种增加的收益分摊在所有时期来享受。从定量的角度看，比如我们基准模型的校准版 Mendoza(1991)提出的，即使是在完全资本流动的条件下也能得出与正的储蓄-投资相关系数一致的结果。事实上，在我们的模型中引入调整成本以后，以其作为基准对加拿大的数据做校准，Mendoza(1991)的研究指出，储蓄—投资相关系数大致处于 0.5—0.6，这一研究结论与表 1.3 提供的数据基本相符。所以可以得出结论，根据我们的模型，所谓的费尔德斯坦—霍里奥卡谜题其实根本不是困惑。

专栏注：

a. 费尔德斯坦—霍里奥卡的文章引发了大量的后续研究，读者要想对此做了解，可以参阅 Coqkleya 等人(1998)的综述文章。

在 $t=0$ 时期储蓄可能为正也可能为负的事实也告诉了我们，在 $t=0$ 时期的消费可能高于也可能低于 $t=0$ 时期的产出水平。为了看清这一点，考虑当 $b_0=0$，因此 $S_0=y_0-c$ 时的情形。如果储蓄为正（正像图 1.7e 假设的那样），那么有 $c<y_0$（参见图 1.7d）。

在时期 0 贸易余额会如何变化呢？利用式(1.47)和式(1.75)可以写出：

$$TB_0=-rb_0+\underbrace{\left(\frac{1}{1+r}\right)^T f(k)(A^H-A)}_{A}$$
$$-\underbrace{\left[1-\left(\frac{1}{1+r}\right)^{T-1}\right]\frac{r}{1+r}\left[\frac{A^H[f(k^H)-f(k)]}{r}-(k^H-k)\right)}_{B}$$
$$-\underbrace{(k^H-k)}_{\text{投资效应}}$$

在一个不存在投资的模型中，上述表达式中就仅会出现 A 项，正如我们已经解释的那样，这一部分的取值为正。因此，贸易余额将会表现出顺周期性的特征（即在生产率暂时性上升的情况下会提高）。然而，一旦投资因素引入模型，就会有两个额外的效应出现，而且它们的作用方向相反，这会导致贸易余额可能出现逆周期性的行为。第二个效应——B 项——表明因预期未来的产出会增加而诱发出的储蓄减少的量。第三项为投资效应。因此，贸易余额在时期 0 的变动状况将依赖于以上三种效应的大小。若后两种效应占主导——假设是如图 1.7f 所示的那样——那么，在受到冲击以后贸易余额将会变糟(即出现逆周期运动)，这一行为与数据显示的结果一致(参见专栏 1.2)。①

从时期 1 开始直到时期 $T-2$，相较于其受冲击之前的水平，贸易余额将会提高。在时期 $T-1$，因为会对这一时期负的投资作出反应，贸易余额会进一步提高。从 T 时期开始，会出现贸易赤字。②

经常账户又是如何变化的呢？利用式(1.49)，我们可以写出：

$$CA_0 = S_0 - I_0 \gtreqless 0 \tag{1.77}$$

经常账户的符号是不确定的，因为储蓄既可能为正也可能为负，当然，投资为正。图 1.7g 假设了经常账户在时期 0 出现赤字。为了计算经常账户的完整路径，我们需要保持国外净资产的路径不变，因为后者会通过国外净资产的收益来影响储蓄。数学推算虽然直观明了但多少还是有些乏味无趣的，因此我们把它放在附录 1.7.3 中。从直觉上讲，随着在时期 1 的贸易余额转变为盈余，这会使经常账户的余额也转变为盈余。然后，经常账户的盈余会随着时间的推移不断提高，这是因为尽管贸易余额会维持不变直到时期 $T-2$，但是资产的收益却在持续积累。在时期 $T-1$，由于投资的减少，经常账户盈余会进一步增加。在时期 T，经常账户余额会下降为 0，这是由于经济从那时以后处于静止状态。图 1.7h 显示了国外净资产的相应变动路径。

总之，我们说明了一旦投资进入模型后，暂时性冲击可以导致贸易账户和经常账户的余额出现逆周期变化。在刚刚分析的研究中，生产率的暂时性增加既可以导致经常账户出现盈余也可以导致它出现赤字。值得注意的是，在投资效应占主导的情况下，经常账户只会在一期中出现赤字。这是因为资本存量只在一期中发生增加。如果存在调整成本，并且投资要花更长的时间才能调整到其新值的水平，那么经常账户出现赤字的时间也将会持续超过一期。

1.5.7 一个数值例子

为了帮助理解，我们通过计算一个具体的数值例子来感受经常账户是如何对生产率的暂时性的增加作出反应的。如式(1.77)所示，经常账户的反应将依赖于储蓄和投资效应之间的相对强度。尽管投资效应并不依赖于冲击时间的长度 T，但是 T 越大，储蓄效应将会越小。事实上我们知道，若 T 的值足够大，投资效应便会占据主导，因为储蓄最终会变为负值。我们同样知道，当 $T=1$ 时，投资效应将不会存在，因此经常账户会出现盈余。但是当 T 处于两者之间会发生什么呢？

我们假设生产函数是柯布-道格拉斯生产函数：

① 正如本章习题 8 清楚显示的那样，如果生产率的变化很小，那么第二项效应就不会出现。对贸易余额(因此也是经常账户)的影响主要由第一项(消费平滑)效应和第三项(投资)效应之间的相对力量比来决定。图 1.7 的 f 部分假定了 $b_0=0$。

② 在附录 1.7.3 中给出了对于贸易余额、储蓄和经常账户的正式推导。

$$f(k)=k^{\alpha} \tag{1.78}$$

假设各参数的取值如下：

$$A=0.1$$
$$A^{H}=0.11$$
$$\alpha=0.1$$
$$r=0.3$$

图1.8展示了在$T=1$的情况下使用式(1.63)，在$T\geqslant 2$的情况下使用式(1.76)和式(1.77)时所做的计算结果。图1.8a展示了储蓄和投资作为T的函数是如何对冲击作出反应的，图1.8b描述了经常账户对冲击作出反应的变动过程。当$T=1$的时候，不存在投资效应，所以经常账户在$t=0$时期必定处于盈余状态。正如在分析中所证明的那样，储蓄是T的减函数。当$T\geqslant 2$时，投资并不依赖于T。就我们设定的这些特别参数而言，储蓄效应会一直占据主导力量直到冲击的持续时间为$T=4$为止。对于任何持续时间超过4期的冲击，投资效应将占据主导作用，因而生产率出现一个暂时性的上升将会使经常账户出现赤字。①

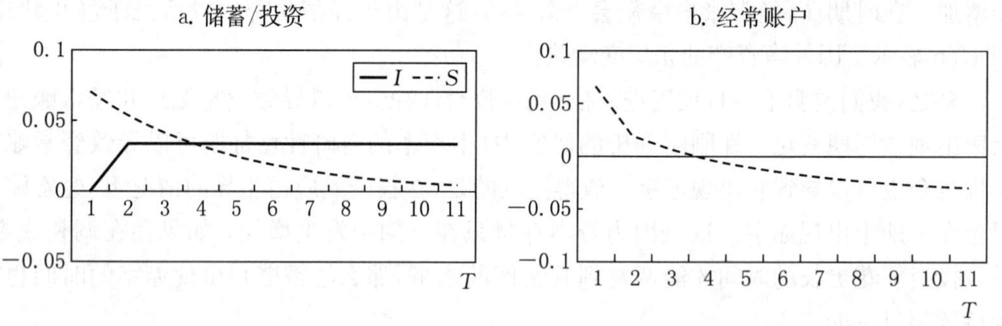

图1.8　储蓄,投资和经常账户

1.6　总结性评论

本章到目前为止展示了在一个没有摩擦和实际利率恒定的世界里，即便产出出现了随时间而波动的情况，一个小型开放经济下的行为人仍能实现完全的平滑消费。②作为参照基准，这也许是现代开放经济的宏观经济学所得出的最重要的结论。然而，在实际中，大多数国家面临各种各样的摩擦，这会导致实际结果与这个理想世界的结果出现背离(福

① 由于调整成本的缺失，r的取值必须相当大才能保证投资效应不会总是超过储蓄效应。例如，若$r=0.1$，在$T=2$时投资效应就开始占据主导位置了，所以对于任何$T\geqslant 2$的情形，经常账户都会出现赤字。本章习题9要求你在给定T的情况下，画出在参数取不同值时经常账户随时间变动的图形。

② 我们提供了一个离散时间版本的基础禀赋模型，并利用MATLAB求解了当永久性和暂时性的冲击发生后，在各种参数下的数值解。虽然在现实中，我们不会利用数值方法去求解如此简单的模型，但从教育教学的角度看，明白数值法的求解原理也有助于我们求解同样模型的解析解。类似这样的习题对于我们学习和理解第13、14、15章的内容也大有益处。在这些章节中，引入货币后的基础模型对于推导各种数值结果非常有用。

利减少)。比如,在下一章里,我们将会分析不完善的国际资本市场如何对经济产生影响,以至于行为人无法随时间的推移一直让消费保持平滑。在第 3 章中,我们将会看到由政策诱导的跨期决策扭曲将会如何导致私人部门去选择一个非平滑(社会次优)的消费路径。

1.7 附录

1.7.1 逐点最优化

该附录将正式推导由式(1.10)给出的一阶条件。我们将介绍两种可供选择的方法:(1)分割法;(2)扰动法。

分割法

为了方便起见,让我们重新描述消费者的优化问题为:

$$\max_{\{c_t\}}\int_0^T u(c_t)e^{-\beta t}\mathrm{d}t$$

限制条件为:

$$\int_0^T c_t e^{-rt}\mathrm{d}t = K$$

其中:

$$K\equiv b_0+\int_0^T y_t e^{-rt}\mathrm{d}t$$

然后我们将区间$[0, T]$分割为 N 个相等的子区间,每个子区间的长度为 Δ:

$$\Delta=\frac{T}{N}$$

令 $t_0, t_1, \cdots, t_N$ 分别代表这些区间的始末点:

$$t_0=0,\ t_1=\Delta,\ t_2=2\Delta,\ \cdots,\ t_N=N\Delta=T \tag{1.79}$$

原始的消费者的优化问题现在就可以近似地表述为:

$$\max_{\{c_{t_1},\cdots,c_{t_N}\}} u(c_{t_1})e^{-\beta t_1}(t_1-t_0)+u(c_{t_2})e^{-\beta t_2}(t_2-t_1)+\cdots+u(c_{t_N})e^{-\beta t_N}(t_N-t_{N-1})$$

s.t

$$c_{t_1}e^{-rt_1}(t_1-t_0)+c_{t_2}e^{-rt_2}(t_2-t_1)+\cdots+c_{t_N}e^{-rt_N}(t_N-t_{N-1})=K$$

利用式(1.79),我们能把该最优化问题更简洁地描述为:

$$\max_{\{c_{t_1},\cdots,c_{t_N}\}}\sum_{i=1}^{N}u(c_{t_i})e^{-\beta t_i}\Delta$$

s.t.

$$\sum_{i=1}^{N}c_{t_i}e^{-rt_i}\Delta=K$$

相应的拉格朗日方程可改写为：

$$\mathcal{L}=\sum_{i=1}^{N}u(c_{t_i})e^{-\beta t_i}\Delta+\lambda\left[K-\sum_{i=1}^{N}c_{t_i}e^{-rt_i}\Delta\right]$$

对应于该最优化问题的一阶条件可由下式给出：

$$u'(c_{t_i})e^{-\beta t_i}=\lambda e^{-rt_i} \qquad \text{对所有 } i=1,\ \cdots,\ N$$

该一阶条件对任何大小的子区间都是有效的。特别是对于无穷小的子区间也有效。当 Δ 趋向于 0 时，t_i，$i=1$，…，N 的值变得无限接近，我们可以写为：

$$u'(c_t)e^{-\beta t}=\lambda e^{-rt} \qquad \text{对所有 } t\in[0,\ T]$$

作为在连续时间情形下的一阶条件表达式。

扰动法

为了说明该方法背后的逻辑，让我们首先来看一个简单的例子。令 $f(x)$ 为一个把数值从一个实数集映射到另一个实数集中的函数。现在考虑选择一个 x 使 $f(x)$ 达到最大。我们知道：

$$f'(x^*)=0$$

是 x^* 为局部极大值点的一个必要条件。

如果 x^* 是一个局部极大值的内点，那么由定义有：

$$f(x^*)\geqslant f(x^*+\Delta x) \tag{1.80}$$

其中 $\Delta x(\equiv x-x^*)$ 代表一个"扰动"。对于任何 x^* 附近区域的微小值 Δx，有：

$$f(x^*+\Delta x)=f(x)\simeq f(x^*)+f'(x^*)\Delta x \tag{1.81}$$

将 $f(x^*+\Delta x)=f(x^*)+f'(x^*)\Delta x$ 代入式(1.80)，我们可以得到一个基本的不等式：

$$f'(x^*)\Delta x\leqslant 0 \tag{1.82}$$

由于条件式(1.82)对于任意的 Δx 都成立，这必定意味着：

$$f'(x^*)=0 \tag{1.83}$$

现在来考虑我们所关心的问题。令 $\int_0^T f(x(t))\mathrm{d}t$ 代表一类泛函：能把一组合适的函数映射到一个实数集中去。①考虑如何选择一个函数 $x(t)$ 来最大化 $\int_0^T f(x(t))\mathrm{d}t$。在这个问题中，如果 $x^*(t)$ 为一个局部内点极大值，那么由定义可知：

$$\int_0^T f(x^*(t))\mathrm{d}t\geqslant\int_0^T f(x^*(t)+\varepsilon h(t))\mathrm{d}t \tag{1.84}$$

其中 ε 为一个任意实数，$h(t)$ 是一个在机会集中的任意函数。$\varepsilon h(t)$ 项表示一个"扰

① 不要把泛函和函数相混淆。泛函是把一个个函数映射到实数中去，而函数则是指把一个个数值从实数(或者更一般的是一个个向量)映射到实数中去。

动”。现在我们需要推导出使 $x^*(t)$成为目标泛函局部极大值的必要条件。

可注意到：

$$\int_0^T f(x(t))\mathrm{d}t=\int_0^T f(x^*(t)+\varepsilon h(t))\mathrm{d}t=F(\varepsilon) \tag{1.85}$$

因此，我们现在就有了一个从实数到实数的映射。通过构造，当 $\varepsilon=0$ 时，$F(\varepsilon)$一定取到最大值。从式(1.83)中可知一个局部内点极大值的必要条件为：

$$F'(0)=0$$

利用莱布尼茨法则对式(1.85)进行微分①，可得：

$$F'(0)=\int_0^T f'(x^*(t))h(t)\mathrm{d}t=0 \tag{1.86}$$

因为条件式(1.86)对于任意的 $h(t)$都成立，所以对于任意的 $t\in[0,\ T]$值，必定有：

$$f'(x^*(t))=0 \tag{1.87}$$

1.7.2 解为最大值的证明②

现在我们来证明由式(1.10)的一阶条件和式(1.9)的跨期预算约束条件所描述的消费路径是一条最大值路径。因为 $u(c)$是严格凹的，因而对于任意两点 c^1 和 c^2，$c^1\neq c^2$，下式一定成立：

$$u(c^2)-u(c^1)<u'(c^1)(c^2-c^1)$$

假设路径 c_t^1 满足式(1.10)的一阶条件和式(1.9)的跨期预算约束条件。令路径 c_t^2 仅满足式(1.9)的跨期预算约束条件，那么有：

$$\begin{aligned}\int_0^T[u(c_t^2)-u(c_t^1)]e^{-\beta t}\mathrm{d}t &\leqslant \int_0^T u'(c_t^1)(c_t^2-c_t^1)e^{-\beta t}\mathrm{d}t \\ &=\lambda\int_0^T(c_t^2-c_t^1)e^{-rt}\mathrm{d}t=0\end{aligned}$$

这里，我们使用了一阶条件式(1.10)，右边的相等性是从如下事实中推导出来的：即两条路径都满足跨期预算约束条件式(1.9)。因此路径 c_t^1 确实是最大化的。

1.7.3 贸易余额和经常账户路径的推导

这部分附录计算了当生产率出现了一个未预期的暂时性上升的情形下，经常账户的

---

① 在其更一般的描述中，莱布尼茨法则告诉我们，如果有一个函数 $F(t)$，定义为：

$$F(t)=\int_{g(t)}^{x(t)} f(s,\ t)\mathrm{d}s$$

那么它的导数由下式给出：

$$F'(t)=f(x(t),\ t)x'(t)-f(g(t),\ t)g'(t)+\int_{g(t)}^{x(t)}\frac{\partial f(s,\ t)}{\partial t}\mathrm{d}s$$

② 我们参考了 Calvo(1996)的证明。

变动路径。我们将沿着迭代的进程首先计算当 $t=0$ 时经常账户的变动，然后计算净外国资产变化的结果（这使我们可以计算出当 $t=1$ 时经常账户的变动），然后再重复同样的步骤去计算所有随后各期的结果。

贸易余额的路径

因为对于 $t=1, 2, \cdots, T-2$，有 $I_t=0$，在 $t=1, 2, \cdots, T-2$ 时的贸易余额将由下式给出：

$$TB_t=y_t-c_t, \qquad t=1, 2, \cdots, T-2$$

利用式(1.70)和式(1.75)，我们有：

$$\begin{aligned}TB_t|_{t=1,2,\cdots,T-2}&=-rb_0+\frac{r}{1+r}A^H[f(k^H)-f(k)]+\left(\frac{1}{1+r}\right)^T[A^Hf(k^H)-Af(k)]\\&\quad+\frac{r}{1+r}\left[1-\left(\frac{1}{1+r}\right)^{T-1}\right](k^H-k)\\&>-rb_0\end{aligned}$$

因为 $b_0=0$，贸易余额将在 $t=1$ 时期转为盈余。对于 $t=T-1$，我们需要在上面的表达式中引入回收投资的效应：

$$\begin{aligned}TB_{T-1}&=-rb_0+\frac{r}{1+r}A^H[f(k^H)-f(k)]+\left(\frac{1}{1+r}\right)^T[A^Hf(k^H)-Af(k)]\\&\quad+\frac{r}{1+r}\left[1-\left(\frac{1}{1+r}\right)^{T-1}\right](k^H-k)-(k_T-k_{T-1})\\&>TB_t|_{t=1,2,\cdots,T-2}\end{aligned}$$

由于投资在时期 $T-1$ 为负，所以贸易余额在时期 $T-1$ 将会比在时期 $T-2$ 更大。

时期 T 会如何呢？直觉上讲，此时应该为赤字（因为 $b_0=0$）。产出和受到冲击之前是一样的，但是消费水平会变得更高。实际上，利用式(1.70)和式(1.75)，我们可以得到：

$$\begin{aligned}TB_T=-rb_0-\Bigg\{&\left[1-\left(\frac{1}{1+r}\right)^T\right]f(k)(A^H-A)\\&+\frac{r}{1+r}\left[1-\left(\frac{1}{1+r}\right)^{T-1}\right]\left[\frac{A^Hf(k^H)-A^Hf(k)}{r}-(k^H-k)\right]\Bigg\}<-rb_0\end{aligned}$$

储蓄的路径

根据定义，时期1的储蓄由下式给出：

$$S_1=rb_1+A^Hf(k^H)-c$$

加上再减去 $rb_0+A^Hf(k)$，并且注意到 $S_0=rb_0+A^Hf(k)-c$ 和 $b_1-b_0=S_0-I_0$，我们可以将表达式重写为：

$$S_1=(1+r)S_0+r\left[A^H\left(\frac{f(k^H)-f(k)}{r}\right)-I_0\right]>S_0 \tag{1.88}$$

在 $t=1$ 时期的储蓄要比在 $t=0$ 时期的储蓄更大。利用相似的方法，很容易证明从 $t=2$ 时期一直到 $t=T-1$ 时期，储蓄可以被写成如下的一个递归式子：

$$S_t=(1+r)S_{t-1}, \qquad t=2, \cdots, T-1 \tag{1.89}$$

储蓄会随着时间推移一直保持增加直到时期 $T-1$。同样地，在时期 T 的储蓄将由下式给出：

$$S_T=(1+r)S_{T-1}-rI_{T-1}-[A^H f(k^H)-Af(k)]$$

为了证明 $S_T=0$，我们通过反复使用式(1.89)可以把 S_T 表示为 S_0 的函数：

$$\begin{aligned} S_T=&(1+r)^T S_0+(1+r)^{T-1} r\left[A^H\left(\frac{f(k^H)-f(k)}{r}\right)-I_0\right] \\ &-rI_{T-1}-[A^H f(k^H)-Af(k)] \end{aligned}$$

根据式(1.75)给出的 c 的表达式，以及 $S_0=rb_0+A^H f(k)-c$ 的事实，就可以得出 $S_T=0$ 的结论。

经常账户的路径

在正文中我们已经证明了在时期 0 经常账户是可以取任意的符号。在时期 1，因为投资为 0，所以有 $CA_1=S_1$。因此，由式(1.88)可得：

$$CA_1=S_1=(1+r)S_0+r\left[A^H\left(\frac{f(k^H)-f(k)}{r}\right)-I_0\right]>CA_0$$

因为 $S_1>S_0$，所以经常账户余额在 $t=1$ 时期要比在 $t=0$ 时期更大，并且不存在投资。由于投资到时期 $T-2$ 一直保持为 0，可以得出：

$$CA_t=S_t, \qquad t=2, \cdots, T-2$$

我们已经确定储蓄将持续增加到时期 $T-2$，所以经常账户余额也会随时间而增加。在时期 $T-1$，经常账户余额由下式给出：

$$CA_{T-1}=S_{T-1}-I_{T-1}>CA_{T-2}$$

这里的不等式成立是从 $S_{T-1}>S_{T-2}$ 和 $I_{T-1}<0$ 这两个事实中推导出来的。总之，尽管在时期 0 经常账户余额的水平是不确定的，但是其水平会随时间的推移而持续增长，直到时期 $T-1$。正如上文所显示的那样，在时期 T，因为储蓄和投资都为 0，因此经常账户也为 0。

习　题

1. (时间不一致：折现的角色)本习题给定了一个时间可分离的偏好，并阐释了在产生时间不一致问题中双曲贴现的作用。为此，本习题首先要求你证明有指数折现的时间可分离偏好(即在正文中所使用的偏好)是时间一致的。然后要求你计算一个例子，在这个例子中，引入了双曲折现，因而会产生时间不一致性问题。

(1)(指数型消费者)假设“指数化”消费者的偏好由下式给定：①

$$U_0(c_0,\ c_1,\ \cdots)=\sum_{t=0}^{\infty}\delta^t\log(c_t) \tag{1.90}$$

这里，c_t 是在时期 t 的消费，$\delta\in(0,\ 1)$，终身效用函数中的下标 0 表示消费路径是以 $t=0$ 时期来进行评估的。假设 $\delta(1+r)=1$。

时期 t 的流量约束由下式给出：

$$b_{t+1}=(1+r)b_t+y-c_t$$

这里，y 是固定的禀赋，r 是外生给定的世界利率水平，b_t 是在时期 t 和时期 $t+1$ 之间持有的净外国资产。对流量约束进行不断朝前积分，并施加如下的条件：

$$\lim_{t\to\infty}\frac{b_{t+1}}{(1+r)^t}=0$$

可以产生如下跨期约束：

$$\sum_{t=0}^{\infty}\left(\frac{1}{1+r}\right)^t c_t=(1+r)\left(b_0+\frac{y}{r}\right) \tag{1.91}$$

在这一背景下：

i. 定义时点 t 的折现因子(一个测量消费者不耐心程度的指标)为某个固定消费路径 c 上的两个连续时间点之间消费的边际替代率：

$$\text{折现因子}_t\equiv MRS_{t,\ t+1}^t=\left.\frac{\partial U_t(c_0,\ c_1,\ \cdots)/\partial c_{t+1}}{\partial U_t(c_0,\ c_1,\ \cdots)/\partial c_t}\right|_{c_0=c_1=\cdots=c}$$

假设消费者站在时点 t 上。计算 $t+1$ 与 $t+2$ 之间消费的折现因子(即计算 $MRS_{t+1,\ t+2}^t$)。接下来假设消费者站在时点 $t+1$ 上，再次计算 $t+1$ 与 $t+2$ 之间消费的折现因子(即计算 $MRS_{t+1,\ t+2}^{t+1}$)。证明 $MRS_{t+1,\ t+2}^t=MRS_{t+1,\ t+2}^{t+1}$。

ii. $t=0,\ 1,\ \cdots$，定义 c_t^0 为在 $t=0$ 时点所选择的最优消费路径。计算 c_t^0 的简化表达式，$t=0,\ 1,\ \cdots$。

iii. $t=1,\ 2,\ \cdots$，定义 c_t^1 为在 $t=1$ 时点所选择的最优消费路径。证明在 $t=1$ 时点所选择的最优消费路径是时间一致的(即与在 $t=0$ 时点所选择的路径是一致的)(提示：计算 c_t^1 的简化表达式，$t=1,\ 2,\ \cdots$，并逐一核实有 $c_1^0=c_1^1$，$c_2^0=c_2^1$ 等)。

(2)(双曲型的消费者)现在假设偏好是“准双曲线”类型的：

$$U_0(c_0,\ c_1,\ \cdots)=\log(c_0)+\rho\sum_{t=1}^{\infty}\delta^t\log(c_t) \tag{1.92}$$

这里，$\rho\in(0,\ 1)$。假设 $\delta(1+r)=1$。

① 参见 Backus 等人(2005)对偏好时间不一致问题的详细讨论，也可参见 Calvo(1996)。

在这样的背景下：

i. 假设消费者站在时点 t 上。计算 $t+1$ 与 $t+2$ 之间消费的折现因子(即计算 $MRS^{t}_{t+1,\,t+2}$)。接下来假设消费者站在时点 $t+1$ 上，再次计算 $t+1$ 与 $t+2$ 之间消费的折现因子(即计算 $MRS^{t+1}_{t+1,\,t+2}$)。证明 $MRS^{t}_{t+1,\,t+2}>MRS^{t+1}_{t+1,\,t+2}$。注意，这意味着消费者对于站在今天的视角看明天与后天之间的消费选择，要比站在明天的视角看更为耐心。在这个意义上说，消费者在"短期"要比在"长期"更为耐心，这就是我们所定义的双曲型折现的特征。

ii. 计算 c^0_t 的简化表达式，$t=0,\ 1,\ \cdots$。

iii. 计算 c^1_t 的简化表达式，$t=1,\ 2,\ \cdots$，出于简单考虑，假设 $b_0=0$。证明在 $t=1$ 时点所选择的最优消费路径是时间不一致的(即与在 $t=0$ 时点所选择的路径不一致)。(提示：计算 c^j_1 的简化表达式，$j=0,\ 1,\ \cdots$，并证明 $c^0_1<c^1_1$)。解释时间不一致根源的经济学直觉。

2. (时间不一致：非时间可分离的角色)本习题——作为对上一题的补充——仍旧给定指数型折现并阐释非时间可分离性在产生时间不一致性中的作用。

(1) (过去的消费影响今天的效用)令偏好给定为：

$$U_0(c_0,\ c_1,\ \cdots)=\log(c_0)+\sum_{t=1}^{\infty}\delta^t[\log(c_t)+\alpha\log(c_{t-1})]$$

α 的符号定义了偏好的类型。自然地，假如 $\alpha=0$，那么上式成为标准的时间可分离的偏好。假如 $\alpha<0$，那么上式意味着存在习惯持续性，导致在时期 $t-1$ 更高的消费会减少在时期 t 的效用(捕捉到消费者会对某个消费层级产生习惯或者"上瘾")。假如 $\alpha>0$，那么上式意味着存在消费的持久性，导致在时期 $t-1$ 更高的消费会增加在时期 t 的效用。[①]跨期约束仍旧由式(1.91)给出[假设 $\delta(1+r)=1$]。

在这一背景下：

i. 计算 c^0_t 的简化表达式，$t=0,\ 1,\ \cdots$。

ii. 计算 c^1_t 的简化表达式，$t=0,\ 1,\ \cdots$。证明在 $t=1$ 时点所选择的最优消费路径是时间一致的。

(2) (未来消费产生效应)令偏好给定为：

$$U_0(c_0,\ c_1,\ \cdots)=\sum_{t=1}^{\infty}\delta^t[\log(c_t)+\log(c_{t+1})]$$

在这种情形下，消费者不仅仅从今天的消费中也从下一期的消费中获得效用。假设 $\delta(1+r)=1$。

i. 计算 c^0_t 的简化表达式，$t=0,\ 1,\ \cdots$。

ii. 计算 c^1_t 的简化表达式，$t=0,\ 1,\ \cdots$。出于简单考虑，假设 $b_0=0$。证明在 $t=1$ 时

① 习惯在财经文献中将持续性广泛用作股权—溢价之谜一种可能解释(参见 Constantinides，1990)。在发展宏观经济学领域中，Uribe(2002)使用习惯持续性来解释一些与基于汇率稳定相关的程式化事实，我们将在第 13 章进行研究。

点所选择的最优消费路径是时间不一致的。直观解释导致时间不一致的来源。

3. (系统的根)考虑一个在1.2.2节中有对数型偏好的无限水平模型。在这一背景下：

(1) 证明与这一模型相联系的动态系统有 $r-\beta$ 和 r 两个根(假如 $r=\beta$,则根是零和 r)。

(2) 考虑该模型的离散时间版本。证明对于 $(1+r)\beta=1$ 的情形,根是1和 $1+r$。

4. (消费倾斜)本习题分析在有限和无限背景下的消费倾斜问题(即当 β 不一定等于 r 时的最优消费计划)。

令瞬时效用函数给定为：

$$u(c_t)=\frac{c_t^{1-(1/\sigma)}-1}{1-(1/\sigma)} \tag{1.93}$$

这里,$\sigma>0$ 代表消费的跨期替代率。

(1) (有限水平)考虑在正文中分析的有限水平问题,其中消费者在式(1.9)约束下最大化式(1.1)[瞬时效用函数由式(1.93)给出]。

在这一背景下：

i. 推导消费者最优问题的一阶条件,并证明消费的增长率依赖于 β 与 r 之间的关系。

ii. 为 c_t 推导出封闭形式的解。

(2) (无限水平问题)在无限水平的背景下,当 β 与 r 不同的时候,一个定义良好的最优消费路径的存在并不能被认为是理所当然的(所谓定义良好的最优消费路径是指现值是有限的消费路径)。

考虑在正文中描述的基础无限期界水平模型,在那里,消费者在式(1.17)的约束下最大化式(1.12)[瞬时效用函数由式(1.93)给出]。出于简化,让随时间演进的禀赋流是固定不变的,且等于 y,以及 $b_0=0$。

在这一背景下：

i. 推导能确保定义良好的最优消费路径是存在的一个含有 r,β 和 σ 的条件。特别地,证明 $\sigma\leqslant1$ 是存在定义良好的最优消费路径的充分条件(提示:求解最优消费路径,写出用 c_0 表示的跨期预算约束,并建立了积分收敛的条件)。

ii. 通过考虑 $\sigma=1.5$ 这样一个具体的情形,阐明 $\sigma\leqslant1$ 的事实并不是定义良好的最优消费路径存在的必要条件。要保证定义良好最优消费路径的存在,涉及 r 和 β 的条件是什么?

iii. 将你的注意力限制到定义良好最优消费路径是存在的情形下。证明:(1)假如 $r=\beta$,则对所有 $t\geqslant0$ 有 $c_t=y$;(2)假如 $r>\beta$,则有 $c_0<y$ 且消费随时间的推移不断增加;(3)假如 $r<\beta$,则有 $c_0>y$ 且消费随时间的推移不断减少。

iv. 证明你在i部分推导的保证 $u(c)$ 由式(1.93)给出的效用函数式(1.12)最大的条件是收敛的。

5. (波动的实际利率)假设在1.2.2节分析的无限期界水平模型中世界实际利率随时间的推移会发生波动。特别地,假设实际利率的时间路径由下式给定：

$$r_t=\begin{cases}r^H, 对于\ 0\leqslant t\leqslant T\\ r^L, 对于\ t>T\end{cases}$$

这里，$r^H>\beta$ 和 $r^L<\beta$。假设偏好是对数型的。

在这一背景下，推导出消费路径的简化形式解。

6. (在基础模型中增加劳动供给)本习题在 1.2.2 节的基础无限期模型中增加了劳动供给。因此，生产是内生的。特别地，考虑 1.2.2 节的经济体(所使用的符号是相同的)所进行的修改。

家庭

让偏好由下式给出：

$$\int_0^{\infty}\log[c_t-\phi(\ell_t^s)^v]e^{-\beta t}\mathrm{d}t$$

这里，ℓ^s 是劳动供给，$\phi(>0)$和$(v>1)$是正参数。这一类型的偏好——在文献中被称为 GHH 型偏好，是根据 Greenwood 等人(1988)的论文命名的——可以产生仅仅依赖实际工资的劳动供给函数。换句话说，闲暇没有财富效应。家庭的流量约束给定为：

$$\dot{b}_t=rb_t+w_t\ell_t^s-c_t+\Omega_t$$

这里的 w_t 是实际工资，Ω_t 是来自企业的利润(即，家庭拥有企业)。相应的跨期约束给定为：

$$b_0+\int_0^{\infty}(w_t\ell_t^s+\Omega_t)e^{-rt}\mathrm{d}t=\int_0^{\infty}c_te^{-rt}\mathrm{d}t$$

企业

企业面对一个静态问题。生产给定为：

$$y_t=\Psi_t(\ell_t^d)^{\alpha},\qquad \alpha<1$$

这里，ℓ_t^d 是劳动需求，Ψ_t 是生产率参数。

在模型的这一背景下：

(1) 求解家庭的最优化问题。利用一阶条件，推导劳动供给函数(即把 ℓ_t^s 表达为 w_t 的函数)。

(2) 求解企业的优化问题。

(3) 施加劳动市场均衡条件以后(也即 $\ell_t^s=\ell_t^d$)，求解一条完全可预见均衡路径，沿着这条路径，在 0 时刻与 T 时刻之间 Ψ_t 处于高值，之后开始下降。

(4) 注意与 1.2.2 节中的模型相比，我们这个模型中的消费行为有什么关键的不同之处？证明假如劳动供给弹性是小的(就如在实践中的情形)，那么从定量的视角看，消费对 Ψ_t 的波动路径的反应行为并不会与在 1.2.2 节模型中消费对禀赋路径波动的反应行为有显著的不同。①

7. (分散经济)本习题要求你证明在 1.5 节中分析的中央计划经济也可以用分散经济来表

① 然而，实际上，由于劳动力的进入和退出(广泛的差距)，总劳动时间在商业周期中有很大波动，而现有的代理人(密集型差距)的工作时间有变化，为了在总体水平上产生总劳动时间和周期之间观察协同运动，需要将这个“广度边际”纳入模型中[详情见 King 和 Rebelo(2002)]。

达。假设经济体中有两个行为人：消费者和企业。消费者拥有资本存量和企业。存在一个物质资本市场，在这个市场上，消费者把他拥有的资本存量以 r_t^k 的租金率租给企业。企业用租来的资本存量生产产品，并把获取的利润返还给消费者。偏好和技术与正文中是一样的。

(1) 写出消费者的流量约束，然后推导消费者的跨期约束。推导出消费者实现效用最大化的一阶条件。

(2) 写出企业的流量约束，并推导出企业实现利润最大化的一阶条件。

(3) 证明刻画消费和资本存量的最优条件与中央计划经济下相同。

(4) 推导总约束（流量约束和跨期约束）并证明他们实际上与中央计划经济下的约束[式(1.38)和式(1.39)]是一样的。

8.（生产率的小幅变化）本习题要求你重新观察一些在正文中有投资的模型在生产率发生小幅变化（即变化由 dA 给出）时的实验表现。这一习题也将显示储蓄对生产率小幅变化的反应。

考虑在 1.5 节中描述的有投资的模型。在这一背景下：

(1) 分析 A 发生一个（小的）未预期的永久性上升的影响（换句话说，假设 A 发生了 dA 的变化）。特别地，证明储蓄将不会发生变化。

(2) 分析 A 发生一个持续到时期 $T(\geqslant 2)$ 的（小的）未预期的暂时性增加的影响。推导时期 0 经常账户变化的简化表达式，并证明它会依赖于 T。

9.（数值例子）考虑 1.5 节中有投资的模型并关注生产率有一个持续四期的暂时性增加（即 $T=4$）。用任何一种你熟悉的计算机程序（Excel、Matlab、Mathematica），求解模型的数值解并产生如下的图形：

(1) 在经常账户初始恶化的情形下，绘制产出、投资、消费、储蓄、贸易收支和经常账户的时间曲线图。

(2) 在经常账户初始改善的情形下，绘制产出、投资、消费、储蓄、贸易收支和经常账户的时间曲线图。

在两种情形下提供一些看待不同变量时间路径的直觉（注意这些不是出现在图 1.8 中。图 1.8 中描述的是在 $t=0$ 时点，储蓄、投资和经常账户作为冲击持续时间 T 的函数。这里，你被要求把 T 视为给定而画出变量随时间推移的路径图）。

参考文献

Aguiar, Mark, and Gita Gopinath. 2007. Emerging market business cycles: The cycle is the trend. *Journal of Political Economy* 115:69—102.

Backus, David K., Bryan R. Routledge, and Stanley E. Zin. 2005. Exotic preferences for macroeconomists. *NBER Macroeconomics Annual* 19:319—414.

Calvo, Guillermo A. 1996. The basic intertemporal model. Lecture notes. University of Maryland, College Park, MD. Chakravarty, Sukhamoy. 1962. The existence of an optimum savings program. *Econometrica* 30(1):178—187.

Chiang, Alpha C. 1992. *Elements of Dynamic Optimization*. New York: McGraw-Hill.

Coakleya, Jerry, Farida Kulasib, and Ron Smith. 1998. The Feldstein-Horioka puzzle and capital mobility: A review. *International Journal of Finance and Economics* 3(2):169—188.

Constantinides, George M. 1990. Habit formation: A resolution of the equity premium puzzle. *Journal of Political Economy* 98(3):519—543.

Correia, Isabel, Joao Neves, and Sergio Rebelo. 1995. Business cycles in a small open economy. *European Economic Review* 39(6):1089—1113.

Feldstein, Martin, and Charles Horioka. 1980. Domestic saving and international capital flows. *Economic Journal* 90(358):314—329.

Fisher, Irving. 1930. *The Theory of Interest*. New York: Macmillan.

Friedman, Milton. 1957. *Theory of the Consumption Function*. Princeton University Press.

Greenwood, Jeremy, Zvi Hercowitz, and Gregory W. Huffman. 1988. Investment, capacity utilization and the business cycle. *American Economic Review* 78:402—417.

King, Robert G., and Sergio T. Rebelo. 2000. Resuscitating real business cycles. In John Taylor and Michael Woodford, eds., *Handbook of Macroeconomics*. Amsterdam: North Holland, 927—1007.

Kydland, Finn E., and Edward C. Prescott. 1982. Time to build and aggregate fluctuations. *Econometrica* 50(6):1345—1370.

Lane, Philip R., and Aaron Tornell. 1998. Why aren't savings rates in Latin America procyclical? *Journal of Development Economics* 57(1):185—199.

Mendoza, Enrique. 1991. Real business cycles in a small open economy. *American Economic Review* 81:797—818.

Neumeyer, Pablo A., and Fabrizio Perri. 2005. Business cycles in emerging markets: The role of interest rates. *Journal of Monetary Economics* 52:345—380.

Obstfeld, Maurice. 1987. International finance. In John Eatwell, Murray Milgate, and Peter Newman, eds., *The New Palgrave: A Dictionary of Economics*. New York: Stockton Press.

Reed, Michael. 1998. *Fundamental Ideas of Analysis*. New York: Wiley.

Sachs, Jeffrey D. 1981. The current account and macroeconomic adjustment in the 1970s. *Brookings Papers on Economic Activity* 12(1):201—282.

Uribe, Martin. 2002. The price-consumption puzzle of currency pegs. *Journal of Monetary Economics* 49(3):533—569.

▶2

不完善的资本市场

2.1 引言

借助第 1 章给出的基本模型，我们分析得出了如下关键的结论：不管产出路径如何，沿着一条完全预期的均衡路径，一个小型的开放经济体将会随时间的推移平滑自己各期的消费。确保这一结论成立需要三个关键假设。第一，经济体与国际资本市场是完全联通的（即它可以以一个给定的或恒定的实际利率向其他国家借入或贷出资本）。第二，产出路径是确定可知的。第三，国家事先承诺能够偿还自己的债务。如果这些假设被放松，结果会怎么样呢？

本章将分析每一个假设被放松后所可能产生的结果。2.2 节描述了一个金融自给自足的两期模型，在这个模型中，该经济与其他国家不发生金融联系。尽管有些极端，这个情形为我们理解现实中资本流动受到严格限制的经济运行提供了有用的说明。正如我们可以预期的那样，一个单一商品的经济体在金融自给自足的情形下表现为封闭经济体，每期被迫只能消费其自身的资源禀赋。①因为在经济不景气时期，经济体无法从国外借款，为了诱使家庭削减消费，国内的实际利率不得不提高。实际利率而不是第 1 章中的贸易余额成为了关键的调节变量。当然，在实际中，发展中国家进入国际资本市场通常会介于第 1 章中分析的完全资本流动的极端情形与金融自给自足之间。在这样的情形下，产出水平的暂时性下降将会导致贸易出现赤字并使实际利率上升。

在 2.3 节中，我们将通过假设在时期 2 的产出是一个随机变量，将不确定性引入在 2.2 节中分析过的模型中。一旦出现不确定性，对经济体可用的金融债权清单就变得十分关键。如果经济体只能获得一种无风险资产，而不是一整套政府或有索取权（contingent claim）（即资产市场是不完善的），那么经济体便无法实现各期的平滑消费。这将导致产出和消费之间出现正相关关系。相反，如果资产市场是完善的，那么经济体便可以通过购买政府或有索取权来实现各期的完全平滑消费。由于可供发展中国家使用的金融工具清单要比工业化国家少很多，因此我们的模型会预测发展中国家产出和消费之间的相

① 如果存在两种商品，那么仍旧有可能与其他国家发生商品贸易，但贸易余额必须为 0。

关系数要比工业化国家更高。从福利的角度看，由于不完全市场妨碍了经济体实现各期的平滑消费，从而提高了社会成本。产出的可变性越高，这些成本就会越大。

最后，在2.4节中，我们放松了经济体可以事先承诺能够偿还其外债的假设。我们通过引入主权风险来刻画前文的意思。主权风险(sovereign risk)指的是如下事实：与一个国家内部的个体或者公司不同，主权国家是不受破产法约束的，这样国际债权人所要承担的风险就要远高于国内放款人。主权风险的存在将导致信贷上限的出现，一旦信贷额度超过了该界限，无论利率多高，国外借款人也不愿意再增加借款。因此，面对产出的暂时性下降，经济体也许无法借到足够的资金来使各期消费保持固定不变，因而国内实际利率就需要提高，以便诱使行为人降低消费。尽管这个没有不确定性的主权风险基准模型为我们提供了一些有见地的洞察，但这个模型也存在两个明显的缺陷：(1)在达到信贷上限之前，资金的供给会一直平稳；(2)在均衡中，我们不可能观察到违约现象。通过引入时期2产出的不确定性，这个模型可以产生一条向上倾斜的资金供给曲线，并且也会在均衡中出现违约现象。

本章的关键结论是不完善的国际资本市场将会严重限制一个小型开放经济体平滑其各期消费的能力。从实证的角度来讲，失去了完全平滑各期消费的能力会导致产出和消费出现一个正相关关系，这与我们的经验证据一致。从规范性角度讲，我们可以作出如下结论：这种资本市场的不完善是代价昂贵的。这也证明了努力提高发展中国家在经济不景气时参与并获取外部金融的能力是非常正确的。

就分析方法而言，本章为在第1章中发展起来的基础模型提供了一个两期版本。在随后的研究中，我们将会越来越清楚这一点：两期模型尤其适用于研究与资本市场的不完全准入和不确定性相关的问题。

2.2 金融自给自足

考虑如下这样一个小型开放经济：有许多本质上相同的个人生活其中，这些人仅活两期并且被赋予拥有完全预期能力。在其中只存在一种(可交易且不可储存)商品。消费者在每期将获得一定量的商品禀赋。我们通过引入如下的假定来使当前的模型与我们在第1章中所提出的基础模型发生偏离：尽管消费者作为个体觉得自己有能力以恒定的实际利率借到他所希望借到的钱(当然要受制于他的跨期约束)，但作为一个整体，经济体实际上无法从其他国家借到钱(金融自给自足)。

2.2.1 消费者问题

预算约束

令 b_i^d，$i=1, 2$ 代表了在时期 i 期末的净国内资产水平。这些国内债券以可交易商品来衡量且面值是1单位。因此时期1的预算约束为：①

① 出于简便考虑，我们假设初始债券为0。

$$b_1^d = y_1 - c_1 \tag{2.1}$$

正如第1章所指出的那样，我们对消费者进行约束，当消费者有未偿还的债务时，我们强迫他不能“死亡”(即施加条件 $b_2^d \geqslant 0$ 给消费者)。此外，给定效用函数是严格递增的，若消费者在“死亡”时仍拥有正资产水平就一定不是最优的(这意味着 $b_2^d \leqslant 0$)。因此，在时期2期末时，国外净资产必须为零(即 $b_2^d = 0$)。在时期2中，消费者能凭借其所持有的债券而获得利息收入。因此，消费者时期2的流动预算约束为：

$$c_2 = (1+\rho) b_1^d + y_2 \tag{2.2}$$

其中 ρ 是国内实际利率。鉴于国内债券是不可交易的，ρ 就可能与国际实际利率 r 有所不同，这一点在后文将会得到解释。

结合式(2.1)和式(2.2)，可以得到消费者的跨期预算约束条件：

$$y_1 + \frac{1}{1+\rho} y_2 = c_1 + \frac{1}{1+\rho} c_2 \tag{2.3}$$

效用最大化

代表性家庭终身的效用(W)由下式给出：

$$W = u(c_1) + \beta u(c_2) \tag{2.4}$$

这里，c_i，$i=1, 2$ 代表消费者在时期 i 的消费，$\beta(0<\beta<1)$ 代表折现因子。①

消费者的优化问题就是在 ρ、y_1、y_2 给定的情况下，在跨期预算约束条件式(2.3)下，通过选择一个合适的 c_1 和 c_2 的组合来最大化自己的终身效用[由式(2.4)给出]。我们可以构建如下的拉格朗日函数：

$$\mathcal{L} = u(c_1) + \beta u(c_2) + \lambda \left(y_1 + \frac{1}{1+\rho} y_2 - c_1 - \frac{1}{1+\rho} c_2 \right)$$

对应于该最优化问题的一阶条件为：

$$u'(c_1) = \lambda \tag{2.5}$$

$$\beta u'(c_2) = \frac{\lambda}{1+\rho} \tag{2.6}$$

结合式(2.5)、式(2.6)，可得：

$$u'(c_1) = \beta(1+\rho) u'(c_2) \tag{2.7}$$

这就是欧拉方程(Euler equation)。

为了与第1章提出的基础模型作适当的对比，注意，如果经济能够完全自由地进出国际资本市场，那么一定有 $\rho = r$，如果给定 $\beta(1+r)=1$ 的假定仍然成立，意味着有：

$$u'(c_1) = u'(c_2) \tag{2.8}$$

---

① 根据定义，折现因子 β 等于 $1/(1+\delta)$，其中 δ 为时间偏好率(或贴现率)。时间偏好率越高(即以更高的比率对未来进行贴现)，折现因子 β 就越小。

因此我们又回到第 1 章分析的结论中来，不管产出路径如何，消费的路径一定是平滑的。

2.2.2　均衡条件

债券市场均衡

由于经济体中的债券市场是封闭的，因此在时期 1 期末时，所有在经济中流通的国内总债券存量必须为零。正规地表述为：

$$b_1^d=0 \tag{2.9}$$

鉴于债券总量为零，国内实际利率 ρ 必须发生变化，以调节债券市场上的供给和需求，从而保证债券市场出清。这与我们在第 1 章所描述的经济是不同的，在那里，在一个恒定的实际利率水平下，经济面临一条完全富有弹性的外部资金供给曲线，在这里，经济面临一条完全垂直的外部资金供给曲线（水平为 0）。

总量约束

为了得到整个经济体的流量约束，将债券市场的均衡条件式(2.9)代入家庭的流动约束式(2.1)和式(2.2)中，可以得到：

$$c_1=y_1 \tag{2.10}$$

$$c_2=y_2 \tag{2.11}$$

因此，在该经济体中的贸易余额（$TB_t \equiv y_t-c_t$）会恒等于 0。经常账户也是如此。

2.2.3　模型的解

本模型共有 3 个内生变量：c_1，c_2 和 ρ。根据式(2.10)和式(2.11)立刻可以推断出如下结论：在均衡状态下，经济体在每期都仅消费它的资源禀赋。由于金融的自给自足，这也是能被预期的，经济体不可能借助现贸易不平衡的手段来调节它在各期的消费数量。

为了决定 ρ，将式(2.10)和式(2.11)代入式(2.7)就可得：

$$1+\rho=\frac{u'(y_1)}{\beta u'(y_2)} \tag{2.12}$$

式(2.12)清楚地说明了在金融自给自足的情形下，国内实际利率仅仅取决于产出路径（这同封闭经济中的情况是一样的）。

2.2.4　平稳性态的均衡

作为基准，假设产出路径是平滑的，即有 $y_1=y_2=y$。那么，根据式(2.10)和式(2.11)可知 $c_1=c_2=y$。根据式(2.12)可推导出 $1+\rho=1/\beta$。当然，这一结果与我们在第 1 章中借助基本模型所推导出来的结论是一样的：在资本完全流动下，均衡时每期的消费是完全平滑的。原因很简单，当面对一个恒定不变的产出路径时，家庭没有任何激励去进行储蓄或者减少储蓄。此时,无法进出国际资本市场并不会成为一个紧约束。

2.2.5 非平稳性态的均衡

现在假设时期 1 的产出要低于时期 2,即 $y_1<y_2$。根据式(2.10)和式(2.11),我们可以得到 $c_1=y_1<c_2=y_2$。由于 $c_1<c_2$,根据式(2.12)可知 $1+\rho>1/\beta$。假如我们仍维持 $\beta(1+r)=1$ 的假设,这意味着 $\rho>r$。换句话说,国内实际利率要高于国际实际利率。

从直觉上讲,当行为人在面对时期 1 的产出要比时期 2 的产出低的处境时,他会倾向于通过降低储蓄(即出售债券)来平滑各期消费。然而,由于债券的供给总和为零,债券的超额供给必定会导致其价格的下降(即 ρ 上升)。[①]在均衡时债券的价格必定下降(即国内实际利率必定上升)到消费者只满足于消费他所拥有的资源禀赋的位置上。换句话说,变高的国内实际利率反映出时期 2 相对于时期 1 商品的稀缺性。

应该能够直觉地看到,金融的自给自足成本高昂,因为如果经济体能够平滑各期的消费,社会福利将会变得更大。为了正式地证明这一点,可注意到在资本完全流动的情况下,消费随时间的推移将会恒定不变(即有 $c_1=c_2=c$),其值由下式给出:

$$c=\frac{1+r}{2+r}\left(y_1+\frac{y_2}{1+r}\right) \tag{2.13}$$

只要下式成立,在资本完全流动下的福利要比在金融自给自足情况下的福利更高:

$$\underbrace{u(c)+\beta u(c)}_{\text{完全资本流动下的福利}} > \underbrace{u(y_1)+\beta u(y_2)}_{\text{金融自给自足下的福利}} \tag{2.14}$$

上述不等式可以重新整理为:

$$u(c)>\frac{1}{1+\beta}u(y_1)+\frac{\beta}{1+\beta}u(y_2) \tag{2.15}$$

由于我们已经假设 $\beta(1+r)=1$,根据式(2.13)可推得 $c=[1/(1+\beta)]y_1+[\beta/(1+\beta)]y_2$。由 $u(.)$的严格凹性可知,对于任意一组 $y_1\neq y_2$ 的值,不等式(2.15)都将成立。

图 2.1 提供了在 $y_1<y_2$ 情况下自给自足经济的福利损失的图形说明。不等式(2.15)的左端由 A 点给定,而右端由 B 点给出。显然,A 点的福利要高于 B 点。此外,该图也为如下事实提供了一个图解证明,即产出分布的均值展开式[即从(y_1, y_2)到$(\tilde{y}_1, \tilde{y}_2)$]从 B 点到 C 点减少了福利。因此产出的变化越多,金融自给自足的成本越高。

2.2.6 中间情形

我们现在已经知道,当出现金融自给自足时,产出水平的暂时性下降将导致消费减少、实际利率上升,当然,贸易余额不变。在前一章我们看到,当出现完全资本流动情形

① 请注意,在时期 2 支付 1 个单位产出的债券,它在第一期的价格为 $1/(1+\rho)$。因此债券价格和国内实际利率之间存在一种反向关系。

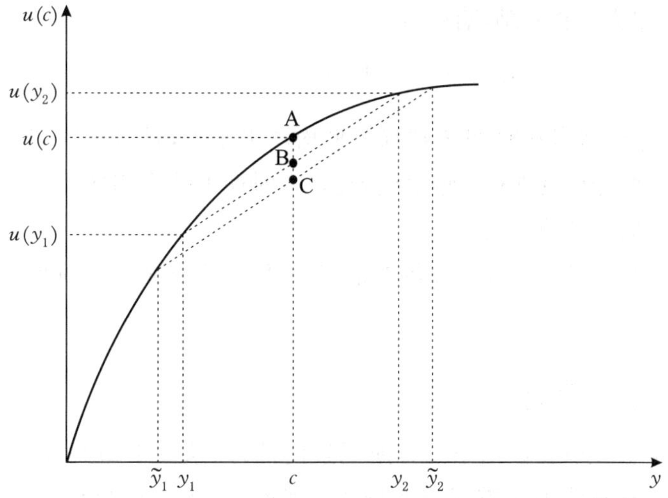

图 2.1　金融自给自足下的福利成本

时，沿着完全预期的均衡路径，产出水平的暂时性下降将导致贸易余额出现赤字，但消费不会发生变化。现实的世界常常处于这两种极端情形的中间地带（当然，资本可流动性的程度在国与国之间也是大有不同的）。因此，基于对这两种极端情形的分析，我们的模型预测，在现实中，当产出水平发生暂时性下降，将会出现消费下降、贸易赤字变大和国内实际利率上升的组合效应。尤其是资本账户越开放，产出的暂时性下降越会体现为经常账户赤字的增大；反之，资本账户越是封闭，产出的这种冲击越有可能体现为国内实际利率发生更大幅度提高以及消费发生更大幅度下降。

2.3　不确定下的产出路径

正如在“本书框架”中提到的那样，第 1 章所提出的基础性模型的第二个关键性假设为产出路径是已知确定的。换句话说，因为家庭能精确地知道他们所拥有资源禀赋的折现值，所以他们能够通过今天进行借贷来保持消费平稳，同时确信他们在明天有足够的资源去偿还自己的借贷。但如果我们现在假设家庭并不能确切知道他们在未来的禀赋会是多少，他们将会怎样去作增加储蓄或减少储蓄的决策？本节将要对这个重要问题作出研究。

现在考虑如下出现在 2.2 节中修正的两期模型。时期 1 的禀赋是确定的，为 y_1。然而，时期 2 的禀赋是随机的：

$$y_2=\begin{cases} y_2^H, \text{概率为 } p \\ y_2^L, \text{概率为 } 1-p \end{cases} \tag{2.16}$$

其中，$y_2^H>y_2^L$。[①]此外，为了突出经济在时期 1 要比在时期 2 更为艰苦，我们假设时期 2 y_2

① 附录 2.6 提供了一个该随机模型的无限期版本，并证明了简单版本中的基本洞察在复杂版本中仍是有效的。

的期望值要比 y_1 更大。正式地，有：

$$E\{y_2\}=py_2^H+(1-p)y_2^L>y_1 \tag{2.17}$$

很明显，在一个消费者在时期 2 被赋予平均产出水平，且具有完全预期的模型中，正如我们在第 1 章中所分析的那样，他们将会通过在时期 1 借钱(即让经常账户出现赤字)以随着时间的推移而完全平滑消费。

接下来我们将首先研究不完全市场的情形，然后再研究完全市场的情形。

2.3.1 不完全资本市场

考虑如下的金融环境。正像第 1 章所描述的那样，这一小型经济体能按照一个恒定的实际国际利率 r 从其他国家借钱或者贷款。然而，经济体不能产生或有债权。换句话说，经济体在时期 2 的产出没有确定之前是不能借钱的。在这个意义上说，市场是不完全的。[①]

专栏 2.1 市场是怎样不完全的?

当考虑一个小型开放经济体是否面临市场不完全性这一问题时，首先富有洞见的方法是审视一下在家庭层面所存在的市场不完全性的证据。在一个金融环境非常复杂的市场中，比如美国，如果家庭面对的并不是一个完全的市场，那么，如果有什么区别的话，国家将面临更多的市场不完全性，这是因为国际信贷市场的不完全性主要源于在跨国层面上合约更缺乏执行力。接下来的问题是，面对各种异质冲击——如疾病、失业以及其他对收入的冲击——家庭是否能够通过给自己投保的方式来防备。这些方式包括购买一些股票证券、信贷市场上的借贷、失业保险甚至是从家庭或者社区成员那里获得帮助等。

尽管有不同的计量经济学方法去检验保险是否完备，基本策略仍旧是相同的：如果人们能发现影响消费的边际效用的异质性冲击，我们就可以拒绝完全市场(保险完备)的假设。检验保险完备性面临的一个普遍问题是右边变量的潜在内生性。大多数研究是通过为家庭寻找到真正地外生的异质变量而不是选择变量来解决这一问题。其他人，像 Ham 和 Jacobs(2000)则用工具变量技术来处理内生性问题。表 2.1 提供了一个关于该问题最有影响的研究的摘要。尽管一些证据是混合的，但大体上得出这样的结论是公正的：已有的研究显示，在美国的家庭不能通过保险的方式完全防备各种异质性冲击。

---

① 参见 Blanchard 和 Fischer(1989, ch.6)对不确定情形下消费行为所作的详细分析。正如在专栏 2.1 中所记录的那样，市场的不完全性似乎是真实世界的通行规则。虽然市场的不完全性在本章中仅仅是一个假设，实际上它能从执行约束中内生地推导出来(例如，可参见 Kehoe and Perri, 2002)。

表 2.1 基于家庭数据进行的市场完全性研究

作　者	数据库	研究方法	主要结果
Cochrane (1991)	1980—1983 年收入动态研究小组	足额的消费保险意味着消费的增加应该独立于对家庭的异质性冲击。异质性冲击会引起非自愿性(疾病、罢工、迁徙等)失业	长期疾病与非自愿性失业将拒绝足额保险,但是不被罢工或者非自愿迁移所引起的失业所拒绝
Mace(1991)	1980—1983 年消费支出调查	风险共享意味着个人消费仅仅会随着总消费的变化而变化,不会随着个人收入以及就业状态的变化而变化。对于特定的参数,扣除偏好冲击以后,个人之间在消费或者消费增长率的变化应该相等	一旦总消费的变化得到解释,家庭收入的变化对于解释家庭消费的变化并不能起到帮助作用。然而,增长率的结果拒绝足额的保险
Hayashi 等人(1996)	1968—1981 年,1985—1987 年,收入动态研究小组	完备的风险共享意味着年度消费变化与所有领先或滞后的工资率没有相关性。这是通过研究长期以及一年期的消费变化与总工资率之间的相关性来加以验证的	无论是家庭内部和家庭之间的风险共享均被拒绝,但自我保险没有被拒绝
Attanasio 和 Davis (1996)	1980—1990 年消费支出调查和当前人口调查	检验小时工资结构公开可观察的移动对家庭消费分布系统性的影响	男性之间相对工资运动对家庭消费分布有更大的影响,因此,拒绝消费足额保险假设
Ham 和 Jacobs (2000)	1974—1987 年收入动态研究小组	为了避免潜在的内生性问题,作者用户主的行业和职业分离当前失业率作为异质性冲击的工具变量	强烈拒绝足额保险假设。家庭不能通过保险防备与户主职业有关的失业率变化

从国际层面看,完全市场将意味着国内消费将会与世界消费而不是国内产出呈现高度的相关性。这一想法的一个极端版本能在本章习题 5 中提供的一个两国—两期模型中得到阐述。给定简单的随机结构,该模型预测跨国间的消费应该具有完全相关性,而在不存在世界不确定性的情况下,国内消费与国内产出之间的相关性应该为零。然而,正如在表 2.2 中详细说明的那样,经验研究倾向拒绝这一假设,即国内与国外消费之间会具有高度的相关性,而国内消费与国内产出之间的相关性会很小。

我们可以得出结论,基于家庭数据和国家数据的研究,大体上是倾向拒绝完全市场的假设。然而,正如我们所预期的那样,一些研究真的发现市场的完全性在一国内部要比跨国之间更小(Kose, et al., 2009)。

表 2.2 关于市场不完全性的国际证据

作　者	数据库	研究方法	主要结果
Atkeson 和 Bayoumi (1993)	美国,1963—1986 年;OECD 的 6 个成员国,1970—1987 年	消费者应该努力去构建能产生如下形式收入的资产组合:与区域性收入成负相关关系	在两个面板上的足额保险都被拒绝。尽管消费者能获得机会去平滑区域风险,大部分的消费者似乎不愿意使他们的消费与区域条件相隔离

续表

作　者	数据库	研究方法	主要结果
Crucini (1999)	美国，1972—1990 年；加拿大，1973—1991 年；G-7，1970—1987 年	不完全风险分担意味着控制住通常的收入冲击以后，个人之间的消费会比从事更多风险分担者之间的消费更接近	研究发现加拿大各省之间以及美国各州之间的风险分担要比 G7 国家之间的风险分担来得更高
Obstfeld (1994)	7 个最大的工业化国家，1950—1988 年	在一个具有代表性国家代理人的一体化世界资产市场中，两国的跨期边际消费替代率的事后差异应与任何保险随机冲击无关	在战后时期，国内消费增长与世界消费增长之间的关系日益密切，但它们之间的相关性仍远低于预期，即使在一个国际资产贸易不受限制的世界也一样
Kose 等人 (2009)	69 个国家，1960—2004 年	金融一体化预测，各国消费增长与世界产出的关联度将超过与本国产出增长的关联度	对大多数国家来说，国内消费与产出之间的关联度高于国内消费与世界产出之间的关联度。新兴市场和其他发展中国家的这两项指标之间的差距比工业国家大得多

预算约束

让我们从考察时期 1 的流量约束条件开始。假设初始国外资产净额为零。因为在时期 1 不存在不确定性，因此有：

$$b_1=y_1-c_1 \tag{2.18}$$

时期 2 的流量约束将依赖于产出的可获得性。令 c_2^H 和 c_2^L 各自代表在高产出的自然状态和低产出的自然状态下时期 2 的消费。因为在每种状态下预算约束都必须成立，因而会有：

$$c_2^H=(1+r)b_1+y_2^H \tag{2.19}$$

$$c_2^L=(1+r)b_1+y_2^L \tag{2.20}$$

联合式(2.18)、式(2.19)和式(2.20)，我们能推导出在两种可能的产出路径下的跨期预算约束条件，为：

$$y_1+\frac{1}{1+r}y_2^H=c_1+\frac{1}{1+r}c_2^H \tag{2.21}$$

$$y_1+\frac{1}{1+r}y_2^L=c_1+\frac{1}{1+r}c_2^L \tag{2.22}$$

效用最大化

按照标准的方法，我们假设消费者是追求自己终身预期效用的最大化，该效用由下式给出：

$$W=u(c_1)+\beta E\{u(c_2)\} \tag{2.23}$$

考虑到产出的分布[由式(2.16)给出]，我们能把式(2.23)重写为：

$$W=u(c_1)+\beta[pu(c_2^H)+(1-p)u(c_2^L)] \tag{2.24}$$

消费者的优化问题可表述为在式(2.21)和式(2.22)的约束下，通过选择一个合适的 c_1、c_2^H 和 c_2^L 的组合来最大化式(2.24)。可构建如下的拉格朗日函数：

$$\begin{aligned}\mathcal{L}=&u(c_1)+\beta[pu(c_2^H)+(1-p)u(c_2^L)]\\&+\lambda^H\left(y_1+\frac{1}{1+r}y_2^H-c_1-\frac{1}{1+r}c_2^H\right)\\&+\lambda^L\left(y_1+\frac{1}{1+r}y_2^L-c_1-\frac{1}{1+r}c_2^L\right)\end{aligned} \tag{2.25}$$

分别让拉格朗日函数对 c_1、c_2^H 和 c_2^L 求导，可得到如下三个最优化问题的一阶条件：

$$u'(c_1)=\lambda^H+\lambda^L$$

$$\beta pu'(c_2^H)=\frac{\lambda^H}{1+r}$$

$$\beta(1-p)u'(c_2^L)=\frac{\lambda^L}{1+r}$$

联合这三个方程[并且运用 $\beta(1+r)=1$ 这一条件]，我们可以得到：

$$u'(c_1)=pu'(c_2^H)+(1-p)u'(c_2^L) \tag{2.26}$$

这又能被重写为：

$$u'(c_1)=E\{u'(c_2)\} \tag{2.27}$$

该式就是随机欧拉方程(stochastic Euler equation)[即式(2.8)的对应物]。

2.3.2 均衡

本模型的解在很大程度上依赖于 $u'''(c)$ 的符号。①两个信息在下面的推导中是非常重要的。

第一，注意 $u'(c)$ 是否是线性的、是严格凸的还是严格凹的，各自取决于是 $u'''(c)=0$，$u'''(c)>0$ 或是 $u'''(c)<0$。由此可得出：

$$pu'(c_2^H)+(1-p)u'(c_2^L)=u'[pc_2^H+(1-p)c_2^L],\qquad 假如\ u'''(c)=0 \tag{2.28}$$

$$pu'(c_2^H)+(1-p)u'(c_2^L)>u'[pc_2^H+(1-p)c_2^L],\qquad 假如\ u'''(c)>0 \tag{2.29}$$

$$pu'(c_2^H)+(1-p)u'(c_2^L)<u'[pc_2^H+(1-p)c_2^L],\qquad 假如\ u'''(c)<0 \tag{2.30}$$

第二，注意通过让式(2.21)乘以 p，以及让式(2.22)乘以 $(1-p)$，我们能推导出一个用期望值表示的跨期预算约束条件：②

---

① 我们应该注意到在后文中被建立的两期模型中存在的三阶导数的符号与预防性储蓄之间的紧密联系，但在更多期仍旧是有限期界(风险厌恶程度随时间变化)或者在无限期界模型中并不必然会成立(参见 Huggett and Ospina，2001；Roitman，2011)。

② 一般的观点是合适的。因为跨期预算必须在每一种自然状态下均成立，因而在期望值上也将成立。但是，反过来则不一定成立。因此，用只在期望值上成立的跨期预算条件去求解带有不确定性的模型是不正确的。

$$c_1+\frac{E\{c_2\}}{1+r}=y_1+\frac{E\{y_2\}}{1+r} \tag{2.31}$$

我们现在来单独考虑每一种情形。

情形 1[确定性等价(certainty equivalence)]　$u'''(c)=0$。这种情形对应于二次型偏好。利用式(2.28),我们能重写欧拉方程式(2.26)为:

$$u'(c_1)=u'[pc_2^H+(1-p)c_2^L]$$

或者,等价地:

$$u'(c_1)=u'(E\{c_2\})$$

因为 $u'(c)$是一个严格递减函数[回想一下,$u''(c)<0$],由此可以推得:

$$c_1=E\{c_2\} \tag{2.32}$$

从期望值的意义上讲,经济体实现了各期的平滑消费。①然而,正如在后文将清楚显示的那样,c_1 将与实际的时期 2 消费不同,因而经济体将不能随着时间的推移而平滑实际的消费,这会对福利产生负面影响。

要推导出一个消费的简化表达式,只要结合二次型情形下的欧拉方程[式(2.32)]和以期望值形式表达的跨期预算约束条件[式(2.31)],就可以得到:

$$c_1=\frac{1+r}{2+r}\left[y_1+\frac{E\{y_2\}}{1+r}\right] \tag{2.33}$$

在二次型偏好的情况下,确定性等价将在如下意义上成立,即在时期 1 的消费将与消费者在时期 2 将被赋予平均产出 y_2 时将产生的消费水平相等。②这意味着在有二次型偏好的情况下,时期 1 的消费不依赖时期 2 产出的方差大小。

要推导时期 1 的经常账户余额(在给定初始的国外净资产为零的假设下,它与贸易余额是一样的),结合式(2.18)和式(2.33),就可以得到:

$$b_1=\frac{1}{2+r}[y_1-E\{y_2\}]<0$$

正如预期的那样,经济会在经常账户赤字状态下运行。经常账户的赤字事实上与假如时期 2 的产出为 $E\{y_2\}$时一样多。将经常账户的表达式代入式(2.19)和式(2.20)中,我们可以得到 c_2^H 和 c_2^L 简化形式的表达式:

$$c_2^H=y_2^H+\frac{1+r}{2+r}[y_1-E\{y_2\}]<y_2^H \tag{2.34}$$

$$c_2^L=y_2^L+\frac{1+r}{2+r}[y_1-E\{y_2\}]<y_2^L \tag{2.35}$$

① 这是在二次型效用函数以及 $\beta(1+r)=1$ 条件下得出 Robert Hall(1978)的著名结论,消费是随机游走的。换句话说,对明天消费的最好预期就是今天的消费,因为在理性预期假设之下,关于持久收入的"消息"是不可预测的。

② 附录 2.6 证明了在一个无限期界的模型版本中,也能获得同样的结果。

两个观察值得一做。首先，在时期 2 的消费总是会比时期 2 的产出更低，这是因为需要偿还在时期 1 产生的债务。其次，在时期 2 的消费依赖于时期 2 实际实现的产出，这意味着 $c_2^H > c_2^L$。[①]因此，不完全市场引入了时期 2 的消费和产出之间的正相关关系。事实上，从式(2.34)和式(2.35)中可以明显看出，本章习题 1 也从形式上证明了在时期 2 中，消费和产出之间确实存在着完全相关性。

最后，可以注意到这一事实，即经济由于不能平滑各期实际的消费，会产生负的福利效应(与确定情形下的状态相比)。要证明这一点，注意到在确定情形下，时期 1 的消费将由 c_1 给出(即与二次型情形下是相同的)，而时期 2 的消费将由 $E\{c_2\}$ 给出。因此，我们需要证明：

$$\underbrace{u(c_1)+\beta u(E\{c_2\})}_{\text{确定情形下的福利}} > \underbrace{u(c_1)+\beta[pu(c_2^H)+(1-p)u(c_2^L)]}_{\text{不确定情形下的福利}}$$

在给定时期 1 的效用是相同的前提下，上式可以简化为：

$$u(E\{c_2\}) > pu(c_2^H)+(1-p)u(c_2^L)$$

根据效用函数 $u()$ 严格凹的特性，上面的不等式一定成立。适当地重新调整一下脚标，图 2.1 事实上也适合分析目前的这种情形：只要让点 A 代表确定情形下时期 2 的效用，而点 B 代表不确定情形下时期 2 的效用。

我们也很容易证明如下观点，即产出变化越大，福利的成本也会越大。要明白这一点，考虑一个产出均值分布不同的情形，即假设时期 2 可实现的产出是 $\tilde{y}_2^H(>y_2^H)$ 和 $\tilde{y}_2^L(<y_2^L)$，但它们的期望值是相同的。运用与式(2.34)和式(2.35)类似的方法，我们可以知道，在这种情形下，时期 2 的消费将由下式给出：

$$\tilde{c}_2^H = \tilde{y}_2^H + \frac{1+r}{2+r}[y_1 - E\{y_2\}] \tag{2.36}$$

$$\tilde{c}_2^L = \tilde{y}_2^L + \frac{1+r}{2+r}[y_1 - E\{y_2\}] \tag{2.37}$$

然后，根据效用函数 $u(\cdot)$ 是严格凹函数的特性，可得：

$$pu(\tilde{c}_2^H)+(1-p)u(\tilde{c}_2^L) < pu(c_2^H)+(1-p)u(c_2^L)$$

根据图 2.1，具有均值保留展型(mean-preserving spread)特性的时期 2 的效用对应于点 C。因此，福利水平要比之前(点 B)的水平低。

情形 2[预防储蓄(precautionary savings)]　$u'''(c)>0$。利用式(2.29)，我们能把欧拉方程重写为：

$$u'(c_1) > u'[pc_2^H + (1-p)c_2^L]$$

① 这说明了一个一般性的观点，在市场不完全状态下，消费者不能使处于不同状态下的消费相等。当然，在一个有异质性风险的封闭经济体中，这也将成立。事实上，这也是在家庭层面实证检验市场不完全性的一个核心内容。

由此可以得出：

$$c_1 < E\{c_2\} \tag{2.38}$$

不像前面的情形，这里消费者并不会在期望值的意义上平滑各期的消费。由式(2.31)和式(2.38)可以推导出：

$$c_1 < \frac{1+r}{2+r}\left[y_1 + \frac{E\{y_2\}}{1+r}\right]$$

因此，消费水平要比在确定(确定等同)情形下的水平更低。换句话说，经济建立了预防性储蓄(precautionary savings)。时期 2 产出的不确定性诱使消费者行为更谨慎，会比正常情形下动用更少的储蓄。因此，经常账户的赤字将要小于二次型情形下的赤字。①像之前一样，不确定性的出现阻碍了消费者实现完全消费平滑的愿望，这会使时期 2 出现产出与消费之间的正相关关系。

对于这一点，两个重要的观察结果值得一提。第一，对"风险回避"(risk aversion)和"谨慎"(prudence)这两个概念进行区分是十分重要的(参见 Kimball，1990)。风险回避指的是消费者不喜欢不确定性这一事实，而谨慎指的是消费者在预期到一个不确定性的结果时准备储蓄的想法。风险回避的程度是由效用函数 $u(\cdot)$ 的凹度来测量的，而谨慎程度则是由 $u'(c)$ 的凸度测量，或者等价由 $-u'(c)$ 的凹度来测量。

第二，标准偏好的特征——如常相对(或者绝对)风险回避型——是通过 $u'''(c)>0$ 来刻画的，因此，将会有预防性储蓄出现。本章习题 2 探讨了偏好为常相对风险偏好型以及时期 2 产出遵循正态分布的情形。在这一情形下，我们可以计算出时期 1 消费的简约表达式。正如我们可以预期的那样，时期 2 产出的方差越大，时期 1 的消费会越低。因此，不确定性越大会迫使消费者更加谨慎并产生更多的预防性储蓄。

从直觉上说，回忆一下由式(2.27)所给出的随机状态下的欧拉方程，并注意 $u'''(c)>0$ 意味着消费的边际效用是一个凸函数。因此，一个平均保留——通过对时期 2 的预期消费保持不变的构造——增加了时期 2 对应的预期边际效用值，并诱使消费者减少时期 1 的消费(即诱使消费者选择一个在期望值意义上更陡的消费路径)。最后，在这一产出方差下，社会福利是严格减少的。②本章习题 3 要求你用数值方法证明在常相对风险偏好的情形下，也会产生相同的结果。

情形 3[减少储蓄(dissavings)]　$u'''(c)<0$。利用式(2.30)，我们可以把欧拉方程重写为：

$$u'(c_1) < u'[pc_2^H + (1-p)c_2^L]$$

由此可得：

---

① 即便在 $y_1 < E\{y_2\}$ 的情形下，不确定性的引入甚至也有可能诱使消费者在时期 1 进行储蓄(即存在一个经常账户盈余)。你可以借助一个常相对风险回避型效用函数，通过构建一个数值案例来检验证明这在事实上是有可能的。

② 参见 Jacobs 等人(2005)利用美国州级层面的数据对由市场不完全引起的社会福利成本所作的经验估计。

$$c_1 > E\{c_2\} \tag{2.39}$$

在这种情形下，消费者会选择动用(比原本所应该的)更多的储蓄，在这一意义上讲，消费者是“不谨慎的”(imprudent)，并且他们会在时期1比确定情形下消费更多。因此，经常账户在时期1出现的赤字将会比在确定情形下更高。在这种情形下，消费者仍旧不能平滑各期的消费，因而从社会福利的视角看，代价昂贵。

尽管在经济理论中，效用函数的三阶导数是负的情形并不是很普遍，我们还是可以给出如下例子：

$$u(c) = ac - bc^3, \ c < \sqrt{\frac{a}{3b}}$$

我们可以很容易地验证，这一函数具有 $u'(c)>0$，$u''(c)<0$，$u'''(c)<0$ 的特征。①因此，这个消费者是风险回避但不谨慎的，这个例子说明了一个事实，即风险回避并不必然意味着行为就会谨慎。本章习题4要求你去计算将时期1的消费和福利作为时期2产出分布中保持均值的函数差值。正如可以预期的那样，归因于消费者是不谨慎的事实，c_1 会增加；又因为消费者仍旧是风险回避的，因而福利会减少。直觉上讲，再一次回想由式(2.27)给出的随机状态下的欧拉方程，注意在当前的情形下，消费的边际效用是一个凹函数。因此，均值保留展型将减少时期2消费的预期边际效用并诱使消费者增加 c_1。

2.3.3 完全资本市场

现在假设存在一个完全的资本市场：家庭能够在国际资本市场上购买或有索取权。换句话说，家庭可以按照 $q^H/(1+r)$ 的价格(以时期1的商品衡量)在好的状态下购买承诺将支付1单位产出的索取权，而按照 $q^L/(1+r)$ 的价格(以时期1的商品衡量)在坏的状态下购买承诺将支付1单位产出的索取权。另外。也存在(像以前一样)一个无风险的承诺，不管自然状态好坏都支付1单位产出的资产，该资产的购买价格为 $1/(1+r)$。②

预算约束

假设初始的国外净资产为零。由 $b_1^j(j=H, L)$ 来代表在时期1购买的承诺在自然状态 j 下支付1单位时期2产出的索取权的数量。因此，时期1的流量预算约束就为：

$$\frac{q^H}{1+r}b_1^H + \frac{q^L}{1+r}b_1^L = y_1 - c_1 \tag{2.40}$$

就像在不完全市场中的情形那样，时期2的流量预算约束将依赖于能实现的产出数量。我们继续用 c_2^H 和 c_2^L 来分别代表在高产出自然状态下和低产出自然状态下时期2的消费，则有：

$$c_2^H = b_1^H + y_2^H \tag{2.41}$$

① 参看 Roitman(2011) 对在这类偏好下产生预防性储蓄所作的详细分析。

② 但是，要注意就消费者而言，无风险资产是多余的，这是因为它可能与未定债权重复(参看后文)。为了简化消费者的问题，在后文我们将假设消费者仅仅购买或有索取权。

$$c_2^L = b_1^L + y_2^L \tag{2.42}$$

将式(2.41)和式(2.42)代入式(2.40)中，可以得到：

$$y_1 + \underbrace{\frac{q^H y_2^H + q^L y_2^L}{1+r}}_{\text{可以被出售的索取权价值}} = c_1 + \underbrace{\frac{q^H c_2^H + q^L c_2^L}{1+r}}_{\text{可以被购买的索取权价值}} \tag{2.43}$$

等式(2.43)左端的第二项刻画了对所有可以被出售产出的索取权价值，而右端的第二项则代表了对所有需要被购买消费品的索取权价值。

效用最大化

消费者在式(2.43)的约束下，通过选择最优的 c_1、c_2^H 和 c_2^L 来最大化式(2.24)。可构建如下的拉格朗日函数：

$$\begin{aligned}\mathcal{L} = & u(c_1) + \beta[pu(c_2^H) + (1-p)u(c_2^L)] \\ & + \lambda\left(y_1 + \frac{q^H y_2^H + q^L y_2^L}{1+r} - c_1 - \frac{q^H c_2^H + q^L c_2^L}{1+r}\right)\end{aligned}$$

让拉格朗日函数分别对 c_1、c_2^H 和 c_2^L 求导，可得如下的一阶条件：

$$u'(c_1) = \lambda \tag{2.44}$$

$$\beta p u'(c_2^H) = \lambda \frac{q^H}{1+r} \tag{2.45}$$

$$\beta(1-p)u'(c_2^L) = \lambda \frac{q^L}{1+r} \tag{2.46}$$

联合式(2.45)和式(2.46)，可得：

$$\frac{pu'(c_2^H)}{(1-p)u'(c_2^L)} = \frac{q^H}{q^L} \tag{2.47}$$

该等式说明，为了实现最大化，消费者会将跨自然状态的边际替代率等同于相应的或有索取权的相对价格。假如价格是精算公平的，它将成为：①

$$\frac{q^H}{q^L} = \frac{p}{1-p} \tag{2.48}$$

将式(2.48)代入式(2.47)，可以推得 $c_2^H = c_2^L$。因此，在精算公平的价格下，消费者会使跨自然状态下的时期 2 的消费相等。

要证明随时间的变化消费将会是平滑的，我们需要推导一个在无风险债券与或有索取权价格之间的套利条件。可注意到在时期 2 支付 1 单位产出的无风险债券在时期 1 能按 $1/(1+r)$ 的价格购买到。通过按照 $q^H/(1+r)$ 的价格购买 1 单位的债券 b^H，或者按照 $q^L/(1+r)$ 的价格购买 1 单位的债券 b^L 也能获得同样的结果。因为这些仅仅是获取时期 2 1 单位产出的两种不同方法，因而他们在时期 1 应该有相同的价格：

---

① 精算公平的价格意味着市场提供了一个公平的赌局(即在先行的市场价格下是零期望值的赌局)。参见 Hirshleifer 和 Riley(1992)所作的详细分析。

$$\frac{1}{1+r}=\frac{q^H}{1+r}+\frac{q^L}{1+r}$$

这意味着 $q^H+q^L=1$。①结合式(2.48)以及一阶条件式(2.44)、式(2.45)和式(2.46)，我们能得到[回想下 $\beta(1+r)=1$]：

$$c_1=c_2^H=c_2^L$$

我们能得出如下的结论：在完全市场下，即便产出路径是不确定的，消费也是完全平滑的。因此——与不完全市场情形相反——时期 2 的产出与消费之间的相关性将等于零。像第 1 章的结论一样，不管产出路径如何，完全市场都能允许经济完全平滑各期的消费。②

2.4 非事先承诺

第 1 章的基础模型假设，一个国家在经济不景气的时候借了钱，它就将在经济景气的时候偿还债务。换句话说，这一模型假设国家凭事先承诺自己会偿还债务，就可以借到钱。这事实上是一个非常强烈的假设，因为随机的观察显示，主权国家经常会拖欠它们的外债。由此可以得出，在实践中，事先承诺机制大多是脆弱的，如果国家认为这样做很方便，他们往往会倾向于拖欠债务。

2.4.1 非事先承诺的启示

理解非事先承诺含义的最好方法是，首先，考虑一个我们在前文已经讨论过的在完全资本流动和事先承诺下的两期模型。在这一情形下，代表性消费者会在如下跨期约束下通过选择 c_1 和 c_2 来最大化式(2.4)：

$$y_1+\frac{1}{1+r}y_2=c_1+\frac{1}{1+r}c_2 \tag{2.49}$$

我们可以立即从最优化的一阶条件中推导出 $c_1=c_2$。如果我们定义 c 为固定不变的消费水平(即 $c_1=c_2=c$)。根据式(2.49)，可以得到：

$$c=\frac{1+r}{2+r}\left(y_1+\frac{1}{1+r}y_2\right) \tag{2.50}$$

再一次，假设 $y_1<y_2$。经济体将会在时期 1 借多少钱？将式(2.50)代入时期 1 的流量约束条件(由 $b_1=y_1-c$ 给出)并求解，我们可以得到：

---

① 只要允许消费者在时期 1 也可以购买无风险的债券，这一套利条件就能明确地从消费者的优化问题中推导出来。

② 正如本章习题 5 所显示的那样，在假设存在一个完全市场的两国模型中，意味着两国的消费增长率之间存在完全的相关性。特别地，这一相关性要比消费和国内产出之间的相关性更高。这一预测是大多数从经验上对市场完全性进行检验的一个最核心的内容(参见专栏 2.1)。

$$b_1=\frac{y_1-y_2}{2+r}<0 \tag{2.51}$$

令 d_1 代表净债务(即 $d_1\equiv -b_1$)。则有:

$$d_1=-\left(\frac{y_1-y_2}{2+r}\right)>0$$

在事先承诺下,经济将在时期 2 支付 $(1+r)d_1$ 单位。因此,在时期 2 的消费是 $y_2-(1+r)d_1<y_2$。然而,在出现事先承诺之后,由于不偿还债务而是消费掉整个时期 2 的禀赋,会使经济体的状况变好。当然,理性的债权人会预期到这一点,因而在时期 1 期初就不愿意把钱借给经济体。因此,在事先承诺出现时,经济体在时期 1 根本就不能借到钱。经济体将会处在金融自给自足的状态中,并被迫只能消费每一期所拥有的禀赋(就像在 2.2 节中所论述的那样)。

2.4.2 违约成本

前文研究的例子假设随着违约的出现,并不会产生额外的成本。但是在实践中,一旦违约,债权人可能会强加一些制裁,因而会导致一些成本的出现(参见专栏 2.2)。出于简单考虑,假设在时期 2 存在一个外生给定的违约成本,它是时期 2 产出 y_2 的一个固定比例 $\phi\in[0,\ 1)$。①我们假设国家只有在对自己有利的时候才会去偿还它的债务。形式化地表述这一点,就是国家当且仅当在不违约时的消费(下式的左边部分)大于违约时的消费(下式的右边部分)时,才会偿还时期 2 的债务:

$$y_2-(1+r)d_1\geqslant(1-\phi)y_2$$

对这一不违约条件进行简化,可以得到:

$$d_1\leqslant\frac{\phi y_2}{1+r} \tag{2.52}$$

该条件指出假如债务高于 $\phi y_2/(1+r)$,那么消费者就会选择违约。然而,因为债权人已经把债务国的违约激励内生化了,因而一旦债务超过了 $\phi y_2/(1+r)$,他们就会停止借贷。因此,这一非违约条件有效地为时期 1 可能借款数额施加了一个上限。换句话说——正如图 2.2 所展示的那样,r^s 代表由债权人收取的利率——在一个给定的利率水平 r 上,这个国家将会面对一个完全富有弹性的资金供给曲线,直到它的债务达到 $d_1=\phi y_2/(1+r)$ 的水平。在这一点以后,资金供给曲线将为垂直线。假如 $\phi=0$,那么这一借贷债务上限就为零(也就是说,不能从其他国家借款)。在另一个极端,对于一个足够高的 ϕ 值,这个上限约束将被放松因而可以实现完全平滑的消费。在这一意义上说,把高昂的违约成本作为一个事先承诺的手段是有利可图的。

① 比例 ϕ 倾向于刻画发生在实践中伴随违约而产生的各种各样的成本,正如我们在专栏 2.2 中所讨论的那样。参见 Bulow 和 Roggof(1989),Eaton 和 Gersovitz(1981),以及 Sachs 和 Cohen(1982)。

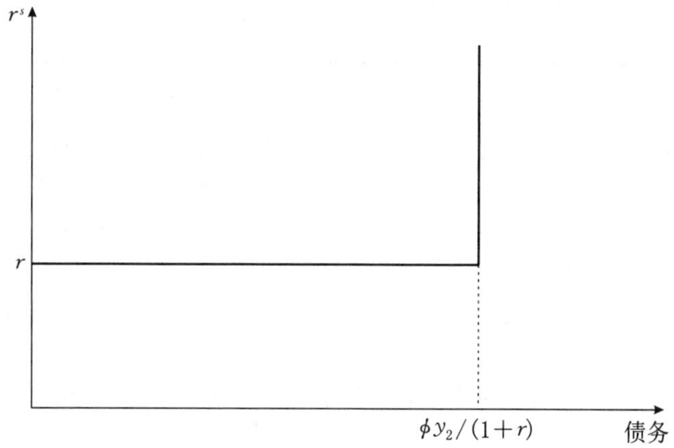

图 2.2 资金供给曲线

专栏 2.2 违约的代价有多大?

不像私人债务，一国的国债偿还一般是无法强制执行的，因此，一定会存在一些与违约形影不离的成本，从而激励任何一个国家都会尽力去偿还自己的债务。已有的文献鉴别出了四类违约成本(表 2.3 简要说明了与每一类违约成本相伴随的主要经验发现)：

表 2.3 违约成本

作 者	数据集	违约成本	主要结果
English(1996)	美国的州，19 世纪	声誉/借入	因为外国债权人无法对美国的各州实施强制性的贸易禁运，各州愿意偿还债务的唯一理由是考虑声誉而不是因要受到制裁
Reinhart 等人(2003)	53 个国家，1979—2000 年	声誉/借入	有违约历史会被机构投资者给予更低的等级排名
Borensztein 和 Panizza(2008)	83 个国家，1972—2000 年	声誉/借入	违约对信用等级不会产生长期的影响；但在最近时期，违约与信用等级有密切关系
Ozler(1993)	64 个国家，1968—1981 年	声誉/借入	最近的违约会影响利差，但价差幅度与之前违约的关系会随时间推移逐渐消失
Dell' Ariccia 等人(2002)	"俄罗斯危机"，54 个国家	声誉/借入	违约有持久的影响。在布雷迪交换(Brady exchange)系统的国家，在 20 世纪 90 年代会面对一个更高的借款成本
Flandreau 和 Zumer(2004)	16 个国家，1880—1914 年	声誉/借入	违约会导致事件发生到结束的时间段内价差出现 90 个基点的跳升。但对价差的影响会随事件的结束而快速结束
Borensztein 和 Panizza(2008)	31 个国家，1997—2004 年	声誉/借入	违约会对事件发生第二年的借贷利率产生显著影响，约提升 400 个基点。后续的影响较小，没有统计上的显著性
Gelos 等人(2011)	143 个发展中国家，1980—2000 年	声誉/借入	市场进入的可能性并不受一个国家违约频次的影响。假如迅速解决，违约并不会显著减少利用市场的概率

续表

作　者	数据集	违约成本	主要结果
Rose(2005)	200 个国家，1948—1997 年	国际贸易	“巴黎俱乐部”的债务再谈判伴随着出现了持续 15 年的双边贸易量下降，幅度大约为每年下降 8%
Borensztein 和 Panizza(2006)	行业层面数，1980—2000 年	国际贸易	对于出口导向部门，主权债务违约的代价是高昂的，但影响是短暂的
Borensztein 和 Panizza(2008)	149 个国家，1975—2000 年	国内银行体系	在控制银行危机的情况下，违约似乎不会对更多依赖外部融资的行业产生影响
Borensztein 和 Panizza(2008)	19 个国家，1980—2003 年	政治成本	平均而言，违约国家的执政政府面临着 16%的选举支持率下降。在一半的案例中，要么是在违约当年，要么是在违约后的第二年，高管会发生变动(这一概率是正常时期的两倍多)

- **声誉/借入成本**：违约国家会遭受失去进入资本市场权利的损失(Eaton and Gersovitz，1981)。在实际中，尽管违约的国家不会被永远排除在国际资本市场之外，但即便她们获得了再次进入权力，也必然要支付更高的借入成本[a]。
- **国际贸易成本**：违约国家会遭受各种国际贸易中断和瓦解而带来的成本。有两条主要的传导机制在起作用：(1)直接的进口制裁或者限制，以及(2)出口商信用可靠性的损伤。尽管关于直接贸易制裁的证据比较稀少，但有很多证据支持第二个渠道的作用。当一个国家处在外部融资困境时，经常会诉诸实行汇率控制或者资本外流限制，这会对所有私人债务人、特别是与出口相关的信贷的偿还能力产生影响(Ozler，1993；Borensztein and Panizza，2006)。
- **国内银行部门成本**：新兴市场经济体中的银行都持有数量巨大的政府债务，主权债务违约(在某些情况下，可能也包括国内债务违约)很可能弱化银行的资产债务表，甚至可能导致银行破产(Borensztein and Panizza，2008)。
- **政治成本**：疲弱的经济，可能还有陷入危机的银行体系，这些对执政党和政策制定者的执政生存来说都不是好兆头(Borensztein and Panizza，2008)。

自然地，违约会通过上述渠道以及可能的其他渠道影响一个国家的增长率。可获得的估计显示，在违约当年增长率会下降 0.5%—2%(Sturzenegger and Zettelmeyer，2006；Borensztein and Panizza，2008)。

专栏注：

a. Gelos 等人(2011)证明在 20 世纪 80 年代，违约后被国际信贷市场排除在外的平均时间为 4 年，但在 90 年代下降到 2 年。

因为在均衡时我们不可能观察到违约现象[这意味着条件式(2.52)将成立]，所以，跨期预算约束条件式(2.49)也将成立，利用这一事实，我们可以在形式上简化最优化问题。因此，消费者的最优化问题是在跨期预算约束条件式(2.49)以及非违约条件式(2.52)的约束下，通过选择合适的 c_1 和 c_2 来最大化式(2.4)。因为 d_1 会通过非违约条件而出现在拉格朗日函数中，所以如果我们根据 d_1 来重新表述该最优化问题将会更便于处理。为此，使用流量约束条件：

$$c_1 = y_1 + d_1 \tag{2.53}$$

$$c_2 = y_2 - (1+r)d_1 \tag{2.54}$$

写出拉格朗日函数：

$$\mathcal{L} = u(y_1 + d_1) + \beta u[y_2 - (1+r)d_1] + \chi\left(\frac{\phi y_2}{1+r} - d_1\right)$$

其中，χ 是与约束条件式(2.52)相联系的拉格朗日乘子。利用式(2.53)和式(2.54)，对 d_1 和 χ 的库恩—塔克条件(Kuhn-Tucker conditions)可以写为：

$$\begin{gathered} u'(c_1) = u'(c_2) + \chi \\ \frac{\phi y_2}{1+r} - d_1 \geqslant 0,\ \chi\left(\frac{\phi y_2}{1+r} - d_1\right) = 0 \end{gathered} \tag{2.55}$$

依赖于没有约束条件下借贷的水平[即在这种情形下条件式(2.52)将不会出现]，该最优化问题存在两种可能的解。

非紧固约束(nonbinding constraint)

假设 y_1 和 y_2 在没有约束条件下的时期 1 借贷水平能满足条件式(2.52)。那么通过构建约束条件式(2.52)将不是紧约束，并且 $\chi = 0$。因此，根据式(2.55)有：

$$u'(c_1) = u'(c_2)$$

说明完全的消费平滑是可以实现的。

紧固约束(binding constraint)

假设 y_1 和 y_2 在没有约束条件下的时期 1 的借贷水平不能满足条件式(2.52)。换句话说，禀赋的波动使得经济体愿意在时期 1 借贷资金超过了国际债权人愿意出借的资金。这样，条件式(2.52)就是紧约束的，这意味着 $\chi > 0$。因此，从式(2.55)中可推得：

$$u'(c_1) > u'(c_2)$$

这意味着 $c_1 < c_2$。事实上，根据式(2.53)和式(2.54)，消费将由下式给出：

$$c_1 = y_1 + d_1^{\max} \tag{2.56}$$

$$c_2 = y_2 - (1+r)d_1^{\max} \tag{2.57}$$

这里 $d_1^{\max}(=\phi y_2/(1+r))$ 是最大的借贷数量。因此，消费者不能平滑各期的消费，并且被迫在经济不景气时比经济景气时消费更少。①因此，这个简单的例子揭示了如下道理：通过对在经济不景气时的借债能力施加约束，主权风险可能会严重地限制小型开放经济体平

① 注意出于与 2.2 节相同的理由，国内的实际利率将会比国际实际利率更高。事实上，国内的实际利率将由像式(2.12)那样的等式给出，等式中的 c_1 和 c_2 则由式(2.56)和式(2.57)给出。

滑各期消费的能力。而且，产出波动越大（即 y_1 与 y_2 之间的差异越大），非违约约束就越有可能是紧的，因此，主权风险将会阻止经济获取完全的消费平滑性。因为产出的波动在发展中国家要比在工业化国家更显著，因而对于前者，主权风险更具有相关性。①

2.4.3 不确定性下的违约风险

刚刚分析的确定性模型传递了十分重要但略显极端的含义。首先，资金的供给是直角形的，不存在向上倾斜的部分（回想一下图 2.2）；其次，尽管因违约的威胁产生了一个债务上限，但在均衡时从来不可能产生违约行为。现在，我们将考察在把不确定性引入模型以后（即时期 2 的产出水平是不确定的）——沿着 Sachs 和 Cohen(1982)的思路——是如何产生一条向上倾斜的资金供给曲线和均衡时如何产生违约行为。②

国际信贷的供给

假设时期 2 的产出（y_2）是一个从均匀分布$[0, y_2^H]$中提取出来的随机变量，因此其概率密度函数将由下式给出：

$$f(y_2)=\begin{cases}\dfrac{1}{y_2^H}, & 0\leqslant y_2\leqslant y_2^H\\ 0, & \text{其他情况}\end{cases} \tag{2.58}$$

因此，由 $F(\alpha)=\int_{-\infty}^{\alpha}f(y_2)dy_2$ 给出相应的累积分布函数为：

$$F(\alpha)=\begin{cases}0, & \alpha\leqslant 0\\ \dfrac{\alpha}{y_2^H}, & 0<\alpha<y_2^H\\ 1, & \alpha\geqslant y_2^H\end{cases} \tag{2.59}$$

定义 r^s 为债权人索要的实际利率。像之前一样，我们假设国家只有在偿还债务的成本[由 $d_1(1+r^s)$给定]小于不偿还债务的成本（由 ϕy_2 给定）时，才会在时期 2 偿还债务。因此，违约决策条件将由下式给出：

如果 $y_2\leqslant y_2^*$ 则违约

如果 $y_2>y_2^*$ 则不违约

其中：

$$y_2^*\equiv\frac{d_1(1+r^s)}{\phi} \tag{2.60}$$

是违约临界值。因此，当时期 2 的产出值较低时，国家将倾向于选择违约（即国家将会在经济不景气的时候选择违约），而在时期 2 的产出值较高时选择偿还债务（即在经济景气

① 根据 Talvi 和 Vegh(2005)论文中提供的数据显示，在发展中国家的产出波动性大致是 OECD 国家的两倍。

② 参看 Sachs 和 Cohen(1982)关于该模型的三期版本，这样的模型使他们能研究重新规划的问题。

的时候选择不违约)。

国家的违约概率有多大呢?定义 π 为违约概率,那么,利用式(2.60),可以写出:

$$\pi=\Pr(y_2<y_2^*)=F\left[\frac{d_1(1+r^s)}{\phi}\right] \tag{2.61}$$

对于一个给定的 r^s 值,违约概率依赖于债务水平。一方面,对于一个“高”水平的债务[即 $d_1(1+r^s)/\phi\geqslant y_2^H$],经济体将总会违约,因为这样做时,收益会远远超过任何能实现的产出数量的成本。①另一方面,假如经济体是一个债权人(即 $d_1\leqslant 0$),它将绝不会选择违约。对于一个中间水平的债务值[即 $0<d_1(1+r^s)/\phi<y_2^H$],违约概率将是债务水平的增函数,这是因为债务水平越高,能实现的产出数量越有可能使经济体发现违约更有利可图。对于中间范围,我们能用式(2.59)来表达违约的概率:

$$\pi=\frac{(1+r^s)d_1}{\phi y_2^H} \tag{2.62}$$

违约概率会随着债务水平的变化发生怎样的变化?为了回答这个问题,假设国际借款人是风险中性的,他们资金的机会成本是 r。那么有:

$$1+r=(1-\pi)(1+r^s) \tag{2.63}$$

现在,求解出式(2.63)中的 $1+r^s$,并把它代入式(2.62)中,并让 π 对 d_1 求导,可得:

$$\frac{\mathrm{d}\pi}{\mathrm{d}d_1}=\frac{1+r}{\phi y_2^H(1-2\pi)} \tag{2.64}$$

在后文将很明显的表明,在最优时,$\mathrm{d}\pi/\mathrm{d}d_1$ 将总为正。直觉上看,r^s 是 d_1 的增函数。因此,额外的债务无论是在直接效应上还是在间接效应上(通过一个更高的 r^s)都会导致违约概率增加。

现在我们来为资金的供给推导出显性的函数表达式。即贷方愿意在每个利率上出借多少资金的表达式。利用式(2.62),我们能把式(2.63)重写为:

$$r^s=\frac{1+r}{1-(1+r^s)d_1/\phi y_2^H}-1 \tag{2.65}$$

这一方程隐含地把 r^s 定义为 d_1 的函数。事实上,我们可以通过求解式(2.65)而明确地得到②:

$$r^s=\begin{cases} r, & d_1\leqslant 0 \\ \dfrac{2(1+r)d_1^{\max}}{d^1}\left(1-\sqrt{1-\dfrac{d_1}{d_1^{\max}}}\right)-1, & 0<d_1\leqslant d_1^{\max} \end{cases} \tag{2.66}$$

---

① 当然,在均衡时我们将从来不会观察到 $d_1(1+r^s)/\phi>y_2^H$ 的债务水平。因为在这种情形下,国家一定会违约,贷方在一开始就不可能出借给国家如此多的贷款。

② 式(2.65)会出现一个关于 $1+r^s$ 的二次方程。因此,某个 d_1 值会有两个 r^s 值与之对应。具有经济含义的解应该是其中更小的那个 r^s 值。

其中：

$$d_1^{\max}\equiv\frac{\phi y_2^H}{4(1+r)}$$

是能被国家市场维持的最大债务水平。[1]一旦债务水平超出该值，国际借贷方就不可能赔偿他们所承担的风险。此外，可以看出 r^s 是 d_1 的一个增函数：

$$\frac{\mathrm{d}r^s}{\mathrm{d}d_1}=\frac{(1+r)d_1^{\max}}{d_1^2\sqrt{1-\frac{d_1}{d_1^{\max}}}}\left(2-\frac{d_1}{d_1^{\max}}-2\sqrt{1-\frac{d_1}{d_1^{\max}}}\right)>0,\qquad 0<d_1\leqslant d_1^{\max}$$

国际贷方索要的最大利率水平是什么呢？要发现这一点，需在 $d_1=d_1^{\max}$ 处求出式(2.66)的值：

$$r^s\big|_{d1=d_1^{\max}}=1+2r \tag{2.67}$$

尽管这一模型不适合提供数量预测，有一点还是非常有趣的：面对一个无风险的国际实际利率，该模型将产生相当大的溢价水平。式(2.67)告诉我们，假如 r 是 3%，最大的利率将会是 106%。

图 2.3 展示了我们刚才推导的向上倾斜的资金供给曲线的示意图。直觉上看，对于一个给定的 ϕ，由小型开放经济体面对的实际利率 r^s 是负债水平(d_1)的增函数，这反映了一个事实：债务水平越高，该经济越有可能违约。[2]因此，图 2.3 提供了一个简单却非常深刻的关于资金供给向上倾斜的洞见，并暗示了由于隐性违约风险的存在，发展中国家也许要为自己的国际贷款支付一个相当大的溢价。

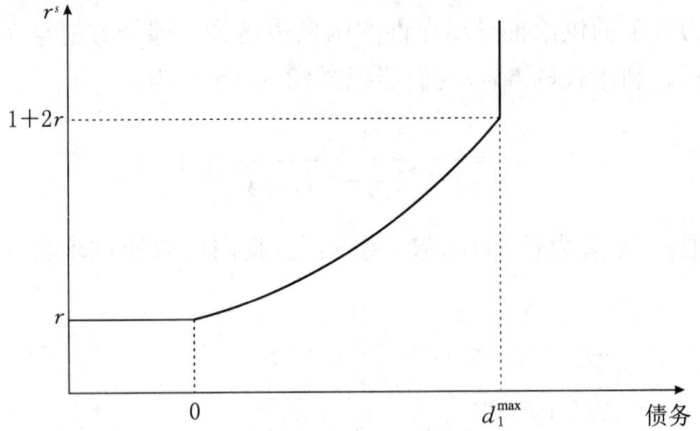

图 2.3　向上倾斜的资金供给曲线

---

① 自然地，对于 $d_1\geqslant 0$，式(2.65)成立。对于 $d_1<0$，从式(2.59)和式(2.60)可以推断出 $F(y_2^*)=0$，因此，从式(2.66)中可以推断出 $r^s=r$。

② 在实践中——正如在专栏 2.3 中所讨论的那样——其他因素可能也会影响新兴国家所要支付的风险溢价水平。

专栏 2.3 什么可以解释实践中的风险溢价?

尽管在我们的简单模型中,负债水平是风险溢价的主要决定因素,但在实践中,有许多因素会影响它。[a] 正像表 2.4 中所总结的那样,在经验研究文献中,主要可鉴别的影响因素如下。

表 2.4 主权风险溢价的研究解释

作 者	数据集	决定因素	主要结论
Edwards(1986);	26 个国家,1976—1980 年	偿还能力	风险溢价与债务占 GDP 的比率正相关
Min(1998)	11 个国家,1991—1995 年	偿还能力、流动性、宏观经济基本面	债务占 GDP 的比率和通货膨胀率的增加会提高溢价价差。净国外资产的增加和国际贸易的好转会降低溢价价差
Caceres 等人(2010)	欧元区,2005—2010 年	偿还能力	当公共债务(占 GDP 的百分比)上升或者预算平衡恶化会导致价差收紧
Akitoby 和 Stratmann(2006);	32 个国家,1994—2003 年	宏观经济基本面	通过减少公共支出比通过收入的增加来缓解价差是更为有效的工具
Hallerberg 和 Wolff(2006)	12 个欧盟成员,1993—2005 年	偿还能力、财政制度	GDP 增加 1 个百分点的赤字将会导致价差上升 1.5—4 个百分点。具有能更好解决赤字制度的国家将会为当前的赤字支付更低的风险溢价
Caceres 等人(2010)	欧元区,2005—2010 年	外部因素	当全球的风险回避情绪在上升时,在评级为 AAA 级的国家与评级更低的国家之间,价差会明显扩大。风险回避情绪的蔓延对于政府债券的影响总是负面的。当一个国家的信用挤兑概率上升时,交易价差会收紧
Hartelius 等人(2010)	33 个新兴国家,1991—2007 年	外部因素	美国未来 3 个月的预期政策率增加 1 个百分点,价差将增加 5 个百分点。VIX 被用于投资者对风险态度的代理变量。由一个标准差的 VIX 的增加会导致价差增加大约 30%

- **偿还能力和流动性变量:**偿还能力的主要测量指标包括债务水平、预算赤字、债息以及出口占 GDP 的比重。流动性通常由一个国家持有的外币准备金来加以测量,通常是作为国家贸易的一部分,最近也常用短期债务[所谓的圭多惕-格林斯潘(Guidotti-Greenspan)规则]比例来加以衡量。[b]研究发现一个更高的债务占 GDP 比率和一个更低的流动性将会增加溢价价差(Edwards, 1986; Caceres, et al., 2010)。

- **宏观经济基本面:**这些是对一个国家的长期偿债能力有影响的变量,比如,通货膨胀率、公共支出和贸易状况。一般来讲,具有更好的基本面,即通货膨胀率较低、公共支出较少、贸易状况较好会导致更低的价差(Min, 1998; Akitoby and Stratmann, 2006)。

● **财政制度**：更好的财政制度将会伴随更低的风险溢价。而且，在一个有更好制度的国家，财政不平衡对风险溢价的影响要更小一些(Hallerberg and Wolff, 2006)。

● **外部因素：全球的风险回避，传染以及国际流动性**：投资者对风险的态度似乎能解释最近几年新兴市场债券蔓延的现象。对于发达经济体而言，由于避险资产的原因，全球避险情绪越高，一般而言会降低溢价。[c]相反，传染总是会对政府债券产生负面影响(即导致更高的溢价)。最后，更高(更低)的国际流动性由低的(高的)美国利率来衡量，这会导致新兴市场出现更低(更高)的溢价(参见 Caceres et al., 2010; Hartelius et al., 2010)。

证据表明，随着时间的推移，主权债券息差出现了显著的联动，这表明溢价不仅仅刻画了国家的具体信息，而且也反映了从地区或全球力量的溢出和传染效应。McGuire 和 Schrijvers(2003)、Ciarlone 等人(2007)发现共同因素解释了总变化中的三分之一。共同因素包括：(1)作为测量全球流动性条件的工具——发达经济体中短期和长期的利率水平(主要是美国的)；(2)作为测量发达经济体货币政策路径不确定性的工具——利率水平的波动性(Arora and Cerisola, 2001)；(3)作为测量国际投资者风险偏好的工具——低评级和高评级公司债券或美国长期债券之间的收益差额(Hartelius et al., 2010)。

专栏注：

a. 在实践中，典型的风险溢价通常为计算一个国家为其必须支付的债务利率与美国同等期限的债务利率之间的差额。

b. 圭多惕—格林斯潘规则认为一个国家的储备应该等于他的短期债务(一年期或者更短期限)，这意味着储备对短期债务的比率等于1。

c. 当全球风险回避情绪上升时，资本将总是从高风险的资产中撤离并转入购买发达国家的政府证券。

对国际信贷的需求

对信贷的需求来自消费者一方。为了简化分析，我们将假设偏好是线性的。因此，终身的效用(W)将由式(2.68)给出：

$$W=c_1+\frac{1}{1+\delta}E\{c_2\} \tag{2.68}$$

其中 $\delta(>0)$是贴现率。为了保证在效用函数为线性情形下的借钱动机，我们需要假定 $\delta>r$。因为未来的效用是以一个比无风险时的实际利率更高的贴现率进行贴现的，因此，经济主体将更愿意在时期 1 而不是在时期 2 消费自己的禀赋。

将 c_2^D 和 c_2^{ND} 分别定义为在违约(D)和不违约(ND)两种情形下时期 2 的消费水平。由此，我们可以推得(假设净初始资产为零)：

$$c_1=y_1+d_1 \tag{2.69}$$

$$c_2^D=(1-\phi)y_2 \tag{2.70}$$

$$c_2^{ND}=y_2-(1+r^s)d_1 \tag{2.71}$$

现在,我们需要把终身的效用函数——由式(2.68)给定——表述成 d_1 的函数,为此目的,注意根据重复预期定理,我们能写出:

$$E\{c_2\}=E_X\{E\{c_2|X\}\}$$

这里,X 是一个随机变量,有 π 的概率取值为 D,有 $1-\pi$ 的概率取值为 ND。因此:

$$E\{c_2\}=\pi E\{c_2^D\}+(1-\pi)E\{c_2^{ND}\} \tag{2.72}$$

将方程式(2.72)代入式(2.68),可以得到:

$$W=c_1+\frac{\pi}{1+\delta}E\{c_2^D\}+\frac{1-\pi}{1+\delta}E\{c_2^{ND}\} \tag{2.73}$$

现在,计算出式(2.70)和式(2.71)的条件期望值,并把这一结果与式(2.69)一起代入式(2.72),利用式(2.63)可以得到:

$$W=y_1+\frac{1}{1+\delta}E\{y_2\}+\frac{\delta-r}{1+\delta}d_1-\frac{\pi}{1+\delta}\phi E\{y_2|D\} \tag{2.74}$$

给定偏好是线性的,计划者仅仅关心期望值,正如由式(2.74)右端的前两项所刻画的那样。①在给定时期 2 的效用是用一个比无风险的实际利率更高的贴现率贴现到时期 1 的,式(2.74)右端的第三项刻画了在此情形下提前消费所能带来的收益。最后一项则刻画了假如经济主体违约必然要承受的资源损失。注意在违约的情形下,预期的产出损失是 $\phi E\{y_2|D\}$。因为经济主体违约的概率是 π,用时期 1 的效用来表述,预期的资源损失是 $\pi\phi E\{y_2|D\}/(1+\delta)$。

继续进行这一步骤,注意在经济主体有违约的条件下,y_2 在 0 与 y_2^* 之间均匀变化。出于相同的原因,在经济主体没有违约的条件下,产出将在 y_2^* 与 y_2^H 之间均匀变化。因此:

$$E\{y_2|D\}=\frac{y_2^*}{2}=\frac{\pi y_2^H}{2} \tag{2.75}$$

$$E\{y_2|ND\}=\frac{y_2^*+y_2^H}{2}=\frac{(1+\pi)y_2^H}{2} \tag{2.76}$$

这里,最右边的表达式遵循这一事实:从式(2.60)和式(2.62)中可以推断,$\pi=y_2^*/y_2^H$。

将式(2.75)代入式(2.74),可以得到:

$$W=y_1+\frac{1}{1+\delta}E\{y_2\}+\frac{\delta-r}{1+\delta}d_1-\frac{\phi\pi^2y_2^H}{2(1+\delta)} \tag{2.77}$$

计划者的问题就是通过选择一个最优的 d_1 去最大化式(2.77)。最优化的一阶条件由下式给出:

---

① 注意,在标准的模型中有 $\delta=r$,没有主权风险($\pi=0$),因而 $W=y_1+\beta E\{y_2\}$,其中,$\beta=1/(1+\delta)$。

$$\delta - r = \phi \pi y_2^H \frac{\mathrm{d}\pi}{\mathrm{d}d_1} \tag{2.78}$$

上述表达式左端刻画了借贷款以增加时期 1 的消费所带来的边际收益(无风险实际利率的净值)。因为时间偏好率 δ 要比无风险实际利率 r 更大,借贷的边际收益为固定的正值。表达式的右端则刻画了借贷的边际成本。①回想一下,从式(2.74)右端的最后一项中,借贷的成本是由违约情形下预期产出的损失来刻画。额外 1 单位的借贷在两个方面增加了借贷的边际成本。首先,对于一个给定的损失 $\phi E\{y_2|D\}$,额外借贷一单位使违约的概率提高了 $\mathrm{d}\pi/\mathrm{d}d_1$,因此使借贷的边际成本提高了 $\phi E\{y_2|D\}(\mathrm{d}\pi/\mathrm{d}d_1)$。其次,对于一个给定的违约概率,在违约的情形下,多借贷额外一单位使预期的损失增加了 $\phi[\mathrm{d}(E\{y_2|D\})/\mathrm{d}\pi](\mathrm{d}\pi/\mathrm{d}d_1)$。因为违约发生的概率为 π,借贷的边际成本增加了 $\pi\phi[\mathrm{d}(E\{y_2|D\})/\mathrm{d}\pi](\mathrm{d}\pi/\mathrm{d}d_1)$。回想式(2.75),这两个效应加总等于式(2.78)的右边部分。

现在,我们能计算均衡时的 π、d_1 和 r^s 的简化值。利用式(2.63)、式(2.62)、式(2.64)和式(2.78),可以得到:

$$\pi = \frac{\delta - r}{1 + 2\delta - r} \tag{2.79}$$

$$d_1 = \frac{\phi y_2^H (1+\delta)(\delta - r)}{(1+r)(1+2\delta - r)^2} \tag{2.80}$$

$$r^s = \frac{1+r}{1+\delta}(1+2\delta - r) - 1 \tag{2.81}$$

均衡解的几个特征值得注意。首先,正如式(2.79)所清楚显示的那样,违约概率独立于违约成本 ϕ。原因是尽管对于一个给定的借贷水平,一个更高的 ϕ 会使违约变得更昂贵[因此,正如式(2.62)显示的那样,减少了违约的概率],但它也增加了经济主体可以借贷的数量(因此增加了违约概率)。在均衡状态时,这两个方向相反的力量恰好相互抵消。②其次,π、d_1 和 r^s 都是 δ 的增函数。因此,一个有更高 δ 的经济(即一个更"不耐心"的经济)将会借贷更多,支付一个更高的实际利率并面对一个更高的违约概率。

即便违约概率不依赖于 ϕ,但可以证明福利仍然是 ϕ 的一个增函数。将式(2.79)和式(2.80)代入式(2.77)中,可以得到:

$$W = y_1 + \frac{1}{1+\delta} E\{y_2\} + \phi \frac{y_2^H (\delta - r)^2}{2(1+2\delta - r)(1+r)(1+\delta)}$$

从而福利是 ϕ 的线性函数。因此,当借贷的收益远远超过预期违约成本增加的经济体,更高的违约成本是可以提高福利的。然而,值得注意的是,甚至对于 $\phi = 1$(这意味着在违约的情形下,所有时期 2 的禀赋都将损失),这一经济体也不能产生最优(first-best)均衡(即这个均衡将会在没有主权风险的情形下获得)。要看清这一点,注意如果没有主权风险(完全市场),这个经济体将会希望在时期 1 消费它所有的禀赋(在现值的意义上讲)。因

① 注意,因为 $\delta > r$,在均衡时有 $\mathrm{d}\pi/\mathrm{d}d_1 > 0$。

② 当然,在更一般的模型中,不会出现这样的情形。参见 Sachs 和 Cohen(1982)的一些例子。

此，借贷将由下式给定：

$$d_1|_{\text{无主权风险}}=\frac{E\{y_2\}}{1+r}$$

如果有主权风险，从式(2.80)中我们可以看出，对于一个非常大的 δ 值，最大的借贷值将由下式给定(注意 $E\{y_2\}=y_2^H/2$)：

$$d_1^{\max}=\frac{\phi}{2}\frac{E\{y_2\}}{1+r}$$

因此，甚至在 $\phi=1$ 时，这一经济体所进行的借贷的金额只有它在完全资本市场时借贷金额的一半。因而，从式(2.77)中可以清楚看出，在有主权风险时的福利(甚至在 $\phi=1$ 时)要比在没有主权风险时的福利更低。因此，即使在有非常高的违约成本的情形下，主权风险仍将强加福利成本于该经济。

最后，注意这一模型产生了与均衡结果一样的违约概率。这一经济体在时期 1 将在由式(2.81)给定的利率下，借贷由式(2.80)给定的金额。在时期 2，对于任何一个可实现的 y_2，经济体将违约以致违约成本(ϕy_2)低于偿还成本$(1+r^s)d_1$。因此，在经济不景气的时候(即可实现的 y_2 较低)将伴随一个更高的违约行为。

向上倾斜的资金供给曲线

在研究文献中，假设一些特别的向上倾斜的资金供给曲线是共同的做法。[①]典型的做法仅是假设由债权人索要的实际利率是债务水平的增函数：

$$r^s=r+f(d) \tag{2.82}$$

其中，$f'(d)>0$。这应该被视为是一个接近于内生推导的资金供给曲线，就像图 2.3 中所描述的那样。式(2.82)背后的一个关键隐含假设是，经济是在“真实的”资金供给曲线之上部分运行的(如图 2.3)。

正如在本章习题 6 所展示的那样，对于由一个小型开放经济所作的最优借贷选择来说，一条向上倾斜的资金供给曲线有很重要的推论。首先，经济主体将不选择平滑消费。特别是，如果 $y_1<y_2$，经济主体在时期 1 将借钱，但仍旧会比时期 2 消费更少。给定国际资本市场是不完全的，因为更多的借贷会增加资金成本，因而社会的最优选择是不会随着时间的推移平滑各期的消费。其次，与私人部门的决策相比，计划者会选择借贷更少。换句话说，社会的借贷边际成本要比私人部门的借贷边际成本更高。直觉上说，国家在国际资本市场上是一个垄断者，因为国家的借贷会影响债权人索要的利率。计划者完全内化这一垄断力量，并使借贷的边际收益等于借贷的边际(marginal)社会成本。但是，个人消费者会使借贷的边际收益与借贷的平均(average)社会成本相等。因此，让政府对国外借贷征税将是最优的，因为这会使私人的借贷水平减少到社会的最优水平上。这是一个“次优”(second-best)政策的例子。其中存在的扭曲(即向上倾斜的资金供给曲线)使得第二次的扭曲(即对外国借贷征税)成为最优的选择。

---

① Bardhan(1967)是先驱。

因此，本章习题 6 为所谓的托宾税（Tobin tax）提供了一个强有力的理论案例。之所以命名为托宾税，是因为在托宾 1978 年的那篇著名的论文中，倡议扔一些沙子进极度有效的国际金融市场中去。①然而，从一个理论的视角看，出于两方面的理由，导致这一观点要比它看起来的更脆弱。首先，我们的简单模型没有考虑一些对外借贷征税而产生的众所周知的微观扭曲现象，比如资源的分配不当以及寻租活动等。②其次，甚至在习题 6 讨论的最简单例子中，最优的政策也需要处理初始的扭曲问题（即处理由向上倾斜的资金供给曲线而引起的资本市场不完全问题），以确保国家能面对一个无限弹性的资金供给状况。不幸的是，尽管有许多建议涉及处理主权风险问题的某种国际破产法，但在实践中，要找到有效执行这种提议的途径还很有限。

2.5 总结性评论

本章主要探讨在放松第 1 章基本模型中的三个基本假定之后可能会出现的含义：(1)国际资本市场可以完全进入；(2)在产出路径上不存在不确定性；(3)事先承诺能偿还巨额债务的能力。我们的分析发现，这三个假定中的任何一个一旦放松，就会改变经济体平滑各期消费的能力。在所有的三种情形下，经济主体都不可能像在第 1 章中那样实现各期的平滑消费。因此，这些会产生重要福利影响的限制条件，对于产出高度波动并且在经济不景气时很难获得国际融资的国家来说，将尤为严重。

2.6 附录：在无限期界随机模型中对消费的封闭形式的求解

本附录为 2.3 节的无限期界的两期随机模型中求解消费提供了封闭形式的解。给定偏好：

$$E_0\Big\{\sum_{t=0}^{\infty}\beta^t u(c_t)\Big\} \tag{2.83}$$

流量预算约束具有如下的形式：

$$b_{t+1}=(1+r)b_t+y_t-c_t \tag{2.84}$$

引入横截性条件：

$$\lim_{t\to\infty}\Big(\frac{1}{1+r}\Big)^t b_t=0$$

我们能推导出如下的跨期约束：

① 同时参见 Harberger(1986)。当然，也许有其他的因素要求控制资本流动，如实际汇率升值以及资产价格泡沫，这些因素会使经济更容易发生金融危机；参见 Ostry 等人(2010)以及第 14 章的内容。

② 参见 De Gregorio 等人(2000)对资本控制的实际有效性的一个检验。

$$(1+r)b_0+\sum_{t=0}^{\infty}\left(\frac{1}{1+r}\right)^t y_t=\sum_{t=0}^{\infty}\left(\frac{1}{1+r}\right)^t c_t \tag{2.85}$$

注意对每一种可能的产出冲击历史，终身预算约束都必须成立。

要推导出一阶条件，将流动性约束条件式(2.84)代入式(2.83)，并对 b_{t+1} 求导数[假设 $\beta(1+r)=1$]，可以得到：

$$u'(c_t)=E\{u'(c_{t+1})\} \tag{2.86}$$

正像 Hall(1978)强调的那样，边际效用遵循随机游走的规则。而且，假如偏好是二次型的，消费也将遵循随机游走的规则。要看清这一点，在二次型偏好的条件下，式(2.86)所代表的最优条件可以重写为：

$$c_t=E\{c_{t+1}\} \tag{2.87}$$

这意味着：

$$c_0=E\{c_1\}=E\{c_2\}=\cdots \tag{2.88}$$

因为对每一个历史冲击跨期预算约束条件都成立，在预期的情形下，存在：

$$(1+r)b_0+\sum_{t=0}^{\infty}\left(\frac{1}{1+r}\right)^t E_0\{y_t\}=\sum_{t=0}^{\infty}\left(\frac{1}{1+r}\right)^t E_0\{c_t\} \tag{2.89}$$

利用式(2.88)，我们能重写最终的表达式为：

$$c_0=\frac{r}{1+r}\left[(1+r)b_0+\sum_{t=0}^{\infty}\left(\frac{1}{1+r}\right)^t E_0\{y_t\}\right] \tag{2.90}$$

正如在本书中所讨论的那样，确定性等价在如下意义上讲是成立的：家庭是这样来决定今天的消费，就好像未来可以实现的产出是由他们的预期值来给出的那样。

为了看清楚持久收入假设是如何在实践中起作用的，假设产出也遵循随机游走过程：

$$y_t=y_{t-1}+\varepsilon_t$$

这里，ε_t 是一个均值为零的独立同分布冲击。那么：

$$y_0=E_0\{y_1\}=E_0\{y_2\}=\cdots$$

将上式代入式(2.90)中，可以得到：

$$c_0=rb_0+y_0$$

直觉上看，因为产出是随机游走的，任何对产出的冲击都是永久性的。因此，消费者会随着产出的增加而一对一地调整自己的消费。注意，这恰好就是在我们的具有完全预见性模型中所得到的结果。①

然而，正如在专栏 2.4 中所探讨的那样，非固定随机模型没有行为良好的随机分布。因此，研究者为了消除非固定性而经常把摩擦因素引入到模型中去。

① 参见 Obstfeld 和 Rogoff(1996)对于这一点在无限期界的随机模型中所做的进一步的分析。

专栏 2.4 小型开放经济模型要不要封闭?

正如在第1章习题3清楚阐述,完全预见的小型开放经济连续时间模型有两个根r和$r-\delta$。假如$r=\beta$,两个根就为r和0。在离散时间模型和$\beta(1+r)=1$的假设下,与该体系相对应的根分别为$1+r$和1。换句话说,在$\beta(1+r)=1$的假设下,我们基本的小型开放经济模型或出现一个单位根。直觉上说,这意味着假如持久收入增加1单位,永久性的消费水平也将增加1单位,这是持久收入假设的一个自然而符合逻辑的含义。有时,研究者会说消费依赖于初始条件,因为假如初始资产水平发生外生变化,永久性的消费水平将根据持久收入中的组成部分,即资产存量的变化而变化,同样,这非常符合持久收入假设的含义。因此,在完全预见的情形下,单位根的出现并不是一个正式的问题,相反,它是弗里德曼持久收入假说的一个自然结果。假如没有出现这一结果我们才应该感到吃惊。

当我们引入不确定性时又会发生什么情况?假如期界是有限的,不确定性的引进不会产生什么难题。在无限期界下,事情就会变得复杂。然而,从理论上讲,只会有很少的变化。正如附录2.6所证明的那样,消费的边际效用将遵循随机游走的规则(在随机模型中的等价对应物就是会出现单位根),在二次型偏好的情形下,消费自身也遵循随机游走的规则。事实上,我们能计算出一个简化形式的消费水平,它恰好就是我们的完全预见模型中的对应物。进一步,对产出制定一个专门的随机过程,就能完成我们所有的主要实验,比如分析消费和经常账户如何对不同的冲击作出反应。在这个意义上说,我们随机游走模型的结果与在宏观经济中更为流行的一些模型所得出的结果并无不同,这些模型会预期一些人们感兴趣的主要变量——比如,总消费或者股票价格——会遵循一个随机游走的规则。总的来说,消费过程的非固定性是标准的(随机的)小型开放经济模型的基本特征,也恰恰是这一模型在完全预见性下会产生单位根的原因。事实上,假如计算机压根没有被发明出来(因此数量也不会成为最重要的考虑),在开放经济的宏观经济学中,我们也许就仅仅借助这些非固定的模型来展开分析了。

然而,计算机继续存在下来,并且受到Schmitt-Grohe和Uribe(2003)论文的影响,开放经济的研究者经常提到需要“封闭”小型开放经济模型。所谓的“封闭”,就是通过引入如下一些摩擦来摆脱单位根现象:比如一条向上倾斜的资金供给曲线,宇则弘文(Uzawa)偏好或者在净国外资产存量中引入调整成本,这些因素会使单位根变为稳定根,并使得模型趋向平稳。因为正如前文证明的那样,一个非平稳模型并没有什么错误,因此并不存在一个正式的理由需要去“封闭”随机小型开放经济模型,我们为什么要选择这样做?“问题”是在一个非平稳模型中没有一个定义明确的二阶矩(回忆一下,随机游走的方差无限大)。换句话说,非固定模型不会产生一个行为良好的固定随机分布。假如我们的目的仅仅是在数量上求解出一个小型开放经济模型,并计算出模型的脉冲响应(即内生变量对单一冲击的反应),我们并不需要消除单位根。这一研究与在第1章中完全预见经济对一个暂时性冲击的反应是等价的。然而,更具代表性的是，用计算机求解模型的研究者们使用实际经济周期的方法，试图计算出二次矩以刻画出主要内生变量的方差和协方差，并把这些求得的结果与数据中的二次矩进行对比。因为当存在单位根的时候，方差/协方差并不容易定义，因此希望通过"封闭"模型的方法来消除单位根的想法出现了。

尽管为了计算方差和协方差，"封闭"小型开放经济模型是必要的，它真的会以模糊一些重要的概念基础为代价。例如，宇则弘文偏好在跨越稳定状态时，会强迫消费维持在相同的水平上。这意味着，即使你的财富增加 1 单位，你的稳定状态的消费也将维持不变，这显然违背了持久收入假说。在转型时期，为了回到同样的稳定状态的消费水平上，你将被迫进行过多的消费。

习　　题

1. (产出和消费之间的相关性)考虑在 2.3.2 节中讨论的确定性等价情形。证明 c_2 和 y_2 之间的相关性是 1。

2. (CARA 型效用函数下消费和福利的简化形式)考虑在 2.3.1 节中分析的不完全市场的情形，作如下两处修改。第一，假设偏好是由恒定的绝对风险回避函数(CARA)给出的：

$$u(c)=-\frac{1}{\alpha}e^{-\alpha c} \tag{2.91}$$

第二，代替式(2.16)中指定的时期 2 的产出呈伯努利分布(Bernoulli distribution)的特征，假设

$$y_2=y_1+\varepsilon,\ \varepsilon\sim N(0,\sigma^2)$$

在这一背景下：

(1) 证明常绝对风险回避系数等于 α(回忆阿罗—普拉特测量的常绝对风险回避系数是由 $-u''/u'$ 给出的)。

(2) 根据 Kimball(1990)，证明绝对审慎系数(定义为 $-u'''/u''$)也等于 α。

(3) 推导出 c_1 和 c_2 的简化形式表达式。特别地，一个更高的 $\sigma 2$ 如何影响 c_1 和 c_2？(提示：回忆一下，假如 $x\sim N(E\{x\},\sigma_x^2)$，那么 $E\{e^x\}=e^{E\{x\}+\sigma_x^2/2}$。)

(4) 计算 c_2 和 y_2 之间的相关系数。

(5) 证明福利是 σ^2 的递减函数。

3. (有 CRRA 偏好的不完全市场模型的数值例子)考虑在 2.3.1 节中分析的如下形式的常相对风险回避型(CRRA)偏好的不完全市场模型：

$$u(c)=\frac{c^{1-\theta}-1}{1-\theta}$$

这里，θ 是常相对风险回避系数。

在这一背景下：

(1) 证明常相对风险回避系数等于 θ（回忆阿罗—普拉特测量的常相对风险回避系数是由 $-cu''/u'$ 给出的）。

(2) 证明相对审慎系数（定义为 $-cu'''/u''$）等于 $1+\theta$。

(3) 画出 c_1、c_2^H、c_2^L、经常账户以及预期效用作为风险回避系数函数的图形。

(4) 画出同样的变量作为在产出分布中均值保留展型函数的图形。

4.（有不谨慎偏好的不完全市场模型的数值例子）考虑在 2.3.1 节中分析的有如下偏好的不完全市场模型：

$$u(c)=10c-\frac{1}{5}c^3$$

有 $c<\sqrt{50/3}$。在这一背景下：

(1) 证明这些偏好展示出风险回避和不谨慎特征。

(2) 画出 c_1、c_2^H、c_2^L，经常账户以及预期效用作为风险回避系数函数的图形。

5.（具有完全市场的两国模型）考虑在 2.3.3 节中分析的有完全市场的两个国家（国内和国外）的小型开放经济体模型版本。假设偏好是对数型且两国有相同的贴现因子。我们将用带星号的上标表示外国的变量。因为这是一个两国模型，如下的世界产出约束将会成立：

$$c_1+c_1^*=y_1+y_1^*\equiv y_1^W$$
$$c_2^A+c_2^{A*}=y_2^A+y_2^{A*}\equiv y_2^{AW}$$
$$c_2^B+c_2^{B*}=y_2^B+y_2^{B*}\equiv y_2^{BW}$$

这里，上标 W 代表世界的数量。注意，我们将“高”和“低”状态重新标记为 A 和 B（其中的理由是，假如不存在总产出的不确定性，那么当国内产出是高的时候，国外产出将会是低的，反之反是）。

在这一背景下：

(1) 推导一阶条件并证明跨自然状态的消费率在国内外是相同的。

(2) 为 q^A 和 q^B 推导出简化表达式。

(3) 推导出世界实际利率的简化形式解。

(4) 证明消费作为世界产出的比例随时间的推移，在国内外的自然状态下都是固定不变的。

(5) 证明 $\text{corr}(c_2,\ c_2^*)=1$。

(6)证明如果没有世界的不确定性（即 $y_2^{AW}=y_2^{BW}$），c_2 与国内产出不相关。

6.（一个特别的向上倾斜的资金供给曲线）令偏好给定如下：

$$W=\log(c_1)+\beta\log(c_2) \tag{2.92}$$

这里，$\beta(\equiv 1/(1+\delta))$ 是折现因子，δ 是折现率。假设 $\beta(1+r)=1$，这里的 r 是世界利率。

流量约束由下式给定：

$$c_1=d_1 \tag{2.93}$$

$$c_2=y_2-(1+r^s)d_1 \tag{2.94}$$

这里，d_1 是净外债，$y_2>0$ 是时期 2 的产出（注意简单起见，我们假设时期 1 的产出是零）。

经济体面对一条向上倾斜的资金供给曲线，形式如下：

$$r^s=r+f(d_1),\ f(0)=0,\ f'(d_1)>0 \tag{2.95}$$

这里，r^s 是向这个国家收取的实际利率。

在这一背景下：

(1) 求解计划者的优化问题。证明计划者不会选择随时间的推移平滑消费的路径。

(2) 求解消费者的优化问题（即自由市场解）。证明相对于计划者的解，市场解意味着，相对于时期 2，时期 1 的消费过高。

(3) 考虑该模型的一个线性版本（即资金的线性偏好和线性供给）：

$$W=c_1+\frac{c_2}{1+\delta} \tag{2.96}$$

$$f(d_1)=\alpha d_1 \tag{2.97}$$

假设 $\delta>r$。在这一背景下：

i. 为计划者最优和市场最优推导出 d_1 和 r^s 均衡值的简化形式表达式。

ii. 提供一个几何图形说明 d_1 和 r^s 的均衡值是怎样被决定的，并解释结果背后的经济学直觉（提示：把国家考虑成是一个世界资本市场的垄断买方，然后像在正文中那样着手分析在要素市场上垄断买方的行为）。

iii. 通过施加一个借款税率（这线性地增加了借款的数量），来证明政府能实现计划者的最优解。

参考文献

Akitoby, Bernardin, and Thomas Stratmann. 2006. Fiscal policy and financial markets. IMF Working Paper 06/16. International Monetary Fund, Washington, DC.

Arora, Vivek, and Martín Cerisola. 2001. How does U.S. monetary policy influence sovereign spreads in emerging markets? *IMF Staff Papers* 48(3):474—498.

Atkeson, Andrew, and Tamim Bayoumi. 1993. Do private capital markets insure regional risk? Evidence from the United States and Europe. *Open Economies Review* 4(3):303—324.

Attanasio, Orazio, and Steven J. Davis. 1996. Relative wage movements and the distribution of consumption. *Journal of Political Economy* 104(6):1227—1262.

Bardhan, Pranab. 1967. Optimum foreign borrowing. In Karl Shell, ed., *Essays on the Theory of Optimal Economic Growth*. Cambridge: MIT Press.

Blanchard, Olivier, and Stanley Fischer. 1989. *Lectures on Macroeconomics*. Cambridge: MIT Press.

Borensztein, Eduardo, and Ugo Panizza. 2006. Do sovereign defaults hurt exporters? IDB Working Paper 553. Inter-American Development Bank, Washington, DC.

Borensztein, Eduardo, and Ugo Panizza. 2008. The costs of sovereign default. IMF Working Paper 08/238. International Monetary Fund, Washington, DC.

Bulow, Jeremy, and Kenneth Rogoff. 1989. Sovereign debt: Is to forgive to forget? *American Economic Review* 79(1):43—50.

Caceres, Carlos, Vincenzo Guzzo, and Miguel Segoviano. 2010. Sovereign spreads: Global risk aversion, contagion or fundamentals? IMF Working Paper 10/120. International Monetary Fund, Washington, DC.

Ciarlone, Alessio, Paolo Piselli, and Giorgio Trebeschi. 2007. Emerging markets spreads and global financial conditions. Temi di discussione(Economic working papers) 637. Bank of Italy.

Cochrane, John H. 1991. A simple test of consumption insurance. *Journal of Political Economy* 99(5):957—976.

Crucini, Mario J. 1999. On international and national dimensions of risk sharing. *Review of Economics and Statistics* 81(1):73—84.

De Gregorio, Jose, Sebastian Edwards, and Rodrigo O. Valdes. 2000. Controls on capital inflows: Do they work? *Journal of Development Economics* 63(1):59—83.

Dell' Ariccia, Giovanni, Isabel Schnabel, and Jeromin Zettelmeyer. 2002. Moral hazard and international crisis lending: A test. IMF Working Paper 02/181. International Monetary Fund, Washington, DC.

Eaton, Jonathan, and Mark Gersovitz. 1981. Debt with potential repudiation: Theory and estimation. *Review of Economic Studies* 48(2):289—309.

Edwards, Sebastian. 1986. The pricing of bonds and bank loans in international markets: An empirical analysis of developing countries' foreign borrowing. *European Economic Review* 30(3):565—589.

English, William B. 1996. Understanding the costs of sovereign default: American state debts in the 1840s. *American Economic Review* 86(1):259—275.

Flandreau, Marc, and Frederic Zumer. 2004. *Development Center Studies: The Making of Global Finance 1880—1913*. Paris: OECD Development Center Research.

Gelos, Gaston, Ratna Sahay, and Guido Sandleris. 2011. Sovereign borrowing by developing countries: What determines market access? *Journal of International Economics* 83(2):243—254.

Hall, Robert. 1978. Stochastic implications of the life cycle-permanent income hypothesis: Theory and evidence. *Journal of Political Economy* 86(6):971—987.

Hallerberg, Mark, and Guntram Wolff. 2006. Fiscal institutions, fiscal policy and sovereign risk premia. Discussion Paper Series 35. Deutsche Bundesbank.

Ham, John C., and Kris Jacobs. 2000. Testing for full insurance using exogenous information. *Journal of Business & Econometric Statistics* 18(4):387—397.

Harberger, Arnold. 1986. Welfare consequences of capital inflows. In Armeane Choksi and Demetris Papageorgiou, eds., *Economic Liberalization in Developing Countries*. Oxford: Blackwell, ch. 6.

Hartelius, Kristian, Kenichiro Kashiwase, and Laura Kodres. 2010. Emerging market spread compression: Is it real or is it liquidity? IMF Working Paper 08/10. International Monetary Fund, Washington, DC.

Hayashi, Fumio, Altonji Joseph, and Laurence Kotlikoff. 1996. Risk-sharing between and within families. *Econometrica* 64(2):261—294.

Hirshleifer, Jack, and John Riley. 1992. *The Analytics of Uncertainty and Information*. New York: Cambridge University Press.

Jacobs, Kris, Stephane Pallage, and Michel A. Robe. 2005. The welfare costs of macroeconomic fluctuations under incomplete markets: Evidence from state-level consumption data. Cahiers de recherche 0524. CIRPEE, Montreal, Canada. Huggett, Mark, and Sandra Ospina. 2001. Aggregate precautionary savings: When is the third derivative irrelevant? *Journal of Monetary Economics* 48(2):373—396.

Kehoe, Patrick J., and Fabrizio Perri. 2002. International business cycles with endogenous incomplete markets. *Econometrica* 70:907—928.

Kimball, Miles S. 1990. Precautionary saving in the small and in the large. *Econometrica* 58(1):53—73.

Kose, Ayhan M., Eswar S. Prasad, and Marco E. Terrones. 2009. Does financial globalization promote risk sharing? *Journal of Development Economics* 89(2):258—270.

Mace, Barbara J. 1991. Full insurance in the presence of aggregate uncertainty. *Journal of Political Economy* 99(5):928—956.

McGuire, Patrick, and Martijn A. Schrijvers. 2003. Common factors in emerging market spreads. *BIS Quarterly Review*(December):65—78.

Min, Hong G. 1998. Determinants of emerging market bond spread: Do economic fundamentals matters? Policy Research Working Paper 1899. World Bank, Washington, DC.

Obstfeld, Maurice. 1994. Are industrial-country consumption risks globally diversified? Working Paper 4308. National Bureau of Economic Research, Cambridge, MA.

Obstfeld, Maurice, and Kenneth S. Rogoff. 1996. *Foundations of International Macroeconomics*. Cambridge: MIT Press. Ostry, Jonathan, Atish R. Ghosh, Karl Habermeier, Marcos Chamon, Mahvash S. Qureshi, and Dennis B.S. Reinhart, 2010. Capital inflows: The role of controls. IMF Staff Position Note 10/04. International Monetary Fund, Washington, DC.

Ozler, Sule. 1993. Have commercial banks ignored history? *American Economic Review* 83(3):608—620.

Reinhart, Carmen M., Kenneth S. Rogoff, and Miguel A. Savastano. 2003. Debt intolerance. *Brookings Papers on Economic Activity* 34(1):1—74.

Roitman, Agustin. 2011. Precautionary savings in a small open economy revisited. IMF Working Paper 11/253. International Monetary Fund, Washington, DC.

Rose, Andrew K. 2005. One reason countries pay their debts: Renegotiation and international trade. *Journal of Development Economics* 77(1):189—206.

Sachs, Jeffrey D. 1984. *Theoretical Issues in International Borrowing*. Princeton: Princeton University Press.

Sachs, Jeffrey D., and Daniel Cohen. 1982. LDC borrowing with default risk. Working Paper 925. National Bureau of Economic Research, Cambridge, MA.

Schmitt-Grohé, Stephanie, and Martin Uribe. 2003. Closing small open economy models. *Journal of International Economics* 61(1):163—185.

Sturzenegger, Federico, and Jeromin Zettelmeyer. 2006. *Debt Defaults and Lessons from a Decade of Crises*. Cambridge: MIT Press.

Talvi, Ernesto, and Carlos A. Végh. 2005. Tax base variability and procyclical fiscal policy. *Journal of Development Economics* 78(1):156—190.

Tobin, James. 1978. A proposal for international monetary reform. *Eastern Economic Journal* 4:153—59.

▶3

跨期价格

3.1 引言

在第1章提出的基本跨期模型具有的一个关键特征是消费品的相对价格不随时间的推移而变化。换句话说，在不同时点上消费品的相对价格总是等于1。作为结果，消费者总是愿意选择固定不变的消费路径。然而，在实践中，有无数的因素会导致跨期价格的路径并不是固定的，这些因素包括从政府的政策（例如，税收、关税以及货币政策的变动）到暂时的贸易状况的冲击。在所有这些情形中，即便消费者能够，他们也不愿意去选择随时间的推移而平滑的消费路径，这是因为消费者发现在商品相对便宜的时候，消费更多对他们有利。

当政策行为导致消费品的跨期价格随时间发生变化时，我们会说经济遭受了跨期扭曲（intertemporal distortion）。扭曲之所以发生，是因为在最优的世界中，计划者会选择让消费品的相对价格随时间的推移保持固定不变。本章的主要内容是分析跨期模型的这一关键特征。为了提供一个真实世界的跨期扭曲的例子，我们将遵循Calvo（1987）的思路，研究既可出口也可进口产品的两种扭曲模型，在这个模型中，暂时的进口关税被作为跨期扭曲因素引入模型。在3.2节和3.3节的基准模型中，关税的永久性减少并不会对消费和福利产生影响。相反，关税的暂时性的减少会导致消费暂时性的增加，因为消费者会利用暂时价格变低的机会，随后会发生消费的下降。非平滑的消费路径是社会次优的。因此，暂时的贸易自由化总是会减少福利。

一般而言，政策的制定者很少会有目的地进行暂时性改革。实践中，很多改革最终被证明是暂时性的，主要原因在于改革的结果差强人意，外加在政治上的支持力量不断减弱。另外一种有趣的导致事实上的暂时性改革的原因是缺乏可信度，这点最早是由Calvo（1989）年提出的，我们在3.4节会详加探讨。其基本观点是当政策制定者宣布一个改革的时候（他们当然希望是永久性的），公众并不相信这一改革会持续很长时间（即公告并不具有完全的可信度）。事实上，假如公众相信改革将会在未来的某一时点上被放弃，公告的效应与暂时性改革所产生的短期效应是相同的。因此，暂时性的贸易自由化能被重新解读为缺乏可信度。因而，缺乏可信度从社会的角度讲是成本高昂的，因为它产生了一个跨期扭曲。给定在许多发展中国家失败的改革历史，缺乏可信度一定是社会损失的一个非常重要的原因。强调这一点的目的是希望建立一个提高发展中国家政策可信度的机制和制度。

从表面上看，本章的基准模型所给出的政策药方乃是无为而治，因为最好的情况，自由化的福利效应将是零（当自由化是永久性的时候）。然而，这一模型抽象了可能的财富效应。在实践中，贸易自由化通过提升可贸易产品部门的生产率可能产生财富效应。为了刻画出这一特点，在 3.5 节中，我们把财富效应引入了基准模型。在这一情形下，关税的永久性下降会导致更高的消费和福利。更有趣的是，假如财富效应支配了整个跨期扭曲效应，那么甚至是一个暂时的关税减免也会增加福利。因为自由化时间越长，财富效应会越大，即便生命短暂的行为人已经不在了，一个持久的自由化也将提高行为人的福利。因此，从一个规范的视角看，该模型给出的政策方针是：诸如像贸易自由化这样的改革是值得推行的，即便这些改革是暂时的，只要它们可以显著提高生产率。

作为跨期扭曲的第二个例子，在 3.6 节中，我们分析了政府通过征收消费税来为外生给定的支出水平筹资的情形。作为一个分析思路，我们假设政府在每一期都必须满足自己的预算平衡。在这一背景下，政府支出的一个永久性变化将导致财富效应的产生，但因为消费税率不随时间而变化，因而不会有扭曲效应出现。然而，政府支出的暂时性增加将导致非固定的税率路径的出现，因而也会引发跨期扭曲。消费者的福利会因为财富效应（归因于更高的政府支出）和跨期扭曲（非固定的税率）而变低。假如征收的是总额税，那么只有财富效应会出现。

当然，导致出现跨期价格波动的原因也可能是暂时性政策以外的因素。最好的例子是贸易状况的波动（即用可进口产品衡量的可出口产品的相对价格）。在 3.7 节中我们展示了本章目前为止所考虑的两产品模型是怎样能被用于分析经常账户贸易条件变化的效应。特别地，我们证明了贸易条件的一个暂时性的恶化是否会导致经常账户变差——Harberger-Laursen-Metzler 效应（HLM 效应）——严重地依赖于跨期替代弹性的值。假如跨期替代弹性的值小于 1（比较接近实际的情形），那么 HLM 效应成立。无论对经常账户的影响是什么——因为在经济体中没有扭曲——由贸易条件波动引起的消费波动是社会最优的。直觉上看，经济主体利用进口品的国际价格出现暂时性降低的机会去进行更多的消费明显是最优的。因此，我们能得出结论，由于跨期价格不固定而导致的消费波动是否最优依赖于产生波动的原因。

3.2 模型

考虑一个含有生活无限期的具有代表性消费者的小型开放经济。跟随 Calvo（1987）的方法，假设存在两种（非耐用的）可贸易的商品：一种为可出口的商品（不能用于消费），另一种为可进口的商品。在世界市场上，用可进口商品来衡量的可出口商品的相对价格（即贸易条件）被假设为是固定的，并且等于 1。经济初始时拥有一些可出口的商品（但不拥有可进口的商品）。政府可以对可进口商品征收关税，并把这一收入以一次性总付的方式返还给消费者。

注意，相对于第 1 章和第 2 章的模型，在本模型中，我们有另外的一个经济行为人：政府。尽管在模型中有两种商品对于阐释跨期扭曲效应并不关键，但它允许我们可以在贸易自由化的政策背景下来研究这一关键概念。①消费者只能从消费可进口商品中获取效用的假设使我们能隔离跨期扭曲效应。让可出口商品进入效用函数将会把期内（或者静态）扭曲引入模型（这是一个我们仅在第 10 章讨论的概念）。

3.2.1 消费者的问题

消费者的终身效用函数由下式给定：

$$\int_0^{\infty} u(c_t)e^{-\beta t}\mathrm{d}t \tag{3.1}$$

这里，$\beta(>0)$是主观贴现率，c_t 为 t 时期可进口商品的消费数量，函数 $u(\cdot)$满足 $u'(\cdot)>0$ 以及 $u''(\cdot)<0$。

令 b_t 代表消费者持有的国外净资产（根据可进口商品衡量）。因此，消费者的流量约束条件是：

$$\dot{b}_t=rb_t+y+\tau_t-p_tc_t \tag{3.2}$$

这里，y 代表外生且固定不变的可出口商品的初始禀赋数量，τ_t 代表从政府那里转移过来的一次性支付的收入，p_t 代表根据可出口商品衡量的国内可进口商品的相对价格。因为用可出口商品衡量的世界可进口商品的相对价格等于 1，p_t-1 就刻画了政府对可进口商品征收的关税。

使用与第 1 章一样的步骤，我们能通过把方程式(3.2)向前积分，并结合横截性条件来获得消费者的跨期预算约束条件：

$$b_0+\frac{y}{r}+\int_0^{\infty}\tau_te^{-rt}\mathrm{d}t=\int_0^{\infty}p_tc_te^{-rt}\mathrm{d}t \tag{3.3}$$

对于一个给定的 τ_t 和 p_t，以及给定的 b_0，r 和 y 值，消费者的最优化问题就是在式(3.3)的约束下，通过选择一个最优的$\{c_t\}_{t=0}^{\infty}$来最大化由式(3.1)表示的终身效用。构建拉格朗日函数，我们有：

$$\mathcal{L}=\int_0^{\infty}u(c_t)e^{-\beta t}\mathrm{d}t+\lambda\left(b_0+\frac{y}{r}+\int_0^{\infty}\tau_te^{-rt}\mathrm{d}t-\int_0^{\infty}p_tc_te^{-rt}\mathrm{d}t\right)$$

假设 $\beta=r$。通过对 c_t 求导数，可以获得如下的一阶条件：

$$u'(c_t)=\lambda p_t \tag{3.4}$$

式(3.4)告诉我们，在最优时，具有代表性的消费者会使得消费的边际效用等于拉格朗日乘子乘以商品的相对国内价格，这也是我们在静态消费理论中出现的熟悉的条件。但是，在当前的跨期背景下，这一条件已经暗示着与第 1 章中的条件发生了重要的偏离。在

---

① 换句话说，只要简单地增加一个随时间推移而变化的消费税，我们就能在第 1 章中的单个商品模型中引入跨期扭曲概念。

第 1 章中，商品的相对价格随时间推移保持不变（因为只有一种商品，在这种特别情形下，相对价格等于 1），这导致了完全的消费平滑行为。对所有的时间 t，通过设定 $p_t=1$，第 1 章的模型事实上可以被视为本章中更一般性模型的一个特例。然而，在本章中，商品的相对价格随时间推移并不必然会保持不变。从式(3.4)中可以明显看出，随着时间推移，商品相对价格的非平稳路径会转变为一条不平滑的消费路径。因此，对消费平滑的偏好（这体现在严格凹的效应函数中），再加上完全的国际资本流动，在跨期最优的背景下并不足以确保产生一条平滑的消费路径。

3.2.2 政府

因为在目前，我们的研究兴趣并不在探讨政府支出的效应或者政府债务的效应上，因而，我们把这些想法都抽象掉。只是简单假设政府设定一个 p_t-1 的关税，并把所得的收入以一次性总付的形式转移给消费者：

$$\tau_t=(p_t-1)c_t \tag{3.5}$$

通过假设收入被返还给消费者，我们抽象掉了任何伴随关税而产生的财富效应的可能。在 3.5 节，这一重要的假设将会被放松。

3.2.3 均衡条件

在第 1 章中我们只有一个经济行为人（消费者）。因此，消费者的约束与经济的约束是等同的。现在，我们有两个经济行为人（消费者和政府），我们需要加总每个行为人的约束才能得出经济的约束。

结合由式(3.2)给出的消费者的流量约束和由式(3.5)给出的政府的预算约束，我们能够得到经济的流量约束（即，经常账户）：

$$\dot{b}_t(\equiv CA_t)=rb_t+y-c_t \tag{3.6}$$

结合由式(3.3)给出的消费者的跨期约束和式(3.5)，我们可以获得经济的跨期约束（或者资源约束）：

$$b_0+\frac{y}{r}=\int_0^{\infty}c_t e^{-rt}\mathrm{d}t \tag{3.7}$$

值得强调的是，可进口商品的相对价格 p_t 并没有进入总量约束中。当然，这是可以预期的，因为一个比 1 更大的 p_t 仅仅代表国内的收入转移而并不代表资源向国外转移。[①]

最后，注意根据定义，贸易余额将由下式给定：

$$TB_t\equiv y-c_t \tag{3.8}$$

① 当然，假如贸易条件与 1 有差异（在本小节我们假设为 1），那么，p_t 将会出现在总量约束中，因为它影响了国家的禀赋出口的购买力。参见 3.7 节。

3.2.4 模型的解

现在，我们来求解模型的完全预期的均衡路径。在一个完全预期均衡中，四个内生变量(c_t、b_t、τ_t 和λ)的时间路径是完全由方程式(3.4)，式(3.5)，式(3.6)和式(3.7)来体现的。

假设关税并不随时间的推移而变化，即对于所有的 $t \geqslant 0$，有 $p_t - 1 = p^H - 1$。因为 p_t 不随时间的推移而变化，式(3.4)的一阶条件告诉我们，消费也将不随时间而变化(在一个定义为 c 的水平上)。由式(3.7)给定的资源约束条件，现在决定了消费的水平：

$$c = rb_0 + y \tag{3.9}$$

注意，在均衡时，消费水平并不依赖于 p^H。理由是关税水平并不影响总财富(由 $b_0 + y/r$ 给定)，因为我们假设关税收入是一次性总付的方式返还给消费者的。正如下面将要分析的那样(3.5 节)，假如从关税中获得的收入并不返还给消费者，将会存在财富效应，并且消费水平也会依赖于关税水平。

将式(3.9)代入式(3.5)，可以获得转移的路径：

$$\tau_t = (p^H - 1)(rb_0 + y)$$

正如预期的那样，固定的转移水平依赖于关税水平：关税越高，从关税中获得的收入也会越高，因此转移给消费者的水平也会越高。

将式(3.9)代入式(3.8)可以产生贸易余额的路径：

$$TB_t = -rb_0 \tag{3.10}$$

将式(3.10)代入式(3.6)，我们能得到$\dot{b}_t = rb_t - rb_0$，这意味着对于所有的 t，有 $b_t = b_0$。因此：

$$CA_t = 0$$

最后，注意将式(3.9)代入式(3.4)，可以推导出固定不变的拉格朗日乘子的值，为：

$$\lambda = \frac{u'(rb_0 + y)}{p^H}$$

3.3 未预期的冲击

3.3.1 关税的永久性下降

现在假设 0 时点之前的某一个瞬间，经济处在刚刚描述过的平稳性态的均衡中。在 $t=0$ 时点上，p_t 有一个从 p^H 到 p^L 未预期的永久性下降(参见图 3.1)。因为冲击是未预期的，消费者会在 $t=0$ 时点重新优化。新的完全预期的路径仍旧由一阶条件式(3.4)(拉格朗日乘子有可能出现新的值)和资源约束式(3.7)来刻画。运用与前文一样的分析过程，我们推断消费仍旧将由式(3.9)给出。因此，一个未预期的永久性关税下降并不会改变可进口商品的消费水平。当然，经常账户也同样是如此。

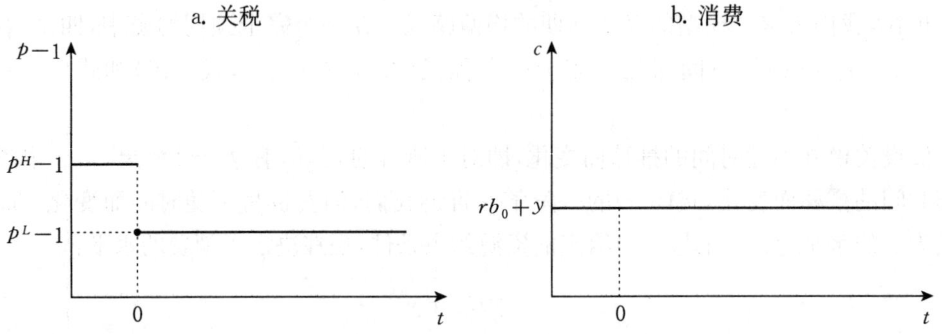

图 3.1　关税永久性下降

因为消费不发生变化，福利(即终身的效用)自然也不发生变化。换句话说，对于任何固定的关税路径，消费者的福利是相同的。因为伴随关税的变化并没有财富效应产生，因此，出现这一结果并不奇怪。

3.3.2　关税的暂时性下降

模型的解

再一次假设在时点 0 之前的某一个瞬间，经济处在上文描述过的平稳性态的均衡中，并且在时点 0 上，p_t 有一个未预期的永久性下降，从 p^H 下降到 p^L，此时 $p^L<p^H$。在形式上，对于某个时点 $T>0$，p_t 的路径将由下式给出：

$$p_t=\begin{cases}p^L, & 0\leqslant t<T\\ p^H, & t\geqslant T\end{cases} \tag{3.11}$$

换句话说，政府从时点 0 开始降低关税，一直持续到时点 T，然后，恢复关税到其初始的水平(参见图 3.2a)。

再一次，因为冲击是未预期的，消费者将在 $t=0$ 时点重新作最优规划。最优的一阶条件被写为：

$$u'(c_t)=\tilde{\lambda}p^L,\ 0\leqslant t<T \tag{3.12}$$

$$u'(c_t)=\tilde{\lambda}p^H,\ t\geqslant T \tag{3.13}$$

这里，$\tilde{\lambda}$ 代表新的拉格朗日乘子。从式(3.12)和式(3.13)中立即可以看到两个关键的含义。首先，在每一个次周期(subperiod)，消费都将固定不变。正式地，有：

$$c_t=c^1\quad 0\leqslant t<T \tag{3.14}$$

$$c_t=c^2\quad t\geqslant T \tag{3.15}$$

其次，给定 $u(c)$ 是严格的凹函数并且 $p^L < p^H$，那么有 $c^1 > c^2$。因此，在时点 0 与 T 之间的消费水平要比之后的水平更高（参见图 3.2b）。

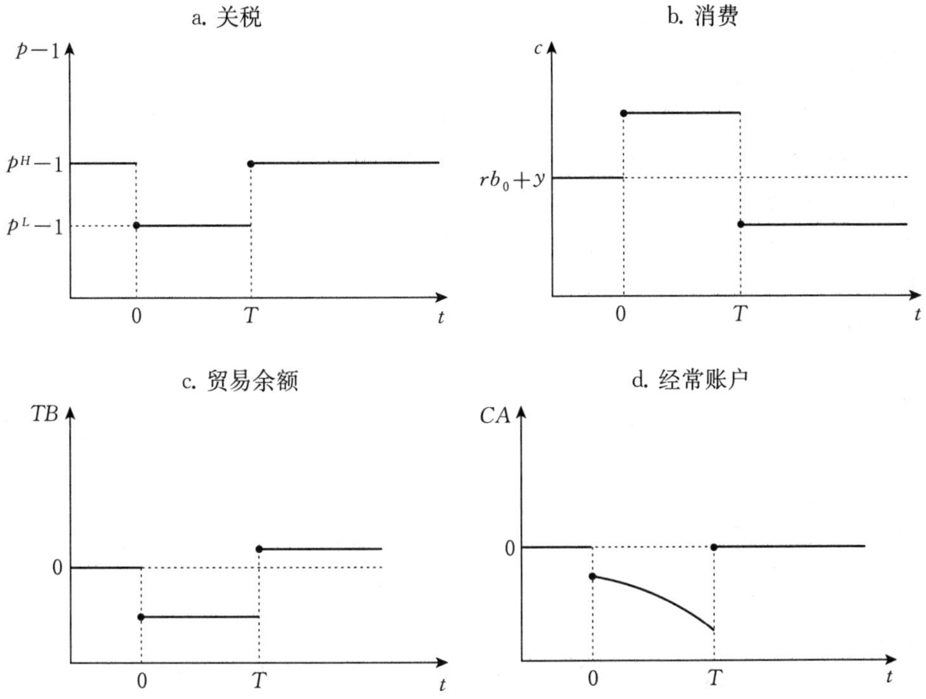

图 3.2　关税暂时性下降

从直觉上说，因为“今天”的消费要比“明天”的消费更便宜，理性的消费者自然会选择在今天比明天消费更多。换个角度看，面对今天消费品的一个更低的价格，消费者会从事跨期消费替代活动（即他们尽量避开更昂贵的未来消费，而尽可能增加今天更便宜的消费）。注意，如果今天和明天的消费品被视为是不同的商品，这其中的直觉实际上与标准的消费行为理论完全一样：商品 1 的一个相对更低的价格会诱导消费者用商品 1 去替代商品 2。如果进行如下的处理，与标准的消费者行为理论进行类比就会显得更为清楚。利用式(3.14)和式(3.15)，并结合两个一阶条件式(3.12)和式(3.13)，可以得到：

$$\frac{u'(c^1)}{u'(c^2)}=\frac{p^L}{p^H} \tag{3.16}$$

这一等式告诉我们今天和明天之间消费的边际替代率（等式左边部分）等于用明天的消费品衡量的今天消费品的相对价格（等式右边部分）。

要求解消费的时间路径，我们可以利用资源约束条件来求解消费水平。给定 $c^1 > c^2$，从式(3.7)中可以推断出 c^1 要高于初始的持久收入，而 c^2 则要低于初始的持久收入。这一结果背后的逻辑是在经济体中的财富（由 $b_0 + y/r$ 给定）并没有被关税暂时性的下降而改变。因此，消费的折现值也不可能发生变化。很明显，与没有发生变化的折现值相一致的唯一的消费路径是描绘在图 3.2b 中的那一条，因为在给定 $c^1 > c^2$ 时，任何其他的路径都不会与资源约束相一致。①

在[0，T)区间内，一个更高水平的消费所导致的贸易余额路径显示在图 3.2c 中[为简化分析，这里假设 $b_0=0$，因此初始贸易余额为零，正如从式(3.8)和式(3.9)中推导出的那样]。从贸易余额为零开始，在时点 0 和 T 之间，贸易余额会出现赤字，从那以后，贸易余额开始出现盈余。

经常账户路径显示在图 3.2d 中。因为 $CA_0=rb_0+TB_0$，当贸易余额恶化时，经常账户也出现下降。在[0，T)区间，经常账户会随时间的推移而下降，这是因为虽然贸易余额固定但收入余额随时间的推移变得恶化了。在 $t=T$ 时，经济再一次成为静止状态(外生变量始终固定)，正如我们在第 1 章中所看到的那样，这意味着从那一刻开始，经常账户必定为零。

福利分析

暂时的自由化会怎样影响消费者的福利[即由式(3.1)给定的消费者终身的效用]？在本模型中，暂时性的自由化总是会减少福利。要证明这一点，注意因为经济中可获得的资源[由式(3.7)中的左边部分所给定]并不受自由化的影响，消费的折现值也同样不受自由化的影响。因为资源没有发生变化，计划者将总是选择由式(3.9)给出的平滑的消费路径。然而，面对一个暂时性的自由化，消费者会选择非平滑的消费路径，在折现值相同的情况下，这一选择所获得的效用要低于选择平滑消费路径所获得的效用。因此，我们可以得出结论，这种由政策引起的跨期扭曲是有社会代价的。

在某种程度上说，这种福利的下降似乎是令人吃惊的，因为经济作为一个整体是能承受初始平滑的消费路径(即经济中的资源并没有发生变化)。因此，为什么消费者不选择这样的消费路径？简单讲，这是因为从个人的视角看，选择平滑的消费路径是次优的，这一点可以从最优条件式(3.16)中清楚地推断出来。换句话说，假如消费者在两期消费同样的水平，他总是能通过适当地把时期 2(此时的消费相对更为昂贵)的支出重新分配到时期 1(此时的消费相对更为便宜)，从而使得自己的状况变好。

***T* 效应**

分析内生变量的路径对自由化时间的长度 T 的变化作出怎样的反应将会非常有趣(本章习题 1 要求你去完成正式的细节工作)。凭直觉可以预期，当自由化时期缩短，自由化时期的消费 c^1 将会增加。换句话说，自由化时期越短，越多的消费者愿意利用每单位时间相对更便宜的价格。时期 T 对福利的影响并不那么明显，这是因为会涉及一些权衡。直觉暗示一个瞬间的自由化(即 $T\rightarrow 0$)不会有福利成本，因为它与没有自由化是一样的。同样地，一个非常长的自由化(即 $T\rightarrow\infty$)也不会有福利成本，因为它与永久性的自由化是一样的。因为我们知道，对于任何 $T>0$，暂时性的自由化是会降低福利的，我们将会预期福利会是时期 T 的 U 型函数，正如在本章习题 1 中所显示的那样。为了阐释这一想法，图 3.3 展示了福利的变化(即相对于自由化以前的福利)作为时期 T 的函数[在本章习题 1 中

① 一方面，一条 c^1 高于初始持久收入，且 c^2 高于或等于初始持久收入的路径将意味着消费的折现值将高于经济体的财富。另一方面，一条 c^1 低于或等于初始持久收入，且 c^2 低于初始持久收入的路径将意味着经济体没有消费掉它的所有资源。给定偏好是非饱和的，这就不可能是最优的。

使用了专门的固定替代弹性(CES)函数]。①

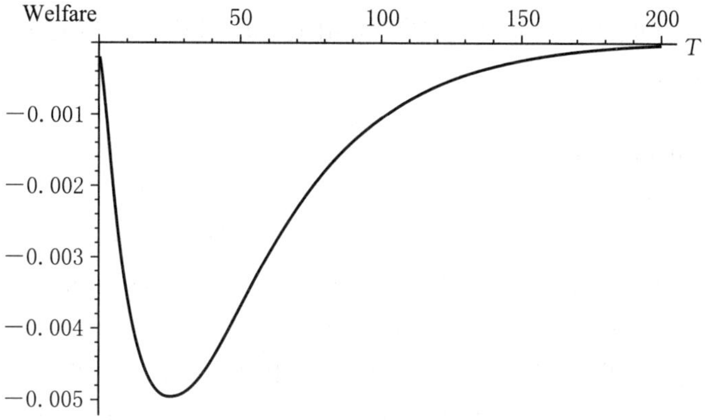

图 3.3 作为 *T* 时间函数的福利变化

跨期替代弹性的角色

对消费的跨期替代程度进行估计时,涉及的一个关键性概念就是跨期替代弹性(参见附录 3.9 给出的正式定义)。跨期替代弹性刻画的是当跨期相对价格发生变化时,相对于"明天"的消费,行为人改变"今天"消费的意愿强度。如果我们聚焦于由下式给出的这一类 CES 偏好,跨期替代弹性的角色会更清楚:

$$u(c)=\begin{cases}\dfrac{c^{1-1/\sigma}-1}{1-1/\sigma},\ \sigma\neq1\\ \log(c),\ \sigma=1\end{cases} \tag{3.17}$$

这里,$\sigma>0$ 是跨期替代弹性。②对于 CES 偏好,利用式(3.16),我们能证明(参见附录 3.9):

$$\sigma=\frac{\mathrm{dlog}(c^1/c^2)}{\mathrm{dlog}(p^L/p^H)} \tag{3.18}$$

因此,参数 σ 刻画了消费者在不同时间内替代给定的跨期价格相对变化的意愿。因而,可以直观地看出,对于一个给定的 T 和一个给定的跨期相对价格变化,σ 越高,自由化时期 c_1 的消费将更高,而在随后将有更低的 c_2 被消费(本章习题 1 要求你正式地去证明这一点)。在消费者有里昂惕夫偏好的极端情形下(这一情形将对应于 $\sigma=0$),消费将根本不会对跨期价格的变化作出反应,因而将不会随时间的变化而发生变化(其值由 rb_0+y 给定)。③

① 用于获得图 3.3 中的参数值如下:$r=0.03$, $p^H=1$, $p^L=0.4$, $\sigma=0.3$, $b_0=0$, $y=10$。

② 注意,正如在本章习题 1 中所显示的那样,$\log(c)$是当 $\sigma\to1$ 时,$(c^{1-1/\sigma}-1)/(1-1/\sigma)$的极限。然而在技术上,我们需要以分段的形式来定义 $u(c)$,因为在 $\sigma=1$ 时,$(c^{1-1/\sigma}-1)/(1-1/\sigma)$是不存在的。但是,在本书的余下部分,我们都将把$(c^{1-1/\sigma}-1)/(1-1/\sigma)$理解成包含对数效用的情形。

③ 读者也许会奇怪为什么我们不分析随着跨期替代弹性 σ 的变化,福利会发生怎样的变化(就如我们在分析 T 变化时所作的那样)。原因是跨期替代弹性的变化除了影响消费以外,也会改变效用函数本身。这一特征使得做这一习题变得毫无意义。

给定跨期替代弹性的关键理论角色,我们当然会好奇在现实中这一参数究竟有多大。正如在专栏 3.1 中所讨论的那样,对于发展中国家,这一参数现有的估计大致在 0.2—0.5 之间。因为这些估计值都不是非常大,要在数值上体现出这一渠道的重要性,就需要跨期价格作出显著的变化。

专栏 3.1　跨期替代弹性有多大?

在我们的理论框架中,跨期替代弹性在决定暂时性政策的实际效应方面起着关键的作用。为了在实践中判断这种渠道相关性,我们需要评估这一参数在数量上重要性。对跨期替代弹性所作的计量估计显示了什么特征?

早期对发展中国家的经验研究——沿着 Hall(1988)处理美国数据的思路——显示跨期替代弹性一般与零值没有显著的不同。然而,这些研究是典型地基于一种商品、非货币的模型。一旦这种限制性假设被放松,该估计值就与零显著地不同了,大多数的估计值在 0.2 至 0.5 之间(尽管估计值变化的幅度很大,参见表 3.1)。有一些研究仍旧维持一种商品的假设,但把货币引入了模型。在这方面,Reinhart 和 Végh(1995)发现,南锥体国家的弹性在 0.2 至 0.5 之间。有一类不同的研究文献允许模型中出现多种类型的商品(典型地有非可贸易商品),尽管这一条研究思路受到缺乏非加总数据的阻碍。在这一类模型中,Ostry 和 Reinhart(1992), Ogaki 等人(1996)发现对于各种区域和收入水平上的国家,其替代弹性在 0.4 至 0.8 的范围之内。[a]最近,Duncan(2003)以智利为对象,估计出弹性为 0.5。

表 3.1　跨期替代弹性的经验估计

国家(地区)	估计值	数据集	模型类型	作　者
阿根廷	0.21 (0.03)	季度数据 1978 年 1 月—1989 年 1 月	交易成本模型	Reinhart 和 Végh(1995)
	0.15—0.19 (0.16)(0.11)	年度数据 1960—1977 年	Hall 的单商品、纯消费模型	Giovannini(1985)
巴西	−0.17—0.01 (0.13)(0.14)	年度数据 1967—1979 年	Hall 的单商品、纯消费模型	Giovannini(1985)
智利	0.19 (0.10)	季度数据 1976 年 2 月—1989 年 2 月	交易成本模型	Reinhart 和 Végh(1995)
	1.59 (na)	季度数据 1971 年 3 月—1981 年 4 月	货币引入效用函数的模型	Arrau(1990)
	0.46—0.56 (0.15)(0.26)	季度数据 1986 年 1 月—2002 年 4 月	两种商品的纯消费模型	Duncan(2003)
以色列	0.15—1.32 (na)(na)	季度数据 1970 年 1 月—1988 年 3 月	货币引入效用函数的模型	Eckstein 和 Leiderman(1991)

续表

国家(地区)	估计值	数据集	模型类型	作　者
墨西哥	2.87 (na)	季度数据 1980 年 1 月—1987 年 4 月	货币引入效用函数的模型	Arrau (1990)
	0.07—0.12 (0.10)(0.12)	年度数据 1965—1979 年	Hall 的单商品、纯消费模型	Giovannini (1985)
乌拉圭	0.53 (0.22)	季度数据 1977 年 2 月—1989 年 3 月	交易成本模型	Reinhart 和 Végh (1995)
国家面板* 拉美国家(4)	 0.37—0.43 (0.11)(0.14)	年度数据 1968—1987 年	两种商品的纯消费模型	Ostry 和 Reinhart (1992)
亚洲(5)	0.80—0.80 (0.20)(0.24)			
非洲(4)	0.44—0.45 (0.18)(0.16)			
国家面板* 低收入(31) 低中等收入(21) 上中等收入(15)	 0.34(na) 0.58(na) 0.61(na)	年度数据 1968—1992 年	两种商品的纯消费模型 Stone-Geary 效用函数	Ogaki, Ostry 和 Reinhart(1996)
9 个南美国家面板	0.09 (0.07)	年度数据 1973—1983 年	Hall 的有流动性约束的单商品、纯消费模型	Rossi (1988)
	0.09 (0.04)	年度数据 1973—1981 年		Rossi (1988)

注:只报告了最高和最低估计值。在括号中的为标准差。“na”代表没有汇报的标准差。* 国家的数目标在括号中。

然而,重要的是,对工业化国家区域的研究表明,对发展中国家可获得的估计存在向下的偏差。特别地,Attanasio 和 Weber(1995)指出宏观经济数据的加总能造成这种偏差,利用美国的一组数据进行估计显示有明显的高估倾向。另外,把耐用品引进模型似乎会显著提高跨期替代弹性的估计值。以加拿大为例,当耐用品被包括进来,Fauvel 和 Samson(1991)估计替代弹性在 1.5 至 2.3 之间。当他们排除了耐用品以后,估计值变得非常不显著(即与零没有显著不同)。对于美国的情形,在耐用品被包含进来时,Ogaki 和 Reinhart(1998)估计替代弹性在 0.32 至 0.45 之间。当他们排除了耐用商品以后,出现了负的估计值。

专栏注:

a. 注意,正如表 3.1 所显示的那样,Ogaki 等人(1996)发现对于更高收入水平的国家倾向于有更大的跨期替代弹性。这与从发达国家获得的估计结果是一致的(参见 Beaudry and van Wincoop, 1995; Cashin and McDermott, 2003),它们的估计值明显比发展中国家的估计值更高。越富的国家弹性越高——这也是与 Atkeson 和 Ogaki(1996)利用家庭层面的数据进行估算的结果一致的——这能通过更穷的家庭会有更高的生存消费水平以及更紧的流动约束而加以解释。

跨期价格投机

我们刚刚证明在有里昂惕夫偏好的情况下，随着时间的推移，暂时性的自由化并不会对福利产生影响。因为跨期替代弹性的估计值通常非常低，因而在实际中，我们可以作出如下结论，除非跨期价格发生相当大的变化，否则暂时性自由化的福利影响非常小。然而，这一结果严重依赖不存在耐用品这一假设。假如我们允许耐用品(即完全可储藏)进入模型，可以证明，即便是在里昂惕夫偏好的情况下，一个暂时性的自由化也会因跨期价格投机(参看本章习题2)而导致福利出现下降。当耐用品相对比较便宜时，消费者将会购买更多。然而，从社会的角度看，这并不是最优的，因为耐用品的回报主要是外国债券。换句话说，计划者从来不会出于储藏的目的购买耐用品。在那个特别的瞬间，计划者总是购买实际需要消费的数量的耐用品。因此，一旦跨期价格投机的可能性被考虑进来，我们可以下结论，即便跨期替代弹性非常低，在实践中，暂时性的贸易自由化的代价可能仍十分巨大。①

3.4 缺乏可信度

我们已经分析过关税的一个永久性和暂时性下降所产生的影响。一旦考虑进可信度，这两种情形实际上可以视为是同一种现象的不同部分。特别地，假设在 $t=0$ 时点，政府宣布对进口关税实行永久性下降。假如这个公告是充分可信的，即公众相信关税的下降真的是永久性的，那么，正如上文证明的那样，就不会有真正的影响。

相反，假设在 $t=0$ 时点宣布的公告是不可信的，即公众相信在某个 $T>0$ 的时点，政府会再次提高关税。因为消费者相信自由化是暂时的，他们的反应将会与我们在上文分析过的那样(即在 0 与 T 时段进行更多的消费，并且让经常账户在赤字下运行)。②换句话说，上文我们所分析的暂时自由化可以被解释为，在这一情形下，政府宣布的永久性关税下降是不可信的。③

在这个简单但有启发性的解释下，缺乏可信度就相当于是有一个跨期扭曲，因此从社会的角度看代价昂贵。④因为我们可以预期在缺乏可信度的国家，其政策一定会遭受频繁的失败，这类扭曲可能是一个重要的特征。当我们在第 13 章探讨基于稳定性汇率的实际效应时将再次研究这一问题。

需要注意的是，在一个缺乏可信度的环境中，资本控制可能会提高福利。要明白这一

① 把耐用品引入分析以后出现的另一个值得注意的特征是，甚至是一瞬间的自由化(本章习题 2 中分析的情形)也会产生(负的)福利效应，而如果没有耐用品，瞬间的自由化是不会有福利效应的。

② 注意在时点 T 会发生什么将主要取决于公众对政府政策的疑虑被证明是否为真。假如疑虑是正确的，政府真的提高了关税，那么这一政策与前面我们研究过的暂时性自由化就是一样的。假如疑虑是不正确的，在时点 T 来临时，政府仍坚持低关税，这就构成了(从消费者的角度看)在时点 T 发生了一个未预期的永久性关税下降。那么，时点 T 以后消费者将选择一条平滑的消费路径，这与暂时性的情形是一样的。

③ 本章习题 3 中，将缺乏可信度这一想法形式化，并将其建模为消费者对政府是否将在时期 2 征收关税的不确定性。这个习题清楚地表明，一个非常小的关税可能变动的预期就足够引起跨期扭曲，不管变动最终是否真的发生。

④ 在几篇论文中，Calvo(1987，1988，1989)对这种解释作了开创性的工作。

点，考虑完全资本控制的极端情形(即金融自给自足)。在这样的一个经济中，消费者不可能利用暂时性的低价格，因为他们不能从国外借钱。而且这也是另一个次优政策的例子：政府面对一个外生给定的扭曲(即缺乏可信度)，通过设定一套适当的税收或者规制，能够获得帕累托改进。但是，这一结果应用到真实世界时还是需要小心谨慎。在真实世界中，实行资本控制会引起无数的微观扭曲以及寻租活动，而这些在我们的分析中完全被抽象掉。因此，在实践中，加强资本控制的成本也许会使作为次优政策的有效性成为问题。无论如何，最优政策将总是用于处理原始的扭曲(即尽力去解决缺乏可信度的潜在原因)。

3.5 财富效应

在前文的分析中，我们已经得出结论，永久性的自由化不会对福利产生影响，而暂时性的自由化总是会减少福利。从实际的视角看，这些结论似乎是有违直觉的，因为人们可以争论从贸易自由化中总可以获得一些静态的收益，比如更高地生产效率(参见专栏3.2)。在永久性自由化甚至是在暂时性自由化的情形下，这种静态收益将增加经济的财富并带来更高的福利。当然，这一逻辑是正确的。之前的分析通过忽视财富效应来隔绝跨期扭曲效应。我们现在开始将财富效应引入模型中。

专栏 3.2 贸易自由化是否会带来生产率的提高?

3.5 节显示在财富效应出现时，一个永久性贸易自由化会提高福利，甚至当财富效应超过了跨期扭曲效应(只要自由化时间足够长，一定会出现这一情形)，一个暂时性的贸易自由化也可以使福利增加。在实践中，我们可以认为，这种财富效应可能是通过减少关税而带来生产效率提高的结果。我们能在数据中发现这些效应吗?

在真实世界中。贸易自由化会通过几个机制而影响工厂层面的生产率：

- 贸易自由化可以使人们更容易获得进口的中间投入品以及更有效的资本品，从而提高生产率。
- 关税下降可以导致国内商品的价格下降，进而促使生产率较低的企业退出市场。因此，资源能被重新配置给更有效率的工厂，进而提高整个行业的效率。
- 贸易自由化可以诱使企业使用更有效的投入，增加了国际技术的扩散，加大了管理力度，提高了产能的利用率，也推动了国内工厂获得规模效应，提高了工厂内的生产率。
- 更多地引进国外竞争可以减少国内生产者的市场支配力，使他们扩大产量，下移平均成本曲线。

假如这些效应出现了，不管是暂时性的还是永久性的贸易自由化，都可能通过提高生产率而产生财富效应。大体上讲，现存的研究与这一想法保持一致。例如，Edwards(1998)收集了1960—1990年间93个国家的面板数据，分析了开放度与TFP增长之间的经验关系，得出有更高贸易扭曲的国家会经历更低TFP增长的结论。微观经济研究的结果——总结在表3.2中——进一步支持了贸易自由化将提升生产率的想法。特别地，工厂和企业层面的证据显示贸易自由化可能鼓励国内企业提高效率——通过更多地获得中间产品和资本品的技术以及更激烈的国外竞争——进而带来重要的静态和动态生产率的提高。

表 3.2 贸易自由化对生产率的影响

作　者	数据集	方　法	主要结果
Tybout、Melo 和 Corbo (1991)	智利 1974—1979 年公司层面的工业普查数据	最大似然估计	● 在制造业部门没有发现能提高生产效率的证据； ● 在贸易保护程度相对大幅降低的国家，会出现平均效率水平的提高和跨工厂间的效率扩散； ● 反向的宏观经济冲击可能会遮掩贸易自由化的效应
MacDonald (1994)	美国 1972—1987 年 3—4 位制造业行业数据	工具变量法、固定效应	● 进口冲击与生产率提升之间存在统计上较弱、较小的正相关性； ● 在高度集中的行业，进口冲击会对下一期的生产率产生一个较大且显著的影响
Tybout 和 Westbrook (1995)	墨西哥 1984—1990 年工厂层面的面板数据	面板数据分析	● 在大多数行业平均成本出现下降，生产率出现增加(特别是可贸易品)。在更开放的部门，平均成本会出现最大的下降； ● 自由化以后规模效率只有很小的提高，且与进口竞争性的增加没有相关性； ● 通过单个工厂向生产前沿，创新和外部性的移动，来提高生产率
Krishna 和 Mitra (1998)	印度 1986—1993 年企业层面的数据	面板数据分析、数值模拟	● 国外竞争加剧的证据反映在自由化后期的价格-边际成本的加成率下降上； ● 统计上缺乏生产率增长的证据
Hay (2001)	巴西 1986—1994 年大型制造业企业数据	面板数据分析	● 贸易自由化对国内生产者的市场份额有负效应，并导致利润下降； ● 从衰退中复苏、贸易自由化、经济放松管制(三者之间很难进行区分)都能引发生产率的提高
Pavcnik (2002)	智利 1979—1986 年公司层面的工业普查数据	面板数据分析	● 生产率会因贸易自由化而提高； ● 具有较低生产率的企业的退出有助于重新分配经济中的市场份额和资源，并促进生产率的提高； ● 在进口竞争部门存活下来的工厂会提高生产率并作出调整，以适应贸易更开放的环境； ● 出口导向的部门不会因为贸易自由化而经历生产率的提高
Fernandes (2007)	哥伦比亚 1977—1991 年工厂层面的哥伦比亚制造业普查年度数据	面板数据分析	● 在控制了工厂和行业的异质性、RER 以及循环效应后，贸易保护对 TFP 有统计上显著的负效应； ● 关税对更大的工厂和更缺乏竞争性的工厂影响更大； ● 通过增加工厂内部中间投入品的进口、技术强度、机械投资以及在高效和低效工厂之间的产出再分配，可以实现生产率的提高

一种简单的引入财富效应的方法是放松如下假设，即政府以一次性总付的方式把来自关税的收入转移给消费者。特别是，我们现在开始考虑另一个极端案例，即所有的关税收入被政府用于社会的非生产性公共支出。

在这样的情形下，代表性消费者的流量约束由下式给出：

$$\dot{b}_t = rb_t + y - p_t c_t \tag{3.19}$$

该式与式(3.2)唯一的不同是消费者不再从政府那里接受一次性总付的转移收入。他相应的跨期预算约束由下式给出：

$$b_0 + \frac{y}{r} = \int_0^\infty p_t c_t e^{-rt}\,\mathrm{d}t \tag{3.20}$$

为了确定思路，让偏好由式(3.17)中专门的CES型效用函数给出。[①]那么，在边际上消费的最优选择将由下式给出：

$$c_t^{-1/\sigma} = \lambda p_t \tag{3.21}$$

这里，σ是跨期替代弹性。

政府设定关税为$p_t - 1$，并在给定消费者的消费选择下，把所有的收入用于非生产性政府支出g_t(想象政府把关税收入扔进大海里)。因此，政府的流量约束将由下式给出：

$$g_t = (p_t - 1)c_t \tag{3.22}$$

根据定义，贸易余额由下式给出：

$$TB_t \equiv y - c_t - g_t$$

为了进一步的参考，注意使用式(3.22)，贸易余额能被重写为：

$$TB_t \equiv y - p_t c_t \tag{3.23}$$

要获得经济体的经常账户和资源约束，让式(3.22)各自与式(3.19)和式(3.20)进行结合，可以得到：

$$\dot{b}_t = rb_t + y - c_t - g_t \tag{3.24}$$

$$b_0 + \frac{y}{r} = \int_0^\infty (c_t + g_t) e^{-rt}\,\mathrm{d}t \tag{3.25}$$

注意，把这两个式子与式(3.6)和式(3.7)进行比较，可以发现政府支出如何构成了资源的额外使用。

在均衡时，模型的四个内生变量(c_t，b_t，g_t，和λ)的时间路径完全由式(3.20)—式(3.22)以及式(3.24)来刻画。[②]

---

① 尽管这一结果适用于任何效用函数，但在刻画贸易余额和经常账户的特征时，CES型被证明是有用的，这一点在下文将进行解释。

② 注意在特别的情形下，因为有内生变量g的存在，用消费者的跨期约束去求解模型要比用资源约束去求解更有用。

像之前一样，我们会首先求解在 p_t 值固定（即 $p_t = p^H$）时完全预期的均衡。从式(3.21)的一阶条件中，我们能推断沿着一个完全预期的均衡路径(PFEP)，消费将会固定不变。因此，从式(3.20)中可以推断出：

$$c=\frac{rb_0+y}{p^H} \tag{3.26}$$

将式(3.26)代入式(3.22)，接着可以推断出固定不变的政府支出水平将由下式给出：

$$g=\frac{p^H-1}{p^H}(rb_0+y) \tag{3.27}$$

要计算贸易余额，将式(3.26)代入式(3.23)，可以得到：

$$TB_t=-rb_0 \tag{3.28}$$

最后，在0时点，根据式(3.19)，我们可以知道有 $CA_0=rb_0+TB_0$。因此，从式(3.28)中可以推断出 $CA_0=0$。因而对所有的 $t\geqslant 0$，有 $CA_t=0$。①

3.5.1 永久性的关税下降

现在假设在0时点之前的某个瞬间经济体处于刚刚描述过的平稳性态的均衡状态。在0时点，关税发生了一个未预期的永久性变化，从 p^H-1 变化到 p^L-1，其中 $p^L<p^H$。消费者将立即再作最优规划。应用与上文相同的过程，可以证明新的消费路径将由下式给出（参见图3.4）：

$$c=\frac{rb_0+y}{p^L}$$

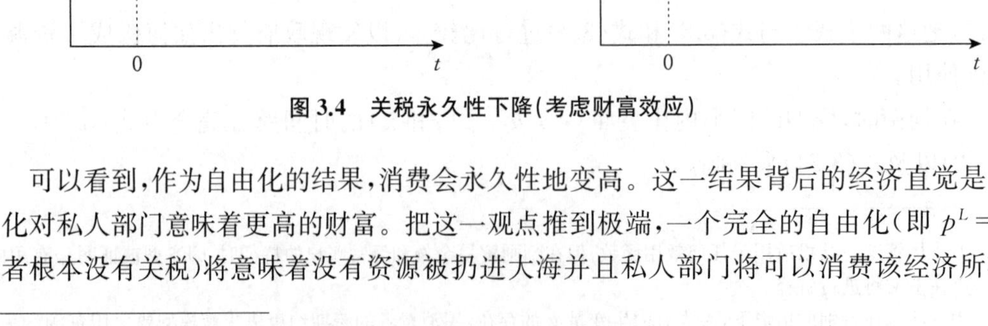

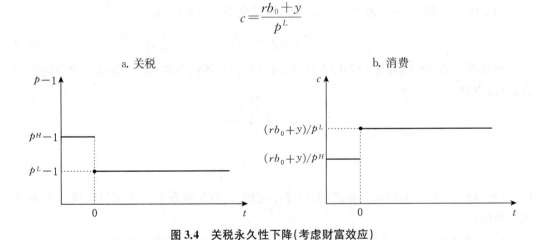

图 3.4 关税永久性下降(考虑财富效应)

可以看到，作为自由化的结果，消费会永久性地变高。这一结果背后的经济直觉是自由化对私人部门意味着更高的财富。把这一观点推到极端，一个完全的自由化（即 $p^L=1$ 或者根本没有关税）将意味着没有资源被扔进大海并且私人部门将可以消费该经济所有

① 要明白这一点，注意假如对所有的 $t\geqslant 0$，有 $TB_t=-rb_0$，那么有 $b_t=b_0$。

的资源。

因为消费永久性变得更高，关税的永久性减少将会增加福利。与之前永久性自由化对福利没有影响的情形进行对比，能容易地理解这一点。在有完全返还的情形下，因为所有的收入都返还给消费者，关税水平就无关紧要。在没有返还的情形下，政府会把所有征收到的关税收入浪费掉。在这种情况下，关税的减少意味着更少的支出浪费和可以获得更多的资源以供私人消费。

3.5.2 暂时性的关税下降

再一次假设，在 0 时点之前的某个瞬间经济处于上文描述过的平稳性态的均衡状态。在 0 时点，p_t 发生了一个未预期的暂时性变化，从 p^H-1 变化到 p^L-1，其中，$p^L<p^H$（参见图 3.5a）。正式地，p_t 的路径将再一次由式(3.11)给出。消费者将立即再作最优规划，新的最优消费路径将由如下一阶条件来刻画：

$$(c^1)^{-1/\sigma}=\tilde{\lambda}p^L,\ 0\leqslant t<T \tag{3.29}$$

$$(c^2)^{-1/\sigma}=\tilde{\lambda}p^H,\ t\geqslant T \tag{3.30}$$

这里，我们已经包含了这一事实，即在每一个次周期里，消费将是固定的，分别等于 c^1 和 c^2。很清楚，$c^1>c^2$。因此，像之前一样，在自由化期间消费将会变高，因为消费者会利用价格成为更便宜的机会。

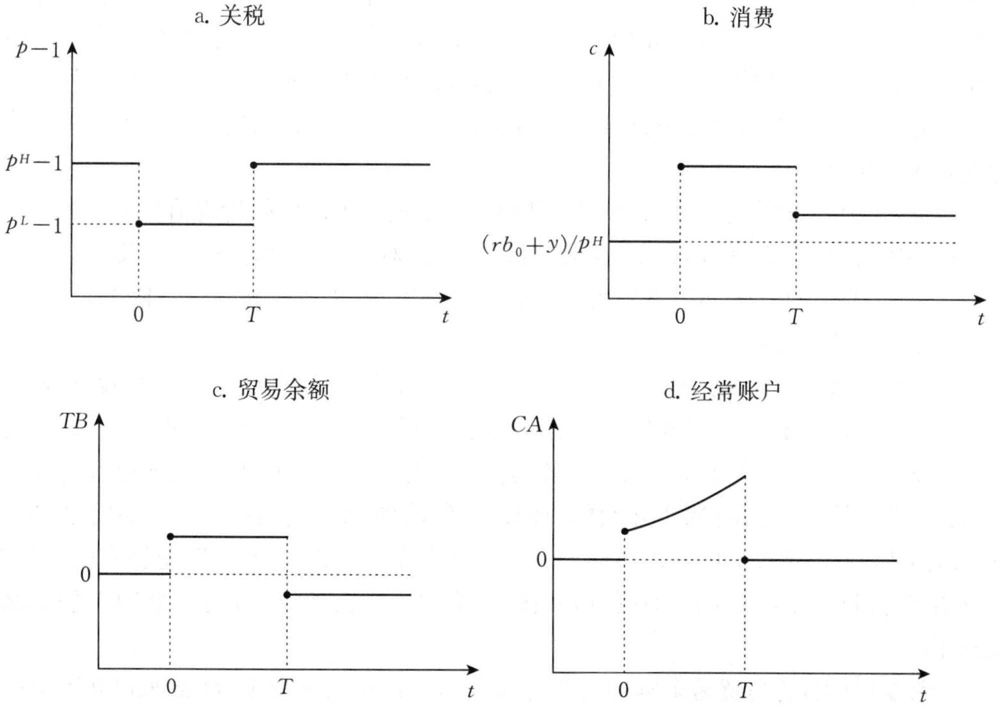

图 3.5 关税的暂时性下降(考虑财富效应)

尽管消费的时间轮廓是与以前一样的,但新的路径水平将与之前不同。从跨期约束式(3.20)中可以推断 c^1 一定比初始的消费水平更高[由式(3.26)给定]。如果不是这样,新的消费路径将不会消耗完所有的可获得的资源,因为在[0, T)期间,p 会降低且 $c^1>c^2$。相反,c^2 是否会比初始的消费水平更高、相等或者更低,取决于 σ 的值。要看清楚这一点,把跨期约束式(3.20)重新写为:

$$b_0+\frac{y}{r}=(1-e^{-rT})\frac{p^L c^1}{r}+e^{-rT}\frac{p^H c^2}{r} \tag{3.31}$$

然后,结合式(3.29)、式(3.30)和式(3.31),可以得到:

$$p^H c^2=\frac{rb_0+y}{(p^L/p^H)^{1-\sigma}(1-e^{-rT})+e^{-rT}}$$

由此可推断出:

$$p^H c^2\begin{cases}=rb_0+y,\ \sigma=1\\>rb_0+y,\ \sigma<1\\<rb_0+y,\ \sigma>1\end{cases} \tag{3.32}$$

因为在初始均衡时(即在 $t=0$ 时点之前)有 $p^H c=rb_0+y$,由此可以推出:

$$c^2\begin{cases}=c,\ \sigma=1\\>c,\ \sigma<1\\<c,\ \sigma>1\end{cases}$$

直觉上说,对于 c^2 的不同取值反映了跨期替代效应与财富效应之间的力量对比。尽管这两种效应对 c^1 的影响方向是相同的(两种效应都要求更高的 c^1),但它们对 c^2 的影响方向是相反的:跨期替代效应要求更低的 c^2,而财富效应要求更高的 c^2。在 $\sigma<1$ 的情形下,c^2 将会比它的初始水平更高(参见图 3.5b),这反映了一个弱的跨期替代效应,而这又是由低跨期替代弹性导致的。

然而,无论 c^2 的值是什么,式(3.31)都很清楚地揭示了消费的折现值将会变大。与初始均衡相比,在 0 与 T 期间,p_t 现在会变低。因此,对于一个给定的 T 以及一个给定的 c^2,为了满足式(3.31),c^1 不得不变大。由此可以推断,作为关税暂时性下降的结果,私人部门可以获得的资源将会增加。

对贸易余额的影响又是什么呢? 从式(3.23)中,我们可以看到贸易余额的路径依赖于支出的路径。因为 $p_t c_t$ 的折现值是固定不变的[即正如式(3.20)所显示的那样,它始终等于 b_0+y/r],式(3.32)给出所有我们需要的信息。对于对数型的情形,支出路径并不会随时间而变化。因此,贸易余额并不会随时间而变化,始终等于初始值 $-rb_0$。对于更相关的 $\sigma<1$ 的情形,T 时期以后的支出会比之前的支出更高。因此,贸易余额遵循在图 3.5 中 c 部分描述的路径,在 $t=0$ 时点有提升,而在 $t=T$ 时点则会下降。对于 $\sigma>1$ 的情形,结果正好相反。

经常账户的行为与贸易余额的行为完全相似。在对数情形下,经常账户并不会随时间而变化。在 $\sigma<1$ 的情形下,经常账户在 $t=0$ 时点有提高而在 $t=T$ 时点会下降(参见

图 3.5d)。

暂时性的自由化对福利会产生怎样的影响呢？很明显，对于 $\sigma=1$ 和 $\sigma<1$，因为 $c^2 \geqslant c$，同时因为 $c^1>c^2$，福利会增加。换句话说，消费将总是会与冲击之前相等或更大。在 $\sigma>1$ 的情形下，因为 $c^2<c$，结论并不很明显。然而，正如在本章习题 4 所显示的那样，福利也会明显增加。在没有收入返回的情形下，福利增加背后的直觉是，机会集要明显比冲击之前更大，这是因为被消费的"两个商品"之一的价格下降了，因而消费者的状况不会变得更糟。我们能得出结论，在这种情形下财富效应将总是超过跨期扭曲效应。

此外——如本章习题 4 所显示的那样——消费者的福利是自由化时期 T 长度的严格增函数。直觉上说，一个更大的 T 扩充了商品处于相对便宜状态的时期，因此消费者的状况变好了。

3.5.3 部分返还

到目前为止，我们研究了两种极端情形。在完全返还的情形下(没有财富效应)，关税的一个暂时性减少总是会减少福利，这一点已经在 3.3 节中获得检验。在本节中，我们检验了在没有返还的情形下，相同的政策总会导致更高的福利。然而，在实践中，源于暂时性关税减少而出现的财富效应可能并不像其中的任何一个极端情形所刻画的那样，而是落在两者之间的某个位置上。为了刻画这一点——在这个过程中，也提供了对跨期扭曲效应相当于财富效应力量的进一步洞察——本章习题 5 要求你去计算部分返还的情形，也就是说，在这种情形下，政府浪费了 ϕ 比例的关税收入而把余下的$(1-\phi)$比例的关税收入以一次性总付的形式返还给消费者。当然，因为是特别情形，我们有充分返还的情形$(\phi=0)$和无返还的情形$(\phi=1)$。

很明显对于一个更大的 T 值，一个暂时性的贸易自由化将会提高福利，因为它本质上成为了一个有财富效应(即便要比在没有返还情形下更小)的永久性自由化了。这道习题更有启发性的结果是，正如在图 3.6 中所显示的那样，对于一些包含低 ϕ 值的参数配置(即一个小的财富效应)，对于小的 T 值(即跨期扭曲效应占主导)，一个给定的暂时性关税自

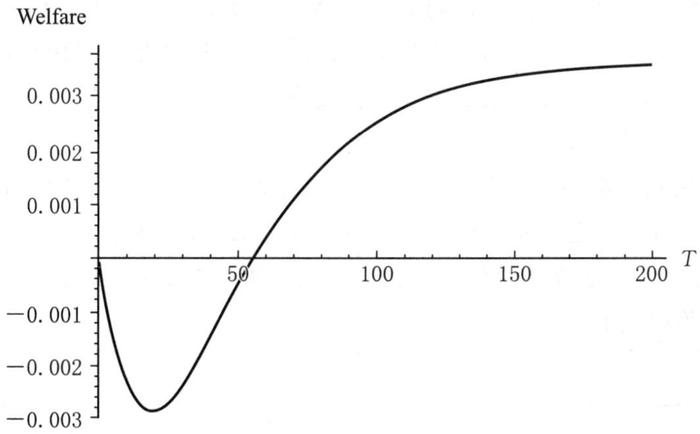

图 3.6　作为 T 的函数的福利变化(考虑财富效应和部分返还的情形)

由化也会减少福利，而对于一个大的 T 值（即财富效应占主导），是可以增加福利的。①

不用说，我们考虑了一个部分返还的情形作为一个方便的——但不可否认是呆板的——方式，来说明可能是伴随暂时性贸易自由化而产生跨期扭曲和财富效应之间的紧张关系。专栏 3.3 讨论了一个更富有成效的框架，这一框架允许财富效应以贸易中获益的形式出现，并使我们能获取财富效应能否超过跨期扭曲效应的数量估计。基本结论是财富效应倾向于占支配地位，因此，甚至在不完全可信度的情况下，关税的减少也是最优的政策。

专栏 3.3　即便在不完全可信度的情况下，降低关税是否就是最优的？

在本章中我们已经使用卡尔沃（Calvo，1987）的模型作为基准模型研究了跨期扭曲的福利效应。正如在 3.2 节和 3.3 节所显示的那样，关税永久性的下降并不会对消费产生影响，而关税暂时性的下降则会导致消费出现盛衰循环。在基准模型中，暂时性的贸易自由化政策也总会引起福利下降，因为它引起了跨期扭曲。在 3.5 节中，我们通过假设关税收入被用于为社会非生产性支出进行融资而把财富效应引入了模型。在这种情形下，关税的永久性下降总会提高福利，而如果在跨期扭曲效应中财富效应占了主导地位，则即便是一个暂时性的关税下降也会增加福利。因此，即便在不完全可信度的情形下，贸易自由化改革也是值得推行的。

由此，一个定量问题就产生了：即便在不完全可信度的情形下，从贸易中所获得的收益是否能足够大到确保改革后福利的增加？为了回答这个问题，Buffie（1999）构建了一个允许考虑贸易收益的模型，这一模型偏离了卡尔沃模型完全专业化的假设（产出是出口的，消费品是进口的），而允许消费和生产之间进行替代。他证明在不完全可信度的情形下，暂时性贸易自由化的福利影响取决于自由化周期的长短、初始关税的规模和跨期替代弹性的大小。该模型在进行数值求解时，可以允许模型中的关键参数设定成几个不同的值，从而会产生 240 个不同的组合。

这篇论文的主要结论是，即使在缺乏可信度的情况下，暂时的贸易自由化也可能提高福利。背后的逻辑是，即使从贸易中获得的收益比较小，但从跨期扭曲中产生的损失通常会更小。事实上，最理想的关税削减幅度是 50%—80%。Buffie 还发现，初始关税越高，最优关税削减的幅度就会越大，这一点支持了相对封闭的经济体应该更大幅度自由化的观点。此外，他还得出当替代跨期弹性小于 1 时，自由贸易会提高福利水平的结论，这与本章正文的讨论是一致的。

最后，Buffie 强调了一个事实，即出于他的模型中没有探讨的原因，比如耐用商品的作用，暂时性自由化也可能是代价高昂的。事实上，正如在 3.3.2 节所讨论的那样，耐用品的出现可能导致跨期价格投机，因而导致即使在跨期替代弹性等于零的情况下，也会引发福利成本。

① 用于获得图 3.6 的参数值如下：$\phi=0.04$，$r=0.03$，$p^H=1$，$p^L=0.4$，$\sigma=0.3$，$b_0=0$，$y=10$。参见 Calvo 和 Mendoza（1994）对在有充分返还和没有返还情形下，暂时性贸易自由化的福利效应的定量分析。

3.6 税收扭曲

我们在前文已经证明了暂时性的贸易自由化政策将会对家庭的消费路径产生一个跨期扭曲效应。作为这一现象的另一个现实例子，我们现在将分析另一种情况，即政府需要诉诸扭曲的税收来为外生给定的支出水平进行融资。尽管我们要等到第 10 章才会致力于研究最优的财政政策，但目前的目的是说明一个随时间而变化的税率会如何造成跨期扭曲，从而导致福利损失超过政府因浪费支出而造成的损失。

考虑一个在商品和资本市场上都能完全融入世界经济的小型开放经济体。唯一的商品禀赋(可贸易的和不可储存的)随时间推移是固定不变的，等于 y。

3.6.1 消费者

令偏好由下式给出：

$$\int_0^{\infty} \log(c_t) e^{-\beta t} \mathrm{d}t \tag{3.33}$$

这里，c_t 是唯一的(不可储藏的)商品的消费，β 是贴现率(等于世界的实际利率)。

流量约束由下式给出：

$$\dot{b}_t = rb_t + y - (1+\theta_t)c_t \tag{3.34}$$

其中，b_t 是净国外资产，r 是世界实际利率，y 是固定的商品禀赋，θ_t 是消费税。向前积分并强加相应的转型条件，我们可以得到：

$$b_0 + \frac{y}{r} = \int_0^{\infty} (1+\theta_t) c_t e^{-rt} \mathrm{d}t \tag{3.35}$$

代表性消费者在跨期约束式(3.35)下，把 θ_t 的路径视为给定的情况，通过选择 $\{c_t\}_{t=0}^{\infty}$ 来最大化式(3.33)。最优化的一阶条件由下式给出：

$$\frac{1}{c_t} = \lambda(1+\theta_t) \tag{3.36}$$

由于 $1+\theta_t$ 为消费者面对的消费品的价格，一阶条件式(3.36)实际上类似于我们在本章更早时所研究的有关税的模型中的一阶条件式(3.4)。因此，我们能够看出，税率的波动将诱使消费者不去选择一条平滑的消费路径，因为消费者有从事跨期消费替代的渴望。

3.6.2 政府

政府花费在可贸易商品上的支出为 g_t，在每一时点上政府必须满足自己的平衡预算：

$$g_t = \theta_t c_t \tag{3.37}$$

政府的支出水平 g_t 是外生给定的。为了确保预算约束式(3.37)成立,税率 θ_t 将会不断调整。

3.6.3 均衡条件

将式(3.37)代入消费者的流量约束式(3.34),可以获得经济体的流量约束(即经常账户):

$$\dot{b}_t = rb_t + y - c_t - g_t$$

根据定义,贸易余额是:

$$TB_t \equiv y - c_t - g_t \tag{3.38}$$

将式(3.37)代入消费者的跨期约束式(3.35),可以获得资源约束:

$$b_0 + \frac{y}{r} = \int_0^{\infty} (c_t + g_t) e^{-rt} \mathrm{d}t \tag{3.39}$$

3.6.4 初始的平稳性态的均衡

通过给定 g^L,让我们为 g_t 的固定路径描述完全预期的均衡路径(PFEP)。假如 g_t 随时间的推移保持恒定,方程式(3.37)告诉我们,$\theta_t c_t$ 也不会随时间而变化。一阶条件式(3.36)也显示出 $c_t(1+\theta_t)$ 不会随时间而变化。因为 $c_t(1+\theta_t) = c_t + \theta_t c_t$,而我们已经确定 $\theta_t c_t$ 不会随时间而变化,由此可推断 c_t 也不会随时间而变化。根据式(3.37),这反过来意味着 θ_t 也不会随时间而变化。

因为已经确定所有的内生变量都不会随时间而变化,我们能从资源约束式(3.39)中推导出一个消费的封闭解:

$$c = rb_0 + y - g^L \tag{3.40}$$

从政府的流量约束式(3.37)中,我们能为固定不变的税率值推导出一个简化形式的表达式:

$$\theta = \frac{g^L}{rb_0 + y - g^L} \tag{3.41}$$

将式(3.40)代入式(3.38),我们可以获得:

$$TB_t = -rb_0$$

3.6.5 政府支出的永久性增加

假设在 $t=0$ 时点之前,经济体处在上面描述的平稳性态均衡状态中。在 $t=0$ 时点 g_t 有一个未预期的永久性增加,从 g^L 增加到 g^H(参见图 3.7a)。因为冲击是永久性的,对于新的完全预期的均衡路径，上面推导出的解仍旧是成立的。因此，表达式(3.40)告诉我们，随着政府支出的增加，消费将一对一地下降(参见图 3.7b)，式(3.41)显示消费税率将增加(图 3.7c)。因为冲击是永久性的，当然不会对贸易余额产生影响(图 3.7d，假设 $b_0=0$)。

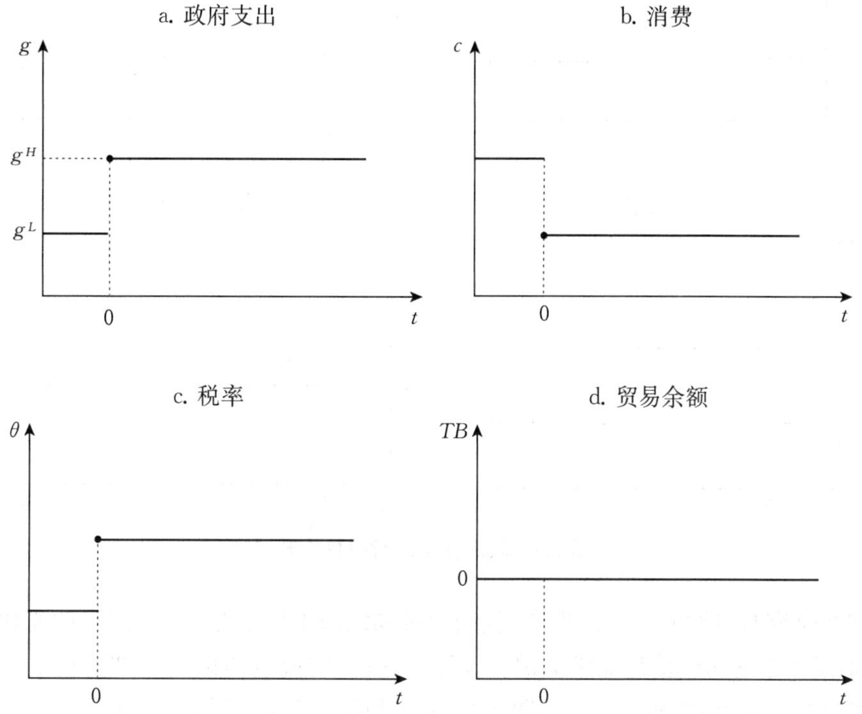

图 3.7 政府支出的永久性增加

我们可以得出结论，政府支出的增加会给经济强加一个财富效应(类似于在第 1 章中禀赋的永久性减少)但不会产生跨期扭曲。

3.6.6 政府支出的暂时性增加

现在假设在 $t=0$ 时点，g_t 有一个未预期的暂时性增加。那么，g_t 的路径将由下式给出(参见图 3.8a)。

$$g_t=\begin{cases} g^H, & 0\leqslant t<T \\ g^L, & t\geqslant T \end{cases}$$

在 $t=0$ 时点消费者重新做最优规划。最优化的一阶条件能被重新写为：

$$\frac{1}{c_t}=\tilde{\lambda}(1+\theta_t) \tag{3.42}$$

这里，再一次地，我们用 $\tilde{\lambda}$ 来提醒大家如下这一事实，即拉格朗日乘子在 $t=0$ 时点可能发生变化。

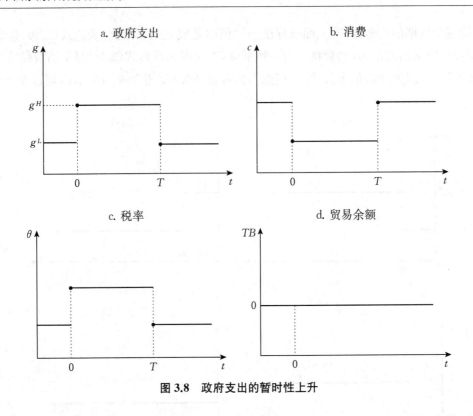

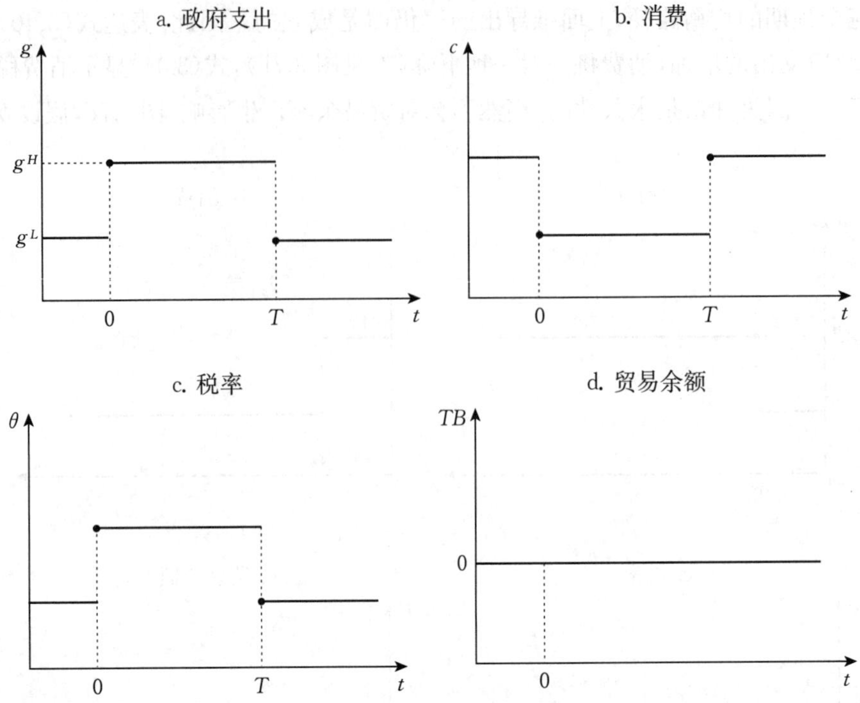

图 3.8　政府支出的暂时性上升

正如在研究暂时性冲击时的那样，我们通过确定内生变量在 $T=0$ 时点的变化开始分析。①在本案例中的两个信息非常关键。首先，从政府的流量约束式(3.37)中可知，$\theta_t c_t$ 在 $[0, T)$ 期间取值是高的，而在 $t \geqslant T$ 期间取值是低的。换句话说，$\theta_t c_t$ 将在 T 时点发生下降。其次，一阶条件式(3.42)告诉我们，沿着新的 PFEP 路径 $c_t(1+\theta_t)$ 将固定不变。结合这两点信息，我们可以推断出 c_t 在时点 T 将发生向上的跳跃。根据式(3.42)，c_t 将在时点 T 发生向上的跳跃这一事实反过来意味着 θ_t 将发生向下的跳跃。

要确定 c_t 的初始跳跃，请注意，因为沿着新的 PFEP 路径 $c_t(1+\theta_t)$ 是固定不变的，并且 $g_t=\theta_t c_t$，由此可以推断 g_t+c_t 也将固定不变。这意味着 g_t+c_t 不能在 $t=0$ 时点发生跳跃，如果这样，经济中的资源约束将被违背。因此，c_t 将在 $t=0$ 时点发生下降，其降幅将与 g_t 增加的幅度相等。因为在 $t=0$ 时点，g_t 增加而 c_t 下降，从政府的预算约束式(3.37)中可以推断 θ_t 一定会增加。最后，在 $t=0$ 时点，g_t+c_t 不会发生变化意味着贸易余额也不会发生变化(参见图 3.8d)。

总而言之，我们确定政府支出的暂时性增加会导致消费税率的暂时性上升(参见图 3.8c)。正如在本章前文研究的暂时性贸易自由化的情形那样，消费价格路径的不固定性会引起跨期扭曲。因为暂时性更高价格的出现，消费者会发现与未来的消费相比，减少现在的消费将是最优的。然而，很明显，从社会的角度看这是次优的。的确，我们能够容易地验证(参见本章习题 6)，假如一次性总付的征税方式可以获得，消费将在 0 时点发生下降，其下降幅度为永久性收入减少的幅度，在此之后就维持不变。换句话说，在一次性总

① 运用与上文一样的过程，很容易确定在每个亚周期内，所有内生变量是固定不变的。

付税下，仅有政府支出的暂时性(负)财富效应才会影响消费者。然而，在扭曲税下，由于消费路径并不平滑，消费者将遭受额外的福利损失。

3.7 贸易条件的冲击

在本章开始时我们就提到跨期扭曲效应能在单个商品的模型中加以分析(正如我们在 3.6 节所做的那样)，但是为了激发分析贸易自由化的积极性，我们将用有可进口商品和可出口商品的模型进行分析。应用有两种可贸易商品的模型进行分析的另一个好处就是可以研究贸易条件的冲击对经常账户造成的影响。①

贸易条件与经常账户之间的联系的理论源于 Harberger(1950)以及 Laursen 和 Metzler(1950)。他们认为一个国家在贸易条件方面的提高将导致储蓄的增加，进而导致经常账户的提高。这一命题在文献中被称为 HLM 效应：正向的(负向的)贸易条件冲击将伴随出现经常账户盈余(赤字)。

他们分析背后的基本原理是，因为出口购买力变高了，贸易条件的提高将导致更高的"实际收入"。在一个典型的有边际消费倾向小于 1 的凯恩斯主义模型中，实际收入的增加将使储蓄增加，并导致经常账户提高。

我们将用 3.2 节的模型来分析贸易条件的冲击对经常账户的影响，不过会对模型进行三点修改：(1)使用在式(3.17)所给出的专门的 CES 型偏好；(2)不存在关税(或者政府)；(3)现在可出口商品的世界价格(即贸易条件)由 $1/p_t$ 给定。

在这样的背景下，消费者的流量约束成为：

$$\dot{b}_t = rb_t + y - p_t c_t$$

与之对应的终身预算约束由下式给出：

$$\int_0^{\infty} p_t c_t e^{-rt} \mathrm{d}t = b_0 + \frac{y}{r}$$

消费的最优选择在边际上继续由一阶条件式(3.21)所刻画。很明显，在形式上这一模型与我们在 3.5 节所分析的模型是相同的。因此，我们能用该节所推导到的结论来讨论 HLM 效应。

贸易条件的一个未预期的永久性提高(p_t 的下降)将导致消费者获得一个更高的"永久性收入"，因为每一单位可出口的商品用进口商品来衡量更加值钱。因此，消费将与永久收入同比例增加，并且无论是贸易余额还是经常账户都不会发生变化。当然，福利会发生增加。

在贸易条件的一个未预期的暂时性提高的冲击影响下，将导致更高的消费出现。在更相关的实际情形中($\sigma<1$)，贸易余额和经常账户都会提高。直觉上说，因为跨期替代弹性很低，在 0 和 T 期间的支出将会下降。这与初始的 HLM 效应是一致的。然而，对于 $\sigma=1$，贸易余额将不会发生变化，而对于 $\sigma>1$，贸易余额在冲击的影响下实际上将恶化，正

① 在第 4 章中一个有非贸易商品的模型中，我们将再次分析这一问题。

如我们在3.5节所讨论的那样。进一步地，正如在3.5节所显示的那样，贸易条件的一个暂时性的提高总会使福利提高，这是因为它扩大了经济的机会集。

需要注意的是，尽管暂时性贸易条件的冲击意味着会产生一条消费品相对价格的非固定路径（正如在前文分析的那样），并因此会导致产生一条非固定的消费路径，但它们不应该被称为“跨期扭曲”，因为它们不是政策所诱使的，因而经济仍旧运行在第一最优均衡中。换句话说，计划者也会与消费者作出同样的反应。

分析的本质内容是，当贸易条件的提高是暂时性的，以及跨期替代弹性是低的，HLM效应将与应用于经常账户的跨期方法相一致。当贸易条件的提高被认为是永久性的，HLM效应将消失。[①]尽管关于HLM效应的经验证据有一些模糊（参见专栏3.4），但它与如下的想法相一致，即在一个有小型非贸易部门（没有非贸易商品的模型被视为一个极端的情形）并面对显著的暂时性冲击的经济，更有可能出现HLM效应。

专栏3.4　贸易条件冲击对经常账户的影响是什么?

正如在教材中所讨论的那样，一个国家贸易条件的改善（恶化）将导致贸易余额的提高（恶化），意味着HLM效应成立。当跨期替代弹性小于1（在实践中常出现的情形），事实上，我们的模型也能复制出HLM效应。

实证证据所显示的情形是什么呢？总体上，证据是模糊的（参见表3.3对主要研究结果的总结）。支持HLM效应的证据能在Otto(2003)以及Kent和Cashin(2003)的研究中找到。使用结构性向量自回归模型，Otto(2003)在有55个国家的案例中发现HLM效应的有力证据。Kent和Cashin(2003)发现当国家面对显著的暂时性贸易条件的冲击时，HLM效应会出现。[a]然而，Cashin和McDermott(2002)发现在有大型非贸易部门的国家，贸易条件冲击将不会对经常账户产生影响。使用一个不同的经验方法，Bouakez和Kano(2008)得出结论，贸易条件冲击不会对经常账户产生显著影响。

表3.3　关于HLM效应的经验研究

作　者	数据集	方　法	主要结论
Bouakez和Kano(2008)	季度数据 澳大利亚1972—2001年，加拿大1962—2001年，英国1971—2001年	为考虑进经常账户的折现值计算推导出一个大概近似的求解方法。除了HLM效应，也考虑未来利率和汇率变化的消费平滑效应	贸易条件的冲击对经常账户没有产生显著影响。扩展的模型被数据拒绝了，这显示贸易条件冲击对解释澳大利亚和加拿大的经常账户变化是不重要的。对于英国，模型没有被拒绝，但在边际上得到提升

① 参见Obstfeld(1983)以及Svensson和Razin(1983)在一个更一般性的背景下对HLM效应进行分析。在一个有宇泽弘文偏好的模型中，Obstfeld(1982)证明贸易条件的一个永久性提高伴随着经常账户的下降（与HLM效应相矛盾）。参见Ostry和Reinhart(1992)在一个有非可贸易商品的模型中对HLM效应的分析以及对相关参数进行经验估计。

续表

作　者	数据集	方　法	主要结论
Kent 和 Cashin (2003)	128 个国家 1960—1999 年	消费平滑效应对储蓄和投资产生方向相反的影响——贸易条件冲击的持久性越大，投资效应将越有可能超过储蓄的影响	贸易条件冲击的持久性在不同的国家是不一样的。对于有显著暂时性(永久性)贸易条件冲击的国家，经常账户对未预期到的贸易条件变化的反应是正相关的(负相关的)
Otto(2003)	15 个小型 OECD 国家，40 个发展中国家，1960—1999 年	用结构向量自回归(SVAR)模型去概括数据的一阶和二阶矩。通过检查对跟随着贸易条件冲击而产生的贸易余额的估计反应函数，从 SVAR 模型中可以获取 HLM 效应的经验证据	有强烈的证据支持 HLM 效应。一个对贸易条件正向冲击的直接效应是提高贸易余额。平均而言，在解释贸易条件冲击对发展中国家的贸易余额波动大于发达国家方面，贸易条件冲击的重要性更高
Cashin 和 McDermott (2002)	5 个 OECD 国家 1970—1997 年	通过比较两个大宗商品出口国和三个主要的工业化国家相对较小的非贸易商品部门，研究考察了重要的贸易条件冲击是怎样影响经常账户平衡的	贸易条件冲击被发现具有更高的持久性。然而，他们对有大型非贸易商品部门的国家的经常账户平衡不会产生任何影响。仅对于相对较小型的非贸易部门的国家(澳大利亚和新西兰)存在支持 HLM 效应的证据

我们可以得出结论是关于 HLM 效应的经验有效性仍旧还没有定论。然而，这证据与如下的想法是一致的，即在一个贸易更开放并面对一个更显著的暂时性贸易促进的经济中，我们更有可能观察到 HLM 效应。

专栏注：

a. 值得注意的是，Kent 和 Cashin(2003)的发现与我们在第 1 章中的分析是完全一致的，在那里，我们证明在一个有投资的模型中，经常账户的反应与冲击的持久性是相关的(即冲击越不具有持久性，储蓄效应越有可能占据主导地位)。

最后，注意资产是根据可出口商品来衡量的，该假设对得出我们的结论至关重要。正如在本章习题 7 所清楚显示的那样，假如资产是根据可进口商品衡量，那么，一个贸易条件提高的冲击将会有不同的效果。特别地，贸易条件暂时性的提高将总是导致经常账户出现盈余。直觉上说，假如你对可进口商品进行储蓄，与消费决策相关的相对价格会是 1，因此消费路径将总是平滑的。这一背景下，贸易条件的冲击行为将恰好像第 1 章基础模型中禀赋冲击的行为一样。因此，出于平滑消费的目的，p_t 的一个未预期的暂时性下降(即贸易条件的一个暂时性的提高)，将导致经常账户出现盈余。①

① 假如家庭既消费可进口商品也消费可出口商品，那么贸易条件冲击将也会影响相关的实际利率，这会导致出现一个额外的影响渠道(参见 Obstfeld，1983)。

3.8 总结性评论

本章分析了消费相对价格和经常账户发生跨期波动的含义。相对价格的波动可能归因于市场力量(即贸易条件)或者政策措施(即暂时性关税或者税率)。在后一种情形下，我们把它们称为跨期扭曲，因为它们诱使消费者选择一个社会次优的消费路径。例如，关税的暂时性减少将导致消费者增加消费，以利用暂时性价格变便宜的机会。在没有财富效应的情况下，这种关税的暂时性减少将降低福利。

概念上说，本章引入了两个跨期模型中的关键效应：跨期替代效应和财富效应。在某种形式下，这两个效应将会出现在随后章节中我们所要研究的所有模型中。作为一个预览，在第7章将会研究货币贬值率(或者在单一产品模型中的通货膨胀率)暂时性减少的真实效应。因为货币用于购买商品，商品的有效价格在低通货膨胀时要比高通货膨胀时更便宜。因此，货币贬值率暂时性的减少将通过使商品暂时性变得更便宜而引起跨期扭曲。此外，假如更低的通货膨胀会导致更高的实际货币余额并因此降低交易成本，更低的货币贬值率(即便是暂时性的)也将导致出现财富效应。因此，暂时降低货币贬值率的福利效应将依赖于跨期替代效应和财富效应的相对强度。

3.9 附录：跨期替代弹性

本附录定义并讨论了跨期替代弹性的概念。特别地，我们想问如下的问题：当跨期价格发生一个给定比率的变化，消费将会发生多大幅度比率的变化？换句话说，我们想计算 $\mathrm{dlog}(c^1/c^2)/\mathrm{dlog}(p^L/p^H)$。为此，我们首先定义 c^1 与 c^2 之间的跨期替代弹性为：

$$\sigma(c^1,\ c^2)\equiv\frac{\mathrm{dlog}(c^1/c^2)}{\mathrm{dlog}(u'(c^1)/u'(c^2))} \tag{3.43}$$

当然，这是来自微观经济理论中替代弹性的标准定义。[①]在当前的特别情形下，是效用函数的特征描述了消费比率的百分比变化对边际替代率每一百分比变化的幅度。

考虑代入进式(3.16)，我们将这一方程重写为：

$$\frac{\mathrm{dlog}(c^1/c^2)}{\mathrm{dlog}(p^L/p^H)}=-\sigma(c^1,\ c^2) \tag{3.44}$$

由于效用最大化意味着边际替代率应该等于价格的比率，因此，替代弹性也被视为价格比率的每一百分比变化所引起的消费比率的百分比变化。

对于CES效用函数，从式(3.17)和式(3.43)中，可以推断出：

$$\sigma(c^1,\ c^2)=\sigma$$

① 例如，参见Varian(1992)。

注意，在式(3.43)中定义的跨期替代弹性包含了在两个不同时点上的消费，并引发一个跨期相对价格的变化会引起消费比率发生多大变化的问题。一个非常接近(但不同的)概念是去问在每一个特别的时点上消费将会对价格的变化发生多大的反应。要回答这一问题，只有对一阶条件式(3.4)进行全微分就可以得到：

$$\frac{\mathrm{d}c_t}{c_t}=-\eta(c_t)\frac{\mathrm{d}p_t}{p_t} \tag{3.45}$$

这里：

$$\eta(c_t)\equiv-\frac{u'(c_t)}{u''(c_t)c_t}>0$$

表示边际效用对消费反应弹性的(绝对值)，它刻画了在某个特别的时点上，当价格发生变化时，消费者愿意改变消费的意愿。对于 CES 函数这种特殊情形，$\eta(c_t)$是固定不变的，并在数值上等于σ。在有不确定性的模型中，$\eta(c_t)$的倒数被称为相对风险回避系数，因而 CES 函数也经常被称为常相对风险回避型函数。

理解σ和η这两个概念关系的最好方法是，让c^2成为无限接近c^1时，即取$\sigma(c^1, c^2)$的极限值以得到：①

$$\lim_{c^2\to c^1}\sigma(c^1, c^2)=-\frac{\lim_{c^2\to c^1}\mathrm{dlog}(c^1/c^2)}{\lim_{c^2\to c^1}\mathrm{dlog}(u'(c^1)/u'(c^2))}=-\frac{u'(c^1)}{c^1u''(c^1)}$$

正如预期的那样，当c^1和c^2变得相同时，替代弹性σ将收敛于边际效用对消费的反应弹性η。

习　　题

1. (自由化时期变化的影响以及跨期替代弹性)再次考虑在 3.3.2 节中讨论的暂时性自由化，有$q\equiv p^L/p^H<1$。假设偏好采用由式(3.17)给出的等弹性形式，其中，σ是跨期替代弹性。

   在这一背景下：

   (1) 为c^1和c^2推导出一个作为q、T和σ函数的简化形式。

   (2) 为拉格朗日乘子λ推导出一个简化形式。

   (3) 显示随着自由化时期被缩短(即随着T变得更小)，c^1和c^2会发生怎样的变化。

   (4) 显示随着跨期替代弹性(σ)变大，c^1和c^2会发生怎样的变化。

   (5) 考虑对数情形。使用罗必塔法则(L'Hôpital's rule)，首先证明对数偏好是当$\sigma\to1$时式(3.17)中的极限情形。然后推导出作为q和T函数的间接终身效用表达式。显示它如何随着T的变化而变化。

① 要得到下面的表达式，记住在取极限之前需要计算偏微分。

(6) 显示在以下情形下福利会如何发生变化:(a)一个瞬间的自由化(即,$T\to 0$)和(b)一个无限长的自由化(即 $T\to\infty$)。

(7) 画出福利作为 T(对于一个合理的参数值)的函数图像并证明该图像会呈现 U 形图。

2. (耐用品与跨期价格投机)本习题遵从 Calvo(1988)。考虑一个有里昂惕夫型偏好个体的情形,因此会选择一条独立于价格 p 路径的平滑消费(c)路径。假设可进口商品能被无成本地储存且不会发生折旧。基于套利考虑,很明显,如果 p 随时间是固定不变的,那就不会有任何激励去积累可进口商品的存量,因为商品受支配于外国债券的收益率。假设有一个"一瞬间的自由化":

$$p_0=1$$

$$p_t=p>1,\ t>0$$

假设从关税中获取的收益会以一次性总付的形式返还给消费者。

消费者的跨期约束被写为:

$$Z+pc\int_{\phi}^{\infty}e^{-rt}\,\mathrm{d}t=b_0+\frac{y}{r}+\Psi \tag{3.46}$$

这里,Z 代表在 $t=0$ 时刻累积的可进口商品存量,y 是可进口商品的固定禀赋,Ψ 代表政府转移支付的折现值,ϕ 代表时间,在这个时间点上可进口商品存量 Z 恰好被消耗完。因为没有折旧,于是有:

$$\phi c=Z \tag{3.47}$$

在这一背景下:

(1) 证明跨期预算约束能被写为:

$$c(r\phi+pe^{-r\phi})=r\left(b_0+\frac{y}{r}+\Psi\right)$$

(2) 发现最优的 ϕ。

(3) 为 c 找到一个简化表达式[提示:考虑到在均衡时有 $\Psi=(p-1)c\int_{\phi}^{\infty}e^{-rt}\,\mathrm{d}t$]。

(4) 讨论瞬间自由化的福利含义。

3. (缺乏可信度)本习题遵从 Engel 和 Kletzer(1991),形式化地处理我们在 3.4 节中讨论的缺乏可信度的观点。考虑一个两期的禀赋经济。其拥有一个可进口商品固定不变的禀赋 y,消费可进口商品 c,贸易条件等于 1。但是,如果征收关税,可进口商品的国内价格可以大于 1。该经济可以在一个固定的利率 r 下进行借贷。在时期 1 没有关税(即可进口商品的国内相对价格等于 1)。在时期 2,有概率 π 会征收($p-1$)的关税。

消费者的问题是最大化预期效用:

$$E\{U\}=\log c_1+\beta(1-\pi)\log c_2+\beta\pi\log c_2^*$$

这里,$\beta(1+r)=1$,c_1 是第 1 期的消费,c_2 是时期 2 若不征收关税时的消费,c_2^* 是时期 2 若征收关税时的消费。

用可出口商品作为计价物，消费者的流量约束由下式给出(假设 $b_0=0$)：

$$c_1=y-b_1$$

$$c_2=y+(1+r)b_1$$

$$pc_2^*=y+1(+r)b_1+\tau^*$$

这里，b_1 代表时期 1 结束(时期 2 开始)时的净外国资产，τ^* 代表在征收关税时的一次性总转移支付[在均衡时有 $\tau^*=(p-1)c_2^*$]。①

在这一背景下：

(1) 为 c_1、c_2 和 c_2^* 推导出简化的表达式。

(2) 推导出作为 π 函数的消费者的福利表达式。

(3) 推导出当在两个时期都确定征收关税 $p-1$ 时消费者的福利表达式。

(4) 如果你从表面上看这个模型，你将推断出合宜的贸易改革是什么？

(5) 你会如何修改这一模型从而产生出更为明智的政策建议？

4. (没有返还情形下的福利)考虑没有返还情形下 3.5 节中的模型。在这一背景下：

(1) 为 CES 情形下推导出福利的简化表达式，并证明对于 $\sigma>1$，福利会增加。

(2) 推导出对数情形下福利的简化表达式。

(3) 证明假如 T 成为更大，福利将会增加。

5. (自由化时期的变化效应与财富效应)令偏好给定为：

$$u(c_t)=\log c_t$$

假设关税收入中的 ϕ 部分被政府用于非生产性的政府支出 g_t 上，而 $1-\phi$ 部分以一次性总转移支付的形式返还给消费者：

$$g_t=\phi(p_t-1)c_t$$

$$\tau_t=(1-\phi)(p_t-1)c_t$$

注意，在正文中分析的两种情形是如下更为一般性表达的特例：$\phi=0$ 对应于完全返还的情形(3.2 节)，而 $\phi=1$ 对应于没有返还的情形(3.5 节)。

在这一背景下：

(1) 推导出作为 q、T 和 ϕ 函数的 c_1 和 c_2 的简化表达式。

(2) 推导出作为 q、T 和 ϕ 函数的间接效用函数的表达式。

(3) 画出在 ϕ 取不同值时，将消费者的间接效用作为 T 的函数的图形。特别地，证明在 ϕ 取较低值时，对于在一些关键值之下的 T 值会导致福利出现损失，在一些关键值之上的 T 值会导致福利出现增加。而在 ϕ 取较高值时，暂时性的自由化将总会提升福利。

6. (有总额税的政府支出的增加)求解 3.6 节中实行的两个实验——政府支出的一个永久

① 注意，我们隐含假设消费者无法对时期 2 中的不确定贸易政策投保(当然，这是自然假设)。换句话说，存在不完全市场(如第 2 章所定义的)。

性增加和一个暂时性增加——假设政府能采取总额税的方式。解释可能出现的不同结果背后的经济学直觉。

7.（用可进口商品衡量的债务的HLM效应）作为用可出口商品作为计价物的结果，在正文中发展起来的模型假设外部债务是用出口商品来衡量的。也许更为合理的假设应该是用进口商品来衡量债务，毕竟在真实世界中，在典型的新兴市场经济体中，无论是进口商品还是外国债务都是用美元来计价的。

为了检验这种替代的方式，构建一个用进口商品衡量的3.7节中的模型（并使用一个一般的效用函数），研究经常账户对贸易条件的永久性和暂时性提高的反应。特别是对于暂时性冲击，HLM效应还成立吗？

参考文献

Arrau，Patricio. 1990. Intertemporal substitution in a monetary framework：Evidence from Chile and Mexico. Working Paper 549. The World Bank. Washington，DC.

Attanasio，Orazio P.，and Guglielmo Weber. 1995. Is consumption growth consistent with intertemporal optimization? Evidence from the consumer expenditure survey. *Journal of Political Economy* 103(6)：1121—1157.

Atkeson，Andrew，and Masao Ogaki. 1996. Wealth-varying intertemporal elasticities of substitution：Evidence from panel and aggregate data. *Journal of Monetary Economics* 38(3)：507—534.

Beaudry，Paul，and Eric van Wincoop. 1995. The intertemporal elasticity of substitution：An exploration using US panel of state data. *Economica* 63：495—512.

Bouakez，Hafedh，and Takashi Kano. 2008. Terms of trade and current account fluctuations：The Harberger-Laursen-Metzler effect revisited. *Journal of Macroeconomics* 30(1)：260—81.

Buffie，Edward. 1999. Optimal trade liberalization and the welfare costs of imperfect credibility. *Journal of International Economics* 47：371—398.

Calvo，Guillermo A. 1987. On the costs of temporary policy. *Journal of Development Economics* 27(1—2)：245—261.

Calvo，Guillermo A. 1988. Costly trade liberalizations：Durable goods and capital mobility. *IMF Staff Papers* 35(3)：461—473.

Calvo，Guillermo A. 1989. Incredible reforms. In G. Calvo，R. Findlay，P. Kouri，and J. B. de Macedo，eds.，*Debt*，*Stabilization and Development*. New York：Blackwell，217—234.

Calvo，Guillermo A.，and Enrique Mendoza. 1994. Trade reforms of uncertain duration and real uncertainty：A first approximation. IMF Working Paper 94/45. International Monetary Fund，Washington，DC.

Cashin, Paul, and John McDermott. 2002. Terms of trade shocks and the current account: Evidence from five industrial countries. *Open Economies Review* 13(3): 219—235.

Cashin, Paul, and John McDermott. 2003. Intertemporal substitution and terms-of-trade shocks. *Review of International Economics* 11(4):604—618.

Duncan, Roberto. 2003. The Harberger-Laursen-Metzler effect revisited: An indirect-utility-function approach. Working Paper 250. Central Bank of Chile, Santiago.

Eckstein, Zvi, and Leonardo Leiderman. 1991. Seignorage and the welfare cost of inflation: Evidence from an intertemporal model of money and consumption. *Journal of Monetary Economics* 29:389—410.

Edwards, Sebastian. 1998. Openness, productivity and growth: What do we really know? *Economic Journal* 108(447):383—398.

Engel, Charles, and Kenneth M. Kletzer. 1991. Trade policy under endogenous credibility. *Journal of Development Economics* 36(2):213—228.

Fauvel, Yvon, and Lucie Samson. 1991. Intertemporal substitution and durable goods: An empirical analysis. *Canadian Journal of Economics* 24(1):192—205.

Fernandes, Ana. 2007. Trade policy, trade volumes and plant-level productivity in Colombian manufacturing industries. *Journal of International Economics* 71(1): 52—71.

Giovannini, Alberto. 1985. Saving and the real interest rate in LDCs. *Journal of Development Economics* 18(2—3):197—217.

Hall, Robert E. 1988. Intertemporal substitution in consumption. *Journal of Political Economy* 96(2):339—357.

Harberger, Arnold C. 1950. Currency depreciation, income, and the balance of trade. *Journal of Political Economy* 58:47—60.

Hay, Donald. 2001. The post-1990 Brazilian trade liberalisation and the performance of large manufacturing firms: Productivity, market share and profits. *Economic Journal* 111(473):620—641.

Kent, Christopher J., and Paul Cashin. 2003. The response of the current account to terms of trade shocks: Persistence matters. IMF Working Paper 03/143. International Monetary Fund, Washington, DC.

Krishna, Pravin, and Devashish Mitra. 1998. Trade liberalization, market discipline and productivity growth: New evidence from India. *Journal of Development Economics* 56(2):447—462.

Laursen, Svend, and Lloyd A. Metzler. 1950. Flexible exchange rates and the theory of employment. *Review of Economics and Statistics* 32(February):281—299.

MacDonald, James. 1994. Does import competition force efficient production? *Review of Economics and Statistics* 76(4):721—727.

Obstfeld, Maurice. 1982. Aggregate spending and the terms of trade: Is there a Laursen-

Metzler effect? *Quarterly Journal of Economics* 97(2):251—270.

Obstfeld, Maurice. 1983. Intertemporal price speculation and the optimal current-account deficit. *Journal of International Money and Finance* 2(2):135—145.

Ogaki, Masao, and Carmen M. Reinhart. 1998. Measuring intertemporal substitution: The role of durable goods. *Journal of Political Economy* 106(5):1078—1098.

Ogaki, Masao, Jonathan Ostry, and Carmen M. Reinhart. 1996. Saving behavior in low- and middle-income developing countries: A comparison. *IMF Staff Papers* 43(1): 38—71.

Ostry, Jonathan, and Carmen M. Reinhart, 1992. Private saving and terms of trade shocks: Evidence from developing countries. *IMF Staff Papers* 39(3):495—517.

Otto, Glenn. 2003. Terms of trade shocks and the balance of trade: There is a Harberger-Laursen-Metzler effect. *Journal of International Money and Finance* 22 (2):155—184.

Pavcnik, Nina. 2002. Trade liberalization, exit, and productivity improvements: Evidence from Chilean plants. *Review of Economic Studies* 69(1):245—276.

Reinhart, Carmen M., and Carlos A. Végh. 1995. Nominal interest rates, consumption booms, and lack of credibility: A quantitative examination. *Journal of Development Economics* 46(2):357—378.

Rossi, Nicola. 1988. Government spending, the real interest rate, and the behavior of liquidity-constrained consumers in developing countries. *IMF Staff Papers* 35(1): 104—140.

Svensson, Lars, and Assaf Razin. 1983. The terms of trade and the current account: The Harberger-Laursen-Metzler effect. *Journal of Political Economy* 91(1):97—125.

Tybout, James, Jaime de Melo, and Vittorio Corbo. 1991. The effects of trade reforms on scale and technical efficiency: New evidence from Chile. *Journal of International Economics* 31(3—4):231—250.

Tybout, James, and Daniel Westbrook. 1995. Trade liberalization and the dimensions of efficiency in Mexican manufacturing industries. *Journal of International Economics* 39(1):53—78.

Varian, Hal R. 1992. *Microeconomic Analysis*, 3rd ed. New York: Norton.

▶4

不可贸易商品与相对价格

4.1 引言

到目前为止，我们只研究了具有可贸易商品的模型。然而，在现实中，在开放经济中消费的许多商品是不可贸易的。不可贸易商品的出现在经济中引入了一个关键的相对价格：用可贸易商品衡量的不可贸易商品的价格（这反过来通常被定义为实际汇率）。这是到目前为止在小型开放经济中最重要的相对价格，因为它为需求和供给冲击提供了一个主要的调节机制。

可贸易商品和不可贸易商品之间的关键差别在于它们的供给弹性：可贸易商品的供给弹性实际上是无限的，因为在一个给定的世界价格下，一个小型开放经济能买/卖任何它所希望的数量（当然要受制于它的资源约束）。与此形成鲜明对比的是，不可贸易商品必须在国内进行生产。在一种禀赋的经济情形下，这意味着供给弹性是零。因此，对需求冲击的调节将需要通过相对价格的变化才能被满足。甚至当生产是内生的，相对于可贸易商品而言，对不可贸易商品的过度需求将要求它们提高相对价格，才能引起生产资源从可贸易部门向不可贸易部门的转移。在这种情形下，将通过价格和数量来产生调节。

可贸易商品和不可贸易商品之间在供给侧的不对称，以及由此导致的相对价格发生变化的需要，是发展中国家所有宏观调节的核心内容。例如，考虑一个典型的在发展中国家发生的繁荣—衰退周期。在繁荣时期，可贸易商品和不可贸易商品的消费都较高。怎样的生产模式才能满足这样的高需求呢？因为不可贸易商品必须在国内生产——而可贸易商品能通过进口获得——更多的资源需要用在不可贸易商品部门。为了诱使资源的转移，不可贸易商品的相对价格必须较高。因此，经济在景气时，必然具有如下的特征：高消费、高贸易和经常账户赤字，可贸易商品的产量较低，不可贸易商品的产量较高以及不可贸易商品的相对价格较高。

然而，在一些点上，消费需要进行调整，以满足经济的跨期资源约束。换种说法，在某些点上，经济将需要确保有一定的贸易盈余，以偿还在经济景气时欠下的外部债务。为了产生贸易盈余，可贸易商品的生产必须超过可贸易商品的消费。怎样才能出现这样的调节呢？它需要借助不可贸易商品相对价格的下降（在衰退前的相对价格对不可贸易商品的超额供给作出反应)才能发生。这种下降将诱使资源从不可贸易商品部门向可贸易商品部门转移。因此,在经济不景气时具有如下的特征:低消费、低贸易和经常账户盈余、可贸易商品的产量较高,不可贸易商品的产量较低,不可贸易商品的相对价格较低。我们这个非常简单的模型将精确地解释这种调节机制。人们可以在这一基本的调节机制中加入许多花哨的东西,但就其核心而言,这一机制的本质将在本章完全被揭示出来。

本章的内容安排如下。4.2 节通过在第 1 章所研究的禀赋模型中引入不可贸易商品。这为我们提供了不可贸易商品的基础模型,也成为本章余下部分的核心分析模型。具有不可贸易商品基础模型的关键特征是在第 1 章中获得的平滑消费的结果(即在没有任何摩擦的情况下,不管产出路径如何,消费将始终不随时间而变化)不再成立。通过对可贸易商品边际效用的影响,不可贸易商品消费的波动路径可以诱使消费者随时间的推移改变可贸易商品的消费。在这一思路下,本节详细探讨了消费者是如何对相对价格的变化作出反应的。

4.3 节运用了我们的基础模型并推导出本章中第一个关键信息:无论是对供给或者需求冲击作出反应,贸易赤字都会伴随实际升值,而贸易盈余会伴随实际贬值。①然而,研究者们共同持有如下观点,实际升值"导致"贸易赤字(或者实际贬值"导致"贸易盈余)是没有道理的。在这一模型中,实际汇率和贸易余额只是简单地对一些外生冲击作出反应。这一结果背后的逻辑非常简单而引人瞩目。假设对可贸易商品和不可贸易商品都存在超额需求(作为负向供给冲击或者正向需求冲击的结果)。在可贸易商品方面,通过从国外进口更多的可贸易商品(贸易赤字)来满足这种超额需求。在不可贸易商品方面,因为不可贸易商品的供给不会是固定不变的。因此,不可贸易商品的相对价格必须上涨才能市场出清(实际升值)。总而言之,贸易赤字和实际升值(或者贸易盈余和实际贬值)恰恰是硬币的两面,因而注定会相伴而生。

4.4 节通过把政府支出和税收引入我们的不可贸易商品的基础模型中,从而使分析财政政策成为可能。如此做的道理在于,在发展中国家,一些最重要的政策问题都会涉及财政政策、实际汇率、贸易不平衡等具体问题。特别是,财政紧缩将会导致出现实际贬值吗?财政扩张将会导致贸易赤字吗? 4.4 节将阐明在怎样的条件下使这两个问题的答案是肯定的。假如政府支出是偏向不可贸易商品的(相当于私人部门的支出模式),那么政府支出的减少真的将导致实际贬值。本节也证明了政府支出的暂时性增加将怎样导致贸易赤字的出现,因而也证实了普遍持有的观点,即财政赤字可能导致贸易赤字(即所谓的孪生赤字假设)。

本章直到目前为止,我们假设经济中拥有一定数量的可贸易和不可贸易商品,将供给侧排除在讨论之外。在 4.5 节中,通过把劳动供给引入模型而实现对生产的内生化处理。这使我们能对经济是怎样对不同的冲击作出调整这样的问题有一个更全面的看法。我们

① 本章以及接下来的标准术语,我们将使用表达式"实际汇率"来指称可贸易商品的相对价格(即不可贸易商品相对价格的倒数)。尽管有如下事实,我们将仍旧坚持这么做。有人可能会辩称,只有在货币模型中,使用"实际汇率"的标签才有意义,因为这一标签明显是从如下想法中得出来的:依据一些价格指数来降低名义汇率,一个人可以得到"实际汇率"(正如在第 6 章要讨论的那样)。在这一背景下,实际贬值(升值)就意味着实际汇率的增加(减少)。

对如下的问题特别关注，即经济体如何适应由需求冲击而引起的繁荣—衰退周期，以及不可贸易商品相对价格在引起这种必要调整中发挥的关键作用。

最后，在4.6节中我们处理了实际汇率反应的两个重要且相关的问题：实际汇率如何对贸易条件的冲击作出反应？贸易自由化（即进口关税的减少）如何影响实际汇率？为了回答这些问题，我们通过对可进口和可出口商品作出区分而修正了模型。在这样的背景下，我们发现贸易条件的改善（即用可进口商品衡量的可出口商品相对价格的上升）将总是使不可贸易商品的相对价格出现增加（实际升值），并产生两种效应：财富效应和跨期替代效应。我们也证明暂时性的贸易自由化（像第3章研究的那样）将导致不可贸易商品相对价格的上升。

4.2 有不可贸易商品的基础模型

除了引入不可贸易商品外，本模型与在第1章发展起来的基础禀赋模型完全一样。考虑一个具有如下特征的小型开放经济：含有许多本质上相同的、生活无限期的消费者，他们都拥有完全预期的能力。存在两种有形的商品：可贸易商品和不可贸易商品（都不可储藏）。可贸易商品是计价品。两种商品的禀赋路径都是外生给定的，不存在政府。在这种意义上我们说资本是完全流动的，即消费者能在一个固定的真实利率水平 r 上买/卖任何用可贸易商品衡量的债券。

4.2.1 消费者的问题

消费者终身的效用由下式给出：

$$\int_0^{\infty} u(c_t^T,\ c_t^N)e^{-\beta t}\mathrm{d}t \tag{4.1}$$

这里 $\beta(>0)$ 是主观贴现率，c_t^T 和 c_t^N 分别代表可贸易商品和不可贸易商品的消费量，$u(\cdot)$ 被假设是严格递增且严格凹的函数：①

$$u_{c^T}>0,\ u_{c^N}>0,\ u_{c^Tc^T}<0,\ u_{c^Tc^T}u_{c^Nc^N}-u_{c^Tc^N}^2>0$$

另外，我们假设 c_t^T 和 c_t^N 都是正常商品。②对可贸易商品和不可贸易商品的常态性假设，分别要求（参见附录4.8）：

$$u_{c^N}u_{c^Tc^N}-u_{c^T}u_{c^Nc^N}>0 \tag{4.2}$$

$$u_{c^T}u_{c^Tc^N}-u_{c^N}u_{c^Tc^T}>0 \tag{4.3}$$

令 b_t 代表由消费者持有的净国外资产。流动性约束由下式给出：

---

① 注意综合起来看，下文关于严格凹的后两个条件意味着 $u_{c^Nc^N}<0$。

② 回想一下，正常商品是收入效应为正的商品（与所谓的劣质品相反，它的收入效应为负）。尽管对于一些单个商品而言，正常性假设可能不成立，但仅仅有两种商品——可贸易和不可贸易商品——的总量层面上，正常性假设是完全有保证的。

$$\dot{b}_t = rb_t + y_t^T + p_t y_t^N - c_t^T - p_t c_t^N \tag{4.4}$$

这里，y_t^T 和 y_t^N 各自代表在时期 t 可贸易商品和不可贸易商品的禀赋数量，p_t 是用可贸易商品衡量的不可贸易商品的相对价格。正如已经提到的那样，我们将把 p_t 的倒数称为实际汇率。p_t 的一个增加(即不可贸易商品相对价格的增加)或者等于实际汇率的下降被称为实际升值。p_t 的一个下降或者等于实际汇率的增加被称为实际贬值。①

把式(4.4)向前积分并施加转型条件：

$$\lim_{t\to\infty} e^{-rt} b_t = 0$$

我们可以得到消费者的跨期预算约束：

$$\int_0^\infty (c_t^T + p_t c_t^N) e^{-rt} \mathrm{d}t = b_0 + \int_0^\infty (y_t^T + p_t y_t^N) e^{-rt} \mathrm{d}t \tag{4.5}$$

消费者的优化问题就是在一个给定的 y_t^T、y_t^N、p_t、r 路径以及一个给定的 b_0，并在跨期约束式(4.5)的约束下，通过选择一个最优的 $\{c_t^T,\ c_t^N\}_{t=0}^\infty$ 来最大化终身效用式(4.1)。

我们构建如下的拉格朗日函数：

$$\mathcal{L} = \int_0^\infty u(c_t^T,\ c_t^N) e^{-\beta t} \mathrm{d}t + \lambda\Big[b_0 + \int_0^\infty (y_t^T + p_t y_t^N) e^{-rt} \mathrm{d}t - \int_0^\infty (c_t^T + p_t c_t^N) e^{-rt} \mathrm{d}t\Big]$$

相应的一阶条件由下式给出：

$$e^{-\beta t} u_{c^T}(c_t^T,\ c_t^N) = \lambda e^{-rt} \tag{4.6}$$

$$e^{-\beta t} u_{c^N}(c_t^T,\ c_t^N) = \lambda e^{-rt} p_t \tag{4.7}$$

出于在第 1 章中所讨论的理由，假设 $\beta = r$。然后我们能把一阶条件重新写为：

$$u_{c^T}(c_t^T,\ c_t^N) = \lambda \tag{4.8}$$

$$u_{c^N}(c_t^T,\ c_t^N) = \lambda p_t \tag{4.9}$$

式(4.8)告诉我们，从消费可贸易商品中获得的边际效用将随时间的推移而保持恒定。当然，这与我们在第 1 章中得到的结果是相同的。然而，关键的差异在于，第 1 章中仅仅有一种(可贸易)商品，不变的边际效用意味着随时间的推移而不变的消费路径。而这一点在目前的不可贸易商品的模型中不再成立了。事实上，从式(4.8)中已经可以清楚看出，假如不可贸易商品的消费随时间的推移而发生变化，那么，可贸易商品的消费随时间的推移也会发生变化。

一阶条件式(4.9)清楚显示，假如 p_t 随时间的推移而发生变化，那么从消费不可贸易

① 在文献中我们经常碰到"实际汇率升值"或者"实际汇率贬值"这种表述。严格来说，该术语是不正确的，因为实际汇率(比率)能上升和下降，但不会"升值"或者"贬值"。在货币模型中，它是通货(一种资产)可以以名义或实际的形式升值或者贬值。因此，表达式"实际升值"和"实际贬值"被称为是以真实术语表达的通货升值或者贬值。

商品中获得的边际效用将受影响。要正式看清这一点,考虑沿着完全预期的均衡路径上 p_t 发生一个小的变化,并让一阶条件式(4.8)和式(4.9)对 p_t 进行全微分可得到:①

$$\frac{\mathrm{d}c_t^T}{\mathrm{d}p_t}=-\lambda\frac{u_{c^Tc^N}}{u_{c^Tc^T}u_{c^Nc^N}-u_{c^Tc^N}^2}\begin{cases}=0,\text{当 } u_{c^Tc^N}=0\\>0,\text{当 } u_{c^Tc^N}<0\\<0,\text{当 } u_{c^Tc^N}>0\end{cases}\tag{4.10}$$

$$\frac{\mathrm{d}c_t^N}{\mathrm{d}p_t}=\lambda\frac{u_{c^Tc^T}}{u_{c^Tc^T}u_{c^Nc^N}-u_{c^Tc^N}^2}<0\tag{4.11}$$

这里,归因于效用函数严格凹的假设,两个表达式中的分母都为正。方程式(4.11)告诉我们,沿着一条完全可预期的路径,当 p_t 低时,不可贸易商品的消费将会提高。该直觉与我们在第 3 章中看到的是相同的:一个低的 p_t(相对于其他时期)表明不可贸易商品是相对便宜的,这会诱使消费者进行跨期消费替代。

反过来,我们能从式(4.10)中看出,c_t^T 对 p_t 变化的反应依赖于效用函数交叉导数(cross-derivative)的符号。换句话说,c_t^T 对 p_t 变化的反应依赖于 c_t^T 和 c_t^N 是否是埃奇沃思替代品、独立品或者互补品。②有三种可能的情形:

- 可贸易商品和不可贸易商品是埃奇沃思独立品(即 $u_{c^Tc^N}=0$) 在这种情形下,p_t 的变化不会对 c_t^T 的路径产生影响。因此,我们回到了第 1 章的讨论当中,随时间变化可贸易商品的消费将是完全平滑的。
- 可贸易商品和不可贸易商品是埃奇沃思替代品(即 $u_{c^Tc^N}<0$) 在这种情形下,不可贸易商品额外的消费会减少消费可贸易商品的边际效用,因而可贸易商品的消费会降低。因此,沿着一条完全可预期的路径,当 p_t 是相对较低时,c_t^N 将相对较高而 c_t^T 将相对较低。换句话说,c_t^T 和 c_t^N 会发生相反方向的运动。
- 可贸易商品和不可贸易商品是埃奇沃思互补品(即 $u_{c^Tc^N}>0$) 在这种情形下,不可贸易商品额外的消费会增加消费可贸易商品的边际效用,因而可贸易商品的消费会增加。换句话说,c_t^T 和 c_t^N 会发生同方向的运动。

除了 p_t 水平变化的这些效应外,p_t 随时间的变化也将对消费随时间发生的变化产生影响。为了正式地看清这一点,让我们考虑 β 并不必须等于 r 的情形。对两个一阶条件式(4.6)和式(4.7)取对数,并让之对时间求全微分,可以得到:

$$-\frac{u_{c^Tc^T}}{u_{c^T}}\dot{c}_t^T-\frac{u_{c^Tc^N}}{u_{c^T}}\dot{c}_t^N=r-\beta\tag{4.12}$$

$$-\frac{u_{c^Tc^T}}{u_{c^N}}\dot{c}_t^T-\frac{u_{c^Nc^N}}{u_{c^N}}\dot{c}_t^N=r_t^d-\beta\tag{4.13}$$

这里:

① 当然,正如下文将要分析的那样,在一般均衡中 p_t 将会被内生地决定。这里,我们正在观察消费者对 p_t 变化的反应(即局部均衡)。

② 根据效用函数的交叉导数分别为负、为零还是为正,两种商品分别称为埃奇沃思替代品、独立品或互补品。在微观层面,一个埃奇沃思互补品的例子是咖啡与糖,替代品的例子是可口可乐与百事可乐。

$$r_t^d \equiv r - \frac{\dot{p}_t}{p_t} \tag{4.14}$$

根据定义，这是国内实际利率。①自然地，方程式(4.12)和式(4.13)左边部分告诉我们，可贸易商品和不可贸易商品的边际效用如何分别随时间的变化而发生变化。正如方程式(4.13)所清楚显示的那样，国内实际利率是决定不可贸易商品边际效用时间路径合适的实际利率。相反，世界的实际利率 r 则是决定可贸易商品边际效用时间路径的合适的实际利率[正如在方程式(4.12)中反映的那样]。

为了更清楚地看清国内实际利率的角色，让我们暂时把重点聚集在可分离的情形：也就是说，假设 $u_{c_T c_N}=0$。在这种特殊情形下，方程式(4.12)和式(4.13)简化为：

$$\frac{-u_{c_T c_T}}{u_{c_T}} \dot{c}_t^T = r - \beta \tag{4.15}$$

$$\frac{-u_{c_N c_N}}{u_{c_N}} \dot{c}_t^N = r_t^d - \beta \tag{4.16}$$

然后，在可分离的情形下，方程式(4.16)告诉我们不可贸易商品的消费时间路径完全由国内实际利率与贴现率之差来决定。然而，对于可贸易商品的情形，时间路径由世界实际利率与贴现率之差来决定，正如在第1章中的情形那样。而且，从方程式(4.16)中可以推断出——回忆由式(4.14)给定的 r_t^d 的定义——甚至在我们通常假设的 $r=\beta$ 情形下，假如不可贸易商品的相对价格随时间的推移发生变化(即 $\dot{p}_t$ 不等于零)，那么不可贸易商品的消费也会随时间的推移发生变化。②

国内实际利率作为不可贸易商品消费相关实际利率背后的经济学含义是什么？直觉上说，假设你放弃1单位今天的不可贸易商品的消费，这1单位消费品的市场价值(用计价品衡量)是 p_t。因此，你能购买价值为 p_t 的可贸易债券。因为这些债券的收益是 r，在下一个时点你能获得 rp_t 的总收益。然而，假如不可贸易商品的相对价格是随时间而增加的(即 $\dot{p}_t>0$)，你将遭受资本损失，因为你拥有的可贸易债券只能购买到更少的不可贸易商品。因此，你的净收益将是 $rp_t-\dot{p}_t$。为了获得收益率，你需要让你的净收益除以你的初始投资 p_t，这样就产生了收益率 $r-\dot{p}_t/p_t$。③自然地，假如不可贸易商品的相对价格不随时间而变化(即假如 $\dot{p}_t=0$)，那么，从式(4.14)中可知，$r_t^d=r$。

因为对可贸易商品和不可贸易商品消费决策相关的实际利率不同，在直觉上很清楚，对于总消费(即可贸易商品和不可贸易商品的平均值)的相关实际利率将是 r 与 r_t^d 的平均值。这一实际利率在文献中被称作“以消费为基础的实际利率”。本章习题1要求你推导出这一模型在离散时间下相应的表达式。从这一习题中可以提取到的主要洞察——其实，从上文的讨论中也应该很清楚——假如不可贸易商品的相对价格随时间的推移发生

---

① 正如在下文将要讨论的那样，国内实际利率能被想象为是以不可贸易商品衡量的实际利率。

② 在有黏性价格的货币模型中(第8章)，我们将看到这一种情形的例子。

③ 顺带一说，注意式(4.14)是怎样告诉我们在经济不景气时，对于一个小型开放经济实际利率负担将相当之高的。实际上，经济不景气时通常会伴随实际贬值(即 $\dot{p}_t<0$)，根据式(4.14)，这将增加用不可贸易商品衡量的实际利率。

变化，那么，即便是在贴现率等于 $1/(1+r)$ 的情况下，总消费也不会随时间的推移而保持恒定。

4.2.2 均衡条件

根据定义，由于经济体不能进口或者出口不可贸易商品，在不可贸易商品市场均衡时要求在每一期不可贸易商品的消费量都应该等于其供给量：

$$c_t^N = y_t^N \tag{4.17}$$

将条件式(4.17)代入式(4.4)，我们可以获得经常账户：

$$\dot{b}_t = rb_t + y_t^T - c_t^T \tag{4.18}$$

注意不可贸易商品的出现并没有改变我们在第1章就碰到的经常账户的表达式。这一情形应该是清楚的，因为根据定义，不可贸易商品是不与世界其余国家进行贸易的。

将条件式(4.17)代入式(4.5)可以产生经济的跨期约束条件(即资源约束)：

$$b_0 + \int_0^{\infty} y_t^T e^{-rt} \mathrm{d}t = \int_0^{\infty} c_t^T e^{-rt} \mathrm{d}t \tag{4.19}$$

4.2.3 完全预期均衡

不可贸易商品的消费路径完全由不可贸易商品的禀赋路径所决定，正如方程式(4.17)所清楚揭示的那样。将不可贸易商品的市场均衡条件代入进一阶条件式(4.8)和式(4.9)中，可以得到：

$$u_{c^T}(c_t^T,\ y_t^N) = \lambda \tag{4.20}$$

$$u_{c^N}(c_t^T,\ y_t^N) = \lambda p_t \tag{4.21}$$

这两个条件与跨期约束式(4.19)以及外生的 y_t^T 和 y_t^N 路径一起充分地决定了 c_t^T 和 p_t 的完全预期路径以及唯一的 λ 值。

从式(4.20)中可以推断出 y_t^N 的路径将决定 c_t^T 的时间路径(与这一特殊情形相反，则需要由式(4.19)给定的跨期预算约束条件决定)。假如 y_t^N 的路径随时间的推移保持平滑，那么 c_t^T 的路径也将随时间的推移保持平滑。在这种情形下——与在第1章中的一样——当可贸易商品禀赋较高时，经济体将在贸易盈余下运行；而当可贸易商品禀赋较低时，经济体将在贸易赤字下运行。然而，假如 y_t^N 的路径随时间的推移而波动，那么 c_t^T 的路径也将随时间的推移而波动。正式地，沿着一条完全预期的均衡路径(即对于给定的 λ)对方程式(4.20)进行微分，可以得到：

$$\frac{\mathrm{d}c_t^T}{\mathrm{d}y_t^N} = -\frac{u_{c^T c^N}(c_t^T,\ y_t^N)}{u_{c^T c^T}(c_t^T,\ y_t^N)} \begin{cases} =0, \text{当 } u_{c^T c^N}=0 \\ <0, \text{当 } u_{c^T c^N}<0 \\ >0, \text{当 } u_{c^T c^N}>0 \end{cases} \tag{4.22}$$

可以推断当不可贸易商品禀赋较高时，c_t^T 高或者低将依赖于 c_t^T 和 c_t^N 是埃奇沃思替代品、独立品还是互补品。[①]具体来说，考虑如下三种关于贸易余额行为的情形：[②]

- 可贸易商品和不可贸易商品是埃奇沃思独立品（即 $u_{cTcN}=0$） 在这种情形下，y_t^N 的路径不会对 c_t^T 的路径产生影响。因此，我们回到了第1章的世界中：c_t^T 的路径随时间的推移保持平滑，而且不管 y_t^N 的路径如何，当可贸易商品禀赋较高时，经济将在贸易盈余下运行；当可贸易商品禀赋较低时，经济将在贸易赤字下运行。
- 可贸易商品和不可贸易商品是埃奇沃思替代品（即 $u_{cTcN}<0$） 在这种情形下，当 y_t^N 沿着一条完全预期的路径时，y_t^N 相对较高，c_t^T 相对较低。假如 y_t^T 的路径相对平滑（在图4.1中，它被画成是水平的），那么当不可贸易商品的产出较高时，经济将在贸易盈余下运行；当不可贸易商品的产出较低时，经济将在贸易赤字下运行，正如在图4.1中所显示的那样。
- 可贸易商品和不可贸易商品是埃奇沃思互补品（即 $u_{cTcN}>0$） 在这种情形下，假如 y_t^T 的路径相对平滑，那么当 y_t^N 较低时，经济将在贸易盈余下运行；当 y_t^N 较高时，经济将在贸易赤字下运行。

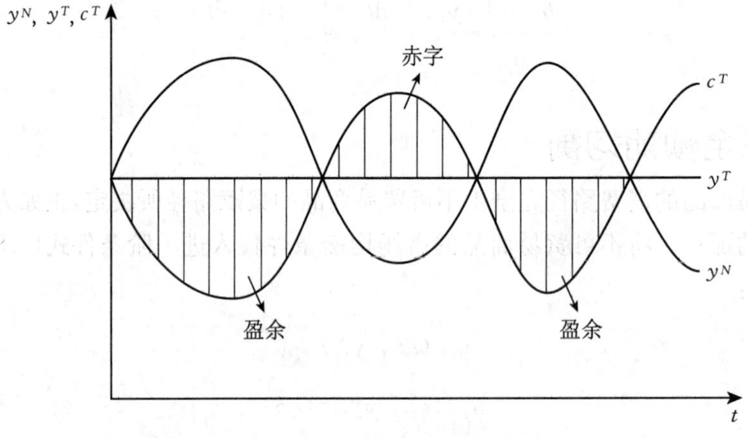

图4.1 完全预期的路径

在一般均衡中——给定 y_t^N 的外生给定路径——为了诱使消费者选择已存在的不可贸易商品的消费路径，p_t 的路径将会调整。从方程式(4.20)和式(4.21)中可以看出，p_t 的路径由下式给出：

$$p_t=\frac{u_{cN}(c_t^T,\ y_t^N)}{u_{cT}(c_t^T,\ y_t^N)} \tag{4.23}$$

要得出 y_t^N 的波动会怎样影响 p_t，令式(4.23)对 y^N 进行全微分，并运用式(4.22)可以

① 当然，这与上文研究的渠道是相同的，不过是在一般均衡的背景下。

② 习题4.2要求读者在一个有CES偏好的例子中证明，埃奇沃思替代/互补如何依赖于期内之间和跨期之间替代弹性关系的。因此，这两个参数之间的关系将决定沿着一条有完全预期路径和不可贸易商品的波动路径上的贸易余额的行为。

得到：

$$\frac{\mathrm{d}p_t}{\mathrm{d}y_t^N}=\frac{1}{u_{c^T}u_{c^Tc^T}}\underbrace{(u_{c^Tc^T}u_{c^Nc^N}-u_{c^Tc^N}^2)}_{+}<0 \tag{4.24}$$

这里，归因于效用函数的严格凹性，括号中的项目取值将为正。可以推断出，假如沿着一条完全预期的均衡路径，不可贸易商品的禀赋增加了，那么不可贸易商品的相对价格将下降。①直觉上说，在一个不变的相对价格下，将会有一个不可贸易商品的超额供给。为了出清市场，相对价格需要下降。

总而言之——与第1章相对照——我们识别出一条影响经济经历贸易不平衡的新渠道。这一渠道与不可贸易商品的禀赋变化如何影响消费可贸易商品有关。因此，在一般的情形下，可贸易商品和不可贸易商品都会随时间的推移而波动，贸易不平衡可以通过如下两个渠道被推导出来：(1)在第1章中所分析的消费平滑动机；(2)不可贸易商品的禀赋波动对可贸易商品消费的影响。

给定这条新的渠道，一个自然而然的问题将会出现：不可贸易商品的供给能为显示在数据中的贸易余额反周期现象提供可能的解释吗？换句话说——在第1章的世界中——我们省掉投资，还仍能解释贸易余额的反周期行为吗？正如在本章习题2中清楚显示的那样，答案是否定的：在最合理的偏好参数下，经济景气时（即不可贸易商品高禀赋的时候）将伴随贸易盈余，而在经济不景气时将伴随着贸易赤字。

4.3 外部赤字与实际汇率

在不可贸易商品存在模型中的情况下，要问的一个重要的问题是：外部不平衡（即贸易与经常账户的不平衡）与实际汇率之间是什么关系？换句话说，外部赤字将一定伴随实际升值吗？我们将在4.2节中发展起来的基础模型背景下回答这一问题。但为了简化陈述，我们将集中关注偏好为可分离且对数型的情形。②即将进行一个两种商品的禀赋都会出现一个未预期的暂时性减少的实验。

让终身的效用由下式给出：

$$\int_0^{\infty}[\gamma\log(c_t^T)+(1-\gamma)\log(c_t^N)]e^{-\beta t}\,\mathrm{d}t \tag{4.25}$$

这里，$\gamma\in(0,1)$是偏好参数。流量约束与跨期约束继续由方程式(4.4)和式(4.5)给出。

在这样的偏好情形下，一阶条件式(4.8)和式(4.9)简化为：

$$\frac{\gamma}{c_t^T}=\lambda \tag{4.26}$$

① 当然，这与我们在上文分析的 p_t 的局部均衡效应是完全一致的。换句话说，当 y_t^N 增加，p_t 将下降，消费者将以式(4.10)与式(4.11)的方式作出反应。

② 在本章习题3中证明，对于一般效用函数要得到相同的结论，埃奇沃思替代品是一个充分（虽然不是必要）条件。

$$\frac{1-\gamma}{c_t^N}=\lambda p_t \tag{4.27}$$

结合这两个一阶条件，我们可以得到：

$$\frac{c_t^N}{c_t^T}=\left(\frac{1-\gamma}{\gamma}\right)\frac{1}{p_t} \tag{4.28}$$

正如在下文将清楚阐述的那样，这一条件能被解释为不可贸易商品相对于可贸易商品的需求函数。正如在标准的消费行为理论中那样，这一需求函数与不可贸易商品的相对价格 p_t 呈反方向变化关系。

经济的均衡条件继续由方程式(4.17)、式(4.18)和式(4.19)给出。

4.3.1 初始的平稳性态的均衡

假设可贸易商品和不可贸易商品的禀赋都不会随时间的推移而变化(即 $y_t^T=y^T$ 和 $y_t^N=y^N$)。然后，方程式(4.26)意味着 c_t^T 随时间的推移是固定不变的，并保持在由式(4.19)给出的水平上：

$$c^T=rb_0+y^T \tag{4.29}$$

从式(4.17)中可以看出，不可贸易商品的均衡值将由固定不变的禀赋值给出：

$$c^N=y^N \tag{4.30}$$

结合式(4.28)、式(4.29)和式(4.30)，可以产生不可贸易商品相对价格的简化形式：

$$p=\left(\frac{1-\gamma}{\gamma}\right)\frac{rb_0+y^T}{y^N} \tag{4.31}$$

决定不可贸易商品的相对价格 p，最好根据熟悉的供给和需求图形来理解。图 4.2 描绘了对不可贸易商品相对于可贸易商品的需求和供给曲线。需求函数由式(4.28)给出，用我们更为熟悉的形式表述为：

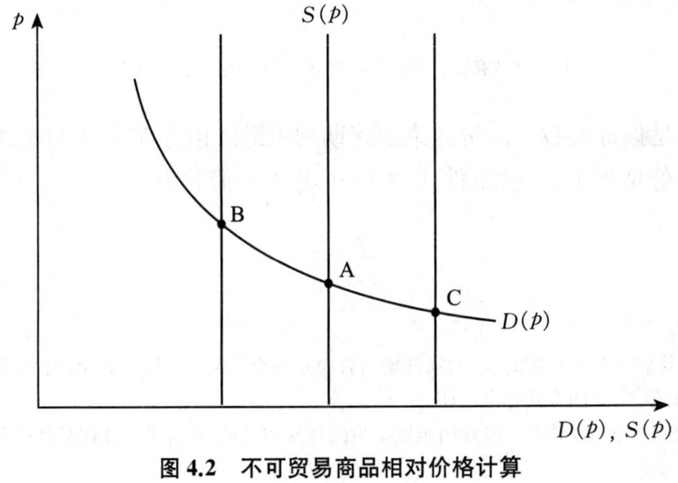

图 4.2 不可贸易商品相对价格计算

$$D(p)=\left(\frac{1-\gamma}{\gamma}\right)\frac{1}{p}$$

因为经济中没有生产活动，供给函数是一条垂直线，由下式给出：

$$S(p)=\frac{y^N}{rb_0+y^T}$$

注意，因为初始净外国资产存量 b_0 构成了对世界其余国家可贸易商品的一个索取权，它一定是可贸易商品"供给"的一部分。在两条曲线的交点上，有 $D(p)=S(p)$，这产生了 p 的均衡值(在图 4.2 中的点 A)。

4.3.2 比较静态

三个简单的实验将帮助我们理解不可贸易商品的相对价格是怎样被决定的：

- 首先考虑一个可贸易商品供给的未预期的永久性增加。因为变化是永久性的，上文讨论的均衡仍旧有效(对于新的 y^T 值)。如所预期的那样，可贸易商品的消费将随着 y^T 的增加而一对一的增加，正如式(4.29)所清楚显示的那样。从式(4.31)中可以看到，不可贸易商品相对价格的均衡值也将增加。直觉上说——根据图 4.2——y^T 的一个永久性增加在图形中表现为垂直供给曲线向左边移动。在 p 的初始值上，对不可贸易商品存在一个超额需求。因此，为了出清市场，不可贸易商品的相对价格必须增加。在新的均衡点上(点 B)，相对价格要比初始值更高。
- 考虑一个不可贸易商品供给的未预期的永久性增加。根据图 4.2，这一冲击将使图形中垂直的供给曲线向右移动。在初始的相对价格水平上，将存在一个不可贸易商品的超额供给。为了出清市场，p 需要下降以增加不可贸易商品的需求(点 C)。
- 最后，考虑一个可贸易商品需求的未预期的永久性增加(即 γ 的增加)。在图 4.2 中，这一冲击将使需求曲线向左移动(但不向下)，这将导致 p 降低。直觉上说，在初始的相对价格水平上，将存在一个不可贸易商品的超额供给，这要求均衡的相对价格降低以出清市场。①

注意在所有的三种情形中都没有外部不平衡存在，因为经济会对永久性冲击作出瞬时调整。

4.3.3 供给的暂时性下降

尽管刚刚研究的永久性冲击对理解不同的冲击如何影响实际汇率是有帮助的，但它们不能帮助我们理解外部不平衡与实际汇率之间的关系，因为永久性冲击会使经济从一个平稳性态的均衡跳到另一个均衡上。出于这样的目的，我们需要研究暂时性冲击。

---

① 本章习题 4 描述了一种情形，在这种情形下，可贸易商品的行为就好像是不可贸易商品(是经济中唯一的消费品)生产的投入品。然后对不可贸易商品需求的一个外生的冲击也会导致不可贸易商品相对价格的增加。

假如经济在初始时处于上面描述过的平稳性态均衡中。出于简化,让 $b_0=0$。在 $t=0$ 时点,两种商品禀赋都出现了一个未预期的暂时性(同比例的)下降(即 y_t^T 和 y_t^N 都下降,但 y_t^T/y_t^N 保持不变),像图 4.3a 中所描述的那样。①

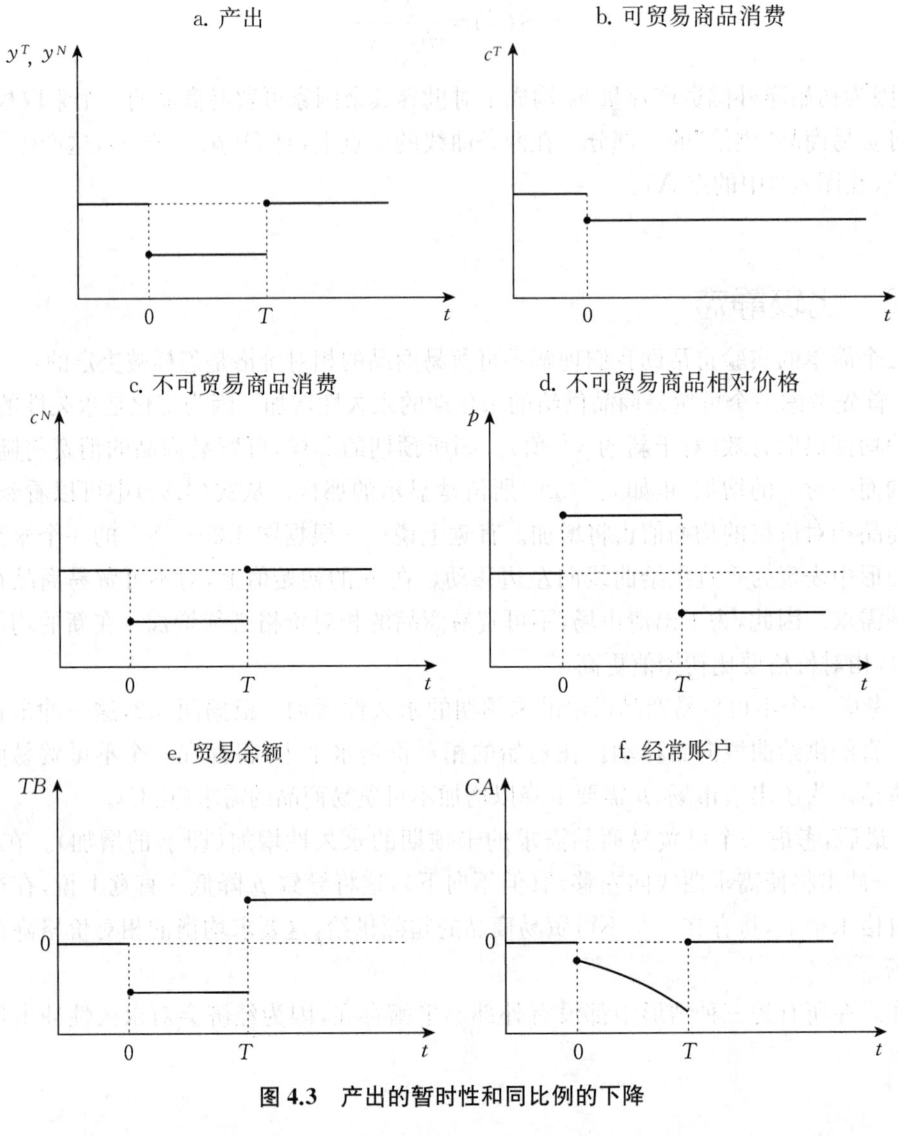

图 4.3 产出的暂时性和同比例的下降

内生变量在时点 T 会发生什么?很明显,从式(4.26)中可以看出,c_t^T 在时点 T 仍旧维持不变。从式(4.27)中我们也可以看出——通过考虑式(4.30)——$p_t y_t^N$ 在时点 T 也仍旧维持不变。因为 y_t^N 在时点 T 增加,因而 p_t 在时点 T 会下降。

给定 c_t^T 的路径从 0 时点开始一直往后是平滑的,且可贸易资源的折现值是下降的,我们知道 c_t^T 在 0 时点将会出现下降(图 4.3b)。c_t^N 的路径仅仅简单地跟随着 y_t^N 的路径

① 我们研究了一个同比例的变化,目的是为了抽象掉由可贸易商品和不可贸易商品的相对供给的变化所产生的影响。

(图 4.3c)。

冲击会对 p_t 产生怎样的影响？从式(4.28)中，我们可以知道：

$$p_t=\left(\frac{1-\gamma}{\gamma}\right)\frac{c_t^T}{c_t^N}$$

可以推断 p_t 在 $t=0$ 时点将会增加，因为尽管 c_t^N 会发生与 y_t^N 相同数量的下降，c_t^T 下降幅度会更少(即它下降到 y_t^T 下降的年金值为止)。在 T 时点，p_t 会下降到它的初始水平之下(图 4.3d)。①

贸易余额的路径跟随着 y_t^T 和 c_t^T 的路径(参见图 4.3e)。经济在时点 0 与时点 T 之间在贸易赤字中运行，随后在贸易盈余中运行。经常账户的路径完全跟随贸易余额的路径。在 $t=0$ 时点，经常账户出现赤字，然后赤字随时间的推移不断增加，因为经济中积累了债务以及债务利息。在 $t=T$ 时点，随着 y_t^T 的增加，经常账户趋于平衡。

这一实验的基本结论是贸易赤字与实际升值紧密相关，而贸易盈余与实际贬值紧密相关。贸易赤字与实际升值之间的联系在直觉上是清楚的：在冲击之下，两种商品都存在超额需求，这会导致贸易赤字(该经济从国外进口所想要的可贸易商品)和实际升值(为了出清市场，不可贸易商品的相对价格必须增加)的出现。换句话说，对可贸易商品的超额需求完全由数量的调节而得到满足，而对不可贸易商品的超额需求完全由相对价格的调整来得到满足。

在这一范例的背景下，一个重要的推论是，人们普遍持有的实际升值“导致”贸易赤字(或反过来，实际贬值“导致”贸易盈余)的观点是错误的。在这里，贸易赤字和实际升值(或者贸易盈余和实际贬值)仅仅是对共同冲击的一个均衡反应，不存在什么因果关系。②

贸易不平衡与实际汇率之间也会出现同样的联系，以应对暂时性的需求冲击，这种冲击会增加可贸易商品和不可贸易商品的需求(本章习题 5 要求你去展示这一情形)。直觉上看，一个正向的需求冲击增加了可贸易商品和不可贸易商品的需求。而对可贸易商品的差额需求能通过从国外进口商品来满足(即通过实行贸易赤字)，对不可贸易商品的超额需求必须通过增加不可贸易商品的相对价格才能抑制住(即实际升值)。

4.4　财政政策、贸易不平衡和实际汇率

财政紧缩政策将导致实际贬值吗？财政扩张政策会导致出现贸易赤字吗？本节将为这些有关财政政策效应的关键性政策问题寻找答案。为此目的，我们把政府支出整合进对数型偏好的基础模型中。为了隔离政府支出变化对实际汇率的影响，我们假设政府支出是通过征收总额税来融资的。③

---

① 我们知道这一点是因为在时点 T，c_t^N 恢复到它在冲击前的值，而 c_t^T 仍旧低于它在冲击前的值。

② 仅看模型，一个人能辩解说在确定性背景下实际升值确实“导致”了贸易赤字，我们需要等到第 8 章才能作出回应，在那里我们把黏性价格引入了模型。

③ 扭曲税的影响将在第 10 章中进行研究。

4.4.1 消费者

我们继续使用由式(4.25)给出的对数型偏好的模型进行研究。就消费者而言，目前唯一需要作出的修改是他要受总额税 ψ_t 的约束。流量约束式(4.4)现在可重写为：

$$\dot{b}_t = rb_t + y_t^T + pty_t^N - c_t^T - p_t c_t^N - \psi_t \tag{4.32}$$

相似地，跨期约束现在将由下式给出：

$$b_0 + \int_0^{\infty} (y_t^T + p_t y_t^N - \psi_t) e^{-rt} \mathrm{d}t = \int_0^{\infty} (c_t^T + p_t c_t^N) e^{-rt} \mathrm{d}t \tag{4.33}$$

很明显，总额税的引入并不会影响消费者最优化时的一阶条件，它们将继续由式(4.26)和式(4.27)给出。

4.4.2 政府

本章到目前为止，政府还没有发挥过作用，现在开始让政府发挥作用了。政府既在可贸易商品上支出(g_t^T)，也在不可贸易商品上支出(g_t^N)，并且通过征收总额税 ψ_t 来为这些支出融资。尽管假设 g_t^T 和 g_t^N 都是政策变量(即它们是外生变量)，为了满足政府预算约束，ψ_t 的路径将是内生决定的。为了简化表述，我们将假设政府没有初始债务并且在每一期都要满足自己的约束预算：

$$\psi_t = g_t^T + p_t g_t^N \tag{4.34}$$

4.4.3 均衡条件

不可贸易商品部门的均衡要求：

$$c_t^N + g_t^N = y_t^N \tag{4.35}$$

将消费者的流量约束式(4.32)与政府的约束式(4.34)相结合，并施加式(4.35)，我们可以得到作为一个整体的经济流量约束(即经常账户)：

$$\dot{b}_t = rb_t + y_t^T - c_t^T - g_t^T \tag{4.36}$$

相似地，通过将政府约束式(4.34)代入进消费者的跨期预算约束式(4.33)，并施加不可贸易商品的市场均衡条件式(4.35)，我们可以得到经济中的资源约束：

$$b_0 + \int_0^{\infty} y_t^T e^{-rt} \mathrm{d}t = \int_0^{\infty} (c_t^T + g_t^T) e^{-rt} \mathrm{d}t \tag{4.37}$$

4.4.4 完全预期的均衡

沿着一条完全预期的均衡路径，可贸易商品的消费将是固定的，正如从式(4.26)中可

以看出的那样。考虑式(4.37)的资源约束条件,我们可以得到一个关于 c^T 的简化表达式:

$$c^T = r\left[b_0 + \int_0^{\infty}(y_t^T - g_t^T)e^{-rt}\mathrm{d}t\right] \tag{4.38}$$

不可贸易商品的消费路径直接来自不可贸易商品市场均衡条件——式(4.35):

$$c_t^N = y_t^N - g_t^N \tag{4.39}$$

从式(4.28)、式(4.38)和式(4.39)中,我们可以获得 p_t 的简化形式:

$$p_t = \left(\frac{1-\gamma}{\gamma}\right)\frac{r\left[b_0 + \int_0^{\infty}(y_t^T - g_t^T)e^{-rt}\mathrm{d}t\right]}{y_t^N - g_t^N} \tag{4.40}$$

一些重要的观察值可以从完全预期均衡的特征中产生。首先,式(4.40)清楚显示 p_t 的路径仅仅依赖于 g_t^T 的折现值,并不依赖于 g_t^T 特定的时间路径。理由是从消费者的立场看,他仅仅关心政府要从他那里拿走以现值衡量的可贸易资源。正如在第1章中所述,g_t^T 的时间路径是不相关的,消费者将消除随时间的推移所发生的负向冲击。相反,g_t^N 的路径将影响不可贸易商品的相对价格。在所有其他条件相同的时候,当 g_t^N 高(低)的时候,p_t 也将变高(低)。直觉上说,比如在 g_t^N 高的时期,这意味着私人部门提供的不可贸易商品的供给减少。对不可贸易商品超额需求的结果必然导致他们的相对价格出现增加。

其次,给定 g_t^T 和 g_t^N 的外生路径以及由方程式(4.40)所决定的 p_t 的路径,政府的流量约束决定了总额税的水平:

$$\psi_t = g_t^T + p_t g_t^N \tag{4.41}$$

4.4.5 比较静态

要分析政府支出永久性变化的效应,让我们首先推导出对应于外生变量固定不变路径的完全预期路径。假设 $y_t^T = y^T$,$y_t^N = y^N$,$g_t^T = g^T$ 和 $g_t^N = g^N$。给定这些固定路径,由方程式(4.38)、式(4.39)、式(4.40)和式(4.41)所刻画的完全预期均衡可简化为(也设定 $b_0 = 0$):

$$c^T = y^T - g^T \tag{4.42}$$

$$c^N = y^N - g^N \tag{4.43}$$

$$p = \left(\frac{1-\gamma}{\gamma}\right)\frac{y^T - g^T}{y^N - g^N} \tag{4.44}$$

$$\psi = g^T + \left(\frac{1-\gamma}{\gamma}\right)\left(\frac{y^T - g^T}{y^N - g^N}\right)g^N \tag{4.45}$$

g_t^T 和 g_t^N 未预期的永久性变化的影响将是什么呢?当然,答案是明确的,因为新的完全预期均衡也将由方程式(4.42)—式(4.45)来刻画。因此,g^T 的永久性增加导致 c^T 一对一的减少以及 p 的下降。要从直觉上理解这一结果,我们能再一次求助于图 4.2,并把图中的垂直供给曲线想象为描绘 $(y^N - g^N)/(y^T - g^T)$ 的曲线。在这种情形下,g^T 的增加将意味着垂直供给曲线向右边移动。在 p 的初始值上将存在一个不可贸易商品的超额供给，这要求 p 下降。类似地，g^N 的一个未预期到永久性增加将导致 c^N 一对一的减少以及 p 的上升。根据图 4.2，更高的 g^N 将使垂直供给曲线向左边移动。因此，在初始相对价格水平上将存在一个对不可贸易商品的超额需求，这要求相对价格 p 增加。

然而在实践中，与在可贸易商品上支出或者在不可贸易商品上支出相反，政府通常改变总政府支出。政府总支出的增加对实际汇率将有什么样的影响？要用一个简单且富有启发性的方法回答这个问题，假设政府设定一个总体的支出水平为 g（用可贸易商品来表述）并按固定比率进行花费：

$$g^T=\alpha g \tag{4.46}$$

$$pg^N=(1-\alpha)g \tag{4.47}$$

这里，$0\leqslant\alpha\leqslant1$ 代表政府支出花在可贸易商品上的比率，$1-\alpha$ 代表花在不可贸易商品上的比率。将式(4.46)和式(4.47)代入式(4.44)，可以推得：

$$p=\frac{1-\gamma}{\gamma}\frac{y^T}{y^N}+\frac{g}{y^N}\left(1-\frac{\alpha}{\gamma}\right)$$

对 g 的一个未预期的永久性增加作出反应，p 的变化将由下式给出：

$$\frac{\mathrm{d}p}{\mathrm{d}g}=\frac{1-(\alpha/\gamma)}{y^N}=\begin{cases}0, & \alpha=\gamma\\ <0, & \alpha>\gamma\\ >0, & \alpha<\gamma\end{cases}$$

因此，g 对 p 的影响将依赖于政府支出的构成相对于私人部门支出的构成大小。要看清这一点，注意我们将跨期条件式(4.28)重写为：

$$\frac{c^T}{pc^N}=\frac{\gamma}{1-\gamma}$$

这意味着私人部门花费 γ 部分在可贸易商品的消费上，$1-\gamma$ 部分在不可贸易商品的消费上。假如政府支出是偏向于可贸易商品的（即 $\alpha>\gamma$），那么，g 的增加将导致 p 下降。假如政府支出偏向于不可贸易商品的（即 $\alpha<\gamma$），那么，g 的增加将导致 p 上升。假如政府支出的比率与私人部门的支出比率是一样的（即 $\alpha=\gamma$），那么，p 不会发生变化。

这些结果背后的直觉是什么？当政府增加支出，会从私人部门带走这些资源。在收入减少给定的情形下，私人部门会按一个给定的比率 $\gamma/(1-\gamma)$ 减少对可贸易商品和不可贸易商品的需求。反过来，假如政府以相同的比率支出，不可贸易商品的市场将会在初始相对价格上出清。相反，假如政府以一个更高的比率把这些资源花费在不可贸易商品上（这是 $\alpha<\gamma$ 的情形），那么将存在一个对不可贸易商品的超额需求，这就要求 p 上升以出清市场。假如政府以一个更低的比率把这些资源花费在不可贸易商品上（这是 $\alpha>\gamma$ 的情形），那么将存在一个对不可贸易商品的超额供给，这导致相对价格下降。①

① 在这种情形下，根据图 4.2 提供的直觉将不会很有吸引力，因为给定式(4.46)和式(4.47)，净供给曲线现在依赖于 p 自身。

在实践中，给定政府支出偏向于支持不可贸易商品，我们能得出结论，确实存在一个理论上的预测，政府支出的减少将导致不可贸易商品相对价格的下降(即实际贬值)。但从政策的角度看，问题仍旧存在：财政紧缩对实际汇率的数量影响是否足够大到值得采取这种行为？当然，这是一个在文献中处理的重要经验问题(参见专栏 4.1)。尽管在不同的研究中估计值不同，总体信息是政策行为确实能对实际汇率产生一些重要的影响。

专栏 4.1　财政紧缩政策会使不可贸易商品的相对价格下降多少？

估计财政政策的变化对实际汇率的影响被证明是困难的，因为效应的大小严重依赖于非常难以量化的变量。表 4.1 总结了一些主要的研究结论。

表 4.1　政府支出对实际汇率的影响

国　　家	估计值[a]	数据集	方　　法	作　　者
8 个欧洲国家	−2.1—−3.5	年度数据 1979—1989 年	面板	Froot 和 Rogoff(1991)
日本	不显著	季度数据，1975 年 1 月—1990 年 3 月	协整分析	Rogoff(1992)
智利	−0.8	校准	校准	Arrau 等人(1992)
智利	−3.1	季度数据，1982 年 1 月—1993 年 4 月	协整分析	Arellano 和 Larrain(1996)
12 个拉丁美洲国家	−0.3	年度数据，1979—1989 年	面板数据、固定效应	Edwards(1989)
9 个亚洲国家	不显著	年度数据，1970—1991 年	误差校正回归非线性最小二乘法	Chinn(1997)
14 个 OECD 国家	−2—−5	年度数据，1970—1985 年	SUR	De Gregorio 和 Wolf(1994)
美国和英国	不显著	年度数据，1779—1914 年	VAR	Kaminsky 和 Klein(1994)
美国	0.5	季度数据，1973 年 1 月—2004 年 1 月	VAR	Kim 和 Roubini(2008)
美国、英国、加拿大和澳大利亚	−0.3—0.6	季度数据，1980 年 1 月—2006 年 4 月	VAR	Monacelli 和 Perotti(2010)

注：a. 实际汇率对政府支出占 GDP 比率永久增长 1 个百分点的百分比变化。负的系数意味着实际升值。

在文献中能发现两种不同的处理方法。第一种方法是从模型中推导方程并用计量方法进行检验。然而，模型与回归之间的联系因研究而异，在一些情形下，不存在明确的理论框架以获得计量估计。第二种方法是通过经济体中可观察的数据映射到“深层参数”来校准理论模型(在第 1 章专栏 1.2 中描述的真实商业周期方法)。模型校准显示了感兴趣的变量对不同冲击的反应。

第一种方法更流行，并在不同的国家有不同的结果。除了一些政府支出的测量外，典型地回归整合进各种控制变量，如贸易条件和不同部门的生产率差别。总体上，结果倾向于证实在拉丁美洲国家和OECD国家，政府支出对实际汇率有负效应（即政府支出的紧缩会导致实际贬值）。当然，这与教材中假设下得出的结果相一致，即政府支出比私人支出更偏向于不可贸易商品。考虑到政府支出主要在健康、教育和服务部门，这很可能是实践中出现的情形。

然而，对亚洲国家所作的研究并没有发现显著性关系。考虑到我们的理论框架，可以作如下结论，亚洲政府对花费在可贸易商品上的支出有更强的偏好。实际上，有一些证据是指向这个方向的，因为公共投资占GDP的份额——集中在可贸易商品的支出上——在亚洲国家系统性地比其他发展中地区更高，比如拉丁美洲（Bouton and Sumlinski，1997）。然而，有一些研究显示了政府支出对实际汇率表现出相反的影响。Kim和Roubini（2008）以及Monacelli和Perotti（2010）证明，在美国、英国、加拿大和澳大利亚，政府支出的增加会导致实际贬值。他们认为标准模型的失败关键在于私人消费的均衡行为。在该模型中，负财富效应会导致私人消费随着政府支出的增加而下降，而在数据中则相反。

尽管第二种方法在文献中并不常见，但它为识别永久性和暂时性冲击的不同效应提供了关键的看法。以智利为例，Arrau等人（1992）证明政府支出暂时性增加1个百分点会使实际升值1个百分点，作为对比，如果变化是永久性的，只会有0.8个百分点的升值。这一发现与我们的分析性框架是一致的，因为政府支出的暂时性变化意味着可贸易商品的消费会发生一个更小的永久性减少（因此不可贸易商品的相对价格会发生更高的暂时性增加）。

在实证文献中，仍旧有一些超越我们的基础基准模型的探寻途径，例如一些作者认为效应可能会随汇率体制的变化而变化。Kaminsky和Klein（1994）通过对金本位时代的研究为这一方向上的研究提供了证据。其他更加需要注意的问题是政府融资的来源和随着政府可信度变化而产生的利率效应。

4.4.6 财政扩张与贸易赤字

一个重要的政策问题是“孪生赤字”假设，这一假设指预算赤字和贸易赤字倾向于同时产生，因为在某种程度上是前者导致了后者。而在我们的模型中，假设预算是平衡的，我们仍旧能研究这一问题的一个方面：政府支出的增加真的能导致贸易赤字吗？要回答这一问题，我们需要考虑政府支出的暂时性变化。①我们将首先考虑 g_t^T 的变化，然后考虑 g_t^N 的变化。

政府在可贸易商品上支出的暂时性变化

假设经济初始时处在由式（4.42）、式（4.43）和式（4.44）刻画的平稳性态的均衡中。在

① 当然，政府支出的永久性变化将并不会导致对外账户的变化。

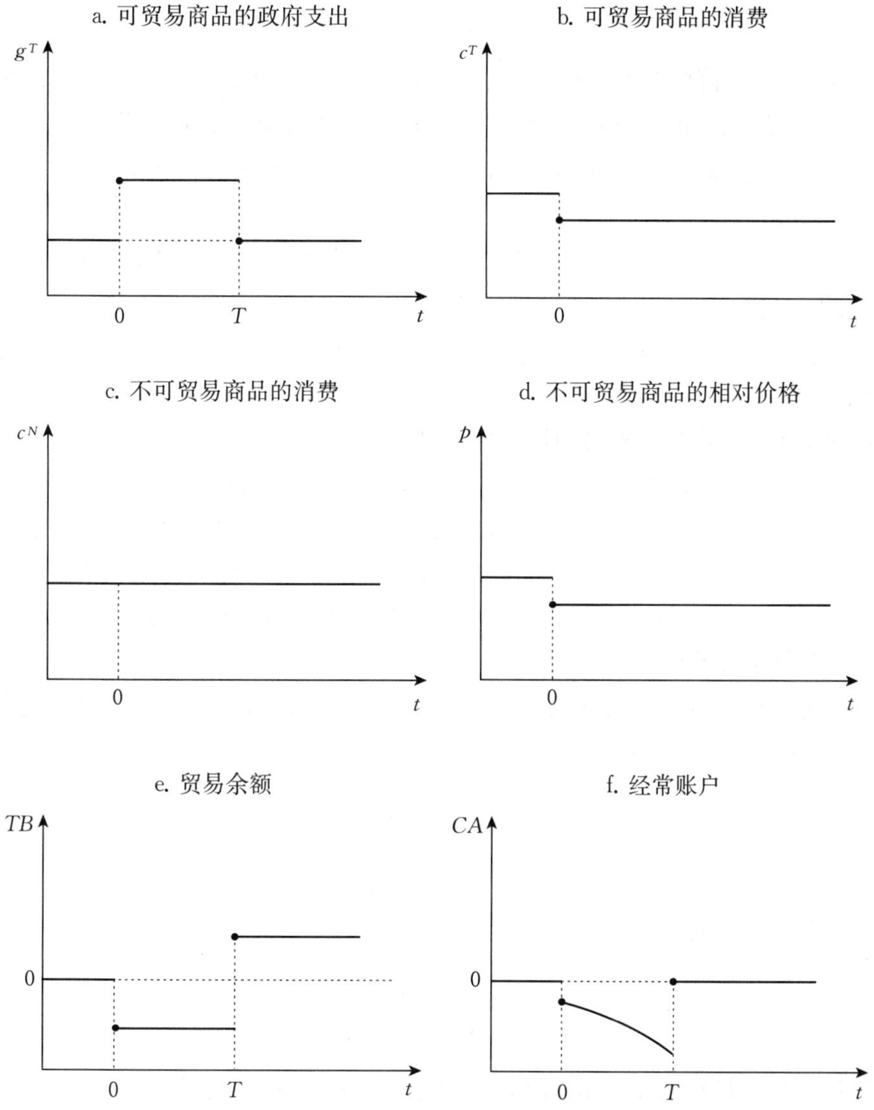

图 4.4　政府在可贸易商品支出上的暂时性增加

时点 0，g_t^T 发生一个未预期的暂时性增加(参见图 4.4a)。

给定一阶条件式(4.26)，我们知道沿着新的完全预期均衡路径，c_t^T 的路径将是固定的并且是由式(4.38)给定。因为 g_t^T 的折现值增加了，新的 c_t^T 将会比初始的水平更低(参见图 4.4b)。

不可贸易商品的消费路径仍旧保持平滑(图 4.4c)，因为不可贸易商品的禀赋路径没有变化。作为结果，不可贸易商品的相对价格在受到冲击时下降了，在那以后仍旧保持水平(图 4.4d)。直觉上看，归因于私人部门获得的可贸易资源折现值的下降，相对于不可贸易商品，对可贸易商品将有一个超额需求，在均衡时，要求一个更高的可贸易商品的相对价格(即一个低的不可贸易商品的相对价格)。

贸易余额将发生什么？回忆一下贸易余额由下式给出：

$$TB_t = y^T - c_t^T - g_t^T$$

因为在时点 0，c_t^T 下降的幅度要比 g_t^T 的增加幅度小[注意从式(4.38)中可以看到，c_t^T 的下降仅仅由 g_t^T 增加中的永久性构成部分组成]，贸易余额在时点 0 将恶化(图 4.4e)。在时点 T 贸易余额将提高，因为 g_t^T 下降但 c_t^T 没有发生变化。相应的经常账户路径显示在图 4.4f 中。

因此我们能得出结论，g_t^T 的一个暂时性增加的确会导致出现贸易赤字。直觉上说，g_t^T 的增加就像第 1 章中的一个负向供给冲击。为了平滑消费，消费者将承受贸易赤字。本章习题 6 表明，可以直接扩展这一结果，并在预算赤字与贸易赤字之间建立联系，从而验证了孪生赤字假设。

政府在不可贸易商品上支出的暂时性变化

假如在不可贸易商品上的政府支出增加，政府支出的增加与贸易赤字之间还会有同样的联系吗？要回答这一问题，我们需要考虑由式(4.1)给出的一般性偏好，而不是由式(4.25)给出的偏好。我们将进一步假设可贸易商品和不可贸易商品是埃奇沃思替代品。也就是说，$u_{c^T c^N} < 0$。①在这样一般性的偏好下，消费者的一阶条件由式(4.8)和式(4.9)给出。模型的其余部分维持不变。

施加不可贸易商品市场的均衡条件[假设不可贸易商品的禀赋路径是固定的，由式(4.35)给出]，我们将一阶条件重新写为：

$$u_{c^T}(c_t^T,\ y^N - g_t^N) = \lambda \tag{4.48}$$

$$u_{c^N}(c_t^T,\ y^N - g_t^N) = \lambda p_t \tag{4.49}$$

将这两个方程结合起来，可以得到：

$$p_t = \frac{u_{c^N}(c_t^T,\ y^N - g_t^N)}{u_{c^T}(c_t^T,\ y^N - g_t^N)} \tag{4.50}$$

假设从一个平稳性态的均衡开始，在时点 0，g_t^N 有一个未预期的暂时性增加(图 4.5a)。自然地，c_t^N 的路径直接跟随 g_t^N 的路径和不可贸易商品的市场均衡，正如图 4.5b 显示的那样。

a. 不可贸易商品的政府支出

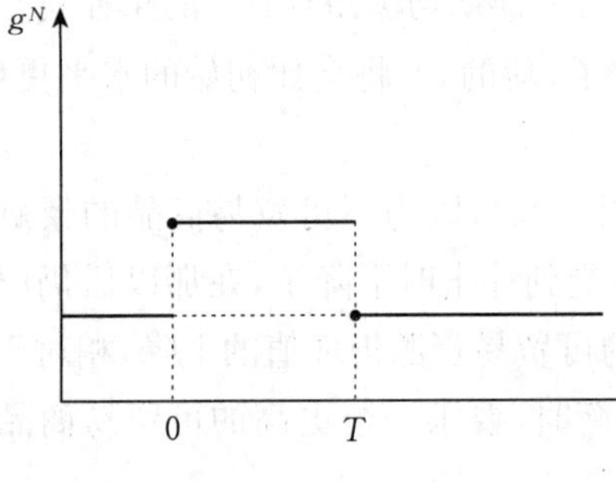

b. 不可贸易商品的消费

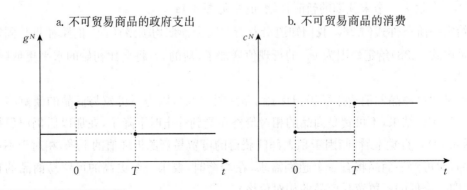

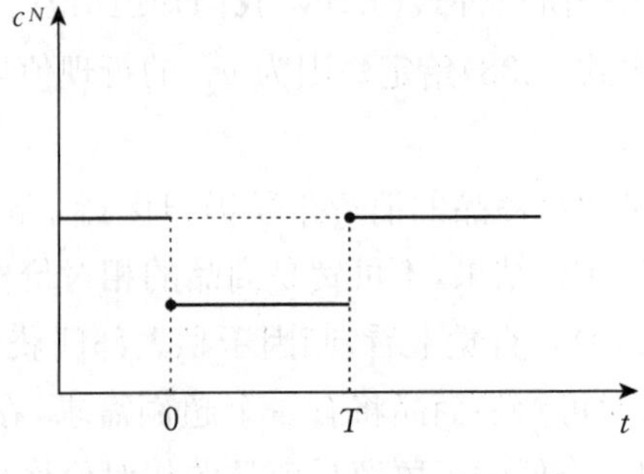

① 正像在下文显示的那样，埃奇沃思替代性的假设正是产生似是而非的实证结果的原因所在。

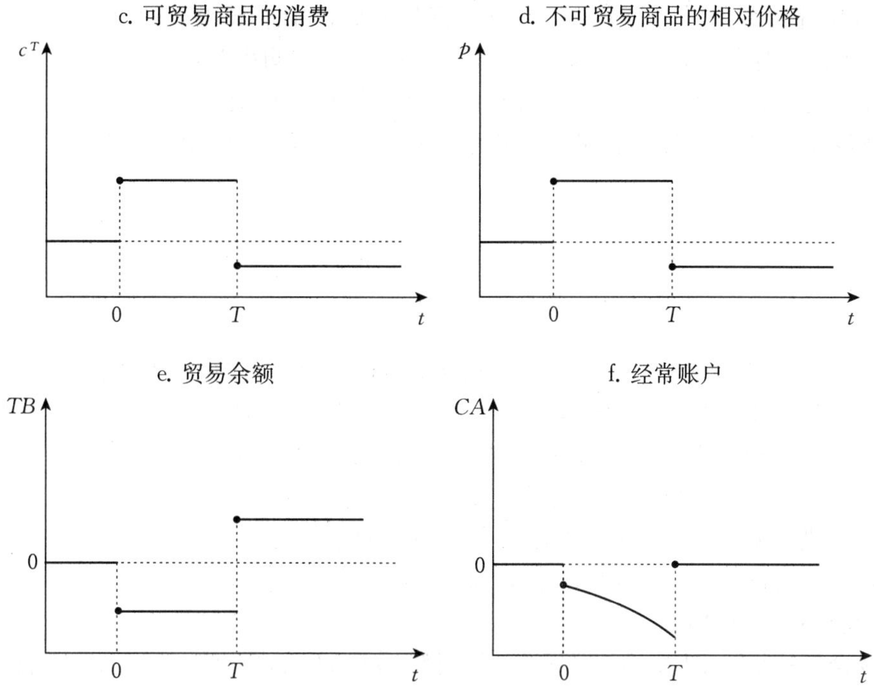

图 4.5　政府在不可贸易商品上支出的暂时性增加

在时点 T 会发生什么？要发现结果，只要全微分式(4.8)，从而得到：

$$\left.\frac{\mathrm{d}c_t^T}{\mathrm{d}g_t^N}\right|_{t=T}=\frac{u_{c^Tc^N}}{u_{c^Tc^T}}>0 \tag{4.51}$$

注意这一表达式的符号依赖于如下这一假设：可贸易商品和不可贸易商品是埃奇沃思替代品(即 $u_{c^Tc^N}<0$)。因此，在时点 T，当 g_t^N 下降到它的初始水平时，c_t^T 也将下降。因为相对于冲击前的水平，可贸易资源的折现值没有变化，我们能推断 c_t^T 将在 $t=0$ 时点上升，然后遵循图 4.5c 中的路径。

p_t 在时点 T 会发生怎样的变化？全微分最优条件式(4.49)并使用式(4.51)，依据效用函数的严格凹性可以得到：①

$$\left.\frac{\mathrm{d}p_t}{\mathrm{d}g_t^N}\right|_{t=T}=-\frac{1}{\lambda u_{c^Tc^T}}\underbrace{(u_{c^Tc^T}u_{c^Nc^N}-u_{c^Tc^N}^2)}_{+}>0 \tag{4.52}$$

因此，当 g_t^N 在时点 T 下降时，p_t 也将下降。

与冲击前的水平相比，p_t 在时点 T 的水平将会怎样呢？因为我们知道在时点 T，g_t^N 会回到它冲击前的水平，c_t^T 会下降，我们能在 g_t^N 保持不变的同时，简单地让最优条件式(4.50)对 c_t^T 求导数，以得到：

$$\left.\frac{\mathrm{d}p_t}{\mathrm{d}c_t^T}\right|_{\text{固定的}g^N}=-\frac{1}{u_{c^T}^2}\underbrace{(u_{c^T}u_{c^Tc^N}-u_{c^N}u_{c^Tc^T})}_{+}>0$$

① 正如我们应该预期的那样，这个表达式与式(4.24)相同但有相反的符号。

此处括号里那部分的符号是从 c_t^N 是正常商品的假设中推导出来的[回忆一下条件式(4.3)]。因此在时点 T，p_t 将比此前更低。直觉上说，在均衡时，更低水平的 c_t^T（与冲击前的水平相比）需要一个更高的可贸易商品的相对价格（即更低的 p_t）来适应。

p_t 将对冲击作出怎样的反应？要想清楚这一点，令式(4.50)对 c_t^T 和 g_t^N 求导数可以得到：

$$\left.\frac{\mathrm{d}p_t}{\mathrm{d}g_t^N}\right|_{t=0}=\frac{1}{u_{c^T}^2}\left[\underbrace{(u_{c^N}u_{c^Tc^N}-u_{c^T}u_{c^Nc^N})}_{+}+\underbrace{(u_{c^T}u_{c^Nc^T}-u_{c^N}u_{c^Tc^T})}_{+}\underbrace{\left.\frac{\mathrm{d}c_t^T}{\mathrm{d}g_t^N}\right|_{t=0}}_{+}\right]>0$$

正如所显示的那样，此处大括号里的符号遵循 c_t^T 和 c_t^N 是正常商品[回想条件式(4.2)和式(4.3)]的假设，并且从图 4.5c 中，我们知道 $\mathrm{d}c_t^T/\mathrm{d}g_t^N$ 在 $t=0$ 时点为正。①因此，在冲击下，不可贸易商品的相对价格将增加，正如图 4.5d 显示的那样。直觉上看，在 $t=0$ 时点上有两种力量对 p_t 产生作用并且相互加强。首先，g_t^N 的增加会导致私人部门可获得的不可贸易商品的供给减少。这会出现对不可贸易商品的超额需求，进而使 p_t 的增加。其次，在冲击前的相对价格下，c_t^T 的上升意味着将存在对 c_t^N 的超额需求（要保持边际替代率不变），这也将使 p_t 的增加。

贸易余额的路径（图 4.5e）将遵循 c_t^T 的路径。相应的经常账户的路径是显示在图 4.5f 中。

我们因此得出结论，只要可贸易商品和不可贸易商品的消费是埃奇沃思替代品（即 $u_{c^Tc^N}<0$），g_t^N 暂时性的增加会导致贸易赤字。②发生这种情况的渠道恰恰是我们在 4.2 节所研究的内容，我们在那里讨论了不可贸易商品禀赋的波动可能对贸易余额产生影响。直觉上说，g_t^N 的增加减少了私人部门可获得的不可贸易资源，也减少了 c_t^N。假如 c_t^T 和 c_t^N 是埃奇沃思替代品，那么 c_t^N 的减少增加了消费可贸易商品的边际效用，这又导致 c_t^T 提高并因此出现贸易赤字。

4.5 资源再分配与相对价格

本节通过把生产活动内生化修改了在 4.2 节介绍的基础模型。我们将假设只有一种稀缺的生产要素（劳动），需要被分配到可贸易商品和不可贸易商品的生产上。劳动服务在国际间是不可贸易的。为了简化表述——也因为它对本节的信息并不关键——我们也假设劳动供给是外生的（即闲暇没有进入效用函数）。

在本节，我们希望强调的关键特征是不可贸易商品相对价格在引导稀缺要素在不同部门间配置中所扮演的角色。

4.5.1 消费者的问题

代表性行为人的终身效用由下式给出：

---

① 注意我们不能用表达式(4.51)——我们用它推导了式(4.52)——因为表达式(4.51)仅仅在时点 T 才成立。

② 值得注意的是，p_t 的路径并不依赖于交叉导数的符号。

$$\int_0^\infty [\log(c_t^T) + \log(c_t^N)] e^{-\beta t} \mathrm{d}t \tag{4.53}$$

消费者的流量约束由下式给出：

$$\dot{b}_t = rb_t + y_t^T + p_t y_t^N - c_t^T - p_t c_t^N \tag{4.54}$$

这里的 y_t^T 和 y_t^N 分别表示可贸易和不可贸易商品的产量。

生产根据如下的技术进行：

$$y_t^T = Z_t^T (n_t^T)^\alpha,\ 0 < \alpha < 1 \tag{4.55}$$

$$y_t^N = Z_t^N n_t^N \tag{4.56}$$

这里的 Z_t^T 和 Z_t^N 分别表示生产率参数，n_t^T 和 n_t^N 分别表示在每个部门中的劳动数量，α 刻画了可贸易商品生产中规模收益递减的特性。①

最后，劳动供给约束为：

$$n_t = n_t^T + n_t^N \tag{4.57}$$

这里，n_t 是(外生给定的)劳动禀赋。

让式(4.54)向前积分，我们能把个人的跨期预算约束重写为：

$$\int_0^\infty (c_t^T + p_t c_t^N) e^{-rt} \mathrm{d}t = b_0 + \int_0^\infty (y_t^T + p_t y_t^N) e^{-rt} \mathrm{d}t \tag{4.58}$$

消费者的问题是，在给定 Z_t^T、Z_t^N、n_t 的路径和给定 b_0 的情况下，在式(4.55)、式(4.56)、式(4.57)和式(4.58)的约束下，通过选择 $\{c_t^T,\ c_t^N,\ n_t^T,\ n_t^N\}_{t=0}^\infty$ 来最大化终身效用式(4.53)。我们可以构建如下的拉格朗日函数：②

$$\begin{aligned}\mathcal{L} = & \int_0^\infty [\log(c_t^T) + \log(c_t^N)] e^{-\beta t} \mathrm{d}t + \lambda \{ b_0 + \int_0^\infty [Z_t^T (n_t^T)^\alpha + p_t Z_t^N n_t^N] e^{-rt} \mathrm{d}t \\ & - \int_0^\infty (c_t^T + p_t c_t^N) e^{-rt} \mathrm{d}t \} + \int_0^\infty e^{-rt} \mu_t (n_t - n_t^T - n_t^N) \mathrm{d}t\end{aligned}$$

一阶条件由下式给出：

$$\frac{1}{c_t^T} = \lambda \tag{4.59}$$

$$\frac{1}{c_t^N} = \lambda p_t \tag{4.60}$$

① 为了简化表述，我们假设不可贸易商品的生产技术是线性的(在实践中，不可贸易部门的确要比可贸易部门更具有劳动密集的特征)。然而，对于在教材中推导出的结论而言并不重要。的确，正如在本章习题 7 要求你去证明的那样，不管哪个部门更加劳动密集(或者同等密集)，相同的结果都将会出现。然而，正如在同一个习题中所分析的那样，劳动密集度对于劳动供给增加的影响非常重要。

② 我们让乘子 μ_t 被乘以 e^{-rt}，因此 μ_t 是用当期值来表述(而不是以折现值来表述)。当然，不管我们如何设定乘子，结果都将是一样的。

$$\lambda\alpha Z_t^T(n_t^T)^{\alpha-1}=\mu_t$$

$$\lambda p_t Z_t^N=\mu_t$$

结合后两个条件可以产生有效生产的条件：

$$\alpha Z_t^T(n_t^T)^{\alpha-1}=p_t Z_t^N \tag{4.61}$$

这一条件说明，在最优时，两个部门之间的劳动边际生产率必须相同。假如不是这样，把劳动从低边际生产率部门转移到高边际生产率部门将是最优的。

4.5.2 均衡条件

在均衡时，不可贸易商品的消费必须等于不可贸易商品的生产：

$$c_t^N=y_t^N \tag{4.62}$$

结合式(4.54)和式(4.62)，可以产生经济的经常账户：

$$\dot{b}_t=rb_t+y_t^T-c_t^T \tag{4.63}$$

从式(4.58)和式(4.62)中，我们可以得到经济的跨期约束：

$$\int_0^\infty c_t^T e^{-rt}\mathrm{d}t=b_0+\int_0^\infty y_t^T e^{-rt}\mathrm{d}t \tag{4.64}$$

4.5.3 完全预见均衡

让我们来为外生变量 Z_t^T、Z_t^N 和 n_t 的固定路径(分别由 Z^T、Z^N 和 n 表示)刻画一个在完全预期均衡时的特征。

从式(4.59)中容易确定 c_t^T 将不会随时间的推移而变化。考虑进式(4.56)、式(4.57)、式(4.59)、式(4.60)和式(4.62)，式(4.61)能写为：

$$\alpha(n-n_t^T)Z^T=c_t^T(n_t^T)^{1-\alpha} \tag{4.65}$$

因为 c_t^T 不随时间的推移而变化，该条件式左端是 n_t^T 的减函数，而右端是 n_t^T 的增函数，因而沿着完全可预期均衡路径，n_t^T 也必须维持固定不变。因此，从劳动供给约束式(4.57)中可以看出，n_t^N 也不随时间而变化。不可贸易商品的生产因而也是固定不变的，c_t^N 也是如此。从式(4.60)中可以看出，p_t 随时间的推移也是固定不变的。

假如与已经解释的那样，Z^T、Z^N 和 n 不随时间的推移而变化，那么，c_t^T、c_t^N、p_t、n_t^T 和 n_t^N 都也将不随时间的推移而变化，我们能为完全预期均衡求出隐性的解：

$$c^T=rb_0+Z^T(n^T)^\alpha \tag{4.66}$$

$$c^N=Z^N n^N \tag{4.67}$$

$$p=\frac{rb_0+Z^T(n^T)^\alpha}{Z^N n^N} \tag{4.68}$$

$$p=\frac{\alpha Z^T(n^T)^{\alpha-1}}{Z^N} \tag{4.69}$$

$$n=n^T+n^N \tag{4.70}$$

对于给定的 Z^T、Z^N、n 和 b_0 值，这能被看作是一个含有五个未知数的五个方程的体系：c^T、c^N、p、n^T 和 n^N。

4.5.4　福利效应

为了显示财富效应是如何影响资源在跨部门间配置的，假设在时点 0 之前的某个瞬间，经济处在刚刚描述的平稳性态的均衡中，且有给定的 b_0^L 水平的国外净资产。在时点 0，b_0 有一个未预期的永久性增加（即，国外赠与），增加到 b_0^H（$b_0^H>b_0^L$）的水平。给定这一未预期的事件，消费者将重新做最优规划。自然地，新的完全预见均衡将仍旧同样的由式(4.66)—式(4.70)的五个方程来刻画，且 $b_0=b_0^H$。因此，从数学的角度看，我们需要做一个比较静态练习以发现 c^T、c^N、p、n^T 和 n^N 如何对更高的 b_0 作出反应。

最好的开始分析的过程是将式(4.69)和式(4.70)代入式(4.68)以获得作为 Z^T、Z^N、n 和 b_0 函数的 n^T：

$$\alpha n(n^T)^{\alpha-1}-\alpha(n^T)^{\alpha}-(n^T)^{\alpha}-rb_0(Z^T)^{-1}=0 \tag{4.71}$$

令上式对 n^T 和 b_0 进行全微分，可以得到：

$$\frac{\mathrm{d}n^T}{\mathrm{d}b_0}=-\frac{-r/Z^T}{\alpha(\alpha-1)n(n^T)^{\alpha-2}-\alpha(1+\alpha)(n^T)^{\alpha-1}}<0 \tag{4.72}$$

由此可以推断，作为对 b_0 增加的反应，n^T 将下降。从式(4.70)中可以推断 n^N 会增加，式(4.67)意味着 c^N 将增加。给定 n^T 下降，式(4.69)显示 p 将上升。根据式(4.68)，p 的上升意味着 c^T 不仅会上升，事实上，其上升的比例要超过 c^N。

直觉上说，更高的 b_0 意味着经济有更多可获得的可贸易资源，因而将增加可贸易商品的消费。在不变的相对价格下，消费者将希望增加相同比例的不可贸易商品的消费。在一个禀赋经济中，对不可贸易商品更高的需求将完全反映在它们相对价格的增加上。在这个有内生生产的经济中，对不可贸易商品的超额需求——在初始相对价格上——将诱使 p 上升。p 的上升会引起两种效应，每一种都倾向于减少超额需求。首先，更高的 p 增加了不可贸易部门的劳动边际生产率价值。这会诱使劳动从可贸易部门向不可贸易部门转移。其次，更高的 p 阻止了一些对不可贸易商品的超额需求。换句话说，更多的供给与更低的需求相结合平衡了不可贸易商品的市场。

因此，这一实验说明了不可贸易商品的相对价格在引发资源在跨部门间配置时所扮演的关键性角色，资源的这一再分配也使经济体重新实现了均衡。

4.5.5　需求冲击

我们将研究暂时性的需求冲击（这将产生繁荣-衰退周期）以显示相对价格在处理经

济为偿还债务而作的调整方面的作用。为此，让我们对由式(4.53)所给出的偏好进行修改，以便整合进需求冲击 γ_t：

$$\int_0^{\infty} \gamma_t[\log(c_t^T)+\log(c_t^N)]e^{-\beta t}\mathrm{d}t \tag{4.73}$$

模型的其余部分维持不变。在由式(4.73)给定的偏好下，一阶条件简化为：

$$\frac{\gamma_t}{c_t^T}=\lambda \tag{4.74}$$

$$\frac{\gamma_t}{c_t^N}=\lambda p_t \tag{4.75}$$

$$\alpha Z_t^T(n_t^T)^{\alpha-1}=p_t Z_t^N \tag{4.76}$$

在 Z^T、Z^N 和 n 路径固定，但 γ_t 的路径不固定的情况下，我们将刻画一条完全预期均衡的路径。特别地，假设直到时点 T，γ 较高，之后保持低水平(图 4.6a)。相应的 c_t^T、c_t^N、p_t、n_t^T 和 n_t^N 的路径将会是怎样的？

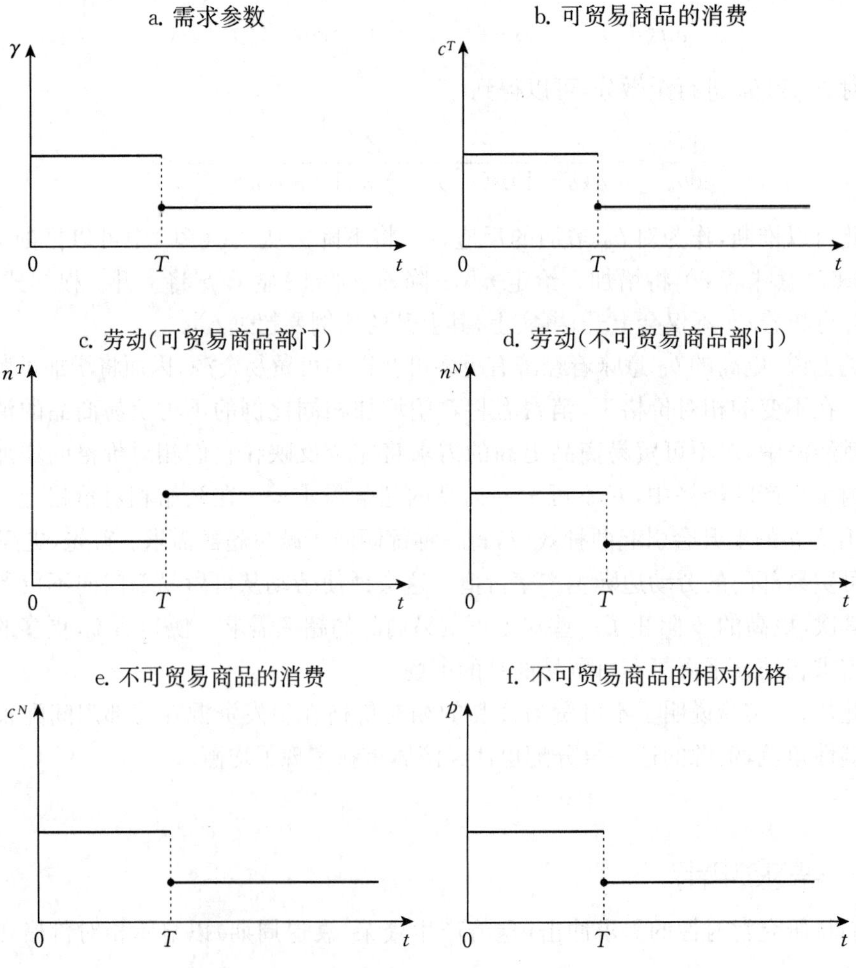

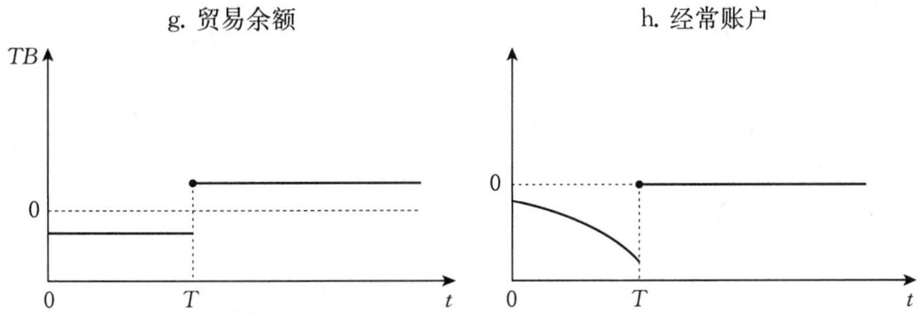

图 4.6　暂时性的需求冲击

要回答这一问题，我们需要关注在时点 T 会发生什么。从式(4.74)中，我们可以推断，在时点 T，作为 γ 下降的结果，c_t^T 将减少(图 4.6b)。从式(4.65)中可以看出，在时点 T，n_t^T 将增加(图 4.6c)。从式(4.57)中可以看出，在时点 T，n_t^N 将下降(图 4.6d)。因此，c_t^N 也将在时点 T 下降(图 4.6e)。反过来，从条件式(4.76)中可以看出，n_t^T 的上升意味着 p_t 在时点 T 下降(图 4.6f)。因为可贸易商品的产出跟随 n_t^T 的路径，经济将在时点 0 与 T 之间运行在贸易赤字下，而在时点 T 以后则运行在贸易盈余下(图 4.6g)。相应的经常账户路径在图 4.6h 中予以刻画。

因此，这一实验显示了一个小型开放经济正经历一个繁荣-衰退周期，这是发展中国家的典型特征。在经济景气的时候，可贸易商品和不可贸易商品的消费都较高，不可贸易商品的相对价格较高，可贸易商品的产量较低，不可贸易商品的产量较高，并且有贸易赤字。当这一状态变糟时，两类商品的消费都将下降，不可贸易商品的相对价格下降，经济运行在贸易盈余之中。换句话说，经济的调节涉及急剧的实际贬值，消费的下降以及资源从不可贸易部门向可贸易部门的转移。①尽管可贸易商品和不可贸易商品的非总体数据很难获得，专栏 4.2 阐述了在消费发生急剧下降的九个新兴国家在贸易余额、经常账户收支、不可贸易商品相对价格的调整行为。正如在专栏 4.2 中显示的那样，事实恰好与模型预测的相一致。

专栏 4.2　在实践中经济是怎样调整的?

在 4.5.5 节中，我们分析了小型开放经济如何对一个负向的需求冲击(即对可贸易商品和不可贸易商品需求的下降)作出调整的。这一模型预测了这种冲击的反应：(1)贸易余额提高；(2)经常账户提高；(3)不可贸易商品的相对价格下降。数据显示的又是什么呢?

为了抽象掉其他因素，对危机期间这些宏观变量的行为进行研究被证明是有帮助的，因为在这一期间消费会发生显著下降。图 4.7 显示了四个变量相对于危机年份的平均行为，这些危机是发生在新兴国家中九个最主要的危机：南锥体公告牌危机

① 几个冲击——它们中的一些我们将在后面的章节中更详细地研究——将导致出现同样的动态。例如，沿着 Calvo(1986)，以及 Rebelo 和 Végh(1995)的思路，需求冲击能归因于暂时性的汇率稳定计划，而按照 Edwards 和 Végh(1997)的思路，则可以归因于国际利率的暂时性下降。

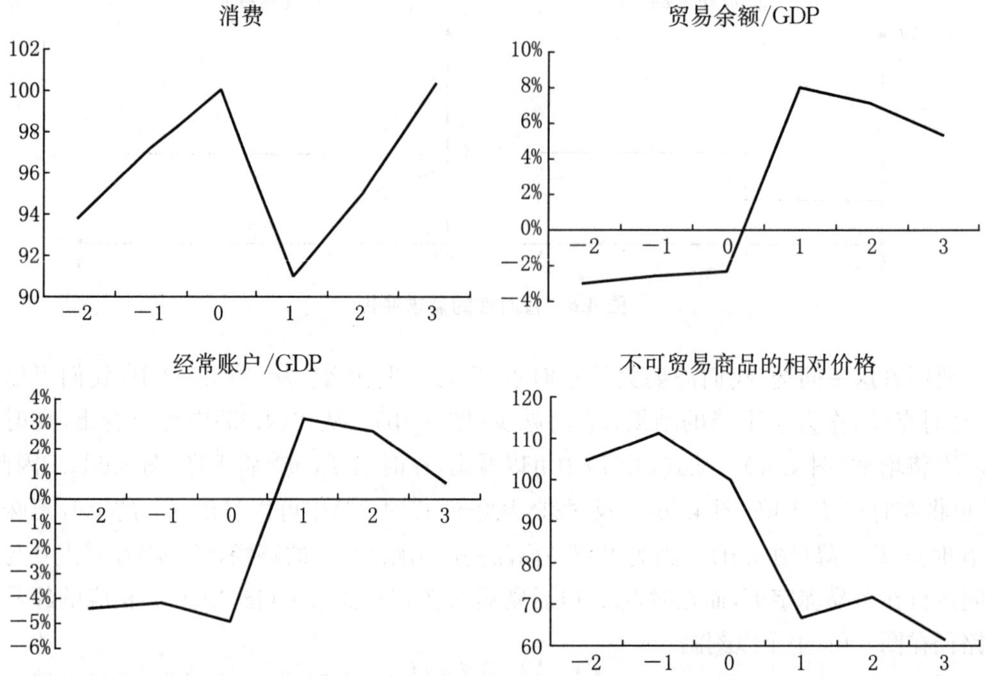

图 4.7 危机期间的消费、对外账户和相对价格

注:数值代表九次货币危机的未加权平均数,分别是阿根廷(1982 年)、智利(1982 年)、乌拉圭(1982 年)、墨西哥(1994 年)、泰国(1997 年)、印度尼西亚(1997 年)、韩国(1997 年)、马来西亚(1997 年),以及土耳其(2001 年)。时期 1 为危机发生后的 1 年,如果危机发生在 7 月前,则时期 1 为危机发生的年份。

(“tablitas”,1982 年发生在阿根廷、智利和乌拉圭),1994 年的墨西哥危机,1997 年的东南亚危机(印度尼西亚、韩国、马来西亚和泰国)和 2001 年的土耳其危机。[a]平均来看,在危机后的第一年,消费下降了几乎 10 个百分点。伴随着消费的急剧下降,贸易收支出现了从一个占 GDP 平均 2 个百分点的赤字转为占 GDP8 个百分点的盈余,经常账户从 5 个百分点的赤字转向 3 个百分点的盈余。反过来,不可贸易商品的相对价格差不多平均下降了 35 个百分点。[b]

表 4.2 危机前后:不可贸易商品的相对价格、贸易余额、经常账户

阿根廷,1982 年		
变量	以前	以后
p	100	49.6
TB/GDP	0.6%	3.8%
CA/GDP	−2.7%	−1.9%

智利,1982 年		
变量	以前	以后
p	100	70.1
TB/GDP	−3.4%	2.1%
CA/GDP	−7.3%	−7.6%

乌拉圭,1982 年		
变量	以前	以后
p	100	49.2
TB/GDP	−4.3%	3.8%
CA/GDP	−5.6%	−3.0%

墨西哥,1994 年		
变量	以前	以后
p	100	77.9
TB/GDP	−4.0%	1.5%
CA/GDP	−6.5%	−1.0%

印度尼西亚,1997 年

变量	以前	以后
p	100	53.2
TB/GDP	1.6%	14.4%
CA/GDP	−2.8%	4.5%

韩国,1997 年

变量	以前	以后
p	100	73.7
TB/GDP	−1.5%	7.9%
CA/GDP	−2.6%	−7.1%

马来西亚,1997 年

变量	以前	以后
p	100	71.6
TB/GDP	2.6%	25.4%
CA/GDP	−6.7%	12.8%

泰国,1997 年

变量	以前	以后
p	100	74.1
TB/GDP	−6.9%	7.7%
CA/GDP	−5.9%	10.2%

土耳其,2001 年

变量	以前	以后
p	100	84.4
TB/GDP	−7.8%	−4.3%
CA/GDP	−1.5%	−0.6%

注:“以前”和“以后”是危机以前和以后的三年平均值。假如危机发生在 7 月或之后,“以前”包括发生危机的这一年。变量 p 代表不可贸易商品的相对价格;TB/GDP 是贸易余额占 GDP 的比例,CA/GDP 是经常账户占 GDP 的比例。

资料来源:所有数据来源于 IFS(IMF)。

表 4.2 给出了我们感兴趣的三个主要变量在九个危机发生之前和之后三年的平均数据。研究这个别的事件,我们能清楚地感受到对外账户是如何发生剧烈转变的。例如,在泰国,贸易余额的转变接近于 GDP 的 15%,在马来西亚甚至超过 20%。不可贸易商品相对价格的下降也同样剧烈,在一些情形下甚至减半(阿根廷、乌拉圭和印度尼西亚)。

总而言之,尽管在实践中引发消费下降的冲击可能会随危机的不同而不同,对外账户的急剧提高以及不可贸易商品相对价格的大幅下降与我们的简单模型所预测的结果完全一致。

专栏注:

a. 我们选择这些危机是因为在所有的九个危机中,消费都在危机后的第一年发生下降。消费下降的范围从 1982 年阿根廷的 5.5%到 1997 年马来西亚的 16%(在 16 章中,我们将根据国际收支危机模型再次解释这一证据)。不可贸易商品的相对价格借助 P/EP^* 进行估算,其中,P 是国内的 CPI,E 是名义汇率,P^* 是美国的 CPI。

b. 尽管在模型的范围之外,注意如下事实也是很有趣的:消费恢复相对更快,到危机以后的第三年它基本上恢复到其初始水平(产出的行为基本类似)。

4.6 贸易条件和实际汇率

在许多发展中国家,出口经常集中在一些关键商品或者农业产品上。特别是商品价格经常会发生非常大的波动,这会使发展中国家的贸易条件(即用进口品衡量的出口品的相对价格)发生大幅度地波动。因此,贸易条件变化将如何影响实际汇率的问题是开放经济的宏观经济中始终存在的问题。传统的方法是贸易条件恶化将导致实际贬值(例如,Edwards and van Wijnbergen, 1987)。

为了在我们的理论框架中回答这一问题,我们需把在4.2节研究过的有不可贸易商品的基础模型扩展到允许可进口和可出口商品的模型。因此,我们将研究一个有三种不能储藏商品(可出口的、可进口的和不可贸易的)的小型开放经济。该经济中可出口商品将作为计价品,有一个给定的且固定的可出口(不用于消费)和不可贸易的禀赋路径,消费但不拥有可进口商品,国际债券用可进口商品来衡量。

4.6.1 消费者的问题

消费者的终身效用由下式给出:

$$\int_0^\infty u(c_t^I,\ c_t^N)e^{-\beta t}\,\mathrm{d}t \tag{4.77}$$

这里,$\beta>0$ 是主观贴现率,c_t^I 和 c_t^N 各自代表可进口商品和不可贸易商品的消费。

在有三种商品的模型中,我们需要仔细对待各自相对价格的定义。在4.2节发展起来的模型中,我们通过 p_t 来定义用计价品(可贸易商品)衡量的不可贸易商品的相对价格。这一相对价格是作消费决策时最重要的价格。在当前的模型中,对于作消费决策最重要的相对价格是用可进口商品衡量的不可贸易商品的相对价格(由 p_t^I 定义)。当然存在另一个相对价格:用可进口商品衡量的不可贸易商品的相对价格(由 p_t^x 定义)。因为 p_t^I 是唯一影响边际条件的相对价格,我们将用它作为我们实际汇率的测量指标。[①]我们将通过 q_t 定义用可出口商品衡量的可进口商品的相对价格(即贸易条件的倒数)。然后,根据定义:

$$p_t^I=\frac{p_t^x}{q_t} \tag{4.78}$$

我们的主要问题将是:q_t 的变化将会怎样影响不可贸易商品的相对价格(p_t^I)?

让 b_t 定义由消费者持有的国外净资产。流量约束由下式给出:

$$\dot{b}_t=rb_t+y^x+p_t^x y^N-q_t c_t^I-p_t^x c_t^N \tag{4.79}$$

这里,y^x 和 y^N 分别表示可出口和不可贸易商品的固定禀赋。考虑式(4.78),我们能把流

① 假如可出口商品被消费(或者生产),用一些可贸易商品指数来衡量实际汇率将有意义(参见 Buffie, 1999)。专栏4.3讨论了在实践中实际汇率的测量问题。

量约束重写为：

$$\dot{b}_t = rb_t + y^x + q_t p_t^I y^N - q_t c_t^I - q_t p_t^I c_t^N \tag{4.80}$$

让式(4.80)往前积分，我们可以得到跨期预算约束：

$$b_0 + \int_0^\infty (y^x + q_t p_t^I y^N) e^{-rt} \mathrm{d}t = \int_0^\infty (q_t c_t^I + q_t p_t^I c_t^N) e^{-rt} \mathrm{d}t \tag{4.81}$$

消费者的问题是在给定 p_t^I 和 q_t 的路径以及给定 y^x、y^N 和 b_0 的值下，并在式(4.81)的约束下，通过选择 c_t^I 和 c_t^N 的路径来最大化由式(4.77)代表的终身效用。拉格朗日函数由下式给出：

$$\mathcal{L} = \int_0^\infty u(c_t^I,\ c_t^N) e^{-\beta t} \mathrm{d}t + \lambda\left[b_0 + \int_0^\infty (y^x + q_t p_t^I y^N) e^{-rt} \mathrm{d}t - \int_0^\infty (q_t c_t^I + q_t p_t^I c_t^N) e^{-rt} \mathrm{d}t\right]$$

专栏 4.3 在实践中是如何测量实际汇率的？

从理论的视角看，实际汇率的定义(即不可贸易商品相对价格的倒数)相对简单，但在实践中如何去测量这一概念远不是不重要的。最直接和明显的方法是去计算：

$$RER_1 = \frac{P^T}{P^N} \tag{4.3a}$$

这里，P^T 和 P^N 分别代表了所有被分类为可贸易商品和不可贸易商品的价格指数，来自消费价格指数或者国民账户。食品、饮料、服装、家具等诸如此类的商品通常被视作可贸易商品。住房、健康、交通、教育以及娱乐被典型地视为是不可贸易商品。然而，这样的测量充其量只能接近于“真实的”相对价格，因为在这一价格下，可获得的大多数商品本质上还是可贸易商品和不可贸易商品的混合物。一方面，可贸易商品有一个主要由销售成本构成的不可贸易的重要成分。[a] 另一方面，不可贸易商品在它们的生产投入中通常也包括可进口商品。

正如在 4.6 节将清楚阐述的那样，在式(4.3a)中刻画的方法还存在一个更根本的缺陷。在理论上，出口价格的提高应该导致不可贸易商品相对于进口商品的升值——众所周知的“荷兰病”现象。然而，式(4.3a)的测量不能揭示出这一重要的效应，因为假如在可贸易商品的篮子中出口商品是足够重要，那么平均可贸易商品的价格会提高，因而不可贸易商品的相对价格会降低。用进口价格指数作为可贸易价格的代理变量可以克服这一问题。然而，对这一系列的可靠数据很难获取。许多国家甚至不编制这种指数，而其他一些国家也仅仅跟踪一些相关商品的价格。

为避免这一问题，在实践中，标准的方法是用国外价格来测量可贸易商品的价格。在这样一个程序下，测量到的实际汇率将是：

$$RER_2 = \frac{EP^*}{P^N} \tag{4.3b}$$

这里的 P^* 是国际价格指数，乘以名义汇率(E)是为了用国内货币来表示。更具体地说，P^* 经常被作为主要的贸易伙伴中或者主要的工业化国家中可贸易价格的加权平均值(由批发物价指数来表示)而加以计算。很容易证明这将是对 RER 变化的一个非常好的近似值。特别是，假如 CPI 能被表述为：

$$CPI=\alpha P^T+(1-\alpha)P^N$$

那么，用式(4.3b)测量的 RER 成为：

$$RER_2=\frac{EP^*}{\alpha P^T+(1-\alpha)P^N}$$

假如我们进一步假设 $EP^*=P^T$，那么：

$$RER_2=\frac{1}{\alpha+(1-\alpha)(P^N/P^T)}$$

它的变化与 P^N/P^T 相反(当然，这与我们理论上的测量方法是一样的)。

作为一种选择的方法，式(4.3b)中的测量也可以让 P^* 作为其他国家(典型的例子是美国)的消费物价上涨来加以计算。在这样的情形下，实际汇率成为测量两个国家相对价格的指标，旨在刻画竞争力。[b]然而，从概念上讲，比如在美国，影响不可贸易商品价格的因素应该不会对实际汇率产生影响，因为这个汇率是一个小型开放经济面对世界市场的相对价格(Harberger, 2004)。换句话说，实际汇率作为两个国家价格比率的概念仅仅在两国模型中才有意义，这从本质上对发展中国家来说是不切实际的。[c]然而，在实践中，这一测量方法被广泛使用，因为它有实际汇率容易计算的优势，并且与前一个定义有高度相关性(参见 Edwards, 1989)。这种高度相关性几乎不值得惊奇，因为在大多数情形下，发展中国家实际汇率的运动都是由国内的价格行为所支配[即式(4.3b)中的分母]。

专栏注：

a. 参见 Burstein、Neves 和 Rebelo(2003)。

b. 此外一些组织，包括 IMF 的成员走得更远，以单位劳动力相对成本作为计算实际汇率的工具。这样的测量用于测量竞争力甚至也有疑问，因为工作的增加能反映生产率的提高。参见 Harberger(2004)对 IMF 的实际汇率测量方法的严厉批判。

c. 事实上，标准教材定义实际汇率作为两个国家 CPI 的比率(例如，参见 Krugman and Obstfeld, 2009)。对于面对多个外国的小型开放经济，这种定义很明显意义不大。

假设 $\beta=r$，相应的一阶条件是：

$$u_{cI}(c_t^I,\ c_t^N)=\lambda q_t \tag{4.82}$$

$$u_{cN}(c_t^I,\ c_t^N)=\lambda q_t p_t^I \tag{4.83}$$

结合这两个一阶条件，可以得到：

$$\frac{u_{c^N}(c_t^I,\ c_t^N)}{u_{c^I}(c_t^I,\ c_t^N)}=p_t^I \tag{4.84}$$

式(4.82)和式(4.83)告诉我们，在最优时，消费者会使消费每一种商品的边际效用等于财富的影子价值乘以相对价格。条件式(4.84)表示在最优时，消费者要使不可贸易商品与可进口商品之间的边际替代率与相对价格相等。

4.6.2　均衡条件

不可贸易商品的生产出清条件为：

$$c_t^N=y^N \tag{4.85}$$

代均衡条件式(4.85)进入式(4.79)，可产生经济的流量约束(即经常账户)：

$$\dot{b}_t=rb_t+y^x-q_tc_t^I \tag{4.86}$$

相应的资源约束由下式给出：

$$b_0+\int_0^{\infty}y^xe^{-rt}\,\mathrm{d}t=\int_0^{\infty}q_tc_t^Ie^{-rt}\,\mathrm{d}t \tag{4.87}$$

4.6.3　完全预期均衡

让我们为 q_t 的固定路径(由 q 定义)描绘一个完全预期均衡路径的特征。从式(4.82)和式(4.85)可以推断出可进口商品的消费将不随时间的推移而变化。从资源约束式(4.87)可看出，这一固定水平将由下式给出：

$$c^I=\frac{rb_0+y^x}{q} \tag{4.88}$$

当然，不可贸易商品的消费是固定的，且等于不可贸易商品的固定禀赋数量。然后，从式(4.84)可看出，p^I 也将是固定值：

$$p^I=\frac{u_{c^N}(c^I,\ y^N)}{u_{c^I}(c^I,\ y^N)} \tag{4.89}$$

4.6.4　贸易条件的永久性变化

假设从一个刚刚推导的平稳性态的均衡开始，在 $t=0$ 时点贸易条件(即 q_t 的下降)有一个未预期的永久性提高。因为发生了一个未预期的冲击，在 $t=0$ 时点消费者会重新作优化。给定沿着新的完全预期均衡路径，q_t 仍旧是固定的，式(4.88)仍旧有效。很明显，因为 q_t 发生下降，在新的均衡中 c_t^I 将变大。c_t^I 的增加反映了财富效应，因为相同数量的可贸易商品现在能购买更多数量的进口品。

p_t^I 会发生什么？要回答这一点，假设 q_t 的变化较小。然后我们能使用式(4.88)来计

算 c_t^I 固定值的变化：

$$\frac{\mathrm{d}c^I}{\mathrm{d}q}=-\frac{rb_0+y^x}{q^2}<0$$

全微分式(4.89)，可以得到：

$$\frac{\mathrm{d}p^I}{\mathrm{d}q}=\frac{\mathrm{d}c^I}{\mathrm{d}q}\left(\frac{u_{cI}u_{cIcN}-u_{cN}u_{cIcI}}{u_{cI}^2}\right)<0$$

假如不可贸易商品是正常商品且 $\mathrm{d}c^I/\mathrm{d}q<0$，那么在括号里的那项是正的。这一结果意味着 q_t 永久性下降会导致 p_t^I 增加(实际升值)。

直觉上看，贸易条件的提高使消费者变得更富有。在冲击前的相对价格下，消费者将愿意消费更多的可进口商品和不可贸易商品。可进口商品能由世界其他地区生产。然而，不可贸易商品的供给是固定的。因此，在冲击前的相对价格下，存在一个对不可贸易商品的超额需求，这必须通过相对价格的增加才能得到满足。

4.6.5 沿着完全预期路径的贸易条件变化

不可贸易商品的相对价格变化会通过提高贸易条件而引发财富效应，我们需要把这一效应隔离掉。现在，我们抽象掉财富效应，开始研究产生于消费的跨期替代效应。为此目的，考虑一个沿着完全预期路径上的提高贸易条件的情形。换句话说，考虑一个完全预期路径，沿着这一路径，在 $t=T$ 时点，q_t 下降(如图 4.8a)。这一变化对 p_t^I 的影响将是什么？

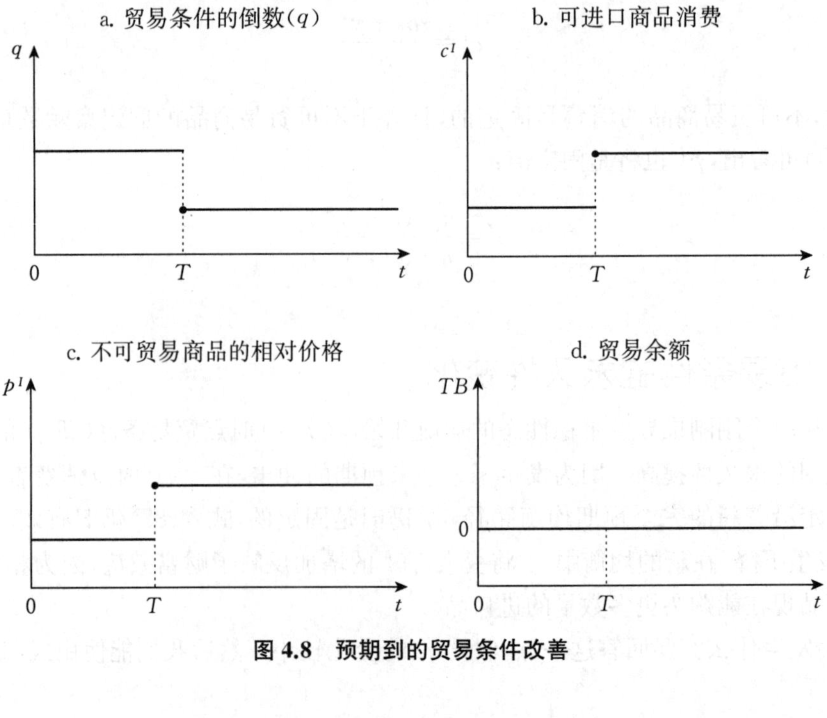

图 4.8　预期到的贸易条件改善

因为沿着完全预期路径，λ 是固定的，从一阶条件式(4.82)中可以推断，假如在 $t=T$ 时点 q_t 下降，c_t^I 将增加(图 4.8b)。直觉上说——正如我们在第 3 章中所看到的那样——假如在时点 T 可进口商品相对更便宜，消费者将进行跨期的消费替代并且消费更多的可进口商品。

要发现 p_t^I 会发生什么，将不可贸易商品的均衡条件式(4.85)代入式(4.84)中，可以得到：

$$\frac{u_{c^N}(c_t^I,\ y^N)}{u_{c^I}(c_t^I,\ y^N)}=p_t^I \tag{4.90}$$

在时点 T，全微分这一条件可以有：

$$\left.\frac{\mathrm{d}p_t^I}{\mathrm{d}c_t^I}\right|_{t=T}=\left(\frac{u_{c^I}u_{c^Ic^N}-u_{c^N}u_{c^Ic^I}}{u_{c^I}^2}\right)>0$$

再一次，此处归因于常态性的假设，分子为正。在时点 T，c_t^I 的增加伴随着 p_t^I 的增加(图 4.8c)。直觉上说，在一个不变的相对价格下，考虑到时点 T 可进口商品的消费增加了，消费者将愿意消费更多的不可贸易商品。对不可贸易商品的超额需求将使相对价格 p_t^I 发生增加。

通常，贸易余额和 p_t^x 的行为将依赖于偏好。在对数型偏好的情形下[即 $u(c_t^I,\ c_t^N)=\log(c_t^I)+\log(c_t^N)$]，从式(4.82)容易看出，沿着完全预期均衡路径，$q_tc_t^I$ 将是固定值，因此贸易余额(等于 $y^x-q_tc_t^I$)将不会随时间的推移而变化(图 4.8d)。相似地，从式(4.78)中可看出，p_t^x 也不会随时间的推移而变化，从式(4.83)和式(4.85)中可以看出，$q_tp_t^I$ 也不会随时间的推移而变化。

总而言之，归因于跨期替代效应的作用，沿着完全预期路径贸易条件的改善将带来不可贸易商品的相对价格在进口商品方面的增加。结合在前一小节推导出的结果，我们能得出结论，随着贸易条件提高而产生的财富效应和跨期替代效应都将带来实际升值。然后可以推断——正如读者可以轻松证明的那样——在时点 0，贸易条件的一个未预期的暂时性提高将使 p_t^I 发生初始的增加，这是因为财富效应和跨期替代效应都将引发可进口商品消费的增加。①

4.6.6　贸易自由化

我们也能用刚刚发展起来的三产品模型(three-good model)来分析另一个在开放宏观经济中非常重要的问题：贸易自由化将对实际汇率产生怎样的影响？传统观点认为，贸易自由化将导致实际汇率贬值(参见 Edwards，1989，ch.2)。②然而，正如下文分析将要清

① 参看 Mendoza(1995)关于贸易条件冲击对实际汇率影响的定量分析。在有两种可贸易商品的模型中，贸易条件的提高(特别地，诸如石油这类商品的价格的提高)与实际升值之间的关系对其他可贸易部门产生了负面影响，这就是所谓的“荷兰病”现象研究的主题(参见 Corden and Neary，1982)。

② 传统观点逻辑如下：关税的下降将增加可进口商品的消费，这将导致贸易赤字。为了重新实现均衡需要进行实际贬值。

楚显示的那样，我们的简单模型将给出恰恰相反的结论。

为了运用它来分析贸易自由化问题，我们需要对上面的模型重新进行解读。假设(像在第 3 章中那样)国际贸易条件等于 1，并且把 q_t 想象为用可出口商品衡量的包含关税的可进口商品的相对价格。因此，q_t-1 就代表进口关税。为了分析贸易自由化，更自然的假设是政府以一次性总付的形式把关税收入返还给消费者(像在第 3 章中那样)。因此我们把跨期约束式(4.81)修改为：

$$b_0+\int_0^{\infty}(y^x+q_t p_t^I y^N+\tau_t)e^{-rt}\mathrm{d}t=\int_0^{\infty}(q_t c_t^I+q_t p_t^I c_t^N)e^{-rt}\mathrm{d}t \tag{4.91}$$

这里，τ_t 表示从政府那里转移来的总收入。很明显，这一修改并不会改变消费者的一阶条件，它继续由式(4.82)和式(4.83)给定，因此式(4.84)也仍旧成立。

政府的任务是征收关税并把它以一次性总付的形式返还给消费者。因此：

$$\tau_t=(q_t-1)c_t^I \tag{4.92}$$

为了推出经济中的资源约束，将式(4.92)代入式(4.91)，并考虑进不可贸易商品市场的均衡条件，可得到：

$$b_0+\int_0^{\infty}y^x e^{-rt}\mathrm{d}t=\int_0^{\infty}c_t^I e^{-rt}\mathrm{d}t \tag{4.93}$$

对比式(4.93)和式(4.87)可以发现，与贸易条件情形下的关键不同是 q_t 不再进入资源约束。这是可以被预期的，因为根据假设，贸易条件等于 1。

关税的永久性下降

为 y_t^x、y_t^N、q_t(分别由 y^x、y^N 和 q 表示)的固定路径考虑一条完全预期均衡路径。从不可贸易商品的市场均衡条件式(4.85)，一阶条件式(4.82)以及资源约束式(4.93)中，我们可以得到 c_t^I 的固定值为：

$$c^I=rb_0+y^x \tag{4.94}$$

从式(4.90)和式(4.94)中我们可以得到 p_t^I 的固定值为：

$$p^I=\frac{u_{c^N}(rb_0+y^x,\ y^N)}{u_{c^I}(rb_0+y^x,\ y^N)}$$

因为 c^I 和 p^I 都不依赖于 q，很明显，q_t 的一个未预期的永久性下降将不会有影响。这是可以被预期的，因为沿着新的完全预期均衡路径，q_t 继续是固定值，并且 q_t 的变化也没有财富效应。①

关税的暂时性下降

与永久性情形形成对比的是，一个未预期的暂时性关税下降将产生真实效应。从式(4.82)和式(4.93)中可以推断 c_t^I 会在时点 0 上升，然后在时点 T 下降到其初始值以下(因

① 当然，假如可出口商品被消费掉了，通过可出口和可进口商品之间的消费替代，q_t 的永久性变化将会有实际影响。参见 Edwards(1989)，Edwards 和 van Wijnbergen(1987)，以及 Buffie(1999)所作的更为详细的分析。

为 c_t^I 的折现值维持不变)。①

给定跨期条件式(4.84),c_t^I 的路径完全决定了 p_t^I 的路径。特别是,将不可贸易商品的均衡条件代入式(4.84),可以得到:

$$p_t^I = \frac{u_{cN}(c_t^I, y^N)}{u_{cI}(c_t^I, y^N)}$$

在任何一个给定的时点全微分上式,可得:

$$\frac{\mathrm{d}p_t^I}{\mathrm{d}c_t^I} = \left(\frac{u_{cI}u_{cIcN} - u_{cN}u_{cIcI}}{u_{cI}^2}\right) > 0$$

由正常性的条件可知,此处的分子为正。由此可以推断,p_t^I 在冲击下会上升并且在时点 T 出现下降。因为时点 T 以后,c_t^I 在其初始值以下,p_t^I 也将在其初始值以下。

在我们的简单模型背景下可以得出结论,暂时性的贸易自由化会导致用可进口品衡量的不可贸易商品相对价格的提高(实际升值)。直觉上看,可进口品变得更便宜,这会产生可进口品的更高消费。在初始的相对价格下,消费者不希望改变可进口品与不可贸易商品的相对消费,因此也会有更多的不可贸易商品需求。对不可贸易商品的超额需求导致它们的相对价格增加。我们的结论与传统观点正好相反。②

4.7　总结性评论

本章把不可贸易商品引入了在第 1 章发展起来的基础模型中。一旦不可贸易商品进入视线,在第 1 章中获得的完全消费平滑的结果就需要被保留,因为一个不可贸易商品波动的路径会导致可贸易商品消费路径的不固定。不可贸易商品的出现引入了一个关键的相对价格——不可贸易商品的相对价格——它在小型开放经济对各种冲击做出调整时扮演了关键的作用。

我们分析了经济怎样对暂时性的负向供给冲击作出反应,贸易和经常账户赤字与一个不可贸易商品的相对高价格(实际升值)共存,而盈余与实际贬值共存。然而,得出实际汇率“导致”外部失衡是没有道理的。它们都是对一个共同的冲击作出均衡反应。

我们也强调了当一个小型开放经济从繁荣走向衰退时,不可贸易商品相对价格在引起经济做出必要的调整方面所起的作用。随着经济从繁荣走向衰退而出现不可贸易商品相对价格的下降,在引导资源从不可贸易部门转向可贸易部门中所起的作用非常关键,而为了偿还在经济景气的时候积累下来的外债,这样做也是非常必要的。在本书的余下部分中,我们将时不时地再次碰到这种调节机制。

---

① 当然,这一结果与我们在第 3 章分析关税暂时性下降时所得出的结果相同。

② 假如可出口品被消费(或者被生产),消费和生产之间的替代性将怎样影响相关的实际汇率(在这样的模型中,这最好被定义为用一些可贸易品指数衡量的不可贸易商品的相对价格的倒数)是要受关税变化的影响(参见 Edwards, 1989; Buffie, 1999)。特别地,Buffie(1999)证明在貌似合理的参数配置下,暂时性自由化将导致实际升值。

4.8 附录:正常性条件

因为本章的结论依赖于 c^T 和 c^N 是正常商品的假设,推导出确保常态性的条件将被证明是有用的。①要做到这一点,考虑对应于我们动态问题的静态问题:

$$\max_{\{c^T,\ c^N\}} u(c^T,\ c^N)$$

受约束于:

$$c^T + pc^N = y$$

这里,$y(\equiv y^T + py^N)$代表禀赋值。一阶条件由下式给出:

$$u_{c^T}(c^T,\ c^N) = \lambda \tag{4.95}$$

$$u_{c^N}(c^T,\ c^N) = \lambda p \tag{4.96}$$

$$c^T + pc^N = y$$

这里,λ 是与预算约束相关连的拉格朗日乘子。

对上述系统的 c^T、c^N、λ 和 y 进行全微分,我们可以(以矩阵的形式)得到:②

$$\begin{bmatrix} u_{c^Tc^T} & u_{c^Tc^N} & -1 \\ u_{c^Nc^T} & u_{c^Nc^N} & -p \\ -1 & -p & 0 \end{bmatrix} \begin{bmatrix} \mathrm{d}c^T \\ \mathrm{d}c^N \\ \mathrm{d}\lambda \end{bmatrix} = \begin{bmatrix} 0 \\ 0 \\ -1 \end{bmatrix} \mathrm{d}y$$

让 Δ 代表与上面的 3×3 矩阵相联系的行列式,根据克莱姆法则(Cramer's Rule),我们可以得到:

$$\frac{\mathrm{d}c^T}{\mathrm{d}y} = \frac{1}{\Delta}\begin{vmatrix} 0 & u_{c^Tc^N} & -1 \\ 0 & u_{c^Nc^N} & -p \\ -1 & -p & 0 \end{vmatrix} = \frac{u_{c^Tc^N}p - u_{c^Nc^N}}{\Delta}$$

$$\frac{\mathrm{d}c^N}{\mathrm{d}y} = \frac{1}{\Delta}\begin{vmatrix} u_{c^Tc^T} & 0 & -1 \\ u_{c^Nc^T} & 0 & -p \\ -1 & -1 & 0 \end{vmatrix} = \frac{u_{c^Nc^T} - pu_{c^Tc^T}}{\Delta}$$

这里,$\Delta > 0$(根据最大化的二阶充分条件)。因为从式(4.95)和式(4.96)中,我们知道 $p = u_{c^N}/u_{c^T}$,我们能把这些表达式重写为:

$$\frac{\mathrm{d}c^T}{\mathrm{d}y} = \frac{u_{c^N}u_{c^Tc^N} - u_{c^T}u_{c^Nc^N}}{u_{c^T}\Delta}$$

$$\frac{\mathrm{d}c^N}{\mathrm{d}y} = \frac{u_{c^T}u_{c^Nc^T} - u_{c^N}u_{c^Tc^T}}{u_{c^T}\Delta}$$

---

① 对于更详细的细节,例如,参见 Silberberg 和 Suen(2000)。

② 我们隐含地假设 y 增加归因于 y^T 或者 y^N 的变化(而不是 p)。

因为这些表达式为正(这意味着作为对产出增加的反应,两种商品的消费都会增加),它一定会有如下情形:

$$u_{c^N}u_{c^Tc^N}-u_{c^T}u_{c^Nc^N}>0$$

$$u_{c^T}u_{c^Tc^N}-u_{c^N}u_{c^Tc^T}>0$$

这正是教材中的条件式(4.2)和式(4.3)。

习　　题

1. (基于实际利率的消费)本习题推导了所谓的基于实际利率的消费,这是一个由 Dornbusch(1983)带来的有影响力的概念。

(1) 写出在 4.2 节中所分析模型的离散时间版本,其中折现因子给定为 δ,偏好由式(4.98)给出,复合消费 c_t 由下式给出:

$$c_t\equiv(c_t^T)^{\alpha}(c_t^N)^{1-\alpha} \tag{4.97}$$

(2) 证明国内实际利率 r_t^d 为 $r_t^d\equiv(1+r)\left(\frac{p_t}{p_{t+1}}\right)-1$。解释实际利率的经济学直觉。

(3) 证明你能通过结合一阶条件来为总消费获得如下的欧拉方程:

$$\frac{c_{t+1}}{c_t}=[\delta(1+r_t^c)]^{\sigma}$$

其中:

$$r_t^c\equiv(1+r)\left(\frac{p_t}{p_{t+1}}\right)^{1-\alpha}-1$$

是基于实际利率的消费。注意,在决定总消费的时间剖面时,消费者会比较折现因子 δ 与 r_t^c。进一步,假如不可贸易商品的相对价格随时间推移不发生变化,那么有 $r_t^c=r$。相反,假如不可贸易商品的相对价格随时间推移不是固定不变的,那么,即使 $\delta(1+r)=1$,总消费随时间推移也将不是固定不变的。

2. (产出与贸易余额之间的联动性)本习题使用了专门的一类偏好以阐释不可贸易品禀赋波动对可贸易商品消费和贸易余额的影响。

考虑一个在 4.2 节中所分析同样的经济。令偏好给定为:

$$u(c_t^T,\ c_t^N)=\frac{c_t^{1-1/\sigma}-1}{1-1/\sigma} \tag{4.98}$$

这里的 c_t 是一个 CES 型复合商品的消费,定义为:

$$c_t=[q(c_t^T)^{(\rho-1)/\rho}+(1-q)(c_t^N)^{(\rho-1)/\rho}]^{\rho/(\rho-1)} \tag{4.99}$$

其中，参数 $q\in(0,\ 1)$。参数 $\sigma>0$ 是跨期消费替代弹性。参数 $\rho>0$ 刻画了可贸易商品和不可贸易商品之间的跨期替代弹性。

(1) 回忆在第 3 章习题 1 中曾证明过当 $\sigma\to1$ 时，式(4.98)会变为 $\log(c_t)$。使用洛必达法则，证明假如 $\rho\to1$，式(4.99)会变为 $(c_t^T)^q(c_t^N)^{1-q}$[因此，假如 σ 和 ρ 都趋向于 1，那么，$u(c_t^T,\ c_t^N)=q\log(c_t^T)+(1-q)\log(c_t^N)$。]。

(2) 假设可贸易商品的禀赋随时间推移是平滑的，不可贸易商品的禀赋随时间推移是波动的。证明在不可贸易禀赋是高的时期，不管经济体是运行在贸易盈余下还是赤字下，他们都将依赖于 σ 和 ρ 之间的关系。(提示：沿完全预期路径区分可贸易商品的边际条件。)

(3) 从发展中国家可获得的经验证据表明 $\rho>\sigma$(参见 Ostry and Reinhart, 1992)。①在这种情形下，根据好时期(即不可贸易商品禀赋是高的时期)和贸易收支之间的关系，模型可以预测到什么？这种联动的迹象与我们在第 1 章专栏 1.2 中描述的典型性事实相匹配吗？

(4) 为式(4.98)中的 CES 型偏好计算出交叉导数，并证明它依赖于 σ 和 ρ 之间的关系。阐述这一发现与你在第(2)问中推导出的结果之间的关系。

3. (外部赤字与实际汇率)本习题阐释了如下事实：埃奇沃思可替代性是贸易赤字(贸易盈余)与实际升值(实际贬值)之间关联性的一个充分(虽然不是必要)条件，这一结论我们在 4.3 节中由式(4.1)给出的一般性偏好下已经证明是成立的。

考虑由 4.3 节中的式(4.1)给定的偏好模型。假设商品是埃奇沃思可替代的。在这一背景下，分析两种商品禀赋发生暂时性且等比例下降时的影响。特别地，证明贸易赤字会与实际升值同步发生。

4. (在生产经济中的需求冲击)假设家庭仅仅消费不可贸易商品，并且不可贸易商品是用可贸易商品作为唯一投入品而生产出来的(假如这能帮助到你，可以想象一个进口糖果的经济，但糖果不能直接用于消费，而是要在国内进行包装，然后在国内出售它们进行消费)。

具体而言，考虑一个完全融入世界经济的小型开放经济。偏好由下式给定：

$$\int_0^\infty \gamma_t u(c_t^N)e^{-\beta t}\,\mathrm{d}t$$

这里，$u'>0,\ u''<0,\ c_t^N$ 是不可贸易商品的消费，$\gamma_t>0$ 是一个刻画需求冲击的参数。

不可贸易商品用可贸易商品作为投入品进行生产：

$$y_t^N=\frac{(c_t^T)^\alpha}{\alpha},\ \alpha<1$$

这里，c_t^T 现在代表在生产不可贸易商品过程中作为投入要素使用的可贸易商品的数

① 基于 13 个发展中国家数据，Ostry 和 Reinhart(1992)估计可贸易商品和不可贸易商品之间的替代弹性范围在 1.22—1.27 之间，而跨期替代弹性估计值范围在 0.38—0.50 之间(与第 3 章专栏 3.3 提供的证据一致)。

量。有一个外生且固定不变的可贸易品禀赋数量 y^T。

(1) 描述家庭的流量和跨期预算约束(假设家庭也参与生产活动)。

(2) 推导一阶条件。

(3) 假设从一个初始的静态均衡开始,γ_t 发生了一个未预期的暂时性增加。推导出所有内生变量的时间路径。

5. (在禀赋经济中的需求冲击)本习题分析了在 4.2 节中发展起来的禀赋经济模型中需求冲击的影响。假设偏好由下式给定:

$$\int_0^\infty [\alpha_t^T \log(c_t^T) + \alpha_t^N \log(c_t^N)] e^{-\beta t} \mathrm{d}t$$

这里,$\alpha_t^T > 0$ 和 $\alpha_t^N > 0$ 分别是刻画了"需求冲击"对可贸易商品和不可贸易商品消费的参数。

(1) 假设 $\alpha_t^N = 1 - \alpha_t^T$。

i. 在所有外生变量的路径都固定不变时,刻画出该经济的完全预期均衡路径。不可贸易商品的相对价格依赖于 α_t^T 吗?

ii. 分别分析 α^T 出现一个未预期的永久性增加和减少的影响。用数值的方式和几何图形的方式(即用图 4.2 的形式来表示)分别显示所分析的结果。

(2) 假设 $\alpha_t^T = \alpha_t^N = \alpha_t$。

i. 在所有外生变量的路径都固定不变时,刻画出该经济的完全预期均衡路径。不可贸易商品的相对价格依赖于 α_t 吗?

ii. 证明 α_t 出现一个未预期的永久性增加时不会影响经济的均衡。

iii. 分析 α_t 出现一个未预期的暂时性增加的影响。特别是,证明高需求时期将会伴随着消费繁荣、实际升值和贸易赤字的出现,而低需求时期则会伴随低消费、实际贬值和贸易盈余的出现。

6. (再访孪生赤字)本习题的目的是去证明一旦我们允许政府随时可以借入/贷出,就能建立起财政赤字与贸易赤字之间的联系。换句话说,我们将看到 g_t^T 暂时性的增加会如何导致主要的财政赤字与贸易赤字两者同时出现。

考虑在 4.4 节所分析的模型,但出于简化目的,假设政府支出仅发生在可贸易商品上。更重要的是,我们放松了政府必须每一期都实现自身预算平衡的假设[反应在式(4.34)中]。替代地,假设政府的流量约束采取如下形式:

$$\dot{b}_t^G = r b_t^G + pb_t$$

其中:

$$pb_t \equiv \psi - g_t^T$$

表示初级平衡,ψ 是固定的总额税(它的水平将是内生决定的),b_t^G 代表政府持有的国外净资产。相应的跨期约束由下式给出:

$$b_0^G + \frac{\psi}{r} = \int_0^\infty g_t^T e^{-rt} \mathrm{d}t$$

这说明了初级平衡的折现值必须与初始的政府债务(由$-b_0^G$给定)相匹配。

在这一背景下:

(1) 刻画出对应于y_t^T、y_t^N和g_t^T固定路径的完全预期均衡路径。为了简化这一习题,假设$b_0^G=0$以及$pb_0=0$。

(2) 分析g_t^T出现一个未预期的暂时性增加的影响。孪生赤字假设成立吗?

7. (再访内生的供给)在4.5节模型的背景下:

(1) 考虑该模型更为一般化的版本,其中不可贸易商品的产出给定为$y_t^N=Z_t^N(n_t^N)^\beta$,这里的β可以大于、等于或者小于α。求解b_0发生增加的影响以及暂时性需求冲击的影响,并证明其结果与我们在正文中发现的是一样的。

(2) 在这个更为一般化的版本中,分析Z_t^T发生一个未预期的永久性增加的影响。结果是否依赖于$\alpha\gtreqless\beta$?这一结果与著名的巴拉萨—萨缪尔尔森效应(Balassa-Samuelson effect)有怎样的关联?

(3) 分析在这个更为一般化的版本中,n_t发生一个未预期的永久性增加的影响。结果是否依赖于$\alpha\gtreqless\beta$?

(4) 假设在两个部门中产出都是线性的。即$y_t^T=Z_t^Tn_t^T$和$y_t^N=Z_t^Nn_t^N$。考虑一个静态均衡并得到模型中所有内生变量的简化表达式。在这个模型中实际汇率是怎样被决定的?

(5) 分析在两个部门的产出都是线性的情形下,Z_t^T发生一个未预期的暂时性增加的影响。

参考文献

Arrau, Patricio, Jorge Quiroz, and Romulo Chumacero. 1992. Ahorro fiscal y tipo de cambio real. *Cuadernos de Economia* 29(88):349—386.

Arellano, Soledad and Felipe Larrain. 1996. Tipo de cambio real y gasto publico: Un modelo econometrico para Chile. *Cuadernos de Economia* 33(98):47—76.

Bouton, Lawrence and Mariusz A. Sumlinski. 1997. Trends in private investment in developing countries: Statistics for 1970—1995. Discussion Paper 31. International Financial Corporation, Washington DC.

Buffie, Edward F. 1999. Optimal trade liberalization and the welfare costs of imperfect credibility. *Journal of International Economics* 47:371—398.

Burstein, Ariel T., Joao C. Neves, and Sergio Rebelo. 2003. Distribution costs and real exchange rate dynamics during exchange-rate-based stabilizations. *Journal of Monetary Economics* 50(6):1189—1214.

Calvo, Guillermo A. 1986. Temporary stabilization: Predetermined exchange rates. *Journal of Political Economy* 94(6):1319—1329.

Chinn, Menzie. 1997. The usual suspects? Productivity and demand shocks and Asia-Pacific real exchange rates. Pacific BasinWorking Papers PB 97-06. Federal Reserve Bank of San Francisco, California.

Corden W. Max, and J. Peter Neary. 1982. Booming sector and de-industrialisation in a small open economy. *Economic Journal* 92:825—848.

De Gregorio, Jose, and Holger C. Wolf. 1994. Terms of trade, productivity, and the real exchange rate. Working Paper 4807. National Bureau of Economic Research, Cambridge, MA.

Dornbusch, Rudiger. 1983. Real interest rates, home goods, and optimal external borrowing. *Journal of Political Economy* 91(1):141—153.

Edwards, Sebastian. 1989. *Real Exchange Rates, Devaluation, and Adjustment*. Cambridge: MIT Press.

Edwards, Sebastian, and Sweder van Wijnbergen. 1987. Tariffs, the real exchange rate, and the terms of trade: On two popular propositions in international economics. *Oxford Economic Papers* 39:458—464.

Edwards, Sebastian, and Carlos A. Végh. 1997. Banks and macroeconomic disturbances under predetermined exchange rates. *Journal of Monetary Economics* 40(2): 239—278.

Froot, Kenneth, and Kenneth Rogoff. 1991. The EMS, the EMU and the transition to a common currency. *NBER Macroeconomics Annual* 4:269—317.

Harberger, Arnold C. 2004. The real exchange rate: Issues of concept and measurement. Mimeo. University of California Los Angeles.

Kaminsky, Graciela, and Michael Klein. 1994. The real exchange rate and fiscal policy during the gold standard period: Evidence from the United States and Great Britain. Working Paper 4809. National Bureau of Economic Research, Cambridge, MA.

Kim, Soyoung, and Nouriel Roubini. 2008. Twin deficit or twin divergence? Fiscal policy, current account, and real exchange rate in the U.S. *Journal of International Economics* 74(2):362—383.

Krugman, Paul R., and Maurice Obsfeld. 2009. *International Economics: Theory and Policy*, 8th ed. Boston: Pearson, Addison Wesley.

Mendoza, Enrique. 1995. The terms of trade, the real exchange rate, and economic fluctuations. *International Economic Review* 36(1):101—137.

Monacelli, Tommaso, and Roberto Perotti. 2010. Fiscal policy, the real exchange rate and traded goods. *Economic Journal* 120(544):437—461.

Ostry, Jonathan, and Carmen M. Reinhart. 1992. Private saving and terms of trade shocks: Evidence from developing countries. *IMF Staff Papers* 39(3):495—517.

Rebelo, Sergio, and Carlos A. Végh. 1995. Real effects of exchange rate-based stabilizations: An analysis of competing theories. *NBER Macroeconomics Annual* 8: 125—174.

Rogoff, Kenneth. 1992. Traded goods consumption smoothing and the random walk behavior of the real exchange rate. Working Paper 4119. National Bureau of Economic Research, Cambridge, MA.

Silberberg, Eugene, and Wing Suen. 2000. *The Structure of Economics: A Mathematical Analysis*, 3rd ed. New York: McGraw-Hill.

▶5

基本的货币模型

5.1 引言

到目前为止，我们研究的都是完全抽象掉货币现象的真实模型。本书的第二部分——由第5—8章构成——将研究开放经济中的货币经济学基础。本章通过将货币引进第1章的禀赋经济而开始我们对货币世界的探索。为了集中地关注货币现象(与着重关注货币与实体经济之间的相互作用关系相反)，我们以如下方式引入货币，使货币看起来像一层“面纱”，经济的实际变量(即消费与对外账户)是独立于货币变量的路径，如货币供给和汇率。

在这样的背景下，我们研究一些基本的货币实验，这些实验能使我们在与经济的其他部分相隔离的情形下来理解货币的作用。5.2节通过定义两个基本的开放经济运行体制来开始我们的研究：预定汇率与浮动汇率。这两种体制的根本差异在于，在浮动汇率下货币当局控制着名义货币的供给路径，而在预定汇率下，名义货币供给是内生决定的。然后在5.3节证明了货币和汇率政策都是中性的(货币供给或者汇率水平的变化不影响实体部门)和超中性(货币供给或者汇率的增长率变化不影响实体部门)。5.4节继续证明预定汇率与浮动汇率之间有一个基本等价。特别是，对于由货币当局在预定汇率下设定的任何一条给定的名义汇率路径，将存在一些内生决定的名义货币供给路径。假如在浮动汇率下，货币当局精确地设定这一名义货币供给路径，显然也可以得到同样的均衡。

尽管基本等价是一个重要的概念性基准，它不应该意味着在真实世界中汇率体制是无关紧要的。例如，考虑一个运行在预定汇率下的经济体。假定经济将遭受种种货币和实际冲击，导致名义货币供给的均衡路径将呈现高度的可变性。这种高度可变的路径将不可能是货币当局在浮动汇率下所能设定的。而且，在浮动汇率下，货币当局会选择一条更稳定和可预期的路径，毕竟选择一个名义锚的想法就是希望为经济提供一个稳定的名义上的基础。换种说法，因为在实践中，货币当局将选择相对简单的名义汇率或者货币供给路径，经济将对同样的冲击作出不同的反应。

我们将在5.5节中通过分析不同汇率体制下经济对货币冲击的不同反应来阐述这一想法。假设一个负向的货币需求冲击将在未来某个确定的时点上(例如，在时点T)发生。

在预定汇率下,实际货币余额仅会在冲击发生的那一刻出现下降。这一下降将伴随着公众从中央银行利用本国货币购买外国债券的行为。与此形成鲜明对比,在浮动汇率下,私人部门作为一个整体在时点 T 并没有办法消除不需要的货币余额。进一步地,在时点 T 名义汇率也不能发生跃升,因为假如是这样,将会有一个获取无限利润的机会。因此,在预期到一个负向冲击时,实际货币余额将会开始下降,这要求在冲击之前有较高的通货膨胀。在浮动汇率下,负向货币需求冲击的预期将引发通货膨胀,而在预定汇率下就不会。

本章到目前为止,我们通过把实际货币余额作为一个变量引入效用函数的方式,使货币进入模型。尽管这是一个方便快捷的方式,其缺点也非常明显,它无法清楚阐述货币出现的基础环境。在 5.6 节中,我们将提供一个更为清晰的分析框架,在这一框架下,我们从连续时间转向离散时间,并经由现金先行约束(cash-in-advance constraint)而把货币引入模型。我们采用了最先由卢卡斯(Lucas, 1982)提出的处理方法,假设资产市场先于产品市场开放,这意味着货币仍旧是一层面纱。①

总而言之,本章关注小型开放经济中最简单的货币模型,在本模型中,货币/汇率政策并不会对实体部门产生影响,在这一意义上说,货币就是一层面纱。在随后的几章中,我们将把各种摩擦因素引入这一基准模型中,因而也将"揭掉这层面纱",让货币变量对实体部门产生影响。

5.2 基本的货币模型

考虑一个居住大量同质化的、生活无限期消费者的小型开放经济,其中消费者拥有完全预期能力。该经济在产品市场和资本市场都是与其他国家完全整合在一起的。仅仅存在一种商品(可贸易但不可储藏),它的价格是通过一价定律给定的。经济体外生获得一个商品流量禀赋(y_t)。国际实际利率(r)是给定的,并且不随时间的推移发生变化。

5.2.1 消费者的问题

预算约束

消费者持有两种资产:本国货币(M_t)和用外国货币标价的国际间可交易债券(B_t^*)。因此,持有的名义资产为:

$$A_t = M_t + E_t B_t^* \tag{5.1}$$

这里,E_t 是名义汇率(每单位外国货币可兑换的本国货币)。根据一价定律有:

$$P_t = E_t P_t^* \tag{5.2}$$

这里,P_t 是商品的本国货币价格,P_t^* 是商品的外国货币价格。通过式(5.2)对时间求微分,可以得到:

① 正如在第 7 章将清楚阐述的那样,离散时间环境中的替代时间假设(即产品市场先于资产市场开放),或者现金先行模型的连续时间假设,但这意味着货币/汇率政策的暂时性变化将会影响实际部门。

$$\pi_t=\varepsilon_t+\pi_t^* \tag{5.3}$$

这里 $\pi_t(\equiv\dot{P}_t/P_t)$ 是通货膨胀率，$\varepsilon_t(\equiv\dot{E}_t/E_t)$ 是汇率的变化率，$\pi_t^*(\equiv\dot{P}_t^*/P_t^*)$ 是国外通货膨胀率。①

经济中的计价物是可贸易商品。因此，"实际"变量将通过可贸易商品来定义。式(5.1)两边同除以 p_t，可以得到：

$$a_t=m_t+b_t \tag{5.4}$$

这里，$a_t(\equiv A_t/P_t)$、$m_t(\equiv M_t/P_t)$ 和 $b_t(\equiv B_t^*/P_t^*)$ 分别代表实际金融资产、实际货币余额和实际外国债券。

用名义价格衡量的消费者流量预算约束由下式给出

$$\dot{A}_t=\underbrace{E_ti_t^*B_t^*}_{\text{利息收入}}+\underbrace{\dot{E}_tB_t^*}_{\text{资本溢价}}+P_ty_t+P_t\tau_t-P_tc_t \tag{5.5}$$

这里，i_t^* 代表外国名义利率，y_t 是商品禀赋数量，τ_t 代表从政府部门的实际转移支付总额，c_t 代表消费。恰如公式所显示的那样，$E_ti_t^*B_t^*$ 项代表了从外国债券(用本国货币衡量)中获取的利息收入，而 $\dot{E}_tB_t^*$ 项则代表了外国债券的资本溢价。

要用实际价格来表达流量约束，只要让式(5.5)除以 p_t(并考虑进一价定律)就可以得到：

$$\frac{\dot{A}_t}{P_t}=(i_t^*+\varepsilon_t)b_t+y_t+\tau_t-c_t \tag{5.6}$$

因为根据定义有 $a_t=A_t/E_tP_t^*$，由此可以得到：

$$\dot{a}_t=\frac{\dot{A}_t}{P_t}-(\varepsilon_t+\pi_t^*)a_t \tag{5.7}$$

将式(5.6)代入式(5.7)，并结合式(5.4)，重新整合各个部分可以得到：

$$\dot{a}_t=(i_t^*-\pi_t^*)a_t+y_t+\tau_t-c_t-(i_t^*+\varepsilon_t)m_t \tag{5.8}$$

假设在世界其他国家中费雪方程(Fisher equation)是成立的(即 $i_t^*=r+\pi_t^*$)，结合资本完全流动的考虑，意味着利率平价也将成立(即 $i_t=i_t^*+\varepsilon_t$)，这样可以进一步简化式(5.8)为：

$$\dot{a}_t=ra_t+y_t+\tau_t-c_t-i_tm_t \tag{5.9}$$

对式(5.9)进行积分，并结合转型条件 $\lim\limits_{t\to\infty}a_te^{-rt}=0$(其中的理由在第 1 章已经讨论过)，最终可以得到：

$$a_0+\int_0^\infty(y_t+\tau_t)e^{-rt}\mathrm{d}t=\int_0^\infty(c_t+i_tm_t)e^{-rt}\mathrm{d}t \tag{5.10}$$

这一终身约束方程的含义是明显的："总支出"的折现值(由方程右端给出，包括了持

① 作为一个术语，我们把在预定汇率制下的 ε_t 称为货币贬值率(the rate of devaluation)，而把浮动汇率制下的 ε_t 称为贬值率(the rate of depreciation)。

有实际货币余额的机会成本)必须等于消费者的财富现值(方程左端给出),财富现值由他/她的初始实际金融资产(a_0),以及禀赋与政府转移支付的折现值两部分组成。

效用最大化

消费者的终身效用折现值由下式给出:

$$\int_0^\infty [u(c_t)+v(m_t)]e^{-\beta t}\,dt \tag{5.11}$$

这里,$\beta(>0)$是主观贴现率,函数 $u(c_t)$和 $v(m_t)$对各自变量是严格递增且严格凹的:

$$u'(c_t)>0,\ v'(m_t)>0$$

$$u''(c_t)<0,\ v''(m_t)<0$$

在我们新推出的引入货币的效用函数(money in the utility function, MIUF)中隐含的基本原理是:实际货币余额提供了流动性服务,这一服务的数量可以看成是与实际货币余额成比例的。换句话说,流动性服务能通过 ξm_t 来刻画的,只不过在这里出于简化考虑,就假设 $\xi=1$。因此,一种阐释 $v(m_t)$的方法是把其视为消费者从货币提供的流动性服务中所获取的效用。①

消费者的优化问题可以描述为给定 π_t、i_t 和 y_t 的路径以及给定 r 和 a_0 数值的情况,并在式(5.10)生命周期的约束下,通过为所有时点 $t\in[0,\infty)$选择一个合适的组合$\{c_t,\ m_t\}$来最大化由式(5.11)给出的终身效用。

像往常一样,假设 $\beta=r$。最优化问题的一阶条件将由下式给出:

$$u'(c_t)=\lambda \tag{5.12}$$

$$v'(m_t)=\lambda i_t \tag{5.13}$$

结合这两个一阶条件,可以得到:

$$u'(c_t)=\frac{v'(m_t)}{i_t}$$

这里隐含地定义了有标准特征的实际货币需求:

$$m_t=L(c_t,\ i_t) \tag{5.14}$$

$$\frac{\partial L}{\partial c_t}=\frac{i_t u''(c_t)}{v''(m_t)}>0 \tag{5.15}$$

$$\frac{\partial L}{\partial i_t}=\frac{u'(c_t)}{v''(m_t)}<0 \tag{5.16}$$

因此,实际货币需求是消费的增函数,是名义利率(持有货币的机会成本)的减函数。②

---

① 还有另外两种介绍货币的流行方法:经由现金先行约束(在本章的后文以及第 7 章中我们将展开分析)或者交易成本技术(在第 7 章中分析)。所有三种方法都有正反两面,这一点在我们随后的分析中将得到更为清楚的阐释。

② 值得注意的是,在任何一个含有货币的微观模型中,实际货币需求将依赖于消费而不是收入或者产出。

5.2.2　政府

政府由财政部门与货币当局(即中央银行)组成。令 H_t^* 表示政府持有的净外国债券数量(用外国货币衡量),$H_t(\equiv E_tH_t^*)$表示这些债券的本国货币价值。政府用名义价格衡量的流量约束可由下式给出:①

$$\dot{H}_t=\underbrace{i_t^*E_tH_t^*}_{\text{利息收入}}+\underbrace{\dot{E}_tH_t^*}_{\text{资本溢价}}+\underbrace{\dot{M}_t}_{\text{印刷货币}}-\underbrace{P_t\tau_t}_{\text{转移支付}} \tag{5.17}$$

正如式(5.17)底部所显示的那样,政府有三项收入来源:(1)来自它拥有的国际储备的利息收入;(2)国际储备的资本溢价;(3)印刷货币或者从货币发行中得到的收入。政府的唯一支出是一次性的总额转移支付。②

要获得以实际价格衡量的政府流量约束,采用上文获取消费者实际流量约束相同的方法就可以实现。将 $h_t(\equiv H_t/P_t)$定义为国际储备的实际值(即用实际价格衡量的国际储备),接下来就可以得到:

$$\dot{h}_t=\frac{\dot{H}_t}{P_t}-(\varepsilon_t+\pi_t^*)h_t \tag{5.18}$$

让式(5.17)除以 P_t,并把结果代入式(5.18)(再一次假设在世界其他国家中费雪方程是成立的),可以得到:

$$\dot{h}_t=rh_t+\frac{\dot{M}_t}{P_t}-\tau_t \tag{5.19}$$

可以证明,如果把从货币发行中获取的实际收入$\dot{M}_t/P_t$ 写成如下形式将会有启发性:

$$\frac{\dot{M}_t}{P_t}=\underbrace{\dot{m}_t}_{\text{铸币税}}+\underbrace{(\varepsilon_t+\pi_t^*)m_t}_{\text{通货膨胀税}} \tag{5.20}$$

正如式(5.20)所显示的那样,从货币发行中所获取的实际收入能被分解为两部分:(1)铸币税,指公众对货币的实际需求增加后可能增加政府的收入;(2)通货膨胀税,指的是由于通货膨胀为正,公众想要弥补实际货币余额价值的损失而产生的一笔归于政府的收入。③

将式(5.20)代入式(5.19)中,可以得到:

$$\dot{h}_t=rh_t+\dot{m}_t+(\varepsilon_t+\pi_t^*)m_t-\tau_t \tag{5.21}$$

---

①　附录5.8.1把政府分解为货币当局与财政部门,并展示了式(5.17)如何通过合并他们各自的名义预算约束并推导出来。

②　当然,在这里我们是从传统税中提取税收收入(即除了通货膨胀税以外的税收收入)和政府支出。

③　需要提醒读者的是,在第10章所研究的公共金融模型中,典型的"通货膨胀税"的表达式是习惯于用 i_tm_t 来表达,这是一笔因为政府有能力发行无息债务而产生的归于政府的收入。

对式(5.19)进行积分,并施加转型条件$\lim_{t\to\infty} h_t e^{-rt}=0$,我们可以得到政府的跨期约束条件:①

$$h_0+\int_0^\infty \frac{\dot{M}_t}{P_t}e^{-rt}\mathrm{d}t=\int_0^\infty \tau_t e^{-rt}\mathrm{d}t \tag{5.22}$$

最后,需要注意的是,到目前为止,我们仅仅探讨了会计核算,还没有对政策作任何假设。

5.2.3 均衡条件

完全资本流动的假设意味着如下利率平价条件成立:

$$i_t=i_t^*+\varepsilon_t \tag{5.23}$$

让$k_t(\equiv b_t+h_t)$表示经济中的净外国资产存量。联合消费者的流量约束[式(5.9)]和政府的流量约束[式(5.21)]可以产生经济的流量约束:

$$\dot{k}_t=rk_t+y_t-c_t \tag{5.24}$$

当该经济的收入(rk_t+y_t)超过其消费(c_t),该经济会积累净外国资产(即$\dot{k}_t>0$)。把经济的流量约束与标准的国际收支会计准则相联系,可以将方程式重写为:

$$\underbrace{\dot{h}_t}_{\Delta h}=\underbrace{-\dot{b}_t}_{KA}+\underbrace{\underbrace{r(b_t+h_t)}_{IB}+\underbrace{y_t-c_t}_{TB}}_{CA} \tag{5.25}$$

这里的TB、IB、CA、KA和Δh分别代表贸易平衡、收入平衡、经常账户、资本账户和国际储备的增加。正如上文所显示的那样,式(5.25)构成了国际收支会计的基本特征,这一特征用通俗语言可以描述为:②

国际储备的增加=资本账户+经常账户

在第1章无货币的"真实"世界中,经常账户的赤字不得不通过资本账户盈余(即通过从国外借款)来提供资金。相反,在一个有货币的经济中,经常账户赤字与资本账户赤字(即贷款给国外)能同时存在,只要中央银行能通过减少国际储备的方式来为这两类赤字融资。

最后,注意通过对经济的流量约束[式(5.24)]进行积分,并结合转型条件$\lim_{t\to\infty} k_t e^{-rt}=0$,可以产生经济的资源约束:③

---

① 严格来说——正如在附录5.8.2所讨论的那样——约束式(5.22)的左端还应该包括实际货币余额在未来的所有跃升。

② 注意,作为一个术语,国际储备的变化是经常被称为"收支平衡"。假如一个国家的国际储备正在增加(减少),收支平衡就是正的(负的)。

③ 作为一种选择,正如本章习题1所显示的那样,式(5.26)也可以通过联合消费者和政府的跨期约束推导出,这两个跨期约束分别由式(5.10)和式(5.22)给出。

$$k_0+\int_0^{\infty} y_t e^{-rt}\mathrm{d}t=\int_0^{\infty} c_t e^{-rt}\mathrm{d}t \tag{5.26}$$

5.2.4 完全预见均衡

现在我们来刻画消费和实际货币余额的完全预期均衡路径。在完全预期均衡路径上，消费将遵循式(5.12)的一阶条件并将固定不变（由 c 来表示）。然后，从经济的资源约束式(5.26)中可以得出：

$$c=r\left(k_0+\int_0^{\infty} y_t e^{-rt}\mathrm{d}t\right) \tag{5.27}$$

由于效用函数中的消费和实际货币余额的可分离性，不管名义变量的路径如何，消费随时间的推移是固定不变的（等于永久性收入）。与第 1 章中的禀赋模型所显示的结果一样，对于任何一个禀赋路径，消费随时间推移将会是平滑的。在禀赋低（高）的时期，经济体将通过贸易赤字（盈余）的方式随时间的推移平滑消费。此外，消费和外部账户将会对未预期到的禀赋冲击作出与第 1 章相同的反应。因此，在这个基础货币模型中，模型展示了由古典货币经济学所强调的实体经济与货币经济的“两分法”，从这个意义上说，货币仅仅是一层“面纱”。①

从式(5.14)中可以看到，在完全预期路径中的实际货币需求将由下式给出：

$$m_t=L(c,\ i_t) \tag{5.28}$$

因此，假如名义利率随时间的推移保持固定，实际货币需求也将随时间的推移保持固定。现在我们转向名义利率和其他名义变量的确定（在下文我们将假设国外通货膨胀率固定在 π^* 的水平上）。

5.2.5 名义锚

名义利率的确定和名义汇率与名义货币供给的路径都将依赖于货币当局所采用的货币制度。下面我们将研究在两种名义锚之下这些变量的最主要的决定方法：汇率（预定汇率）和货币供给（浮动汇率）。②

表 5.1 资产负债表

$E_t H_t^*$	M_t
D_t	

① 值得注意的是，这种两分法是指如下事实：货币部门不影响实体部门。当然，实际的冲击可以对货币变量产生影响。

② 在大多数现代经济中，中央银行都具有发行货币的合法垄断权。与任何有垄断的情形一样，中央银行或者设定价格（让数量由市场决定）或者设定数量（由市场来决定价格）。前者代表了预定汇率的情况，而后者则代表了浮动汇率的情况。

作为分析的起始点,考虑显示在表 5.1 中的中央银行资产负债表。①从资产负债表中可以得出:

$$E_t H_t^* + D_t = M_t \tag{5.29}$$

这里的 D_t 代表国内名义信贷的存量。②

为了使名义锚的运行机制以及名义变量决定的思路更系统化,我们把式(5.28)重写为如下形式:

$$\frac{M_t}{E_t P_t^*} = L(c,\ i_t) \tag{5.30}$$

当然,这里 P_t^* 是外生给定的。正如在下文将被清楚显示的那样,在一个静态均衡中,名义利率 i_t 将由名义锚的增长率来决定。因此,出于分析名义变量决定的目的,我们可以把 i_t 视为已经被决定的。然后,我们能把式(5.29)和式(5.30)视为一个由如下四个未知数组成的方程组:E_t、H_t^*、D_t 和 M_t。货币当局能设定四个变量中的两个,而让其余两个内生地被决定。另外,式(5.30)告诉我们,M_t 或者 E_t 必须由货币当局来设定[但不能两个都由货币当局来设定,如果这样,式(5.30)就将是由多因素决定的了]。

在这种背景下——正如表 5.2 所显示的那样——我们能把预定汇率制定义为,货币当局将设定 E_t 和 D_t,而让 M_t 和 H_t^* 内生地被决定。换句话说,我们能想象货币当局先设定 E_t,然后通过式(5.30)来决定 M_t。当 E_t 和 M_t 被这样决定以后,货币当局再设定 D_t,然后通过中央银行的资产负债表式(5.29)内生地决定 H_t^*。

表 5.2　名义锚

	预定汇率制	浮动汇率制
E	通过政策决定	内生决定
H^*	内生决定	通过政策决定
D	通过政策决定	通过政策决定
M	内生决定	通过政策决定
Z	*na*	内生决定

注:na 代表“不适用”(not applicable)。变量的定义参见教材。

要给出浮动汇率制的定义,我们还需要一个额外的利好因素:即在浮动汇率制下,名义汇率将是一个内生变量。中央银行的资产负债表式(5.29)可以告诉我们,在给定 H_t^*

① 遵循通常的处理方式——主要出于简化的目的——在资产负债表中假设中央银行的资产净值是零。

② 在本模型的背景下——在模型中我们没有明确地引入国内债券——用“国内信贷”的标签实际上有点用词不当。“国内信贷”的标签在货币当局经由公开市场操作而把货币因素引入自己的体系中时才更自然,借助公开市场可以通过购买国内债券(会使国内信贷增加)来增加货币供给,而通过出售国内债券(会导致国内信贷减少)来减少货币供给。然而,在我们当前的模型中,货币最好被想象成是通过“直升机抛洒”的方式而引入经济体中(是通过一个巨大的吸尘器吸引而被退出经济系统的)。因此,“国内信贷”本质上是一个虚构的账户,但是,这一账户能被理解为是一个私人部门或者与货币当局地位相对应的非金融公共部门的无息债务。

和 D_t 时，E_t 的变化将会改变货币供给。例如，名义汇率的增加将会使中央银行发行更多的货币。但是在实践中，当名义汇率发生变化时，中央银行一般不增发货币，而是简单地通过贷入/借出一些非货币性负债来应对名义汇率的变化。为了更好地把这一思想表达出来，我们定义 Z_t 为非货币性负债，并把中央银行的资产负债表重写为：

$$E_t H_t^* + D_t = M_t + Z_t \tag{5.31}$$

这样，我们能把式(5.30)和式(5.31)视为由如下五个未知数组成的方程组：E_t、H_t^*、D_t、M_t 和 Z_t。而中央银行能通过设定五个变量中的三个，让余下的两个被内生地决定(参见表 5.2)。在浮动汇率制下，中央银行会设定 D_t、M_t 和 H_t^*，而让 E_t 和 Z_t 内生地被决定。换句话说，我们能想象中央银行先设定 M_t，借助货币市场均衡式(5.30)就可以决定 E_t。在按照这样的方式决定 M_t 和 E_t 以后，中央银行再设定 H_t^* 和 D_t，借助式(5.31)来决定 Z_t。

在讨论预定汇率制和浮动汇率制背后的机制之前，我们先还是把这两种体制下模型的均衡解求出来。

预定汇率制

在预定汇率制下，货币当局设定名义汇率(E_t)和名义国内信贷存量(D_t)的路径。国际储备(H_t^*)的路径和名义货币供给(M_t)的路径将内生地被决定。在预定汇率制下，名义货币供给是内生的，这一想法对理解预定汇率制度非常关键。

我们使用术语“预定汇率”而不用普遍的“固定汇率”说法严格地说，是因为后者只不过是前者的一个特例。预定汇率制的一个关键特征是，在任何给定的时点上，货币当局都随时准备去用给定价格(即在给定汇率下)买入或者卖出外汇。换句话说，公众能把自己的外国货币(例如美元)出售给中央银行以换取本国货币，反之亦然。假如在中央银行买入/卖出外汇的价格始终固定不变，一般我们把这种制度称为固定汇率制。但假如外汇价格是随时间的推移发生变化，那么，我们就用更一般性的术语“预定汇率制”。①

从形式上看，设定名义汇率的路径实际就是设定 E_0 的初始水平值和名义汇率的固定增长率 ε 的值。②给定 ε，由利率平价条件式(5.23)就可以决定固定水平的名义利率 i 有：

$$i = i^* + \varepsilon \tag{5.32}$$

从式(5.28)中可以看出，名义利率的固定不变意味着，实际货币储备也将随时间推移而固定在一个由下式决定的水平上：

$$m = L(c,\ i) \tag{5.33}$$

因此，对所有的 $t \in [0,\ \infty)$，有 $\dot{m}_t = 0$。因为根据定义，有 $m_t = M_t / E_t P_t^*$，由此可以推断出货币增长率，μ_t 也将随时间的推移保持固定：

$$\mu = \varepsilon + \pi^* \tag{5.34}$$

现在唯一还没有被决定下来的名义变量是名义货币供给的初始值 M_0。因为式(5.28)

① 附录 5.8.5 回顾了在现实中曾经发生过的各种各样的预定汇率制。

② 当然，货币当局也能设定货币贬值率的非恒定路径。我们将会在后面的章节研究这些情形。

在时点 0 上也是成立的，我们能写出：

$$\frac{M_0}{P_0^* E_0}=L(c,\ i)$$

然后我们能求解 M_0：

$$M_0=P_0^* E_0 L(c,\ i) \tag{5.35}$$

有趣的是，到目前为止，我们还没有使用名义国内信贷路径这一条件。因此，上面推导出的所有的内生变量都独立于名义国内信贷路径。名义国内信贷路径将决定国际储备(h_t)路径。正如上面所显示的那样，货币当局设定了 D_0 的初始值，以及(固定的)国内信贷增长率(θ)的值。要决定国际储备的路径，首先需把中央银行的资产负债表用实际变量表达出来，为：

$$h_t+d_t=m_t$$

然后，让等式的两边同时求导，可以解得$\dot{h}_t$：

$$\dot{h}_t=\dot{m}_t-\dot{d}_t \tag{5.36}$$

这一方程说明，在预定汇率下，任何实际国内信贷的增长如果超过了实际货币需求的变化都将导致国际储备的减少。换句话说，假如$\dot{d}_t>\dot{m}_t$，则$\dot{h}_t<0$。直观来说，中央银行发行的非私营部门所需要的货币就会导致国际储备减少，因为私营部门为了摆脱这些不想要的货币余额，就会用它们到中央银行去换取净外国资产。为了加深理解，注意，由于 $d_t=D_t/E_tP_t^*$，因此有：

$$\dot{d}_t=d_t(\theta-\varepsilon-\pi^*) \tag{5.37}$$

将式(5.37)代入式(5.36)，可以得到：

$$\dot{h}_t=\dot{m}_t-d_t(\theta-\varepsilon-\pi^*)$$

在我们这个$\dot{m}_t=0$ 的特殊情形中，因为从式(5.33)中可以看到，实际货币需求是固定的。因此，我们把这个方程重写为：

$$\dot{h}_t=-d_t(\theta-\varepsilon-\pi^*) \tag{5.38}$$

考虑到实际货币需求保持固定，假如名义国内信贷比国内的通货膨胀增加得更快(即，$\theta>\varepsilon+\pi^*$)，那么货币当局就将会被迫减少国际储备(即$\dot{h}_t<0$)。这一情形实际上在许多国家非常普遍，在这些国家中，货币当局为了给财政部门的支出融资，而经常被迫发行货币。如果这种状态持续维持下去，而国际储备的减少又不能突破下限阈值限制，那么货币当局将耗费完自己的国际储备从而出现国际支付危机(在后文的第 16 章将展开更为详细的分析)。相反，在 $\theta<\varepsilon+\pi^*$ 的状态下意味着货币当局要无限制地进行国际储备的积累，这显然是不可能的，因而这种情形也可以被排除。因此，对于一个具有可持续性的预定汇率体制，国内信贷的增长率必须等于国内通货膨胀率(即 $\theta=\varepsilon+\pi^*$)，这也将是我们一直保持的假设。①根据式(5.37)可知，这意味着$\dot{d}_t=0$，因此，结合式(5.36)有：

① 严格来说，对于要实现预定汇率制的可持续性来说，这只是一个充分但不是必要的条件(参见附录 5.8.3)。

$$\dot{h}_t = \dot{m}_t \tag{5.39}$$

由此可知，在均衡时，实际货币需求的变化将被反映在国际储备的变化之中。

虽然我们已经确定了国际储备变动路径随时间的推移保持不变，我们还需要确定它们的初始值 h_0。从在 $t=0$ 时点上的中央银行的资产负债表以及式(5.33)中，可以推出：

$$h_0 = L(c,\ i) - d_0 \tag{5.40}$$

从理论上讲，h_0 可取任何符号，因为中央银行的资产可以为负。

最后，值得注意的是，确保政府预算约束在任何时点上都成立的机制是转移支付的不断变化。在式(5.21)中，考虑到所有 m_t 和 h_t、ε_t 都是随时间的推移固定不变，由此可以得出：

$$\tau = rh + (\varepsilon + \pi^*)m \tag{5.41}$$

为了加深理解，可以考虑固定汇率制($\varepsilon=0$)以及国外通货膨胀率为零的情形，此时 $\tau = rh$。假如 $h<0$，那么政府通过向私人部门征税来为自己的债务服务融资。

浮动汇率制

在浮动汇率下，货币当局不对外汇市场进行任何干预，而是任由汇率通过市场的力量来决定。假如中央银行不干预外汇市场，它的国际储备随时间的推移保持固定不变。①为简单起见，一般都假设初始的国际储备水平为零。

假如国际储备是零，那么中央银行的资产负债表可简化为：

$$D_t = M_t$$

因此在浮动汇率下，设定名义国内信贷路径等同于设定名义货币供给路径。②特别是在货币当局设定初始水平值 M_0 和名义货币供给的固定增长率值 μ 的情形下。

现在我们首先来证明实际货币余额将随时间的推移保持固定不变。要看明白这一点，注意 $\dot{m}_t/m_t = \mu - \varepsilon_t - \pi^*$，然后借助式(5.13)和式(5.23)可以得到：

$$\dot{m}_t = m_t\left[r + \mu - \frac{v'(m_t)}{\lambda}\right] \tag{5.42}$$

这是一个关于 m_t 的微分方程，因为 λ 仅仅是由式(5.12)和式(5.27)所决定的某个数值。在实际货币余额的稳定值附近线性化这个方程可以发现，这是一个不稳定的微分方程，实际货币余额的稳定值可以由 $\bar{m}$ 来定义，并隐含地由 $r+\mu = v'(\bar{m})/\lambda$ 给定。③正式地，有：

$$\left.\frac{\partial \dot{m}_t}{\partial m_t}\right|_{\bar{m}} = -\frac{\bar{m}v''(\bar{m})}{\lambda} > 0$$

① 当然，中央银行也能通过适当地干预外汇市场而选择一条不固定的国际储备路径。这将是在本章习题2中分析的“肮脏浮动”(dirty floating)的情形。

② 假如国际储备水平是固定的，但没有被设定为零，那么上面的表述将不完全正确，因为名义汇率的变化将意味着资本获得收益或损失，而这将影响名义货币供给。

③ 举一个例子，注意假如 $v(m_t) = \log(m_t)$，那么式(5.42)变为由 $\dot{m}_t = (r+\mu)m_t - 1/\lambda$ 给出的线性微分方程，这一微分方程当然是不稳定的。

这意味着除非在 $t=0$ 时点 m_t 就已经达到了它的稳定值，否则它将随时间的推移而偏离。因此，对于所有 $t\geqslant 0$ 时点而言，唯一的收敛均衡路径是 $m_t=\bar{m}$。直观上说，假如 m_t 增加，名义利率必须下降以适应这种增加。根据利率平价条件，这意味着贬值率（通货膨胀率）将下降；反过来意味着实际货币供给将增长更快，而这又要求名义利率发生进一步下降。进一步地，因为 $\dot{m}_t/m_t=\mu-\varepsilon_t-\pi^*=0$，固定的贬值率将由下式给出：

$$\varepsilon=\mu-\pi^* \tag{5.43}$$

从利率平价条件式(5.23)和式(5.43)——以及考虑到 $i^*=r+\pi^*$——可以进一步推导出固定的名义利率水平将由下式给出：

$$i=r+\mu \tag{5.44}$$

到目前为止，唯一还没有被决定的名义变量是名义汇率的初始值 E_0（即初始的价格水平）。因为在 0 时点式(5.28)也是成立的，我们能写出：

$$\frac{M_0}{P_0^* E_0}=L(c,\ i)$$

然后，我们可以通过求解 E_0 而得到：

$$E_0=\frac{M_0}{P_0^* L(c,\ i)}$$

正如在预定汇率制下一样，我们已经证明在浮动汇率制下所有名义变量值都有清楚明确的定义。

最后，怎样决定政府的转移支付？因为国际储备等于零并且 $\dot{m}_t=0$，根据式(5.21)，我们可以看到固定的转移支付水平将由下式给出：

$$\tau=(\varepsilon+\pi^*)m \tag{5.45}$$

5.3 中性和超中性

我们现在转向去证明在基础货币模型中，货币政策和汇率政策都是中性和超中性的。“中性的”货币政策意味着一个未预期的永久性货币供应量变化将不会有实际效应。[①]只会简单地使汇率发生同比例的变化。出于同样的原因，中性的汇率政策意味着永久性的货币贬值将不会有实际效应，而只会导致名义货币供应量发生同比例的变化。“超中性的”货币政策或者汇率政策，意味着货币增长率的变化和货币贬值率的变化都不会产生实际效应。

因为货币政策和汇率政策都是中性和超中性的，因而货币/汇率政策的变化将不会对实体经济产生影响。相反，正如我们在本章习题 3 中所证明的那样，在浮动汇率或者预定汇率体制下，实际冲击都将产生相同的实际效应。因此，在经济的实际变量均独立于货币

① 在当前的背景下，“实际效应”总是被隐含地理解为除了实际货币余额（它可以变化）外的其他实际变量。

变量的路径这一意义上说，我们的基础模型中货币只是一层面纱。

5.3.1 汇率政策

现在我们将开始研究如下两种情形下的效应：(1)未预期的永久性货币贬值(即汇率水平的增加)；(2)货币贬值率发生未预期的永久性增加。

永久性的货币贬值

假如经济一开始就处在上文所刻画的完全预期的平稳均衡($\pi^*=0$)中。出于简化考虑，假设初始时有 $\varepsilon=\theta=0$，以至于汇率在初始时也是固定的。在 $t=0$ 时点，名义汇率水平发生未预期的永久性增加(即发生永久性货币贬值)，可参看图 5.1a。这个货币贬值的效应将是什么？

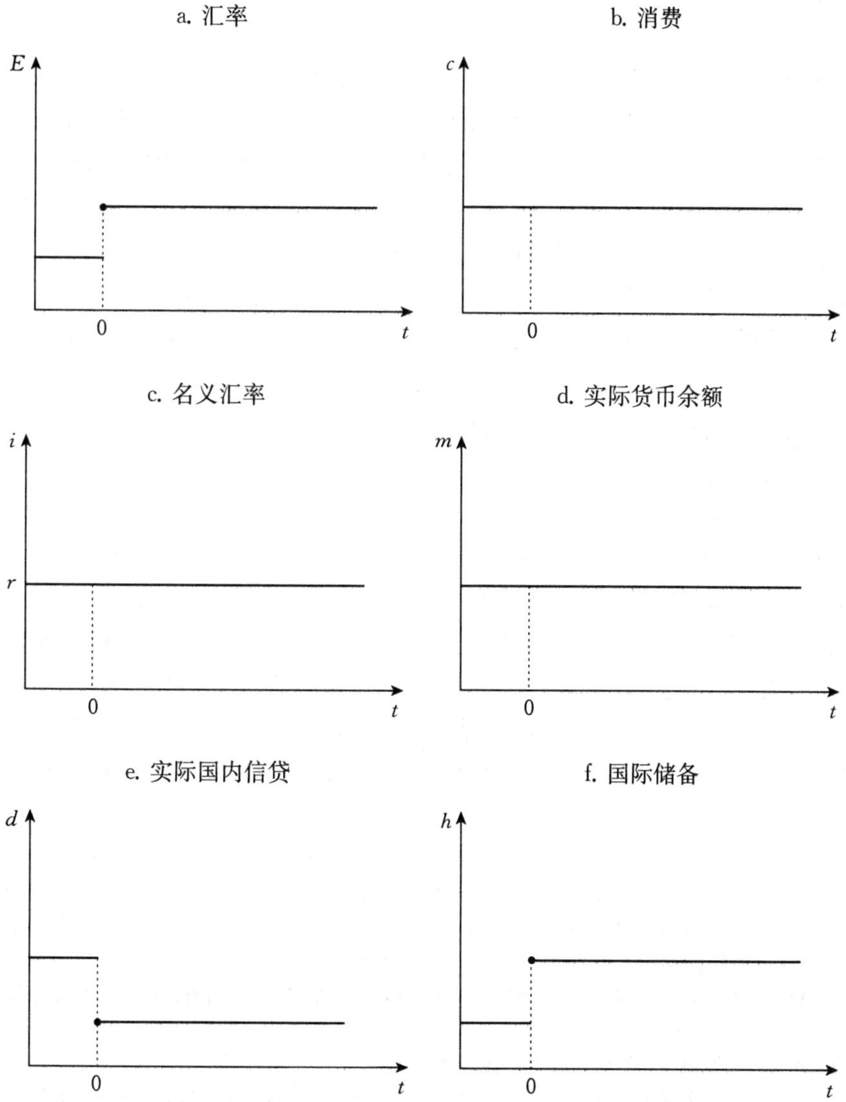

图 5.1 永久性货币贬值

很明显，这一货币贬值将不会有实际效应，因为我们已经证明在一条完全预期均衡路径上，消费将由式(5.27)给出，而与汇率路径无关(参见图5.1b)。从式(5.32)中，我们也能看出名义利率将不会发生变化(参见图5.1c)。因此，根据式(5.33)可知，实际货币需求也不会发生变化(参见图5.1d)。由式(5.34)可知，货币的增长率也不会发生变化。根据式(5.35)我们可以看出，名义货币余额的初始水平将发生与汇率相同比例的增加。

从永久性货币贬值中产生的主要行为结果实际发生在中央银行的资产负债表中。因为名义国内信贷存量是由政策制定者控制的，因此，在$t=0$时点是给定的，此时实际国内信贷存量将下降，并在随后的时间里保持在一个更低的水平上(参见图5.1e)。然后我们能从中央银行的资产负债表($h_t=m_t-d_t$)中推导出国际储备的路径。从结果中可知在冲击发生时国际储备会产生一个向上的跃升，然后保持在这一固定的水平上(参见图5.1f)。实际上，正如中央银行的资产负债表变动一样，在$t=0$时点国际储备的变化正好等于实际国内信贷存量的减少：

$$\Delta h_0=-\Delta d_0>0$$

因此，我们能得出结论：货币贬值将会导致国际储备的增加。

隐含在中央银行国际储备增加背后的经济意义是什么？其中的关键是，尽管货币贬值不影响实际货币需求，但它减少对于初始名义货币供给而言的实际货币供给水平。换句话说，在初始的货币供给水平上，存在一个对货币的初始超额需求。消费者为了重建自己的货币余额，会到中央银行用净外国资产来交换名义货币余额。[①]

“超额货币需求”会导致国际储备增加的想法——会在我们这个没有摩擦的模型中瞬时出现——是预定汇率制下的一个最基本的货币调节机制。将各种摩擦因素引入这个基本模型(例如，像在第6章中那样假设不存在有息债券，或者假设存在资本控制)会迫使这种调节逐渐随时间的推移而发生，但不会改变它的基本性质。[②]

货币贬值率的永久性增加

现在假设从同样的初始均衡点($\pi^*=\varepsilon=\theta=0$)开始，货币贬值率发生了未预期的永久性增加(参见图5.2a)。[③]再一次，消费将保持固定(参见图5.2b)。从式(5.32)中我们能推断出名义利率将发生与货币贬值率相同幅度的增加(参见图5.2c)。因为持有货币的机会成本增加，在$t=0$时点实际货币需求就会下降，这一点可以从式(5.33)中看出(参见图5.2d)。[④]货币增长的比率也是增加的[这可以从式(5.34)中看出]。根据式(5.35)可知，初始的货币供给水平也会发生下降。实际国内信贷路径会保持不变(参见图5.2e)。最后，因为实际货币需求下降，我们可以从式(5.40)中推断出在$t=0$时点国际储备也将下降(参见图5.2f)。

---

① 还有一种替代的解释，这种解释关注中央银行的干预，其过程如下：为了重建货币余额，消费者会出售国外资产，这会对名义汇率(外国债券的名义价格)产生向下的压力。为了阻止本国货币发生升值，中央银行必须介入并大量购买有私人部门提供的国外资产。通过这样做，中央银行会增加货币供给直到货币市场重新恢复到均衡状态，在这一状态下，名义汇率不再受到进一步变化的压力。

② 出于相同的原因，货币贬值(即E_t发生下降)将导致国际储备减少，因为在初始的名义货币供给水平上将存在超额货币供给。

③ 为了确保预定制继续保持可持续性，我们要假设θ也增加相同的幅度。

④ 实际货币需求对名义利率变化的反应程度会反过来决定后续效应的深度，这一点总体上又取决于货币需求的利率弹性。附录5.8.6综述了对这一重要参数进行经验评估的文献。

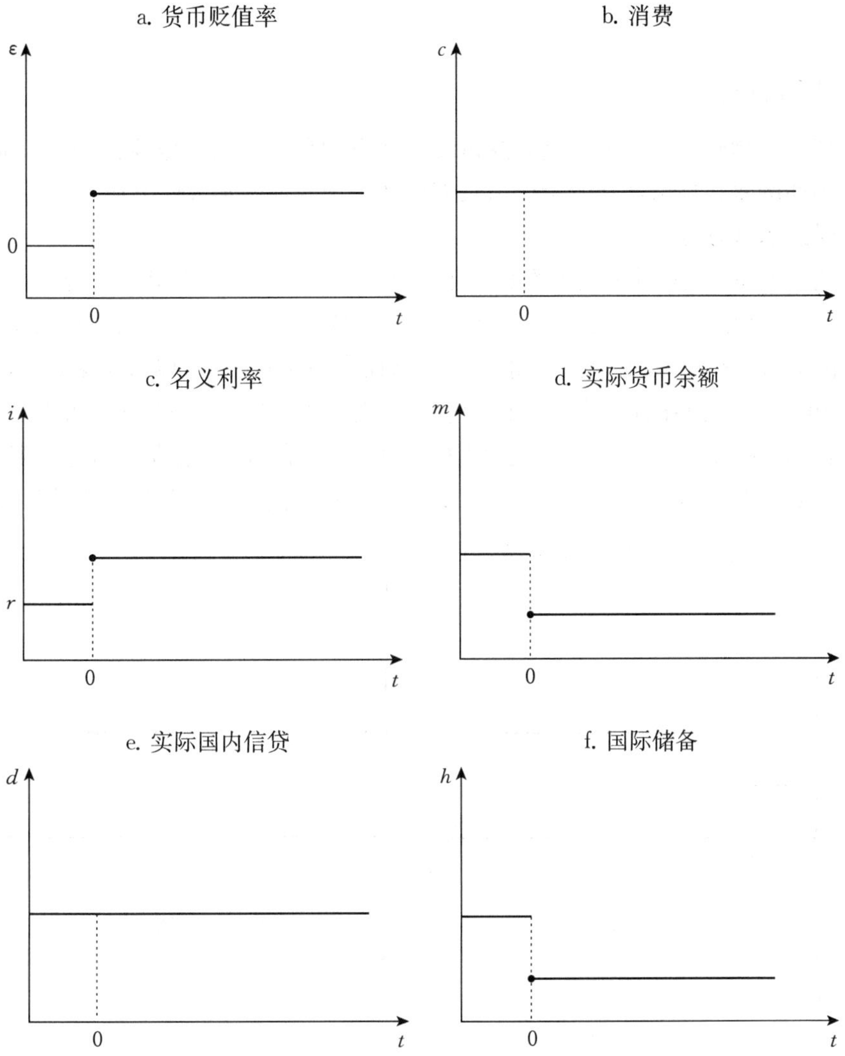

图 5.2　货币贬值率的永久性增加

这样的调整是怎样发生的？作为对持有货币的机会成本增加的反应，消费者自然会减少其实际货币持有量。要实现这一目的，他需要去中央银行把本国货币兑换成国外资产（即出售本国货币并买入国外资产）。这自然会导致中央银行的国际储备发生下降，而私人持有的国外净资产上升。当然，对于整个经济体来说，国外净资产并不会发生变化。

注意，尽管永久性货币贬值会使国际储备增加，但永久性货币贬值率的增加却会导致国际储备减少。之所以会出现这种对比鲜明结果的根本原因是影响货币市场均衡的渠道不同。在第一种情形中——以及一个初始的名义货币供给水平——货币贬值会出现初始的超额实际货币需求，这会对名义货币供给产生向上调整的压力。①在第二种情形下——以及一个初始的名义货币供给水平——货币贬值率的增加会出现初始的超额实际货币供给，这会要求名义货币供给出现下降。

---

①　与此相反，国内信贷的一个永久性增加（即 D_t 增加）将产生初始的超额货币供给，进而会导致国际储备减少，本章习题 4 分析了这种情况。

5.3.2 货币政策

我们现在开始转向浮动汇率制并探讨发生如下两种政策时的效应:(1)名义货币存量出现了未预期的永久性增加;(2)货币增长率出现了未预期的永久性增加。

货币供给永久性增加

假如从一个在上文描述的初始均衡点开始(有 $\mu=\pi^*=0$),名义货币供给发生了未预期的永久性增加(参见图 5.3a)。消费当然会保持不变(参见图 5.3b)。在新的均衡中,实际货币余额必须保持固定不变,否则,实际货币余额的路径将随时间推移而偏离(参见图 5.3c)。实际货币余额固定不变意味着当政策发生变化后,名义汇率将会发生与名义货币供给相同幅度的增加,然后维持在这一水平上不变(参见图 5.3d)。对所有的 t 都有 $\dot{m}_t=0$,这一事实意味着贬值率会继续等于零(参见图 5.3e),这也意味着名义利率也会保持固定(参见图 5.3f)。

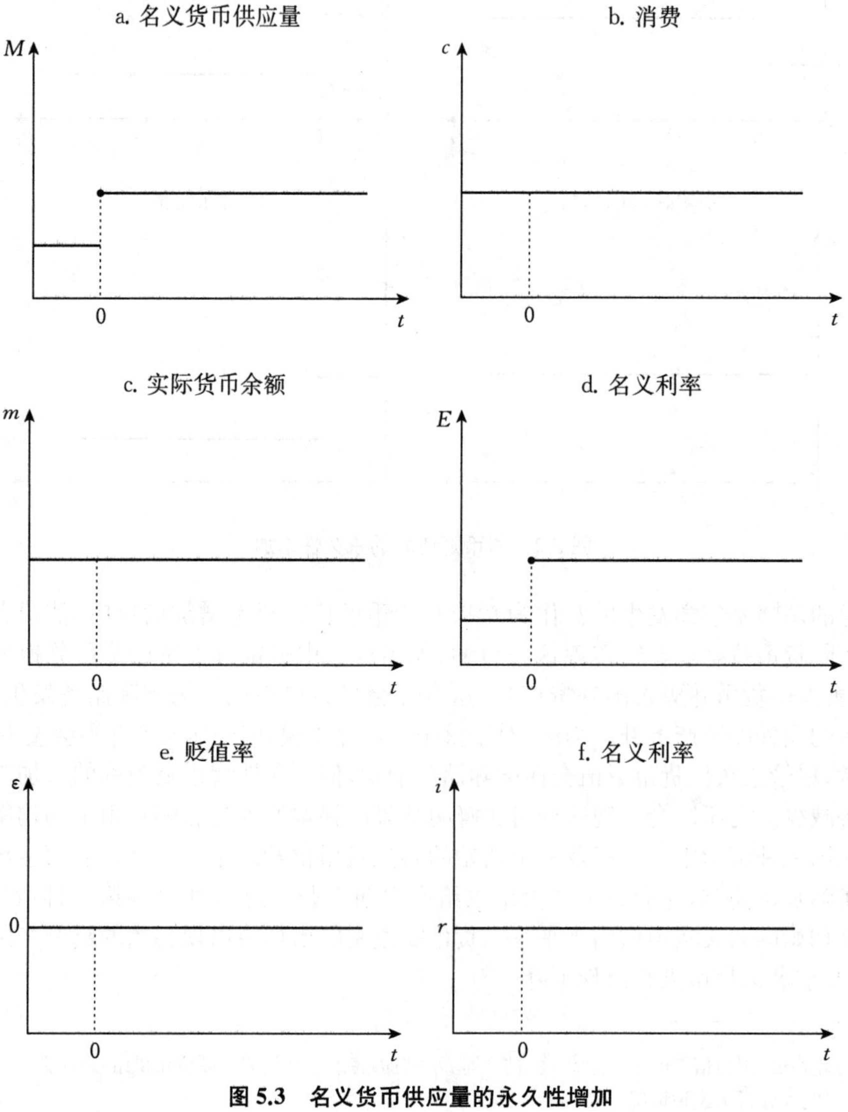

图 5.3 名义货币供应量的永久性增加

我们得出结论，名义货币供应量的永久性增加会导致名义汇率的等比例增长，而所有其他变量都保持不变。

货币增长率永久性增加

假设从上述初始均衡($\mu=\pi^*=0$)开始，有一个未预期的货币增长率的永久性增加(参见图 5.4a)。当然，消费也保持不变(参见图 5.4b)。由于实际货币余额由不稳定的微分方程决定，必须立即调整以适应新的较低的固定值(参见图 5.4c)。否则，实际货币余额的路径将随着时间的推移偏离。由于名义货币供应量在 $t=0$ 时给出，我们推断汇率将受影响上升(参见图 5.4d)。对于所有 t，$\dot{m}=0$ 成立意味着贬值率将受影响而增加，此后保持在该水平上(参见图 5.4e)。反过来，这意味着名义汇率在 $t=0$ 时跃升，然后从 $t=0$ 开始以货币增长率的速率增长(参见图 5.4d)。按照利率平价，名义利率将受影响而增加，此后保持不变(参见图 5.4f)。

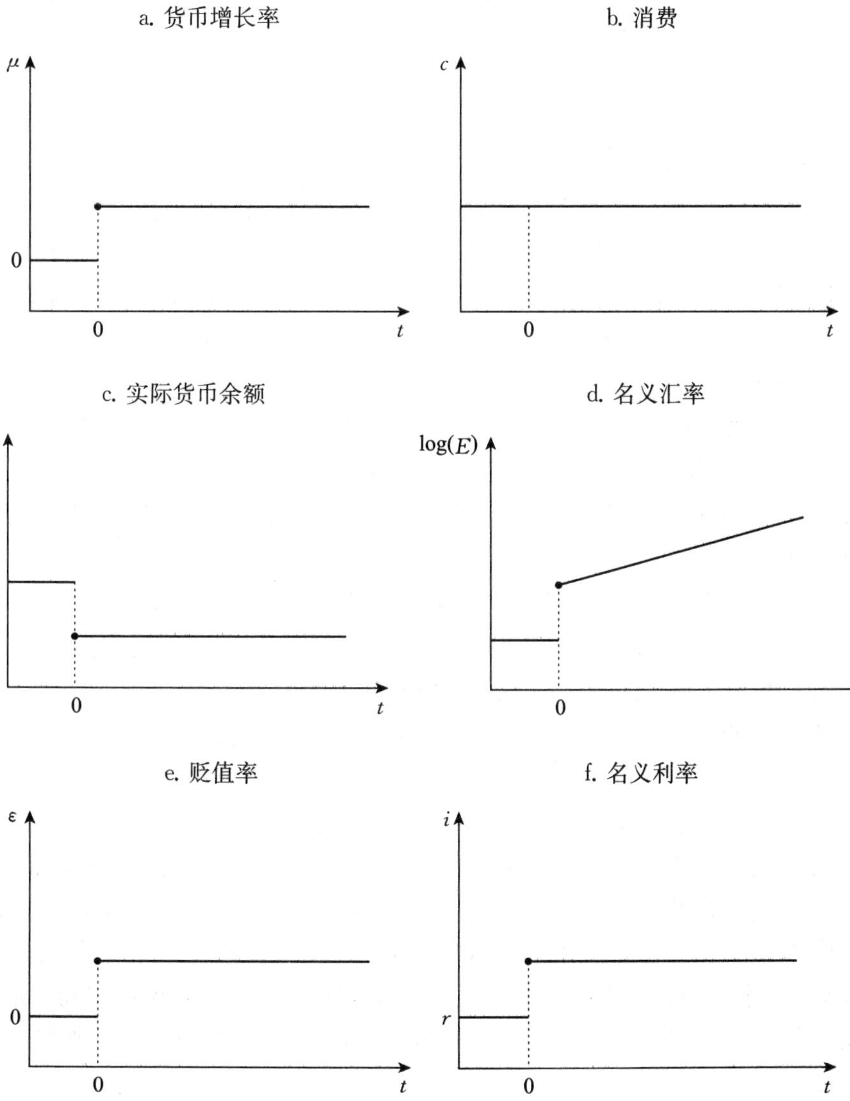

图 5.4 货币增长率永久性增加

我们得出的结论是，货币增长率的永久增加会使汇率增加，并使贬值率和名义利率相应增加。

5.4 等价结果

我们将表明预定汇率与浮动汇率之间存在基本的等价关系。考虑一个以预定汇率制度运行的经济体(为简单起见，假设国外通货膨胀为零)。对于货币当局设定的任何汇率给定路径，名义货币供给都将有相应的路径。如果在浮动汇率下，货币当局设定外生的名义货币供给路径，则将获得相同的均衡路径。实际上，除非能够看到中央银行的国际储备变动情况，否则将无法区分这两种制度。

我们将通过两个示例来说明这一点。首先，我们将假设经济以预定汇率制运行且货币贬值速率不是恒定的，研究名义货币供给路径。然后，我们将研究相反的情况：我们将假设经济以浮动汇率制运行，货币增长率不是恒定的，并考察名义汇率路径的含义。①

5.4.1 非恒定的货币贬值率

假设经济以预定汇率制度运行。考虑与图 5.5a 所示的货币贬值率路径相对应的完全预期均衡，货币贬值率一直保持恒定，直到时点 T(在 ε^H 水平)下降到较低的水平(ε^L)，然后保持在这个水平。对应的名义汇率路径如图 5.5b 所示。根据利率平价条件[式(5.23)]，名义利率先高后低(参见图 5.5c)。从式(5.28)中可以看出，实际货币需求将保持低水平直到时点 T，然后在时点 T 跃升到更高的水平(参见图 5.5d)(消费当然是恒定的，并且与名义汇率的路径无关)。名义货币供给路径(参见图 5.5e)遵循实际货币余额和名义汇率路径。由于实际货币余额在时点 T 之前是恒定的，因此名义货币存量的增长速度必须与名义汇率(ε^H)相同。在时点 T，因为公众在中央银行将外国资产换成本国货币，名义货币存量持续增加。在时点 T 之后，名义货币供应量以较低的贬值率增加(ε^L)。最后，对于所有 $t\geqslant 0$，由 $\dot{m}_t=0$ 可得 $\mu_t=\varepsilon_t$。因此，μ 先在高点，然后在时点 T 处下降(参见图 5.5f)。

现在考虑以浮动汇率制运行的同一经济。进一步假设中央银行设定的名义货币供给路径由图 5.5e 所示。换句话说，中央银行已宣布名义货币供应量将以 ε^H 的速率增长直到时点 T，然后在时点 T 上离散增加，之后以较低的速率 ε^L 增长。如图 5.5 所示，我们现在正如期望的那样检验贬值率、名义汇率、名义利率和实际货币余额的对应路径。

回顾在浮动汇率制下，实际货币余额由式(5.42)给出的不稳定微分方程决定。在时点 0 和 T 之间，实际货币余额的变化将由 $r+\varepsilon^H=v'(\bar{m})/\lambda$ 隐含给出的静态均衡的运动定律所决定。在时点 T，由于名义货币供给上升，但名义汇率不变，实际货币余额将发生跃升。通过构造时点 T 上名义货币的跃升(参见图 5.5d)，恰好是使实际货币余额从[0，T)之间的水平达到新的更高水平的增量。因此，实际货币余额将一直保持其固定值，直到时点 T 为止，然后跃升至其新值上。这与图 5.5d 中描述的路径相同。对于所有 $t\geqslant 0$，确定

① 本章习题 5 讨论了第三个示例(在浮动利率下货币供应量的预期增长)。

有$\dot{m}_t=0$时，由此得出贬值率就由所有时间点货币增长率决定，因此遵循图 5.5a 所示的路径。名义汇率的相应路径由图 5.5b 给出。

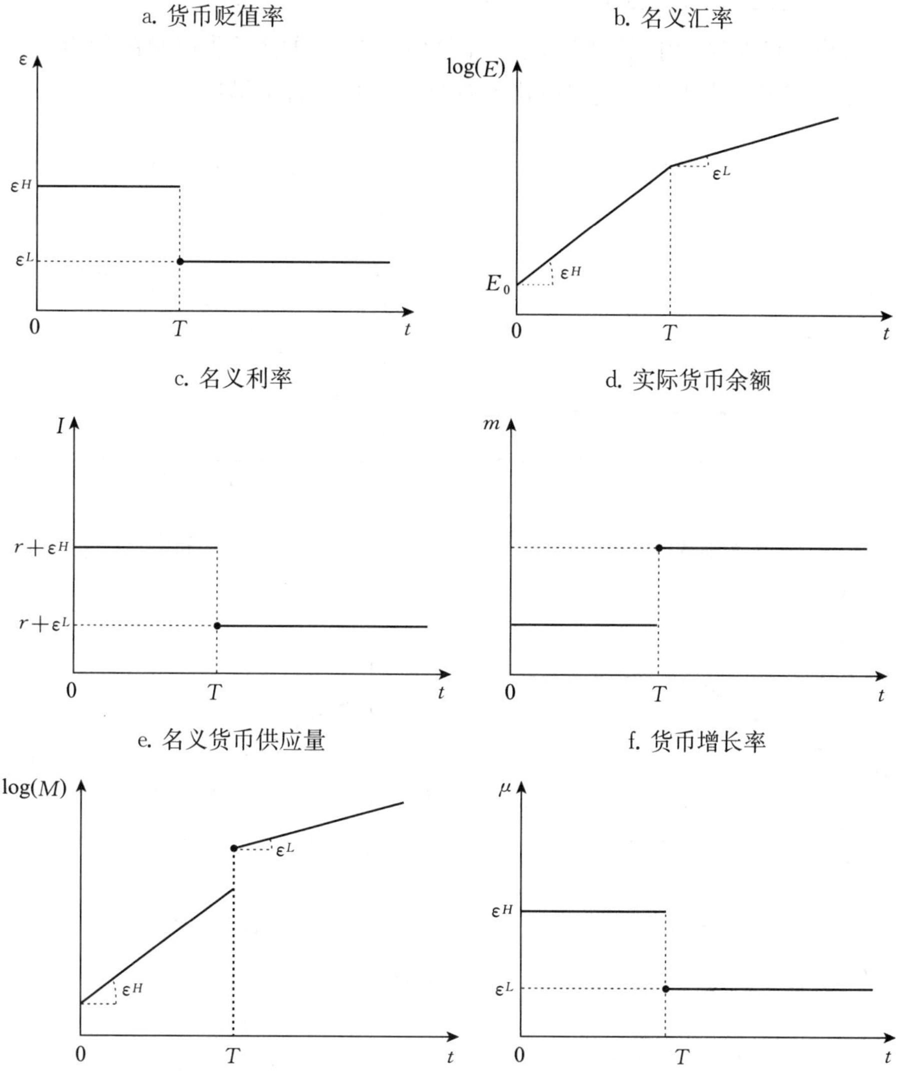

图 5.5 预定汇率与浮动汇率之间的等价性 I

总之，如果在浮动汇率下货币当局设定图 5.5e 给出的名义货币供给的路径，贬值率、名义汇率、名义利率和实际货币余额的均衡路径将与预定汇率制度下中央银行在图 5.5a 设置的货币贬值率路径的情形完全相同。只能看到图 5.5 所示的 6 个变量的外部观察者将无法判断经济体是在预定汇率制还是在浮动汇率制下运行。但是，如果观察者可以看到中央银行的资产负债表，他将能够通过时点 T 资产负债表的变化来判断。在预定汇率制下，他将看到货币的增加伴随着外汇储备的增加，而在浮动汇率制下，他将看到名义国内信贷的增加。①

① 当然，如果在预定汇率下，中央银行在时点 T 所增加的国内信贷额度，恰好能满足实际货币需求所增加的额度，那么我们的观察者通过观察中央银行的资产负债表，将无法判断出经济体在哪个机制下运行。

5.4.2 非恒定的货币增长速率

现在假设经济在浮动汇率制下运行，并且中央银行设定了非恒定的货币增长率，如图 5.6a 所示。名义货币供应量的对应路径在图 5.6b 中进行了描述。

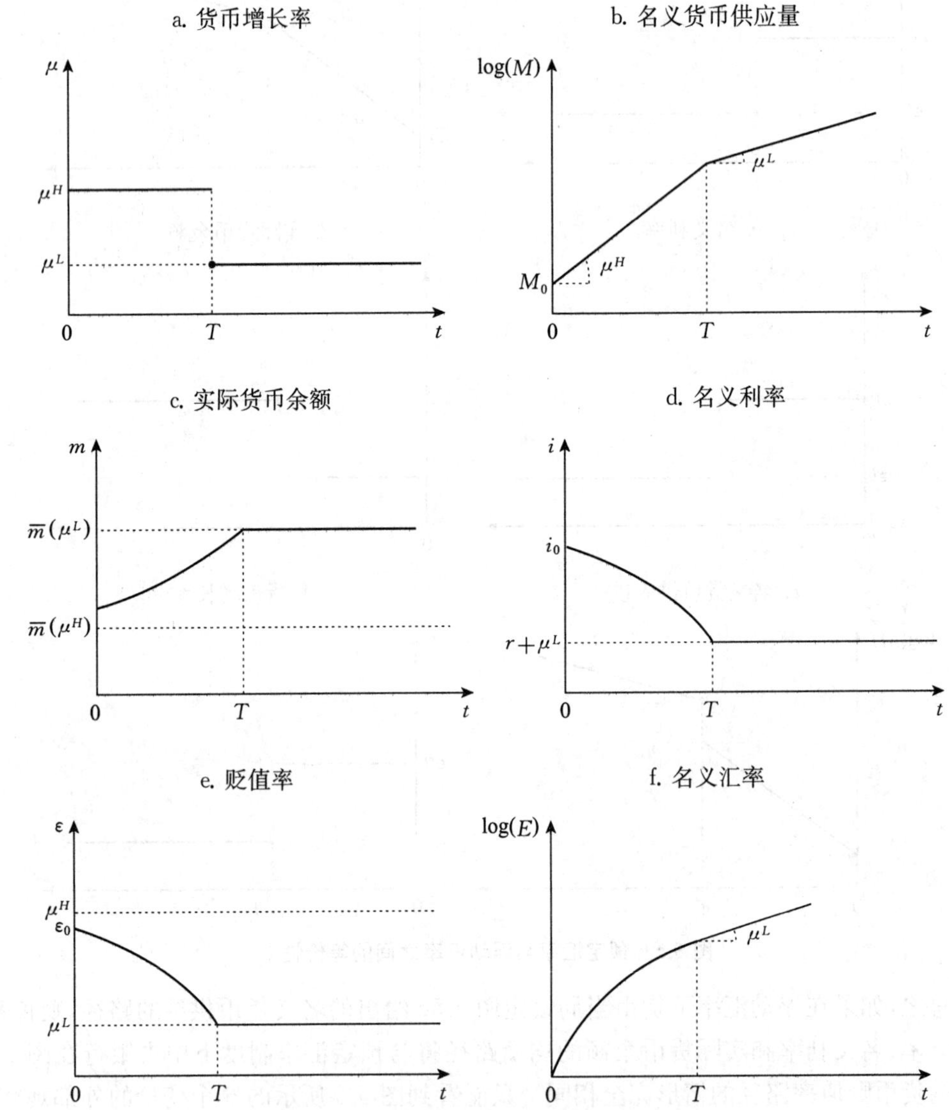

图 5.6 预定汇率与浮动汇率的等价性Ⅱ

为了解决实际货币需求完全预期路径，我们需要做出关键预判，即实际货币余额在时点 T 不能跃升。要看到这一点，回顾一下 $m_t = M_t / E_t P_t^*$。根据假设，名义货币供给的路径在时点 T 上是连续的。P_t^* 也是如此。此外，在均衡状态下，名义汇率在时点 T 上也不能跃升。如果发生跃升，则将有无限的套利机会，与均衡性不一致。例如，假设汇率预期将在时点 T 上涨。由于消费者确定知道这一点，因此他将在汇率上升之前立即清空所有货币余额。因此，实际货币需求将在 T 之前的瞬间降至零，这与均衡不一致(因为这将导致无限高的价格水平或汇率)。相反，如果预计汇率将在时点 T 下跌，则消费者将希望清空所有外国净资产，并在时点 T 获得无限收益的情况下转向本国货币。在时点 T 前不久的货币需求将是无限的，这又与均衡不一致。我们得出结论，实际货币余额必须在时点 T 上连续。

鉴于实际货币余额不能在时点 T 跃升，我们推断 m_t 必须以连续的方式收敛到其较高的静态均衡水平上。因此，m_0 必须高于由 $r+\mu^H=v'(\bar{m})/\lambda$ 定义，并由 $\bar{m}(\mu^H)$ 表示的静态均衡水平，从而在过渡期间增加(参见图 5.6c)。由于在该模型中，消费总是等于永久性收入，因此我们可以从实际货币需求式(5.28)推断名义利率的表现。因此，名义利率将随着时间的推移降至其固定值(参见图 5.6d)。

至于贬值率的路径，注意：

$$\frac{\dot{m}_t}{m_t}=\mu^H-\varepsilon_t>0, \quad t\in[0, T)$$

我们推断在过渡期间贬值率将低于 μ^H。通过利率平价条件我们还知道，贬值率将随着时间的推移而下降，并在 T 处连续(参见图 5.6e)。名义汇率的对应路径如图 5.6f 所示。

现在假设经济体在预定的汇率下运行，并且中央银行设定了如图 5.6f 所示的名义汇率路径。也就是说，中央银行将设置一条随时间推移而使货币贬值率下降，直到收敛至 μ^L 为止的路径。根据利率平价条件式(5.23)，名义利率将遵循图 5.6d 所示的路径。从实际货币需求方程式(5.28)和在整个过程中消费都是恒定的事实来看，实际货币余额的路径将如图 5.6c 所示。实际货币余额随时间的变化与货币贬值率的组合，将通过构造得出图 5.6a 所示的货币增长率的路径。

再一次，如果外部观察者看到了图 5.6 中 6 个变量的行为，他将无法确定经济运行时的汇率制度。观察者将需要查看中央银行的资产负债表，以了解汇率制度。在预定汇率制度下，中央银行将在时点 0—T 之间获得外汇储备，而在浮动汇率下，国内信贷将增加。①

5.4.3 实践中的不等价性

尽管正如我们刚刚看到的那样，预定汇率和浮动汇率在理论上是等价的，但并不意味着汇率制度无关紧要。汇率制度远非如此——正如我们将在本章及后续章节中看到的那样——汇率制度通常对于决定经济体对各种冲击的反应至关重要。原因是在实践中，决策者为汇率(在预定汇率制下)或货币供给(在浮动汇率制下)设置了相对简单的路径。考虑到这些简单的路径，以及经济体受到无数实际和货币冲击的事实，名义货币供应量(在预定汇率制下)或名义汇率(在浮动汇率制下)将遵循非常不稳定的路径。为了使汇率制度在实践中等效，我们需要观察政策制定者的设定，例如，对于一些名义汇率(在预定汇率

① 同样，如果中央银行在预定汇率制下继续增加国内信贷以满足不断增长的货币需求，那么这两个汇率制度下所有方面的表现都将相同。

制下)的一些简单路径,其他政策制定者设置相应的、非常不稳定的名义货币供应量的路径(在浮动汇率制下)。反之反是,我们需要观察一些决策者为货币供应量设置的简单路径,而其他决策者为名义汇率设置等效的(并且可能高度波动)路径。这不是政策制定者实际的操作方式。在预定汇率制下运作的政策制定者将为名义汇率设定一些简单的路径,在浮动汇率制下运作的政策制定者将为名义货币供给设定简单的路径。原因是名义汇率规则或货币供给规则只能在简单且易于公众理解的范围内可靠地锚定通胀预期。结果是汇率制度在实践中并不等效。下一节将说明经济在预定汇率制和浮动汇率制下应对相同冲击的反应。正如我们期望的那样,结果截然不同。

5.5 预期货币冲击

本节通过分析与浮动汇率相比,在预定汇率制下预期货币需求的负向冲击将如何导致不同的动态响应,从而说明汇率制度在实践中的"不等价性"。在预定汇率制下,通货膨胀率(即货币贬值率)由决策者控制,负向需求冲击将表现为储备损失。与之形成鲜明对比的是,在浮动汇率制下,通货膨胀率(即贬值率)将在受到预期冲击之前就上升,并在冲击发生之前达到最大值[这使我们想起了萨金特(Sargent)和华莱士(Wallance)1981 年令人讨厌的货币主义算术]。

为了将货币需求冲击纳入我们的框架中,我们将式(5.11)中给出的偏好修改为:

$$\int_0^\infty [u(c_t)+\gamma_t v(m_t)]e^{-\beta t}\,\mathrm{d}t \tag{5.46}$$

其中 $\gamma_t(>0)$是一个对由实际货币余额提供的流动性服务的冲击。该模型的其余部分保持不变。

虽然消费的一阶条件仍旧与式(5.12)相同,但对实际货币余额的一阶条件现在写为:

$$\gamma_t v'(m_t)=\lambda i_t \tag{5.47}$$

结合式(5.12)和式(5.47),可以隐含地定义实际货币需求为:

$$m_t=L(c_t,\ i_t,\ \gamma_t) \tag{5.48}$$

$$\frac{\partial L}{\partial c_t}=\frac{i_t u''(c_t)}{v''(m_t)\gamma_t}>0$$

$$\frac{\partial L}{\partial i_t}=\frac{u'(c_t)}{\gamma_t v''(m_t)}<0$$

$$\frac{\partial L}{\partial \gamma_t}=-\frac{v'(m_t)}{\gamma_t v''(m_t)}>0$$

正如预期的那样,γ_t 的增加将增加实际货币需求。

现在,我们将考虑一个非固定的货币冲击参数 γ_t 的完全预期均衡路径(我们假设国外通货膨胀在一段时间内是恒定等于 π^* 的)。具体来说,假设 γ_t 直到时点 T 都是恒定的,在时点 T 下降。换句话说,这里有预期到的负向货币需求冲击。正式地有:

$$\gamma_t=\begin{cases}\gamma^H, & 0\leqslant t<T\\ \gamma^L, & t\geqslant T\end{cases} \tag{5.49}$$

此处 $\gamma^H>\gamma^L$。

我们现在来刻画在预定汇率和浮动汇率制度下对应的完全预期均衡路径。

5.5.1 预定汇率制度

假设经济在预定汇率制度下运行，并且有一个给定为 ε 的不变的货币贬值率。货币冲击参数的路径由式(5.49)(参见图 5.7a)给出。经济将如何表现？

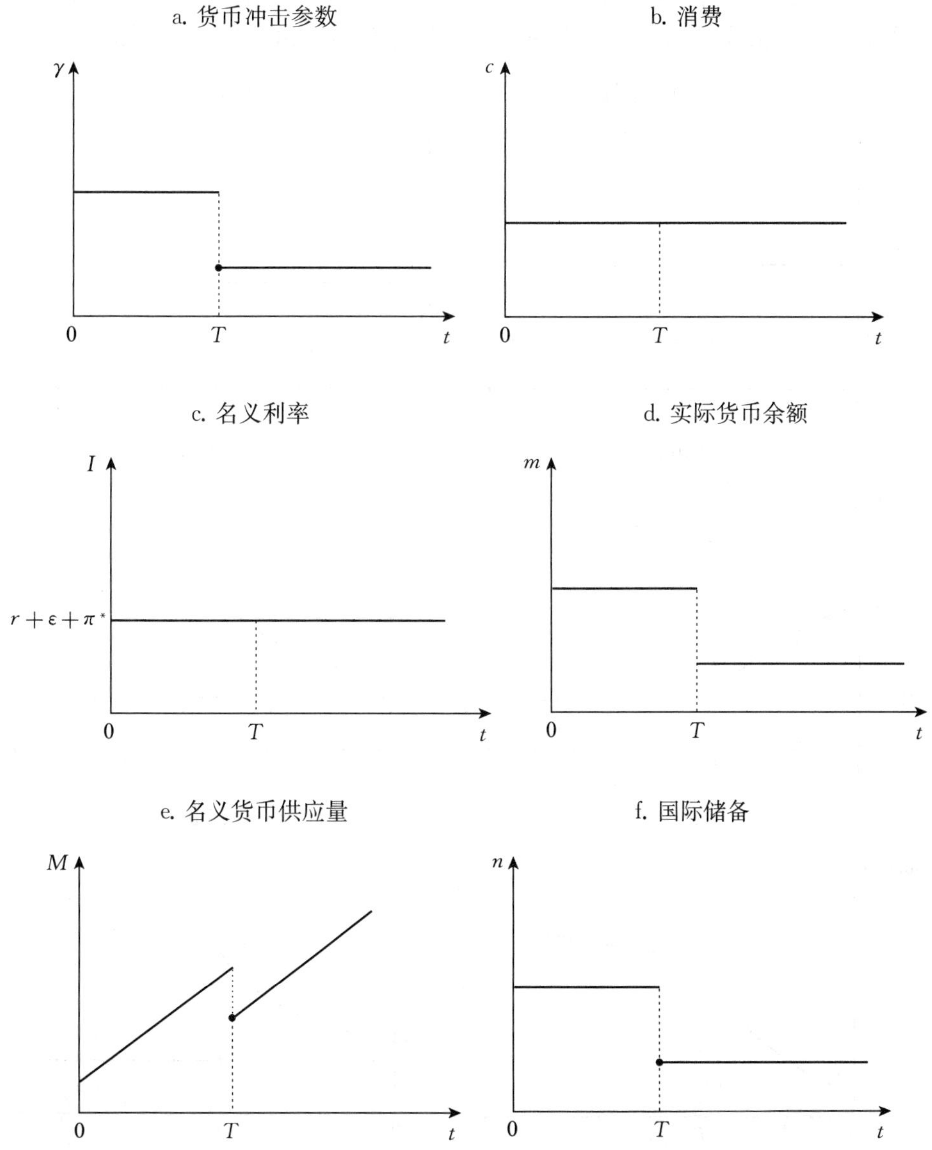

图 5.7 预定汇率制下货币需求的负向冲击

我们当然知道消费不会受到影响(参见图 5.7b)。给定利率平价条件式(5.23)时,名义利率的路径由恒定的货币贬值率决定,并且随时间变化也保持恒定(参见图 5.7c)。但是,实际货币余额在对负向的货币需求冲击作出反应时,将在时点 T 下降,具体遵循实际货币需求式(5.48)(参见图 5.7d)。由于名义汇率和国外价格水平在时点 T 都是给定的,因此实际货币余额的下降必须通过名义货币供应量的下降(参见图 5.7e)来实现。此外,由于国内信贷的实际存量在整个期间保持不变,因此,在时点 T 实际货币余额的下降将会有一个相对应的国际储备的下降(参见图 5.7f)。

5.5.2 浮动汇率制度

现在假设经济体在浮动汇率体制下运行,并且有一个固定的货币增长率 μ。同样,货币冲击参数的路径由式(5.49)给出(参见图 5.8a)。随着时间的推移,经济体将如何表现?

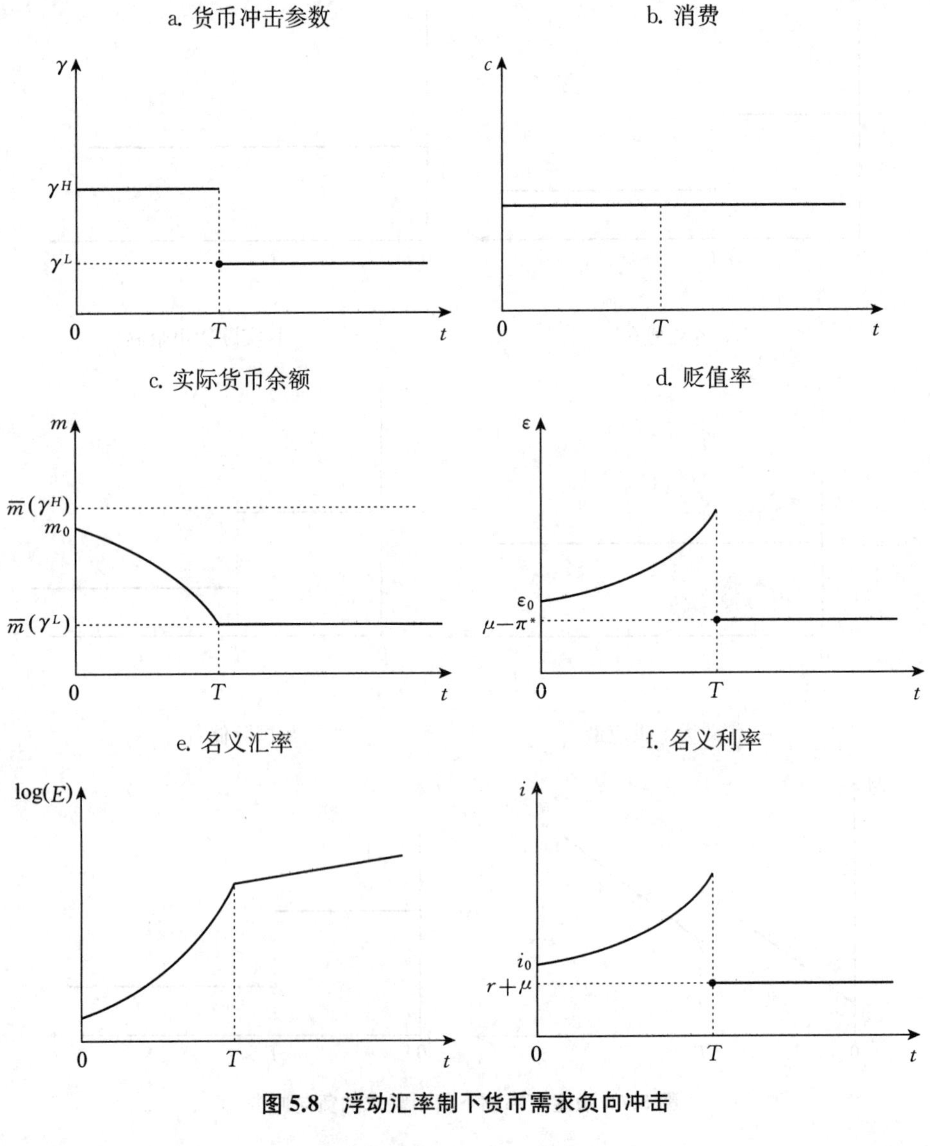

图 5.8　浮动汇率制下货币需求负向冲击

在浮动汇率下，实际货币需求的路径将沿着由式(5.42)给出的不稳定微分方程运动。鉴于我们现在模型中有货币需求冲击，可以很容易地验证对应的实际货币余额的微分方程为：

$$\dot{m}_t = m_t\left[r+\mu-\frac{\gamma_t v'(m_t)}{\lambda}\right]$$

因此，实际货币需求的平稳值 $\bar{m}$ 由下式隐含地给出：

$$r+\mu=\frac{\gamma_t v'(\bar{m})}{\lambda} \tag{5.50}$$

实际货币余额的路径如图 5.8c 所示。由式(5.50)可知，在时点 T，实际货币余额的平稳值下降(回忆一下 λ 的值在完全预见路径上是恒定的)。进一步，出于同样的理由(即在时点 T、M_t 和 E_t 都是时间的连续函数)，m_t 在时点 T 也是连续的。为了使 m_t 的路径在 T 时点处连续，m_t 需要从低于 γ^H 的稳态均衡水平开始，在图中用 $\bar{m}(\gamma^H)$表示，随时间的推移而下降，并精确地在时点 T 达到对应于 γ^L 的平稳均衡，在图中用 $\bar{m}(\gamma L)$表示。

给定如图 5.8c 所示的实际货币余额路径，我们可以推导出贬值率以及名义利率的路径。由于$\dot{m}_t/m_t=\mu-\varepsilon_t-\pi^*$，由此可得：

$$\varepsilon_t=\mu-\pi^*-\frac{\dot{m}_t}{m_t} \tag{5.51}$$

由式(5.51)可以得出四个信息。第一，对于 $t\geqslant T$，$\dot{m}_t=0$，因此 ε 是常数，等于 $\mu-\pi^*$。第二，对于 $t\in[0,\ T)$，$\dot{m}<0$ 意味着 $\varepsilon_t>\mu-\pi^*$。第三，在时点 T，ε 将向下跳跃，因为如图5.8c 所示，$\dot{m}$直到在时点 T 之前均为负，然后在时点 T 处变为零。第四，要找出 ε_t 在 $t\in[0,\ T)$时的行为，对式(5.51)关于时间求导数，可以得到：

$$\dot{\varepsilon}_t=-\frac{1}{m_t^2}(\ddot{m}_t m_t-\dot{m}_t^2)>0$$

其中符号来自$\ddot{m}<0$ 的事实。将所有这些信息放在一起，我们得出结论 ε_t 会从其平稳均衡开始，随时间的推移而增加，然后在时点 T 下降(参见图 5.8d)。给定利率平价定理，名义利率的路径将遵循完全相同的模式(参见图 5.8f)。

名义汇率会怎样呢？我们已经知道名义汇率不会在时点 T 发生跃升。因此，假设在时点 T 之前贬值率随时间的推移而增加，名义汇率的对数值会随时间的推移以递增的速率增加，直到时点 T，之后以恒定速率增加(参见图 5.8e)。

这种情况的显著特征是，在负向的货币需求冲击实际发生之前，通货膨胀(贬值)率会很高(并且随时间的推移而增加)。事实上，当货币供应量完全没有变化时，通货膨胀的爆发会使一个不了解即将到来的货币需求冲击的外部观察者感到震惊。

总之，通过比较图 5.7 和图 5.8，我们可以看到，经济对预期的货币需求下降的反应是截然不同的。在预定汇率下，这种冲击对通货膨胀率(即货币贬值率)或名义利率都没有任何影响。与之形成鲜明对比的是，在浮动汇率下，预期冲击会导致通货膨胀率(即贬值率)上升,名义利率也会上升。①

5.6 现金先行模型中货币的“面纱”角色

到目前为止,在本章中,我们已经在把货币引入效用函数的模型中研究了货币现象,在该模型中,货币是面纱,即其实际均衡独立于货币/汇率政策。将货币引入第1章中禀赋模型的另一种常用方式是通过现金先行约束。②我们现在开始研究离散时间的现金先行模型中货币的面纱角色,并分析在预定汇率和浮动汇率下货币均衡是如何决定的。③在这样做时,我们还将有机会对离散时间中的一些重要术语进行解释。

5.6.1 代表性家庭

预算约束

我们首先需要具体说明代表性家庭的经济环境。在进入时期 t 时,代表性家庭具有一定数量的名义现金余额 M_{t-1} 和一个确定数量的名义外国债券 B_{t-1}^*。时期被分为两个子时期。在第一个子时期,资产市场开放。在资产市场中,行为人从上期结转的净外国债券中收取/支付利息,买卖债券以换取货币(预定汇率制下是由中央银行完成;浮动汇率制下是由外汇市场完成),并从政府那里获得名义转移支付 $P_t\tau_t$。代表性家庭退出资产市场时拥有的名义现金余额为 M_t^p,名义债券为 B_t^*。正式地:

$$M_t^p+E_tB_t^*=E_t(1+i_{t-1}^*)B_{t-1}^*+M_{t-1}+P_t\tau_t \tag{5.52}$$

其中,E_t 和 i_t^* 继续分别代表名义汇率和外国名义利率。

在第二个子时期,商品市场开放。想象代表性家庭由两个人组成:一个购物者和一个销售者。购物者和销售者在商品市场子时期开始时分开,直到商品市场关闭后再次见面。④想象销售者留在商店中,向其他家庭的购物者出售商品禀赋。购物者带着数量为 M_t^p 的名义货币余额离开商店,并使用部分或全部货币从其他商店购买商品。因为根据假设,购物者需要使用从资产市场中获得的资金来购买商品市场中的商品,因此称为现金先行约束。⑤正式表示为:

$$M_t^p\geqslant P_tc_t \tag{5.53}$$

---

① Drazen 和 Helpman(1990)研究了封闭经济环境下预期政策的通货膨胀后果。本章习题6通过研究锚定名义增长率的预期增长的后果,再次说明了经济在不同汇率制度下会作出不同反应。

② 参考 Helpman(1981),Lucas (1982)。

③ 我们在离散时间内开发了该书中的第一个现金先行模型,因为正如讨论明确指出的那样,现金先行模型所基于的经济环境更自然地适合于离散时间。然后,第7章将发展一种连续时间的现金先行模型。

④ 如果有帮助,可以将“时期”视为一天。资产市场在早上开放,在中午关闭。商品市场在中午开放,并在下午5点关闭。购物者和销售者在中午分开,直到下午5点以后才见面。

⑤ 隐含的假设是尽管所有代表性家庭一样,但它们并不消费自己的禀赋。可以想象每个代表性家庭都拥有相同的商品(例如糖果),但是糖果的颜色不同。代表性家庭不喜欢自己的糖果的颜色,并希望购买其他家庭的糖果。

在时期 t 期末(以 M_t 表示),家庭的货币余额会是多少?代表性家庭将获得在商店出售商品所获得的货币($P_t y_t$)和从资产市场上带来的并且没有花在购买商品上的货币($M_t^p - P_t c_t$)。正式表示为:

$$M_t = M_t^p - P_t c_t + P_t y_t \tag{5.54}$$

通过将式(5.54)代入式(5.52),我们可以获得整个时期 t 的代表性家庭的流动性约束:

$$M_t + E_t B_t^* = E_t(1+i_{t-1}^*)B_{t-1}^* + M_{t-1} + P_t \tau_t + P_t y_t - P_t c_t \tag{5.55}$$

为了与连续时间情形进行比较,我们可以将名义资产定义为 $A_t \equiv M_t + E_t B_t^*$,并通过在方程式(5.55)的左端加上并减去 $E_{t-1}B_{t-1}^*$,重写为:

$$A_t - A_{t-1} = \underbrace{E_t i_{t-1}^* B_{t-1}^*}_{\text{利息收入}} + \underbrace{(E_t - E_{t-1})B_{t-1}^*}_{\text{资本溢价}} + P_t \tau_t + P_t y_t - P_t c_t$$

这对应于在连续时间情形下流动性约束式(5.5)的离散时间表达形式。

要以实际变量表示流动性约束,将式(5.55)的两边都除以 P_t,可以得到:

$$m_t + b_t = \frac{E_t}{P_t} P_{t-1}^*(1+i_{t-1}^*)b_{t-1} + \frac{P_{t-1}}{P_t} m_{t-1} + \tau_t + y_t - c_t$$

其中,根据定义,$m_t \equiv M_t / P_t$ 和 $b_t \equiv E_t B_t^* / P_t = B_t^* / P_t^*$ 分别表示实际货币余额和实际债券持有量。定义时期 t 的通货膨胀率为 $1+\pi_t = P_t / P_{t-1}$,假设费雪方程在世界其他地方成立[即 $1+i_{t-1}^* = (1+r)(P_t^* / P_{t-1}^*)$],并使用一价定律(即 $P_t = EP_t^*$),可以将上面的方程重写为:

$$m_t + b_t = (1+r)b_{t-1} + \frac{m_{t-1}}{1+\pi_t} + \tau_t + y_t - c_t \tag{5.56}$$

在式(5.56)的右端同时加上并减去$(1+r)m_{t-1}$,考虑并根据定义 $a_t = m_t + b_t$,我们能得到:

$$a_t = (1+r)a_{t-1} + \tau_t + y_t - c_t - \frac{i_{t-1}}{1+\pi_t} m_{t-1} \tag{5.57}$$

它是在连续时间情况下式(5.9)的离散时间表达式。

效用最大化

我们可以根据所使用的约束,以各种方式设定代表性家庭的最大化问题。一种简便的方法是将等式(5.52)代入进现金先行约束式(5.53)以得到:

$$E_t(1+i_{t-1}^*)B_{t-1}^* + M_{t-1} + P_t \tau_t - E_t B_t^* \geq P_t c_t \tag{5.58}$$

用实际变量表达上述方程,可以得到:

$$(1+r)b_{t-1} + \frac{m_{t-1}}{1+\pi_t} + \tau_t - b_t \geq c_t \tag{5.59}$$

然后,家庭在受到由式(5.56)给出的流动性预算约束和由现金先行约束式(5.59)给出的不等式序列约束下,通过选择$\{c_t, b_t, m_t\}_{t=0}^{\infty}$来最大化整个生命周期的效用。相应的拉格朗日函数为:

$$\mathcal{L}=\sum_{t=0}^{\infty}\beta^t u(c_t)$$
$$+\sum_{t=0}^{\infty}\beta^t\lambda_t\left[(1+r)b_{t-1}+\frac{m_{t-1}}{1+\pi_t}+\tau_t+y_t-c_t-b_t-m_t\right]$$
$$+\sum_{t=0}^{\infty}\beta^t\Psi_t\left[(1+r)b_{t-1}+\frac{m_{t-1}}{1+\pi_t}+\tau_t-b_t-c_t\right]$$

c_t、m_t 和 b_t 的一阶条件分别由下式给定:

$$u'(c_t)=\lambda_t+\Psi_t \tag{5.60}$$

$$-\lambda_t+\frac{\beta\lambda_{t+1}}{1+\pi_{t+1}}+\frac{\beta\Psi_{t+1}}{1+\pi_{t+1}}=0 \tag{5.61}$$

$$\beta(1+r)(\lambda_{t+1}+\Psi_{t+1})=\lambda_t+\Psi_t \tag{5.62}$$

对 λ_t 的一阶条件实际上就是式(5.56)。对 Ψ_t 的一阶条件采用库恩—塔克条件(Kuhn-Tucker condition)的形式:

$$(1+r)b_{t-1}+\frac{m_{t-1}}{1+\pi_t}+\tau_t-b_t\geqslant c_t \qquad \Psi_t\geqslant 0$$

$$\left[(1+r)b_{t-1}+\frac{m_{t-1}}{1+\pi_t}+\tau_t-b_t-c_t\right] \qquad \Psi_t=0 \tag{5.63}$$

换句话说,如果现金先行约束为不等式,则相应的乘子将为零。

给定$\beta(1+r)=1$,从式(5.62)中能推导出$\lambda_{t+1}+\Psi_{t+1}=\lambda_t+\Psi_t$,因此从条件式(5.60)中能得出:

$$u'(c_{t+1})=u'(c_t) \tag{5.64}$$

就像在第1章的禀赋经济中一样,消费沿着任何一条完全预期路径都将保持不变。而且,由于我们尚未对货币/汇率政策做出解释,无论采用何种汇率制度,消费都会保持平稳。这证明了在此版本的现金先行模型中,货币像是一层面纱,因为实际均衡将不取决于货币变量的路径。因此,为应对禀赋的波动,经济体将利用贸易余额作为“减震器”,并通过在困难时期(即禀赋不足时)借贷,并在良好时期(即禀赋充足时)偿还来保持消费恒定。

现在我们来证明,如果名义利率为正,则现金先行约束将发生作用。考虑到$\beta=1/(1+r)$,我们可以将条件式(5.61)重写为:

$$\frac{\lambda_{t+1}+\Psi_{t+1}}{1+i_t}=\lambda_t$$

由于$\lambda_{t+1}+\Psi_{t+1}=\lambda_t+\Psi_t$,我们可以更进一步简化最后一个条件为:

$$\lambda_t i_t=\Psi_t$$

给定$\lambda_t>0$，我们能推出如果$i_t>0$，则$\Psi_t>0$，这意味着根据松弛条件，现金先行约束将是紧的。如果名义利率为正，那么家庭在商品市场开放以后，还在资产市场保留超过在商品市场购买商品时所需要的货币就不合理了，原因是他们原可以在下一个时期开始时用这笔钱购买债券并获得利息收入。

相反，如果$i_t=0$，$\Psi_t=0$，并且现金先行约束不是紧约束，因为它与消费者的选择无关。在这种情况下，家庭持有货币或债券没有不同，因此货币余额的选择是不确定的。①

5.6.2 政府

和之前一样，令H^*表示外汇储备的外币价值。因此，政府的名义流动性预算约束为：

$$E_tH_t^*=E_t(1+i_{t-1}^*)H_{t-1}^*+M_t-M_{t-1}-P_t\tau_t$$

两边同时除以P_t，用实际值表示，可以得到：

$$h_t=(1+r)h_{t-1}+\frac{M_t-M_{t-1}}{P_t}-\tau_t \tag{5.65}$$

其中，我们通过一价定理$P_t=E_tP_t^*$的事实而定义了$h_t\equiv H_t^*/P_t^*$，以及世界其他地方满足费雪方程$1+i_{t-1}^*=(1+r)(P_t^*/P_{t-1}^*)$。

最后，作为进一步参考，注意来自货币创造的收入可以表示为：

$$\frac{M_t-M_{t-1}}{P_t}=m_t-m_{t-1}+\frac{\pi_t}{1+\pi_t}m_{t-1} \tag{5.66}$$

5.6.3 均衡条件

完全资本流动性意味着利率平价条件成立：

$$1+i_t=(1+i_t^*)\frac{E_{t+1}}{E_t} \tag{5.67}$$

要得到经济体的流动性约束，将消费者的流动性约束[由式(5.56)给出]与政府的流动性约束[由式(5.65)给出]相结合，同时考虑进式(5.66)可以得出：

$$b_t+h_t=(1+r)(b_{t-1}+h_{t-1})+y_t-c_t \tag{5.68}$$

令$k_t(\equiv b_t+h_t)$表示该经济的国外净资产总额。不断向前迭代，并施加横截性条件$\lim_{t\to\infty}k_t/(1+r)^t=0$，可以得到：

$$\sum_{t=0}^{\infty}\frac{c_t}{(1+r)^t}=(1+r)(b_{-1}+h_{-1})+\sum_{t=0}^{\infty}\frac{y_t}{(1+r)^t} \tag{5.69}$$

① 当然，从纯粹的数学角度来看，即使$\Psi_t=0$，现金先行约束仍然可以成立。但是，从经济学的观点来看，这是不相关的，因为货币和债券是完美的替代品，现金先行约束将不会限制消费者的选择。

完全预期均衡

从式(5.64)我们可以确定,消费随时间的推移保持恒定。然后,根据资源约束式(5.69)中可以推出:

$$c=\frac{r}{1+r}\left[(1+r)(b_{-1}+h_{-1})+\sum_{t=0}^{\infty}\frac{y_t}{(1+r)^t}\right] \tag{5.70}$$

与在连续时间模型中一样,固定不变的消费水平恰好等于持久收入。

考虑进式(5.53),以及我们已经确定在名义利率为正时,现金先行约束将是紧的事实,我们能推断,消费水平的恒定值将决定进入商品市场的实际货币余额:

$$\frac{M_t^p}{P_t}=c \tag{5.71}$$

然后,通过将式(5.71)代入式(5.54),可以得到:

$$M_t=P_t y_t \tag{5.72}$$

这可以视为一个有单位流通速度的货币数量理论方程。

5.6.4 预定汇率制度

在预定汇率制度下,中央银行设定名义汇率的路径(即 E_0, E_1, …)和名义国内信贷存量的路径(D_0, D_1, …)。和在连续时间模型中一样,假设货币当局设定 E_0 以及一个恒定的货币贬值率。正式表示为:

$$\frac{E_{t+1}}{E_t}=1+\varepsilon,\ t=0,\ 1,\ 2,\ \cdots$$

给定这个恒定的货币贬值率,名义利率遵循利率平价条件式(5.67):

$$1+i_t=(1+i_t^*)(1+\varepsilon) \tag{5.73}$$

现在让我们来确定价格水平的路径。令国外通货膨胀率保持不变,即 $P_{t+1}^*/P_t^*=1+\pi^*$。然后,根据一价定律($P_t=E_tP_t^*$)可知初始价格水平为 $P_0=E_0P_0^*$。一价定律也决定了恒定的通货膨胀水平:

$$1+\pi=(1+\varepsilon)(1+\pi^*)$$

其中 $1+\pi=P_{t+1}/P_t$。

现在我们转向名义货币供给的路径。给定数量理论方程式(5.72),有 $M_0=P_0y_0$。名义货币供应量的增长率也遵循数量理论方程式(5.72):

$$1+\mu_{t+1}=(1+\pi)\frac{y_{t+1}}{y_t}$$

其中,$1+\mu_{t+1}\equiv M_{t+1}/Mt$。货币供应量的增长在经济景气时期会更高,而在经济不景气时期会更低,这是因为更高(更低)的禀赋意味着在商品市场开放时期会有更高(更低)的销售,因此,结转至下一时期的名义货币余额会更多(更少)。

为了推出外汇储备的路径，我们从中央银行的资产负债表开始，给定：

$$h_t+\frac{D_t}{E_tP_t^*}=\frac{M_t}{E_tP_t^*}$$

考虑到时期 $t+1$ 有相同的等式并与时期 t 的等式相减，我们能得到：

$$h_{t+1}-h_t=\frac{M_{t+1}}{E_{t+1}P_{t+1}^*}-\frac{M_t}{E_tP_t^*}-\frac{D_t}{E_tP_t^*}\left[\frac{(1+\theta)-(1+\varepsilon)(1+\pi^*)}{(1+\varepsilon)(1+\pi^*)}\right]$$

其中，θ 是中央银行设定的固定国内信贷利率。出于在连续时间模型中所论述的相同原因，我们将假定 $1+\theta=(1+\varepsilon)(1+\pi^*)$，以确保预定汇率制度随时间的推移是可持续的。施加这一假设，我们可以将上述表达式重写为：

$$h_{t+1}-h_t=\frac{M_{t+1}}{E_{t+1}P_{t+1}^*}-\frac{M_t}{E_tP_t^*}$$

当然，这是在连续时间模型中的式(5.39)在离散时间中的相应表述。国际储备的变化将仅反映实际货币余额的变化。使用数量理论方程式(5.72)和一价定律，我们可以将上述方程重写为：

$$h_{t+1}-h_t=y_{t+1}-y_t$$

禀赋的增加(减少)将通过对实际货币余额的影响而反映在较高(较低)的准备金中。这是前面把货币引入效用函数的连续时间模型中所没有的特征，因为在那种情况下，沿着完全预期路径的禀赋波动不会影响实际货币余额。①

预定汇率制度的这个特征使得该经济中的实际部门和货币部门的二分法更为有意义。具体来说，由于我们在得出固定的消费水平式(5.70)时并没有对汇率/货币政策做过假设，因此汇率政策不仅是中性的，而且也是超中性的。

5.6.5 浮动汇率制度

在浮动汇率制度下，中央银行通过设定 $M_t(t\geqslant 0)$ 来控制货币供给的路径。具体来说，我们假设货币当局设定 M_0 以及一个恒定的货币增长率：

$$M_t=(1+\mu)M_{t-1},\ t\geqslant 1$$

通货膨胀率遵循由表达式(5.72)给出的货币数量理论方程：

$$\frac{P_{t+1}}{P_t}=\frac{1+\mu}{y_{t+1}/y_t},\ t\geqslant 0 \tag{5.74}$$

因为货币数量理论方程式成立，因此对于 $t=0$，初始价格水平可由下式决定：

$$P_0=\frac{M_0}{y_0}$$

① 在第 7 章发展起来的现金先行模型中，在连续时间下也是如此。

名义汇率由一价定律确定：

$$E_t = \frac{P_t}{P_t^*} \tag{5.75}$$

因此，货币贬值率（再次假设国外通货膨胀率保持不变）是：

$$\frac{E_{t+1}}{E_t} = \frac{P_{t+1}/P_t}{1+\pi^*} \tag{5.76}$$

根据式(5.67)、式(5.74)和式(5.76)可知，名义利率由下式给出：

$$1+i_t = (1+r)\left(\frac{1+\mu}{y_{t+1}/y_t}\right) \tag{5.77}$$

这里我们利用费雪方程在世界其他地方成立的事实，即 $1+i^* = (1+r)(1+\pi^*)$，方程式(5.77)对应于连续时间模型下的名义利率表达式，即等式(5.44)。①如果禀赋保持恒定，两种情况下名义利率的决定都是相同的。但是，如果禀赋随时间的推移产生波动，则名义利率将在离散时间下的预付现金等式中会有波动，但在连续时间情形下则不会波动。在前一种情形下，均衡的实际货币余额通过货币数量理论方程式(5.72)而依赖于产出（与消费正好相反）。

再次容易看到，货币政策将不仅是中性而且还是超中性的。

5.7 总结性评论

如前所述，在这个基本货币模型中，货币是一层“面纱”，因为货币/汇率政策的变化不会影响实际变量的路径。虽然这一模型为研究开放经济中的货币经济学提供了天然的概念性基准，甚至在长期或极端恶性通货膨胀条件下，也可能是对现实世界的良好描述，但它肯定没有为我们提供工具来理解开放经济中货币/汇率政策真正的可能影响。实质上，开放经济中货币经济学的主要任务是研究偏离这一基准模型后的结果，一旦偏离货币和汇率政策将具有实际影响。

因此，随后的章节将引入各种摩擦因素，这些摩擦因素将消除货币的“面纱”功能，并允许货币/汇率政策对实际变量产生影响。具体而言，第 6 章将假设在经济中存在无息债券，第 7 章将通过连续时间下的现金先行约束引入货币，这将在名义利率和消费之间建立起联系，第 8 章将引入黏性价格。

5.8 附录

5.8.1 将政府分解为货币和财政当局

为了简化基本货币模型的表达式，我们在正文中将政府作为一个整体加以考虑，没有

① 如第 7 章所示的那样，在连续时间下的现金先行模型中，名义利率的相同表达式仍旧成立。

将其分解为单独的实体：货币当局（即中央银行）和财政部门（通常是财政部）。然而，单独考虑每一个实体并观察它们的聚合如何产生正文中的方程式(5.19)是很有启发性的。

货币当局

中央银行持有国际储备，印制货币，通过发行国内信贷（将国内信贷视为贷款）向财政部门提供贷款，并将其利润转移给财政部门。与正文中一样，让 H_t^* 表示货币当局持有的外国净资产（以外币计量），H_t 表示这些国际储备的本国货币价值（即 $H_t \equiv E_t H_t^*$）。然后，中央银行以本国货币衡量的流动性预算约束由下式给出：

$$\dot{H}_t = \underbrace{i_t^* E_t H_t^* + \dot{E}_t H_t^* + i_t D_t + \dot{M}_t}_{\text{收入}} - \underbrace{(\dot{D}_t + P_t \tau_t^g)}_{\text{支出}} \tag{5.78}$$

式(5.78)右端中的前四项代表中央银行的收入来源。具体来说，第一项（$i_t^* E_t H_t^*$）反映了以国内货币衡量的国际储备存量所产生的利息收入；第二项（$\dot{E}_t H_t^*$）表示国际储备存量的资本溢价；第三项（$i_t D_t$）表示名义国内信贷存量的利息收入；第四项（$\dot{M}_t$）则表示印钞是中央银行的一项收入来源。式(5.78)的最后两项反映了中央银行的支出。中央银行购买了由财政部门发行的国内债券（$\dot{D}_t$），以及将其赚取的无论多少利润（$P_t \tau_t^g$）都转移给财政部门。①

将式(5.78)除以 P_t——并回忆一下有 $P_t = E_t P_t^*$——我们能得到：

$$\frac{\dot{H}_t}{P_t} = i_t^* h_t + \varepsilon_t h_t + i_t d_t + \frac{\dot{M}_t}{P_t} - \frac{\dot{D}_t}{P_t} - \tau_t^g \tag{5.79}$$

其中 $h_t \equiv H_t^* / P_t^*$。

回忆一下：

$$\dot{h}_t = \frac{\dot{H}_t}{P_t} - (\varepsilon_t + \pi_t^*) h_t \tag{5.80}$$

将式(5.79)代入式(5.80)（并假设费雪方程在世界其余地方都成立），我们能得到

$$\dot{h}_t = r h_t + i_t d_t + \frac{\dot{M}_t}{P_t} - \frac{\dot{D}_t}{P_t} - \tau_t^g \tag{5.81}$$

考虑到 $\dot{M}_t / P_t = \dot{m}_t + (\varepsilon_t + \pi_t^*) m_t$ 以及 $\dot{D}_t / P_t = \dot{d}_t + (\varepsilon_t + \pi_t^*) d_t$，我们能把上述表达式重写为：

$$\dot{h}_t + \dot{d}_t - \dot{m}_t = r h_t + i_t d_t + (\varepsilon_t + \pi_t^*) m_t - (\varepsilon_t + \pi_t^*) d_t - \tau_t^g$$

因为根据假设，中央银行的净资产始终为零，即 $\dot{h}_t + \dot{d}_t - \dot{m}_t = 0$。在上述表达式中加上这个条件，并使用利率平价条件（$i_t = r + \pi_t^* + \varepsilon_t$），我们能得到：

$$\tau_t^g = r h_t + r d_t + (\varepsilon_t + \pi_t^*) m_t \tag{5.82}$$

直观上说，中央银行将其“利润”转移到财政部门以保持其净值为零。中央银行的利

① 按照标准做法，回顾一下我们假设中央银行不积累/减少财富（也就是说，它的净资产随着时间的推移保持不变，等于零）。

润包括国际储备和国内信贷的实际利率（等式右边的前两项）和实际货币供给的通货膨胀税（最后一项）。此外，使用中央银行的资产负债表（$m_t = h_t + d_t$）和利率平价条件，上述表达式可以被重写为：

$$\tau_t^g = i_t m_t \tag{5.83}$$

在这种解释中，中央银行可以盈利，因为它可以发行无利率的债券（即货币）。

财政部门

财政部门（实践中是财政部）向中央银行借款（即向中央银行出售债券），为这些债券（即国内信贷存量）支付利息，从中央银行获得 τ_t^g 转账，并对私人部门进行一次性转移支付 τ_t。① 因此，财政当局的流动性约束用名义变量衡量就为：

$$\dot{D}_t = \underbrace{i_t D_t + P_t \tau_t}_{\text{支出}} - \underbrace{P_t \tau_t^g}_{\text{收入}} \tag{5.84}$$

表达式两边都除以 P_t，我们能得到：

$$\frac{\dot{D}_t}{P_t} = i_t d_t + \tau_t - \tau_t^g \tag{5.85}$$

注意到 $\dot{D}_t / P_t = \dot{d}_t + (\varepsilon_t + \pi_t^*) d_t$，并利用式(5.82)和利率平价条件，我们能得到：

$$\tau_t = \dot{d}_t + (\varepsilon_t + \pi_t^*) m_t + r h_t$$

我们看到，如果 $\dot{d}_t = 0$［我们维持的假设；参见式(5.38)后面的讨论］，那么有 $\tau_t = (\varepsilon_t + \pi_t^*) m_t + r h_t$。当然，这与我们在正文中推导的结果是一致的（在预定汇率制下是式(5.41)，在浮动汇率制下是式(5.45)，在两种情形下，对于所有 t，都有 $h_t = 0$）。

合并货币部门和财政部门

将货币部门的名义预算约束［由式(5.78)给出］与财政部门的名义预算约束［由式(5.84)给出］相结合，我们能得到：

$$\dot{H}_t = i_t^* E_t H_t^* + \dot{E}_t H_t^* + \dot{M}_t - P_t \tau_t \tag{5.86}$$

当然，这与正文中的式(5.17)保持一致。

同样，通过将货币当局的流动性约束［由式(5.81)给出］和财政部门的流动性约束［由式(5.85)给出］结合起来，我们可以得到：

$$\dot{h}_t = r h_t + \frac{\dot{M}_t}{P_t} - \tau_t \tag{5.87}$$

这与正文中的约束式(5.19)一致。最后请注意，我们刚刚仅做了一次纯粹的会计工作，因此本附录中的所有推导公式在任何汇率制度下都是成立的。

---

① 不必说，财政部门会在商品上进行花费（同第 4 章一样）。在本章中，我们将这一特征抽象掉了，在后面的章节中我们将恢复这一特征。

5.8.2 实际货币余额有跃升的基本货币模型的解释

我们在正文中提到，严格来说，家庭和政府的预算约束都应考虑进实际货币余额跃升的可能性(例如 Drazen and Helpman，1987)。我们在本附录中发展了一个分析框架。

消费者

消费者的流动性约束采用如下形式：

$$b_t - b_{t-} = -\frac{M_t - M_{t-}}{E_t}, \quad 当\ t \in J$$

$$\dot{b}_t = rb_t + y_t + \tau_t - c_t - \dot{m}_t - (\varepsilon_t + \pi_t^*)m_t \quad 当\ t \notin J \tag{5.88}$$

这些流动性约束允许 b_t 和 m_t 在属于集合 J 的一些有限集合点(其中可能包括 $t=0$)中发生离散变化。①属于集合 J 的具体点取决于手头的具体问题。例如，当我们在预定汇率制下分析一个未预期的暂时性冲击的影响时，集合 J 通常包括两个点：$t=0$ 和 $t=T$。还请注意，沿着一个完全预期均衡路径，金融资产的总水平 a_t 在任何时点都不能离散地发生变化。

不断向前积分并施加条件 $\lim_{t\to\infty} e^{-rt} b_t = 0$，我们能得到如下的消费者的终身预算约束：

$$b_{0-} + \int_0^\infty (y_t + \tau_t)e^{-rt}\mathrm{d}t = \int_0^\infty [c_t + \dot{m}_t + (\varepsilon_t + \pi_t^*)m_t]e^{-rt}\mathrm{d}t + \sum_{j\in J} \frac{M_j - M_{j-}}{E_j}e^{-rj} \tag{5.89}$$

在一般情况下，此处的 t^- 是指时点 t 之前片刻的变量值(例如，b_{0-} 表示 $t=0$ 之前的外国净资产值)，j 是属于集合 J 的时点 t 的值。

如果我们施加 $\lim_{t\to\infty} e^{-rt} m_t = 0$ 的条件并使用利率平价条件($i_t = r + \varepsilon_t + \pi_t^*$)，则可以进一步简化这个跨期约束条件而得到：②

$$b_{0-} + \frac{M_{0-}}{E_0} + \int_0^\infty (y_t + \tau_t)e^{-rt}\mathrm{d}t = \int_0^\infty (c_t + i_t m_t)e^{-rt}\mathrm{d}t \tag{5.90}$$

除非消费者的真实金融资产在 $t=0$ 时存在离散变化，否则 $b_{0-} + M_{0-}/E_0 = a_0$ 和式(5.90)与正文中的约束式(5.10)一致。即使在 $t=0$ 时消费者的真实金融资产发生了离散变化——如果发生未预期的货币贬值就会出现这种情形——我们假设政府向消费者转移所有收益，也能确保所获得的解与正文中的相同。当然，如果政府使用了货币不连续贬值所得，比如说增加了支出，我们就需要修正该分析。

① 在 $t=0$ 时的跃升可能在 $t=0$ 时出现一个未预期的冲击。如果我们正在分析一个完全预期均衡路径，那么通过构建，在 $t=0$ 处就不会发生跃升。

② 实际货币余额的条件在均衡时将成立，因为在最优的情形下，m_t 的选择将是有限的。

政府

政府的流动性约束为：

$$h_t - h_{t-} = \frac{M_t - M_{t-}}{E_t}, \text{ 当 } t \in J$$

$$\dot{h}_t = rh_t + \dot{m}_t + (\varepsilon_t + \pi_t^*) m_t - \tau_t, \text{ 当 } t \notin J \tag{5.91}$$

其中，集合 J 已经在前文定义了。在预定汇率下，当消费者决定在中央银行用外国净资产交换国内货币(反之反是)时，这些离散变化就会发生。

如果我们对式(5.91)不断向前积分，并施加 $\lim_{t\to\infty} e^{-rt} h_t = 0$ 的条件，就能得到政府如下的跨期预算约束条件：

$$\int_0^\infty \tau_t e^{-rt} \mathrm{d}t = h_{0-} + \int_0^\infty [\dot{m}_t + (\varepsilon_t + \pi_t^*) m_t] e^{-rt} \mathrm{d}t + \sum_{j \in J} \frac{M_j - M_{j-}}{E_j} e^{-rj} \tag{5.92}$$

其中，h_{0-} 表示在 $t=0$ 之前的国际储备水平。注意，例如实际货币余额的离散下降意味着政府的收入损失。这一跨期约束简单来说，转移支付的折现值必须由国际储备的初值加上货币创造收入的折现值(包括离散的跃升)提供资金。

如果我们施加条件 $\lim_{t\to\infty} e^{-rt} m_t = 0$，并使用利率平价条件($i_t = r + \varepsilon_t + \pi_t^*$)，则可以进一步简化这一跨期约束而得到：

$$\int_0^\infty \tau_t e^{-rt} \mathrm{d}t = h_{0-} - \frac{M_{0-}}{E_0} + \int_0^\infty i_t m_t e^{-rt} \mathrm{d}t \tag{5.93}$$

加总

将式(5.90)给出的消费者跨期约束与式(5.93)给出的政府跨期约束相结合，我们能得到：

$$b_{0-} + h_{0-} + \int_0^\infty y_t e^{-rt} \mathrm{d}t = \int_0^\infty c_t e^{-rt} \mathrm{d}t$$

除非经济的净外国资产在 $t=0$ 时出现跃升，否则我们有 $b_{0-} + h_{0-} = k_0$，这种跨期约束与正文中的式(5.26)保持一致。

5.8.3 对国内信贷增长率的限制

在推导政府的跨期约束时——由方程式(5.22)给出——我们施加了条件：

$$\lim_{t\to\infty} h_t e^{-rt} = 0 \tag{5.94}$$

同样在推导经济的资源约束时——由方程式(5.26)给出——我们施加了条件：

$$\lim_{t\to\infty} k_t e^{-rt} = 0 \tag{5.95}$$

由于 $k_t = h_t + b_t$，结合式(5.94)和式(5.95)意味着：

$$\lim_{t\to\infty} b_t e^{-rt} = 0 \tag{5.96}$$

此外，在推导消费者的跨期约束时——由方程式(5.10)给出——我们施加了条件：

$$\lim_{t\to\infty}(b_t+m_t)e^{-rt}=0 \tag{5.97}$$

条件式(5.96)和式(5.97)意味着：

$$\lim_{t\to\infty}m_t e^{-rt}=0 \tag{5.98}$$

因此，通过中央银行的资产负债表 $d_t=m_t-h_t$，条件式(5.94)和式(5.98)意味着：

$$\lim_{t\to\infty}d_t e^{-rt}=0 \tag{5.99}$$

根据定义，$d_t=D_t/E_tP_t^*$，因此：

$$d_t=d_0 e^{\int_0^t(\theta_s-\varepsilon_s-\pi_s^*)\mathrm{d}s}$$

利用最后这个方程，我们将代(5.99)重写为：

$$\lim_{t\to\infty}d_0 e^{\int_0^t(\theta_s-\varepsilon_s-\pi_s^*-r)\mathrm{d}s}=0 \tag{5.100}$$

这一条件规定了符合维持预定汇率制的国内信贷扩张率的上限值。在这种情形下，θ_s、ε_s、π_s^* 随着时间的推移会保持不变，并分别等于 θ、ε、π^*，正如在正文中假设的一样，条件 $\theta=\varepsilon+\pi^*$ 足以确保式(5.100)成立。然而，一般而言，所有我们需要保证式(5.100)成立的条件，"一般而言"是 $\theta_s-\varepsilon_s-\pi_s^*-r<0$。在这种情况下，汇率是固定的($\varepsilon_t=0$)，国外通货膨胀率为零，国内信贷增长率固定在 θ 的水平上，那么只要 $\theta<r$，条件式(5.100)就会成立。①直觉上看，在固定汇率下，只要 $\theta>0$，中央银行就会增加外债(即国际储备余额越来越少)，但可以通过对私人部门进行一次性征税来为债务还本付息提供资金。然而，如果 $\theta>r$，则不再可能偿还债务，因为政府债务的增长率超过实际利率。正如 *Obstfeld*(1986)所指出的，如果一次性税收是不可获得的，那么任意 $\theta>0$ 都是不可行的，因为它意味着不断增长的收入需求只能通过扭曲的税收来筹集。

5.8.4 离散时间下货币引入效用函数的模型

本附录中发展了一个在正文中建立起来的，连续时间下将货币引入效用函数模型的离散时间版本，它在本书随后的章节中将被证明是有用的。在刻画实际部门的模型中，从连续时间转换到离散时间并不会涉及任何方法论问题，与之相反，在刻画货币部门的模型中，时间的转换非同小可，因为——在下面将会清楚阐释——时间问题起着关键性作用。

家庭的最优化问题

假设偏好由下式给出：

$$\sum_{t=0}^{\infty}\beta^t\left[u(c_t)+v\left(\frac{M_t}{P_t}\right)\right] \tag{5.101}$$

① 这是 Obstfeld(1986)的观点：如果政府的国外借贷没有限制，那么固定汇率制度是可持续的，只要国内信贷的增长率不超过世界范围内的实际利率。

离散时间货币模型中的一个关键问题与时间相关。追溯文献可以发现，在把货币引入效用函数的模型中——上文的效用函数中已经刻画了这一点——相关文献的一个共同假定是货币余额在期末才进入效用函数。虽然这种假设看起来有些奇怪，但它是文献中最常见的假设(例如 Calvo and Leiderman，1992)。①跨期预算约束仍然由式(5.57)给出。

代表性家庭在受由式(5.57)给出的序列流动性预算约束的限制下，通过选择$\{c_t,M_t,a_t\}_{t=0}^{\infty}$来最大化自己的终身效用——由式(5.101)给出。相应的拉格朗日函数如下：

$$\mathcal{L}=\sum_{t=0}^{\infty}\beta^t\left[u(c_t)+v\left(\frac{M_t}{P_t}\right)\right]+\sum_{t=0}^{\infty}\beta^t\lambda_t\left[(1+r)a_{t-1}+\tau_t+y_t-c_t-\frac{i_{t-1}}{1+\pi_t}m_{t-1}-a_t\right]$$

关于c_t，m_t和a_t的一阶条件分别由下式给出：

$$u'(c_t)-\lambda_t=0 \tag{5.102}$$

$$v'(m_t)-\lambda_{t+1}\beta\frac{i_t}{1+\pi_{t+1}}=0 \tag{5.103}$$

$$-\lambda_t+\beta(1+r)\lambda_{t+1}=0 \tag{5.104}$$

注意，在我们一般的假设$\beta(1+r)=1$下，最后一个一阶条件能简化为：

$$\lambda_{t+1}=\lambda_t$$

拉格朗日乘子不随时间的推移而发生变化。定义固定不变的拉格朗日乘子为λ(即$\lambda_{t+1}=\lambda_t=\lambda$)，因此，从式(5.102)中能够推出：

$$u'(c_t)=\lambda \tag{5.105}$$

正如预期的那样，消费随时间的推移保持固定不变。

考虑到：(1)拉格朗日乘子是固定的；(2)$\beta(1+r)=1$；(3)根据定义，有$1+i_t=(1+r)(1+\pi_{t+1})$。我们可以将一阶条件式(5.103)重写为：

$$v'(m_t)=\lambda\frac{i_t}{1+i_t} \tag{5.106}$$

这个条件类似于连续时间模型下的方程式(5.13)。正如方程式(5.106)所清楚显示的那样，持有实际货币余额的机会成本是$i_t/(1+i_t)$。直觉上看，在时期t，代表性家庭持有M_t而不是用它购买付息债券，因此在$t+1$期初就失去了i_tM_t单位的利息支付。这些利息支付在$t+1$期的实际价值是i_tM_t/P_{t+1}，折现到t期等于$i_t(M_t/P_{t+1})/(1+r)$。同时乘上并除以P_t，根据定义有$1+i_t=(1+r)(P_{t+1}/P_t)$，这个表达式可以写成$[i_t/(1+i_t)]m_t$。

将式(5.105)代入式(5.106)后，我们能得到：

---

① 正如 Carlstrom 和 Fuerst(2001)所讨论的，这种假设相当奇怪，因为它相当于假设对于流动性目的而言，最重要的东西是消费者离开商店时持有的货币余额，而不是他进入商店时持有的货币。更自然的假设当然应该是，期初的货币余额提供了流动性服务，这正是本章习题 7 所重点关注的内容。

$$v'(m_t)=u'(c_t)\frac{i_t}{1+i_t} \tag{5.107}$$

这隐含地定义了有标准特性的实际货币需求。

完全预见均衡路径

条件式(5.68)和式(5.69)在这个模型中仍然成立。我们从式(5.105)中知道，随着时间的推移，消费是恒定的。因此根据资源约束条件有，

$$c=\frac{r}{1+r}\left[(1+r)(b_{-1}+h_{-1})+\sum_{t=0}^{\infty}\frac{y_t}{(1+r)^t}\right] \tag{5.108}$$

预定汇率制

我们现在在预定汇率制下求解模型。不用说，适用于连续时间模型的逻辑仍然有效。货币当局设定了名义汇率和国内信贷存量的路径。在形式上，货币当局设定 E_t，$t=0, 1, \cdots$，和 D_t，$t=0, 1, \cdots$，为了简单起见，假设货币当局设定了一个恒定的货币贬值率。正式地：

$$\frac{E_{t+1}}{E_t}=1+\varepsilon$$

通过利率平价条件，恒定的货币贬值率决定了恒定的名义利率(当然，要假定国外通货膨胀率不变)：

$$1+i=(1+i^*)(1+\varepsilon)$$

给定固定的消费和固定的名义利率，实际货币需求也将保持固定。给定固定的实际货币需求，国际储备的路径将由下式给出：

$$h_{t+1}-h_t=-\frac{D_t}{E_tP_t^*}\left[\frac{(1+\theta)-(1+\varepsilon)(1+\pi^*)}{(1+\varepsilon)(1+\pi^*)}\right]$$

施加预定汇率制随时间的推移是可持续的条件[即 $1+\theta=(1+\varepsilon)(1+\pi^*)$]后，我们能得到：

$$h_{t+1}=h_t$$

国际储备随时间推移也是固定不变的。

浮动汇率制度

我们现在在浮动汇率制度下求解这个模型。为了简单起见，假设货币当局设定名义货币供应量 M_0 的初始水平和一个固定的货币增长率：

$$\frac{M_{t+1}}{M_t}=1+\mu,\ t=0,\ 1\cdots\cdots \tag{5.109}$$

我们将以类似于连续时间模型的方式进行处理，先为实际货币余额推导出一个不稳定差分方程。为此，在式(5.109)的左端除以 P_{t+1}和 P_t 得到：

$$\frac{m_{t+1}}{m_t}=\frac{1}{P_{t+1}/P_t}(1+\mu) \tag{5.110}$$

利用利率平价条件和一价定律，我们可以将这个方程改写为：

$$\frac{m_{t+1}}{m_t}=\frac{(1+\mu)(1+r)}{1+i_t} \tag{5.111}$$

从式(5.106)中求解出 i_t，并将得到的表达式代入式(5.111)，我们可以得到关于 m_t 的一个差分方程：

$$m_{t+1}=m_t(1+\mu)(1+r)\left[1-\frac{v'(m_t)}{\lambda}\right] \tag{5.112}$$

这个差分方程对应于连续时间情形下的微分方程式(5.42)。

这个方程对应的平稳状态可以隐含地由下式给出(设定 $m_{t+1}=m_t=\bar{m}$)：

$$v'(\bar{m})=\lambda\,\frac{(1+\mu)(1+r)-1}{(1+\mu)(1+r)}$$

通过在平稳状态附近下线性化这个方程，我们可以证明这是一个不稳定的差分方程：①

$$\left.\frac{\partial m_{t+1}}{\partial m_t}\right|_{\bar{m}}=1-\bar{m}\,\frac{(1+\mu)(1+r)}{\lambda}v''(\bar{m})>1$$

考虑到式(5.112)的不稳定性，m_t 需要从 $t=0$ 时就处于稳定状态。否则，它会随着时间的推移而偏离。换句话说，$m_t(t=0,\ 1,\ \cdots)$的恒定值将由下式隐含地给出：

$$v'(\bar{m})=u'(c)\frac{(1+\mu)(1+r)-1}{(1+\mu)(1+r)}$$

然后，从式(5.111)中可以看出，名义利率也将随着时间的推移而保持不变，并由下式给出：

$$i_t=(1+\mu)(1+r)-1$$

通过利率平价条件，贬值率也将维持恒定。

5.8.5 实践中的汇率制度

5.2.5 节分析了预定汇率和浮动汇率制度的主要特点。为了概念上的清晰，我们仅仅研究了这些制度的“最纯粹”的形式：在预定汇率制下，货币当局控制名义汇率的路径；在浮动汇率制下，货币当局根本不干预外汇市场。然而，在实践中，很难找到这种“最纯粹”的形式(特别是在浮动汇率制下)，事实上，我们观察到的汇率制度恰恰位于这两个极端情形之间。此外，还有一些超出预定汇率的汇率制度，例如“完全美元化”(即没有本国货币)制度。以下是基于汇率灵活性程度和对汇率路径存在正式或非正式承诺的程度而对汇率

---

① 因为在连续时间情况下，如果 $v(m_t)=\log(m_t)$，则该差分方程成为由 $m_{t+1}=(1+\mu)(1+r)(m_t-1/\lambda)$ 给出的线性差分方程。

进行的分类，这一分类发布在 2008 年 IMF 关于“汇率制度和货币政策框架的实际分类”的报告中。①

● *没有单独的法定货币*：会出现两种可能的情况：(1)另一国的货币作为唯一的法定货币进行流通；(2)该成员国属于一个货币联盟，其中该联盟的成员国共同使用相同的法定货币。采用这种制度意味着货币当局完全放弃对国内货币政策的控制。第一类情况的例子是厄瓜多尔、巴拿马和萨尔瓦多；第二类情况的例子是欧元区和东加勒比货币联盟。

● *货币局制度*：这是一种以明确的立法承诺为基础的货币制度——以固定的汇率将本地货币兑换成某一特定外币，并对货币发行当局施加限制，以确保其法定义务的履行。这意味着本地货币将只以外汇为基础发行，而且完全得到国外资产的支持，几乎没有自由决定货币政策的余地，并取消了传统央行的职能，如货币控制和最后贷款人的职能。当然，此货币制度仍被给予一定程度的灵活性，这主要取决于货币局制度的银行规则有多么严格。例如，自 1983 年 10 月 17 日起，中国香港地区成立了货币局制度(把汇率固定在 7.8 港元兑 1 美元的水平上)。其他例子有爱沙尼亚(直到 2011 年 1 月 1 日成为欧元区第 17 个成员国为止)、立陶宛和吉布提。②

● *传统的固定汇率制度*：该国将其货币与另一种货币的汇率挂钩在±1%或以下；或是形成一种如 ERM II 的合作机制抑或是由主要贸易伙伴和金融伙伴的货币组成的一篮子货币，其中的权重要反映贸易、服务或资本流动的地域分布。货币组合也可以标准化，就像特别提款权(SDR)那样。没有承诺保证这种关联性持续成立。汇率至少三个月内在基准汇率附近低于±1%的狭窄范围内波动，或者在汇率最高和最低值保持 2%的小范围内波动。货币当局通过直接干预(即通过在市场上出售/购买外汇)或间接干预(即通过使用利率政策、实行外汇管制、实行限制外汇活动的道德劝导或其他公共机构的干预)维持固定汇率。货币政策的灵活性虽然有限，但大于没有单独法定货币或货币局的汇率安排，因为传统的中央银行职能仍有可能存在，而且货币当局原则上可以调整汇率水平。这种制度的例子有委内瑞拉、巴巴多斯和伯利兹。

● *横向挂钩汇率*：货币价格保持在一定的波动幅度内，在一个固定的基准汇率附近的波动幅度超过±1%，或者汇率的最大值和最小值之间的差额超过 2%。与传统的固定汇率制度一样，可以参考单一货币、合作安排或货币组合。有一定程度的货币政策决策权，取决于汇率极差大小。这种制度的例子有汤加。

● *爬行钉住*：货币定期以一个小幅的固定比率进行调整，或针对有选择性的定量指标变化进行调整，如与主要贸易伙伴的历史通货膨胀差额，以及主要贸易伙伴的通货膨胀目标和预期通货膨胀之间的差额等。爬行比率可以根据测得的通货膨胀或其他回溯性指标进行设定，也可以事先宣布一个固定的比率但低于计划的通胀差(前瞻性的)。维持爬行钉住汇率制度对货币政策施加了类似于固定汇率制度的限制。这种制度的例子有博茨瓦纳和尼加拉瓜。

---

① 对不同制度的描述摘自 IMF 的报告。给出的例子是截至 2011 年 4 月 30 日的最新情况。这一分类制度以 IMF 工作人员的安排为基础，这种分类可能与其正式宣布的分类不同(见下文关于法律制度与实际制度的讨论)。

② 最近另一个广为人知的货币局制度的例子是阿根廷的可兑换计划(1991—2001 年)。

● *无预先决定汇率路径的浮动汇率管理制度*：货币当局试图在没有具体汇率路径或目标的情况下影响汇率。管理汇率的指标大致上是判断性的(即国际收支状况、国际储备、平行市场发展等)，而且调整管理不是自动的。干预可以是直接的，也可以是间接的。这种制度的例子有阿尔及利亚、新加坡和巴拉圭。

● *独立浮动汇率*：汇率由市场决定，任何官方的外汇市场干预都是为了缓和汇率和防止汇率的过度波动，而不是为其确定一个水平。这种制度的例子有美国、日本和智利。

在量化不同汇率制度对增长和通货膨胀等方面的影响时，实证研究人员面临的一个主要问题是用法律上的还是在事实上的汇率制度分类。直到最近，大多数论文都遵循法律上的分类，通常是基于IMF在1997年之前要求成员国自行声明其安排的做法。然而，Levy Yeyati和Sturzenegger(2005)以及Reinhart和Rogoff(2004)提供了事实上的分类。他们认为，法律上的分类通常不能描述实际的汇率制度，事实上(国家实际做什么)和法律上(国家说自己做什么)分类之间的差距可能对于理解/量化一系列重要问题至关重要。这一差距的一个例子是Calvo和Reinhart(2000)分析过的所谓"浮动汇率恐惧"现象，他们认为，尽管许多新兴市场声称推行灵活的汇率安排，但这些新兴市场实际上进行了大量干预，将名义汇率控制在一定范围内。表5.3通过将IMF的传统法律上的分类与Reinhart和Rogoff(2004)提供的事实上的分类进行比较，说明了法律上和事实上的制度之间的差距。请注意，根据表5.3，具有法定灵活汇率的487项年度观测数据被Reinhart和Rogoff(2004)重新归类为固定汇率制度。两个有趣的案例是中国(1994—1997年)和墨西哥(1992—1994年)，它们都在法律上实行灵活的汇率制度，但被Reinhart和Rogoff(2004)归为固定汇率制度。

表5.3 法律上对事实上的汇率制度

		Reinhart和Rogoff根据事实上的分类	
		固定的	浮动的
IMF根据法律上的分类	固定的	1 363	366
	浮动的	487	303

注：数据点是对132个发展中国家在1970—2001年的年度观察值。
资料来源：IMF与Reinhart和Rogoff(2004)。

5.8.6 什么是货币需求的利率弹性？

在我们的理论框架中——正如在方程式(5.14)所显示的那样——实际货币需求是消费的正函数和名义利率的负函数。货币需求的利率弹性是一个特别重要的参数，因为它告诉我们货币需求将在多大程度上受利率变化的影响。

通常被用于寻找与式(5.14)对应的估计过程，始于建立一个类似于附录5.8.4所述的离散时间的均衡模型。给定大多数模型中的时间假设，利率通常通过$i_t/(1+i_t)$进入货币需求方程，正如式(5.107)所描述的进入期末的情形那样。Arrau等人(1995)通过借助具有如下形式的交易成本技术，把货币引入进一般均衡模型中：

$$H(m_t, \theta_t, c_t)=\frac{1}{c_t^{1-\phi}}h\left(\frac{m_t}{c_t^{\phi}}, \theta_t\right)$$

其中，$H(.)$代表每单位消费的交易成本[即总交易成本是 $c_tH(.)$]，$h(.)$由下式给出：

$$h\left(\frac{m_t}{c_t^{\phi}},\ \theta_t\right)=k\theta_t+\frac{1}{\alpha}\left[\frac{m_t}{c_t^{\phi}}\log\left(\frac{m_t}{c_t^{\phi}\theta_t}\right)-\frac{m_t}{c_t^{\phi}}\right]$$

其中，α 和 K 是常数，并确保 $\alpha>0$，K 足够大到能保证 $h(.)>0$ 和 $\partial h/\partial\theta_t>0$，$\theta_t$ 是刻画金融创新的技术参数，而 ϕ 是代表经济交易规模程度的参数（最常见的理论模型中，当 $\phi=1$ 时，H 是 m_t/c_t 比率的函数）。

在这个函数形式下，如 Arrau 等人(1995)所述，货币需求方程采用如下形式：

$$\log(m_t)=\log(\theta_t)+\phi\log(c_t)+\beta\left(\frac{i_t}{1+i_t}\right) \tag{5.113}$$

参数 $\beta(=-\alpha)$通常被称为货币需求的利率半弹性，或者更一般地说，是货币的机会成本半弹性。以 M1 作为衡量货币余额的标准，Arrau 等人(1995)用 20 世纪 70 年代中期至 80 年代早期的季度时间序列，估计了 10 个发展中国家的货币需求函数。他们还使用 i_t 而不是 $i_t/(1+i_t)$作为持有资金的机会成本进行回归。表 5.4A 中列出了他们对五个国家的 β 估计，其中他们发现了因变量和自变量之间的长期(协整)关系。估计值介于-0.5 和-3 之间，并且在大多数情况下是显著不为零的。

表 5.4　货币机会成本半弹性的经验估计

A. 特定国家的回归(Arrau et al.，1995)[a]

国　家	不同机会成本测量下的 β 估计 i	$i/(1+i)$
阿根廷		−0.47
		(−2.14)
巴　西		−2.17
		(−3.50)
印　度	−2.83	
	(−1.98)	
以色列		−2.97
		(−13.70)
韩　国	−2.97	
	(−1.14)	

B. 特定国家的回归(Reinhart and Végh，1995)[a]

国　家	β 估计[a]
阿根廷	−0.10
	(−5.00)
智　利	−0.09
	(−2.25)
乌拉圭	−0.22
	(−2.20)

续表

C. 面板回归(Easterly, Mauro and Schmidt-Hebbel, 1995)[a]		
说　明	β 估计	γ 估计
水平—线性($\gamma=1$)	−1.42	
	(−11.46)	
水平—非线性	−1.53	1.59
	(−10.04)	(6.78)
一阶差分—线性($\gamma=1$)	−0.74	
	(−6.53)	
一阶差分—非线性	−0.92	2.20
	(−4.15)	(4.06)

D. 在美国的货币需求(Goldfeld and Sichel, 1990)[a]	
利　率	β 估计[b]
商业票据利率	−0.013
	(5.2)
商业银行存折利率	−0.003
	(0.9)

注:a. 括号中是 t 值。
b. 估算的是相应的货币利率弹性。

Reinhart 和 Végh(1995)发展了一个类似的一般均衡框架,其中货币也降低了交易成本。在某些确定的函数形式下,它们推导出了如下的货币需求方程:

$$\log(m_t)=\delta+\varphi\log(\theta_t)+\phi\log(c_t)+\beta\log\left(\frac{i_t}{1+i_t}\right) \tag{5.114}$$

其中,θ_t 是金融创新的代理变量,δ、φ、ϕ、β 是交易成本函数的原始参数的组合。作者应用 Hansen(1982)的广义矩估计法(GMM),同时估计了方程式(5.114)和模型的跨期最优条件(标准欧拉方程)。其数据由阿根廷、智利和乌拉圭 20 世纪 70 年代和 80 年代的季度时间序列组成。表 5.4B 报告了在这种情形下,它们的估计与货币的利率弹性相对应,而不是与式(5.113)中的半弹性相对应。①他们的估计在所有国家中都显著不为零,且与 Arrau 等人(1995)的估计也没有不一致。

一些研究者认为许多发展中国家,特别是高通胀国家,已经经历了利率控制时期,这限制了衡量持有货币的机会成本时利率的有效性。例如,Easterly、Mauro 和 Schmidt-Hebbel(1995)在构造机会成本变量时,使用通货膨胀率 π_t 而不是利率构建了如下形式的估计方程:

$$\log\left(\frac{m_t}{y_t}\right)=\delta+\beta\left(\frac{\pi_t}{1+\pi_t}\right)^{\gamma} \tag{5.115}$$

其中,y_t 是产出,γ 是刻画货币余额和相应的机会成本之间非线性关系可能性的参数。

① 可以很容易地证明利率弹性等于 $i/(1+i)$ 乘以半弹性。

作者使用产出而不是消费作为他们的规模变量，因为这一总量在他们特定的国家样本中受测量误差的影响较小。表 5.4C 报告了由 11 个高通货膨胀国家组成的集合，利用 1960—1990 年间的年度数据，使用 M1 作为其货币余额的估计结果。前两行对应于式(5.115)的估计水平，由于在这个估计水平中很难找到一个协整关系，第三、第四行得到了式(5.115)的一阶差分形式。作者发现在这两种形式的非线性模型中，γ 系数为正且统计上显著，因此认为在高通货膨胀国家，货币的机会成本半弹性不是恒定的，而是随着通货膨胀而增加的。

美国货币利率弹性有多大？Goldfeld 和 Sichel(1990)认为，直到 20 世纪 70 年代中期，美国的货币需求行为能通过以下形式的局部调整模型进行很好的解释：

$$\log(m_t)=a_0+a_1\log(y_t)+a_2\log(m_{t-1})+a_3\log(\pi_t)+\beta\log(i_t) \qquad (5.116)$$

其中，$a_i(i=0,\ 1,\ 2,\ 3)$是回归系数，β 是货币需求的利率弹性。表 5.4D 显示了应用 Cochrane-Orcutt 方法就 1952—1986 年季度数据对式(5.116)的估计结果，将 M1 作为货币持有量的衡量指标，并使用两种不同的方法测量利率 i_t：商业票据利率和商业银行存折利率。在这种情况下，利率弹性值远小于表 5.4A—表 5.4C 提供的对发展中国家的半弹性估计值。作者还对不同的时间段和式(5.116) 的不同变体进行回归，几乎在每种情形下都得到了较低的利率弹性估计。Goldfeld 和 Sichel(1990)对 G7 集团国家的估计值也得到了类似的结论。

考虑到其估计值的总体表现，Goldfeld 和 Sichel(1990)建议需要重新考虑常规变量，并实验了不同的备选变量，比如以最大似然法估计货币需求方程，用每一季度最后一天的资金流量数据来表示 M1，同时利用在局部调整方程中的缓冲股票成分对初始模型进行修正。在每一种情况下，估计的弹性都低于 0.04。因此，我们得出结论，美国货币利率弹性的低估计值为通过现金先行约束中引入货币建模提供了一些经验支持。事实上，这一直是 Cooley 和 Hansen(1989, 1995)在他们的开创性工作中所采用的方法，他们在把货币引入真实商业周期模型中遵循的就是这种方法。

习　　题

1. (经济体的资源约束)通过将消费者的跨期约束式(5.10)和政府的跨期约束式(5.22)结合起来，从文中推出经济体的资源约束式(5.26)。
2. (受限制的浮动汇率)本习题说明了在主要章节中的货币模型中，人们如何看待受限制的浮动汇率。具体而言，我们分析了经济将如何应对使本国货币升值的正向货币冲击，以及货币当局如何干预以部分抵消这种升值(也许因为模型中没有考虑到的原因，货币当局担心大幅升值可能会恶化贸易平衡)。

   考虑到 5.2 节中唯一的修改项，即偏好由下式给出：

$$\int_0^{\infty}[u(c_t)+\alpha_t v(m_t)]e^{-\beta t}\,dt \qquad (5.117)$$

其中 α_t 被认为是货币需求的冲击。

在上述模型背景下：

(1) 考虑浮动汇率的情形($\mu_t=0$)。假设在 $t=0$ 之前，经济体处于 α 的恒定均衡状态。在 $t=0$ 时，α 会出现未预期的永久性增长。求解不干预下(即完全浮动)的情况。

(2) 求解完全干预的极端情况(即货币当局的反应方式是不让名义汇率发生变化)。直观地解释这一政策是如何运作的。

(3) 考虑一个"中间情况"，即货币当局选择干预外汇市场(但允许通过名义汇率进行部分调整)。特别地，求解一个政策反应函数，将明确货币当局根据实际货币需求的变化(货币当局必须按给定的要求)和名义汇率的目标变化，应采取何种程度的干预措施(提示：考虑细微变化，这样就可以使用微分来计算 $t=0$ 时的变化)。

3. (需求冲击)本题将说明正如人们所预期的那样，当消费路径不随时间的推移保持不变时，实际变量和名义变量之间的二分法仍然有效。为此，请考虑正文中模型的以下变式。偏好由下式给出：

$$\int_0^{\infty}[\alpha_t u(c_t)+v(m_t)]e^{-\beta t}\mathrm{d}t$$

其中 α_t 是一个偏好冲击。模型剩下的部分不发生变化，因此参数 α_t 可以被视为一个需求冲击，假设 α_t 的路径由下式给出：

$$\alpha_t=\begin{cases}\alpha^H, & 0\leqslant t<T\\ \alpha^L, & t\geqslant T\end{cases}$$

其中 $\alpha^H>\alpha^L$。

在这个模型下：

(1) 求解预定汇率下对应的完全预期均衡路径。

(2) 求解浮动汇率下对应的完全预期均衡路径，并证明实际效果与(1)中预定汇率下效果一致。

4. (国内信贷的增加)考虑 5.3 节所分析在预定汇率下的经济系统。讨论在 $t=0$ 时国内信贷存量未预期的永久性增加的影响。

5. (预定汇率和浮动汇率之间的等价性)考虑 5.2 节中浮动汇率下运作的经济系统。假设货币增长率为零(即 $\mu_t=0$)，货币供给水平遵循给由下式给出的路径：

$$M_t=\begin{cases}M^L, & 0\leqslant t<T\\ M^H, & t\geqslant T\end{cases}$$

其中 $M^L<M^H$。

在此模型下：

(1) 求解所有相关变量的完全预期均衡路径。

(2) 证明如果经济体是在预定汇率下运行的，而中央银行设定了(1)中求得的名义汇率路径，就会得到相同的均衡状态。

6. (政策的预期变化对通货膨胀的影响)在 5.2 节的模型下，描述与下列情形相对应的完全预期均衡路径：

(1) 在预定汇率制度下，假设货币贬值率在 0 和 T 之间为零，在 $t=T$ 时增加到 $\varepsilon>0$。求解所有相关变量的完全预期均衡路径。

(2) 在浮动汇率制度下，假设货币增长率在 0 和 T 之间为零，在时间 T 时增加到 $\mu>0$。求解所有相关变量的路径。

通货膨胀有何不同？结果背后的经济学含义是什么？

7. (期初货币余额下的货币效用函数)求解附录 5.8.4 中分析的离散时间下的货币效用函数模型，其偏好如下：

$$\sum_{t=0}^{\infty} B^t \left[u(c_t) + v\left(\frac{M_{t-1}}{P_t}\right) \right]$$

参考文献

Arrau, Patricio, Jose de Gregorio, Carmen M. Reinhart, and Peter Wickham. 1995. The demand for money in developing countries: Assessing the role of financial innovation. *Journal of Development Economics* 46(2):317—340.

Calvo, Guillermo, and Leonardo Leiderman. 1992. Optimal inflation tax under precommitment: Theory and Evidence. *American Economic Review* 82(1):179—194.

Calvo, Guillermo, and Carmen M. Reinhart. 2000. Fear of floating. *Quarterly Journal of Economics* 107(2):379—408.

Carlstrom, Charles T., and Timothy S. Fuerst. 2001. Timing and real indeterminacy in monetary models. *Journal of Monetary Economics* 47(2):285—298.

Cooley, Thomas, and Gary Hansen. 1989. The inflation tax in real business cycle models. *American Economic Review* 79: 733—748.

Cooley, Thomas, and Gary Hansen. 1995. Money and the business cycle. In Thomas Cooley, ed., *Frontiers of Business Cycle Research*. Princeton: Princeton University Press, 175—221.

Drazen, Allan, and Elhanan Helpman. 1987. Stabilization with exchange rate management. *Quarterly Journal of Economics* 102(4):835—856.

Drazen, Allan, and Elhanan Helpman. 1990. Inflationary consequences of anticipated macroeconomic policies. *Review of Economic Studies* 57(1):147—164.

Easterly, William, Paolo Mauro, and Klaus Schmidt-Hebbel. 1995. Money demand and seigniorage-maximizing inflation. *Journal of Money, Credit, and Banking* 27(2): 583—603.

Goldfeld, Stephen M., and Daniel E. Sichel. 1990. The demand for money. In Benjamin M. Friedman and Frank H. Hahn, eds., *Handbook of Monetary Economics*, vol. I. Amsterdam: Elsevier, 299—356.

Hansen, Lars. 1982. Large sample properties of generalized method of moments. *Econometrica* 50(4):1029—1054.

Helpman, Elhanan. 1981. An exploration in the theory of exchange-rate regimes. *Journal of Political Economy* 89(5):865—890.

Levy Yeyati, Eduardo, and Federico Sturzenegger. 2005. Classifying exchange rate regimes: Deeds vs. words. *European Economic Review* 49(6):1603—1635.

Lucas, Robert E., Jr. 1982. Interest rates and currency prices in a two-country world. *Journal of Monetary Economics* 10(3):335—359.

Obstfeld, Maurice, 1986. Speculative attack and the external constraint in a maximizing model of the balance of payments. *Canadian Journal of Economics* 19(1):1—22.

Reinhart, Carmen M., and Kenneth Rogoff. 2004. The modern history of exchange rate arrangements: A reinterpretation. *Quarterly Journal of Economics* 119(1):1—48.

Reinhart, Carmen M., and Carlos A. Végh. 1995. Nominal interest rates, consumption booms, and lack of credibility: A quantitative examination. *Journal of Development Economics* 46(2):357—378.

Sargent, Thomas J., and Neil Wallace. 1981. Some unpleasant monetarist arithmetic. *Quarterly Review*. Federal Reserve Bank of Minneapolis(Fall):1—17.

▶6

利用货币方法处理国际收支平衡

6.1 引言

我们已经在第 5 章的基本货币模型中看到，无论是货币政策（在浮动汇率制下）还是汇率政策（在预定汇率制下）都不会有实际影响。我们特意选择了这样的一个模型，它可以使我们专注于一些重要的货币现象而不必担心货币部门可能会与实体部门发生联系。尽管第 5 章提到的模型是重要的框架模型，但它并没有为我们理解开放经济中的货币政策、汇率政策可能产生的实际影响提供必要的工具。就本质而言，开放经济下的货币经济学的主要任务是要脱离第 5 章所假设的世界来展开研究。

第一个脱离就是抽象掉生息资产。换言之，我们将通过假定货币是世界经济中唯一可获得的资产以修正第 5 章的模型。这一脱离将允许我们强调预定汇率制下经济运作过程中的一个最基本的调节机制：叫做利用货币方法调节国际收支平衡。①这种方法主要强调货币市场的暂时性"不平衡"（即当前货币持有量与长期货币需求不一致）将引起国际储备的流动（即调整国际收支）上升。更具体而言，当经济体从国外"进口"货币从而增加了国内实际货币余额时，这种超额货币需求会导致贸易盈余（因此增加国际储备）。相反，当经济体想要减少自己不希望拥有的货币余额时，这种超额货币供给会引起贸易赤字（因此导致国际储备减少）。在这样的世界中，通过提高价格水平，货币贬值将减少实际货币余额，进而产生超额货币需求。这又会进一步促使消费下降，因为家庭为使他们的资金重新实现平衡必须增加储蓄。由此产生的贸易盈余又会导致国际储备增加。②因此我们可以将货币贬值作为一个减少支出的机制。支出减少意味着贸易盈余和国际储备增加。

通过将不可贸易的商品和内生性生产引入到分析中，本章的模型将使我们能够更全面地了解货币贬值。值得一提的是，一个好的模型不仅要将支出减少效应排除掉，还需要

---

① "国际收支平衡"一词是 20 世纪六七十年代通用表达方式，是指中央银行国际储备的变化情况。

② 利用货币方法处理国际收支平衡除了作为任何一个开放经济模型中的基本调整机制外，还会对政策产生巨大的影响。事实上，它一直是国际货币基金组织半个多世纪以来政策建议的核心。通常，中央银行的低国际储备将促使国际货币基金组织采取将货币贬值的做法，因为这将增加国际储备。

解决以下两个方面的附加影响:(1)支出转换效应(expenditure-switching effect),指家庭将从可贸易商品的消费转向不可贸易商品的消费;(2)生产效应(production effect),指劳动从不可贸易商品部门向可贸易商品部门转移,这会增加可贸易商品的生产和不可贸易商品的消费支出。这两个附加效应是由可贸易商品相对价格(即实际货币贬值)的增加引起的。直觉上看,为了应对贬值,家庭通常会减少可贸易商品和不可贸易商品的消费(减少支出效应)。这导致——在不可贸易商品的初始相对价格水平上——不可贸易商品出现超额供给,其相对价格会下降,于是家庭会消费更多的不可贸易商品(和更少的可贸易商品),公司也将生产更多可贸易商品。这很好地说明了贬值将通过减少消费和增加可贸易商品生产来增加贸易盈余的观点。

两种商品模型可以帮助我们理解另外两个重要的观点。首先,与许多经济学家优秀的直觉相反,名义汇率和实际汇率之间的联系并不是黏性价格的显性必要条件。事实上——尽管没有任何名义刚性——若在生产中没有很多替代品,那么不可贸易商品的名义价格对货币贬值的反应并不会很强烈。事实上,在少数几个根本不存在生产替代的案例中,一个粗略的计算发现,10%的货币贬值率只会导致不可贸易商品的价格增长3.8%。其次,在这个模型中货币贬值是紧缩性的,这意味着贬值不仅导致消费减少,还导致总生产(以可贸易商品衡量)减少。因此,该模型的预测与我们在发展中国家观察到的现象是一致的——货币贬值通常是紧缩性的。①

本章最后我们将关注浮动汇率。浮动汇率与本章前面几节研究过的固定汇率或者预定汇率不同的地方在于,经济体可以实时调整货币供给水平或货币增长率。有趣的是,去除有息债券并不会改变在第5章纯货币模型中所得出的结果。背后的直觉是简单的,在浮动汇率下,生息资产的缺乏并不影响均衡机制,因为名义汇率会发生变化。因此,当货币供应量翻一番只会造成名义汇率翻一番,而不会产生实际影响。我们然后通过假定国内金融机构存在两种货币(即存在替代货币),从而把著名的"扭曲效应"引入模型。这样做的目的是要表明,即便在浮动汇率下,替代货币的存在意味着经济体会以与我们所强调的货币学派相似的方法调整经济波动。直观地说,外汇存量的调整只能通过贸易不平衡产生。例如,货币增长率的增加会使得家庭想要增加相对于本国货币而言的长期外国货币的持有量,这会迫使出现贸易盈余,以确保家庭能获得更多外国货币。

本章的基本框架是:6.2节发展了本章的基本模型,并运用它分析了几个例子,以进一步说明被货币学派所强调的调节机制。6.3节将不可贸易商品和内生的生产引入6.2节的模型,并关注货币贬值的影响。6.4节研究在浮动汇率下6.2节模型的情形。6.5节把货币替代引入模型,并分析了当货币供给增长率增加时经济体的反应。6.6节是本章的总结。

6.2 利用货币政策实现收支平衡

在Calvo(1981)模型的基础上,我们通过假定货币是世界经济中唯一可用的资产,修

① 参见第8章中专栏8.2提供的有关货币贬值的产出效应的综述性证据。

正了第5章提出的模型。因此,中央银行只储备本国货币(作为国内经济中的流通手段和价值尺度)和外国货币(即美元票据)。唯一的可贸易商品(且是不可储藏的)的禀赋数量是用 y 表示的固定值。假定商品的外国价格不变且总等于1。根据一价定律,有 $P_t=E_t$,这里的 P_t 是国内商品的价格,E_t 是名义汇率(以本币表示的每单位外币的价格)。

6.2.1 消费者的优化问题

假定消费者偏好由下式给出:

$$\int_0^{\infty}[u(c_t)+v(m_t)]\exp(-\beta t)\mathrm{d}t \tag{6.1}$$

其中,$\beta(>0)$是贴现率,c_t 是消费,m_t 是实际货币余额,m_t 定义为 M_t/E_t,这里的 M_t 是名义货币余额。①

因为经济体中不存在债券,消费者的流量约束将由下式给出:

$$\dot{M}_t=E_t y+E_t\tau_t-E_t c_t \tag{6.2}$$

这里的 τ_t 是政府的一次性转移支付。根据实际货币余额公式($m_t=M_t/E_t$),可以推出:

$$\dot{m}_t=\frac{\dot{M}_t}{E_t}-\varepsilon_t m_t \tag{6.3}$$

这里的 ε_t 表示贬值率。利用式(6.3),我们能将式(6.2)重新写成:

$$\dot{m}_t=y+\tau_t-c_t-\varepsilon_t m_t \tag{6.4}$$

消费者在流量约束式(6.4)的限制下来最大化式(6.1)。因此,汉密尔顿现值方程②为:

$$H=u(c_t)+v(m_t)+\lambda_t(y+\tau_t-c_t-\varepsilon_t m_t) \tag{6.5}$$

其中,c_t 是控制变量,m_t 是状态变量,λ_t 是相应的协态变量。协态变量 λ_t 也可以被理解为边际上1单位实际货币余额用 t 时刻效用衡量的影子价格。在任何时刻由消费者决定其消费量,而消费量的选择不仅产生直接效用[通常记作 $u(c_t)$],也会通过流量约束影响下一时刻的实际货币余额。这种影响的大小通过式(6.5)右端的第三项来表示。因此对于一个给定的协态变量 λ_t 值,汉密尔顿方程刻画了消费选择对效用的总贡献。

最优条件由下式给出:

$$\frac{\partial H}{\partial c_t}=u'(c_t)-\lambda_t=0 \tag{6.6}$$

$$\dot{\lambda}_t=\beta\lambda_t-\frac{\partial H}{\partial m_t}=(\beta+\varepsilon_t)\lambda_t-v'(m_t) \tag{6.7}$$

我们能将这些最优条件重写为:

---

① 为了符号清晰,这里将使用 exp(·)表示本书中提到的指数函数,从而让 e 被用于代表实际汇率。

② 最优控制理论的有关介绍参见附录6.7.1,这种方法将在本书后面章节中被频繁使用。

$$u'(c_t)=\lambda_t \tag{6.8}$$

$$\underbrace{\frac{v'(m_t)}{\lambda_t}-\varepsilon_t}_{\text{净股息率}}+\underbrace{\frac{\dot{\lambda}_t}{\lambda_t}}_{\text{资本溢价}}=\beta$$

第一个方程表明消费者会让 1 单位额外消费收益 $u'(c_t)$ 等于那 1 单位消费影子成本 λ_t。第二个方程能被作为资产定价方程进行解释，它使实际货币余额的总收益——包括“净股息率”和资本溢价——与贴现率 β 相等。

作为进一步的参考，注意通过让式(6.8)对时间求导，并利用式(6.7)，我们可以得到：

$$\dot{c}_t=-\frac{1}{u''(c_t)}[v'(m_t)-(\beta+\varepsilon_t)u'(c_t)] \tag{6.9}$$

6.2.2 政府

政府持有外国货币作为国际储备(真实变量以 h_t 表示)。因为外汇不能支付利息，因此政府的流量预算约束采用如下形式：

$$\dot{h}_t=\frac{\dot{M}_t}{P_t}-\tau_t \tag{6.10}$$

国内信贷的增长率由下式给出：

$$\frac{\dot{D}_t}{D_t}=\theta_t \tag{6.11}$$

让中央银行的资产负债($h_t+d_t=m_t$)对时间求导数，并使用如下事实，即 $\dot{d}_t/d_t=\theta_t-\varepsilon_t$，我们可以得到：

$$\dot{h}_t=\dot{m}_t-d_t(\theta_t-\varepsilon_t)$$

正如在第 5 章所讨论的那样——为了保证预定汇率体系随着时间的推移是可持续的——我们假定 $\theta_t=\varepsilon_t$，因此有：

$$\dot{h}_t=\dot{m}_t \tag{6.12}$$

概念上看，这是一个极其重要的均衡条件。它指出在预定汇率制度下，国际储备的变化将取决于实际货币需求的变化。换言之，假如出于一些原因，实际货币需求正随着时间推移而增加(减少)，那么中央银行随时间的推移将获得(失去)国际储备。

最后，根据暗含在国内信贷规则式(6.11)中的转移政策以及假定 $\theta_t=\varepsilon_t$，结合从式(6.10)中求解出的 τ_t，并利用式(6.12)，可以得到：

$$\tau_t=\varepsilon_t m_t \tag{6.13}$$

6.2.3 平衡条件

结合消费者的流量约束[由式(6.4)给出]和政府的流量约束[由式(6.10)给出]，我们

可以得到：①

$$\dot{h}_t = y - c_t \tag{6.14}$$

由于在经济体中不存在债券，因此资本账户将等于零。因此，式(6.14)说明国际储备的增加等于经常账户的增加。利用式(6.12)，我们将式(6.14)重写为：

$$\dot{m}_t = y - c_t \tag{6.15}$$

6.2.4　动态系统

方程式(6.9)和式(6.15)构成了一个关于 c_t 和 m_t 的动态系统，其中 ε_t 值固定不变，记作 ε。为了刻画这一动态系统的稳定状态，令 $\dot{c}_t = \dot{m}_t = 0$ 可以得到：

$$c_{ss} = y \tag{6.16}$$

$$v'(m_{ss}) = u'(y)(\beta + \varepsilon) \tag{6.17}$$

这里的下标 ss 代表稳定状态时的值。由于这个世界不存在生息资产，因此达到稳定状态时的消费将总是等于固定的禀赋水平，如式(6.16)所示。式(6.17)隐性地定义了一个具有标准特征的稳定状态时的真实货币需求。求解 m_{ss} 可以得到：

$$m_{ss} = L(y,\ \beta + \varepsilon) \tag{6.18}$$

其中：

$$\frac{\partial L}{\partial y} = \frac{(\beta + \varepsilon) u''(y)}{v''(m_{ss})} > 0$$

$$\frac{\partial L}{\partial (\beta + \varepsilon)} = \frac{u'(y)}{v''(m_{ss})} < 0$$

我们可以将 $\beta + \varepsilon$ 看作“影子名义利率”，因为它刻画了稳定状态时持有货币的机会成本。

我们可以通过在稳定状态点附近线性化动态体系继续来进行处理，动态系统稳定状态附近的线性近似由下式给出：

$$\begin{bmatrix} \dot{c}_t \\ \dot{m}_t \end{bmatrix} = \begin{bmatrix} \beta + \varepsilon & \dfrac{-v''(m_{ss})}{u''(y)} \\ -1 & 0 \end{bmatrix} \begin{bmatrix} c_t - y \\ m_t - m_{ss} \end{bmatrix} \tag{6.19}$$

与线性近似相关联的矩阵行列式(记为 Δ)为负：

$$\Delta = \frac{-v''(m_{ss})}{u''(y)} < 0$$

因为行列式是两个根的乘积，因此，行列式为负表明该动态系统存在一个正(即不稳定的)根和一个负(即稳定的)根(详见附录 6.7.2)。给定一个前定变量(即 m_t)，这个动态

① 当然，式(6.14)也可以由通过将式(6.13)代入式(6.4)而得到。但在正文中的推导能使得式(6.14)不依赖于 $\theta_t = \varepsilon_t$ 的假定。

系统展示了一个鞍点路径的稳定状态：即对于一个给定的值 m_0，c_t 会进行调整以确保系统会沿着鞍点路径收敛到稳定状态。①

我们现在借助所谓的相位图（图 6.1）方法在（m_t，c_t）平面上定性地刻画动态系统的行为。为了构建相位图，我们首先画出 $\dot{c}_t=0$ 和 $\dot{m}_t=0$ 的曲线。要得到这些曲线，令式（6.9）中的 $\dot{c}_t=0$，可以得到：

$$(\beta+\varepsilon)u'(c_t)=v'(m_t)$$

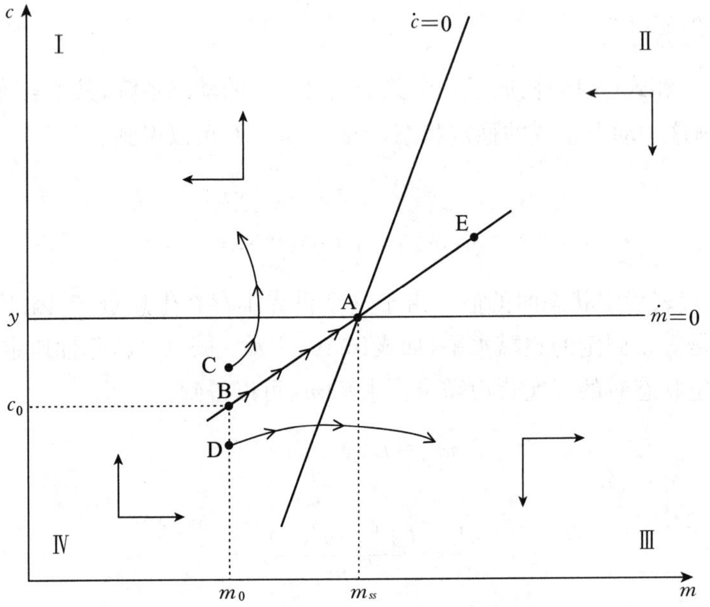

图 6.1　相位图

这些是消费不变的点的轨迹。为了判断出 $\dot{c}_t=0$ 曲线的斜率，全微分式（6.20）可以得到：

$$\left.\frac{\mathrm{d}c_t}{\mathrm{d}m_t}\right|_{\dot{c}_t=0}=\frac{v''(m_t)}{(\beta+\varepsilon)u''(c_t)}>0$$

因此 $\dot{c}_t=0$ 曲线将向上倾斜，正如图 6.1 所示。

要得出 $\dot{m}_t=0$ 的曲线，设式（6.15）中 $\dot{m}_t=0$，可以得到：

$$c_t=y$$

因此，$\dot{m}_t=0$ 在相位图上显示为一条水平线。

曲线 $\dot{m}_t=0$ 和 $\dot{c}_t=0$ 的交点代表了动态系统的稳定状态（图 6.1 中的点 A）。如果该动态系统正好从点 A 开始，那么它就停在该点。此外，曲线 $\dot{m}_t=0$ 和 $\dot{c}_t=0$ 将平面划分出四

① 要注意的是，这是本书第一次使用有稳定根的模型。到现在为止，所有的模型都有一个零根（或者在离散时间下是单位根）。稳定根的存在意味着系统最终收敛到稳定状态而与初始条件无关（读者可以参考第 2 章的专栏 2.4 中关于小型开放经济模型中单位根的讨论）。具有稳定根的模型通常成为具有“内部动态”的模型，以区别于具有零根（或者说单位根）的模型，它仅具有“外部动态”（即它们通常是在外生性中遵循非稳定路径的动态过程）。

个区域(图 6.1 标明从Ⅰ到Ⅳ)。接下来要做的事是确定在四个区域中的任何一点,系统将朝着什么方向运动。为了弄清楚这个问题,我们在四个区域中以如图 6.1 所示的方法绘制了箭头。假定我们是从图 6.1 中的$\dot{m}_t=0$ 曲线上的一点开始,然后让 c_t 增加很小一个单位。此时,实际货币余额会如何反应呢? 要回答这个问题,让式(6.15)对 c_t 求导数,可以得到:

$$\left.\frac{\partial \dot{m}_t}{\partial c_t}\right|_{\dot{m}_t=0}=-1<0$$

这说明假如 c_t 增加很小一单位,则$\dot{m}_t$ 变为负值,即真实货币余额减少。从图形上看,这意味着在曲线$\dot{m}_t=0$ 上方,我们能画出朝西的箭头来代表运动方向(即在区域Ⅰ和区域Ⅱ中),相反在曲线$\dot{m}_t=0$ 下方,箭头朝东(即在区域Ⅲ和区域Ⅳ中)。

现在假设我们是从图 6.1 中$\dot{c}_t=0$ 曲线上的一点开始,然后让 m_t 增加很小一单位。此时消费将出现怎样的变化呢? 由式(6.9)给定的微分方程$\dot{c}_t=0$ 曲线对 m_t 求导数,可以得到:

$$\left.\frac{\partial \dot{c}_t}{\partial m_t}\right|_{\dot{c}_t=0}=\frac{-v''(m_{ss})}{u''(y)}<0$$

这意味着假如 m_t 增加很小一单位时消费会减少。反之,若 m_t 减少很小一单位时消费会增加。从图 6.1 上看,在曲线$\dot{c}_t=0$ 右侧,箭头朝南(即在区域Ⅱ和区域Ⅲ中)。相反,在曲线$\dot{c}_t=0$ 左侧,箭头朝北(即在区域Ⅰ和区域Ⅳ中)。

图中的箭头告诉我们在四个区域内系统的运动方向。具体来说,在区域Ⅰ内系统朝着西北方向运动,在区域Ⅱ内朝着西南方向运动,在区域Ⅲ内朝着东南方向运动,在区域Ⅳ内朝着东北方向运动。

如何以图形方式确定唯一收敛的平衡路径(即鞍点路径)?①从图 6.1 中可以清楚看出,如果系统处在区域Ⅰ或区域Ⅲ中,随着时间推移最终会偏离。因此,大体上只有两个区域(区域Ⅱ和区域Ⅳ)会朝着最终能收敛到稳定状态的方向运动。并且在这两个区域内,最终只有唯一的一条路径使得系统实现稳定状态。为了说明这一点,我们假定在 $t=0$ 时,实际货币余额的初始水平给定为 m_0,这一水平在图 6.1 中位于 m_{ss}左方。因为 m_t 是事先决定的变量而 c_t 不是,所以系统的初始运动点可处于与 m_0 对应垂直线的任何位置上。假定初始消费 c_0 在图 6.1 中的点 C,那么系统将沿着东北方向运动并垂直穿过$\dot{m}_t=0$ 曲线,然后朝着西北方向运动,这样的运动轨迹显然是偏离的。同样假定 c_0 在点 D,那么系统将沿着东北方向运动并水平穿过$\dot{c}_t=0$ 曲线,然后朝着东南方向运动,显然也是偏离的。事实上,只有当 c_0 从点 B 开始运动(即在鞍点路径上的一点),它才能随着时间推移最终趋于稳定状态(即点 A)。

6.2.5 初始稳定状态

现在让我们在给定货币贬值率固定为 ε 的情况下,对初始稳定状态进行全面的刻画。稳定状态时的消费和实际货币余额分别由式(6.16)和式(6.18)给出。显然,贸易余额将等于零:

① 附录 6.7.2 给出了关于鞍点路径的数理推导过程。

$$TB_{ss}=y-c_{ss}=0$$

因为国内信贷增长率被假定固定不变(由 θ 给出)且等于 ε,国内实际信贷水平将被外生地给定在某个取值为 d 的水平上。给定国内实际信贷存量后,可以从中央银行的资产负债表($h_t+d_t=m_t$)中推出稳定状态时国际储备的水平:

$$h_{ss}=m_{ss}-d$$

6.2.6 货币贬值的影响

假定经济体最初处于图 6.1 中的稳定状态点 A。①当汇率水平出现未预期的永久性增加(即一个永久性货币贬值,参见图 6.2a),经济会出现什么反应?

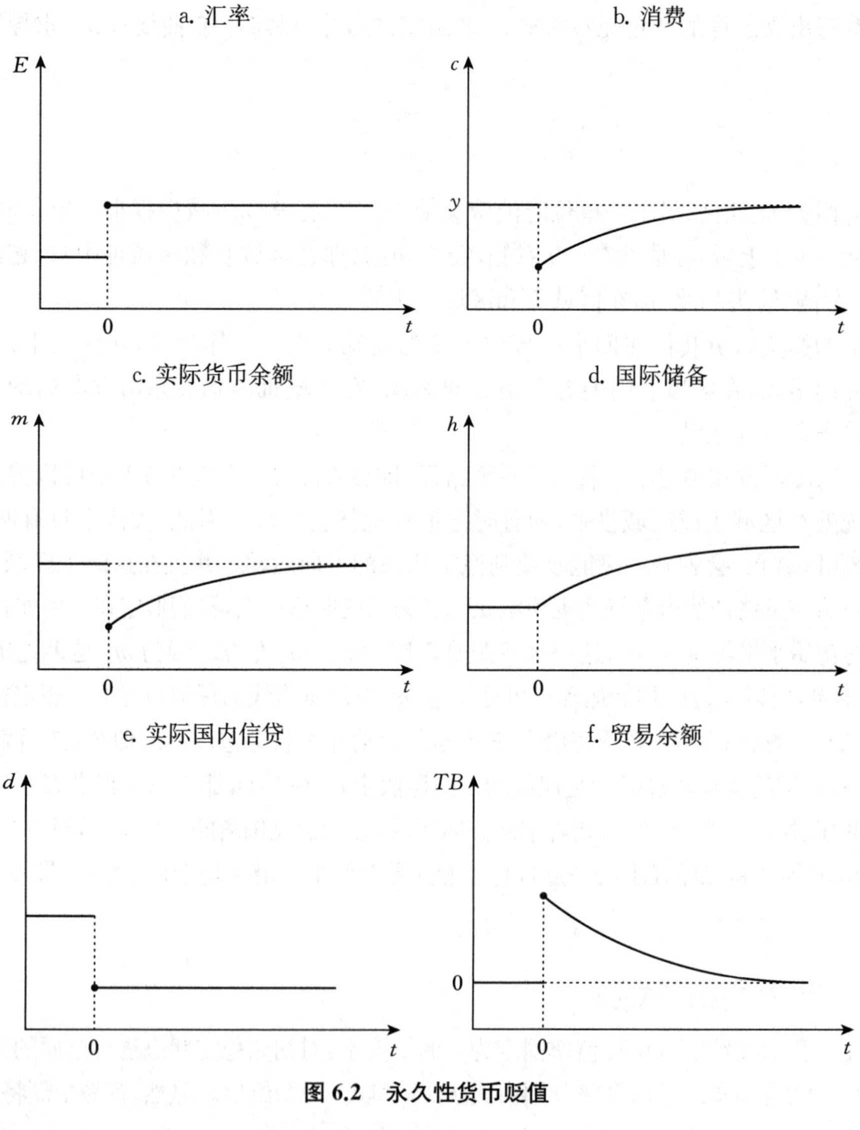

图 6.2 永久性货币贬值

① 为了保证前后一致——又不失一般性——我们假定 $\varepsilon=\theta=0$,使汇率固定不变。

我们依旧使用相位图来理解消费和实际货币余额的变化。首先要问如下这个问题：永久性货币贬值是否会改变稳定状态？答案显然是否定的。正如式(6.16)和式(6.17)清楚显示的那样，稳定状态的消费和实际货币余额值并不依赖于名义汇率。

该动态系统又是如何对贬值作出反应的呢？面对冲击，实际货币余额必定会减少。要明白这一点，我们将中央银行的资产负债表重新写为：

$$m_t = h_t + \frac{D_t}{E}$$

这里，E 是固定汇率。国际储备不能在零时刻发生跃升。D_0 是政策变量，并且根据假定在零时刻也不会发生任何变化。因此，在零时刻 E 增加必然导致实际货币余额的下降。在相位图 6.1 中，实际货币余额会从 m_{ss} 跳跃到 m_0。c_0 会发生什么？根据我们之前的逻辑，c_0 必须调整以保证系统处于鞍点路径上。因此，在冲击发生后，系统会从图 6.1 中的点 A 跳跃到点 B。然后系统随时间的推移重新收敛到不变的稳定状态(点 A)上。消费和实际货币余额随着时间变化的路径分别在图 6.2 中的 b 和 c 中描绘。给定产量不变时，消费下降会导致 $t=0$ 时出现贸易盈余(图 6.2f)，随着时间的推移，当消费回到其最初水平时，贸易盈余也最终消失。

国际储备又会如何反应呢？首先，要注意到的是，在 $t=0$ 时，国内实际信贷会发生下降，并在之后一直维持在一个更低的水平上(如图 6.2e)。从中央银行的资产负债表($h_{ss}=m_{ss}-d$)可以推断出在新的稳定状态下国际储备将处在更高的水平上，因为在稳定状态时实际货币余额不发生变化，但实际国内信贷却变得更低了。因此，在稳定状态时，国际储备增加的数量正好是实际国内信贷减少的数量。在冲击发生后，由式(6.12)可知，国际储备起初不变，然后随着时间推移开始增加(如图 6.2d)。

隐藏在经济体中对货币贬值作出反应背后的经济直觉是什么？由于货币贬值减少了实际货币余额，但不影响大家希望的长期实际货币余额水平，因此，随着时间推移，经济体必须重建实际货币余额。经济体唯一方法是增加贸易盈余(或者增加等同的经常账户盈余)，随时间的推移这会增加国际储备，因此也会增加名义货币供应量。而要实现贸易盈余，经济体在短期内必须减少消费(我们将其称为货币贬值的支出减少效应)。换言之，在时点 0，对实际货币余额的超额需求(相对于长期实际货币需求而言)会迫使经济体从世界其他地方“进口”期望的实际货币量。国际收支(即国际储备的变化)对货币市场的“不平衡”所作的反应，解释了我们为什么要把这类模型称作“国际收支的货币方法”。

本实验所得出的关键结论是，货币贬值将导致国际储备增加。这一结论也为 IMF 援助那些正在减少国际储备的国家提供了理由。

从中我们能得到两点最终的观察。第一，货币贬值导致国际储备的增加，这个结论和我们在第 5 章得到的结论如出一辙，唯一不同的地方在于第 5 章模型中国际储备的增加在瞬间发生，因此实际部门并不会作出调整。相比之下，在本章的模型中，国际储备的增加是通过贸易盈余随时间的推移而逐步发生的。可以确信的是，真实世界一定是介于第 5 章模型(资本完全流动)与第 6 章(资本不流动)之间，因此，这一类模型会预测，货币贬值将不仅导致国际储备增加也会导致贸易盈余增加。①

第二个观察是，在本模型中，货币贬值具有紧缩性，因为它会导致消费减少。当然，产量是外生的，因此不会发生变化。假如我们在单一产品的经济中把生产内生化会产生怎样的结果呢？在本章习题1中把劳动/闲暇选择和线性生产引入了模型，并证明了为了补充实际货币余额，货币贬值仍旧会导致贸易盈余。但是贸易盈余会通过两个不同的渠道实现：更低的消费和更高的产出。直觉上，消费下降需要"进口货币"，而这必然伴随着闲暇的减少，因为用闲暇衡量的消费的相对价格并不会受影响。闲暇减少又意味着更多的劳动和更高的产出。因此贬值从产出意义上来说是扩张性的，虽然其仍旧导致消费减少。在这一领域，传统的观点通常认为贬值是扩张性的（正如我们在第8章的专栏8.2中所进行的评论）。但经验证据表明，在发展中国家，货币贬值通常是紧缩性的（参见Gupta，Mishra and Sahay，2007）。

6.2.7 国内信贷的增加

通常发展中国家会用国内信贷为政府支出融资（即财政部门向货币发行部门"借款"）。在我们的模型中，这种借款方式通过中央银行发行货币购买财政部门发行的（无息）债券进行处理。

再次假定经济体在初始时（即在 $t=0$ 时点之前）恰好处于图6.1中的稳定状态点A。②且在 $t=0$ 时点国内信贷存量出现一个未预期的永久性增加（参见图6.3a），经济会如何响应？

根据图6.1，可以发现国内信贷存量的永久性增加不会改变经济的稳定状态，式(6.16)和式(6.17)也清楚地说明这一点。从中央银行的资产负债表中，我们可以推断（$t=0$ 时刻），随着实际国内信贷增加，实际货币余额也增加。在图6.1中，该经济从点A突然跳跃到点E，并最后回到点A。消费与实际货币余额运动轨迹如图6.3b、c所示。贸易余额在 $t=0$ 时点变为赤字，随着时间的推移逐渐恢复（如图6.3f）。

因为在冲击发生时，国内真实信贷水平会出现增加，之后会在这个水平上保持不变（如图6.3e），且稳定状态时真实货币需求不发生变化，因此我们能推断稳定状态时国际储备会下降。因此，国际储备随着时间的推移会向更低的稳定状态值收敛（如图6.3d）。

直觉上说，在冲击发生后，国内信贷的增加会让公众持有更多的实际货币量余额。然而，公众通常并不期望持有更多实际货币余额。为了减少这种不期望的实际货币量余额，经济需要出现贸易赤字。贸易（经常账户）赤字会带来国际储备持续性减少，从而减少名义货币供应量。在新的稳定状态下，名义货币供给水平将与冲击发生之前的水平相同，但构成会发生变化（即国际储备变低而名义国内信贷变高）。

---

① 顺便一提，我们应该注意到，我们并不愿意借助该模型去得出一些规范性的启示。原因在于与第5章不同，本章的私营部门不"消耗"中央银行的国际储备。而在第5章中，由于中央银行时刻转移储备金利息，消费者最终会消费完这些国际储备，因此这种转移的折现值会等于初始的国际储备存量。

② 再次假定 $\varepsilon=\theta=0$。

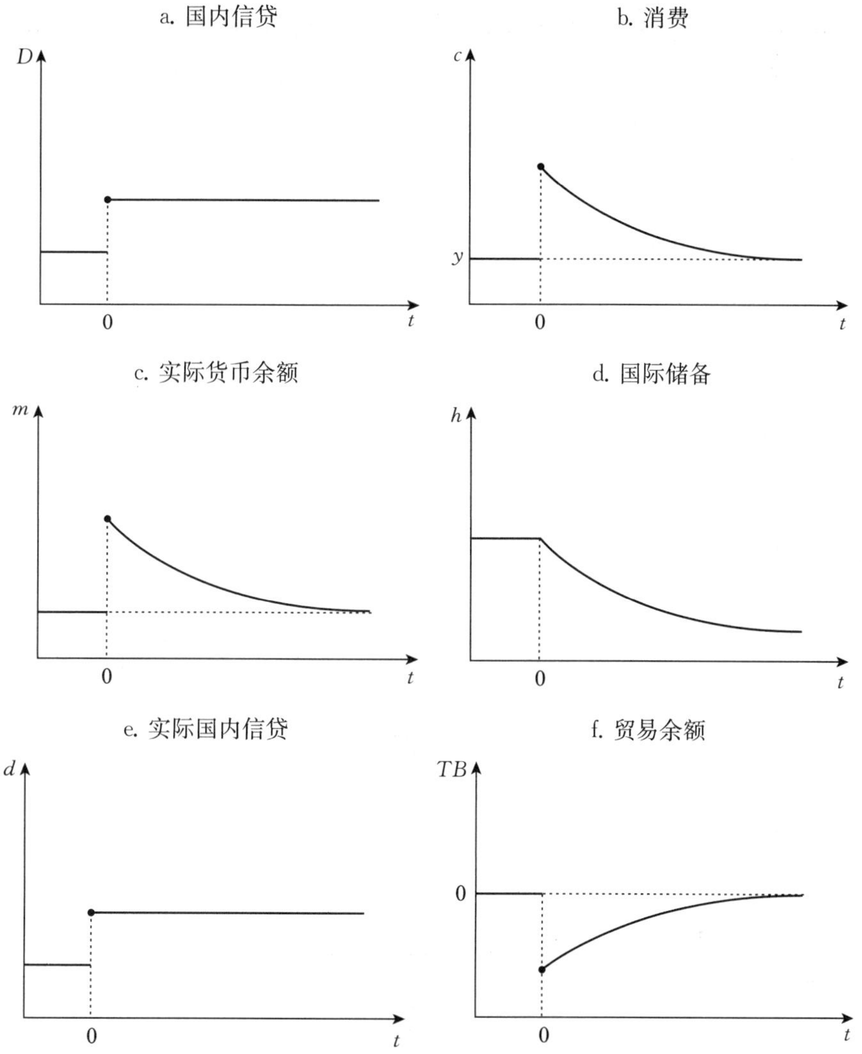

图 6.3 国内信贷的永久增值

总的来说，模型的关键预测是国内信贷水平的增加将导致国际储备发生同等数量级的减少。因为在现实中，很多发展中国家使用中央银行信贷为政府支出进行融资，这就导致宽松的财政政策和国际储备减少之间存在紧密联系（参见专栏 6.1）。基于这类模型，IMF 政策组合中一个典型的政策就是设定国际储备目标，给定一个实际货币需求的估计量，然后设定国内信贷增长率以实现该目标（参见专栏 6.2 中关于 IMF 金融政策的讨论）。

专栏 6.1 南锥体型国家的货币方法

6.2 节的模型预测，由于公众会减少不需要的货币余额，中央银行增加国内信贷会导致国际储备减少。被称作南锥体“公告牌”(tablitas)类型国家的最后阶段为我们验证货币方法提供了理想的测试场所。南锥体“公告牌”国家是 20 世纪 70 年代末，以阿根廷、智利、乌拉圭为主的实行固定汇率政策而组成的一类国家，这些国家通过事先就公布一个汇率安排表(这在西班牙语里称作“tablitas”),并会提前几个月就制定出未来每天的汇率(通常实行一个递减的贬值率)。[a] 但是这种公告牌式的汇率制度寿命很短,因为在面对代价高昂国际收支和严峻的金融危机时就不得不放弃了这种钉住式汇率。

这三个国家最终放弃这种公告牌式汇率制度的原因在于,到放弃这种制度前的几个月,三个国家的财政情况都急剧恶化。正如图 6.4 所显示的那样,在实施这种安排的最后阶段,中央银行的国内信贷发生大幅上升,因为中央银行被迫通过印发货币来为财政赤字提供融资。与运用货币方法的预测相一致,国际储备出现稳步下降,这表明公众不愿意持有额外的货币余额。国际储备的稳步减少使得中央银行别无选择,只能放弃钉住汇率制度。[b]

智利

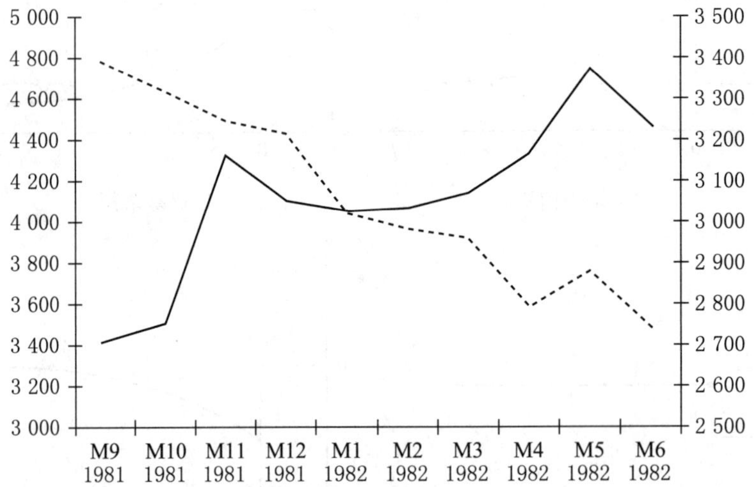

阿根廷

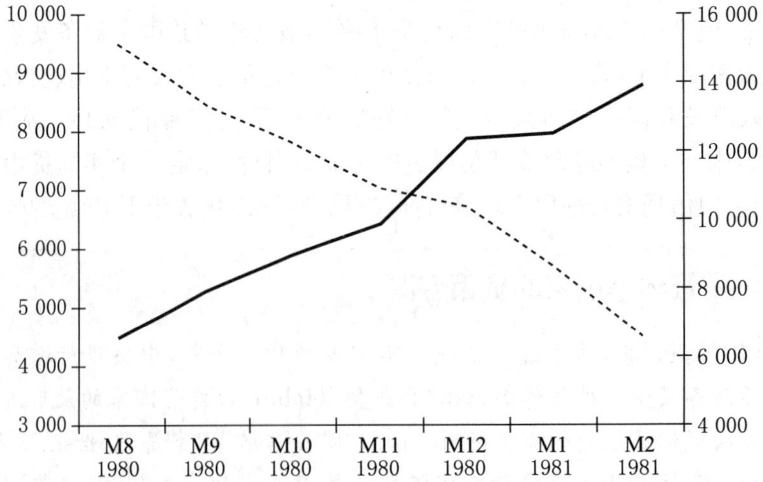

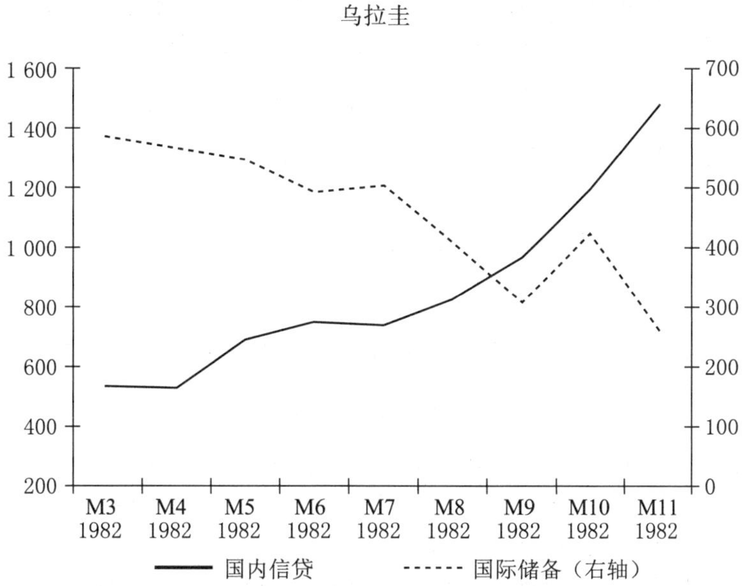

图 6.4　南锥体国家稳定计划的国内信贷和国际储备

专栏注：

a. 阿根廷、智利和乌拉圭分别于 1978 年 12 月、1978 年 2 月和 1978 年 10 月实施这项汇率安排，并在 1981 年 2 月、1981 年 6 月和 1982 年 11 月放弃。更多详细信息请参见第 13 章。

b. 我们将在本书第 16 章进一步研究国际收支危机。

专栏 6.2　IMF 的财政规划

IMF 的一个主要目标是向成员国中暂时遇到国际收支问题的国家提供财政援助。实际上，国际货币基金组织"协定条款"规定，该组织的作用之一是"通过为成员国提供广泛资源，从而为成员国提供充分的保障，使其有机会在不破坏国家或国际经济繁荣的前提下，纠正国际收支中的不当调整。"由此推知，面临暂时财政性问题的国家将无法得到国际信贷（或是给这些国家的信贷成本过高），若没有国际货币基金组织的资金援助，它们调整的代价十分高昂（正如第 2 章分析那样）。

当然，IMF 的援助是有条件的。换言之，遭遇国际收支问题的国家想要接受 IMF 的援助必须作出某些纠正措施，并达到某些业绩标准，这样 IMF 才会继续为其提供资金。[a] 确定纠正措施需要建立政策工具与国际收支挂钩的分析框架，IMF 将这种分析框架称为——"财政规划"，该词首次出现在 Polak（1957）出版的书中，这种分析框架与本章讨论的货币解释密切相关。IMF 的财政规划重点关注中央银行的国内信贷创造，这是预定汇率制度中关键的政策变量。因此，国内信贷的创造目标是基金组织援助条件的核心。

以 IMF 财政规划为基础的最基本的模型版本——模型是建立在固定汇率制度基础上的——有三大基石。第一个基石是中央银行资产负债表：

$$\Delta M^s = \Delta H + \Delta D \tag{6.2a}$$

其中，M^s 是名义货币供给，H 是中央银行国际储备的本币价值，D 是国内净信贷，Δ 表示离散变化。[b]

第二个基石是货币市场的流动均衡条件：

$$\Delta M^d = \Delta M^s \tag{6.2b}$$

此处的 M^d 是名义货币需求。联立式(6.2a)和式(6.2b)，我们可以得到：

$$\Delta H = \Delta M^d - \Delta D \tag{6.2c}$$

这个方程表明，当货币需求的变动超过国内信贷的变动时，外国净资产的变动将为正。由于货币需求并不受国内信贷水平的影响，任何国内信贷超过人们预期的货币增加，都会被国际储备的减少所一一抵消。

最后一个基石是可以通过多种方法进行说明的货币需求。简化起见，我们假设名义货币的变动 ΔM^d 是名义收入变化 ΔY 的固定比率：

$$\Delta M^d = k\Delta Y \tag{6.2d}$$

其中，k 是货币流动速度的倒数。[c]

在这个简单模型背景中，由 IMF 提供的金融规划设计，其最基础的核心内容需要分三个步骤。首先，需要为一定时期(通常是一年)设定一个具体的国际储备变动目标。其次，估计在该时期内最可能的一个货币需求路径。典型地，在相关时期内，货币流动速度被假设维持不变——正如式(6.2d)所显示的那样——要估计名义货币需求的变化，我们只需要给出名义收入的规划。最后，给定国际储备目标和估计的货币需求的变化，为实现国际储备目标的国内信贷的变化可以利用式(6.2c)，通过计算余值的方法而得到。[d]

专栏注：

a. 有关 IMF 救援方案的详细分析可参见 Mussa 和 Savastano(2000)的文章(迈克尔·穆萨，1944—2012 年，芝加哥大学杰出的经济学家，曾在 1991—2001 年担任 IMF 的首席经济学家)。也可以参看 Khan, Montiel 和 Haque(1990)关于 IMF 和世界银行政策的简化模型，或者参看 Easterly(2002)对 IMF 财政规划的批判。

b. 正如在第 5 章所讨论的那样——也反映了中央银行的一般做法——国际储备存量的资本收益/损失不包括在内，因为它们不能“货币化”。

c. 为了可操作的目的，这个简单的模型需要在更一般的框架中进行磨合(正如 IMF 所做的那样)。通常这需要将国际收支分解成各个独立部分(分别解释这些项目)，并将国内信贷的增长率与财政账户联系起来，具体可以参见 Easterly(2002)的论文。

d. 在金融系统欠发达的国家或是货币当局直接控制信贷的国家，可以为整个银行体系设定国内信贷目标(参见 Mussa and Savastano, 2000 关于这点的探讨)。

6.2.8 货币贬值率的增加

假定初始的稳定状态位于图 6.5 中的点 A(对应的货币贬值率为 ε^L)。在 $t=0$ 时点,货币贬值率发生一个从 ε^L 变成 ε^H 的未预期的永久性增加(参见图 6.6a)。①

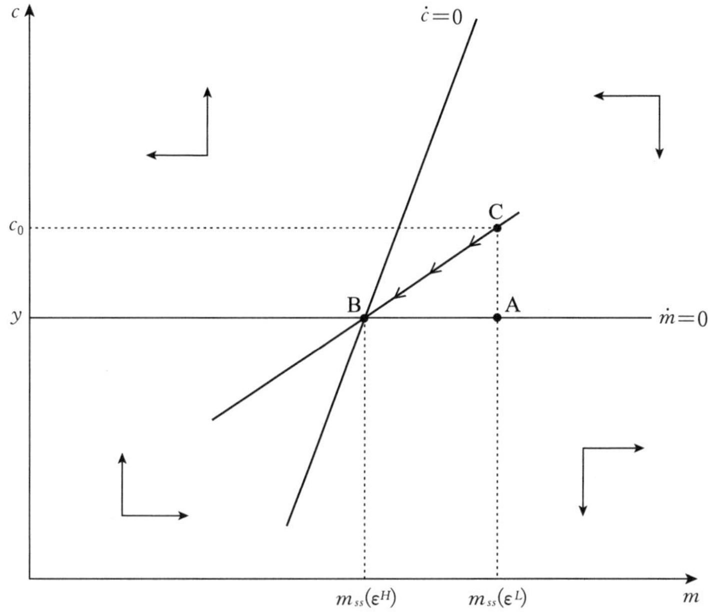

图 6.5 货币贬值率的永久性增加:相位图

货币贬值率的增加会对稳定状态产生怎样的影响?从式(6.16)和式(6.17)中可以得到,尽管稳定状态的消费会保持不变,但稳定状态的实际货币余额会下降。直观上看,因为持有实际货币余额的机会成本变高了,消费者会减少对货币的需求。新的稳定状态将会位于图 6.5 中类似于点 B 的位置。

那么经济又是如何从点 A 运动到点 B 的呢?在冲击下,实际货币余额不能跃升。因此,经济必须在冲击发生时从点 A 跃升到恰好位于鞍点路径上的点 C。然后随时间的推移,经济沿着鞍点路径从点 C 移动到点 B。消费和实际货币余额相应的运动路径显示在图 6.6b 和 c 中。消费的行为意味着随着时间推移经济会经历贸易逆差(参见图 6.6f)。由于国内实际信贷保持不变(参见图 6.6e),我们从中央银行的资产负债表中可以发现在新的稳定状态,国际储备将会减少。因此,国际储备会随着时间的推移而下降(参见图 6.6d)。

直觉上,货币贬值率的增加会引起稳定状态下实际货币需求的下降。为了去掉这些不需要的实际货币余额,经济必须经历贸易(经常账户)赤字。换句话说,经济会"出口"其多余的实际货币余额。

① 为了保证新的预定汇率制随时间的推移是可持续的,我们假定国内信贷增长率 θ 与 ε 增长的幅度相同。

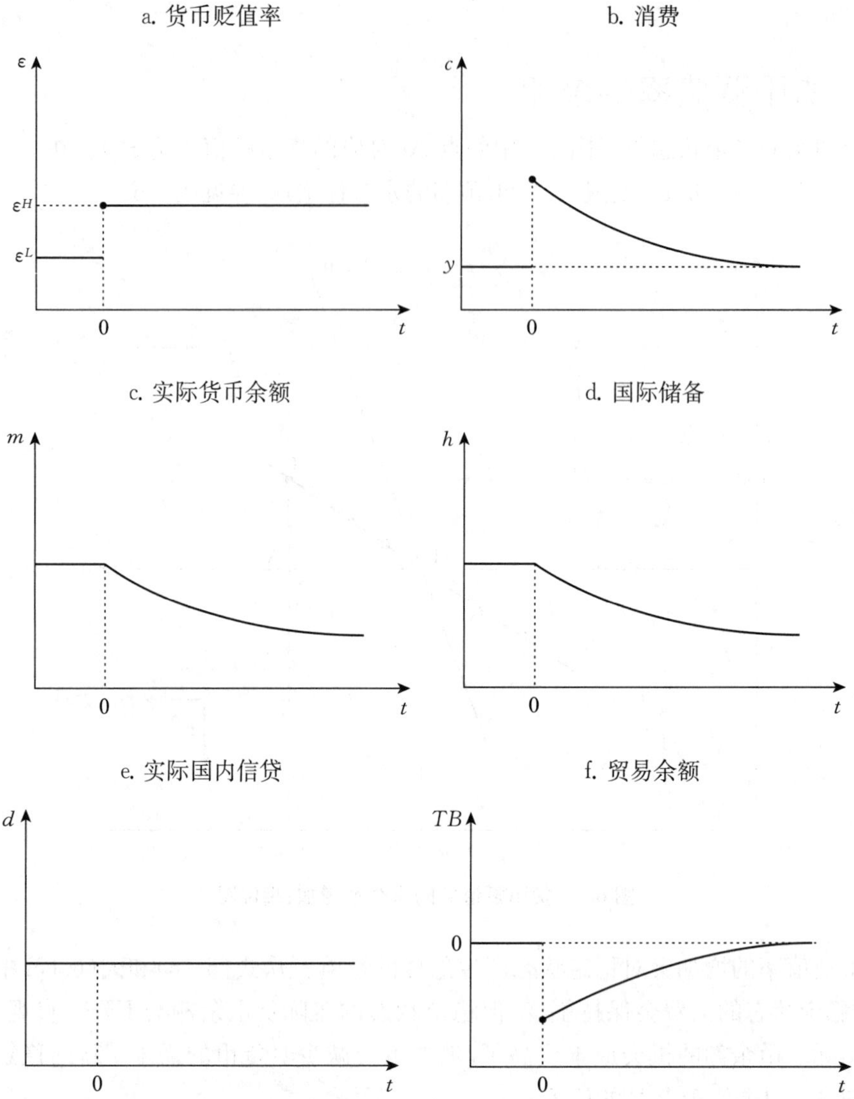

图 6.6　货币贬值率的永久性上升

最后,我们要注意的是,在本实验中货币需求的利率弹性起着关键作用。换句话说,如果实际货币需求缺乏利率弹性,那么在长期中消费者就不希望减少实际货币余额,这就会造成我们所描述的货币调整机制失效。这与我们前面描述的两个实验——货币永久性贬值和国内信贷的永久性增加——形成了鲜明的对比。在这两个实验中,货币需求的利率弹性并不起什么关键作用,因为冲击会直接影响实际货币供给。另外有一点也是清楚的,如果我们经由现金先行约束把货币引入模型(这意味着货币需求无利率弹性),那么结果是前两个实验的结论会保持不变,但第三个实验的结论会发生变化(本章习题 2 要求读者来验证这一点)。我们得到如下结论:只要货币需求的利率弹性在进行实验的时候并不十分关键,那么为了简化模型采用现金先行约束不会产生不良影响。如果利率弹性是十分关键的,那么采用把货币引入效用函数,或者借助交易成本来说明导致这种货币需求的模型会更好。因为在实践中,发展中国家的货币需求确实存在利率弹性(回忆附录 5.8.6)。

6.3 货币贬值的深度剖析：在有两种商品经济体中的货币贬值

6.2 节中的单一商品模型展示了一个伴随货币贬值而产生的关键机制：支出减少效应。正如模型所清楚显示的那样，这种支出减少效应来源于价格水平上升（即汇率增加）而引起的实际货币余额紧缩，这会进一步使家庭减少消费，以补充实际货币余额。然而，货币贬值带来的另外两个在这个模型中是被抽象掉的重要影响：(1)支出转换效应，(2)生产效应。这两种效应对于充分理解该类模型中的货币贬值效应至关重要。

为了刻画这两种效应，本节我们在原有模型的基础上添加两个特征：不可贸易商品和内生生产。其中，生产将按照 4.5 节所处理的方法进行内生化。劳动是生产可贸易商品和不可贸易商品的唯一投入要素。家庭拥有外生的劳动数量，并会无弹性地提供给劳动市场（即不存在劳动/闲暇之间的选择）。为简单起见，我们假定家庭自己负责生产。

6.3.1 家庭的问题

现在，偏好由下式给出：

$$\int_0^{\infty}[\log(c_t^T)+\log(c_t^N)+\log(z_t)]\exp(-\beta t)\mathrm{d}t \tag{6.21}$$

这里的 c_t^T 和 c_t^N 分别表示对可贸易商品和不可贸易商品的消费。$z_t(\equiv M_t/P_t)$表示用价格指数 P_t 衡量的实际货币余额，其中价格指数由下式给出：①

$$P_t\equiv\sqrt{P_t^T P_t^N} \tag{6.22}$$

因为货币存量进入效用函数以刻画由货币提供的流动性服务，因为家庭既会消费可贸易商品也会消费不可贸易商品，很自然的做法是借助价格指数对名义货币余额进行处理。② 因为很容易证明 $z_t=m_t\sqrt{e_t}$（其中，e_t 表示用不可贸易商品衡量的可贸易商品的相对价格）。我们能把上面的偏好重新写为：

$$\int_0^{\infty}\left[\log(c_t^T)+\log(c_t^N)+\log(m_t)+\left(\frac{1}{2}\right)\log(e_t)\right]\exp(-\beta t)\mathrm{d}t \tag{6.23}$$

上式清晰地告诉我们，在对数情形下，价格平减指数是不相关的。换言之，假如我们现在假定 m_t 而不是 z_t 产生流动性服务，根据这个模型的动态学，我们将会得到完全相同的结果。③

流量预算约束由下式给出：

$$\dot{m}_t=y_t^T+\frac{y_t^N}{e_t}+\tau_t-c_t^T-\frac{c_t^N}{e_t}-\varepsilon_t m_t \tag{6.24}$$

① 为了保证前后符号一致，本章我们使用 z_t 表示用价格指数衡量的实际货币余额，并仍用 m_t 表示用可贸易商品衡量的实际货币余额（我们继续用可贸易商品作为计价商品）。

② 对应于最小名义支出的价格指数要求能实现一个给定的效用水平（详见附录 6.7.3 的推导）。

③ 当然，福利计算会随着 e_t 的变化而不尽相同。

其中的 y_t^T 和 y_t^N 分别表示可贸易商品和不可贸易商品的生产。具体的生产函数如下：

$$y_t^T = Z^T (n_t^T)^{\alpha} \tag{6.25}$$

$$y_t^N = Z^N n_t^N \tag{6.26}$$

这里的 Z^T 和 Z^N 分别表示(不变的)正生产率参数，且有 $0<\alpha<1$。①与第 4 章中一样，我们仍旧假定不可贸易商品部门比可贸易商品部门更为劳动密集型。

劳动的供给约束由下式给出：

$$n = n_t^T + n_t^N \tag{6.27}$$

其中，n 是外生的劳动禀赋数量。

将式(6.25)、式(6.26)和式(6.27)代进流量约束式(6.24)中，我们能构建汉密尔顿方程：

$$H = \log(c_t^T) + \log(c_t^N) + \log(m_t \sqrt{e_t}) + \lambda_t \left[Z^T (n_t^T)^{\alpha} + \frac{Z^N (n - n_t^T)}{e_t} + \tau_t - c_t^T - \frac{c_t^N}{e_t} - \varepsilon_t m_t \right]$$

c_t^T、c_t^N 以及 n_t^T 是控制变量，m_t 是状态变量，λ_t 是协态变量。该最优化问题的一阶条件由下式给出：

$$\frac{1}{c_t^T} = \lambda_t \tag{6.28}$$

$$\frac{1}{c_t^N} = \frac{\lambda_t}{e_t} \tag{6.29}$$

$$\alpha Z^T (n_t^T)^{\alpha-1} = \frac{Z^N}{e_t} \tag{6.30}$$

$$\dot{\lambda}_t = (\beta + \varepsilon_t) \lambda_t - \frac{1}{m_t} \tag{6.31}$$

相比于本章先前给出的模型，这里唯一新的最优条件是式(6.30)，相信读者在第 4 章中已经看到过。这个一阶条件刻画了生产效率，要求劳动的边际生产率价值在各部门间相等。如果不符合这一点，通过将劳动从边际生产率低的部门向高的部门转移将能提高总产量。

结合条件式(6.28)和式(6.29)，我们可以得到熟悉的消费最优条件，即可贸易商品和不可贸易商品的边际替代率与可贸易商品的相对价格相等：

$$\frac{c_t^N}{c_t^T} = e_t \tag{6.32}$$

此外，结合式(6.30)和式(6.32)，我们可以发现在最优时，消费与生产的边际替代率是相等的：

$$\frac{c_t^N}{c_t^T} = \frac{\alpha Z^T (n_t^T)^{\alpha-1}}{Z^N} \tag{6.33}$$

---

① 当 $\alpha=1$ 表示各部门生产是线性的(本章习题 3 要求读者解决线性化生产问题)。这种极端情况的证明对我们理解接下来的问题非常有帮助。而 $\alpha=0$ 虽然没有实际意义，但是有助于我们理解后面讨论的状态变量问题。

6.3.2　政府

政府部门的情形维持不变。因此，式(6.10)、式(6.12)和式(6.13)依旧有效。

6.3.3　均衡条件

不可贸易商品市场的均衡要求：

$$c_t^N = y_t^N \tag{6.34}$$

将政府的流量约束式(6.10)代入进家庭的流量约束式(6.24)中，并施加由式(6.34)所给定的不可贸易商品市场的均衡条件，可以得到：

$$\dot{h}_t = y_t^T - c_t^T$$

将式(6.12)代入上面的方程可以得到：

$$\dot{m}_t = y_t^T - c_t^T \tag{6.35}$$

6.3.4　动态系统

与之前一样，我们建立一个由 c_t^T 和 m_t 表示的动态系统。第一个动态方程可以通过让式(6.28)对时间求导数，并结合式(6.31)而得到：

$$\dot{c}_t^T = c_t^T\left(\frac{c_t^T}{m_t} - \beta - \varepsilon_t\right) \tag{6.36}$$

为了推导出第二个动态方程，将式(6.25)代入式(6.35)，可以得到：

$$\dot{m}_t = Z^T(n_t^T)^\alpha - c_t^T \tag{6.37}$$

我们现在把 n_t^T 表示成 c_t^T 的方程。根据式(6.26)至式(6.30)，以及式(6.34)，可以推出：

$$c_t^T = \frac{\alpha Z^T(n - n_t^T)}{(n_t^T)^{1-\alpha}} \tag{6.38}$$

这隐含地把 n_t^T 定义为 c_t^T 的减函数：

$$n_t^T = \Psi(c_t^T) \tag{6.39}$$

其中：

$$\Psi'(c_t^T) = -\frac{1}{\alpha Z^T\{(n_t^T)^{\alpha-1} + [(1-\alpha)(n - n_t^T)/(n_t^T)^{2-\alpha}]\}} < 0$$

将式(6.39)代入式(6.40)中，可以得到第二个微分方程：

$$\dot{m}_t = Z^T[\Psi(c_t^T)]^\alpha - c_t^T \tag{6.40}$$

式(6.36)和式(6.40)构成了关于 c_t^T 和 m_t 的动态系统,该系统给定一个外生且不变的货币贬值率 ε。

该系统的稳定状态由下式隐含地给出:

$$m_{ss}=\frac{c_{ss}^T}{\beta+\varepsilon} \tag{6.41}$$

$$c_{ss}^T=Z^T[\Psi(c_{ss}^T)]^{\alpha} \tag{6.42}$$

注意式(6.42)定义了唯一的 c_{ss}^T 值,这是因为等式左端是关于 c_{ss}^T 的增函数,而等式右端却是 c_{ss}^T 的减函数。

线性化该动态系统并利用式(6.41)、式(6.42),我们可以得到:

$$\begin{bmatrix}\dot{c}_t^T\\ \dot{m}_t\end{bmatrix}=\begin{bmatrix}\beta+\varepsilon & -(\beta+\varepsilon)^2\\ \alpha Z^T(n_{ss}^T)^{\alpha-1}\Psi'-1 & 0\end{bmatrix}\begin{bmatrix}c_t^T-c_{ss}^T\\ m_t-m_{ss}\end{bmatrix}$$

与该线性近似相联系的矩阵行列式由下式给出:

$$\Delta=(\beta+\varepsilon)^2[\alpha Z^T(n_{ss}^T)^{\alpha-1}\Psi'-1]<0$$

这表明该系统存在一个正根和一个负根,因此是鞍点路径稳定。

为了构建相位图,我们必须找到 $\dot{c}_t^T=0$ 和 $\dot{m}_t=0$ 的运动轨迹,从式(6.36)中我们可以得到:

$$\left.\frac{\mathrm{d}c^T}{\mathrm{d}m}\right|_{\dot{c}_t^T=0}=\beta+\varepsilon>0$$

很清楚,式(6.40)表明,当 $\dot{m}_t=0$ 时,c_t^T 是固定值。因此,我们能够定性地绘制出与之前相同的相位图(参见图6.1)。

6.3.5 初始稳定状态

考虑一个汇率是固定时的稳定状态(即货币贬值率为零)。我们从式(6.41)中可以推出:

$$m_{ss}=\frac{c_{ss}^T}{\beta}$$

c_{ss}^T 的值仍旧由式(6.42)给出。给定 c_{ss}^T,n^T 的稳定状态值将隐含地由下式决定[回想一下式(6.38)]:

$$c_{ss}^T=\frac{\alpha Z^T(n-n_{ss}^T)}{(n_{ss}^T)^{1-\alpha}}$$

给定 n_{ss}^T,劳动供给约束式(6.27)决定了 n_{ss}^N:

$$n_{ss}^N=n-n_{ss}^T$$

根据生产函数,我们可以得到可贸易商品和不可贸易商品的产量:

$$y_{ss}^T=Z^T(n_{ss}^T)^{\alpha}$$

$$y_{ss}^N = Z^N n_{ss}^N$$

不可贸易商品市场的均衡又进一步决定了不可贸易商品的消费量：

$$c_{ss}^N = Z^N n_{ss}^N$$

实际汇率可以从条件式(6.32)中推出：

$$e_{ss} = \frac{c_{ss}^N}{c_{ss}^T}$$

最后，注意稳定状态的贸易余额为零，即：

$$TB_{ss} \equiv y_{ss}^T - c_{ss}^T = 0$$

我们必须明白，稳定状态的条件并不依赖于名义汇率水平。因此，正如在单一商品模型中那样，货币贬值从长期看是中性的。①

图 6.7 为初始稳定状态提供了一个几何表达方式。图中外侧曲线是生产可能性边界(PPF)，生产可能性边界表示经济体可以达到的最大产量(如果经济体总是在生产可能性边界上就意味着劳动供给 n 处于充分就业状态)。为了证明生产可能性曲线具有负斜率，我们分别从式(6.25)和式(6.26)中求解出 n^T 和 n^N，并代入劳动约束条件式(6.27)中可以得到：

$$n = \left(\frac{y_{ss}^T}{Z^T}\right)^{1/\alpha} + \frac{y_{ss}^N}{Z^N}$$

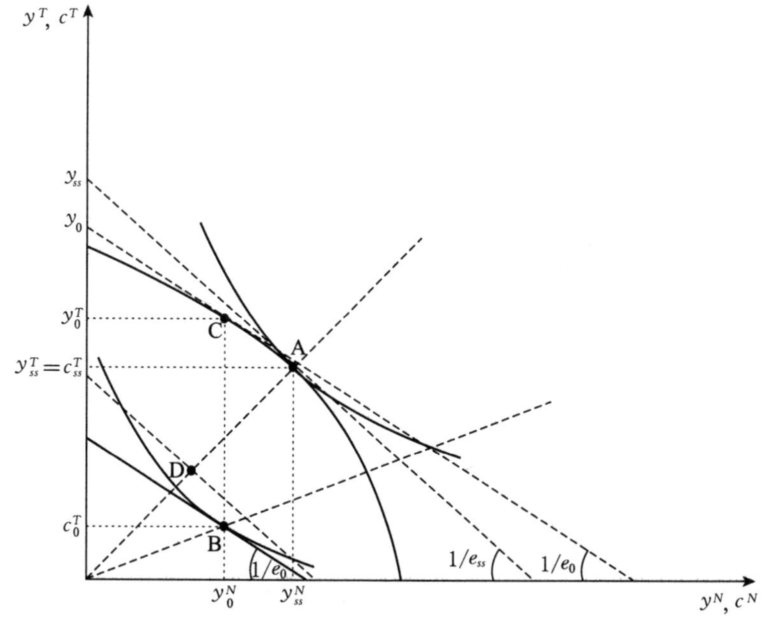

图 6.7　支出减少和支出转换

通过对上式求全微分可以得到：

① 经济体达到稳定状态时仅有实际货币余额会受贬值影响，因此，汇率政策从长期看也是超中性的。

$$\frac{dy_{ss}^{T}}{dy_{ss}^{N}}=-\alpha\frac{Z^{T}}{Z^{N}}\left(\frac{y_{ss}^{T}}{Z^{T}}\right)^{1-1/\alpha}<0 \tag{6.43}$$

很容易证明，$d^{2}y_{ss}^{T}/(dy_{ss}^{N})^{2}<0$，这确保了生产可能性边界是凹的。

在点A，生产可能性边界和可贸易商品与不可贸易商品的无差异曲线相切，此时，价格等于不可贸易商品的相对价格 $1/e_{ss}$。可贸易商品的产出 y_{ss}^{T} 在纵轴上，而不可贸易商品的产出 y_{ss}^{N} 则在横轴上。可贸易商品的消费等于产出，因此贸易余额为零。

6.3.6 货币贬值

假定经济在初始状态处于刚刚所描述的稳定状态。在 $t=0$ 时点出现一个未预期到的永久性货币贬值(如图6.8a)，该经济会出现怎样的反应？

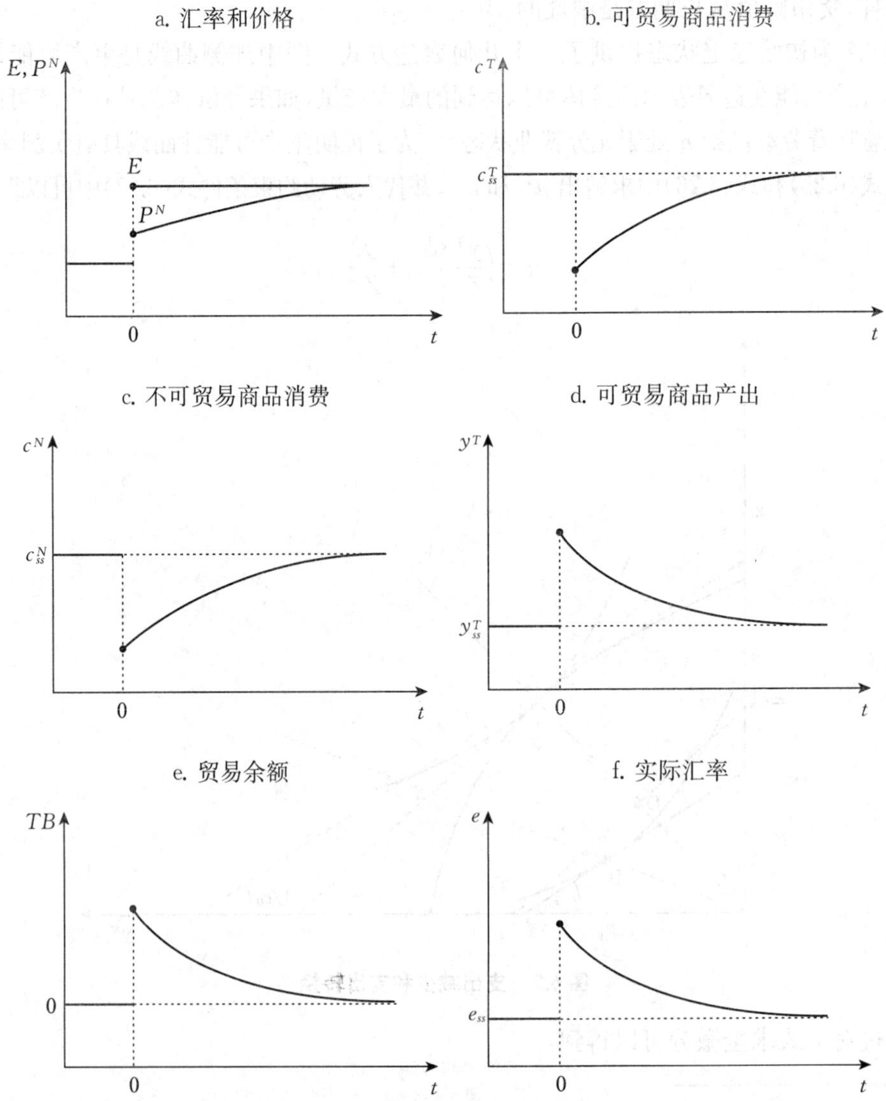

图6.8 两种商品模型货币永久性贬值

动态响应

名义汇率的上升会导致实际货币存量减少，这会使得动态系统从图 6.1 中的初始点 A 跃升到点 B。然后，系统沿着鞍点路径回归到没有发生的稳定状态点。c_t^T 的运动路径如图 6.8b 所示。

由于 c_t^T 与 n_t^T 在所有时点都是负相关的[回想式(6.39)]，n_t^T（因此，也是可贸易商品的产出）的运动路径会与 c_t^T 对称（如图 6.8d）。冲击发生时可贸易商品的产出会增加，然后随时间的推移而逐渐下降。这是因为当冲击发生时，可贸易商品的产出增加而其消费却减少，因此，贸易余额会增加（参见图 6.8e）。随着时间的推移，可贸易商品的消费增加和产出的减少意味着贸易余额会下降。

给定 n_t^T 的运动路径，则 n_t^N 的运动路径可以从劳动供给约束式(6.27)中推导出来。不可贸易商品的产出——和消费——在冲击发生时会下降，然后随时间的推移而不断增加，并收敛到它没有发生变化的稳定状态点上（参见图 6.8c）。借助生产效率最优条件，我们可根据 n_t^T 的运动轨迹推断出实际汇率的运动轨迹。实际汇率在冲击发生时会上升（实际贬值），然后随时间的推移而下降（参见图 6.8f）。

总而言之，货币贬值会导致两种商品的消费都出现下降，生产会从不可贸易商品部门转移到可贸易商品部门，并出现贸易盈余以及实际贬值。这种结果背后的经济直觉是什么呢？尽管贬值并不影响稳定状态下的实际货币需求，但在冲击发生时它会通过提高价格水平而减少实际货币余额。为了随时间的推移而重建货币余额——对于给定的实际汇率——家庭希望减少两种商品的消费。这会导致不可贸易商品的超额供给，又一定会最终导致其相对价格下降（即 e_t 上升）。不可贸易商品相对价格的下降导致不可贸易商品部门的利润下降，进一步造成劳动力从不可贸易商品部门向可贸易商品部门转移。

现在将更详细地关注与货币贬值对支出、GDP 和价格水平影响相关的一些关键特征。

支出减少 VS 支出转换

图 6.7 可以帮助我们分析支出减少效应和支出转换效应。正如上文所描述的那样，初始生产和消费由点 A 给出，立即发生货币贬值后（即在 $t=0$ 时点发生），消费转向点 B——该点处的无差异曲线的切线斜率为 $1/e_0$——而生产量转向点 C——该点处生产可能性边界的切线斜率为 $1/e_0$。因此，图 6.7 显示了可贸易商品和不可贸易商品的消费均下降，而可贸易商品的生产也会增加，但这是以不可贸易商品生产的减少为代价的。冲击发生时，贸易余额由 y_0^T 和 c_0^T 之间的垂直距离给出。

尽管消费量立即由点 A 跃升到点 B，从概念的角度出发，我们可以将这种消费的变动分解为两个效应：

● *支出减少效应*（从点 A 到点 D 变化）。这种效应刻画的是在相对价格不变时所引起的消费量的下降。这种消费收缩是由于家庭为了恢复实际货币余额而产生的储蓄意愿。当然，这是本章前面研究的单一商品模型中唯一会出现的效应。①

① 如果两个生产函数都是线性的情况下，这也是唯一会出现的效应，本章习题 3 清楚说明了这一点。在这种情况下不可贸易商品的相对价格完全由技术决定。

● 支出转换效应(从点D到点B变化)。这种效应刻画的是消费的替代效应,是由不可贸易商品的相对价格从 $1/e_{ss}$ 下降到 $1/e_0$ 而发生的结果。当不可贸易商品变得相对便宜时,相对于点D,家庭会倾向于消费更多的不可贸易商品和更少的可贸易商品。因此,点B处的 c_t^N/c_t^T 比值会比在点D处更大。同样按绝对价值计算,可贸易商品的消费更低,而不可贸易商品的消费更高。①

值得注意的是,就可贸易商品的消费而言,这两种效应会相互加强。相反,对于不可贸易商品的消费,两种效应的作用方向相反。然而,我们已经证明了支出减少效应占主导地位,因此,不可贸易商品的消费仍旧是下降的。

最后,注意产出从点A到点C的变化刻画了生产效应。在冲击发生后,可贸易商品相对价格的增加,会使可贸易商品部门的劳动边际生产率价值相对于不可贸易商品部门出现增加,结果会导致劳动从不可贸易商品部门流向可贸易商品部门。因此,当冲击发生后,所有这三种效应——支出减少、支出转换和产出——相互强化并带来了贸易盈余:前两个是通过减少可贸易商品的消费而实现,而第三个则是通过增加产出来实现。

对GDP的影响

我们已经证明冲击的发生——也是劳动力跨部门重新分配的结果——会导致可贸易商品产出的增加而不可贸易商品产出的下降。但是总产出会怎么变化呢?换言之,货币贬值会导致GDP减少吗?为了回答该问题,我们定义总产出(用可贸易商品衡量)为:

$$y_t \equiv y_t^T + \frac{y_t^N}{e_t} \tag{6.44}$$

这是一个与GDP(用可贸易商品衡量的)相对应的总产出的定义。②在图6.7中对应于纵轴的测量产出值。因此,y_{ss} 显示了冲击前用可贸易商品衡量的产出水平。为了发现GDP会对一个微小的货币贬值作出怎样的响应,将式(6.44)对 E_t 求导,并使用式(6.25)和式(6.26),可以得到:

$$\left.\frac{\mathrm{d}y_t}{\mathrm{d}E_t}\right|_{t=0} = \left[\frac{Z^T\alpha}{(n_t^T)^{1-\alpha}} - \frac{Z^N}{e_t}\right]\frac{\mathrm{d}n_t^T}{\mathrm{d}E_t} - \frac{Z^N n_t^N}{(e_t)^2}\frac{\mathrm{d}e_t}{\mathrm{d}E_t}$$

根据式(6.30)的生产效率条件,等式右端大括号中的一项等于0。因此,上述方程可以简化为:

$$\left.\frac{\mathrm{d}y_t}{\mathrm{d}E_t}\right|_{t=0} = -\frac{Z^N n_t^N}{(e_t)^2}\frac{\mathrm{d}e_t}{\mathrm{d}E_t} < 0$$

因为我们知道,在冲击发生时有 $\mathrm{d}e_t/\mathrm{d}E_t > 0$(参见图6.8f)。直觉上看,因为生产效率总是保持在最优水平,而劳动再分配对生产的净效应为零。因此,对总产出的唯一影响来自估值效应:不可贸易商品的初始产出(以可贸易商品衡量)会因可贸易商品相对价格的增加

① 虽然这与我们的论点无关,但要注意的是,当 e_t 增加,点D移动到点B,会造成消费支出减少。为了证明这一点,我们可以利用式(6.32)重写消费支出 $(c_t^N + c_t^T)/e$ 为 $2c_t^T$。c_t^T 下降则导致消费支出也下降。

② 在本模型中由于不涉及信贷服务,因此也对应于GNP。

而下降。我们可以得出结论：货币贬值会减少用可贸易商品衡量的 GDP。①

那么对于“更大”的货币贬值，GDP 又会怎么变化呢？为了回答这个问题，冲击下产出的变化被证明是有用的形式如下：

$$y_0 - y_{ss} = \underbrace{y_{ss}^T + \frac{y_{ss}^N}{e_0} - \left(y_{ss}^T + \frac{y_{ss}^N}{e_{ss}}\right)}_{\text{估值效应}(-)} + \underbrace{\left(y_0^T + \frac{y_0^N}{e_0}\right) - \left(y_{ss}^T + \frac{y_{ss}^N}{e_0}\right)}_{\text{再分配效应}(+)}$$

正如方程下面的注释所显示的那样，我们可以将影响产出变化的因素分解为两个效应：估值效应和再分配效应。图 6.9 说明了这两种效应以及总效应。估值效应就是当出现小幅的货币贬值时，我们刚分离出来的那一项，它可以通过纵轴上点 y_{ss} 和点$(y_{ss})_{e_0}$之间的距离来表示。估值效应会减少 GDP，因为初始产出（点 A）以新的相对价格（$1/e_0$）进行估计会比以初始相对价格（$1/e_{ss}$）进行估计更低。第二个效应是再分配效应，在图 6.9 中通过 y_0 和$(y_{ss})_{e_0}$之间的距离来刻画。该效应反映了劳动力从不可贸易商品部门转移到可贸易商品部门的再分配的结果。这个效应会增加 GDP，因为在新的相对价格下，可贸易商品部门的边际生产率要高于不可贸易商品部门的边际生产率。因此，每单位劳动的产出值——不包括边际值——在可贸易商品部门中要比在不可贸易商品部门中更高。由于再分配效应是次一级的，估值效应将占主导地位。这一点可以从图 6.9 中清楚看出，在那里我们可以看到 $y_0 < y_{ss}$。

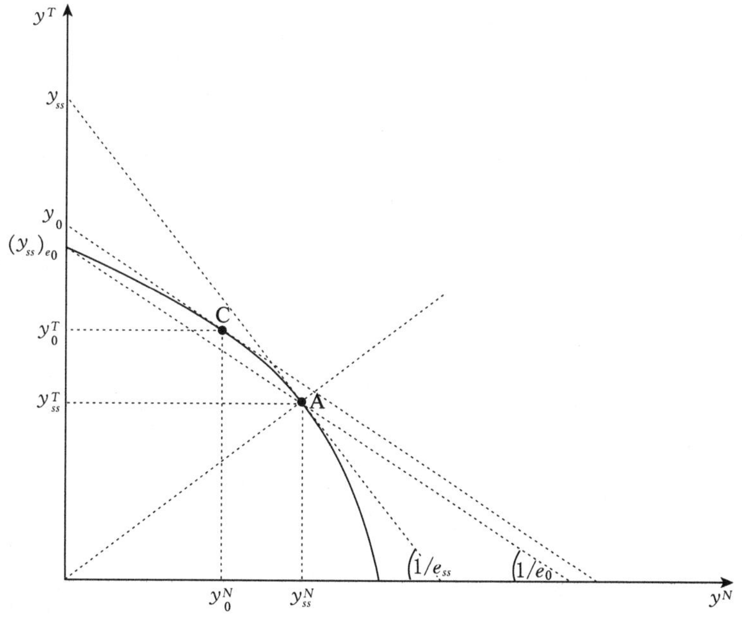

图 6.9　货币贬值的产出效应

① 另一方面可以证明，用不可贸易商品衡量的 GDP 实际是增加的，因为用不可贸易商品衡量，可贸易商品的产出会更高。然而，更常用的测量 GDP 的方法是用可贸易商品进行测量，因为这决定了该国相对于世界其他国家的流量资源。

我们要注意到，实际中可贸易商品的 GDP 通常被称为“以美元计算的 GDP”。众所周知，发展中国家的 GDP 会因为美元贬值而骤减。仅以乌拉圭为例，2002 年中期（由于阿根廷危机），名义汇率增加了约 94%（相比于 2002 年），CPI 增加了约 26%（实际贬值 54%），以美元计算的 GDP 下降了约 34%。

GDP 的初始下降经常被作为货币贬值的"代价"而提及。事实上,这个代价一直饱受争议,因为其在改善贸易平衡中付出的代价使经济变得贫穷。这个模型很好地说明了这一点。

价格如何对货币贬值做出响应?

本节的模型也揭示另一个与上文高度相关的问题:价格如何响应货币贬值?在我们的模型中把问题归结为:E_t 上升对不可贸易商品的价格 P_t^N 会产生怎样的冲击影响?(当然,价格指数 P_t 的反应可以简化为是 E_t 和 P_t^N 上升的几何平均值)。

当面对这样的一种情形,货币贬值随着更小比例的 P_t^N(P_t 也一样)增加,经济学家经常会问为什么,这是一个可能存在潜在误导性的好问题。它之所以可能具有潜在误导性,因为这个问题似乎认为即使在短期内,货币贬值 x 个百分点紧接着就应该使 P_t^N 上升 x 个百分点。这种假设通常在某些经济学家头脑中根深蒂固,因此当数据没有显示出 P_t^N 等比例增加时,他们就会推断一定存在黏性价格。然而,这种推断是不正确的。当然,价格没有成比例增加也可能是由于黏性价格(正如我们将在第 8 章中分析的那样),但并不一定都是这样。本节模型将使我们能够阐释这一点,从而消除认为 P_t^N 以更少比例增加就是由于黏性价格的观点。

让我们转向显示在图 6.8a 的 P_t^N 路径的推导上。在我们的模型中,P_t^N 的路径是由显示在图 6.8f 的实际汇率路径决定,因为 P_t^N 需要适应实际汇率的变动路径。回忆一下,根据定义 $e_t=E_t/P_t^N$。因为在穿过稳定状态时,实际汇率不会发生变化,由此可以推断在长期中 P_t^N 将与 E_t 同比例增加。给定 e_t 在冲击时会增加,我们可以推断 P_t^N 的上升幅度会小于名义汇率的上升幅度。随着时间推移,P_t^N 上升。我们可以得出结论,即使不存在任何类型的名义刚性,在冲击下不可贸易商品价格的上升都可能小于名义汇率的上升。

表 6.1　对贬值 10%的冲击反应(%)

α	e	P^N	P	y
1	0.0	10.0	10.0	0.0
0.8	0.9	9.0	9.5	−0.5
0.6	2.0	7.9	8.9	−1.0
0.4	3.1	6.7	8.3	−1.5
0.2	4.5	5.3	7.6	−2.1
禀赋	6.0	3.8	6.9	−2.8

资料来源:作者基于 6.3 节的模型计算而得。

什么决定了模型中 P_t^N 响应的程度?关键参数 α 是衡量可贸易商品和不可贸易商品之间生产替代性的参数。①表 6.1 显示了不同 α 值下实际汇率 e_t、不可贸易商品的价格 P_t^N 和价格指数 P_t 对 10%的货币贬值的冲击反应程度。②例如,当 $\alpha=0.4$ 时,10%的货币贬值会导致实际汇率增加 3.1%,P_t^N 上升 6.7%,P_t 上升 8.3%。正如表 6.1 所清楚显示的那样,随着 α 增加,实际汇率的增加会更小,因此 P_t^N 增加会更大。尤其当 $\alpha=1$ 时,不可贸易商品的名义价格会与名义汇率同比例增加,而在禀赋情形下(没有生产替代),P_t^N 的上升只有 3.8%。

---

① 如果偏好是 CES 型,那么消费替代也会是重要的。可贸易商品和不可贸易商品的可替代性越强,那么所要求的相对价格调整就会越小,因此初始状态 P_t^N 的上升幅度就会越大。如果两种商品是完全可替代的,那么相对价格不会变化,且 P_t^N 与 E_t 将同比例增加。

② 表 6.1 的具体计算方法见附录 6.7.4。

要明白背后的直觉,让我们回到图 6.7 并观察点 D(代表冲击前相对价格评估冲击时的消费),不可贸易商品存在一个初始的超额供给。对初始超额供给的调整将采取降低不可贸易商品产出(相对于点 A)和不可贸易商品消费(相对于点 D)组合来实现。参数 α 控制着这一调整有多大程度是反映在较低的生产上,多大程度是反映在较高的消费上。为了加深理解,考虑两种极端情形:线性情形($\alpha=1$)和禀赋情形(从概念上讲,对应于 $\alpha=0$ 的情形)。线性情况如图 6.10a 所示。让我们回忆在第 4 章提到的情况下,实际汇率

a. 线性情形

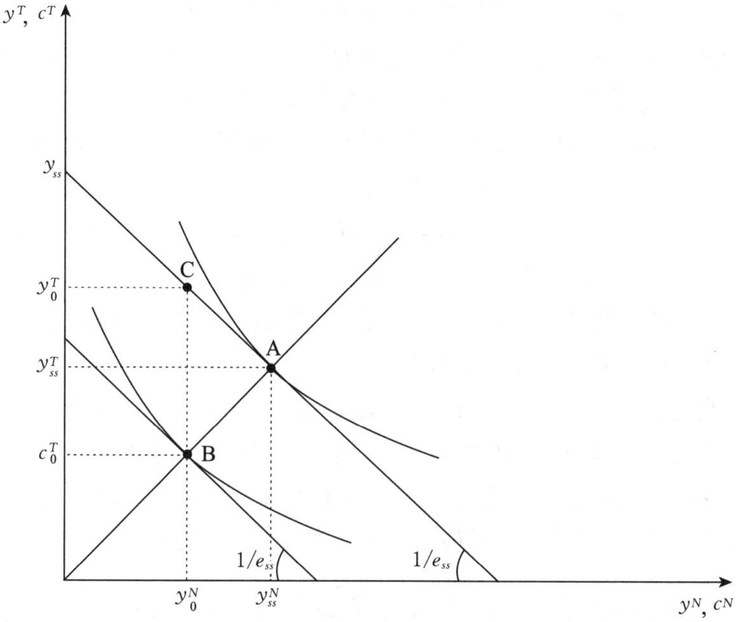

b. 禀赋情形

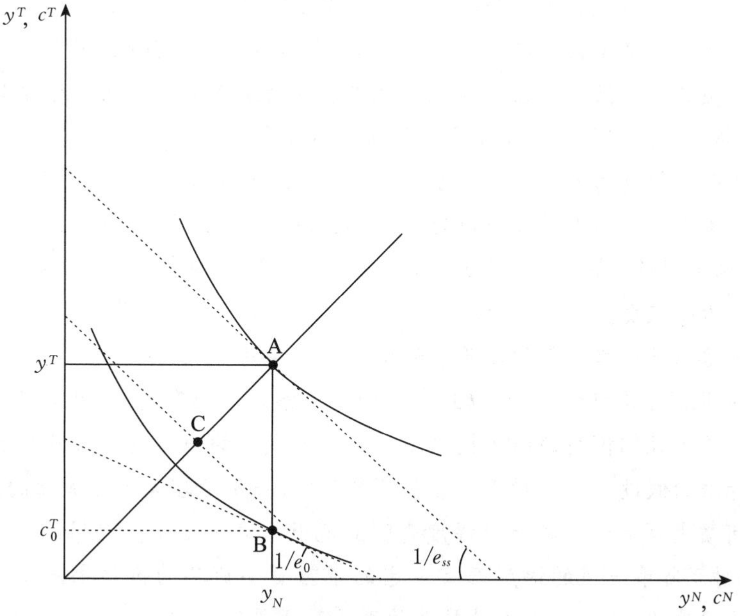

图 6.10 货币贬值的冲击影响

完全由技术决定($e_t=Z_t^N/Z_t^T$)。因此,正如表 6.1 所示,P_t^N 上升比例与名义汇率相同(10%)。因为相对价格不能调整以出清不可贸易商品市场,整个调整必须通过产出的移动来实现。在图 6.10a 中,点 B 处不可贸易商品初始的超额供给(由 $y_{ss}^N-y_0^N$ 给出)将通过产出由点 A 转到点 C 来处理。

现在我们考虑另一种极端情形,即当两种商品的供给是给定的(在表 6.1 中称为禀赋情形),如图 6.10b 所示。固定的商品供给量分别由 y^T 和 y^N 表示。初始的稳定状态位于点 A。当货币贬值发生以后——且假如相对价格不发生变化——消费将位于像点 C 这样的位置上,在该点不可贸易商品有初始的超额供给。由于不可贸易商品的供给是给定的且不能调整,所有的调整只能通过可贸易商品的相对价格调整来执行,因此相对价格必须下降,直到家庭愿意消费掉所有可获得的不可贸易商品的供给(点 B)。在这种情形中,相对价格会作出最大幅度的调整,因此 P_t^N 只会出现最小幅度的增加。正如表 6.1 所显示的那样,当实际汇率增加 6%,P_t^N 仅增加 3.8%。

所有其他情形下(即 $0<\alpha<1$),价格的下降幅度会在上文考虑的两种极端情况之间。在这些中间情形中——如图 6.7 所示——调整方式既包括不可贸易商品相对价格的下降,也包括资源从不可贸易商品部门向可贸易商品部门转换。α 越小,则两个部门之间的替代性越低,因此,实际汇率的增长幅度会越大。

因此我们能得出结论,尽管不存在名义刚性,不可贸易商品价格的上升幅度也会小于名义汇率的上升幅度。因为在实践中,我们预期在短期中两个生产部门之间的替代性会很低(对应表 6.1 中较低的 α 值),该模型实际预测了不可贸易商品的价格对冲击的反应会很小。这一预测结果与最近严重货币贬值所呈现出来的典型事实是一致的(参见专栏 6.3)。

专栏 6.3　价格是如何对大幅度的货币贬值作出反应的?

在 6.3.6 节中,我们分析了货币贬值对实际汇率、不可贸易商品价格以及价格水平的影响。我们论证了在短期中,依赖于可贸易商品的供给弹性,不可贸易商品的价格对货币贬值的反应很小。在最极端的供给完全无弹性的情形中,面对 10%的贬值率,不可贸易商品的实际价格事实上仅增加了 3.8%。

数据又是如何说的呢? Burstein, Eichenbaum 和 Rebelo(2005)的论文记载了 5 个发展中国家在发生货币巨大贬值后的价格反应:阿根廷(2001 年 12 月)、巴西(1998 年 12 月)、韩国(1997 年 9 月)、墨西哥(1994 年 12 月)以及泰国(1997 年 6 月)。表6.2 报告了当货币贬值发生 12 个月以后名义汇率、实际汇率、可贸易商品的价格、不可贸易商品的价格以及价格指数的增长变化情况。主要的发现如下:

1. 可贸易商品价格的增加(以到岸时进口价格做代理变量)通常与名义汇率的增加相匹配。这为我们模型的假定提供了支持——我们的假设也是在小型开放经济体模型中最标准的假设——即对于可贸易商品而言,一价定理大致是成立的。[a]

2. 不可贸易商品的价格上升幅度会明显地低于名义汇率。阿根廷的价格上升幅度最小(相对于货币贬值的幅度而言),它的不可贸易商品的价格上涨幅度仅仅为名义货币贬值幅度的 10.5%,而上升最大的则是墨西哥(40%)。

3. 名义货币贬值率会使实际汇率上升(实际货币贬值)。实际汇率大致能反映名义货币贬值率的 50%—80%。

总而言之,大幅度的实际贬值和小幅度的不可贸易商品价格反应与我们的模型一致,与预期的一样,将与低供给弹性的情形相对应(即 α 很小的情形)。[b]

表 6.2 大幅度货币贬值之后的价格反应(贬值 12 个月以后的对数变化)

事　件	E	e	P^T	P^N	P
阿根廷(2001 年 12 月)	123.5	82.2	111.3	13.0	34.3
巴　西(1998 年 12 月)	42.4	32.7	43.1	5.1	8.6
韩　国(1997 年 9 月)	41.2	30.4	21.5	5.1	6.6
墨西哥(1994 年 12 月)	80.0	42.7	84.0	31.6	39.5
泰　国(1997 年 6 月)	49.7	26.2	40.4	n/a	10.1

注:括号内为货币贬值的年月。P^T 代表到岸时的进口价格,e 是基于实际汇率测量的 CPI 指数,P 是 CPI 指数。

资料来源:Burstein, Einchenbaum 和 Rebelo(2005)。

专栏注:

a. 正如与 Burstein, Einchenbaum 和 Rebelo(2005)令人信服的观点一样,仅观察可贸易商品的零售价格是具有误导性的(这一价格的上升幅度会远低于名义汇率),并且会得出一价定理不成立的结论。问题在于,可贸易商品的零售价格大多包含了高昂的流通成本,而这些成本在本质上是不可贸易的(参见 Burstein, Neves and Rebelo, 2003)。

b. 当然,这些发现也可以与如第 8 章中的黏性价格模型的结论一致。

6.4 浮动汇率

我们已经论述了在预定汇率制度下,名义汇率水平或是货币贬值率发生一个未预期的永久性变化将会有实际影响。与此截然不同的是,接下来我们将展示在浮动汇率制度下,一个未预期的永久性货币供应量水平或者其增长率的增加将不会产生实际影响。换言之,货币是中性和超中性的。为此,我们再次考虑 6.2 节没有债券的货币模型,但现在假设经济是在浮动汇率制下运行。

让我们首先求得给定货币增长率是一个常数 μ 时模型的解。在浮动汇率下,根据定义,国际储备的变化应该为零。因此式(6.14)意味着对任何时间 t 都有 $c_t=y$。因此,式(6.9)可以简化为:

$$v'(m_t)=(\beta+\varepsilon_t)u'(y) \tag{6.45}$$

这仅仅是一个均衡条件,因为在浮动汇率下 m_t 和 ε_t 都是内生变量。根据实际货币余额定义有:

$$\frac{\dot{m}_t}{m_t}=\mu-\varepsilon_t \tag{6.46}$$

从式(6.45)中求解出 ε_t，并代入式(6.46)，我们能得到如下关于 m_t 的微分方程：

$$\dot{m}=m_t\left[\mu+\beta-\frac{v'(m_t)}{u'(y)}\right] \tag{6.47}$$

很容易证明这是一个非平稳的微分方程。因此，一个收敛的均衡路径要求 m_t 必须随时间的推移固定在由下式所隐含决定的水平上：

$$\frac{v'(m_t)}{u'(y)}=\mu+\beta \tag{6.48}$$

当然，这是一个货币需求类型的方程。

现在假设货币供给水平发生一个未预期的永久性增加。很明显，由条件式(6.48)所隐含定义的 m_t 的平稳值并不会受影响。因此我们能推断名义汇率将与 M_t 同比例发生变化以保证实际货币余额不变。换句话说，货币政策是中性的。

相反，现在假设货币供给的增长率发生了一个未预期的永久性增加。根据式(6.48)我们可以推断出实际货币余额必须下降。直觉上说，由于持有货币的机会成本增加，导致货币需求下降。但是，因为 m_t 受不稳定的微分方程式(6.47)的影响，m_t 必须立即跃升到新的更低的值上。m_t 的下降会受名义汇率上升的影响。因此不会存在实际效应：货币政策也是超中性的。

直觉上说，货币之所以是中性的/超中性的原因是，资本流动性的缺乏并不会对经济改变货币供给的调节机制产生影响，就如我们在第 5 章论述的那样，这是靠汇率变化(价格水平)来实现的。作为结果，在浮动汇率下，缺乏有息债券是无关紧要的。

6.5 货币替代模型

直到 1971 年 8 月 15 日，当理查德·尼克松总统暂停美元兑换黄金时，世界上大部分地区都实行固定汇率制度。资本流动也受到现代市场标准的限制。因而不足为奇的是，大多数开放经济的宏观经济学理论分析都是在类似于 6.2 节研究的模型框架下进行阐述的。[①]当世界开始向更灵活的汇率制度转变时，该分析范式变得越来越不适用于解释真实世界了。此外——正如 6.4 节所显示的那样——在浮动汇率下，货币是中性、超中性的事实阻止了研究者利用它去解释真实世界的现象。例如，假设我们想问如下问题：货币增长率增加的实际影响是什么？“没有”会是该模型给出的答案。鉴于这种情况，Calvo 和 Rodriguez(1977)想出把货币替代作为有用且相关的摩擦因素引入模型的主意。[②]有趣的

① 通过提供详细的微观基础和理性预期假设(即完全预期)，我们为旧范式提供了一个现代版本。

② 与在 Calvo 和 Vegh(1992)论文中讨论的一样，Calvo 和 Rodriguez(1977)的动机来自 1975 年阿根廷的经历——货币增长率的大幅增加导致了严重的货币贬值。与此同时，阿根廷与许多有长期通货膨胀的其他国家一样，国内民众出现持有大额外国货币的现象(详见第 15 章有关货币替代的证据以及进一步的理论分析)。

是，在下文会明显看到，即使模型处于浮动汇率下，其调节机制还是非常容易令人联想到货币政策方法论。

6.5.1 模型

我们继续考虑在浮动汇率制下运行的仅消费单一（可贸易）商品的小型开放经济体。假定外国通货膨胀为零。

现在偏好采用如下形式：

$$\int_0^\infty [\log(c_t) + \log(x_t)]\exp(-\beta t)\,\mathrm{d}t \tag{6.49}$$

这里的 c_t 表示消费，x_t 是流动性变量，并满足：

$$qx_t = f_t \tag{6.50}$$

$$(1-q)x_t = m_t \tag{6.51}$$

其中，$q(0 \leqslant q < 1)$是一个参数，m_t 和 f_t 分表代表实际本国货币余额和实际的外币余额。因此，我们可以将 x_t 想象成是本外币的组合。注意，假如 $q=0$，模型就简化为 6.2 节中的模型。

用 a_t 表示实际金融财富，定义为：

$$a_t \equiv m_t + f_t \tag{6.52}$$

现在消费者的流量约束由下式给出：

$$\dot{a}_t = y + \tau_t - c_t - \varepsilon_t m_t \tag{6.53}$$

这里的 y 代表固定禀赋。

在进行消费者的最大化问题之前，将流量约束表示为 x_t 的函数将被证明是很方便的。为此，利用式(6.50)、式(6.51)和式(6.52)将流量约束式(6.53)重写为：

$$\dot{x}_t = y + \tau_t - c_t - (1-q)\varepsilon_t x_t \tag{6.54}$$

正如我们应该预期到的那样，持有复合货币 x_t 的机会成本是$(1-q)\varepsilon_t$。

现在，我们将汉密尔顿方程的现值写为：

$$H \equiv \log(c_t) + \log(x_t) + \lambda_t[y + \tau_t - c_t - (1-q)\varepsilon_t x_t]$$

最优控制条件由下式给出：

$$\frac{1}{c_t} = \lambda_t \tag{6.55}$$

$$\dot{\lambda}_t = \beta\lambda_t - \frac{\partial H}{\partial x_t} = \lambda_t[\beta + (1-q)\varepsilon_t] - \frac{1}{x_t} \tag{6.56}$$

政府

与通常一样，我们假定政府不持有国际储备。因此，政府的流量约束成为：

$$\tau_t = \frac{\dot{M}_t}{E_t} \tag{6.57}$$

因为经济在浮动汇率制下运行，货币当局会设定名义货币供给路径。我们用 μ 表示由货币当局设定的不变的货币供给增长率。

均衡条件

将政府流量约束式(6.57)代入消费者的流量约束式(6.53)中，我们可以得到经济的流量约束：

$$\dot{f}_t = y - c_t \tag{6.58}$$

这个方程式说明为了私有部门去积累外汇，它必须要有贸易盈余。

动态系统

为了求解这一模型，我们将构建一个关于 c_t 和 x_t 的动态系统。为此，微分一阶条件式(6.55)，并使用式(6.56)和式(6.55)，可以得到：

$$\dot{c}_t = c_t\left[\frac{c_t}{x_t} - \beta - (1-q)\varepsilon_t\right] \tag{6.59}$$

由于 $(1-q)x_t = m_t$ 和 $\dot{m}_t/m_t = \mu - \varepsilon_t$，由此可以推出：

$$\varepsilon_t = \mu - \frac{\dot{x}_t}{x_t} \tag{6.60}$$

利用式(6.58)以及 $qx_t = f_t$ 的事实，我们可以将上述方程重写为：

$$\varepsilon_t = \mu - \frac{y - c_t}{qx_t} \tag{6.61}$$

将这个方程代入式(6.59)，并假定 $q = 1/2$ 以简化这个动态系统，我们能得到：

$$\dot{c} = c_t\left[\frac{y}{x_t} - \beta - \frac{1}{2}\mu\right] \tag{6.62}$$

进一步，根据式(6.60)和式(6.61)，有：

$$\dot{x} = 2(y - c_t) \tag{6.63}$$

给定一个给定的 μ 值，式(6.62)和式(6.63)构成了关于 c_t 和 x_t 的动态系统。稳定状态由下式给出：

$$c_{ss} = y \tag{6.64}$$

$$x_{ss} = \frac{y}{\beta + \frac{1}{2}\mu} \tag{6.65}$$

该动态系统稳定状态附近的线性近似是：

$$\begin{bmatrix}\dot{c}_t\\ \dot{x}_t\end{bmatrix}=\begin{bmatrix}0 & -\left(\beta+\frac{1}{2}\mu\right)^2\\ -2 & 0\end{bmatrix}\begin{bmatrix}c_t-y\\ x_t-x_{ss}\end{bmatrix}$$

因此,与线性近似相关联的矩阵行列式为:

$$\Delta=-2\left(\beta+\frac{1}{2}\mu\right)^2<0$$

这表明该系统是鞍点路径稳定的。

直观上说,我们能画出在图 6.11 中的相位图。为了画出$\dot{c}_t=0$ 和$\dot{x}_t=0$ 两条曲线,我们分别令式(6.62)和式(6.63)等于零,可以得到:

$$x_t=\frac{y}{\beta+\frac{1}{2}\mu}$$

$$c_t=y$$

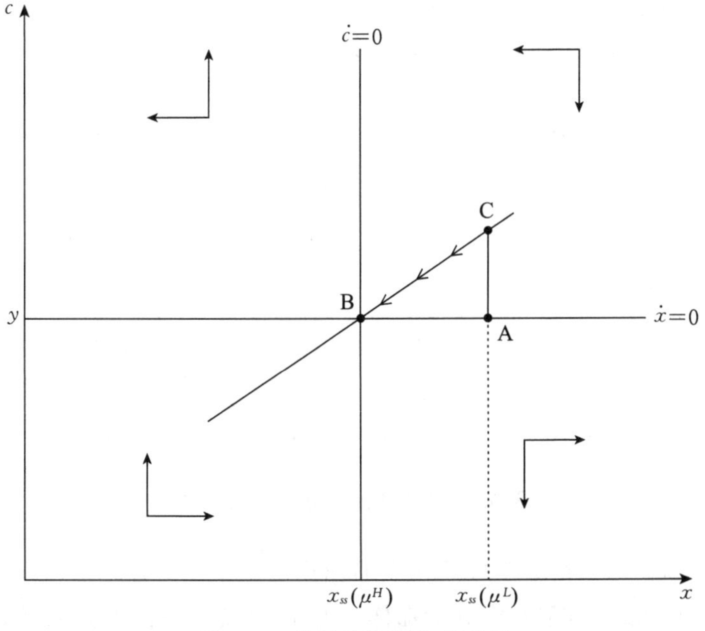

图 6.11　货币替代模型:相位图

由此可知,$\dot{c}_t=0$ 的轨迹是一条垂直线,而$\dot{x}_t=0$ 轨迹则是一条水平线。这两条轨迹将平面划分为四个区域。与之前一样,我们能通过在绘制图中箭头的方式来表示各区域中点的运动方向。因此,我们能得出结论,与图 6.11 中所显示的一样,鞍点路径的斜率为正。

货币增长率的永久性增加

假定经济初始时位于由图 6.11 中的点 A 所给定的稳定状态。在 $t=0$ 时点,货币增长率出现一个未预期的永久性上升,从 μ^L 增加到 μ^H(如图 6.12a 所示)。该经济会有什么反应呢?

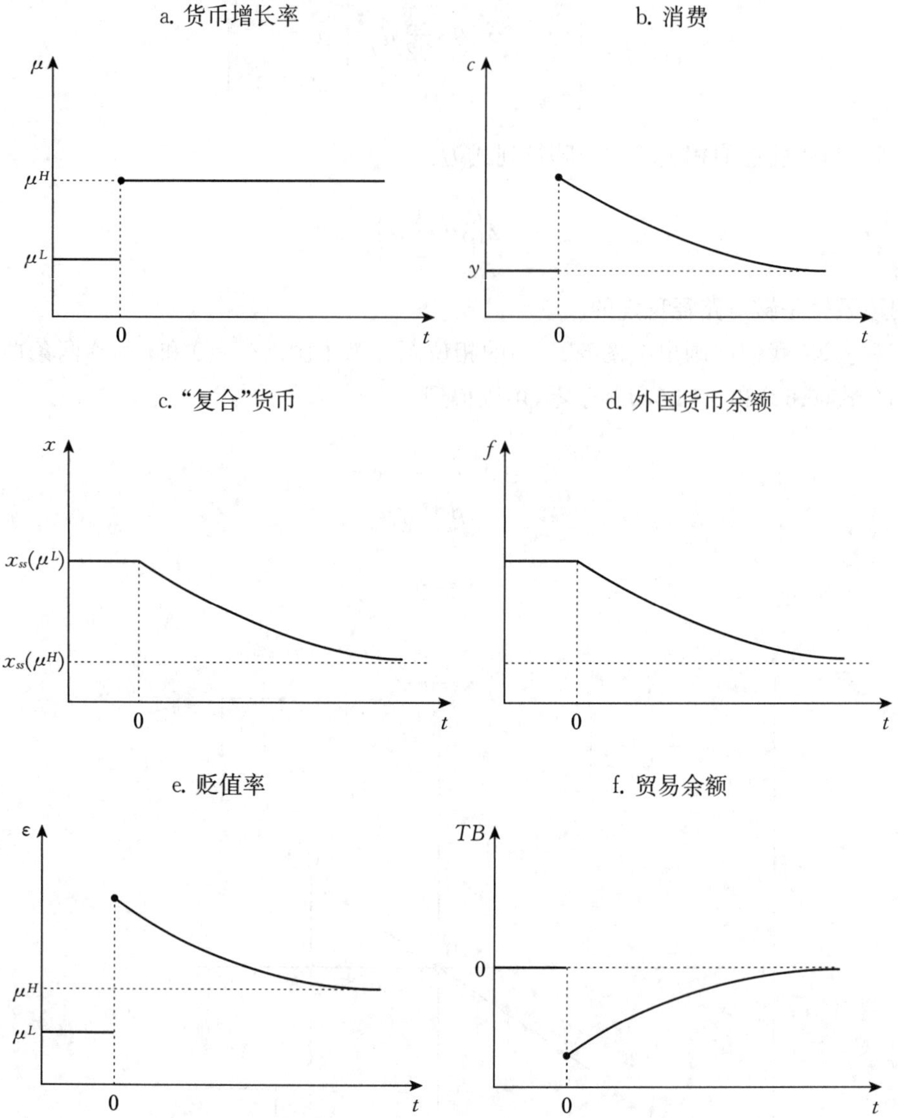

图 6.12　货币增长率的永久性上升

在新的稳定状态——在图 6.11 中由点 B 给出——c_t 不会发生变化，但 x_t 会下降，正如可以从式(6.64)和式(6.65)观察到的那样。因此，系统在冲击下会从点 A 跃升到点 C，然后沿着鞍点路径向点 B 收敛。c_t 和 x_t 相应的运动路径分别描述在图 6.12b 和 c 中。由于 m_t 和 f_t 与 x_t 成固定比例，自然与 x_t 的运动路径在性质上相同(与在图 6.12d 描绘的外国货币运动轨迹一样)。由于消费在冲击下会增加，因此在整个转型动态中经济主体都将遭受贸易赤字(参见图 6.12f)。

贬值率又会怎样变化呢？注意，根据式(6.60)，可以得到：

$$\varepsilon_t=\mu^H-\frac{\dot{x}_t}{x_t}>\mu^H$$

因为$\dot{x}_t<0$。而且贬值率在新的稳定状态会更高。让上述方程对时间求导[根据式(6.63)

以及$\dot{c}_t<0$，$\ddot{x}_t>0$的事实)，我们能证明$\dot{\varepsilon}_t<0$。因此，贬值率的运动轨迹如图6.12e所示。我们也可以知道名义汇率在冲击下不会发生跃升，这是因为x_t在冲击下不会发生跃升，因此m_t在冲击下也不会发生跃升。

我们所得出的这些结论背后的经济学直觉是什么？货币增长率的上升表明，持有复合货币(x_t)的机会成本增加。作为结果，公众希望在长期中减少持有这些复合货币。因为复合货币是由本币和外币按固定比例组合成，因此，在长期中外国货币的持有量也会减少。为了实现这一目标，经济主体必须经历贸易赤字，而这要求该经济增加消费。

有趣的是，即使经济在浮动汇率制下运行，调节机制仍旧类似于通过调节国际收支的货币方法。尽管在浮动汇率制下，名义汇率可以调整以实现所需的本币实际持有量，但在改变外币持有量方面显然无能为力。因此，外币持有量的变化必须通过贸易不平衡来实现，这与货币方法所强调的一样。

6.6 总结性评论

本章通过假定不存在生息债券而偏离了第5章所假定的无摩擦的货币流通世界。在这样一个低资本流动性作为代理指标的世界中，汇率政策不再是中性或超中性的。货币贬值会造成贸易盈余及中央银行国际储备的增加，而货币贬值率的增加会导致贸易赤字和国际储备减少。这些实验展示了运用国际收支调整货币的方法，该方法强调国际储备的变化是由货币市场的“不均衡”引起的(当前的实际货币余额不同于长期均衡时所要求的实际货币余额)。与之形成鲜明对比的是，在浮动汇率制下的货币政策继续是中性的和超中性的，因为生息债券的缺乏并不会对第5章无摩擦性世界的调整机理(即名义汇率的变化)产生影响。

接下来两章，将在第5章模型中引入其他的摩擦因素，从而意味着货币/汇率政策会对实体经济产生影响。第7章将引入名义利率变化与消费之间的联系，而第8章则引入黏性价格。

6.7 附录

6.7.1 连续时间下的动态最优理论

对于并不熟悉最优控制理论的那些读者，这个附录将为推导连续时间下动态问题的最优条件提供一个“指南”，并以我们所熟悉的单一部门增长模型为例进行阐释。[①]这也是读者阅读本书所必须掌握的内容。对于这些技巧正式的证明参见Kamien和Schwartz(1981)或Chiang(1992)的论述。在两本书的后半部分阐释了最优控制技巧并提供了正式的证明和大量案例。

一般性问题

考虑如下在经济中常见的标准问题。最大化：

① 对于最优控制理论在增长模型中的广泛运用，参见Barro和Sala-i-Martin(1995)。

$$\int_0^{\infty} f(x_t, u_t)\exp(-\beta t)\mathrm{d}t \tag{6.66}$$

受约束于：

$$\dot{x}_t = g(x_t, u_t) \tag{6.67}$$

$$x_0 \text{ 已给定} \tag{6.68}$$

在最优控制理论中，变量分为状态变量和控制变量。在上述问题中，x_t 是状态变量，而 u_t 是控制变量(把状态变量和控制变量扩展为几个也是可以的)。状态变量的运动由如式(6.67)的一阶微分方程所控制。注意状态变量可以进入，也可以不进入目标函数 $f(\cdot)$：状态变量不会出现在单一部门的经济增长中，但会出现在正文的模型中。

面对这个最大化问题，第一步是要构建出当期值汉密尔顿方程(current value Hamiltonian)，由 H(·)来表示：

$$H(x_t, u_t, \lambda_t) \equiv f(x_t, u_t) + \lambda_t g(x_t, u_t) \tag{6.69}$$

这里的 λ_t 是辅助变量(类似于拉格朗日乘子)，被称作协态变量。它可以被理解为在时点 t 相关状态变量的边际价值。

可以证明(参见 Kamien and Schwartz，1981 或 Chiang，1992)在最优时，下列必要条件必须得到满足：

$$\frac{\partial H}{\partial u_t} = f_u(x_t, u_t) + \lambda_t g_u(x_t, u_t) = 0 \tag{6.70}$$

$$\dot{\lambda}_t = \beta\lambda_t - \frac{\partial H}{\partial x_t} = \beta\lambda_t - f_x(x_t, u_t) - \lambda_t g_x(x_t, u_t) \tag{6.71}$$

条件式(6.71)给出了协态变量的运动定律。如果 $f(x_t, u_t)$ 和 $g(x_t, u_t)$ 关于每个变量都是凹的，那么上述两个必要条件也会是最优时的充分条件。

在经典最优控制理论中，我们可以根据式(6.70)求解出 u_t，显然会是 λ_t 和 x_t 的函数[即 $u_t = \tilde{u}(x_t, \lambda_t)$]，然后把 u_t 代入式(6.67)和式(6.71)中，以获得：

$$\dot{x}_t = g[x_t, \tilde{u}(x_t, \lambda_t)]$$

$$\dot{\lambda}_t = \beta\lambda_t - f_x[x_t, \tilde{u}(x_t, \lambda_t)] - \lambda_t g_x[x_t, \tilde{u}(x_t, \lambda_t)]$$

这是关于 x_t 和 λ_t 的微分方程组，可利用标准的相位图技术进行求解[关于这方面的优秀讨论可参见 Kamien 和 Schwartz(1981)著作中章名为“无限水平自主问题中的均衡”(Equilibria in infinite horizon autonomous problems)的论述]。

案例：单部门的增长模型①

考虑如下单部门增长模型。最大化：

$$\int_0^{\infty} \log(c_t)\exp(-\beta t)\mathrm{d}t \tag{6.72}$$

① Chiang(1992)书中第 9 章，Barro 和 Sala-i-Martin(1995)中第 2 章都对单一部门增长模型进行了详细的讨论。

受约束于：

$$\dot{k}_t = f(k_t) - c_t - \delta k_t \tag{6.73}$$

$$k_0 \text{ 已给定} \tag{6.74}$$

这里的 c_t 表示消费，k_t 表示资本存量，δ 表示贬值率，生产函数 $f(\cdot)$ 是严格递增且严格凹的。在上式中，c_t 是控制变量，k_t 是状态变量。

当期值汉密尔顿方程由下式给出：

$$H(c_t,\ k_t,\ \lambda_t) \equiv \log(c_t) + \lambda_t [f(k_t) - c_t - \delta k_t] \tag{6.75}$$

λ_t 可以理解为在时点 t 额外增加一单位资本用时点 t 的效用衡量的价格或价值。正如 Barro 和 Sala-i-Martin(1995)在书中所强调的那样，汉密尔顿方程可以理解为：在任何时点，行为人会消费 c_t 并拥有 k_t 单位的资本存量。这两个变量通过两种渠道影响其效用水平。首先，消费对效用有直接影响，这由等式右端的第一项 $\log(c_t)$ 来刻画。其次，消费的选择又通过式(6.73)影响资本存量的变化，资本存量变化的价值(用效用衡量)由式(6.75)右端第二项来表示。因此，对于给定的影子价格 λ_t，汉密尔顿方程刻画出了消费 c_t 选择对效用产生的总贡献。

利用式(6.70)和式(6.71)，我们能将最优条件写为：

$$\frac{\partial H}{\partial c_t} = \frac{1}{c_t} - \lambda_t = 0 \tag{6.76}$$

$$\dot{\lambda}_t = \beta\lambda_t - \frac{\partial H}{\partial k_t} = \beta\lambda_t - \lambda_t [f'(k_t) - \delta] = \lambda_t [\beta + \delta - f'(k_t)] \tag{6.77}$$

注意式(6.77)能被表述为：

$$\underbrace{\frac{1}{\lambda_t}\frac{\partial H}{\partial k_t}}_{\text{“股息率”}} + \underbrace{\frac{\dot{\lambda}_t}{\lambda_t}}_{\text{资本溢价}} = \beta$$

并被解释为资产定价方程。正如方程底部所解释的那样，等式左端第一项是行为人获得的股息率(即资本对效用的边际贡献除以资产价格)，而方程左端第二项是资本溢价(即资产价格的变化率)。资产的总收益率等于折现率 β。

从式(6.76)中求解出 c_t，并代入式(6.73)和式(6.77)，可以得到一个关于 k_t 和 λ_t 的动态系统：

$$\dot{k}_t = f(k_t) - \frac{1}{\lambda_t} - \delta k_t \tag{6.78}$$

$$\dot{\lambda}_t = \lambda_t [\beta + \delta - f'(k_t)] \tag{6.79}$$

稳定状态由下式给出：

$$f'(k_{ss}) = \beta + \delta$$

$$\frac{1}{\lambda_{ss}} = f(k_{ss}) - \delta k_{ss}$$

通过在稳定状态附近进行线性化，很容易证明这个动态系统鞍点路径是稳定的(参见本章习题 6.4)。因此，对于一个给定的 k_0 值，λ_0 值将被内生地决定以确保动态系统能沿着鞍点路径运动[当然，你也可以像 Chaing(1992)中那样处理，让式(6.76)对时间求导数，并结合式(6.77)建立一个关于 c 与 k 的动态系统]。

最后，注意如果生产函数是线性的[即 $f(k_t)=rk_t$，$r>0$]且无贬值(即 $\delta=0$)，那么根据式(6.79)可以清楚看出，要保证存在稳态均衡就必须假设 $\beta=r$。这也是我们为何在小型开放经济模型中要假定 $\beta=r$ 的原因所在。①在那种情形下，$\dot{\lambda}_t=0$ 对所有 t 都成立，因此沿着完全预期均衡路径运动的 λ 将固定不变。

6.7.2 鞍点路径的解析解

在 6.2 节，我们借助相位图用几何方式推导出鞍点路径。可以发现，借助代数的方式求解出鞍点路径是十分有用的。②在处理这个问题的过程中我们也会回顾一下如何求解微分方程组的方法。

为了简便起见，我们将由式(6.19)给出的模型的线性版本重写为：

$$\begin{bmatrix}\dot{c}_t\\ \dot{m}_t\end{bmatrix}=A\begin{bmatrix}c_t-y\\ m_t-m_{ss}\end{bmatrix}\tag{6.80}$$

上式中：

$$A\equiv\begin{bmatrix}\beta+\varepsilon & \dfrac{-v''(m_{ss})}{u''(y)}\\ -1 & 0\end{bmatrix}$$

是与系统线性近似相对应的矩阵。

为了寻找系统的特征值，我们必须求解矩阵 A 的特征多项式(回忆一下，特征值是矩阵 A 的特征多项式的根)。正式地，我们需要求解：

$$|A-\delta I|=0$$

这里的 I 是单位矩阵。换言之，我们需从矩阵 A 的对角元素中减去 δ，设定矩阵的行列式等于零，并求解 δ。求解过程可以通过如下过程展开：

$$\begin{bmatrix}\beta+\varepsilon-\delta & \dfrac{-v''(m_{ss})}{u''(y)}\\ -1 & -\delta\end{bmatrix}=\delta^2-(\beta+\varepsilon)\delta-\frac{v''(m_{ss})}{u''(y)}=0$$

特征多项式是关于 δ 的二次方程，可求解方程得到：

---

① 直觉上说，对于一个能完全进入国际资本市场的小型开放经济体而言，就相当于拥有一个资本的边际生产率等于 r 的线性技术，且拥有额外的优势即它的资本(即债券)为负。

② 关于微分方程的经典参考文献是 Hirsch 和 Smale(1974)的著作。

$$\delta_{1,2}=\frac{\beta+\varepsilon\pm\sqrt{(\beta+\varepsilon)^2+4\,\dfrac{v''(m_{ss})}{u''(y)}}}{2} \tag{6.81}$$

由于$(\beta+\varepsilon)^2+4v''(m_{ss})/u''(y)>0$,因而两个根是实根且相互独立。因此特征根可由下式给出:

$$\delta_1=\frac{\beta+\varepsilon-\sqrt{(\beta+\varepsilon)^2+4v''(m_{ss})/u''(y)}}{2}<0 \tag{6.82}$$

$$\delta_2=\frac{\beta+\varepsilon+\sqrt{(\beta+\varepsilon)^2+4v''(m_{ss})/u''(y)}}{2}>0 \tag{6.83}$$

利用式(6.82)和式(6.83),我们可以证明特征根的乘积由矩阵 A 的行列式给出:

$$\delta_1\delta_2=-\frac{v''(m_{ss})}{u''(y)}=|A|$$

作为进一步的参考,也可以注意到矩阵 A 的迹(迹是方阵对角线元素的和)总是对应于特征根之和:

$$\delta_1+\delta_2=\beta+\varepsilon=\mathrm{Tr}(A)$$

可以证明将式(6.81)写成如下形式将会是有用的:

$$\delta_{1,2}=\frac{\mathrm{Tr}(A)\pm\sqrt{[\mathrm{Tr}(A)]^2-4|A|}}{2}$$

因此,若$[\mathrm{Tr}(A)]^2-4|A|>0$,则为实根且相互独立;若$[\mathrm{Tr}(A)]^2-4|A|<0$,则为非实根的共轭复数;若$[\mathrm{Tr}(A)]^2-4|A|=0$,则有且仅有一个根——一定是实根。

因为 A 是一个具有两个独立实根特征值的 2×2 矩阵,因此该差分系统式(6.80)中的每个解都有如下形式:

$$c_t-y=\omega_1h_{11}\exp(\delta_1t)+\omega_2h_{21}\exp(\delta_2t)$$

$$m_t-m_{ss}=\omega_1h_{12}\exp(\delta_1t)+\omega_2h_{22}\exp(\delta_2t)$$

这里的 ω_1 和 ω_2 是两个任意常数,h_{i1} 和 h_{i2}是对应于特征值 $\delta_i(i=1,\ 2)$的特征向量 h_i 的元素。回忆一下,存在一个平稳根($\delta_1<0$)和一个非平稳根($\delta_2>0$)。很明显,若当 $t\to\infty$ 时,$\omega_2\neq0$,则系统将发散(即 c_t-y 和 m_t-m_{ss}的极限是$\pm\infty$)。因此,为了保证系统沿着完全预期路径是收敛的,我们将对应于非平稳根的常数值设为零(即令 $\omega_2=0$)。通过如此处理,则该动态系统可简化为:

$$c_t-y=\omega_1h_{11}\exp(\delta_1t)$$

$$m_t-m_{ss}=\omega_1h_{12}\exp(\delta_1t) \tag{6.84}$$

为了找到对应于特征值 δ_1 的特征向量,我们必须求解向量方程:

$$(A-\delta_1I)h_1=0$$

这里的 h_1 是特征向量。因此：

$$\begin{bmatrix} \beta+\varepsilon-\delta_1 & \dfrac{-v''(m_{ss})}{u''(y)} \\ -1 & -\delta_1 \end{bmatrix} \begin{bmatrix} h_{11} \\ h_{12} \end{bmatrix} = \begin{bmatrix} 0 \\ 0 \end{bmatrix}$$

由于一个特征向量是由比例系数决定的，因此我们仅需要求解第二个方程：

$$-h_{11}=\delta_1 h_{12}$$

作标准化处理，设 $h_{12}=1$（将对应于前定变量的特征向量的元素标准化 1 总能便于计算）。那么：

$$h_{11}=-\delta_1>0 \tag{6.85}$$

推导过程的最后一步是确定常数 ω_1 的值。为此，计算式(6.84)在 $t=0$ 时的值，可以得到：

$$m_0-m_{ss}=\omega_1 \tag{6.86}$$

根据式(6.85)和式(6.86)，我们可以写出方程的解为：

$$c_t-y=-(m_0-m_{ss})\delta_1\exp(\delta_1 t) \tag{6.87}$$

$$m_t-m_{ss}=(m_0-m_{ss})\exp(\delta_1 t) \tag{6.88}$$

作为检验，我们可以证明两个变量都渐进地收敛于它们的稳定状态值：

$$\lim_{t\to\infty} c_t=y$$

$$\lim_{t\to\infty} m_t=m_{ss}$$

为加深理解，假定 $m_0<m_{ss}$。然后对式(6.87)和式(6.88)关于时间 t 求微分，我们可以得到：

$$\dot{c}_t=-(m_0-m_{ss})\delta_1^2\exp(\delta_1 t)>0$$

$$\dot{m}_t=(m_0-m_{ss})\delta_1\exp(\delta_1 t)>0$$

上式告诉我们，c_t 和 m_t 都随着时间推移朝着稳定状态增加。或者我们也可以通过简单地将式(6.87)除以式(6.88)，而推导出该动态系统鞍点路径的解析式：

$$c_t-y=-\delta_1(m_t-m_{ss})$$

由于 $\delta_1<0$，因此鞍点路径拥有正斜率（即斜率等于 $-\delta_1$），显然这与图 6.1 的相位图是相符的。

6.7.3 价格指数的推导

这个附录推导了正文中由式(6.22)给出的价格指数。假设给定的偏好为：

$$u(c^T,\ c^N)=\log(c^T)+\log(c^N)$$

这对应于式(6.21)给出的复合消费的偏好。将 X 记为与消费相联的名义支出：

$$X=P^Tc^T+P^Nc^N$$

然后，价格指数 P 被定义为要达到给定的效用水平 $\bar{u}$ 时的最小支出。换言之，P 是如下问题的解：

$$\min_{\{c^T,\ c^N\}} X=P^Tc^T+P^Nc^N$$

约束条件是：

$$\log(c^T)+\log(c^N)=\bar{u} \tag{6.89}$$

因此，价格指数 P 将由 X 给出，而 X 的值可以通过在最优时所选择 c^T 和 c^N 来确定。相应的拉格朗日函数为：

$$\mathcal{L}=P^Tc^T+P^Nc^N+\lambda[\bar{u}-\log(c^T)-\log(c^N)]$$

关于 c^T、c^N 的一阶必要条件分别是：

$$P^T=\frac{\lambda}{c^T} \tag{6.90}$$

$$P^N=\frac{\lambda}{c^N} \tag{6.91}$$

加上以上两个表达式，我们能得到：

$$P=2\lambda \tag{6.92}$$

为了求解 λ，我们将式(6.90)、式(6.91)代入式(6.89)中，可得到：

$$\lambda=\sqrt{e^{\bar{u}}}\sqrt{P^TP^N} \tag{6.93}$$

将式(6.93)代入式(6.92)，我们能写出：

$$P=2\sqrt{e^{\bar{u}}}\sqrt{P^TP^N}$$

这就是表达式(6.22)(出于简化符号的目的，我们忽略了与定性分析无关紧要的常数)。

6.7.4　表 6.1 的计算结果

为了构建表 6.1，我们必须求解出 c_t^T 在 $t=0$ 时点的跃升。动态系统的一般解由下式给出：

$$\begin{aligned} c_t^T-c_{ss}^T&=\omega_1h_{11}\exp(\delta_1t) \\ m_t-m_{ss}&=\omega_1h_{12}\exp(\delta_1t) \end{aligned} \tag{6.94}$$

这里的 δ_1 是系统的负根。为了得到这个负根，我们求解根的多项式：

$$\begin{vmatrix} \beta+\varepsilon-\delta_1 & -(\beta+\varepsilon)^2 \\ \alpha Z^T(n_{ss}^T)^{\alpha-1}\Psi'-1 & -\delta_1 \end{vmatrix}=\delta_1^2-(\beta+\varepsilon)\delta_1+[\alpha Z^T(n_{ss}^T)^{\alpha-1}\Psi'-1](\beta+\varepsilon)^2$$

因此，负根由下式给出：

$$\delta_1=(\beta+\varepsilon)^2\,\frac{1-\sqrt{1-4[\alpha Z^T(n_{ss}^T)^{\alpha-1}\Psi'-1]}}{2}$$

现在我们求解特征向量中的元素：

$$\begin{pmatrix} \beta+\varepsilon-\delta_1 & -(\beta+\varepsilon)^2 \\ \alpha Z^T(n_{ss}^T)^{\alpha-1}\Psi'-1 & -\delta_1 \end{pmatrix}\begin{pmatrix} h_{11} \\ h_{12} \end{pmatrix}=\begin{pmatrix} 0 \\ 0 \end{pmatrix}$$

因此：

$$\frac{h_{11}}{h_{12}}=\frac{\delta_1}{\alpha Z^T(n_{ss}^T)^{\alpha-1}\Psi'-1}<0$$

作为经济对货币贬值的反应，在时点 0(令 $h_{12}=1$)，有：

$$m_0-m_{ss}=\omega_1$$

因此：

$$c_0^T-c_{ss}^T=\frac{(\beta+\varepsilon)}{2}(m_0-m_{ss})\frac{1-\sqrt{1-4[\alpha Z^T(n_{ss}^T)^{\alpha-1}\Psi'-1]}}{\alpha Z^T(n_{ss}^T)^{\alpha-1}\Psi'-1}$$

将该方程两边同时除以 c_{ss}^T，并考虑 $m_{ss}=c_{ss}^T/(\beta+\varepsilon)$，我们能得到：

$$\frac{c_0^T-c_{ss}^T}{c_{ss}^T}=\frac{1}{2}\left(\frac{m_0-m_{ss}}{m_{ss}}\right)\frac{1-\sqrt{1-4[\alpha Z^T(n_{ss}^T)^{\alpha-1}\Psi'-1]}}{\alpha Z^T(n_{ss}^T)^{\alpha-1}\Psi'-1}$$

其中：

$$\alpha Z^T(n_{ss}^T)^{\alpha-1}\Psi'=-\frac{1}{[1+(1-\alpha)(n-n_{ss}^T)/n_{ss}^T]}$$

一旦我们利用式(6.95)计算出消费的初始跳跃值，那么就可以通过式(6.25)、式(6.26)、式(6.32)、式(6.34)、式(6.38)以及式(6.44)计算出 e_t 和 y_t 的初始跳跃值，继而利用 e_t 和式(6.22)的价格指数计算出 P_t^N 和 P_t 的初始跳跃值。

习　　题

1.(选择劳动/闲暇的货币模型)考虑 6.2 节提到的模型。已知给定偏好如下：

$$\int_0^\infty [u(c_t)+z(\ell_t)+v(m_t)]\exp(-\beta t)\mathrm{d}t$$

其中 ℓ_t 代表闲暇。生产函数采用线性形式：

$$y_t=\alpha(1-\ell_t)$$

其中，α 是正参数，模型的其他部分均与书中一样。

在这种情况下：

(1) 利用正文中的过程求解模型。

(2) 试分析出现未预期的永久性贬值冲击时，经济如何反应(证明贬值会增加总产出而抑制消费)。

2. (货币先行约束的货币方法模型)考虑 6.2 节提到的无债券货币模型，进行如下修改。并不是直接将货币引入效用函数，而假定给定偏好如下：

$$\int_0^{\infty} u(c_t)\exp(-\beta t)\mathrm{d}t$$

消费受限于预先设定的现金约束①：

$$m_t=\alpha c_t$$

模型的其余部分均与书中一样。在这种情况下：

(1) 试分析出现未预期的永久性货币贬值冲击时，经济如何反应。

(2) 试分析出现未预期的永久性国内信贷存量增加的冲击时，经济如何反应。

(3) 试分析出现未预期的永久性货币贬值率增加的冲击时，经济如何反应。

分别讨论上述每种情况与正文中提到的是否相同，并解释原因。

3. (线性生产函数下的两商品模型)考虑 6.3 节提到的线性生产函数下的可贸易商品模型。换言之，可贸易商品的生产函数给定如下：

$$y_t^T=Z^T n_t^T$$

在本题的模型中，试分析出现永久性货币贬值的冲击时，经济如何反应。

4. (单一商品增长模型)将式(6.78)、式(6.79)的动态系统在稳定状态附近线性化，并证明这是一个稳定鞍点路径。

参考文献

Barro, Robert J., and Xavier Sala-i-Martin. 1995. *Economic Growth*. New York: McGraw-Hill.

Burstein, Ariel, Martin Eichenbaum, and Sergio Rebelo. 2005. Large devaluations and the real exchange rate. *Journal of Political Economy* 113(4):742—784.

Burstein, Ariel, Joao C. Neves, and Sergio Rebelo. 2003. Distribution costs and real exchange

① 参见附录 7.7.1 关于连续时间设定下的现金先行约束。

rate dynamics during exchange-rate-based stabilizations. *Journal of Monetary Economics* 50(6):1189—1214.

Calvo, Guillermo A. 1981. Devaluation: Levels versus rates. *Journal of International Economics* 11(2):165—172.

Calvo, Guillermo A., and Carlos A. Rodriguez. 1977. A model of exchange rate determination under currency substitution and rational expectations. *Journal of Political Economy* 85(3):617—626.

Calvo, Guillermo A., and Carlos A. Végh. 1992. Currency substitution in developing countries: An introduction. *Revista de Analisis Economico* 7:3—27.

Chiang, Alpha C. 1992. *Elements of dynamic optimization*. New York: McGraw-Hill.

Easterly, William E. 2002. An identity crisis? Testing IMF financial programming. Working Paper 9. Center for Global Development. Washington, DC.

Gupta, Poonam, Deepak Mishra, and Ratna Sahay. 2007. Behavior of output during currency crises. *Journal of International Economics* 72(2): 428—450.

Hirsch, Morris W., and Stephen Smale. 1974. *Differential Equations, Dynamical Systems, and Linear Algebra*. New York: Academic Press.

International Monetary Fund. 1987. Theoretical aspects of the design of fund-supported adjustment programs. IMF Occasional Paper 55. International Monetary Fund. Washington, DC.

International Monetary Fund. undated. *Articles of agreement*. International Monetary Fund. Washington, DC.

Kamien, Morton, and Nancy Schwartz. 1981. *Dynamic Optimization*. Amsterdam: North Holland.

Khan, Mohsin S., Peter Montiel, and Nadeem U. Haque. 1990. Adjustment with growth: Relating the analytical approaches of the IMF and the World Bank. *Journal of Development Economics* 32(1):155—179.

Mussa, Michael, and Miguel Savastano. 2000. The IMF approach to economic stabilization. *NBER Macroeconomics Annual* 14:79—128.

Polak, Jacques. 1957. Monetary analysis of income formation and payments problems. *IMF Staff Papers* 5:1—50.

▶7

暂时性的政策

7.1 引言

第 5 章在第 1 章禀赋模型的基础上引入了作为“面纱”的货币。在第 5 章描述的世界中，货币或汇率政策的改变并不影响实体经济。第 6 章通过抽离生息债券而揭开了这层“面纱”，并发现汇率政策是如何产生实际影响的。汇率变动首先会影响人们对实际货币余额持有的意愿，因而会诱使消费者作出产生贸易不平衡的行为，以改变所持有实际货币余额的水平。然而，货币政策仍旧不会有实际影响，因为改变实际货币余额的意愿可以通过价格水平的变化来进行调整。本章将在第 5 章的模型中引入另一种摩擦，这种摩擦将对汇率和货币政策产生实际影响。特别是，我们将引入名义利率与消费之间的联系。一旦有了这种联系，我们就可以通过名义利率的改变来影响消费，为分析暂时性货币/汇率政策变化打开大门。

那么在模型中我们如何处理名义利率与消费之间的联系呢？最简单的方法——但正如在下文将清楚显示的那样，肯定不是唯一的方法——就是通过现金先行约束将货币引入模型中。现金先行约束——可以回溯到 Clower(1967)，假定商品必须通过货币购买(例如与信贷相反)，并要求消费者在进入商品市场之前已拥有所需的实际货币余额。正如在第 5 章已经提到的那样，离散时间下有两种可能的时间安排，究竟是产生哪一种状态取决于资本市场在商品市场之前还是之后开放。Lucas(1982)认为，资本市场在商品市场之前开放(想象一下，资本市场在上午开放，中午关闭，而商品市场在中午开放，下午 5 点关闭)。在这种情况下，消费者无需隔夜携带明天购买商品所需的钱，因为他们能在上午就可获取所需的现金。作为一个结果，名义利率也不会影响消费。①

现在我们想象另一种市场时间安排：商品市场只在上午开放，而资本市场只在下午开放。②在这种情况下，消费者需要在前一天下午就准备好第二天上午购买商品所需的现金余额。因为要持有现金余额过夜，因此消费者可能需要承受通货膨胀税。因此，通货膨胀

① 当然，家庭在夜间依旧持有货币(因为他们已经在商品市场出售了他们的禀赋)，但是关键点在于，这些持有的货币余额与第二天的消费无关。

② 这里通常是指 Svensson(1985)提出的市场状态，与卢卡斯市场时间安排相反。

税会成为消费商品的一部分实际成本。这正是名义利率影响消费的渠道。尤其是,通过降低通货膨胀税,名义利率的下降将可以降低消费品的实际价格。因此,名义利率的暂时性下降最终通过影响跨期消费价格的变化来诱导消费者用当期消费代替未来的消费。我们将发现连续时间下的现金先行模型——放在 7.2 节——等同于斯文森(Svensson)的市场时间安排假设。在这一背景下,货币贬值率暂时性的下降——根据利率平价定理,这等同于名义利率的暂时性下降——将导致可贸易商品消费的暂时性增加以及不可贸易商品相对价格的暂时性增加。名义利率的暂时性下降实际上是福利减少的,因为它导致了消费路径的不稳定,而并没有改变资源的折现值。

7.2 节我们证明货币贬值率的永久性变化不会产生实际影响,因为这种改变不会影响消费的跨期实际价格。换言之,从稳定均衡开始,货币贬值率的永久性下降会导致名义利率永久性下降,但消费不会改变,因为名义利率的路径依旧随时间的推移保持平滑。(也不会有财富效应,因为从通货膨胀税中获得的收益将一次性退还给公众。)然而,这种特征本质上取决于模型中不存在劳动/闲暇的选择。当存在劳动/闲暇的选择时——正如在 7.3 节中分析的那样——正的名义利率会产生跨期扭曲,因为它意味着用闲暇衡量的私人消费相对价格会高于其社会成本。作为结果,通过降低用闲暇衡量的消费的相对价格,甚至名义利率出现永久性下降也会有实际影响,并出现对闲暇的替代(这会增加劳动供给,进而增加产出的折现值)以及消费的增加。因此在这种情况下,名义利率的暂时性变化不仅会产生跨期效应,还会产生期内(即静态)效应。名义利率暂时性下降的福利效应最终取决于跨期消费替代效应(这会减少福利)和劳动供给增加带来的财富效应(这会增加福利)的相对强弱。

除了引入劳动/闲暇的选择外,还有其他方式将财富效应整合进这一类模型中。7.4 节重新回到 7.2 节的禀赋经济体中,并通过交易成本技术将货币引入模型来展示这一观点。这种观点认为实际货币余额可以减少购买商品时的交易成本(这会消耗资源)。因此,名义利率下降会产生财富效应,因为它会诱使消费者持有更多的实际货币余额,而这会降低交易成本。因此,货币贬值率永久性的下降——通过利率平价定理会导致名义利率的永久性下降——会使得交易成本永久性下降进而使消费水平永久性上升。相反,名义利率暂时性下降将导致消费暂时性增加(通过降低消费的隐性实际价格)。由此可知,尽管货币贬值率的永久性下降会明显改善福利,但名义利率暂时性下降的福利效应将取决于跨期消费替代效应和财富效应的相对强度。

最后,7.5 节讨论了现金先行约束下的浮动汇率(即 7.2 节模型的浮动汇率版本)的情形,并证明货币增长率的暂时性降低会怎样使暂时性消费增加。

7.2 现金先行约束下的基础货币模型

本节考虑的还是第 5 章的基础货币模型,但是,跟随 Calvo(1985)的观点,我们通过现金先行约束引入货币——而不是通过在效用函数中引入货币的方式——也增加了不可贸易商品。和第 5 章一样,考虑一个与世界的商品和资本市场完全融为一体的小型开放经济。一价定律对可贸易商品成立(即 $P_t^T = E_t P_t^{T*}$)。消费者从消费可贸易商品(c_t^T)和不可贸易商品(c_t^N)中获得效用。该经济拥有固定的可贸易商品(y^T)和不可贸易商品(y^N)流。世界的实际利率(r)是给定的且不随时间的推移而发生变化。

7.2.1 消费者的优化问题

给定消费者偏好由下式给出:

$$\int_0^\infty [u(c_t^T)+v(c_t^N)]\exp(-\beta t)\mathrm{d}t \tag{7.1}$$

这里的 $u(\cdot)$ 和 $v(\cdot)$ 是严格递增且严格凹的,贴现率 $\beta>0$。令 a_t 表示实际金融资产(用可贸易商品衡量):

$$a_t \equiv m_t + b_t$$

其中,$m_t(\equiv M_t/E_tP_t^{T*})$ 表示实际货币余额,而 b_t 表示净外国债券。

运用与第 5 章相同的处理方法,我们知道流量约束将由下式给出:

$$\dot{a}_t = ra_t + y^T + \frac{y^N}{e_t} + \tau_t - c_t^T - \frac{c_t^N}{e_t} - i_t m_t \tag{7.2}$$

其中,$e_t(\equiv P_t^T/P_t^N)$ 是实际汇率(定义为用不可贸易品衡量的可贸易商品的相对价格),τ_t 是政府的一次性转移支付,i_t 是名义利率。

现金先行约束要求消费者持有 α 比例的实际货币余额以支付每个阶段的消费支出。正式地:①

$$m_t = \alpha\left(c_t^T + \frac{c_t^N}{e_t}\right) \tag{7.3}$$

通过将现金先行约束代入流量约束式(7.2)中,可以方便地消除消费者的选择变量 m_t,从而得到:

$$\dot{a}_t = ra_t + y^T + \frac{y^N}{e_t} + \tau_t - \left(c_t^T + \frac{c_t^N}{e_t}\right)(1+\alpha i_t) \tag{7.4}$$

不断朝前迭代流量约束并施加适当的横截性条件后,我们可以得到:

$$a_0 + \int_0^\infty \left(y^T + \frac{y^N}{e_t} + \tau_t\right)\exp(-rt)\mathrm{d}t = \int_0^\infty \left(c_t^T + \frac{c_t^N}{e_t}\right)(1+\alpha i_t)\exp(-rt)\mathrm{d}t \tag{7.5}$$

消费者在跨期约束式(7.5)的限制下,通过选择$\{c_t^T,\ c_t^N\}_{t=0}^\infty$来最大化式(7.1),相应的拉格朗日函数为:

$$\begin{aligned}\mathcal{L} &= \int_0^\infty [u(c_t^T)+v(c_t^N)]\exp(-\beta t)\mathrm{d}t \\ &\quad + \lambda\left\{a_0 + \int_0^\infty \left[y^T + \frac{y^N}{e_t} + \tau_t - \left(c_t^T + \frac{c_t^N}{e_t}\right)(1+\alpha i_t)\right]\exp(-rt)\mathrm{d}t\right\}\end{aligned}$$

① 这个现金先行约束可以理解为是“真正”预付现金约束的一阶近似(参见附录 7.7.1)。

除了式(7.5)外，最大化的一阶必要条件(像通常一样，假定$\beta=r$)由下式给出：

$$u'(c_t^T)=\lambda(1+\alpha i_t) \tag{7.6}$$

$$v'(c_t^N)=\lambda\frac{(1+\alpha i_t)}{e_t} \tag{7.7}$$

一阶条件式(7.6)说明，在边际上，消费者将消费可贸易商品的边际效用等于财富的边际效用乘上可贸易商品的实际价格(由$1+\alpha i_t$给出)为止。注意根据现金先行约束条件式(7.3)可知，购买一单位可贸易商品的消费者需持有α单位实际货币余额。因此，可贸易商品的实际价格包括商品实际市场价格(一单位)加上为购买一单位商品所需持有α单位实际货币余额的机会成本(αi_t)。同理，不可贸易商品的实际价格是$1/e_t+(\alpha/e_t)i_t$。换句话说，不可贸易商品的实际价格等于市场的相对价格($1/e_t$)加上为购买一单位不可贸易商品而持有的(α/e_t)单位的实际货币余额的机会成本。

一阶条件式(7.6)将我们带回到第3章所分析的跨期价格扭曲的世界中。显然，如果沿着完全预期均衡路径，名义利率是固定不变的，那么可贸易商品的消费路径也将不随时间的推移而发生变化。然而，如果名义利率并非恒定不变，那么消费路径也不会是恒定不变的，因为消费者会倾向于在利率低(实际消费价格相对较低时)的时候消费而不在利率高的时候(实际消费价格相对较高时)消费。换言之，一个不固定的名义利率路径会引发跨期扭曲，其机制与我们在第3章所分析的不固定关税所引发的跨期扭曲是一样的。对于实际汇率的给定路径，这种跨期扭曲也会影响不可贸易商品的消费。

将一阶条件式(7.6)和式(7.7)结合到一起，可以得到如下条件(我们在第4章很熟悉的一个公式)：

$$\frac{u'(c_t^T)}{v'(c_t^N)}=e_t \tag{7.8}$$

因为名义利率路径会以相同的方式影响可贸易商品和不可贸易商品，因此不影响以上两种商品的边际替代率。

7.2.2 政府

政府如第5章描述的那样，流量约束由下式给出：

$$\dot{h}_t=rh_t+\frac{\dot{M}_t}{P_t^T}-\tau_t \tag{7.9}$$

相应的跨期约束给定如下：

$$h_0+\int_0^{\infty}\frac{\dot{M}_t}{P_t^T}\exp(-rt)\mathrm{d}t=\int_0^{\infty}\tau_t\exp(-rt)\mathrm{d}t \tag{7.10}$$

7.2.3　均衡条件

再一次，资本完全流动意味着利率平价定理成立：

$$i_t = i_t^* + \varepsilon_t \tag{7.11}$$

要使不可贸易商品市场均衡必须满足不可贸易商品的消费等于固定的禀赋，则有：

$$c_t^N = y^N \tag{7.12}$$

令 $k_t(\equiv b_t + h_t)$ 表示经济的净外国资产。结合消费者流量约束[式(7.2)]和政府流量约束[式(7.9)]，可得到该经济的流量约束：

$$\dot{k}_t = rk_t + y^T - c_t^T \tag{7.13}$$

不断朝前迭代经济的流量约束[式(7.13)]，并施加对应的横截性条件，可得出该经济的资源约束：

$$k_0 + \frac{y^T}{r} = \int_0^{\infty} c_t^T \exp(-rt)\mathrm{d}t \tag{7.14}$$

最后，作为进一步的参考，我们定义 $e_t = P_t^T / P_t^N$，其中 $P_t^T = E_t P_t^{T*}$，可以推导出：

$$\frac{\dot{e}_t}{e_t} = \varepsilon_t + \pi_t^* - \pi_t \tag{7.15}$$

这里的 $\pi_t^*\left(\equiv \frac{\dot{P}_t^{T*}}{P_t^{T*}}\right)$ 和 $\pi_t\left(\equiv \frac{\dot{P}_t^N}{P_t^N}\right)$ 分别代表外国通货膨胀率和不可贸易商品的通货膨胀率。因此，均衡的实际汇率的变化率将由可贸易商品的通货膨胀率(由 $\varepsilon_t + \pi_t^*$ 给出)和不可贸易商品的通货膨胀率(由 π_t 给出)之差给出。

7.2.4　完全预期均衡

假定外国通货膨胀率随时间推移保持不变且等于 π^*。[①]我们继续刻画固定货币贬值率 ε 的完全预期均衡。

给定固定的货币贬值率，利率平价[由式(7.11)给出]决定了固定不变的名义利率：

$$i = i^* + \varepsilon \tag{7.16}$$

由于名义利率不随时间的推移而发生变化，因此一阶条件式(7.6)告诉我们，c_t^T 也将不随时间的推移而发生变化。因此从资源约束条件式(7.14)中可以推出：

$$c^T = rk_0 + y^T \tag{7.17}$$

① 因为世界的实际利率 r 也不随时间的推移而发生变化，世界其他地区的费雪方程意味着外国的名义利率(i^*)也将不随时间的推移而变化。

利用式(7.8)、式(7.12)和式(7.17),我们发现实际汇率也保持恒定,并由下式给出:

$$e=\frac{u'(rk_0+y^T)}{v'(y^N)} \tag{7.18}$$

由于$\dot{e}_t=0$,从式(7.15)中可以得出:

$$\pi=\pi^*+\varepsilon \tag{7.19}$$

7.2.5 汇率政策的永久性变化

建立完模型后,接下来我们将分析两种政策实验:永久性货币贬值(即 E_t 的永久性上升)和货币贬值率的永久性增加。

永久性货币贬值

假设经济在 $t=0$ 时刻前,恰好处于我们所描述的平稳完全预期均衡中。在 $t=0$ 时刻突然出现一个未预期的永久性货币贬值。由于汇率出现未预期的变化,消费者会重新进行优化处理。在新的完全预期均衡路径上,可贸易品的消费将依旧保持不变。而且,由于货币贬值并不影响经济体内的可用资源,c^T 仍旧由式(7.17)给出。因此,实际汇率仍将由式(7.18)给出。总的来说——尽管名义利率对消费具有潜在影响——但正如第 5 章论述的那样,货币贬值是中性的。

货币贬值率的永久性下降

现在假设经济从上文描述的稳态均衡开始,在 $t=0$ 时点,货币贬值率突然出现一个未预期的永久性下降。给定利率平价条件式(7.16),名义利率也会出现永久性下降。消费者再优化以后,前文的一阶条件仍将适用。因为沿着新的完全预期均衡路径的名义利率仍旧是固定不变的(尽管相比之前处于一个更低的水平),可贸易商品的消费也将不随时间的推移发生变化,根据式(7.17)可知,消费量等于 rk_0+y^T。因此,根据式(7.18)可以推断出实际汇率也将不随时间的推移发生变化。由于实际汇率不随时间的推移发生变化,式(7.19)表明不可贸易商品的通货膨胀率将会出现瞬间下降,其幅度与货币贬值率相同。总的来说,货币贬值率出现永久性变化会减轻通货膨胀,但并不会有实际影响。①

7.2.6 暂时性稳态

再次假设经济在 $t=0$ 时刻之前处于前文描述的完全预期均衡状态。在 $t=0$ 时点,货币贬值率突然出现一个未预期的暂时性下降,贬值率从 ε^H 变为ε^L,$\varepsilon^L<\varepsilon^H$(图 7.1a)。在时点 T,货币贬值率回到初始水平 ε^H,正式地,对一些 $T>0$,有:

① 注意顺便要提到的一点是,在现金先行设定下,实际货币余额不会随货币贬值率永久性下降而发生变化。这是因为货币需求是没有利率弹性的。相反,如果我们在效用函数中引入货币,则根据第 5 章的思路,货币贬值率下降导致名义利率下降,最终引起实际货币余额的增加。

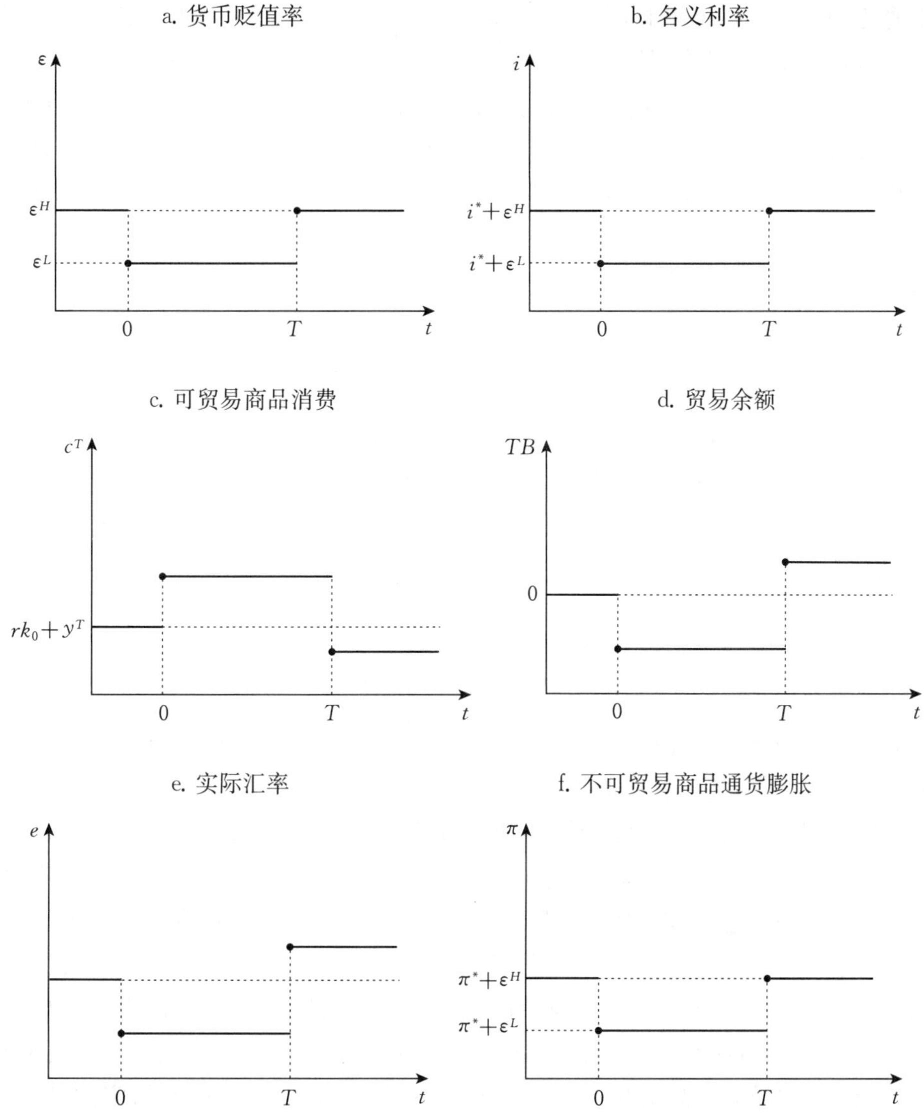

图 7.1　货币贬值率的暂时性下降

$$\varepsilon_t=\begin{cases}\varepsilon^L, & 0\leqslant t<T\\ \varepsilon^H, & t\geqslant T\end{cases}$$

自然地，利率平价条件意味着名义利率的行为类似于(图 7.1b)：

$$i_t=\begin{cases}i^L=i^*+\varepsilon^L, & 0\leqslant t<T\\ i^H=i^*+\varepsilon^H, & t\geqslant T\end{cases}$$

在这种情况下可贸易商品的消费路径会如何变化呢？从一阶条件式(7.6)中，我们知道，在每个子周期内消费都将保持不变[通过$(c^T)^1$ 和$(c^T)^2$ 来定义它们的水平]，分别为：

$$u'((c^T)^1)=\lambda(1+\alpha i^L),\qquad 0\leqslant t<T$$

$$u'((c^T)^2)=\lambda(1+\alpha i^H),\qquad t\geqslant T$$

很清楚，由于$u(\cdot)$是严格凹函数，因此$(c^T)^1>(c^T)^2$。此外，由于暂时性稳态并不会对经济资源产生影响，根据资源约束条件式(7.14)可知，$(c^T)^1$将比rk_0+y^T更大，而$(c^T)^2$会比rk_0+y^T更小(参见图7.1c)。给定这样的消费路径，贸易收支在$t=0$时点将会恶化，而在时点T将会提高(参见图7.1d，我们假定$k_0=0$)。经常账户在$t=0$时点将进入赤字状态，并且在整个过渡时期会不断恶化，因为随着时间推移，收入余额会减少，最后在时点T跳跃回零。

实际汇率会如何变化呢？由式(7.8)可推导出：

$$e_t=\frac{u'(c_t^T)}{v'(y^N)} \tag{7.20}$$

因此，e_t在冲击时将下降(实际升值)，并在时点T增加(实际贬值)(见图7.1e)。因为在时点T后，c_t^T会低于冲击前水平，实际汇率将会处于冲击前水平之上。①

因为对于$0\leqslant t<T$和$t\geqslant T$时都有$\dot{e}_t=0$，从式(7.15)可以得出，不可贸易商品的通货膨胀运动路径：

$$\pi_t=\pi^*+\varepsilon^L,\qquad 0\leqslant t<T$$

$$\pi_t=\pi^*+\varepsilon^H,\qquad t\geqslant T$$

因此，不可贸易商品的通货膨胀在冲击下会与货币贬值率一起下降，然后在时点T恢复到冲击前的水平(参见图7.1f)。

综上所述，基于稳态的暂时性汇率导致初始消费繁荣、实际货币升值和贸易赤字，但到了时点T会出现消费低潮，实际货币贬值和贸易顺差。②这种结果背后的经济直觉是什么呢？名义利率在$[0, T)$期间要比之后更低的事实，意味着消费品的实际价格在$[0, T)$期间要比之后更低。因此——出现与第3章所分析的原因完全一样——消费者会从事跨期消费替代，即通过选择在价格相对低的$[0, T)$期间多消费，而在价格相对较高的时期(在时点T之后)少消费来实现。在初始的实际汇率下，不可贸易商品也变得相对便宜，因此也会出现对不可贸易商品的超额需求。因为不可贸易商品的禀赋是给定的，因此相对价格(即$1/e_t$)必须上升才能保证市场出清。

7.2.7 结果的再解释

正如我们在第3章针对贸易自由化情形所作的分析那样，我们也能对货币贬值率永久性下降或暂时性下降的结果作重新解释，即同一项政策声明可能具有不同程度可信度的情形。正如在专栏7.1中所讨论的那样，尽管政策的可信度很难量化，但这无疑是长期困扰发展中国家的一个问题。

① 所谓“冲击前”是指在$t=0$时点之前。

② 毫不奇怪的是，稳态时出现的汇率暂时性冲击后产生的实际影响与第4章需求下降产生的影响相同。我们能把这个模型视为与因名义利率波动而引起总需求变化是一样的。正如本章习题1中所证明的那样，在把货币引入效用函数的模型中，若消费和实际货币余额间的交叉导数为正，其产生的影响与这里描述的一致。

专栏 7.1 在实践中如何测量政策的可信度?

正如在 7.2 节所讨论的那样,一个未预期的暂时性货币贬值率下降的结果可以被重新解释为,永久性稳定政策的公告缺乏可信度。在实践中,关键在于如何构建对可信度的度量,以及检验这种可信度如何影响不同宏观经济变量,包括这些变量在受冲击时以及在随后的演变过程中如何受到影响。要作到这点十分困难,因为预期是不可观察的。因此,需要使用某些计量经济学技术来对政府计划的可信度进行量化。

表 7.1 总结了三篇分析在特定通货膨胀稳定政策时期预期作用的论文结果。Baxter(1985)利用贝叶斯计量经济学方法研究了 20 世纪 70 年代末期至 80 年代初期阿根廷和智利稳定汇率时的情形。[a]

表 7.1 关于稳定政策计划可信度的实证研究

作 者	方 法	样 本	主要结论
Baxter (1985)	国内信用和政府债务双变量体系的贝叶斯估计	基于 20 世纪 70 年代末期至 80 年代初期阿根廷和智利汇率稳定时期	● 阿根廷:在改革计划开始时,政策可信度为 35%,但在 15 个月后可信度大幅下降 ● 智利:政策可信度最初较低(约 20%),但在计划启动 3 年后急剧上升 ● 两项改革结果的差异可以通过如下事实加以解释,即智利改革是最终可信的,而阿根廷改革则不具有可信度
Agenor 和 Taylor (1992)	平行市场暂时性溢价组成部分的方差分析; 卡尔曼滤波法建立含通货膨胀的时间自回归模型	1986 年巴西实行的克鲁萨多稳定计划	● 政策可信度在实行计划之初很高,但接下来几个月迅速下降 ● 通货膨胀惯性大幅增加,直至计划失败 ● 计划失败后,通货膨胀迅速恢复到计划初水平,表明在政策可信度较低的情况下价格易剧烈波动
Ruge-Murcia (1995)	包括通货膨胀、利率和政府支出三变量的状态空间计量模型	20 世纪 80 年代中期以色列的稳定计划	● 1982—1984 年失败的稳定计划时期可信度非常低 ● 随着 1985 年 7 月计划成功实施,可信度几乎增加到 1 ● 可信度会对通货膨胀的短期变化路径产生显著的影响

通过使用理论模型,她发现与该模型的两个关键参数相关的两个可持续性因素:(1)"可持续的货币政策条件",指国内信贷增长率必须小于国际通货膨胀率;(2)"可持续的财政政策条件",指政府债务演变方程的自回归系数必须小于 1。[b] 由于政策制度——由国内信贷增长率和政府债务的自回归组成部分加以刻画——是可以被观察到的,政策的可信度可以通过行为人认为政策制度属于"改革集"中事件的概率分配来加以定义(即货币和财政政策将满足可持续性条件的概率)。Baxter(1985)估计了两个政策变量的似然函数,发现阿根廷的改革计划在开始时运行较好,可持续性改革的概率约为 35%,但 15 个月后,改革的可持续概率急剧下降到接近零的水平。相比之下,智利在改革计划运行的前三年可持续性概率一直很低(约 20%),但随着中央银行减少对政府的贷款,使得货币供应量急剧下降,改革计划的可信度急剧上升。作者还发现了政策可信度与宏观经济变量(如通货膨胀率、利率)之间的相关性,这一发现

也支持如下的假设，即行为人在评估“真正的”改革是否能发生时，会同时考虑货币政策和财政政策。因此，改革成果之间的差异（智利显然更加成功）可以得到解释，至少能部分地得到解释。原因就在于，智利的改革是有可信度的，而阿根廷的改革则没有。[c]

Agenor 和 Taylor(1992)设计了一个替代方法，用于估计稳定政策的可信度效应的大小，并将其应用于 1986 年巴西实施的克鲁萨多计划中。他们的方法基于两个假设。首先，由于工资合约和金融指数化的存在，通货膨胀总是缓慢变化并具有相当长的持续性。其次，平行市场溢价的暂时性部分可被视作稳定性政策可信程度的一个指标。作者将平行市场溢价和几个宏观经济变量之间的向量自回归的一阶方程的残差作为刻画平行市场溢价的暂时性部分的衡量指标。这些宏观变量主要包括一些能够刻画宏观经济基本运行状况的变量。然后他们对通货膨胀进行了自回归过程估计，并让参数随着政策可信度变量（平行市场溢价的暂时性部分）的变化而变化。他们的观点是，更高的政策可信度必然与较低的通货膨胀惯性相关联。作者利用这种方法应用于包括采用和后来放弃克鲁萨多稳态计划的时期，发现这个计划刚实施时，政策可信度显著上升，但在接下来几个月又迅速下降。另一方面，通货膨胀惯性在政策实施初期迅速加剧，直到计划崩溃又迅速恢复原水平，这表明当政策可信度低时会出现价格剧烈波动。

最后，Ruge-Murcia(1995)设计了一种通货膨胀的理性预期模型，模型认为，政府支出遵循外生自回归过程，并受制于离散的制度变化。制度变量被定义为政府的支出水平是否与作为政府稳定政策一部分的通货膨胀率目标一致。在这样的背景下，政策的可信度可由行为人观察通货膨胀、利率和政府支出的变化来综合推断其由改革之后的支出制度引起的概率。这种方法适用于分析 20 世纪 80 年代中期以色列出台的稳定性计划。作者利用 Hamilton(1989)的政策转换方法来设计模型，研究发现，稳定性计划在 1982 年和 1984 年的可信度非常低（根据估计的概率推断出）。相反，1985 年 7 月计划成功实施后，1985 年 8—12 月可信度几乎增加到 1。作者也发现政策的可信度会显著影响通货膨胀的短期变化路径，这可以用来解释 1985 年 7 月后以色列通货膨胀下降的速度。

专栏注：

a. 你可以回顾第 4 章专栏 4.2 中我们论述的内容，也可以参看第 13 章给出的关于这些政策以及 1986 年巴西实行的克鲁萨多计划和下文提到的 1985 年以色列实行稳定性计划的具体细节。

b. 虽然货币贬值率是下降的，但仍旧为正值，这允许一个更高的国内信贷增长率存在。货币政策条件背后的想法是，行为人也将考虑计划长期可持续性所需的条件（当假设货币贬值率为零时）。

c. 尽管智利的稳定汇率政策本身在 1982 年 6 月被废弃，但是基于稳定汇率政策出台的一系列改革计划——包括财政改革——沿用至今。

假设在时点 0,政策制定者突然宣布出台一个永久性降低货币贬值率的政策。如果政府声明是可信的(即如果行为人相信政府的声明),那么经济就会像上述永久性案例中所分析的那样表现。通货膨胀将瞬间消失且不造成任何产出损失。正如第 13 章中讨论的那样,这类实验适用于处理恶性通货膨胀处于快结束时期的案例,在这种情形中,通货膨胀往往突然消失并且只会对经济产生很小或者完全不会产生实际影响。

假设公众不相信政府会坚持稳定性局势的声明。对政策可信度的极度怀疑在以往出台过稳定政策但最终失败的国家很容易产生。当现任财政部长宣布采取稳定性的汇率计划时,例如采取固定汇率,并宣称这种固定汇率将永久性存在。如果公众中有人曾经已经听过这种计划,那么他显然会怀疑这个计划。为了以一种简单的方式衡量这种信任度的缺失,不如假定公众预期政府会在未来某个时点 T 放弃这种稳定性计划。那么我们研究的所有货币贬值率暂时性下降的影响都会成立。基于稳态的不可信的汇率制度,我们就可以对暂时降低货币贬值率的结果进行重新解释。[①]这种解释特别适用于稳定汇率政策下存在慢性通货膨胀国家的经济表现,因为这些国家曾试图采取某些政策制止通货膨胀却失败了。事实上——我们将在第 13 章展开详细论述——经验表明模型的准确预测离不开稳定性汇率政策。特别是稳定性汇率政策会导致耐用品消费骤升,如专栏 7.2 提供的资料所显示的那样。

专栏 7.2 耐用品消费的激增

我们在 7.2.6 节分析过贬值率的暂时性下降如何导致消费上升的。我们将在第 13 章讨论关于以稳定为基础的汇率政策证据与这个理论预测是一致的。在实践中,基于汇率稳定政策下所观察到的消费繁荣现象特别适合耐用品消费。[a] 图 7.2 显示了 5 个实行汇率稳定政策国家的情形:20 世纪 70 年代末的南锥体“公告牌”国家联盟,1986 年以色列的稳定性计划,以及阿根廷 1991 年实施的兑换计划。[b] 我们可以发现,耐用品消费的繁荣比一般消费繁荣更加显著。例如,乌拉圭的汽车消费在三年内增加了 3 倍,而在阿根廷可兑换性计划期间,汽车的消费在四年内增长了 5 倍。

虽然本章的理论模型只包括非耐用品,但我们很容易在第 3 章习题 2 中一般化耐用品繁荣的模型,这主要是基于 Calco(1988)的模型。如果耐用品的购买受现金先行限制,那么耐用品消费的激增将来源于因跨期价格投机而造成名义利率的暂时性下降。Calvo 和 Vegh(1999)提供了关于名义利率降低对耐用品消费可能产生的影响的另一种解释,根据他们的观察,在许多国家购买耐用品是通过以固定每月分期付款的形式获取贷款来实现的。在这样的情形下,很容易证明,尽管实际分期付款的折现值不取决于名义利率的水平,但实际分期付款的路径却取决于名义利率。具体而言,名义利率越高,早期分期付款的实际价值就越高。如果消费者受到流动性约束,降低

① 正如在第 3 章所进行的那样,我们可以看出在时点 T 的政策实际影响与政府是否坚持计划(从而验证预期)或终止计划无关。

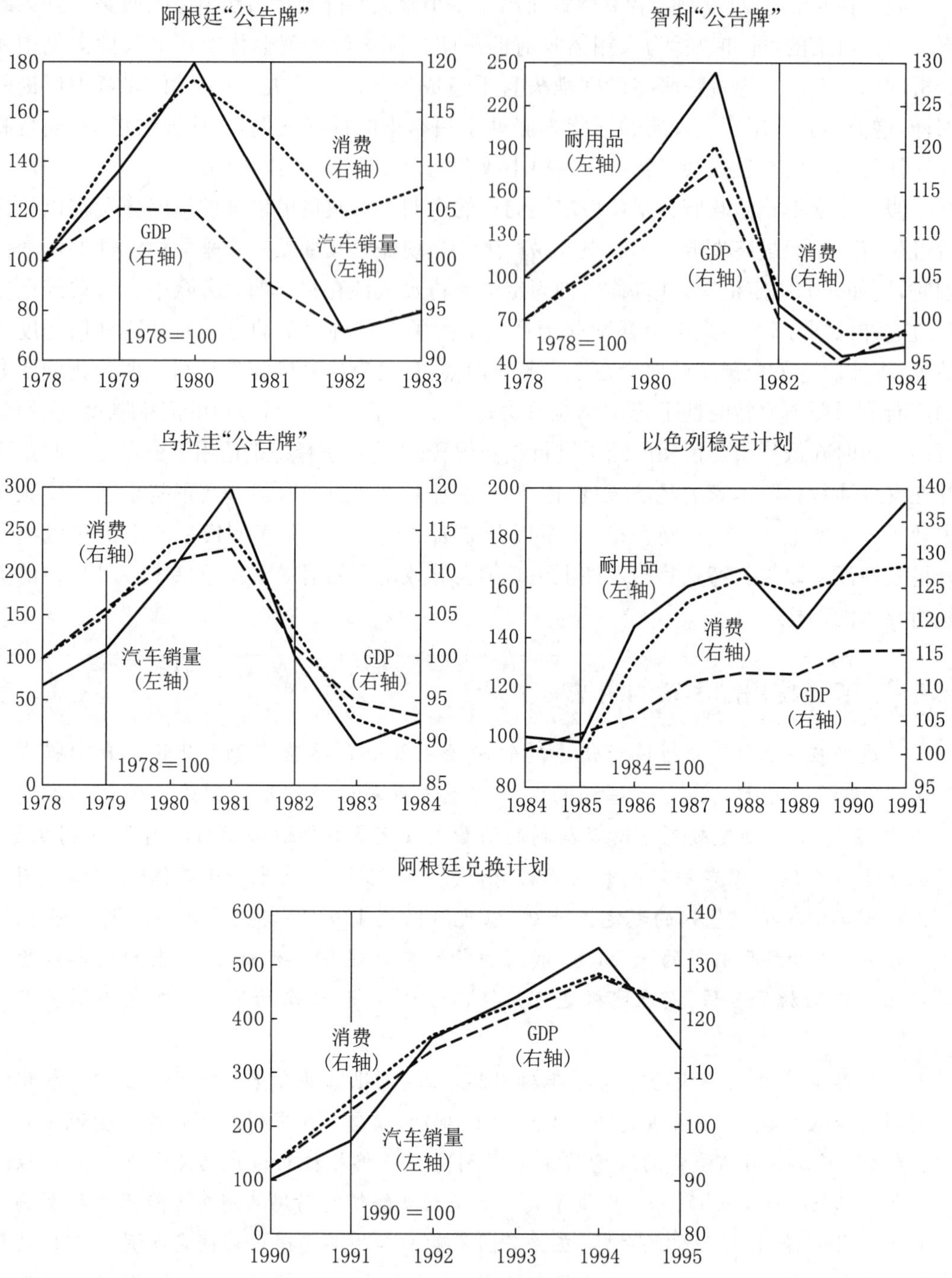

图 7.2　基于汇率稳定计划的消费繁荣

资料来源：De Gregorio，Guidotti 和 Végh(1998)。

名义利率将降低早期分期付款的实际价值，从而导致耐用品购买量增加。这个影响路径与经济的偶然证据相一致，这表明在名义利率下降的同时按月分期付款的耐用品销售将大幅增加。De Gregorio，Guidotti 和 Végh(1998)提供的另一个解释是，财富效应与基于汇率的稳定计划的实施会导致消费者希望购买耐用品或花费更多在计划消费中，结果造成耐用品消费热潮。

专栏注：

a. 参见 De Gregorio，Guidotti 和 Végh(1998)。

b. 对于阿根廷和乌拉圭，耐用品的消费主要指汽车销售。

7.2.8 福利含义

上述分析的福利含义是什么呢？这种分析与第 3 章的贸易自由化福利分析相似。基于政策稳定的永久性汇率政策不存在福利效应，这是因为模型没有整合进任何较低水平通货膨胀时的收益。换言之，这类模型中的福利与任何货币贬值率水平不变(因此名义利率也是固定)模型中的福利是相同的。相反，基于政策稳定的临时性汇率会减少福利，因为它导致了跨期扭曲。因此，从表面上看，模型有不太合适的含义，即任何稳定的政策都不该尝试。

当然，模型忽略了稳定通货膨胀计划可能会通过各种渠道(更高的生产率、花更少的时间在财务筹划上等等)带来财富效应的事实。正如第 7.4 节所显示的那样，将考虑低通货膨胀的财富效应结合起来，并研究由此产生的权衡的一个方法是通过交易成本技术而把货币引入模型中。在这种情况下，永久性的汇率稳定政策总是能带来福利改善。而临时性政策是否会带来福利改善将取决于跨期替代效应和财富效应的相对强度。暂时性政策的持续时间越久，财富效应就越可能占主导地位。

另一种将财富效应引入模型的方法就是假设政府将通货膨胀税的收入用于非生产性政府支出(简单地想就是政府将通货膨胀税的收入丢入大海中)，在本章习题 2 中分析的就是这种情景。政府开支被认为是内生性的，因此会对收入变化作出反应。在这种情形下，永久性的汇率稳定政策也将会是改善福利，因为它永久地降低了政府支出水平。在对数型偏好情形中，暂时性的汇率稳定政策也将提高福利，因为财富效应会远远超过跨期替代效应。

7.3 劳动力供给

到目前为止的模型总是假定可贸易商品和不可贸易商品的初始禀赋路径都不变。这样的模型不能解释产出对稳定性汇率的正向反应。我们现在扩展该模型，将消费/闲暇的选择整合进模型中(为了简便起见，我们现在抽象掉不可贸易商品)。①

7.3.1 家庭的问题

考虑单一商品经济，代表性家庭最大化其效用：

① 参见 Roldos(1995，1997)和 Lahiri(2000)对于这种方法所作的进一步探究。

$$\int_0^{\infty} u(c_t,\ \ell_t)\exp(-\beta t)\,\mathrm{d}t \tag{7.21}$$

这里的 c_t 和 ℓ_t 分别代表消费和闲暇。假设函数 $u(\cdot)$ 对两个变量都是严格递增且严格凹的：

$$u_c>0,\ u_\ell>0,\ u_{cc}<0,\ u_{cc}u_{\ell\ell}-u_{c\ell}^2>0$$

我们也假设两种商品都是正常品，这要求(参见附录 4.8)：

$$u_\ell u_{c\ell}-u_c u_{\ell\ell}>0 \tag{7.22}$$

$$u_c u_{\ell c}-u_\ell u_{cc}>0 \tag{7.23}$$

行为人拥有一单位时间禀赋，因此劳动为 $1-\ell_t$。生产函数是线性的，并给定如下：

$$y_t=1-\ell_t \tag{7.24}$$

现金先行约束现在采用如下形式：

$$m_t=\alpha c_t \tag{7.25}$$

流量约束由下式给出：

$$\dot{a}_t=ra_t+y_t+\tau_t-c_t-i_t m_t \tag{7.26}$$

不断向前迭代式(7.26)并施加相应的横截性条件，可以得到：

$$a_0+\int_0^{\infty}(y_t+\tau_t)\exp(-rt)\,\mathrm{d}t=\int_0^{\infty}(c_t+i_t m_t)\exp(-rt)\,\mathrm{d}t \tag{7.27}$$

将生产函数式(7.24)和现金先行约束式(7.25)代入跨期约束式(7.27)，我们得到：

$$a_0+\int_0^{\infty}(1-\ell_t+\tau_t)\exp(-rt)\,\mathrm{d}t=\int_0^{\infty}(1+\alpha i_t)c_t\exp(-rt)\,\mathrm{d}t \tag{7.28}$$

代表性消费者在跨期约束式(7.28)的限制下通过选择 $\{c_t,\ \ell_t\}_{t=0}^{\infty}$ 来最大化式(7.21)。相应的拉格朗日函数为：

$$\begin{aligned}\mathcal{L}=&\int_0^{\infty}u(c_t,\ \ell_t)\exp(-\beta t)\,\mathrm{d}t\\&+\lambda\left[a_0+\int_0^{\infty}(1-\ell_t+\tau_t)\exp(-rt)\,\mathrm{d}t-\int_0^{\infty}(1+\alpha i_t)c_t\exp(-rt)\,\mathrm{d}t\right]\end{aligned}$$

一阶必要条件意味着(假定 $\beta=r$)：

$$u_c(c_t,\ \ell_t)=\lambda(1+\alpha i_t) \tag{7.29}$$

$$u_\ell(c_t,\ \ell_t)=\lambda \tag{7.30}$$

其中，λ 是与约束式(7.28)相联系的拉格朗日乘子。

将两个一阶条件结合起来，可以得到：

$$\frac{u_c(c_t,\ \ell_t)}{u_\ell(c_t,\ \ell_t)}=1+\alpha i_t \tag{7.31}$$

现在名义利率会导致消费和闲暇之间出现跨期扭曲。这种扭曲——在下文会详细论述——因为在不存在扭曲的均衡中，用闲暇衡量的消费的相对价格应该等于劳动的边际产量(在这个模型中等于 1)。同时这种扭曲是期内的,因为它同时影响消费和闲暇。

7.3.2 政府

政府预算约束仍旧由式(7.9)和式(7.10)给出,只不过要用 P_t 代替 P_t^T。

7.3.3 均衡条件

由式(7.11)给出的利率平价条件仍将成立。将消费者的流量约束和政府的流量约束结合起来[分别由式(7.26)和式(7.9)给出],可以得到经济体的流量约束:

$$\dot{k}_t = rk_t + 1 - \ell_t - c_t$$

这里的 $k_t(\equiv b_t + h_t)$ 表示经济的总国外净资产。对应的资源约束条件为:

$$k_0 + \int_0^\infty (1 - \ell_t)\exp(-rt)\mathrm{d}t = \int_0^\infty c_t \exp(-rt)\mathrm{d}t \tag{7.32}$$

7.3.4 完全预期均衡

假定外国的通货膨胀率是固定的。我们来刻画在贬值率 ε 的路径是固定情形下的完全预期均衡路径。根据利率平价可知,名义利率也是不随时间的推移而变化的:

$$i = i^* + \varepsilon$$

归因于消费和闲暇的不可分离性,要证明消费和闲暇不随时间的推移而变化需要我们略微多做一点工作。为此,全微分两个沿着完全预期均衡路径的一阶微分条件式(7.29)和式(7.30),并考虑到 i 和 λ 在这条均衡路径上也是固定不变的,可以得到:①

$$u_{cc}\mathrm{d}c_t + u_{c\ell}\mathrm{d}\ell_t = 0$$

$$u_{\ell c}\mathrm{d}c_t + u_{\ell\ell}\mathrm{d}\ell_t = 0$$

利用最后一个方程求解出根据 $\mathrm{d}c$ 表达的 $\mathrm{d}\ell$ 的解,并将它代入第一个方程中,可以得到:

$$\mathrm{d}c_t\left(\frac{u_{cc}u_{\ell\ell} - u_{\ell c}^2}{u_{\ell\ell}}\right) = 0$$

上式括号中一项是负的(由于效用函数是严格凹的,分子为正,而分母为负),因此,沿着完全预期均衡路径,必有 $\mathrm{d}c_t = 0$,因此,也有 $\mathrm{d}\ell_t = 0$。

固定不变的 c_t 和 ℓ_t 的值一定满足条件式(7.31):

$$\frac{u_c(c, \ell)}{u_\ell(c, \ell)} = 1 + \alpha i \tag{7.33}$$

---

① 为了避免符号的混乱,这里我们省略了函数 $u(\cdot)$ 中的变量。

从资源约束式(7.32)中可以推出：

$$c = rk_0 + 1 - \ell \tag{7.34}$$

式(7.33)和式(7.34)隐含地将 c 和 ℓ 定义为 rk_0 和 i 的函数。

7.3.5 货币贬值率的永久性下降

假定在 $t=0$ 之前，经济就处于上述描述的稳定状态中。在 $t=0$ 时点，货币贬值率出现未预期的永久性下降，从 ε^H 变为 ε^L(图 7.3a)。作为回应，名义利率也会出现一个永久性下降(参见图 7.3b)。显然消费和闲暇沿着新的完全预期均衡路径都将是固定不变的，就如初始的预期均衡路径一样。为了研究名义利率的下降如何影响消费和闲暇，对式(7.33)和式(7.34)(重写作 $1-\ell-c=-rk_0$)作关于 c、ℓ、i 的全微分，可以得到以矩阵形式表达的式子：

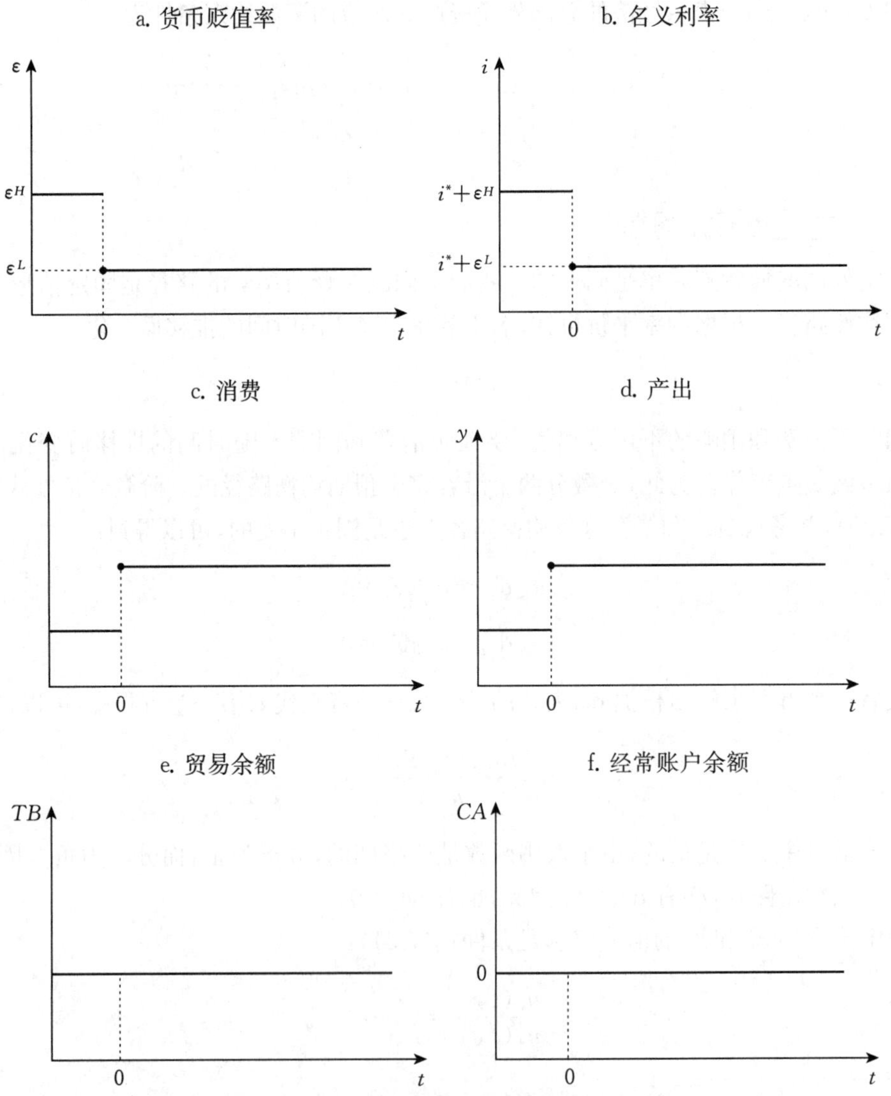

图 7.3　劳动供给模型中货币贬值率的永久性下降

$$\begin{bmatrix} \frac{-(u_c u_{\ell c}-u_\ell u_{cc})}{u_\ell^2} & \frac{u_\ell u_{c\ell}-u_c u_{\ell\ell}}{u_\ell^2} \\ -1 & -1 \end{bmatrix} \begin{bmatrix} dc \\ d\ell \end{bmatrix} = \begin{bmatrix} \alpha \\ 0 \end{bmatrix} di$$

应用克莱姆法则，我们可得到：

$$\frac{dc}{di}=-\frac{\alpha}{\Delta}<0 \tag{7.35}$$

$$\frac{d\ell}{di}=\frac{\alpha}{\Delta}>0 \tag{7.36}$$

其中：

$$\Delta\equiv\frac{1}{u_\ell^2}\Big(\underbrace{u_c u_{\ell c}-u_\ell u_{cc}}_{+}+\underbrace{u_\ell u_{c\ell}-u_c u_{\ell\ell}}_{+}\Big)>0$$

行列式 Δ 为正——正如显示的那样——这要归因于我们对 c 和 ℓ 所做的都是正常商品的假设[回想条件式(7.22)和式(7.23)]。因此，作为对名义利率永久性下降的反应，式(7.35)和式(7.36)告诉我们消费将增加而闲暇将减少(即产量增加)，分别如图 7.3c 和 7.3d 所示。当然，贸易余额和经常账户不会发生变化(参见图 7.3e 和 7.3f)。

总而言之，货币贬值率的永久性下降会导致消费和产出的永久性上升。直观来看，相应的名义利率下降会使消费相比闲暇更具有吸引力。因此，家庭会消费更多、工作更多。

7.3.6 货币贬值率的暂时性下降

假定在 $t=0$ 之前经济体就处于上文提到的稳态均衡。进一步假设 $u_{\ell c}<0$，①在 $t=0$ 时刻，货币贬值率出现一个未预期的暂时性下降，从 ε^H 变为 ε^L(见图 7.4a)。根据利率平价条件，名义利率的运动路径参见图 7.4b。

我们从刻画时点 T 消费和闲暇的变化开始分析。为此，在时点 T，将式(7.29)、式(7.30)全微分，可以获得如下矩阵形式：

$$\begin{bmatrix} u_{cc} & u_{c\ell} \\ u_{\ell c} & u_{\ell\ell} \end{bmatrix} \begin{bmatrix} dc \\ d\ell \end{bmatrix} = \begin{bmatrix} \lambda\alpha \\ 0 \end{bmatrix} di$$

利用克莱姆法则，可以得到：

$$\left.\frac{dc}{di}\right|_{t=T}=\frac{\lambda\alpha u_{\ell\ell}}{u_{cc}u_{\ell\ell}-u_{c\ell}^2}<0 \tag{7.37}$$

$$\left.\frac{d\ell}{di}\right|_{t=T}=-\frac{\lambda\alpha u_{\ell c}}{u_{cc}u_{\ell\ell}-u_{c\ell}^2}>0 \tag{7.38}$$

---

① 正如在下文清楚显示的那样，消费和闲暇是埃奇沃思替代(Edgeworth substitutes)对在时点 T 产出出现下降的结果是十分重要的。本章习题 3 计算了当 $u_{\ell c}>0$ 的情形。

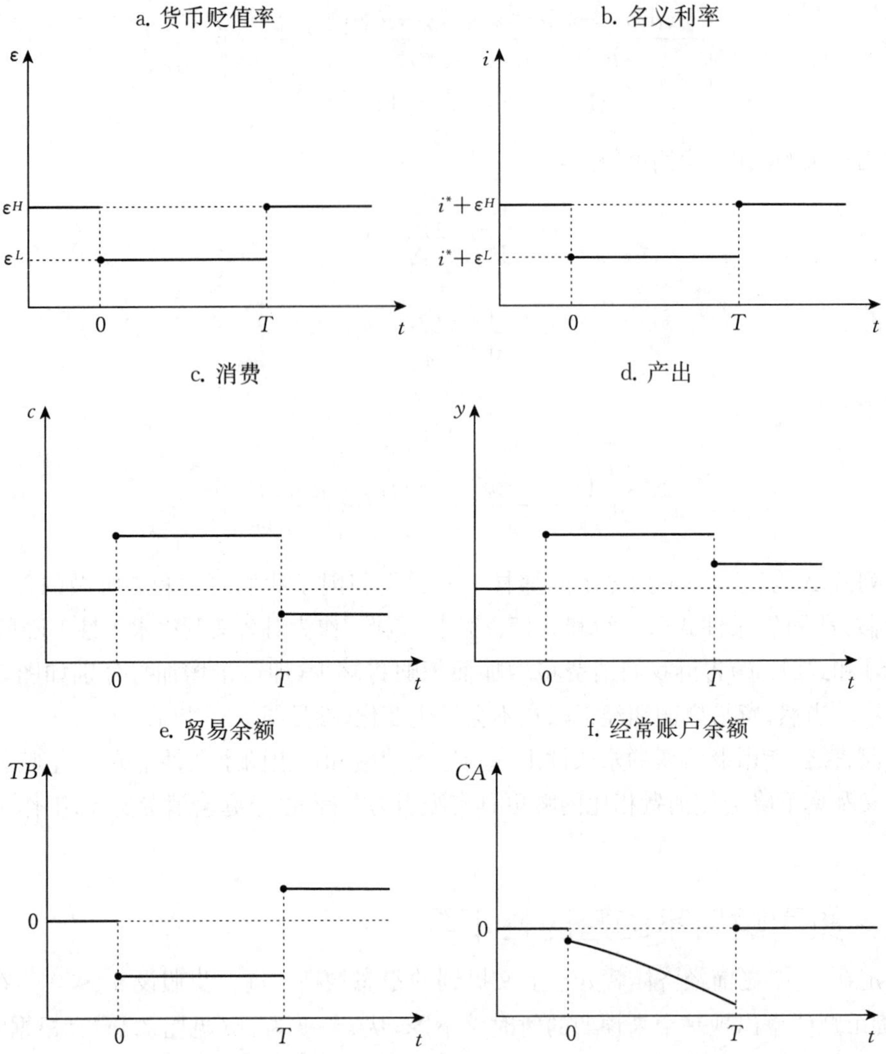

图 7.4　劳动供给模型中货币贬值率的暂时性下降

作为对在时点 T 名义利率增加的反应，消费一定是下降的，但是时点 T 闲暇的变化取决于消费和闲暇两者交叉导数的符号。在 $u_{\ell c}<0$ 的假设条件下，名义利率在时点 T 增加会使闲暇增加(即减少劳动供应量)。因此在时点 T，消费和产出都会下降。

正如附录 7.7.2 所显示的那样，在 $t=0$ 时点，消费和闲暇的变化可以通过反证法来发现。消费在 $t=0$ 时点增加而闲暇减少(因此产出增加)。图 7.4c 和 d 分别表示了消费和产出的运动路径。①

贸易余额又会如何变化呢？大体上，贸易余额的变化是不确定的。但是，在消费和闲暇可分离的情形下(即 $u_{\ell c}=0$)，很容易证明在冲击下，消费会比产出增加更多，因此会出现贸易赤字。②若使用连续变量，我们可以推断当 $u_{\ell c}<0$ 时，上述结论也会成立。在这些情

① 时点 T 的变化幅度在附录 7.7.2 中也给出了证明。

② 注意在可分离的情形下，劳动供给在 $t=0$ 时点会永久性上升。为了满足跨期约束，消费必须上升直至超过 $t=0$ 时点的产量(具体见本章习题 3)。

形下，贸易余额在 $t=0$ 时点就会出现赤字(假设初始净资产为零)，正如图 7.4e 所示。相应的经常账户变化轨迹如图 7.4f 所示。

综上，在 $u_{\ell c}<0$ 的假设之下，货币贬值率的暂时性下降会导致消费和产出经历繁荣—萧条周期，这与在稳定汇率下出现的典型性事实相一致(参见第 13 章)。

7.3.7 福利影响

与不涉及劳动供给的模型相比，理解本章模型的关键点在于，恒定且正的名义利率会在本模型中引发一个静态(即，期内的)扭曲。为了看明白这一点，注意政策制定者将设定消费与闲暇的相对价格等于劳动的边际产出[在给定式(7.24)那样的线性生产函数时，会等于 1]。此外，不固定的名义利率也会产生如上文所分析的跨期扭曲。因此，经济最优的状态是名义利率不变且等于 0。①这可以把期内和跨期扭曲都消除掉。

根据上文的讨论，可以明确的是，货币贬值率的永久性下降总是带来福利水平的上升，因为货币贬值率的下降可以减轻消费和闲暇的期内扭曲。然而暂时性稳定政策则对福利水平产生不确定影响，这是因为在$[0,\ T)$期间所减少的期内扭曲——会使福利水平改善——会被因非稳定名义利率变化路径而带来的跨期扭曲(这会使福利水平下降)所抵消。

为了具体说明福利变化的这种不确定性，我们考虑 CES 效用函数偏好的情形：

$$u(c_t,\ \ell_t)=\frac{z_t^{1-1/\sigma}-1}{1-1/\sigma} \tag{7.39}$$

这里的 z_t 是柯布—道格拉斯型合成体，具有如下形式：

$$z_t=c_t^q\ell_t^{1-q},\ 0<q<1 \tag{7.40}$$

其中，$\sigma(>0)$是跨期替代弹性。

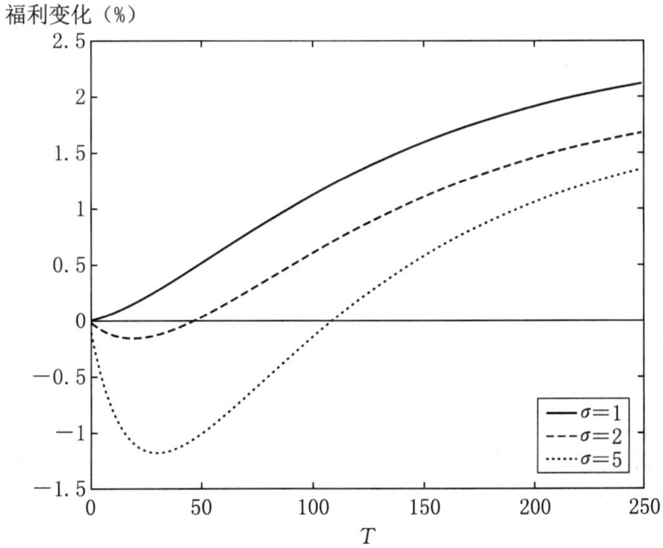

图 7.5 福利变化是稳定持续时间的函数

① 换言之，弗里德曼法则在这里是最优的(关于弗里德曼法则的进一步讨论参见第 10 章)。

图 7.5 绘制了随着时点 T 变化的暂时性稳定政策在三个不同的替代弹性值($\sigma=1, 2, 5$)对福利水平变化(相对于初始稳定状态的变化)影响的示意图。①根据图 7.5 所示,我们观察到的第一个结果是,正如我们预期推断的那样,当 T 值很大时,暂时性稳定政策的调整总会带来福利水平的提高,并且如上文中我们已经推断过的那样,由于跨期扭曲的减少,永久性稳定政策的出台将使得福利水平得到改善。当 T 值很小时,福利变化取决于 σ 的值。在可分离的情况下(即 $\sigma=1$),暂时性稳定政策总是能带来福利水平的改善,这是因为财富效应总是大于跨期替代效应。②然而,对于 $\sigma=2$,当 T 值很小时,暂时性稳定政策会造成福利损失,这表明跨期扭曲变大。对于更大的 $\sigma=5$,当 T 值很小时,会有负的福利效应,这是由于更大的替代弹性意味着更大的跨期扭曲。

综上,当在模型中引入劳动/闲暇的选择,暂时性稳定政策对福利水平的影响取决于跨期扭曲效应和财富效应的相对强度。然而,对于更大的 T 值,后者将总是占据主导地位。

7.4 有交易成本模型

另一种引入货币的方法——这也建立了名义利率变化与消费之间的联系——是构建交易成本模型。与现金先行约束模型不同的是,交易成本模型中的福利效应主要由名义利率的变化引起,从福利经济学视角看这是十分重要的。

7.4.1 消费者的优化问题

给定消费者偏好:

$$\int_0^\infty \frac{c_t^{1-1/\sigma}-1}{1-1/\sigma}\exp(-\beta t)\mathrm{d}t \tag{7.41}$$

这里的 c_t 表示单一(可贸易)商品的消费,$\sigma(>0)$表示跨期替代弹性。采用 CES 型偏好,我们能够得到封闭解,这可以用于刻画相对于财富效应的跨期消费替代效应的具体强度。

交易被假设为是一种需要付出成本的活动。假设实际货币余额可以降低交易成本,实际货币余额定义为 s_t,交易技术由如下形式加以刻画:

$$s_t=c_t v\left(\frac{m_t}{c_t}\right),\ v'(\cdot)\leqslant 0,\ v''(\cdot)>0 \tag{7.42}$$

因此,消费者的流量约束给定为:

$$\dot{a}_t=ra_t+y+\tau_t-c_t-s_t-i_t m_t \tag{7.43}$$

其中,y 是固定的商品禀赋。将式(7.42)代入式(7.43),我们可以写出消费者的跨期约束(当然还要施加横截性条件)为:

---

① 图 7.5 中的参数分别是:$r=0.01$,$\varepsilon^L=0.01$,$\varepsilon=0.9$,$\alpha=0.5$,以及 $q=0.5$。

② 注意,这里是根据洛必达法则(参见第 3 章习题 1),当 $\sigma\to 1$,那么必然存在这样的关系表达式:$u(c_t, \ell_t)=q\log(c_t)+(1-q)\log \ell_t$。

$$a_0+\frac{y}{r}+\int_0^{\infty}\tau_t\exp(-rt)\mathrm{d}t=\int_0^{\infty}\left\{c_t\left[1+v\left(\frac{m_t}{c_t}\right)\right]+i_t m_t\right\}\exp(-rt)\mathrm{d}t \qquad (7.44)$$

消费者在式(7.44)约束下通过选择$\{c_t, m_t\}_{t=0}^{\infty}$来最大化其终身效用式(7.41)。一阶必要条件(假定$\beta=r$)由下式给出:

$$c_t^{-1/\sigma}=\lambda\left[1+v\left(\frac{m_t}{c_t}\right)-\frac{m_t}{c_t}v'\left(\frac{m_t}{c_t}\right)\right]-v'\left(\frac{m_t}{c_t}\right)=i_t \qquad (7.45)$$

上文最后一个方程隐含地定义了实际货币需求的形式:

$$\frac{m_t}{c_t}=L(i_t),\ L'(i_t)<0 \qquad (7.46)$$

将式(7.46)代入式(7.45)的右边,我们可以定义消费的实际价格为:

$$p(i_t)\equiv 1+v(L(i_t))-L(i_t)v'(L(i_t)) \qquad (7.47)$$

这是名义利率的增函数:

$$p'(i_t)=-L(i_t)v''(L(i_t))L'(i_t)>0$$

利用式(7.47),我们能将一阶必要条件式(7.45)重写成:

$$c_t^{-1/\sigma}=\lambda p(i_t) \qquad (7.48)$$

当然,这个等式很容易让人联想到现金先行约束模型中的一阶条件式(7.6)。

7.4.2 政府

政府预算约束继续由式(7.9)和式(7.10)给出,只不过要用P_t代替P_t^T。

7.4.3 均衡条件

利率平价条件仍旧成立:

$$i_t=i_t^*+\varepsilon_t$$

将家庭和政府的流量约束——分别由式(7.43)和式(7.9)给出——结合起来,并使用式(7.42)和式(7.46),我们可以得到:

$$\dot{k}_t=rk_t+y-c_t[1+v(L(i_t))] \qquad (7.49)$$

正如我们预期的那样——因为交易成本构成一种社会损失——它们出现在经济体的流量约束中(即经常性账户)。

结合消费者和政府的跨期预算约束——分别由式(7.44)和式(7.10)给出——并使用式(7.42)和式(7.46),我们可以得到:

$$k_0+\frac{y}{r}=\int_0^{\infty}\{c_t[1+v(L(i_t))]\}\exp(-rt)\mathrm{d}t \qquad (7.50)$$

7.4.4 完全预期均衡

令外国通货膨胀率不随时间的推移而变化,因而外国名义利率也不会随时间的推移而变化。我们首先来分析对应于固定的贬值率 ε 下完全预期的均衡路径。根据利率平价,名义利率将也是固定不变且等于:

$$i=i^{*}+\varepsilon$$

根据式(7.47),名义利率固定不变意味着消费的实际价格也保持不变,其值由 $p(i)$ 给出。然后,根据式(7.48)可知,沿着完全预期均衡路径,消费也是固定不变的。因此,考虑进资源约束式(7.50)后,我们可以得到:

$$c=\frac{rk_{0}+y}{1+v(L(i))} \tag{7.51}$$

最后,实际货币余额由货币需求式(7.46)给出:

$$m=cL(i) \tag{7.52}$$

7.4.5 货币贬值率的永久性下降

假定在 $t<0$ 时经济处于上文描述的平稳均衡状态。在 $t=0$ 时点,货币贬值率出现一个未预期的永久性下降(见图 7.6a),经济会有什么反应呢?

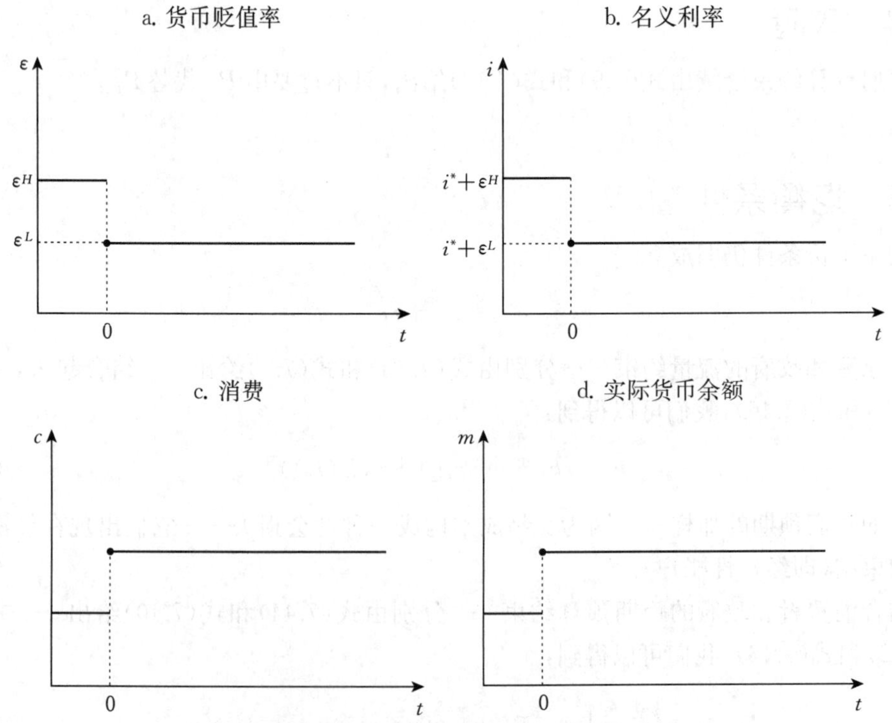

图 7.6 交易成本模型:货币贬值率永久性下降

根据利率平价,则名义利率也会随之出现永久性下降(见图 7.6b)。因为消费者在 $t=0$ 时会重新优化其消费行为,由式(7.51)给出的消费表达式将继续有效。因此我们推断消费在新的均衡路径上将会更大(见图 7.6c)。同理,根据式(7.52),实际货币需求也将更高,这是因为消费增加而名义利率降低所引起的(见图 7.6d)。

直观地说,名义利率的下降降低了持有实际货币余额的机会成本。增加的实际货币余额减少了任何给定消费水平下的交易成本。由此产生的财富效应促使家庭增加消费。

更高的消费路径表明现有的终身效用更高。经济体的资源也由于交易成本的下降而增加。这种低通货膨胀带来的好处并没有出现在现金先行约束模型中。

7.4.6 货币贬值率的暂时性下降

现在假设在 $t=0$ 时刻货币贬值率出现一个未预期的暂时性下降,从 ε^H 变为 ε^L(见图 7.7a)。根据利率平价——通过 $i^1(=i^*+\varepsilon^L)$和 $i^2(=i^*+\varepsilon^H)$分别表示 i 在$[0, T)$以及$[T, \infty)$区间中的值——名义利率的运动路径将类似于货币贬值率的运动路径(见图 7.7b)。

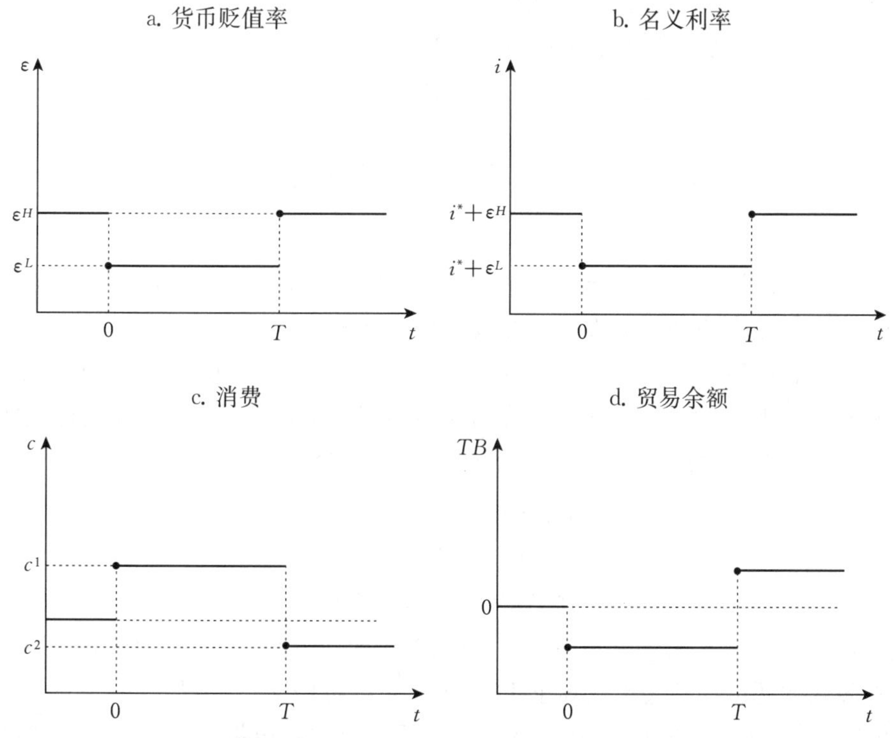

图 7.7 交易成本模型:货币贬值率的暂时性下降

根据一阶条件式(7.48)可以推知,在$[0, T)$期间的消费(记作 c^1)会比在$[T, \infty)$期间的消费(记作 c^2)更高。然而,注意现在经济的资源会更多,因为名义利率暂时性下降将降低给定消费水平时的交易成本。直观地,我们预期 c^1 将会比冲击前的消费水平(c_{0-})更高。事实上,我们可以计算出 c^1 的简化形式来验证我们的猜想。为此,利用式(7.48)求解

出 c_t，并代入资源约束中以求解出 λ，从而得到：

$$\lambda^{\sigma}=\frac{\int_0^{\infty}\{1/[p(i_t)]^{\sigma}\}\{1+v(L(i_t))\}\exp(-rt)\mathrm{d}t}{k_0+(y/r)}$$

现在将上式代回到一阶必要条件式(7.48)中，可以得到：

$$c_t=\frac{1}{[p(i_t)]^{\sigma}}\frac{k_0+(y/r)}{\int_0^{\infty}\{1/[p(i_t)]^{\sigma}\}\{1+v(L(i_t))\}\exp(-rt)\mathrm{d}t} \tag{7.53}$$

我们继而可以根据描述在图 7.7b 中名义利率的路径来计算出 c^1：

$$c^1=\frac{c_{0-}}{\{[1+v(L(i^1))]/[1+v(L(i^2))]\}(1-e^{-rT})+[p(i^1)/p(i^2)]^{\sigma}e^{-rT}}>c_{0-}$$

其中：

$$c_{0-}=\frac{rk_0+y}{1+v(L(i^2))}$$

是消费在受到冲击前水平。与我们预期的一致，有 $c^1>c_{0-}$。这是因为在 0 到 T 期间，跨期消费替代效应和正的财富效应都催生更高的消费。

那么 c^2 又如何呢？根据式(7.53)，可以得到：

$$c^2=\frac{c_{0-}}{\{[1+v(L(i^1))]/[1+v(L(i^2))]\}[p(i^2)/p(i^1)]^{\sigma}(1-e^{-rT})+e^{-rT}}\gtreqqless c_{0-} \tag{7.54}$$

正如预期的那样，c^2 的值可能等于也可能大于或小于受冲击前的消费水平 c_{0-}。直观地，跨期替代效应和财富效应会在两个相反方向上影响 c^2。一方面，由于 c^2 的价格相对于 c^1 更贵，因此跨期消费替代效应要求减少消费。但另一方面，由于交易成本下降导致财富效应为正，这会使 c^2 上升。两种效应的相对强度最终决定了 c^2 比 c_{0-} 是高还是低。

从式(7.54)中我们可以发现使得 $c^2\geqslant c_{0-}$ 的一个充分条件是：

$$\underbrace{\left[\frac{p(i^2)}{p(i^1)}\right]^{\sigma}}_{\text{跨期替代效应}}\leqslant\underbrace{\frac{1+v(L(i^2))}{1+v(L(i^1))}}_{\text{财富效应}}$$

如方程下面所显示的，式子的左边刻画了跨期替代效应，而式子的右边捕捉了财富效应(注意，不等式的两边都是大于或等于 1)。作为一种特殊情形，如果交易成本不是社会成本(例如交易成本由政府机构免费提供的)，那么等式右边将等于 1，不等式将永远不成立。换句话说，在这种情形下将不存在财富效应，我们将回到现金先行的世界中，其中名义利率的暂时性下降将引发纯粹的跨期替代效应。另一种极端情况是，如果 σ 接近零(几乎没有跨期替代)，那么式子左边将接近 1，这意味着财富效应将占主导地位，c^2 会比 c_{0-} 更大。

图 7.7c 显示了消费的运动路径(假设跨期替代效应占主导地位)。这意味着贸易余

额会像图 7.7d 中那样运动(假定初始净外国资产等于零)。要看明白这一点,参考式(7.50)并注意,如果 $c^2<c_{0-}$,那么 $c^2[1+v(L(i^2))]<c_{0-}[1+v(L(i^2))]$,因此,当 $t\geqslant T$ 时,贸易余额有盈余。因为产出的折现值没有改变,那么在 0 到 T 时刻贸易余额一定会有赤字。

7.4.7 福利

显然,由于财富效应,货币贬值率的永久性下降会导致福利的改善。货币贬值率的暂时性下降对福利又有什么影响呢?福利水平是改善还是恶化取决于跨期消费替代效应和财富效应的相对强度。为了证明这一点,假设交易成本技术由下式表示:

$$s_t=c_t\left[\left(\frac{m_t}{c_t}\right)^2-\frac{m_t}{c_t}+\frac{1}{4}\right],\ \frac{m}{c}\leqslant\frac{1}{2} \tag{7.55}$$

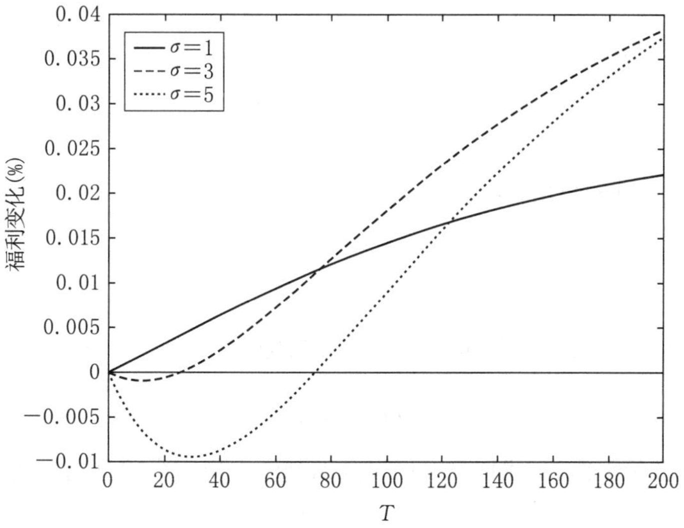

图 7.8 福利变化作为稳定期间的函数

图 7.8 描绘了福利水平(相对于初始稳定均衡状态)在受到作为时间 T 函数的货币贬值率暂时性减少影响而出现的变动情况,我们分别探讨了跨期替代弹性取三个不同值($\sigma=1$, 3 和 5)时的情况。①正如预期的那样,当 T 值较大时,财富效应会占主导(在极限情况下,贬值率的减少是永久性的),此时无论 σ 取什么值,福利水平都将得到改善。然而,当 T 值较小时,暂时性稳定政策出台是否带来福利改善将取决于 σ 值。在图 7.8 中我们可以看到,对于 $\sigma=1$(对数情形),暂时性稳定政策的出台总是能改善福利。对于 $\sigma=3$,跨期扭曲很大,当 T 值很小时,暂时性稳定政策的出台会降低福利水平。对于 $\sigma=5$,当 T 值很小时,正如预期的那样,福利水平的下降幅度会更大。

① 参数分别是:$k_0=0$, $r=0.01$, $i^1=0.001$, $i^2=0.05$,以及 $y=10$。

7.5 浮动汇率制下的货币政策

目前我们所分析的案例都是基于预定汇率制度，接下来我们依旧研究7.2节的现金先行模型下的经济运行，不同的地方在于这一节将在浮动汇率制下重新进行分析。我们将会发现，货币增长率的永久性变化对经济体不会产生实际影响，而暂时性下降却会导致——与在预定汇率制下一样——初始消费繁荣和实际货币升值，但动态的运动模式会与预定汇率制下不同。

为了简化分析，我们不妨考虑由式(7.1)给出的可分离偏好的对数版本：

$$\int_0^{\infty}[\log(c_t^T)+\log(c_t^N)]\exp(-\beta t)\mathrm{d}t$$

模型的其余部分均不变。

在这样的对数偏好下，模型的一阶必要条件式(7.6)和式(7.7)可简化为：

$$\frac{1}{c_t^T}=\lambda(1+\alpha i_t) \tag{7.56}$$

$$\frac{1}{c_t^N}=\lambda\frac{(1+\alpha i_t)}{e_t} \tag{7.57}$$

结合上述两个一阶条件，可以得到：

$$\frac{c_t^N}{c_t^T}=e_t \tag{7.58}$$

将上式代入现金先行约束条件式(7.3)中，可以得到：

$$m_t=2\alpha c_t^T \tag{7.59}$$

完成这些初步的准备工作后，我们现在可以开始刻画平稳完全预见均衡路径了。

7.5.1 完全预期均衡路径

让我们来刻画在给定货币增长率为μ的情况下经济的完全预期均衡路径。首先我们要证明名义利率是固定不变的。为了证明这一点，我们将推导出名义利率的非稳定微分方程。[①]对沿着完全预期路径的一阶条件式(7.56)进行全微分（回忆一下，在这个路径上的λ是固定不变的），由此可以得到：

$$\frac{\dot{c}_t^T}{c_t^T}=-\frac{\alpha}{1+\alpha i_t}\dot{i}_t$$

① 正如本章习题4所示，我们当然也可以按照第5章那样处理，得出m_t的微分方程，结果显然是相同的。然而，在目前的情形下，用习题4的方式推导出i_t的微分方程会更方便，因为我们已经完全确定了名义利率的稳态值。而在m_t的微分方程中没有而且其本身也不会钉住m_t的稳态值，因为在这种情况下拉格朗日乘子尚未确定。

因为从式(7.59)中可以推导出$\dot{m}_t/m_t=\dot{c}_t^T/c_t^T$，于是我们能将上式重新整理成：

$$\frac{\dot{m}_t}{m_t}=-\frac{\alpha}{1+\alpha i_t}\dot{i}_t \tag{7.60}$$

回忆一下，根据定义，有 $m_t=M_t/E_tP_t^{T*}$。因此：

$$\frac{\dot{m}_t}{m_t}=\mu-\varepsilon_t-\pi^* \tag{7.61}$$

将式(7.61)代入式(7.60)可以得到：

$$\dot{i}_t=\frac{1+\alpha i_t}{\alpha}(\varepsilon_t+\pi^*-\mu)$$

但根据利率平价条件[式(7.11)]，以及世界其他地区的费雪方程($i^*=r+\pi^*$)，可以得出 $\varepsilon_t+\pi^*=i_t-r$，因此：

$$\dot{i}_t=\frac{1+\alpha i_t}{\alpha}(i_t-r-\mu) \tag{7.62}$$

在名义利率的稳态值附近(给定为 $r+\mu$)对这个方程作线性化处理，我们可以看出这是一个非平稳的微分方程。正式地：

$$\left.\frac{\partial\dot{i}_t}{\partial i_t}\right|_{i_t=r+\mu}=\frac{1+\alpha(r+\mu)}{\alpha}>0$$

因此，除非名义利率从 $r+\mu$ 开始变动，否则它将随时间的推移而偏离。我们由此得出结论，对于任何时间 t 唯一收敛的完全预期均衡路径是 $i_t=r+\mu$。然后，根据利率平价条件式(7.11)可以进一步推导出 $\varepsilon=r+\mu-i^*$。

给定名义利率沿着完全预期均衡路径是固定不变的——当然，λ 也会如此——那么从一阶条件式(7.56)中可以知道，可贸易商品的消费沿着该均衡路径也将保持不变。因此，根据资源约束式(7.14)，有：

$$c^T=rk_0+y^T \tag{7.63}$$

因为不可贸易商品的禀赋总是固定不变的，对任何 $t\geqslant0$，总是有 $c_t^N=y^N$。根据静态条件式(7.58)，并使用式(7.63)，我们可以推断出实际汇率也不随时间的推移而变化，并由下式给出：

$$e=\frac{y^N}{rk_0+y^T}$$

最后，根据式(7.15)以及 $\varepsilon=r+\mu-i^*$ 的事实，我们可以推出 $\pi=\mu$。换句话说，不可贸易商品的通货膨胀是完全钉住货币增长率的。

7.5.2 货币供给增长率的永久性下降

假设在 $t=0$ 时点货币增长率 μ 出现一个未预期的永久性下降。显然，微分式(7.62)

依旧有效。名义利率的稳态值会下降。名义利率必须瞬间调整到比它的更低的稳态值水平，如果不这么做，它会随着时间的推移偏离。根据利率平价条件，贬值率也会立即下降。因为 i_t 仍旧不随时间变化(虽然在更低的水平上)，一阶条件式(7.56)意味着 c_t^T 也将是固定值并且由式(7.63)给出。显然，不可贸易商品的消费和实际汇率都不受影响。总而言之，货币增长率的永久性下降会导致名义利率、贬值率出现瞬间的下降，而不可贸易商品通货膨胀不受到任何实际影响。

7.5.3 货币供给增长率的暂时性下降

假设经济从我们上文提到的完全预期均衡稳态开始，突然货币增长率出现一个未预期的暂时性下降，从 μ^H 变到 μ^L(见图 7.9a)。

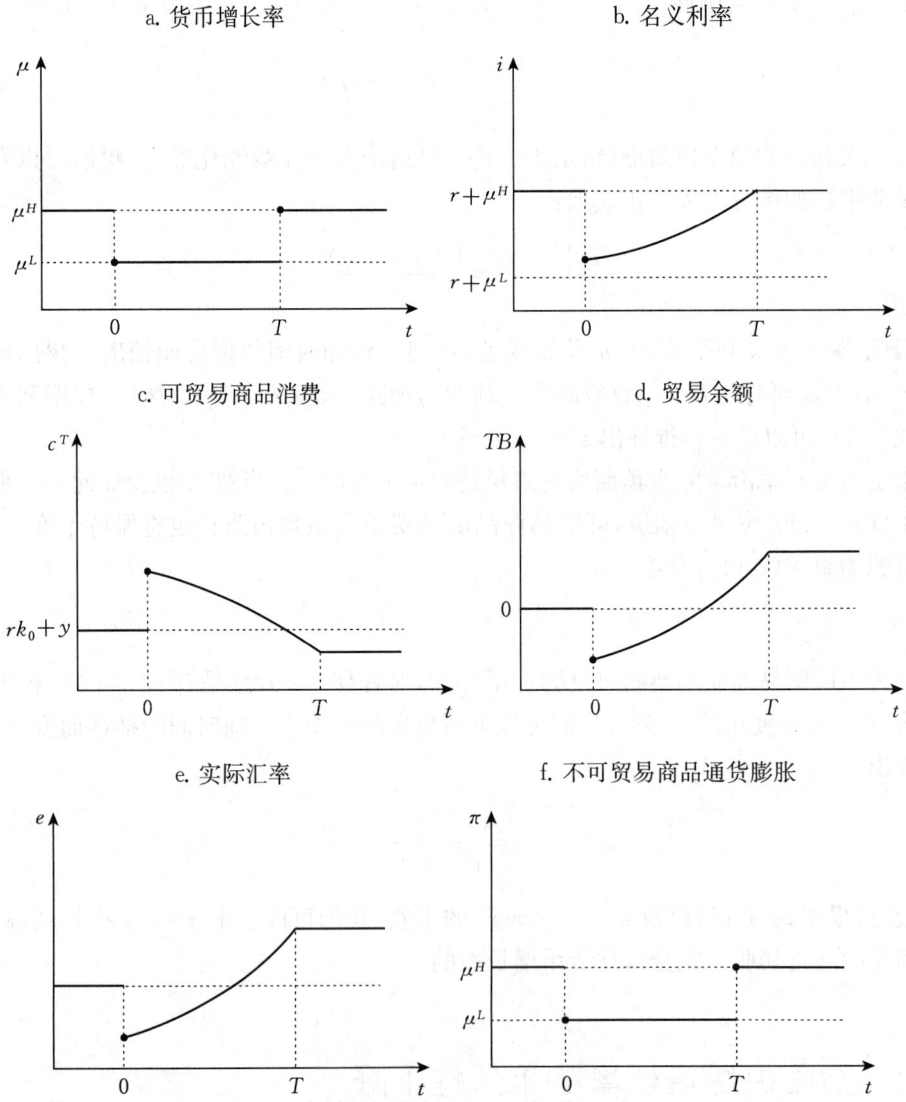

图 7.9 货币增长率暂时性下降

为了推断名义利率的运动路径，我们可以首先考虑由式(7.62)给出的关于 i_t 的微分方程。与往常一样，在处理暂时性变化问题时，我们首先要确定 i_t 是否会在时点 T 出现跳跃。我们可以获取的第一个信息是，根据式(7.59)，我们可以推断出 c_t^T 在时点 T 不会跳跃(因为根据假设，M_t 不会在时点 T 出现跳跃，而 E_t 也不能在时点 T 出现跳跃，如果 E_t 出现跳跃，那么它会产生无限的利润机会)。给定 c_t^T 在时点 T 不跳跃，那么从一阶条件式(7.56)中可以推知，i_t 在时点 T 也不会跳跃。我们能获取的第二个信息是，在[0, T)期间，i_t 的微分方程将受图 7.9b 部分所示 $r+\mu^L$ 平稳状态所支配。由于这是一个不稳定的微分方程，因此名义利率会偏离 $r+\mu^L$。给定上述两点信息，可以从中推断唯一的收敛路径如图 7.9b 所示。换言之，名义利率会偏离 $r+\mu^L$，以便在时点 T 恰好达到 $r+\mu^H$。

从名义利率和一阶条件式(7.56)的变化路径中，我们能推断出可贸易商品的消费必须随时间的推移而下降。因为 μ_t 的暂时性减少不影响经济体的资源存量，可贸易商品的消费必须遵循图 7.9c 所示的路径变化。相应的贸易收支路径如图 7.9d 所示(假设初始净外国资产等于零)。实际汇率的运动路径——如图 7.9e 所示——根据式(7.58)以及不可贸易品的消费事实可知，当然也是随时间的推移保持恒定。

最后，注意不可贸易商品的通货膨胀路径显示在图 7.9f 中，它会与 μ_t 的路径同步。为了看清这一点，我们将式(7.59)重写成(定义 $n_t \equiv M_t/P_t^N$)：

$$n_t = 2\alpha c_t^N$$

因为对于任何时间点 t 都存在 $c_t^N = y^N$，上式意味着 $\dot{n}_t = 0$，因此有：

$$\pi_t = \mu_t$$

综上，货币增长率出现暂时性下降会导致暂时性消费繁荣以及实际升值，这与在预定汇率制下的结果是一样的。①然而，它们的动态过程是完全不同的，消费会下降到其受到冲击前水平之下，实际汇率在时点 T(即预期稳定政策结束的时点)之前就会上升到受到冲击前水平之上。本章习题 5 证明了如果引入劳动/闲暇选择，也产生了与预定汇率情形下类似的结果。②

7.6 总结性评论

在本章的模型中，货币和汇率政策会产生实际效应，这是因为名义利率会对消费路径产生影响。这种交互影响是通过现金先行约束而被引入模型的。当经济体处于这样的世界中，消费的实际价格会包括名义利率，因为名义利率代表了持有购买商品所需实际货币余额的机会成本。当名义利率出现暂时性下降就意味着与今天消费相比，明天的消费会更便宜，这会进一步诱使消费者做我们在第 3 章所阐述过的跨期消费替代事宜。无论在

① 如果我们在效用函数中引入货币并假设有一个正的交叉导数，那么也能得出相同的结果。参见本章习题 6。

② 在实践中，许多通货膨胀稳定计划反映了财政改革方向——减少对通货膨胀性金融资产的需求。本章习题 7 表明，如果我们将货币增长率的下降看作是政府支出减少的表现，那么也会得到同样的结果。

何种汇率制度下运行，这样的机制都会存在。

在没有财富效应的情况下，货币或汇率政策的暂时性变化将降低福利水平，因为通货膨胀的暂时性下降并没有内在的收益。然而，当引入劳动供给时，贬值率或货币增长率的永久性减少都会改善福利，因为它们减少了消费和闲暇之间的期内扭曲，进而导致劳动供给增加从而产出增加。如果劳动供给效应可超过跨期扭曲效应，那么货币贬值率或货币增长率的暂时性减少都会改善福利。同样，如果货币在经济体中发挥生产性作用，例如降低交易成本，那么当财富效应超过跨期扭曲效应时，货币贬值率的暂时性下降就可能会改善福利。

在下一章我们会引入另一种摩擦——黏性价格——它会导致货币政策和汇率政策具有实际影响。

7.7 附录

7.7.1 连续时间下的现金先行约束

本附录——主要基于 Feenstra(1985)——证明了现金先行约束式(7.3)可被视作连续时间下“真实”现金先行约束的一阶近似。

为了标记方便，我们用 c 表示总消费：

$$c \equiv c^T + \frac{c^N}{e}$$

与连续时间相对应的离散时间下的现金先行约束表达式为：

$$m_t = \int_t^{t+\alpha} c_s \, \mathrm{d}s \tag{7.64}$$

这表明在$[t, t+\alpha]$期间开始时，消费者被要求需要持有足够的实际货币余额以备在长度为 α 时期内购买消费品。

注意式(7.64)的右边是参数 α 的函数，因此我们可以写出：

$$F(\alpha) \equiv \int_t^{t+\alpha} c_s \, \mathrm{d}s \tag{7.65}$$

在 $\alpha=0$ 作 $F(\alpha)$的一阶近似，可以得到：

$$F(\alpha)|_{\alpha=0} \approx F(0) + F'(0)\alpha \tag{7.66}$$

显然，$F(0)=0$。

为了得到 $F'(0)$，我们需要根据莱布尼兹法则让函数 $F(\alpha)$对 α 求一阶导数。[①]

运用莱布尼兹法则于式(7.65)，我们可以得到(注意，在我们当前的特别情形下，莱布尼兹法则中的二阶和三阶项等于 0)：

① 关于莱布尼兹法则参见附录 1.7.1。

$$F'(\alpha)=c_{t+\alpha}$$

当 $\alpha=0$ 处估算上述方程，可以得到：

$$F'(0)=c_t$$

将上式代入式(7.66)，并回忆 $F(0)=0$ 的事实，可以得到：

$$F(\alpha)|_{\alpha=0}=\alpha c_t \tag{7.67}$$

因此，给定式(7.65)和式(7.67)，我们能将式(7.64)重写为：

$$m_t=\alpha c_t$$

因此，我们得到这样的结论：正文中的预付现金约束条件式(7.3)可被视作连续时间下"真实"现金先行约束的一阶近似[由式(7.64)给出]。

7.7.2 消费和闲暇在 $t=0$ 时点的变化

本附录基于图 7.4c 和 d 中的运动路径将确定消费和休闲在 $t=0$ 时的变化。回忆一下我们已经在正文中证明的在 T 时刻闲暇将增加、消费将下降。直觉告诉我们，利率 i_t 在时点 0 的下降会使消费相对于闲暇更便宜，因此，我们预期在 $t=0$ 时点，消费将增加、闲暇将下降。

因此，我们正式的结论是闲暇在 $t=0$ 时点会下降。为了证明这个结论，我们通过反证法进行证明。换句话说，我们将假设闲暇保持不变或者增加，然后确定这是有矛盾的。

1. 假设闲暇在 $t=0$ 时不变。因为闲暇在时点 T 增加，由此可以推断闲暇的折现值会增加或保持不变，产出的折现值相对于它受到冲击前的水平会下降。

消费又将如何呢？在时点 T，消费会比冲击前的水平更高。为了证明这一点，让式(7.31)对 c_t 和 ℓ_t 求导，保持 i_t 不变，可以得到：

$$\left.\frac{\mathrm{d}c_t}{\mathrm{d}\ell_t}\right|_{i\text{不变}}=\frac{u_{c\ell}u_\ell-u_cu_{\ell\ell}}{u_cu_{\ell c}-u_{cc}u_\ell}>0 \tag{7.68}$$

此处的符号遵循了由式(7.22)和式(7.23)给出的正常商品的条件。因为对于 $t\geqslant T$ 时，ℓ_t 的值要比冲击前更大，因此 c_t 也将是如此。这意味着消费将在 $t=0$ 时上升，并在时点 T 下降到冲击前更高的水平。因此，消费的折现值将高于冲击前的水平，这显然是矛盾的，因为我们已在前文证明了产出的折现值会比冲击前的水平更低。

2. 现在假设闲暇在 $t=0$ 时上升。因为在时点 T 闲暇也会上升，因此闲暇的折现值会变高，那么产出的折现值会低于冲击前的水平。

由于闲暇从时点 T 开始变得比冲击前的水平更高，从式(7.68)中可知，消费也将如此。这意味着消费将在 $t=0$ 时上升，并在时点 T 下降到比受冲击前更高的水平。因此消费的折现值也将比冲击前的水平更高，这显然也是矛盾的，因为我们已在上文证明了产出的折现值将会低于冲击前的水平。

因此，我们证明了消费在 $t=0$ 时增加，而闲暇下降(即产出增加)。如图 7.4 中 c 和 d

所示，从时点 T 开始，消费处于受冲击前的水平之下，而产量则位于受冲击前的水平之上。这不是唯一可能的情况，但从时点 T 以后的消费和闲暇必须满足条件式(7.68)[式(7.68)告诉我们，如果消费高于其冲击前水平，那么闲暇也必须高于其冲击前水平]。注意在连续性变量下，在图7.4中描述的情形是有偏好 $u_{c\ell}<0$ 的情形，这与可分离的情形非常“相似”。我们知道这一点是因为对于可分离的情形，我们能很容易地证明在 $t=0$ 时点劳动会永久性地上升，而消费在 $t=0$ 时点会出现增加，并在时点 T 又下降到其受冲击水平之下。

习　题

1. (基于引入货币的效用函数的通货膨胀稳定性汇率)本习题将证明如果在效用函数中引入货币，且货币和消费之间的交叉导数是正的，那么在现金先行约束条件下，一个基于稳定性的暂时性汇率政策对经济的影响结果与文中结果相同。

   考虑与7.2节相同的经济背景，但是模型中没有不可贸易品。偏好给定如下：

$$\int_0^{\infty} u(c_t,\ m_t)\exp(-\beta t)\mathrm{d}t \tag{7.69}$$

   其中，c_t 表示可贸易商品的消费，m_t 表示实际货币余额，$\beta(>0)$表示时间偏好率。效用函数 $u(c_t,\ m_t)$对每个变量都是递增且严格凹的。并满足：

$$u_c>0,\ u_m>0,\ u_{cc}<0,\ u_{mm}<0,\ u_{cc}u_{mm}-u_{cm}^2>0 \tag{7.70}$$

   (注意，我们并没有假定 u_{cm} 的具体符号，$u_{cm}\gtreqless 0$)。由于我们在模型中把货币引入了效用函数，因此不再需要现金先行约束。

   此外，我们假设两种商品都是正常商品，这意味着：

$$u_m u_{cc}-u_c u_{mc}<0$$

$$u_c u_{mm}-u_m u_{cm}<0$$

   模型的其余部分保持不变。

   在这样的背景下：

   (1) 推导一阶条件。证明可以产生出一个标准的货币需求函数。

   (2) 为固定货币贬值率刻画出一条完全预见的均衡路径。

   (3) 试分析一个未预期的暂时性基于稳定性的汇率变化的影响。并证明结果取决于 u_{cm} 的符号。

   (4) 假设偏好重新给定为

$$u(c_t,\ m_t)=(c_t^{\alpha}+m_t^{\beta})^{1/\sigma}$$

   证明假如 $\sigma=1$，则 u_{cm} 等于零，假如 $\sigma<1$，则 u_{cm} 是正的，假如 $\sigma>1$，则 u_{cm} 是负的。

2. (基于有财政卷入通货膨胀稳定性的汇率制度)这道习题分析如下这样一种情形：政府现在从通货膨胀税中获得的收益和从储备金中获得的利息将不返还给消费者，而是由政府花掉这些收益(且是浪费性的开支)。我们将分析在这种情况下,伴随着货币贬值率永久性或暂时性减少会产生的财富效应。

该模型是7.2节中现金先行模型的单一商品版本。除非另有注释,否则所有符号都与正文中的模型一样。偏好给定为:

$$\int_0^\infty \log(c_t)\exp(-\beta t)\mathrm{d}t$$

其中,c_t 表示可贸易商品的消费。消费者的流量约束采取如下形式:

$$\dot{a}_t = ra_t + y - c_t - i_t m_t \tag{7.71}$$

而跨期约束为:

$$a_0 + \frac{y}{r} = \int_0^\infty (c_t + i_t m_t)\exp(-rt)\mathrm{d}t$$

现金先行约束给定如下:

$$m_t = \alpha c_t$$

政府的流量约束给定为:

$$\dot{h}_t = rh_t + \dot{m}_t + \varepsilon_t m_t - g_t$$

其中,g 代表政府支出。经济的流量约束为:

$$\dot{k}_t = rk_t + y - c_t - g_t$$

而经济的资源约束给定为:

$$k_0 + \frac{y}{r} = \int_0^\infty (c_t + g_t)\exp(-rt)\mathrm{d}t$$

根据以上模型回答:

(1) 刻画一个有固定货币贬值率变动路径的完全预期均衡增长路径。

(2) 假定经济从题(1)所刻画的完全预期均衡路径开始运动,货币贬值率出现一个未预期的永久性下降。试推导所有内生变量的运动路径。福利含义是什么?

(3) 假定经济从题(1)所刻画的完全预期均衡路径开始运动,货币贬值率出现一个未预期的暂时性下降,试推导所有内生变量的运动路径。福利含义是什么?

3. (在消费—闲暇交叉导数可选择假设下货币贬值率的暂时性下降)考虑7.3节有劳动供给的模型。在货币贬值率暂时性下降的情形下,我们求解过 $u_{c\ell}<0$ 情形下的相关问题。现在要求:

(1) 求解可分离情形(即 $u_{c\ell}=0$)。特别地,要求证明在 $t=0$ 时劳动供给会永久性上升,而消费在 $t=0$ 时会上升,但会在时点 T 下降到受冲击之前的水平之下。讨论结果背后的经济学直觉。

(2) 求解 $u_{c\ell}>0$ 时的情形。特别是要求证明在 $t=0$ 时消费总是上升,而劳动供给则可能增加也可能上升,不变,或下降。

4. (现金先行约束下浮动汇率模型的另一种求解方法)考虑7.5节中的浮动汇率模型,试通过对微分方程 m_t 求导,而不是像正文中那样通过对 i_t 求导,来为一个货币增长率固定的经济推导出完全预期均衡路径。

5. (有劳动/闲暇选择的浮动汇率模型)考虑7.3节中的模型,偏好给定如下:

$$\int_0^{\infty}[\log(c_t)+\log(\ell_t)]\exp(-\beta t)\mathrm{d}t \tag{7.72}$$

经济在浮动汇率下运行。在这一背景下:

(1) 分析货币增长率出现一个未预期的永久性下降对经济体的影响。

(2) 分析货币增长率出现一个未预期的暂时性下降对经济体的影响。

6. (货币引入效用模型下的浮动汇率模型的数值解)考虑离散时间、浮动汇率以及货币引入效用模型。利用相应的MATLAB程序运行下列数值练习:

(1) 当 $\sigma=1$,货币增长率出现暂时性下降(这是第5章中所分析的可分离情形)。

(2) 当 $\sigma=0.5$,货币增长率出现暂时性下降。

(3) 计算 U_{cz} 的数值解,并证明 U_{cz} 的取值取决于 σ 值。试分析为何 U_{cz} 的符号会对 c^T 的反应起关键性的影响,背后的经济学直觉是什么。如果重复在正文中获得的有预付现金约束的情形,结果又会如何?

(4) y^T 的暂时性下降(对于 $\sigma=1$)。

(5) y^N 的暂时性下降(对于 $\sigma=1$)。

7. (浮动汇率下的财政稳定化)考虑7.5节单一商品(可贸易商品)模型。假设现在无政府的转移支付。政府必须通过通货膨胀税融资的方式来为自己外生给定的支出进行融资(政府在每期都实现预算平衡);正式地:

$$g_t=\dot{m}_t+\varepsilon_t m_t$$

(注意,尽管现在货币增长率在任何时间点都是内生的,并由融资需求量 g_t 所支配,但货币当局仍然控制每个时刻的名义货币供给量),在这一背景下:

(1) 分析 g_t 出现一个未预期的永久性下降的影响。

(2) 分析 g_t 出现一个未预期的暂时性下降的影响。

参考文献

Agenor, Pierre Richard, and Mark Taylor. 1992. Testing for credibility effects. *IMF Staff Papers* 39(3):545—571.

Baxter, Marianne. 1985. The role of expectations in stabilization policy. *Journal of Monetary Economics* 15:343—362.

Calvo, Guillermo A. 1986. Temporary stabilization: Predetermined exchange rates. *Journal of Political Economy* 94(6):1319—1329.

Calvo, Guillermo A. 1988. Costly trade liberalizations: Durable goods and capital mobility. *IMF Staff Papers* 35(3):461—473.

Calvo, Guillermo A., and Carlos A. Végh. 1999. Inflation stabilization and BOP crises in developing countries. In John Taylor and Michael Woodford eds., *Handbook of Macroeconomics*, vol. c. Amsterdam: North-Holland, 1531—1614.

Clower, Robert W. 1967. A reconsideration of the microfoundations of monetary theory. *Western Economic Journal* 6(1):1—8.

De Gregorio, Jose, Pablo E. Guidotti, and Carlos A. Végh. 1998. Inflation stabilization and the consumption of durable goods. *Economic Journal* 108:105—131.

Feenstra, Robert C. 1985. Anticipated devaluations, currency flight, and direct trade controls in a monetary economy. *American Economic Review* 75 (3):386—401.

Lahiri, Amartya. 2000. Disinflation programs under policy uncertainty. *Journal of International Economics* 50(2):351—373.

Hamilton, James. 1989. A new approach to the economic analysis of nonstationary time series and the business cycle. *Econometrica* 57:357—384.

Lucas, Robert E., Jr. 1982. Interest rates and currency prices in a two-country world. *Journal of Monetary Economics* 10(3):335—359.

Roldos, Jorge. 1995. Supply-side effects of disinflation programs. *IMF Staff Papers* 42 (1):158—183.

Roldos, Jorge. 1997. On gradual disinflation, the real exchange rate, and the current account. *Journal of International Money and Finance* 16:37—54.

Ruge-Murcia, Francisco. 1995. Credibility and changes in policy regime. *Journal of Political Economy* 103(1):176—208.

Svensson, Lars. 1985. Money and asset prices in a cash-in-advance economy. *Journal of Political Economy* 93(5):919—944.

▶8

黏性价格

8.1 引言

第 5 章研究了经济运行中无摩擦的世界，发现货币和汇率政策对实体部门没有影响，第 6 章和第 7 章在模型中引入了摩擦因素——区别在于第 6 章引入的是无息资产，而第 7 章引入了名义利率和消费的内在联系——这允许我们关注一些关键的渠道，通过这些渠道，可以探究货币和汇率政策是如何影响小型开放经济体中的实际经济运行。本章将引入第 5 章中最后一个，也许也是最为人所知的摩擦：即黏性价格。本章模型可看作是蒙代尔—弗莱明模型的一个最优化版本。①

引入黏性价格的主要目的在于，第 5 章以及基于第 5 章扩展的第 6 章、第 7 章都表明，②在简单的弹性价格模型中，名义货币供给的永久性变化不会产生任何实际影响。然而，一旦引入黏性价格，货币政策将产生实际效果，从而也能解释现实世界中的一些重要特征。特别地，一个货币供给的扩张将：(1)导致总需求增加，进而产出上升，因为在黏性价格模型中产出通常由需求决定，这也为经济周期波动提供了一种可能的解释；(2)在名义汇率和实际汇率之间产生正向协同作用，从而解释了开放经济中的一些典型性事实(参见 Mussa，1986)；(3)可能导致汇率调节过度，即名义汇率的短期增长大于长期，这一点也可用来解释为何名义汇率会波动剧烈。

---

① 蒙代尔-弗莱明模型主要基于 Mundell(1963，1964)、Fleming(1962)的贡献而命名。这也是使罗伯特·蒙代尔(Robert Mundell)1999 年获得诺贝尔经济学奖的两个主要贡献之一。蒙代尔-弗莱明模型本质上是具有资本完全流动和价格黏性的开放经济模型。蒙代尔—弗莱明模型的现代版——受 Obstfeld 和 Rogoff(1995)的著名论文的影响——也被称作"新开放经济的宏观经济学"。从其概念上来讲，其实现代模型中并没有出现什么"新"的变化，所谓的"新"可能是指他们在需求侧和供给侧中引入了微观基础。事实上，Obstfeld 和 Rogoff(1995)的论文("汇率动态调整")名字中的"调整"是指"重新设定"或"带回"的意思，是出于对 Dornbusch(1976)的论文《预期与汇率的动态性》的致敬，这篇文章是在蒙代尔—弗莱明传统下最著名也是最有影响力的文章(见 Rogoff，2002)。鲁迪·多恩布什(Rudi Dornbusch)自己——在芝加哥大学是蒙代尔的学生——原本也会成为诺贝尔经济学奖的获得者，如不是因为他在 2002 年，年仅 60 岁时患癌症去世的话。

② 当然具有实际影响，假如有内生的劳动/闲暇选择或者通过交易成本技术引入货币都会产生实际影响，但模型对冲击的调整是瞬间完成的，因而不会存在动态过程。

与浮动汇率情形相比，在第 6 章的世界中，永久性货币贬值会产生实际影响。的确，通过减少货余额，货币贬值冲击会导致消费下降，但为了产生贸易盈余，要求随着时间推移而逐步恢复货币余额。然而，在黏性价格下，我们将看到贬值会导致更高的产出和消费。两个结果相对比也揭示了为什么在宏观经济学发展中关于货币贬值的真实效应问题一直存在争议。

本章大致这样布局：8.2 节通过在第 5 章模型中引入黏性价格而介绍了模型的基本设定。8.3 节分析了货币政策的影响(即货币供给和货币供给增长率的永久性变化)。特别地，货币供给量的永久性增加会导致不可贸易商品部门的扩张，加剧通货膨胀，引起本国货币实际贬值以及国内实际利率的下降。直观地说，黏性价格的存在阻碍了价格指数(可贸易商品和不可贸易商品价格的合成)充分响应货币供应量增加的冲击。作为结果，货币市场在初期会出现超额供给，这要求增加不可贸易商品的消费。更高的消费最终由不可贸易商品相对价格的下降(即实际贬值)而引起的。

8.4 节我们将注意力转向预定汇率制。研究表明在黏性价格下，贬值具有扩张性。直觉上说，黏性价格意味着受冲击时，名义货币贬值会导致实际货币贬值(即不可贸易商品的相对价格下降)。作为一个结果，不可贸易品的需求会增加，这进而导致产出扩张。

最后，8.5 节我们探讨一个来自蒙代尔-弗莱明模型传统的更具影响力的观点：Dornbusch(1976)的汇率调节过度论。在 8.3 节发展起来的模型中，我们发现名义汇率在冲击下会上升，其上升比例与货币供给的增加比例是相同的，因此在长期中增加的数量也相同。换句话说，并不会出现 Dornbusch(1976)的汇率调节过度现象。而 8.5 节是 8.3 节模型的更一般化情形，在这个模型中，货币需求是在消费弹性不必然等于 1 的情形下产生的，这会导致名义汇率出现可能过度调节，也可能出现调节不足的情形。事实上，给定更多相关参数设定后，我们发现名义汇率在短期内过度调节程度会大于长期。这个结果很有意义，因为通过这个结果我们可以解释为什么名义利率的短期波动总是超过“基本面”(在这个案例下是货币供给)。

8.2 黏性价格模型

我们现在把黏性价格整合进第 5 章的模型中。①黏性价格通过供给侧进入模型中，消费端不发生改变。

考虑一个小型开放经济，它有大量同质的、生活无限期的消费者，他们总是具备完全预期的能力。该经济与世界其他地区的商品和资本市场完全融为一体。存在两种商品(一种是可交易商品，另一种是不可交易商品，两种商品都不可存储)。一价定律对可贸易商品适用，并假定可贸易商品的外国价格为 1。因此有 $P_t^T=E_t$，其中 P_t^T 是可贸易商品的国内名义价格，E_t 是名义汇率(用本国货币表示的一单位外汇价格)。经济体可以在固定

① 这里我们参考 Calvo 和 Végh(1993)。一个相似的模型——但时间是离散的，并对供给侧作了更多的精简——可以在 Obtsfeld 和 Rogoff(1995)论文的附录中找到。两个模型背后的短期动态——包括在 8.5 节中讨论过的汇率超调/欠调的条件——是相同的，因为两个模型都假设产出是由需求决定的。

利率 r 下进行借贷。我们像在第 5 章中那样在效用函数中引入货币。

8.2.1 消费者

对第 5 章模型中消费者设定所作的两个微小修改是采用对数型偏好并引入不可贸易商品。因此消费者偏好变为：

$$\int_0^\infty [\log(c_t^T)+\log(c_t^N)+\log(z_t)]\exp(-\beta t)\mathrm{d}t \tag{8.1}$$

这里的 c_t^T 和 c_t^N 分别表示可贸易商品、不可贸易商品的消费，z_t 表示由价格指数衡量的实际货币余额，价格指数定义为 M_t/P_t，其中 M_t 表示名义货币余额，P_t 由下式给出：①

$$P_t\equiv\sqrt{P_t^T P_t^N} \tag{8.2}$$

令 $a_t(\equiv m_t+b_t)$ 表示用可贸易商品衡量的实际金融资产，其中 b_t 表示净外国债券，$m_t(\equiv M_t/E_t)$ 表示用可贸易商品衡量的实际货余额。然后，消费者的流量约束将由下式给出：

$$\dot{a}_t=ra_t+y_t^T+\frac{y_t^N}{e_t}+\tau_t-c_t^T-\frac{c_t^N}{e_t}-i_t\frac{z_t}{\sqrt{e_t}} \tag{8.3}$$

这里的 y_t^T 和 y_t^N 分别表示可贸易商品和不可贸易商品的产出，$e_t(\equiv P_t^T/P_t^N)$ 是实际汇率，i_t 是名义利率，τ_t 是政府的一次性转移，r 是保持不变的世界实际利率。为了更好地理解约束条件式(8.3)右端的最后一项，注意，因为我们继续用可贸易商品作为计价商品，由 $i_t(M_t/E_t)$ 给出的持有实际货币余额的机会成本，也可以表示为 $i_t(M_t/P_t)(P_t/E_t)$。当我们考虑式(8.2)、实际汇率的定义，以及 $P_t^T=E_t$，就可以将机会成本重写为 $i_t z_t/\sqrt{e_t}$。

不断朝前迭代式(8.3)并施加合适的横截性条件，可以得到：

$$a_0+\int_0^\infty\left(y_t^T+\frac{y_t^N}{e_t}+\tau_t\right)\exp(-rt)\mathrm{d}t=\int_0^\infty\left(c_t^T+\frac{c_t^N}{e_t}+i_t\frac{z_t}{\sqrt{e_t}}\right)\exp(-rt)\mathrm{d}t \tag{8.4}$$

消费者在跨期约束式(8.4)的限制下，通过选择 c_t^T、c_t^N 以及 z_t 来最大化式(8.1)。相应的拉格朗日函数为：

$$\begin{aligned}\mathcal{L}=&\int_0^\infty[\log(c_t^T)+\log(c_t^N)+\log(z_t)]\exp(-\beta t)\mathrm{d}t\\&+\lambda\left[a_0+\int_0^\infty\left(y_t^T+\frac{y_t^N}{e_t}+\tau_t\right)\exp(-rt)\mathrm{d}t-\int_0^\infty\left(c_t^T+\frac{c_t^N}{e_t}+i_t\frac{z_t}{\sqrt{e_t}}\right)\exp(-rt)\mathrm{d}t\right]\end{aligned}$$

关于 c_t^T、c_t^N 以及 z_t 的一阶条件如下式所示(通常假定 $\beta=r$)：

$$\frac{1}{c_t^T}=\lambda \tag{8.5}$$

① 这里的价格指数是达到给定效用水平的最低名义支出，具体见附录 6.7.3 的推导。

$$\frac{1}{c_t^N}=\frac{\lambda}{e_t} \tag{8.6}$$

$$\frac{1}{z_t}=\lambda\frac{i_t}{\sqrt{e_t}} \tag{8.7}$$

结合式(8.5)和式(8.6),我们可得到如下条件:

$$\frac{c_t^N}{c_t^T}=e_t \tag{8.8}$$

上述条件与第4章的条件相似,说明在最优状态下,可贸易商品与不可贸易商品的边际替代率会等于两种商品的相对价格。

为了得到货币需求的表达式,结合式(8.6)和式(8.7)可以得到:

$$z_t=\frac{c_t^N}{\sqrt{e_t}\,i_t} \tag{8.9}$$

用价格指数 z_t 衡量的实际货币需求与用价格指数衡量的不可贸易商品支出表达式(由 $c_t^N P_t^N/P_t=c_t^N/\sqrt{e_t}$ 给出)正相关,与名义利率负相关。

作为进一步的参考,我们也可以推导出用可贸易商品和不可贸易商品衡量的货币需求。结合式(8.5)和式(8.7),我们可以得到用可贸易商品衡量的对实际货币余额需求的表达式:

$$m_t=\frac{c_t^T}{i_t} \tag{8.10}$$

当然,这是前几章就出现过的熟悉形式。

最后,根据不可贸易品衡量的实际货币需求,注意 $z_t\sqrt{e_t}=M_t/P_t^N$,将式(8.9)重写为:

$$n_t=\frac{c_t^N}{i_t} \tag{8.11}$$

这里的 $n_t=M_t/P_t^N$,定义用不可贸易商品衡量的货币需求的好处将在下文中彰显出来。

8.2.2 供给侧

假设可贸易商品的供应量不随时间的推移而发生改变并等于 y^T。本章与第5章无摩擦世界的主要差别在于,假定不可贸易商品的价格(P_t^N)是黏性的(即不可贸易商品价格在任何给定时间点都不能改变,但可以随着时间的推移发生变化)。[①]由于价格在任何时间点都是给定的,面对冲击将无法通过价格调整来使市场出清,这可能会导致不可贸易商品出现超额供给或超额需求。相反,我们将假设可通过调整不可贸易商品数量以使市场出清。更具体地说,我们将假设不可贸易品的产量是按需生产的,因此供给总是根据需求作出调整。

① 价格在实际中到底如何具备黏性?专栏8.1对可获得的经验证据进行了评论。

正式地，黏性价格是通过 Calvo(1983) 建立的交错价格公式引入模型中的，交错价格是 Fisher(1977) 与 Taylor(1979, 1980) 提出的迭代契约模型的连续时间版本。在这个公式中，不可贸易商品的通货膨胀率的变化率与超额需求负相关：

$$\dot{\pi}_t = -\theta(y_t^N - y_f^N),\ \theta > 0 \tag{8.12}$$

这里，$\pi_t(\equiv \dot{P}_t^N / P_t^N)$ 表示不可贸易商品的通货膨胀率，y_t^T 是总需求，y_f^T 表示"充分就业"时的产出水平，θ 是一个正参数。在这个公式中，价格水平是黏性的（即每时每刻它被事先决定），但是通货膨胀率是完全浮动的，因为通货膨胀率是一个预测变量。①如附录 8.8.1 所示，假设企业是在考虑未来的总需求路径以及经济体中普遍存在的平均价格水平后，以非同步的方式来设定价格，那么就可以方便地推导出式(8.12)。

直觉上说，把企业想象为只要它们接受一些随机信号就能改变它们个体的价格。在这样的背景下，假设总需求增加，那么一些企业——那些接收到随机信号的企业——将能改变它们个体的价格（因此通货膨胀率将上升）。然而，大多数企业不能改变价格，因此经济中的价格水平不变。下一个时刻，仍有一些企业不能改变价格。但是由于随机信号遵循指数分布，因此正在改变价格的企业数量将小于在总需求上升后立即改变价格的企业数量。因此，通货膨胀率将比以前上升更小（相对于冲击前的状态），这就解释了为什么通货膨胀的变化率会随时间的推移而下降。

专栏 8.1　价格具有怎样的黏性？

如引言中所述，价格黏性是迄今为止被用在研究货币和汇率政策实际效应模型中最常见的摩擦因素。许多封闭和开放经济模型假设存在大量差异化商品，并引入 à la Calvo(1983) 提出的黏性价格，以便在每个时间点有一小部分企业无法改变它们的产品价格。但在实践中价格具有多大的黏性呢？从经验上看，价格黏性通常通过如下方法加以测量的，即分析不同商品价格变化的时间序列，估计每个序列点的价格变化频率，并通过适当的权数加总各个结果，以估计不同类别商品价格变化所需的平均时间。

早期的经验工作主要是通过测量零售、批发业价格变化的频率来发现很多价格经常在几个月内都保持不变。然而，通常这些估计的商品样本量都很小（如 Carlton, 1986; Cecchetti, 1986; Kashyap, 1995; Levy et al., 1997; Blinder et al., 1999)。近年来，随着样本空间的丰富，人们可以更好地了解单个商品价格变化的行为。在一篇极具影响力的论文中，Bils 和 Klenow(2004) 分析了 350 种商品和服务类别的价格变动频率，大约涵盖了美国 CPI 的 70%。令人惊讶的是，他们发现价格平均变化时间为 4.3—5.5 个月，远低于之前的估计值。他们还发现，不同商品间价格变化的行为有很大程度的异质性。

① 如果这是你第一次看到 Calvo(1983) 的交错价格公式，你可能会惊讶于通货膨胀率的变化与超额总需求之间的负相关关系。然而，根据下文给出的经济直觉推断，这是完全有意义的。关键在于，在目前的设定下，通货膨胀率本身是完全浮动的。如果通货膨胀率是黏性的，那么要想问题能更好地被定义就需要假设通货膨胀率的变化与超额总需求之间是正相关关系（参见 12.4 节）。

近来，Nakamura 和 Steinsson(2008)，Klenow 和 Kryvtsov(2008)，以及 Klenow 和 Malin(2010)又分别对 CPI 进行研究，他们所用的数据集允许他们区分正常价格变化和为促销而进行的暂时性价格变化，研究发现，是否加入暂时性价格变化对总体价格变化频率的估计具有相当大影响。例如，Nakamura 和 Steinsson(2008)报告指出，当数据中包含暂时性价格变化时候，平均价格变化时间为 4.4—4.6 个月，不包含暂时性价格变化时，平均价格变化时间为 8—11 个月。到目前为止，许多研究采用类似于 Bils 和 Klenow(2004)的方法来分析其他国家价格变化的频率，具体结果如表 8.1 所示。

表 8.1　CPI 价格变动的平均持续时间

国　家	作　　者	平均变化时间	
			不包含促销价格
奥地利	Baumgartner 等(2005)	6.1	—
比利时	Aucremanne 和 Dhyne(2004)	5.4	—
巴　西	Barros 等(2009)；	2.1	—
	Gouvea(2007)	2.2	—
智　利	Medina，Rappoport 和 Soto(2007)	1.6	—
丹　麦	Hansen 和 Hansen(2006)	5.3	—
欧元区	Dhyne 等(2004)	6.1	—
芬　兰	Vilmunen 和 Laakkonen(2005)	5.5	—
法　国	Baudry 等(2007)	4.8	—
德　国	Hoffmann 和 Kurz-Kim(2006)	8.3	—
匈牙利	Gabriel 和 Reiff(2010)	6.1	—
以色列	Baharad 和 Eden(2004)	3.6	—
意大利	Fabiani 等(2006)	9.5	—
日　本	Saita 等(2006)	3.8	—
卢森堡	Lünnemann 和 Mathä(2005)	5.4	—
墨西哥	Gagnon(2009)	2.9	—
新西兰	Jonker，Folkertsma 和 Blijenberg(2004)	5.5	—
挪　威	Wulfsberg(2009)	4.0	4.2
葡萄牙	Dias，Dias 和 Neves(2004)	4.0	—
塞拉利昂	Kovanen(2006)	1.4	—
斯洛伐克	Coricelli 和 Horváth(2010)	2.4	—
南　非	Creamer 和 Rankin(2008)	5.7	—
西班牙	Álvarez 和 Hernando(2006)	6.2	—
英　国	Bunn 和 Ellis(2009)	4.7	6.2
美　国	Bils 和 Klenow(2004)	3.3	—
	Klenow 和 Kryvtsov(2008)	2.2	2.8
	Nakamura 和 Steinsson(2008)	3.2	4.2

注：Klenow 和 Malin 报告了价格变化的频率。持久性通过 $-1/\ln(1-x)$ 来进行计算，此处的 $x(0<x<1)$ 是频率。

资料来源：Klenow 和 Malin(2010)。

利用购物时的条形码数据，研究人员可以在更多数据基础上讨论价格黏性问题。例如，根据芝加哥一家大型杂货连锁店的条形码数据，Midrigan(2011)报告存在许多小而短暂的价格变化，并用这作为构建菜单成本模型的动机，在这一模型中，企业会对规模经济调整它们的价格。Eichenbaum Jaimovich 和 Rebelo(2011)利用美国大型零售商的条形码数据进行研究，发现价格黏性采取参考价格惯性的形式，每周价格都在参考价格上下波动，并在长期内保持稳定。[a] 能反映价格高频度变化更加新颖、更有前瞻性的信息数据是在线数据(从互联网上提取的数据)。[b]

专栏注：

a. 参考价格是指在给定时间窗口内最常见的价格。Eichenbaum，Jaimovich 和 Rebelo(2011)用的时间窗口是一个季度。

b. Cavallo(2011)利用阿根廷、巴西、智利和哥伦比亚的数据，分析发现这些国家的价格变化是双峰的，风险函数向上倾斜，并且少数商品存在每日价格强同步，这表明战略互补性在价格决定中起重要作用。

8.2.3 政府

政府行为同第 5 章一样，因此流量约束给定如下：

$$\dot{h}_t = rh_t + \dot{m}_t + \varepsilon_t m_t - \tau_t \tag{8.13}$$

其中，h_t 表示国际储备水平，ε_t 表示贬值率。相应的跨期约束是：

$$h_0 + \int_0^\infty (\dot{m}_t + \varepsilon_t m_t)\exp(-rt)\mathrm{d}t = \int_0^\infty \tau_t \exp(-rt)\mathrm{d}t \tag{8.14}$$

8.2.4 均衡条件

因为资本完全流动，利率平价条件自然而然成立：

$$i_t = r + \varepsilon_t \tag{8.15}$$

实现不可贸易商品市场的均衡要求：

$$c_t^N = y_t^N \tag{8.16}$$

回想一下，在目前的设定中，不可贸易商品的产量由需求决定，因此不可贸易商品市场的“均衡”成立也是通过建构而实现的。

根据定义，有 $e_t = E_t / P_t^N$，因此：

$$\frac{\dot{e}_t}{e_t} = \varepsilon_t - \pi_t \tag{8.17}$$

这个动态方程简单说明这样一个问题：如果可贸易商品的通货膨胀(由 ε_t 给出)比不可

贸易品的通货膨胀(π_t)更大,那么可贸易商品的相对价格将随时间的推移而增加(即$\dot{e}_t>0$)。

与在第 4 章中一样,我们现在定义用不可贸易商品衡量的实际利率 r_t^d 为:

$$r_t^d \equiv r+\frac{\dot{e}_t}{e_t} \tag{8.18}$$

我们将 r_t^d 称为“国内实际利率”。如果可贸易商品的相对价格随时间的推移而增加(即$\dot{e}_t>0$),那么必然有 $r_t^d>r$。直觉上说,如果你投资了某种可交易的债券,假如你能在之后购买到更多的不可贸易商品,那么你用不可贸易品衡量的回报会更高。作为进一步的参考,注意,使用式(8.15)和式(8.16),我们能将式(8.18)重写成 $r_t^d=i_t-\pi_t$。

要推导不可贸易商品的欧拉方程,全微分方程式(8.6)并使用式(8.18)得到:

$$\frac{\dot{c}_t^N}{c_t^N}=r_t^d-r$$

与在第 4 章中所讨论过的一样,如果 $r_t^d>r$,那么今天不可贸易商品的消费量会比“明天的”消费量更低,这是因为推迟消费的收益(r_t^d)要高于推迟消费的效用成本(此处 $\beta=r$)。

结合消费者的流量约束[由式(8.3)给出]与政府的流量约束[由式(8.13)给出],并施加不可贸易品市场的均衡,可以得到:

$$\dot{k}_t=rk_t+y^T-c_t^T \tag{8.19}$$

这里,$k_t(\equiv b_t+h_t)$定义了经济中总的净外国资产。

不断朝前迭代式(8.19)并施加适当的横截性条件,我们可以得到:

$$k_0+\frac{y^T}{r}=\int_0^{\infty} c_t^T \exp(-rt)\mathrm{d}t \tag{8.20}$$

8.3 浮动汇率制

8.3.1 完全预期均衡

假设经济在浮动汇率制下运行。因此我们假设在所有时点 t 总有 $h_t=0$。我们现在来求解货币增长率固定为 μ 情形下的完全预期均衡路径。为此,我们分三步进行处理。在第一步中,我们将证明可贸易商品消费不变(事实上,独立于货币政策)。在第二步中——如我们在第 5 章和第 7 章中所作的一样——我们将证明 m_t 的运动路径由不稳定的微分方程所控制,并认为系统要收敛到完全预期均衡路径,就要求 m_t 不随时间的推移而变化。在第三步也是最后一步中,我们将建立一个关于 n_t(用不可贸易商品衡量的实际货币余额)和 π_t 的动态系统,以用于求解模型中的其余变量。

可贸易商品的消费路径

一阶条件式(8.5)清楚告诉我们 c_t^T 不会随时间的推移而变化。根据资源约束式(8.20)可知 c_t^T 的值将由下式给出:

$$c^T = rk_0 + y^T \tag{8.21}$$

作为进一步的参考，注意，无论货币供给路径怎么样，可贸易商品的消费路径总是由式(8.21)给出，且消费不会受到任何(预期到的或未预期到的)货币政策变化的影响。因此，根据式(8.5)，这一切对拉格朗日乘子 λ 也是适用的。

实际货币余额

根据定义，$m_t = M_t / E_t$。因此：

$$\frac{\dot{m}_t}{m_t} = \mu - \varepsilon_t \tag{8.22}$$

根据利率平价条件式(8.15)求解出 ε_t，并利用式(8.10)——同时将式(8.21)考虑进来——我们能得到：

$$\varepsilon_t = \frac{c^T}{m_t} - r$$

将上式代入式(8.22)，我们可以得到 m_t 的线性微分方程：

$$\dot{m}_t = (r + \mu) m_t - c^T \tag{8.23}$$

其中 c_t^T 不变且由式(8.21)给出。只要：

$$\frac{\partial \dot{m}_t}{\partial m_t} = r + \mu > 0$$

微分方程式(8.23)就是非平稳的。因为 m_t 要沿着收敛路径运动，可以推断对于所有 $t \geq 0$，总会有 $\dot{m}_t = 0$。因此，沿着 μ 固定的完全预期路径运动，m_t 将总是保持不变且等于：

$$m = \frac{c^T}{r + \mu} \tag{8.24}$$

这里有一个重要的暗示是，当用可贸易商品衡量的实际货币余额对 μ 的未预期的永久性变化作出反应时，要求它要在瞬间调整到新的稳定状态。如果不这么调整，则实际货币余额的运动路径将随时间的推移发生偏离。

最后，要注意的是，因为 $\dot{m}_t = 0$，沿着 μ 不变的完全预见路径运动，根据式(8.22)可知，ε_t 也将固定不变：

$$\varepsilon = \mu$$

因此名义利率也将固定不变，并由下式给定：

$$i = r + \mu$$

动态系统

为了求解模型的其余部分，我们建立一个关于 n_t、π_t 的动态系统。[①]回忆一下，根据

① 读者可能会想知道为什么我们需要引入另一个实际货币余额的测量办法，并用它建立动态系统。答案是当建立动态系统时，有一个前定变量是方便的。n_t 就是这样一个变量。

定义有 $n_t \equiv M_t / P_t^N$，因此：

$$\dot{n}_t = n_t(\mu - \pi_t) \tag{8.25}$$

由于 M_t 是外生的(即由货币当局控制)，因此 n_t 是前定变量，且不可贸易商品的价格是黏性的(即不能在任何时刻跳跃)。

为了得到我们的第二个动态方程，首先利用式(8.16)将式(8.12)重写成：

$$\dot{\pi}_t = \theta(y_f^N - c_t^N) \tag{8.26}$$

假如不可贸易品的消费低于充分就业时的水平，则不可贸易品的通货膨胀将会因此上升，反之亦然。

考虑式(8.8)，并注意 $e_t = n_t / m_t$，我们能将式(8.26)重写成：

$$\dot{\pi}_t = \theta\left(y_f^N - \frac{c^T}{m} n_t\right) \tag{8.27}$$

对于给定 μ 和 m 的取值，式(8.25)和式(8.27)构成了一个关于 n_t 和 π_t 的动态系统。①

要刻画动态系统的稳定状态，分别令式(8.25)和式(8.27)中的 $\dot{n}_t = \dot{\pi}_t = 0$，可以得到：

$$\pi_{ss} = \mu \tag{8.28}$$

$$n_{ss} = \frac{y_f^N m}{c^T} \tag{8.29}$$

在动态系统的稳态附近作线性化处理，可得到：

$$\begin{bmatrix} \dot{n}_t \\ \dot{\pi}_t \end{bmatrix} = \begin{bmatrix} 0 & -n_{ss} \\ -\theta \dfrac{c^T}{m} & 0 \end{bmatrix} \begin{bmatrix} n_t - n_{ss} \\ \pi_t - \mu \end{bmatrix}$$

与线性近似相关联的矩阵的行列式为负：

$$\Delta = -\theta \frac{n_{ss} c^T}{m} < 0$$

因此，该动态系统存在一个正根和一个负根，因而呈现鞍点路径稳定。

正如在第 6 章中处理的那样，现在我们利用相位图来定性分析动态系统的行为。为了画出相应的相位图，我们首先画出 $\dot{n}_t = 0$ 和 $\dot{\pi}_t = 0$ 的运动路径轨迹。要画出它们的轨迹，分别令式(8.25)中的 $\dot{n}_t = 0$ 和式(8.27)中的 $\dot{\pi}_t = 0$ 可以得到：

$$\pi_t = \mu$$

$$n_t = \frac{y_f^N m}{c^T}$$

因此，$\dot{n}_t = 0$ 的轨迹在相位图中显示为一条水平线(图 8.1)，而 $\dot{\pi}_t = 0$ 的轨迹则表现为

① 注意，就目前的动态系统而言，m 像一个参数，因为它会立即作出调整，以响应 μ 的永久性变化。

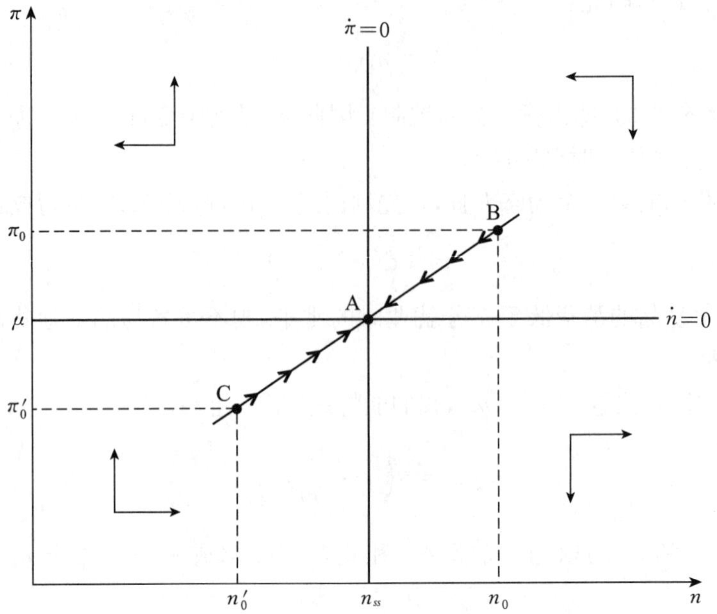

图 8.1　相位图

一条垂直线。两者交于点 A,代表系统均衡点(稳态点)。与我们在第 6 章中看到的一样,$\dot{n}_t=0$ 和$\dot{\pi}_t=0$ 曲线将平面分为四个区域,我们以类似的方式在图 8.1 中以箭头表示其运动方向,并得出结论——鞍点路径的斜率为正。

回忆一下,n_t 是一个前定变量,其不能以内生的方式发生跳跃。因此,假如在 0 时刻,n_t 位于n_{ss}上方(在图 8.1 中通过 n_0 来定义),那么为了确保动态系统能沿着像点 B 那样的鞍点路径运动,在时点 0 的通货膨胀水平也将在 μ 之上(在图 8.1 中用 π_0 表示其给定值)。因此,系统在朝稳定点 A 调整的过程中,n_t 和 π_t 都将下降。调整过程中由于$\dot{\pi}_t<0$,因此,正如式(8.26)所清楚显示的那样,我们可知 c_t^N 总是位于完全就业时的水平之上。相反,如果在时点 0,n_t 位于n_{ss}之下(即在图 8.1 中给定的值为 n_0'),那么,为了确保动态系统能沿着像点 C 那样的鞍点路径运动,在时点 0 的通货膨胀水平也将在 μ 之下(在图 8.1 中用π_0'表示)。在那之后,系统会沿鞍点路径收敛到点 A。在收敛的过程中,n_t 和 π_t 都会变大。因为在往稳定状态收敛的过程中,$\dot{\pi}_t>0$,正如式(8.26)所清楚显示的那样,c_t^N 将总是位于充分就业的水平之下。

当通货膨胀水平位于 μ 之上时,经济会运行在充分就业时的水平之上(即 $c_t^N>y_f^N$),而当通货膨胀水平位于 μ 之下时,经济会运行在充分就业的水平之下(即 $c_t^N<y_f^N$)。就这一点而言,我们可以得出结论,本模型内生地产生了菲利普斯曲线类型的关系。虽然传统的黏性价格模型也假设存在这样的关系,但是在我们的模型中,它是作为一个均衡现象而出现的。①

① 当然,只要动态系统处于鞍点路径,这就是正确的。有趣的是,假如经济不处于鞍点路径上(这种情况会发生在当经济受到短期冲击时),那么菲利普斯曲线就不一定存在,这能被解释为是处在"滞涨"时期(即高通货膨胀和资源利用不足并存),在本章习题 1 中详细探讨了这种情况。

8.3.2 货币供给的永久性增加

假定在 $t=0$ 之前经济体就处于图 8.1 中稳态点 A 且有 $\mu=0$。货币供给 M_t(见图 8.2a)在 0 时刻突然出现一个未预期的永久性增加,经济体会出现什么变化?

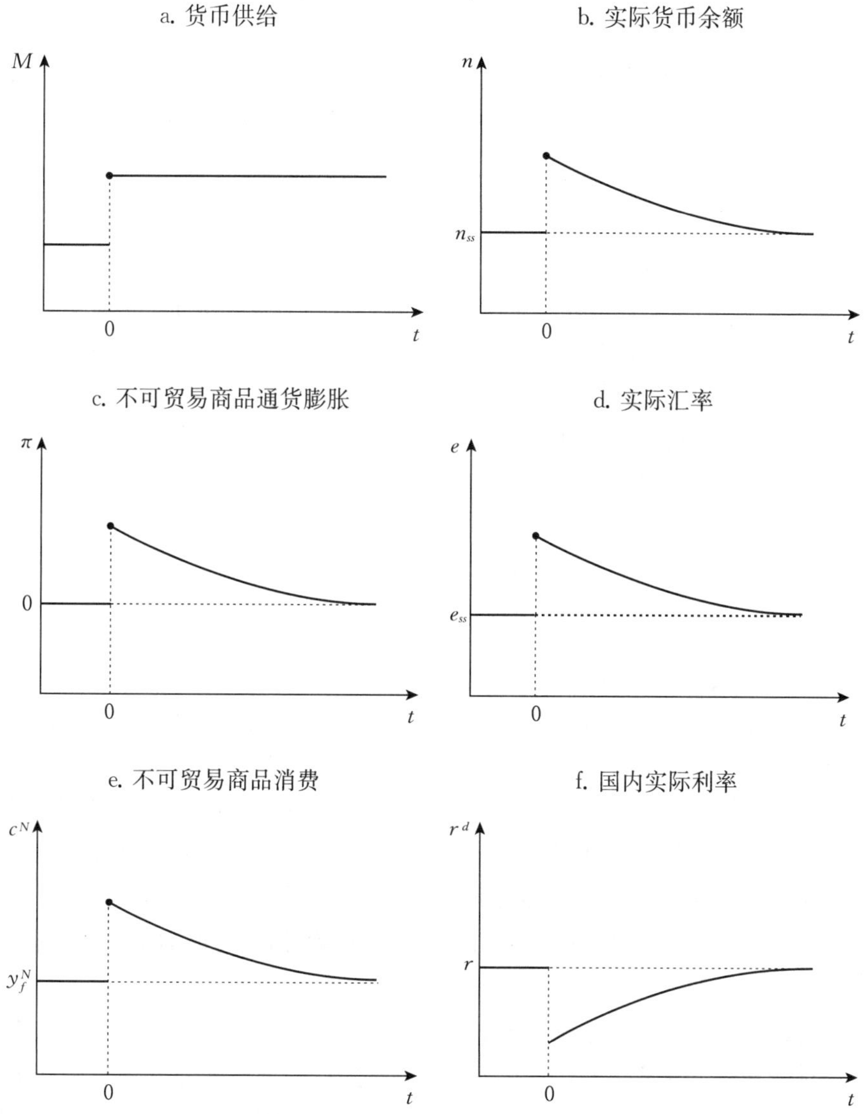

图 8.2 货币供给的永久性增加

正如我们已经确定的那样,c_t^T 不会发生变化。且正如式(8.24)所清楚表明的那样,M_t 的增加并不会影响稳态时 m_t 的值。因此,为了保证 m_t 不变,名义利率的增长幅度将与名义货币供给一致。

根据式(8.28)和式(8.29)可知,在动态系统中,M_t 的增加也不会影响处于稳态的 n_t 和 π_t 值。因此,系统的稳态仍在图 8.1 上的点 A。然而,在冲击下,n_t 将增加到如图 8.1

中所示的 n_0 位置，之所以有这样的变化，是因为名义货币供给会增加，而不可贸易品的价格是黏性的。给定 n_0，通货膨胀率会瞬间跳跃到 π_0，以保证动态系统沿着鞍点路径运动（见图 8.1 中的点 B）。在发生从点 A 到点 B 的初始跳跃以后，系统会沿着鞍点路径重新回到点 A。作为时间函数的 n_t 和 π_t 的相应变化路径分别在如图 8.2b 和 c 中描述。

要发现实际汇率的路径，回忆一下 $e_t = n_t/m_t$。因为 m_t 不变，因此 e_t 的变化与 n_t 运动路径相同，受到冲击后会出现一个向上的跳跃（实际贬值），然后下降回到初始状态的稳定值（参见图 8.2d）。

给定条件式(8.8)以及 c_t^T 不变的事实，c_t^N 的运动路径与 e_t 相似，如图 8.2e 所示。

最后，国内实际利率 r_t^d 面对货币供给冲击将会作出怎样的反应？回忆一下，$r_t^d = i_t - \pi_t$。因为名义利率维持不变，r_t^d 的行为将会随着通货膨胀 π_t 的变化而变化。因此，国内实际利率水平受到冲击后开始会出现下降，然后逐渐回到没有发生变化的初始稳定状态水平 r（如图 8.2f）。

综上，货币供应量永久性增加会导致更高的通货膨胀、实际贬值、不可贸易商品部门的扩张以及国内实际利率的降低。当然，这样的结论与我们在第 5 章得到的完全相反，在第 5 章中，货币供应量的永久性增加不会产生实际影响。

这些效应背后的经济直觉是什么？为了说明这一点，让我们回忆下式(8.11)，并将注意力集中到时点 0 货币市场的均衡上：

$$\underbrace{\frac{M_0}{P_0^N}}_{\text{实际货币供给}} = \underbrace{\frac{c_0^N}{i_0}}_{\text{实际货币需求}} \tag{8.30}$$

正如方程下面的文字所示的那样，想象上述等式左边为实际货币供给，右边为实际货币需求。价格黏性的关键含义是名义货币供应量的增加会转化为实际货币供应量的增加。因此，对于一个不变的实际货币需求，货币供给在刚开始会出现超额供给。在家庭通过购买外国债券来努力减少手中所持有的过多货币余额的过程中，会抬高国外债券的国内价格(E_t)。由于 P_t^N 具有黏性，故名义贬值会转化为实际贬值（即不可贸易商品的相对价格出现下降）。作为对不可贸易商品需求增加的结果——给定产出是由需求决定的——这会导致不可贸易商品部门的产出增加。换句话说，通过增加实际货币需求，c_t^N 在 $t=0$ 的上升能缓解早期的货币超额供给。

然而，在长期，实际货币需求相对于冲击前的值并不会发生改变。因此，实际货币供给必须随着时间推移也降低至冲击前的水平。为此，不可贸易商品的通货膨胀 π 在冲击下必须增加到（不变的）货币增长率 μ 之上。这种高通货膨胀——加上名义汇率在初始时刻发生跃升后也不发生变化——解释了随着时间推移而发生的实际增值。

最后，值得注意的是，在这个模型中，名义汇率与名义货币供给同比例增加。因此，不存在 Dornbusch(1976)意义上的过度调节。过度调节只会在如下情形下才会出现，即在冲击下，名义汇率的增加幅度超过货币供给增加的幅度。那么为什么这个模型不会产生过度调节呢？当我们学习完 8.5 节的模型之后，这将变得很清楚。在 8.5 节中将说明，在更一般的偏好情况下，实际上既可能是调节过度的，也可能是调节不足的。

8.3.3 货币增长率的永久性下降

再次假设，在 $t=0$ 之前的某个瞬间，系统处于上文描述的稳态（货币增长率给定为 μ^H）。在 $t=0$ 时，货币增长率出现一个未预期的永久性下降，从 μ^H 变为 μ^L（$\mu^L<\mu^H$）（图 8.3a）。可贸易商品的消费——由式(8.21)给定——不会发生变化，因为正如上文已经讨论的那样，它的水平是独立于货币政策的。从式(8.24)中可知，在新的稳态中，用可贸易商品衡量的实际货币余额（m_t）将变得更高，因为持有货币的机会成本下降了。给定决定实际货币余额行为的微分方程是不稳定的，m_t 必须瞬间调整到更高的水平，否则它将随时间推移而偏离。因此，贬值率也必须立即向下调整到其新的稳态水平，名义利率的行为也必须如此。

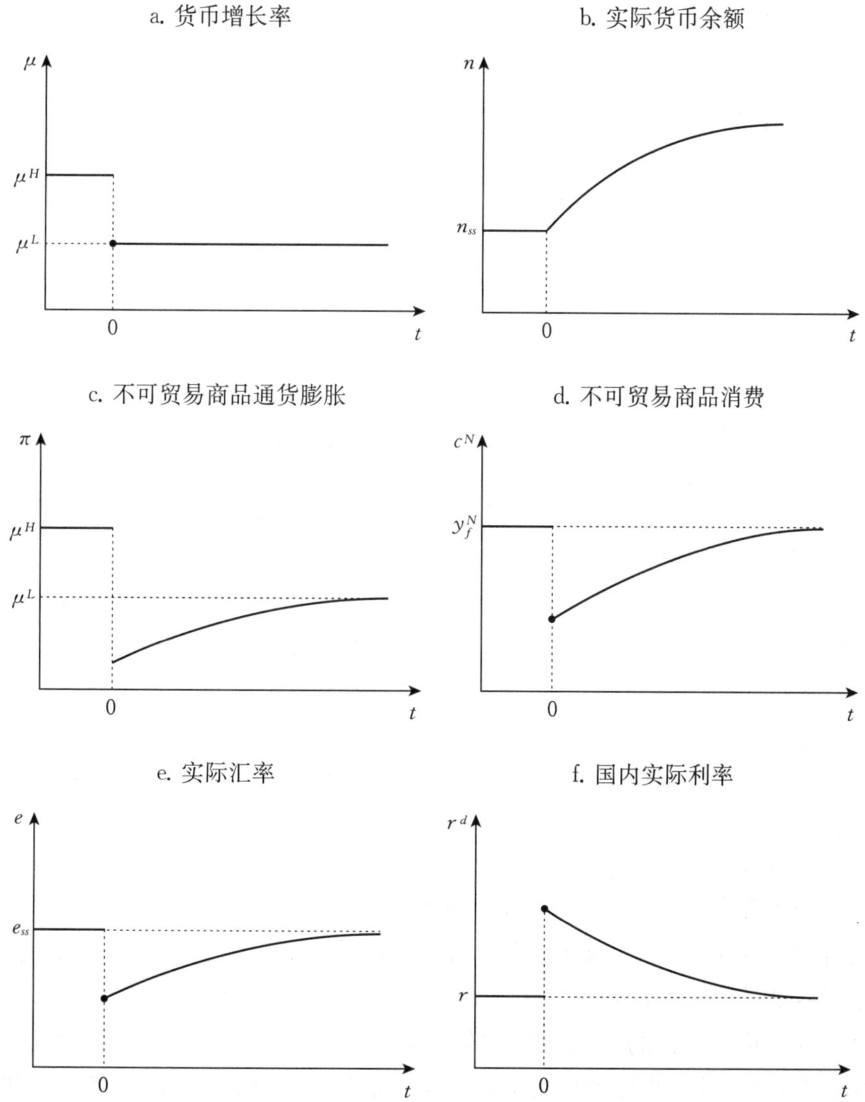

图 8.3 货币增长率永久性下降

根据动态系统，假设该系统初始时处于图8.4中的稳态点A。在点A不可贸易商品的稳态通货膨胀率等于μ^H，相应的实际货币余额是$n_{ss}(\mu^H)$。在新的稳态——正如式(8.28)和式(8.29)清楚显示的那样——n_t将变得更大，而π_t将变得更小(在图8.4中的点B)。因此，在冲击下，动态系统必须从点A跳跃到点C，然后沿着鞍点路径向点B移动。相应的n_t和π_t的运动路径分别如图8.3b和c所示。在冲击下，通货膨胀在短期的下降幅度会远大于长期。

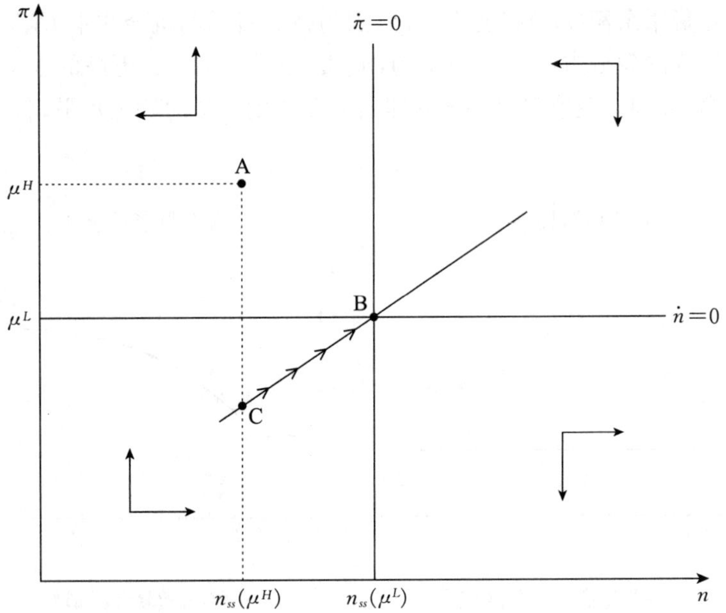

图8.4　货币增长率永久性下降:相位图

为了导出实际汇率的运动路径，回忆$e_t=n_t/m_t$。因为m_t在$t=0$时点会增加，e_t将在$t=0$时点向下跳跃(实际升值)，如图8.3e所示。给定实际汇率不会随稳态发生变化，它需要逐步上升到其初始稳态。给定式(8.8)，不可贸易商品消费的路径将追随实际汇率的运动路径(见图8.3d)。最后，国内实际利率在冲击下将上升，因为通货膨胀的下降幅度大于名义利率的下降幅度(见图8.3f)。然后逐渐下降到其不变的稳态。

综上，当μ出现一个未预期的永久性的下降会造成经济衰退，实际汇率升值以及更高的国内实际利率。正如在第13章中所证明那样，这些恰恰是伴随着货币稳定政策而出现的典型事实。

上述结果背后的经济直觉是什么呢？再次考虑由式(8.30)所描述的货币市场均衡。货币增长率的下降会使名义利率下降，并增加实际货币需求。然而，实际货币供给在冲击下并没有发生变化。因此，对于初始水平c_t^N存在对货币的超额需求。于是，公众将试图转手持有的外国债券以获得货币，这会降低国外债券的国内名义价格E_t。由于不可贸易商品的价格是黏性的，E_t的下降转化为e_t的减少。不可贸易商品相对价格的增加会减少需求，这会进一步导致产出下降。换句话说，c_t^N的下降解决了货币初期的超额需求。

8.4 预定汇率制

我们现在来求解预定汇率制背景下的模型，并用它来问如下的问题：经济体会如何对永久性贬值作出反应？与我们在第 6 章所得出的结果相反——第 6 章货币贬值会导致消费下降——在本黏性价格模型中，货币贬值将会引发对不可贸易商品需求的扩张，进而使总产出扩张。

我们通过求解对应于固定货币贬值率下的完全预期均衡路径来展开分析。然后，我们将注意力转向研究永久性货币贬值和货币贬值率的永久性下降对经济的影响。

8.4.1 完全预期均衡

现在我们来刻画有固定货币贬值率值 ε 时的完全预期均衡路径。首先注意正如在浮动汇率情形下那样，可贸易商品的消费将是固定不变的，并由式(8.21)给出。而且也不随货币贬值率的变化而变化。

根据利率平价条件式(8.15)，名义利率也将保持不变，并由下式给出：

$$i=r+\varepsilon$$

给定 c_t^T 和 i_t 固定不变，货币需求式(8.10)告诉我们，m_t 也将固定不变。

为了求解其余变量，我们需要建立一个与浮动汇率制下[由式(8.25)和式(8.27)给出]不同的动态系统，原因如下：对于初学者而言，那个系统有变量 μ，而现在它成为内生变量了。此外，在预定汇率制下，用不可贸易商品衡量的实际货币余额(n_t)不再是前定变量了，因为名义货币供给现在是一个内生变量。从方法论上讲，建立具有两个跳跃变量的动态系统并不明智，这样做只会让问题更难求解。因此，我们需要找到一个在预定汇率制和黏性价格下是预先决定的变量。略作思考后，我们发现最适合的备选变量应该是实际汇率 e_t。因为根据定义 $e_t=E_t/P_t^N$，这个实际汇率在黏性价格的预定汇率制下的标准模型中将是一个预先决定的变量。

由此我们可以建立一个关于 e_t 和 π_t 的动态系统。第一个动态方程可由式(8.17)给出。将式(8.8)代入式(8.26)，可以得到第二个动态方程：

$$\dot{\pi}_t=\theta(y_f^N-e_tc^T) \tag{8.31}$$

该系统的稳定状态可由下式给出：

$$\pi_{ss}=\varepsilon \tag{8.32}$$

$$e_{ss}=\frac{y_f^N}{c^T} \tag{8.33}$$

在稳态点附近线性化这个系统，我们可以得到：

$$\begin{bmatrix}\dot{e}_t\\ \dot{\pi}_t\end{bmatrix}=\begin{bmatrix}0 & -e_{ss}\\ -\theta c^T & 0\end{bmatrix}\begin{bmatrix}e_t-e_{ss}\\ \pi_t-\varepsilon\end{bmatrix}$$

对应于系统线性近似的矩阵行列式给定如下：

$$\Delta = -\theta c^T e_{ss} < 0$$

这意味着动态系统是沿着鞍点路径稳定的。

像以前那样进行处理，我们可以构造如图 8.5 所示的相位图。在图上我们看到鞍点路径具有正斜率。

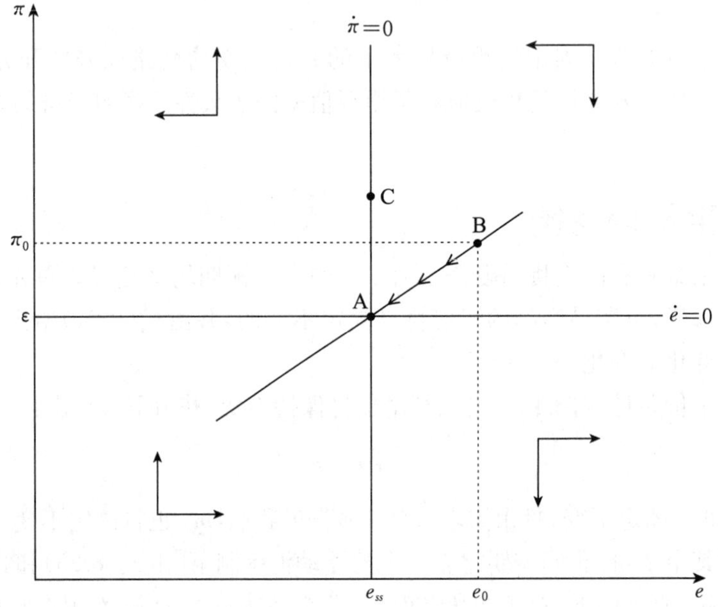

图 8.5　预定汇率制：相位图

剩余变量是否沿着完全预期均衡路径运动取决于实际汇率的初始值。假设实际汇率的初始值由图 8.5 中的 e_0 给出，那么通货膨胀率将需要为 π_0，以便使系统能处于点 B 处的鞍点路径上。随着时间推移，实际汇率和通货膨胀将朝点 A 的稳态下降。给定条件式(8.8)，不可贸易商品消费的路径将与实际汇率运动路径相同，都将随时间的推移而下降。

8.4.2　永久性货币贬值

假设在 $t=0$ 之前的经济体就处于上文描述的稳态(ε=0)，在 $t=0$ 时点突然出现一个未预期的永久性货币贬值(见图 8.6a)，经济有什么应对表现呢？

显而易见，c_t^T 仍由式(8.21)给定，i_t 不会发生变化，因为货币贬值率没有发生变化。依据动态系统，从式(8.32)和式(8.33)中可看出，货币贬值不会影响不可贸易商品的通货膨胀率或实际汇率的稳态值。然而，在冲击下，实际汇率将上升。换言之，在这个特定模型中，名义货币贬值会引起实际货币贬值。①因此，实际汇率在冲击下会跳跃到如图 8.5 中

① 因此，该模型可以解释名义汇率与实际汇率之间的高度相关性，正如 Mussa(1986)所提供的记录那样。参见 Chari，Kehoe 和 McGrattan(2002)对这个问题的定量分析。但请读者记住，根据第 6 章的分析，其他摩擦也能产生相同结果。

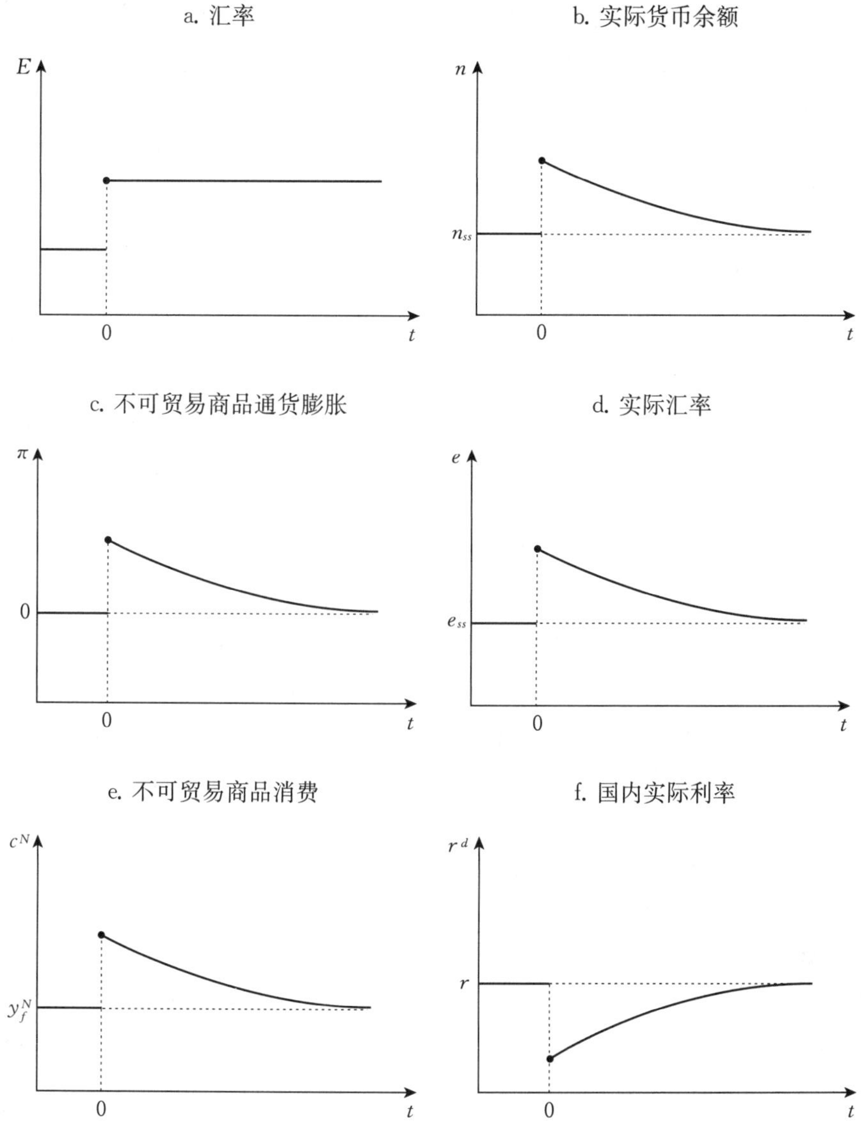

图 8.6 永久性货币贬值

e_0 值的位置上。而通货膨胀率必须调整，以使系统位于鞍点路径上(见图 8.5 中的点 B)。随后，该动态系统沿着鞍点路径往初始稳态点 A 收敛。π_t 和 e_t 相应的运动路径显示在图 8.6c和 d 中。

不可贸易商品的消费路径遵循条件式(8.8)。不可贸易品的消费在冲击下会先增加，然后回落到其充分就业的水平值上(见图 8.6e)。由于通货膨胀增加，国内实际利率在冲击下会先下降，然后逐渐恢复到其初始稳态值(见图 8.6f)。n_t 的运动路径——显示在图 8.6b——会遵循 $n_t=e_t m_t$，而根据式(8.10)可知，m_t 不会发生变化。

我们因此得出结论，货币贬值是扩张性的。直觉上说，关键在于黏性价格，这使得名义货币贬值会转化为实际货币贬值。可贸易商品的相对价格增加会导致消费者转向消费不可贸易商品。由于产出由需求决定的，因此不可贸易商品的产出会立即作出响应。

黏性价格下的货币贬值扩张效应与我们在第 6 章中获得的结论形成鲜明对比，在第 6 章中货币贬值——会通过减少实际货币余额而迫使消费者减少消费，以补充实际货币余额——实际上具有收缩效应。因此，我们已经介绍了货币贬值影响实体经济的两种可能渠道。事实上——正如专栏 8.2 所讨论的那样——货币贬值对经济的影响还有其他可能的渠道，这使得货币贬值的总效应成为一个实证问题。

专栏 8.2　货币贬值是扩张还是收缩的？

正如正文中所论证的，货币贬值的真实效应在理论上并不明确。在第 6 章所述的模式中——没有涉及生息资产——货币贬值是收缩性的，因为个体行为人会减少消费以重建其实际持有的货币余额。在本章模型中，具有黏性价格，因此货币贬值是扩张性的，因为在冲击下不可贸易商品的相对价格会下降，这导致总需求和产出增加。除了这两个影响渠道，相关文献研究了其他渠道（主要是紧缩的渠道）。下面罗列了最相关的几个渠道：[a]

- 输入品进口投资的影响：在有输入品进口的模型中，货币贬值将提高这种输入品的国内价格，因此货币贬值是收缩性的（例如，参看 Gylfason and Schmid，1983；van Wijnbergen，1986；Edwards，1986）。相似地，在以第 6 章思路为基础的模型中（即消费者不持有外国债券），Buffie 和 Wong（2001）展示了货币贬值可能会减少总投资和产出，但会增加资本积累。
- 收入再分配：在出口和进口竞争激烈的行业利润会更丰厚，因为货币贬值导致可贸易商品的相对价格更高。当这增加价格水平并导致实际工资降低时，总支出可能会减少，因为来源于利润的储蓄边际倾向会超过来源于工资的储蓄边际倾向（例如，参见 Díaz-Alejandro，1963；Cooper，1971；Krugman and Taylor，1978）。
- 资产负债表效应：如果美元负债比美元资产更多，那么货币贬值就会降低资产净值。由于金融摩擦，净值的降低会使投资减少，继而减弱经济活动（参见 Cespeds，Chang and Velasco，2004）。

表 8.2　货币贬值的产出效应实证研究

作　者	数　据	主要影响	方法与控制变量
Gylfason 和 Schmid （1983）	1959—1977 年 5 个工业化和 5 个发展中国家	对 10 个国家中的 8 个国家起正效应（2—3 年后）	基于单一动态方程的变量估计
Edwards （1986）	1965—1980 年 12 个发展中国家	短期负向效应（第 2 年效应被抵消）	面板数据（固定效应）：政府支出、货币增长
Agenor （1991）	1978—1987 年 23 个发展中国家	负向效应（对于预期到的 RER 变动）；正向效应（未预期到的 RER 变动）	面板数据（OLS 估计池）：政府支出、货币供给以及外国资产收入
Morley （1992）	1974—1984 年 28 个发展中国家	负向效应（短期）	跨部门：贸易条件、进口增长、货币供给量以及财政平衡

续表

作　者	数　据	主要影响	方法与控制变量
Kamin 和 Klau (1998)	1970—1996 年 27 个国家	非常弱的负向效应(短期);无效应(长期)	面板数据:产出缺口、短期利率、财政占 GDP 比重、贸易条件、资本账户与 GDP 之比,美国利率;两阶段最小二乘法
Milesi-Ferretti 和 Razin (2000)	1970—1996 年 105 个中低收入国家	负向效应(短期);无效应(长期)	面板数据:宏观经济、外部性、债务、金融、国外和区域变量
Magendzo (2002)	1970—1999 年 155 个非 OECD 国家	不显著	匹配估计
Cavallo 等 (2004)	1992—2002 年 24 个国家	负向效应(2 年期);外债越大,效应越强	利用 OLS、IV 以及三阶段最小二乘法进行跨部门分析
Gupta, Mishra 和 Sahay (2007)	1970—1998 年 91 个发展中国家	57%效应是收缩的;43%效应是扩张的;结果受诸如资本账户自由化和危机前经济水平和资本流动等因素的影响	频率分布和 OLS 估计具有外部性的长期债务变化、私人资本的累积流动、资本控制、货币危机、商业周期、人均 GDP、银行危机、短期债务占储蓄比重、汇率高估、货币和财政政策的代理变量、开放性、其他竞争性货币贬值、经济规模、外部因素

该理论确定了几个收缩渠道,原则上超过黏性价格模型强调的传统扩张效应。总体效应因此成为一个实证问题。

数据说明了什么呢?表 8.2 总结了关于这一主题的一些显著贡献的结果。Gylfason 和 Schmid(1983)的一项早期研究发现了货币贬值对产出的主要正向效应。然而,随后的研究通常认为货币贬值对产出具有微弱的负向效应。Gupta, Mishra 和 Sahay(2007)的一项最新研究显示,通过 91 个发展中国家和跨越近 30 年的大样本集合发现,平均意义上而言,在货币危机发生时产出是下降的。[b] 但仍然有大量国家(43%)货币贬值会带来产出增加。

什么原因可以解释产出对货币贬值的不同反应?根据一些作者的研究,产出可能还取决于其他相关变量。例如,Gupta, Mishra 和 Sahay(2007)认为,产出效应与世界其他地区的商业活动正相关,但与金融一体化和前期的资本流入负相关。他们还报告说,大型新兴经济体比小型经济体更可能遭受紧缩性贬值。相反,Cavallo 等(2004)强调资产负债表错配时实证的重要性。他们声称,在发展中经济体中,相比大型和发达经济体,产出收缩在较小和较不发达的经济体中更明显。

总之,对于在实践中货币贬值究竟是扩张性的还是收缩性的,目前学术界仍然在探索中。证据表明,货币贬值的实际影响可能取决于它周围的环境。例如,有理由认为,在全面国际收支平衡、金融危机和可能伴随着更紧缩的财政和货币政策期间进行的货币贬值,与出于对已经明显被感知到的汇率"不合理"进行调整而实行的货币贬值相比，其效果可能会更具有收缩性。不幸的是，在实证分析中，要控制这些因素通常是很困难的。

专栏注：

a. 这里仅列举了一部分文献。读者可以进一步阅读 Lizondo 和 Montiel(1989)以及 Agenor 和 Montiel(1999, ch.8)的著作，在他们的论著中有更详尽的论述。

b. 应当指出，本文的重点是货币危机(其定义通常包括汇率增加和储备变化)。理想情况下，我们希望看到一个类似的大数据集，用于研究货币贬值的影响。当然，重叠的部分会很大。

8.4.3 货币贬值率的永久性下降

假设经济体的初始状态就处于如图 8.5 中点 C 那样的高通货膨胀位置。在 $t=0$ 时点贬值率突然出现一个未预期的永久性下降。在新的稳态(图 8.5 中点 A)，通货膨胀率会下降而实际汇率保持不变。那么经济体如何从点 C 调整到点 A 呢？我们可以发现，该经济必须瞬间调整到新的稳态。因为 e_t 是前定变量，因此系统必须在时点 0 处于 e_{ss} 对应的垂直线上。但是如果系统处于垂直线上点 A 外的任意一点，随着时间推移系统最终会偏离。要使得系统达到唯一的均衡路径，必须从点 C 跳跃到点 A。因此，货币贬值率的下降是超中性的。

这是一个值得注意的结果，因为它表明即使价格是黏性的，货币贬值率的永久性下降可减少通货膨胀而没有产生实际成本。因此，这一模型可用来分析恶性通货膨胀末期的现象，通常在这个阶段，通货膨胀会以很小的实际成本发生突然且幅度巨大的下降(参见第 13 章)。①

8.5 过度调节

在前面的章节中我们已经论证了简单黏性价格模型中不会产生过度调节/调节不足问题。本节将分析一个更加一般化的模型版本，在这里，出现过度调节和调节不足都是可能的。

8.5.1 消费者

模型唯一的变化在于对实际货币余额的子效用现在采用 CES 形式：

$$\int_0^\infty \left[\log(c_t^T)+\log(c_t^N)+\frac{z_t^{1-1/\sigma}-1}{1-1/\sigma}\right]\exp(-\beta t)\,dt \tag{8.34}$$

① 我们应注意到，经济对货币增长率永久性降低的反应与对货币贬值率的永久性降低的反应截然不同。有趣的是——正如本章习题 2 所示的那样——在对数偏好下，在任何一种汇率制度下对财政政策变化的反应都是相同的。

其中 σ 是一个正参数，在下文将会很明显，可以用它表示实际货币需求的消费和利率弹性。

跨期约束仍旧由式(8.4)给出。关于 c_t^T 和 c_t^N 的一阶条件继续由式(8.5)和式(8.6)给出。z_t 的一阶条件现在为：

$$z_t^{-1/\sigma}=\lambda \frac{i_t}{\sqrt{e_t}} \tag{8.35}$$

利用这个一阶条件求解出 z，并结合式(8.6)，我们可以得到实际货币需求(用价格指数衡量)：

$$z_t=\left(\frac{c_t^N}{\sqrt{e_t}i_t}\right)^\sigma \tag{8.36}$$

因此，参数 σ 表示实际货币需求的消费和利率弹性，当 $\sigma=1$ 时，模型简化为 8.3 节所讨论的情况[回忆式(8.9)]。

作为进一步的参考，要得到用可贸易品衡量的实际货币需求 m_t 也很方便，回忆下 $m_t \equiv M_t/E_t$，再考虑式(8.2)和式(8.8)，可以将式(8.36)重写为：

$$m_t=\left[\frac{e_t^{(1/2)(1-1/\sigma)}c_t^T}{i_t}\right]^\sigma \tag{8.37}$$

再一次，注意当 $\sigma=1$ 时，式(8.37)可化简成式(8.10)。

8.5.2 动态系统

现在我们利用与上文一致的方法来分析模型在浮动汇率制下的情况。然而，关键的不同点在于，当货币的偏好是 CES 型时，由 m_t、n_t、π_t 组成的动态系统不是分块递归的。换句话说，对 z_t 有对数型偏好结构时，系统可分解为一个用 m_t 表示的微分方程和另外由 n_t 和 π_t 两个微分方程组成的一个系统。对于 CES 型偏好，情形就不是这样的。因此我们别无选择，只能建立一个由关于 m_t、n_t、π_t 三个微分方程组成的动态系统。

对于初学者，我们需要从式(8.35)中求解出 i_t——并考虑进 $E_t/P_t=\sqrt{e_t}$——可以得到：

$$i_t=\frac{e_t^{(1/2)(1-1/\sigma)}}{\lambda m_t^{1/\sigma}}$$

将上式代入式(8.22)，结合利率平价条件，我们可以得到：

$$\dot{m}_t=m_t\left[\mu+r-c^T\frac{n_t^{(1/2)(1-1/\sigma)}}{m_t^{1/\sigma+(1/2)(1-1/\sigma)}}\right] \tag{8.38}$$

这里，c^T 是由式(8.21)给出的可贸易商品的固定消费值。这个微分方程与式(8.25)和式(8.27)(需要用 m_t 代替 m)一起构建了关于 m_t、n_t、π_t 三个微分方程的动态系统。

为了刻画动态系统的稳定状态，令式(8.25)、式(8.27)和式(8.28)中的 $\dot{m}_t=\dot{n}_t=\dot{\pi}_t=0$，可以得到：

$$m_{ss}=\left[\frac{(c^{T})^{1-\Phi}(y_{f}^{N})^{\Phi}}{\mu+r}\right]^{\sigma} \tag{8.39}$$

$$n_{ss}=\frac{y_{f}^{N}m_{ss}}{c^{T}} \tag{8.40}$$

$$\pi_{ss}=\mu \tag{8.41}$$

其中：

$$\Phi\equiv\frac{1}{2}\left(1-\frac{1}{\sigma}\right) \tag{8.42}$$

是对于 m_t 的动态非常关键的一个参数。

在稳态附近线性化系统可以得到：

$$\begin{pmatrix}\dot{m}_t\\ \dot{n}_t\\ \dot{\pi}_t\end{pmatrix}=\begin{pmatrix}\frac{1}{2}(1+1/\sigma)c^{T}\frac{n_{ss}^{\Phi}}{m_{ss}^{1/\sigma+\Phi}} & -c^{T}\Phi\frac{n_{ss}^{\Phi-1}}{m_{ss}^{1/\sigma+\Phi-1}} & 0\\ 0 & 0 & -n_{ss}\\ \frac{\theta c^{T}n_{ss}}{m_{ss}^{2}} & -\theta\frac{c^{T}}{m_{ss}} & 0\end{pmatrix}\begin{pmatrix}m_t-m_{ss}\\ n_t-n_{ss}\\ \pi_t-\mu\end{pmatrix}$$

考虑式(8.39)和式(8.40)，可以将动态系统重写成：

$$\begin{pmatrix}\dot{m}_t\\ \dot{n}_t\\ \dot{\pi}_t\end{pmatrix}=\begin{pmatrix}\frac{1}{2}(1+1/\sigma)(\mu+r) & -(\mu+r)\Phi\frac{m_{ss}}{n_{ss}} & 0\\ 0 & 0 & -n_{ss}\\ \frac{\theta y_{f}^{N}}{m_{ss}} & -\frac{\theta y_{f}^{N}}{n_{ss}} & 0\end{pmatrix}\begin{pmatrix}m_t-m_{ss}\\ n_t-n_{ss}\\ \pi_t-\mu\end{pmatrix}$$

与线性近似相联系的矩阵的迹和行列式分别由下式给出：

$$Tr=\frac{1}{2}\left(1+\frac{1}{\sigma}\right)(\mu+r)>0$$

$$\Delta=-(\mu+r)\frac{\theta}{\sigma}y_{f}^{N}<0$$

由于行列式是负的(回忆行列式等于根的乘积)，因此该系统可能具有三个负根，或一个负根和两个正根。然而，迹(等于所有根的和)为正的事实排除了三个负根的情况。因此得出结论，系统具有一个负根和两个正根。

令 δ 表示系统的负根。用(h_1, h_2, h_3)表示 δ 的特征矢量，我们可以写出：

$$\begin{pmatrix}\frac{1}{2}(1+1/\sigma)(\mu+r)-\delta & -(\mu+r)\Phi\frac{m_{ss}}{n_{ss}} & 0\\ 0 & -\delta & -n_{ss}\\ \frac{\theta y_{f}^{N}}{m_{ss}} & -\frac{\theta y_{f}^{N}}{n_{ss}} & -\delta\end{pmatrix}\begin{pmatrix}h_1\\ h_2\\ h_3\end{pmatrix}=\begin{pmatrix}0\\ 0\\ 0\end{pmatrix}$$

根据第一、第二行，可以得出下述关系：

$$\frac{h_1}{h_2}=\frac{(\mu+r)\Phi(m_{ss}/n_{ss})}{\frac{1}{2}(1+1/\sigma)(\mu+r)-\delta} \tag{8.43}$$

$$\frac{h_2}{h_3}=-\frac{n_{ss}}{\delta}>0$$

正如下文要论述的那样——由于分母为正——因此 h_1/h_2 的符号取决于 Φ 的符号，进而取决于 σ。

将对应于正根的常数设置为零，动态系统的解由下式给出：

$$m_t-m_{ss}=\omega h_1\exp(\delta t) \tag{8.44}$$

$$n_t-n_{ss}=\omega h_2\exp(\delta t) \tag{8.45}$$

$$\pi_t-\mu=\omega h_3\exp(\delta t) \tag{8.46}$$

这里 ω 是任意常数，结合式(8.45)和式(8.46)，可以得到：

$$\frac{n_t-n_{ss}}{\pi_t-\mu}=\frac{h_2}{h_3}>0 \tag{8.47}$$

上式表明，沿着完全预期均衡路径，n_t 和 π_t 会在同一个方向运动。这并不奇怪，因为在上文的对数模型中，结果也是如此。

结合式(8.44)和式(8.45)，可以得到：

$$\frac{m_t-m_{ss}}{n_t-n_{ss}}=\frac{h_1}{h_2}$$

根据这个表达式，我们可以区分出三种可能的情形：

1. $\sigma=1$。在这种情形下，则根据式(8.42)可知，$\Phi=0$。根据式(8.43)可知，$h_1/h_2=0$，这意味着 m_t 总是等于稳态值。这就是本章上文讨论的情况。

2. $\sigma<1$。在这种情形下，则根据式(8.42)可知，$\Phi<0$。根据式(8.43)可知，$h_1/h_2<0$。这意味着沿着完全预期均衡路径，m_t 和 n_t 总是朝着相反方向运动。结合式(8.47)，我们可推知，m_t 和 π_t 也总是朝着相反方向运动。

3. $\sigma>1$。在这种情形下，则根据式(8.42)可知，$\Phi>0$。根据式(8.43)可知，$h_1/h_2>0$。这意味着沿着完全预期均衡路径，m_t 和 n_t 总是朝着相同方向运动。结合式(8.47)，我们可推知 m_t 和 π_t 也总是朝着相同方向运动。

8.5.3　货币供给的永久性增加

假设经济在初始时就处在根据式(8.39)、式(8.40)和式(8.41)所决定的稳定状态，且有 $\mu=0$。在 $t=0$ 时点，名义货币供给出现一个未预期的永久性增加。为了理解方便，我们假定货币供应量从$\bar{M}$变为 $2\bar{M}$，对此经济会有什么反应呢？

第一个观察是这种变化不会改变系统的稳定状态。在冲击下，n_t 将增加，因为 P_t^N 是一个黏性变量。进而因为该系统仅含有一个负根，因此它将单调变化调整到其固定的稳态点。

为正式证明这一点，我们将 h_2 标准化为 1，并计算在 $t=0$ 时点式(8.45)的值，可以得到：

$$n_0-n_{ss}=\omega>0$$

让式(8.45)对时间求导数，并利用上式，我们可以得到：

$$\dot{n}_t=(n_0-n_{ss})\delta\exp(\delta t)<0$$

因此，n_t 在冲击之下会先增加，然后随着时间的推移而逐渐下降。因为我们已经论证了 n_t 和 π_t 在均衡路径上总是朝着相同方向运动，因此在冲击下 π_t 也将首先增加，继而随着时间的推移而下降。

m_t 会怎样行动呢？我们需要分三种情形讨论：

1. $\sigma=1$。在这种情形下，则对于所有 t，都有 $m_t=m_{ss}$。这种情形对应于 8.3.2 节中分析的情形。由于 m_t 在冲击之下不发生变化，因此名义汇率和名义货币供给会同比例增加。根据图 8.7，在冲击之下，名义汇率将从 $\bar{E}$ 增加一倍变为 $2\bar{E}$(点 A)并停留在这点上。由于货币贬值率等于零，因此名义利率不变。

2. $\sigma<1$。在这种情形下——如上文所论证的那样——m_t 和 π_t 总是朝着相反方向运动。在冲击之下，m_t 将首先出现下降，然后随着时间的推移而增加。在冲击之下，m_t 的下降意味着名义汇率增加的幅度超过名义货币供给增加的幅度。然而，在长期中，两者会同比例增加。因此，在冲击之下，名义汇率出现过度调节而超过了其长期中的水平值。根据图 8.7，在冲击下，名义汇率会跳跃到如点 B 处，随后逐渐下降到其长期水平。由于名义汇率随着时间的推移而下降，$\varepsilon_t<0$，这意味着名义利率在冲击下也会下降。

3. $\sigma>1$。在这种情形下——如上文所论证的那样——m_t 和 π_t 总是朝着相同方向运动。在冲击之下，m_t 将首先出现增加，然后随着时间的推移而下降。因此，在冲击下，名义汇率增加的幅度会小于名义货币供给增加的幅度。因此，名义汇率出现调节不足而低于其长期中的水平值。根据图 8.7，在冲击下，名义汇率会跳跃到如点 C，随后逐渐增加到其长期水平。由于名义汇率随着时间的推移而增加，$\varepsilon_t>0$，这意味着名义利率在冲击下也会增加。

过度调节/调节不足背后暗含的经济直觉是什么呢？让我们回想由式(8.36)给出的实际货币需求——重写在下面并考虑进了 $c_t^N/\sqrt{e_t}=P_t^N c_t^N/P_t$——再一次，可将其理解为货币市场中的均衡条件，其中左边表示实际货币供给，右边表示实际货币需求：

$$\underbrace{\frac{M_t}{P_t}}_{\text{实际货币供给}}=\underbrace{\left(\frac{P_t^N c_t^N/P_t}{i_t}\right)^{\sigma}}_{\text{实际货币需求}}$$

在 $t=0$ 时点，名义货币供给增加一倍。假定作为对货币供给增加的反应，名义汇率也会翻倍(即$\hat{E}=\hat{M}$)，因此会立刻调整到其长期均衡水平。①当然，这意味着贬值率等于零，且名义利率不变。货币市场会处于均衡状态吗？为了回答这个问题，首先注意到因为 $P=\sqrt{P^T P^N}$，P^N 不会发生跳跃，且 $P^T=E$，实际货币供给会增加到$\hat{M}-\hat{E}/2=\hat{M}/2$。换言之，实际货币供应量会增加 50%。

① 变量上的“帽”代表比例变化，即 $\hat{x}\equiv dx/x$。在下文的讨论中，所有变化都发生在 $t=0$ 时点。

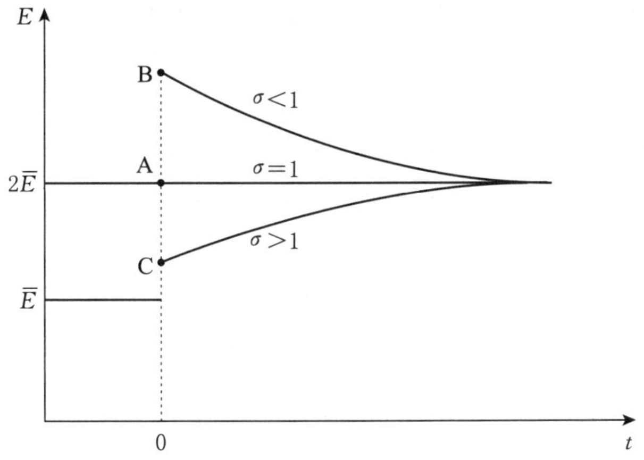

图 8.7 过度调节

为了进一步研究实际货币需求的变化，我们需要确定不可贸易商品的需求变化。由于 P^N 不变，实际汇率 $e(\equiv P^T/P^N)$ 会与名义货币供给同比例增加（即翻倍）。给定式(8.8)，不可贸易商品的需求也会翻倍（回忆一下 c^T 不会发生变化）。然而，用价格指数衡量的不可贸易商品的消费（即 $c^N/\sqrt{e}$）会增加到$\hat{M}-\hat{E}/2=\hat{M}/2$。由于消费弹性是$\sigma$[回忆式(8.36)]，这会使实际货币需求增加为$\sigma\hat{M}/2$。

由此我们可以得出结论，如果名义汇率与货币供给同比例增加，实际货币供给增加到$\hat{M}/2$，实际货币需求增加为$\sigma\hat{M}/2$。因此货币市场的超额供给为$\hat{M}/2-\sigma\hat{M}/2$，简化为$(1-\sigma)\hat{M}/2$。基于这个式子，我们可以立即得到：

- 如果$\sigma=1$，实际货币供给和实际货币需求增加相同的数量，因此名义汇率的增长比例（即不存在过度调节或调节不足）与货币市场均衡一致。

- 如果$\sigma<1$，实际货币供给的增长数量会大于实际货币需求的增长数量，货币市场会出现超额供给。显然市场并未出清。超额的货币供给要求名义利率下降。为了实现这一点，贬值率必须为负值（即行为人必须预期名义货币随时间的推移而升值）。要使贬值率成为负值，名义汇率必须过度调整到超过其长期水平值，然后随时间的推移而下降。

- 如果$\sigma>1$，实际货币供给的增长数量小于实际货币需求的增长数量，货币市场出现超额需求。为了使市场出清，名义利率需要上升。根据利率平价条件，这要求货币随着时间的推移出现贬值。为了实现这一点，名义汇率必须跳跃到低于长期水平的值。

最后，有两个观测值得一提。第一，在一般均衡中，黏性价格模型不必然产生流动性效应（即 M_t 增加导致名义利率下降）。事实上，正如我们刚才说明的那样，M_t 的增加会与名义利率 i_t 下降、增加或不变相一致。第二，在冲击下，在模型中名义利率和汇率水平的共同波动也不明确。该模型与通常在金融新闻和本科教科书中的概念不一致，传统观念总是认为货币贬值将必然伴随着名义利率的下降。

8.6 黏性工资模型

虽然上面建立的具有黏性价格模型对于解答大量实证性（与规范性相反）问题非常有用——例如当货币供应量增加或货币贬值会发生什么——但这个模型不适合解答规范性

问题。原因是在稳态之外，产出是由需求决定的，因此产出的折现值(这将决定平均消费水平)不服从任何物理约束。为了解决这个缺点，本节重新构建了一个充分考虑供给侧的模型，在这个模型中，名义工资——而不是价格——是黏性的。①这将为我们提供一个新的视角，除了可以捕捉一个具有名义刚性的经济体的关键动态外，也适合回答规范性问题。

那么我们将要问的是什么样的规范性问题呢？政策研究为导向的经济学家讨论最激烈的一个问题是，在什么情况下，一个国家货币贬值是最合理的。在低增长和贸易赤字时期，经济学家经常提出，通过货币贬值来解决这种不平衡。在这方面一个很好的例子是鲁迪格·多恩布什在 1994 年在墨西哥强烈倡导的货币贬值方案(见专栏 8.3)。本节建立的模型实际上可以被视为多恩布什观点的典型案例。因为本节为了保证模型的概念清晰，我们将注意力完全集中在名义刚性上，并忽略与货币贬值相关的其他潜在变量(如可信度问题)。通过这个模型我们将发现，当经济体受到负向实际冲击时采取货币贬值是最优的。

专栏 8.3　货币贬值还是不贬值？这本身是一个问题

1987 年 12 月，墨西哥的年通货膨胀率达到 160%。对此，墨西哥政府最初采取了基于稳定化的汇率政策，包括固定汇率、收入和工资的政策。正如预期的那样——在第13 章中会展开详细分析——基于稳定化的汇率政策导致实际货币剧烈升值(见图 8.8)。到 1994 年 4 月，伴随着持续实际升值出现的经济增长缓慢和经常项目赤字扩大，使得整个稳定战略受到质疑。此外，对比索的投机攻击和利率大幅上升被视为未来出现危机的不祥迹象。

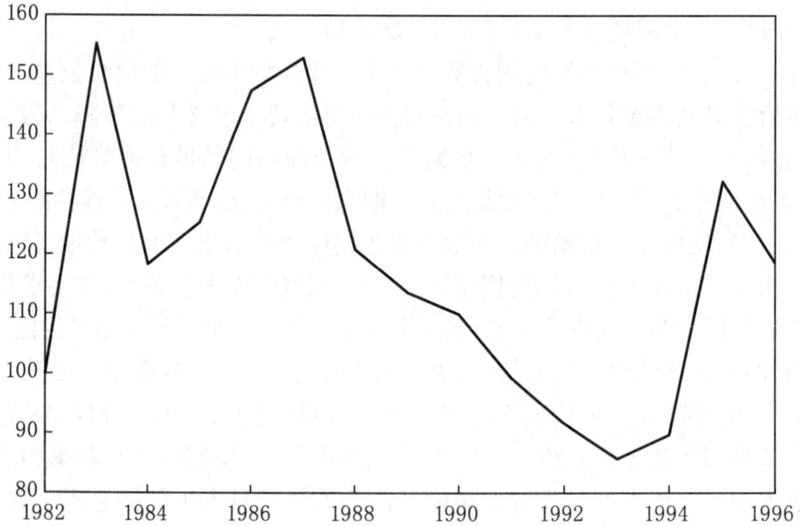

图 8.8　实际有效汇率(1982 年＝100)

资料来源：墨西哥中央银行。

① 这个模型是 Lahiri 和 Végh(2002)的简化版。参见 Barro 和 Grossman(1971)的一个对非均衡模型更早且更有影响力的贡献。

当时对墨西哥局势的评价存在两个鲜明对比，引起公众激烈的讨论。一方面，一些经济观察者特别是政府提出的观点是，实际货币升值只是反映了由改革(包括财政和贸易领域的)而产生的均衡现象，以及基于汇率稳定计划而产生的财富效应。这种观点的逻辑推论是，不需要任何政策补救办法。另一方面，很多经济学家认为，经济并未达到均衡，即使他们认同改革带来的好处——经济自由化以及北美自由贸易协定(NAFTA)的成立，但他们指出这种稳定性计划使得国内货币被高估，可以并且应该修正这种政策错误。这一派观点的代表是鲁迪格·多恩布什联合艾伦杰登·维纳(Alejandro Werner)撰写的论文。他们认为，基于稳定化的汇率政策与收入政策的互动导致货币价值被高估。使用与第12章将被使用的黏性—通货膨胀模型相类似的模型，他们认为固定名义汇率会立即降低名义利率。然而，通货膨胀的惯性意味着通货膨胀只会随时间的推移而逐步下降，并导致货币的实际升值。此外，实际利率下降会迫使总需求增加，并加剧货币的升值。在多恩布什以及维纳看来，这种实际升值会减缓经济增长并加剧失业。他们认为政策补救方法是明显的：货币贬值率一次性达到20%，这将缓解货币实际升值。

Guillermo Calvo(p.303)强烈反对多恩布什-维纳论文的观点："在我看来，这不是实施多恩布什-维纳货币贬值的时候。经济一直保持的'良好'均衡可能因此一夜之间消失"。在卡尔沃(Calvo)看来，墨西哥最大的问题是政府政策缺乏可信度，这将产生如第7章所描述的那种消费繁荣—萧条周期。因此，他认为在这种情况下，实际工资应该下降，货币应该在萧条期进行实际贬值。然而，价格-工资刚性的下降可能导致更高的失业和产能过剩。多恩布什和维纳提出的货币贬值可以在短期内解决过度升值问题，但也会导致未来更加显著的货币升值和通货膨胀。用卡尔沃的说法就

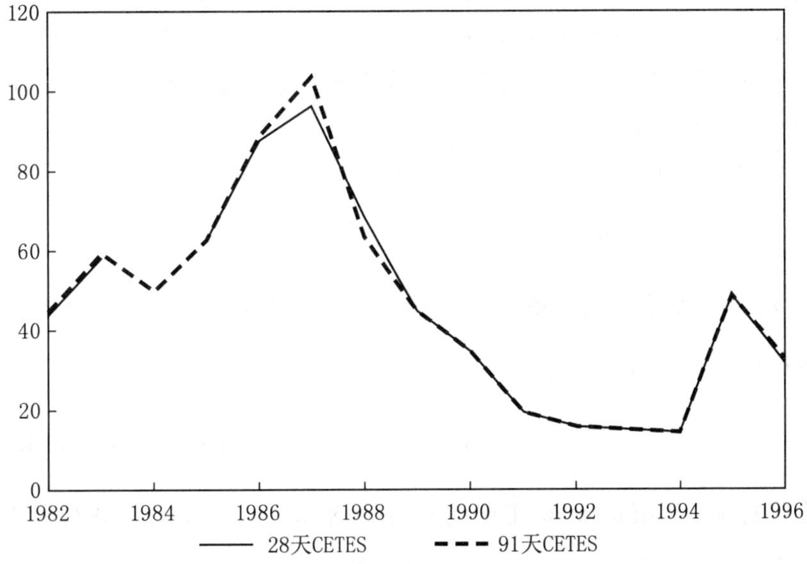

图 8.9 CETES 收益(百分比)

资料来源：OECD数据库。

是(p.301),“政府会显示他们对自由裁量政策的解读,人们可能会相信它会再次发生。因此,引发当前错误的相同机制将再次启动”。

1994年12月,墨西哥将比索贬值了15%。贬值引起了大风暴:由于墨西哥国内储备金在货币贬值前很低,因此当比索贬值后墨西哥立即遭到攻击,导致储备金大幅度下降。政府几乎立即被迫采取浮动汇率政策。从1994年底到1995年初,比索贬值了近80%,而CETES(墨西哥短期国债)的收益率增加了3倍多(参见图8.9)。不可避免的结论是卡尔沃的观点是对的。诸如8.6节中忽略可信度问题的模型可能会开出错误的政策处方。

为了简化描述,我们将考虑一个单一商品模型,因而把不可贸易商品抽象掉。然而,我们将在模型中引入劳动/闲暇选择,从而将产出内生化。一价定律适用于单一商品(即$P_t=E_tP_t^*$)。没有外国通货膨胀,为了简化符号,国外名义价格被视为是一单位(即$P^*=1$)。因此$P_t=E_t$(除非另有说明,否则符号与上述相同)。经济在预定汇率制下运行,为了简单起见,货币贬值率被认为是零(即汇率是固定的)。

8.6.1 家庭

给定偏好如下:

$$\int_0^{\infty}\{\log[c_t-\phi(\ell_t^s)^{\nu}]+\log(m_t)\}\exp(-\beta t)\mathrm{d}t,\ \phi>0,\ \nu>1 \tag{8.48}$$

这里的c_t表示可贸易商品的消费量(可贸易商品是世界上唯一存在的商品),ℓ_t^s表示劳动供给,m_t表示实际货币余额($m_t=M_t/E_t$),ϕ和ν是两个参数。①这就是所谓的GHH偏好,由Greenwood, Hercowitz和Huffman(1988)提出的一种偏好类型。这种偏好的一个特征是,其产生的劳动供给函数只取决于实际工资。换言之,闲暇不带来财富效应,这使得模型的求解难度大大降低。②

家庭的流量预算约束由下式给出:

$$\dot{a}_t=ra_t+w_t\ell_t^s+\tau_t+\Omega_t-c_t-i_tm_t \tag{8.49}$$

这里,$a_t(\equiv m_t+b_t)$表示实际金融财富,$w_t\left(\equiv\dfrac{W_t}{E_t}\right)$表示实际工资,$\Omega_t$表示企业分红(这部分分红归家庭所有)。家庭终身约束为:

$$a_0+\int_0^{\infty}(w_t\ell_t^s+\Omega_t+\tau_t)\exp(-rt)\mathrm{d}t=\int_0^{\infty}(c_t+i_tm_t)\exp(-rt)\mathrm{d}t \tag{8.50}$$

家庭在终身预算约束式(8.50)的限制下,通过选择$\{c_t,\ \ell_t^s,\ m_t\}_{t=0}^{\infty}$来最大化式(8.48)。

① 在这个模型中,区分劳动供给和劳动需求至关重要,因为如下文将会详细讨论的那样,劳动力市场可能处于不平衡状态(即并不是在所有时间点上劳动供给都等于劳动需求)。

② 读者可能还记得,我们已经在第1章习题6中遇到过这样的偏好。

对应的拉格朗日方程为：

$$\mathcal{L}=\int_0^{\infty}\{\log[c_t-\phi(\ell_t^s)^{\nu}]+\log(m_t)\}\exp(-\beta t)\mathrm{d}t$$
$$+\lambda\left[a_0+\int_0^{\infty}(w_t\ell_t^s+\Omega_t+\tau_t)\exp(-rt)\mathrm{d}t-\int_0^{\infty}(c_t+i_tm_t)\exp(-rt)\mathrm{d}t\right]$$

关于 c_t、ℓ_t^s 以及 m_t 的一阶条件分别由下式给出：

$$\frac{1}{c_t-\phi(\ell_t^s)^{\nu}}=\lambda \tag{8.51}$$

$$\frac{\phi\nu(\ell_t^s)^{\nu-1}}{c_t-\phi(\ell_t^s)^{\nu}}=\lambda w_t \tag{8.52}$$

$$\frac{1}{m_t}=\lambda i_t \tag{8.53}$$

条件式(8.51)是在没有跨期扭曲的模型中我们已经碰到过；这个条件表明，沿着完全预期均衡路径，消费的边际效用将不变。然而，在目前的形式中，消费的边际效用取决于劳动供给。因此平滑的消费不一定会得到。①

将式(8.51)代入式(8.52)，可以得到：②

$$\phi\nu(\ell_t^s)^{\nu-1}=w_t \tag{8.54}$$

要得到劳动供给函数，我们可以通过求解上式中的 ℓ_t^s：

$$\ell_t^s=\left(\frac{w_t}{\phi\nu}\right)^{1/\nu-1} \tag{8.55}$$

正如我们预期的那样，劳动供给取决于实际工资水平 w_t。劳动供给是实际工资水平的增函数，且弹性为 $1/(\nu-1)$。

结合式(8.51)和式(8.53)可以得到货币需求的表达式为：

$$m_t=\frac{c_t-\phi(\ell_t^s)^{\nu}}{i_t} \tag{8.56}$$

GHH 偏好产生了一个非标准化的货币需求，因为规模变量是消费扣除劳动的负效用。

8.6.2 供给侧

企业通过下述技术生产可贸易商品：

$$y_t=\psi(\ell_t^d)^{\alpha},\ \psi>0,\ 0<\alpha<1 \tag{8.57}$$

---

① 读者可能会记得，这一点在第 1 章习题 6 中也提到过。

② 在这个非均衡模型中——下文会详细说明——实际就业可以与劳动供给不一致，在这种情况下一阶条件式(8.52)不成立，因此条件式(8.54)将不成立。

这里的 ℓ^d 表示劳动需求，φ 和 α 是参数。

代表性企业的利润是：

$$\Omega_t = y_t - w_t \ell_t^d \tag{8.58}$$

将式(8.57)代入式(8.58)可以得到：

$$\Omega_t = \psi(\ell_t^d)^\alpha - w_t \ell_t^d \tag{8.59}$$

企业选择 ℓ_t^d 来最大化式(8.59)，一阶条件是：

$$\psi\alpha(\ell_t^d)^{\alpha-1} = w_t \tag{8.60}$$

有效率的生产要求劳动的边际产出等于实际工资。根据式(8.60)求解出 ℓ_t^d，可得到劳动需求函数：

$$\ell_t^d = \left(\frac{\alpha\psi}{w_t}\right)^{1/(1-\alpha)} \tag{8.61}$$

劳动需求是实际工资的减函数，这是因为实际工资越高，企业便会减少劳动以提高边际生产率。

8.6.3 劳动市场

模型的关键变化发生在劳动市场。为了便于讨论，图 8.10 展示了劳动市场的变化。由式(8.61)给出的劳动需求函数是实际工资的递减函数，而由式(8.55)给出的劳动供给函数是实际工资的递增函数。①作为基准，我们将首先讨论弹性工资情形，然后转向黏性工资情形。

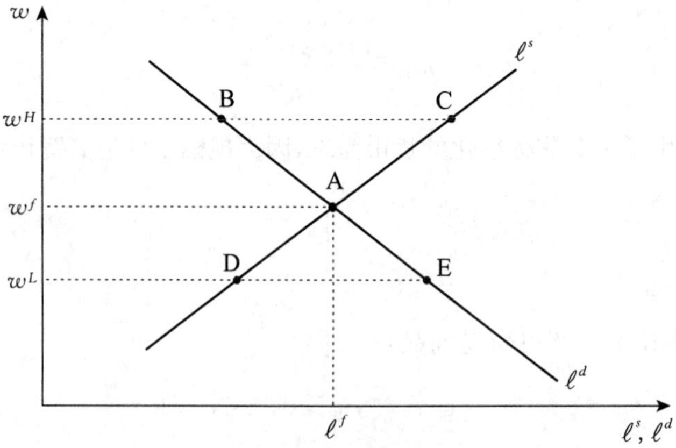

图 8.10 劳动市场

① 为了使图象更具说明力，两个函数都采用线性表达式。

弹性工资

在这个模型的弹性工资版本中，劳动市场均衡要求：

$$\ell_t^s=\ell_t^d$$

从图象上看，经济总是处于图 8.10 中的点 A。换句话说，经济总是处于充分就业状态，即所有愿意以当前实际工资水平工作的工人都被雇用。如图 8.10 所示，我们将用 ℓ_t^f 和 w_t^f 分别代表弹性工资均衡下劳动和实际工资值。正式地，借助式(8.55)和式(8.61)，我们可以得到：

$$\ell_t^f=\left(\frac{\psi\alpha}{\phi\nu}\right)^{1/(\nu-\alpha)} \tag{8.62}$$

根据式(8.62)和式(8.55)，均衡时的实际工资可以表示为：

$$w_t^f=(\alpha\psi)^{(\nu-1)/(\nu-\alpha)}(\phi\nu)^{(1-\alpha)/(\nu-\alpha)} \tag{8.63}$$

因此，在均衡时，实际工资和劳动都是生产率参数 ψ 的增函数。

黏性工资

如果名义工资是黏性的(即它是一个前定变量)，劳动市场不一定处于均衡状态。①这是因为在固定汇率下运行的经济体，名义工资的黏性意味着实际工资的黏性。为了说明劳动市场不均衡的概念，假设现行实际工资高于均衡时的实际工资，位于图 8.10 中的 w^H 位置。在这个点上，劳动供给(点 C)超过劳动需求(点 B)。从图形上看，劳动的超额供给由图 8.10 中的 BC 段表示。相反，假设现行实际工资低于均衡实际工资，位于图 8.10 中的 w^L 位置，在这个点上，劳动存在超额需求，由图 8.10 中 DE 段表示。

如果经济中存在超额的劳动供给或需求，那么实际就业是什么呢？我们作一个更自然的假设——也是在文献中被广泛接受的假设——市场优势在短期消失。具体来说，如果在短期劳动需求低于劳动供给，实际就业就由劳动需求决定(见图 8.10 中的点 B)。然而，如果劳动供给低于劳动需求，实际就业就由劳动供给决定(见图 8.10 中的点 D)。正式地，定义实际劳动为 ℓ_t^a，我们有：

$$\ell_t^a=\begin{cases}\ell_t^f & \text{当 } \ell_t^d=\ell_t^s \\ \ell_t^d & \text{当 } \ell_t^d<\ell_t^s \\ \ell_t^s & \text{当 } \ell_t^d>\ell_t^s\end{cases}$$

作为结果，如果实际工资为 w^H，就意味着有非自愿失业存在，因为并非所有愿意在现行工资下就业的人都能就业(即 $\ell_t^a<\ell_t^s$)；如果实际工资是 w^L，那么企业就无法在现行的工资水平下雇用到所需的劳动数量(即 $\ell_t^a<\ell_t^d$)。在任何一种情况下，劳动市场都是非均衡的，因为需求和供给是不相等的。当然，这也等于说实现劳动市场均衡的两个边际条件

① 为了使我们的想法更加完善，我们将假定名义工资上涨和下降都是有黏性的。与此对应的假设是名义工资下降是黏性的，而名义工资的上涨不是。在这种情形下，对于经济体对任何均衡状态下实际工资增加要求的冲击作反应时，黏性工资将不是一个紧约束。

中总有一个是得不到满足的。如果 $\ell_t^a=\ell_t^d<\ell_t^s$，那么企业总是能根据其需求曲线运行[即满足边际条件式(8.60)]，但是家庭却不在劳动供给曲线上[即条件式(8.54)不成立，因为在 ℓ_t^a 处评估的劳动边际负效用要低于实际工资]。相反，如果 $\ell_t^a=\ell_t^s<\ell_t^d$，那么家庭在其劳动供给曲线上运行，而企业并未在其需求曲线上运行(在 ℓ_t^a 处估计的劳动边际生产率超过实际工资)。

最后，我们需要问的是：如果劳动市场是不均衡的，如何调整才能使劳动市场达到均衡？关于劳动市场调整的一个自然的假设是，名义工资会根据现行实际工资与充分就业时的实际工资水平的偏差进行调整：

$$\dot{W}_t=\eta\left(w^f-\frac{W_t}{E_t}\right),\ \eta>0,\text{给定 } W_0 \tag{8.64}$$

因此，如果现行的实际工资高于充分就业时的水平(即 $W_t/E_t>w^f$)，名义工资会随着时间的推移而下降。背后的想法是，超额劳动供给会导致名义工资逐步下降，从而使得失业的工人越来越愿意在更低的名义工资水平下就业。反之，如果现行的实际工资低于充分就业时的水平(即 $W_t/E_t<w^f$)，因此存在对劳动的超额需求，名义工资会随着时间的推移而上升，表明企业面对紧缺的劳动市场愿意支付更高的名义工资。

8.6.4 政府

政府预算约束与我们上文模型中一致，依旧参考式(8.13)和式(8.14)。

8.6.5 均衡条件

给定资本完全流动，且汇率固定不变，可以得到：

$$i_t=r \tag{8.65}$$

加总家庭和企业的约束之前，我们首先需要考虑当劳动市场处于非均衡状态时，与家庭工资收入或企业的生产目的相关的劳动变量是 ℓ_t^a。因此，我们可以用 ℓ_t^a 代替家庭预算约束式(8.49)中的 ℓ_t^s，以及可以用 ℓ_t^a 代替企业利润式(8.59)中的 ℓ_t^d，结合两个条件得到：

$$\dot{a}_t=ra_t+\psi(\ell_t^a)^\alpha+\tau_t-c_t-i_tm_t$$

将上式与政府的流量约束——由式(8.13)给出——结合在一起可以得到：

$$\dot{k}_t=rk_t+\psi(\ell_t^a)^\alpha-c_t$$

其中 $k_t\equiv b_t+h_t$。

将上式不断朝前迭代，并施加合适的横截性条件，我们可以得到经济的资源约束：

$$k_0+\int_0^\infty\psi(\ell_t^a)^\alpha\exp(-rt)\mathrm{d}t=\int_0^\infty c_t\exp(-rt)\mathrm{d}t \tag{8.66}$$

8.6.6 初始的稳态均衡

考虑一个初始的完全预期均衡路径，在这个路径上经济是充分就业均衡的。均衡时的劳动与实际工资都不随时间的推移而发生变化，并且各自由式(8.62)和式(8.63)给出。根据式(8.57)可以得到充分就业时的产出为：

$$y^f=\psi(\ell^f)^\alpha \tag{8.67}$$

根据资源约束式(8.66)，可以推出充分就业时的消费为：

$$c^f=rk_0+\psi(\ell^f)^\alpha \tag{8.68}$$

最后，我们可以根据式(8.56)和式(8.65)，推出实际货币需求：

$$m^f=\frac{c^f-\phi(\ell^f)^\nu}{r} \tag{8.69}$$

8.6.7 生产率的永久性下降

假设经济在 $t=0$ 之前就处于上文描述的充分就业下的稳定均衡状态，在时点 0 生产率参数 ψ 出现一个未预期的永久性下降。作为参考基准，我们首先分析在浮动工资下会怎样进行调整，继而再分析黏性工资下的情形。

浮动工资

正如式(8.61)清楚显示的那样，当给定实际工资水平时，ψ 下降会使得劳动需求减少。从图 8.11 中可以看到，初始均衡状态位于点 A。生产率下降使劳动需求向左移动[从 ℓ^d 到 $(\ell^d)'$]。劳动市场瞬间从初始均衡状态点 A 调整到新的均衡状态点 B，在点 B 处实际工资 $(w^f)'$ 和就业 $(\ell^f)'$ 都处于原水平之下。由于汇率不变，实际工资下降是由名义工资 W 的下降而实现的。产出和消费均下降，正如式(8.67)和式(8.68)显示的那样(从图 8.12 的实线可以看出这种调整)。

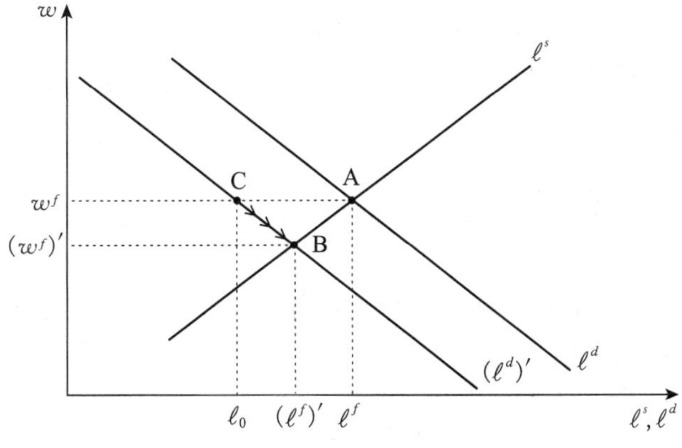

图 8.11 劳动市场：生产率下降

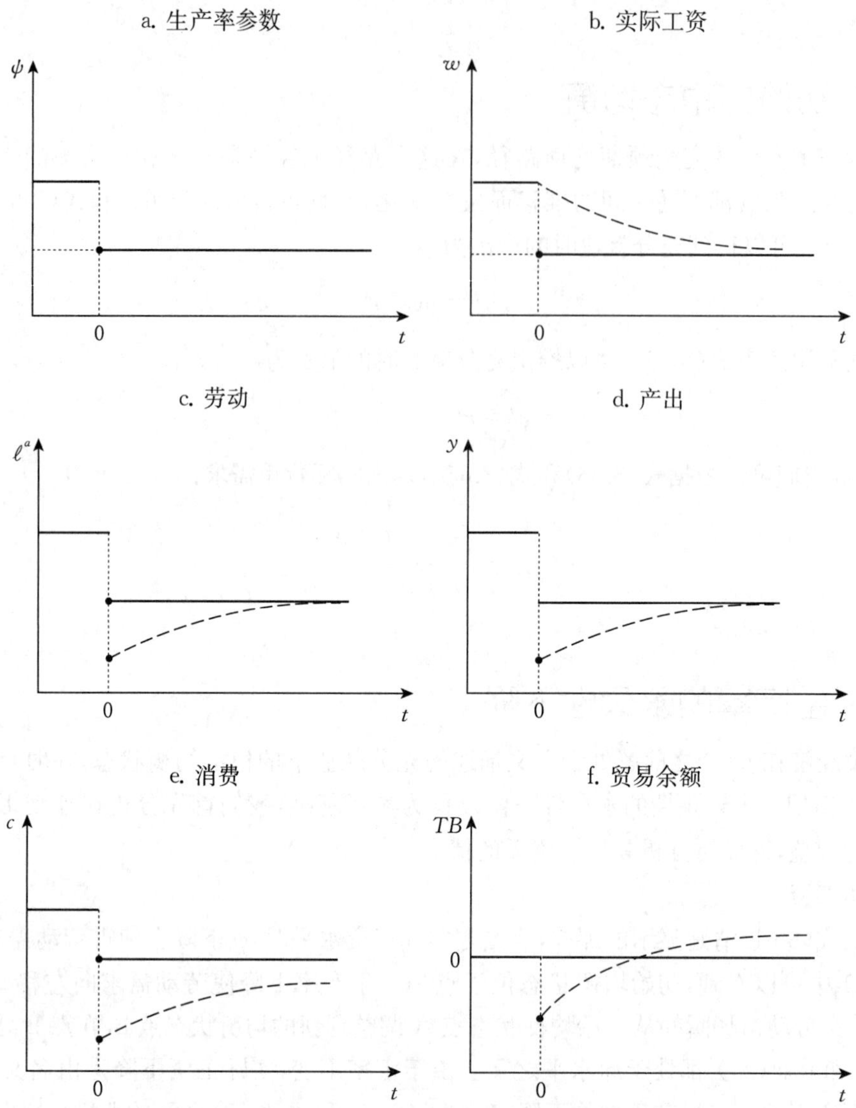

图 8.12 生产率的永久性下降

注:实线表示弹性工资下的调整,虚线表示黏性工资下的调整。

尽管如下想法是符合直觉的,即作为对消费下降的反应,实际货币需求应该下降,但从式(8.69)中并不能简单地推导出这一点。要正式地证明这一点,我们利用式(8.68)来计算当 ψ 有细微变化时 $c^f-\phi(\ell^f)^\nu$ 的变化,有:

$$\frac{\mathrm{d}[c^f-\phi(\ell^f)^\nu]}{\mathrm{d}\psi}=(\ell^f)^\alpha+\frac{\mathrm{d}\ell^f}{\mathrm{d}\psi}[\psi\alpha(\ell^f)^{\alpha-1}-\phi\nu(\ell^f)^{\nu-1}]$$

上述等式右边方括号中的部分只是劳动边际生产率和劳动边际负效用的差额,这在浮动工资下始终为零。因此:

$$\frac{\mathrm{d}[c^f-\phi(\ell^f)^\nu]}{\mathrm{d}\psi}=(\ell^f)^\alpha>0 \tag{8.70}$$

直觉上，这是一个包络条件，它说明在最优时，受产出生产率下降的直接影响，劳动负效用的净消费值会下降。因为在边际上，有效率的生产总是意味着劳动的边际生产率要等于劳动的边际负效用。根据式(8.70)可以推知实际货币需求会下降。

最后，我们要证明的是，正如可以预期的那样，福利也会因此下降。给定式(8.69)以及经济体从一个稳态跳跃到另一个稳态的表现，我们可以从式(8.48)中推断出福利的变化取决于 $c^f-\phi(\ell^f)^\nu$ 的变化。因为我们已经证明 $c^f-\phi(\ell^f)^\nu$ 会下降，因此福利肯定是下降的。

黏性工资

现在假设名义工资是黏性的。因为经济在固定汇率下运行，实际工资在冲击下不发生变化。因此，在冲击下，该经济位于图 8.11 中的点 C。在现行工资水平 w^f 下，劳动存在超额供给，实际就业量 ℓ^a 总是取决于给定的劳动需求水平 ℓ_0。因此，我们可以发现存在黏性名义工资的情形下，负向的供给冲击会导致非自愿失业出现，其数量为图 8.11 中的 CA 段。

名义工资会随着时间的推移如何变化呢？在 $t=0$ 时点，根据式(8.64)，我们可以得到：

$$\dot{W}_0=\eta\left[(w^f)'-\frac{W_0}{E}\right]<0$$

名义工资在时点 0 开始下降，并随着时间的推移不断下降。由于汇率是固定的，实际工资虽然在受到冲击时不发生变化，但随着时间的推移将下降到充分就业水平(见图 8.12b)。由于实际工资随着时间的推移而下降，实际就业将继续由市场中短缺的一方决定。根据图 8.11，这意味着实际就业随时间推移将沿着带箭头的路径从点 C 向点 B 增加，名义工资将随时间推移而下降。正式地，从式(8.61)中可以推出：

$$\dot{\ell}_t^a=\dot{\ell}_t^d=-\frac{\ell_t^d}{(1-\alpha)w_t}\dot{w}_t>0$$

劳动的变化路径由图 8.12c 给出。因此，在冲击下，就业下降幅度大于在弹性工资下的下降幅度。给定生产函数式(8.57)，产出变化路径与劳动变化路径一致(见图 8.12d)。因此，产出的初始下降幅度在黏性工资下也要比在弹性工资下更大。

现在让我们来关注消费的变化。①根据一阶条件式(8.51)以及劳动随着时间的推移而增加的事实，可以推出消费也随时间的推移而增加：

$$\dot{c}_t=\phi\nu(\ell_t^a)^{\nu-1}\dot{\ell}_t^a>0 \tag{8.71}$$

要发现消费在冲击下的变化，我们需要关注资源约束。图 8.12d 所示的产出变化路径表示，产出的折现值会下降。因此，消费既不能增加也不会保持不变，如果这样发展，消费的折现值将增加，这会违背资源约束。因此，我们得出消费在冲击下会下降的结论。图 8.12e 绘

① 在黏性工资下，考虑家庭最优问题的一种方法是，家庭现在采取图 8.12 所示的劳动路径，并且最优地选择消费和实际货币余额[参见 Barro 和 Grassman(1971)的详细论述]。

制了消费的变化路径。①

贸易余额如何变化呢？根据定义，$TB_t=y_t-c_t$。因此，考虑式(8.57)和式(8.71)，我们可以得到：

$$\dot{TB}_t=[\psi\alpha(\ell_t^a)^{\alpha-1}-\phi\nu(\ell^a)^{\nu-1}]\dot{\ell}_t^a>0 \tag{8.72}$$

这里的正负号是根据图8.11点C(以及沿着箭头路径CB的其他任何点)决定的，劳动的边际生产率要比劳动边际负效用更大。贸易余额随时间的推移而改善。因此，在冲击下，贸易余额一定会下降。如果它在受冲击时仍没有改变或出现增加——因为它随后会随着时间的推移而增加——那么将违背资源约束条件。贸易余额的变化路径如图8.12f所示(假设$k_0=0$)。由此可知，必然有一些平滑性消费会发生，因为贸易赤字在早期当产出处于最低点时达到最大。

接着我们来关注实际货币余额均衡的运动路径，根据式(8.56)和式(8.65)可以得到：

$$m_t=\frac{c_t-\phi(\ell_t^a)^\nu}{r} \tag{8.73}$$

根据一阶条件式(8.51)我们知道沿着新的完全预期均衡路径，$c_t-\phi(\ell_t^a)^\nu$将保持不变。此外，如附录8.8.2所示，在受冲击时，$c_t-\phi(\ell_t^a)^\nu$会下降。因此，实际货币需求在受冲击时也会下降，并在此后维持在该水平不变。

最后，我们一起来讨论福利问题。有一点是很明显，即经济在黏性工资下的调整要比在弹性工资下的调整代价更昂贵。事实上，由于弹性工资下不存在任何形式的扭曲，因此经济的调整是最优的反应。换言之，给定经济出于较弱的状态，最优的方式是立即进行调节。可以证明在黏性名义工资下作出的调整——这种调整是偏离了最优调整的——一定是代价更昂贵的。

我们很容易正式验证，在黏性工资下的福利损失要比弹性工资下的损失大。正如在附录8.8.2中证明的那样，相比于弹性工资，$c_t-\phi(\ell_t^a)^\nu$在黏性工资下会减少得更多。给定式(8.48)和式(8.73)，福利水平直接取决于$c_t-\phi(\ell_t^a)^\nu$。因此，$c_t-\phi(\ell_t^a)^\nu$越低，福利水平也将越低。

8.6.8 最优贬值

如图8.12所示，我们可以从分析中得出结论，黏性名义工资干扰了经济体对负面冲击的最优调整。由于生产率永久性下降，经济体变得更加贫穷，最优调整应该是立即减少实际工资(从图8.11中的点A到点B)，这可以确保充分就业继续维持(考虑到此时经济处于一个更低的生产率水平，因而充分就业也会维持在一个更低的水平)。在固定汇率制下，实际工资的调整应通过名义工资的下降来进行。通过妨碍实际工资的调整，工资的黏性

① 为了证明消费在结束时会位于充分就业的水平之下，注意，正如在附录8.8.2给出证明的那样，净消费[即$c_t-\phi(\ell_t^a)^\nu$]沿着完全预期均衡路径是固定不变的，且在黏性工资下要比在弹性工资下更低。由于不管在什么情况下劳动最终都趋于同一个值，因此，在长期中，消费一定是在黏性工资下比在弹性工资下更低。

导致经济遭受一个更昂贵的调整。事实上，经济必须经历长期失业才能最终达到长期均衡。作为结果，福利也要比在弹性工资下更低。

政策制定者可以做些什么来缓解在黏性工资下的经济调整吗？他们当然可以。当经济受到负向冲击时，可以通过货币贬值来淡化冲击。如图 8.11 所示，政策制定者可以将实际工资从 w^f 降低到 $(w^f)'$，即便是在黏性工资下经济也能从点 A 变到点 B。实际工资下降是通过货币贬值而不是通过名义工资下降来实现的。很明显，货币贬值是对这种负面冲击最优的反应，因为它可以使经济表现出如在弹性工资下受到负面冲击时相似的结果。①

即便在受到负面冲击时政策制定者没有立刻作出让货币贬值的决定，当经济体在图 8.11 中所示的从点 C 到点 B 调整的任何一个时点采取货币贬值政策，从而将经济体直接调整到点 B，而不是让其调整顺其自然进行也仍将是最优调整。沿着图 8.11 中的 CB 段进行调整时，经济体通常处于低产出和（初始）贸易赤字状态，常常被认为是需要进行离散化货币贬值的症状。为了使货币贬值的效果处于最优情形，我们的分析忽视了现实中的许多重要方面，如可信度问题等，而这些问题在实践中可能发挥重要的作用（参见专栏 8.3）。②

8.7 总结性评论

本章通过引入黏性价格揭开了附在第 5 章模型上的面纱，黏性价格是目前开放经济模型中最常见的一种摩擦。在这样的背景下，货币供应量或增长率的永久性增长总是扩张性的，因为它们引发了更高的总需求和产出。黏性价格还使我们客观分析名义汇率的高波动性（即调节过度现象）。同样地，货币贬值会导致更高的产出和消费，这与第 6 章模型表现出的货币贬值会降低消费和总产出相反。我们还研究了黏性工资的非均衡模型，这是一个稍复杂的理论建构，但能使我们对有名义刚性的世界进行更具洞察力的解读。特别地，我们还发现面对负向的冲击，需要适当地进行国内货币贬值。

本章也结束了我们对货币模型的修正。我们在第 5 章中研究了基本的货币模型——在这个模型中货币是面纱——然后通过抽象掉有息债券（第 6 章）揭开了面纱，继而引入了名义利率和消费之间的联系（第 7 章）以及与黏性价格之间的联系（第 8 章）。我们现在要转到本书的第三部分，在这部分中，我们将把之前所有的工具运用于分析重要的宏观经济政策问题。

---

① 出于同样的理由，我们很容易发现，在浮动汇率制下，即便是在黏性工资下，经济仍会立即从 A 点调整到 B 点。这表明在一个具有名义刚性的世界——作为对实际冲击的反应——浮动汇率制比固定汇率制更好。我们将在第 11 章关于最优汇率制度中详细研究这些问题。请注意，当经济处于稳态，名义汇率发生变化（贬值或升值）将总是导致劳动和产出下降，如本章习题 3 所分析的那样。

② 通过这个简单的模型，我们可以捕捉到希腊在 2012 年初政策困境的本质。我们可以想象，当时的希腊处于点 C 和点 B 之间。它的实际工资太高了（正如金融媒体所描述的那样，希腊是“没有竞争力的”），阻止希腊退出欧元区也就阻止了其实行货币贬值的政策，希腊需要经历一个痛苦的低产出和高失业期，然后才能达到充分就业均衡（点 B）。然而，离开欧元区也可能由于可信度问题而带来无法预期的后果。

8.8 附录

8.8.1 Calvo(1983)的交错价格

Calvo(1983)在 Taylor(1979, 1980)和 Fischer(1977)研究的基础上建立了一个连续时间视角下很有用的交错价格模型。假设在[0, 1]区间上有大量(技术上是一个连续统)的企业。企业总数等于1。每个企业都以零的可变成本生产一种不可储存也不可贸易的商品,其数量是由需求决定的。每个企业只有在收到随机价格信号时才能改变其价格。接收信号的概率服从指数分布。当企业改变其价格时,它会考虑预期平均价格和在该价格水平下预期的超额总需求。

从现在起 j 个时期内,接收到价格信号的概率为 $\delta e^{-\delta j}$,其中 $\delta>0$。企业定价规则假定由式(8.74)给出:

$$\log(V_t)=\delta\int_t^{\infty}[\log(P_s^N)+\omega A_s]\exp(-\delta(s-t))\mathrm{d}s,\ \omega>0 \tag{8.74}$$

其中,V_t 是时点 t 的商品报价,P_s^N 表示不可贸易商品的价格(下文我们会给出定义),A_s 表示超额总需求,用 ω 表示一个刻画价格规则对总需求反应灵敏度的参数。注意,假如有未预期的变化出现,比如说 A 突然出现变化,V_t 是可以发生跳跃的。

不可贸易商品价格水平(对数)被定义为当前报价的加权平均值。因此:

$$\log(P_t^N)=\delta\int_{-\infty}^{t}\log(V_s)\exp(-\delta(t-s))\mathrm{d}s \tag{8.75}$$

一个重要的信息是,不同于 V_t,P_s^N 是前定变量,因为它是通过过去的报价给定的。P_t^N 和 A_t 是在均衡路径上需要唯一确定的变量,而 V_t 是关于时间的连续函数。让式(8.75)对时间求导数(并使用莱布尼兹法则),可以推导出:

$$\pi_t=\delta[\log(V_t)-\log(P_t^N)] \tag{8.76}$$

其中,$\pi_t\equiv\dot{P}_t^N/P_t^N$。注意,$A_t$ 如果发生可预期的变化并不会影响 π_t。换言之,沿着完全预期的均衡路径,π_t 也将是关于时间的连续函数。

在任意时间点 A_t 是连续的,我们能对式(8.47)进行微分而得到(再次利用莱布尼兹法则):

$$\frac{\dot{V}_t}{V_t}=\delta[\log(V_t)-\log(P_t^N)-\omega A_t] \tag{8.77}$$

从式(8.76)和式(8.77)中可以推得(在任意时间点 A_t 是连续的):

$$\dot{\pi}_t=-\theta A_t \tag{8.78}$$

其中,$\theta\equiv\delta^2\omega>0$。因此,式(8.78)是一个更"高阶"逆菲利普斯曲线,它表明通货膨胀率的变化与超额需求负相关。

8.8.2 黏性工资模型

本附录将分析当生产率参数 ψ 出现永久性下降，$c_t-\phi(\ell_t^a)^\nu$ 将如何反应。一阶条件式(8.51)——用 ℓ_t^a 替代 ℓ_t^s——显示 $c_t-\phi(\ell_t^a)^\nu$ 在新的完全预期均衡路径上将保持不变。要确定其水平，我们需要计算 $c_t-\phi(\ell_t^a)^\nu$ 的折现值。利用经济的资源约束条件，我们可以把折现值写成：

$$PDV\equiv\int_0^\infty[c_t-\phi(\ell_t^a)^\nu]\exp(-rt)\mathrm{d}t=k_0+\int_0^\infty[\psi(\ell_t^a)^\alpha-\phi(\ell_t^a)^\nu]\exp(-rt)\mathrm{d}t$$

然后我们来关注表达式 $\psi(\ell_t^a)^\alpha-\phi(\ell_t^a)^\nu$ 的行为。根据式(8.72)，我们知道，在黏性工资情况下，这个表达式会随时间的推移而增加。此外，我们知道在新的稳态均衡下，无论是在黏性工资还是弹性工资情况，这个表达式的最终结果都是一样的。因此，在黏性工资下必然会出现这样的情形：该表达式在时点 0 下降，然后随时间的推移而增加。由此可见，上述折现值在弹性工资下必须比在黏性工资下更高。这反过来意味着 $c_t-\phi(\ell_t^a)^\nu$——这无论在弹性工资还是黏性工资下都是恒定的——在黏性工资下要比在弹性工资下下降更多。从式(8.73)可以看出，m_t 会下降，事实上，这种下降在黏性工资下也要比在弹性工资下更多。

习　　题

1. (货币增长率的暂时性下降)本习题目的在于表明正文中建立起来的黏性价格模型能够解释"滞胀"现象(即，高通货膨胀率和低于充分就业水平下的产出共存现象)。

   在 8.2 节发展起来的模型背景下，分析货币增长率暂时性下降的影响。

2. (黏性价格模型中的财政政策)本习题将财政政策纳入本章所分析的黏性价格模型中，分别研究在浮动汇率制和预定汇率制下政府支出在不可贸易商品(用 g_t^N 表示)上出现永久性增加的效应。

   具体来说，假设偏好给定为：

$$\int_0^\infty[\log(c_t^T)+\log(c_t^N)+\log(m_t)]\exp(-\beta t)\mathrm{d}t$$

   消费者的跨期约束给定为：

$$a_0+\int_0^\infty\left(y_t^T+\frac{y_t^N}{e_t}+\tau_t\right)\exp(-rt)\mathrm{d}t=\int_0^\infty\left(c_t^T+\frac{c_t^N}{e_t}+i_tm_t\right)\exp(-rt)\mathrm{d}t$$

   政府的流量预算约束给定为：

$$\dot{h}_t=rh_t+\dot{m}_t+\varepsilon_tm_t-\tau_t-\frac{g_t^N}{e_t}$$

对应的跨期约束给定为：

$$h_0+\int_0^{\infty}(\dot{m}_t+\varepsilon_t m_t)\exp(-rt)\mathrm{d}t=\int_0^{\infty}\left(\frac{g_t^N}{e_t}+\tau_t\right)\exp(-rt)\mathrm{d}t$$

不可贸易商品的市场均衡要求：

$$y_t^N=c_t^N+g_t^N$$

模型的其余部分与正文中的一样。

在上述模型背景下：

(1) 分析在浮动汇率制下政府在不可贸易商品上的支出出现未预期的永久性增加的影响。

(2) 分析在预定汇率制下政府支出在不可贸易商品上出现未预期的永久性增加的影响。

(3) 解释为什么以上两种情形下的反应是一样的，其背后的经济学直觉是什么？你认为在偏好为非对数型时两者的结果还会一致吗？①

3. (黏性工资模型中的贬值/升值)在8.6节的黏性工资模型背景下，论证货币的贬值和升值(即，名义汇率的增加和减少)都会导致实际劳动和产出的下降。[Lahiri和Végh(2002)使用黏性工资模型的这个特征来考虑名义汇率波动的成本。]

参考文献

Agenor, Pierre-Richard. 1991. Output, devaluation and the real exchange rate in developing countries. *Review of World Economics* 127(1):18—41.

Agenor, Pierre-Richard, and Peter J. Montiel. 1999. *Development macroeconomics*, 2nd ed. Princeton: Princeton University Press.

Alvarez, Luis J., and Ignacio Hernando. 2006. Price setting behaviour in Spain. Evidence from consumer price micro-data. *Economic Modelling* 23(4):699—716.

Aucremanne, Luc, and Emmanuel Dhyne. 2004. How frequently do prices change? Evidence based on the micro data underlying the Belgian CPI. ECB Working Paper 331. European Central Bank, Frankfurt.

Baharad, Eyal, and Benjamin Eden. 2004. Price rigidity and price dispersion: Evidence from micro data. *Review of Economic Dynamics* 7(3):613—641.

Barro, Robert J., and Herschel I. Grossman. 1971. A general disequilibrium model of income and employment. *American Economic Review* 61(1):82—93.

Barros, Rebecca, Marco Bonomo, Carlos Carvalho, and Silvia Matos. 2009. Price setting in a

① 事实上，数据表明，在预定汇率制和浮动汇率制下，产出的反应不同(参见Ilzetzki, Mendonza and Végh, 2010)。

variable macroeconomic environment: Evidence from Brazilian CPI. Unpublished paper. Getulio Vargas Foundation and Federal Reserve Bank of New York.

Baudry, Laurent, Hervé Le Bihan, Patrick Sevestre and Sylvie Tarrieu. 2007. What do thirteen million price records have to say about consumer price rigidity? *Oxford Bulletin of Economics and Statistics* 69(2):139—183.

Baumgartner, Josef, Ernst Glatzer, Fabio Rumler, and Alfred Stiglbauer. 2005. How frequently do consumer prices change in Austria? Evidence from micro CPI Data. ECB Working Paper 523. European Central Bank, Frankfurt.

Bils, Mark, and Peter Klenow. 2004. Some evidence on the importance of sticky prices. *Journal of Political Economy* 112(5):947—985.

Blinder, Alan S., Elie R. D. Canetti, David F. Lebow, and Jeremy B. Rudd. 1999. Asking about prices: A new approach to understanding price stickiness. *Review of Industrial Organization* 15(1):97—101.

Bunn, Philip, and Colin Ellis. 2009. Price-setting behaviour in the United Kingdom: A microdata approach. *Bank of England Quarterly Bulletin* 2009 Q1.

Buffie, Edward, and Yongkul Won. 2001. Devaluation and investment in an optimizing model of the small open economy. *European Economic Review* 45(8):1461—1499.

Calvo, Guillermo A. 1983. Staggered prices in a utility-maximizing framework. *Journal of Monetary Economics* 12(3):383—398.

Calvo, Guillermo A. and Carlos A. Végh. 1993. Exchange rate-based stabilisation under imperfect credibility. In Helmut Frisch and Andreas Worgotter, eds., *Open-Economy Macroeconomics*. London: Macmillan, 3—28.

Carlton, Dennis W. 1986. The Rigidity of Prices. *American Economic Review* 76(4):637—658.

Cavallo, Alberto. 2010. Scraped data and sticky prices: Frequency, hazards and synchronization. Mimeo. Harvard University.

Cavallo, Michele, Kate Kisselev, Fabrizio Perri, and Nouriel Roubini. 2004. Exchange rate overshooting and the costs of floating. Mimeo. New York University.

Cecchetti, Stephen. 1986. The frequency of price adjustment: A study of the newsstand prices of magazines. *Journal of Econometrics* 31(3):255—274.

Cespedes, Luis F., Roberto Chang, and Andres Velasco. 2004. Balance sheets and exchange rate policy. *American Economic Review* 94(4):1183—1193.

Chari, V.V., Patrick K. Kehoe, and Ellen R. McGrattan. 2002. Can sticky price models generate volatile and persistent real exchange rates? *Review of Economic Studies* 69(3):533—563.

Cooper, Richard N. 1971. Currency Devaluation in Developing Countries. Princeton: (Princeton University) Press.

Coricelli, Fabrizio, and Roman Horváth, 2010. Price setting and market structure: An empirical analysis of micro data. *Managerial and Decision Economics* 31(2—3):209—233.

Creamer, Kenneth, and Neil A. Rankin. 2008. Price setting in South Africa 2001—2007: Stylised facts using consumer price micro data. *Journal of Development Perspectives* 1(4): 93—118.

Dias, Daniel, Mónica Dias, and Pedro D. Neves. 2004. Stylised features of price setting behaviour in Portugal: 1992—2001. ECB Working Paper 332. European Central Bank, Frankfurt.

Díaz-Alejandro, Carlos F. 1963. A note on the impact of devaluation and the redistributive effect. *Journal of Political Economy* 71:577—580.

Dhyne, E., L. J. Álvarez, H. Le Bihan, G. Veronese, D. Dias, J. Hoffmann, N. Jonker, P. Lünnemann, F. Rumler and J. Vilmunen. 2006. Price changes in the euro area and the United States: Some facts from individual consumer price data. *Journal of Economic Perspectives* 20(2):171—192.

Dornbusch, Rudiger. 1976. Expectations and exchange rate dynamics. *Journal of Political Economy* 84(6):1161—1176.

Dornbusch, Rudiger, and Alejandro Werner. 1994. Mexico: Stabilization, reform, and no growth. *Brookings Papers on Economic Activity* 25(1994—1):253—316. (Includes discussions by Stanley Fisher and Guillermo Calvo.)

Edwards, Sebastian. 1986. Are devaluations contractionary? *Review of Economics and Statistics* 68(3):501—508.

Eichenbaum, Martin, Nir Jaimovich, and Sergio Rebelo. 2011. Reference prices, costs and nominal rigidities. *American Economic Review* 101(1):234—262.

Fabiani, Silvia, Angela Gattulli, Roberto Sabbatini and Giovanni Veronese. 2006. Consumer price setting in Italy. *Giornale degli Economisti e Annali di Economia* 65(1):31—74.

Fischer, Stanley. 1977. Long-term contracts, rational expectations, and the optimal money supply rule. *Journal of Political Economy* 85(1):191—205.

Fleming, Marcus J. 1962. Domestic financial policies under fixed and under floating exchange rates. *IMF Staff Papers* 9(3):369—379.

Gabriel, Peter, and Adam Reiff. 2010. Price setting in Hungary—a store-level analysis. *Managerial and Decision Economics* 31(2—3):161—176.

Gagnon, Etienne. 2009. Price setting during low and high inflation: Evidence from Mexico. *Quarterly Journal of Economics* 124:1221—1263.

Gouvea, Solange. 2007. Price rigidity in Brazil: Evidence from CPI micro data. Working Paper 143. Central Bank of Brazil, Brazilia.

Greenwood, Jeremy, Zvi Hercowitz and Gregory Huffman. 1988. Investment, capacity utilization, and the real business cycle. *American Economic Review* 78(3):402—417.

Gylfason, Thorvaldur and Michael Schmid. 1983. Does devaluation cause stagflation? *Canadian Journal of Economics* 16(4):641—654.

Gupta, Poonam, Deepak Mishra, and Ratna Sahay. 2007. Behavior of output during currency crises. *Journal of International Economics* 72(2):428—450.

Hansen, Bo William and Niels Lynggard Hansen. 2006. Price setting behavior in Denmark: A study of CPI micro data 1997—2005. Danmarks Nationalbank Working Paper 39. Copenhagen.

Hoffmann, Johannes and Jeong-Ryeol Kurz-Kim. 2006. Consumer price adjustment under the microscope: Germany in a period of low inflation. ECB Working Paper 652. European Central Bank, Frankfurt.

Ilzetzki, Ethan, Enrique Mendoza, and Carlos Végh. 2010. How big(small?) are fiscal multipliers? Working Paper 16479. National Bureau of Economic Research, Cambridge, MA.

Jonker, Nicole, Carsten Folkertsma, and Harry Blijenberg. 2004. Empirical analysis of price setting behaviour in the Netherlands in the period 1998—2003 using micro data. ECB Working Paper 413. European Central Bank, Frankfurt.

Kamin, Steven B., and Marc Klau. 1998. Some multi-country evidence on the effects of real exchange rates on output. Federal Reserve Board International Finance Discussion Paper 611.Washington, DC.

Kashyap, Anil. 1995. Sticky prices: New evidence from retail catalogs. *Quarterly Journal of Economics* 110(1):245—274.

Klenow, Peter, and Oleksiy Kryvtsov. 2008. State-dependent or time-dependent pricing: Does it matter for recent U.S. inflation? *Quarterly Journal of Economics* 123(3): 863—904.

Klenow, Peter, and Benjamin Malin. 2010. Microeconomic evidence on price setting. In Benjamin Friedman and Michael Woodford, eds. *Handbook of Monetary Economics* vol.313. Amsterdam: Elsevier North Holland, 181—231.

Kovanen, Arto. 2006. Why do prices in Sierra Leone change so often? A case study using micro-level price data. IMF Working Paper 06/53. International Monetary Fund. Washington D.C.

Krugman, Paul, and Lance Taylor. 1978. Contractionary effects of devaluation. *Journal of International Economics* 8(3):445—456.

Lahiri, Amartya, and Carlos A. Végh. 2002. Living with the fear of floating: An optimal policy perspective. In Sebastian Edwards and Jeffrey Frankel, eds., *Preventing Currency Crises in Emerging Markets*. Chicago: University of Chicago Press, 663—704.

Levy, Daniel, Mark Bergen, Shantanu Dutta, and Robert Venable. 1997. The magnitude of menu costs: Direct evidence from large U.S. supermarket chains. *Quarterly Journal of Economics* 112:791—825.

Lizondo, J. Saul, and Peter J. Montiel. 1989. Contractionary devaluation: An analytical overview. *IMF Staff Papers* 36(1):182—227.

Lünnemann, Patrick, and Thomas Y. Mathä. 2005. Consumer price behaviour in Luxembourg: Evidence from micro CPI data. Working Paper 541. European Central Bank, Frankfurt.

Magendzo, Igal L. 2002. Are devaluation really contractionary? Working Paper 82. Central Bank of Chile, Santiago.

Medina, Juan Pablo, David Rappoport, and Claudio Soto. 2007. Dynamics of price adjustment: Evidence from micro level data for Chile. Working Paper 432. Central Bank of Chile, Santiago.

Midrigan, Virgiliu. 2011. Menu-costs, multi-product firms and aggregate fluctuations. *Econometrica* 79:1139—1180.

Milesi-Ferretti, Gian Maria, and Assaf Razin. 2000. Current account reversals and currency crises: Empirical regularities. In Paul Krugman, ed., *Currency Crises*. Chicago: University of Chicago Press, 285—326.

Morley, Samuel A. 1992. On the effect of devaluation during stabilization programs in LDCs. *Review of Economics and Statistics* 74(1):21—27.

Mundell, Robert A. 1963. Capital mobility and stabilization policy under fixed and flexible exchange rates. *Canadian Journal of Economic and Political Science* 29(4):475—485.

Mundell, Robert A. 1964. A reply: Capital mobility and size. *Canadian Journal of Economic and Political Science* 30:421—431.

Mussa, Michael. 1986. Nominal exchange rate regimes and the behavior of real exchange rates: Evidence and implications. *Carnegie-Rochester Conference Series on Public Policy* 25(1):117—214.

Nakamura, Emi, and Jón Steinsson. 2008. Five facts about prices: A reevaluation of menu cost models. *Quarterly Journal of Economics* 123(4):1415—1464.

Obstfeld, Maurice, and Kenneth Rogoff. 1995. Exchange rate dynamics redux. *Journal of Political Economy* 103(3):624—660.

Rogoff, Kenneth. 2002. Dornbusch's overshooting model after twenty-five years. Mundell-Fleming Lecture at the IMF's Second Annual Research Conference. Washington, DC.

Saita, Yumi, Izumi Takagawa, Kenji Nishizaki, and Masahiro Higo. 2006. Price setting in Japan: Evidence from individual retail price data. Working Paper Series 06-J-02. Bank of Japan, Tokyo(in Japanese).

Taylor, John B. 1979. Staggered wage setting in a macro model. *American Economic Review Papers and Proceedings* 69(2):108—113.

Taylor, John B. 1980. Aggregate dynamics and staggered contracts. *Journal of Political Economy* 88(1):1—23.

Van Wijnbergen, Sweder. 1986. Exchange rate management and stabilization policies in developing countries. *Journal of Development Economics* 23(2):227—247.

Vilmunen, Jouko, and Helinä Laakkonen. 2005. How often do prices change in Finland? Micro-level evidence from the CPI. Unpublished paper, Bank of Finland, Helsinki.

Wulfsberg, Fredrik. 2009. Price adjustments and inflation: Evidence from consumer price data in Norway 1975—2004. Norges Bank Working Paper 2009/11. Oslo.

▶9

利率政策

9.1 引言

正如在前面章节中我们已经详细探讨过的那样，一个开放经济体能够选择名义汇率或者选择货币供给作为它主要的名义锚。在关于小型开放经济体货币/汇率政策的分析中，传统上，绝大部分内容都毫无例外地集中在这些术语中。然而，还是存在可以作为名义锚的第三类名义变量：名义利率。在过去 15 年左右的时间里，“排名第三”的名义锚在学术文献中受到越来越多的关注，特别是在 1997 年和 1998 年亚洲金融危机之后，亚洲国家纷纷采取国际货币基金组织提倡的高利率政策，这种政策触发了激烈的争论。当然，更一般地说，这种关注的增加是伴随着研究通货膨胀目标和泰勒法则（Taylor rules）的文献不断增加而出现的。①本章将全面分析小型开放经济体利用名义利率作为名义锚的情形。

尽管在分析传统的名义锚（即，汇率和货币供给）时，关于如何在理论模型中把这些政策明确的表述出来并不存在特别大的挑战，但要把利率作为名义锚引入模型加以分析时，情况就大不一样了。萨金特和华莱士（Sargent and Wallace，1975）最早指出，在分析层面，在弹性价格模型中引入“利率目标”（通常指控制名义利率）会导致价格水平出现不确定性。理解这样一个理论问题应该是任何以利率作为名义锚展开分析的逻辑起点，因此在 9.2 节我们将展开详细讨论。9.2 节得出的主要结论是，萨金特—华莱士结果中的不确定性源于未能从理论上明确规定货币政策。我们将清楚地看到，价格水平不确定性之所以会产生，是因为以名义利率为目标在本质上等于设定名义汇率的增长率，而不是其初始水平（或设定货币供应量的增长率，而不是其初始水平）。因此，毫不奇怪，在这样的模型中就不会存在约束初始价格水平的条件。

在阐释清楚价格水平不确定的来源之后，本章将继续讨论几种能对货币政策进行明确规定的方法，以便产生定义明确的模型。9.3 节讨论了所谓调整价格水平的财政政策理论[这种理论是由 Auernheimer 和 Contreras（1992）提出的]。这种理论背后的关键假设在于，货币必须通过公开市场运作而引入经济（与通过“直升机播撒方式”相反），且政府转

① 例如，参见 Svensson(2010)，Taylor 和 Williams(2010)。

移支付是外生给定的。这意味着,不像在标准模型中那样,这里的价格水平不再由货币市场来决定,而是由财政约束的要求来决定。虽然这种方法为价格水平不确定性的问题提供了一个很好的解决方案,并允许我们使用模型来提出有用的政策问题(例如,利率增加会如何影响名义汇率)。但如果我们使用此方法来分析两个传统锚,那么我们建立的方法又将会是超定的(overdetermined)。但不管怎样,我们可以发现,在一些确定的限制条件下,利率的提高会使本国货币出现名义升值。

在 Calvo 和 Végh(1995)研究的基础上,9.4 节继续探寻一条完全不同的方法来处理萨金特—华莱士提出的价格不确定性问题。通过假设货币当局控制的利率是由某些流动资产来承担,我们的方法可以完全避免掉萨金特—华莱士的价格不确定性问题。因此,在这种方法下,政策控制的名义利率是一种额外的政策工具。换言之,货币当局既可以控制这种利率,也可以控制货币供应量或者汇率。该模型抓住了政策制定者和从业者最常使用的渠道:利率上升会使持有以本国货币计价的资产变得更有吸引力,这会使本国货币升值,因为投资者会大量处置以外国货币计价的资产。

最后,在 9.5 节中我们将黏性价格引入模型。虽然人们可能认为,采用黏性价格是解决价格水平不确定性最显著的解决方案(显然,如果价格是黏性的,就不可能产生价格水平的不确定性),但不幸的是,事实并非如此。在这一节我们将证明黏性价格无非将不确定性问题推到模型的另一个领域。特别地,我们根据 Calvo(1983)的思路进一步研究,结果表明,在黏性价格模型中,设定利率目标会导致更高阶的不确定性(即,通货膨胀率是不确定的)。然后我们通过引入泰勒型规则(Taylor-type rule)来解决这个问题,泰勒型规则是指,政策制定者能根据实际通货膨胀与通货膨胀目标之间差异来随时改变名义利率的规则。至少从理论上看,只要通货膨胀目标是完全可信的,这样的规则也是一种完全合理且具有可操作性的货币政策。

9.2 价格水平的不确定性

本节将说明利率目标是如何产生价格水平不确定性的。我们将在第 5 章模型的基础上来说明这一点。

考虑一个有大量相同的、生活无限期消费者的小型开放经济,他们拥有完全预期禀赋。该经济中的商品市场和资本市场都与世界其他国家完全紧密相连。该经济中只存在一种(可贸易但不可储存的)商品,其价格由一价定律给定。商品的外币价格被假定为一单位(即外国通货膨胀是零)。因此商品的国内价格就等于名义汇率 E_t。该经济拥有一个固定的商品禀赋(y)。国际实际利率(r)不随时间的推移而变化。

9.2.1 消费者问题

消费者终身效用由下式给出:

$$\int_0^{\infty}[u(c_t)+v(m_t)]\exp(-\beta t)\mathrm{d}t \tag{9.1}$$

其中，c_t 表示消费，m_t 表示实际货币余额（定义为 M_t/E_t，M_t 是名义货币余额），$\beta(>0)$ 是主观贴现率，且函数 $u(\cdot)$ 和 $v(\cdot)$ 关于每个变量都是严格递增且严格凹的。

令 b_t 表示实际外国债券，$a_t(\equiv b_t+m_t)$ 表示实际金融资产。消费者流量约束采用之前类似的形式，为：

$$\dot{a}_t=ra_t+y+\tau_t-c_t-i_tm_t \tag{9.2}$$

其中，τ_t 表示政府的一次性转移支付，而 i_t 表示名义利率，对应的跨期约束可由下式给出：

$$a_0+\frac{y}{r}+\int_0^{\infty}\tau_t\exp(-rt)\mathrm{d}t=\int_0^{\infty}(c_t+i_tm_t)\exp(-rt)\mathrm{d}t \tag{9.3}$$

与通常一样，我们仍假定 $\beta=r$，因此一阶条件为：

$$u'(c_t)=\lambda \tag{9.4}$$

$$v'(m_t)=\lambda i_t \tag{9.5}$$

式(9.4)和式(9.5)隐含地定义了标准的实际货币需求：

$$m_t=L(c_t,\ i_t) \tag{9.6}$$

9.2.2 政府

政府的预算约束由下式给出：

$$\dot{h}_t=rh_t+\dot{m}_t+\varepsilon_tm_t-\tau_t \tag{9.7}$$

其中，h_t 表示国际储备，ε_t 表示货币贬值率。

对应的跨期约束为：

$$h_0+\int_0^{\infty}(\dot{m}_t+\varepsilon_tm_t)\exp(-rt)\mathrm{d}t=\int_0^{\infty}\tau_t\exp(-rt)\mathrm{d}t \tag{9.8}$$

9.2.3 均衡条件

资本完全流动的假设意味着利率平价条件成立：

$$i_t=r+\varepsilon_t \tag{9.9}$$

令 $k_t(\equiv b_t+h_t)$ 代表经济中的净外国资产存量。结合消费者流量约束式(9.2)和政府的预算约束式(9.7)，并利用利率平价条件式(9.9)，可得到该经济的经常账户：

$$\dot{k}_t=rk_t+y-c_t \tag{9.10}$$

把上述方程向前积分并施加相应的转换条件，可得到该经济的资源约束为：

$$k_0+\frac{y}{r}=\int_0^{\infty}c_t\exp(-rt)\mathrm{d}t \tag{9.11}$$

9.2.4 完全预期均衡

沿着完全预期均衡路径，一阶条件式(9.4)告诉我们，消费将总是固定不变的。因此，从资源约束中可得：

$$c=rk_0+y$$

根据式(9.6)可知，沿着完全预期均衡路径运动的实际货币需求将由下式给出：

$$m_t=L(c,\ i_t) \tag{9.12}$$

因此，如果名义利率随时间推移固定不变，那么实际货币需求也将固定不变。

9.2.5 利率目标

正如在第5章所分析的那样，名义利率、名义汇率和名义货币供给的变化路径均取决于该经济是在预定汇率制下还是在弹性汇率制下运行。在预定汇率制下，货币当局设定名义汇率和国内信贷运动路径，并允许名义货币供给发生调整，以便内生地改变实际货币需求。外生设定的货币贬值率——通过利率平价条件——决定了名义利率。

在弹性汇率制下，货币当局设定名义货币供给变动路径，并允许名义汇率发生调整，以便内生地改变实际货币需求。内生决定的货币贬值率与利率平价条件共同决定了名义利率。

在利率目标制下，名义变量又是如何被决定的呢？在利率目标制下，假定货币当局设定一个固定的名义利率水平 i。给定名义利率水平，利率平价条件式(9.9)将决定一个如下式给出的固定贬值率：

$$\varepsilon=i-r$$

根据式(9.12)可知，固定的名义利率水平也将决定固定的实际货币需求水平，由下式给定：

$$m=L(c,\ i) \tag{9.13}$$

由于实际货币余额随时间的推移保持不变，固定的货币增长率可由下式给出：

$$\mu=\varepsilon$$

还有两个名义变量仍有待确定：M_0 和 E_0。但是在我们的模型中没有变量可以与这两个变量建立联系。要明白其中的原因，注意，根据式(9.13)有：

$$\frac{M_0}{E_0}=m$$

显然存在无数能满足上式的 M_0 和 E_0 组合，例如，假如某个$\overline{M_0}$和$\overline{E_0}$组合满足这个方程，那么对任何 $\alpha>0$ 的 $\alpha\overline{M_0}$和 $\alpha\overline{E_0}$组合也都满足这个方程。因此，价格水平(即，名义汇率)是不确定的。因此，利率目标会导致价格水平不确定，这就是 Sargent 和 Wallace

(1975)的著名观点。

当然这并不令人奇怪。考虑一个有如下两个联立方程的最简单情形:

$$\frac{M_0}{E_0}=L(i)$$

$$i=r+\varepsilon$$

这里有四个变量待确定(即 M_0、E_0、i 以及 ε),但仅有两个方程。因此,为了决定均衡水平,货币当局必须确定四个变量中的两个。在预定汇率制下,货币当局需确定 E_0 和 ε;在浮动汇率制下,货币当局需确定 M_0 和 ε(因为 ε 由 μ 决定)。但在利率目标制下,货币当局只能确定名义利率 i 的水平。因此,名义变量出现不确定性就并不令人奇怪了。所以我们能得出这样的结论:在利率目标制下,之所以会出现价格水平的不确定性,仅仅是因为在我们的模型中货币政策并没有被完全规定清楚。因此,这种不确定性只是理论分析的缺陷,并不是真实世界存在这种缺陷。

9.2.6 完成对货币政策的明确规定

由于我们的目标是建立一个含有利率政策的可操作模型(即,一个我们可提出政策问题的模型),因此,我们需要对货币政策进行明确规定,才能有一个完全确定的模型。如何才能做到这一点?文献提出了(完全不同的)处理这个问题的四种方法。

第一种解决方案是由 McCallum(1981)提出的。他建议可以采取更显性的解决方案,让货币当局也可以选择名义货币的初始供给水平 M_0(这是根据我们的框架加以理解的)。①尽管这是一个完美的解决方案,但并不特别具有吸引力,因为如果这样做,利率目标政策就与浮动汇率政策(即货币供给目标)完全相同了。

第二种解决方案最初是由 Auernheimer 和 Contreras(1992),以及 Woodford(1994)提出的,这种方案相当于所谓的价格水平的财政理论。②其基本思想是假设货币当局不能通过"直升机抛撒"的方式分散地将货币引入经济体,相反,仅可以通过公开市场操作来改变名义货币供给水平。我们将在 9.3 节详细探讨此方案。

第三种解决方案是 Calvo 和 Végh(1995)提出的,本质上是通过假设货币当局控制的利率由计息的流动资产所产生的利率(把它想象为是一种生息货币)来回避这一问题。在这种情况下,利率成为一种货币政策的额外工具。我们在 9.4 节中将着重分析这一种方案。

最后,在黏性价格模型中,我们可以借助泰勒准则来详细规定利率规则以最终解决价格的不确定性问题。这会在 9.5 节中展开详细讨论。

9.3 价格水平的财政理论

本节将展示如何通过使用政府的预算约束以及排除内生转移支付的可能性来恢复价

① 在 McCallum(1981)框架中,由于模型的随机特性,导致这个政策的实施更为复杂,但不管怎样,背后的实质是一样的:即在每一时期的期初就固定名义货币的供给水平。

② 参见 Auernheimer(2008)。

格水平的确定性。在获得一个可操作的模型后，我们将研究更高的名义利率对名义汇率所产生的影响。我们的研究将主要建立在 Auernheimer 和 Contreras(1992)的模型基础上。

这与我们上一节使用的标准货币模型有两个重要区别：(1)现在政府转移支付是外生设定的，从这一意义上说财政当局不再是被动的了；(2)货币是通过公开市场运作的方式被引入经济中的。

9.3.1 消费者的优化问题

预算约束

就消费者而言，与 9.2 节模型相比唯一变化是，消费者现在既可以持有外国债券也可以持有国内债券。然而，这两种资产是完全替代品，因此，在均衡时两者具有相同的回报。实际金融资产由下式给定：

$$a_t = b_t + b_t^g + m_t \tag{9.14}$$

其中，b_t^g 是消费者实际持有的政府债券量。在 a_t 被定义以后，消费者的流动约束与跨期预算约束都将与之前的一样[由式(9.2)和式(9.3)给出]。

效用最大化

消费者终身效用由下式给出：

$$\int_0^\infty \left[\log(c_t) + \frac{m_t^{1-1/\sigma}}{1-1/\sigma}\right]\exp(-\beta t)\,dt \tag{9.15}$$

其中，$\beta(>0)$是主观贴现率，且 $\sigma<1$。①

消费者的问题是为所有的时间 $t\in[0,\ \infty)$选择合适的组合$\{c_t,\ m_t\}$，从而最大化由式(9.15)刻画的终身效用。当然，这要在式(9.3)的约束下进行，并且 τ_t 和 i_t 的路径是给定的，y 和 a_0 的值也是给定的。

假定 $\beta=r$，我们可以写出这个模型的一阶条件为：

$$\frac{1}{c_t} = \lambda \tag{9.16}$$

$$m_t^{-1/\sigma} = \lambda i_t \tag{9.17}$$

由式(9.16)可知，沿着完全预期均衡路径，消费将总是固定不变的。式(9.16)和式(9.17)隐含地定义了实际货币需求：

$$m_t = \left(\frac{c_t}{i_t}\right)^\sigma \tag{9.18}$$

---

① 我们采用这样一个特殊的偏好形式，目的只是为了方便数学处理。唯一的关键假设在于 $\sigma<1$，(我们将看到)这是为了确保我们总是在拉弗曲线的“正确”一边。在本章习题 1 要求你去求当效用函数在消费和实际货币余额不可分离情形下的解。实际上，只要交叉导数为正，那么结果会是相同的。

注意，为供进一步参考，货币需求的利率弹性是 σ，它被假定为总是小于 1。[①]对于给定的消费，这一点确保了从通货膨胀税中获得的收入 $i_t m_t$ 将是利率 i_t 的增函数：

$$\frac{\partial i_t m_t}{\partial i_t} = (1-\sigma) i_t^{-\sigma} c_t^{\sigma} > 0 \tag{9.19}$$

我们在下文将会清楚地看到，这个隐含的条件在得出更高的利率水平会导致本国货币发生更大的名义升值这一结论起到关键作用。

9.3.2 政府

政府不持有国际储备（即无外国资产）。[②]政府发行国内债券 b_t^g。政府的流量约束（用实际价格表示）由下式给出：

$$\dot{b}_t^g = rb_t^g + \tau_t - \dot{m}_t - \varepsilon_t m_t \tag{9.20}$$

向前积分约束条件式(9.20)，并施加横截性条件 $\lim_{t\to\infty} b_t^g \exp(-rt) = 0$，我们可以得到：

$$b_0^g = \int_0^{\infty} (\dot{m}_t + \varepsilon_t m_t - \tau_t) \exp(-rt) \mathrm{d}t \tag{9.21}$$

令 $d_t (\equiv m_t + b_t^g)$ 表示政府总负债。利用利率平价条件式(9.9)，我们可以将政府的流量约束式(9.20)重写成：

$$\dot{d}_t = rd_t + \tau_t - i_t m_t \tag{9.22}$$

到目前为止（即第 5 章至第 8 章），我们都假设货币是通过“直升机抛撒”方式引入经济的。[③]换言之，中央银行只需发行货币并将其发放到公众手中即可。由于货币（更准确说是货币基础）是一种政府债务，“直升机抛撒”的存在意味着政府负债可以及时地在任何时刻离散地变化。从现在开始，我们将假设货币只能通过公开市场操作引入经济。换句话说，当政府希望增加（减少）名义货币供应量时，它会购买（出售）政府债券。正式地，我们假设：

$$\Delta M_t = -\Delta B_t^g$$

或者，等价地：

$$\Delta D_t = 0$$

这里的 $D_t = M_t + B_t^g$。[④]换言之，政府负债 D_t 是一个预先决定的变量，并且不能及时地在任何时间点作离散地变化。

---

① 关于这个假设的经验合理性，可以参见附录 5.8.6。

② 因为政府允许汇率自由浮动，因此不需要出于干预市场的目的而持有国际储备。

③ 要让货币从流通中撤出，想象经济中存在一个“大型真空吸尘器”。

④ 虽然我们将关注货币供给的离散变化，但开放市场操作也将涵盖 $\dot{M}_t = -\dot{B}_t^g$ 这样的情况。

此外，我们将假设政府转移支付被外生地设定在一个固定不变的水平 τ 上：

$$\tau_t=\tau$$

这个假设意味着在经济中，货币当局要主动适应财政部门而不是相反的情况。到目前为止，我们总是假设情况是相反的（即，τ_t 是内生给定的），即财政部门要主动适应货币当局。

9.3.3 均衡条件

由式(9.9)给出的利率平价条件继续成立。像之前一样，结合消费者和政府的流量预算约束——各自由式(9.2)和式(9.20)给出，并利用式(9.9)，我们可以得到经济的流量约束：

$$\dot{b}_t=rb_t+y-c_t \tag{9.23}$$

向前积分并施加相应的横截性条件，我们可以得到经济体的资源约束条件：

$$b_0+\frac{y}{r}=\int_0^{\infty}c_t\exp(-rt)\mathrm{d}t \tag{9.24}$$

9.3.4 模型的解

假定货币当局设定不变的名义利率水平 i。我们求解出相应的完全预期均衡增长路径。

给定利率平价条件式(9.9)，货币贬值率随时间推移将会固定不变：

$$\varepsilon=i-r \tag{9.25}$$

沿着完全预期均衡路径，消费也将是固定不变的[由式(9.16)可知]并且可由下式给定[根据式(9.24)可知]：

$$c=rb_0+y \tag{9.26}$$

由于消费和名义利率随时间的推移而固定不变，沿着完全预期均衡路径的实际货币余额也将固定不变，并且可由下式给出[根据式(9.18)可得]：

$$m=\left(\frac{c}{i}\right)^{\sigma} \tag{9.27}$$

因为沿着完全预期均衡路径的实际货币余额是固定不变的，由此可推知 $\dot{m}_t/m_t=\mu_t-\varepsilon=0$，这意味着货币增长率也将是固定不变的：

$$\mu=\varepsilon$$

现在我们来到了关键之处。我们已经决定了名义汇率和名义货币供应量的增长率。但是，名义货币余额的初始水平和名义汇率的初始水平将如何被决定呢？换言之，由于政府没有设定名义货币供应量的初始水平 M_0，那么初始汇率水平应该如何被决定呢？

给定 τ_t、i_t 和 m_t 的固定值，我们可以将政府的流量约束式(9.22)重写为：

$$\dot{d}_t = rd_t + \tau - im$$

这是一个关于 d_t 的不稳定微分方程（也即唯一的一个根是 $r>0$）。由此可以推知沿着完全预期均衡路径有 $\dot{d}_t=0$，因而对于所有 $t \geqslant 0$ 都有 $d_t = d_0$，因此：

$$d_0 = \frac{im - \tau}{r} \tag{9.28}$$

由于 $d_0 = D_0/E_0$，由此可知：

$$E_0 = \frac{rD_0}{im - \tau} \tag{9.29}$$

换言之，名义汇率（即，价格水平）的初始水平会是这样的：它恰好使得政府负债的实际值满足政府的流动约束。初始价格水平由财政约束决定这一事实也解释了为什么这一类型的模型经常被称为“价格水平的财政理论”（the fiscal theory of the price level）。

9.3.5 利率的永久性增加

假设在时点 0 之前，经济处于平稳均衡状态且利率水平给定为 i^L。在 $t=0$ 时点，名义利率突然出现一个未预期的永久性增加，从 i^L 增加到 i^H，这里的 $i^L < i^H$（见图 9.1a）。消费者会立即重新优化自己的行为。因此经济体会跳跃到新的由上面相同的方程所刻画的完全预期均衡路径上，此时的名义利率将由 i^H 给定。

贬值率会跳跃到一个更高的水平[回忆式(9.25)]，正如图 9.1b 所示。因为经济的资源没有变化，因此由式(9.26)给出的消费也将保持不变（见图 9.1c）。[①]从式(9.27)中可知，实际货币需求将下降，因为持有货币的机会成本增加了（见图 9.1d）。因为对于固定的消费水平，$i_t m_t$ 是利率 i_t 的增函数[回忆式(9.19)]，式(9.28)很清楚地表明，实际负债（d_0）将增加（见图 9.1e）。最后，由式(9.29)可知，在 $t=0$ 时点名义汇率必须下降（见图 9.1f）以便产生一个更高水平的实际负债。

因此，本节的关键结论是，名义利率的增加会导致本国货币的名义升值。直觉上说，利率的增加会使从通货膨胀税中获得的收入增加（只要给定货币需求的利率弹性小于 1）。这意味着政府收入增加。因此，在冲击发生前，实际政府负债必须出现一个动态剩余。汇率（即，价格水平）需要下降，以增加政府的实际负债，从而使经济恢复财政平衡。

① 给定效用函数中消费和实际货币余额具有可分离性的假设，即便利率出现暂时性的增加，也不会对消费产生影响。本章习题 1 证明，假如效用函数是不可分离的，并且消费和实际货币余额的交叉导数为正，那么，利率的暂时性增加将会导致消费出现暂时性的下降。

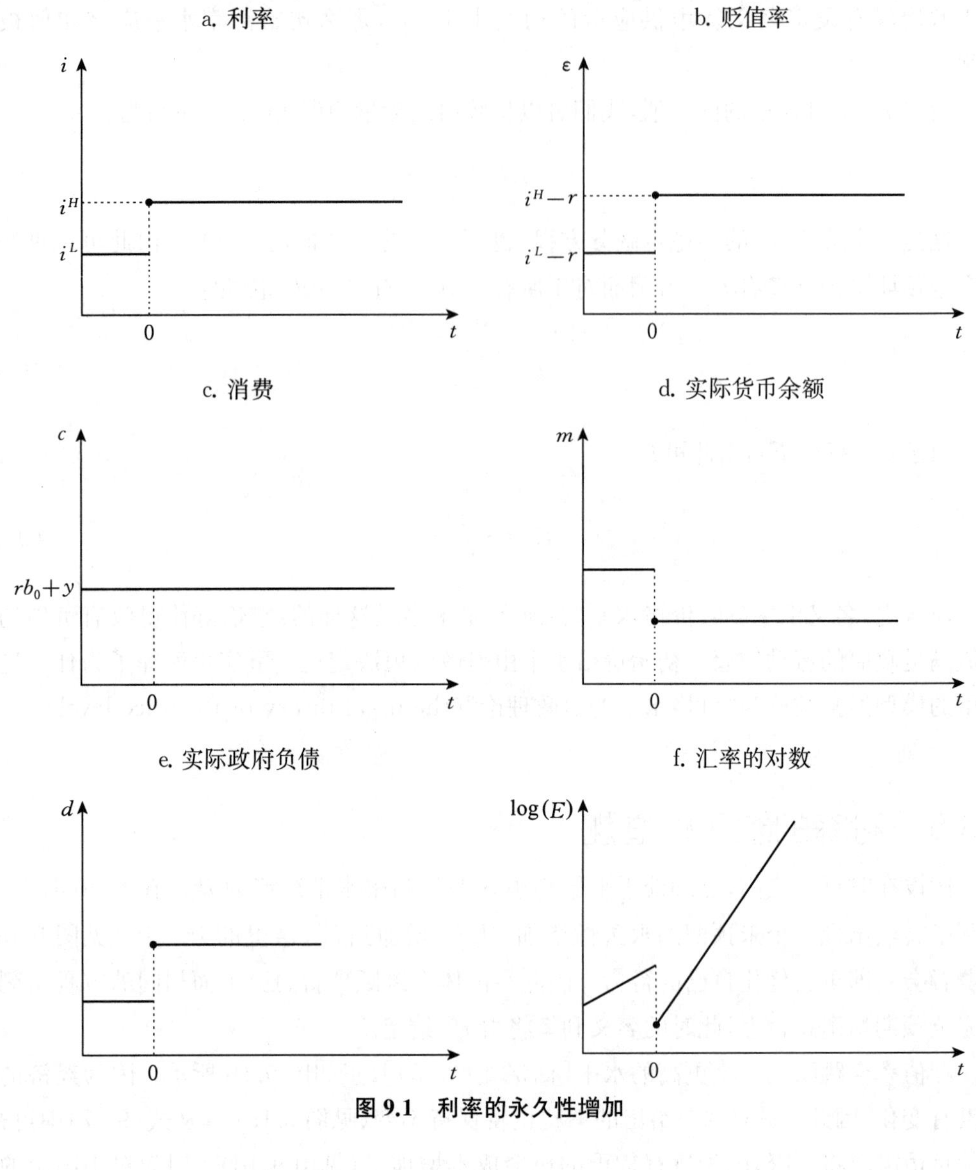

图 9.1 利率的永久性增加

9.3.6 结论

价格水平的财政理论提供了一种有趣且合理的方法来重新实现利率目标下价格水平的确定性。然而，直觉上说，通过提高利率来导致本国货币升值的渠道并不具有特别的吸引力（事实上，它是通过财政约束来实现的，而不是一种货币市场现象）。

正式地，这种关于政府政策的规定方法存在一个严重的缺陷：如果我们要分析预定汇率制或浮动汇率制，那么我们将面对一个超定系统。首先考虑预定汇率制的情况，货币当局会设定初始汇率水平和汇率变化率。由于政府的流量约束也将决定初始价格水平（即，初始汇率），所以系统将是超定的。在浮动汇率制下，货币当局设定货币供给的初始水平，并通过货币市场均衡来决定初始价格水平。再次，这个价格水平不一定与通过财政约束而决定的价格水平一致。

9.4 利率作为一个额外的政策工具

第二种处理在利率目标下出现价格水平不确定性的方法——主要是参考 Calvo 和 Végh(1995)的观点——是在 9.2 节所提供的大幅度偏离的模型。原因在于,在这种方法下,货币当局被假设为会控制流动资产(可以理解为生息货币)的利率。

这种解决方案的灵感来源于许多高通货膨胀国家的实际经验(即 20 世纪 80 年代的阿根廷、巴西以及乌拉圭等国家),这些国家由于私人部门比较薄弱而缺乏能够盈利的商业机会,对于商业银行来说,采用如下的财务策略似乎是最为妥当的:把大量的资金借给政府(有些是被迫的,有些是自愿的),从而使这些资金转化为具有较高利率回报的公共债务。同时,商业银行又反过来向公众大量发行期限很短的定期存款(即,高流动性存款)。这导致由政府设定的利率会间接决定银行向储户支付的利率。在某些时间段中,巴西的整个基础货币事实上是生息的。在许多新兴经济体和工业化国家中,目前这种状态还非常典型,虽然不是以一种极端化的形式存在。在这些国家中,商业银行会把资产中的绝大部分用以购买国债,正如我们在专栏 9.1 中所讨论的那样。

专栏 9.1 银行持有多少政府债债务?

银行持有的政府债务量一般都很大。图 9.2 显示了截至 2009 年底各国国内金融机构在欧元区的政府债务中所占的份额。例如,法国 40%的国债由其金融机构持有。重要的是,要注意其中不包括由金融机构持有其他国家发行的主权债务。[a] 从图 9.2 中可以看出,各国金融机构持有政府债券的份额有一些差异。其中,芬兰占的份额最低,为 14%;而罗马尼亚的占比最高,为 69%。平均而言,欧元区 43%的国债是由金融机构持有的。

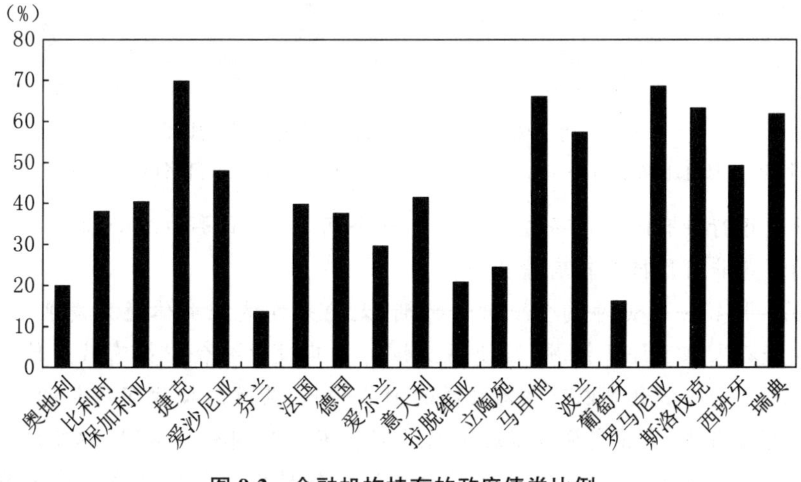

图 9.2 金融机构持有的政府债券比例

资料来源:欧盟统计局(2009)。

了解国债在金融机构资产负债表中重要性的另一种方法是考察这些机构持有的国债占总资产的比例有多少。图 9.3 的上半部分显示了国债在金融机构资产负债表中所占的份额,而下半部分则给出了金融机构对政府的净信贷占其总资产份额的数据。[b]正如图 9.3 所示,政府债务占总资产比例很大,一些新兴市场甚至达到 50%的水平。

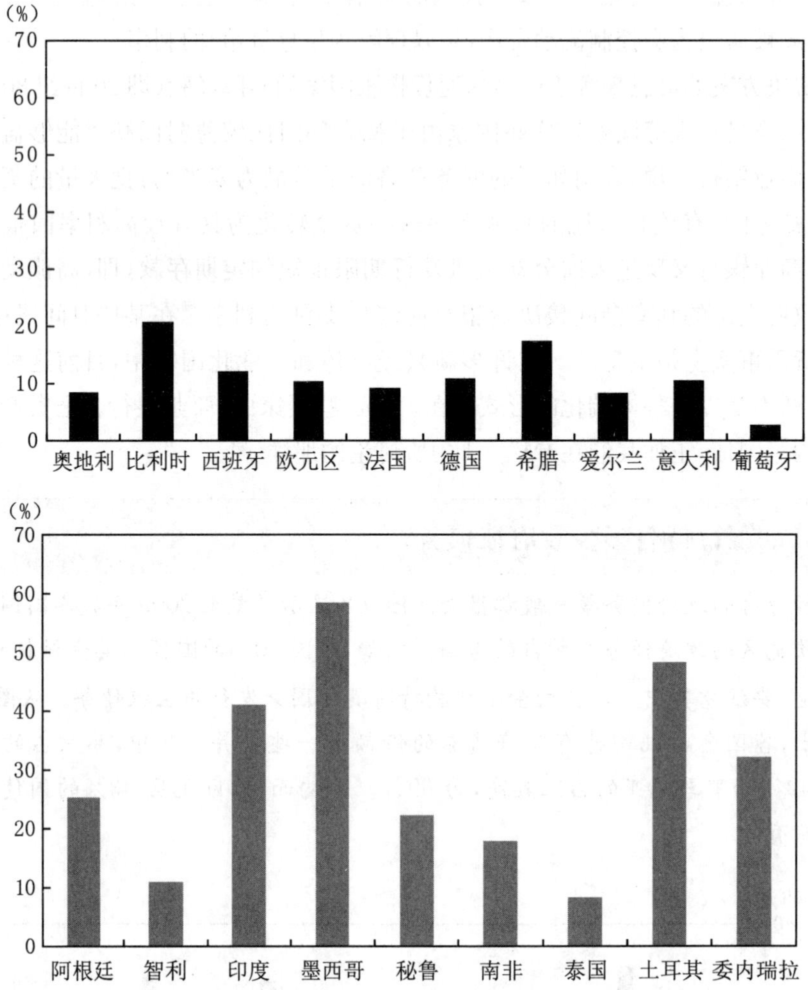

图 9.3　金融机构持有的政府债券占总资产的比例

资料来源:上图来自欧洲中央银行(数据截至 2003 年底);下图来自 Kumhof 和 Tanner(2005)。

为什么银行持有政府债务?为了解答这个问题,最重要的是必须区分银行是自愿持有的还是非自愿持有政府债务的。

大约在 1945—1980 年的金融抑制时期,无论是发达经济体还是发展中经济体,他们的政府都采取了许多措施,迫使商业银行在其投资组合中持有政府债务。这种政策加上人为的降低利率以及相对较高的通货膨胀,为政府提供了廉价的融资来源。这是一个有效措施,尽管实施效果在不同国家和不同时期有所不同,但在许多国家却是常见的做法。即使在今天,银行也还有被迫在其投资组合中持有政府债务作为其强制储备和流动资产的要求。

但银行也有理由自愿持有政府债务。Rodriguez(1992),以及 Druck 和 Garibaldi(2000)的论文就指出,在高通货膨胀波动时期,企业违约风险的增加会使银行对私营部门的投资更具风险。因此,银行会更多地选择把资金借给公共部门,以试图减轻它们对私人部门投资的风险。此外,政府采用高利率来诱使银行持有债务的现象也并不少见。

Kumhof 和 Tanner(2005)也指出,法律和制度的缺陷也是银行愿意持有多少政府债务的决定性因素。他们的基本观点是,发展的程度决定了银行向经济中不同参与者提供贷款的积极性。通过使用有关信贷获取的难易程度、破产法的完善程度、合同执行程度以及转让不动产所需要的成本及时间长度等一些因素,Kumhof 和 Tanner(2005)构建了一个刻画法律和制度的质量指数。之后,他们探讨了这个指数与银行持有政府债务所占份额之间的关系。图 9.4 显示了法律和制度质量指数与银行持有政府债务所占份额之间存在非常强的负相关关系,如图 9.4 中所描述的回归线所示。我们可以看到,一方面,具有高质量制度的国家,例如英国、美国、挪威和新西兰,其银行几乎不持有政府债务;另一方面,在历史上体制就不稳定的新兴经济体,像印度尼西亚、印度、墨西哥和希腊,银行会持有更大份额的政府债务。

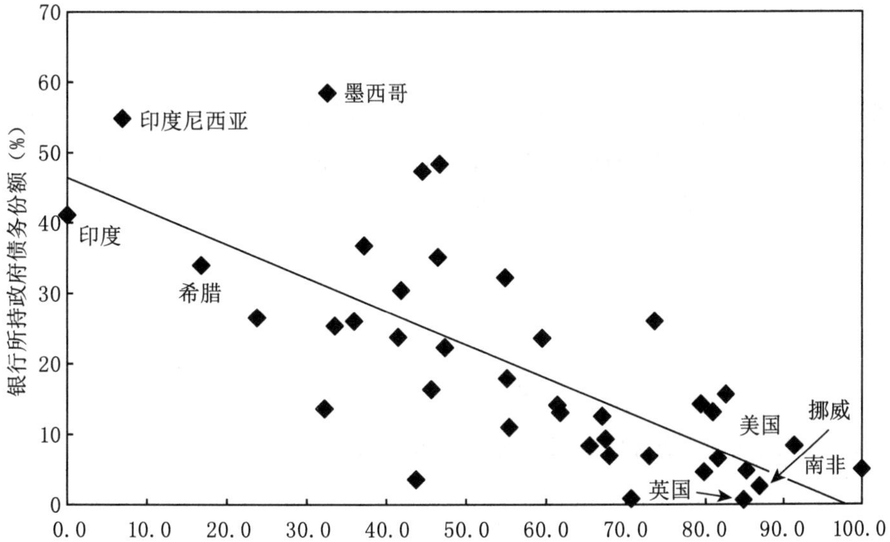

图 9.4 银行持有政府债务的份额与制度质量指数

资料来源:Kumhof 和 Tanner(2005)。

专栏注:

a. 事实上,从正在发生的欧洲债务危机(2012 年初)我们可以知道,这种持有形式(例如法国银行持有希腊和意大利国债)占比也很大。

b. 对政府的净信贷包括非市场化的政府债务。

9.4.1 消费者的优化问题

预算约束

就消费者的优化问题而言，与上文9.2节模型中分析的优化问题的唯一区别在于，现在货币会产生利息。①因此，与式(9.2)对应的消费者的流量约束现在可以写为：

$$\dot{a}_t = ra_t + y + \tau_t - c_t - (i_t - i_t^m)m_t \tag{9.30}$$

其中，i_t^m 表示货币产生的利率。注意一旦货币是生息的，那么持有货币的机会成本现在就变为 $i_t - i_t^m$。正如在下文马上会被清楚展示的那样，借助包括货币提供流动性服务的套利条件，这两个名义利率将是相关的。因此，在均衡时有 $i_t > i_t^m$。消费者相应的终身预算约束条件为：

$$a_0 + \frac{y}{r} + \int_0^{\infty} \tau_t \exp(-rt)\mathrm{d}t = \int_0^{\infty} [c_t + (i_t - i_t^m)m_t]\exp(-rt)\mathrm{d}t \tag{9.31}$$

效用最大化

令偏好采用对数形式：②

$$\int_0^{\infty} [\log(c_t) + \log(m_t)]\exp(-\beta t)\mathrm{d}t \tag{9.32}$$

消费者的问题是在终身预算约束条件式(9.31)的约束下，且在给定 τ_t、i_t 和 i_t^m 的路径，以及 y 和 a_0 值的情形下，通过选择 c_t 和 m_t 来最大化其终身效用式(9.15)。

假定 $\beta = r$，我们可以写出上述最大化问题的一阶条件：

$$\frac{1}{c_t} = \lambda \tag{9.33}$$

$$\frac{1}{m_t} = \lambda(i_t - i_t^m) \tag{9.34}$$

式(9.33)和式(9.34)隐含地定义了实际货币需求：

$$m_t = \frac{c_t}{i_t - i_t^m} \tag{9.35}$$

注意，对于给定的 i_t 的值，i_t^m 的增加会使持有货币的机会成本减少，继而产生更高的实际货币需求。这也是本模型中实行利率政策会起作用的一个关键传导机制。

9.4.2 政府

除了政府要对货币支付利息的事实外，政府的流量约束仍然与9.2节相同。因此，相

---

① 或者也可以理解为生息的活期存款。

② 我们采用对数形式只是出于简化考虑。任何具有可分离性的效用函数都将出现相同的结果。

应于式(9.7)的约束条件现在可写为：

$$\dot{h}_t = rh_t + \dot{m}_t + (\varepsilon_t - i_t^m)m_t - \tau_t \tag{9.36}$$

向前积分并施加通常的横截性条件，我们可以得到政府的跨期预算约束：

$$h_0 + \int_0^\infty [\dot{m}_t + (\varepsilon_t - i_t^m)m_t]\exp(-rt)\mathrm{d}t = \int_0^\infty \tau_t \exp(-rt)\mathrm{d}t \tag{9.37}$$

9.4.3 均衡条件

如上文所述，完全资本流动意味着利率平价条件式(9.9)成立。很容易证明，结合消费者和政府的流量约束[分别由式(9.30)和式(9.36)给出]可推导出由式(9.10)给出的经济的经常账户。运用同样的方法，我们结合消费者和政府的跨期预算约束[分别由式(9.31)和式(9.37)给出]可推导出由式(9.11)给出的经济资源约束条件。

9.4.4 完全预期均衡

在这个模型中，政府可以选择两种政策工具：汇率或者货币供给和 i^m。①让我们假定政府选择了货币供给的运动路径(即，设定初始货币供给水平 M_0 以及货币增长率 μ)以及固定水平 i^m。

首先可以注意到，根据一阶条件式(9.33)，沿着完全预期均衡路径，消费将总是固定不变的。然后，从式(9.11)中可得到：

$$c = rk_0 + y \tag{9.38}$$

我们现在来证明 i_t 将受不稳定的微分方程所支配，因此沿着完全预期均衡路径将需要其固定不变。要看明白这一点，对一阶条件式(9.34)进行微分，并考虑利率平价条件式(9.9)，以及 $\dot{m}_t/m_t = \mu - \varepsilon_t$ 这一事实，可以得到：

$$\dot{i}_t = (i_t - i^m)(i_t - r - \mu) \tag{9.39}$$

因为这是一个不稳定的微分方程，沿着完全预期均衡路径，i_t 必须保持固定不变：

$$i = r + \mu$$

由于沿着完全预期均衡路径，无论是消费还是名义利率都保持固定不变，则实际货币余额也将保持不变。根据式(9.35)可以得到：

$$m = \frac{rk_0 + y}{r + \mu - i^m} \tag{9.40}$$

因为实际货币余额是固定不变的，那么就有 $\dot{m}_t = 0$，这意味着贬值率也是固定不变的：

① 注意，政府还可以内生地设定汇率运动路径和名义货币供给的初始水平(或名义货币供给运动路径和汇率初始水平)。本章习题 2 要求你展示如何在这些备选政策情景下确定所有名义变量。

$$\varepsilon=\mu$$

最后，初始价格水平(即，汇率的初始水平)将由时点 0 货币市场均衡条件所决定：

$$E_0=M_0\left(\frac{r+\mu-i^m}{rk_0+y}\right) \tag{9.41}$$

9.4.5 利率的永久性增加

现在假定在时点 0 之前，经济处于上文描述的稳态均衡中。在时点 0，由政策控制的利率 i^m 发生了未预期的永久性增加(见图 9.5a)。①

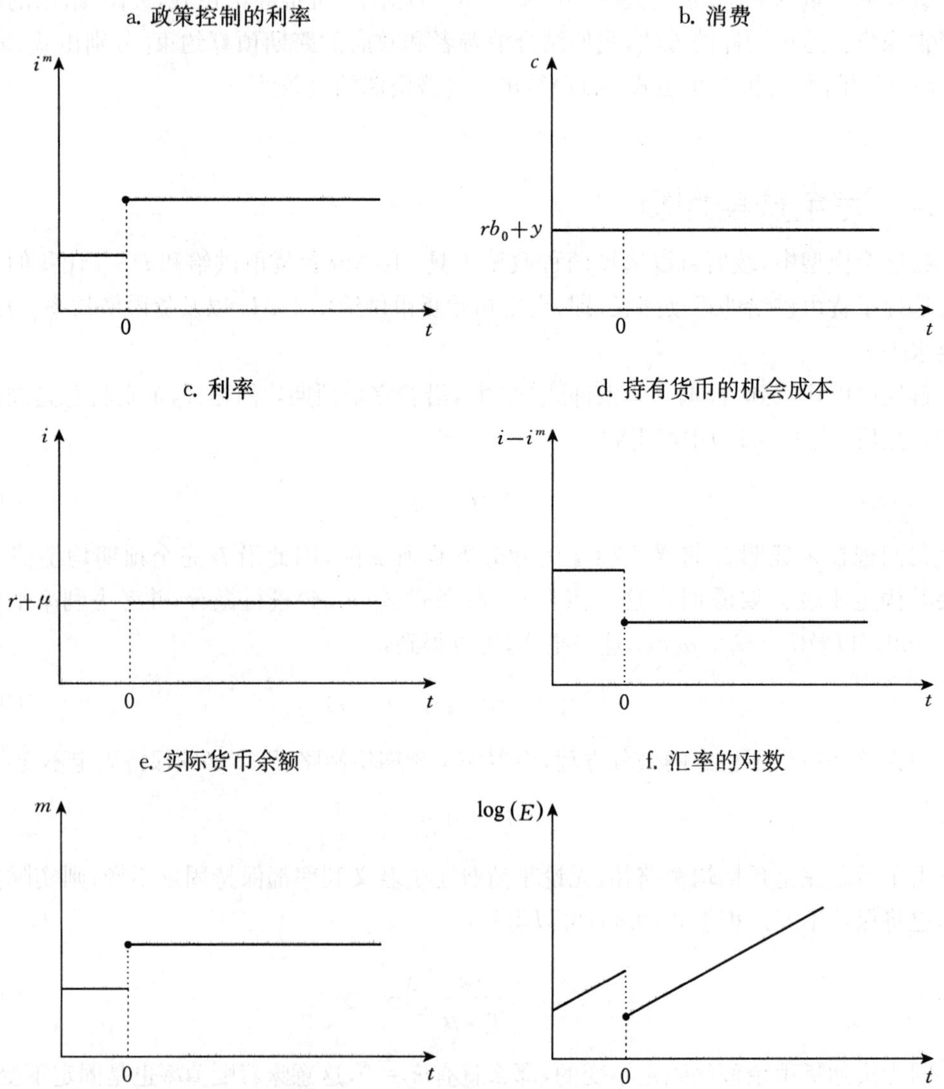

图 9.5　政策控制的利率永久性增加

① 注意货币供给路径没有发生变化。

因为冲击是未预期的，消费者需要在瞬间作出新的优化行为，从而产生一条新的完全预见均衡路径，在这条路径上，受政策控制的利率会保持在一个更高的水平上。

从式(9.38)中我们可以发现消费将不会发生变化(见图 9.5b)。根据式(9.39)，很明显，利率不会出现跳跃，否则它的运动路径就是偏离的。因此，名义利率必须仍然保持在冲击发生前的水平上(见图 9.5c)。由于在时点 0 利率 i 没有变化，但是 i_t^m 已经上升，因此，持有实际货币余额的机会成本下降(见图 9.5d)。继而根据式(9.40)可知，实际货币需求会增加(见图 9.5e)。因为实际货币余额增加了，名义汇率必须下降，正如式(9.41)所显示的那样(见图 9.5f)。

因此，这个习题的点睛之笔在于，发现受政策控制的利率的增加会导致本国货币的名义升值。这当然与我们在上一节中获得的结果相同。然而，其背后隐含的经济直觉非常不同。在当前的情形下，对货币支付越高的利率会降低持有货币的机会成本，这会增加实际货币需求，从而导致汇率下降。

9.4.6 较高利率的财政效应

政策制定者共同关心的一个话题是，用更高的利率保卫货币是否会对财政账户产生负面影响。因为为公共债务支付更高的利率将加剧财政赤字。实施“雷亚尔计划”(Real Plan，从 1994 年 7 月开始执行的稳定性规划)期间的巴西为这种情形提供了一个案例。在对巴西进行评论时(《金融时报》，1999 年 1 月 22 日)，杰弗里·萨克斯(Jeffrey Sachs)是这样说的：

> ……在那时[当亚洲金融危机袭击时]，必须对货币汇率政策进行一个紧急的重估。然而，国际货币基金组织在 1997 年 10 月出于保卫巴西货币的目的，把每年的利率提高到 50%的决策是致命的。它结束了巴西的经济增长，并为巴西的财政埋下了一颗定时炸弹。当这一误导性的货币保卫战开始实施时，巴西的国内财政赤字约占 GDP 的 4%。根据国际货币基金组织的预测，通过财政调整，赤字可以减少到仅占 GDP 的 2%。但是，实际财政赤字并没有减少到 GDP 的 2%，相反，到 1998 年，预算赤字跳转到 GDP 的 8%，这在很大程度上是由于自我诱导的经济减速(导致征税减少)和快速累积的公共债务的利息支付。

如何才能在我们的模型中引入财政效应？通过假设政府转移支付外生给定为 τ 就很容易做到这一点。因为政府需要为外生给定的转移支付水平进行融资，所以对中央银行的负债支付更高的利率将要求增加通货膨胀率(这反过来会提高名义利率)。因此，更高利率产生的通货膨胀效应将会消除一些对货币支付更高利率的直接效应。本章习题 3 在事实上证明了存在如下情形：财政效应恰好完全抵消了对货币利率提高的效应，使得持有货币的机会成本($i_t - i_t^m$)保持不变。作为结果，对货币利率的提高将不会对名义汇率产生影响。这道习题说明了较高利率的财政风险。①

① 在国际收支危机模型的背景下，对于有财政成本的利率防卫模型，可参见 Lahiri 和 Végh(2003)。也可以参见本书第 16 章。

9.4.7 更高利率的产出效应

正如在上文引用的杰弗里·萨克斯的评论中所提及的那样，决策者对于利用较高利率来保卫货币的第二个担忧是会存在潜在的负面产出效应。这种产出效应可以通过假设存在一个黏性价格的方式来引入我们的模型，在这种方式下，不可贸易商品的产出由需求决定，正如本章习题 4 中提到的那样。在这种情况下，i_t^m 的增加会导致本国货币升值，但是以不可贸易商品的产量下降为代价的。①

9.4.8 结论

由 Calvo 和 Végh(1995)采用的利率政策方法有两个优点。第一，它避免了价格水平的不确定性问题。第二，它允许我们独立于货币供给变化(或汇率)来研究利率政策。然而，应该强调的是，在这个框架中获得的结果不能直接与将利率作为调控目标的文献结果相比，因为在两种情形下，被政策制定者控制的利率并不相同。

9.5 黏性价格下的利率规则

本节将研究存在黏性价格的模型如何处理利率目标。乍看起来，黏性价格似乎可以解决价格水平不确定性问题。毕竟，如果价格是黏性的(即，在每个时点上都是预定变量)，说明它们一定不是还没有被决定的。虽然这肯定是正确的，但我们将证明，存在黏性价格的情况下，利率目标将产生一个"更高阶的不确定性"(higher order indeterminacy)。换句话说，利率目标将导致通货膨胀率的多重均衡路径。

考虑一个由大量本质上相同的、生活无限期的且具有完全预期能力的消费者组成的小型开放经济。该经济的商品市场与资本市场与外部世界完全融合。存在两种(不可储存的)商品：可贸易商品和不可贸易商品。可贸易商品的外币价格被标准化为 1(即，外国的通货膨胀为零)。不可贸易商品的产出是由需求决定的。除非另有注释，否则符号与上文保持相同。

9.5.1 消费者的问题

预算约束

就消费者而言，与 9.2 节中模型唯一的不同之处在于现在的模型中包含不可贸易商品。对应式(9.2)的流量预算约束可由下式给出(用可贸易商品作为计价物)：

$$\dot{a}_t = ra_t + y_t^T + \frac{y_t^N}{e_t} + \tau_t - c_t^T - \frac{c_t^N}{e_t} - i_t m_t \tag{9.42}$$

① 或者，我们可以通过假设企业需要向银行借款融资来把产出成本引入模型，正如 Lahiri 和 Végh(2003)所做的那样。

其中，c_t^T 和 c_t^N 分别表示可贸易商品和不可贸易商品的消费，y_t^T 和 y_t^N 分别表示可贸易商品和不可贸易商品的产出，e_t 表示用不可贸易商品衡量的可贸易商品的相对价格。

对流量约束式(9.42)向前积分并施加相应的横截性条件，我们可以得到：

$$a_0+\int_0^{\infty}\left(y_t^T+\frac{y_t^N}{e_t}+\tau_t\right)\exp(-rt)\mathrm{d}t=\int_0^{\infty}\left(c_t^T+\frac{c_t^N}{e_t}+i_t m_t\right)\exp(-rt)\mathrm{d}t \quad (9.43)$$

效用最大化

消费者的终身效用函数采用如下的对数形式：

$$\int_0^{\infty}[\log(c_t^T)+\log(c_t^N)+\log(m_t)]\exp(-\beta t)\mathrm{d}t \quad (9.44)$$

其中，$\beta(>0)$表示主观贴现率。只要偏好是可分离的，以下得到的所有结果都不会发生变化。

消费者的问题是在式(9.43)约束下，且给定 τ_t、e_t、y_t^T、y_t^N 和 i_t 的路径以及 a_0 值的情形下，对所有 $t\in[0,\infty)$，通过选择一个最优$\{c_t^T, c_t^N, m_t\}$组合来最大化其终身效用式(9.44)。

假定 $\beta=r$，我们可以写出一阶条件为：

$$\frac{1}{c_t^T}=\lambda \quad (9.45)$$

$$\frac{1}{c_t^N}=\frac{\lambda}{e_t} \quad (9.46)$$

$$\frac{1}{m_t}=\lambda i_t \quad (9.47)$$

一阶条件式(9.45)和式(9.47)定义了标准化的实际货币需求：

$$m_t=\frac{c_t^T}{i_t} \quad (9.48)$$

9.5.2 供给侧

我们现在将研究视角转向模型的供给侧，大致跟随8.2节的思路。可贸易商品的供给将被假设为不随时间变化且等于 y^T。不可贸易商品部门在设定的黏性价格下运行，并且产出由需求决定。跟随Calvo(1983)的思路，我们假定：

$$\dot{\pi}_t=-\theta(y_t^N-y_f^N) \quad (9.49)$$

其中，π_t 表示不可贸易商品的通货膨胀率，θ 是一个正参数，y_f^N 是“充分就业”时不可贸易商品的产出水平。正如附录8.8.1所显示的那样，式(9.49)可以通过如下的设定推导出来：企业以分期的方式设定价格，同时考虑不可贸易商品平均价格的未来预期路径以及市场超额需求的路径。

9.5.3 政府

政府流量约束给定为：

$$\dot{h}_t = rh_t + \dot{m}_t + \varepsilon_t m_t - \tau_t \tag{9.50}$$

向前积分并施加对应的横截性条件，我们可以得到政府的跨期预算约束：

$$\int_0^{\infty} \tau_t \exp(-rt)\mathrm{d}t = h_0 + \int_0^{\infty} (\dot{m}_t + \varepsilon_t m_t)\exp(-rt)\mathrm{d}t \tag{9.51}$$

9.5.4 均衡条件

资本完全流动假设(和国外没有通货膨胀)意味着：

$$i_t = r + \varepsilon_t \tag{9.52}$$

因为不可贸易商品的产出由需求决定，以下条件必然存在：

$$y_t^N = c_t^N \tag{9.53}$$

结合式(9.42)、式(9.50)、式(9.52)以及式(9.53)，我们可得到经济的流量约束(也即经常性账户)：

$$\dot{k}_t = rk_t + y^T - c_t^T \tag{9.54}$$

其中 $k_t \equiv h_t + b_t$。

向前积分上式并施加相应的横截性条件，我们可得到经济的资源约束：

$$k_0 + \frac{y^T}{r} = \int_0^{\infty} c_t^T \exp(-rt)\mathrm{d}t \tag{9.55}$$

9.5.5 更高阶的不确定性

假定政府将名义利率设定在 i 的水平。现在我们来求解对应的完全预期均衡路径并展示怎样的货币规则会产生多重均衡路径。

首先，注意一阶条件式(9.45)意味着，沿着完全预期均衡路径可贸易商品的消费是固定不变的。因此，从经济的资源约束式(9.55)中可以推出：

$$c^T = rk_0 + y^T \tag{9.56}$$

给定由货币当局设定的名义利率，并结合式(9.56)可知，实际货币需求也将是固定不变的：

$$m = \frac{rk_0 + y^T}{i}$$

根据利率平价条件式(9.52),可推导出贬值率将由下式给出:

$$\varepsilon = i - r$$

为了进一步研究模型中剩余的内生变量的动态行为,我们将构建两个关于 π_t 和 e_t 的微分方程组成的动态系统。从式(9.45)和式(9.46)中可以推知,$c_t^N = e_t c_t^T$。把这个等式代入式(9.49)意味着:

$$\dot{\pi}_t = \theta(y_f^N - e_t c_t^T) \tag{9.57}$$

因为根据定义,$e_t = E_t / P_t^N$(回想一下 $P_t^* = 1$),利用式(9.52)可得到:

$$\dot{e}_t = e_t(i - r - \pi_t) \tag{9.58}$$

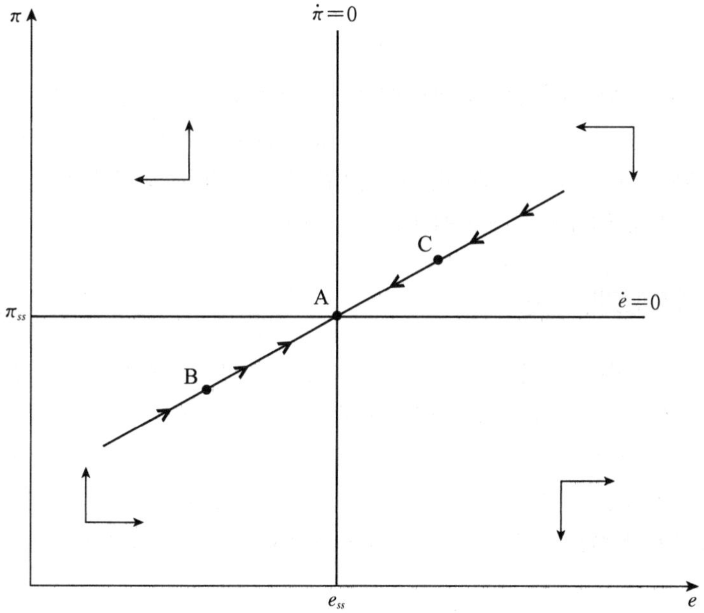

图 9.6 多重均衡路径

因为 c^T 由式(9.56)给定,i 是政策工具,很显然,式(9.57)和式(9.58)构建了一个关于 π_t 和 e_t 的动态系统。该动态系统的稳态通过下式给出(见图 9.6 中的点 A):

$$e_{ss} = \frac{y_f^N}{c^T}$$

$$\pi_{ss} = i - r$$

在稳态附近线性化这一系统,可得到:

$$\begin{bmatrix} \dot{\pi}_t \\ \dot{e}_t \end{bmatrix} = \begin{bmatrix} 0 & -\theta c^T \\ -e_{ss} & 0 \end{bmatrix} \begin{bmatrix} \pi_t - \pi_{ss} \\ e_t - e_{ss} \end{bmatrix} \tag{9.59}$$

因此,与线性近似相关的行列式是:

$$\Delta = -e_{ss}\theta c^T < 0$$

因为存在一个正根和一个负根，意味着该系统具有鞍点稳定路径。因此，该系统存在唯一的收敛路径（参见图 9.6）。然而，无论是 π_t 还是 e_t 都不是预定变量，因此在时点 0 它们可以取任何值。①这意味着任何一对位于鞍点路径上的（包括稳态）初始组合（π_0，e_0）都将收敛到稳态上。图 9.6 描绘了三个这样的点：点 A、点 B 和点 C。因此，这个动态系统存在多重均衡路径，这也是我们所谓的“更高阶的不确定性”。

9.5.6 利率规则

我们现在来研究政策规则是如何设定，使得利率根据一些可观察的变量而变化，从而产生唯一的均衡路径。具体来说，假设政策制定者设定通货膨胀目标$\bar{\pi}$，并根据以下规则改变名义利率：

$$\dot{i}_t=\alpha(\pi_t-\bar{\pi}) \tag{9.60}$$

其中，α 是一个正的参数。因为该规则根据变化率来规定的，这也意味着在任何时点，名义利率都是一个预定变量。换言之，通过适当地改变名义货币供应量，在任何时点上，货币当局都可以让利率不发生跳跃。在实践中，这种类型的利率规则成为了“通货膨胀目标”机制下的典型标志，正如在专栏 9.2 中所讨论的那样。

专栏 9.2　通货膨胀目标

1989 年 12 月，新西兰首次实施了通货膨胀目标（IT）。[a]此后许多发达经济体和新兴经济体纷纷效仿。大多数国家在经历多年（甚至数十年）的高和/或恶性的通货膨胀后，都采纳了将通货膨胀目标作为货币制度的方式。在这个意义上说——正如被 Truman(2003)所指出的那样——通货膨胀目标可以被视为试图寻找到更有效的名义锚（以通胀目标为形式）的努力尝试，因为传统的名义锚（货币总量和名义汇率）遇到了瓶颈。

对于如何将一个国家定义为以实施通货膨胀为目标的国家，至今没有广泛一致的意见。根据 Truman(2003)的观点，如果一个国家有明确的通货膨胀目标，并且宣布采纳通货膨胀目标制度，那么该国就可被视为以通货膨胀为目标的国家。IMF(2010)使用了一个类似的定义，即假如一个国家有“中期的通货膨胀数字性目标”，则可被归纳为以通货膨胀为目标的组别。至 2010 年起，IMF 已经把 44 个国家列为以通货膨胀为目标的组别。[b]

一般来说，以通货膨胀为目标的国家会表现出以下特征：第一，将价格稳定作为货币政策的主要目标。第二，需要满足一些或一系列数字性目标（例如，在转型时期）。第三，国家会规定一个实现目标的期限。只要不危害这一制度的可信度，这允许在短期内可以适当偏离目标。第四，货币当局对实现目标承担责任，如果不能达到目标，需要解释原因。

---

① 回想一下，预定变量数目必须等于负根的数目，才能得到唯一解。在目前的情形下，存在一个负根且没有预定变量，因此系统是不确定的（即，存在无穷多解）。

需要注意的是,采用通货膨胀目标的国家可能并不能实现价格稳定,因为这仅仅是货币政策的目标。Truman(2003)研究了22个以通货膨胀为目标的国家的中央银行的工作,发现这些国家中只有6个(或27%)的中央银行将价格稳定作为其唯一目标。另外的8个国家(36%)的中央银行有其他目标,但这些目标之间存在轻重缓急的排序,价格稳定性还是排在这些目标之首。有2个国家(9%)把币值稳定作为主要目标。在余下的6个国家中,都存在多个目标,且各目标之间没有明确的排序。任何国家都没有以其他变量(即,产出)为明确的目标。原则上说,这区分了以通货膨胀为目标与其他货币制度,因为除了通货膨胀目标之外,其他货币制度可能还有产出目标(正如在典型的泰勒法则中那样)。

大多数实证研究比较了采用通货膨胀目标的国家相对于未采用通货膨胀目标的国家在平均通货膨胀、通货膨胀波动性、产出波动性和利率等方面的表现。最常规的研究方法是双重差分法。其他研究也会使用工具变量和倾向值匹配技术。Ball和Sheridan(2005)指出了这些研究方法可能存在内生性问题,因为采用通货膨胀目标的国家在实施这样一个制度之前,往往会有更高的通货膨胀水平。为了修正这种内生性,他们建议,将先前的通货膨胀水平作为控制变量。表9.1显示了Ball(2010)所总结的大量研究结果。

表9.1 实施以通货膨胀为目标的制度对通货膨胀和产出的影响

	对初始条件不作控制	对初始条件进行控制		
	双重差分	双重差分	工具变量	倾向性得分匹配
通货膨胀:均值和方差	以通货膨胀为目标减少了通货膨胀的均值和方差	发达经济体:通货膨胀均值轻微减小(0.6%); 新兴体经济体:通货膨胀均值大幅下降2.5%	发达经济体:无影响; 新兴体经济体:通货膨胀均值受到巨大影响(长期中减少7.5%)	发达经济体:无影响;新兴体经济体:通货膨胀均值减少3%
产出:方差	混合结果	发达经济体:无影响;新型体经济体:减少了1.4%		

资料来源:Ball(2010)。

似乎呈现出来了两个结论。首先,以通货膨胀为目标似乎降低了通货膨胀的均值和方差,在发展中国家这一点会更加明显。其次,有一些证据表明,以通货膨胀为目标可能会降低新兴经济体的产出波动性。

一些研究还探讨了通货膨胀目标对通货膨胀持续性和通货膨胀预期的影响。在通货膨胀持续性方面,结果与上述发现相似:对发达经济体没有影响,而对新兴经济体则持续性较低。然而,Levin, Natalucci和Pieger(2004)的研究却认为,通货膨胀目标会在两类国家中对通货膨胀的持续性产生巨大影响。关于通货膨胀目标对通货膨胀预期的影响结果是多样化的。

总的来说，实证分析似乎表明，通货膨胀目标在发展中国家会有效一些，而在工业化国家并没有必要去实施这种政策。

专栏注：

a. 参见 Svensson(2010)对通货膨胀目标的全面总结。

b. 这些国家是阿尔巴尼亚、亚美尼亚、澳大利亚、奥地利、比利时、巴西、加拿大、智利、哥伦比亚、塞浦路斯、捷克、芬兰、法国、德国、加纳、希腊、危地马拉、匈牙利、冰岛、印度尼西亚、爱尔兰、以色列、意大利、韩国、卢森堡、马耳他、墨西哥、荷兰、新西兰、挪威、秘鲁、菲律宾、波兰、葡萄牙、罗马尼亚、塞尔维亚、斯洛文尼亚、南非、西班牙、瑞典、泰国、土耳其、英国和乌拉圭。

我们将通过构建一个含有三个微分方程的动态系统来求解模型。为此目的，我们先对一阶条件式(9.46)求导数，考虑$\dot{e}_t=e_t(\varepsilon_t-\pi_t)$并利用式(9.52)，可以得到：

$$\dot{c}_t^N=c_t^N(i_t-\pi_t-r) \tag{9.61}$$

现在，将式(9.53)代入式(9.49)，可以得到：

$$\dot{\pi}_t=\theta(y_f^N-c_t^N) \tag{9.62}$$

式(9.60)、式(9.61)和式(9.62)构建了关于 i_t、c_t^N 和 π_t 三个微分方程组成的动态系统。

这一动态系统的稳态状态可由下式给出：

$$\pi_{ss}=\bar{\pi} \tag{9.63}$$

$$i_{ss}=r+\bar{\pi} \tag{9.64}$$

$$C_{ss}^N=y_f^N \tag{9.65}$$

在动态系统的稳态点附近进行线性近似可以得到：

$$\begin{bmatrix}\dot{i}_t\\ \dot{c}_t^N\\ \dot{\pi}_t\end{bmatrix}=\begin{bmatrix}0 & 0 & \alpha\\ y_f^N & 0 & -y_f^N\\ 0 & -\theta & 0\end{bmatrix}\begin{bmatrix}i_t-i_{ss}\\ c_t^N-y_f^N\\ \pi_t-\bar{\pi}\end{bmatrix}$$

这意味着与线性近似相关的矩阵的迹和行列式分别由下式给出：

$$\mathrm{Tr}=0$$

$$\Delta=-\alpha\theta y_f^N<0$$

$\Delta<0$ 的事实意味着矩阵可能存在三个负根，也可能存在一个负根和两个正根的情况。然而，由于矩阵的迹(等于所有根的和)为零，系统的根只可能存在一个负根和两个正根这种情况。因此，这个系统是鞍点稳定的，也就是说只存在唯一的路径使系统收敛于 R^3 稳态

状态。因为只有唯一的预定变量(i_t),因而这个系统存在唯一解:对于一个给定 i_0、π_0 和 c_0^N 值,系统会进行调整,以便确保沿着鞍点路径收敛到稳定状态。

令 δ 是该系统的负根,为了获得与这个根相关的特征向量,我们应该求解:

$$\begin{bmatrix} -\delta & 0 & \alpha \\ y_f^N & -\delta & -y_f^N \\ 0 & -\theta & -\delta \end{bmatrix} \begin{bmatrix} h_1 \\ h_2 \\ h_3 \end{bmatrix} = \begin{bmatrix} 0 \\ 0 \\ 0 \end{bmatrix}$$

这里的(h_1, h_2, h_3)是与根 δ 相对应的特征向量,因此:

$$\frac{h_1}{h_3}=\frac{\alpha}{\delta}<0$$

$$\frac{h_2}{h_3}=-\frac{\delta}{\theta}>0$$

正如在下文将阐述清楚的那样,这两个方程为推导这个系统的动态行为提供了关键的信息。

将对应于不稳定根(即,两个正根)的常数项设定为零,我们可以将动态系统的线性近似解写为:

$$\begin{aligned} i_t-i_{ss}&=\omega h_1\exp(\delta t) \\ c_t^N-y_f^N&=\omega h_2\exp(\delta t) \\ \pi_t-\bar{\pi}&=\omega h_3\exp(\delta t) \end{aligned} \tag{9.66}$$

这里的 ω 是一个任意常数。

由此可以得出:

$$\frac{i_t-i_{ss}}{\pi_t-\bar{\pi}}=\frac{h_1}{h_3}<0 \tag{9.67}$$

$$\frac{c_t^N-y_f^N}{\pi_t-\bar{\pi}}=\frac{h_2}{h_3}>0 \tag{9.68}$$

因为系统中只有一个负根,所以三个变量朝着稳定状态调整的过程将是单调的。因此,式(9.67)表明,i_t 和 π_t 将按相反的方向移动,而式(9.68)则说明 c_t^N 和 π_t 将按相同的方向移动。

为了确定任意常数 ω,注意到 i_t 是一个预先决定的变量。进一步的,由于特征向量被确定为标量,我们可以设定 $h_1=1$。因此,在 $t=0$ 处求解式(9.66)和 ω,得到:

$$\omega=i_0-i_{ss} \tag{9.69}$$

9.5.7 通货膨胀目标的永久性下降

为了理解在名义利率规则下经济的动态调整过程,让我们现在分析经济对通货膨胀目标出现一个未预期的永久性下降所作的反应(见图 9.7a)。

从式(9.64)中可以清楚看出，在新的稳态下名义利率将处在更低水平。因此，根据式(9.69)，有 $\omega>0$。令式(9.66)对时间求导数(并回忆我们已经设定 $h_1=1$)，由此可以看出，i_t 随着时间推移将出现下降(见图 9.7b)。那么，通货膨胀率的行为会有什么样的表现呢?根据式(9.63)，在新的稳态下，通货膨胀将会降低。进一步的，从式(9.67)中可知，π_t 与 i_t 将朝着相反的方向运动。因此随着时间的推移，π_t 将增加。要使这种情况发生，就必须要求在 $t=0$ 时刻 π_t 必须下降到新的稳态值以下，然后逐渐朝着稳态值增加(见图9.7c)。最后，从式(9.65)中可知，在稳态下不可贸易商品的消费不会发生变化。进一步，从式(9.68)中可知，c_t^N 和 π_t 将按相同的方向变动。因此 c_t^N 也将随着时间的推移增加。如果是这样的话，在冲击发生时，c_t^N 必须下降，然后随时间的推移逐渐向不变的稳态增加(见图 9.7d)。给定一阶条件式(9.46)，实际汇率的变动路径将与 c_t^N 的路径相同，冲击出现时，首先发生下降(实际升值)，然后随时间的推移逐渐向不变的稳态增加(见图 9.7e)。

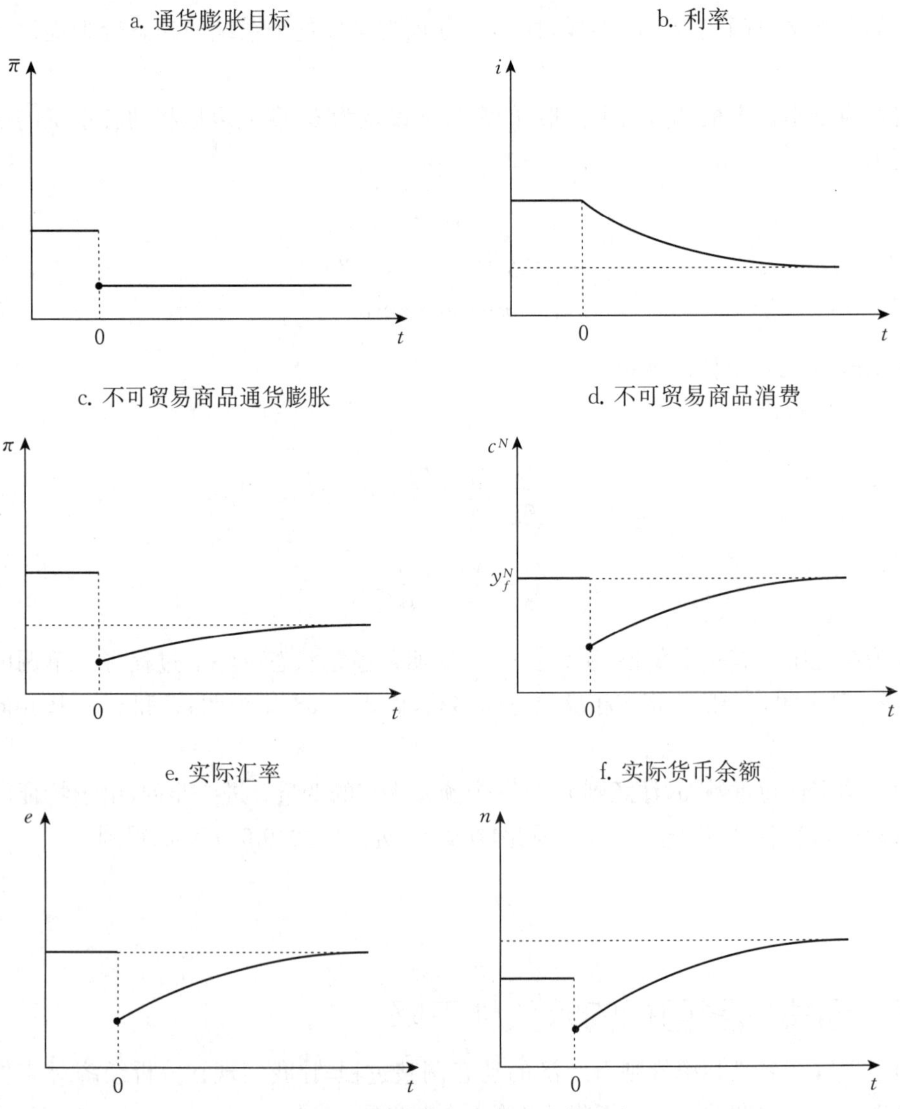

图 9.7　通货膨胀目标的永久性下降

最后，让我们来研究以不可贸易商品衡量的实际货币余额的变动行为。正如在第 8 章中所述，以不可贸易商品衡量的实际货币余额定义为：

$$n_t \equiv \frac{M_t}{P_t^N} \tag{9.70}$$

利用式(9.46)和式(9.47)，我们可以得到以不可贸易商品衡量的实际货币余额的需求为：

$$n_t = \frac{c_t^N}{i_t} \tag{9.71}$$

在新的稳态中，n_t 会变得更高以便对更低的名义利率作出反应。在冲击发生时，n_t 会因为 c_t^N 的下降而下降，但 i_t 会保持不变。因此，正如图 9.7f 所显示的那样，n_t 会随着时间的推移向更高水平的稳态增加。由于 P_t^N 是黏性的，从式(9.70)中可以推知，名义货币供给在时点 0 将会下降。恰恰是在时点 0，名义货币供给的下降阻止名义利率的下降。

总之，降低通货膨胀目标可以永久性地成功减少通货膨胀，虽然要付出经济衰退的代价，因为在这种情况下，货币供给的增长率会减少(参见第 8 章)。直觉上说，通货膨胀目标的下调意味着在新的稳态下会有更低的名义利率。而因为名义利率被假定成一个预定变量，随着时间推移，它需要逐渐朝着更低水平的稳态下降。为了让其发生——在给定政策规则式(9.60)的情形下——在冲击发生时，不可贸易商品的通货膨胀率需要下降到新的更低水平的稳态值之下，然后随着时间的推移而逐渐上升。换言之，只有实际通货膨胀低于其长期值时，政策规则式(9.60)才要求名义利率随时间的推移而发生下降。反过来，如果通货膨胀随着时间的推移是上升的，c_t^N 在整个转型期间必须位于充分就业产出之下，正如可以从式(9.62)中看出的那样。c_t^N 的增长路径要求可贸易商品的相对价格(e_t)随时间的推移增加。

我们的结论是，利率规则式(9.60)提供了一个指导货币政策的完全合理的方式，只要通货膨胀目标是完全可信的。如果公众怀疑通货膨胀目标，那么经济将失去它的名义锚。

9.6 实际利率规则

虽然基于名义利率的利率规则在实践中是更为常见，但有些国家偶尔也会实行实际利率规则。智利就曾将中央银行 90 天债券的实际利率作为主要的政策工具并实施了十多年(参见专栏 12.3)。这当然会引发出明显的问题，即在实际利率目标下，是否会出现名义价格不确定性问题。毫不奇怪——正如本章习题 5 所显示的那样——通过把实际利率(以不可贸易商品来衡量)设定在一个固定不变水平上，实际利率目标会产生一个不确定通货膨胀率。背后的经济直觉也是很清晰的：由于货币当局没有设定任何名义变量的增长率，就没有什么能对通货膨胀率产生限制了。然而，我们也能证明，只要与一个通货膨胀目标[与规则式(9.60)相同]相结合，实际利率规则也可以产生行为良好的动态系统。①

① 第 12 章通过案例分析进一步分析了这个问题，在案例中，供给侧是通过黏性通货膨胀(而不是黏性价格)来刻画的。依赖于通货膨胀目标的实际利率规则也会产生一个行为良好的动态系统。

关键在于通货膨胀目标(假设是完全可信的)为经济提供了名义锚。当然,在实践中这应被视为一种危险的做法,因为任何公众对宣布的通胀目标的信任问题都会产生一个高度不稳定的体系。

9.7 总结性评论

本章分析了利率作为政策工具的使用问题。我们已经看到,一个纯粹的名义利率目标如何导致价格水平出现不确定性的,这是因为货币政策未能被完全规定清楚。我们研究了实现货币政策的三种不同方式,并利用这些模型分析了名义利率变化对汇率产生的影响。在弹性价格下,较高的名义利率会使本国货币升值。然而,这可能是以降低产出和增加公共债务负担为代价的。更高公共债务偿还会引发通货膨胀效应,而这一效应实际上可能使利率政策失效。因此,从政策角度看,我们的结论是,通过提高利率来保卫国内货币价值的政策存在一定风险,这种风险需要与更强势货币究竟能带来多大的好处进行权衡。

习　题

1. [艾伦·海默-孔特雷拉斯(Auernheimer Contreras)模型利率上升的实际影响]考虑与9.3节中相同的模型并作以下修改。假设货币现在以不可分离的方式进入效用函数:

$$\int_0^\infty u(c_t,\ m_t)\exp(-\beta t)\mathrm{d}t$$

其中 $u(c_t,\ m_t)$ 是递增且严格凹的,并具有正的交叉导数:

$$u_c>0,\ u_m>0,\ u_{cc}<0,\ u_{mm}<0,\ u_{cm}>0,\ u_{cc}u_{mm}-u_{cm}^2>0$$

(1) 给定名义利率,请求解出完全预期均衡路径。

(2) 试分析在时点 0 i_t 出现未预期的永久性增加带来的影响。

(3) 试分析在时点 0 且持续到时点 T i_t 出现未预期的永久性增加所带来的影响。

2. (9.4 节模型中的可替代性政策)在 9.4 节中,我们假设政策制定者设定货币供给的路径并选择 i_t^m。事实上政策制定者也可能选择:

(1) 名义汇率以及 i_t^m 的变化路径。

(2) 名义汇率以及 M_0 的变化路径(令 i_t^m 为内生给定的)。

(3) 名义货币供应量以及 E_0 的变化路径(令 i_t^m 为内生给定的)。

请证明名义变量在任何一种可选择的政策情况下都是给定不变的。

3. (高利率的财政影响)本习题分析了 9.4 节模型中更高利率对财政政策的影响。相对于 9.4 节模型唯一的修改之处在于,我们现在假设政府一次性转移总额为 τ。这意味着货币增长率(μ_t)成为一个内生变量,它将进行调整以满足财政政策。换言之,政策制定

者现在制定了 i_t^m 以及名义货币的初始供应量(M_0)，而不是货币供给增长率(μ_t)。在这种情形下：

(1) 求解在固定值 i_t^m 以及给定名义货币初始供应量 M_0 情形下的完全预期均衡。

(2) 试分析时点 0 i_t^m 出现一个未预期的永久性增加，名义汇率对这种变化会有什么影响。

4. (在一个黏性价格模型中利率作为额外的工具)本道习题根据 Calvo 和 Végh(1996)观点提出的。假设 9.4 节黏性价格模型中有两种商品。给定偏好为：

$$\int_0^\infty [\log(c_t^T)+\log(c_t^N)+\log(m_t)]\exp(-\beta t)\mathrm{d}t \tag{9.72}$$

消费者的跨期约束给定为：

$$a_0+\int_0^\infty\left(y^T+\frac{y_t^N}{e_t}+T_t\exp(-rt)\mathrm{d}t\right)=\int_0^\infty\left[c_t^T+\frac{c_t^N}{e_t}+(i_t-i_t^m)m_t\right]\exp(-rt)\mathrm{d}t \tag{9.73}$$

其中 y^T 是可贸易商品的禀赋，y^N 是不可贸易商品的产出水平(假设由需求决定)。在 9.5 节，我们令不可贸易商品的价格是黏性的，且通货膨胀变化由式(9.49)给出。在这种情形下：

(1) 假定与 9.4 节一样，货币当局设定货币供应量变化路径并控制 i_t^m。当给定 M_0 以及常数 μ_t 和 i_t^m 时求解完全预期的均衡路径。[提示：首先 i_t 遵循一个不稳定的微分方程，其次设定关于不可贸易商品实际货币存量以及 π_t 的动态系统(即 $n_t\equiv M_t/P_t^N$)。]

(2) 当 i_t^m 出现一个未预期的永久性增加会带来什么影响。

5. (实际利率规则)本道习题为了进一步研究我们理解的利率规则与实际利率变化规则的区别。现在我们考虑 9.5 节的模型。

(1) 作为本道习题其余部分的基准，我们需要求解预定汇率模型。特别是分析在 0 时刻贬值率出现未预期的永久性降低对所有内生变量的影响。

(2) 现在考虑利率目标。将国内实际利率定义为 $r_t^d\equiv i_t-\pi_t$(正如第 8 章所研究的，r_t^d 是不可贸易商品消费路径对应的实际利率)。假定政策制定者令国内实际利率水平不变，设为 r^d(无其他变量)。证明这种政策也会引发价格水平的不确定性。(提示：注意决策者必须设 r^d 等于 r，这是唯一影响均衡路径的变量。)

(3) 假定政策制定者设定利率规则为：

$$\dot{r}_t^d=\alpha(\pi_t-\bar{\pi})$$

其中 $\bar{\pi}$ 是政策当局选择的通货膨胀目标，α 为一个正的常数(注意在这种政策制度下，国内实际利率是一个预定变量)。请刻画在给定的且完全可信的通货膨胀目标时的初始均衡条件。若政策制定者在时点 $t=0$ 宣布通货膨胀目标发生未预期的永久性下降，会发生什么。讨论结果背后的经济直觉(与预定汇率情形下获得的结果进行比较，分析为何存在不同?)

参考文献

Auernheimer, Leonardo. 2008. Monetary policy rules, the fiscal theory of the price level, and (almost) all that jazz: In quest of simplicity, in Andres Velasco, Carmen M. Reinhart, and Carlos A. Végh, eds., *Money, Crises, and Transition: Essays in Honor of Guillermo Calvo*. Cambridge: MIT Press, 41—67.

Auernheimer, Leonardo, and Benjamin Contreras. 1992. A nominal interest rate rule in the open economy. Mimeo. Texas A&M University.

Ball, Laurence M. 2010. The performance of alternative monetary regimes. Working Paper 16124. National Bureau of Economic Research, Cambridge, MA.

Ball, Laurence M., and Niamh Sheridan. 2005. Does inflation targeting matter? in Ben S. Bernanke and Michael Woodford, eds., *The Inflation Targeting Debate*. Chicago: University of Chicago Press, 249—282.

Calvo, Guillermo A. 1983. Staggered prices in a utility-maximizing framework. *Journal of Monetary Economics* 12(3):383—398.

Calvo, Guillermo A., and Carlos A. Végh. 1995. Fighting inflation with high interest rates: The small open economy case under flexible prices. *Journal of Money, Credit and Banking* 27(1):49—66.

Calvo, Guillermo A. and Cardos A. Végh. 1996. Disinflation and interest-bearing money. *Economic Journal* 106(439):1546—1563.

Druck, Pablo, and Pietro Garibaldi. 2000. Inflation risk and portfolio allocation in the banking system. University of CEMA Working Paper 181. Buenos Aires.

International Monetary Fund. 2010. *Defacto Classification of Exchange Rate Regimes and Monetray Policy Frameworks*. Washington, DC: IMF.

Kumhof, Michael, and Evan Tanner. 2005. Government debt: A key role in financial intermediation. IMF Working Paper 05/57. Washington, DC.

Lahiri, Amarya, and Carlos A. Végh. 2003. Delaying the inevitable: Interest rate defense and BOP crises. *Journal of Political Economy* 111(2):404—424.

Lahiri, Amartya, and Carlos A. Végh. 2007. Output costs, BOP crises, and optimal interest rate policy. *Economic Journal* 117:216—239.

Levin, Andrew T., Fabio M. Natalucci, and Jeremy M Pieger. 2004. The macroeconomic effects of inflation targeting. *Federal Reserve Bank of St. Louis Review* 86(4): 51—80.

McCallum, Bennett T. 1981. Price level determinacy with an interest rate policy rule and rational expectations. *Journal of Moneatary Economics* 8(3):319—329.

Rodriguez, Carlos A. 1992. Financial reforms in Latin America: The cases of Argentina, Chile, and Uruguay. University of CEMA Working Paper 84. Buenos Aires.

Sargent, Thomas, and Neil Wallace. 1975. "Rational" expectations, the optimal monetary instrument, and the optimal money supply rule. *Journal of Political Economy*

83(2):241—254.

Svensson, Lars E. O. 2010. Inflation targeting. Working Paper 16654. National Bureau of Economic Research, Cambridge, MA.

Taylor, John B. and John C. Williams. 2010. Simple and robust rules for monetary policy. Working Paper 15908. National Bureau of Economic Research, Cambridge, MA.

Truman, Edwin M. 2003. *Inflation Targeting in the World Economy*. Washington, DC: Institute for International Economics.

Woodford, Michael. 1994. Monetary policy and price level determinacy in a cash-in-advance economy. *Economic Theory* 4(3):345—380.

▶10

开放经济中的最优财政和货币政策

10.1 引言

假设政府开支暂时上升，财政部门应该提高税收、增加借款，或是两者都实施？在一个不确定的世界中，这种决策会如何被不完善的资产市场所影响？更一般的是，在一个小型开放经济体中，财政政策应该如何执行以便尽可能克服商业周期波动？显然，这些都是我们在本书中会遇到的一些最重要的公共政策问题。我们将把本章的大部分内容用于分析在开放经济中最优财政政策的基础。

同样的——由于通货膨胀就像是对实际货币余额征税——那么，最优的通货膨胀率应该是什么？换句话说，在考虑到通货膨胀会为政府带来收入的情况下，一个国家的最优货币政策应该是什么呢？本章也将回答这个特别的问题。

在 10.2 节中，通过对一个拥有外生禀赋的经济展开分析，我们开始进入对最优财政政策的探讨。在不考虑闲暇的情况下，唯一可能导致模型出现跨期扭曲的因素就不存在了。我们将证明，通过设定一个随着时间推移而固定不变的消费税率，一个最优的财政政策能确保不产生跨期扭曲，因此随着时间的推移，消费将是完全平滑的。由此产生的均衡状态实际上就是在一次性税收情形下所得到的均衡。政府将会通过借款来为自己暂时性的高支出进行融资而在政府支出比较低的时候进行偿还/储蓄。

接下来在 10.3 节中，通过引入劳动/闲暇选择，我们将注意力转向生产经济。在这种情况下，征收消费税会导致在消费和闲暇间出现期内扭曲。事实上，为了避免跨期扭曲的出现，最优的财政政策将需要设定一个恒定的税率，但这又会导致期内扭曲的出现。因此，在这种情况下，最优财政政策并不是征收一次性税收时所得到均衡的简单重复。

到目前为止，我们都假定经济可以完全进入国际资本市场。如果情况不是这样的，将会发生什么？为了回答这个问题，在 10.4 节中我们考虑了金融自给自足的极端例子(即经济不能进入国际资本市场)。在这种情况下，暂时性的高水平的政府支出必须通过更高的税率以及向私营部门借款的组合来进行融资。为诱导私人部门把钱借给公共部门，国内实际利率将不得不提高到世界实际利率水平之上。因此，相对于一次性税收的情况，最优财政政策不仅会导致出现期内扭曲，也会导致出现跨期扭曲。

在实践中，由于发展中国家与世界其他国家(地区)的金融一体化程度会介于在10.3节和10.4节所分析的完全一体化及完全自给自足两种极端情形之间。我们的模型预测，在政府支出暂时高的时期，会伴随着出现相对更高的税率，国内和国外借款增加以及国内实际利率提高的组合现象；反过来，在政府支出较低的时期会伴随着出现相对更低的税率，偿还国内和国外借款以及国内实际利率相对世界水平出现下降的组合现象。

政府支出水平的不确定性会如何影响最优财政政策？在两期模型的背景下，10.5节假定时期2的政府支出是随机的。在不完全市场下，最优财政政策将意味着当政府支出高(低)时，税率也是高的(低的)。换句话说，税收政策是顺周期的。[①]在完全市场下，我们重新获得完全税收平滑结果，即在10.3节完全预见情形下所获得的结果。

到目前为止，本章处理的是这样的问题：在商业周期中，财政政策应如何实施？但在实际中财政政策又是如何实施的呢？证据似乎表明，发展中国家的财政政策是顺周期的。在这个意义上说，财政政策在繁荣时期是扩张的(即政府支出是高的而税率是低的)而在衰退时期是紧缩的(即政府支出是低的而税率是高的)。这与发达国家形成鲜明对比，其财政政策通常是非周期性的或是逆周期的。为了解释这一现象，在10.6节我们内生化政府支出表明，在繁荣时期为争取更多支出的政治压力是如何能够促使政策制定者以顺周期的方式采取行动。直觉上看，如果预算盈余会导致更多非生产性政府支出的出现，那么在这意义上讲它就是“不好的”，而政策制定者在繁荣时期就有动机通过降低税率来减少财政盈余。事实上，我们的模型可以对发展中国家和工业化国家间因基于税收收入波动性的财政政策差异合理化。在其他条件相同的情况下，税收收入的波动性越大，最优财政政策就越有可能是顺周期的。

最后，在10.7节中，我们转向什么是最优货币政策的问题。借助一个规模报酬不变的交易技术，通过把货币引入到模型中，我们会阐释清楚，在对交易技术和/或偏好作确定性限制的情形下，弗里德曼规则(即零名义利率)在各种货币模型(MIUF、CIA或交易成本模型)中是最优的。当然，在现实中，这些条件并没有明显合理有效的理由会成立，关键问题就变成了一个实证问题：当弗里德曼规则不是最优时，最优的名义利率应该是多大？现有的定量分析表明，它应该是非常小的，即使当通货膨胀率本身可能波动很大。然后，我们将税收征收成本作为与经验相关的摩擦隔离开来，以使最优通货膨胀税为正，如果税收征收成本随着时间变化，就把它作为通货膨胀税会随时间变化的依据。

10.2 给定禀赋经济中的最优财政政策

考虑一个商品和资本市场都完全与世界其他国家(地区)融为一体的小型开放经济的两期模型。

① 作为一个术语，顺周期(逆周期)的税收政策指的是如下这样一种状况：税率的变动与经济周期是负向的，因为更低的(更高的)税率可以刺激(抑制)经济活动。

10.2.1 消费者优化问题

偏好由下式给出：

$$W=\log(c_1)+\beta\log(c_2) \tag{10.1}$$

其中 c_t 表示 $t=1, 2$ 时期的消费，$\beta<1$ 是折现因子。令初始的净外国资产为零。

那么，时期 1 和时期 2 的流量预算约束流可以分别由下式给出：

$$\begin{aligned} b_1&=y_1-c_1(1+\theta_1) \\ 0&=y_2+(1+r)b_1-c_2(1+\theta_2) \end{aligned} \tag{10.2}$$

这里，b_1 代表在时期 1 末的净外国资产，y_t 是时期 $t(t=1, 2)$ 的禀赋，θ_t 是时期 t 的消费税，r 是世界实际利率。结合流量约束，我们能获得消费者的跨期约束：

$$y_1+\frac{y_2}{1+r}=c_1(1+\theta_1)+\frac{c_2(1+\theta_2)}{1+r} \tag{10.3}$$

消费者将在跨期约束式(10.3)的约束下，通过选择 c_1 和 c_2 来最大化自己的终生效用，由式(10.1)给出。相应的拉格朗日函数为：

$$\mathcal{L}=\log(c_1)+\beta\log(c_2)+\lambda\left\{y_1+\frac{y_2}{1+r}-c_1(1+\theta_1)-\frac{c_2(1+\theta_2)}{1+r}\right\}$$

其中，λ 是与约束条件式(10.3)相关的拉格朗日乘子。除了式(10.3)，一阶条件将由下式给出[像往常一样，我们仍旧假设 $\beta(1+r)=1$]：

$$\frac{1}{c_1}=\lambda(1+\theta_1)$$

$$\frac{1}{c_2}=\lambda(1+\theta_2)$$

结合这两个一阶条件可以推导出欧拉方程：

$$\frac{c_1}{c_2}=\frac{1+\theta_2}{1+\theta_1} \tag{10.4}$$

这个最优条件把我们带回到第 3 章的世界中并再次让我们接触到跨期扭曲的概念。在时期 1，消费者面临的(含税)消费价格是 $1+\theta_1$，而在时期 2 是 $1+\theta_2$。如果 $\theta_1=\theta_2$，那么就将没有跨期扭曲效应从而消费随时间推移将会是平滑的。如果 $\theta_1\neq\theta_2$，就会存在跨期扭曲从而消费随时间推移将不再是平滑的。因此，显而易见的是，如果可行，一个最优的财政政策将需要在一段时间内设定一个固定不变的消费税税率，以避免产生跨期扭曲。

10.2.2 政府

政府会面对一个政府消费 $\{g_1, g_2\}$ 的外生组合路径，这个组合的折现现值必须通过征收消费税来进行融资。此外，政府是完全与国际资本市场融为一体的，因此以世界利率 r 进行借入/贷出资金。假设初始的净国外资产是零，政府的流量预算约束由下式给出：

$$b_1^g=\theta_1 c_1-g_1 \tag{10.5}$$

$$0=\theta_2 c_2+(1+r)b_1^g-g_2 \tag{10.6}$$

这里，b_1^g 表示政府的净国外资产。定义基本财政平衡（在下面有时也被称为公共储蓄）为不包括利息支出的财政平衡：

$$PB_t\equiv\theta_t c_t-g_t \tag{10.7}$$

例如，如果政府在时期 1 出现基本赤字（即 $PB_1<0$），它将需要通过借款来进行融资。在时期 2，它将需要实现一个基本盈余来偿还债务并支付利息。

结合政府的流量约束式（10.5）和式（10.6），我们可以得到政府的跨期预算约束①：

$$\theta_1 c_1+\frac{\theta_2 c_2}{1+r}=g_1+\frac{g_2}{1+r} \tag{10.8}$$

使用在表达式（10.7）中给出的基本财政平衡的定义，我们将这个表达式重写为：

$$PB_1+\frac{PB_2}{1+r}=0$$

因此，跨期财政偿付能力要求基本平衡的折现现值加总起来要等于零。②

10.2.3 总约束

结合时期 1 消费者和政府的流量约束——分别由方程式（10.2）和式（10.5）给出——我们获得经济的流量约束：

$$b_1^g+b_1=y_1-(c_1+g_1)$$

根据定义，经济的净国外资产存量等于经常账户余额。因此：

$$CA_1=y_1-(c_1+g_1) \tag{10.9}$$

把当前账户余额重写为私人和公共储蓄的总和将会是一种很有见地的做法。为此，在方程式（10.9）的右端同时加上并减去 $\theta_1 c_1$ 可以获得：

$$CA_1=\underbrace{y_1-(1+\theta_1)c_1}_{\text{私人储蓄}}+\underbrace{\theta_1 c_1-g_1}_{\text{公共储蓄}} \tag{10.10}$$

当然，私人和公共储蓄的总和就是经济的总储蓄。因此，正如在第 1 章所强调的，在一个没有投资的世界中，经常账户就等于储蓄。这种表达经常账户的方式也能让我们注意到

① 为了确保消费为正，我们假设政府支出的折现值要比产出的折现值小，即 $g_1+g_2/(1+r)<y_1+y_2/(1+r)$。

② 假如初始净国外资产不等于零，这一条件就要修改为基本平衡的折现现值等于初始债务。

在基本财政赤字和经常账户赤字之间可能存在着某种联系。①很明显,如果私人储蓄是给定的,那么公共储蓄的下降将会增加经常账户赤字。然而,在均衡时,财政赤字和经常账户赤字之间的这种关系并不需要成立,因为私人储蓄也会对任何影响公共储蓄的冲击作出反应。

结合消费者和政府的跨期约束[分别由方程式(10.3)和式(10.8)给出],我们可以得到经济的资源约束:

$$y_1+\frac{y_2}{1+r}=c_1+g_1+\frac{c_2+g_2}{1+r} \tag{10.11}$$

正如预期的那样,税率并不会出现在总约束中,因为税收可以在消费者和政府之间进行转移。

10.2.4 最优的财政政策

政府必须通过设定税率 θ_1 和 θ_2 来为政府的支出路径筹措资金。θ_1 和 θ_2 的最优值是什么?最优概念的前提是,有一些明确定义的目标函数。在一个优化框架中,对政府目标函数的最自然的假设是政府会追求消费者一生效用的最大化。因此,最优财政政策可以这样来定义:在税收收入的折现现值足以为政府支出的折现现值提供资金的约束下,政府通过选择一组最优的 θ_1 和 θ_2 的值来最大化消费者的福利。

就方法上而言,有两种寻找 θ_1 和 θ_2 最优值的方法。第一种——在公共财政学中更常见的方法——是最优税收的对偶方法(the dual approach to optimal taxation)。在这种方法中,首先通过求解消费者的最优化问题而得到最优的 c_1 和 c_2,当然它们都是 θ_1 和 θ_2 的函数。然后,我们把最优的 c_1 和 c_2 代入效用函数中,以得到间接效用函数(即效用作为 θ_1 和 θ_2 的函数)。最后,政府在自己的跨期约束下,通过选择合适的 θ_1 和 θ_2 组合来最大化间接效用函数。当然,如果我们面对的优化问题非常复杂以至于很难获得间接效用函数,那就意味着我们无法运用对偶方法来求解。

第二种方法是最优税收的原始方法(the primal approach to optimal taxation),到目前为止,是在宏观经济学中更常见的方法。这种原始方法实际上就是求解拉姆齐计划者的问题(Ramsey planner's problem)。在某种意义上说,拉姆齐计划者是一个受限的计划者,因为它选择的最优数量要服从如下约束,即被拉姆齐计划者选择的最优配置在竞争均衡中一定也是可以实现的(这种约束通常被称为可行性条件)。

在本节中,我们将运用最优税收的对偶方法来展开下文的讨论。在 10.3 节中,当处理生产经济时,我们将会运用原始的或拉姆齐方法。

最优税收的对偶方法

运用最优税收对偶方法的第一步是求解消费者的需求函数。将欧拉方程式(10.4)代入进跨期约束式(10.3)中,我们能得到:

---

① 当然,这实际上是"孪生赤字"问题,我们已经在 4.4.6 节碰到过。

$$c_1=\tilde{c}_1(\theta_1, Y)\equiv\frac{1}{1+\theta_1}\left(\frac{1+r}{2+r}\right)Y \tag{10.12}$$

$$c_2=\tilde{c}_2(\theta_2, Y)\equiv\frac{1}{1+\theta_2}\left(\frac{1+r}{2+r}\right)Y \tag{10.13}$$

这里，$\tilde{c}_1(\cdot)$和$\tilde{c}_2(\cdot)$表示函数，并且：

$$Y\equiv y_1+\frac{y_2}{1+r}$$

是产出的折现现值。正如预期的那样，消费需求正向地依赖于产出 Y，而负向地依赖于税率。

将消费需求式(10.12)和式(10.13)代进消费者的终身效用函数式(10.1)中，我们可以得到作为税率 θ_1 和 θ_2 的消费者福利函数：

$$W(\theta_1, \theta_2)=\log(\tilde{c}_1(\theta_1, Y))+\beta\log(\tilde{c}_2(\theta_2, Y)) \tag{10.14}$$

政府会在跨期预算式(10.8)的约束之下，通过选择 θ_1 和 θ_2 来最大化由式(10.14)给出的间接效用函数。如此，相应的拉格朗日函数为：

$$\begin{aligned}\mathcal{L}=&\log(\tilde{c}_1(\theta_1, Y))+\beta\log(\tilde{c}_2(\theta_2, Y))\\&+\Psi\left\{\theta_1\tilde{c}_1(\theta_1, Y)+\frac{\theta_2\tilde{c}_2(\theta_2, Y)}{1+r}-g_1-\frac{g_2}{1+r}\right\}\end{aligned}$$

这里，Ψ 是与跨期约束式(10.8)相应的拉格朗日乘子。

在 $\beta(1+r)=1$ 的假设下，关于 θ_1 和 θ_2 的一阶条件将分别由下式给出：

$$\frac{1}{\tilde{c}_1(\theta_1, Y)}\frac{\partial\tilde{c}_1(\theta_1, Y)}{\partial\theta_1}=-\Psi\frac{\partial(\theta_1\tilde{c}_1(\theta_1, Y))}{\partial\theta_1} \tag{10.15}$$

$$\frac{1}{\tilde{c}_2(\theta_2, Y)}\frac{\partial\tilde{c}_2(\theta_2, Y)}{\partial\theta_2}=-\Psi\frac{\partial(\theta_2\tilde{c}_2(\theta_2, Y))}{\partial\theta_2} \tag{10.16}$$

但注意，从式(10.12)和式(10.13)可以得到：

$$\frac{\partial(\theta_1\tilde{c}_1(\theta_1, Y))}{\partial\theta_1}=-\frac{\partial\tilde{c}_1(\theta_1, Y)}{\partial\theta_1}$$

$$\frac{\partial(\theta_2\tilde{c}_2(\theta_2, Y))}{\partial\theta_2}=-\frac{\partial\tilde{c}_2(\theta_2, Y)}{\partial\theta_2}$$

考虑到上述两个方程，我们可以简化一阶条件式(10.15)和式(10.16)为：

$$\frac{1}{\tilde{c}_1(\theta_1, Y)}=\Psi \tag{10.17}$$

$$\frac{1}{\tilde{c}_2(\theta_2, Y)}=\Psi \tag{10.18}$$

从式(10.17)和式(10.18)中，我们可以得出$\tilde{c}_1(\theta_1, Y)=\tilde{c}_2(\theta_2, Y)$。然后，根据式

(10.12)和式(10.13)可以得出 $\theta_1=\theta_2=\theta$。正如预期的那样，对政府而言让税率随着时间的推移而保持固定不变是最优的，因为通过这样做，就不会产生跨期扭曲效应，这也意味着消费随着时间的推移将是平滑的。

为获得消费的简化形式，将 $c_1=c_2=c$ 代进经济的资源约束式(10.11)中，可以获得：

$$c=\left(\frac{1+r}{2+r}\right)(Y-G) \tag{10.19}$$

这里，$G(\equiv g_1+g_2/(1+r))$ 是政府支出的折现现值。将式(10.19)代入政府的跨期约束式(10.8)中，可以得到一个关于固定税率的表达式：

$$\theta=\frac{G}{Y-G} \tag{10.20}$$

因此，最优税率是政府支出的折现现值的增函数，而且它并不依赖于政府支出(g_1，g_2)的特定路径。直觉上看，像在第 1 章中的消费者一样，政府能够通过在政府支出高的时候进行借款而在政府支出低的时候进行偿还来确保税率随时间的推移而保持平滑。

一个重要的观察是，最优财政政策重现了一次性税收时的情况。换句话说，税率随着时间的推移而保持固定不变的事实意味着没有跨期扭曲存在，而没有闲暇的事实意味着没有期内扭曲的存在。显然，这重现了一次性税收时的情形，在那种情形下，消费者的跨期约束将由下式给出：

$$y_1+\frac{y_2}{1+r}=c_1+\frac{c_2}{1+r}-T \tag{10.21}$$

这里，T 表示一次性税收。在这种情形下，消费者也不会面对一个有跨期扭曲的局面。

暂时性的高政府支出

为了便于展开分析，让我们描述一个场景，在该场景中，时期 1 的政府支出相对高于时期 2 的(即 $g_1>g_2$)。为了引入在第 1 章中所分析的储蓄动机，我们假设禀赋是随时间固定的(即 $y_1=y_2=y$)。

我们首先来证明——正如我们应该预期的那样——私人储蓄将为零。由于消费者不用面对跨期扭曲(即税率随时间的推移是固定的)，并且禀赋路径随着时间的推移也是固定的，因此，对消费者而言是没有动机进行储蓄或动用储蓄的。利用式(10.19)和式(10.20)，我们可以计算出私人支出的固定水平：

$$c(1+\theta)=\frac{1+r}{2+r}Y \tag{10.22}$$

回想一下，私人储蓄是由下式给出的：

$$S_1=y_1-c_1(1+\theta_1) \tag{10.23}$$

由于 $y_1=y$ 和 $c_1(1+\theta_1)=c(1+\theta)$，将式(10.22)代入式(10.23)中，容易证明 $S_1=0$。

基本财政平衡(即公共储蓄)会是怎么样的？利用式(10.19)和式(10.20)可以得出固定的税收收入水平：

$$\theta c=\left(\frac{1+r}{2+r}\right)G$$

将这个方程代入到基本财政平衡的定义中去——由式(10.7)给出——并回忆一下 $G\equiv g_1+g_2/(1+r)$，可以得到：

$$PB_1=\frac{g_2-g_1}{2+r}<0$$

$$PB_2=\frac{1+r}{2+r}(g_1-g_2)>0$$

由于 $g_1>g_2$，政府将在时期 1 经历基本的财政赤字(即 $PB_1<0$)，政府会通过国外借款来为这个赤字融资。在时期 2 政府将经历基本财政盈余(即 $PB_2>0$)，这个盈余能确保政府可以偿还债务及利息。从式(10.10)中可以推知，在时期 1 经济将出现经常账户赤字。因此，将出现这样一种情形，孪生赤字(即财政和经常账户双赤字)是作为对暂时性的高政府支出的一个最优反应而出现的。[①]

注意，在直觉上应该非常清楚，我们得到的税收平滑的结果并不依赖于对数型偏好的假设。即使在更一般的偏好下，如果可以避免这样做，对政府来说没有理由去强加一个代价高昂的跨期扭曲。本章的习题 1 就是要求你去证明情况确实是这样的。

10.3　生产经济中的最优财政政策

我们现在把闲暇引入模型。我们将会看到随着时间的推移，平滑税率仍是最优的。然而，在这种情况下，将会有一个期内扭曲产生，因此均衡不能重现一次性税收时的情形(除非特别指出，我们将继续使用相同的符号)。

10.3.1　家庭的优化问题

偏好由下式给出：

$$W=\log(c_1)+\log(h_1)+\beta[\log(c_2)+\log(h_2)] \tag{10.24}$$

这里，h_t 表示 $t=1, 2$ 时期的闲暇。家庭被赋予一个单位的时间。产出(y_t)由下式给出：

$$y_t=1-h_t \quad t=1, 2$$

流量约束具有如下的形式：

$$b_1=1-h_1-c_1(1+\theta_1) \tag{10.25}$$

$$0=(1+r)b_1+1-h_2-c_2(1+\theta_2) \tag{10.26}$$

---

① 但假如出现，例如，$y_1>y_2$ 并且私人部门在第一期是进行储蓄的情况，那么我们就能观察到出现财政赤字和经常账户盈余的均衡。

结合流量约束可以得到跨期约束：

$$1-h_1+\frac{1-h_2}{1+r}=c_1(1+\theta_1)+\frac{c_2(1+\theta_2)}{1+r} \tag{10.27}$$

消费者在跨期约束式(10.27)的约束下，通过选择最优的$\{c_1, h_1, c_2, h_2\}$组合来最大化终身效用式(10.24)。相应的拉格朗日函数为：

$$\begin{aligned}\mathcal{L}=&\log(c_1)+\log(h_1)+\beta[\log(c_2)+\log(h_2)]\\&+\lambda\left\{1-h_1+\frac{1-h_2}{1+r}-c_1(1+\theta_1)-\frac{c_2(1+\theta_2)}{1+r}\right\}\end{aligned}$$

这里，λ 是与约束条件式(10.27)相对应的拉格朗日乘子。假定$\beta(1+r)=1$，对c_1，h_1，c_2，和h_2求一阶导数而得到的一阶条件分别为：

$$\frac{1}{c_1}=\lambda(1+\theta_1) \tag{10.28}$$

$$\frac{1}{h_1}=\lambda \tag{10.29}$$

$$\frac{1}{c_2}=\lambda(1+\theta_2) \tag{10.30}$$

$$\frac{1}{h_2}=\lambda \tag{10.31}$$

把闲暇引入模型意味着除了会出现在10.2节讨论过的跨期扭曲外，现在还可能有期内扭曲出现。要看明白这一点，一方面结合式(10.28)和式(10.29)，另一方面结合式(10.30)和式(10.31)，可以获得：

$$\frac{h_1}{c_1}=1+\theta_1 \tag{10.32}$$

$$\frac{h_2}{c_2}=1+\theta_2 \tag{10.33}$$

如果消费税率是正的，用消费衡量的闲暇的相对价格——在没有扭曲的均衡中是统一的——将大于1，因此会出现期内扭曲。我们将在下文看到，最优财政政策实际上会产生期内扭曲。

为获取跨期条件，一方面结合一阶条件式(10.28)和式(10.30)，另一方面结合式(10.29)和式(10.31)，就可以分别获得关于消费和闲暇的欧拉方程：

$$\frac{c_1}{c_2}=\frac{1+\theta_2}{1+\theta_1} \tag{10.34}$$

$$h_1=h_2 \tag{10.35}$$

关于消费的欧拉方程式(10.34)——再次告诉我们，只要税率随时间保持不变，那么消费的路径也将会随时间固定不变。另一方面，关于闲暇的欧拉方程式(10.35)——告诉我们，闲暇随时间推移将总是固定不变的。

10.3.2 政府

和之前一样，政府仍将面临一条外生的政府消费路径，而且必须通过提高税率 θ_1 和 θ_2 来为自己的消费筹措资金。政府的流量与跨期约束继续由式(10.5)、式(10.6)和式(10.8)给出。

10.3.3 总量约束

结合时期 1 消费者和政府的流量约束——分别由方程式(10.25)和式(10.5)给出——我们能获得经济的流量约束：

$$b_1^g + b_1 = 1 - h_1 - c_1 - g_1 \tag{10.36}$$

我们再一次通过在上式的右端同时加上并减去 $\theta_1 c_1$，我们可以把经常账户余额写为私人储蓄和公共储蓄的和：

$$CA_1 = \underbrace{1 - h_1 - (1+\theta_1)c_1}_{\text{私人储蓄}} + \underbrace{\theta_1 c_1 - g_1}_{\text{公共储蓄}} \tag{10.37}$$

结合消费者和政府的跨期约束[分别由式(10.27)和式(10.8)给出]，我们可以得到经济的资源约束：

$$1 - h_1 + \frac{1-h_2}{1+r} = c_1 + g_1 + \frac{c_2 + g_2}{1+r} \tag{10.38}$$

10.3.4 最优财政政策：拉姆齐计划者

我们现在要问这样的问题：为外生的政府支出路径进行融资的最优方式是什么？正如上文所讨论的那样，第二种——也是最常见的——财政政策的方法是基本原始的方法。这种基本方法中含有一个计划者——拉姆齐计划者——他像标准的计划者一样，选择一个最优的分配来最大化消费者的福利(与 10.2.4 节中政府使用最优税收的对偶方法那样通过选择税率来最大化消费者的福利完全不同)。换句话说，拉姆齐计划者会选择 c_1、c_2、h_1 和 h_2。然而，又与典型的计划者不一样——典型计划者作决策时只受到整体资源约束的限制——而拉姆齐计划者只允许在众多分配中选出一个分配，这个分配不仅是最优的，还要求能在竞争均衡中实现的(常被称为拉姆齐分配)。我们把强加于拉姆齐计划者身上的这种限制称为可行性条件(implementability conditions)，这种限制将迫使他/她只能在那些可以作为竞争均衡执行的组合中进行选择。通过分析可知，由拉姆齐计划者所选择的分配(即最优的拉姆齐分配)也将是在一个含有最优税率的竞争均衡中可执行的，那些最优税率是诱使家庭选择这种分配的税率。

可行性条件

可行性条件可以从家庭的一阶条件以及与数量相连的静态价格（即税率）和跨期价格（即实际利率）中得出。在这种情况下，有三个可行性条件：一个跨期条件和两个静态条件。第一个可行性条件是由方程式（10.35）给出。这个条件说，拉姆齐计划者所选的分配是要受限制的，这些被选出的分配必须能确保随着时间的推移闲暇是固定不变的。[①]换句话说，因为消费者面对的实际利率是等于贴现率的，他们会选择一个恒定的闲暇路径。因此，非恒定的闲暇路径是不可能从竞争均衡中得到，因而也不可能出现在拉姆齐计划者所选择的分配中。

第二个和第三个可行性条件立即可以从最优条件式（10.32）和式（10.33）中推出：

$$\theta_1=\tilde{\theta}_1(c_1,\ h_1)\equiv\frac{h_1}{c_1}-1 \tag{10.39}$$

$$\theta_2=\tilde{\theta}_2(c_2,\ h_2)\equiv\frac{h_2}{c_2}-1 \tag{10.40}$$

这里，$\tilde{\theta}_1(\cdot)$和$\tilde{\theta}_2(\cdot)$表示函数。这两个静态条件表示价格（即税率）是数量的函数。

供进一步参考（当我们求解拉姆齐的问题时将需要他们），我们计算了函数$\tilde{\theta}_1(\cdot)$和$\tilde{\theta}_2(\cdot)$关于h_1和h_2的偏导数：

$$\frac{\partial\tilde{\theta}_1(c_1,\ h_1)}{\partial h_1}=\frac{1}{c_1} \tag{10.41}$$

$$\frac{\partial\tilde{\theta}_2(c_2,\ h_2)}{\partial h_2}=\frac{1}{c_2} \tag{10.42}$$

同理，将式（10.39）和式（10.40）分别乘以c_1和c_2，可以获得税收收入关于c_1和c_2的偏导数：

$$\frac{\partial(c_1\tilde{\theta}_1(c_1,\ h_1))}{\partial c_1}=-1 \tag{10.43}$$

$$\frac{\partial(c_2\tilde{\theta}_2(c_2,\ h_2))}{\partial c_2}=-1 \tag{10.44}$$

拉姆齐问题

现在我们继续处理拉姆齐问题。通常，我们需要施加全部三个可行性条件作为拉姆齐问题的约束条件。在我们目前的特殊情况下——要归功于对偏好做了对数型的假设——我们不需要施加跨期条件式（10.35）的约束，因为，正如我们将会在后文清晰说明的那样，无论怎样，拉姆齐解都将满足它。

因此，拉姆齐计划者会在经济资源约束式（10.38）、政府的跨期约束式（10.8）以及可行性条件式（10.39）和式（10.40）的共同约束下，通过选择最优的c_1、c_2、h_1和h_2来最大化由

① 注意，这一条件是从$\beta(1+r)=1$的事实中推出来的。在一个封闭经济中（或者是10.4节中将展开研究的金融自给自足的经济中），r将是内生决定的，因而拉姆齐计划者将不用被限定在一定要选择一个确保闲暇固定不变的分配上。

式(10.24)给出的消费者的终身效用函数。相应的拉格朗日函数会以如下形式出现：

$$\begin{aligned}\mathcal{L}=&\log(c_1)+\log(h_1)+\beta[\log(c_2)+\log(h_2)]\\&+\mu_1\left(1-h_1+\frac{1-h_2}{1+r}-c_1-g_1-\frac{c_2+g_2}{1+r}\right)\\&+\mu_2\left[\tilde{\theta}_1(c_1, h_1)c_1+\frac{\tilde{\theta}_2(c_2, h_2)c_2}{1+r}-g_1-\frac{g_2}{1+r}\right]\end{aligned}$$

这里，μ_1 和 μ_2 分别代表与约束条件式(10.38)和式(10.8)相联的拉格朗日乘子，我们已经用跨期约束式(10.8)代替了约束条件式(10.39)和式(10.40)。

关于拉姆齐问题的一阶条件由下式给出：

$$\frac{1}{c_1}=\mu_1-\mu_2\frac{\partial(\tilde{\theta}_1c_1)}{\partial c_1}$$

$$\frac{1}{h_1}=\mu_1-\mu_2c_1\frac{\partial\tilde{\theta}_1}{\partial h_1}$$

$$\frac{1}{c_2}=\mu_1-\mu_2\frac{\partial(\tilde{\theta}_2c_2)}{\partial c_2}$$

$$\frac{1}{h_2}=\mu_1-\mu_2c_2\frac{\partial\tilde{\theta}_2}{\partial h_2}$$

利用之前已经计算出来的从式(10.41)到式(10.44)的偏导数表达式，我们可以把这些一阶条件重写为：

$$\frac{1}{c_1}=\mu_1+\mu_2 \tag{10.45}$$

$$\frac{1}{h_1}=\mu_1-\mu_2 \tag{10.46}$$

$$\frac{1}{c_2}=\mu_1+\mu_2 \tag{10.47}$$

$$\frac{1}{h_2}=\mu_1-\mu_2 \tag{10.48}$$

有两个重要的观察。首先，方程式(10.46)和式(10.48)暗示 $h_1=h_2=h$。因此，拉姆齐分配满足可行性条件式(10.35)。第二，方程式(10.45)和式(10.47)暗示 $c_1=c_2=c$。因此，最优拉姆齐分配要求消费随时间推移是恒定的。

刻画好最优拉姆齐分配之后，我们现在可以回到可行性条件式(10.39)和式(10.40)并从中读取出最优税率，它由下式给出：

$$\theta_1=\frac{h}{c}-1 \tag{10.49}$$

$$\theta_2=\frac{h}{c}-1 \tag{10.50}$$

因此 $\theta_1=\theta_2=\theta$。说明最优税率随时间推移也是恒定的。因此，在均衡中有：

$$\frac{h}{c}=1+\theta$$

因此，固定的税率（正如在后文将会证明的那样，只要 $G>0$，税率将为正）产生了一个期内扭曲。如果财政部门可以采用征总额税的方式，用闲暇衡量的消费品的相对价格将会等于1，因此有 $h=c$。由于税率的存在，现在相对价格是大于1的（即它等于 $1+\theta$），这意味着家庭享受的消费相对于闲暇而言太少了。作为一个结果，在扭曲税收的情况下，消费者的福利将低于在一次性税收情形下的福利（本章习题2要求你求解一次性税收情形下的福利并验证这些推断）。

归功于对数型的偏好，实际上很容易获得关于所有内生变量的闭式解。将式(10.32)和式(10.33)代入到式(10.27)中，可以得到①：

$$h=\frac{1}{2} \tag{10.51}$$

考虑到 $h=1/2$ 并且 $c_1=c_2=c$，从经济的资源约束式(10.38)中可以推出：

$$c=\frac{1}{2}-g^p \tag{10.52}$$

这里，g^p 代表政府开支的永久水平，定义为：

$$g^p\equiv\left(\frac{1+r}{2+r}\right)G$$

再一次归功于完全资本流动性，消费的固定值只依赖于政府支出的折现现值而与它的特定路径并无关系。在政府跨期约束式(10.8)中使用式(10.52)，我们得到固定税率的简化表达式：

$$\theta=\frac{g^p}{\frac{1}{2}-g^p}$$

因此，如果 $g^p>0$，则 $\theta>0$。②

最后，利用式(10.45)、式(10.46)、式(10.51)和式(10.52)，我们可以解出拉格朗日乘子：

$$\mu_1=1+\frac{1}{1-2g^p}$$

$$\mu_2=\frac{1}{1-2g^p}-1$$

注意，如果 $g^p=0$，那么 $\mu_1=2>0$（正如所料，表明资源约束总是起约束的），然而 $\mu_2=0$。

① 注意，$h=1/2$ 是从家庭的最优化问题中直接推出的，而与税率的路径无关。因此，我们可以让拉姆齐计划者直接把 $h=1/2$ 的条件视为给定的，然后通过仅仅选择 c_1 和 c_2 来获得同样的结果。

② 当然，我们也要施加 $g^p<1/2$ 的限制。

总之，我们可以得出如下的结论，最优财政政策包括一个随时间推移固定不变的消费税率，这可以避免在消费路径上出现跨期扭曲。然而，这种税会导致出现期内扭曲。这是一个普遍的结果，并不依赖于对数型偏好的假设，正如本章习题 3 要求你验证的那样。由于期内扭曲的存在，最优财政政策将无法重现在一次性税收下获得的均衡。①

10.4　金融自给自足下的最优财政政策

到目前为止，我们已经描述了在资本完全流动条件下的最优财政政策。因此，政府有可能——事实上也是最优的——随着时间的推移而平滑利率，从而也引导家庭平滑其消费。任何归功于暂时性高政府支出而导致的收入的暂时短缺，都可以通过在国际资本市场借款来进行融资。但如果进入的国际资本市场是不完全的，将会发生什么？或者考虑一个极端的例子，如果小型开放经济体根本没有进入国际资本市场的机会将会发生什么？这又将如何影响最优财政政策？②

正如我们在第 2 章认为的那样，在金融自给自足下的小型开放经济体的关键特征是实际利率会成为一个内生变量，我们将用 ρ 来表示它，以区别于世界实际利率 r（除非另注，我们将继续使用相同的符号）。

10.4.1　家庭的优化问题

正如在第 2 章中所述，家庭自认为只要满足跨期约束，他们是能够借到任何他们想要借贷的资金的。然而，他们能借到的债券只能是国内（即不可贸易的）债券，需要支付的实际利率是 ρ。因此，流量约束将由下式给出：

$$b_1=1-h_1-c_1(1+\theta_1) \tag{10.53}$$

$$0=(1+\rho)b_1+1-h_2-c_2(1+\theta_2) \tag{10.54}$$

结合两个流量约束可以得到跨期约束：

$$1-h_1+\frac{1-h_2}{1+\rho}=c_1(1+\theta_1)+\frac{c_2(1+\theta_2)}{1+\rho} \tag{10.55}$$

家庭会在跨期约束条件式(10.55)的限制下，通过选择最优的$\{c_1, h_1, c_2, h_2\}$来最大化自己的终身效用式(10.24)。相应的拉格朗日函数为：

$$\begin{aligned}\mathcal{L}=&\log(c_1)+\log(h_1)+\beta[\log(c_2)+\log(h_2)]\\&+\lambda\left\{1-h_1+\frac{1-h_2}{1+\rho}-c_1(1+\theta_1)-\frac{c_2(1+\theta_2)}{1+\rho}\right\}\end{aligned}$$

---

① 应该注意到，尽管在最优财政政策的文献中政府支出通常都是被视为外生的，我们可以通过在效用函数中引入政府支出 g 的变量来进行内生化的处理。然后，我们可以分析当一些其他外生的收入源出现波动时，政府支出和税率的最优选择将会是什么。正如在本章习题 4 要求你证明的那样，政府支出 g 的最优路径，当然还有税率的最优路径都将是固定不变的。

② 在 Lucas 和 Stokey(1983)的经典论文中分析了金融自给自足的封闭经济下的情形。

这里,λ 是与约束式(10.55)相关联的乘子。关于 c_1、h_1、c_2、h_2 的一阶条件分别由下式给出:

$$\frac{1}{c_1}=\lambda(1+\theta_1)$$

$$\frac{1}{h_1}=\lambda$$

$$\frac{\beta}{c_2}=\lambda\left(\frac{1+\theta_2}{1+\rho}\right)$$

$$\frac{\beta}{h_2}=\frac{\lambda}{1+\rho}$$

10.4.2 政府

与前文所述一样,政府会面对一条外生的政府消费路径,其消费必须由征收消费税率 θ_1 和 θ_2 来进行融资。现在政府除了要面对一个国内实际利率 ρ 的事实外,其流量约束与跨期约束都与上面我们已经分析过的情形是一样的。因此,流量约束将由下式给出:

$$b_1^g=\theta_1 c_1-g_1 \tag{10.56}$$

$$0=\theta_2 c_2+(1+\rho)b_1^g-g_2 \tag{10.57}$$

结合这两个流量约束可以生成政府的跨期预算约束:

$$\theta_1 c_1+\frac{\theta_2 c_2}{1+\rho}=g_1+\frac{g_2}{1+\rho} \tag{10.58}$$

10.4.3 总约束

由于在这个经济体中没有外部借款,净总借贷必须等于零:

$$b_1^g+b_1=0 \tag{10.59}$$

结合时期 1 家庭和政府的流量预算约束——分别由式(10.53)和式(10.56)给出,并施加债券市场的均衡条件式(10.59),我们可以得到:

$$1-h_1=c_1+g_1 \tag{10.60}$$

由于该经济不能向国外借款,只能消费自己所产生的东西。出于同样的理由,结合式(10.54)和式(10.57),我们可以得到:

$$1-h_2=c_2+g_2 \tag{10.61}$$

结合消费者和政府的跨期约束[分别由式(10.55)和式(10.58)给出],我们能得到经济的资源约束:

$$1-h_1+\frac{1-h_2}{1+\rho}=c_1+g_1+\frac{c_2+g_2}{1+\rho} \tag{10.62}$$

可行性条件

结合家庭的一阶条件可以得到下列可行性条件：

$$\theta_1=\tilde{\theta}_1(c_1, h_1)\equiv\frac{h_1}{c_1}-1 \tag{10.63}$$

$$\theta_2=\tilde{\theta}_2(c_2, h_2)\equiv\frac{h_2}{c_2}-1 \tag{10.64}$$

$$\rho=\tilde{\rho}(h_1, h_2)\equiv\frac{h_2}{\beta h_1}-1 \tag{10.65}$$

这里，之前推导过的式(10.41)至式(10.44)的偏微分方程是继续有效的。注意正如我们应该预期到的那样，静态可行性条件[即式(10.63)和式(10.64)]是与在资本完全流动的情况一样，具体由式(10.39)和式(10.40)给出。关键的区别是在于现在实际利率是内生的，这意味着闲暇不需要随着时间而保持固定不变，正如在由式(10.65)给出的第三个可行性条件中所反映出来的那样。换句话说，拉姆齐计划者可以选择一个 h_1 不同于 h_2 的分配组合，这要求在均衡时，ρ 必须不等于 $1/\beta-1$。

拉姆齐问题

拉姆齐计划者必须在分别由式(10.60)和式(10.61)给出的时期 1 和时期 2 的经济约束，由式(10.58)给出的政府的跨期约束以及可行性条件式(10.63)、式(10.64)和式(10.65)的共同限制下，选择出一个最优的分配组合$\{c_1, c_2, h_1, h_2\}$。相应的拉格朗日函数为：

$$\begin{aligned}\mathcal{L}=&\log(c_1)+\log(h_1)+\beta[\log(c_2)+\log(h_2)]+\lambda_1(1-h_1-c_1-g_1)\\&+\lambda_2(1-h_2-c_2-g_2)\\&+\mu\left[\tilde{\theta}_1(c_1, h_1)c_1+\frac{\tilde{\theta}_2(c_2, h_2)c_2}{1+\tilde{\rho}(h_1, h_2)}-g_1-\frac{g_2}{1+\tilde{\rho}(h_1, h_2)}\right]\end{aligned}$$

这里，λ_1、λ_2 和 μ 是分别与约束条件式(10.60)、式(10.61)和式(10.58)相联系的拉格朗日乘子，并且可行性条件式(10.63)、式(10.64)和式(10.65)已被代入进政府的跨期约束条件中。

关于 c_1、c_2、h_1、h_2 的一阶条件分别为：

$$\frac{1}{c_1}=\lambda_1-\mu\frac{\partial(\tilde{\theta}_1c_1)}{\partial c_1}$$

$$\frac{\beta}{c_2}=\lambda_2-\mu\frac{1}{1+\tilde{\rho}}\frac{\partial(\tilde{\theta}_2c_2)}{\partial c_2}$$

$$\frac{1}{h_1}=\lambda_1-\mu\left[c_1\frac{\partial\tilde{\theta}_1}{\partial h_1}+(\tilde{\theta}_2c_2-g_2)\frac{\partial(1/(1+\tilde{\rho}))}{\partial h_1}\right]$$

$$\frac{\beta}{h_2}=\lambda_2-\mu\left[\frac{c_2}{1+\tilde{\rho}}\frac{\partial\tilde{\theta}_2}{\partial h_2}+(\tilde{\theta}_2c_2-g_2)\frac{\partial(1/(1+\tilde{\rho}))}{\partial h_2}\right]$$

利用从式(10.63)、式(10.64)和式(10.65)中求得的偏导数，我们可以将这四个最优性条件重写为：

$$\frac{1}{c_1}=\lambda_1+\mu \tag{10.66}$$

$$\frac{\beta}{c_2}=\lambda_2+\frac{\mu}{1+\tilde{\rho}} \tag{10.67}$$

$$\frac{1}{h_1}=\lambda_1-\mu\left[1+(\tilde{\theta}_2 c_2-g_2)\frac{\beta}{h_2}\right] \tag{10.68}$$

$$\frac{\beta}{h_2}=\lambda_2-\mu\left[\frac{1}{1+\tilde{\rho}}-(\tilde{\theta}_2 c_2-g_2)\frac{\beta h_1}{(h_2)^2}\right] \tag{10.69}$$

现在，我们来求解对应于政府支出具有扁平路径的均衡解。

命题 1: 假设 $g_1=g_2=g$。那么，有 $\theta_1=\theta_2=\theta$ 和 $\rho=r$。

证明: 通过构建解决方案，我们证明这个解决方案满足拉姆齐最优性条件。

由于 $\theta_1=\theta_2=\theta$ 和 $\rho=r$，从可行性条件式(10.63)、式(10.64)和式(10.65)中可以推出：

$$\frac{h_1}{c_1}=\frac{h_2}{c_2}$$

$$h_1=h_2=h$$

这两个方程反过来意味着：

$$c_1=c_2=c$$

由于 $\theta_1=\theta_2=\theta$ 和 $c_1=c_2=c$，政府的跨期约束式(10.58)意味着：

$$\theta c=g \tag{10.70}$$

我们现在来证明 $h=1/2$。根据式(10.70)和式(10.63)，可得：

$$h=g+c$$

将上式代入到式(10.62)中可以得到 $h=1/2$。

然后，从经济的资源约束式(10.62)中可以推出：

$$c=\frac{1}{2}-g$$

因此，根据式(10.70)可得：

$$\theta=\frac{g}{\frac{1}{2}-g}$$ ■

我们已经证明当政府支出随着时间的推移是固定不变的话，保持平滑税率就是最优的。这也是可以预期到的，因为政府不需要通过借入/贷出来为一个不固定的支出路径进行融资，因此，这个解与我们在资本完全流动下得到的那个解是一致的。

$g_1 \neq g_2$ 的情形:数值例子

当 $g_1 \neq g_2$,要求解模型的解析解就变得困难了。因此我们只能提供一些数值例子。从数值上看,对于给定的值 g_1、g_2 和 β,我们有一个含有 10 个未知数(c_1, c_2, h_1, h_2, θ_1, θ_2, ρ, λ_1, λ_2 和 μ)的由 10 个非线性方程组成的系统。借助任何标准的软件包,像 Mathematica 或 Matlab 是很容易求出方程的解的。10 个方程由以下部分组成:

- 四个拉姆齐最优条件[式(10.66)—式(10.69)]。
- 三个可行性条件[式(10.63、式(10.64)和式(10.65)]。
- 政府的跨期约束,由式(10.58)给出。
- 经济作为一个整体的两期约束,由式(10.60)和式(10.61)给出。

我们设定 $\beta=0.95$。作为一个基准,考虑在表 10.1 中 $g_1=g_2=0.1$ 的情形。此时,正如在命题 1 所证明的那样,$\theta_1=\theta_2=0.25$ 以及 $\rho=1/\beta-1=0.052\,6$。现在假设 $g_1=0.15>g_2=0.05$(在表 10.1 中的情形 1)。然后,我们可以看到 $\theta_1>\theta_2$ 以及 $PB_1<0$。换句话说,在政府开支高的时期,政府会提高税率并向家庭借款。为了促使家庭借钱给政府,实际利率必须要高于时间偏好率(16.5%而不是 5.26%)。然后,我们考虑一个更极端的情形 $g_1=0.2$ 及 $g_2=0$(在表 10.1 中的情形 2)。然后,正如所预期的那样,θ_1 会比以前更大,基本赤字和实际利率也会如此,因为要诱使私人部门把更多的钱借贷给政府。

最后,在表 10.1 的情形 3 中展示了一个由 Lucas 和 Stokey(1983, p73)提供的例子,他们将其解释为完全预期的战争。在这种情形下,$g_1=0$ 和 $g_2=0.05$。在时期 2 支出的预期下,政府会在时期 1 征税去建立一个战争基金,这会在基本盈余中反映出来。这些收入会借贷给公众,以促使公众在一个非常低的实际利率之下在第一期进行更多的借入和消费。在时期 2,政府使用其资产和额外的税收收入为战争进行融资。

表 10.1　对于 $g_1 \neq g_2$ 情形下的数值例子

	g_1	g_2	θ_1	θ_2	ρ	c_1	c_2	$1-h_1$	$1-h_2$	PB_1	PB_2
基准	0.1	0.1	0.25	0.25	0.052 6	0.40	0.40	0.50	0.50	0	0
情形 1	0.15	0.05	0.275	0.248	0.165	0.37	0.42	0.52	0.47	−0.047	0.055
情形 2	0.20	0	0.320	0.261	0.290	0.34	0.44	0.54	0.44	−0.090	0.116
情形 3	0	0.05	0.051	0.054	0.001	0.49	0.46	0.49	0.51	0.025	−0.025

因此,我们能得出结论,相对于资本完全流动的情形,金融自给自足将降低福利,因为暂时性的高政府支出水平将需要由更高的税率和更多的借款组合来进行融资,这将扭曲期内和跨期的利润。相反,在资本完全流动下,税率将随时间保持恒定因而不会产生跨期扭曲。

在实践中,由于发展中国家的金融一体化程度将介于 10.3 节的资本完全流动与本节的金融自给自足两种极端情形之间,我们的模型可以预测,在政府支出相对较高的时候,我们应该看到会出现一种更高的税率、更高的实际利率以及经常账户赤字的组合。

10.5　不确定情形下的最优财政政策

在 10.2 节中分析的情形中,政府支出的路径是确定已知的。如果不是这种情况,将会发生什么？换句话说，如果 g_2 是不确定的，最优的财政政策将会是什么？基于我们关于不确定性下消费决策的分析(参见第 2 章)，我们应该已经猜出这个问题的答案将在很大程度上取决于经济是否有权利使用国家或有债权。

形式上考虑对 10.3 节的模型进行如下的修改(除非另注，我们继续使用相同的符号)。在时期 1 的政府支出(g_1)是确定已知的。然而，在时期 2 的政府支出是随机的，并且服从如下的二项分布：

$$g_2\begin{cases} g_2^H, \text{概率为 } p \\ g_2^L, \text{概率为 } 1-p \end{cases}$$

其中：

$$g_2^H > g_2^L$$

进一步可得：

$$E\{g_2\} = g_1$$

由于 g_2 是随机的，原则上，时期 2 的消费税率 θ_2 也将是随机的。因此，消费者也面临着时期 2 税率不确定的不确定性。

10.5.1 不完全市场

假设资产市场是不完全的，也就是说，经济可以在给定的以及固定不变的世界实际利率 r 上自由地向世界其他地区借入/贷出资金，但没有权利使用国家或有债权。

家庭

期望效用采用如下的形式：

$$W = \log(c_1) + \log(h_1) + \beta p[\log(c_2^H) + \log(h_2^H)] + \beta(1-p)[\log(c_2^L) + \log(h_2^L)] \tag{10.71}$$

这里，c_2^H 和 h_2^H 分别表示在高政府支出状态下的消费和闲暇，c_2^L 和 h_2^L 分别表示在低政府支出状态下的消费和闲暇。时期 1 的家庭流量约束由下式给出：

$$b_1 = 1 - h_1 - c_1(1+\theta_1) \tag{10.72}$$

在时期 2，相关的流量约束将取决于世界状态(回忆第 2 章中预算约束必须在每一个自然状态下都成立)：

$$0 = (1+r)b_1 + 1 - h_2^H - c_2^H(1+\theta_2^H) \tag{10.73}$$

$$0 = (1+r)b_1 + 1 - h_2^L - c_2^L(1+\theta_2^L) \tag{10.74}$$

这里，θ_2^H 和 θ_2^L 分别表示在高政府支出和低政府支出状态下的消费税。

结合式(10.72)、式(10.73)和式(10.74)，我们可以得到每种世界状态下的跨期预算约束：

$$1-h_1+\frac{1-h_2^H}{1+r}=(1+\theta_1)c_1+\frac{(1+\theta_2^H)c_2^H}{1+r} \tag{10.75}$$

$$1-h_1+\frac{1-h_2^L}{1+r}=(1+\theta_1)c_1+\frac{(1+\theta_2^L)c_2^L}{1+r} \tag{10.76}$$

家庭在跨期约束式(10.75)和式(10.76)的限制下通过选择$\{c_1, h_1, c_2^H, h_2^H, c_2^L, h_2^L\}$来最大化终身效用式(10.71),相应的拉格朗日函数由下式给出:

$$\begin{aligned}\mathcal{L}=&\log(c_1)+\log(h_1)+\beta p[\log(c_2^H)+\log(h_2^H)]\\&+\beta(1-p)[\log(c_2^L)+\log(h_2^L)]\\&+\lambda^H\left[1-h_1+\frac{1-h_2^H}{1+r}-(1+\theta_1)c_1-\frac{(1+\theta_2^H)c_2^H}{1+r}\right]\\&+\lambda^L\left[1-h_1+\frac{1-h_2^L}{1+r}-(1+\theta_1)c_1-\frac{(1+\theta_2^L)c_2^L}{1+r}\right]\end{aligned}$$

这里,λ^H 和λ^L 分别是与式(10.75)和式(10.76)相对应的拉格朗日乘子。

关于 c_1、h_1、c_2^H、h_2^H、c_2^L、h_2^L 的一阶条件分别由以下式子给出:

$$\frac{1}{c_1}=(1+\theta_1)(\lambda^H+\lambda^L) \tag{10.77}$$

$$\frac{1}{h_1}=\lambda^H+\lambda_L \tag{10.78}$$

$$\frac{p}{c_2^H}=\lambda^H(1+\theta_2^H) \tag{10.79}$$

$$\frac{p}{h_2^H}=\lambda^H \tag{10.80}$$

$$\frac{1-p}{c_2^L}=\lambda^L(1+\theta_2^L) \tag{10.81}$$

$$\frac{1-p}{h_2^L}=\lambda^L \tag{10.82}$$

政府

时期 1 政府的流量约束由下式给出:

$$b_1^g=\theta_1c_1-g_1 \tag{10.83}$$

时期 2 的流量预算约束由下式给出:

$$0=(1+r)b_1^g+\theta_2^Hc_2^H-g_2^H$$

$$0=(1+r)b_1^g+\theta_2^Lc_2^L-g_2^L$$

结合流量约束,我们可以得到每种状态下政府的跨期约束:

$$\theta_1c_1+\frac{\theta_2^Hc_2^H}{1+r}=g_1+\frac{g_2^H}{1+r} \tag{10.84}$$

$$\theta_1 c_1+\frac{\theta_2^L c_2^L}{1+r}=g_1+\frac{g_2^L}{1+r} \tag{10.85}$$

总量约束

结合时期 1 家庭和政府的流量预算约束[分别由式(10.72)和式(10.83)给出]，我们能得到经常账户余额：

$$b_1^g+b_1=1-h_1-c_1-g_1$$

结合家庭和政府在每种自然状态下的跨期约束[一方面是式(10.75)和式(10.84)，另一方是式(10.76)和式(10.85)]，我们可以得到在每种状态下经济的资源约束：

$$1+\frac{1}{1+r}=h_1+c_1+g_1+\frac{h_2^H+c_2^H+g_2^H}{1+r} \tag{10.86}$$

$$1+\frac{1}{1+r}=h_1+c_1+g_1+\frac{h_2^L+c_2^L+g_2^L}{1+r} \tag{10.87}$$

最优的财政政策

可行性条件 结合式(10.77)到式(10.82)的一阶条件，我们能得到下列可行性条件：

$$\theta_1=\tilde{\theta}_1(c_1,\ h_1)\equiv\frac{h_1}{c_1}-1 \tag{10.88}$$

$$\theta_2^H=\tilde{\theta}_2^H(c_2^H,\ h_2^H)\equiv\frac{h_2^H}{c_2^H}-1 \tag{10.89}$$

$$\theta_2^L=\tilde{\theta}_2^L(c_2^L,\ h_2^L)\equiv\frac{h_2^L}{c_2^L}-1 \tag{10.90}$$

$$\frac{1}{h_1}=\frac{p}{h_2^H}+\frac{1-p}{h_2^L} \tag{10.91}$$

这四个条件将限定能被拉姆齐计划者所选出的分配集。最后一个条件也对闲暇的路径施加了约束。

作为进一步的参考，注意根据式(10.88)、式(10.89)和式(10.90)可以推出：

$$\frac{\partial(\tilde{\theta}_1 c_1)}{\partial c_1}=\frac{\partial(\tilde{\theta}_2^H c_2^H)}{\partial c_2^H}=\frac{\partial(\tilde{\theta}_2^L c_2^L)}{\partial c_2^L}=-1 \tag{10.92}$$

$$\frac{\partial(\tilde{\theta}_1 c_1)}{\partial h_1}=\frac{\partial(\tilde{\theta}_2^H c_2^H)}{\partial h_2^H}=\frac{\partial(\tilde{\theta}_2^L c_2^L)}{\partial h_2^L}=1 \tag{10.93}$$

拉姆齐计划者 拉姆齐计划者在资源约束式(10.86)和式(10.87)，政府跨期约束式(10.84)和式(10.85)，以及可行性条件式(10.88)、式(10.89)和式(10.90)的限制下，通过选择$\{c_1,\ h_1,\ c_2^H,\ h_2^H,\ c_2^L,\ h_2^L\}$来最大化家庭的期望效用式(10.71)。我们不需要明确地施加可行性条件式(10.91)，因为在对数效用函数的情况下——下面将会清晰地说明——它不会起约束(即拉姆齐计划者的最优配置总是会满足这个条件)。

根据拉格朗日函数：

$$
\begin{aligned}
\mathcal{L}=&\log(c_1)+\log(h_1)+\beta p[\log(c_2^H)+\log(h_2^H)]\\
&+\beta(1-p)[\log(c_2^L)+\log(h_2^L)]\\
&+\lambda^H\left[1+\frac{1}{1+r}-h_1-c_1-g_1-\frac{h_2^H+c_2^H+g_2^H}{1+r}\right]\\
&+\lambda^L\left[1+\frac{1}{1+r}-h_1-c_1-g_1-\frac{h_2^L+c_2^L+g_2^L}{1+r}\right]\\
&+\mu^H\left[\widetilde{\theta}_1(c_1,h_1)c_1+\frac{\widetilde{\theta}_2^H(c_2^H,h_2^H)c_2^H}{1+r}-g_1-\frac{g_2^H}{1+r}\right]\\
&+\mu^L\left[\widetilde{\theta}_1(c_1,h_1)c_1+\frac{\widetilde{\theta}_2^L(c_2^L,h_2^L)c_2^L}{1+r}-g_1-\frac{g_2^L}{1+r}\right]
\end{aligned}
$$

这里，λ^H、λ^L、μ^H、μ^L 分别是对应于约束条件式(10.86)、式(10.87)、式(10.84)和式(10.85)的拉格朗日乘子，$\widetilde{\theta}_1(\cdot)$、$\widetilde{\theta}_2^H(\cdot)$和$\widetilde{\theta}_2^L(\cdot)$已经被代入政府跨期约束中。

关于 c_1、h_1、c_2^H、h_2^H、c_2^L 和 h_2^L 的一阶条件分别由以下式子给出[与之前一样，假设 $\beta(1+r)=1$]：

$$\frac{1}{c_1}=\lambda^H+\lambda^L-(\mu^H+\mu^L)\frac{\partial(\widetilde{\theta}_1c_1)}{\partial c_1}$$

$$\frac{1}{h_1}=\lambda^H+\lambda^L-(\mu^H+\mu^L)\frac{\partial(\widetilde{\theta}_1c_1)}{\partial h_1}$$

$$\frac{p}{c_2^H}=\lambda^H-\mu^H\frac{\partial(\widetilde{\theta}_2^Hc_2^H)}{\partial c_2^H}$$

$$\frac{p}{h_2^H}=\lambda^H-\mu^H\frac{\partial(\widetilde{\theta}_2^Hc_2^H)}{\partial h_2^H}$$

$$\frac{1-p}{c_2^L}=\lambda^L-\mu^L\frac{\partial(\widetilde{\theta}_2^Lc_2^L)}{\partial c_2^L}$$

$$\frac{1-p}{h_2^L}=\lambda^L-\mu^L\frac{\partial(\widetilde{\theta}_2^Lc_2^L)}{\partial h_2^L}$$

考虑进由式(10.92)和式(10.93)给出的可行性条件的偏导数，我们可以重写这些一阶条件为：

$$\frac{1}{c_1}=\lambda^H+\lambda^L+\mu^H+\mu^L \tag{10.94}$$

$$\frac{1}{h_1}=\lambda^H+\lambda^L-\mu^H-\mu^L \tag{10.95}$$

$$\frac{p}{c_2^H}=\lambda^H+\mu^H \tag{10.96}$$

$$\frac{1-p}{c_2^L}=\lambda^L+\mu^L \tag{10.97}$$

$$\frac{p}{h_2^H}=\lambda^H-\mu^H \tag{10.98}$$

$$\frac{1-p}{h_2^L}=\lambda^L-\mu^L \tag{10.99}$$

为了刻画出最优财政政策，我们首先要消掉四个拉格朗日乘子(λ^H，λ^L，μ^H 及 μ^L)，可以一方面通过组合式(10.94)、式(10.96)和式(10.97)，另一方面通过组合式(10.95)、式(10.98)及式(10.99)来分别获得：

$$\begin{aligned}\frac{1}{c_1}&=\frac{p}{c_2^H}+\frac{1-p}{c_2^L}\\ \frac{1}{h_1}&=\frac{p}{h_2^H}+\frac{1-p}{h_2^L}\end{aligned} \tag{10.100}$$

注意，上述后面的方程恰恰是可行性条件式(10.91)，这证明了我们之前的论点，即我们不需要明确地把它强加进来，因为无论怎样，拉姆齐配置将总会满足它。

我们现在来刻画由拉姆齐最优条件所暗含的最优财政政策。为此，我们将首先证明 $h_1=h_2^H=h_2^L=1/2$。①把可能性条件式(10.88)和式(10.89)代入到家庭的跨期约束条件式(10.75)中，我们能得到：

$$h_1+\frac{h_2^H}{1+r}=\frac{1}{2}\left(\frac{2+r}{1+r}\right) \tag{10.101}$$

同样，把可能性条件式(10.88)和式(10.90)代入到式(10.76)中，我们可以得到：

$$h_1+\frac{h_2^L}{1+r}=\frac{1}{2}\left(\frac{2+r}{1+r}\right) \tag{10.102}$$

根据式(10.101)和式(10.102)立即可以推导出 $h_2^H=h_2^L$。

由于 $h_2^H=h_2^L$，根据可行性条件式(10.91)能推出 $h_1=h_2^H=h_2^L$。因此，根据式(10.101)和式(10.102)能推导出 $h_1=h_2^H=h_2^L=1/2$。

由于 $h_1=h_2^H=h_2^L=1/2$，从经济的跨期约束条件式(10.86)和式(10.87)中可以推导出

$$\frac{1}{2}\left(\frac{2+r}{1+r}\right)=c_1+\frac{c_2^H}{1+r}+g_1+\frac{g_2^H}{1+r}$$

$$\frac{1}{2}\left(\frac{2+r}{1+r}\right)=c_1+\frac{c_2^L}{1+r}+g_1+\frac{g_2^L}{1+r}$$

第二个方程减去第一个方程，我们可以得到：

$$c_2^L-c_2^H=g_2^H-g_2^L$$

① 再一次——正如下面的求导将清楚显示的那样——这是家庭最优化问题所直接蕴含的结论。因此，我们能将 $h_1=h_2^H=h_2^L=1/2$ 这一条件施加到拉姆齐问题中，从而让拉姆齐计划者仅仅选择$\{c_1,\ c_2^H,\ c_2^L\}$(我们所采用的这一处置规则有如下好处：它显示了这类问题的一般性结构)。

由于 $g_2^H > g_2^L$，因此 $c_2^L > c_2^H$。换句话说，在低政府支出状态的消费将会高于高政府支出状态的消费。加上 $h_2^H = h_2^L$ 的事实，根据可行性条件式(10.89)和式(10.90)，意味着$\theta_2^H > \theta_2^L$。高政府支出状态的世界税率将会高于低政府支出状态的税率。进而，由于$c_2^L > c_2^H$，由式(10.100)可以推出：

$$c_2^H < c_1 < c_2^L$$

拉姆齐情形与总额税情形相比如何？再一次，关键的区别是，在总额税的情况下，不会有期内扭曲。换句话说，$c_1 = h_1$，$c_2^H = h_2^H$ 和 $c_2^L = h_2^L$(本章习题 5 要求你求解总额税的情况)。当然，在拉姆齐情形下仍然是 $c_2^H < c_1 < c_2^L$，这将意味着 $h_2^H < h_1 < h_2^L$。有趣的是，在总额税的情况下，闲暇随着消费一起波动是有效的，而不像在拉姆齐情形中那样，由于有期内扭曲的存在，闲暇必须保持固定不变。

预防性储蓄的作用

当市场不完全时，自我保险有怎样的重要性？在出现不完全市场的情况下，如果政府支出结果是高的，我们将期待政府在时期 1 设定一个税率，以形成一笔可以在时期 2 被使用的基本盈余。换句话说，我们希望政府进行自我保险。此外，在其他条件相同时，我们预期自我保险的数量越大，在时期 2 政府支出的可变性就越大。现在我们将借助一个数值模拟的例子来验证这个猜想。数值上——考虑到 $h_1 = h_2^H = h_2^L = 1/2$——在给定 p，g_1，g_2^H 和 g_2^L 值的情况下，我们有一个关于六个未知数(c_1，c_2^H，c_2^L，θ_1，θ_2^H，θ_2^L)的六个非线性方程组，由以下部分组成：

- 由式(10.100)给出的拉姆齐一阶条件；
- 由式(10.88)、式(10.89)和式(10.90)给出的三个可行性条件；
- 总量约束是式(10.86)和式(10.87)。

我们设定 $r = 0.03$ 和 $p = 0.5$，PB_1 遵从由式(10.7)给出的定义。作为基准情形，表 10.2 显示了在 $g_1 = g_2^H = g_2^L$ 下的情况。由于没有不确定性，税率在整个时间内和各种自然状态是相等的。因此在时期 1 政府储蓄是 0。现在考虑关于 g_2 的均值保留展型(mean-preserving spread，在表 10.2 的情形 1 中)。为此，我们设定 $g_2^H = 0.15$ 及 $g_2^L = 0.05$，这意味着 $E\{g_2\} = 0.10$，与在基准情形中一样。我们看到，时期 1 的税率会变得更高(从 0.25 增加到 0.26)，这意味着在时期 1 有基本盈余(相当于 GDP 的 0.6%)。[①]因此，政府能获得来自世界其他国家的外国资产。[②]如果均值保留展型变成 $g_2^H = 0.18$ 及 $g_2^L = 0.02$(在表 10.2 的情形 2 中)，那么在时期 1 税率上升到 0.275，这意味着基本盈余将占到 GDP 的 1.4%。时期 1 中的基本盈余意味着如果高政府支出状态在时期 2 突然出现，税率将会比其原本应有的情况来的低(即如果在第 1 期没有预防性储蓄的情形)。与此对应的是，如果低政府支出状态突然出现，税率会变得非常小(0.02)，这是由于政府已经积聚大量的储蓄。事实上，如果我们让均值保留展型尽可能地大(情形 3)，低政府支出自然状态下的税率会变成负的！由于有大量的预防性储蓄(占 GDP 的 2.4%)，政府有如此多的资源，如果低政府支出自然状态突然出现，它将需要把这些资源返还一些给消费者。[③]

① 在这个经济中的 GDP 等于 $1 - h_1 = 1/2$。

② 在对数情形下很容易证明私人储蓄总是等于零，因此当前账户将等于公共储蓄。

③ 当然，这要假定我们没有对 θ_2^L 强加非负约束。

表 10.2 预防性储蓄的作用

	g_1	g_2^H	g_2^L	θ_1	θ_2^H	θ_2^L	c_2^H	c_2^L	PB_1	PB_1 占 GDP 的百分比
基准情形	0.1	0.1	0.1	0.25	0.25	0.25	0.4	0.4	0	0
情形 1	0.1	0.15	0.05	0.26	0.42	0.10	0.35	0.45	0.003	0.6
情形 2	0.1	0.18	0.02	0.275	0.52	0.02	0.33	0.49	0.007	1.4
情形 3	0.1	0.20	0.0	0.29	0.60	−0.02	0.31	0.51	0.012	2.4

10.5.2 完全市场

在前一小节中，我们分析了当市场是不完全时有着不确定性政府支出的最优财政政策问题。我们看到，这是如何迫使政府在处于政府支出较高状态时征收更高的税（意味着期内扭曲在这些状态下会更高）。现在我们将分析资产市场是完全的情况，并看看政府如何恢复税率在整个时期以及所有自然状态下保持不变的能力。

家庭

偏好继续由式(10.71)给出。用 b_1^H 和 b_1^L 分别表示在时期 1 家庭在自然状态 H（即高政府支出）及自然状态 L（即低政府支出）时所购买的债权数量，这些债权承诺在时期 2 支付 1 单位的商品。这些债权的价格（用时期 2 的产出来衡量）分别是 q^H 和 q^L。时期 1 的流量约束由下式给出：

$$\frac{q^H}{1+r}b_1^H+\frac{q^L}{1+r}b_1^L=1-h_1-(1+\theta_1)c_1 \tag{10.103}$$

时期 2 的流量约束则由下式给出：

$$0=b_1^H+1-h_2^H-(1+\theta_2^H)c_2^H$$

$$0=b_1^L+1-h_2^L-(1+\theta_2^L)c_2^L$$

结合流量预算约束，我们能获得跨期约束：

$$\begin{aligned}0=&1-h_1-(1+\theta_1)c_1+\frac{q^H}{1+r}[1-h_2^H-(1+\theta_2^H)c_2^H]\\&+\frac{q^L}{1+r}[1-h_2^L-(1+\theta_2^L)c_2^L]\end{aligned} \tag{10.104}$$

家庭的优化问题是在服从跨期约束条件式(10.104)之下，通过选择$\{c_1, h_1, c_2^H, h_2^H, c_2^L, h_2^L\}$来最大化式(10.71)。相应的拉格朗日函数为：

$$\begin{aligned}\mathcal{L}=&\log(c_1)+\log(h_1)+\beta p[\log(c_2^H)+\log(h_2^H)]\\&+\beta(1-p)[\log(c_2^L)+\log(h_2^L)]\\&+\lambda\Big\{1-h_1-(1+\theta_1)c_1+\frac{q^H}{1+r}[1-h_2^H-(1+\theta_2^H)c_2^H]\\&+\frac{q^L}{1+r}[1-h_2^L-(1+\theta_2^L)c_2^L]\Big\}\end{aligned}$$

这里,λ 是对应于约束式(10.104)的拉格朗日乘子。关于 c_1、h_1、c_2^H、h_2^H、c_2^L 和 h_2^L 的一阶条件分别由以下式子给出[假设 $\beta(1+r)=1$]:

$$\frac{1}{c_1}=\lambda(1+\theta_1) \tag{10.105}$$

$$\frac{1}{h_1}=\lambda \tag{10.106}$$

$$\frac{p}{c_2^H}=\lambda q^H(1+\theta_2^H) \tag{10.107}$$

$$\frac{1-p}{c_2^L}=\lambda q^L(1+\theta_2^L) \tag{10.108}$$

$$\frac{p}{h_2^H}=\lambda q^H \tag{10.109}$$

$$\frac{1-p}{h_2^L}=\lambda q^L \tag{10.110}$$

政府

政府的流量约束由以下式子给出:

$$\frac{q^H}{1+r}b_1^{gH}+\frac{q^L}{1+r}b_1^{gL}=\theta_1 c_1-g_1 \tag{10.111}$$

$$0=b_1^{gH}+\theta_2^H c_2^H-g_2^H$$

$$0=b_1^{gL}+\theta_2^L c_2^L-g_2^L$$

结合这些流量约束,我们能获得政府的跨期约束:

$$0=\theta_1 c_1-g_1+\frac{q^H}{1+r}(\theta_2^H c_2^H-g_2^H)+\frac{q^L}{1+r}(\theta_2^L c_2^L-g_2^L) \tag{10.112}$$

正如在家庭的情形中一样,由于或有状态债权(state-contingent claims)的存在,政府会面对一个单一的跨期约束。

总量约束

结合时期 1 家庭和政府的流量预算约束——分别由式(10.103)和式(10.111)给出——我们可以获得时期 1 的经济流量约束:

$$\frac{q^H}{1+r}(b_1^H+b_1^{gH})+\frac{q^L}{1+r}(b_1^L+b_1^{gL})=1-h_1-c_1-g_1$$

结合家庭和政府的跨期约束——分别由式(10.104)和式(10.112)给出——我们能获得经济的资源约束:

$$0=1-h_1-c_1-g_1+\frac{q^H}{1+r}(1-h_2^H-c_2^H-g_2^H)+\frac{q^L}{1+r}(1-h_2^L-c_2^L-g_2^L) \tag{10.113}$$

最优的财政政策

可行性条件 通过分别结合式(10.105)和式(10.106);式(10.107)和式(10.109);式(10.108)和式(10.110),我们能再一次得到静态的可行性条件式(10.88)、式(10.89)和式(10.90)。这三个可行性条件与在不完全市场情形中出现的恰好相同,因为这些静态条件是不受家庭能否获得或有状态债权的影响。

为了获得第四个也是最后一个可行性条件,首先结合式(10.109)和式(10.110)来获得:

$$\frac{q^H h_2^H}{p}=\frac{q^L h_2^L}{1-p} \tag{10.114}$$

回忆第2章中的内容,如果或有状态债权的价格是精算公平的,那么有 $q^H/q^L=p/(1-p)$。因此式(10.114)可以简化为:

$$h_2^H=h_2^L$$

正如预期的那样,由于家庭面对的是精算公平的价格,他们使不同自然状态下的闲暇相等。现在,可以通过结合式(10.106)、式(10.109)和式(10.110),来获得闲暇的欧拉方程:

$$\frac{1}{h_1}=\frac{p}{h_2^H}+\frac{1-p}{h_2^L}$$

由于 $h_2^H=h_2^L$,很容易得到:

$$h_1=h_2^H=h_2^L \tag{10.115}$$

这就是第四个可行性条件。作为进一步的参考,注意表达式(10.92)和式(10.93)将继续有效。

拉姆齐问题 拉姆齐计划者服从经济的资源约束条件式(10.113),政府的跨期约束式(10.112)以及可行性条件式(10.88)、式(10.89)和式(10.90),通过选择一个合适的分配 $\{c_1, h_1, c_2^H, h_2^H, c_2^L, h_2^L\}$ 来最大化家庭效用式(10.71)。①相应的拉格朗日函数为:

$$\begin{aligned}\mathcal{L}=&\log(c_1)+\log(h_1)+\beta p[\log(c_2^H)+\log(h_2^H)]\\&+\beta(1-p)[\log(c_2^L)+\log(h_2^L)]\\&+\lambda\left\{1-h_1-c_1-g_1+\frac{q^H}{1+r}(1-h_2^H-c_2^H-g_2^H)+\frac{q^L}{1+r}(1-h_2^L-c_2^L-g_2^L)\right\}\\&+\mu\left\{\widetilde{\theta}_1(c_1, h_1)c_1-g_1+\frac{q^H}{1+r}[\widetilde{\theta}_2^H(c_2^H, h_2^H)c_2^H-g_2^H]+\frac{q^L}{1+r}[\widetilde{\theta}_2^L(c_2^L, h_2^L)c_2^L-g_2^L]\right\}\end{aligned}$$

这里,λ 和 μ 是分别是与约束式(10.113)和式(10.112)相对应的乘子,我们已经将可行性条件代入进政府的跨期约束中。

在 $\beta(1+r)=1$ 的假设下,关于 c_1、h_1、c_2^H、h_2^H、c_2^L 和 h_2^L 的一阶条件分别由以下式子给出:

① 同样,我们没有施加式(10.115),正如我们将验证的那样,拉姆齐分配无论怎样都将满足这一条件。

$$\frac{1}{c_1}=\lambda-\mu\frac{\partial(\widetilde{\theta}_1 c_1)}{\partial c_1}$$

$$\frac{1}{h_1}=\lambda-\mu\frac{\partial(\widetilde{\theta}_1 c_1)}{\partial h_1}$$

$$\frac{p}{c_2^H}=\lambda q^H-\mu q^H\frac{\partial(\widetilde{\theta}_2^H c_2^H)}{\partial c_2^H}$$

$$\frac{1-p}{c_2^L}=\lambda q^L-\mu q^L\frac{\partial(\widetilde{\theta}_2^L c_2^L)}{\partial c_2^L}$$

$$\frac{p}{h_2^H}=\lambda q^H-\mu q^H\frac{\partial(\widetilde{\theta}_2^H c_2^H)}{\partial h_2^H}$$

$$\frac{1-p}{h_2^L}=\lambda q^L-\mu q^L\frac{\partial(\widetilde{\theta}_2^L c_2^L)}{\partial h_2^L}$$

考虑到式(10.92)和式(10.93)的偏导数,我们可以将这些一阶条件重写为:

$$\frac{1}{c_1}=\lambda+\mu$$

$$\frac{1}{h_1}=\lambda-\mu$$

$$\frac{p}{c_2^H}=q^H(\lambda+\mu)$$

$$\frac{1-p}{c_2^L}=q^L(\lambda+\mu)$$

$$\frac{p}{h_2^H}=q^H(\lambda-\mu)$$

$$\frac{1-p}{h_2^L}=q^L(\lambda-\mu)$$

除去这些乘子,我们可以把这个系统化简化为:

$$\frac{1}{c_1}=\frac{1-p}{q^L c_2^L} \tag{10.116}$$

$$\frac{1}{c_1}=\frac{p}{q^H c_2^H} \tag{10.117}$$

$$\frac{1}{h_1}=\frac{1-p}{q^L h_2^L} \tag{10.118}$$

$$\frac{1}{h_1}=\frac{p}{q^H h_2^H} \tag{10.119}$$

$$\frac{q^H}{q^L}\frac{c_2^H}{c_2^L}=\frac{p}{1-p}$$

$$\frac{q^H}{q^L}\frac{h_2^H}{h_2^L}=\frac{p}{1-p}$$

上述最后两个条件意味着，如果价格是精算公平的，将有：

$$c_2^H=c_2^L \tag{10.120}$$

$$h_2^H=h_2^L \tag{10.121}$$

正如所预期的那样，在精算公平的价格下，最优的拉姆齐分配意味着消费和闲暇在不同的自然状态下都是固定不变的。然后，根据可行性条件式(10.89)和式(10.90)可以推导出：

$$\theta_2^H=\theta_2^L$$

税率在不同状态下也将是不变的。进一步，给定式(10.120)和式(10.121)，式(10.116)—式(10.119)意味着：

$$c_1=c_2^H=c_2^L$$

$$h_1=h_2^H=h_2^L$$

[顺便注意，可行性条件(10.115)确实得到了满足。]因此，消费和闲暇在整个时间和不同的自然状态下都是固定不变的。根据式(10.88)、式(10.89)和式(10.90)可得：

$$\theta_1=\theta_2^H=\theta_2^L$$

税率在整个时间和不同的自然状态下都是平滑的。因此，在完全市场下，我们恢复了在10.3节描述的关于完全预见情形下的最优财政政策。

10.6 顺周期的财政政策

到目前为止，我们做得都是规范性分析；也就是说，我们问的是这样的问题：在经济周期中财政政策应该怎样去实行？但在现实世界中的财政政策，实际上又是如何实行的呢？正如在专栏10.1所讨论的那样，在发展中国家的财政政策似乎是顺周期，而在工业化国家的财政政策似乎是非周期性或反周期的。借助规范模型分析所得出的结论都要求采取非周期性或反周期的财政政策，而在发展中国家的财政政策事实上是顺周期的，这构成了一个有待寻求解释的困惑。

回顾文献可以发现存在几种用于解释发展中国家的财政政策是顺周期性的理论。Aizenman等(2000)认为，顺周期财政政策的出现，是因为发展中国家在经济衰退时期通常是被国际市场排除在外的，这迫使他们不得不减少政府支出并提高税率。第二个相关的解释(参见Riascos and Végh, 2005)与不完全市场相关。该观点认为，发展中国家面对的信贷市场要比工业化国家所面对的市场更为不完全，这将导致更多的顺周期税率。此外，这个论点可以在表10.2的帮助下得到说明，在那里我们看到了消费和税率之间呈现负相关的关系。①

① 我们之所以考虑消费与税率之间的关系是因为在本情形中产出是固定不变的。

本节提出了第三种解释——归功于 Talvi 和 Végh(2005)——不同于前两种解释,这是与国际信贷市场的摩擦无关的解释。通常的观点是,薄弱的国内财政体系使发展中国家的公共部门在经济繁荣时期也很难进行储蓄。当然,硬币的另一面是,公共部门在经济衰退时期却不得不动用储蓄。薄弱的财政体制自然可以以多种方式建模。这里,我们通过假设当存在财政盈余时支出压力就会增加这样一种简单的方式来刻画这个观点。我们将会看到,这样的一个政治扭曲是如何导致政府在经济繁荣时期降低税率从而减少基本盈余,进而降低支出压力的方法成为最优的(作为次优的政策)。

专栏 10.1 财政政策实际是怎样运行的?

最优财政政策模型告诉我们财政政策应该怎样运行。特别是 10.3 节的模型告诉我们税率应该随时间保持固定不变。假如我们像本章习题 4 那样将政府支出内生化,得到的结论也是应该让政府的支出随时间保持不变。正如在 10.5.2 节所显示的那样,只要市场是完全的,即便在模型中引入不确定性,税率和政府支出也足以保持恒定性。在更现实一些的模型中,比如 Chari 等(1994)的模型,最优的劳动税率也基本是固定不变的。因此,最优财政政策的新古典模型本质上要求实施一个非周期性的财政政策。相反,按照第 8 章中所介绍的那样,具有黏性工资基础上的最优财政政策模型,一般需要实施反周期的财政政策。直觉上看,对生产率的一个负向冲击将会导致非意愿失业出现,这是因为实际工资虽然也会向下调整,但其幅度会远远小于在名义工资具有弹性的情形。通过暂时性地增加总需求,政府支出的上升将增加生产与就业,因此把经济带到更接近弹性工资均衡下的水平。

但在实践中财政政策实际又是怎样运行的呢?要回答这个问题,当然我们应该重点关注两个最主要的财政政策工具的周期性行为:政府支出和税率。图 10.1 是 Kaminsky 等(2005)一个发现的最新版本,描述了工业化经济体(深色条柱)和发展中经济体(浅色条柱)政府支出的周期性组成部分和 GDP 之间的平均关系。总体而言,发展中经济体呈现出一种正相关的关系,说明政府支出在经济繁荣时会增加而在萧条时会减少。这与工业化经济体的情形形成鲜明的对比——他们的政府支出绝大部分是反周期的。[a]

税率又会是怎么样的呢?图 10.2 是从 Végh 和 Vuletin(2012)中摘引出来的,描述的是税率指数与 GDP 之间的关系。[b]我们可以发现大多数浅色条柱(发展中经济体)是负的,说明在经济繁荣(萧条)时期,税率是下降(增加)的,这构成了顺周期的税率政策。深色条柱(工业化经济体)分布更为均匀,表明这为一种非周期性的税率政策。

为了证明从图 10.1 与图 10.2 中获得的直观感受,表 10.3 给出了我们对政府支出的周期性组成部分和产出的周期性组成部分的税率指数之间关系的一个简单 OLS 的回归结果。对于政府支出,我们可以看到对于发展中经济体其回归系数显著为正(表明存在顺周期的支出政策),而对于工业化经济体则显著为负(表明存在反周期的支出政策)。对于税率,发展中经济体的回归系数显著为负(表明存在顺周期的税率政策),而对于工业化经济体的回归系数与零的差异并不显著。不用说,由于存在潜在

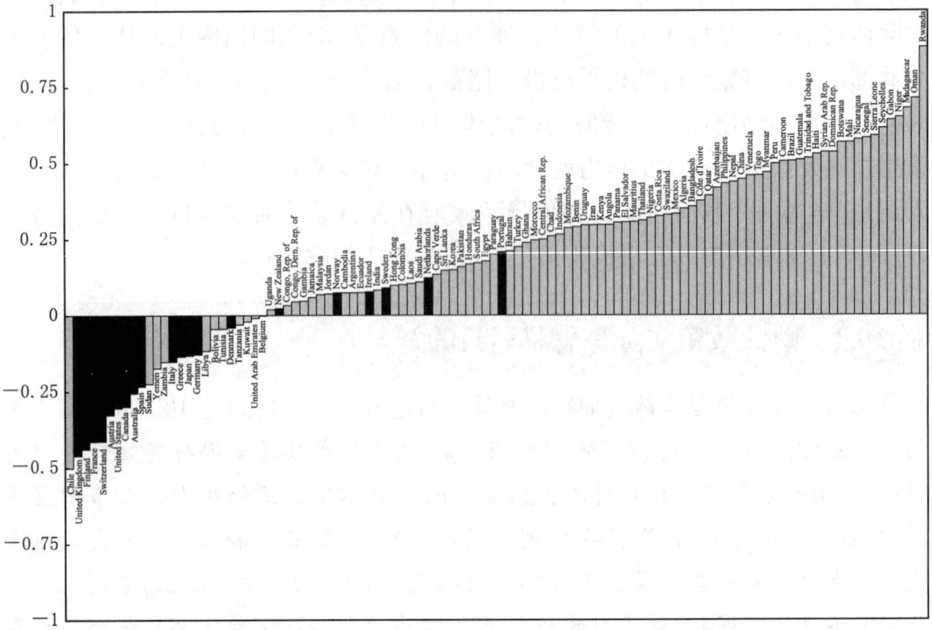

图 10.1 各经济体实际政府支出的周期性组成部分与实际 GDP 间的相关性(1960—2009 年)

注:深色的为经合组织经济体,浅色的为非经合组织经济体。周期分量是用霍德里克-普雷斯科特滤波器估计的。正(负)相关性表示为顺周期(逆周期)的财政政策。实际政府支出被定义为通过 GDP 平减指数计算的政府总支出和净贷款。样本包括 105 个经济体。

资料来源:IMF, World Economic Outlook。

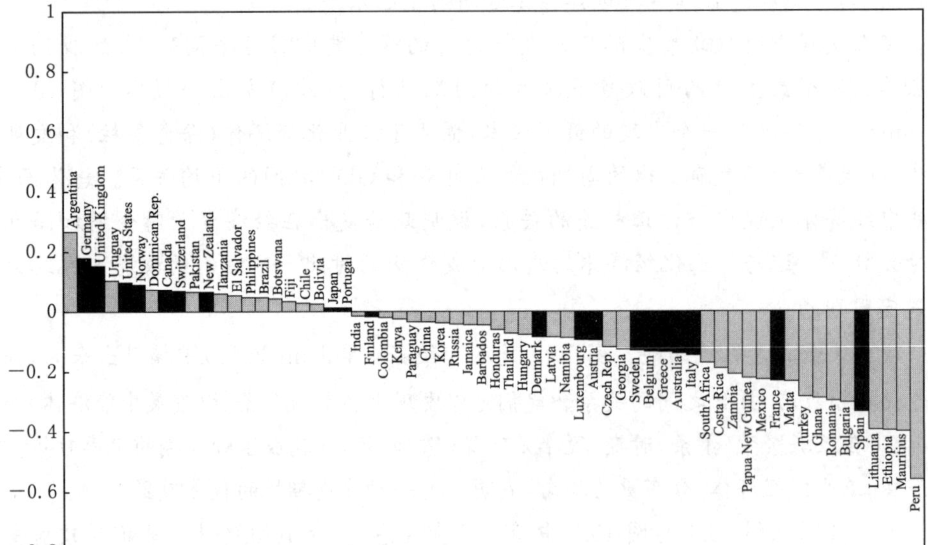

图 10.2 各经济体税率指数的周期性组成部分和实际 GDP 的相关性(1960—2009 年)

注:深色的为工业化经济体,浅色的为发展中经济体。周期分量是用霍德里克-普雷斯科特滤波器估计的。正(负)相关性表示为顺周期(逆周期)的税收政策。样本包括 62 个经济体。

资料来源:Végh 和 Vuletin(2012)。

表 10.3　顺周期性的回归结果(1960—2009 年)

	政府支出	税率指数
经合组织经济体	-0.37^{***}	-0.09
	(-2.9)	(-0.9)
非经合组织经济体	0.93^{***}	-0.24^{***}
	(4.3)	(-3.6)

注:括号内为 t 检验量。*** 表示在 1%水平上具有显著性。基于 88(62)个国家的支出(税率指数)时间序列数据使用 HP 滤波去除趋势,面板数据具有国家固定效应。

资料来源:Végh 和 Vuletin(2012)。

的内生性问题(政府支出本身就会对产出有影响),我们不用对表 10.3 中提供的因果关系回归结果进行太多的解读。但是,当产出变量成为更恰当的时候,所有的结论仍旧是成立的,这说明 GDP 周期与政府支出和税率之间确实存在因果关系(参见 Ilzetki and Végh, 2008; Végh and Vulrtin, 2012)。

专栏注:

a. 值得注意的是,智利是唯一一个呈现反周期财政政策特性的新兴经济体,这要归功于它是基于结构性财政平衡来制定财政规则的,在专栏 10.2 中会展开讨论。

b. 关于税率指数的建构细节参见 Végh 和 Vuletin(2012)。

10.6.1　家庭

家庭的问题与 10.3 节相同,唯一的区别是现在我们将有一个偏好冲击。偏好由下式给出:

$$W=\alpha_1\log(c_1)+\log(h_1)+\beta[\alpha_2\log(c_2)+\log(h_2)] \tag{10.122}$$

这里,$\alpha_t(t=1, 2)$是一个正参数,它将允许我们形成需求冲击。

流量预算约束继续由式(10.25)和式(10.26)给出,跨期约束则由式(10.27)给出。

家庭在服从约束式(10.27)之下,通过选择最优的组合$\{c_1, c_2, h_1, h_2\}$来最大化式(10.122)。相应的拉格朗日函数为:

$$\begin{aligned}\mathcal{L}=&\alpha_1\log(c_1)+\log(h_1)+\beta[\alpha_2\log(c_2)+\log(h_2)]\\&+\lambda\left[1-h_1+\frac{1-h_2}{1+r}-c_1(1+\theta_1)-\frac{c_2(1+\theta_2)}{1+r}\right]\end{aligned}$$

一阶条件由以下式子给出:

$$\frac{\alpha_1}{c_1}=\lambda(1+\theta_1) \tag{10.123}$$

$$\frac{1}{h_1}=\lambda \tag{10.124}$$

$$\frac{\alpha_2}{c_2}=\lambda(1+\theta_2) \tag{10.125}$$

$$\frac{1}{h_2}=\lambda \tag{10.126}$$

10.6.2 政府

预算约束

政府的预算约束继续由式(10.5)、式(10.6)及式(10.8)给出。

政治扭曲

为了以一种简单的方式刻画出政治扭曲，我们将假设政府支出是基本盈余的递增函数。这个想法是，当存在基本盈余时会出现对政府开支施加向上的政治压力(我们并没有把这一点明确地纳入模型)。换句话说，对财政部门而言，要拒绝来自不同经济部门的支出请求，在税收收入宽松时(在经济繁荣时就如此)要比在收入紧张时期更困难。①正式地：

$$g_1=\bar{g}+f(PB_1) \tag{10.127}$$

$$g_2=\bar{g}+f(PB_2) \tag{10.128}$$

此处与之前一样，$\bar{g}$代表一个外生给定的政府支出水平，与前文一样：

$$PB_1\equiv\theta_1c_1-g_1 \tag{10.129}$$

$$PB_2\equiv\theta_2c_2-g_2 \tag{10.130}$$

分别表示时期1和时期2的初始余额，$f(\cdot)$是一个增函数且是凸函数，满足：

$$f'(\cdot)>0,\ f''(\cdot)>0$$

值得强调的是，由于PB_1和PB_2是内生变量，当出现一个对税基的正向冲击并不会必然导致支出的增加。是否增加将取决于政府对冲击的反应，而这又将进一步决定基本盈余。

10.6.3 总量约束

总量约束继续由式(10.36)和式(10.38)给出。

10.6.4 最优财政政策

可行性条件

归功于对数型偏好，闲暇在整个时期将是恒定的并且独立于消费税率的路径。为了

① 尽管我们没有明确地把政治扭曲纳入模型，政治经济学文献为我们提供了各种合理化的版本。其中，特别值得参见的是Tornell和Lane(1999)的“贪婪效应”(voracity effect)。他们展现了作为一个公地悲剧的结果，当发生一个正向的贸易冲击可能会导致财政支出发生更高比例的增加。

证明这一点，首先结合式(10.124)和式(10.126)，可以得到：

$$h_1=h_2=h \tag{10.131}$$

然后，一方面结合式(10.123)和式(10.124)，另一方面结合式(10.125)和式(10.126)，进一步得到：

$$c_1(1+\theta_1)=\alpha_1 h \tag{10.132}$$

$$c_2(1+\theta_2)=\alpha_2 h \tag{10.133}$$

把后面的两个方程代入到消费者的跨期约束式(10.27)中，通过求解 h 可以得到：

$$h=\frac{(2+r)/(1+r)}{(2+r)/(1+r)+\alpha_1+\alpha_2/(1+r)} \tag{10.134}$$

(注意，如果 $\alpha_1=\alpha_2=1$，那么 $h=1/2$，正如 10.3 节中那样)。由于在竞争均衡中方程式(10.134)必须成立，拉姆齐计划者将把 h 值视为给定的，且在求解他/她的最大化问题时也不需要对闲暇作出选择。

像往常一样，静态可行性条件一方面通过结合式(10.123)和式(10.124)，另一方面结合式(10.125)和式(10.126)，就可以得到：

$$\theta_1=\tilde{\theta}_1(c_1,\ h)\equiv\alpha_1\frac{h}{c_1}-1 \tag{10.135}$$

$$\theta_2=\tilde{\theta}_2(c_2,\ h)\equiv\alpha_2\frac{h}{c_2}-1 \tag{10.136}$$

这里，h 将由式(10.134)给出。供进一步参考，注意：

$$\frac{\partial\tilde{\theta}_1(c_1,\ h)c_1}{\partial c_1}=-1 \tag{10.137}$$

$$\frac{\partial\tilde{\theta}_2(c_2,\ h)c_2}{\partial c_2}=-1 \tag{10.138}$$

拉姆齐问题

拉姆齐计划者在服从政府跨期约束式(10.8)，政治扭曲式(10.127)和式(10.128)，以及可行性条件式(10.134)、式(10.135)和式(10.136)之下，通过选择最优分配组合$\{c_1,\ c_2,\ g_1,\ g_2\}$来最大化终身效用式(10.122)。我们通过简单地不允许拉姆齐计划者选择 h_1 和 h_2，而是把 h 值视为由式(10.134)给定的方式来强加可行性条件式(10.134)的约束。①借助拉格朗日函数，拉姆齐的问题可以表示为：

$$\begin{aligned}\mathcal{L}=&\alpha_1\log(c_1)+\log(h)+\beta[\alpha_2\log(c_2)+\log(h)]\\&+\mu\left[\tilde{\theta}_1(c_1,\ h)c_1+\frac{\tilde{\theta}_2(c_2,\ h)c_2}{1+r}-g_1-\frac{g_2}{1+r}\right]\end{aligned}$$

---

① 还需要注意的是，我们并不需要强加经济的资源约束式(10.38)，因为正如已经证明过的那样，家庭的跨期约束——根据瓦尔拉斯定理，也是经济的资源约束——对于由(10.134)给出的 h 值总是得到满足的。

$$+\Psi_1[g_1-\bar{g}-f(\widetilde{\theta}_1(c_1,h)c_1-g_1)]$$

$$+\frac{\Psi_2}{1+r}[g_2-\bar{g}-f(\widetilde{\theta}_2(c_2,h)c_2-g_2)]$$

此处μ，Ψ_1 和 Ψ_2 是分别与约束条件式(10.8)、式(10.127)和式(10.128)相联系的乘子，我们已经把可行性条件式(10.135)和式(10.136)代入到政府跨期约束和政府支出的表达式中了。

相应的一阶条件由以下式子给出[假设$\beta(1+r)=1$]：

$$\frac{\alpha_1}{c_1}=-\mu\frac{\partial(\widetilde{\theta}_1c_1)}{\partial c_1}+\Psi_1f'(PB_1)\frac{\alpha(\widetilde{\theta}_1c_1)}{\partial c_1} \tag{10.139}$$

$$\frac{\alpha_2}{c_2}=-\mu\frac{\partial(\widetilde{\theta}_2c_2)}{\partial c_2}+\Psi_2f'(PB_2)\frac{\alpha(\widetilde{\theta}_2c_2)}{\partial c_2} \tag{10.140}$$

$$\Psi_1[1+f'(PB_1)]=\mu \tag{10.141}$$

$$\Psi_2[1+f'(PB_2)]=\mu \tag{10.142}$$

考虑式(10.137)和式(10.138)给出的可行性条件的偏导数，我们将式(10.139)和式(10.140)重写为：

$$\frac{\alpha_1}{c_1}=\mu-\Psi_1f'(PB_1) \tag{10.143}$$

$$\frac{\alpha_2}{c_2}=\mu-\Psi_2f'(PB_2) \tag{10.144}$$

根据式(10.141)解出 Ψ_1，利用式(10.142)解出 Ψ_2，把它们分别代入到式(10.143)和式(10.144)中，可以得到：

$$\frac{\alpha_1}{c_1}=\frac{\mu}{1+f'(PB_1)} \tag{10.145}$$

$$\frac{\alpha_2}{c_2}=\frac{\mu}{1+f'(PB_2)} \tag{10.146}$$

结合这两个方程可以得到：

$$\frac{\alpha_1}{c_1}[1+f'(PB_1)]=\frac{\alpha_2}{c_2}[1+f'(PB_2)] \tag{10.147}$$

作为一个基准，我们将首先表明，如果没有对税基的冲击，那么政治扭曲是不起约束的，因而税收平滑是最优的。

命题 2：如果 $\alpha_1=\alpha_2=\alpha$，则随着时间的推移，税收保持平滑将是最优的(即 $\theta_1=\theta_2=\theta$)。

证明：我们通过构造一个解来验证解 $\theta_1=\theta_2=\theta$ 满足最优性条件。如果 $\theta_1=\theta_2=\theta$，那么根据可行性条件式(10.135)和式(10.136)能推导出 $c_1=c_2=c$。然后，根据方程式(10.147)能得到 $PB_1=PB_2$。接下来根据方程式(10.127)和式(10.128)，得到 $g_1=g_2$。■

直觉上说，税基没有受到冲击的事实意味着政府不需要使用基本非盈余来保持税率恒定。由于没有基本非盈余，就没有额外支出的政治压力。因此，政治扭曲不起约束。

我们现在来证明，如果 $\alpha_1 > \alpha_2$，那么 $\theta_1 < \theta_2$。

命题 3：如果 $\alpha_1 > \alpha_2$，那么 $\theta_1 < \theta_2$。

证明：参见附录 10.9。 ■

我们因此确定 $\theta_1 < \theta_2$。然后，根据式(10.132)和式(10.133)，可得：

$$\frac{\alpha_1}{c_1} < \frac{\alpha_2}{c_2} \tag{10.148}$$

由于 $\alpha_1 > \alpha_2$，上个不等式意味着 $c_1 > c_2$。根据式(10.147)，不等式(10.148)也意味着 $PB_1 > PB_2$。因此，根据式(10.127)和式(10.128)，可以推出 $g_1 > g_2$。最后，由于 $PB_1 > PB_2$，根据式(10.129)和式(10.130)可得，$\theta_1 c_1 - g_1 > \theta_2 c_2 - g_2$。由于 $g_1 > g_2$，那么 $\theta_1 c_1 > \theta_2 c_2$。

因此，我们确定在次优世界中，最优的财政政策是顺周期的。换句话说，在经济繁荣时期(即高消费时期)，政府支出将会是高的，而税率是低的；而在经济衰退时期(即低消费时期)，政府支出将是低的，而税率是高的。这些结果背后的直觉是什么？假设政府保持税率不变。然后在第一个时期将出现基本盈余，由于政治扭曲，这将导致更高的政府开支。为避免这种资源的浪费，政府发现通过降低时期 1 的税率来引入额外扭曲(即一个跨期扭曲)将是最优的，因此，这减少了基本盈余进而减少了政府开支。由于把税率降低到能完全消除基本盈余的状态并不是最优的。政府支出仍将增加但会低于它原本应有的水平。①

10.7 最优货币政策

我们现在转向最优货币政策的分析。为了说明一些关键点，我们将像第 7 章处理的那样，借助交易成本技术来引入货币。②考虑一个商品市场和资产市场都完全与世界其他地区整合在一起的小型开放经济体，它是在预先决定的汇率体制下运行的。③

10.7.1 家庭的优化问题

只有一种(不可储存的)商品是用劳动(n_t)作为唯一投入生产的。劳动是计价单位。产出(y_t)是在由 $y_t = n_t$ 给出的线性生产技术下进行的。从事交易是昂贵的，因为它需要使用"购买时间"，用 s_t 表示。由于代表性家庭被赋予一个单位的时间禀赋，其时间约束由 $s_t + n_t + h_t = 1$ 给出，其中 h_t 表示闲暇。

家庭可以持有两种资产：国内货币(不计息)和能进行国际间贸易并具有(不变)实际

① 假如 $f(\cdot)$是线性函数但 g 进入效用函数，也将能得到同样的结果。在本章习题 6 就要求你去证明这一点。

② 本节主要遵从 Bordo 和 Végh(2002)的陈述。参见 Walsh(2010)在不同类型的货币模型中对最优货币政策的详细分析。

③ 同样的分析也适合浮动汇率体制。

回报率 r 的债券。家庭为了减少购买时间会持有实际货币余额。具体来说，购买时间由下式给出：

$$s_t = v\left[\frac{m_t}{c_t(1+\theta_t)}\right]c_t(1+\theta_t) \tag{10.149}$$

这里，$m_t(\equiv M_t/P_t)$表示实际货币余额，c_t 代表消费，θ_t 为消费税，$v(\cdot)$为交易技术，满足以下性质：

$$v(\cdot)\geqslant 0,\ v'(\cdot)\leqslant 0,\ v''(\cdot)>0,\ v'''(\cdot)=0$$

$$v'(X^s)=0,\ v(X^s)=0,\ 0\leqslant X\leqslant X^s \tag{10.150}$$

这里，$X(\equiv m/[c(1+\theta)])$表示实际货币余额占总支出的比重。$X$ 的额外单位变化会导致正的且逐渐递减的购买时间。X 存在一个水平 X^s，表示来自持有额外流动资产的收益被耗尽了[即 $v'(X^s=0)$]。在这一点上的交易成本被假定为零[即 $v(X^s=0)$]。

家庭的预算约束由下式给出：

$$f_t=(1+r)f_{t-1}+1-h_t-c_t(1+\theta_t)-s_t+\frac{m_{t-1}}{1+\pi_t}-m_t \tag{10.151}$$

此处 f_t 表示实际债券持有量，π_t 是通货膨胀率(及货币贬值，假定“一价法则”成立)，定义为 $P_t/P_{t-1}-1$。

令 $a_t(\equiv f_t+m_t/(1+i_t))$表示实际金融资产，我们可将上个表达式重写为：

$$a_t=(1+r)a_{t-1}+1-h_t-c_t(1+\theta_t)-s_t-I_t m_t \tag{10.152}$$

此处 $1+i_t\equiv(1+r)(1+\pi_{t+1})$及 $I_t(\equiv i_t/(1+i_t))$是实际货币余额或通货膨胀税的机会成本。①不断向前迭代流量约束式(10.152)，并施加横截性条件 $\lim_{t\to\infty}[1/(1+r)]^t a_t=0$，为简单起见，假设 $a_{-1}=0$，我们能够得到：

$$\sum_{t=0}^{\infty}\left(\frac{1}{1+r}\right)^t(1-h_t)=\sum_{t=0}^{\infty}\left(\frac{1}{1+r}\right)^t[c_t(1+\theta_t)+s_t+I_t m_t] \tag{10.153}$$

偏好是由下式给出：

$$\sum_{t=0}^{\infty}\beta^t[\log(c_t)+\log(h_t)] \tag{10.154}$$

家庭的最大化问题是在 $t=0,1,\cdots$时选择$\{c_t,h_t,m_t\}$组合在跨期约束式(10.153)下来最大化式(10.154)，s_t 由式(10.149)给出，相应的拉格朗日函数为：

$$\mathcal{L}=\sum_{t=0}^{\infty}\beta^t[\log(c_t)+\log(h_t)]+\lambda\sum_{t=0}^{\infty}\left(\frac{1}{1+r}\right)^t[1-h_t-c_t(1+\theta_t)-s_t-I_t m_t]$$

此处 λ 是与约束条件式(10.153)相联系的乘子。像往常一样，假设 $\beta(1+r)=1$，关于

① 要理解在当前背景下，a_t 是一个关于实际金融资产最为经济的定义，注意到 $m_{t-1}/(1+\pi_t)$是带进时期 t 的实际货币值，我们能把它写为$(1+r)m_{t-1}/(1+i_{t-1})$。因此，假如所有金融资产的收益率都为 r，那么，实际金融资产将是 $f_{t-1}+m_{t-1}/(1+i_{t-1})$。

$\{c_t, h_t, m_t\}$的一阶条件分别由以下式子给出：

$$\frac{1}{c_t}=\lambda(1+\theta_t)[1+v(X_t)-v'(X_t)X_t] \tag{10.155}$$

$$\frac{1}{h_t}=\lambda \tag{10.156}$$

$$-v'(X_t)=I_t \tag{10.157}$$

由于$v''(\cdot)>0$，条件式(10.157)将X_t隐含地定义为机会成本I_t的递减函数，它将用$\widetilde{X}(I_t)$表示。

在最优时，方程式(10.155)是我们熟悉的条件，即消费者使消费的边际效用等于财富的影子价值(λ)乘以消费的有效价格(effective price)。①消费的有效价格是由实际市场价格$1+\theta_t$，加上伴随着额外1单位消费而导致的购买时间的增加$(1+\theta_t)[v(X_t)-v'(X_t)X_t]$而给出的。条件式(10.156)意味着沿着完全预期均衡路径，闲暇将是固定不变的。方程式(10.157)表明在最优状态下，消费者会使源于持有额外1单位实际货币余额的交易成本的边际减少量等于它的边际成本I_t。

作为进一步的参考，注意消费的有效价格也可以被看作是消费者面临的有效税率(effective tax rate)。实际上，根据式(10.157)可以求解出X_t，当然它是I_t的函数，并将其代入到式(10.155)中，我们能得到：

$$\frac{1}{c_t}=\lambda q(\theta_t, I_t) \tag{10.158}$$

其中：

$$q(\theta_t, I_t)\equiv(1+\theta_t)\{1+v[\widetilde{X}(I_t)]-v'[\widetilde{X}(I_t)]\widetilde{X}(I_t)\} \tag{10.159}$$

是有效税率。因此，家庭将关心有效税率的水平，而并不关心由它引起的θ_t和I_t的特定水平。进一步，根据式(10.156)和式(10.158)，可以得到：

$$\frac{h_t}{c_t}=q(\theta_t, I_t) \tag{10.160}$$

换句话说，$q(\theta_t, I_t)$抓住了消费和闲暇之间的期内扭曲。

归功于对数型偏好——就像本章之前的情形一样——消费者规划的关键特征是闲暇将不受政府政策的影响；也就是说，它不依赖于消费税或通货膨胀税的路径。要看清这一点，运用式(10.149)、式(10.157)和式(10.159)来重写消费者的跨期约束式(10.153)为：

$$\sum_{t=0}^{\infty}\left(\frac{1}{1+r}\right)^t(1-h_t)=\sum_{t=0}^{\infty}\left(\frac{1}{1+r}\right)^t q(\theta_t, I_t)c_t \tag{10.161}$$

给定式(10.160)，然后可以推导出：

$$h_t=\frac{1}{2} \tag{10.162}$$

① 回想一下我们在7.4节中对该模型的连续时间下的讨论。

无论政府政策如何，闲暇将总是等于 1/2。

10.7.2 政府预算约束

政府面对着一条外生给定的政府支出 g_t 的路径，它可以通过消费税 θ_t，通货膨胀税 I_t，或者通过在世界金融市场借款的方式来进行融资。①消费税的征收被假设会有一个征收成本。

每个时期的政府预算约束由下式给出：

$$z_t=(1+r)z_{t-1}+\theta_t c_t-T(\theta_t c_t)+m_t-\frac{m_{t-1}}{1+\pi_t}-g_t \tag{10.163}$$

这里，z_t 表示在时期 t 末政府的国际可交易债券的存量，$T(\theta_t c_t)$表示与消费税相关联的征收成本。为简单起见，假定 $T(\theta_t c_t)=k_t(\theta_t c_t)^2$，其中，$k_t$ 是一个非负参数(可能会随时间发生变化)。考虑到这一点以及 X_t 的定义，我们可以把方程式(10.163)重写为：

$$b_t=(1+r)b_{t-1}+(1-k_t\theta_t c_t)\theta_t c_t+I_t X_t c_t(1+\theta_t)-g_t \tag{10.164}$$

此处 $b_t\equiv z_t-m_t/(1+i_t)$表示政府的实际净金融资产。此外，政府预算约束可以仅表示为 c_t 和 X_t 数量的函数，通过把式(10.168)和式(10.169)代入进式(10.164)中能够得到：

$$b_t=(1+r)b_{t-1}+\Gamma(c_t,\ X_t)-g_t \tag{10.165}$$

其中：

$$\Gamma(c_t,\ X_t)\equiv[1-k_t\tilde{\theta}(c_t,\ X_t)c_t]\tilde{\theta}(c_t,\ X_t)c_t+\tilde{I}(X_t)X_t c_t[1+\tilde{\theta}(c_t,\ X_t)] \tag{10.166}$$

表示总税收收入。

通过不断向前迭代流量约束式(10.165)，并施加横截性条件$\lim\limits_{t\to\infty}[1/(1+r)]^t b_t=0$，以及假设 $b_{-1}=0$，可以得到：

$$\sum_{t=0}^{\infty}\left(\frac{1}{1+r}\right)^t g_t=\sum_{t=0}^{\infty}\left(\frac{1}{1+r}\right)^t\ \Gamma(c_t,\ X_t) \tag{10.167}$$

10.7.3 拉姆齐问题

我们将通过在 10.3 节所描述过的初始方法来求解出最优政策解。②

可行性条件 在最优税收问题中，有三个可行性条件。第一个如上面所示的那样，$h_t=1/2$。考虑到在竞争均衡中，闲暇将总是等于 1/2，拉姆齐计划者不可能选择其他的闲暇分配，因此，闲暇将被视为给定的。根据式(10.156)，这意味着 $\lambda=2$。其他两个可行性条

① 注意因为消费税应用于可贸易商品上，它在本质上与贸易税是一样的。

② 我们假设有充分的事先承诺。这意味着通过建构，政策是时间一致的。参看 Calvo(1978)对在时间不一致情形下最优货币政策的分析。

件可以根据一阶条件式(10.155)和式(10.157)中推导出，各自由下式给出：

$$\theta_t \equiv \tilde{\theta}(c_t, X_t) = \frac{1}{2c_t[1+v(X_t)-v'(X_t)X_t]} - 1 \tag{10.168}$$

$$I_t \equiv \tilde{I}(X_t) = -v'(X_t) \tag{10.169}$$

拉姆齐分配　拉姆齐的优化问题是在服从跨期约束式(10.167)以及在给定 $h_t=1/2$ 之下，通过选择一个组合 $\{c_t, X_t\}_{t=0}^{\infty}$ 来最大化式(10.154)。[①]相应的拉格朗日函数为：

$$\mathcal{L} = \sum_{t=0}^{\infty} \beta^t \left[\log(c_t) + \log\left(\frac{1}{2}\right)\right] + \gamma \left\{\sum_{t=0}^{\infty} \left(\frac{1}{1+r}\right)^t [\Gamma(c_t, X_t) - g_t]\right\}$$

这里，γ 是与约束式(10.167)相关的乘子。假设 $\beta(1+r)=1$，关于 c_t 和 X_t 的一阶条件分别由以下式子给出：

$$\frac{1}{c_t} = -\gamma \Gamma_c(c_t, X_t) \tag{10.170}$$

$$\gamma \Gamma_X(c_t, X_t) = 0 \tag{10.171}$$

其中：

$$\Gamma_c(c_t, X_t) = -[1 - 2k_t \tilde{\theta}(c_t, X_t) c_t] \tag{10.172}$$

$$\Gamma_X(c_t, X_t) = -c_t[1+\tilde{\theta}(c_t, X_t)] \times \left[v'(X_t) + \frac{v''(X_t)X_t[v(X_t) + 2k_t\tilde{\theta}(c_t, X_t)c_t]}{1+v(X_t)-v'(X_t)X_t}\right] \tag{10.173}$$

要求解这个模型，我们将使用式(10.167)、式(10.170)和式(10.171)来解出 c_t、X_t 和 γ。对于给定的 c_t 和 X_t 值，式(10.168)和式(10.169)决定了 θ_t 和 I_t 的最优值。

在最优状态时，有 $\Gamma_c(c_t, X_t)<0$。[②]换句话说，在最优状态时，1 单位额外的消费将降低收入。因此方程式(10.170)说明，在最优状态时，拉姆齐计划者使消费的边际效用等于政府财富的影子价值 γ，乘以源于 1 单位额外消费收入的边际损失。同时，在最优状态时，也有 $\Gamma_X(c_t, X_t)=0$。[③]由于一个额外单位的 X_t 对家庭效用没有直接影响，一阶条件式(10.171)表示在最优化时，从额外的 1 单位 X_t 中获得的边际收入增加应该是零。

10.7.4　经常账户

结合方程式(10.151)和式(10.163)，考虑到 $h_t=1/2$，可以得到经济的流量资源约束

① 注意，正如 10.6 节中的情形一样，在拉姆齐问题中我们并不需要施加家庭的跨期约束(或者同样的总量约束)，因为 $h_t=1/2$ 的事实意味着对于任何一个被拉姆齐计划者所选出的分配组合 $\{c_t, X_t\}_{t=0}^{\infty}$，家庭的跨期约束都将成立，这一点从之前的分析中应该是很清楚的。当然，这是对数型偏好所特有的。

② 可以证明，为了确保二阶条件成立要求有 $\Gamma_c \Gamma_{XX}>0$。因为，正如从式(10.173)中可以得出的那样，$\Gamma_{XX}<0$，那么，必然有 $\Gamma_c<0$。根据式(10.170)，可以得出在最优时有 $\gamma>0$，这一点也与我们的预期相一致。

③ 因为在最优时有 $\gamma>0$，式(10.171)意味着 $\Gamma_X(c_t, X_t)=0$。

(即经常账户余额):

$$f_t+z_t=(1+r)(f_{t-1}+z_{t-1})+\frac{1}{2}-c_t-g_t-s_t-k_t(\theta_t c_t)^2 \qquad (10.174)$$

10.7.5 完全的税收平滑

前两个命题描述了这样的一种状态,在这种状态中随着时间的推移,完全平滑税收是最优的。

命题 4(没有征收成本):假设对所有 t, $k_t=0$ 成立。然后最优税收政策就由如下两部分组成:把通货膨胀税设定为零;并设定一个固定不变的消费税,借助它为每一期的政府开支提供永久性融资。

证明:参见附录 10.9。 ■

命题 4 是 Barro(1979)在一个货币、公共财政模型中推导出来的著名的税收平滑结果。在没有征收成本时不要诉诸于通货膨胀税也是最优情形。①直觉上看,从式(10.158)的回忆中可以得出,对家庭而言最重要的是有效的消费税。因此,家庭对能产生相同有效税的不同税收组合方式是漠不关心的。然而,从社会的角度看,使用消费税不会产生资源成本,而通货膨胀税会有。因此,仅使用消费税是最优的。

在这种情形下,任何超出其永久价值的实际政府支出(例如,由于战争引起的)都将完全由公共借款来进行融资。②因此,经常账户会随暂时性政府支出组成部分的变化而一对一的恶化。在这一最优税收政策下,跨期扭曲被完全消除,只保留了期内扭曲;即$q(\theta, I)=1+\theta>1$。

命题 5(正的征收成本):假设 $k_t=k>0$。然后 I 和 θ 都为正并且随时间推移保持恒定。

证明:参见附录 10.9。 ■

命题 5 表明,在为正但恒定的征收成本下,完全的税收平滑仍然是最优政策。然而,政府会发现现在最优情形是将消费税和通货膨胀税均设定为正值。直觉上看,与上种情形不同,消费税和通货膨胀税会造成资源成本。因此,在最优状态时,政府两种税收都将会使用。再一次——就像 10.3 节中的实体经济的情形一样——没有强加跨期扭曲,但期内扭曲仍是不可避免的,因为需要为政府支出进行融资。③

---

① 这是 Kimbrough(1986)的研究结论。这一结论背后的关键假设是交易成本函数是一次齐次的以及 $v(X^s)=0$ 的假设[细节和参考资料可以参看 Walsh(2010)的教科书中关于货币经济部分的内容]。Walsh(2010)还做了进一步的讨论,认为在一定的偏好限制的情况下,在 MIUF 和 CIA 模型中弗里德曼规则(Friedman rule)也是最优的。当然,并没有理由让我们相信这些对交易技术和偏好所作出的限定(相当强烈的)在现实中一定是成立的。然而,从数量上看,即便当弗里德曼规则不是最优的情形下,最优的名义利率似乎也很小(例如,参见 Chair and Kehoe, 1999)。

② 永久性政府支出$\bar{g}$被定义为政府支出的一个不变值。它的折现值是与实际政府支出相同。正式表示为 $\bar{g}=\frac{r}{(1+r)}\sum_{t=0}^{\infty}\left(\frac{1}{1+r}\right)^t g_t$。

③ 其他可以为正通货膨胀税提供合理化解释的摩擦——特别是与发展中国家相关的摩擦——是逃税(Nicolini, 1998)和货币替代(Végh, 1989b)。

正如 Végh(1989a)所证明的那样,更高水平的永久性政府支出或更高的 k 意味着更高的(但随着时间的推移是固定的)通货膨胀税。与在命题 4 中描述的情形一样,完全的税收平滑意味着没有跨期扭曲。然而,期内扭曲要高于命题 4(因此福利会更低),这是因为征收消费税现在是具有社会成本的,并且正的通货膨胀税也会产生正的交易成本。因此,征收相同数量的收入将需要更高的有效税率。

10.7.6　随时变化的征收成本

在我们最优财政政策的分析中,我们在专栏 10.1 中所提出的证据表明,在发展中国家,税率政策似乎是顺周期的(即税率与商业周期是负相关的),我们也提供了一些可能的解释,如不完全市场和政治扭曲。同样——例如 Talvi 和 Végh(2005)所显示的那样——在发展中国家通货膨胀税似乎是与商业周期呈负相关的。显然,在命题 4 和命题 5 中所描述的情形不能对通货膨胀税随时间变化提供理由。这些结果背后的关键假设是 k_t 不随时间变化。然而,这可能并不总是一个现实的假设,因为在经济衰退时期可能会伴随征收传统税成本的增加。①下面的命题考虑了这种情形。

命题 6(随时变化的 k):考虑 $\{k_t\}_{t=0}^{\infty}$ 有一条任意路径的完全预期均衡路径。假如沿着这条路径,对一些时点 t 存在 $k_{t+1}>k_t$,那么有 $I_{t=1}>I_t$,以及 $\theta_{t+1}<\theta_t$。

证明:参见附录 10.9。 ■

命题 6 说明当征收成本更高时,则通货膨胀税也会更高,而消费税则会更低。直觉上看,一个更高的 k_t 会使消费税的征收更昂贵,这促使政府从对消费征税转向对实际货币余额征税。因此,在高 k_t 时期,来自消费税的收入将下降。如附录所示,总税收收入也将下降,这反映出的事实是,当 k_t 值较高时,提高收入是相对低效的。

注意,命题 6 可以解释一种情形,即通货膨胀率在战争期间为正而在和平时期为负(即通货紧缩),这样一来,平均通胀率为零。要明白这一点,回忆一下 $I_t=i_t/(1+i_t)$ 及 $1+i_t=(1+r)(1+\pi_{t+1})$。因此零通货膨胀率(即 $\pi_{t+1}=0$)意味着正通货膨胀税($I=r/(1+r)$)。和平时期较低的 k_t 值可能意味着和平时期最优的通货膨胀税小于 $r/(1+r)$,以至于和平时期最优的通货膨胀率是负的。在战争期间,最优通货膨胀税可能会大于 $r/(1+r)$,这意味着一个正的通货膨胀率。

10.7.7　无成本的未预期到的通货膨胀

如上所述,原则上,命题 6 解释了一种在战争期间通货膨胀率会更高,但平均上仍是零的情形,因此,价格水平显示均值回归。当然,这需要在战争期间征收成本(命题 6)出现增加。②我们现在考虑模型的另一变化,旨在传达由 Calvo 和 Guidotti(1993)在随机

---

① 正如在 Bordo 和 Végh(2002)论文中详细讨论的那样,阿根廷在 19 世纪上半叶为我们提供了一个战争时期会有一个更高的征收成本的生动例子。因为阿根廷与国外政权之间的战争导致了阿根廷的主要港口被封锁,从而使来自贸易税的收入出现急剧地下降,这显然反映了一个更高的征收成本。

② 这也可以通过不能完全进入资本市场来加以解释(参见 Bordo and Végh, 2002)。

环境中导出的结果背后的基本直觉，这意味着另一种情景，即在战争期间通货膨胀率可能上升，但平均水平仍为零。虽然在完全预期下，这一假设似乎有些极端，但这种情形对理解随机环境中的结果提供了基本直觉。

考虑在命题5中研究的情形，即征收成本是恒定的。现在假设政府必须用当前的财政收入来为所有的当前支出提供资金(即它不能进入信贷市场)。假设政府也可以征收一次性税收，但需要服从如下的限制，即通过利用征收一次性税收的方式所收取收入的折现现值必须为零。和之前一样，因此政府可以求助于消费和通货膨胀税，以及一次性税收。然后我们可以证明如下的结果：

命题7(零收入，可以征一次性税收)：令 $k_t=k>0$。假设政府必须用当前收入来为当前支出提供资金，以及政府可以征收一次性税收，但在平均而言不能产生任何收入(即从征收一次性税收中产生的收入的折现现值必须为零)。那么，最优政策就包括用消费税和通货膨胀税为永久性政府支出进行融资，以及通过使用征收一次性税收的方式来为当前支出与永久性支出之间的缺口进行融资。

证明：参见附录10.9。 ■

这个结论背后的直觉很简单。根据定义，永久性政府支出与当前政府支出间缺口的现期折现值为零。通过使用定额税来为这样的缺口进行融资，政府复制了在命题5下的解决方案。在衰退时期不能借款以及在繁荣时期不能贷款的事实是不具约束力的约束，因为在衰退时期向家庭征收定额税，以及在繁荣时期给他们补贴，它能够实现相同的均衡。

现在让我们考虑由Calvo和Guidotti(1993)所研究的随机情形(在预先承诺下)。基本假设如下：(1)政府支出是随机的(独立同分布)；(2)政府不能发行或有状态的债务；(3)在自然状态显示之前，家庭能决定持有多少实际货币余额。很明显，未预期到的通货膨胀没有福利成本，就像是征了一个总额税一样并不会影响决策。当然，预期到的通货膨胀会有福利成本。正如Calvo和Guidotti(1993)所证明的那样，最优政策是设定传统税来为政府支出的预期值进行融资，以及使用未预期到的通货膨胀来为所有未预期到的政府开支的变化进行融资。

这一结论背后的逻辑可以从命题7中得出。在这种情形下，政府不能发行或有状态债券，因此，当政府支出意外上升时，政府无法使用债务来保持税收不变。但它可以诉诸于总额税(未预料到的通货膨胀)——平均而言没有获得任何收入——来为未预期到的变化进行融资。通过这样做，能重现如果它能发行或有状态债务下所获得的均衡。

10.8 总结性评论

本章着眼于探讨基于在本书的第一部分所开发的模型背景下的最优财政和货币政策。在不确定性以及资本流动性限制不存在的情形之下，最优财政政策将需要随着时间而完全平滑税率，以避免出现在第3章中引入的跨期扭曲。然而，在消费与闲暇之间的期内扭曲是不能避免的。当对资本流动性限制出现时，政府开支的暂时性增加，通过更高的税收和更多地借款组合来进行融资将是最优的，这意味着在均衡时将产生一个更高的实际利率。

在实践中，财政政策在发展中国家往往是顺周期的——即财政政策在繁荣时期是扩张性的，而在衰退时期是紧缩性的——而在工业化国家则是无周期的或是反周期的。对于这个谜题，我们分析了两个主要具有竞争性的解释：(1)不完全资产市场；(2)政治扭曲。不完全市场和政治扭曲都要求提高(减少)政府开支，并在繁荣(衰退)时期降低(提高)税率。一些新兴国家，例如智利已经通过实施基于结构性财政平衡的财政规则来设法避免这种财政顺周期陷阱(参见专栏 10.2)。

专栏 10.2　如何以智利的方法去处理顺周期性问题?

正如在专栏 10.1 中所讨论的那样，证据显示在发展中国家财政政策绝大部分是顺周期的。顺周期的财政政策在某种程度上反映了政治/体制的扭曲，这意味着设计一种更为有效的财政安排将是非常重要的(包括重新设计倾向于会恶化顺周期的这种联邦政府与各省之间现有的收入分享协议)。采用基于结构性(即周期性调整的)财政平衡的财政规则应该也会有所帮助，因为通过设计，这种规则会起到自动稳定器的作用从而完成它的角色，也能使政府的支出与实际的税收收入脱钩。

一个恰当的案例是智利。在 2001 年一个财政规则被创立出来，要求中央政府的支出每年进行调整，以确保能达到每年占 GDP 1%的结构性盈余。[a] 对实际的财政收支进行两个周期性的调整。第一个调整是对产出缺口进行调整，并考虑到如果 GDP 处于趋势水平时，将累加到政府的税收收入中。第二个是对铜矿价格偏离其长期价值进行调整。这些趋势性的或者长期的价值是每年通过独立的专家组成员进行单独预测，然后进行平均之后计算得出的。这些专家都是预算被提交给议会之前财政部要进行咨询的专家委员。

正式地，结构性平衡是按如下方法进行计算：

$$B_{s,t}=B_t+(T_{s,t}-T_t)+(CI_s-CI_t) \tag{10.2a}$$

这里，$B_{s,t}$是结构性平衡，B_t 是实际平衡，T_t 是实际税收收入，CI_t 是实际铜矿收入，$T_{s,t}$是经过商业周期调整以后的税收收入，$CI_{s,t}$是对铜矿当前期价格偏离其长期价格进行调整以后的铜矿收入。经过商业周期调整以后的税收收入 $T_{s,t}$的具体计算方法如下：

$$T_{s,t}=T_t\left(\frac{y_t^*}{y_t}\right)^{\varepsilon}$$

这里，y_t^* 是 t 年度的潜在 GDP，y_t 是实际 GDP，ε 刻画了税收收入对 GDP 的响应度。例如，假如经济处于萧条期，此时潜在产出会在实际产出之上(即 $y_t^*>y_t$)，因此，调整的税收收入将会比实际收入更大(即 $T_{s,t}>T_t$)。在繁荣时期正好相反，即调整的收入将比实际收入更低(即 $T_{s,t}<T_t$)。

为了计算在方程式(10.2a)中的 $CI_{s,t}-CI_t$ 部分，用政府出口的铜矿数量 q_t 乘以长期铜矿的价格 p_t^* 与当前期价格 p_t 的差值，从而可得：

$$CI_{s,t}-CI_t=q_t(p_t^*-p_t)$$

在高铜价时期，实际收入(q_tp_t)将会比结构性收入($q_tp_t^*$)更高，因而 $CI_{s,t}<CI_t$。在低铜价时期，结论正好相反。

总而言之——正如方程式(10.2a)所清楚显示的那样——在经济繁荣的时期(高GDP和高铜价)，结构性平衡将会比实际平衡更低，因为 $T_{s,t}<T_t$ 和 $CI_{s,t}<CI_t$。在经济不景气时(低GDP和低铜价)结论正好相反。这种规则允许政府在经济不景气时可以容忍赤字的存在，只要在经济繁荣时期能保持盈余就行，这实际上也是可以从我们在10.2节的基础模型中推导出来的政策处方。相反，一个基于实际的规则——正好与基于结构性的规则相反——会使财政平衡失去意义，因为它不允许政府在经济不景气时持有足够大的财政赤字。[b]

图10.3展示了智利自1990年以来的财政绩效，特别是从2001年起财政规则开始在实践中发挥作用之后的绩效。由于在1990—1997年间，经济以平均7.7%的速率增长(图10.3a)，平均的财政盈余大约占到GDP的2%，这已经为财政纪律建立了良好的基础(图10.3b)。这一稳健的财政绩效是在铜价格出现大幅波动的情况下实现的(图10.3a)，并导致了政府收入出现了巨大的波动，而且与以往的长期财政赤字和高通货膨胀形成了尖锐的对比。财政平衡在1998年发生恶化，到了1999年赤字已经占到GDP的2%，这反映出政府为了应对亚洲金融危机以及1999年的萧条而作的反周期的努力。在经济不景气时允许政府保持一定的财政赤字在2001年被正式确立，当时政府采用了我们在上文所述的财政规则。这允许政府在2001年、2002年和2003年出现一定的财政赤字，因为这实际上反映了一个由于经济缓慢复苏和低铜价而出现的结构性财政盈余。

智利经济的真正复苏是在2004年，2004年和2005年增长率达到6%。同时，在2004年铜价也达到创纪录的水平，在2006年甚至达到更高的水平。受益于财政规则，政府储备了大部分来自铜的收入，并且从2004年开始到2007全年留存了大量的实际盈余，相应的结构性盈余达到了根据财政规则要求的1%的水平。正如上文所提及的那样，到2009年财政目标被减少到0%。但是，2009年的金融危机又迫使政府暂时性地放弃财政规则，因为它经历了一个4.4%的实际赤字，这相当于1.2%的结构性赤字。2010年初的地震又导致政府再一次忽视财政目标。直到2014年政府才逐渐地恢复财政规则。

尽管近年来由于有一些极端事件发生(全球金融危机和地震)迫使政府不得不放弃财政规则，有一点似乎是很清楚的，即基于结构性赤字平衡的财政规则为智利带来了实实在在的好处，迫使政府和公众更多地去关注根本性的结构性财政平衡而不是实际的平衡，这种实际平衡会总受商业周期和铜价的大幅度波动的影响。

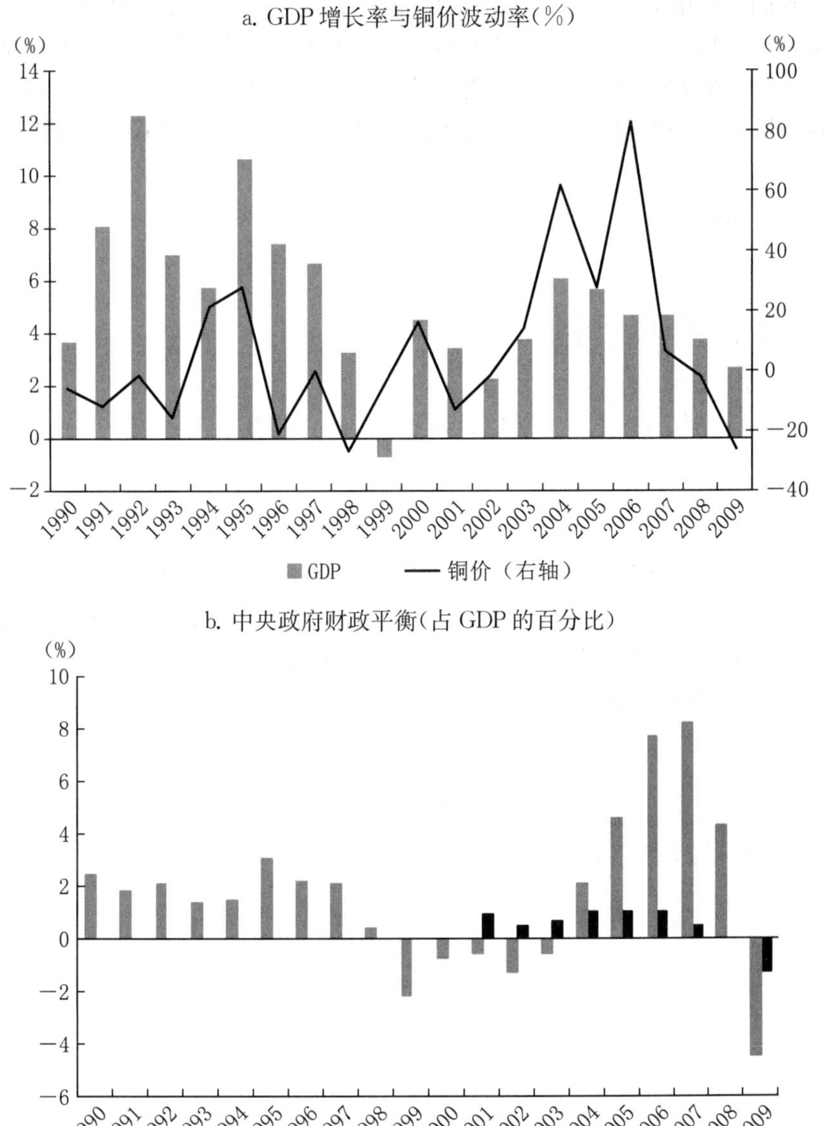

资料来源:智利中央银行。

图 10.3　智利财政规则的实践绩效

专栏注:

a. 1%的目标主要反映了中央银行在 20 世纪 80 年代救助私人银行时所带来的债务偿还需要(更多细节参见 Frankel, 2010)。因为这些债务是随时间支付的,结构性平衡的目标在 2008 年减少到 0.5%,在 2009 年减少到 0%。

b. 在这一背景下,欧元区的财政规则被称为《稳定与增长公约》(Stability and Growth Pact),最初只是将预算赤字设定为不超过 GDP 的 3%,但基本没有意义。因此,毫不奇怪,这一规则频繁地被大大小小的欧元区国家所违背,也无法阻止 2010 年在希腊所发生的大的财政危机。

最后，我们把货币引入模型以解决最优货币政策的问题。我们提供了一个粗略想法的例子，即在某些技术和/或偏好限制的情况下，弗里德曼规则在各种货币模型中是最优的。当然，这种情况在实践中不一定有效。但定量分析表明，甚至当弗里德曼规则不是最优的，最优名义利率也是相当低的。因此，我们的基本模型要求很少或不使用通货膨胀税。

10.9 附录

10.9.1 命题 3 的证明

我们通过矛盾法证明。

假设 $\theta_1=\theta_2$。那么，根据式(10.132)和式(10.133)可得：

$$\frac{c_1}{\alpha_1}=\frac{c_2}{\alpha_2} \tag{10.175}$$

然后，根据式(10.147)能推出 $PB_1=PB_2$。因此，根据式(10.127)和式(10.128)可得 $g_1=g_2$。由于 $\alpha_1>\alpha_2$，方程式(10.175)表明 $c_1>c_2$。因此，$\theta_1c_1>\theta_2c_2$，由于 $g_1=g_2$，根据式(10.129)和式(10.130)，这意味着 $PB_1>PB_2$，相互矛盾。

假设 $\theta_1>\theta_2$。然后根据式(10.132)和式(10.133)可得：

$$\frac{c_1}{\alpha_1}<\frac{c_2}{\alpha_2} \tag{10.176}$$

根据式(10.147)可得 $PB_1<PB_2$。因此，根据式(10.127)和式(10.128)可得 $g_1<g_2$。根据可行性条件，可得：

$$\frac{\theta_1c_1}{\alpha_1}=h-\frac{c_1}{\alpha_1}$$

$$\frac{\theta_2c_2}{\alpha_2}=h-\frac{c_2}{\alpha_2}$$

考虑到式(10.176)，可得：

$$\frac{\theta_1c_1}{\alpha_1}>\frac{\theta_2c_2}{\alpha_2}$$

进一步地，由于 $\alpha_1>\alpha_2$，那么 $\theta_1c_1>\theta_2c_2$。由于 $g_1<g_2$，从式(10.129)和式(10.130)中可以推出 $PB_1>PB_2$，这是相互矛盾的。

10.9.2 命题 4 的证明

如果 $k_t=0$，根据式(10.171)可得 $v'(X_t)-\frac{v''(X_t)X_tv(X_t)}{1+v(X_t)-v'(X_t)X_t}=0$。给定式(10.150)，可得 $X_t=X^s$ 是唯一满足这个等式的值。因此 $I_t=0$。①在 $k_t=0$ 时，根据式

① 在所有的情形中都能被证明二阶条件是可以得到满足的。

(10.170)可以推导出沿着 PFEP 路径 c_t 是固定的。因此,根据式(10.155),θ_t 也是这样。为简单起见,假设 $b_{-1}=f_{-1}+z_{-1}=0$,那么,从式(10.168)和式(10.167)中我们可得 $\theta=\bar{g}/(1/2-\bar{g})$。

10.9.3 命题 5 的证明

我们首先证明,如果 $k_t=k>0$,那么 $1-2k\theta_t c_t$ 也始终是常数。①仍旧通过矛盾法来证明。假设对一些 t 而言,有 $1-2k\theta_{t+1}c_{t+1}>1-2k\theta_t c_t$。因此,$\theta_{t+1}c_{t+1}<\theta_t c_t$。$k\theta_{t+1}c_{t+1}<k\theta_t c_t$ 的这一事实也意味着 $X_{t+1}>X_t$,因为方程式(10.171)隐含地定义了 X_t 和 $k\theta_t c_t$ 之间具有严格的负相关关系。因此,根据式(10.155)式,我们有 $c_{t+1}(1+\theta_{t+1})>c_t(1+\theta_t)$,因此有 $c_{t+1}>c_t$。但这与式(10.170)相矛盾,因为当等式右端增加时等式左端会下降。一个类似的推理表明,假设 $1-2k\theta_{t+1}c_{t+1}<1-2k\theta_t c_t$ 也会导致相互矛盾的结果。

因为 $1-2k\theta_t c_t$ 随着时间的推移为固定值,$\theta_t c_t$ 也是如此。因此,根据式(10.171),X_t 随着时间的推移也是固定的,这意味着根据式(10.155)可得 $c_t(1+\theta_t)$,因此 c_t 随着时间的推移为固定值。因此,θ_t 和 I_t 随着时间的推移都是固定不变的。为确定两类税收都为正,注意 θ 不能是零。如果是零,根据式(10.171)和式(10.173)会得出 $I=0$。但由于 $\bar{g}>0$,两类税收不能是零。因此 $\theta>0$。然后根据式(10.171),有 $X<X^s$,因此,根据式(10.157),有 $I>0$。

10.9.4 命题 6 的证明

我们首先证明,如果对于一些 t,有 $k_{t+1}>k_t$,那么,$1-2k_{t+1}\theta_{t+1}c_{t+1}<1-2k_t\theta_t c_t$。仍旧通过矛盾法证明。假设 $1-2k_{t+1}\theta_{t+1}c_{t+1}=1-2k_t\theta_t c_t$。因此 $k_{t+1}\theta_{t+1}c_{t+1}=k_t\theta_t c_t$ 以及 $\theta_{t+1}c_{t+1}<\theta_t c_t$。由于 $k_{t+1}\theta_{t+1}c_{t+1}=k_t\theta_t c_t$,式(10.171)意味着 $X_{t+1}=X_t$。因此,根据式(10.155),我们有 $(1+\theta_{t+1})c_{t+1}=(1+\theta_t)c_t$。由于 $\theta_{t+1}c_{t+1}<\theta_t c_t$,那么 $c_{t+1}>c_t$。这是相互矛盾的,因为当等式左边下降而等式右边维持不变会导致式(10.170)不成立。一个类似的推理表明,假设 $1-2k_{t+1}\theta_{t+1}c_{t+1}>1-2k_t\theta_t c_t$ 也会产生矛盾。

我们因此表明如果 $k_{t+1}>k_t$,那么,$1-2k_{t+1}\theta_{t+1}c_{t+1}<1-2k_t\theta_t c_t$。因此 $k_{t+1}\theta_{t+1}c_{t+1}>k_t\theta_t c_t$。根据式(10.171),有 $X_{t+1}<X_t$,因此,根据式(10.157),有 $I_{t+1}>I_t$。而且,由于 $X_{t+1}<X_t$,根据式(10.155),有 $(1+\theta_{t+1})c_{t+1}<(1+\theta_t)c_t$。但是因为 $1-2k_{t+1}\theta_{t+1}c_{t+1}<1-2k_t\theta_t c_t$,那么根据式(10.170)有 $c_{t+1}>c_t$。然后 $\theta_{t+1}c_{t+1}<\theta_t c_t$,因此 $\theta_{t+1}<\theta_t$。

要找出对总税收收入的影响,注意利用式(10.166),我们可以计算总收入的全微分变化(也考虑到 k 的变化),并估算在最优点附近的值来获得:

$$d\Gamma(c,X,k)=\Gamma_c(c,X,k)dc+\Gamma_x(c,X,k)dX+\Gamma_k(c,X,k)dk<0 \tag{10.177}$$

① 要证明这一点,我们对交易技术采用此形式,即 $v(X)=X^2-X+\frac{1}{4}$。

由于 $dc>0$ 以及 $dk>0$，在最优值附近有 $\Gamma_c(c, X, k)<0$，$\Gamma_X(c, X, k)=0$，以及 $\Gamma_k(c, X, k)<0$。因此有 $\Gamma(c_{t+1}, X_{t+1}, k_{t+1})<\Gamma(c_t, X_t, k_t)$。

10.9.5　命题 7 的证明

由于政府受到限制，不能用一次性税收将其提高到平均水平之上，因此政府必须要通过征收扭曲性税收来为 $\bar{g}$ 进行融资。给定 $k_t=k>0$，出于与命题求 5 同样的理由，用消费税和通货膨胀税来为 $\bar{g}$ 进行融资是最优的。很显然，借助消费税或者通货膨胀税来为政府的当前支出与 $\bar{g}$ 之间的缺口进行融资并不是最优的。如果是这种情形，有效税率会随着时间推移而改变，并且家庭的福利将会降低。随之而来的结果是所有支出的波动都应该由总额税来提供资金。

习　　题

1. (有一般偏好的非闲暇情形)考虑在 10.2 节中所分析的有对数偏好的非闲暇情形，其一般偏好形式给定为：

$$W=u(c_1)+\beta u(c_2)$$

证明最优财政政策是税收平滑的(提示：证明 $\theta_1=\theta_2$ 的解满足拉姆齐的最优条件)。

2. (有一次性税收的闲暇情形)考虑在 10.3 节所分析的生产经济，但假设政府可以采取征一次性税收的方式。在这种情形下：

   a. 求解最优的财政政策。得到关于 c_1、c_2、h_1 和 h_2 的简化表达式。将这些表达式与 10.3 节中在征收扭曲税收情形下所获得的表达式进行比较。

   b. 证明在征一次性税收下的福利将会高于征扭曲税下的福利(当然只要政府支出的折现值为正)。

3. (有一般偏好的闲暇情形)考虑在 10.3 节中所分析的有对数偏好的闲暇情形，其一般偏好形式给定为：

$$W=u(c_1, h_1)+\beta u(c_2, h_2)$$

证明最优财政政策是税收平滑的(提示：证明 $\theta_1=\theta_2$ 的解满足拉姆齐最优条件)。

4. (政府消费作为一种政策选择)考虑在 10.3 节中所分析的生产经济，但有以下两个修改。第一，令偏好给定为下式：

$$W=\log(c_1)+\log(h_1)+\log(g_1)+\beta[\log(c_2)+\log(h_2)+\log(g_2)]$$

第二，令政府有一些由 z_t 所表示的外生收入来源(把它想象为商品收入)。因此，政府的流量约束给定为：

$$b_1^g=z_1+\theta_1 c_1-g_1$$

$$0=z_2+\theta_2 c_2+(1+r)b_1^g-g_2$$

在这样的一个模型背景下：

a. 假设 z_1 与 z_2 不同。证明最优的财政政策包含一个固定的税率和固定的政府支出水平。

b. 假设偏好形式现在是不可分离的，为 $u(c_1, h_1, g_1)+\beta u(c_2, h_2, g_2)$。证明仍有相同的结果。

5.（具有一次性税收的不完全市场情形）考虑在 10.5.1 节中所分析的不完全市场情形，但假设政府可以采取征一次性税收的方式。刻画最优的财政政策，并与征扭曲税的情况进行比较。特别是证明这里不存在期内扭曲。

6.（在效用函数中有政府支出的顺周期财政政策）考虑在 10.6 节中的模型有如下的变化，其中 g_t 进入效用函数，而 $f(\cdot)$ 是一个线性函数。正式地，现在偏好给定为：

$$W=\alpha_1\log(c_1)+\log(h_1)+\log(g_1)+\beta[\alpha_2\log(c_2)+\log(h_2)+\log(g_2)]$$

政治扭曲变为：

$$g_1=\bar{g}+\phi(\theta_1 c_1-g_1) \tag{10.178}$$

$$g_2=\bar{g}+\phi(\theta_2 c_2-g_2) \tag{10.179}$$

其中，ϕ 是正参数。模型的其余部分是不变的。在这样的背景下：

a. 假设 $\alpha_1=\alpha_2$。证明最优的财政政策包含随时间税收平滑。

b. 假设 $\alpha_1>\alpha_2$。证明最优的财政政策包含 $g_1>g_2$ 和 $\theta_1<\theta_2$。为什么结果会与 10.6 节中的结果一致？

参考文献

Aizenman, Joshua, Michael Gavin, and Ricardo Hausmann. 2000. Optimal tax and debt policy with endogenously imperfect creditworthiness. *Journal of International Trade and Economic Development* 9(4):367—395.

Barro, Robert J. 1979. On the determination of public debt. *Journal of Political Economy* 87(5):940—971.

Bordo, Michael D., and Carlos A. Végh. 2002. What if Alexander Hamilton had been Argentinean? A comparison of the early monetary experiences of Argentina and the United States. *Journal of Monetary Economics* 49:459—494.

Calvo, Guillermo. 1978. On the time consistency of optimal policy in a monetary economy. *Econometrica* 46(6):1411—1428.

Calvo, Guillermo A., and Pablo E. Guidotti. 1993. On the flexibility of monetary policy: The case of the inflation tax. *Review of Economic Studies* 60:667—687.

Chari, V. V., and Patrick J. Kehoe. 1999. Optimal fiscal and monetary policy. Working Paper 6891. National Bureau of Economic Research, Cambridge, MA.

Chari, V. V., Lawrence J. Christiano, and Patrick J. Kehoe. 1994. Optimal fiscal policy in a business cycle model. *Journal of Political Economy* 102(4):617—652.

Frankel, Jeffrey. 2010. A solution to fiscal procyclicality: The structural budget institutions pioneered by Chile. Working Paper 604. Central Bank of Chile, Santiago.

Ilzetzki, Ethan, and Carlos A. Végh. 2008. Procyclical fiscal policy in developing countries: Truth or fiction? Working Paper 14191. National Bureau of Economic Research, Cambridge, MA.

Kaminsky, Graciela, Carmen M. Reinhart, and Carlos A. Végh. 2005. When it rains, it pours: Procyclical capital flows and macroeconomic policies. *NBER Macroeconomics Annual* 19:11—82.

Kimbrough, Kent. 1986. The optimum quantity of money rule in the theory of public finance. *Journal of Monetary Economics* 18:277—284.

Lucas, Robert E., and Nancy Stokey. 1983. Optimal fiscal and monetary policy in an economy without capital. *Journal of Monetary Economics* 12(1):55—93.

Nicolini, Juan Pablo. 1998. Tax evasion and the optimal inflation tax. *Journal of Development Economics* 55:215—232.

Riascos, Alvaro, and Carlos A. Végh. 2005. Procyclical government spending in developing countries: The role of capital market imperfections. Mimeo. Banco de la Republica, Colombia, and UCLA.

Talvi, Ernesto, and Carlos A. Végh. 2005. Tax base variability and procyclical fiscal policy in developing countries. *Journal of Development Economics* 78(1):156—190.

Tornell, Aaron, and Philip Lane. 1999. The voracity effect. *American Economic Review* 89(1):22—46.

Végh, Carlos A. 1989a. Government spending and inflationary finance: A public finance framework. *IMF Staff Papers* 36(3):657—677.

Végh, Carlos A. 1989b. The optimal inflation tax in the presence of currency substitution. *Journal of Monetary Economics* 24:139—146.

Végh, Carlos A., and Guillermo Vuletin. 2012. How is tax policy conducted over the business cycle? Working Paper 17753. National Bureau of Economic Research, Cambridge, MA.

Walsh, Carl E. 2010. *Monetary Theory and Policy*, 3rd ed. Cambridge: MIT Press.

▶11

最优汇率制度

11.1 引言

开放型经济应该选择一个预先决定的汇率制度还是一个浮动汇率制度？这在开放经济的宏观经济学中是最重要和热议的问题之一。成千上万的学术文章一直致力于回答这个问题，学院派和实践派（以及从学院派转为实践派的）仍继续在争论不同汇率制度的利弊。

回答这个问题的自然出发点是第5章中的内容。正如11.2节所清楚表明的那样，在这样一个世界中，汇率制度是不重要的。换句话说，不管汇率制度如何，实体部门对不同冲击的反应都是一样的。当然，货币部门的反应很可能取决于汇率机制，但这不会影响到实体部门。因此，在第5章高度抽象化的世界中，货币是一层面纱，汇率制度不重要。例如，一个正向的货币需求冲击对实际部门并无影响，只不过是导致在预先决定汇率制下的名义货币余额增加而在浮动汇率制下名义汇率出现下降（即名义货币升值）。相反，从不可贸易商品向可贸易商品的需求转移要求不可贸易商品相对价格的下降（实际贬值）。在预先决定汇率制下，实际汇率的上升是由于不可贸易商品名义价格的下降引起的。在浮动汇率制下，实际贬值是通过名义汇率的上升及不可贸易商品名义价格的下降来实现的。

然而，当货币不再是面纱时，汇率制度就显得重要了。11.3节再度引入了第7章现金先行的内容来阐明如下观点，即浮动汇率能够使国内经济完全隔离开（暂时的）外国通货膨胀冲击的影响。相反，在预先决定汇率制下，根据具体情况，国内经济将被迫输入外国通货膨胀或通货紧缩。然而，当涉及真实冲击，预先决定汇率制又比浮动汇率制更具优势。后一种结果是相当值得注意的，因为它反驳了这一概念——自米尔顿·弗里德曼1953年的经典论文发表以来就出现在文献中——即在弹性价格下，汇率制度对经济的反应是不重要的。的确，弗里德曼（Friedman，1953，p.165）自己认为，“假如内部价格和汇率一样有弹性，无论调整是由汇率的变动引起的还是由内部价格的同等变动带来的，将不会带来什么经济上的不同。”因此，他得出结论，只有在黏性价格的情形下，汇率制度才重要。[①]然而，

① 在弗里德曼的论文发表了50余年之后的今天，这一概念仍旧作为不证自明的真理而被广泛引用（例如，参见Broda，2004）。

这个概念并不正确,即使在完全浮动价格下,汇率制度也可能是重要的。

11.4 节开始转向黏性价格。这个领域的传统智慧——再一次需要追溯到弗里德曼(Friedman,1953)——是在黏性价格下,预先决定汇率可以对货币冲击提供更有效的调整,而浮动汇率在应对真实冲击方面更有效。直觉上看,预先决定汇率允许通过央行窗口对货币冲击进行实际货币余额的即时调整。相反,在黏性价格下,实际货币余额在浮动汇率中无法迅速调整。然而,对真实冲击作出反应,浮动汇率可允许相对价格作出更快的调整。直觉上看,实际汇率需要调整,以对真实冲击作出反应。在预先决定汇率下,这种调整会因为名义价格是黏性的这一事实而受到阻碍,这迫使经济承受一个慢性通货紧缩的代价来进行高昂的调整。相反,在浮动汇率下,通过名义汇率的变化会使调整可以以更快和更有效的方式被实行。

在我们(具有对数偏好)的基准黏性价格模型中,为了应对货币冲击,经济在预先决定汇率下要进行即时调整,而在浮动汇率下经济只能随着时间而逐渐调整,这反映了一个事实,即在后种情况下,实际货币余额只会随着时间的推移而逐渐增加。对真实冲击(即需求冲击)作出反应时,无论是在预先决定还是在浮动汇率下,经济都将是逐渐展开调整的。然而,在浮动汇率下的调整,将会比在预先决定汇率下的福利更优,因为货币的名义贬值——出于平衡货币市场的需要——有助于部分缓冲不可贸易商品的消费。如果是这样的话,真实冲击会对货币市场产生负面影响。如果不是这样,那么浮动汇率不会对真实冲击提供更好的调整。

尽管黏性价格是学术文献中最受欢迎的摩擦因素,但我们还远远不清楚它们是不是就是现实世界中的主要摩擦因素,尤其是在发展中国家。事实上,资产市场中的摩擦如果不是更重要的至少也是同样重要的。按照这种思路,11.5 节分析了在资产市场出现摩擦情况下最优的汇率制度,是通过资产市场分割的方式来进行建模的。在资产市场分割的情形下,只有一小部分家庭能进入资产市场。我们将看到在这种摩擦之下,在上文推导的蒙代尔-弗莱明(Mundell-Fleming)结果将出现反转:现在在真实冲击下,预先决定汇率制将是最优的,而在货币冲击下,浮动汇率制会更好。直觉上看,资产市场分割严重地影响了预先决定汇率制下的调整机制,其中包括在中央银行以货币兑换债券(反之亦然)。与此形成鲜明对比的是,资产市场分割不会影响浮动汇率制下的调整机制(名义汇率的变化)。因此,在浮动汇率下经济对货币冲击的调整最为有效。然而,在真实冲击的情形下,通过在各个时期保持购买力不变,预先决定汇率制在各个时期可以提供一些风险分散的方式,因而是更可取的。

总之——结合 11.4 节和 11.5 节的结果——究竟是预先决定汇率还是浮动汇率更可取,不仅仅要取决于冲击的类型——正如基于蒙代尔-弗莱明模型所形成的传统智慧那样——而且取决于摩擦的类型,正如表 11.1 总结的那样。

表 11.1　最优汇率制度

摩擦/冲击	商品市场	资产市场摩擦
真实冲击	浮动	混合
货币冲击	混合	浮动

本章内容安排如下：11.2 节研究了第 5 章货币是作为一层面纱的内容；11.3 节处理在第 7 章中引入的现金先行模型；11.4 节考虑到第 8 章的黏性价格模型；11.5 节以资产市场分割的形式在基本模型中引入了一种新的摩擦；总结性评论在 11.6 节中。

11.2 当货币是一层面纱时对冲击的反应

考虑第 5 章中有关不可贸易商品的内容。这是一个完全融入世界商品和资本市场的小型开放经济体。令 r 表示不变的世界实际利率。货币通过效用函数进入模型。令外国价格水平保持不变且等于 1。一价定律适用于可贸易商品，因此 $P_t^T = E_t$，P_t^T 表示可贸易商品的国内价格，E_t 是名义汇率（用国内货币表示的每单位外国货币的值）。

11.2.1 消费者的问题

偏好由下式给出：

$$\int_0^{\infty} [\gamma \log(c_t^T) + (1-\gamma)\log(c_t^N) + \alpha \log(z_t)] \exp(-\beta t) dt \tag{11.1}$$

此处 c_t^T 和 c_t^N 表示分别表示可贸易商品和不可贸易商品的消费，β 是贴现率，$\gamma \in (0, 1)$ 和 $\alpha (>0)$ 分别是刻画需求和货币需求冲击的参数，$z_t (\equiv M_t / P_t$，M_t 是名义货币余额）代表以价格指数 P_t 衡量的实际货币余额，价格指数定义为①：

$$P_t = (P_t^T)^{\gamma} (P_t^N)^{1-\gamma}$$

令 a_t 代表实际金融财富：

$$a_t \equiv b_t + m_t$$

此处 b_t 表示在消费者手中的净外国资产，$m_t (\equiv M_t / E_t)$ 是用可贸易商品衡量的实际货币余额。消费者的流量约束由下式给出：

$$\dot{a}_t = r a_t + y^T + \frac{y^N}{e_t} + \tau_t - c_t^T - \frac{c_t^N}{e_t} - i_t \frac{z_t}{e_t^{1-\gamma}} \tag{11.2}$$

这里，y^T 和 y^N 分别表示可贸易商品和不可贸易商品的固定禀赋；τ_t 是政府部门的一次性转移支付；i_t 是名义利率；e_t 是可贸易商品的相对价格，由下式给出：

$$e_t \equiv \frac{E_t}{P_t^N} \tag{11.3}$$

式(11.2)右端的最后一项仅仅是持有根据可贸易商品衡量的实际货币余额的机会成本，为 $i_t m_t$，根据式(11.3)，可以改写成 $i_t z_t / e_t^{1-\gamma}$。

① 运用在附录 6.7.3 相同的推导方法，我们能证明对应于最小名义支出的价格指数要求获得一个给定的效用水平。

不断向前迭代式(11.2)并施加横截性条件 $\lim_{t\to\infty} a_t \exp(-rt)=0$,可得:

$$a_0+\int_0^\infty\left(y^T+\frac{y^N}{e_t}+\tau_t\right)\exp(-rt)\,\mathrm{d}t=\int_0^\infty\left(c_t^T+\frac{c_t^N}{e_t}+i_t\,\frac{z_t}{e_t^{1-\gamma}}\right)\exp(-rt)\,\mathrm{d}t \quad (11.4)$$

消费者问题在于对所有 $t\in(0,\ \infty)$,通过选择$\{c_t^T,\ c_t^N,\ z_t\}$来最大化式(11.1),当然要服从式(11.4)的约束,并且 τ_t、i_t 和 e_t 的路径是给定的,r、y^T 和 y^N 的值也是给定的。

在 $\beta=r$ 的假设下,一阶条件由以下式子给出:

$$\frac{\gamma}{c_t^T}=\lambda \quad (11.5)$$

$$\frac{1-\gamma}{c_t^N}=\frac{\lambda}{e_t} \quad (11.6)$$

$$\frac{\alpha}{z_t}=\lambda\,\frac{i_t}{e_t^{1-\gamma}} \quad (11.7)$$

此处 λ 是与跨期约束式(11.4)相关的乘子。

结合式(11.5)和式(11.6),我们得到一个熟悉的关于实际均衡汇率的表达式:

$$e_t=\frac{\gamma}{1-\gamma}\frac{c_t^N}{c_t^T} \quad (11.8)$$

结合式(11.6)和式(11.7),根据价格指数,我们得到实际的货币需求:

$$z_t=\frac{\alpha}{1-\gamma}\frac{c_t^N}{e_t^{\gamma}i_t}$$

在其他条件相同时,α 的增加会增加实际货币需求。因此我们将认为 α 的增加是一个正的货币需求冲击。直觉上看,一个更高的 α 将增加由任何给定的实际货币余额水平提供的边际效用,从而导致更高的需求。

然而,如果将讨论的焦点聚焦在用可贸易商品衡量的实际货币余额的需求 m_t 上将会被证明更具洞察力。结合方程式(11.5)和式(11.7)并回忆 $z_t=m_t e_t^{1-\gamma}$,可以推导出:

$$m_t=\frac{\alpha}{\gamma}\frac{c_t^T}{i_t} \quad (11.9)$$

α 的增加会增加对 m_t 的需求。γ 的增加将会减少对实际货币的需求。直觉上看,一个更高的 γ 增加了可贸易商品消费的边际效用。为保持 m_t 的边际效用等于可贸易商品消费的边际效用,实际货币余额需要下降。①

正如我们之前所作的那样,根据不可贸易商品推导出的实际货币余额的需求 n_t($\equiv Mt/P_t^N$)也将会被证明是有意义的。为此,回忆 $m_t=M_t/P_t^T$,在方程式(11.9)的左边同时乘上和除上 P_t^N 并利用式(11.8),可以得到:

① m_t 的边际效用是 α/m_t,这可以从式(11.7)和 $z_t=m_t e_t^{1-\gamma}$ 的事实中推导出。

$$n_t = \left(\frac{\alpha}{1-\gamma}\right)\frac{c_t^N}{i_t} \tag{11.10}$$

与 m_t 的情形中一样,更高的 α 会导致对 n_t 更高的需求。然而,与 m_t 的情形相反,更高的 γ 会导致对 n_t 需求的增加(产生了在 m_t 情形中相反的效果)。直觉上看,更高的 γ 减少不可贸易商品的边际效用,因此需要增加 n_t 来保持边际效用相等。

11.2.2 政府

政府的预算约束是由以下式子给出(回忆一下外国通货膨胀是零):

$$\dot{h}_t = rh_t + \dot{m}_t + \varepsilon_t m_t - \tau_t \tag{11.11}$$

此处 h_t 表示国际储备,ε 是贬值率/贬值率。

不断向前迭代方程式(11.11)并施加相应的横截性条件,可以得到政府的跨期约束:

$$h_0 + \int_0^\infty (\dot{m}_t + \varepsilon_t m_t)\exp(-rt)\mathrm{d}t = \int_0^\infty \tau_t \exp(-rt)\mathrm{d}t \tag{11.12}$$

11.2.3 均衡条件

资本完全流动的假设意味着利率平价是适用的:

$$i_t = r + \varepsilon_t \tag{11.13}$$

不可贸易商品市场的均衡要求:

$$y^N = c_t^N \tag{11.14}$$

结合消费者和政府的流量约束——分别由式(11.2)和式(11.11)给出——并考虑 z_t 的定义、利率平价条件式(11.13)以及不可贸易商品市场均衡条件式(11.14),我们可以得到作为一个整体的经济流量约束:

$$\dot{k}_t = rk_t + y^T - c_t^T \tag{11.15}$$

此处 $k_t(\equiv b_t + h_t)$表示经济的净外国资产的持有量。

最后,不断向前迭代式(11.15),并施加相应的横截性条件,我们能获得资源约束条件:

$$k_0 + \frac{y^T}{r} = \int_0^\infty c_t^T \exp(-rt)\mathrm{d}t \tag{11.16}$$

11.2.4 实际均衡

现在我们来求解出对应于 α 和 γ 固定路径的完全预期均衡路径。由于货币在经济中只是一层面纱,我们可以像第 5 章一样进行处理,首先解出实际均衡,然后求解出货币均衡。

与之前一样,一阶条件式(11.5)表明可贸易商品的消费沿着一个完全预期均衡路径(PFEP)将保持不变。给定资源约束式(11.16),c_t^T 的固定水平为:

$$c^T = rk_0 + y^T \tag{11.17}$$

给定不可贸易商品市场均衡条件式(11.14),当然,不可贸易商品的消费随着时间的推移也会保持不变,且等于 y^N。

根据式(11.8)、式(11.14)和式(11.17),可以得到实际均衡汇率随着时间的推移也保持不变,并由下式给出:

$$e = \left(\frac{\gamma}{1-\gamma}\right)\frac{y^N}{rk_0 + y^T} \tag{11.18}$$

11.2.5 预先决定汇率

现在,我们在如下假设下来求解出经济的货币部门的解。这些假设包括经济运行在一个完全预期均衡路径上,汇率是固定在 E 值上,因而有 $\varepsilon_t = 0$。利率平价条件意味着名义利率会随时间的推移而保持不变,并由下式给出:

$$i = r \tag{11.19}$$

因此,根据式(11.9)和式(11.19)可以推导出实际货币余额(用可贸易商品衡量)随着时间的推移而保持不变,并由下式给出:

$$m = \frac{\alpha}{\gamma}\left(\frac{rk_0 + y^T}{r}\right) \tag{11.20}$$

给定实际货币需求,名义货币余额也将保持不变:

$$M = Em \tag{11.21}$$

可贸易商品的国内价格服从一价定律。对于给定的名义和实际汇率,不可贸易商品的价格可以从由式(11.3)给出的实际汇率的定义中推导出:

$$P^N \equiv \frac{E}{e} \tag{11.22}$$

11.2.6 浮动汇率

假设经济运行在浮动汇率下,并且名义货币供给是恒定的且等于 M(即 $\mu_t = 0$)。正如在第 5 章中那样,我们可以通过对一个不稳定的实际货币余额的微分方程求导的方法来解出浮动汇率的情况。

根据定义,$m_t = M_t/E_t$(回忆一下,我们假定 $p_t^* = 1$)。由于货币供应量随时间的推移保持不变,因而可以推导出:

$$\frac{\dot{m}_t}{m_t}=-\varepsilon_t \tag{11.23}$$

考虑到利率平价条件式(11.13)、方程式(11.9)以及 c^T 是保持不变的事实,我们可以把这个方程重写成:

$$\dot{m}_t=m_t\left(r-\frac{\alpha c^T}{\gamma m_t}\right) \tag{11.24}$$

由于这是一个不稳定的微分方程,唯一收敛的均衡路径是 m_t 随着时间的推移保持固定不变的那个,等于[使用方程式(11.17)]:

$$m=\frac{\alpha}{\gamma}\left(\frac{rk_0+y^T}{r}\right) \tag{11.25}$$

根据式(11.23),m_t 随时间推移保持不变的事实意味着对于全部 t,$\varepsilon_t=0$ 成立。因此,根据式(11.13),名义利率将随着时间的推移保持不变,并由下式给出:

$$i=r$$

名义汇率的均衡及固定值是由货币市场均衡条件所决定的:

$$\frac{M}{E}=\frac{\alpha}{\gamma}\left(\frac{rk_0+y^T}{r}\right) \tag{11.26}$$

因此有:

$$E=\frac{\gamma}{\alpha}\left(\frac{r}{rk_0+y^T}\right)M \tag{11.27}$$

给定名义汇率,一价定律决定了可贸易商品的国内价格。为找出不可贸易商品的价格,根据定义回忆一下 $e=P^T/P^N$。因此有 $P^N=P^T/e$。使用一价定律和方程式(11.18),我们可以把 P^N 表示为:

$$P^N=\frac{1-\gamma}{\alpha}\left(\frac{r}{y^N}\right)M \tag{11.28}$$

11.2.7 货币需求冲击

让我们分析一下,经济在预先决定和浮动汇率下是如何对永久性的和正的货币需求冲击作出反应的。为此,假设经济最初处于静态的完全预期均衡路径上,参数 α 给定为 α^L。在时刻 0,α 发生了一个未预期到的且永久性的增加,从 α^L 增加到 α^H。经济会如何作出反应?

预先决定汇率

显然,实际均衡不受影响,继续由式(11.14)、式(11.17)和式(11.18)给出。名义利率的也是一样,仍然由式(11.19)给出。然而,根据式(11.20)可知,实际货币需求会增加。根据式(11.21),实际货币余额的增加将通过名义货币余额的增加而受影响。根据式(11.22)

可知，不可贸易商品的价格 P_t^N 会仍旧保持不变。

浮动汇率

新的完全预期的均衡路径仍然以不稳定的微分方程式(11.24)为特征。使用与之前一样的逻辑，我们可以认为在新的完全预期均衡路径中，实际货币余额会更高，并由下式给出：

$$m=\frac{\alpha^H}{\gamma}\left(\frac{rk_0+y^T}{r}\right)$$

正如方程式(11.27)表明的，名义汇率将下降。由式(11.28)可知，不可贸易商品的价格也将下降。根据式(11.18)，实际汇率并没有改变，我们能推断的名义汇率和不可贸易商品的价格将以相同比例下降。①

我们得出结论，经济在两种汇率制度下都会展开及时的调整，因此，汇率制度是无关紧要的。在预先决定汇率下，更高水平的实际货币余额将通过名义货币余额的增加而受影响；而在浮动汇率制下，它将通过名义汇率和不可贸易商品价格的下降而受影响。

11.2.8 真实冲击

我们现在来考虑经济对真实冲击的反应。具体来说，假设在时点 0 上 γ 有一个未预期到的和永久性的增加。这相当于一种需求冲击，将使对不可贸易商品的需求转移到可贸易商品的需求上。经济将作出怎样的反应？

由于货币在这个经济中是一层面纱，我们知道不管汇率制度如何，实际部门的反应将是一样的。事实上，根据式(11.18)能知道 e 将会增加(即存在实际贬值)。特别的——正如表 11.2 所显示的那样——如果 γ 以 $\hat{\gamma}$ 的比例增加，实际汇率将以 $[1/(1-\gamma)]\hat{\gamma}$ 的比例增加。直觉上看，需求从不可贸易商品向可贸易商品的转移意味着在最初的实际汇率下，存在不可贸易商品的超额供应。因此不可贸易商品的相对价格需要下降。两种汇率制度的区别在于实际汇率的增加是否会产生效果。

表 11.2　对于 γ 增加的反应

机制/变量	e	M	E	P^N
固定汇率	$\frac{1}{1-\gamma}\hat{\gamma}$	$-\hat{\gamma}$	0	$-\frac{1}{1-\gamma}\hat{\gamma}$
浮动汇率	$\frac{1}{1-\gamma}\hat{\gamma}$	0	$\hat{\gamma}$	$-\frac{\gamma}{1-\gamma}\hat{\gamma}$

预先决定汇率

在预先决定汇率下——正如表 11.2 所示的那样——实际汇率的上升是通过不可贸易商品价格 P_t^N 的下降来实现的，正如方程式(11.3)所显示的那样。根据式(11.9)可知，m_t

① 当然，这意味着价格指数 P_t 也将下降相同比例，这会导致 z_t 增加。

的需求会下降，再根据式(11.21)，名义货币供给也需要下降。

浮动汇率

在浮动汇率的情形下，实际汇率的调整将通过联合名义汇率上升及 P_t^N 的下降来实现。要明白这一点，注意方程式(11.27)表明，名义汇率将以与 γ 相同的比例增加，而方程式(11.28)告诉我们，不可贸易商品的价格将会下降。

不过，需要注意的是，在浮动汇率下，名义汇率在实际汇率的调整中所起的“帮助”程度取决于需求冲击是如何被纳入模型的(即它取决于偏好)。正如本章习题 1 所表明的，不可贸易商品相对于可贸易商品的需求变化所要求的实际贬值(即 e_t 的增加)，可以唯一通过名义汇率的增加或者唯一通过不可贸易商品价格的下降来实现。

11.3 现金先行经济

现在考虑第 7 章的世界，在那里，货币是通过现金先行的约束引入模型的。为了简化陈述，我们将抽象掉不可贸易的商品，仅考虑一个只消费可进口商品但拥有可出口商品禀赋的经济。①用可出口商品衡量的可进口商品的相对价格 p_t，对于经济是外生给定的。②(因此贸易条件是 $1/p_t$)。这一设定允许我们既可以研究外部名义冲击(外国通货膨胀率的变化)和外部的真实冲击(对贸易条件的冲击)的影响。除非另注，否则符号与上面保持一致。

11.3.1 消费者的问题

现在偏好由下式给出：

$$\int_0^\infty \frac{c_t^{1-1/\sigma}}{1-1/\sigma}\exp(-\beta t)\mathrm{d}t \tag{11.29}$$

此处 c_t 表示可进口商品的消费，$\sigma>0$ 表示跨期替代弹性。现金先行约束的形式如下：

$$m_t=\alpha p_t c_t \quad \alpha>0 \tag{11.30}$$

此处我们使用可出口商品作为计价单位，α 是一个正参数。消费者的流量约束由下式给出：

$$\dot{a}_t=ra_t+y+\tau_t-p_t c_t-i_t m_t \tag{11.31}$$

此处 y 是可出口商品的固定禀赋。不断向前迭代流量约束，并施加相关的横截性条件，我们能得到消费者的跨期约束：

$$a_0+\frac{y}{r}+\int_0^\infty \tau_t\exp(-rt)\mathrm{d}t=\int_0^\infty (p_t c_t+i_t m_t)\exp(-rt)\mathrm{d}t \tag{11.32}$$

---

① 当然，这虽与第 3 章的设定基本是相同的，但一个重要的差异在于在这里我们将关注贸易条件而不是像在第 3 章中那样关注进口关税。

② 假如要发生变化，变量 p_t 也仅允许发生离散地变化，在其他时点上都有 $\dot{p}_t=0$。

把现金先行约束式(11.30)代入到跨期约束中,我们能获得:

$$a_0+\frac{y}{r}+\int_0^{\infty}\tau_t\exp(-rt)\mathrm{d}t=\int_0^{\infty}p_tc_t(1+\alpha i_t)\exp(-rt)\mathrm{d}t \tag{11.33}$$

消费者在式(11.33)的约束下,通过选择$\{c_t\}$来最大化式(11.29)。相应的一阶条件由下式给出(假设$\beta=r$):

$$c_t^{-1/\sigma}=\lambda p_t(1+\alpha i_t) \tag{11.34}$$

这里λ是与约束式(11.33)相关的乘子。

11.3.2 政府

政府的流量约束仍由式(11.11)和式(11.12)给出,唯一的区别是术语ε_t应该被术语$\varepsilon_t+\pi_t^*$取代,因为外国通货膨胀现在可能是正的。

11.3.3 均衡条件

由于我们允许正的外国通货膨胀率,现在利率平价条件变成:

$$i_t=i_t^*+\varepsilon_t \tag{11.35}$$

此处i_t^*是外国名义利率。为进一步参考,请注意,假设费雪方程在世界其他地区都成立(即$i_t^*=r+\pi_t^*$),我们可以将式(11.35)重写为:

$$i_t=r+\pi_t^*+\varepsilon_t \tag{11.36}$$

结合消费者和政府的流量约束——分别由式(11.31)和式(11.11)给出——我们能获得经济的流量约束:

$$\dot{k}_t=rk_t+y-p_tc_t \tag{11.37}$$

此处$k_t(\equiv b_t+h_t)$表示经济的净外国资产的总存量。为进一步参考,请注意,贸易余额由下式给出:

$$TB_t=y-p_tc_t \tag{11.38}$$

不断向前迭代式(11.37),并施加相应的横截性条件,我们能得到经济的资源约束:

$$k_0+\frac{y}{r}=\int_0^{\infty}p_tc_t\exp(-rt)\mathrm{d}t$$

11.3.4 预先决定汇率

在预先决定汇率下,政策制定者设定一个固定的贬值率ε。根据式(11.36),利率平价条件变成:

$$i_t = r + \pi_t^* + \varepsilon \tag{11.39}$$

11.3.5　浮动汇率

在浮动汇率下，政策制定者设定一个固定的货币增长率 μ。为解出在浮动汇率下的模型，我们将像在第 7 章中一样进行处理，先推导出一个关于 i_t 的不稳定的微分方程。为此，将一阶条件式(11.34)和现金先行约束式(11.30)完全微分——同时考虑进沿着 PFEP 路径，λ 是恒定的，并假设 $\dot{p}_t = 0$——结合所有这些条件可以获得：

$$\frac{\dot{m}_t}{m_t} = -\frac{\sigma\alpha}{1+\alpha i_t}\dot{i}_t \tag{11.40}$$

根据定义 $\dot{m}_t/m_t = \mu - \varepsilon_t - \pi_t^*$。因此，使用利率平价条件式(11.36)，我们可以写为：

$$\frac{\dot{m}_t}{m_t} = \mu + r - i_t \tag{11.41}$$

将式(11.41)代入式(11.40)中，并重新排列，我们能得到：

$$\dot{i}_t = \frac{1+\alpha i_t}{\sigma\alpha}(i_t - r - \mu) \tag{11.42}$$

这是一个关于 i_t 的不稳定的微分方程。因此，唯一收敛的完全均衡路径是 $i_t = r + \mu$。

11.3.6　非恒定的外国通货膨胀路径

考虑一个沿着 PFEP 的路径，p_t 随着时间的推移保持不变，并且国外通胀率路径由下式给出：

$$\pi_t^* = \begin{cases} \pi^{*L}, & t \in [0,\ T) \\ \pi^{*H}, & t \geqslant T \end{cases} \tag{11.43}$$

因此，外国通货膨胀率直到时间 T 都是低的，在之后成为高的(参见图 11.1a)。现在，我们将在预先决定汇率和浮动汇率下求解出相应的 PFEP。

预先决定汇率

在预先决定汇率下，根据利率平价条件式(11.39)和由式(11.43)给出的外国通货膨胀率的路径，可以得出名义利率的路径为：

$$i_t = \begin{cases} r + \pi^{*L} + \varepsilon, & t \in [0,\ T) \\ r + \pi^{*H} + \varepsilon, & t \geqslant T \end{cases} \tag{11.44}$$

名义利率的路径如图 11.1b 所示。名义利率充分反映了外国通货膨胀的变化。特别是可出口商品的通货膨胀率，由 $\pi^* + \varepsilon$ 给出，在时间 T 上会与外国通货膨胀率一起一对一地增加。换句话说，经济完全"进口"了外国通货膨胀。

给定名义利率的路径，一阶条件式(11.34)表明，可进口商品的消费在 0 和 T 之间会比之后要更高(如图 11.1c)。相应的贸易余额路径(假设 $k_0 = 0$)在图 11.1d 中得到刻画。

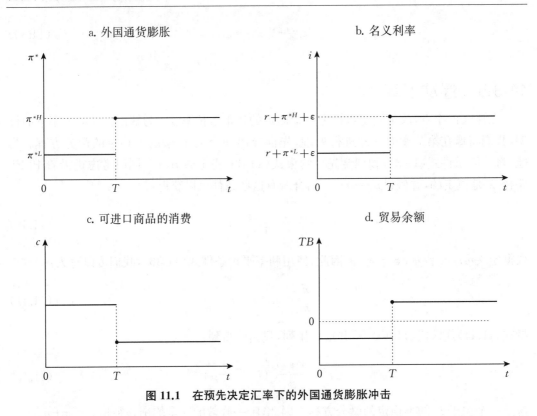

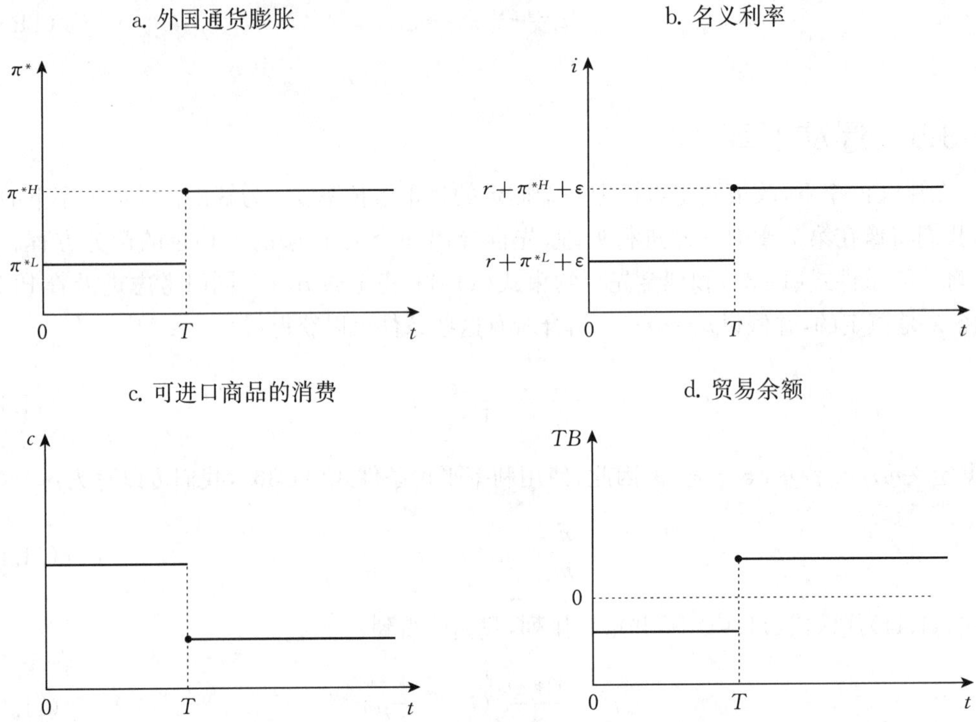

图 11.1　在预先决定汇率下的外国通货膨胀冲击

浮动汇率

浮动汇率下的第一步是确定内生变量是否在时点 T 会发生跳越。我们知道 E_t 在时点 T 不能跳跃，因为如果可以的话，会存在无限的套利机会。因此，由于在时点 T 上 M_t 不会改变，m_t 也不能改变。根据现金先行约束式(11.30)以及 p_t 是恒定的事实，可以得出 c_t 在时点 T 不会跳跃。反过来，c_t 在时点 T 不会跳跃的这一事实意味着，通过一阶条件式(11.34)，名义利率在时点 T 上也不会跳跃。

确定了名义利率在时点 T 不会跳跃，现在我们可以解出 i_t 的路径。考虑到 i_t 的路径是由不稳定的微分方程式(11.42)所支配的，可以推出 i_t 随着时间的推移一定是固定不变的且等于 $r+\mu$(图 11.2b)。如果 i_t 在时点 0 上不等于 $r+\mu$，那么随着时间的推移 i_t 就会偏离，因为 i_t 在时点 T 不会跳跃，因此将在时点 T 之后继续偏离。由于名义利率随着时间的推移是平滑的，一阶条件式(11.34)表明，消费随着时间的推移也将是平滑的(图 11.2c)。因此，只要 $k_0=0$，贸易余额将总是零(图 11.2d)。

考虑到对所有 t 存在 $i_t=r+\mu$，利率平价条件意味着：

$$\mu=\pi_t^*+\varepsilon_t$$

因此，在时点 T 上外国通货膨胀率的上升恰好被货币贬值率的下降所抵消，因而不会影响国内通货膨胀。

我们因此能得出结论，浮动汇率制度使经济完全不受外国通胀变化的影响。通过锚定名义利率，货币政策可以防止国内通胀受到外国通胀的影响。

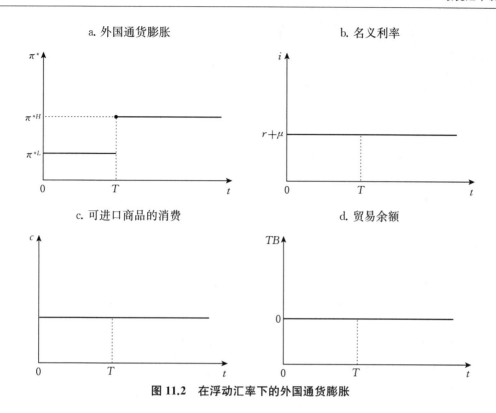

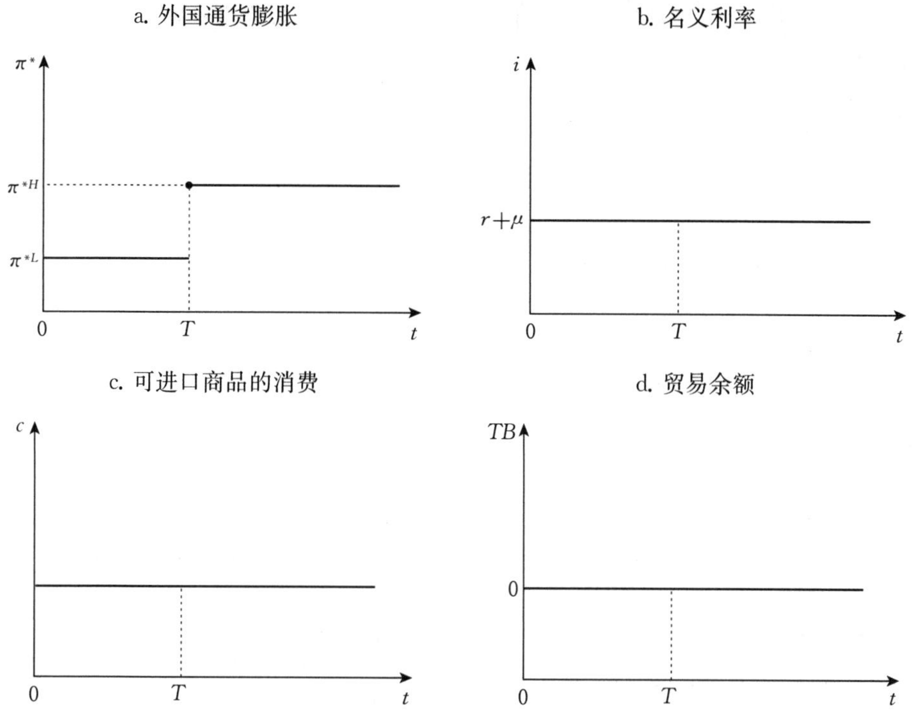

图 11.2　在浮动汇率下的外国通货膨胀

11.3.7　贸易条件的冲击

现在，考虑一条 PFEP 路径，在这条路径上国外通货膨胀率固定在水平 π^* 上，但 p_t 的路径由下式给出(图 11.3a)：

$$p_t=\begin{cases}p^H, & t\in[0, T)\\ p^L, & t\geqslant T\end{cases} \tag{11.45}$$

在这种情形下——下面将会清晰地说明——结果将取决于 σ 是大于、等于还是小于 1。我们将解出 $\sigma<1$ 时经验上相关的情形。①

预先决定汇率

由于国外通货膨胀率和货币贬值率都是随时间而恒定的，利率平价条件式(11.39)表明，名义利率将固定在 $r+\pi^*+\varepsilon$ 的水平上(图 11.3b)。给定 p_t 的路径，一阶条件式(11.34)说明，消费在时点 0 和时点 T 之间会是低的，在之后会是高的(图 113.c 所示)。

贸易余额的路径取决于 σ 的值。要看清这一点，在方程式(11.34)两边同时乘以 c_t 来获得：

$$\frac{1}{c_t^{1/\sigma-1}}=\lambda p_t c_t(1+\alpha i_t) \tag{11.46}$$

① 回忆专栏 3.1，σ 的绝大部分估计值都是落在区间 0.2—0.5 之间。在本章习题 2 要求 $\sigma\geqslant1$ 情形下的解。

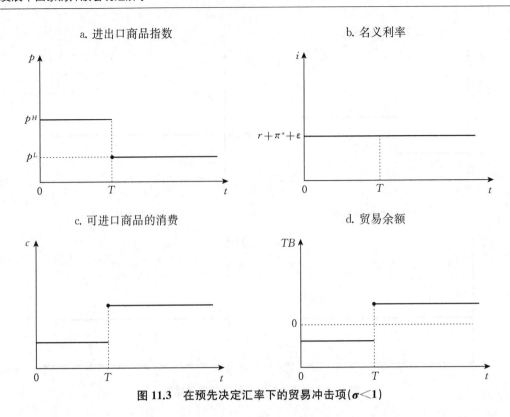

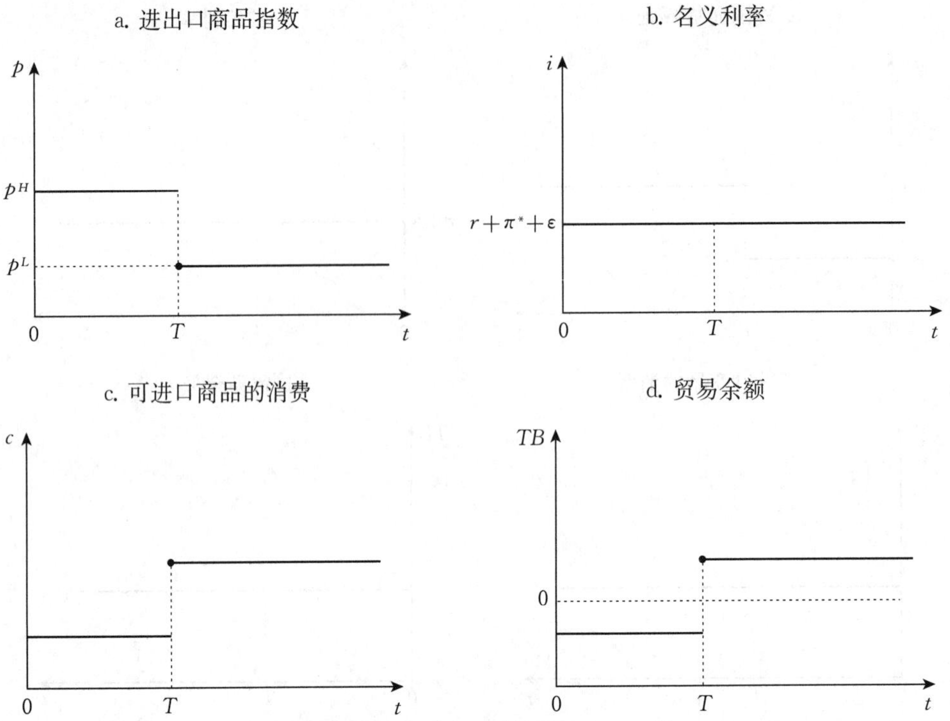

图 11.3 在预先决定汇率下的贸易冲击项($\sigma<1$)

如果$\sigma<1$，c_t 在时点 T 的上升意味着 $c_t^{1/\sigma-1}$ 也将增加。根据方程式(11.46)可推知 p_tc_t 在时点 T 会下降(记住 i_t 是固定的,并不在时点 T 发生变化)。根据式(11.38),意味着贸易余额在时点 T 会发生跳跃,因此,会出现图 11.3d 所示的路径(对于 $k_0=0$)。在时点 0 和 T 之间会存在贸易赤字,之后存在贸易剩余。直觉上,$\sigma<1$ 意味着消费对其价格 p_t 变动的反应是相对无弹性的。因此,当 p_t 是高的(低的),消费支出(p_tc_t)也将是高的(低的),并且贸易余额将处在赤字(盈余)状态。

最后,注意 p_tc_t 在时点 T 下降的事实意味着,根据现金先行约束式(11.30)可知,实际货币余额将在时点 T 发生向下的跳跃。实际货币余额的下降是通过名义货币余额的下降来实现的,因为家庭可以通过在央行的窗口兑换外国债券来减少自己所不需要的名义货币余额。

浮动汇率

像往常一样,我们首先需要确定内生变量在时点 T 是否跳跃。由于 m_t 在时点 T 不能跳跃,现金先行约束式(11.30)表明 p_tc_t 也不会跳跃。由于 p_tc_t 在时点 T 不会变化而 p_t 会发生向下的跳跃,可以推知 c_t 在那时将发生向上的跳跃。

为了证明 i_t 在时点 T 也会发生跳跃,我们求助于方程式(11.46)。由于 p_tc_t 在时点 T 不跳跃并且 $c_t^{1/\sigma-1}$ 在时点 T 会增加(因为 $\sigma<1$),由此可以推知 i_t 在时点 T 将下降。

现在我们有了我们需要推导的名义利率的时间路径的信息。由于 i_t 在时点 T 发生向下跳跃,并且 i_t 是由不稳定的微分方程式(11.42)所控制的,由此可以推知 i_t 在 $t=0$ 时的值一定高于 $r+\mu$ 的,且随时间的推移而增加,然后在时点 T 发生向上跳跃(图 11.4b)。

消费的变动是怎样的呢?根据一阶条件式(11.34)可以推知,由于 i_t 随着时间而增加，c_t 将随时间而下降。由于我们已经确定了 c_t 在时点 T 会发生向上跳跃，消费的路径一定会是看起来像在图 11.4c 中所描述的那样。

为了找出贸易余额的路径，首先注意，根据式(11.40)以及 i_t 在时点 0 和 T 之间将增加的事实，可以推知 m_t 会随时间而下降。根据现金先行约束式(11.30)，这意味着 p_tc_t 将随时间而下降。因此 TB_t 在时点 0 和 T 之间将增加。进一步，现金先行约束式(11.30)意味着 TB_t 在时点 T 不能发生变化。那么，贸易余额的路径(对于 $k_0=0$)一定是与在图 11.4d 中所示的那样。①

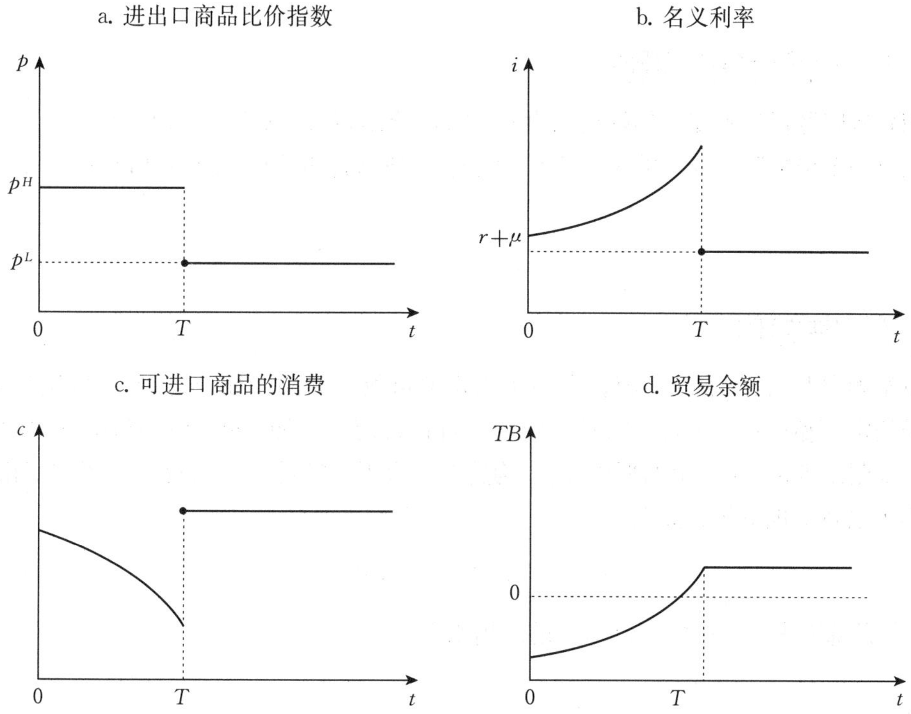

图 11.4　在浮动汇率下的贸易冲击项($\sigma<1$)

比较

我们可以得出结论，经济应对贸易条件非恒定路径的行为取决于汇率制度。问题就变成了：哪个制度提供了更高的福利？答案是预先决定汇率。要明白这一点，考虑一下在这个经济体的真实情形(即没有货币的经济)中会发生什么。在这种情形下，消费路径将与预先决定汇率情形的结果恰好完全一致。因此，在预先决定汇率下的结果是重现了第一最优均衡，并远远高出在浮动汇率下的结果。直觉上看，名义货币供给在浮动汇率下是固定的，因此无法对实际货币需求的变化作出反应的事实，意味着名义利率必须改变，因此会引入一种在预先决定汇率下不存在的跨期扭曲效果。②

有趣的是——正如在引言中所评论的那样——这一结果表明了在文献中几乎普遍认

① 注意，TB_t 必须在时点 T 之前就与零轴相交。如果不这样，那么它将一直处于零之下(因为在时点 T 它不能跳跃)，这是会违背资源约束条件的。

② 在 $\sigma=1$ 的情形下，福利将是一样的，因为实际货币需求不需要发生变化(参考本章习题 2)。

同的观点，即在弹性价格下，汇率制度无关紧要并不正确。

11.4 黏性价格

现在我们转向黏性价格并求助于第 8 章所开发的模型。在此模型的背景下，我们将推出众所周知的蒙代尔—弗莱明的结果，即预先决定汇率在应对货币冲击方面更有效果，而浮动汇率则是应对真实冲击的首选。我们将假定对于所有 t，都存在 $p_t^*=1$。

11.4.1 消费者的问题

消费者问题保持不变。偏好仍旧由式(11.1)给出，跨期预算约束由式(11.4)给出，不过现在有一个可能随时变化的 y_t^N 路径。因此，一阶条件由式(11.5)、式(11.6)和式(11.7)给出。

11.4.2 供给侧

供给侧遵照 8.2.2 节的内容。有一个固定的可贸易商品禀赋 y^T。在不可贸易部门，价格被假定为黏性且产出是由需求决定的。价格设定是按照 Calvo(1983)的交错价格构造。正如附录 8.8.1 所显示的那样，这一构造会导致不可贸易商品通货膨胀率的变化和超额总需求之间呈现负相关关系：

$$\dot{\pi}_t=-\theta(y_t^N-y_f^N),\ \theta>0 \tag{11.47}$$

此处 y_t^N 是总需求，y_f^N 是“充分就业”的产出水平。

11.4.3 政府

政府的预算约束仍由式(11.11)和式(11.12)给出。

11.4.4 均衡条件

外国通货膨胀等于零，利率平价条件由下式给出：

$$i_t=r+\varepsilon_t \tag{11.48}$$

不可贸易商品市场的均衡由下式给出：

$$c_t^N=y^N \tag{11.49}$$

回忆一下在这个模型中，这种均衡条件由结构决定，因为不可贸易商品的产出被认为是由需求决定的。经济约束式(11.15)和式(11.16)继续有效。

最后——为进一步参考——注意，由于 $e_t=E_t/p_t^N$，那么：

$$\frac{\dot{e}_t}{e_t}=\varepsilon_t-\pi_t \tag{11.50}$$

11.4.5 可贸易商品的消费

一阶条件式(11.5)表明沿着可预见均衡路径,可贸易商品的消费将是恒定的。因此,考虑进资源约束式(11.16),我们能写出:

$$c^T=rk_0+y^T \tag{11.51}$$

为进一步做参考,注意可贸易商品的消费路径将由式(11.51)给出,而不用考虑货币供给的路径是怎样的,此外,其路径也不会受到任何(预期的或未预料到的)货币政策变化的影响。因此,根据式(11.5),乘子 λ 也是如此。

11.4.6 预先决定汇率

假设经济在预先决定汇率制度下运行,有一个给定的固定贬值速率 ε。通过利率平价条件,名义利率随着时间的推移也是恒定的:

$$i=r+\varepsilon$$

因此,根据式(11.9),沿着可预见均衡路径,货币需求也将是恒定的,并由下式给出:

$$m=\frac{\alpha}{\gamma}\frac{c^T}{i} \tag{11.52}$$

由于沿着可预见均衡路径有 $\dot{m}_t=0$ 以及 $\dot{m}_t/m_t=\mu_t-\varepsilon$,因此可推知货币增长是恒定的并由下式给出:

$$\mu=\varepsilon$$

为解出经济的其余部分,我们像在 8.4 节那样处理,建立一个关于 π_t 和 e_t 的动态系统。将不可贸易商品市场均衡条件代入进式(11.47)并使用式(11.8),我们能获得:

$$\dot{\pi}_t=\theta\left[y_f^N-\left(\frac{1-\gamma}{\gamma}\right)e_tc^T\right] \tag{11.53}$$

从式(11.50)中能推出:

$$\dot{e}_t=e_t(\varepsilon-\pi_t) \tag{11.54}$$

方程式(11.53)和式(11.54)构成了动态系统。系统的稳定状态由以下式子给出:

$$\pi_{ss}=\varepsilon \tag{11.55}$$

$$e_{ss}=\left(\frac{\gamma}{1-\gamma}\right)\frac{y_f^N}{c^T} \tag{11.56}$$

可以很容易地验证(请参阅 8.4 节),这个动态系统有一个正的和一个负的根,因此是鞍点稳定路径。

11.4.7 浮动汇率

假设经济在浮动汇率制度下运行，有着恒定的货币增长速率 μ。为解出相应的完全预见均衡路径，首先需要推导出关于 m_t 的不稳定微分方程。因此，请注意，由于 $m_t = M_t/E_t$：

$$\frac{\dot{m}_t}{m_t} = \mu - \varepsilon_t \tag{11.57}$$

使用利率平价条件来替代掉 ε_t，同时考虑方程式(11.9)，我们能得到：

$$\dot{m}_t = m_t(\mu + r) - \frac{\alpha c^T}{\gamma} \tag{11.58}$$

由于这是一个不稳定的微分方程，唯一收敛的完全预见均衡路径是这样的一条路径，即在这条路径上，m_t 随着时间推移是恒定的且等于 $\alpha c^T/[(\gamma(\mu+r)]$。假如沿着完全预见均衡路径有 $\dot{m}_t = 0$，那么，根据式(11.57)有：

$$\varepsilon_t = \mu \tag{11.59}$$

根据利率平价条件式(11.48)和式(11.59)可以推出：

$$i_t = r + \mu$$

为解出经济的其余部分，我们需要建立一个关于 n_t 和 π_t 的动态系统。定义 $n_t \equiv M_t/P_t^N$。那么：

$$\dot{n}_t = n_t(\mu - \pi_t) \tag{11.60}$$

为获得第二个微分方程，利用 $e_t = n_t/m$ 的事实将方程式(11.53)写为：

$$\dot{\pi}_t = \theta\left[y_f^N - \left(\frac{1-\gamma}{\gamma}\right)\frac{c^T n_t}{m}\right] \tag{11.61}$$

方程式(11.60)和式(11.61)构成关于 n_t 和 π_t 的动态系统。该系统的稳定状态由以下式子给出：

$$\pi_{ss} = \mu \tag{11.62}$$

$$n_{ss} = \left(\frac{\gamma}{1-\gamma}\right)\frac{y_f^N m}{c^T} \tag{11.63}$$

很容易检验证(参见 8.3 节)，这个系统展示了一个鞍点稳定路径。

最后，实际汇率的稳态值可以从方程式(11.8)中推导出：

$$e_{ss} = \left(\frac{\gamma}{1-\gamma}\right)\frac{y_f^N}{c^T} \tag{11.64}$$

11.4.8　货币需求冲击

假设经济最初在一个稳定状态。经济将对一个正的货币需求冲击作出怎样的反应（即 α 的一个未预料到的和永久性的增加）？如后文所示，调整在预先决定汇率下将是瞬时的，但这种调整在浮动汇率下只会是渐进的。

预先决定汇率

在新的完全预期均衡路径上，当然，可贸易商品的消费仍旧随着时间的推移而保持不变，因此，仍然由式(11.51)给出(图 11.5b)。根据式(11.52)，可以推知实际货币需求在冲击下会增加，但此后仍旧保持不变(图 11.5c)。实际货币余额的增加是通过名义货币余额存量的增加来实现的，因为消费者会在央行的窗口用债券兑换货币(图 11.5d)。显然——根据式(11.55)和式(11.56)——货币冲击并不会影响不可贸易商品的通货膨胀和实际汇

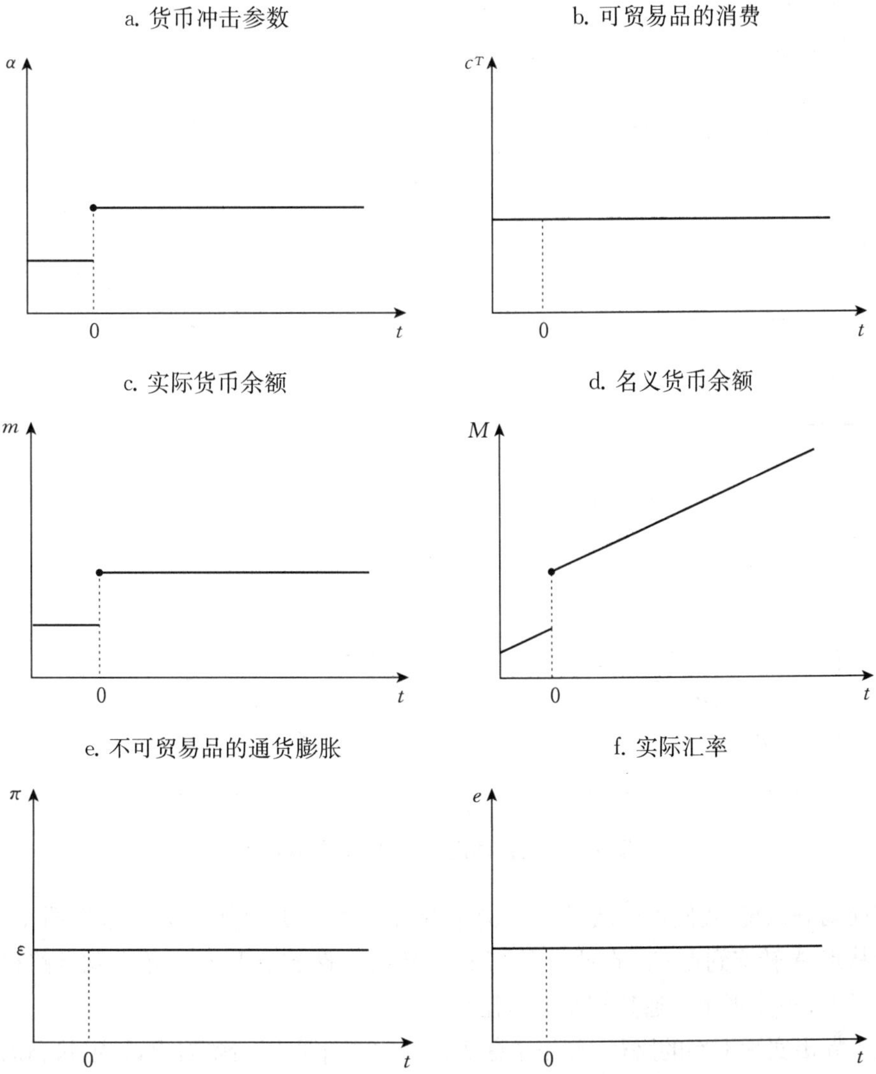

图 11.5　在预先决定汇率下的货币需求冲击

率的稳态值,因此这两个变量都不会对冲击作出反应(图 11.5e 和 11.5f)。由于实际汇率不变,根据等式(11.8)可知,不可贸易商品的消费也不会改变。

浮动汇率

在新的 PFEP 上,实际货币余额也会保持不变,但根据式(11.58)可知,它会保持在一个更高的水平上(图 11.6c)。实际货币余额的增加是通过在时点 0 上名义汇率的下降而实现的(图 11.6d)。

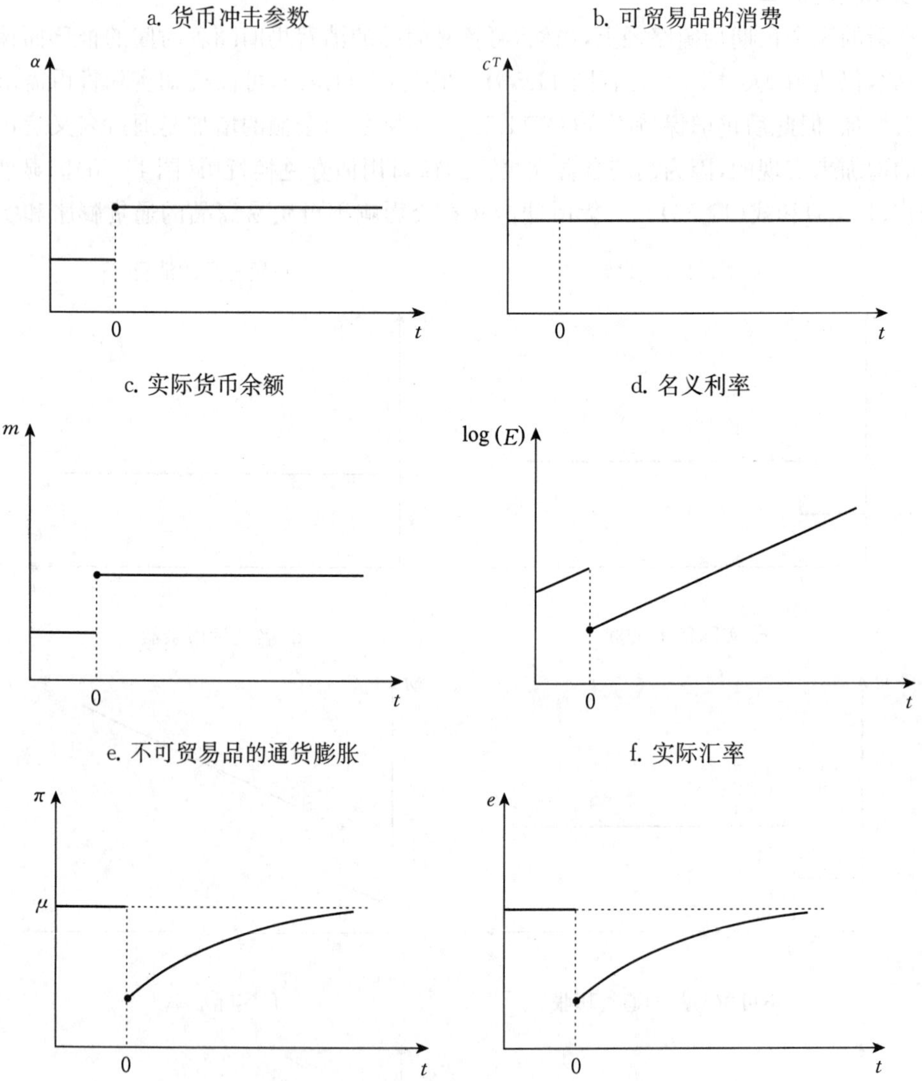

图 11.6 在浮动汇率下的货币需求冲击

转向动态系统,我们可以从式(11.63)中看到,m 的上升增加了 n_{ss}。根据图 11.7,稳定状态将从点 A 转移到点 C。在冲击下,系统先从点 A 跳到点 B,然后沿着鞍点路径移动到点 C。图 11.6e 中展示了通货膨胀的路径。

为推导出实际汇率的路径,首先注意从式(11.64)中可以清楚看出,稳定状态的实际汇率不会变化。e_t 的动态行为可以根据 $e_t = n_t / m_t$ 的事实推断出来。由于 n_t 是一个预先决

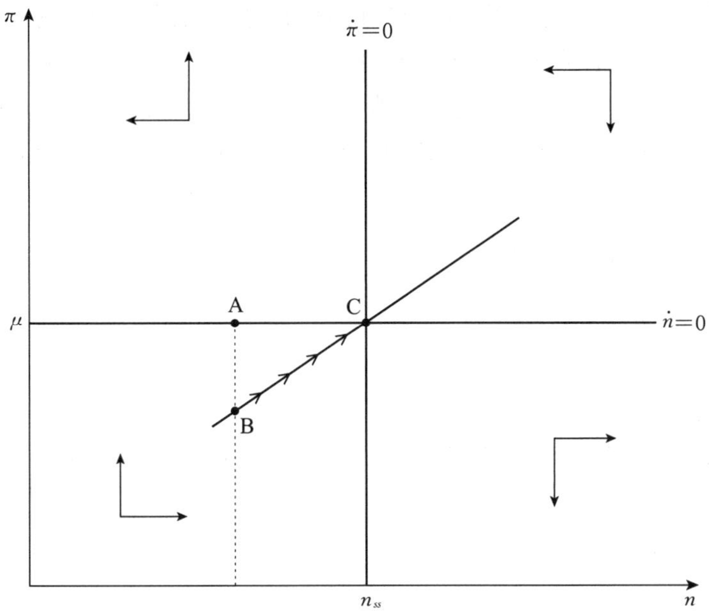

图 11.7 浮动汇率下的货币需求冲击

定的变量，因此在 $t=0$ 时不会发生跳跃，m_t 在冲击下会向上跳跃，这意味着 e_t 在冲击下会向下跳跃，然后逐渐上升并恢复到它不变的稳定状态（图 11.6f）。根据方程式（11.8）可知，不可贸易商品的消费基本模仿了 e_t 的路径（在冲击下会下降，然后逐渐上升并回到不变的稳定状态）。

比较

对正的货币需求冲击作出反应，很明显预先决定汇率占优势，因为它们允许通过名义货币余额的调整而对实际货币余额进行即时调整。因此冲击没有实际影响。然而，在浮动汇率下，根据不可贸易商品衡量的实际货币余额只能随着时间的推移而增加，因为名义货币供给在任何时候都是给定的。在冲击下，实际货币余额的初始超额需求会导致不可贸易品的消费下降。根据式（11.1）可知，福利在预先决定汇率下要比在浮动汇率下来得高。①

11.4.9 真实冲击

考虑 γ 的一个未预料到的和永久性的增加；也就是说，一个需求冲击导致需求从不可贸易商品转移到可贸易商品上。

预先决定汇率

再一次，可贸易商品的消费没有改变（图 11.8b）。根据式（11.52），γ 的增加会减少实

① 在浮动汇率下的福利会更低，因为在转型动态中，c_t^N 和 z_t 的路径在任何时点上都是更低的。z_t 的路径更低是因为在浮动汇率下，$\log(z_t)=\log(m_t)+(1-\gamma)\log e_t$，$e_t$ 的路径总是会在预先决定汇率下相应的路径的下面。

际货币需求(图 11.8c)。直觉上看,注意到在最优状况时,消费者会将源于可贸易商品消费的边际效用等于实际货币余额的边际效用。γ 的增加相当于可贸易商品消费边际效用的增加。因此,对于给定的可贸易商品的消费水平,实际货币余额需要减少,以增加实际货币余额的边际效用,从而保持边际效用相等。实际货币需求的下降是通过名义货币余额的下降来实现的(图 11.8d)。

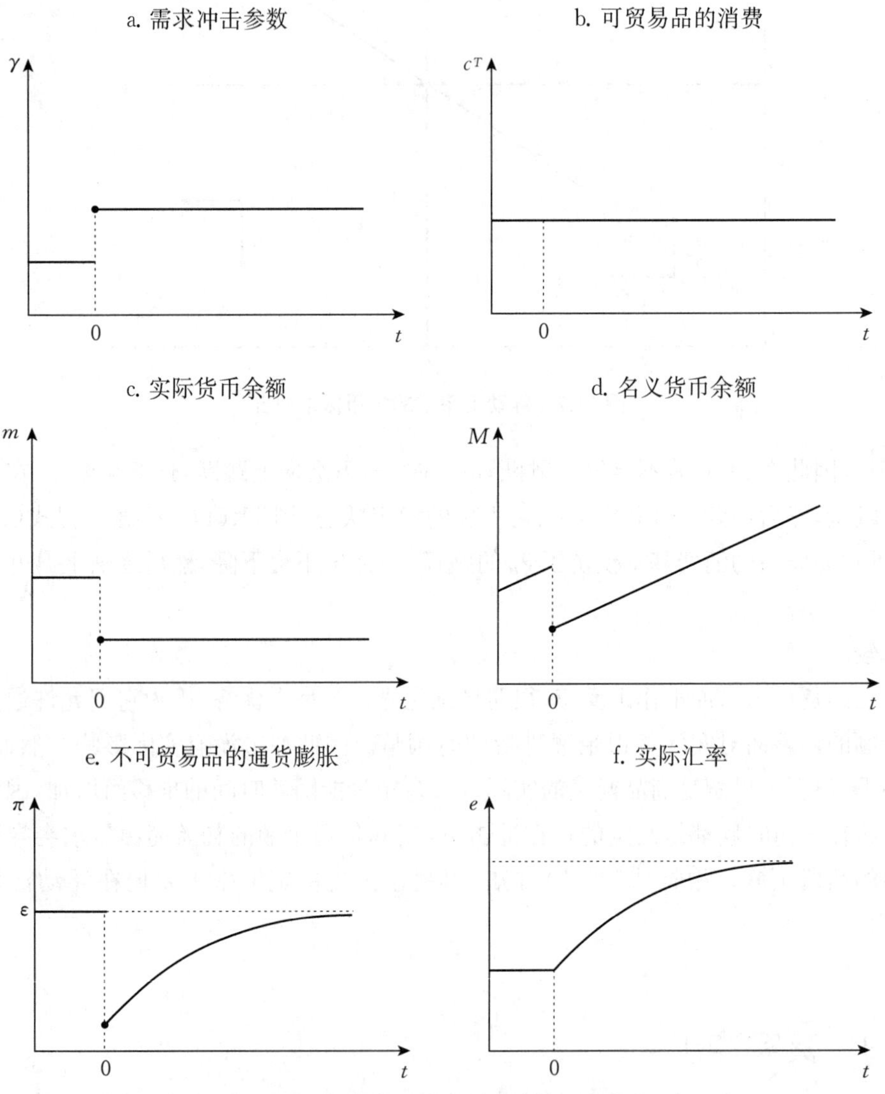

图 11.8　预先决定汇率下的需求冲击

π_t 和 e_t 将会作何反应?根据式(11.55)和式(11.56)我们可以看到,稳态的通货膨胀不会变化,稳态的实际汇率会上升(实际贬值)。根据图 11.9,新的稳态变成点 C(初始稳态在点 A)。在冲击下,系统从点 A 跳到点 B,然后随着时间的推移沿着鞍点路径向点 C 移动。通货膨胀和实际汇率的相应时间路径分别如图 11.8 中 e 和 f 部分所示。

不可贸易商品的消费会怎么样?根据式(11.8),考虑到可贸易品的消费是不变的,我们有:

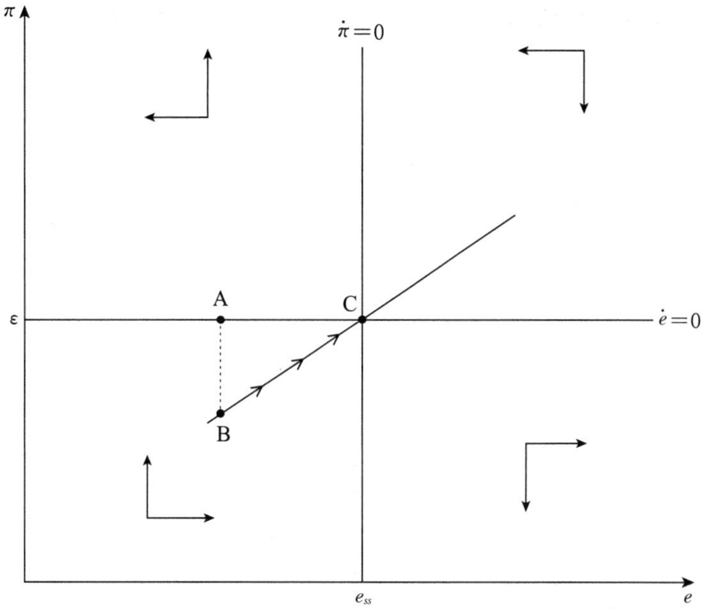

图 11.9 相图:预先决定汇率下的需求冲击

$$c_t^N=\left(\frac{1-\gamma}{\gamma}\right)e_t c^T \tag{11.65}$$

因此,c_t^N 在冲击下会下降(由于 γ 增加),然后随着时间的推移向不变的稳定状态移动。

经济调整的关键特征是实际汇率在长期中会上升的事实,这意味着经济必须经历一个慢性的通货紧缩时期,因为在向新的稳定状态转型期间,通货膨胀一直低于其稳定状态值(图 11.8e)。

浮动汇率

可贸易商品的消费保持不变(图 11.10b)。在新的平稳均衡路径上,m_t 随时间推移仍旧是平滑的(否则它将会偏离),但处于更低的水平(图 11.10c)。m 的下降是通过名义汇率在时点 0 上升来实现的(图 11.10d)。

π_t 和 n_t 会作何反应?从式(11.62)和式(11.63)可以看到,π_{ss} 不会改变,n_{ss} 会增加。因此,动态反应与图 11.7 中所展示的货币冲击的情况是一样的。通货膨胀率在冲击下会下降,然后逐渐上升到不变的稳定状态(图 11.10e)。相反,正如图 11.7 展示的那样,n_t 在冲击下不会改变并会随着时间的推移逐渐增加。

实际汇率的反应是什么?首先,注意根据式(11.64),e_{ss} 会增加。冲击的效果是怎样的?根据定义,$e_t=E_t/P_t^N$,以及 P_t^N 是预先决定的变量,上面确定的名义汇率的上升也意味着在冲击下实际汇率将会增加。根据 $e_t=n_t/m_t$ 的事实,我们能推断 e_t 随着时间的推移将会上升。因此,实际汇率会按照图 11.10f 部分所示的路径展开变化。

不可贸易商品的消费怎么样?清楚的是,c_{ss}^N 会保持不变,根据式(11.65),我们知道 c_t^N 随着时间的推移将上升,我们能推断它在冲击下一定会下降。然而,注意到 c_t^N 的初始下降会比在预先决定汇率下更小,这是因为——正如方程式(11.65)所示的那样——e_t 的上升部分抵消了 γ 的增加。

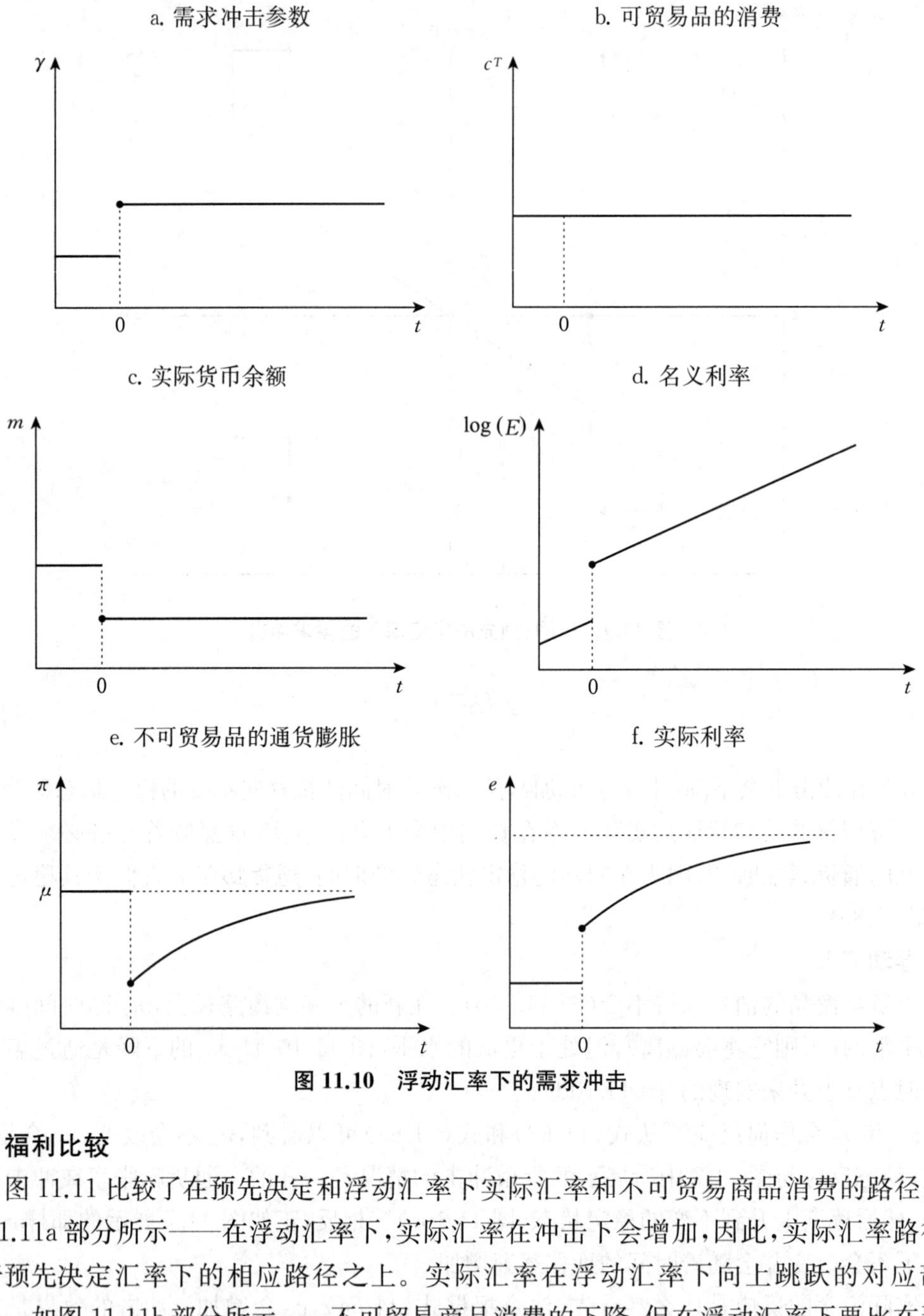

图 11.10　浮动汇率下的需求冲击

福利比较

图 11.11 比较了在预先决定和浮动汇率下实际汇率和不可贸易商品消费的路径。如图 11.11a 部分所示——在浮动汇率下，实际汇率在冲击下会增加，因此，实际汇率路径总处于预先决定汇率下的相应路径之上。实际汇率在浮动汇率下向上跳跃的对应部分是——如图 11.11b 部分所示——不可贸易商品消费的下降，但在浮动汇率下要比在预先决定汇率下下降的更少。换句话说，在浮动汇率下 c_t^N 的路径总是会在预先决定汇率相对应的路径之上。由于 c_t^T 和 m_t 的行为在两种制度下是相同的，根据式(11.1)可知，福利在浮动汇率下将比在预先决定汇率下更高。①因此我们得出结论——至少基于这个例子——浮动汇率在应对真实冲击时比预先决定汇率更有效。

① 再回想一下，$\log(z_t)=\log(m_t)+(1-\gamma)\log(e_t)$。因此，在浮动汇率下的转型过程中，$c_t^N$ 和 e_t 的路径都更高，这一事实确保了福利将会更高。

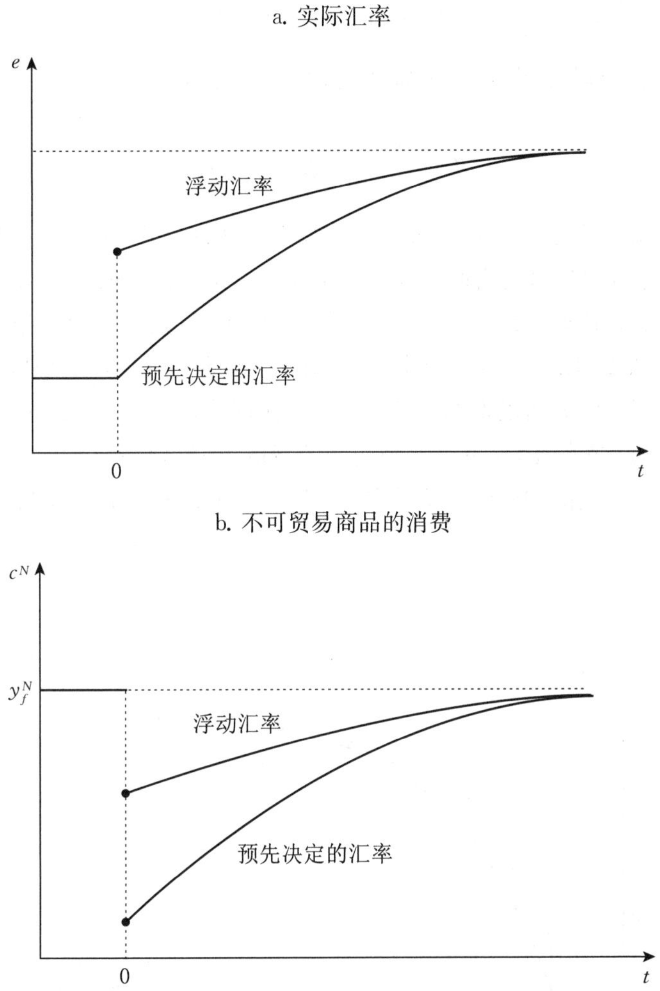

图 11.11　预先决定汇率和浮动汇率间的比较

这个结果背后的直觉是什么？关键是真实冲击也是影响货币市场的(即 m_t 的市场)。因为对 m_t 需求的下降是冲击的结果，在浮动汇率下，名义汇率需要增加(名义贬值)来调整货币市场。由于价格是黏性的，名义贬值意味着实际贬值，这有助于缓冲对不可贸易商品消费(进而对不可贸易商品产出)冲击的负向影响。

上面的直觉清楚地表明，对冲击反应的货币需求越多(即货币需求越有弹性)，名义以及真实的贬值就越高，并且不可贸易品的消费将得到更多的缓冲。当然，我们不能在当前版本的模型中验证这个直觉，因为我们假设了 z_t 的对数型效用，这意味着单位弹性。为验证我们的直觉，让我们假设偏好由如下一个替代的形式给出：

$$\int_0^\infty \left[\gamma\log(c_t^T)+(1-\gamma)\log(c_t^N)+\alpha\,\frac{z_t^{1-1/\sigma}-1}{1-1/\sigma}\right]\exp(-\beta t)\,\mathrm{d}t \qquad (11.66)$$

这里，$z_t(\equiv M_t/P_t)$表示根据价格指数 P_t 衡量的实际货币余额，由下式给出：①

① 假如 $\sigma=1$，那么偏好式(11.66)就降为我们在之前所研究的对数型偏好了。

$$P_t \equiv (P_t^T)^\gamma (P_t^N)^{1-\gamma} \tag{11.67}$$

结合一阶条件，我们可以证明对 m_t 的需求可由下式给出：

$$m_t = \left[\frac{\alpha e_t^{(1-\gamma)(1-1/\sigma)} c_t^T}{\gamma i_t}\right]^\sigma$$

这清楚地表明，σ 衡量了对 γ 货币需求冲击的弹性。在浮动汇率下，这个模型比上面更难解出，因为它不是递归的，因此我们需要求解关于 m_t、n_t 和 π_t 的三个微分方程系统（正如我们在第 8 章研究超调现象那样）。为了达到目的，我们通过数值模拟的方式来求解（参见附录 11.7.1）。图 11.12 显示了在不同的 σ 值下实际汇率和不可贸易商品消费的行为。$\sigma=1$ 的情形对应于上面分析的对数效用情形。我们在图 11.11a 看到 σ 的值越高，实际汇率在冲击下向上跳跃越大，因此不可贸易商品消费的下降就越小（图 11.11b）。换句话说，σ 越高，福利将越高。更高的弹性是有利的，因为它意味着名义汇率大幅上升，从而导致更大的实际贬值。

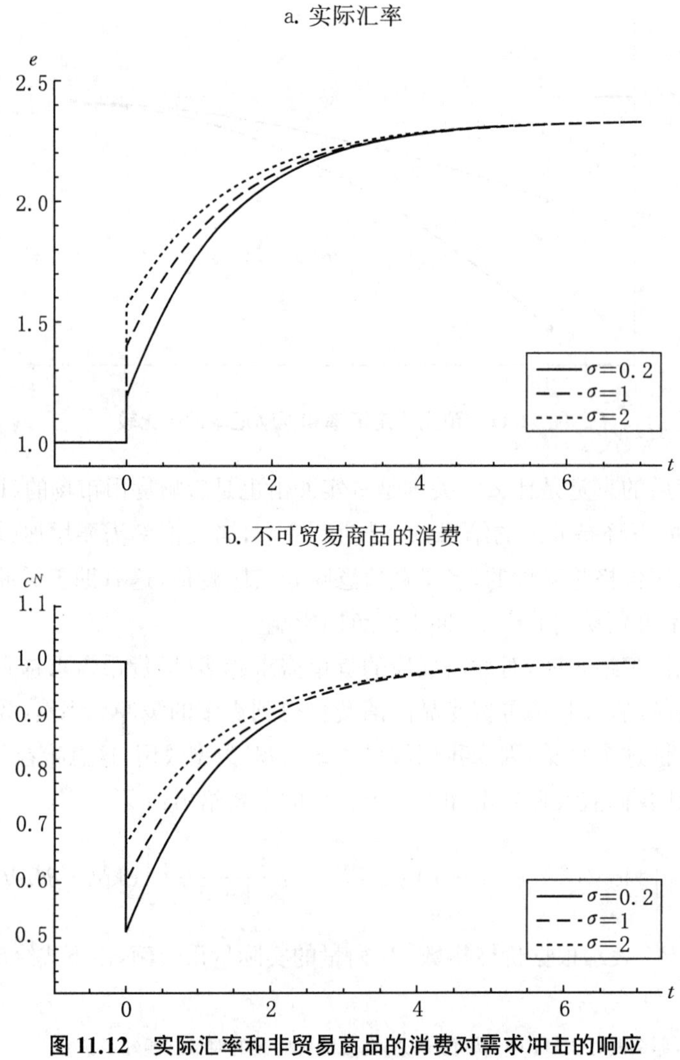

图 11.12 实际汇率和非贸易商品的消费对需求冲击的响应

一个警告

尽管在上面的分析中我们重现了来自蒙代尔—弗莱明模型的传统结果,即浮动汇率在应对真实冲击时是有优势的,但讨论也清楚地表明这些结果的理论稳健性仍有商榷余地。从本质上说,如果实际冲击不直接影响货币市场,那么浮动汇率不会提供任何超出预先决定汇率的优势。一个恰当的例子就是如果我们把上面讨论的模型中的偏好[由式(11.1)给出]替代为:

$$\int_0^{\infty}[\log(c_t^T)+\phi\log(c_t^N)+\alpha\log(z_t)]\exp(-\beta t)\mathrm{d}t \tag{11.68}$$

其中 ϕ 的参数为正。正如本章习题 3 要求你证明的那样,ϕ 的下降在预先决定汇率和浮动汇率下将导致相同的调整。原因是在浮动汇率制度下,货币市场是不受冲击的影响。因此,名义汇率在应对 ϕ 的下降中不会改变,因而就不会为商品市场提供缓冲。

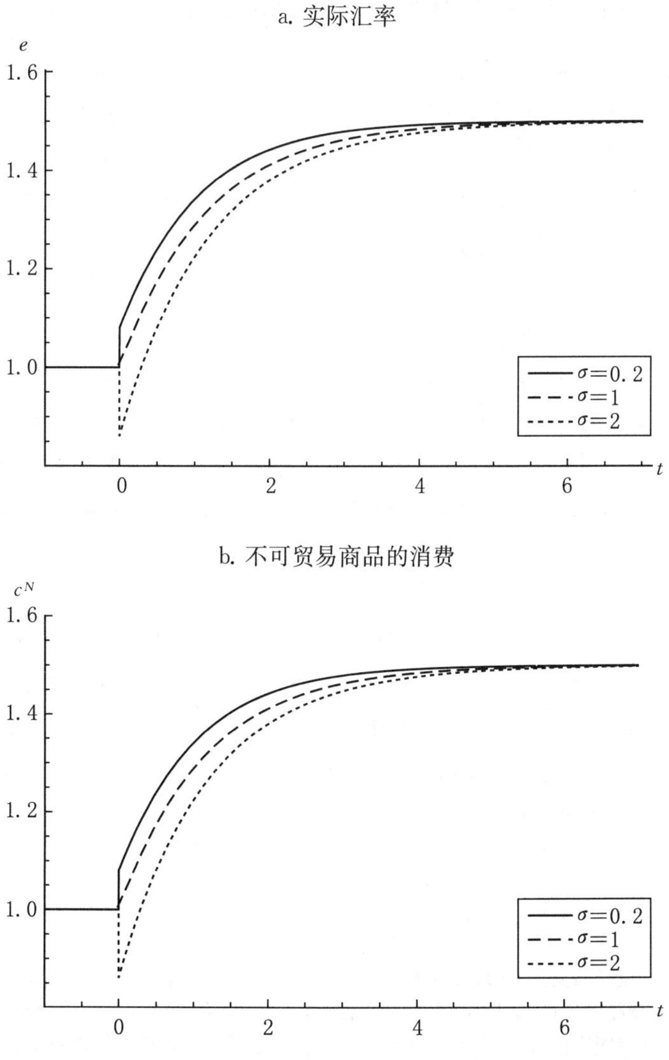

图 11.13　实际汇率和非贸易商品的消费对供给冲击的响应

另一个例子是在上述研究的模型中 y_f^N 出现下降(参见本章习题 4)。在对数偏好的情形下[由方程式(11.1)给出],名义汇率不会改变,因此在两种汇率制度下的调整是相同的。然而,如果对货币的次效用采用 CES 形式来建模[即偏好是由方程式(11.66)给出的],并且系统变成非递归的,那么结果将取决于 σ 的值。正如图 11.13 所示的那样,对于 $\sigma=1$(对数情况),经济会按与预先决定汇率下一样的方式进行调整。然而,对于 $\sigma<1$,名义货币的贬值导致实际货币贬值并促进调整。对于 $\sigma>1$,情况正好相反。

总之,尽管这些结果的理论稳健性受到质疑,在实践中,我们当然预期负的真实冲击会对货币需求产生不利影响,因此导致名义贬值,这将帮助真实调整。[①]事实上——正如专栏 11.1 中所详细阐释的那样——蒙代尔-弗莱明模型的计量经济学估计支持了这样一种观点,即浮动汇率在应对实际冲击时更有效。

专栏 11.1　浮动汇率在经济应对实际冲击时会起到缓冲作用吗?

11.4 节探讨了在黏性价格下可供选择的汇率制度安排的不同特征。就货币冲击而言,在预先决定汇率下经济会进行瞬时调整,而在浮动汇率下就只能进行逐步调整。相反,当一个实际冲击发生时,预先决定汇率制度和浮动汇率制度的实际部分都会受影响,但在浮动汇率下调整的成本要低一些(只要冲击对货币市场有负效应)。这是因为国内货币的名义贬值会转化为一个实际贬值,这又会缓冲掉冲击带来的部分影响。

从经验的角度看,识别冲击的来源是验证理论预测非常重要的一步工作。早期的经验研究(例如,Baxter and Stockman, 1989 以及 Ghosh et al., 1997)关注不同汇率制度下产出的波动性,但没有识别冲击的性质。更为近期的计量经济学研究成果总结在表 11.3 中,它们更关注产出对贸易条件冲击作出反应时而出现的短期波动现象,这是容易观察到并且也能够量化的。总的来说,经验证据与理论的预测和建议是一致的,在应对真实冲击时,浮动汇率制度要比预先决定汇率制度表现得更好。

然而,当美元化债务出现以后,可交易部门的规模在选择何种汇率制度中会起到关键性的作用:归功于汇率的波动,货币错配的程度越大,越可能对企业的资产净值产生负向影响,因此,甚至在真实冲击下也会使采用固定汇率制成为更具有吸引性。金融发展的程度也会起很重要的作用。特别是,只要国内的金融体制发展良好,那么浮动汇率会提供更好的缓冲性。

---

① 另一个重要假设——蒙代尔-弗莱明模型的所有传统形式的基础——是可贸易商品的价格是具有灵活性的(这能认为可贸易商品的价格是用生产者的货币来确定的)。这意味着名义汇率的变化影响相对价格。一种替代的形式——在两个国家的背景下会更自然些——是假设商品用消费者的货币来标价,正如 Deverue 和 Engel(1998)所分析的那样。

表 11.3　关于独立特征的计量研究

作　者	数据集	方法和冲击的类型	主要结论
Edwards 和 Levy Yeyati(2003)	1974—2000年183个国家的年度数据	● 两步 FGLS 法 ● 贸易条件冲击	● 贸易条件 10%的下降会伴随着出现人均实际 GDP 增长率下降 0.8%(按固定汇率计算)和 0.43%(按浮动汇率计算) ● 产出对负向冲击的反应会更大(对冲击的不对称反应)
Broda(2004)	75 个发展中国家从1973—1996年的年度数据	● 面板 VAR ● 贸易条件冲击	● 实施浮动汇率国家的实际 GDP 的短期反应较小 ● 当一个负向贸易条件冲击发生时，在固定汇率下实际贬值要花费一定时间而浮动汇率是瞬时的 ● 不同汇率制度在长期中有差异 ● 传统智慧成立：浮动汇率在应对实际冲击时更有效
Aghion 等(2006)	1960—2000 年 83 个国家的年度数据	● GMM 动态面板数据，有稳健两步标准误差 ● 贸易条件增长和波动	● 虽然汇率浮动可以缓冲贸易条件冲击的影响，但会减缓金融欠发达国家的增长 ● 除了金融欠发达国家外，浮动汇率会抑制源于贸易条件冲击引起的波动
Magud(2006)	1980—2001 年 32 个有外国债务的国家的年度数据	● 年 VAR ● 贸易条件冲击	资产负债表出现的效应： ● 对于相对开放的经济，浮动汇率有利于缓冲真实冲击 ● 对于相对封闭的经济，固定汇率有利于缓冲真实冲击，因为它们隔绝经济中的资本净值的波动 ● 开放门槛是 40%(可贸易产出占总产出的比率) ● 全样本：浮动汇率制有利于缓冲真实冲击
Dai 和 Chia(2008)	1980—2007 年 9 个东亚国家的年度数据	● 面板 VAR ● 贸易条件冲击	对贸易条件冲击的反应： ● 实际产出波动不依赖于汇率制度 ● 然而，对于相当开放的经济，浮动汇率制会提供更多的缓冲性

11.5　资产市场分割

我们前文已经得出结论，在黏性价格存在的情况下，如果实际冲击占据主导地位，浮动汇率将是最优的，而如果货币冲击占主导地位，预先决定汇率就将是最优的。然而，正如在专栏 11.2 中所讨论的那样，资产市场中的摩擦也极为常见。特别是，因为只有一小部分人能够进入资产市场，在这个意义上说资产市场通常是分割的。现在我们将看到——

正如 Lahiri 等(2008)所证明的那样——在资产市场摩擦存在时,我们在黏性价格下获得的传统结果将会出现反转。

考虑一个商品市场完全与世界其他地区融合为一体的小型开放经济体的离散时间模型。①有两种类型的行为人:交易商(他们有权利进入资本市场)和非交易商(没有权利进入资本市场)。交易商的比例是 ψ,而非交易商的比例是 $1-\psi$。模型中没有不确定性,并且行为人拥有完全预期能力。一价定律适用于唯一的商品,因此有 $P_t=E_tP_t^*$。外国通货膨胀假定为零,出于简单起见,P_t^* 取值为 1,所以有 $P_t=E_t$。

交易商和非交易商都服从现金先行约束。对于交易商的情况——就像在第 5 章中一样——我们采用规范的处理方式,即资产市场首先开放,其次是商品市场。当然,根据假设,非交易商无权利进入资产市场,因此他们仅能参与商品市场。②

有两种类型的冲击:真实冲击和货币冲击。真实冲击通过唯一商品禀赋的波动来加以刻画。货币——或流通速度——冲击通过允许交易商和非交易商对当前时期的销售额提取 v_t 部分($v_tE_ty_t$)来加以刻画。

为强化这一观点,回忆我们在第 5 章所讲的基于卢卡斯(Lucas, 1982)现金先行模型的物理环境的故事。家庭由两个个体构成:一个购买者和一个销售者。随着商品市场即将开放,在第 5 章研究的标准模型中,销售者和购买者分头行动,并且直到一天结束时才会看到彼此。换句话说,销售者在商店里出售禀赋给其他家庭的购买者,而购买者则去其他商店购买所需要的商品。因此,在标准故事中,购买者直到商品市场关闭后才会回到商店,因此购买者没有机会使用销售者从销售当前期禀赋(E_ty_t)而获得的货币余额。在当前的模型中,我们允许购买者在商品市场开放期间回到商店,清空收银机,然后回去购买。登记的货币数量为 $v_tE_ty_t$。

专栏 11.2　实践中资本市场是如何分割的?

11.5 节中的模型把资本市场分割视为一种资本市场摩擦,其背后的思想是认为一小部分家庭无法获得有息资产。实际上,这种机会缺乏的情况通常应归因于金融发展的滞后,而这种发展滞后既是由供给因素(例如,金融部门缺乏竞争和运营成本高,特别是在农村地区),也是由需求因素(例如,收入和教育水平低,使家庭不能敏锐觉察到金融机会或者不愿利用这些机会)共同造成的。

但在实践中,资本市场是如何分割的呢? 表 11.4 总结了一些相关研究。资本市场分割的一个常见定义是有息资产的流动性仍没有足够大到能使其被纳入到货币总量 M1 中。根据这一定义,资本市场分割在 20 世纪 80 年代末的美国仍然相当普遍,近 60%的家庭没有持有任何有息金融资产(Mulligan and Sala-i-Martin, 2000)。但在 2001 年,这一数字已经大幅下降,因为位于财富分配百分位后 10%的家庭中也有 80%持有某种形式的有息资产(Campbell, 2006)。

---

① 相似的结果可以在一个有不确定性和不完全市场的经济中获得(参见 Lahiri, Singh and Végh, 2007)。

② 资产市场分割也能通过假设进入资产市场有一个固定成本的方式来作内生化的处理。假如行为人有不同的禀赋,那么他们中的一部分人就会在给定的时期里选择不进入资产市场;参见 Alvarez 和 Atkeson (1997)。

表 11.4 关于资本市场分割的经验研究

研究	数据集	来源	主要结论
Mulligan 和 Sala-i-Martin (2000)	美国家庭层面的数据,1989 年	美国消费者金融调查报告	● 59%的家庭持有生息金融资产 ● 75%的家庭持有储蓄账户
Campbell(2006)	美国家庭层面的数据,2001 年	美国消费者金融调查报告	● 位于财富分配百分位后 10%的家庭中有 80%持有安全的金融资产;更高百分位的家庭,这一数字会接近 100%
Claessens(2006)	家庭层面的数据,包含了 48 个经济体,各类调查数据(1988—2004 年)	主要来源:生活水平评估研究(世界银行)	● 支票和储蓄银行账户的平均使用量在 OECD 国家接近 90%,作为对比,在发展中国家,这一比重只有 26%
Beck, Demirguc-Kunt 和 Martinez Peria(2007)	跨国数据,包含了 99 个经济体 2003—2004 年的数据	银行监管机构对银行分支机构数量、自动柜员机数量、银行存贷款数量和金额的调查	● 人均存款账户和每平方公里的分支机构是家庭共享银行账户的良好预测指标 ● 人均 0.53 个存款账户是跨国的中位数值

毫无意外的是,经验证据表明,发展中经济体的资产市场分割程度要远高于发达经济体。以人均存款账户为指标,Beck 等(2007)报告了人均 0.53 个存款账户的整体跨国中位数值(如圭亚那和委内瑞拉),作为对照,最底部的 5 个百分位的中位数值是 0.06 个人均存款账户(如玻利维亚、马达加斯加和乌干达),而最顶部的 5 个百分位的中位数值是 2.57 个人均存款账户(如奥地利、比利时和丹麦)。

11.5.1 非交易商

非交易商(NT)没有权利进入资产市场。因此,他们只持有货币(像第 6 章的家庭那样),非交易商偏好由下式给出:

$$U^{NT}=\sum_{t=0}^{\infty}\beta^t u(c_t^{NT}) \tag{11.69}$$

这里,c_t^{NT} 表示非交易商的消费,β 现在表示贴现因子。

由于非交易商只持有货币,他们的流量预算约束由下式给出:

$$M_{t+1}^{NT}=M_t^{NT}+E_t y_t-E_t c_t^{NT} \tag{11.70}$$

这里,M_t^{NT} 表示时期 $t-1$ 末(因此是时期 t 初)非交易商手中的名义货币余额。名义货币余额的初始水平 M_0 是给定的。非交易商服从于如下形式的现金先行约束(CIA):

$$M_t^{NT}+v_t E_t y_t\geqslant E_t c_t^{NT} \tag{11.71}$$

非交易商可以用来购买商品的名义货币余额由他们带进时期 t 的名义货币余额 M_t^{NT} 与当前期销售额的 v_t 部分所构成。

我们只考虑沿着现金先行约束是紧的约束下的均衡路径。①和我们直觉告诉我们的相反——CIA 很少会是紧的，因为 NT 会希望储蓄一些现金以备在低禀赋时期使用——现金先行约束只有在弱条件下才会是紧的。直觉上看，高禀赋时期——这会诱使为消费平滑的目的而进行储蓄——也意味着货币的负回报——这会诱使储蓄减少。

如果现金先行约束是紧的，那么，我们可以根据方程式(11.71)来解出 c_t^{NT} 以得到：

$$c_t^{NT}=\frac{M_t^{NT}+v_tE_ty_t}{E_t}, \qquad t\geqslant 0 \tag{11.72}$$

为找到非交易商会将多少货币余额带到下一期，将式(11.72)代入进式(11.70)以得到：

$$M_{t+1}^{NT}=(1-v_t)E_ty_t \tag{11.73}$$

当现金先行约束是紧的，非交易商的问题变成完全机械的。换句话说，他们的机会集由每个时期的一个点构成——由式(11.72)给出——因此不需要进行任何最优化处理。直觉上看，非交易商以一个给定水平的名义货币余额 M_0^{NT} 开始他们的生活。他们以时期 0 销售的一部分 $v_0E_0y_0$ 来增加现金余额。由于现金先行约束是紧的，他们在时期 0 的消费就花费了所有他们持有的货币余额，即 $M_0^{NT}+v_0E_0y_0$。他们的期末现金余额由通过出售禀赋的现金收入 E_0y_0，减去在时期 0 上的销售量的数量 $v_0E_0y_0$ 构成。因此，有 $M_1^{NT}(=(1-v_0)E_0y_0)$ 进入时期 1，并且这个过程会重新开始。

11.5.2 交易商

交易商有权利进入资产市场，因此，其行为像我们在资本完全流动中的任何模型中的消费者一样。尤其是，他们的行为模式与我们在 5.6 节中的离散时间下的现金先行模型是完全一样的。唯一的区别是，像非交易商一样，他们有权使用当期销售额中的 v_t 部分。

让我们先看看资产市场的流量约束。交易商带着一个确定数量的名义货币余额 M_t^T 和一个确定数量的债券 b_t 进入资产市场。一旦进入资产市场，他们就会收到/支付关于他们带进资产市场的债券的利息 E_trb_t，并接受来自政府的转移支付 Γ_t，购买/出售债券以换取货币。②交易商带着 $\hat{M}_t^T$ 数量的名义货币余额和 b_{t+1} 的债券退出资产市场。因此，资产市场的流量约束是：

$$E_tb_{t+1}+\hat{M}_t^T=M_t^T+E_t(1+r)b_t+\frac{\Gamma_t}{\psi} \tag{11.74}$$

交易商服从于现金先行约束：

---

① 附录 11.7.2 推导了为确保对非交易商的现金先行约束是紧的而对产出与流通速度所需要强加的限制。我们假设这些条件都是能得到满足的。

② 我们假设转移支付是在资产市场进行的，在这里仅仅有交易商存在。注意，因为 Γ_t 代表人均总转移支付，相应的人均交易商的转移支付值是 Γ_t/ψ，因为交易商仅占总人口的 ψ 部分。

$$\hat{M}_t^T + v_t E_t y_t \geqslant E_t c_t^T \tag{11.75}$$

t 时期末交易商的名义货币余额是什么？交易商有从资产市场带来的货币加上其出售禀赋的收入（$E_t y_t$）再减去用于购买商品的货币余额（$E_t c_t^T$）：

$$M_{t+1}^T = \hat{M}_t^T + E_t y_t - E_t c_t^T \tag{11.76}$$

通过将式(11.76)代入进式(11.74)中，我们能得到作为整体的交易商在时期 t 的流量约束：

$$E_t b_{t+1} + M_{t+1}^T = M_t^T + E_t(1+r)b_t + E_t y_t + \frac{\Gamma_t}{\psi} - E_t c_t^T \tag{11.77}$$

效用最大化

出于最大化的目的——通过将式(11.74)代入到式(11.75)中——我们将现金先行约束重写为：

$$M_t^T + E_t(1+r)b_t + \frac{\Gamma_t}{\psi} - E_t b_{t+1} + v_t E_t y_t \geqslant E_t c_t^T \tag{11.78}$$

我们将假设现金先行约束是紧的。①

因此，交易商选择 $\{c_t^T, M_{t+1}^T, b_{t+1}\}_{t=0}^{\infty}$ 来最大化终身效用，服从流量约束式(11.77)以及 CIA 约束式(11.78)。用拉格朗日函数表示为：

$$\begin{aligned}\mathcal{L} = & \sum_{t=0}^{\infty}\beta^t u(c_t^T) \\ & + \sum_{t=0}^{\infty}\beta^t \eta_t\left[M_t^T + E_t(1+r)b_t + \frac{\Gamma_t}{\psi} + E_t y_t - E_t c_t^T - E_t b_{t+1} - M_{t+1}^T\right] \\ & + \sum_{t=0}^{\infty}\beta^t \psi_t\left[M_t^T + E_t(1+r)b_t + \frac{\Gamma_t}{\psi} - E_t b_{t+1} + v_t E_t y_t - E_t c_t^T\right]\end{aligned}$$

这里，η_t 和 ψ_t 是分别与约束式(11.77)和式(11.78)相关的乘子。

关于 c_t^T、M_{t+1}^T 和 b_{t+1} 的一阶条件分别由以下式子给出[假设 $\beta(1+r)=1$]：

$$u'(c_t^T) = E_t(\eta_t + \psi_t)$$

$$\eta_t = \beta(\eta_{t+1} + \psi_{t+1})$$

$$E_{t+1}(\eta_{t+1} + \psi_{t+1}) = E_t(\eta_t + \psi_t)$$

根据第一个和第三个一阶条件，可以推出：

$$u'(c_t^T) = u'(c_{t+1}^T)$$

就像 5.6 节离散时间下的现金先行模型一样，交易商将完全平滑消费。

结合一阶条件也可以得到：

$$\eta_t\left(\frac{E_{t+1}}{\beta E_t} - 1\right) = \psi_t$$

① 附录 11.7.2 推导了为确保对交易商的现金先行约束是紧的，而对产出与流通速度所需要强加的限制。

$$\eta_t i_t = \psi_t$$

这里，最后一个方程是根据式(11.80)给出的名义利率 i_t 的定义中推出的。如果 $i_t>0$，那么 $\psi_t>0$，这意味着现金先行约束确实是紧的。

11.5.3 政府

政府的流量约束由下式给出：

$$E_t h_{t+1}=(1+r)E_t h_t+M_{t+1}-M_t-\Gamma_t \tag{11.79}$$

这里，h_t 表示国际储备。

11.5.4 均衡条件

(对交易商)资本完全流动意味着名义利率是由利率平价条件给出的(回忆下，$P_t^*=1$)：

$$1+i_t=(1+r)\frac{E_{t+1}}{E_t} \tag{11.80}$$

货币市场均衡意味着：

$$M_t=\psi M_t^T+(1-\psi)M_t^{NT} \tag{11.81}$$

为获得经济的流量约束，用 $1-\psi$ 乘以非交易商的流量约束[由方程式(11.70)给出]，并用 ψ 乘以交易商的流量约束[由方程式(11.77)给出]。然后把它们加起来，考虑进政府的流量约束式(11.79)以及货币市场均衡条件式(11.81)：

$$k_{t+1}-k_t=rk_t+y_t-[\psi c_t^T+(1-\psi)c_t^{NT}] \tag{11.82}$$

这里，$k_t \equiv h_t+\psi b_t$ 是经济作为一个整体的人均净外国资产。

不断向前迭代[回忆下 $\beta(1+r)=1$]，并施加横截条件 $\lim\limits_{t\to\infty}[k_t/(1+r)^{t-1}]=0$，我们能获得资源约束式：

$$(1+r)k_0+\sum_{t=0}^{\infty}\beta^t y_t=\sum_{t=0}^{\infty}\beta^t[\psi c_t^T+(1-\psi)c_t^{NT}] \tag{11.83}$$

在下文中，我们将假设 $k_0=0$。[①]将方程式(11.73)、式(11.75)和式(11.76)代入进货币市场均衡条件式(11.81)中，能得到一个货币数量理论方程：

$$M_{t+1}=(1-v_t)E_t y_t, \qquad t\geqslant 0 \tag{11.84}$$

① 这一假设是为了确保在货币供给或者汇率是固定的情况下，交易者和非交易者的收入的折现现值是相等的。

为了直接与第 5 章所推导的数量理论方程相比较，以及与一般在教科书出现的(通常写成 $M_tV_t=P_ty_t$，其中 V_t 表示速度)数量方程相比较，我们可以把上面的方程式重写为：

$$\frac{M_{t+1}}{1-v_t}=E_ty_t, \qquad t\geqslant 0 \tag{11.85}$$

速度是由 $1/(1-v_t)$ 给出。因此，更高的 v_t 代表了流通速度增加，当提到 v_t 的变化时，这使我们的术语“速度冲击”是合理的。

为进一步作参考，注意到方程式(11.73)和式(11.84)意味着 $M_{t+1}^{NT}=M_{t+1}$。结合货币市场均衡条件，这意味着：

$$M_t=M_t^{NT}=M_t^T$$

由于行为人在禀赋方面没有不同，所有行为人持有相同数量货币(以人均为基础)。

11.5.5 消费均衡

现在，我们将推导交易商和非交易商的消费表达式。为获得非交易商的消费，把数量理论方程式(11.84)代入到式(11.72)中，以得到(回忆一下 $M_t=M_t^{NT}$)：

$$c_t^{NT}=\begin{cases}\dfrac{M_0}{E_0}+v_0y_0, & t=0\\[2ex] \dfrac{(1-v_{t-1})E_{t-1}y_{t-1}+v_tE_ty_t}{E_t}, & t\geqslant 1\end{cases} \tag{11.86}$$

在处理预先决定汇率时，这个表达式将被证明是有用的。然而，当处理浮动汇率时，利用式(11.84)来重写式(11.86)将被证明是有用的：

$$c_t^{NT}=y_t-\frac{(M_{t+1}-M_t)}{E_t}, \qquad t\geqslant 0 \tag{11.87}$$

为获得交易商的消费，把式(11.86)代入到式(11.83)中，并解出恒定水平的 c_t^T，用 c^T 表示，从而得到：

$$c^T=y^p+\frac{1-\psi}{\psi}\left[y^p-\frac{r}{1+r}\left(\frac{M_0}{E_0}+v_0y_0+\sum_{t=1}^{\infty}\beta^t\,\frac{(1-v_{t-1})E_{t-1}y_{t-1}+v_tE_ty_t}{E_t}\right)\right] \tag{11.88}$$

其中：

$$y^p\equiv\frac{r}{1+r}\sum_{t=0}^{\infty}\beta^ty_t$$

代表永久性收入。或者，将式(11.87)代入到式(11.83)中以得到：

$$c^T=y^p+\frac{r}{1+r}\,\frac{1-\psi}{\psi}\sum_{t=0}^{\infty}\beta^t\left(\frac{M_{t+1}-M_t}{E_t}\right) \tag{11.89}$$

11.5.6 浮动汇率

考虑一个浮动汇率制度，在这种制度下货币当局设定一个恒定的名义货币供给路径①：

$$M_t = M, \qquad t \geqslant 0 \tag{11.90}$$

把式(11.90)代入到式(11.87)中，我们得到非交易商的消费：

$$c_t^{NT} = y_t, \qquad t \geqslant 0 \tag{11.91}$$

两个观察值得一做。首先，非交易商的消费会随着禀赋的波动一对一地发生波动。浮动汇率不能为非交易商提供任何来自产出波动的影响。其次，非交易商的消费不受速度冲击的影响。

把式(11.90)代入到式(11.89)中，我们能得到交易商的消费：

$$c^T = y^p \tag{11.92}$$

现在让我们推导名义汇率的路径。根据数量理论方程式(11.84)，我们得到

$$E_t = \frac{M}{(1-v_t)y_t}, \qquad t \geqslant 0 \tag{11.93}$$

进一步可以推出：

$$\frac{E_{t+1}}{E_t} = \frac{(1-v_t)}{(1-v_{t+1})} \frac{y_t}{y_{t+1}}$$

当产出增加(即 $y_{t+1} > y_t$)——对于恒定的流通速度——名义汇率将下降(即国内货币升值)。直觉上看，更高的产出增加了实际货币需求，因此导致价格水平(即名义汇率)下降。相反，当流通速度增加(即 $v_{t+1} > v_t$)——对于固定的产量——名义汇率将增加(即国内货币贬值)。直觉上看，速度的增加意味着更多的货币能获得用于购买相同水平的产出，这将导致更高的价格水平。

11.5.7 固定汇率

现在考虑一个固定汇率制度，这里货币当局设定一个恒定的名义汇率值：$E_t = E$。

在固定汇率下，我们可以利用式(11.86)来得到非交易商的消费：

$$c_t^{NT} = \begin{cases} \dfrac{M_0}{E} + v_0 y_0, & t = 0 \\ (1-v_{t-1})y_{t-1} + v_t y_t, & t \geqslant 1 \end{cases} \tag{11.94}$$

---

① 我们将仅仅考虑固定货币供给(浮动汇率下)或者固定汇率(预先决定汇率下)这种极端的情形。本章习题5证明了在不存在产出冲击且偏好是对数型的时候，$\mu = 0$ 是最优的政策。对于把这一分析扩展到更一般性的政策方面，参见 Lahiri，Singh 和 Vegh(2006)。

这里，M_0 是给定的。由于汇率是固定的，初始的实际货币余额也是给定的，且等于 M_0/E。为了与浮动汇率的情形进行比较，我们将设定初始实际货币余额等于浮动汇率情况下的值。根据方程式(11.93)，能推出在浮动汇率情况下的初始实际货币余额由 $M/E_0=(1-v_0)y_0$ 给出。因此，我们将假设在固定汇率的情况下，$M_0/E=(1-v_0)y_0$。在这一假设下，能进一步推出 $c_0^{NT}=y_0$。

同样地，使用式(11.88)，交易商的消费由下式给出：

$$c^T=y^p+\frac{1-\psi}{\psi}\left\{y^p-\frac{r}{1+r}\left(y_0+\sum_{t=1}^{\infty}\beta^t[(1-v_{t-1})y_{t-1}+v_t y_t]\right)\right\} \tag{11.95}$$

现在让我们推导名义货币供给的路径，其在固定汇率下是内生的。正如前文所述，M_0 是给定的。对于 $t\geqslant 1$，M_t 的路径可以从数量理论方程式(11.84)中推出：

$$M_{t+1}=(1-v_t)Ey_t, \qquad t\geqslant 0$$

11.5.8 浮动汇率和固定汇率的比较

现在我们准备提出如下问题：哪种汇率制度更好？

只有速度冲击

假设只有速度冲击(即设定 $y_t=y^p$)。然后，在浮动汇率下，非交易商的消费是完全平滑的，且等于 y^p[根据方程式(11.91)]。进一步，正如方程式(11.92)所表明的，交易商的消费也等于永久性收入。显然，这种均衡状态对应于第一最优。随着时间的推移，交易商和非交易商都会完全平滑自己的消费。

在固定汇率下，根据方程式(11.94)能够推出由下式给定的非交易商的消费：

$$c_t^{NT}=\begin{cases}y^p, & t=0\\ y^p(1+v_t-v_{t-1}), & t\geqslant 1\end{cases} \tag{11.96}$$

反过来，交易商的消费由下式给出[根据方程式(11.95)]：

$$c^T=y^p\left[1-\frac{r}{1+r}\frac{1-\psi}{\psi}\sum_{t=1}^{\infty}\beta^t(v_t-v_{t-1})\right] \tag{11.97}$$

在下文中将被证明定义一个“永久”速度冲击 v^p 是有用的，为：

$$v^p\equiv(1-\beta)\sum_{t=0}^{\infty}\beta^t v_t$$

在假设 $v_0=v^p$ 下，可推得(参见附录 11.7.3)①：

$$\sum_{t=1}^{\infty}\beta^t(v_t-v_{t-1})=0 \tag{11.98}$$

将式(11.98)代入到式(11.97)中，我们能得到交易商的消费：

① 在随机版本的模型中，对等的假设将是速度冲击是白噪声。

$$c^T = y^p$$

因此,交易商的消费在浮动汇率和固定汇率下是一样的,并且交易商并不关注这两个制度。至于非交易商,从式(11.96)和式(11.98)中可推知,非交易商的消费的折现现值在固定汇率与浮动汇率下是一样的。因此,非交易商在浮动汇率下显然会更好,在这种情形下,他们的消费路径是平滑的。由于交易商是无差异的,我们能得出浮动汇率会更占优势的结论。

潜在的直觉是什么?关键在于在速度冲击的影响下,汇率作为缓冲器的角色。如果速度增加,名义汇率也在增加(本国货币的名义贬值),从而抵消冲击。在固定汇率下,自然调整机制(即行为人通过中央银行重新安排自己的名义货币的能力)并不完全有效,因为非交易商不能参与资产市场。因此速度的波动会导致消费波动。具体来说,速度增加(即 $v_t > v_{t-1}$)意味着更多的货币余额得以用于消费,速度减少(即 $v_t < v_{t-1}$)意味着更少的货币余额得以用于消费。

只有产出冲击

假设只有产出冲击(即设定 $v_t = v > 0$)。然后,在浮动汇率下,非交易商和交易商的消费仍然由式(11.91)和式(11.92)给出。非交易商承受了禀赋路径的全部波动性。

在固定汇率下,非交易商的消费遵循式(11.94):

$$c_t^{NT} = \begin{cases} y_0, & t=0 \\ y_t + (1-v)(y_{t-1} - y_t), & t \geqslant 1 \end{cases} \tag{11.99}$$

在 $y_0 = y^p$ 的假设下,可以推得(参见附录 11.7.4):

$$\sum_{t=1}^{\infty} \beta^t (y_{t-1} - y_t) = 0 \tag{11.100}$$

根据式(11.99)和式(11.100),c_t^{NT} 的折现现值在浮动汇率与固定汇率下是一样的。

交易商消费遵循式(11.95)和式(11.100):

$$c^T = y^p \tag{11.101}$$

正如在速度冲击下的情况一样,交易商的消费在浮动和固定汇率下是一样的。因此,交易商对这两个制度漠不关心。

为了阐释得更清楚,作如下处理是很有用的,即把由式(11.99)给出的固定汇率下非交易商的消费重写为:

$$c_t^{NT} = \begin{cases} y_0, & t=0 \\ v y_t + (1-v) y_{t-1}, & t \geqslant 1 \end{cases} \tag{11.102}$$

这表明从 $t=1$ 起,非交易商的消费是本期和上期产出的平均值。显然,非交易商的消费在浮动和固定汇率下都将出现波动,但在固定汇率下波动会更小。正如上文所示,由于 c_t^{NT} 的折现现值在两种制度下是相同,非交易商的福利在固定汇率下将会更高。

直觉上看,式(11.102)表明今天消费是上一期和这一期实际销售收入的加权平均值。固定汇率允许购买力在跨期之间进行转移,正如方程式(11.102)所清楚表明的那样,这会导致消费随着时间的推移而平滑。相反,在浮动汇率下,恒定的货币供给意味着上一期销售实际值等于当期的产出。因此,当期消费只依赖于当期产出。

我们得出结论,由于交易商对两种制度是不关心的,而非贸易商在固定汇率下会更好,因此在出现产出冲击的情况下,若采用固定汇率,那么社会福利将会最大化。

11.6 总结性评论

本章探讨一个小型开放经济体如何在不同汇率制度下应对各种冲击。我们已经看到,正如表 11.1 中所总结的那样,最优汇率制度将取决于摩擦的类型及冲击的类型。特别是在黏性价格下,如果货币冲击是占主导地位的,那么预先决定汇率将是最优的。相反,如果真实冲击是占据主导地位的,浮动汇率就会变成最优的。然而,如果经济主要以资产市场摩擦为主要特征,那么事实恰恰相反:浮动汇率在货币冲击下是最优的,而预先决定汇率在实际冲击下是最优的。在实践中,哪个制度是最优的可能会因国家的不同而不同,甚至会随着时间的推移而变化。

除了摩擦类型和冲击类型之外,在实践中一定有被我们忽略了的其他一些重要的因素。特别是,我们没有关注制度本身的特征。例如,正如 Calvo 和 Végh(1999)所讨论的那样,通过名义汇率仅作为价格而非数量的优点,向央行的政策市场传达了比货币供应目标更明确的信号。换句话说,名义汇率是一种比货币供应更"透明"的工具。Atkeson, Chari 和 Kehoe(2007)形式化了这个观点——同时也考虑进不同工具的紧密程度,根据与他们意图影响的变量的接近程度——并得出结论,名义汇率作为一种政策工具主导了货币供应。

11.7 附录

11.7.1 在黏性价格模型中关于需求冲击的数学规划

11.4.9 节的经济可以简化为以下关于 m_t、n_t 和 π_t 的动态系统:

$$\dot{m}_t=m_t\left[\mu+r-\frac{c^T}{\gamma}\frac{\alpha n_t^{(1-\gamma)(1-1/\sigma)}}{m_t^{1/\sigma+(1-\gamma)(1-1/\sigma)}}\right]$$

$$\dot{n}_t=n_t(\mu-\pi_t)$$

$$\dot{\pi}_t=\theta\left(y_f^N-\frac{1-\gamma}{\gamma}\frac{c^T}{m_t}n_t\right)$$

这个规划能通过数学软件包而解出相关参数的数值解:

$$c^T=1;\ y_f^N=1,\ \alpha=1,\ \gamma=0.5,\ \mu=0.5,\ \theta=0.5\ 以及\ \sigma=0.5$$

11.7.2 在资产市场分割模型中现金先行约束是紧的条件

这个附录推导了在 11.5 节的模型中对于非交易商和交易商,现金先行约束都是紧的所需要满足的条件,然后提供了一个需要对产出和速度所施加限制的例子。

什么时候对非交易商的现金先行约束需要是紧的?

非交易商通过选择$\{c_t^N, M_{t+1}^N\}_{t=0}^{\infty}$来最大化终身效用式(11.69),服从由式(11.70)给定的流量约束序列,以及对给定的M_0由式(11.71)给出的现金先行约束序列。根据拉格朗日函数,我们可得:

$$\mathcal{L}=\sum_{t=0}^{\infty}\beta^t u(c_t^{NT})+\sum_{t=0}^{\infty}\beta^t\lambda_t(M_t^{NT}+E_t y_t-E_t c_t^{NT}-M_{t+1}^{NT})$$
$$+\sum_{t=0}^{\infty}\beta^t\psi_t(M_t^{NT}+v_t E_t y_t-E_t c_t^{NT})$$

这里,λ_t和ψ_t分别是与约束条件式(11.70)和式(11.71)相关的乘子。对于c_t^{NT}和M_{t+1}^{NT}的一阶条件是由以下式子给出:

$$u'(c_t^{NT})=E_t(\lambda_t+\psi_t) \tag{11.103}$$

$$\beta(\lambda_{t+1}+\psi_{t+1})=\lambda_t \tag{11.104}$$

关于ψ_t的库恩-塔克条件由下式给出:

$$M_t^{NT}+v_t E_t y_t\geqslant E_t c_t^{NT},\qquad \psi_t\geqslant 0$$
$$(M_t^{NT}+v_t E_t y_t-E_t c_t^{NT})\psi_t=0$$

假设$\psi_t>0$,即现金先行约束是紧的。然后使用式(11.103)和式(11.104),我们可以写出:

$$\frac{u'(c_{t+1}^{NT})}{u'(c_t^{NT})}=\frac{1}{\beta}\frac{E_{t+1}}{E_t}\frac{\lambda_t}{\lambda_t+\psi_t}$$

因此,对于现金先行约束是紧的,必须是以下情形:

$$u'(c_t^{NT})>\beta\frac{E_t}{E_{t+1}}u'(c_{t+1}^{NT}) \tag{11.105}$$

如果现金先行约束是紧的,这意味着非交易商不愿意把名义货币余额从一个时期转移到下一个时期,即使这样做会为未来提供更多的消费。换句话说,货币余额不能用于储蓄的目的。在这种情况下——正如条件式(11.105)所表明的——消费者不愿意进行储蓄,因此,经贴现因子和货币回报调整过的今天的边际效用将会高于明天的边际效用。

为验证这一想法,考虑对数偏好的情形。条件式(11.105)然后化简为:

$$c_t^{NT}<c_{t+1}^{NT}\frac{1}{\beta}\frac{E_{t+1}}{E_t} \tag{11.106}$$

使用数量理论[方程式(11.84)],我们可以将这个等式重写为(定义$1+\mu_{t+1}\equiv M_{t+2}/M_{t+1}$):

$$\frac{c_t^{NT}}{c_{t+1}^{NT}}<\frac{1}{\beta}(1+\mu_{t+1})\left(\frac{1-v_t}{1-v_{t+1}}\right)\left(\frac{y_t}{y_{t+1}}\right) \tag{11.107}$$

浮动汇率　考虑有着固定货币供应的浮动汇率的情形。在这种情形下，有 $c_t^{NT}=y_t$ 和 $\mu_{t+1}=0$。然后，方程式(11.107)能化简为：

$$\beta<\frac{1-v_t}{1-v_{t+1}} \tag{11.108}$$

只要这个条件成立(意味着对速度冲击的波动性作了限制)，现金先行约束就会是紧的。显然，由于这个条件涉及外生变量，所以你总可以通过对参数的选择来保证它成立。

固定汇率　考虑固定汇率的情形。在这种情形下，$E_{t+1}=E_t=E$。因此使用条件式(11.106)，并考虑进式(11.94)，可以得到：

$$\beta<\frac{(1-v_t)y_t+v_{t+1}y_{t+1}}{(1-v_{t-1})y_{t-1}+v_t y_t} \tag{11.109}$$

同样，由于这个条件包含有外生变量，我们总是可以通过选择 β、产出以及速度变量来确保其成立。

直觉　为了理解为什么现金先行约束对非交易商可以是紧的直觉，考虑浮动汇率且没有速度冲击的情形(例如，仅有产出冲击)。在这种情况下，条件式(11.108)将始终成立，因为根据假设 $\beta<1$。直觉上看，假设 $y_t>y_{t+1}$ 并考虑到非交易商在 t 时刻的选择。基于消费平滑的动机，非交易商想要储蓄，以便在下一期产出较低时能有更多消费。然而，考虑到 $\mu_t=0$，高产出的时期将与名义货币余额的实际回报是低的时期相吻合。要看清这一点，请注意使用现金先行约束，持有货币的总实际回报将由下式给出：

$$\frac{E_t}{E_{t+1}}=\frac{y_{t+1}}{y_t}$$

由于 $y_t>y_{t+1}$，那么 $E_t/E_{t+1}<1$，这意味着持有货币有负的实际回报。因此，在对数型偏好下，非贸易商基于货币负实际回报而产生的不进行储蓄的意愿会超过基于平滑消费动机而产生的进行储蓄的意愿。

什么时候对交易商的现金先行约束需要是紧的?

要使现金先行约束对交易商是紧的，我们只需要确保名义利率是正的。这一所需要的限制依赖于汇率制度。

浮动汇率　根据利率平价条件式(11.80)，一个正的名义利率要求：

$$\frac{E_{t+1}}{E_t}>\frac{1}{1+r}$$

使用数量理论方程式(11.84)，可以推出：

$$\frac{E_{t+1}}{E_t}=\left(\frac{1-v_t}{1-v_{t+1}}\right)\frac{y_t}{y_{t+1}}$$

结合上述两个方程——并回忆 $\beta(1+r)=1$——可以推出如果：

$$\beta<\left(\frac{1-v_t}{1-v_{t+1}}\right)\frac{y_t}{y_{t+1}} \tag{11.110}$$

那么名义利率将总会是正的，并且现金先行约束对交易商来说也总是紧的。

固定汇率　在固定汇率下，利率平价条件式(11.80)表明名义利率总是正的，因为 $1+i_t=1+r$。

一个例子

让我们举例说明对于一次只有一个冲击的情形(本书所研究的情形)，为确保现金先行约束是紧的所需要的限制。假设 $\beta=0.96$。

只有产出冲击　假设 $v_t=v=0.2>0$ 以及 y_t 在 1.04 和 1 两个值上交替变化。对于非交易商，因为 $\beta<1$，式(11.108)成立，并且条件式(11.109)成为(假设最严格的情况是 $y_{t-1}=1.04$，$y_t=1$ 和 $y_{t+1}=1.04$)：

$$\beta<\frac{(1-v)y_t+vy_{t+1}}{(1-v)y_{t-1}+vy_t}$$

这可简化到 $\beta<0.977$，因此成立。对交易商来说，式(11.110)是能得到满足的，因为 $\beta<y_t/y_{t+1}=0.962$，因此现金先行约束在浮动汇率和固定汇率下都是紧的。

速度冲击　假设 $y_t=y_{t+1}=y^p$。速度在两个值上交替变化：0.20 和 0.22。首先假设 $v_{t-1}=0.2$，$v_t=0.22$，$v_{t+1}=0.2$。那么，在浮动汇率下对于非交易商来说，一定出现如下情形：

$$\beta<\frac{1-v_t}{1-v_{t+1}} \tag{11.111}$$

这是成立的，因为 $\beta<0.975$。在固定汇率下，一定是出现如下的情形：

$$\beta<\frac{1-v_t+v_{t+1}}{1-v_{t-1}+v_t} \tag{11.112}$$

这也是成立的——因为在最严格的情形中，即 $v_{t-1}=0.2$，$v_t=0.22$ 和 $v_{t+1}=0.2$ 的情形下——那么 $\beta<0.961$。

对于交易商而言，现金先行约束在固定汇率下将总是紧的。

11.7.3　证明如果 $v_0=v^p$，$\sum_{t=1}^{\infty}\beta^t(v_t-v_{t-1})=0$

将 $\sum_{t=1}^{\infty}\beta^t(v_t-v_{t-1})$ 重写为：

$$\sum_{t=1}^{\infty}\beta^t(v_t-v_{t-1})=-\beta v_0+(1-\beta)\sum_{t=1}^{\infty}\beta^t v_t$$

但是，根据 v^p 的定义以及给定：

$$v_0=v^p,\ \sum_{t=1}^{\infty}\beta^t v_t=[v^p/(1-\beta)]-v^p=[\beta/(1-\beta)]v^p$$

因此：

$$\sum_{t=1}^{\infty}\beta^t(v_t-v_{t-1})=\beta(v^p-v_0)=0$$

11.7.4 证明如果 $y_0 = y^p$，$\sum_{t=1}^{\infty}\beta^t(y_{t-1} - y_t) = 0$

在 11.7.3 节中用 y_t 代替 v_t 就可以得证。

习 题

1.（名义汇率在调节真实冲击中的作用）这道习题表明，在第 11.2 节的情形中，名义汇率的调整程度取决于如何设定偏好（即需求冲击是如何被建模的）。为此，考虑 11.2 节中的模型，在这种背景下①：

a. 假设偏好由下式给出：

$$\int_0^{\infty}[\log(c_t^T) + \gamma\log(c_t^N) + \alpha\log(z_t)]\exp(-\beta t)\mathrm{d}t \tag{11.113}$$

其中，γ 和 α 是正参数。像在正文中一样，假设对不可贸易品的需求减少了（在这种情形下，γ 下滑）。证明在浮动汇率制下，实际汇率的相应提高将仅通过不可贸易商品的名义价格下降来实现。

b. 假设偏好由下式给出：

$$\int_0^{\infty}[\gamma\log(c_t^T) + \log(c_t^N) + \alpha\log(z_t)]\exp(-\beta t)\mathrm{d}t \tag{11.114}$$

并假设 γ 有一个增加。证明在浮动汇率制下，实际汇率相应的提高将通过名义汇率的增加来实现。

2.（在不同 σ 值下贸易条件的冲击）重复 11.3.7 节中对 $\sigma=1$ 和 $\sigma>1$ 情形的分析。特别是对于 $\sigma>1$ 的情形下，证明贸易余额在初始时是盈余的。

3.（在偏好设定可选择下的需求冲击）求解 11.4 节中偏好由式(11.68)给出的模型。分别分析在预先决定汇率和浮动汇率制下经济对 ϕ 永久性减少的反应，并证明两种制度下的调整是相同的。

4.（在黏性价格模型中对不可贸易品充分就业产出的冲击）考虑 11.4 节中偏好由式(11.66)给出的模型。对于 y_f^N 发生一个未预料到的且永久性的下降，求解出模型的数值解。特别是，确保可以重现图 11.13（要做这个习题，您可能需要修改网上的 Mathematica 程序，这能解决 γ 上升的情形）。

5.（在分割市场经济中的最优固定货币供给）考虑在 11.5 节中发展起来的有分割资产市场的模型。假设偏好是对数型的，并假设政策制定者最大化如下目标函数：

① 从技术上讲，用于减少名义货币余额的价格指数会根据以下偏好中的 c_t^T 和 c_t^N 的权重而变化，但这确实与我们的目的无关。

$$\sum_{t=0}^{\infty}\beta^t[\psi\log(c_t^T)+(1-\psi)\log(c_t^{NT})] \tag{11.115}$$

其中，$\psi\in(0,1)$是参数。证明在没有产出冲击下，政策制定者会发现把货币增长率设定为零是最优的。

参考文献

Aghion, Philippe, Philippe Bacchetta, Romain Ranciere, and Kenneth Rogoff. 2006. Exchange rate volatility and productivity growth: The role of financial development. Working Paper 12117. National Bureau of Economic Research, Cambridge, MA.

Alvarez, Fernando and Andrew Atkeson. 1997. Money and exchange rates in the Grossman-Weiss-Rotemberg model. *Journal of Monetary Economics* 40:619—640.

Atkeson, Andrew, V.V. Chari, and Patrick J. Kehoe. 2007. On the optimal choice of a monetary policy instrument. Working Paper 13398. National Bureau of Economic Research, Cambridge, MA.

Baxter, Marianne and Alan C. Stockman. 1989. Business cycles and the exchange-rate regime: Some international evidence. *Journal of Monetary Economics* 23:377—400.

Beck, Thorsten, Asli Demirguc-Kunt, and Maria Soledad Martinez Peria. 2007. Reaching out: Access to and use of banking services across countries. *Journal of Financial Economics* 85(1):234—266.

Broda, Christian. 2004. Terms of trade and exchange rate regimes in developing countries. *Journal of International Economics* 63(1):31—58.

Calvo, Guillermo A. 1983. Staggered prices in a utility-maximizing framework. *Journal of Monetary Economics* 12(3):383—398.

Calvo, Guillermo A., and Carlos A. Végh. 1999. Inflation stabilization and BOP crises in developing countries. In John B. Taylor and Michael Woodford eds., *Handbook of Macroeconomics*. Amsterdam: North Holland, 1551—1614.

Campbell, John Y. 2006. Household Finance. *Journal of Finance* 61(4):1553—1604.

Claessens, Stijn. 2006. Access to financial services: A review of the issues and public policy objectives. *World Bank Research Observer* 21(2):207—240.

Dai, Chenyuan, and Wai-Mun Chia. 2008. Terms of trade shocks and exchange rate regimes in East Asian countries. Unpublished. Singapore: Nanyang Technological University.

Devereux, Michael B., and Charles Engel. 1998. Fixed vs. floating exchange rates: How price setting affects the optimal choice of exchange-rate regime. Working Paper 6867. National Bureau of Economic Research, Cambridge, MA.

Edwards, Sebastian, and Eduardo Levy Yeyati. 2003. Flexible exchange rates as shock absorbers. Working Paper 9867. National Bureau of Economic Research, Cambridge, MA.

Friedman, Milton. 1953. The case for flexible exchange rates. In *Essays on Positive Economics*. Chicago: University of Chicago Press, 157—203.

Ghosh, Atish, Anne-Marie Gulde, Jonathan Ostry, and Holger Wolf. 1997. Does the nominal exchange rate regime matter? Working Paper 5874. National Bureau of Economic Research, Cambridge, MA.

Lahiri, Amartya, Rajesh Singh, and Carlos A. Végh. 2006. Optimal monetary policy under asset market segmentation. Unpublished manuscript. University of British Columbia.

Lahiri, Amartya, Rajesh Singh, and Carlos A. Végh. 2007. Segmented asset markets and optimal exchange rate regimes. *Journal of International Economics* 72(1):1—21.

Lahiri, Amartya, Rajesh Singh, and Carlos A. Végh. 2008. Optimal exchange rate regimes: Turning Mundell-Fleming's dictum on its head. In Carmen M. Reinhart, Carlos A. Végh, and Andres Velasco, eds., *Money, Crises, and Transition: Essays in Honor of Guillermo A. Calvo*. Cambridge: MIT Press, 21—40.

Lucas, Robert E., Jr. 1982. Interest rates and currency prices in a two-country world. *Journal of Monetary Economics* 10(3):335—359.

Magud, Nicolas. 2006. Exchange rate regime choice and country characteristics: An empirical investigation into the role of openness. Unpublished Manuscript. University of Oregon.

Mulligan, Casey B., and Xavier Sala-i-Martin. 2000. Extensive margins and the demand for money at low interest rates. *Journal of Political Economy* 108(5):961—991.

▶12

实际锚

12.1 引言

正如在第 5 章所讨论的那样，开放经济的“传统”名义锚要么是名义货币供给，要么是名义汇率。我们将其称为“锚”，是因为货币供给或名义汇率的增长率将决定（也即锚定）长期通货膨胀率。尽管在短期或中期中，通胀率可能会偏离货币增长率或货币贬值率，但它最终会趋同于这些长期值。一个新的名义锚——很明显是近年来最广泛使用的——是名义利率，就像第 9 章所讲的那样。虽然一项基于控制名义利率水平的政策可能导致不确定性，但我们已经看到，在确定条件下，这样的政策可能导致定义明确的长期通货膨胀率。长期通胀目标——只要它们是完全可信的——在通胀目标规则的背景下也提供一个名义锚。

在这种背景下，似乎很清楚的是，政策制定者需要设定一些名义锚（即货币供给、汇率、名义利率或通胀目标）来锚定长期的通货膨胀。经济行为人的预期也会随之调整。在没有名义锚的情况下，在模型中没有任何东西可以约束长期通胀。在实践中，我们把这理解为通胀将由预期来决定（而这反过来又没有合理的基础），因此通胀是高度不稳定的。

尽管有如此强大的理论处方，世界各地的政策制定者们还是常常诉诸实际锚而非名义锚。毕竟是这样推理的，如果一个人对直接影响经济增长和消费的真实变量感兴趣（例如实际汇率或实际利率），为什么不试着完全绕过名义变量而直接设定这些实际变量的值呢？因此，尽管具有新古典倾向的经济学家对放弃名义锚的危险发出极端的警告，但政策制定者一次又一次尝试通过控制实际变量，如实际汇率或实际利率来实施货币政策。

作为在任何开放经济体中的一个关键的相对价格变量，实际汇率在政策制定者中可以说是最受欢迎的实际目标。“实际汇率目标”政策的典型目标旨在控制（至少在短期和中期）实际汇率的水平，以确保其在面对国外或国内的冲击时仍能保持在一个大致稳定的水平上；和/或者把实际汇率维持在一个更高的水平上（即一个更大幅度的实际货币贬值），以保持出口竞争力并在贸易收支中实现更小的赤字/更大的盈余。实际汇率目标的一个特别案例是所谓的购买力平价(PPP)规则,这一规则通常会根据过去的通货膨胀来调整名义汇率,以努力保持实际汇率维持不变。正如在专栏 12.1 中所讨论的那样,这些 PPP 规则在拉丁美洲非常受欢迎,大致开始于 1965 年的智利和 1968 年的巴西。

专栏 12.1　实践中的 PPP 规则:它是怎样开始的?

购买力平价规则是指以保持相对稳定的实际汇率为目标,将货币贬值率作为衡量国内和国外通胀差异的某种手段的货币政策规则。它们是“爬行钉住”的一个特例,这是一个由威廉姆森在 1965 年的一篇论文中创造出来的一个术语,指在预先决定汇率体制下,“钉住”是进行小幅度或者渐进的方式进行调整的。这与在布雷顿森林体系下盛行的所谓“调整钉住”正好相反,在“调整钉住”下,货币只会偶尔进行贬值,但每次贬值的幅度会很大(假如资本流动是被允许的,会伴随着出现国际储备损失和/或资本外流)。需要注意的是,这里作为购买力平价规则关键修饰语的“爬行钉住”是一种消极的爬行钉住,因为被设定的货币贬值率是基于过去通货膨胀的差异,这与在第 13 章中要描述的积极爬行钉住是截然不同的,在那里,货币贬值率是根据未来的预期通货膨胀率来设定目标的。

第一个采用正式的 PPP 规则是 1965 年 4 月的智利。卡洛斯·马萨德(Carlos Massad)在与作者的私人交流中提出的想法是放弃现有的汇率制度,新建的汇率体制只有在汇率压力已经达到无法忍受时才允许调整,而且调整采用的是频繁但小幅度的方式来进行,运用这样的调整方式的一个主要目的是阻止投机攻击并保持相对稳定的实际汇率。[a]表 12.1 提供了关于调整的次数、频率和调整比率的详细数据。PPP 规则在统一汇率市场以及其他实施市场化导向的汇率市场背景下被执行。这一规则在 1970 年 11 月结束了,总统萨尔瓦多·阿连德(Salvador Allende)执政后,他重新恢复了汇率控制并对经济实施了广泛的规制。[b]频繁但小幅贬值的想法——与实施固定汇率但偶尔大幅贬值时期完全相反——在图 12.1 中清楚地显示了智利在 1960—1971 年间名义汇率的变化。

在 1968 年 8 月——受智利经验的部分影响——巴西也采纳了 PPP 规则,官方称为“最小化贬值”制度(mini-devaluations,用葡萄牙语表示为“mini-desvalorizacoes”)。[c]在这之前,巴西每年仅贬值一次,但贬值幅度会超过 15%。货币贬值基本是因为国内通货膨胀超过世界通货膨胀,引起人们形成一个更大幅度的贬值预期而产生对国际储备的巨大压力而出现的。根据 Bacha(1979)的研究,从这一体制开始实行到 1976 年 12 月,货币共贬值了 81 次,大约每 38 天贬值一次,平均的贬值幅度为 1.5%。不同于智利的情形,巴西在采纳 PPP 规则的同时还实行相当严格的汇率控制。除了偶尔出现的一点偏差(归因于贸易条件的冲击或者短期的通货膨胀稳定计划)外,巴西基本遵循 PPP 规则——即便这些规则并没有制定得很清晰——一直到 1994 年 7 月雷亚尔计划实施为止。

表 12.1 智利 1965—1970 年间的名义汇率的调整

	调整次数	平均调整的间隔天数	调整比率(%)		
			最大值	平均值	最小值
1965 年 5—12 月	8	30.0	2.9	1.5	0.1
1966	12	30.4	2.3	1.8	1.2
1967 年	16	22.8	2.4	1.8	0.7
1968 年	24	15.3	1.9	1.2	0.8
1969 年	19	19.2	1.7	1.4	0.8
1970 年 1—7 月	12	17.6	1.9	1.7	1.4

资料来源:Ffrech-Davis(1981)。

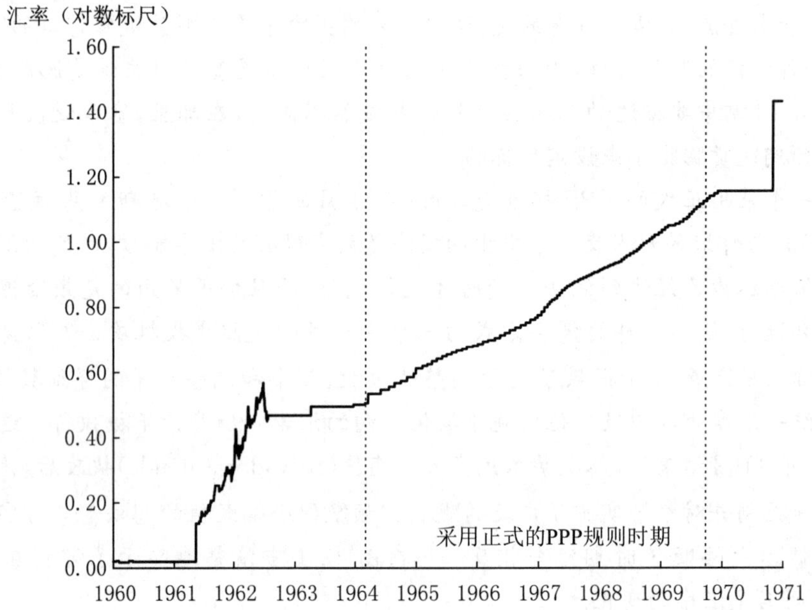

图 12.1 智利 1960—1971 年的名义汇率

注:横坐标中的年份数据为当年 12 月时的数据。

类似地,在 1967 年爆发了一次非常严重的汇率危机以后,哥伦比亚隐含地采纳了 PPP 规则,因此货币在一周内会贬值一到二次,以对国内通货膨胀与主要贸易伙伴的通货膨胀之间的差异作出反应。这一制度一直持续到 1991 年(参见 Cardenas, 2007, Ch.6)。正如 Urrutia(1981)所讲述的那样,在刚开始实施时,哥伦比亚的 PPP 规则并没有被清楚阐释。多年来,政府一直维持最小化贬值反映供求变化的假说。与巴西一样,哥伦比亚的隐含的 PPP 规则也是在严厉的汇率控制中加以执行的。

总而言之,PPP 规则的诞生能追溯到 20 世纪 60 年代中后期的拉美国家(特别是智利、巴西和哥伦比亚等国家)。采取这种小幅贬值制度的目的是为了避免恶性循环(在 16 章中将进行理论描述),在这种恶性循环中,一个高国内通货膨胀率——与固定汇率是不一致的——会最终导致出现代价高昂的汇率危机和大幅度的贬值。政策制定者希望通过频繁但小幅度的贬值来避免这种周期性的危机。至少从形式上讲这种政策的改变毫无疑问是好的。假如一个人认为归功于基本财政赤字的货币融资而导致国内通货膨胀会比国外通货膨胀更高是理所当然的，然后设定一个与通货膨胀率相一致的贬值率（用第 5 章的语言来说就是有一个"可持续"的制度），显然会比选择生活在一个进行严格管制、经济会经历全面汇率危机的世界要好很多。[d] 正如在正文中强调的那样，风险在于经济可能会失去名义锚，和/或需要真正贬值的冲击将比其他情形更具通胀性。

专栏注：

a. 卡洛斯·马萨德（Carlos Massad）是一位智利经济学家（出生于 1932 年），是 1967—1970 年以及 1996—2003 年智利中央银行的主席。在 1964—1965 年，当智利实行 PPP 规则时，他是央行的副主席（他从 1964—1967 年间担任此项职位）也是总统爱德华多·弗雷（Eduardo Frei）经济团队的成员。

b. 对于这一时期更为细节的解释，参见 Ffrench-Davis（1981）的研究。正如在专栏12.2 中讨论的那样，在 1985—1992 年，智利又恢复了 PPP 规则。

c. 对于巴西经验的解释参见 Fendt（1981）的研究。

d. 理论上，根据我们的现金先行模型，用福利标准来衡量，实行固定的贬值率要比开始贬值率为零，然后在时刻 T 作一个跳跃式贬值要来的好。

从宏观经济学的视角来看，关于实际汇率目标存在两个主要的问题。首先，它是有效的吗？换句话说，政策制定者能否"控制"实际汇率的水平，至少是暂时性的？其次——考虑到上面名义锚的讨论——实际利率目标是否会导致更高的（可能更大变化）通胀？

和往常一样，我们的第一直觉是回到最简单的模型中，看看能从中学到什么。为此，12.2 节集中于关注第 7 章中引入的具有弹性价格的简单现金先行模型中的实际汇率目标。作为两个有用的概念化的极端情形，我们首先关注资本完全流动下的情形，然后再关注金融自给自足下的情形。在资本完全流动性下，我们首先证明在稳态均衡中，实际汇率完全由可贸易和不可贸易商品的消费决定，并且不受（永久性）政策变化的影响。然而，政策制定者可以暂时影响实际汇率水平。（暂时的）较高实际汇率（即以实际水平衡量的国内货币贬值幅度更大）可以通过暂时较高的货币贬值（通货膨胀）来实现，这会使得可贸易品的消费更加昂贵。在资本不能流动的情况下，我们可以看到，暂时较高水平的实际汇率也可以实现。值得注意的是，尽管这并不需要更高的通胀，但它确实需要不断增长的国内实际利率，这是由紧缩的货币政策所推动的。在实践中，由于大多数经济体介于资本完全流动和资本完全不流动之间，12.2 节的总体信息是，尽管政策制定者可以成功地设定一个临时性的更高的实际汇率水平（即更大的实际货币贬值水平），但它是以更高的通胀和更高的国内实际利率的组合为代价而产生的。

在结束弹性价格的内容之前，12.3 节在我们的基本模型的背景中说明了 PPP 型规则的风险。假设政策制定者将货币贬值率设定为实际汇率相对于今天水平的一些未来目标的函数。如果今天的实际汇率相对于未来的目标是低的（即用实际水平衡量的通货膨胀是相对升值的），政策制定者将设定较高的货币贬值率。我们证明这种经济将完全失去名义锚，当然这是在货币贬值率是不确定的这一意义上说的。无论私营部门预期的实际汇率路径如何，都将存在一种与此类路径相一致的货币贬值率。在这个模型中，没有什么可以约束未来的货币贬值率。

12.4 节关注一个具有黏性通货膨胀的经济。政策制定者遵循 PPP 类型规则，经由这一规则，货币贬值率的设定考虑进当前的不可贸易商品的通货膨胀率。在这样的背景下考虑一个冲击——例如，可贸易商品供给的增加——这就要求可贸易商品的相对价格下降（即实际升值）。在缺乏 PPP 规则的情况下，这种实际升值将会随着时间的推移而发生，而不可贸易商品的通货膨胀率将高于（不变的）货币贬值率。有了 PPP 规则，更大的贬值率在短期内延缓了这个过程，当然无法阻止在长期中的实际升值。然而，更高的贬值率要求更高的通货膨胀率来影响必要的实际升值。因此，PPP 规则的存在显然是具有通货膨胀倾向的。

然后我们的注意力转向实际利率目标。一个使用实际利率作为主要政策工具的基本例子是在 1985—2001 年间的智利。12.5 节利用在 12.4 节中发展起来的黏性通货膨胀经济来阐明这一问题。我们的第一个结论是一个纯粹的实际利率目标，凭此政策制定者设定一个实际利率的给定水平会导致出现不确定的通货膨胀率。在模型中没有什么可以约束通货膨胀的水平。然后我们研究泰勒类型规则，凭此实际利率会根据通胀偏离通胀目标之间的幅度而改变。如果是可信的，通胀目标锚定了长期的通胀预期，因此可以为经济提供一个名义锚。

最后，12.6 节阐释了所谓的“门槛规则”的危险，藉此政策制定者会根据一些目标的条件而预先宣布政策措施。例如，政策制定者可能宣布，如果经常账户赤字达到一个确定的门槛，然后将征收关税。我们将证明这种规则是如何导致多重均衡的，在这种情况下，仅这一规则的宣布就会导致出现政策制定者尽力要避免的场景。

12.2 在弹性价格模型中的实际汇率目标

我们从观察在一个有弹性价格世界背景下的实际汇率目标开始我们的旅程。具体来说，考虑到在第 7 章分析的现金先行、两商品模型（可贸易商品和不可贸易商品）。然而，与第 7 章不同，我们还将考虑无资本流动的情形。因此，我们将以如下的方式建立模型，以至于我们能专门化地处理资本完全流动或者无资本流动的案例。[①]我们将假定经济是在预先决定汇率下运行，并且外国通货膨胀率为零。

① 我们追随 Calvo、Reinhart 和 Végh(1995)的处理方法。

12.2.1 消费者

偏好由下式给出：

$$\int_0^{\infty}[u(c_t^T)+v(c_t^N)]\exp(-\beta t)\mathrm{d}t \tag{12.1}$$

此处 c_t^T 和 c_t^N 分别表示可贸易商品和不可贸易商品的消费，$\beta(>0)$是折现率，$u(\cdot)$和 $v(\cdot)$是严格递增且严格凹的函数。国家面对给定的世界实际利率 r。由于资本不完全流动，用可贸易商品衡量的国内实际利率 ρ 可能不同于 r。①国内贴现因子（用可贸易商品衡量的）由下式给出：

$$D_t=\exp\left(-\int_0^t\rho_s\mathrm{d}s\right) \tag{12.2}$$

注意，在 $\rho_s=r$ 的特定情况下，那么，$D_t=\exp(-rt)$。

跨期约束由下式给出（参见附录 12.8.1）②：

$$\int_0^{\infty}\left(y^T+\frac{y^N}{e_t}+\tau_t\right)D_t\mathrm{d}t=\int_0^{\infty}\left(c_t^T+\frac{c_t^N}{e_t}+i_tm_t\right)D_t\mathrm{d}t \tag{12.3}$$

此处 y^T 和 y^N 分别是给定的可贸易商品和不可贸易商品禀赋的水平，e_t 是实际汇率，定义为用不可贸易品衡量的可贸易品的相对价格，τ_t 是来自政府的一次性转移，i_t 是名义利率，m_t 是用计价品（可贸易商品）衡量的实际货币余额。货币是通过现金先行约束而引入的：

$$m_t=\alpha\left(c_t^T+\frac{c_t^N}{e_t}\right) \tag{12.4}$$

这里 α 是一个正参数。将现金先行约束式(12.4)代入到跨期预算约束中，我们能得到：

$$\int_0^{\infty}\left(y^T+\frac{y^N}{e_t}+\tau_t\right)D_t\mathrm{d}t=\int_0^{\infty}\left(c_t^T+\frac{c_t^N}{e_t}\right)(1+\alpha i_t)D_t\mathrm{d}t \tag{12.5}$$

消费者在式(12.5)的约束下，通过选择$\{c_t^T,\ c_t^N\}_{t=0}^{\infty}$来最大化式(12.1)。相应的拉格朗日函数为：

$$\begin{aligned}\mathcal{L}=&\int_0^{\infty}[u(c_t^T)+v(c_t^N)]\exp(-\beta t)\mathrm{d}t\\&+\bar{\lambda}\left[\int_0^{\infty}\left(y^T+\frac{y^N}{e_t}+\tau_t\right)D_t\mathrm{d}t-\int_0^{\infty}\left(c_t^T+\frac{c_t^N}{e_t}\right)(1+\alpha i_t)D_t\mathrm{d}t\right]\end{aligned}$$

这里，我们用 $\bar{\lambda}$ 来表示与约束式(12.5)相关的乘子。

一阶条件由以下式子给出：

---

① 注意不要把 ρ 与 r^d 相混淆，这是我们在本章后面要引入的一个概念，代表的是用不可贸易商品衡量的国内实际利率。

② 出于简单性考虑，但并不会损失一般性，我们在这里假设初始的实际金融资产为零。

$$u'(c_t^T)\exp(-\beta t)=\bar{\lambda}(1+\alpha i_t)D_t \tag{12.6}$$

$$v'(c_t^N)\exp(-\beta t)=\frac{\bar{\lambda}}{e_t}(1+\alpha i_t)D_t \tag{12.7}$$

当然,这些都是在第 7 章中所熟悉的一阶条件。唯一的区别是,由于资本控制下的实际利率可能的内生性,$\exp(-\beta t)$项并不一定等于 D_t。自然,在资本完全流动下,这两项会抵消(参见下文)。

12.2.2 政府

政府预算约束通常采取如下形式:

$$\dot{h}_t=rh_t+\dot{m}_t+\varepsilon_t m_t-\tau_t \tag{12.8}$$

此处,h_t 表示政府的净外国资产,ε_t 是贬值率。

12.2.3 均衡条件

在资本完全流动下,$\rho_t=r$ 和利率平价定理都将成立(回忆外国通货膨胀是零):

$$i_t=r+\varepsilon_t \tag{12.9}$$

对于资本管制的情形,我们将名义利率定义为:

$$i_t=\rho_t+\varepsilon_t \tag{12.10}$$

不可贸易商品市场的均衡要求:

$$c_t^N=y^N \tag{12.11}$$

正如附录 12.8.1 所显示的那样,经济的资源约束是由下式给出(假设经济的初始净外国资产为零):

$$\frac{y^T}{r}=\int_0^\infty c_t^T\exp(-rt)\mathrm{d}t \tag{12.12}$$

12.2.4 资本完全流动

在资本完全流动下,对于所有 t 均有 $\rho_t=r$,并且模型也可简化为我们在第 7 章中引入的标准现金先行模型。假设 $\beta=r$ 并使用方程式(12.11),一阶条件式(12.6)和式(12.7)可被表示为:

$$u'(c_t^T)=\bar{\lambda}(1+\alpha i_t) \tag{12.13}$$

$$e_t=\frac{u'(c_t^T)}{v'(y^N)} \tag{12.14}$$

首先考虑具有固定实际汇率的完全预期均衡路径(PFEP);也就是说,$e_t=e$。条件式(12.14)清楚地表明,由于 e_t 随着时间的推移是恒定的,c_t^T 必须是恒定的。根据资源约束式(12.12)可得,c_t^T 的恒定值将由下式给出:

$$c^T=y^T$$

根据方程式(12.14),实际汇率的恒定值将由下式给出:

$$e=\frac{u'(y^T)}{v'(y^N)}$$

根据式(12.13),c_t^T 的恒定性要求固定的名义利率,根据利率平价条件式(12.9),这需要恒定的贬值率。注意,只要货币贬值率是恒定的,其绝对水平事实上是无关紧要的。因此,恒定的实际汇率是独立于贬值率的水平。换句话说,政策制定者无法通过贬值率的永久性变化来影响实际汇率。

现在假设决策者想要实现暂时性的更高(即更大的贬值)的实际汇率水平,也许是为了通过经常账户盈余来积累储备。具体来说,假设政策制定者致力于在 $t\in[0, T)$ 期设定一个实际汇率水平 $e^1(>e)$(图 12.2a)。为了达到这一目标,用 $(c^T)^1$ 表示的可贸易商品的消费水平,需要通过下式给出:

$$e^1=\frac{u'((c^T)^1)}{v'(y^N)} \tag{12.15}$$

显然,$(c^T)^1<c^T$。对于 $(c^T)^1$ 和 T 的给定值,经济的资源约束条件将会决定一个唯一的 $(c^T)^2$ 值(见图 12.2b)。相应的贸易余额路径显示在图 12.2c 中。名义利率的值对时期 $T\in(0, T)$ 需要实现 $(c^T)^1$ 水平,可以使用表达式(12.13)来推导欧拉方程:

$$\frac{u'((c^T)^1)}{u'((c^T)^2)}=\frac{1+\alpha i^1}{1+\alpha i^2} \tag{12.16}$$

对于给定的 i^2——由政策制定者选择的——方程式(12.16)要确定 i^1 的值,需要设定一个给定的 $(c^T)^1$ 水平,因此,可以通过方程式(12.15)中的 e^1 来实现。图 12.2d 说明了 i_t 的路径。根据利率平价,贬值率在 0 和 T 间也将更高。①

我们推断以更高通胀率为代价来实现暂时性更高的实际汇率目标是有可能的。然而,从社会福利的角度来看,应该清楚这种政策是次优的,因为第一最优要求一个平滑的消费路径。②正如在专栏 12.2 中所讨论的那样,实证证据表明,在以实际汇率为目标的时期——通常包括政策制定者试图实施一个更高的实际汇率水平(即实际货币贬值)——确实会导致出现暂时性更高的通胀。

① 不可贸易商品的通货膨胀率 π_t,在 0 和 T 之间也会变得更高,这是因为 $\dot{e}_t=0$ 意味着 $\pi_t=\varepsilon_t$。

② 然而,有趣的是我们也能构建一个案例,在这一案例中以实际汇率为目标的政策实际上是最优的。这样的案例可以在本章习题 1 中找到。假如国外通胀率是正的,正如在第 3 章中所显示的那样,i_t^* 的非平滑路径会导致跨期扭曲出现。通过设定一个 ε_t 的非平滑路径,政策制定者能消除这种扭曲从而恢复到第一最优均衡中。

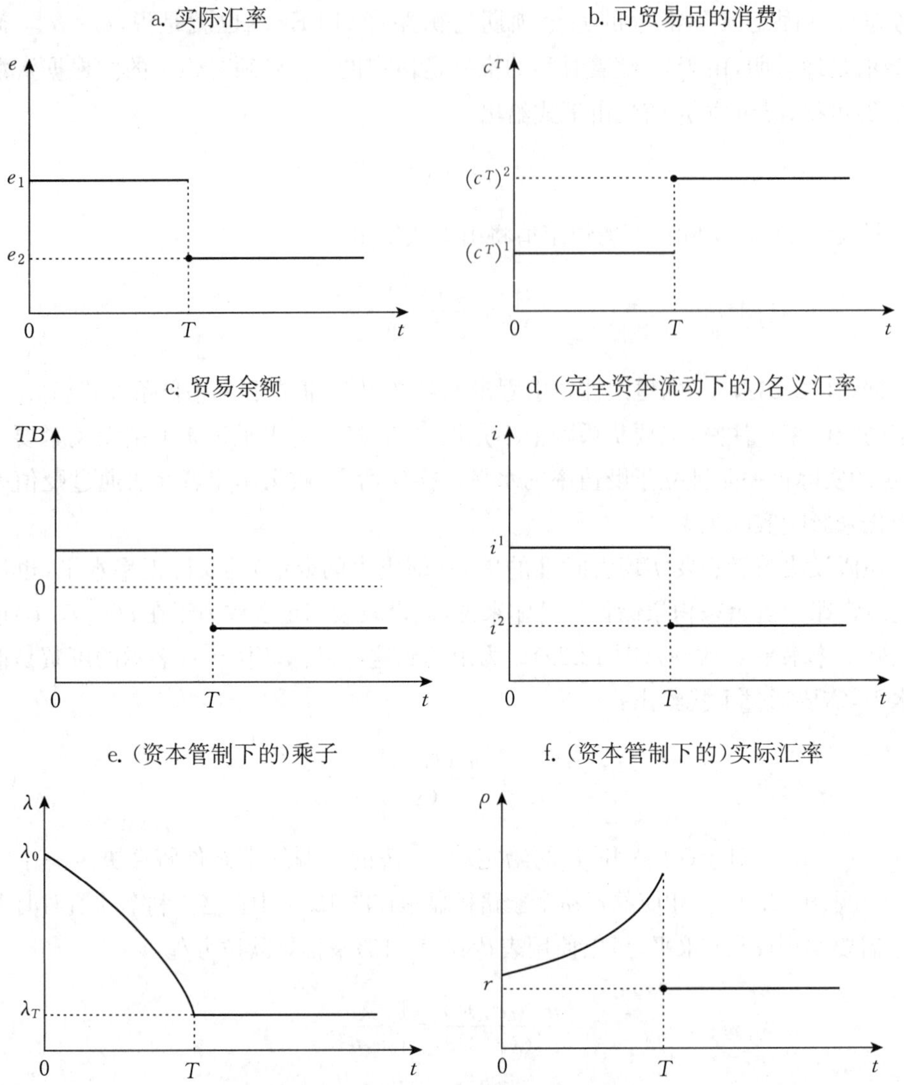

图 12.2　在浮动价格下的实际汇率目标

专栏 12.2　实际汇率目标是具有通货膨胀倾向的吗？

12.2 节到 12.4 节的内容强调了实际汇率目标的潜在通货膨胀倾向性结果。但是经验证据又是怎样的呢？巴西、智利和哥伦比亚在很长的一段时期里是实行实际汇率目标和 PPP 规则的（参见专栏 12.1）。图 12.3 提供了分析这三个国家经验的一些相关数据。[a]图中左边部分显示的是名义汇率和 PPP 汇率对数值的演变路径。[b]垂直线表明这些 PPP 规则或者明显或者隐含有效的时期。背后的思想是假如 PPP 规则正在被执行，那么实际汇率应该接近于它的 PPP 值。图中右边部分显示了三个国家实际汇率和通货膨胀率的演进。[c]

在 1985 年 7 月智利建立了一个汇率变动幅度制度，它的中间价根据国内和国际通货膨胀的差额每天进行调整。引人注目的是，智利一直恪守这一制度直到 1992 年

1 月，当时有强劲的资本流入导致了汇率发生 5%的升值（参见图 12.3a 中的左边部分）。在图 12.3 右边，我们能看到在实行 PPP 规则期间通货膨胀维持在一个相对高位并波动较大，并在 1992 年智利放弃了 PPP 规则以后开始出现系统性的下降。[d]在初始时期，智利也为我们提供了一个很好的有意实施更高水平实际汇率的政策案例。实际上，在 1981—1985 年间，为了达到实际贬值的目的，智利施行了极具激进性的名义货币贬值政策。这一经历清楚地显示在图 12.3a 中的左边部分。

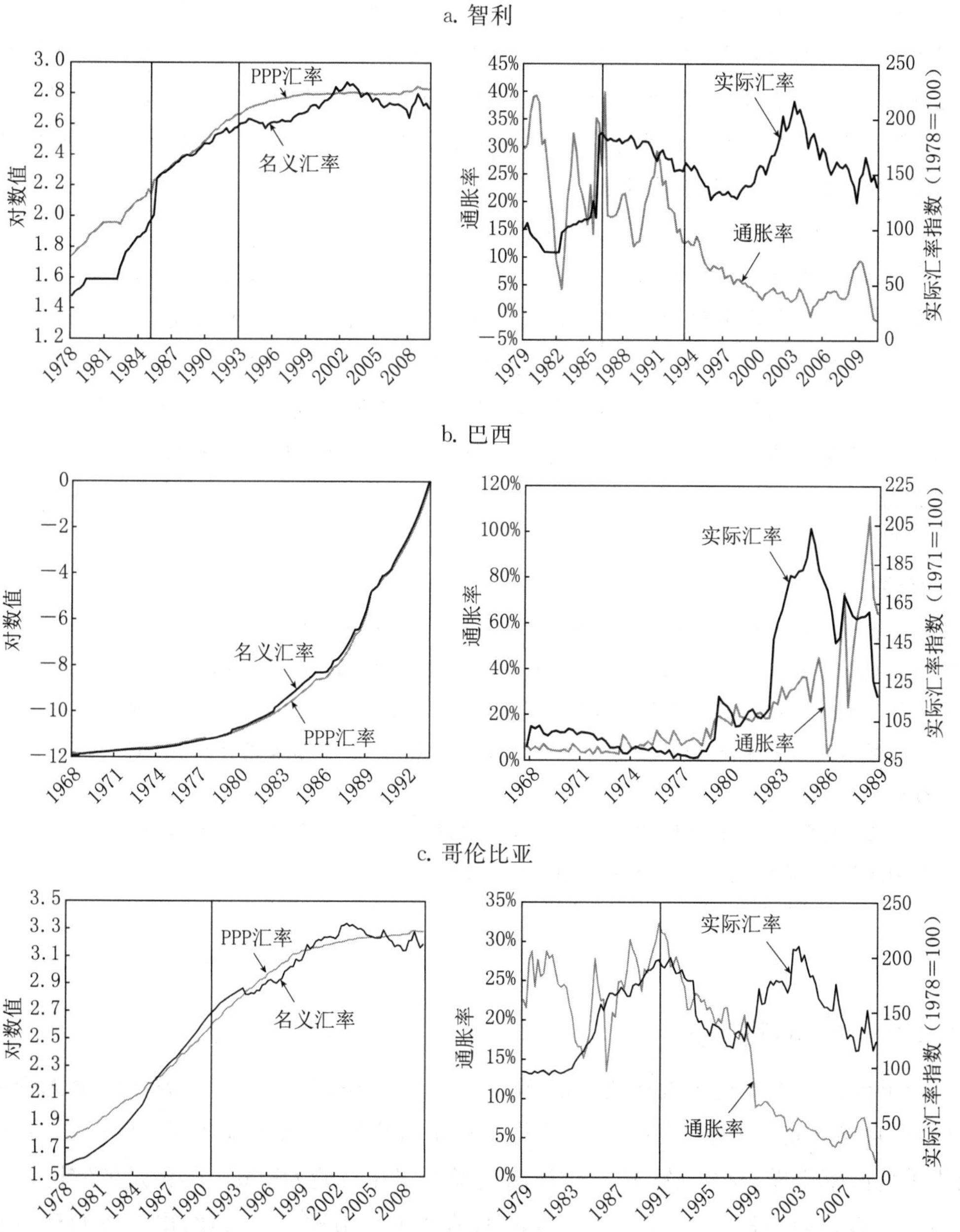

图 12.3　智利、巴西和哥伦比亚采取的 PPP 规则

正如在专栏12.1中所讨论的那样，巴西在1968年8月开始实施PPP规则，期间有偶尔的中断，本质上是维持这一政策直到1994年7月开始实施雷亚尔计划。在图12.3b中的左边部分显示了实际的名义汇率轨迹是非常接近PPP汇率的，这与解释是非常一致的。图中的右边部分显示了从1979年油价冲击开始，通货膨胀因要对各种外部冲击作出反应，而成为相对高的并波动较大。由于缺乏名义锚而使得通货膨胀完全失控。

在专栏12.1中也提到，哥伦比亚在1967年也开始实施PPP规则，并且一直维持到1991年。再一次的，我们能在图12.3c中的左边部分看到与我们观点一致的走势。也可以注意到，在1985年曾经实施过一次通过货币快速贬值来实现实际贬值的努力。图中的右边部分显示通货膨胀也一直维持在一个较高且波动较大的水平上，直到1991年PPP规则被废除为止。

Calvo、Reinhart和Végh(1995)进一步验证了如下观点：暂时的通货膨胀指数与实际汇率之间应该有正相关关系。为了实现这一目的，考虑到在所有的三个国家实际汇率都是非平稳的，他们利用贝弗里奇-尼尔森分解方法把实际汇率分解为永久性部分和暂时性部分。在所有的三个国家相关性都有预期的符号并且为统计非零，具体值在0.26—0.42之间。因此实证证据支持这样一种观点，即以实际贬值程度更高的货币为目标，或阻止货币实际升值以应对正向冲击的就是通货膨胀。

专栏注：

a. 数据来源于IMF的国际金融统计(IFS)和全球金融数据库(GFD)。

b. 利用Calvo、Reinhart和Végh(1995)的方法，PPP汇率被计算为国内CPI与美国CPI的比率，设定等于实际汇率值，巴西为78.01，智利为85.07，哥伦比亚为86.01。在巴西案例中，基础数据与样本开始时是一致的；在智利和哥伦比亚的案例中，基础数据标记为PPP规则开始生效时。

c. 实际汇率被定义为EP^*/P，其中，E是名义汇率，P^*为美国的CPI，P为本国国内的CPI。

d. 因为我们没有控制大量的因素，这些图仅作为参考。

12.2.5 资本管制

为了说明资本不完全流动的情形，就像在第2章中那样，让我们关注完全无资本流动(金融自给自足)的极端案例。在不失一般性的情形下，我们假设由政策制定者设定的货币贬值率为零。再一次，假设政策制定者希望在时期$t \in [0, T)$设定的实际汇率水平为e^1。像以前一样，这要求可交易商品的消费水平由式(12.15)给出。我们现在来证明政策制定者可以通过对货币供应量的调节来把实际汇率引导到自己所希望的路径上。

很容易证明，经济从时点 T 开始会实现稳态均衡，对全部的 $t \geqslant T$，有 $\rho_t = r$。因此，根据方程式(12.6)有：

$$u'((c^T)^1) = \lambda_t(1+\alpha i_t), \ 0 \leqslant t < T \tag{12.17}$$

$$u'((c^T)^2) = \lambda_t(1+\alpha r), \ t \geqslant T \tag{12.18}$$

其中

$$\lambda_t \equiv \begin{cases} \bar{\lambda} D_t \exp(\beta t), & 0 \leqslant t < T \\ \lambda_T, & t \geqslant T \end{cases} \tag{12.19}$$

让式(12.19)对时间求导数[同时考虑进，从方程式(12.10)可以推导出 $\varepsilon_t = 0$，$i_t = \rho_t$]，得到：

$$\dot{\lambda}_t = \lambda_t(\beta - i_t), \ 0 \leqslant t < T \tag{12.20}$$

使用式(12.17)求出 i_t，并代入进式(12.20)，我们能得到：

$$\dot{\lambda} = \left(\frac{1}{\alpha} + \beta\right)\lambda_t - \frac{u'((c^T)^1)}{\alpha}, \ 0 \leqslant t < T \tag{12.21}$$

根据定义——回忆式(12.19)和式(12.2)——λ_t 在时间 T 上是连续的。因此，λ_t 的均衡路径可以通过求解微分方程式(12.21)而得到，当然需要附加上对 $t = T$ 时由式(12.18)给出的终端条件。附录 12.8.2 表明，满足这些条件的 λ_t 路径如图 12.2e。

现在，让我们推导 $\rho_t (= i_t)$ 的路径。根据式(12.17)，随着时间的推移，λ_t 减少的事实意味着 ρ_t 随着时间的推移会增加。而且，由于 λ_t 在时间 T 上是连续的，方程式(12.17)和式(12.18)暗示 ρ_t 在时间 T 上必须下降。进一步，我们能证明 $\rho_0 > \beta$。为此，注意由于 $\dot{\lambda}_0 < 0$，从式(12.21)中可以推得：

$$(1+\alpha\beta)\lambda_0 < u'((c^T)^1)$$

给定式(12.17)，意味着 $\rho_0 > \beta$(回忆下 $\beta = r$)。图 12.2f 说明了实际利率的路径。

政策制定者如何制定国内实际利率的路径？答案是通过紧缩货币。要看明白这一点，使用不可贸易商品市场均衡条件式(12.11)将现金先行约束式(12.4)重写为：

$$m_t = \alpha\left(c_t^T + \frac{y^N}{e_t}\right)$$

由于在 $t \in [0, T)$ 时期，c_t^T 是恒定且相对较低的，e_t 是恒定且相对较高的，m_t 也是恒定的且相对较低。这意味着名义货币供给在 $[0, T)$ 期间比之后会更低。在时间 T，名义货币供给会上升以便支持更高的可贸易商品的消费以及更低的 e_t。给定汇率是固定的，m_t 的路径决定了 M_t 的路径。因此，名义货币存量在 $t \in [0, T)$ 时期是相对较低的，并在时刻 T 上升。在 $t \in [0, T)$ 期间实施的紧缩货币政策限制了经济中可用的流动性数量，并迫使可贸易商品的消费下降和不可贸易商品的需求下降，这转化为不可贸易商品的相对低价格(即较高的 e_t)。

12.3 弹性价格模型中的实际汇率规则

本节展示一个灵感来自 Uribe(2003)的例子,在那里实际汇率规则会导致多重均衡。①该模型与 12.2.4 节的相同(即资本完全流动情况),唯一的修改之处在于为了简化过程,我们将假定偏好为对数型的。我们继续使用上标 1 来表示在 $t\in[0, T)$期间的值,上标 2 表示 $t\geqslant T$ 时的值。

假设决策者设定 $\varepsilon^1=0$,但他们将根据下列实际汇率规则来设定 ε^2:

$$\varepsilon^2=\frac{1+\alpha r}{\alpha}\left(\frac{e^2}{e^1}-1\right) \tag{12.22}$$

为解释这条规则,想到政策制定者有一些关于实际汇率 e^2 的"长期"目标。如果当前实际汇率不同于这一目标,他们会调整 ε^2。例如,如果 $e^1<e^2$,然后,它们将设定一个正的货币贬值率(即 $\varepsilon^2>0$)。

在对数型偏好之下,考虑到条件式(12.12)、式(12.14)和式(12.16),均衡路径将由下式给出:

$$\frac{(c^T)^1}{(c^T)^2}=\frac{1+\alpha(r+\varepsilon^2)}{1+\alpha r} \tag{12.23}$$

$$e^1(c^T)^1=y^N \tag{12.24}$$

$$e^2(c^T)^2=y^N \tag{12.25}$$

$$y^T=(c^T)^1[1-\exp(-rT)]+(c^T)^2\exp(-rT) \tag{12.26}$$

我们将表明,如果央行根据规则式(12.22)行事,那么 ε^2 将是未确定的。换句话说,任何满足式(12.24)、式(12.25)以及式(12.26)的实际汇率路径都将是一个完全预期均衡路径。

为证明这一点,选择一个给定的 e^1。然后,条件式(12.24)确定了一个给定的$(c^T)^1$值。一旦这个$(c^T)^1$ 值确定了,通过资源约束式(12.26),$(c^T)^2$ 的值也能确定。这个值反过来通过式(12.25)可以确定 e^2 的值。然后,方程式(12.23)将给我们 ε^2 的值,这是一个与$(c^T)^1/(c^T)^2$ 比率相一致的值。这个 ε^2 值可通过政策规则式(12.22)加以验证。因此,任何公众预期的 e^1 值由相应的 ε^2 来加以验证。②

直觉上看,如果消费者预期到今天会有相对较低的实际汇率(即 e^1 相对于 e^2 是低的),那么根据规则式(12.22),政策制定者将通过设置一个正的 ε^2 来作出反应。这通过使

① 完整分析参见 Uribe(2003)。在一个相似的模型中,Lahiri(2001)分析了通过对外国债券征税以实现实际汇率目标(或者等价的为贸易余额目标),并证明这种政策会导致出现不稳定动态。虽然模型是相当不同的,但这一部分的信息大量是来自 Dornbusch(1982)早期的贡献。在那里他认为 PPP 规则可以导致价格和产出更为不稳定。在一个更为广泛的背景下,Bruno(1993, ch.3)分析了缺少名义锚是如何导致一个"冲击和协调"的过程,经由这个过程通货膨胀获得了它自身的生命(即与基本的财政赤字无关)。

② 注意表达式(12.22)是从式(12.23)、式(12.24)和式(12.25)中联合推导出来的,因此我们有一个由式(12.23)—式(12.26)四个方程构成的方程组,但对应的未知数有五个[e^1、e^2、$(c^T)^1$、$(c^T)^2$、ε^2]。因此,这是一个不能确定的系统。

今天消费比未来的消费更便宜而引入了一个跨期扭曲(回忆一下 $\varepsilon^1=0$)。其结果是,消费者将消费从未来转向现在。现在相对于未来对不可贸易商品更高的需求会导致 e^1 相对于 e^2 较低,从而验证最初的预期。

因此,我们已经表明,采用规则式(12.22)意味着未来的货币贬值率是不确定的。因而经济没有名义锚。①

12.4 黏性通货膨胀模型中的 RER 目标

在上两节中,我们研究了在弹性价格下的实际汇率目标。尽管这样的框架为我们提供了一些有用的见解,但它并没有为研究实践中经常遇到的实际汇率规则提供帮助。为此,本节将着眼于在价格水平和不可贸易商品的通货膨胀率都是黏性的模型背景下研究实际汇率规则。

考虑一个完全融入世界商品和资本市场的小型开放经济体。外国通货膨胀假定是零(我们将国外名义价格标准化为 1)。除非另注,我们继续使用相同的符号。

12.4.1 消费者

偏好由式(12.27)给出:

$$\int_0^{\infty}[\log(c_t^T)+\log(c_t^N)+\log(m_t)]\exp(-\beta t)\mathrm{d}t \tag{12.27}$$

流量约束为:

$$\dot{a}_t=ra_t+y_t^T+\frac{y_t^N}{e_t}+\tau_t-c_t^T-\frac{c_t^N}{e_t}-i_tm_t \tag{12.28}$$

相应的跨期约束由式(12.29)给出:

$$a_0+\int_0^{\infty}\left(y_t^T+\frac{y_t^N}{e_t}+\tau_t\right)\exp(-rt)\mathrm{d}t=\int_0^{\infty}\left(c_t^T+\frac{c_t^N}{e_t}+i_tm_t\right)\exp(-rt)\mathrm{d}t \tag{12.29}$$

一阶条件采取熟悉的形式(假设 $\beta=r$):

$$\frac{1}{c_t^T}=\lambda \tag{12.30}$$

$$\frac{1}{c_t^N}=\frac{\lambda}{e_t} \tag{12.31}$$

$$\frac{1}{m_t}=\lambda i_t \tag{12.32}$$

① 在内生生产且通货膨胀具有生产性角色(例如,因为实际货币余额进入生产函数)的情形下,这种不确定性会把它自身延伸进经济的实际部门中去。

结合式(12.30)和式(12.31),我们可以得到标准的期内条件:

$$c_t^T=\frac{c_t^N}{e_t} \tag{12.33}$$

我们的标准货币需求可以由式(12.30)和式(12.32)得到:

$$m_t=\frac{c_t^T}{i_t} \tag{12.34}$$

为进一步的参考,回忆下第8章,我们把用不可贸易商品衡量的实际货币余额(n_t)定义为:

$$n_t=\frac{M_t}{P_t^N}$$

由于 $n_t=e_t m_t$,这一点可以很容易地证明,我们可以结合一阶条件式(12.31)和式(12.32)而得到:

$$n_t=\frac{c_t^N}{i_t} \tag{12.35}$$

12.4.2 供给侧

可贸易商品的供给被假设为外生的且随着时间的推移是恒定的,用 y^T 表示。然而,不可贸易商品的产出是由需求决定的。不可贸易商品的价格水平和通货膨胀率都被假定具有黏性的。不可贸易商品的通货膨胀率被假定是由以下微分方程所决定的:

$$\dot{\pi}_t=\theta(c_t^N-y_f^N)+\gamma(\varepsilon_t-\pi_t) \tag{12.36}$$

此处 θ 和 γ 是正参数,y_f^N 是充分就业水平下不可贸易商品的产出。当总需求位于充分就业水平之上时[方程式(12.36)中右端的第一项]以及当目前通货膨胀率位于货币贬值率之下时(右端的第二项),不可贸易商品的通货膨胀率将增加。

12.4.3 政府

政府的阐释是标准的。政府的流量约束由下式给出:

$$\dot{h}_t=rh_t+\dot{m}_t+\varepsilon_t m_t-\tau_t \tag{12.37}$$

12.4.4 政策规则

作为一个反映政策制定者关心实际汇率的政策规则例子,假设货币实际贬值率是按照以下规则设定的:

$$\varepsilon_t=\eta\bar{\varepsilon}+(1-\eta)\pi_t,\ 0<\eta\leqslant 1 \tag{12.38}$$

这里,$\bar{\varepsilon}$可以被视为长期的货币贬值率(即稳态的贬值率和通货膨胀率)。货币贬值率现在是一个内生变量。如果 $\eta=1$,在它不对当前的经济状态作出反应这一意义上说,货币贬值率就充当一个“纯粹”的名义锚。如果 $\eta<1$,那么货币贬值率会对当前的通货膨胀率作出反应。η 越低,当前货币贬值率对当前通货膨胀的反应越大,这反映了政策制定者试图阻止实际汇率过快下跌(即为了防止本国货币的实际升值过快)。

12.4.5 均衡条件

给定资本完全流动,利率平价条件将成立:

$$i_t=r+\varepsilon_t \tag{12.39}$$

不可贸易商品市场的均衡要求:

$$c_t^N=y_t^N \tag{12.40}$$

根据定义,$e_t=E_t/P_t^N$。因此:

$$\frac{\dot{e}_t}{e_t}=\varepsilon_t-\pi_t \tag{12.41}$$

结合消费者的流量约束[由方程式(12.28)给出]与政府的流量约束[由方程式(12.37)给出],并利用式(12.39)和式(12.40),我们可以得到:

$$\dot{k}_t=rk_t+y^T-c_t^T \tag{12.42}$$

这里,$k_t(\equiv b_t+h_t)$表示经济的总净外国资产。不断朝前迭代式(12.42)并施加相应的横截性条件,我们能够得到:

$$k_0+\frac{y^T}{r}=\int_0^{\infty}c_t^T\exp(-rt)\mathrm{d}t \tag{12.43}$$

供进一步参考,请注意,根据式(12.30)和式(12.43),c_t^T 将沿着 PFEP 运动并且是恒定的,其值由下式给出:

$$c^T=rk_0+y^T \tag{12.44}$$

12.4.6 动态系统

我们将构建一个由 π_t 和 e_t 组成的两个微分方程系统。为此,代政策规则式(12.38)分别进入方程式(12.36)和式(12.41),并使用式(12.33)以得到:

$$\dot{\pi}_t=\theta(e_tc^T-y_f^N)+\gamma\eta(\bar{\varepsilon}-\pi_t) \tag{12.45}$$

$$\dot{e}_t=e_t\eta(\bar{\varepsilon}-\pi_t) \tag{12.46}$$

此处,c^T 是由式(12.44)给定的。为建立系统的稳定状态,设定方程式(12.45)和式(12.46)中的 $\dot{\pi}_t=\dot{e}_t=0$,以得到:

$$\pi_{ss}=\bar{\varepsilon} \tag{12.47}$$

$$e_{ss}=\frac{y_f^N}{c^T} \tag{12.48}$$

在稳定状态附近线性化该系统，我们可以得到：

$$\begin{bmatrix}\dot{\pi}_t\\ \dot{e}_t\end{bmatrix}=\begin{bmatrix}-\gamma\eta & \theta c^T\\ -e_{ss}\eta & 0\end{bmatrix}\begin{bmatrix}\pi_t-\pi_{ss}\\ e_t-e_{ss}\end{bmatrix} \tag{12.49}$$

与线性近似相关的矩阵的迹和行列式分别是：

$$\mathrm{Tr}=-\gamma\eta<0$$
$$\Delta=e_{ss}\eta\theta c^T>0$$

一个负的迹表示至少有一个根是负的。正行列式则意味着两个根有相同的符号。我们可以得出结论，这两个根都是负的(或有一个真正为负的部分)，因此，动态系统是全局稳定的。

正如附录 12.8.3 所示，如果下式成立将是实根：

$$\eta\geqslant\frac{4\theta y_f^N}{\gamma^2} \tag{12.50}$$

在其他条件相同时，η 越低，越可能为复数根。这是直观的，因为根据政策规则式(12.38)可知，一个更低的 η 意味着政策制定者在设定货币贬值率时会对当前的通货膨胀给予一个更大的权重。①

像往常一样，我们通过构造一个相图来描述这个动态系统的定性行为。首先，我们绘制$\dot{\pi}_t=0$ 和$\dot{e}_t=0$ 的轨迹。为此，在方程式(12.45)中设定$\dot{\pi}_t=0$ 以及在方程式(12.46)中设定$\dot{e}_t=0$ 来分别得到：

$$\theta(e_t c^T-y_f^N)=-\gamma\eta(\bar{\varepsilon}-\pi_t) \tag{12.51}$$

$$\pi_t=\bar{\varepsilon} \tag{12.52}$$

方程式(12.52)意味着$\dot{e}_t=0$ 轨迹是一条水平线，如图 12.4 所示。根据式(12.51)可以推出，由下式可以给出$\dot{\pi}_t=0$ 轨迹的斜率：

$$\left.\frac{\mathrm{d}\pi_t}{\mathrm{d}e_t}\right|_{\dot{\pi}_t=0}=\frac{\theta c^T}{\gamma\eta}>0$$

其值为正(参见图 12.4)。像之前的章节一样处理，我们可以画出在图 12.4 所示的运动定律。由于系统是全局稳定的，无论初始条件是什么，它将收敛到稳定状态。②

① 后面出于理论分析的目的，我们将假设两个根都是实的。

② 条件式(12.50)在决定两个根是否是实根时所起的作用能借助图 12.4 清晰看出。注意在图中，η 越低，$\dot{\pi}_t=0$ 的轨迹会越陡，这会使得系统在没有波动的情况下不太可能收敛到稳定状态。

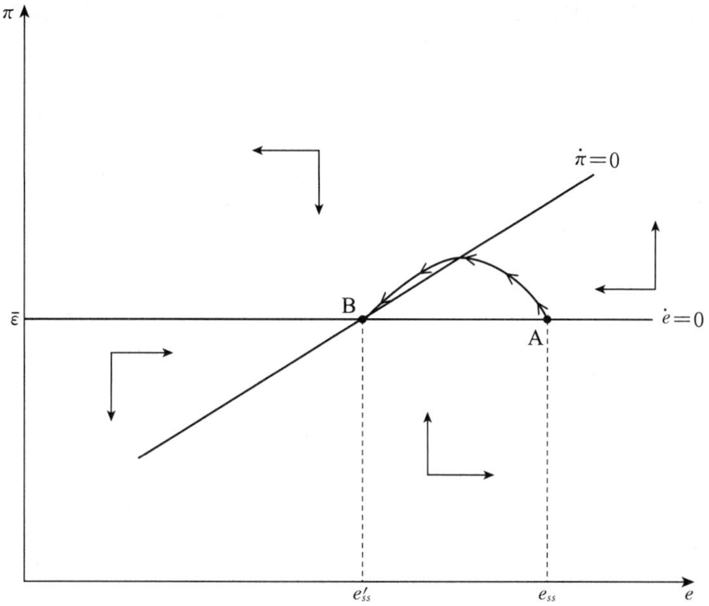

图 12.4　黏性通货膨胀模型中的实际汇率目标:相图

12.4.7　可贸易商品供给的永久增加

假设在时间 $t=0$ 之前,经济处于图 12.4 上由点 A 给出稳定状态。在时点 $t=0$ 时,可贸易商品禀赋 y^T 有一个未预期到的且是永久性的增加(图 12.5a)。根据式(12.44)可以推得,可贸易商品的消费将在瞬间调整到新的稳定状态(图 12.5b)。

根据动态系统,正如式(12.48)所清楚表明的那样,c^T 增加的结果是 e_{ss}将下降。令图 12.4 中的点 B 代表新的稳定状态(及 e'_{ss}表示新的实际汇率的稳态值)。由于 π_t 和 e_t 都是预先决定的变量,过渡会从点 A 开始。然后系统沿着带箭头的路径移动,直到它最终收敛到点 B。不可贸易商品的实际汇率和通货膨胀的对应路径分别在图 12.5c 和 d 所示。

c_t^N 的路径(图 12.5e)由方程式(12.33)决定。由于 e_t 在 $t=0$ 时不跳跃,而 c_t^T 向上跳跃,因而,c_t^N 在冲击下也向上增加。然后,c_t^N 随着时间的推移向着其不变的稳态值 y_f^N 下降。

ε_t 的路径由方程式(12.38)决定。令式(12.38)对时间求导数可以得到:

$$\dot{\varepsilon}_t=(1-\eta)\dot{\pi}_t$$

ε_t 的路径在图 12.5f 中得到描述。

直觉上,y^T 的增加要求用不可贸易商品衡量的可贸易商品稳态下的相对价格下降(即实际升值)。由于经济在预先决定汇率下运行(因此名义汇率不能调整),这要求实际升值只能通过让通货膨胀率比货币贬值率更高的方式进行,并随着时间的推移而逐渐发生。

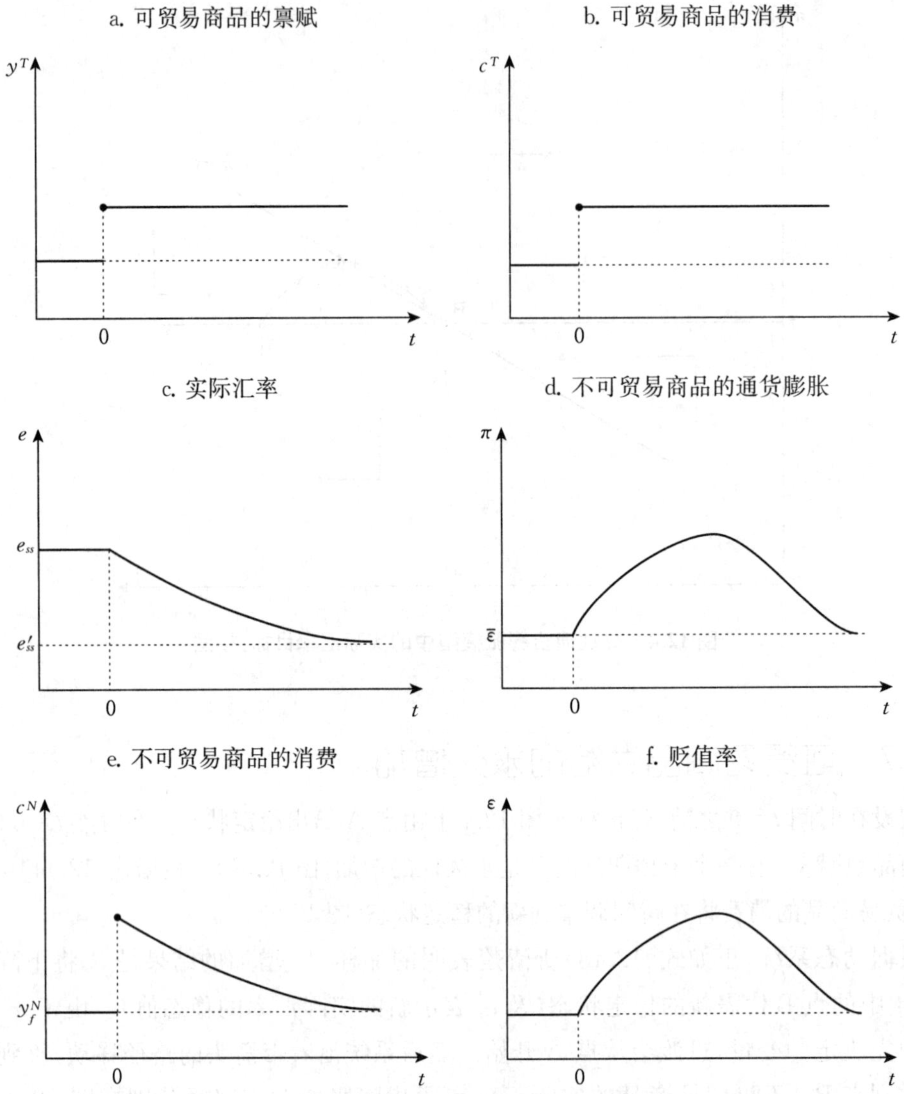

图 12.5　可贸易商品禀赋的永久性增长

12.4.8　实际汇率目标的通货膨胀倾向后果

如式(12.38)所示的 PPP 规则试图平滑实际升值,这将不可避免地导致更高的通货膨胀。通货膨胀形成的幅度强烈地依赖于 η 的值,该值非常好地刻画了政策制定者维持一定实际汇率水平的努力。为了阐释这个观点,图 12.6 说明了通货膨胀率和实际汇率在对 y^T 从 1 永久增加到 2 作出反应时,在三个不同的 η 值(1, 0.5 和 0.2)下对应的路径。①

在对可贸易商品的增加作出反应,实际汇率必须下降并跨过稳定状态,从初始值 1 下降到 0.5。当然,它是如何到达这一点要取决于 η 的特定值。η 越低,实际汇率下降到其新

① 各参数如下:$\theta=0.2$, $\gamma=1$, $y^T=y_f^N=1$, $\bar{\varepsilon}=0.5$。参见附录 12.8.3,证明了存在实根的条件是 $\eta \geqslant 4\theta y_f^N/\gamma^2$。代入参数,有 $4\theta y_f^N/\gamma^2=0.8$。因此,在 $\eta=1$ 时是实根,在 $\eta=0.5$ 和 0.2 时为复根。

的稳定状态就需要越大的通货膨胀。因此，我们看到通货膨胀在 $\eta=0.2$ 时达到它的最高点，而在 $\eta=1$ 时达到它的最低点。对应部分是早期(即直到时期 10)，实际汇率的水平在 $\eta=0.2$ 时是最高的，而在 $\eta=1$ 时是最低的。因此，政策制定者能够有更小的本国实际货币的升值水平，但是以更高的通胀为代价的。

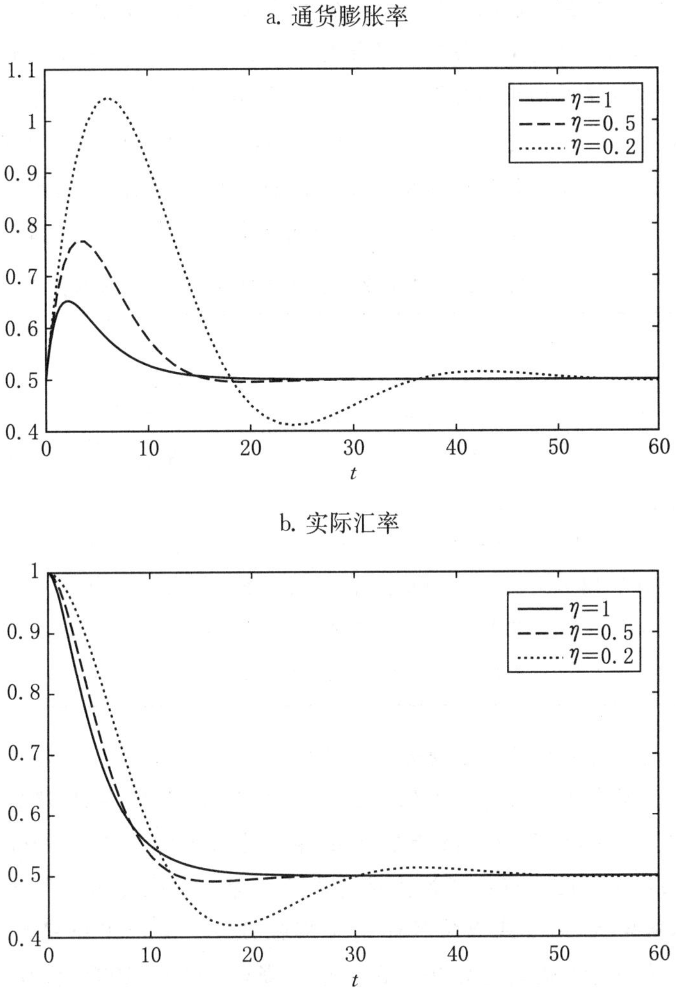

图 12.6　在黏性通胀模型中的实际汇率目标

12.5　实际利率目标

实际利率经常也会充当实际锚。最著名的例子是智利的案例，从 1985 年 8 月到 2001 年 7 月，货币政策的主要工具是指数债券的利率(参见专栏 12.3)。

本节讨论的是 12.4 节黏性通胀模型背景下的实际利率目标。回忆一下，我们已经在第 9 章的习题 5 中看到了黏性价格下实际利率目标的案例。唯一的变化是，由于经济在浮动汇率下运行，通货膨胀率的运动法则现在采取以下形式：

$$\dot{\pi}_t=\theta(c_t^N-y_f^N)+\gamma(\mu_t-\pi_t) \tag{12.53}$$

换句话说，与方程式(12.36)相比，μ_t 取代了 ε^t。①

专栏 12.3 实际利率目标：智利经验的简单一瞥

在 1985 年 8 月，智利采用了由智利中央银行发行并用 UF(一种计价单位指数[a])计价的债券利率作为主要的政策工具。从各个方面来看，将实际利率作为货币政策主要工具的特殊选择，仅仅是对 UF 作为大多数金融工具的计算单位重要性的承认。在开始的两年，不同期限的债券由中央银行提供固定的利率。到 1987 年主要的政策工具调整为 90 天的 PRBC。[b]正如在表 12.2 中所显示的那样，在 1995 年，智利中央银行把 90 天 PRBC 转变为钉住用 UFs 计价的隔夜利率。这种实际利率目标一致被有效地执行到 2001 年 8 月为止，此后中央银行又转向把隔夜名义利率作为主要的政策工具。

表 12.2 1985—2002 年间智利的货币政策工具和通货膨胀率

时期	工具	用 UF 计价的货币政策率(%)		通货膨胀率(%)	
		平均值	标准误差	平均值	标准误差
1985 年 8 月—1995 年 4 月	PRBC-90	5.7	1.4	16.9	5.4
1995 年 5 月—2000 年 12 月	用 UF 计价的银行间 1 天利率	6.7	1.5	5.5	1.8
2001 年 1 月—2001 年 7 月	用 UF 计价的银行间 1 天利率	4.0	0.5	3.7	0.5
2001 年 8 月—2003 年 3 月	用比索计价的银行间 1 天利率	1.4	1.6	2.9	0.7

在实践中这种政策的费用如何呢？图 12.7 显示了参考的利率与通货膨胀率随时间演进的路径。通货膨胀保持在高位一直到 20 世纪 90 年代早期，然后开始随时间稳定地下降。重要的是，智利中央银行在 1989 年成为自主的并且在 1990 年继续执行通货膨胀目标。我们在 12.5 节的理论性讨论显示尽管一个纯实际利率目标将导致通货膨胀率具有不确定性，一个基于可信的通货膨胀目标的实际汇率规则将提供一个完美的可感知的传导货币政策的方法。由瓦尔德斯(Valdés，1997)提供的证据与这种解释是完全一致的。瓦尔德斯估计了一个向量自回归模型，以经验地解释智利在这一时期实施的货币传导机制。他得到的结论是尽管 90 天 PRBC 的变化影响了产出路径，但它们对通货膨胀只有间接影响。特别是，90 天 PRBC 的变化只影响通货膨胀目标和实际通货膨胀率之间的差异，但不影响通货膨胀率自身的水平。这意味着智利在 20 世纪 90 年代反通货膨胀时期(如图 12.7 所示)的关键名义锚是一个可信的通货膨胀目标。

① 我们应该注意，尽管在这个模型中名义汇率是浮动的，货币当局并不设定名义货币供给的路径。在这样的背景下，尽管表达式(12.53)似乎是更自然的选择，在本章习题 2 中，我们证明了在纯实际利率目标仍旧有效的情形下，通货膨胀率具有不确定性。当然，这是在方程式(12.36)下得出的。

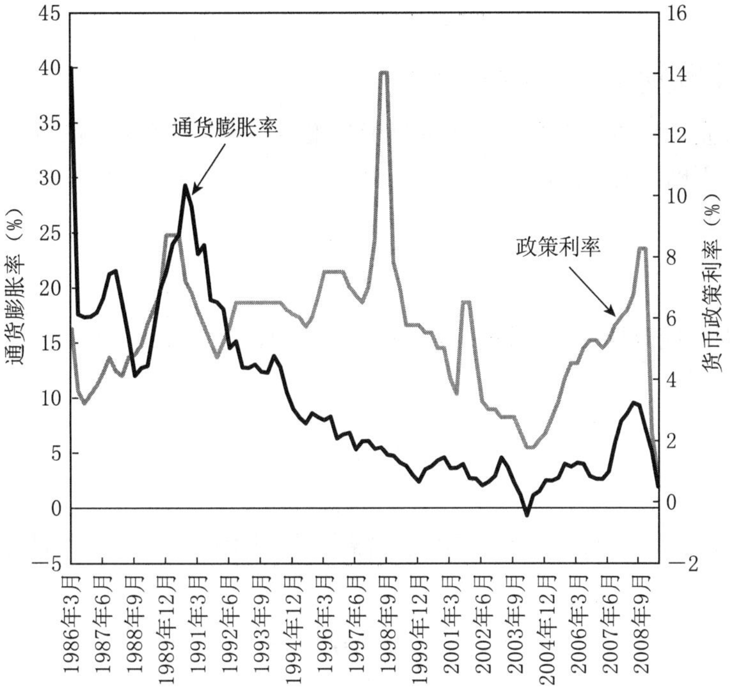

图 12.7　智利的政策利率与通货膨胀率

在 2001 年 8 月做出"名义化"这一体系决策时，并没有对这样做会有怎样的后果展开详细的讨论(参见 Morandé, 2002b; Fuentes et al., 2003)。这里我们关心的是，一方面实施的新政策在影响实际变量(产出与通货膨胀)目标时是否会与老政策一样有效，是否会增加用 UF 计价的资产的利率波动性(这可能会增加与经济决策相关的实际利率的波动性)。另一方面，名义化这一体系有可能消除通货膨胀惯性，因为后向指数化机制内含着 UF 的计算。事实证明在政策改变以后，UF 利率的波动性确实有所增加了。Fuentes 等(2003)则认为在传导机制方面没有大的变化出现，因为在指数和名义利率之间存在套利机制。[c]理论上说，只要名义利率规则和实际利率规则与一个可信的通胀目标相结合，人们就不会期望在传导机制方面会有大的差异(Végh, 2002)。

专栏注：

a. 在 1967 年 1 月——在高昂且恶性的通货膨胀之中——智利引入了 UF(unidad de fomento)，一种用前一个月的 CPI 值构建的计算单位。它在最初时是被打算用作计算房屋价格指数的，但不久以后就成为一种保护储蓄免受通货膨胀影响的流行方法。到 20 世纪 80 年代早期，UF 成为金融部门的基石，大多数的存款与贷款都用 UF 计价。

b. PRBC 是一个西班牙词组"Pagarés Reajustables del Banco Central"的首字母缩写，代表"中央银行可调节债务"。

c. 也可参见 Chumacero(2002)。

12.5.1 纯实际利率目标

我们将首先证明如果政策制定者的目标是维持一个给定的国内实际利率水平，那么通胀率将会是不确定的。回忆一下第8章，国内实际利率（即用不可贸易商品衡量的实际利率）被定义为：

$$r_t^d = i_t - \pi_t \tag{12.54}$$

让式(12.31)对时间求导数，使用式(12.41)，并注意根据式(12.39)，有 $r_t^d = r + \varepsilon_t - \pi_t$，我们能得到：

$$\frac{\dot{c}_t^N}{c_t^N} = r_t^d - r \tag{12.55}$$

很明显，由于稳定状态的存在，政策制定者需要以实际利率水平 r 为目标（用$\overline{r^d}$来表示目标）：

$$\overline{r^d} = r \tag{12.56}$$

然后，根据欧拉方程式(12.55)可知，对所有的 $t \geqslant 0$，有$\dot{c}_t^N = 0$。然后，根据式(12.53)有：

$$\dot{\pi}_t = \gamma(\mu_t - \pi_t) \tag{12.57}$$

根据定义，用不可贸易商品衡量的实际货币余额(n_t)是由 $n_t = M_t / P_t^N$ 给出的。那么：

$$\frac{\dot{n}_t}{n_t} = \mu_t - \pi_t \tag{12.58}$$

使用式(12.35)——考虑到式(12.54)和式(12.56)，这意味着$\dot{i}_t = \dot{\pi}_t$——我们可以将上述方程重写为：

$$\mu_t - \pi_t = -\frac{\dot{\pi}_t}{i_t}$$

将上面的方程代入到式(12.57)，我们有：

$$\dot{\pi}_t\left(1 + \frac{\gamma}{i_t}\right) = 0$$

沿着 PFEP，$\dot{\pi}_t = 0$。用$\tilde{\pi}$表示不可贸易商品通货膨胀的固定水平。因此有 $\mu_t = \tilde{\pi}$，$i_t = r + \tilde{\pi}$和 $c_t^N = y_f^N$。但他们与$\tilde{\pi}$有什么联系呢？答案是没有。要明白这一点，假设不管出于什么理由，公众预期的通货膨胀率将为 $2\tilde{\pi}$。那么，$\mu_t = 2\tilde{\pi}$，$i_t = r + 2\tilde{\pi}$。当然，对 n_t 的需求会下降，但这将通过名义货币存量的下降来适应。①任何其他固定的通货膨胀值也将被政策制定者以同样的方式所适应。这与$\tilde{\pi}$完全没有任何联系。

---

① 当然，需要注意的是即便我们是在浮动汇率下运行，名义货币供给也是内生的，这是因为货币当局没有设定货币供给的路径。

12.5.2 实际利率规则

我们现在将证明，如果实际利率目标有通胀目标互补，那么上面讨论的不确定性就会消失。

假设决策者设定一个通胀目标$\bar{\pi}$，并根据如下规则：

$$\dot{r}_t^d=\psi(\pi_t-\bar{\pi}) \tag{12.59}$$

此处ψ是一个正参数。因此，当实际通胀率高于(低于)通胀目标时，国内实际利率就会提高(降低)。

为求解出模型，我们将构建一个关于r_t^d、c_t^N和π_t的三个微分方程组成的系统。为达到此目的，让方程式(12.34)对时间求导数，考虑$\dot{m}_t/m_t=\mu_t-\varepsilon_t$、利率平价条件以及式(12.54)可以得到：

$$\mu_t=i_t-r-\left(\frac{\dot{r}_t^d+\dot{\pi}_t}{i_t}\right)$$

将上述方程代入到式(12.53)中，并重新将各项式排列，我们可以得到：

$$\dot{\pi}_t=\frac{\theta}{1+(\gamma/i_t)}(c_t^N-y_f^N)+\frac{\gamma}{1+\gamma/i_t}(r_t^d-r)-\frac{(\gamma/i_t)\psi}{1+\gamma/i_t}(\pi_t-\bar{\pi}) \tag{12.60}$$

方程式(12.59)、式(12.55)和式(12.60)构成关于r^d、c_t^N和π_t的三个微分方程系统。①在稳定状态有：

$$r_{ss}^d=r$$
$$c_{ss}^N=y_f^N$$
$$\pi_{ss}=\bar{\pi}$$

在稳定状态附近线性化系统，我们能够得到：

$$\begin{bmatrix}\dot{r}_t^d\\ \dot{c}_t^N\\ \dot{\pi}_t\end{bmatrix}=\begin{bmatrix}0 & 0 & \psi\\ y_f^N & 0 & 0\\ \dfrac{\gamma}{1+\gamma/i_{ss}} & \dfrac{\theta}{1+\gamma/i_{ss}} & \dfrac{(\gamma/i_{ss})\psi}{1+\gamma/i_{ss}}\end{bmatrix}\begin{bmatrix}r_t^d-r\\ c_t^N-y_f^N\\ \pi_t-\bar{\pi}\end{bmatrix}$$

此处$i_{ss}=r+\bar{\pi}$。与线性近似相关的矩阵的迹和行列式将由下式给出：

$$\mathrm{Tr}=-\frac{(\gamma/i_{ss})\psi}{1+\gamma/i_{ss}}<0$$

$$\Delta=\psi\frac{\theta}{1+\gamma/i_{ss}}y_f^N>0$$

由于迹是根的和，一个负迹表示这三个根中至少有一个是负的。正行列式反过来意味着

① 注意尽管方程式(12.60)含有i_t项，但这些项也不会是线性近似的一部分，因为它们会乘以在稳态下将等于零的项。

系统或者有三个正根，或者有一个正根及两个负根。我们可以得出结论，该系统有一个正根和两个负根。由于有两个非跳跃的变量(r_t^d 和 π_t)，系统展示了鞍点路径稳定。对于给定的 r_t^d、π_t 初始值，c_t^N 的值将要确保系统沿着其独有的完全预见均衡路径的位置运动。

令 $\delta_i(i=1, 2)$表示有 $\delta_1<\delta_2$ 时的两个负根。令 $h_{ij}(j=1, 2, 3)$表示与根 δ_i 有关的特征向量的元素。对于 $i=1, 2$，可以得出：

$$\begin{bmatrix} -\delta_i & 0 & \psi \\ y_f^N & -\delta_i & 0 \\ \dfrac{\gamma}{1+\gamma/i_{ss}} & \dfrac{\theta}{1+\gamma/i_{ss}} & -\dfrac{(\gamma/i_{ss})\psi}{1+\gamma/i_{ss}}-\delta_i \end{bmatrix}\begin{bmatrix} h_{i1} \\ h_{i2} \\ h_{i3} \end{bmatrix}=\begin{bmatrix} 0 \\ 0 \\ 0 \end{bmatrix}$$

因此有：

$$\frac{h_{i3}}{h_{i1}}=\frac{\delta_i}{\psi}<0 \tag{12.61}$$

下面将会清楚地说明，这个表达式在解决这个系统的动态行为时将提供一个关键的信息。

将不稳定根设定为固定值零，我们可以把这个动态系统的解写成：

$$r_t^d-r=\omega_1 h_{11}\exp(\delta_1 t)+\omega_2 h_{21}\exp(\delta_2 t)$$
$$c_t^N-y_f^N=\omega_1 h_{12}\exp(\delta_1 t)+\omega_2 h_{22}\exp(\delta_2 t)$$
$$\pi_t-\bar{\pi}=\omega_1 h_{13}\exp(\delta_1 t)+\omega_2 h_{23}\exp(\delta_2 t)$$

因此：

$$\lim_{t\to\infty}\frac{r_t^d-r}{\pi_t-\bar{\pi}}=\lim_{t\to\infty}\frac{\omega_1 h_{11}\exp[(\delta_1-\delta_2)t]+\omega_2 h_{21}}{\omega_1 h_{13}\exp[(\delta_1-\delta_2)t]+\omega_2 h_{23}}$$

因为根据假设有 $\delta_1-\delta_2<0$：

$$\lim_{t\to\infty}\frac{r_t^d-r}{\pi_t-\bar{\pi}}=\frac{h_{21}}{h_{23}}<0$$

其中，符号由式(12.61)确定。这意味着随着 t 变大，国内的实际利率和不可贸易商品的通货膨胀率将从反方向趋向于它们的稳态值。换句话说，“主特征向量射线”——如图 12.8 所示——是负倾斜的(参见 Calvo，1987)。从图中可以看出，系统必须渐进的收敛于主要特征向量射线。根据式(12.59)我们知道，当 $\pi_t>\bar{\pi}$，有$\dot{r}_t^d>0$，当 $\pi_t<\bar{\pi}$，有$\dot{r}_t^d<0$。相应的方向箭头画在图 12.8 中。

现在让我们来研究，经济是如何对通胀目标的减少作出反应的。假设初始稳态由图 12.8 中的点 A 给出，且 $\pi_{ss}=\bar{\pi}^H$，$r_{ss}^d=r$。在时点 0 通胀目标有一个未预期到的且是永久性的减少，即从$\bar{\pi}^H$ 减少到$\bar{\pi}^L$。新的稳定状态如图 12.8 中的点 B 所示。

经济会如何调整到新的经济均衡状态？在图 12.8 带箭头的路径表明从点 A 到点 B 的变化过程。[1]图 12.9b 和 c 分别显示了通货膨胀和国内实际利率的对应路径。[2]

① 我们在下面将会证明，在冲击下 c_t^N 会下降，然后从式(12.60)中可以推知$\dot{\pi}_0<0$。系统一定会朝着东南方向运动，如图 12.8 所示。注意我们假设所有根是实根，因此调整是非周期的。

② 在图 12.8 中，我们通过 t_1 时点来代表 r_t^d 达到其最大值，t_2 时点来代表 π_t 达到其最小值。

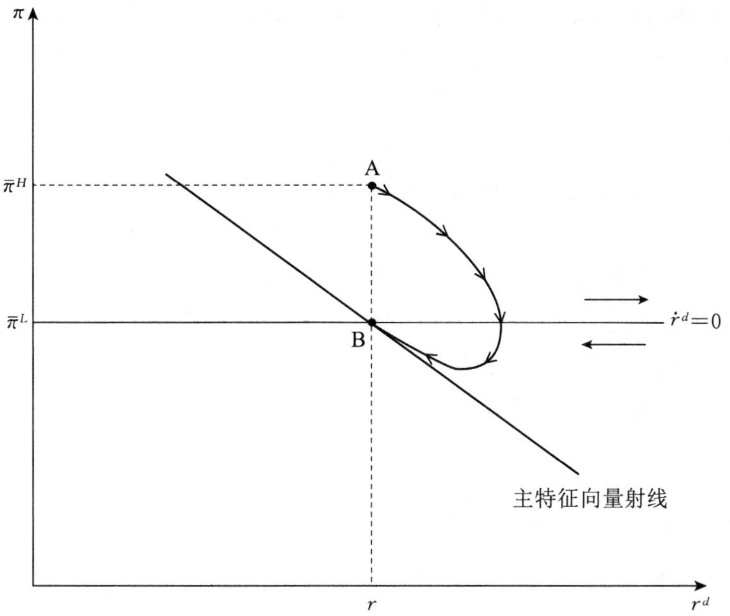

图 12.8 在(r^d, π)平面上的动态变化

为推导 c_t^N 的路径,注意由于在过渡期间 r_t^d 总是大于 r,从方程式(12.55)可以推得,对于全部 $t\geqslant 0$ 有 $\dot{c}_t^N>0$ 成立。由于 c_t^N 在整个稳定状态下不会变化,因此它在冲击下必定先下降,然后逐步上升到其不变的稳定状态(图 12.9d)。

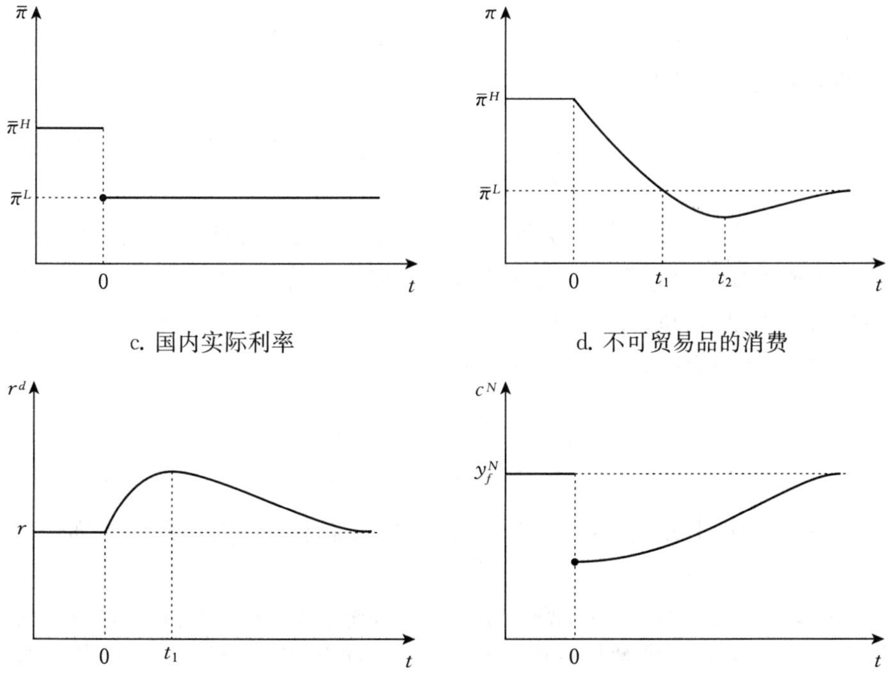

图 12.9 通货膨胀目标的降低

关于名义利率，注意，根据式(12.54)，它在稳定状态下会下降。此外，由于在冲击下无论是 r_t^d 还是 π_t 都不会跳跃，i_t 在冲击下也不会变化。因此，平均而言，i_t 在过渡期间将下降。

实际货币余额 n_t 会怎么样？根据式(12.35)我们推出：(1)n_t 在整个稳态中会增加，因为名义利率在新的稳定状态下会更低，而不可贸易商品的消费则是相同的；(2)n_t 在冲击下会下降，因为 i_t 不会改变，而 c_t^N 会下降。我们也知道从 t_1 开始$\dot{n}_t>0$，因为 $\pi_t<\mu_t$[回忆方程式(12.58)]。因此平均而言，n_t 在过渡期间将增加。

我们得出的结论是，像式(12.59)这样的实际利率规则确实为经济提供了名义锚。当然，为了实现这一目标，通胀目标必须在部分公众中完全可信。如果是这样的话，我们的模型表明实际利率可以作为一种政策工具被有效使用。①

12.6 实际目标和多重均衡

正如本章开头所提到的，各国通常使用阈值规则，即如果某些宏观经济变量达到某个阈值，一些政策措施就会被实施。例如，智利央行历来都有维持具有“可持续性”经常账户赤字的使命，在贸易的趋势条件下，这意味着赤字不超过 GDP 的 4%—5%。②与针对实际变量的阈值规则相关的主要风险之一是有出现多重均衡的可能性。

我们将用一个简单的两期模型来阐述这个观点。考虑一个有固定的可贸易商品禀赋(y^T)和不可贸易商品禀赋(y^N)的经济。经济规模很小且完全融入世界商品和资本市场。

代表性消费者偏好由下式给出：

$$U=\log(c_1^T)+\log(c_1^N)+\beta[\log(c_2^T)+\log(c_2^N)]$$

这里，c_t^T 和 $c_t^N(t=1,\ 2)$分别代表可贸易和不可贸易商品的消费，β 是折现因子。

跨期约束采取如下形式：

$$y^T+p_1y^N+\frac{y^T+p_2y^N+\tau}{1+r}=c_1^T+p_1c_1^N+\frac{(1+\theta)(c_2^T+p_2c_2^N)}{1+r} \tag{12.62}$$

这里，$p_t(t=1,\ 2)$是用可贸易商品衡量的不可贸易商品的相对价格，r 是世界实际利率，θ 是在时期 2 可能被强征的消费税，τ 是可能发生在时期 2 的一次性转移。

假设没有明确建模的原因，政府担心贸易赤字。因此，它宣布如果贸易赤字高于某个确定的水平，在第 2 期会对消费征收消费税$\bar{\theta}(>0)$：

$$\theta=\begin{cases}0,\text{如果 } TB_1\geqslant\overline{TB}\\ \bar{\theta},\text{如果 } TB_1<\overline{TB}\end{cases} \tag{12.63}$$

在形式上看，我们以如下方式进行处理。我们首先求解家庭没有预期到上面规则是紧的

① 正如在本章习题 3 所显示的那样，我们事实上能发现在实际利率规则、名义利率规则和控制货币供给量之间是具有基本等价性的。然而，随着我们从传统的工具(货币供应)转向不那么传统的工具(如复杂利率)，这些规则就会变得更加复杂。

② 参看 Medina 和 Valdés(2002)和 Morandé(2002a)。

情形下的解(即他们预期在时期 2 不会征收关税)。然后,我们将确定规则实际上不起约束的参数值的范围。继而,我们将求解家庭预期规则起约束的情形下的解(即他们预期到在时期 2 将征收关税)。最后,我们将确定规则实际上起约束的参数值的范围。

12.6.1 家庭没有预期到门槛值规则起约束

如果家庭没有预期到会征关税,则拉格朗日函数式由下式给出:

$$\mathcal{L}=\log(c_1^T)+\log(c_1^N)+\beta[\log(c_2^T)+\log(c_2^N)]$$
$$+\lambda\left[y^T+p_1y^N+\frac{y^T}{1+r}+\frac{p_2y^N}{1+r}-c_1^T-p_1c_1^N-\frac{c_2^T}{1+r}-\frac{p_2c_2^N}{1+r}\right]$$

由于政府不会在第 2 期征收关税,一次性转移支付将是零。

一阶条件由以下式子给出:

$$\frac{1}{c_1^T}=\lambda \tag{12.64}$$

$$\frac{1}{c_1^N}=\lambda p_1 \tag{12.65}$$

$$\frac{\beta}{c_2^T}=\frac{\lambda}{1+r} \tag{12.66}$$

$$\frac{\beta}{c_2^N}=\frac{\lambda p_2}{1+r} \tag{12.67}$$

结合一阶条件式(12.64)和式(12.66)可以得到:

$$\frac{1}{c_1^T}=\frac{\beta(1+r)}{c_2^T} \tag{12.68}$$

为在时期 1 产生贸易赤字,我们将假设 $\beta(1+r)<1$。根据式(12.68)可推知:

$$c_1^T>c_2^T$$

施加不可贸易商品市场的均衡,跨期约束式(12.62)可化简为:

$$\left(\frac{2+r}{1+r}\right)y^T=c_1^T+\frac{c_2^T}{1+r} \tag{12.69}$$

结合式(12.68)和式(12.69),我们可以解出时期 1 的消费:

$$c_1^T=y^T\frac{2+r}{(1+r)(1+\beta)} \tag{12.70}$$

根据定义,贸易余额由下式给出:

$$TB_1=y^T-c_1^T \tag{12.71}$$

将式(12.70)代入到上述方程中,我们能得到:

$$TB_1=y^T\left[1-\frac{2+r}{(1+r)(1+\beta)}\right]<0$$

因为 $\{(2+r)/[(1+r)(1+\beta)]\}>1$。

根据阈值规则式(12.63)，我们知道只要贸易余额大于$\overline{TB}$，政府就不会征收关税。因此，条件：

$$y^T\left[1-\frac{2+r}{(1+r)(1+\beta)}\right]\geqslant\overline{TB} \tag{12.72}$$

确保这种情况是理性预期均衡。换句话说，如果参数值满足条件式(12.72)，那么消费者预期政府不会征收关税是合理的。

12.6.2 家庭预期门槛值规则起约束

如果家庭预期会征收关税，拉格朗日函数将由下式给出：

$$\begin{aligned}\mathcal{L}=&\log(c_1^T)+\log(c_1^N)+\beta[\log(c_2^T)+\log(c_2^N)]\\&+\lambda\left[y^T+p_1y^N+\frac{y^T+p_2y^N+\tau}{1+r}-c_1^T-p_1c_1^N-\frac{(1+\bar{\theta})(c_2^T+p_2c_2^N)}{1+r}\right]\end{aligned}$$

一阶条件由以下式子给出：

$$\frac{1}{c_1^T}=\lambda$$

$$\frac{1}{c_1^N}=\lambda p_1$$

$$\frac{\beta}{c_2^T}=\frac{\lambda(1+\bar{\theta})}{1+r}$$

$$\frac{\beta}{c_2^N}=\frac{\lambda p_2(1+\bar{\theta})}{1+r}$$

根据第一个和第三个一阶条件，可以推得：

$$c_2^T=c_1^T\frac{\beta(1+r)}{1+\bar{\theta}}$$

在这种情况下，政府的预算约束是由下式给出：

$$\tau=\bar{\theta}(c_2^T+p_2c_2^N)$$

使用上述方程以及不可贸易商品的市场均衡条件($c_1^N=c_2^N=y^N$)，我们可以从跨期预算约束式(12.62)中求解出 c_1^T：

$$\tilde{c}_1^T=y^T\left(\frac{2+r}{1+r}\right)\frac{1}{1+\beta/(1+\bar{\theta})} \tag{12.73}$$

在这里我们用蒂尔达上标来表示在有消费税情形下的均衡值。比较式(12.70)和式(12.73)，我们得出与预期那样的结论，对于$\bar{\theta}>0$有：

$$\tilde{c}_1^T > c_1^T$$

直觉上看，如果时期 2 的消费税为正，跨期替代会导致在时期 1 有更高的消费。

给定式(12.73)，贸易余额由下式给出：

$$\widetilde{TB}_1 = y^T\left[1-\left(\frac{2+r}{1+r}\right)\frac{1}{1+\beta/(1+\bar{\theta})}\right]$$

给定阈值规则式(12.63)，要达到理性预期均衡，以下等式必须成立：

$$y^T\left[1-\left(\frac{2+r}{1+r}\right)\frac{1}{1+\beta/(1+\bar{\theta})}\right] < \overline{TB} \tag{12.74}$$

总之，我们已经推导出确保不征税的条件[由方程式(12.72)给出]和确保征税的条件[由式(12.74)给出]。我们可以把这两个条件重写为：

$$y^T - \tilde{c}_1^T - \overline{TB} < 0$$
$$y^T - c_1^T - \overline{TB} \geqslant 0$$

图 12.10 绘制了这两个作为阈值$\overline{TB}$函数表达式的图形。首先，考虑直线 $y^T-\tilde{c}_1^T-\overline{TB}$，它与水平轴相交于点 A(此处$\overline{TB}=y^T-\tilde{c}_1^T$)。对于点 A 右边的任何一点，总要进行征税，因为贸易余额低于阈值。然后，考虑直线 $y^T-c_1^T-\overline{TB}$，它与水平轴相交于点 B。对

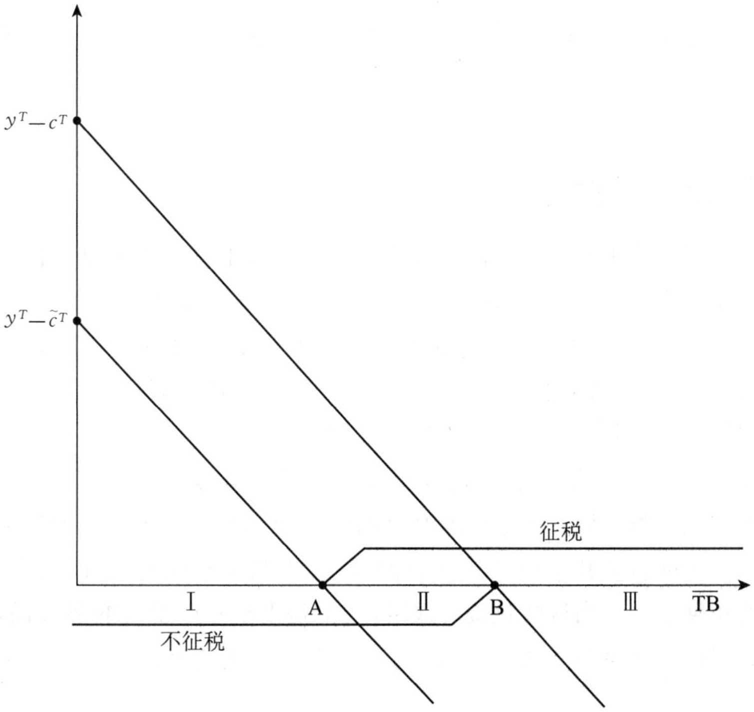

图 12.10　多重均衡

于点 B 左边的任何一点，将不征收任何税，因为贸易余额总是高于阈值。然后可以定义三个区域，分别标记为Ⅰ(点 A 左边的)、Ⅱ(点 A 和点 B 之间)和Ⅲ(点 B 右边的)。对于$\overline{TB}$比较大的值(即高于点 B)，总是要征税的。对于$\overline{TB}$比较小的值(点 A 左边的)，总是不需要征税的。对于TB的中间大小的值(即点 A 和点 B 之间)，存在多重均衡。如果行为人预期到在第 2 期要征收消费税，他们的消费将会如此进行以达到阈值，从而时期 2 确实会被征税。如果行为人没有预期到在时期 2 会征收消费税，他们的消费将会减少从而达不到阈值，这意味着达不到征税的税率水平。讽刺的是，阈值规则式(12.63)的存在可能会触发政策决策者在一开始就试图避免的场景！

最后，注意我们可以把阈值规则作为实际汇率的函数来表达(即 p_t 的倒数)，因为对每个 TB_1 值都存在相应的 p_1 值。正式来看，根据式(12.64)和式(12.65)，以及施加不可贸易商品的市场均衡条件，我们能够得到：

$$c_1^T = p_1 y^N$$

将这个表达式代入到贸易余额的定义[方程式(12.71)]中，我们能解出 p_1，得到：

$$p_1 = \frac{y^T - TB_1}{y^N}$$

这一规则可以表示为：

$$\theta = \begin{cases} 0, \text{如果 } p_1 \leqslant \bar{p} \\ \bar{\theta}, \text{如果 } p_1 > \bar{p} \end{cases} \tag{12.75}$$

在这种情形下，规则的宣布能触发精准的实际升值，而这种升值有可能是规则本来倾向于去避免的。

12.7 总结性评论

政策制定者经常使用实际变量作为政策目标或政策工具。实际政策目标的例子是所谓的购买力平价规则，通过该规则把货币贬值率设定为过去国内和国外通货膨胀之间差值的函数。实际政策工具的例子是将物价指数债券利率作为主要的货币政策工具来使用。原则上，在任何一种情况下，经济都有失去名义锚的风险，而这可能导致高的和/或不稳定的通货膨胀。本章分析了这些担忧是否合理。

总的来说，我们的理论结果表明这种担忧确实是有道理的。虽然具体的细节差异取决于模型和实验的类型，从我们的分析中得到的主要信息是，经济“传统”名义锚的失去(以货币供给、汇率或名义利率的形式存在的)将播下名义不稳定的种子，和/或将经济置于私营部门的预期之中。当这些政策奏效时，通常是由于一些隐含的名义锚，就像一个完全可信的通胀目标。然而在实践中，这样的目标不太可能具有作为名义锚所需要的可信度水平。

12.8 附录

12.8.1 第 12.2 节中模型的约束推导[①]

在资本控制下(以双重汇率制度建模),消费者的流量约束由下式给出:

$$\dot{a}_t=\rho_t s_t b_t+y^T+\frac{y^N}{e_t}+\tau_t-c_t^T-\frac{c_t^N}{e_t}-\varepsilon_t m_t \tag{12.76}$$

这里,b_t 是净外国债券的存量;s_t 是实际债券的国内价格;$a_t(\equiv m_t+s_t b_t)$表示实际金融资产;τ_t 是来自政府的真实转移。[②]在文中的跨期约束式(12.3)是通过让式(12.76)与 D_t 相乘,然后不断向前迭代,并施加标准的横截性条件,以及假设 $a_0=0$(注意 $i_t=\rho_t+\varepsilon_t$)而得到。

为获得资源约束式(12.12),将政府的流量约束[正文中的方程式(12.8)]与消费者的流量约束式(12.76)相结合,能够得到[在强加条件式(12.11)并考虑套利意味着 $\rho_t=r/s_t+\dot{s}_t/s_t$]:

$$\dot{h}_t+s_t\dot{b}_t=y^T-c_t^T+r(h_t+b_t) \tag{12.77}$$

在资本完全流动下,$s_t\equiv 1$。在资本管制下,对全部的 t 有 $b_t=b_0$ 成立,因此$\dot{b}_t=0$。在这两种情况下,在正文中的方程式(12.12)可以通过不断向前迭代式(12.77),并施加适当的横截性条件,且假设 $h_0+b_0=0$ 而推导出。

12.8.2 λ_t 的路径

我们首先证明 λ 随着时间的推移而减少。我们通过矛盾法进行证明。

1. 假设 λ_t 随时间变化是恒定的,也就是对全部 $t\in[0,\ T)$,$\lambda_t=\lambda_0$ 成立。由于$\dot{\lambda}_t=0$,根据式(12.21)可推得:

$$\lambda_0=\frac{u'((c^T)^1)}{(1+\alpha\beta)}$$

根据式(12.18),然而,$\lambda_t\neq\lambda_0$,产生矛盾。

2. 假设 λ_t 随着时间的推移是增加的。考虑到$\dot{\lambda}_t>0$,根据式(12.21)可以推得:

$$(1+\alpha\beta)\lambda_0>u'((c^T)^1)$$

由于 $\lambda_T>\lambda_0$,可以推出:

$$(1+\alpha\beta)\lambda_T>u'((c^T)^1)$$

由于$(c^T)^1<(c^T)^2$

---

① 本附录的内容参考了 Guidptti 和 Végh(1992)。

② 注意在一个资本管制的体制下,债券的国内实际价格 s_t 可以不同于国际价格(等于 1)。进一步,净国外债券存量是固定不变的,因为私人部门既不能从国外也不能从央行获取债券。

$$(1+\alpha\beta)\lambda_T > u'((c^T)^2)$$

然而，上面的表达式与式(12.18)相矛盾。

我们能得出结论，λ_t 随着时间的推移而减少。

12.8.3 在黏性价格下关于实际汇率目标系统的根

令 $\delta_i(i=1, 2)$表示正文中由式(12.49)给出的微分方程系统的根。为推导出特征方程，我们需要求解：

$$\begin{vmatrix} -\gamma\eta-\delta_i & \theta c^T \\ -e_{ss}\eta & -\delta_i \end{vmatrix}=0$$

这可以重写为：

$$\delta_i^2+\gamma\eta\delta_i+e_{ss}\eta\theta c^T=0$$

因此根由下式给出：

$$\delta_i=\frac{-\gamma\eta\pm\sqrt{(\gamma\eta)^2-4e_{ss}\eta\theta c^T}}{2}$$

根是实根，如果：

$$\eta\geqslant\frac{4\theta y_f^N}{\gamma^2}$$

这里我们使用了 $e_{ss}c^T=y_f^N$ 的事实。

习　　题

1. (对国外名义利率的冲击)考虑在完全资本流动且具有正外国通货膨胀率下的 12.2 节的模型。在这种背景下：
   a. 求解模型的完全可预见均衡路径，沿着这一路径，i_t^* 首先是低的，然后是高的。
   b. 证明通过选择适当的 ε_t 的路径，政策制定者可以恢复第一最优的均衡。
2. (通货膨胀可替代运动定理下的纯实际利率目标)假设不可贸易商品的通胀运动定理是由式(12.36)而不是式(12.53)给出的。证明纯实际利率目标仍然会导致如 12.5.1 节那样的通货膨胀不确定性。
3. (一个等价命题)这道习题是遵循 Végh(2002)的思路。考虑一个好的封闭经济，其偏好由下式给出：

$$\int_0^\infty u(c_t)\exp(-\beta t)\mathrm{d}t$$

其中，c_t 表示消费。消费者持有两种资产：债券（与价格指数挂钩，零净供给）和货币。令 a_t 代表家庭的实际金融财富：

$$a_t = b_t + m_t$$

其中，b_t 和 m_t 分别表示实际的债券和货币。债券的名义利率用 i_t 表示。像在第 7 章中一样，货币是通过交易成本技术 $v(m_t)$ 引入到模型中的，其中，$v'(m_t) < 0$ 且 $v''(m_t) > 0$。①消费者的流量约束由下式给出：

$$\dot{a}_t = r_t a_t + y_t + \tau_t - c_t - i_t m_t - v(m_t)$$

其中，y_t 表示商品的产量，τ_t 是来自政府的一次性转移支付。进一步假设交易成本技术的形式是：

$$v(m_t) = m_t\left[\frac{1}{\sigma}\log(m_t) - \chi\right]$$

其中，χ 是正参数。政府没有扮演积极的角色。它把从货币创造和交易成本中获得的收入以一次性转移支付的方式返还给消费者。因此，政府的约束是②：

$$\tau_t = \mu_t m_t + v(m_t)$$

产出是内生的并被假定是由需求决定；即 $y_t = c_t$。正如在 12.4 节中所指出的那样，通货膨胀率被假定在每一个时间点上都是预先决定的。通货膨胀率的变化由下式给出：

$$\dot{\pi}_t = \gamma(\mu_t - \pi_t) + \alpha(c_t - y_f) \tag{12.78}$$

这里，y_f 代表充分就业的产出水平。

在此模型的背景下，证明以下三个货币政策规则是完全等价的：

a. 政策制定者设定了固定的货币增长规则：

$$\mu_t = \bar{\mu}$$

b. 政策制定者宣布了一个通胀目标 $\bar{\pi}$（等于 $\bar{\mu}$），并遵循如下的名义利率规则：

$$\dot{i}_t = \theta(\pi_t - \bar{\mu}),\ \theta = \frac{1}{\sigma}$$

c. 政策制定者宣布了一个通胀目标 $\bar{\pi}$（等于 $\bar{\mu}$），并遵循如下的实际利率规则：

$$\dot{r} = \theta^1(\pi_t - \bar{\mu}) + \theta^2(c_t - y^f),\ \theta^1 = \gamma + \frac{1}{\sigma},\ \theta^2 = -\alpha$$

---

① 简单起见，与第 7 章不同的是，我们假设交易技术不依赖于消费，这意味着相应的实际货币需求将只依赖于名义利率。

② $v(m_t)$ 出现在政府的流动约束中，反映了其为消费者的私人成本而非社会成本的假设。在形式上，人们可以想到一些联邦机构（以零成本）提供消费者所需的交易成本，利润则作为一次性的转移返还给家庭。这一假设是为了消除与通货膨胀变化相关的财富影响，这将使分析复杂化。

参考文献

Bacha, Edmar L. 1979. Notes on the Brazilian experience with minidevaluations, 1968—1976. *Journal of Development Economics* 6(4):463—481.

Bruno, Michael. 1993. *Crisis, Stabilization and Economic Reform: Therapy by Consensus*. Oxford, Clarendon Press.

Calvo, Guillermo A. 1987. Real exchange rate dynamics with nominal parities: Structural change and overshooting. *Journal of International Economics* 22(1—2):141—155.

Calvo, Guillermo A., Carmen M. Reinhart, and Carlos A. Végh. 1995. Targeting the real exchange rate: Theory and evidence. *Journal of Development Economics* 47(1): 97—133.

Cardenas, Mauricio. 2007. *Introducción a la economía colombiana*. Colombia: Editorial Alfaomega.

Chumacero, Rómulo A. 2002. Arbitraje de tasas de interés en Chile. Unpublished manuscript. Central Bank of Chile.

Dornbusch, Rudiger. 1982. PPP exchange-rate rules and macroeconomic stability. *Journal of Political Economy* 90(1):158—165.

Fendt, Robert. 1981. The Brazilian experience with the crawling peg. In John Williamson, ed., *Exchange Rate Rules: The Theory, Performance, and Prospects of the Crawling Peg*. New York: St. Martin's Press, 140—151.

Ffrench-Davis, Ricardo. 1981. Exchange rate policies in Chile: The experience with the crawling peg. In John Williamson, ed., *Exchange Rate Rules: The Theory, Performance, and Prospects of the Crawling Peg*. New York: St. Martin's Press, 152—174.

Fuentes, Rodrigo S., Alejandro Jara, Klaus Schmidt-Hebbel, and Matias Tapia. 2003. La nominalizacion de la politica monetaria en Chile: Una evaluacion. *Revista Economia Chilena* 6(2):5—27.

Guidotti, Pablo E., and Carlos A. Végh. 1992. Macroeconomic interdependence under capital controls: A two-country model of dual exchange rates. *Journal of International Economics* 32:353—367.

Lahiri, Amartya. 2001. Controlling capital flows: Targeting stocks versus flows. Unpublished manuscript. University of British Columbia.

Morandé, Felipe L. 2002a. A decade of inflation targeting in Chile: Developments, lessons, and challenges. In Norman Loayza and Raimundo Soto, eds., *Inflation Targeting: Design, Performance, Challenges*. Santiago: Central Bank of Chile, 583—626.

Morandé, Felipe L. 2002b. Nominalización de la tasa de política monetaria: Debate y consecuencias. *Cuadernos de Economia* 39(117):239—252.

Medina, Juan Pablo, and Rodrigo O. Valdés. 2002. Optimal monetary policy when the current account matters. In Norman Loayza and Klaus Schmidt-Hebbel, eds., *Monetary Policy: Rules and Transmission Mechanisms*. Santiago: Central Bank of Chile, 65—94.

Uribe, Martin. 2003. Real exchange rate targeting and macroeconomic instability. *Journal of International Economics* 59(1):137—159.

Urrutia, Miguel. 1981. Experience with the crawling peg in Colombia. In John Williamson, ed., *Exchange Rate Rules: The Theory, Performance, and Prospects of the Crawling Peg*. New York: St. Martin's Press, 207—220.

Valdés, Rodrigo O. 1997. Transmisión de política monetary en Chile. Working Paper 16. Cental Bank of Chile, Santiago.

Végh, Carlos A. 2002. Monetary policy, interest rate rules, and inflation targeting: Some basic equivalences. In Fernando Lefort and Klaus Schmidt-Hebbel, eds., *Indexation, Inflation, and Monetary Policy*. Santiago: Central Bank of Chile, 151—183.

Williamson, John. 1965. *The Crawling Peg*. Princeton: Princeton University Press.

▶13

阻止高通货膨胀

13.1 引言

高且慢性的通货膨胀一直是发展中国家50多年来最紧迫的宏观经济问题之一。在20世纪50年代——如表13.1所示——如阿根廷、玻利维亚、巴西、智利、乌拉圭和土耳其等国家的年度通货膨胀率都在10%以上。①通货膨胀在20世纪80年代达到历史最高，那时，在表13.1中的所有发展中国家都遭受了15%以上的通货膨胀率。年度复合通货膨胀率在过去的60年里都超过了15%，而同一时期美国仅为3.7%。在经历了几十年稳定尝试的失败后，一些主要的通胀稳定计划在20世纪80年代和90年代终于成功地遏制了通胀。在21世纪的第一个十年中——除土耳其外——在表13.1中的传统高通胀率国家的年度通胀率均低于10%，其中智利和以色列等国已经达到了美国的通胀水平。然而，像一个正在恢复中的酗酒者一样，新兴国家仍然敏锐地意识到必须保持警惕，需要通过加强中央银行的独立性和建立更强有力的财政制度以避免再次陷入高通胀陷阱。目前，委内瑞拉(2011年通胀率达到25%以上)和阿根廷(虽然官方报告的通胀是"只是"10%，实际年通胀率应该是在25%至30%以上运行)生动地提醒新兴国家是多么容易再次屈服于通胀灾难。

甚至在学术界就保持低水平稳定通胀的好处达成共识之前(参见第10章)，新兴国家的政策制定者就已经花了几十年时间试图实现这一难捉摸的目标。慢性通胀国家的通胀稳定计划的长期历史为我们提供一个丰富而迷人的实验室来理解与反通胀尝试相关的宏观经济动态。本章详细研究了与阻止高通胀有关的典型事实，以及为理解这些事实而开发的主要模型。

大量关于阻止高通胀文献的一个中心主题是对在这些事件中观察到的真实效应与在工业化国家所观察到的实际效应作比较研究。在工业化国家，抑制通货膨胀总是以经济活动萎缩为代价。事实上，问题并不是是否会出现萎缩，而是萎缩会有多大[例如，参见

① 在巴西的案例中，我们用圣保罗价格指数来保证随时间推移的一致性，因为国家的数据只有从20世纪70年代才提供。而且，从20世纪70年代开始，国内价格与圣保罗价格指数相关性高达99%。

表 13.1 一些被选定国家的通货膨胀(年度复合通胀率,%)

	美国	阿根廷	玻利维亚	巴西*	智利**	墨西哥	乌拉圭	以色列***	土耳其****
1950—2010 年	3.7	67.2	38.8	75.3	32.4	17.2	35.8	23.1	29.8
1950—1959 年	1.9	24.8	58.4	18.0	34.6	6.9	13.0	7.7	14.4
1960—1969 年	2.2	19.7	5.1	41.6	23.1	2.2	541.8	4.9	3.3
1970—1979 年	6.5	104.7	14.3	26.7	123.5	13.9	54.9	30.2	21.6
1980—1989 年	4.2	291.0	217.7	193.3	17.6	61.3	48.9	88.2	38.9
1990—1999 年	2.5	15.0	8.6	197.0	9.0	17.3	34.5	9.4	68.6
2000—2009 年	2.2	8.5	4.5	5.3	3.1	4.3	8.0	1.9	17.0

注:* 圣保罗价格指数;** 表示数据截止时间为 2009 年;*** 数据开始于 1952 年;**** 数据开始于 1953 年。

资料来源:国际金融统计(IMF)和巴西中央银行。

Ball(1994)]。“牺牲率”一词被创造出来用于表示需要付出多少产出下降的代价来换取一定量通货膨胀的降低。这种长期存在的关于抑制通货膨胀会带来经济衰退效应的传统观点,被关于阻止高通胀新研究中的两项重要发现所严重动摇了。首先,在 1982 年的一篇著名文章中,萨金特认为可以几乎不付任何产出成本来结束恶性通货膨胀。萨金特将这一发现与发达国家反通胀的紧缩效应的普遍智慧进行了对比,认为可信的制度变化是出现不同的实际效应的关键所在。十年之后,Kiguel 和 Liviatan(1992)第一次令人信服地提出,发展中国家基于稳定的汇率政策实际上会导致产出的扩张(expansion)而不是收缩。虽然这一事实已经被几位作者所指出——最著名的是 Rodriguez(1982)——受 20 世纪 70 年代末的南锥体国家稳定计划[即所谓的“公告牌”(tablitas)国家]的启发,但直到 Kiguel 和 Liviatan(1992)有影响的贡献出现之前,没有任何可追溯到 20 世纪 60 年代的基于大样本计划的系统性证据被收集起来。鉴于封闭的经济文献,这些经验发现成为一个主要的谜团,并导致了大量理论文献和进一步的实证研究出现。

本章 13.2 节的出发点是区别慢性通货膨胀和恶性通货膨胀之间的不同,它首先由 Pazos(1972)指出的。直到那时——跟随 Cagan(1956)关于两次世界大战后恶性通货膨胀的著名研究——高通货膨胀被基本上等同于恶性通货膨胀。Pazos(1972)的关键贡献是确定了一种新的高通货膨胀类型——为此他创造了“慢性通货膨胀”这个词——这与卡甘(Cagan)论述的经典恶性通货膨胀有明显不同的特征。与恶性通胀相反——这是一种持续时间短、本质是爆炸性的通货膨胀——慢性通货膨胀可能会持续几十年,且由于经济为了适应这种高通货膨胀生活的指数化和预期刚性使得其具有高度的持久性。因此,与阻止恶性通胀相比,阻止慢性通货膨胀相关的动态是截然不同的。

在 13.2 节对比恶性通货膨胀和慢性通货膨胀之后,13.3 节说明与阻止恶性通货膨胀和慢性通货膨胀有关的主要典型事实。我们认为,通过固定名义汇率,恶性膨胀几乎可以在一夜之间就停止,且几乎没有与稳定本身相关的实际混乱。遏制慢性通胀所产生的实际影响,似乎取决于所使用的名义锚(即汇率与货币供给的对比)。在基于稳定化的汇率中,经济活动似乎会出现最初的繁荣(尤其是国内生产总值和消费),接下来才会出现经济衰退。与之形成鲜明对比的是,在基于稳定的货币政策中,衰退发生在计划的早期,就像工业化国家的通常情况一样。给定实际成本发生的不同时间,有人认为发展中国家名义锚的选择相当于是在现在经济衰退(以货币为基础)或以后衰退(以汇率为基础)之间的选择。

有了这些典型事实,我们在13.4节中展示了一个熟悉的模型——第8章的交错价格模型——来理解与阻止恶性通货膨胀相关的动态。该模型的主要预测是,一种完全可信的基于稳定化的汇率政策应该在无实际成本的情况下阻止通胀,这与13.3节中回顾的典型事实是一致的。

13.5节将转向伴随着用汇率作为名义锚来阻止慢性通货膨胀而出现的相关动态。由于伴随着基于稳定的汇率政策而出现的繁荣—衰退周期被证明是一个需要寻找解释的主要难题,在过去的30年里大量理论文献都致力于提供一个答案。最早的解释——首先由Rodriguez(1982)发展的——依赖于黏性通货膨胀率(与只有黏性价格水平相反),这导致了基于适应性通胀预期假设的案例。我们发展一个这类模型的完全预期版本,所提供的结果也类似。然后我们分析可信度的缺乏——作为暂时政策的模型化——作为伴随着基于稳定汇率政策而出现的典型事实的另一种解释。然后,我们转向供给侧效应作为对最初繁荣可能来源的解释。

13.6节重点关注基于稳定的货币政策(即通货膨胀稳定计划依赖于货币供给作为主要名义锚)。我们重新审视第8章的黏性价格模型,但现在假设偏好在可贸易商品和不可贸易商品上是不可分离的,以产生贸易余额和经常账户的动态响应。我们在离散时间中发展这个模型,并求解出数值解。无论偏好如何,经济开始时会收缩,贸易余额的响应取决于跨期替代弹性的大小。我们将通过研究在第13.5节中首次开发的具有通胀惯性的模型中基于稳定货币政策的动态来结束该节。通货膨胀会逐步地对货币增长率的下降作出反应,并需要下降到低于它,以便实际货币余额能达到更高的稳态值。

本章在13.7节中以一些总结性评语结束。两个在线附录详细描述了本章中的两个模型的线性化,以及需要在相应的Matlab程序中输入的系数。①

13.2 慢性通货膨胀VS恶性通货膨胀②

为了理解与阻止高通胀相关的典型事实,我们首先需要关注高通胀国家通胀过程的主要特征。虽然高通胀有很多伪装形式,有一个关键的特征——这一点可以追溯到Pazos(1972)——这将证明对于理解通胀稳定计划的目的是至关重要的:恶性通货膨胀和慢性通货膨胀。

当Pazos(1972)写他的有影响力的书时,高通胀几乎等同于恶性通货膨胀,这主要是由于Cagan(1956)对发生在两次世界大战之后的恶性通胀进行的开创性研究。卡甘使用每月50%的上涨率作为具有恶性通货膨胀资格事件的阈值。③表13.2列出了8个符合卡甘定义的通货膨胀事件。恶性通胀是短暂的事件——通常持续不到一年——这显示出每月通胀的爆炸性行为。

① 附录和Matlab程序在本书的网站中可以免费获取。

② 本节很大程度上吸收了Calvo和Végh(1999)及Végh(1992)的研究成果。

③ 更准确地说,Cagan(1956, p.25)把恶性通胀事件定义为"在一个月的月初价格上升会超过50%,到该月结束以前月度的价格上升已经下降到月初的水平并待在其之下至少一年。"

帕索斯(Pazos)的关键洞察是,那时在几个拉丁美洲国家正在进行的通货膨胀进程——他称之为"慢性通货膨胀"——在三个关键方面不同于卡甘的恶性通货膨胀:

● 慢性通货膨胀可能会持续很长一段时间:它不是用月来衡量的——恶性通货膨胀通常是这样衡量的——而是用几年甚至几十年的时间来衡量。像阿根廷、巴西、智利、以色列、墨西哥和乌拉圭等国家都经历了长达数十年的慢性通货膨胀过程(图 13.1)。①图 13.1 描绘了世界上典型的 12 个月通货膨胀率的慢性通胀国家:乌拉圭。在过去的 60 年里,乌拉圭的平均年通胀率为 35%。事实上,直到 1997 年 8 月,年度通货膨胀率才终于降到了 20%以下——2002 年末和 2003 年初由于阿根廷 2001 年 12 月的危机而出现暂时的冲高——乌拉圭的通货膨胀率只是偶尔才下降到 20%以下,通常是作为主要稳定计划的结果(1968 年 6 月计划和 1978 年 10 月"公告牌"计划)。

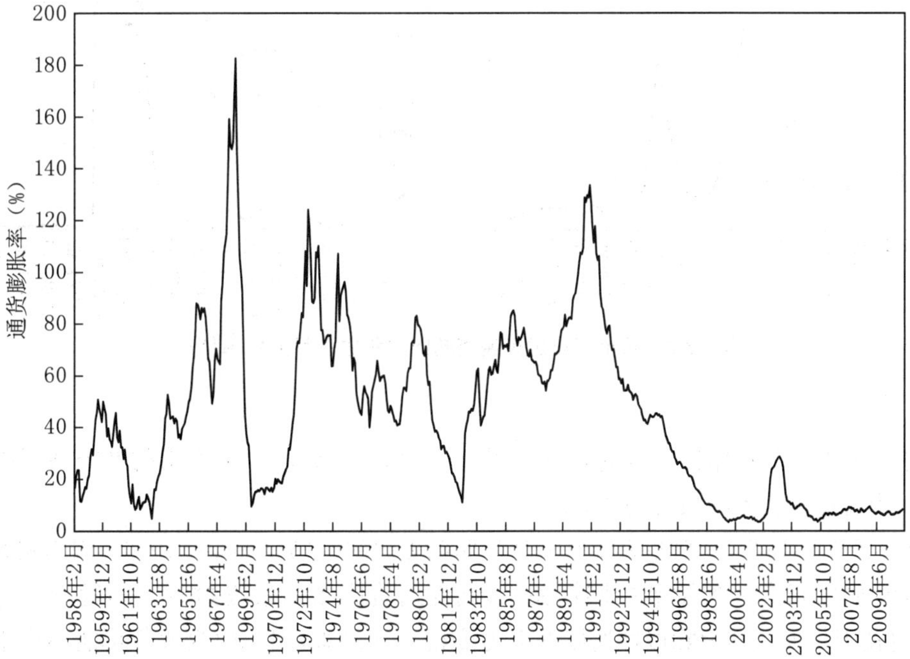

图 13.1 1957—2011 年间乌拉圭的通货膨胀率

资料来源:国际金融统计(IMF)。

● 慢性通货膨胀表现出高度的持久性,随着各国通过建立会使通货膨胀过程持续下去的正式和非正式的指数化机制,学会了如何适应高通胀。通胀不会表现出一种内在的加速倾向,如果有的话,很快就会到达一个新的高度。

与之形成鲜明对比的是,在恶性通货膨胀期间——引用 Pazos(1972, p.19)对德国恶性通货膨胀的专有描述——"通货膨胀率的振幅是如此大且不稳定,图表记录下来的通胀轨迹就像是一个物体在无摩擦的环境中被释放出来,并且在没有提供阻力的情况下,对被

① 长期的慢性通胀最终也可以导致恶性通胀出现(依据卡甘的定义,在一个月之内出现超过 50%的通货膨胀)。阿根廷在 1989 年 5 月的月通胀率达到 76%,巴西在 1989 年 12 月达到 51%。这些恶性通胀爆发,代表了长期的慢性通胀出现了一个爆炸阶段,但具有与经典的恶性通胀完全不同的特征(参见 Kiguel and Liviatan, 1995)。

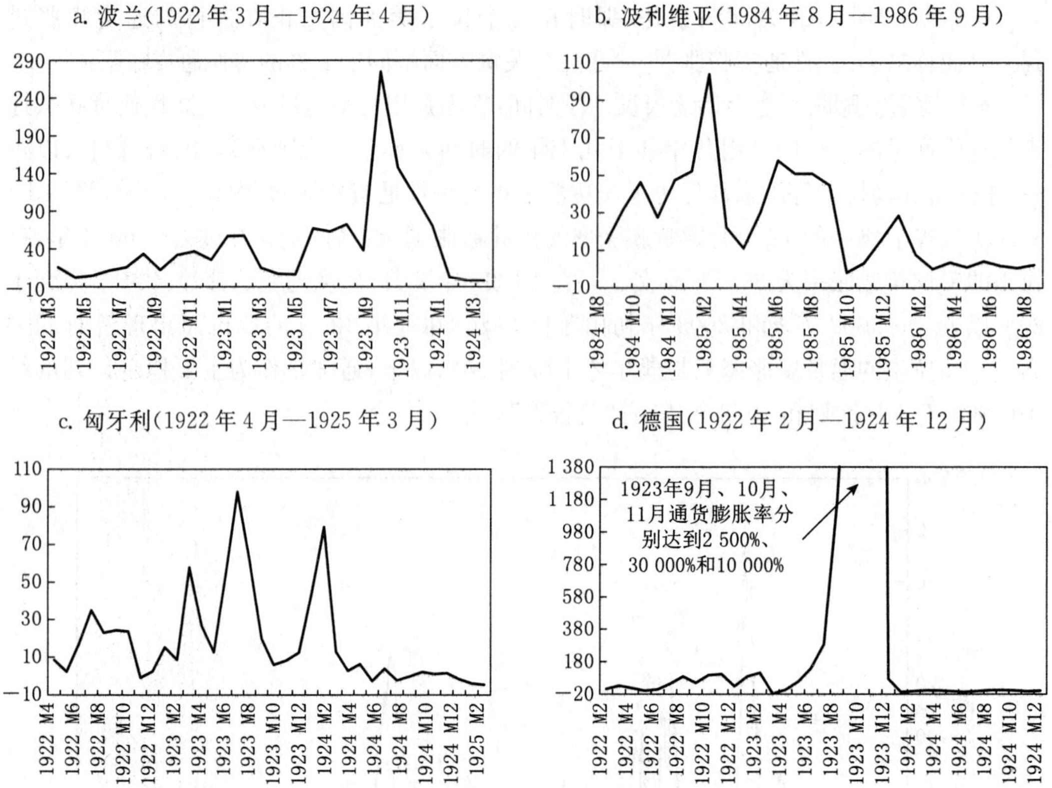

图 13.2　四个国家过度通货膨胀过程中各月通胀率(%)

资料来源:Végh(1992)。

施加于它的外部力量作出反应的轨迹。"图 13.2 展示了表 13.2 中列出的 8 个高通胀事件中的 4 个通货膨胀率剧烈波动的表现。

● 不像恶性通胀,其财政来源是清楚且明确无误的(参见 Cagan, 1956),因为财政赤字和通货膨胀之间有更加微妙的同期关系,慢性通货膨胀的最终财政原因远没有那么明显。①这使得任何试图消除慢性通胀的努力变得更加困难,因为财政改革可能不会对通货膨胀有直接和剧烈的影响,这会快速地侵蚀掉努力稳定通货膨胀政策的可信度。

除了高且持久通胀的一般概念之外,对于慢性通胀,没有普遍接受的定义。而且任何定义都可能经受不住时间的考验,因为随着时间的推移,高通胀的概念会发生变化。②虽然一个被广泛接受的定义已被证明是难以捉摸的,但一旦确立出一个,就很容易识别出慢性通胀的过程。③

---

① 正如在专栏 13.1 中所讨论的那样,在短期中财政赤字与通胀之间的关系要比在长期中更难识别。

② 在这一方面最常提及的事实是美国在其通货膨胀率大约为 5%时——今天看起来属于物价基本稳定的状态——触发了尼克松政府于 1971 年开始实施的价格控制!

③ 多恩布什过去把这称为"鸭子测试":假如它像鸭子一样走路,像鸭子一样发声,你就能合理的认定它就是鸭子。

13.3 阻止高通胀：典型事实

13.3.1 阻止恶性通货膨胀

我们想强调关于恶性通货膨胀稳定化的两个典型事实：

● 通货膨胀能够立即停止的。在大多数涉及恶性通货膨胀稳定的事件中，物价稳定在名义汇率确定之后几乎在一夜之间就实现。①为了说明这一点，表 13.2 显示了 8 个恶性通货膨胀经济体(第二次世界大战之后的奥地利、波兰、德国、希腊、匈牙利，以及玻利维亚和中国台湾)在汇率稳定之前的 12 个月和之后的 12 个月的各月平均贬值率和平均通货膨胀率。②

表 13.2 恶性通货膨胀期间的贬值率、通胀率和货币增长率(按各月的几何平均值计算，%)

国家(地区)	贬值率	通胀率	货币增长率
奥地利(1922 年 10 月)			
1921 年 10 月—1922 年 9 月	32.6	46	35.7
1922 年 10 月—1923 年 9 月	−0.4	0.4	8.7
波兰(1924 年 2 月)			
1923 年 2 月—1924 年 1 月	63.7	66.2	62.7
1924 年 2 月—1924 年 11 月	0.8	1.2	11.1
希腊(1946 年 2 月)			
1945 年 2 月—1946 年 1 月	—	27	31.6
1946 年 2 月—1946 年 12 月	—	−0.8	13.4
中国台湾(1949 年 6 月)			
1948 年 1 月—1949 年 5 月	—	30.7	23.7
1949 年 6 月—1950 年 12 月	—	6.7	11.4
德国(1924 年 1 月)			
1923 年 1 月—1923 年 12 月	409.8	455.1	419.7
1924 年 1 月—1924 年 12 月	−3.9	0.3	12
匈牙利(1924 年 4 月)			
1923 年 4 月—1924 年 3 月	28	33.3	28.1
1924 年 4 月—1925 年 3 月	0	0.2	8.5
匈牙利(1946 年 8 月)			
1945 年 8 月—1946 年 7 月	—	19 800	12 200
1946 年 8 月—1947 年 7 月	—	1.3	14.2
玻利维亚(1985 年 10 月)			
1984 年 10 月—1985 年 9 月	44	57.9	48.5
1985 年 10 月—1986 年 9 月	4.9	5.7	8.3

注：在国家(地区)名称后面括号中的日期表明在该月汇率是稳定的。货币指的是流通中的现金，只有玻利维亚与中国台湾是例外，二者的货币指的是 M1。

资料来源：Végh(1992)。

① 除了玻利维亚以外(虽然玻利维亚的体系最好称为有干预的浮动，名义汇率仍然提供了一个实际的名义锚)，汇率通常是借助根据黄金或者外币来固定国内货币价值的方式来保持稳定的。

② 对于波兰、希腊和中国台湾，由于数据的可得性，时期有些许不同。

这些数据清楚地说明,锚定名义汇率如何可以确保价格迅速实现稳定。最引人注目的例子是 1946 年的匈牙利和德国,在稳定化之前的 12 个月里,各月的平均通货膨胀率分别为 19 800%和 455.1%。在稳定化之后,月平均通胀率分别下降到 1.3%和 0.3%。在更温和的恶性通货膨胀中,比如在一战后的匈牙利,在稳定化之前月平均通胀率为 33.3%,同样一夜间价格就实现了稳定的现象也出现了。即使像玻利维亚和中国台湾那样,物价没有完全实现稳定,通货膨胀的下降也是相当可观的。毫不奇怪,在玻利维亚和中国台湾,汇率并没有完全稳定①。

如果我们意识到,在恶性通胀时期名义摩擦往往会消失,那么这种剧烈而直接的通胀下降或许并不令人意外。换句话说,当达到这种天文数字的通货膨胀率时,名义合约实际上就会消失,并且所有价格(包括工资)通常都会与汇率挂钩。由于所有的价格都与汇率挂钩,稳定汇率就等于稳定了物价水平。

- 产出成本相对较小。尽管这个典型事实比第一个更不清晰,可用证据似乎表明,恶性通货膨胀可以在付出很小甚至没有付出任何代价的情况下被停止(参见 Sargent, 1982; Végh, 1992)。值得注意的是,在恶性通胀稳定后的产出反应尤其难以评估,原因有三。首先,可用数据通常是稀疏的且不明确的。第二,稳定本身的实际影响很难从真正的混乱中摆脱出来,这是从恶性通货膨胀过渡到价格稳定的特征。最后,在两次世界大战后出现在欧洲的恶性通货膨胀,因战争和沉重赔款支付负担的影响往往使真实图景变得模糊不清。在把以上三点原因记在头脑中以后——正如 Végh(1992)所说——在表 13.2 中列出的七个相关数据是可获得的经济体中,有三个国家(德国、希腊和波兰)的经济稳定之后,经济活动似乎有所增加,而在另外两个案例中(中国台湾和玻利维亚)几乎没有变化。在剩余的两个案例中(奥地利和 1946 年的匈牙利)有相互矛盾的证据。

专栏 13.1　财政赤字与通货膨胀之间的联系是什么?

尽管恶性通胀的财政根源是清晰的,但在那些有慢性通胀国家要识别出财政赤字与通胀之间的联系似乎更不容易。这是可以预期的,因为短期的财政赤字不仅可以通过印发货币的方式,也可以通过发行国内和/或国外债券的方式来进行融资。但在长期中,财政赤字与通胀之间的联系应该有更多的证据。一般来说,这正是数据显示的内容。尽管基于年度观测数据所进行的跨国面板回归已经显示财政收支与通胀之间存在负相关关系,当数据平均超过 5 年间隔,估计的系数会更大(按绝对值算)。换句话说,当对短期瞬间波动的数据作平滑处理以后,通胀与财政收支之间的负相关关系似乎会变得更强。

按照 Fischer、Sahay 和 Végh(2002)的方法,我们研究了财政收支与通胀之间的短期关系,使用 77 个国家在 1950—2010 年间的年度观察数据进行面板回归。因变量是总通胀的对数,而相应的自变量则是财政余额占 GDP 的比重。在表 13.3 中的上半部分显示的是对原始样本以及 20 个高通胀国家的子样本进行 OLS 和固定效应回归的结果。在所有案例下,财政收支的系数都是负的且显著的,而且与我们预期的一样,

① 在中国台湾的稳定化中,贬值 6 个月以后的黑市汇率仍高出地区汇率 60%(参见 Makinen and Woodward, 1989)。

对于高通胀国家,系数更高一些(绝对值)。

为了说明财政收支与通胀在长期中的关系,我们通过以不重叠的5年为间隔构建了一个相似的面板回归。也就是说,每个观察期对应的是5年原始变量的平均值。这样处理可以帮助我们过滤掉数据中暂时性的短期波动。分析的结果如表13.3中的下半部分所示。结果表明,所有的系数(绝对值)要比用年度观察数据进行估计的更大,这种差异在高通胀国家又要更为明显。

总而言之,回归分析验证了如下想法,即财政收支与通胀之间会有负相关关系,而且这种关系在高通胀国家要更为明显,同时,当我们过滤掉数据中的短期波动以后,这种关系也会变为更为明显。

表13.3 77个国家在1950—2010年间的财政收支与通货膨胀

自变量	因变量:ln(1+inf/100)			
	常规面板			
	OLS		固定效应	
	所有国家 (1)	高通胀国家[b] (2)	所有国家 (3)	高通胀国家 (4)
常数	0.100 9	0.176 6		
	(0.000)	(0.000)		
财政收支[a]	−0.009 0***	−0.040 2***	−0.010 6*	−0.047 8***
	(0.006)	(0.001)	(0.097)	(0.003)
R^2	0.027	0.011	0.033	0.144
自变量	因变量:ln(1+inf/100)			
	五年平均面板			
	OLS		固定效应	
	所有国家 (1)	高通胀国家 (2)	所有国家 (3)	高通胀国家 (4)
常数	0.110 0	0.174 4		
	(0.000)	(0.005)		
财政收支[a]	−0.011 5**	−0.062 1**	−0.013 9*	−0.082 5***
	(0.032)	(0.018)	(0.071)	(0.000)
R^2	0.027	0.127 3	0.032	0.176

资料来源:国际金融统计(IMF)。

专栏注:财政收支对应于现金盈余/赤字。所选中的国家要求至少有关于通胀与财政收支连续十个观察点数据。括号中的数值为(基于稳健的标准误差)的P值。如−0.04的系数表示的是财政收支占GDP的比重下降1个百分点将会引起大约4个点的通货膨胀(即从10%上升到14%)。***表示在1%水平上显著;**表示在5%水平上显著;*表示在10%水平上显著。

a. 占GDP百分比。

b. 平均通货膨胀在前25百分位的国家。

13.3.2 阻止慢性通货膨胀

1. 与 ERBS 相关的典型事实

表 13.4 列出过去五十年中 13 个新兴市场国家基于稳定化的汇率(exchange rate based stabilizations，ERBS)政策。这些事件都是关于 ERBS 相关经验规律的大量文献的核心内容。

根据表 13.4 中列出的最近 10 年的项目规划，图 13.3 显示了基于稳定化的汇率政策的典型时间特征①：

(1) 通货膨胀率与货币贬值率有缓慢趋同的特征。尽管图 13.3 中 a 部分似乎显示出更快的收敛速度，但就平均数据而言并不存在这种显著的异质性。关于 20 世纪 70 年代末著名的南锥体“公告牌”国家的典型情况是，通胀率与货币贬值率之间的趋同性非常缓慢。事实上，这种趋同性的缺乏——通常归因于预期和/或名义刚性——这促使阿根廷、巴西和以色列在 20 世纪 80 年代中期实施所谓的非正统的规划，其中包括价格和工资管制。意料之中的是，通胀收敛的速度在这样的项目规划中会更快，尽管只有在以色列的案例中，通货膨胀的涨势被证明是具有永久性的。

(2) 国内生产总值和私人消费在项目开始时扩张但在之后收缩(图 13.3b 和 c)。这个基于稳定化汇率政策而出现的繁荣—衰退周期是表 13.4 列出的大多数项目的特征。

(3) 实际汇率的持续升值。在图 13.3d 所显示的 U 形模式是基于稳定汇率政策的典型特征。不可贸易商品的相对价格在项目开始时大幅上升，随后回落。

(4) 平均来说，实际利率下降(图 13.3e)。然而，在整个项目期间会发生相当大的变化。实际利率在“公告牌”国家倾向于下降，但在非正统的项目计划下倾向于增加。

(5) 投资增加(图 13.3f)。大多数项目在早期阶段都经历了投资增加。

(6) 贸易余额和经常账户均会恶化。正如图 13.3g 和 h 所示，在基于汇率稳定化政策实施的最初几年里贸易余额和经常账户将急剧恶化。

2. 与 MBS 相关的典型事实

表 13.5 列出了在过去 40 年中基于通货膨胀稳定计划(money based stabilization programs，MBS)的主要货币表现。小样本反映了一个事实，即大体而言，名义汇率在新兴市场中一直有更多受欢迎的锚。

基于在表 13.5 中列出的 5 个项目计划，与 MBS 相关的主要经验规律包括(如图 13.4 所示)：

(1) 通货膨胀缓慢收敛于货币增长率(参见图 13.4a)。图 13.4a 再一次掩盖了一些异质性，有几个项目计划显示，通货膨胀率非常缓慢地收敛于货币增长率。实际上，正是这个问题导致了智利和乌拉圭的决策者在 20 世纪 70 年代末用汇率锚取代了货币锚。

---

① 项目规划的选择是依据数据的可获得性进行取舍的。在图 13.3 和图 13.4 中，不同的部分所显示的是所有项目规划的简单平均数。T 代表稳定性规划被加以实施的年份；垂直线表示的是实施稳定性规划的前一年(即 $T-1$)。

表 13.4 基于通货膨胀稳定计划下的汇率表现

计 划	开始及结束时期	汇率制度	通货膨胀率(%)			计划是怎样结束的?
			初始值	最低值	完成日期	
巴西 1964 年	1964 年 3 月—1968 年 8 月	有定期贬值的固定汇率	93.6	18.9	1968 年 3 月	在 1968 年 8 月贬值以后,开始转向小幅度贬值制度,直到 1974 年,通货膨胀率每年仍旧稳定在 20%左右
阿根廷 1967 年	1967 年 3 月—1979 年 5 月	固定汇率	26.4	5.7	1969 年 2 月	初始时有 14%的贬值率,之后进行进一步的贬值,外汇储备有 82%的下降
乌拉圭 1968 年	1968 年 7 月—1971 年 12 月	固定汇率	182.9	9.5	1969 年 6 月	初始时有 48%的贬值,之后进行连续的贬值,外汇储备有 81%的下降
智利公告牌	1978 年 2 月—1982 年 6 月	1978 年 2 月—1979 年 6 月:事先宣布的爬行汇率;1979 年 6 月—1982 年 6 月:固定汇率	52.1	3.7	1982 年 11 月	外汇储备有 65%的下降,截至 1983 年 2 月,货币贬值了 55%左右
乌拉圭公告牌	1978 年 10 月—1982 年 11 月	事先宣布的爬行钉住汇率	41.2	11.0	1982 年 11 月	截至 1983 年 3 月,央行有 90%的外汇储备损失,比索贬值了约 70%
阿根廷公告牌	1978 年 12 月—1981 年 2 月	事先宣布的爬行钉住汇率	168.9	81.6	1981 年 2 月	截至 1982 年 4 月,货币贬值了约 410%,外汇储备下降了约 71%
以色列 1985 年	1985 年 7 月—目前	初始钉住美元;1986 年开始钉住一篮子货币	445.4	−2.6	2004 年 7 月	通货膨胀逐步下降,截至 2012 年年底均维持在 5%以下
奥斯特拉尔(Austral,阿根廷)	1985 年 6 月—1986 年 9 月	1985 年 6 月—1986 年 3 月:固定汇率;1986 年 3 月—1986 年 9 月:爬行钉住汇率	1 128.9	50.1	1986 年 6 月	截至 1987 年 9 月,外汇储备下降 75%,每月通货膨胀在 10%以上
克鲁扎多(Cruzado,巴西)	1986 年 2 月—1986 年 11 月	固定汇率	286.0	76.2	1986 年 11 月	截至 1987 年 3 月,外汇储备下降 58%,截至 1987 年 12 月,每月通货膨胀达到 21%

续表

计　划	开始及结束时期	汇率制度	通货膨胀率(%)			计划是怎样结束的?
			初始值	最低值	完成日期	
墨西哥 1987 年	1987 年 12 月—1994 年 12 月	1988 年 2 月—1988 年 12 月:固定汇率;1989 年 1 月—1991 年 11 月:事先宣布爬行钉住汇率;1991 年 11 月—1994 年 12 月:允许汇率有一定的波动幅度。	159.0	6.7	1994 年 9 月	1994 年 2 月—1995 年 1 月,外汇储备下降 85%,随着 1994 年 12 月的贬值,比索在四个月内贬值了大约 100%
乌拉圭 1990 年	1990 年 12 月—目前	带有递减贬值率的汇率	133.7	3.1	2005 年 6 月	乌拉圭没有受墨西哥危机的很大影响,尽管在 2001 年 12 月阿根廷危机期间通货膨胀有一个暂时性的爆发,但随后就逐渐下降
可兑换(Convertibility,阿根廷)	1991 年 4 月—2001 年 12 月	与美元一比一平价的货币对	267.0	−2.3	1999 年 11 月	在 2002 年 1—7 月间,外汇储备下降 39%,在 2002 年上半年汇率大幅贬值约 260%
雷亚尔(Real plan,巴西)	1994 年 7 月—1999 年 1 月	在计划实施前一月,创造了一个指数单位,依据美元作为稳定值。1994 年 7 月指数单位转为新货币和汇率锚制度	4 005.0	1.6	1999 年 1 月	在计划执行的期间,国际外汇储备有重大损失(在 1998 年下半年下降了 40.8%),当局决定废除汇率锚并让实际汇率贬值。在 1999 年汇率上升了 52.8%

注:除非特别指明,所有的钉住汇率都是指钉住美元。通货膨胀测量的是年度变化(%)。外汇储备下降是相对于计划实施的高峰期而言的。

资料来源:Reinhart 和 Végh(1996),更新至 2012 年的国际统计数据(IMF)。

表 13.5 基于通货膨胀稳定计划的主要货币表现

计 划	开始及结束时期	货币/汇率政策	通货膨胀率(%)			计划是怎样结束的?
			初始值	最低值	完成日期	
智利 1975 年	1975 年 4 月—1977 年 12 月	控制货比总量是基础;根据过去的通胀情况进行汇率调整	394.3	63.4	1977 年 12 月	因为通货膨胀以非常缓慢的速度下降,智利在 1978 年 2 月开始转向汇率锚制度
伯里克斯(Bonex,阿根廷)	1989 年 12 月—1991 年 2 月	通过强力延期偿还国内债务大幅削减了流动性;肮脏浮动	4 923.3	287.3	1991 年 2 月	由于这个计划并不成功(在 1991 年第一季度外汇储备下降 37%,贬值率和通胀率大约为 40%),当局在 1991 年 4 月转向汇率锚制度(可兑换计划)
科洛尔(Collor,巴西)	1990 年 3 月—1991 年 1 月	通过冻结 70%的金融资产急剧挤压流动性;从紧的货币政策。汇率起着被动角色,仅适应通货膨胀	5 747.3	1 119.5	1991 年 1 月	从科洛尔联盟在 1990 年中期的选举中被击败以后,政府开始在通货膨胀中陷入困境:1991 年 3—12 月间,通货膨胀上升 93%,汇率上升 48%
多米尼加共和国 1990 年	1990 年 8 月—2002 年 8 月	1990 年 8 月—12 月:汇率控制/黑市;1991 年 1 月—7 月:双重汇率;1991 年 7 月:实行统一的浮动汇率	60.0	2.5	1993 年 11 月	从 2002 年 9 月开始,银行挤兑和最终失败的银行救急触发了一个主要的危机:到 2003 年 8 月,年度价格和汇率分别上涨 33%和 84%
秘鲁 1990 年	1990 年—现在	控制货币总量;肮脏汇率	12 377.8	—1.6	2002 年 2 月	到 2012 底为止,通货膨胀率仍维持在每年 5%以下

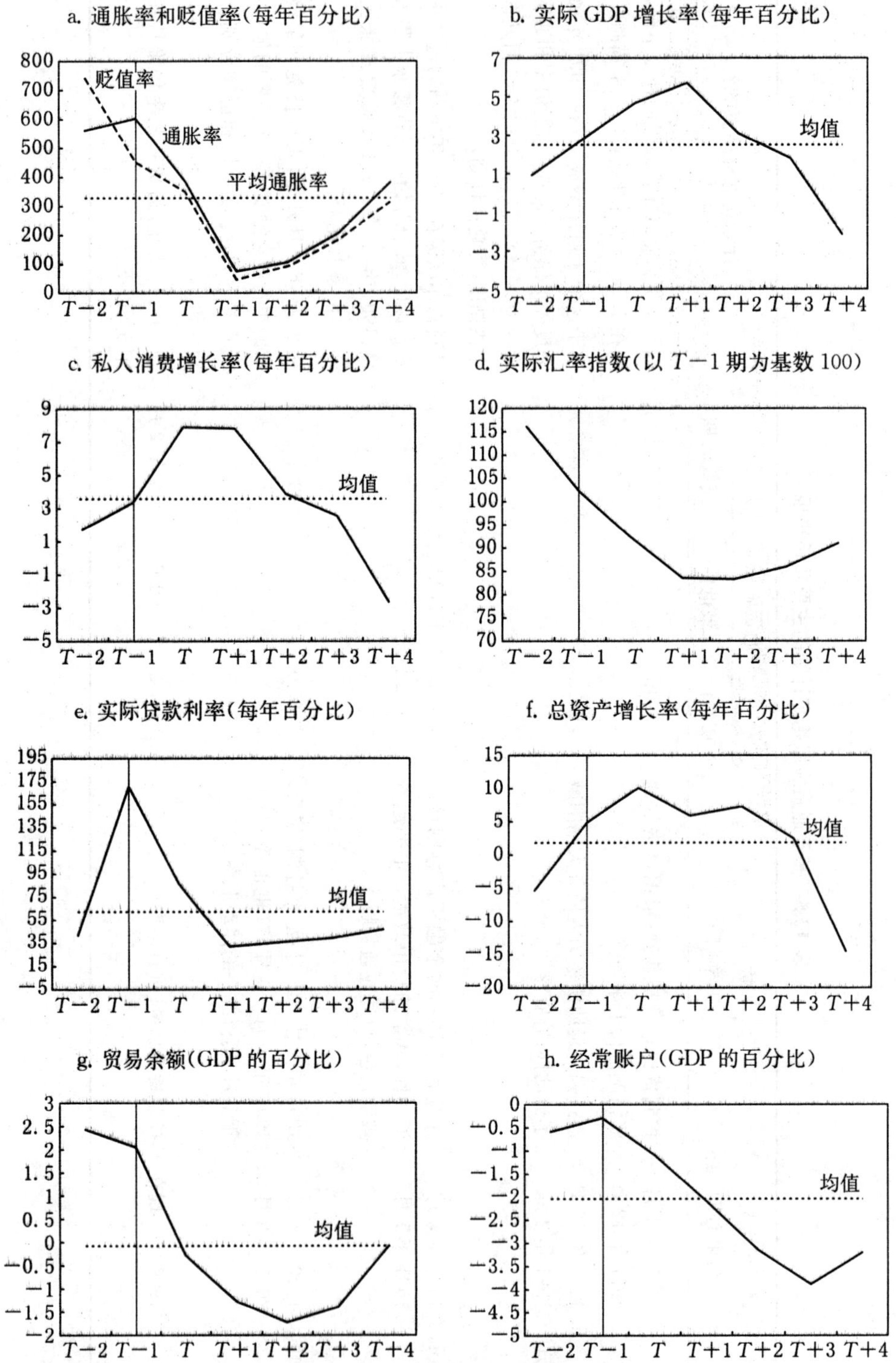

图 13.3　基于汇率稳定计划的表现

资料来源:Calvo and Végh(1999)。

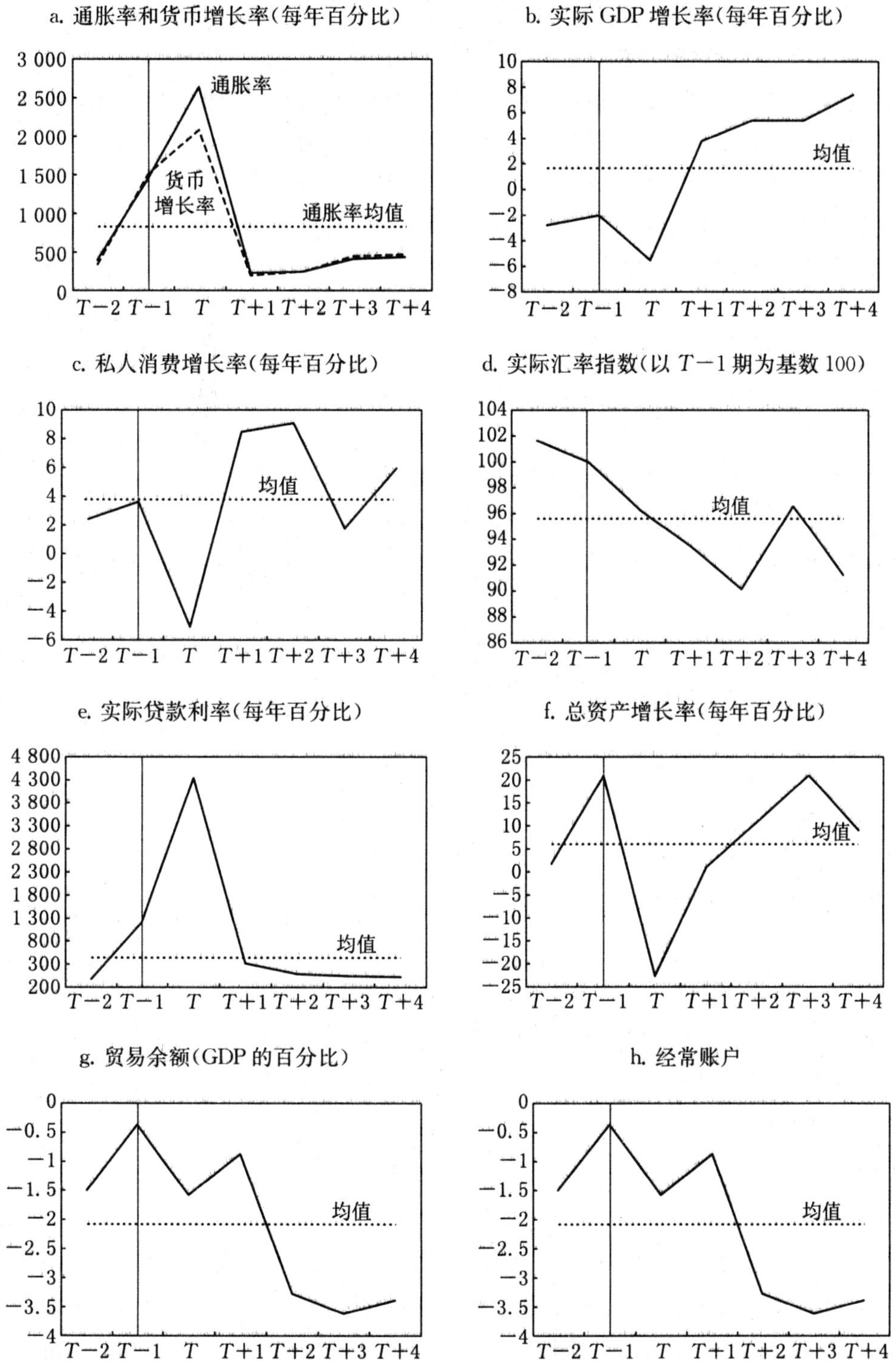

图 13.4　基于货币稳定政策的表现

资料来源:Calvo and Végh(1999)。

(2) GDP 和私人消费在项目的早期阶段收缩(图 13.4b 和 c)。这实际上是工业化国家在制止通货膨胀期间观察到的产出和消费行为,参见巴尔(Ball, 1994)。

(3) 在项目计划开始时有最初的实际升值(图 13.4d)。与通常所说的基于货币稳定的计划可能会产生阻止基于汇率的项目中观察到的实际升值的结论相反,证据表明,不可贸易商品的相对价格在以货币为基础的稳定过程中也有所增加。

(4) 实际利率增加(图 13.4e)。

(5) 在项目开始时投资会下降(图 13.4f)。

(6) 对外账户的行为尚不清楚(图 13.4g 和 h)。如果说有什么行为表现的话,那就是我们在计划的前两年并没有看到任何重大的影响,随后,随着 GDP 的复苏会出现恶化。

13.4 制止恶性通货膨胀

我们已经看到,与阻止恶性通货膨胀有关的主要典型事实是,一旦实行固定汇率,通货膨胀就会突然停止,此外,通货膨胀的急剧减少基本上无需付出产出成本。本节发展具有黏性价格的货币内在效用函数(money-in-the-utility-function, MIUF)模型,它将解释这些典型事实。

考虑一个完全融入世界商品和资本市场的小型开放经济体。有两种产品:可贸易商品和不可贸易商品。一价定律适用于可贸易商品,国外价格是恒定且等于 1。因此,可贸易商品的国内价格等于名义汇率 E_t。

13.4.1 家庭

偏好是由式(13.1)给出:

$$\int_0^{\infty}[\log(c_t^T)+\log(c_t^N)+\log(m_t)]\exp(-\beta)\mathrm{d}t \tag{13.1}$$

这里的 c_t^T 和 c_t^N 分别表示可贸易商品和不可贸易商品的消费,$m_t(\equiv M_t/E_t$,M_t 是名义货币余额)表示用可贸易商品衡量的实际货币余额,$\beta(>0)$是贴现率。①

家庭的流量约束由下式给出:

$$\dot{a}_t=ra_t+y_t^T+\frac{y_t^N}{e_t}+\tau_t-c_t^T-\frac{c_t^N}{e^t}-i_tm_t \tag{13.2}$$

$a_t(\equiv b_t+m_t)$表示实际金融资产;r 是恒定的世界实际利率;y_t^T 和 y_t^N 分别表示可贸易商品和不可贸易商品的产出;e_t 表示实际汇率(即用不可贸易商品衡量的可贸易商品相对价格);i_t 是名义利率;τ_t 是政府一次性转移。不断朝前迭代式(13.2)并施加适当的横截性

① 出于分析的简化性,我们假设家庭从 m_t 而不是从根据价格指数衡量的实际货币余额中获取效用。有对数偏好——如第 8 章显示的那样——这不会对模型的动态产生影响(除非是涉及福利计算,在这里我们不考虑福利)。

条件，可以得到下式：

$$a_0+\int_0^{\infty}\left(y_t^T+\frac{y_t^N}{e_t}+\tau_t\right)\exp(-rt)\mathrm{d}t=\int_0^{\infty}\left(c_t^T+\frac{c_t^N}{e_t}+i_t m_t\right)\exp(-rt)\mathrm{d}t \quad (13.3)$$

消费者选择$\{c_t^T, c_t^N, m_t\}_{t=0}^{\infty}$来最大化式(13.1)，服从跨期约束条件式(13.3)。一阶条件由以下式子给出(假设$\beta=r$)：

$$\frac{1}{c_t^T}=\lambda \quad (13.4)$$

$$\frac{1}{c_t^N}=\frac{\lambda}{e_t} \quad (13.5)$$

$$\frac{1}{m_t}=\lambda i_t \quad (13.6)$$

这里，λ 是与约束式(13.3)相关的乘子。结合一阶条件式(13.4)和式(13.5)，我们得到熟悉的条件：

$$c_t^N=e_t c_t^T \quad (13.7)$$

结合一阶条件式(13.4)和式(13.6)，我们得到实际货币需求方程：

$$m_t=\frac{c_t^T}{i_t} \quad (13.8)$$

13.4.2 供给侧

供给侧的分析跟随第 8 章的内容。可贸易商品的供给被认为是外生和恒定的(即$y_t^T=y^T$)。不可贸易商品的黏性价格是根据 Calvo(1983)交错价格规则引入模型中的。在这样的设置中，不可贸易商品的通货膨胀率(π_t)的变化率是超额总需求的负函数：

$$\dot{\pi}_t=-\theta(y_t^N-y_f^N),\ \theta>0 \quad (13.9)$$

这里的 y_t^N 是不可贸易商品的总需求，而 y_f^N 是不可贸易商品的充分就业产出水平。在这个构造中，不可贸易商品的价格水平是黏性的(即它在每一个时刻是前定的)，但通货膨胀率是完全弹性的，因为它是一个前瞻性的变量。方程式(13.9)可以通过如下假设来推导，即企业在考虑到总需求的未来路径和经济中普遍存在的当前平均价格水平以非同步的方式来设定价格[参见附录 8.8.1 关于方程式(13.9)的正式推导]。

13.4.3 政府

政府的流量约束由下式给出：

$$\dot{h}_t=rh_t+\dot{m}_t+\varepsilon_t m_t-\tau_t \quad (13.10)$$

这里，h_t 表示政府的净外国资产存量，ε_t 是贬值率。

13.4.4 均衡条件

资本完全流动性意味着利率平价条件是成立的：

$$i_t = r + \varepsilon_t \tag{13.11}$$

不可贸易商品市场的均衡要求：

$$c_t^N = y_t^N \tag{13.12}$$

回忆一下在当前的设置中，不可贸易商品的产出是由需求决定的，所以不可贸易商品市场的均衡是通过建构而成立的。

根据定义，$e_t = E_t / P_t^N$。因此：

$$\frac{\dot{e}_t}{e_t} = \varepsilon_t - \pi_t \tag{13.13}$$

这个动态方程简单地说明，如果不可贸易商品的通货膨胀大于可贸易商品的通货膨胀（由 ε_t 给出），那么可贸易商品的相对价格会随着时间的推移而下降。

结合消费者的流量约束[由方程式(13.2)给出]与政府流量约束[由方程式(13.10)给出]，并施加利率平价条件式(13.11)和由式(13.12)给出的不可贸易商品市场的均衡，我们得到：

$$\dot{k}_t = rk_t + y^T - c_t^T \tag{13.14}$$

这里，$k_t (\equiv b_t + h_t)$表示经济的净外国资产。不断朝前迭代式(13.14)并施加相应的横截性条件，我们可得：

$$k_0 + \frac{y^T}{r} = \int_0^\infty c_t^T \exp(-rt) \mathrm{d}t \tag{13.15}$$

13.4.5 完全预期均衡

现在，让我们描述一个关于货币贬值率 ε 为恒定值的完全预期均衡路径。根据利率平价条件式(13.11)，名义利率将是恒定的，由下式给出：

$$i = r + \varepsilon \tag{13.16}$$

一阶条件式(13.4)表明，c_t^T 将随着时间的推移而恒定。根据资源约束式(13.15)，可以得到：

$$c^T = rk_0 + y^T \tag{13.17}$$

考虑到名义利率和可贸易商品的消费沿着完全预见均衡路径是恒定的，所以[根据方程式(13.8)]实际货币需求是：

$$m=\frac{rk_0+y^T}{r+\varepsilon} \tag{13.18}$$

为解出模型的其余部分，我们像在第 8 章中一样进行处理，建立一个关于 π_t 和 e_t 的动态系统。回忆一下，根据定义 $e_t=E_t/P_t^N$，实际汇率是前定变量。为获得第一个动态方程，把式(13.7)代入到式(13.9)，并考虑式(13.17)，可以得到：

$$\dot{\pi}_t=\theta(y_f^N-e_tc^T)$$

第二个动态方程是由式(13.13)给出。

系统稳定状态由下式给出：

$$\pi_{ss}=\varepsilon \tag{13.19}$$

$$e_{ss}=\frac{y_f^N}{c^T} \tag{13.20}$$

在系统稳定状态附近进行线性化，我们得到：

$$\begin{bmatrix}\dot{e}_t\\ \dot{\pi}_t\end{bmatrix}=\begin{bmatrix}0 & -e_{ss}\\ -\theta c^T & 0\end{bmatrix}\quad\begin{bmatrix}e_t-e_{ss}\\ \pi_t-\varepsilon\end{bmatrix}$$

与系统的线性近似相关的矩阵的行列式由下式给出：

$$\Delta=-\theta c^Te_{ss}<0$$

这意味着系统是鞍点路径稳定的。像通常一样，通过构建如图 13.5 所示的相位图进行处理会更容易。对于一个给定的实际汇率的初始值 e_0，不可贸易商品的通货膨胀率必须是这样的，系统自身恰好位于点 B，然后沿鞍点路径朝着由点 A 给出的稳定状态运行。

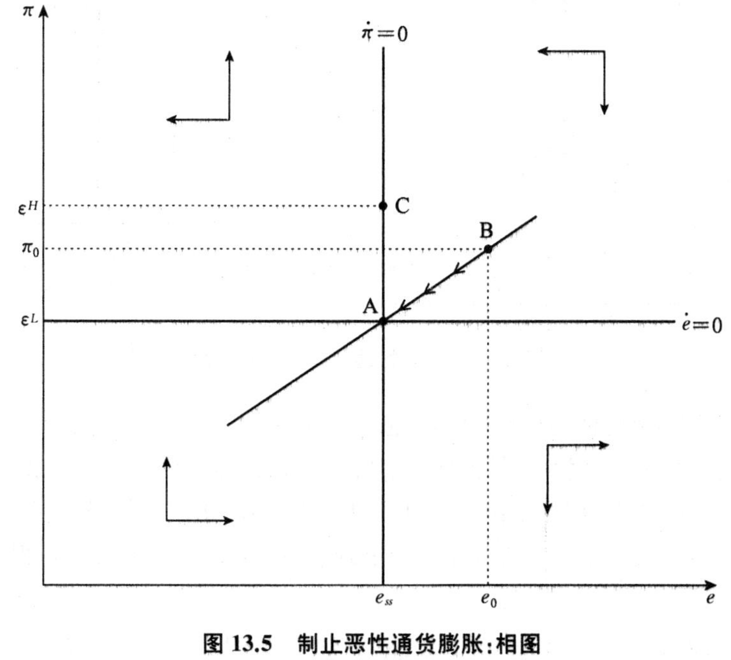

图 13.5 制止恶性通货膨胀：相图

13.4.6 永久稳定状态

假设经济最初处于刚刚描述过的均衡状态，有高的货币贬值率 ε^H。在 0 时刻上贬值率出现了从 ε^H 到 ε^L 的一个未预料到的且永久性的减少，（如图 13.6a）。①

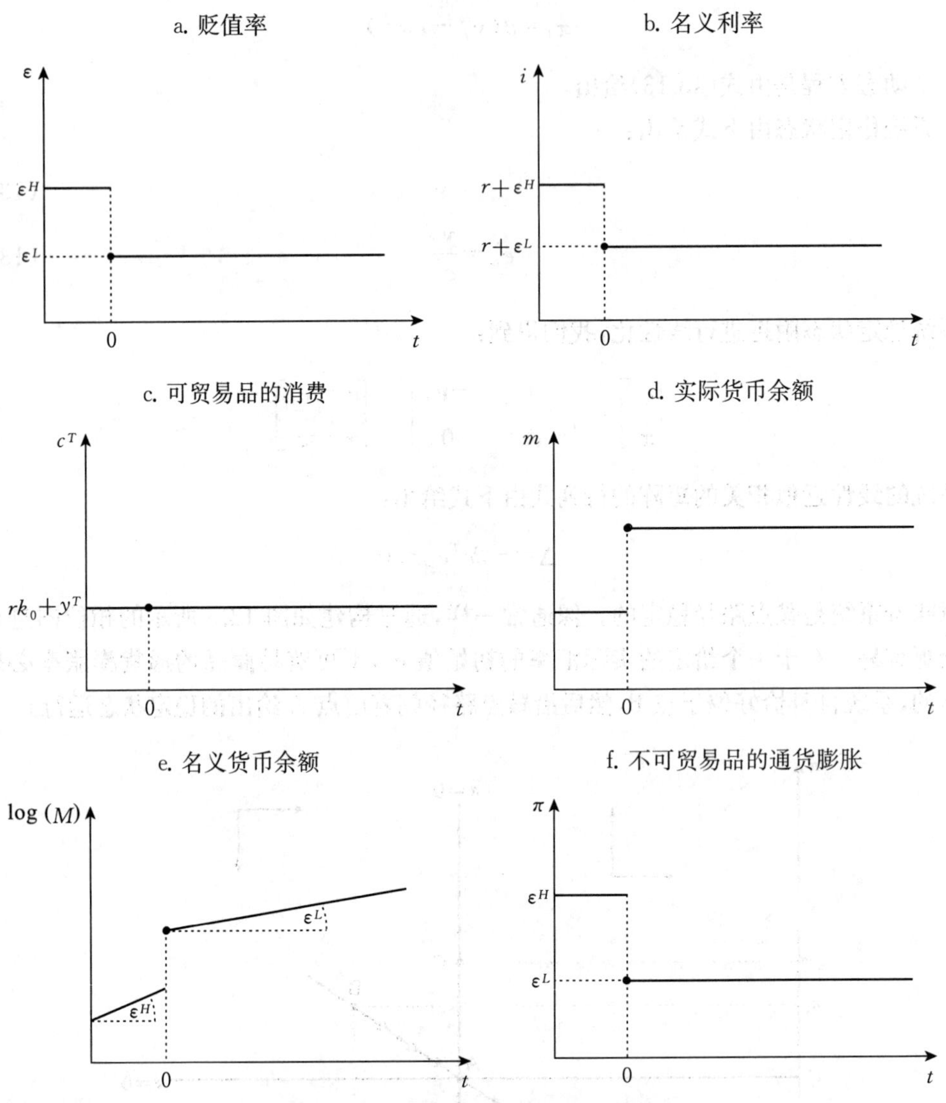

图 13.6 制止恶性通货膨胀：时间路径

由于在新的完全预见的均衡路径下，贬值率是恒定的（尽管在一个更低水平上），根据上面分析可知，名义利率、可贸易品的消费和实际货币余额也是恒定的。根据利率平价条件式(13.16)，名义利率与货币贬值率是 1∶1 的下降（图 13.6b）。可贸易商品的消费仍由式(13.17)给出，因为名义利率的下降并不会影响现有资源（图 13.6c）。最后，根据式(13.18)，

① 当然，ε^L 可以等于零（即汇率是固定的，这是在实践中当经济从恶性通胀中稳定下来后最常见的情景）。

实际货币需求会增加(图 13.6d),它通过名义货币余额存量的增加来实现(图 13.6e)。

现在,我们转向通货膨胀和实际汇率的行为。根据相图(如图 13.5),假设初始均衡是由点 C 给出的。在新的稳态(图 13.5 中的点 A 所示),通货膨胀率更低,实际汇率保持不变。经济是如何从点 C 调整到点 A 的?略作思考就可以发现,经济必须立即调整到新的稳定状态。由于 e_t 是一个前定变量,在时点 0 系统必须保持在与 e_{ss} 相对应的垂直线上。但是,如果系统沿着垂直线跳跃至任何点 A 以外的某一点,它会随着时间的推移发生偏离。因此,唯一可能的均衡是系统从点 C 跳跃到点 A。不可贸易商品的通货膨胀率立即下降到更低的稳态值(图 13.6f)。

13.4.7 理论与证据相匹配

我们已经看到,模型预测贬值率永久性的减少会导致通货膨胀率立即下降,实际货币余额上升且没有实际影响。这些事实与以上讨论的与阻止恶性通货膨胀相关的典型事实是一致的。

现在我们将讨论基于这个实验的主要假设——贬值率的降低是永久性的,通货膨胀率是有前瞻性的——抓住了与恶性通货膨胀稳定有关的真实世界的一些关键特性。首先请注意,我们可以将这种基于永久稳态性的汇率重新解释为一种基于完全可信的稳态性汇率。换句话说,考虑决策者宣布贬值率减少(作为一个特定的情况下,这将包括固定名义汇率)且公众相信这一政策是永久性的。正如上文所述,恶性通货膨胀的财政根源是显而易见的且被公众所知的,国家经济和社会结构的迅速瓦解的这一事实使得任何试图阻止它的尝试都具有极大的可信度。因此,重新解释为获取可信政策的情况,永久性汇率稳定的实验抓住了实际恶性通货膨胀稳定的基本要素。

其次——正如上面所讨论的——价格和/或工资的名义刚性的任何痕迹在恶性通货膨胀中都消失了。通常所有的价格都变成指数化的——按日甚至按小时计算——依据可观察到的名义汇率来进行。其结果是通货膨胀率没有滞后的因素。在这一点上,Calvo(1983)的交错价格规则——这意味着一个完全灵活的通货膨胀率——似乎与恶性通货膨胀的关键现实相吻合。

因此,我们得出结论,虽然高度程式化,在图 13.6 所示的实验抓住了恶性通货膨胀稳定的主要元素,并且与实际数据相匹配。

13.5 阻止慢性通货膨胀:基于稳定化的汇率

本节将考虑几个模型,这些模型可以解释在 13.3.2 节中讨论的基于稳定化的汇率政策的典型事实。我们将首先分析有通货膨胀惯性的模型(即黏性通货膨胀),然后转到暂时性政策模型(重新解释为缺乏可信度),最后关注供给侧模型。

13.5.1 通货膨胀惯性

Rodriguez(1982)是第一个指出在资本完全流动下,货币贬值率的永久性下降可能会引发经济活动的最初扩张。他的模型背后的主要动机是在 1978 年阿根廷“公告牌”初始阶段所观察到的实际利率下降。在罗德里格斯(Rodriguez)的简化型模型中,通胀预期是黏性的(即自适应)并假设总需求与实际利率有负相关关系。货币贬值率的永久性降低通过利率平价条件会导致名义利率下降。如果预期通胀在某种程度上是黏性的,那么国内实际利率就会下降,导致总需求和总产出的扩张。然而,最初的扩张最终会让位于经济衰退,因为通胀惯性导致国内货币的持续实际升值。

为了在一个优化模型中捕捉这些动态,考虑一个与世界其他地区商品和资本市场完全一体化的小型开放经济。一价法则适用于可贸易商品,为简单起见,可贸易商品的国外名义价格被认为是 1。在供给侧,我们假设不可贸易商品的通货膨胀率是黏性的,不可贸易商品的产出由需求决定。除非另注,我们继续使用相同的符号。

1. 消费者的问题

消费者的问题与 13.4.1 节相同。

2. 供给侧

供给侧与在 12.4 节中介绍的相同。可贸易商品的产出被认为是外生且随着时间的推移保持恒定,对所有的 t,存在 $y_t^T=y^T$。不可贸易商品的产出 y_t^N 是由需求决定的。不可贸易商品的价格和通货膨胀率都假定具有黏性(即他们是前定变量,在任何时候都不能立即跳跃)。不可贸易商品的通货膨胀率的变化率 π_t 由下式给出:

$$\dot{\pi}_t=\theta(c_t^N-y_f^N)+\gamma(\varepsilon_t-\pi_t) \tag{13.21}$$

这里的 θ 和 γ 是正参数,y_f^N 是不可贸易商品在充分就业水平下的产出。在这种情况下,方程式(13.21)目的是要刻画一个名义工资的后向指数化会产生相当大程度的通胀惯性的经济(参见 Dornbusch and Simonsen, 1987)。因此,通货膨胀率会随着时间的推移对总需求的变化及名义锚(在这种情况下,就是贬值率)增长率的降低缓慢作出反应。

3. 政府

政府流量约束仍然由式(13.10)给出。

4. 均衡条件

均衡条件式(13.11)、式(13.12)和式(13.13)仍然有效。为进一步的参考,在这一点上,可将国内实际利率定义为:

$$r_t^d\equiv i_t-\pi_t \tag{13.22}$$

经济约束仍然是由式(13.14)和式(13.15)给出。

5. 可贸易商品的消费

一阶条件式(13.4)告诉我们,沿着完全预见平衡路径(PFEP),可贸易商品的消费将是恒定的。考虑到资源约束式(13.15),我们得到:

$$c^T=rk_0+y^T \tag{13.23}$$

6. 动态系统

为解出模型的其余部分,对于给定且恒定的贬值率 ε,我们需要建立一个关于 π_t 和 e_t 的动态系统。为此,将式(13.7)代入式(13.21)中,并考虑进式(13.23),可以得到:

$$\dot{\pi}_t=\theta(e_tc^T-y_f^N)+\gamma(\varepsilon-\pi_t) \tag{13.24}$$

考虑到 $\varepsilon_t=\varepsilon$，我们将式(13.13)重写为：

$$\dot{e}_t=e_t(\varepsilon-\pi_t) \tag{13.25}$$

方程式(13.24)和式(13.25)构成关于 π_t 和 e_t 的动态系统，其中，c^T 由式(13.23)给出。系统的稳定状态由下式给出：

$$\pi_{ss}=\varepsilon$$

$$e_{ss}=\frac{y_f^N}{c^T}$$

在系统稳定状态附近进行线性化，我们得到：

$$\begin{bmatrix}\dot{\pi}_t\\ \dot{e}_t\end{bmatrix}=\begin{bmatrix}-\gamma & \theta c^T\\ -e_{ss} & 0\end{bmatrix}\begin{bmatrix}\pi_t-\pi_{ss}\\ e_t-e_{ss}\end{bmatrix}$$

与线性近似相关的矩阵的迹和行列式分别由下式给出：

$$\text{Tr}=-\gamma<0$$

$$\Delta=e_{ss}\theta c^T>0$$

由于行列式是根的乘积以及迹是负的(表明至少有一个负根)，我们推断有两个负根(或有负实部的复根)。因此，系统在全局上是稳定的，因为给定的这两个变量都是前定的。①

像往常一样，我们继续通过在$(e,\ \pi)$平面中构造相图来刻画这个动态系统的定性行为。我们首先绘制$\dot{\pi}_t=0$ 和$\dot{e}_t=0$ 的轨迹。为此，令方程式(13.24)中的$\dot{\pi}_t=0$，并对 e_t 和 π_t 全微分，得到：

$$\left.\frac{\mathrm{d}\pi_t}{\mathrm{d}e_t}\right|_{\dot{\pi}_t=0}=\frac{\theta c^T}{\gamma}$$

因此，如图 13.7 中所示，$\dot{\pi}_t=0$ 的轨迹为向上倾斜的时间序列。然后，令式(13.25)中$\dot{e}_t=0$，可以得到：

$$\pi_t=\varepsilon$$

因此，$\dot{e}_t=0$ 的轨迹在图 13.7 中是一条水平线。两条轨迹的交点点 B 决定了系统的稳定状态。$\dot{\pi}_t=0$ 和$\dot{e}_t=0$ 的轨迹定义了四个区域。就像之前处理的一样，我们可以在每个区域画出运动方向，正如期望的那样，表明系统是全局稳定的。因此，对于任何给定的 e_t 和 π_t 的初始值，该系统将收敛到点 B。

7. 货币贬值率的永久减少

假设在时点 0 之前，经济处于以恒定的且高货币贬值率 ε^H 为特征的稳定状态。在时点 0，贬值率有一个未预料到的且永久性的减少，即从 ε^H 下降到ε^L，其中，$\varepsilon^L<\varepsilon^H$(图 13.8a)。显然，可贸易商品的消费不受影响，仍由方程式(13.23)给出，正如图 13.8b 所描述的那样。

① 在下文中，我们假定 $\gamma^2\geqslant 4e_{ss}\theta c^T$，这可以确保根为实根。

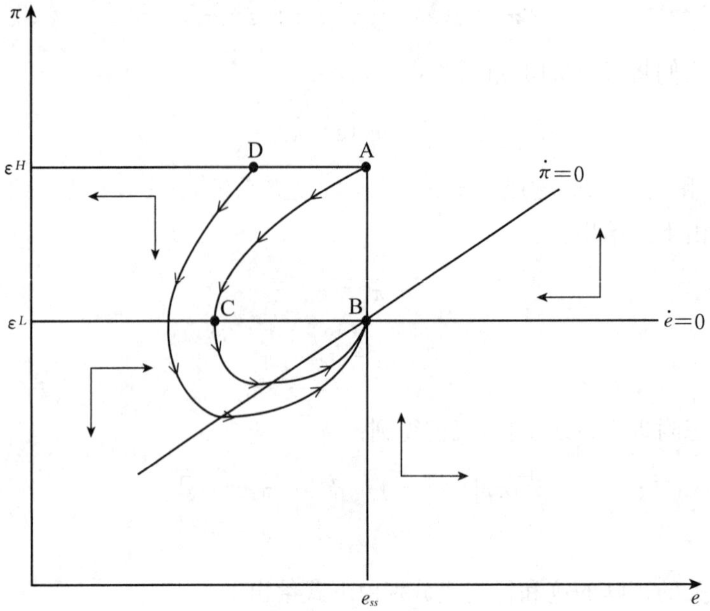

图 13.7 黏性通货膨胀下基于汇率的稳态:相图

根据在图 13.7 所示的相图,假设货币贬值率减少前的稳定状态是由点 A 给出的。新的稳定状态(即对应于 ε^L 的位置)在图 13.7 中的点 B。动态系统沿着图 13.7 中所示的带箭头路径 ACB 运动。关于 π_t 和 e_t 的相应时间路径分别如图 13.8c 和 d 所示。正如图 13.8 中c 部分所清楚表明的那样,通货膨胀率在时刻 t_1 下降到其新的稳态值下面(这对应于图 13.7 中的点 C,即在这一时间点动态系统立即穿过$\dot{e}_t=0$ 轨迹),然后从下面收敛到稳定状态。图 13.8d 表明,虽然实际汇率在稳定状态下不会发生变化,但它会下降直到 t_1,然后逐渐恢复到初始值。直觉上看,稳态通胀率的下降要求通胀率随时间的推移逐渐下降。然而,通货膨胀率的下降导致货币逐渐升值。要使实际汇率回归到其冲击前的值,通胀率必须下降到货币贬值率以下。①

不可贸易商品的消费路径(图 13.8e)可以从表达式(13.7)和实际汇率的路径中得到。最后,图 13.8f 显示国内实际利率的路径 r_t^d,这个实际利率是根据定义由式(13.22)给出的,通胀的路径由图 13.8c 所示。

一个重要的观察结果是,尽管国内实际利率在冲击下下降,但不可贸易品的消费在项目早期阶段会下降。其原因在于,在效用最大化模型中,实际利率决定了消费路径的斜率而不是消费水平。因此,r_t^d 最初的下降意味着只要 $r^d<r$,不可贸易商品的消费会沿着下降的路径运行。因此我们得出结论,尽管实际利率在冲击下下降[如 Rodriguez(1982)的模型一样],我们的模型无法复制最初的消费繁荣。

8. 模型的扩展

Calvo 和 Végh(1994)将这一分析扩展到瞬时效用是由不变替代弹性效用函数来表示

① 假如汇率是固定的,调整要求实际紧缩(即不可贸易商品的负通胀)。在实践中——正如专栏 13.2 中所讨论的可兑换计划所显示的——这种紧缩调整要获得成功被证明是极端困难的。

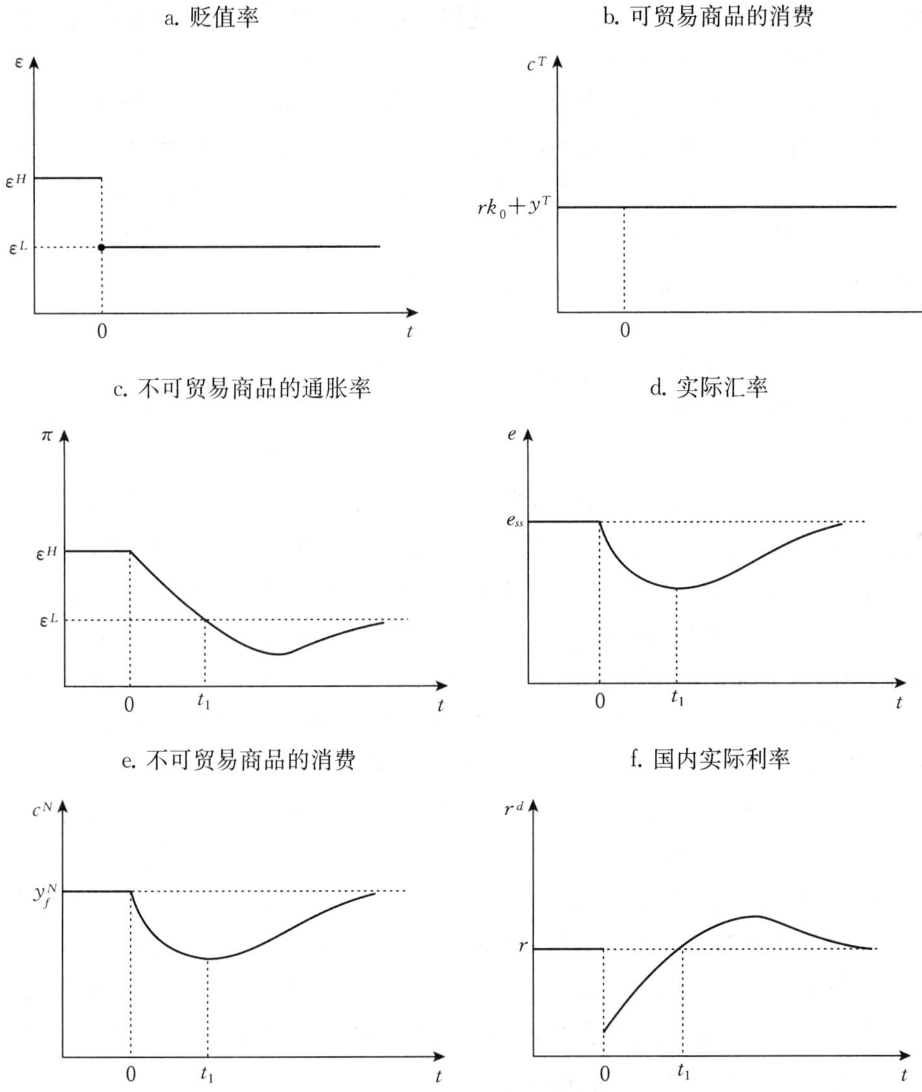

图 13.8　黏性通货膨胀下基于汇率的稳态:时间路径

的案例中。他们表明,在罗德里格斯模型的背景下所获得的结果仅适用于只有当跨期替代弹性大于可贸易商品和不可贸易商品之间的替代弹性的情况。在这种情况下,可贸易商品和不可贸易商品的消费在冲击下会增加,这意味着经常账户会出现赤字。当然,这些参数的相对大小是实证问题。然而,由 Ostry 和 Reinhart(1992)提供的估算在后向模型的相关性上招致怀疑。他们表明,对于一些发展中国家,跨期替代弹性通常小于可贸易品和不可贸易品之间的替代弹性(参见第 4 章的习题 2)。①

Calvo 和 Végh(1994)的构想中一个重要特性是稳定不会带来财富效应,在这个意义

① 对 Rodriguez(1982)更普遍的批判是关于适应性预期的假设——这个假设现在已经被专业经济学家所抛弃。然而,这个批判是找错了地方,因为 Rodriguez(1982)的结论在理性预期的假设下也仍然成立,正如 Calvo 和 Végh(1994)所证明的那样。换句话说,在 Rodriguez(1982)的关键假设中不是适应性预期,而是总需求与实际利率负相关的问题(当然,也有其他一些引起通胀惯性的因素)。

上，以可贸易商品衡量的财富会保持不变。这似乎是一种自然的假设，目的是为了将通胀惯性对基于汇率稳定的结果的影响分隔开来。然而，在资本积累和内生劳动供给更为普遍的模型中，与货币贬值率永久减少相关的财富效应将导致可贸易商品消费的增加，给定实际汇率在冲击下不发生变化，不可贸易商品的消费会出现相应的增加（参见 Rebelo and Végh, 1995, fig.11）。因此，在回顾性指数化（backward-looking indexation）甚至是更合理的参数配置下，跨期替代弹性小于可贸易商品和不可贸易商品之间的替代弹性，与供给侧效应相关的财富效应（后文进行详细分析）可能有助于解释最初繁荣。

9. 什么时间货币贬值？

一个反复且备受争议的政策辩论的焦点是，在实施基于稳定的汇率政策后，政策制定者应该在某个时刻让货币贬值，以帮助修正本国货币的"真实高估"。如在专栏 8.3 所分析的那样，一个恰当的例子是 1987 年 12 月启动的墨西哥稳定计划。在一篇经常被引用的论文中，Dornbusch 和 Werner(1994)认为，为了纠正现存的实际过高估值，需要贬值 20%左右，在他们看来，这加剧了贸易赤字的增长。与其说是对改革和资本流入的反应——他们认为——自 1987 年以来在墨西哥发生真正的升值，是基于汇率稳定的反通胀策略与通胀惯性相结合的结果。Dornbusch 和 Werner(1994)实际上使用了一个与本节相似的模型来做他们的分析。专栏 13.2 中讨论的阿根廷的"可兑换计划"(Convertibility plan)，也引发了一场类似的辩论，就是关于是否在该项目的某个时刻要贬值，尽管该项目的主要设计师多明戈·卡瓦略(Domingo Cavallo)一直拒绝将其作为一种选择。

像我们这样一个显示通胀惯性的模型，为"纠正"货币贬值提供了最好的场景，这将缓解调整过程。具体来说，在这个模型中，在时点 t_1 根据经济需要的贬值数量从图 13.7 所示的点 C 调整到点 B 是最优的。这样的货币贬值将避免经济在时点 t_1 后发生通缩调整（回忆图 13.8c），这需要实际汇率逐渐恢复上升到其稳定前的水平。正如在专栏 8.3 所讨论的那样，然而至关重要的是要记住，这种类型的模型完全抽象掉可信度问题。在实践中，如果可信度是一个问题，那么在使用这种类型的模型以制定策略建议时，应该小心谨慎。

专栏 13.2　为什么阿根廷的可兑换计划会失败？

20 世纪 80 年代是阿根廷所经历的低增长和高通胀共存的时期。在 1981—1990 年间，实际 GDP 平均每年收缩 1%，通货膨胀在 1989 年实际上达到了 5 000%。在这样的背景下，1991 年 4 月，阿根廷开始实施基于稳定化的汇率政策，通常被称为可兑换计划。这个计划的典型特征包括：(1)1 单位比索可以在任何时间兑换为 1 美元；(2)中央银行会为流通中的每 1 单位比索持有对应的 1 单位美元（即货币供给将得到充分的支持）；(3)中央银行成为独立的主体，被禁止出于为政府的赤字进行融资的目的而增发货币。

经济对可兑换计划的反应与我们在正文中讨论的典型事实非常一致，如图 13.9 所示。通货膨胀迅速下降，但到 1995 年前后也仅仅收敛到货币贬值率（为零）的水平（图 13.9a）。实际 GDP 和消费在计划实施的早期阶段出现急剧地增加（分别在图 13.9b 和 c 所示）。出现一个持续的货币升值（图 13.9d）以及在计划实施的头四年中

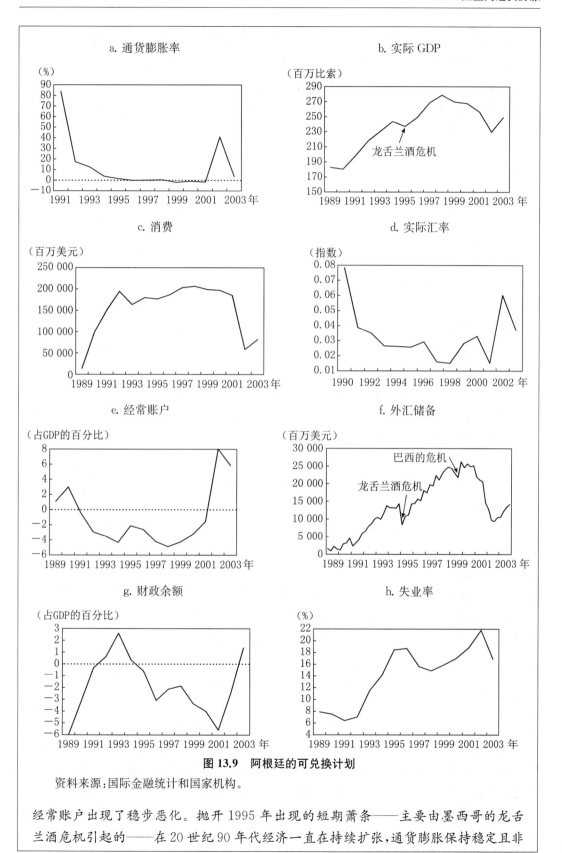

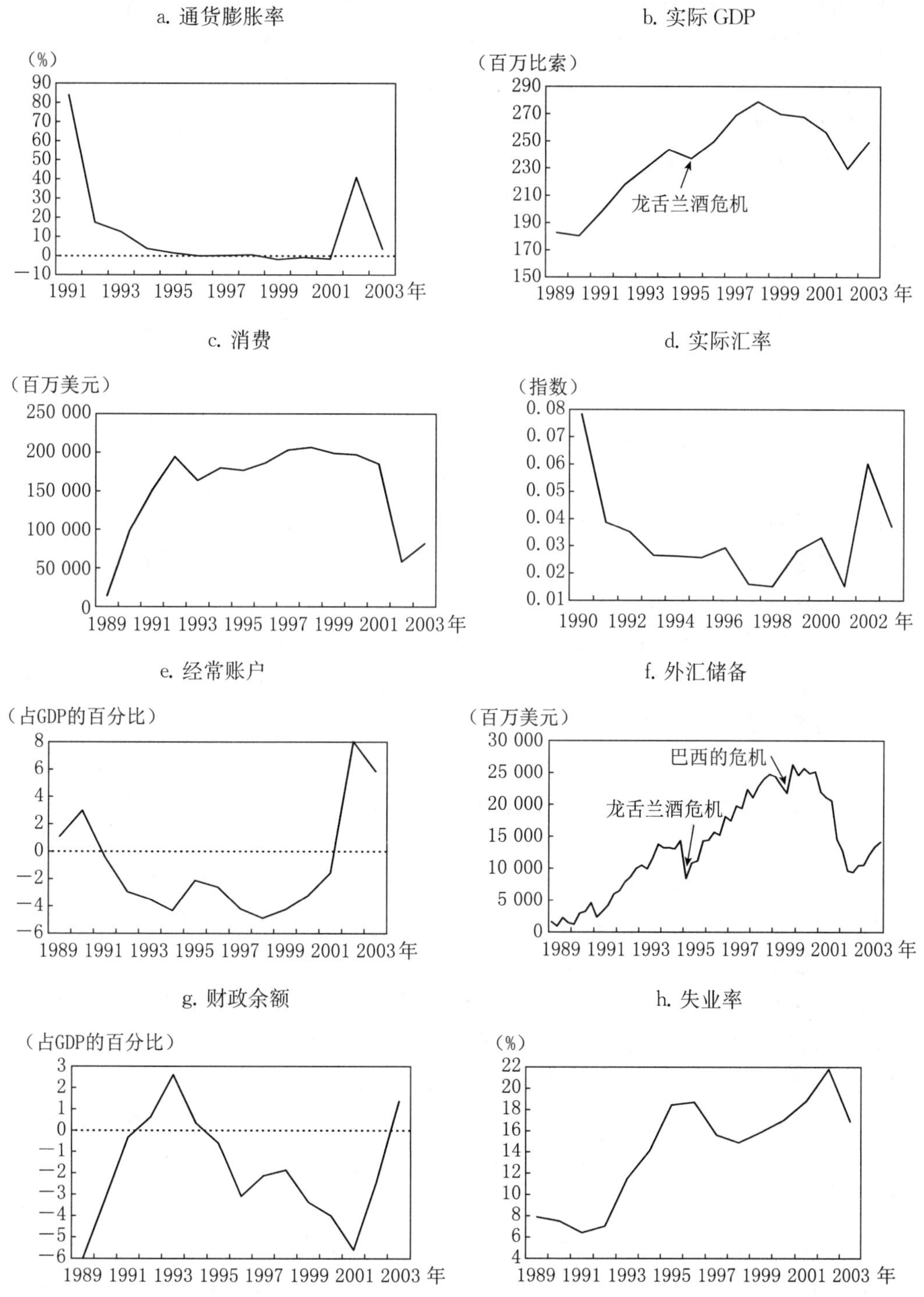

图 13.9 阿根廷的可兑换计划

资料来源:国际金融统计和国家机构。

经常账户出现了稳步恶化。抛开 1995 年出现的短期萧条——主要由墨西哥的龙舌兰酒危机引起的——在 20 世纪 90 年代经济一直在持续扩张,通货膨胀保持稳定且非常低,国际资本也持续流入。然而,在 1998 年,经济进入了萧条期,并伴随着出现巨大的财政赤字,导致了政府债务增加。算上归于 2002 年的 300 亿美元,在 2001 年下半年,政府债务率达到 50%。面对债务期限的缩短,要使短期债务展期非常困难,国际储备出现急剧减少(图 13.9f),阿根廷政府不得不结束可兑换计划,留下的是在阿根廷历史上最大的政府违约记录。

可兑换计划错在哪里?分析者聚焦在两种主要的解释上:(1)实际升值太大;(2)不可持续的财政赤字。第一种解释的支持者——例如,Eichengreen(2001)和Feldstein(2002)认为在国际商品市场竞争力的缺失导致了持续的经常账户赤字(图 13.9e)。阿根廷未能获取足够的外汇去支付它不断增长的债务,并且严重依赖(不稳定的)资本流入来支付债务利息。1999 年巴西的危机进一步恶化了阿根廷的贸易条件,而阿根廷采取的复兴国际竞争力的方法也仅仅是通过简单的贬值来实现(因为贬值不被认为是一个好的选择)。[a] 另外削减工资也被证明并不是一个可行的替代方案,因为工会不愿意接受工资的削减,尽管失业率已经高达 18%(图 13.9h)。可兑换计划的设计师多明戈·卡瓦略也是那时候的财政部长,他充分认识到其中的风险,并知道经济只有通过提高生产率才能恢复竞争力。尽管就理论而言显然是对的,但在实践中要实现这一点确实非常困难。

第二种解释——由 Mussa(2002)提出——强调是因为政府在经济景气时缺乏足够的储蓄能力而导致了危机的出现。[b] 正如图 13.9g 所展示的那样,即便在 20 世纪 90 年代早期经济繁荣的时期,财政盈余也相当小,到 1995 年就转入赤字,直到 90 年代末不断增加。公共财政恶化的发生不仅仅是因为税收的减少,也与持续进行的国有企业私有化的大量收益以及因实施布雷迪计划而延迟利息支付有关。另外省级政府实施宽松的财政政策也是原因,因为支出决定是由省级政府作出的,但省级政府的收入是通过税收分成安排而来自联邦政府。[c] 同时,私人部门也借了大量的外国债务。货币贬值或者尝试退出货币钉住的政策都会导致经济的崩溃,因为债务人无力偿还债务了。尽管中央银行有足够的储备去支持流通中的货币,但不能有足够的力量保证银行体系中的存款是充足的。总而言之,宽松的财政政策使得债务出现巨额增加,从而使得经济极其易受外部冲击的影响。当 1999 年 1 月巴西的危机触发了阿根廷的经济衰退,一个更大的财政赤字随之发生,这进一步导致了阿根廷在国际市场上竞争力的弱化,金融危机的发生也就不可避免了。[d] 穆萨(Mussa)认为 IMF 也应该承担一定的责任,因为他们没有在阿根廷经济处于增长阶段时敦促他们进行更多的储蓄。

总体而言,穆萨的财政解释也许更接近事实,并提醒我们在实行固定汇率体制下财政制度是至关重要的,因为在财政收入匮乏时政府有克制不住开动印钞机的冲动,同时,价格和工资日趋减少的灵活性要求相对价格必须作出调整,但这在固定汇率体制下似乎很难做到,特别是在一个高度僵化的劳动市场中。相反,通货紧缩将会导致失业率持续上升(图 13.9h),这会不断增加要求政府放弃可兑换计划的社会压力。

专栏注：

a. 这与 13.5.1 节的黏性通货膨胀模型是一致的，正如图 13.8 所显示的那样。通货膨胀(考虑到阿根廷的固定汇率，将会是全球通胀)需要下降到其长期值之下，以确保实际汇率可以恢复到其初始的水平。

b. 当然，这是我们在第 10 章中所强调的出现在新兴市场经济国家中的顺周期财政政策问题(特别是参见专栏 10.1)。在经济繁荣时期的缺乏储蓄能力也使得新兴市场经济国家在经济萧条的时候无法尽可能多的借款。

c. 可以证明，税收分成安排在某种程度上恶化了省级层面的顺周期财政政策。参见 Végh 和 Vuletin(2011)。

d. 回忆一下表 13.4，1999 年 1 月标志着巴西雷亚尔计划的结束，这一计划是在 1994 年 7 月开始实施的。

13.5.2 缺乏可信度

现在，我们来阐释关于汇率稳定相关的典型事实的另一种解释：缺乏可信度。为此，我们将使用在 13.4 节中所发展的黏性价格模型，唯一修改的是货币通过现金先行约束(如第 7 章那样)而不是通过效用函数来引入。正如在第 7 章处理的那样，我们将研究基于暂时性的汇率稳定，并将其重新解读为缺乏可信度的长期稳定。除非另注，我们继续使用相同的符号。

1. 家庭

现在偏好由下式给出：

$$\int_0^{\infty}[\log(c_t^T)+\log(c_t^N)]\exp(-\beta t)\mathrm{d}t \tag{13.26}$$

货币需要满足如下的现金先行约束：

$$m_t=\alpha\left(c_t^T+\frac{c_t^N}{e_t}\right)$$

在这个构想下，一阶条件现在将是(假设 $\beta=r$)：

$$\frac{1}{c_t^T}=\lambda(1+\alpha i_t) \tag{13.27}$$

$$\frac{1}{c_t^N}=\frac{\lambda}{e_t}(1+\alpha i_t) \tag{13.28}$$

这两个一阶条件我们在第 7 章已经熟悉，在那里我们第一次接触了连续时间下的现金先行模型。在现金先行模型中可贸易商品消费的有效价格为 $1+\alpha i_t$，不可贸易商品的有效价格为 $(1+\alpha i_t)/e_t$，因为它们等于消费所需的现金余额的机会成本加上商品的实际市场价格(对可贸易商品而言是 1，对不可贸易商品而言是 $1/e_t$)。因此，一阶条件式(13.27)和式(13.28)简单地抓住了最优化下的标准条件，消费的边际效用必须等于财富的影子价值乘以消费的有效价格。结合这两个条件，我们再次获得式(13.7)。

模型的其余部分相对于13.4节保持不变。

2. 暂时性的稳定

假设在$t=0$时点之前，经济处于以贬值率为ε^H的平稳均衡状态。在$t=0$时，贬值率有一个未预料到的且暂时性的减少，从ε^H下降到ε^L，其中，$\varepsilon^L<\varepsilon^H$（如图13.10a）。

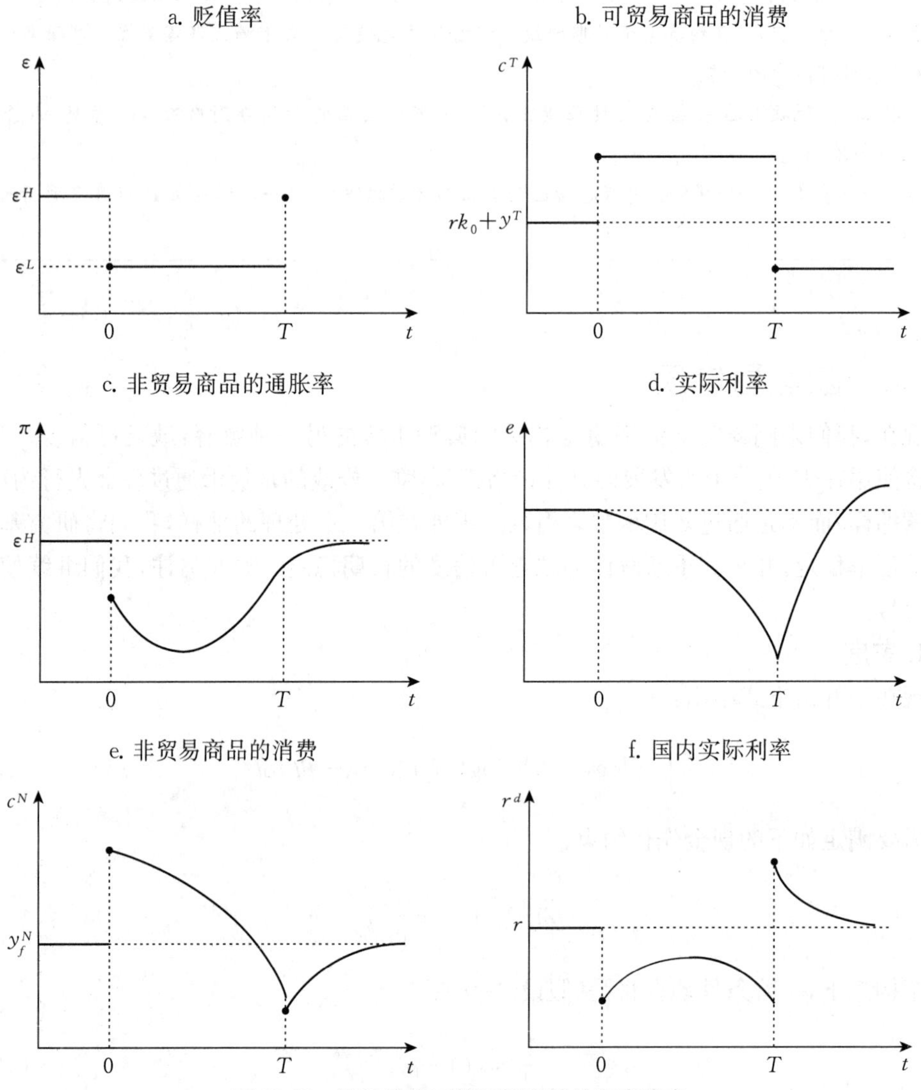

图13.10 黏性价格下基于暂时性的汇率稳态

根据利率平价定理，名义利率在时点0也会下降，并在时点T返回到原来的水平。因此，实际消费价格$1+\alpha i_t$在0和T之间较低，在此之后较高。正如一阶条件式(13.27)所表明的，这意味着c_t^T在0到T之间是高的[用$(c^T)^H$表示这一水平]，在此之后是低的[用$(c^T)^L$表示]。由于时间的轮廓与经济资源保持一致——由式(13.15)给出的——c_t^T在时刻0上必须向上跳跃，然后在时点T下降到其受冲击前的水平之下（图13.10b）。c_t^T的最初增加会导致贸易余额以及经常账户出现恶化。随着时间的推移，经常账户持续恶化（没有在图中显示）。

图 13.11——这重现了图 13.5 的相图——可以用来推导不可贸易商品的通货膨胀和实际汇率的时间路径。初始稳态在点 A。新的稳态由点 C 给出——正如根据式(13.19)和式(13.20)可得到的那样——通货膨胀率是相同的，但考虑到较低水平的 c_t^T，实际汇率会变得更高。因此，在时点 T，系统必须达到 $C'C'$——对应于点 C 的鞍点路径。否则，系统就会偏离。①在转型过程中，动态系统受到点 B 对应的运动定律的控制，这代表在转型过程中动态系统的平稳点[其中，$e = y_f^N/(c^T)^H$ 以及 $\pi = \varepsilon^L$]。动态系统有三种不同的定性反应：

- 对于更大的 T 值，系统在冲击下会从点 A 跳跃到诸如点 G 的位置，随着时间的推移沿着带箭头的路径向点 H 移动，然后沿着鞍点路径 $C'C'$ 向点 C 移动。π_t 和 e_t 的相应路径分别由图 13.10c 和 d 所示。在受到冲击向下跳跃之后，通货膨胀率随着时间的推移而下降，但之后会开始增加并恢复到最初的水平，这甚至可以在时点 T 之前就实现。
- 对于更小的 T 值，系统在受到冲击后可能会从点 A 跳跃到诸如点 E 的位置，之后向点 F 移动，最后沿着鞍点路径向点 C 移动。在这种情况下，通货膨胀会一直下降直到时点 T，然后开始恢复到其初始的水平。
- 对于较小的 T 值和较大的 ε 值，系统可能沿着像 AIJC 一样的路径运动。换句话说，通货膨胀率在冲击下可能会增加。②

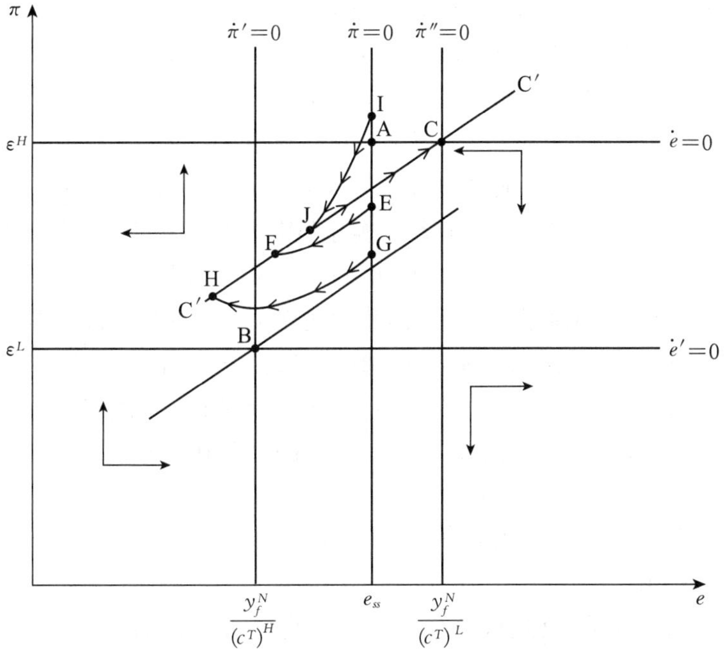

图 13.11　暂时性的基于稳定化的汇率政策：相图

① 注意 π_t 和 e_t 在时点 T 都不能发生跳跃。π_t 在时点 T 的连续性可以从 $\dot{\pi}$ 方程中推导出(参见附录 8.8.1)。

② 这些不同路径的存在可以通过求解模型的解析解和计算作为不同参数的函数的影响效应来加以证明。然而，这会涉及相当繁杂的代数计算。就我们的目的而言，我们会在下文用数值的方式证明这些情形的存在。

直觉上看,有两种力量决定了对 π_t 的冲击效应。第一种是贬值率下降的直接效应,会倾向于减少 π_t。在其他条件不变时,ε_t 减少幅度越大会导致 π_t 的下降幅度越大。对于给定的 ε_t 的减少,若 T 越大,则 π_t 的下降也会越大。相反,对于较小的 T,这种影响很小。第二个效应是不可贸易商品的消费热潮,这会倾向于增加 π_t。在其他条件相同的情况下,c_t^N 的增加倾向于增加 π_t。要看清这一点,注意根据式(13.9),c_t^N 的增加将导致$\dot{\pi}_t<0$。要实现这一目标,π_t 必须增加,以便随着时间的推移而下降到不变的稳态。由于消费热潮会随着 T 变小而增大,在冲击下通货膨胀增加更有可能发生。

就此而论,随着 T 变大,第一个效应变大而第二个效应变小,因此 π_t 的初始下降是最大的(从图 13.11 中的点 A 到点 G)。对于 T 的中间值,消费热潮增大,因此部分抵消通胀的下降。因此,通货膨胀在冲击下跳到诸如点 E 的位置。对于非常小的 T 值,第一个效应趋于消失,第二个效应变得更大。因此 π_t 在冲击下可能增加到诸如点 I 的位置。在这个模型中,归因于可信度问题,“通胀黏性”可能完全出现。

为推导 c_t^N 的路径,结合式(13.27)和式(13.28)以获得 $c_t^T=c_t^N/e_t$,然后分别对时间进行微分,以得到:

$$\frac{\dot{c}_t^N}{c_t^N}=\frac{\dot{e}_t}{e_t}$$

因为 e_t 在转型期间下降,因此 c_t^N 也将下降。进一步,由于 c_t^T 在冲击下向上跳跃,e_t 不发生变化,c_t^N 在冲击下也必须增加(c_t^N 的路径如图 13.10e 所示)。对于较大的 T 值,在时点 T 到来之前,c_t^N 将下降到充分就业水平之下,如图 13.10e 所示(对于较小的 T 值,直到时点 T,c_t^N 仍将保持在充分就业的水平之上)。在时点 T,c_t^T 的下降意味着 c_t^N 也将下降。

最后,r_t^d 的路径——显示在图 13.10f——可以根据定义 $r_t^d=i_t-\pi_t$ 得出。在冲击下,r_t^d 会下降,因为不可贸易商品的通货膨胀比名义利率下降(如果有的话)的更少。在时点 0 和时点 T 之间,r_t^d 的行为遵循 π_t 的行为:实际利率先增加,然后下降。在时点 T,r_t^d 向上跳跃,反映了名义利率的增加。然后随着时间的推移而下降。

为了证明上面提到的通胀路径的存在,我们建立了这个模型的离散时间版本,并计算了对应于三种不同 T 值的情况下,对货币贬值 10%的反应。①图 13.12 显示了对应于三个不同的 T 值($T=2$、5 和 10)下,不可贸易商品的通货膨胀的时间路径。我们可以看到,最大的通货膨胀率初始下降与最大的 T 值($T=10$)相对应,在这种情况下,通货膨胀率下降了将近 7%。对于 $T=5$,初始下降小于 4%,对 $T=2$,通货膨胀在受冲击下实际是上升的。②与之相对应的是,由于消费热潮使 T 值越小时,c_t^N 会越大:在冲击下,对应于 $T=2$、5 和 10 三个不同的值,c_t^N 分别上升了 3.3%、3.1%和 2.9%。通货膨胀的这种表现非常引人注目,对外部观察者而言,通货膨胀似乎存在一些惯性因素,而实际上,通货膨胀的“黏性”仅仅由于这个计划是暂时性的这一事实!

最后,我们应该注意,正如图 13.10 表明的,以及 Uribe(2002)详细讨论的,这种模型的

① 相关参数设定如下:$r=0.01$,$k_0=0.628\,3$,$\theta=0.1$,$y_f^N=y^T=1$,$\varepsilon^H=0.5$。

② 使用相同的参数并设定 $T=3$ 或者 4,我们能证明通货膨胀一直下降到 T 时刻然后开始上升的情形会存在(这对应于我们在正文中提到的第二种情形)。

类型倾向于在沿着新的 PFEP 运动时在消费和实际汇率之间产生一种正向的联动。在图 13.10 中，我们能看到 c_t^N 和 e_t 之间的联动确实存在，并且这种联动也适合于消费组合和 e_t 之间。然而，在大多数情况下，数据往往显示相反的结论：消费和实际汇率倾向于负向联动；也就是说，随着时间的推移，消费的增加，实际汇率下降。①解决这个问题的一种方法是引入习惯的形成，如 Uribe(2002)处理的那样。习惯的形成使消费随着时间推移缓慢增加成为最优的。另外，正如本章的习题 1 所分析的，假设随着时间的推移货币贬值率出现下降，这也会使得沿着新的 PFEP 运动在消费和实际汇率之间产生一个负向联动。问题是就其本身而言，在冲击下，这个实验将导致消费的下降和实际汇率的上升（即一个实际的贬值），这是自相矛盾的。

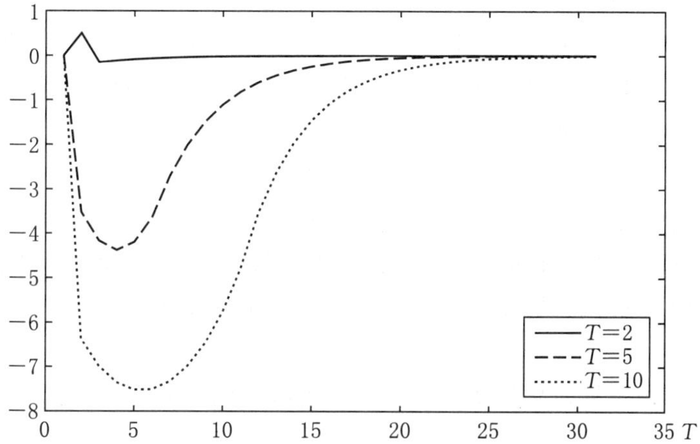

图 13.12　在不同 T 值下不可贸易商品的通货膨胀率

3. 重新解释为缺乏可信度

正如在第 7 章所述，我们现在来重新解释上面刚刚分析的（如图 13.10 所示）暂时性的基于稳定化的汇率政策的结果，我们把它重新解释为是因为公众对稳定化工作中缺乏可信度所引起的。为此目的，假设在 $t=0$ 时，决策者宣布一个永久性稳定政策。换句话说，政策制定者们宣布，从时点 0 开始，贬值率会永久性降低（在 ε^L 水平上）。然而，公众不相信这个声明，这可能是由于之前失败的稳定化政策历史所致。特别是假设公众预期在未来的某个时刻（即时点 T），贬值率将会恢复到初始水平。在这种情况下，冲击效应会与前面分析的暂时性稳定政策的情况完全相同。事实上，真实变量的整个路径都会是一样的。要看明白这一点，请注意，如果当时点 T 来临，决策者放弃了计划——即如公众预期的那样——很明显，动态过程将与暂时性稳定的情况完全相同。然而，如果在时点 T 政策制定者坚持自己所宣布的计划，从公众的角度看，这相当于在时点 T 贬值率出现了一个未预料到且永久性的从 ε^H 到 ε^L 的减少。由于在这个模型中，货币贬值率的永久性变化是超级中性的，因而实际变量的路径将是相同的。当然，不可贸易商品的通货膨胀路径会有所不同，反映的事实是通货膨胀的下降已成为永久性的。

① 有趣的是在图 13.3 中这一点是不正确的。假如我们把消费从时点 $T-1$ 到时点 T 的变化想象为是冲击效应，消费会下降。但在许多个体的事件中，消费会连续增加几个时期。

13.5.3 供给侧的影响:投资渠道

到目前为止,我们已经看了基于需求侧的解释。这也许是自然的,因为大部分研究文献的最初灵感来自 20 世纪 70 年代末南锥体“公告牌”国家的观察,对于大多数观察家来说,最引人注目的事实是对商品消费需求的上涨,特别是耐用消费品(参见 De Gregorio, Guidotti and Végh, 1998)。然而,随着其他项目的出现,特别是阿根廷 1991 年可兑换计划的实施,一些作者提出了这样的观点,即供给侧效应可能是最初经济扩张背后的一个重要渠道(参见 Lahiri, 2000; Roldos, 1995, 1997; Uribe, 1997)。在第 7 章中,我们已经探讨了劳动供给渠道;现在我们将讨论投资渠道。

要解释降低货币贬值率会产生投资和产出繁荣的现象,一个简单的方法是假设投资是一种“现金”商品。具体来说,我们将假定,人们不仅仅是出于消费的目的需要现金——就像在标准的 CIA 模型中那样——而且出于投资的目的也需要现金。因此,当货币贬值率和名义利率下降时,投资变得更便宜,这会导致投资扩张。

为了说明这个渠道,考虑一个完全融入世界经济的小型开放经济体。可贸易商品的生产是内生的,并且以资本作为唯一的生产要素。资本积累(即投资)受制于调整成本。不可贸易商品的生产被认为是外生的。除非另注,我们保持相同的符号。

1. 生产

可贸易商品 可贸易商品的生产以资本作为唯一的投入要素,并通过标准的生产函数实现:

$$y_t^T = f(k_t) \tag{13.29}$$

其中,$f'(\cdot)>0$ 和 $f''(\cdot)<0$。

资本积累受制于调整成本。具体来说,假设投资 I_t 的数量,经济需要花费 $\psi(I_t)\geq 0$,这满足①:

$$\psi(0)=0,\ \psi'(I_t)>0,\ \psi'(0)=0,\ \psi''(I_t)>0$$

因此,与投资 I_t(“总投资”)相联系的支出总额,用 $\phi(I_t)$表示,由下式给出:

$$\begin{aligned} \phi(I_t) &\equiv I_t+\psi(I_t)\geq 0 \qquad (13.30)\\ \phi(0) &= 0\\ \phi'(I_t) &= 1+\psi'(I_t)>0\\ \phi'(0) &= 1\\ \phi''(I_t) &= \psi''(I_t)>0 \end{aligned}$$

资本积累由下式给出:

$$\dot{k} \equiv I_t \tag{13.31}$$

① 一个例子是对任何 $Z>0$ 有 $\Psi(I_t)=ZI_t^2/2$。

这里，为简单起见（也不损失一般性），我们设置折旧率为 0。

不可贸易商品 不可贸易商品的生产是外生的，由恒定的禀赋给出：

$$y_t^N = y^N \tag{13.32}$$

2. 家庭

家庭消费并进行生产活动。[1]偏好是由下式给出：

$$\int_0^\infty [u(c_t^T) + v(c_t^N)]\exp(-\beta t)\mathrm{d}t \tag{13.33}$$

这里，$u(\cdot)$和$v(\cdot)$是严格递增和严格凹的函数。家庭的流量预算约束是由下式给出：

$$\dot{a}_t = ra_t + y_t^T + \frac{y^N}{e_t} + \tau_t - c_t^T - \frac{c_t^N}{e_t} - \phi(I_t) - i_t m_t \tag{13.34}$$

由于投资是一个现金商品，现金先行约束采取的形式是[2]：

$$m_t = \alpha\left(c_t^T + \frac{c_t^N}{e_t} + I_t\right) \tag{13.35}$$

把式(13.29)、式(13.32)和式(13.35)代入到流量约束式(13.34)，我们可以将上式重写为：

$$\dot{a}_t = ra_t + f(k_t) + \frac{y^N}{e_t} + \tau_t - \left(c_t^T + \frac{c_t^N}{e_t}\right)(1+\alpha i_t) - \phi(I_t) - \alpha i_t I_t \tag{13.36}$$

在(13.31)和(13.36)的限制下，家庭通过选择$\{c_t^T, c_t^N, I_t\}_{t=0}^\infty$来最大化式(13.33)。现值汉密尔顿函数(current-value Hamiltonian)由下式给出[3]：

$$H = u(c_t^T) + v(c_t^N) + \lambda_t\left[ra_t + f(k_t) + \frac{y^N}{e_t} + \tau_t - \left(c_t^T + \frac{c_t^N}{e_t}\right)(1+\alpha i_t) - \phi(I_t) - \alpha i_t I_t\right] + \theta_I I_t$$

这里的θ_t和λ_t是分别与约束条件式(13.31)和式(13.36)相关的乘子。一阶条件由下式给出：

$$u'(c_t^T) = \lambda_t(1+\alpha i_t) \tag{13.37}$$

$$v'(c_t^N) = \frac{\lambda_t}{e_t}(1+\alpha i_t) \tag{13.38}$$

$$\theta_t = \lambda_t[\phi'(I_t) + \alpha i_t] \tag{13.39}$$

$$\dot{\lambda}_t = \lambda_t(\beta - r) \tag{13.40}$$

$$\dot{\theta}_t = \theta_t\beta - \lambda_t f'(k_t) \tag{13.41}$$

此处最后两个表达式分别捕捉了两个共态(co-state)变量λ_t和θ_t的运动定律。

---

① 要处理成分散经济也是简单的。

② 读者应该能证明假如现金先行不包括投资，那么永久性（或暂时性）的贬值率变化将不会影响投资。换句话说，投资是一个“现金商品”对于展示在这部分的渠道是非常关键的。然而，假如偏好包括了消费/闲暇选择，则情形又不同了，正如拉希里证明的那样(Lahiri, 2001)。从定性的视角看，这种模型需要将投资作为一个现金商品，才能产生足够大规模的影响，正如里贝罗和威格所证明的那样(Rebelo and Végh, 1995)。

③ 关于最优控制的相关技巧，读者可以参考附录 6.7.1。

一阶条件式(13.37)和式(13.38)对于我们来说已经很熟悉了，在本章早些时候已经出现过[回忆方程式(13.27)和式(13.28)]。通过结合这两个一阶条件，我们得到熟悉的条件：

$$e_t = \frac{u'(c_t^T)}{v'(c_t^N)} \tag{13.42}$$

一阶条件式(13.39)抓住了投资的最佳选择。要看清这一点，注意 $\phi'(I_t)+\alpha i_t$ 刻画了“投资的边际有效成本”：$\phi'(I_t)$ 是 1 单位额外投资的边际物质成本，而 αi_t 刻画了需要进行 1 单位额外投资的现金余额的机会成本。就此而论，一阶条件式(13.39)将 1 单位额外投资的影子收益 θ_t 等同于用消费衡量的边际成本，它由 $\lambda_t[\phi'(I_t)+\alpha i_t]$ 给出。

最后，条件式(13.40)是熟悉的条件，它描述了财富的影子价值的演变。根据我们通常的假设 $\beta=r$，方程式(13.40)意味着沿着 PFEP 路径，λ_t 将是恒定的。我们将用 λ 值表示这个恒定的值。条件式(13.41)描述了投资的影子价值的演变。

为进一步了解这些最优化条件，将一个新的变量 q_t 定义为：

$$q_t \equiv \frac{\theta_t}{\lambda} \tag{13.43}$$

它可以被解释为用可贸易商品衡量的 1 单位投资(即建设资金)的影子价格。[①]使用(13.43)，将一阶条件式(13.39)重写为：

$$q_t = \phi'(I_t) + \alpha i_t \tag{13.44}$$

这个条件指在最优情况时，家庭会使投资的边际收益(由 q_t 给出)与其边际成本[由 $\phi'(I_t)+\alpha i_t$ 给出]。进一步，方程式(13.44)隐含地定义：

$$I_t = \widetilde{I}(\underset{+}{q_t},\ \underset{-}{i_t}) \tag{13.45}$$

这里变量下面的符号表示相应偏导数的符号。正如我们预期的那样，投资是资本的影子价值 q_t 的递增函数，并且是名义利率(它会增加投资的有效成本)的递减函数。

2. 政府

政府预算流量约束仍然由式(13.10)给出。

3. 均衡条件

利率平价定理成立(回忆一下外国通货膨胀为零)：

$$i_t = r + \varepsilon_t$$

不可贸易商品市场的均衡形式是：

$$c_t^N = y^N \tag{13.46}$$

给定式(13.46)，我们可以将式(13.42)重写为：

① 这经常被称为托宾 q；参见 Blanchard 和 Fischer(1989，Ch.2)进行的更为详细的讨论。

$$e_t = \frac{u'(c_t^T)}{v'(y^N)} \tag{13.47}$$

对于 c_t^T 的给定路径，方程式(13.47)将决定 e_t 的路径。

结合分别由式(13.34)和式(13.10)给出的家庭和政府流量约束，在不可贸易商品市场施加利率平价条件以及均衡条件，我们得到：

$$\dot{b}_t + \dot{h}_t = r(b_t + h_t) + TB_t \tag{13.48}$$

这里的贸易余额定义为：

$$TB_t \equiv f(k_t) - c_t^T - \phi(I_t) \tag{13.49}$$

将式(13.48)不断朝前积分，并施加相应的横截性条件，得到经济的资源约束：

$$b_0 + h_0 + \int_0^\infty [f(k_t) - \phi(I_t)]\exp(-rt)\mathrm{d}t = \int_0^\infty c_t^T \exp(-rt)\mathrm{d}t \tag{13.50}$$

4. 完全预见的均衡路径

我们现在来求解对应于恒定贬值率 ε 的完全预见的均衡路径。根据利率平价条件，名义利率随着时间的推移而保持恒定，且由下式给出：

$$i = r + \varepsilon$$

由于 λ_t 随着时间的推移而恒定，一阶条件式(13.37)表明，沿着 PFEP，可贸易商品的消费将是恒定的。根据资源约束式(13.50)，这个恒定的水平将由下式给出：

$$c^T = r\left[b_0 + h_0 + \int_0^\infty [f(k_t) - \phi(I_t)]\exp(-rt)\mathrm{d}t\right] \tag{13.51}$$

将式(13.46)和式(13.51)代入到式(13.42)，我们沿着 PFEP，得到恒定的实际汇率水平为：

$$e_t = \frac{u'(c^T)}{v'(y^N)} \tag{13.52}$$

为求解出系统的其余部分，我们需要建立一个关于 q_t 和 k_t 的动态系统。对式(13.43)关于时间进行微分，并运用式(13.41)，我们得到：

$$\dot{q}_t = \beta q_t - f'(k_t) \tag{13.53}$$

对于第二个动态方程，把式(13.45)代入式(13.31)，以得到：

$$\dot{k}_t = \tilde{I}(q_t, i) \tag{13.54}$$

方程式(13.53)和式(13.54)构成了对于给定 i_t 值为 i，关于 k_t 和 q_t 的两个微分方程系统。通过分别设定方程式(13.53)和式(13.54)中的 $\dot{q}_t = \dot{k}_t = 0$，我们可以看到，稳定状态可以通过下式加以刻画[回忆一下 $\phi'(I=0)=1$]：

$$f'(k_{ss}) = \beta(1 + \alpha i) \tag{13.55}$$

$$q_{ss} = 1 + \alpha i \tag{13.56}$$

在稳态下，投资为零。如果投资不包括在 CIA 约束中，这就要求 q_{ss} 等于 1。然而，在这个模型中,投资是现金商品,零投资要求 q_{ss} 等于 $1+\alpha i$,以至于家庭没有任何投资或减少投资的动机。

在系统稳态附近的线性近似由下式给出:

$$\begin{bmatrix}\dot{q}_t \\ \dot{k}_t\end{bmatrix}=\begin{bmatrix}\beta & -f''(k_{ss}) \\ \widetilde{I}_q & 0\end{bmatrix}\begin{bmatrix}q_t-(1+\alpha i) \\ k_t-k_{ss}\end{bmatrix} \tag{13.57}$$

与线性近似的矩阵相关的行列式由下式给出:

$$\Delta=\widetilde{I}_q f''(k_{ss})<0$$

这意味着有一个负根和正根,表明该系统是鞍点路径稳定。

我们现在在(k, q)平面上(图 13.13)构建相图。根据式(13.53)和式(13.54),可以得到:

$$\left.\frac{\mathrm{d}q_t}{\mathrm{d}k_t}\right|_{\dot{k}_t=0}=0$$

$$\left.\frac{\mathrm{d}q_t}{\mathrm{d}k_t}\right|_{\dot{q}_t=0}=\frac{f''(k_t)}{\beta}<0$$

这表明$\dot{k}_t=0$ 的轨迹是一条水平线,而$\dot{q}_t=0$ 的轨迹是一条向下倾斜的直线。两条轨迹的交点 A 决定了系统的稳态。鞍点路径的斜率为负,如图 13.13 所示。因此,如果 k_0 位于其稳态值之下,则 q_0 的位置必须恰好能使得系统处于图 13.13 所示的点 C。随着时间的推移,系统将沿着鞍点路径向点 A 移动。

沿着 PFEP 的贸易余额的路径是什么呢?要找到答案,对式(13.49)关于时间微分(回忆一下,c_t^T 沿着 PFEP 是恒定的),可以得到:

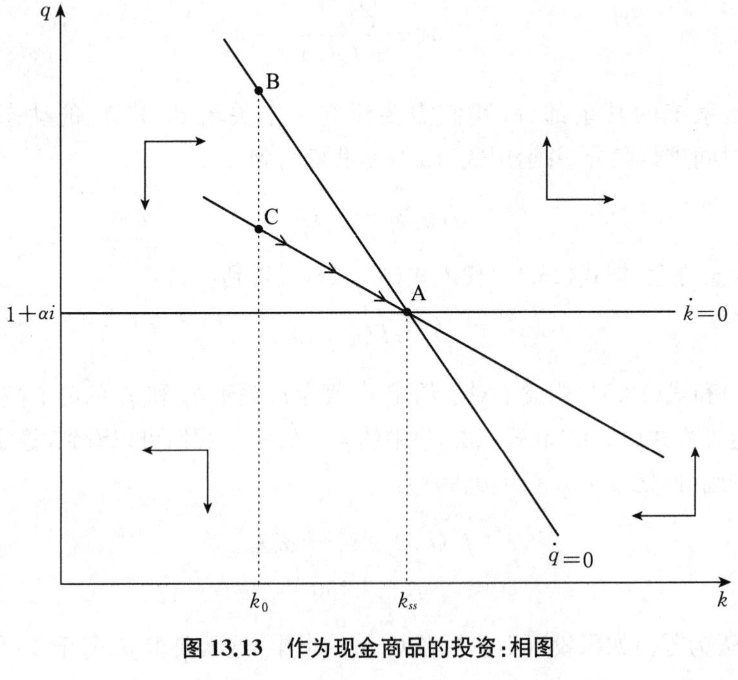

图 13.13　作为现金商品的投资:相图

$$\dot{TB}_t = f'(k_t)\dot{k}_t - \phi'(I_t)\dot{I}_t$$

使用式(13.31)来替换$\dot{I}_t$,并重新排列各项,我们得到:

$$\dot{TB}_t = \underbrace{f'(k_t)}_{+}\dot{k}_t \underbrace{-\phi'(I_t)\ddot{k}_t}_{+} > 0 \tag{13.58}$$

因此,随着时间的推移贸易余额会增加。根据经济的资源约束(为了讨论的方便,假设$h_0+b_0=0$),这意味着经济将先出现贸易赤字,随后出现贸易顺差。

5. 基于稳定化的永久汇率

假设经济最初是(即在时点0之前)在图13.13所示的点B为特征的平稳均衡中。在时点0,贬值率有一个未预料到且永久性的减少,即从ε^H下降到ε^L(如图13.14a所示)。

q_t和k_t的稳态值将如何受贬值率减少的影响?i_t的相应下降意味着,根据式(13.55)和式(13.56),k_{ss}增加而q_{ss}下降。直观来说,名义利率的下降减少投资的有效成本,这使增加投资成为最优选择。因此在新的稳定状态中,资本的影子价值会降低。新稳态为图13.13中的点A。①

根据动态调整,系统在冲击下从点B跳跃到点C,然后沿着鞍点路径在东南方向朝着稳定状态(点A)移动。特别是,q_t在冲击下会向下跳跃,然后随着时间的推移逐渐下降到较低的稳定状态(图13.14b)。资本存量逐渐上升到更高的稳定状态,这意味着通过生产函数式(13.29),随着时间的推移,产出也将上升。投资的路径由图13.14c所示:投资在冲击下向上跳跃,然后随着时间的推移下降到其不变的稳定状态。根据方程式(13.31)和$\dot{k}_0>0$的事实中可以推出冲击效应,而且根据方程式(13.45)可知随时间的推移是下降的。

可贸易商品的消费是如何反应的?根据一阶条件式(13.37),我们知道在新的PFEP上,c^T随时间推移将是平滑的。由于净产出的折现值增加,消费在冲击下将向上跳跃,并在其后保持这一水平(图13.14d)。② 贸易余额的相应路径在图13.14e所示:经济在早期将出现贸易赤字(假设冲击前贸易余额是零),随后将出现贸易盈余以偿还债务。

最后,根据式(13.47)和在图13.14d所示的c^T的路径,我们推断在冲击下真实汇率下跌(实际升值),此后一直维持在该水平(图13.14f)。

因此,我们得出结论,该模型能够产生可贸易商品消费的初始增加,可贸易商品产量的逐渐增加,以及国内货币的实际升值。最初的投资增加与上文所述的典型事实相匹配。虽然模型无法解释最近的经济衰退,但当我们将供给侧效应与缺乏可信度的假设相结合时,定量效应与实证证据是相当一致的(Rebelo and Végh, 1995)。③

---

① 注意,i_t的减少会使$\dot{k}_0=0$轨迹向下移动,但不改变$\dot{q}_0=0$的轨迹。这就解释了图13.13中稳态从点B移向点A的原因。

② 要明白净产出增加的折现值(PDV),注意净产出的初始变化值为零,随后净产出的折现值依赖于$f(k_t)-\phi(I_t)\dot{k}_t$的变化,其值为正[回忆一下表达式(13.58)]。

③ 然而,与数据相比,该模型产生的实际升值在数量上要小很多。正如在本章习题2中所显示的那样,通过引入扭曲成本能扩大实际汇率的反应到更实际的水平。对于更为充分的分析,可参见Burstein, Neves和Rebelo(2003)。

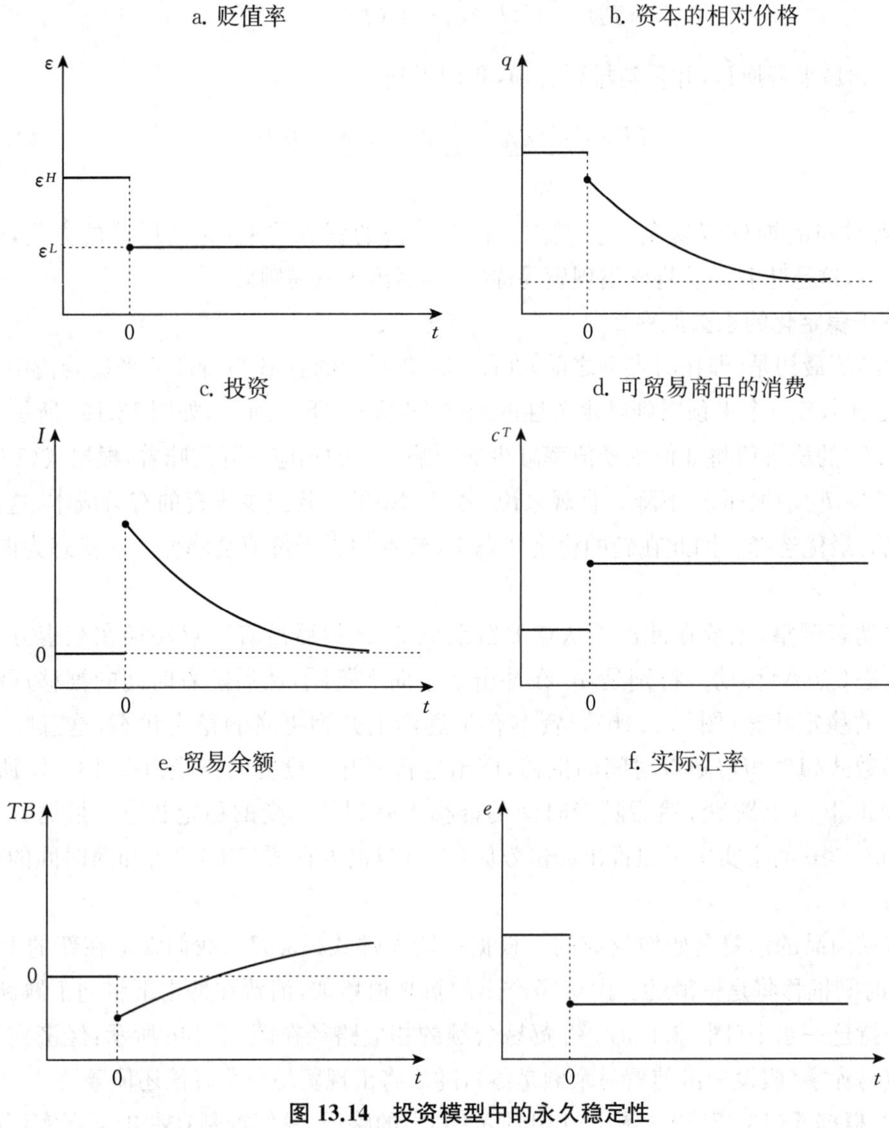

图 13.14 投资模型中的永久稳定性

13.6 阻止慢性通货膨胀:基于稳定的货币

我们已经看到,与基于稳定的货币相关的典型事实涉及经济活动初期收缩,实际利率的上升以及货币的实际升值。本节将发展两个模型来解释这些典型事实。

第一个模型是在第 8 章提出,且在 13.4 节中使用的 MIUF 黏性价格模型的离散时间版本。唯一的新变化是,在 c_t^T 和 c_t^N 之间是不可分割偏好,这意味着与第 8 章不同的是,贸易余额将会对 μ_t 的永久减少作出响应。我们将用金-普鲁索-里贝罗(King-Plosser-Rebelo, 1998, 2001)线性化方法来在数值上求解此模型。

然后,我们将研究在 13.5.1 节中发展的基于货币的稳定情形下的黏性通货膨胀模型。

13.6.1　黏性价格

来自13.4节的基本设置保持不变：这是一个完全融入世界商品和资本市场的小型开放经济体。一价法则适用于可贸易商品，所以 $P_t^T = E_t$（可贸易商品的名义对外价格被设定为1）。除非另注，符号仍与13.4节中的符号相同。

1. 消费者

偏好是由下式给出：

$$\sum_{t=0}^{\infty}\beta^t\left\{\frac{\left[(c_t^T)^{\gamma}(c_t^N)^{1-\gamma}\right]^{1-1/\sigma}-1}{1-1/\sigma}+\log(z_t)\right\} \tag{13.59}$$

这里的 $z_t(\equiv M_t/P_t)$ 表示根据价格指数 P_t 衡量的实际货币余额，由下式给定：

$$P_t \equiv (P_t^T)^{\gamma}(P_t^N)^{1-\gamma} \tag{13.60}$$

β 是贴现因子（$0<\beta<1$）和 σ（>0）是跨期替代弹性。

按照5.6节的方法进行处理，使用可贸易商品作为计价单位，我们可以证明消费者的流量约束由下式给出：

$$a_t=(1+r)a_{t-1}+y_t^T+\frac{y_t^N}{e_t}+\tau_t-\left(c_t^T+\frac{c_t^N}{e_t}\right)-\frac{i_{t-1}}{1+\varepsilon_{t-1}}m_{t-1} \tag{13.61}$$

这里的 ε_{t-1} 是贬值率，定义为：

$$1+\varepsilon_{t-1}\equiv\frac{E_t}{E_{t-1}}$$

i_t 是名义利率，它由利率平价条件给出（回忆，外国通货膨胀是零）①：

$$1+i_t=(1+r)(1+\varepsilon_t) \tag{13.62}$$

考虑到这个定义，$e_t=P_t^T/P_t^N$，我们将 m_{t-1} 重写为：

$$m_{t-1}=\frac{z_{t-1}}{e_{t-1}^{1-\gamma}} \tag{13.63}$$

把式(13.63)代入到消费者流量约束式(13.61)中，我们可以把式(13.61)重写为：

$$a_t=(1+r)a_{t-1}+y_t^T+\frac{y_t^N}{e_t}+\tau_t-\left(c_t^T+\frac{c_t^N}{e_t}\right)-\frac{i_{t-1}}{1+\varepsilon_{t-1}}\frac{z_{t-1}}{e_{t-1}^{1-\gamma}} \tag{13.64}$$

在式(13.64)约束下，代表性消费者通过选择 c_t^T，c_t^N，z_t 和 a_t 来最大化式(13.59)。相应的拉格朗日函数为：

$$\begin{aligned}\mathcal{L}=&\sum_{t=0}^{\infty}\beta^t\left\{\frac{\left[(c_t^T)^{\gamma}(c_t^N)^{1-\gamma}\right]^{1-1/\sigma}-1}{1-1/\sigma}+\log(z_t)\right\}\\&+\sum_{t=0}^{\infty}\beta^t\lambda_t\left[(1+r)a_{t-1}+y_t^T+\frac{y_t^N}{e_t}+\tau_t-\left(c_t^T+\frac{c_t^N}{e_t}\right)-\frac{i_{t-1}}{1+\varepsilon_{t-1}}\frac{z_{t-1}}{e_{t-1}^{1-\gamma}}-a_t\right]\end{aligned}$$

① 注意一下，为了实现MATLAB编码的目的，相比于第5章，我们改变了 ε_t 的定义。

一阶条件由下式给出：

$$\gamma c_t^{-1/\sigma}\left(\frac{c_t^N}{c_t^T}\right)^{1-\gamma}=\lambda_t \tag{13.65}$$

$$(1-\gamma)c_t^{-1/\sigma}\left(\frac{c_t^T}{c_t^N}\right)^{\gamma}=\frac{\lambda_t}{e_t} \tag{13.66}$$

$$\frac{\beta^t}{z_t}=\beta^{t+1}\lambda_{t+1}\frac{i_t}{1+\varepsilon_t}\frac{1}{e_t^{1-\gamma}} \tag{13.67}$$

$$\beta^t\lambda_t=\beta^{t+1}\lambda_{t+1}(1+r) \tag{13.68}$$

这里，$c_t(\equiv(c_t^T)^{\gamma}(c_t^N)^{1-\gamma})$是消费集合模块。

结合一阶条件式(13.65)和式(13.66)，我们得到熟悉的条件：

$$\frac{\gamma}{1-\gamma}\frac{c_t^N}{c_t^T}=e_t \tag{13.69}$$

在我们通常假设$\beta(1+r)=1$下，条件式(13.68)简化为：

$$\lambda_t=\lambda_{t+1} \tag{13.70}$$

使用条件式(13.62)和式(13.70)，以及$\beta(1+r)=1$的事实，我们可以将一阶条件式(13.67)重写为：

$$z_t=\frac{e_t^{1-\gamma}}{\lambda_t}\frac{1}{i_t/(1+i_t)}$$

这里使用式(13.63)，可以简化得到一个标准货币需求函数：

$$m_t=\frac{1}{\lambda_t[i_t/(1+i_t)]} \tag{13.71}$$

在可分离情形下(像在第8章中那样)，λ_t将等于γ/c_t^T，它是可贸易商品消费的边际效用。在更一般的情况下，可贸易商品消费的边际效用由一阶条件式(13.65)的左边部分给出。

为进一步的参考，请注意，我们可以把式(13.71)的两边乘以e_t，通过定义用不可贸易商品衡量的实际货币余额为$n_t\equiv M_t/P_t^N$，可以得到：

$$n_t=\frac{e_t}{\lambda_t[i_t/(1+i_t)]} \tag{13.72}$$

为了直观的目的，作如下处理可以证明是有用的，即对一阶条件式(13.65)进行对数微分，同时考虑进式(13.70)，可以得到：

$$\hat{c}_t^T=\frac{(1-\gamma)(\sigma-1)}{\gamma+\sigma(1-\gamma)}\hat{c}_t^N \tag{13.73}$$

这里，戴冒号的变量表示比例变化。

方程式(13.73)表明，如果$\sigma=1$，该模型化简化为8.2节：c_t^T的路径沿着任何PFEP是平滑的。如果$\sigma>1$，可贸易商品和不可贸易商品的消费是正的。如果$\sigma<1$，它们都是负的。正如第4章习题2所示，由于我们假定瞬时效用函数取柯布-道格拉斯形式，情形$\sigma>$

1($\sigma<1$)对应于可贸易商品和不可贸易商品是埃奇沃思互补的(替代的),意味着他们一起沿着 PFEP(在相反的方向)运动。

2. 供给侧

供给侧与第 8 章相同,但现在是在离散时间下进行分析。可贸易商品的供给是外生的,且其水平恒定为 y^T。可贸易商品的国内价格是完全灵活的,由一价法则给出。相比之下,不可贸易商品的名义价格是黏性的,且不可贸易商品的产出是由需求决定的。像在第 8 章中那样,黏性价格是在 Calvo(1983)交错价格模型的离散时间版本的情况下引入的。一般而言,未来通货膨胀率的变化与超额总需求呈负相关关系为:

$$\pi_{t+1}-\pi_t=-\theta(c_t^N-y_f^N) \tag{13.74}$$

这里的 $\pi_t(\equiv P_{t+1}^N/P_t^N-1)$是不可贸易商品的通货膨胀率,$y_f^N$ 是不可贸易商品在充分就业水平下的产出。

3. 政府

在浮动汇率制度下,国际储备水平是恒定的,为简单起见,假定为零。因此,政府的流量约束由下式给出:

$$\frac{M_t-M_{t-1}}{P_t^T}=\tau_t$$

为进一步的参考,请注意,我们可以把这个方程重写成:

$$m_t-m_{t-1}+\frac{\varepsilon_{t-1}}{1+\varepsilon_{t-1}}m_{t-1}=\tau_t \tag{13.75}$$

4. 均衡条件

由于资本完全流动的盛行,利率平价条件式(13.62)有效。不可贸易商品市场均衡意味着:

$$c_t^N=y_t^N$$

根据定义,由于 $m_t\equiv M_t/P_t^T$,相应的运动定律由下式给出:

$$\frac{m_{t+1}}{m_t}=\frac{M_{t+1}}{P_{t+1}^T}\frac{P_t^T}{M_t}=\frac{1+\mu_t}{1+\varepsilon_t} \tag{13.76}$$

此处根据定义:

$$\mu_t\equiv\frac{M_{t+1}}{M_t}-1$$

同样,n_t 的运动定律由下式给出:

$$\frac{n_{t+1}}{n_t}=\frac{1+\mu_t}{1+\pi_t} \tag{13.77}$$

根据定义,$e_t=P_t^T/P_t^N$。由此可见:

$$\frac{e_{t+1}}{e_t}=\frac{1+\varepsilon_t}{1+\pi_t} \tag{13.78}$$

国内实际利率(即用不可贸易商品衡量的实际利率)被定义为

$$r_t^d=\frac{1+i_t}{1+\pi_t}-1 \tag{13.79}$$

结合消费者的流量约束式(13.61)和政府的流量约束式(13.75),我们可以得到经济的流量约束(即经常账户):

$$b_t=(1+r)b_{t-1}+y^T-c_t^T \tag{13.80}$$

这里的贸易余额由下式给出:

$$TB_t=y^T-c_t^T \tag{13.81}$$

5. 数值解

由于实际货币余额是通过可分离的方式进入效用函数中,系统一方面对于m_t、i_t和ε_t是递归的,另一方面对于c_t^T、c_t^N和π_t也是递归的。事实上——正如在本章习题3所示的那样——很容易证明,沿着附录5.8.4的思路,m_t是由不稳定的微分方程所支配的,因此m_t会对μ_t的没有预料到且永久性的变化作出瞬时的调整。由于m_t是瞬时调整的,名义利率i_t和通过ε_t的利率平价条件也是如此。在求解了模型的这个部分之后,我们可以建立一个关于c_t^T、c_t^N和π_t的动态系统。然而,这个动态系统很难解出解析解,因为关于c_t^T的路径有积分约束。换句话说,c_t^T的路径需要满足其当前折现值等于可交易资源的折现现值的条件。根据这点,我们将使用由King、Plosser和Rebelo(1988, 2001)普及的线性化方法在数值上求解这个模型。

我们已经根据式(13.73)知道c_t^T和c_t^N的联动性取决于σ是大于、等于或小于1。为了说明这些不同的情况,图13.15给出了$\sigma=0.5$的数值解。正如方程式(13.73)所预期的那样,c_t^T和c_t^N是负向联动的。[①]虽然不可贸易商品的消费存在收缩(图13.15d),可贸易商品的消费出现激增(图13.15b)。因此,贸易余额在冲击下下降(图13.15c)。剩余变量的行为与在8.3节分析的可分离情形的行为是一致的:不可贸易商品的通货膨胀(图13.15e)下降到其新的且低于其长期值的水平;用不可贸易商品衡量的实际货币余额在冲击下逐渐增加到其较高的稳态值(图13.15f);实际国内利率在冲击下先上升然后下降(图13.15g);实际汇率在冲击下下降(即实际的升值)然后逐渐返回其不变的稳定状态(图13.15h)。

图13.16显示了$\sigma=1.5$的情形。在这种情形下,c_t^T和c_t^N是正联动的:两者在冲击下都下降,然后随着时间的推移逐渐恢复(分别如图13.16b和d所示)。除了贸易余额,其余变量的行为与图13.15相似。

我们可以得出结论,正如预期中的那样,对于c_t^T以及外部账户的行为,σ值是至关重要的。系统其余部分的行为是相同的。由于数据似乎显示在前两年外部账户几乎没有变化(回忆一下图13.4g和h),看起来,$\sigma=1$的情形似乎是关于现实的最好的近似。尽管

---

① 得出图13.15和图13.16的参数如下:$r=0.04$, $\mu^H=0.5$, $\gamma=0.5$, $\theta=0.1$, $y^T=y_f^N=1$,初始的外国资本等于0.628 3。图中显示了与初始稳定状态偏离的百分比。模型的对数线性化和MATLAB代码可以在本书在线的附录中找到。

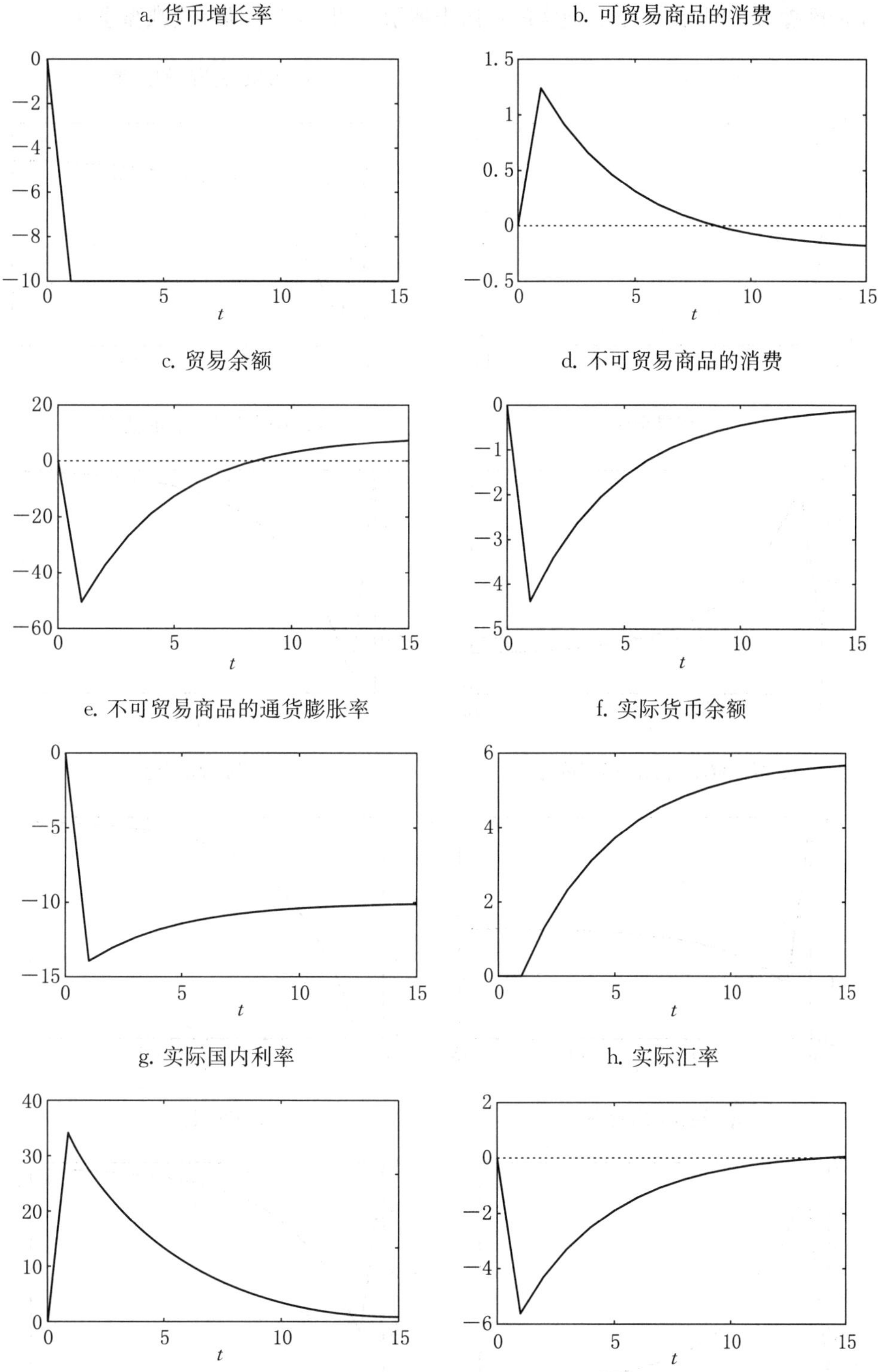

图 13.15　货币增长率永久减少 10%(σ=0.5)

如此,我们怀疑如果我们有关于可贸易商品消费的数据,它将显示出下降(毕竟总体消费数据确实下降了)。如果是这种情况,我们将需要 $\sigma>1$ 来重复事实。然而,从经验的角度看,这可以说不是更相关的案例,因为在实践中,$\sigma<1$(回忆一下 3.1 节)。因此,可能需要

进一步的摩擦，以便找到一个更现实的 σ 值来展示在图 13.4 中所示的典型事实。

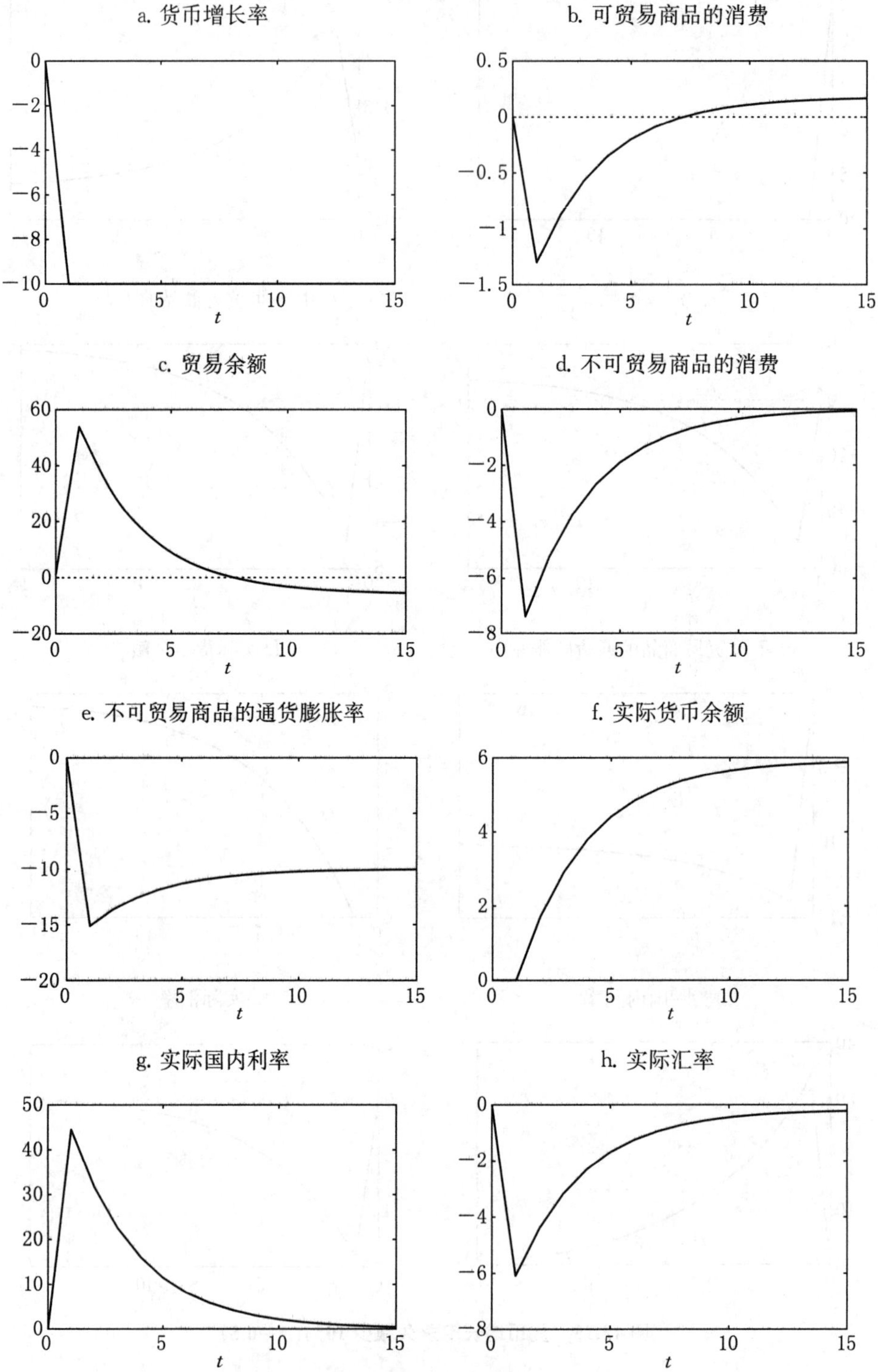

图 13.16　货币增长率永久减少 10%(σ=1.5)

13.6.2 黏性通货膨胀

我们现在将研究在黏性通货膨胀下基于货币的稳态。该模型将与我们在 13.5.1 节中用以分析在黏性通胀下基于汇率的稳态的模型相同。

1. 消费者的问题

消费者问题是相同的,因此一阶条件仍由式(13.4)、式(13.5)和式(13.6)给出。期内消费有效条件[方程式(13.7)]以及货币需求[方程式(13.8)]也仍然有效。

2. 供给侧

供给侧也基本保持不变。可贸易商品的产出是外生给定的,且随着时间的推移保持恒定。不可贸易商品的产出是由需求决定的。其价格和变化率是黏性的。不可贸易商品的通货膨胀被假设由下式给出的:

$$\dot{\pi}_t=\theta(c_t^N-y_f^N)+\gamma(\mu_t-\pi_t) \tag{13.82}$$

注意到,方程右边的第二项是与方程式(13.21)不同的,这反映了经济体将在浮动汇率下运行的事实,因此,名义锚将是货币供给而不是汇率。

3. 政府

政府的流量约束仍由式(13.10)给出。

4. 均衡条件

均衡条件仍由方程式(13.11)—式(13.15)给出。

5. 可贸易商品的消费

沿着 PFEP,可贸易商品的消费仍由式(13.23)给出。而且消费水平不取决于 μ_t 的特定值。

6. 求解模型

m_t 的微分方程　求解模型的第一步——正如我们之前已经多次做过的——是推导关于 m_t 的不稳定的微分方程。由于 $m_t\equiv M_t/E_t$:

$$\frac{\dot{m}_t}{m_t}=\mu-\varepsilon_t \tag{13.83}$$

这里的 μ 表示货币增长率的恒定值。根据利率平价条件 $\varepsilon_t=i_t-r$。使用这一条件以及一阶条件式(13.6),可以得到:

$$\dot{m}_t=m_t\left(\mu+r-\frac{c_t^T}{m_t}\right) \tag{13.84}$$

这是关于 m_t 的不稳定的微分方程。因此,m_t 需要沿着一个具有恒定 μ_t 的 PFEP 的路径保持恒定。由于沿着 PFEP 的路径,$\dot{m}_t=0$,根据(13.83)可推得:

$$\varepsilon_t=\mu \tag{13.85}$$

换句话说,沿着 PFEP 的路径,贬值率是恒定的且等于货币增长率。因此,名义利率也是恒定的且等于 $r+\mu$。

动态系统　第二步是建立关于 π_t 和 e_t 的动态系统。第一个方程由式(13.82)给出。

第二个可以通过将式(13.85)代入到式(13.13),可以得到:

$$\dot{e}_t = e_t(\mu - \pi_t) \tag{13.86}$$

方程式(13.82)和式(13.86)构成关于 π_t 和 e_t 的两个微分方程系统。实际上,这个系统和13.5.1节分析的那个系统相同,因此,图13.7所描述的相图仍然有效。系统有两个负根,因此是全局稳定的。像之前一样,我们假设根为实根。

7. 永久性的稳态

假设经济最初处在货币增长率为 μ^H 的稳定状态。在0时刻货币增长率有一个未预料到且永久性的下降,从 μ^H 下降到 μ^L(图13.17a)。经济会如何调整?

由于 m_t 仍将由微分方程式(13.84)控制(货币增长率由 μ^L 给出),实际货币余额将立即调整到更高的稳态水平。m_t 的增加是通过名义汇率 E_t 的下降实现的。由于价格是黏性的,名义汇率的下降也意味着实际汇率 e_t 的下降。这条信息在分析动态系统对 μ_t 下降的反应时将被证明是重要的。最后,ε_t 和 i_t 会立即下降到更低的稳态值,分别由 μ^L 和 $r+\mu^L$ 给出。

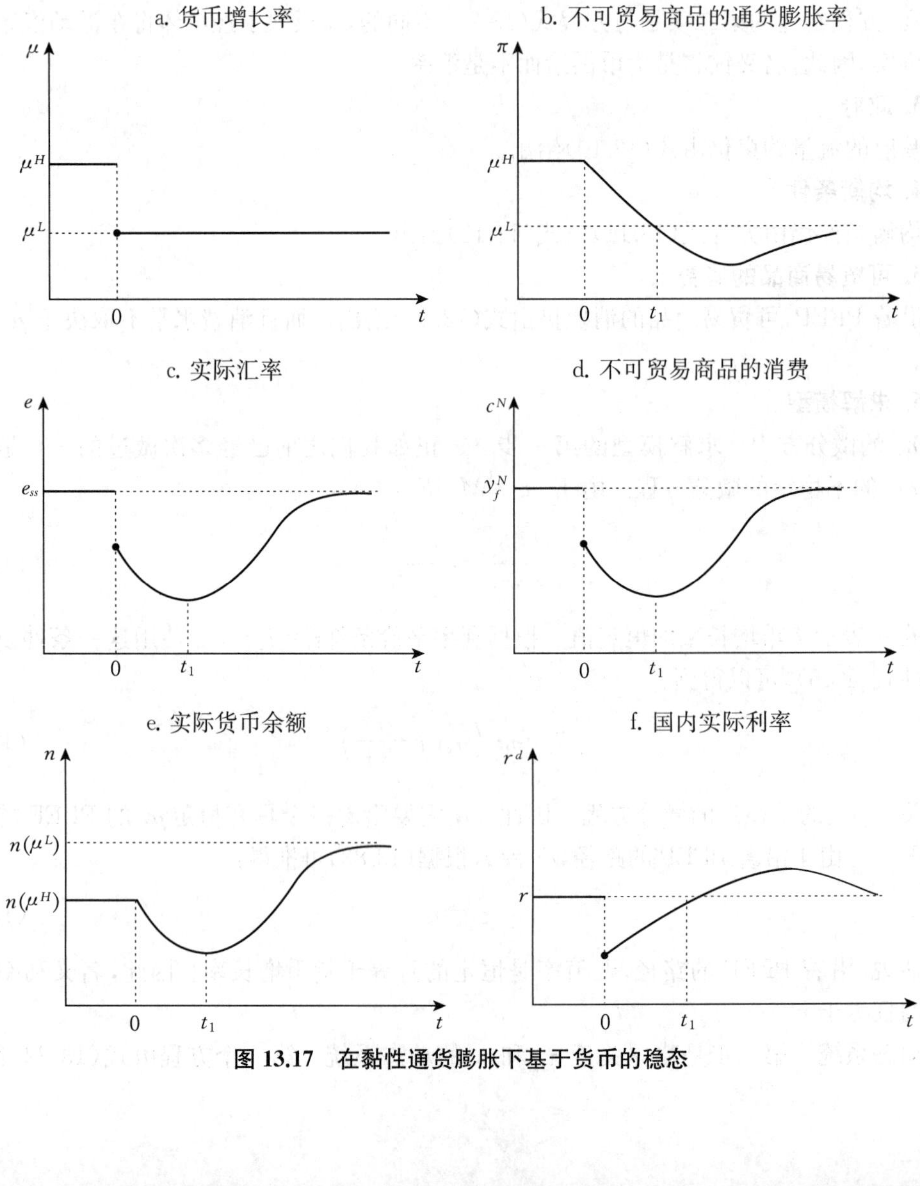

图13.17 在黏性通货膨胀下基于货币的稳态

根据动态系统，e_t 的初始下降将反映在图 13.7 中，当 $t=0$ 时刻，e_t 发生从点 A 到点 D 的跳跃。然后系统沿着带箭头的路径运动，直到点 B。通货膨胀率和实际汇率的相应路径分别如图 13.17b 和 c 所示。

为推导不可贸易商品的消费路径，回忆一下 $c_t^N=e_tc^T$。因此，不可贸易商品的消费在冲击下下降，然后沿着与实际汇率相同的时间模式运动(图 13.17d)。

什么是实际货币余额的调整路径(根据不可贸易商品衡量)？考虑到(1)n_t 是前定变量；(2)$n_t=m_te_t$；(3)$\dot{m}_t=0$，n_t 的路径将跟随 e_t 的路径。因此 n_t 先下降，然后增加到新的且更高的稳态(图 13.17e)。国内实际利率的路径可以根据定义 $r_t^d=i_t-\pi_t$，以及 i_t 和 π_t 的路径得出(图 13.17f)。

我们得出结论，尽管实验产生一些与基于货币稳态有关的典型事实——特别是最初的收缩和最初的实际升值——它与其他的不一致，比如实际利率的最初上升。当然，对于那些在通货膨胀率与货币增长率的趋同是随时间缓慢地发生的情形，它确实为这种情形提供了一个解释。

13.7 总结性评论

本章分析了与发展中国家的通胀稳定相关的宏观经济动态。探讨了恶性通货膨胀和慢性通货膨胀之间的一个关键区别。恶性通货膨胀是相对较短的且爆炸性的通货膨胀过程，其财政来源清晰，通货膨胀率每月会超过 50%。形成鲜明对比的是，慢性通货膨胀过程表现为更低的利率——尽管根据工业化国家标准仍然很高——而且可能持续数十年，因为通过对名义工资和价格与过去的通货膨胀进行广泛挂钩，从而使通货膨胀自我维持。虽然很明显的是，慢性通货膨胀的财政来源在本质上很难建立，因为通货膨胀有自己的生命力。通过固定汇率，恶性通货膨胀往往在一夜之间就停止了，几乎不需付出产出成本。这是可能的，因为从本质上说，恶性通货膨胀会消除任何价格惯性，这种惯性本质上是以某些外币报价的。相反，阻止慢性通货膨胀已经证明难度要大得多，许多国家在最终成功消除通胀之前，都需要进行多次尝试。

第二个关键区别与用于阻止慢性通胀的名义锚有关(汇率或货币供应)。我们已经看到，一方面，基于稳定的汇率政策通常会伴随着出现产出和消费的初始繁荣，然后再出现经济衰退。另一方面，基于稳定的货币政策似乎会导致初始的经济衰退。这种名义锚的选择似乎就是在接受“现在衰退或之后衰退”之间作选择。我们研究了几种可以解释伴随着汇率稳定政策而出现的典型事实的理论模型。黏性通货膨胀会导致实际利率下降，在一定条件下，这会伴随着出现最初的繁荣。缺乏可信度——模型以暂时性的稳定来处理——为典型的事实提供了另一种解释。如投资等供给侧渠道的可能作用也被探讨了。伴随着基于货币稳定化政策而出现的初始衰退可以用相当标准的黏性价格或黏性通胀模型来解释。

习　题

1. (具有贬值率下降的 ERBS)考虑 13.5.2 节中的现金先行模型,但是在一个禀赋经济的背景下(像在第 7 章中那样)。假设在时点 0 之前的贬值率是 ε^H。在时点 0 一个未预料到的通货紧缩计划被执行,其贬值率由下式给出:

$$\varepsilon_t = \varepsilon^H e^{-\psi t}$$

换句话说,随着时间的推移,货币贬值率按 Ψ 的速率逐渐降低。① 在这一模型的背景下:

a. 证明沿着新的 PFEP 路径,不可交易品的消费和实际汇率是负相关的。

b. 证明在冲击下,不可贸易商品的消费会下降,而实际汇率则会上升。

2. (分配成本和对实际汇率的影响)考虑一个完全融入世界商品和资本市场的小型开放经济体的真实模型。可贸易商品和不可贸易商品的禀赋保持不变,分别给定为 y^T 和 y^N。假设为消费 1 单位的可贸易商品需要 ϕ 单位的不可贸易商品。换句话说,消费 1 单位可贸易品的总成本是 $1+\phi p_t$。因此,跨期预算约束由下式给出:

$$b_0 + \int_0^\infty (y^T + p_t y^N)\exp(-rt)\,\mathrm{d}t = \int_0^\infty [c_t^T(1+\phi p_t) + p_t c_t^N]\exp(-rt)\,\mathrm{d}t$$

其中,b_0 指家庭的初始净国外资产,p_t 指不可贸易商品的相对价格,c_t^T 和 c_t^N 分别表示可贸易商品和不可贸易商品的消费。

令偏好由下式给出:

$$\int_0^\infty [\log(c_t^T) + \log(c_t^N)]\exp(-\beta t)\,\mathrm{d}t$$

不可贸易商品的市场均衡要求:

$$y^N = c_t^N + \phi c_t^T$$

在模型的这一背景下:

a. 推导出一阶条件(像往常一样,假设 $\beta = r$)。

b. 证明沿着 PFEP 路径,c_t^T、c_t^N 和 p_t 是恒定的。

c. 推导出沿着 PFEP 路径中的 c_t^T 和 p_t 的简化表达式。

d. 分析初始净外国资产发生一个未预期到且永久性增加的影响。解释 ϕ 的作用。

3. (实际货币余额的行为)在 13.6 节模型的背景下,证明 m_t(用可贸易商品衡量的实际货币余额)遵循一个不稳定的差分方程。

---

① 货币贬值率的下降符合 20 世纪 70 年代南锥体"公告牌"的精髓,对贬值率的缓慢下降可参见 Obstfled(1985)和 Roldos(1997)。

参考文献

Ball, Laurence. 1994. What determines the sacrifice ratio? In N. Gregory Mankiw, ed., *Monetary Policy*. Chicago: University of Chicago Press, 155—193.

Blanchard, Olivier, and Stanley Fischer. 1989. *Lectures on Macroeconomics*. Cambridge: MIT Press.

Burstein, Ariel T., Joao C. Neves, and Sergio Rebelo. 2003. Distribution costs and real exchange rate dynamics during exchange-rate-based stabilizations. *Journal of Monetary Economics* 50(6):1189—1214.

Cagan, Phillip. 1956. The monetary dynamics of hyperinflation. In Milton Friedman, ed., *Studies in the Quantity Theory of Money*. Chicago: University of Chicago Press, 25—117.

Calvo, Guillermo A. 1983. Staggered prices in a utility-maximizing framework. *Journal of Monetary Economics* 12(31):383—398.

Calvo, Guillermo A., and Carlos A. Végh. 1994. Stabilization dynamics and backward-looking contracts. *Journal of Development Economics* 43(1):59—84.

Calvo, Guillermo A., and Carlos A. Végh. 1999. Inflation stabilization and BOP crises in developing countries. In John Taylor and Michael Woodford, eds., *Handbook of Macroeconomics*, vol.C. Amsterdam: North Holland, 1531—1614.

De Gregorio, Jose, Pablo E. Guidotti, and Carlos A. Végh. 1998. Inflation stabilization and the consumption of durable goods. *Economic Journal* 108:105—131.

Dornbusch, Rudiger, and Mario H. Simonsen. 1987. *Inflation Stabilization with Incomes Policy Support: A Review of Recent Experience in Argentina, Brazil, and Israel*. New York: Group of Thirty.

Dornbusch, Rudiger, and Alejandro Werner. 1994. Mexico: Stabilization, reform, and no growth. *Brookings Papers on Economic Activity* 25(1):253—316.(Includes discussions by Stanley Fischer and Guillermo Calvo.)

Eichengreen, Barry. 2001. Crisis prevention and management: Any new lessons from Argentina and Turkey? Background paper written for the World Bank's *Global Development Finance 2002*.

Feldstein, Martin. 2002. Argentina's Fall: Lesson from the latest financial crisis. *Foreign Affairs* 81(2):7—14.

Fischer, Stanley, Ratna Sahay, and Carlos A. Végh. 2002. Modern hyper- and high inflation. *Journal of Economic Literature* 40(3):837—880.

Kiguel, Miguel, and Nissan Liviatan. 1992. The business cycle associated with exchange rate-based stabilizations. *World Bank Economic Review* 6:279—305.

Kiguel, Miguel, and Nissan Liviatan. 1995. Stopping three big inflations: Argentina, Brazil, and Peru. In Rudiger Dornbusch and Sebastian Edwards, ed., *Reform, Recovery, and Growth: Latin America and the Middle East*. Chicago: University of Chicago Press, 369—414.

King, Robert, Charles Plosser, and Sergio Rebelo. 1988. Production, growth, and business cycles: I. The basic neoclassical model. *Journal of Monetary Economics* 21(2—3):195—232.

King, Robert, Charles Plosser, and Sergio Rebelo. 2001. Production, growth, and business cycles: Technical appendix. *Computational Economics* 20(1—2):87—116.

Lahiri, Amartya. 2000. Disinflation programs under policy uncertainty. *Journal of International Economics* 50(2):351—373.

Lahiri, Amartya. 2001. Exchange rate based stabilizations under real frictions: The role of endogenous labor supply. *Journal of Economic Dynamics and Control* 25(8): 1157—1177.

Makinen, Gail E. and G. Thomas Woodward. 1989. The Taiwanese hyperinflation and stabilization of 1945—1952. *Journal of Money, Credit and Banking* 21:90—105.

Mussa, Michael. 2002. Argentina and the Fund: From triumph to tragedy. *Policy Analyses in International Economics* 67. Institute for International Economics. Washington, DC.

Obstfeld, Maurice. 1985. The capital inflows problem revisited: A stylized model of Southern-Cone disinflation. *Review of Economic Studies* 52(4):605—625.

Ostry, Jonathan and Carmen M. Reinhart. 1992. Private saving and terms of trade shocks. *IMF Staff Papers* 39(3):495—517.

Pazos, Felipe. 1972. *Chronic Inflation in Latin America*. New York: Prager.

Rebelo, Sergio, and Carlos A. Végh. 1995. Real effects of exchange rate-based stabilizations: An analysis of competing theories. *NBER Macroeconomics Annual* 10:125—174.

Reinhart, Carmen M., and Carlos A. Végh. 1996. Do exchange rate based stabilizations carry the seeds of their own destruction? Mimeo. IMF, Washington, DC.

Rodriguez, Carlos A. 1982. The Argentina stabilization plan of December 20th. *World Development* 10(9):801—811.

Roldos, Jorge. 1995. Supply-side effects of disinflation programs. *IMF Staff Papers* 42(1):158—183.

Roldos, Jorge. 1997. On gradual disinflation, the real exchange rate, and the current account. *Journal of International Money and Finance* 16(1):37—54.

Sargent, Thomas. 1982. The ends of four big inflations. In Robert E. Hall, ed., *Inflation: Causes and effects*. Chicago: University of Chicago Press, 41—97.

Uribe, Martin. 1997. Exchange-rate-based inflation stabilization: The initial real effects of credible plans. *Journal of Monetary Economics* 39(2):197—221.

Uribe, Martin. 2002. The price-consumption puzzle of currency pegs. *Journal of Monetary Economics* 49(3):533—569.

Végh, Carlos A. 1992. Stopping high inflation: An analytical overview. *IMF Staff Papers* 39(3):626—695.

Végh, Carlos A., and Guillermo Vuletin. 2011. How do federal transfers systems affect fiscal cyclicality at the sub-national level? Unpublished manuscript. University of Maryland and Colby College.

▶14

资本流入

14.1 引言

流入发展中国家的资本往往呈现显著的周期性特征。图 14.1 描述了自 1980 年以来每年流向发展中经济体的私人资本量。我们可以观察到四个周期:在 1981 年、1993 年、1995 年和 2007 年达到峰值。在每个峰值之后的一年都会出现一次典型的金融危机:1982 年的债务危机、1994 年的龙舌兰酒危机、1997 年的东亚金融风暴、2008 年的美国金融危机。本章将探讨资本流动周期的宏观经济原因、后果与政策含义。

14.2 节主要通过列举与资本流入有关的典型化事实为本章的剩余内容做铺垫。通常,资本流入往往与较高的总需求和产出、国内货币的实际升值以及贸易和经常账户赤字有关。正如我们将看到的,这个过热经济体——也经常具有较高通货膨胀率——会引起

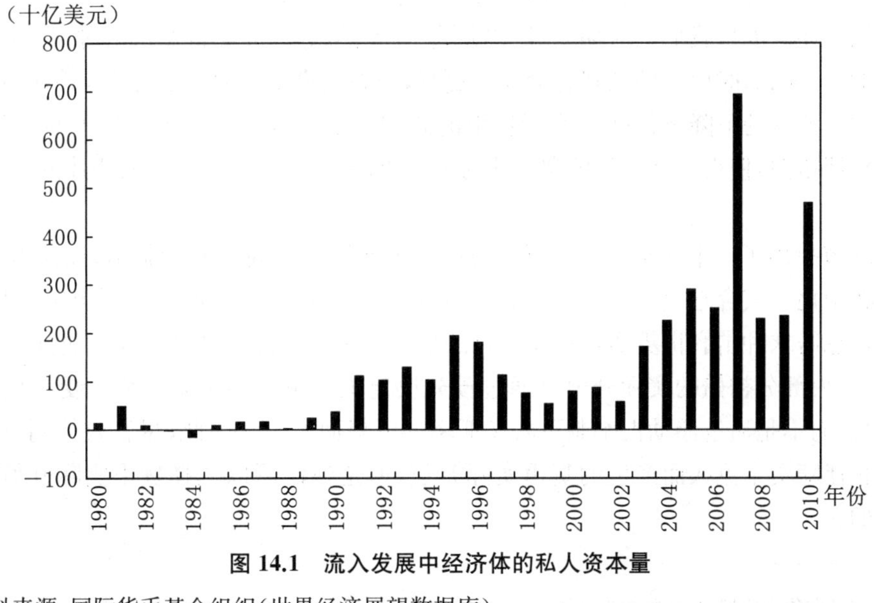

图 14.1　流入发展中经济体的私人资本量

资料来源:国际货币基金组织(世界经济展望数据库)

政策制定者们的关心，从而导致他们会作出一系列政策回应。

关于资本流动的一个最基本问题是，它是外生的还是内生的。迄今为止，在本书中看到的所有模型中，资本流入一直是对某些冲击的内生反应。例如，在第 1 章的禀赋经济中，对禀赋暂时性的负面冲击导致暂时性的经常账户赤字，这一赤字需要通过资本流入进行融资(即资本项目中的盈余)。同样，在第 7 章的货币世界中，世界名义利率的暂时性下降引发了消费繁荣和经常账户赤字，同样，这也需要通过资本流入进行融资。因此，资本流入是对消费繁荣的回应。然而，这种思维方式与政策界中将资本流动解释为经济外部因素的方式不一致。很明显，当观察者探讨国际资本流动“突然中断”(sudden stop，一个由卡尔沃于 1998 年创造出的术语)时，他们指的是一个国家资本流动中的外生停滞。换句话说，这个观点是小型新兴经济体可能会遭受国际资本流动的变幻莫测的影响，这可能会因国际投资者的心情而停止和重启。

于是，两个重要的概念性问题出现了。首先，我们如何构造一个“外生”的资本流动性模型？其次，外生资本流动带来的影响是否与源于内生力量的资本流动有区别？14.3 节会讨论这些问题。我们构造了一个简单的两阶段实际模型，并分析了经济对三个不同冲击的反应：国内需求冲击、国际实际利率下降的冲击、资本流动的外生性冲击(对资本账户余额的外生改变进行模型化)。我们发现——就消费(以及由此带来的福利)和经常账户与资本账户而言——经济对这三种冲击的反应是相同的。因此，一个只看消费和外部账户的局外观察者无法解释什么是潜在的冲击。尽管这种严格的等价性在更为复杂的模型中可能并不成立，但它表明无论具体的触发因素是什么，资本流动的宏观经济影响可能是相似的。①

如上所述，“突然中断”这个词是指资本流入一个国家的情形的突然停止。“突然中断”的宏观经济影响是什么？14.4 节在三期禀赋经济模型的背景下回答了这个问题。假设禀赋随时间的推移而不断增加(刻画一个“增长中的”经济)，在一个不受约束的世界(即没有“突然中断”的世界)，消费随时间推移会是平滑的，经济会在前两个时期借入，在最后一个时期偿还。如果我们在时期 2 引入“突然中断”的约束(即经常账户从时期 2 开始必须为非负的)。那么，时期 1 的消费将会变得更高，而在时期 2 出现急剧下降，并在时期 3 恢复。时期 2 消费的下降将伴随着实际货币的急剧贬值。直观上看，“突然中断”行为就像是一个跨期扭曲，使得时期 2 的消费相比时期 1 更昂贵，并产生了刚才所描述的繁荣-萧条循环。

14.5 节提出了一个在第 8 章中所述的黏性价格模型的现金先行版本，以使得 14.2 节提出的典型化事实合理化。我们分别在预先决定汇率制和浮动汇率制下求解模型，以解释经济对总需求冲击和世界实际利率下降的反应。虽然实际升值的发生与冲击和汇率制度无关，但大部分初始的实际升值是通过预先决定汇率下的不可贸易商品更高的通货膨胀而发生，而不是通过浮动汇率制下名义汇率的下降而发生。因此，尽管政策制定者可能无法阻止伴随资本流入而产生的货币实际升值，但是他们可以选择货币实际升值是怎样被影响的。

① 但是在货币模型中，通胀行为可能取决于冲击的根源，下文将阐述这一点。

在 14.5 节的模型背景下，14.6 节分析了一些对资本流入的最常见的政策反应：外汇市场干预和财政紧缩。虽然这些政策有助于减轻初始实际升值，但在外汇市场干预的情况下，将会有更高的通货膨胀成本；而在财政紧缩情况下，产出会收缩。此外，我们还讨论了涉及宏观审慎监管的政策回应。

14.7 节通过提供一些总结性评论来结束本章的内容。

14.2 资本流入：典型事实

2007 年《世界经济展望》(WEO)就资本流入对发展中国家的宏观经济影响进行了全面的评论。为了确定大的资本流入事件，WEO 同时使用了基于国家和地区的标准：

- 基于国家标准　如果一个特定国家的资本净流入占国内生产总值的比率比该国的趋势大一个标准差，那么这个事件就被确定为是资本流入事件。
- 基于地区标准　如果资本流入显著大于一个任意区域的阈值(净资本流入占国内生产总值比率的区域分布的第 75 个百分位数)，那么这个事件就是资本流入事件。

只要这两个标准中任意一个得到满足，则将该事件定义为资本流入事件。WEO 确定了从 1987—2006 年间新兴市场经济国家发生的 73 个资本流入事件。图 14.2 显示了这些流入事件对最主要的宏观经济变量的影响。在每个小图中，“之前”表示事件发生前两年变量的平均值，“期间”是资本流入事件发生期间变量的平均值，“之后”是事件发生最后一年之后两年变量的平均值。规模表示每个变量在所有事件中的中位数。

我们来看看对不同变量的影响：

- 图 14.2a 显示在资本流入事件期间，净资本流入占 GDP 比率的峰值大约达到 4.5%左右。
- 图 14.2b 和 14.2c 显示了事件对 GDP 增长和总需求的影响。两者均在资本流入事件发生期间达到峰值，此后急速下降。
- 图 14.2d 显示了通胀率变化的情况，图中显示在资本流入事件发生期间通货膨胀有一个轻微的下降。

然而，这个证据是有一定误导性，因为它包含许多通胀的稳定计划，这个计划会伴随着资本流入使得通胀率下降(如第 13 章所述)。14.5 节的理论模型会清晰地说明这一点。由较高的国内需求或者国际实际利率下降(与贬值率下降或者货币增长率下降相反)所引起的资本流入将伴随着通胀率的上升。于是，在理想情况下，为了实证分析资本流入事件期间的通胀行为，人们需要对导致资本流入的各种可能原因进行区分，这本质上是一件有困难的工作。

- 图 14.2e 显示资本流入事件是与经常账户赤字息息相关。在资本流入事件发生期间，经常账户赤字会急剧增加，随后逐步下降。
- 图 14.2f 显示资本流入与本国货币升值密切相关。[1]

---

① 此处实际汇率的定义遵循了 IMF 的定义，计算公式为 P^N/EP^*。因此，这项措施的增加将导致实际升值。

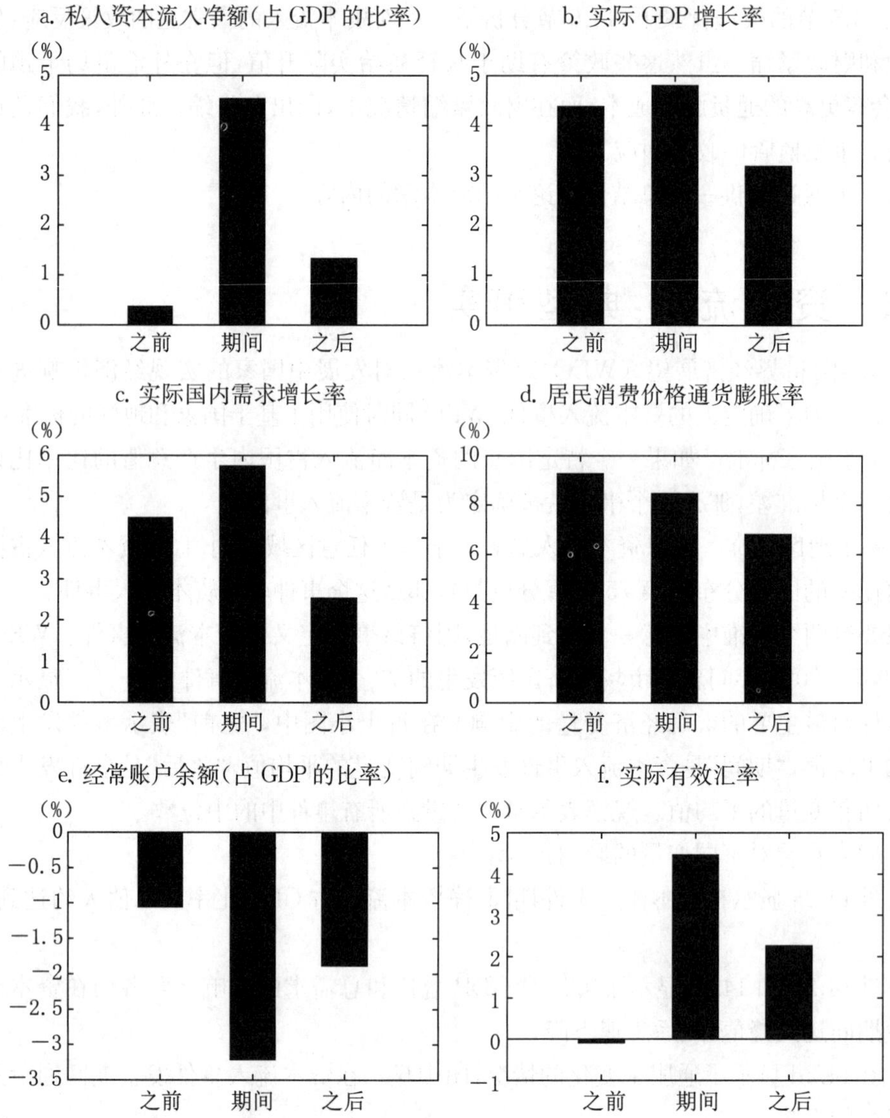

图 14.2　资本流动的典型化事实

资料来源:WEO(2007)。

此外,我们应该指出,资本流入事件伴随着国际储备的大幅增加(参见 14.6 节)。这些典型化事实将会为我们下面的理论推导提供指导。

14.3　一个简单的模型

本节发展了一个两期模型(与第 2 章一样)来阐述这样一种观点:尽管引起资本流入的因素各种各样(参见专栏 14.1),但所导致的宏观经济影响却非常相似的。特别是,我们将说明三种不同的冲击——国内需求冲击、国际实际利率的下降与外生的资本流动——将产生同样的结果:更高的消费、由资本流入进行融资的贸易赤字和不可贸易商品相对价格的上升。

正式地，考虑一个小型开放经济中的两期真实模型。消费者从消费可贸易商品 c_t^T 和不可贸易商品 c_t^N 中获得效用。经济中拥有一个固定不变的可贸易商品 y^T 和不可贸易商品 y^N 的收入流。

专栏 14.1 资本流入:推动还是拉动?

什么因素会引发资本流入？研究文献将可能的解释分为两大类：

- 外部因素或“推动”因素　与一系列有利的外部因素相关的因素，如工业化国家的低利率和/或世界商业周期的上升期。
- 国内因素或“拉动”因素　特定国家的因素，如需求冲击、通胀稳定计划、资本账户自由化、债务减免协议以及制度环境改善(如实施产权保护)。

尽管在正文中已讲述清楚的那样，不管来源于哪种因素，资本流入的宏观经济影响本质上是相同的。但是，推动因素和拉动因素之间的区别对于政策考虑仍然很重要。显然，由于推动因素导致的流入资金不在政策制定者的作用范围之内，其频率和强度是由工业化国家的商业周期和国际信贷条件决定的。[a] 相反，当拉动因素发挥作用时，决策者可能会制定平缓资本流动周期的政策。因此，资本流入到底是由发展中国家的国内冲击引起的，还是由共同的外部因素引起的仍然是一个重要的实证问题。表 14.1 总结了几个计量经济学研究成果，旨在揭示这一问题。

表 14.1　资本流入:推动因素还是拉动因素?

作　者	数据资料	方法论	主要结论
Calvo，Leiderman 和 Reinhart (1993)	1988—1992 年间 10 个拉美国家的月度数据	主成分分析，结构向量自回归分析	● 外部因素解释了实际汇率每月预测误差方差的 50%左右 ● 外部因素似乎是资本流向发展中国家的主要推动力
Fernandez-Arias(1996)	1989—1992 年间 13 个中等收入发展中国家的季度数据	最小二乘估计	● 外部因素(国际利率)是资本流动的主要推动力，国内因素作用有限 ● 国内和外部因素对大国(阿根廷、韩国和墨西哥)发挥同样重要的作用 ● 国家信誉似乎起着重要的作用，但这一变量主要是受外部因素驱动
Taylor 和 Sarno(1997)	1988—1992 年间来自 9 个拉美国家和 9 个亚洲国家的美国资本流动数据	协整技术和看似无关的纠错系统	● 国内和外部因素对解释流向发展中国家的长期债权和股权至关重要 ● 外部因素(主要是美国利率的变动)在解释流向发展中国家的短期债券动态方面更为重要 ● 在决定亚洲和拉美经济体的短期股权流动中推动因素和拉动因素是同样重要的
Chuhan，Claessens 和 Mamingi (1998)	1988—1992 年间来自 9 个拉美和 9 个亚洲国家的美国资本流动数据	面板数据、固定效应	● 外部因素(美国利率和美国工业活动的变化)以及特定国家因素被认为在解释资本流入中是重要的 ● 股权流动比债券流动对外部因素更为敏感 ● 债券流动比股权流动对信用评级和二级市场债务价格更敏感

续表

作　者	数据资料	方法论	主要结论
Kim(2000)	墨西哥（1958—1995)，智利(1981—1995)，韩国(1977—1995)和马来西亚(1972—1995)的季度数据	结构向量自回归	● 样本国家过去10年的资本流动主要是由外部因素(世界利率的变化或工业国家的衰退)引起的 ● 国内因素相对不那么重要 ● 外部因素的相对重要性随着时间的推移而增加
Ying和Kim(2001)	1960—1996年韩国和墨西哥的季度数据	结构向量自回归	● 美国商业周期被认为是资本流向墨西哥和韩国的主要因素 ● 国外利率变化是1980—1996年资本流入的重要因素 ● 解释两国资本流动时，外部因素比国内因素更重要
Edison和Warnock(2003)	1989—1999年间从美国流向4个拉丁美洲和5个新兴亚洲国家的月度资本数据	面板数据、固定效应	● 美国的利率和经济活动对流入拉丁美洲和新兴亚洲国家的资本的影响很大 ● 减少资本管制中导致资本更多流向新兴亚洲国家，而不是拉丁美洲 ● 跨境上市对拉丁美洲的股票流动产生积极的长期影响，但并没有对新兴亚洲市场造成影响
Baek(2006)	1989—2002年间5个拉美国家和4个亚洲国家的季度数据	面板数据、固定效应	● 对于拉美国家，国内经济增长、美国利率和世界股市表现在资本流动中起着重要的作用。但市场风险偏好没有影响 ● 对于亚洲国家而言，国内经济基本面影响不大，而所有外部因素(美国利率、风险偏好、世界收入增长和世界股市表现)都会有重大影响
Alfaro，Kalemli-Ozcan和Volosovych(2007)	1970—2000年间47个国家的年度资本流动数据	跨国回归	● 制度好坏和宏观经济政策对资本流动水平和波动方面起着重要的作用 ● 更好的制度、更快的经济增长和资本管制放松吸引更多的资本流入

Calvo、Leiderman和Reinhart(1993)是最早对这个问题展开正式分析的研究之一。他们发现外部因素是导致1988—1992年间资本流入拉丁美洲国家的主要原因。同样，Fernandez-Arias(1996)对1989—1992年间新兴经济体的数据进行分析，评估了推动因素与拉动因素的相对重要性，并得出结论：一旦考虑到外部因素对国家信誉的影响，外部因素是发展中国家大量资本流入的主要原因。Kim(2000)的发现与全球因素的重要性是一致的。

然而，另外两项研究——Taylor和Sarno(1997)和Chuhan、Claessens和Mamingi(1998)都认为推动因素和拉动因素都是重要的，不同类型的流动(短期或长期流动，债券或股权流动)对不同的因素有不同的反应。例如，Taylor和Sarno(1997)的报告指出，短期债券流动主要受美国利率变动的影响，而Chuhan、Claessens和Mamingi(1998)则发现股权流动而不是债券流动对推动因素更为敏感。

推动因素和拉动因素的相对重要性似乎在不同地区有所不同。Baek(2006)发现，流入亚洲的资本主要受推动因素影响，包括投资者对风险的偏好，而国内经济状况几乎可以忽略不计。流入拉丁美洲的资本稍微被国内强劲的经济增长所拉动，并被全球金融因素推动进入该地区，而不是通过市场情绪的转变。资本管制的作用在拉丁美洲和亚洲之间也有区别：Edison 和 Warnock(2003)发现资本管制的放松使得资本流向新兴亚洲经济体而非拉美。制度在资本流动中似乎显得也很重要。Alfaro、Kalemli-Ozcan 和 Volosovych(2007)发现在 1970—2000 年间制度好坏与历史上的法律起源对资本流动也有直接的影响。

最后，2008 年在美国开始的金融危机迫使美联储执行极端宽松的货币政策(联邦基金利率接近于零)，导致投机资金通过所谓的套利交易——包括可以以非常低的利率在美国借款，再投资于新兴市场经济体——使得大量资金流入新兴市场经济体(例如，参见 Burnside, Kleshchelski and Rebelo, 2011)。

专栏注：

a. 尽管政策制定者仍能通过强加资本控制来尽力影响实际进入该国的资本数量。

14.3.1 消费者的问题

代表性家庭的终身效用(W)由下式给出：

$$W=\alpha[u(c_1^T)+v(c_1^N)]+\beta[u(c_2^T)+v(c_2^N)] \tag{14.1}$$

其中，$\alpha\geqslant1$ 是一个偏好参数，用于刻画时期 1 的需求冲击。$\beta>0$ 是一个折现因子。$u(\cdot)$ 和 $v(\cdot)$ 函数均是严格递增且严格凹的函数。

为了简化起见，现在假设初始国外净资产是 0。时期 1 的预算约束采取如下形式

$$b_1=y^T+p_1y^N-c_1^T-p_1c_1^N \tag{14.2}$$

这里的 $p_t(t=1, 2)$ 表示根据计价品(可贸易商品)所衡量的不可贸易商品的相对价格，b_1 表示时期 1 末期的外国净资产。由于横截性条件要求 $b_2=0$，我们可以将时期 2 的预算约束写为：

$$0=y^T+p_2y^N+(1+r)b_1-c_2^T-p_2c_2^N \tag{14.3}$$

结合约束式(14.2)和式(14.3)，我们可以推导出跨期预算约束：

$$\frac{2+r}{1+r}y^T+p_1y^N+\frac{p_2y^N}{1+r}=c_1^T+p_1c_1^N+\frac{c_2^T+p_2c_2^N}{1+r} \tag{14.4}$$

在式(14.4)的约束下，消费者通过选择$\{c_1^T, c_1^N, c_2^T, c_2^N\}$来最大化由式(14.1)给出的终身效用。根据拉格朗日函数：

$$\mathcal{L}=\alpha[u(c_1^T)+v(c_1^N)]+\beta[u(c_2^T)+v(c_2^N)]$$
$$+\lambda\left[\frac{2+r}{1+r}y^T+p_1y^N+\frac{p_2y^N}{1+r}-c_1^T-p_1c_1^N-\frac{(c_2^T+p_2c_2^N)}{1+r}\right]$$

相应的一阶条件给定：

$$\alpha u'(c_1^T)=\lambda \tag{14.5}$$

$$\alpha v'(c_1^N)=\lambda p_1 \tag{14.6}$$

$$\beta u'(c_2^T)=\frac{\lambda}{1+r} \tag{14.7}$$

$$\beta v'(c_2^N)=\frac{\lambda p_2}{1+r} \tag{14.8}$$

一方面，结合一阶条件式(14.5)和式(14.7)，另一方面，结合一阶条件式(14.6)和式(14.8)，我们可以得到：

$$\alpha\frac{v'(c_1^N)}{v'(c_2^N)}=\beta(1+r)\frac{p_1}{p_2} \tag{14.9}$$

$$\frac{\alpha u'(c_1^T)}{u'(c_2^T)}=\beta(1+r) \tag{14.10}$$

14.3.2 均衡条件

不可贸易品市场的均衡要求：

$$c_1^N=c_2^N=y^N$$

施加这个不可贸易商品市场的均衡条件，式(14.10)可以改写为：

$$\alpha=\beta(1+r)\frac{p_1}{p_2} \tag{14.11}$$

作为进一步的参考，将不可贸易商品市场均衡条件代入式(14.2)和式(14.3)，可以得到：

$$b_1=y^T-c_1^T \tag{14.12}$$

$$-b_1=rb_1+y^T-c_2^T \tag{14.13}$$

方程式(14.12)是时期 1 的贸易余额(经常账户)，而方程式(14.13)是时期 2 的经常账户。将这两个表达式结合在一起可以产生经济的资源约束：

$$\frac{2+r}{1+r}y^T=c_1^T+\frac{c_2^T}{1+r} \tag{14.14}$$

我们现在开始在三种不同情境下求解模型。

14.3.3　情境 1:需求冲击

假设$\beta(1+r)=1$，$\alpha>1$。这刻画了一种国内冲击(以更高的需求形式为表现)将导致消费的暂时性高涨的状态。从式(14.9)可以得出：

$$\alpha u'(c_1^T)=u'(c_2^T)$$

这里,由于$\alpha>1$,意味着$c_1^T>c_2^T$,然后从式(14.14)得出$c_1^T>y^T$。经济因此在时期 1 会经历贸易赤字。接着从式(14.11)可以看出$p_1>p_2$。

总而言之,在时期 1——相对于时期 2——经济会经历一个较高的可贸易商品消费,不可贸易商品的相对高价格从而会出现贸易赤字。直觉上看,时期 1 相对于时期 2 较高的消费需求导致了贸易赤字,给定不可贸易商品的供应是完全没有弹性的,因此会导致不可贸易商品较高的相对价格。

14.3.4　情境 2:较低的国际实际利率

现在假设$\alpha=1$,但是$1/(1+r)>\beta$。换句话说,实际利率低于时间偏好率[回忆一下,根据定义,$\beta=1/(1+\delta)$,其中,δ是时间偏好率]。然后根据式(14.9)可知,$c_1^T>c_2^T$。因此,从式(14.14)可以看出,$c_1^T>y^T$,并且经济在时期 1 会出现贸易赤字。然后从式(14.11)可以得到$p_1>p_2$。较低的实际利率(相对于时间偏好率)导致更高的消费水平、贸易赤字和较高的不可贸易品的相对价格。这个结果与上面分析的需求冲击情况相同。

14.3.5　情境 3:外生资本流入

继续假设$\alpha=1$。想象一个外生的资本流入,假设b_1是这个经济体外生给定的,其水平为$\bar{b}_1<0$。作为结果,r现在将被内生决定。从式(14.12)可以看出,$c_1^T>y^T$。因此,根据式(14.14),有$c_2^T<y^T$。由于$c_1^T>c_2^T$,一阶条件式(14.9)意味着$\beta(1+r)<1$。方程式(14.11)则意味着$p_1>p_2$。

直观地说,通过增加时期 1 可获得的资源,外生资本流入“迫使”经济在时期 1 去消费更多的可贸易商品。由于这是一个均衡,实际利率必须下降到时间偏好率之下。这反过来又会产生对不可贸易商品的超额需求(相对于时期 2),从而使得它的相对价格上涨。

总而言之,我们看到三种不同的情境——总需求的冲击、国际实际利率的下降和外部资本流入——导致同样的结果:更高的消费、贸易赤字和不可贸易商品相对价格的增加。因此,尽管流入资本的起源(用专栏 14.1 的语言来描述就是“推动或拉动”)可能因情况而异,但宏观经济结果可能会非常相似。

14.4　有关“突然中断”的简单经济学

正如图 14.1 所示,资本流入发展中国家经历了明显的周期性模式,可能从一年到下一年急剧下降。例如，资本流入在1982年下降了约60%，1998年下降了66%，2008年下降了45%。①这些“突然中断”都以消费的大幅减少和贸易赤字的逆转为显著特征。本节使用一个简单的模型来讨论“突然中断”的后果。

考虑一个完全融入世界资本市场和商品市场的三期禀赋经济。可贸易商品和不可贸易商品的禀赋分别用 y_i^T 和 $y_i^N(i=1,\ 2,\ 3)$ 来定义。为了刻画出经济是处于不断增长的状态，我们假设可贸易商品的禀赋路径随着时间的推移而上升；也就是说，$y_1^T<y_2^T<y_3^T$，相反，我们假设不可贸易商品的禀赋路径随着时间的推移而保持不变，即 $y_1^N=y_2^N=y_3^N=y^N$。当然，消费者会随着时间的推移而平稳地消费可贸易商品。

14.4.1 消费者

为了简化起见，假设偏好为对数型的，由下式给出：

$$\log(c_1^T)+\log(c_1^N)+\beta[\log(c_2^T)+\log(c_2^N)]+\beta^2[\log(c_3^T)+\log(c_3^N)] \tag{14.15}$$

相应的流量约束采取如下形式（注意一下，我们假设初始净国外资产为0，并且强加消费者“死亡”时不留有资产的条件）：

$$b_1=y_1^T+p_1y_1^N-c_1^T-p_1c_1^N \tag{14.16}$$

$$b_2=(1+r)b_1+y_2^T+p_2y_2^N-c_2^T-p_2c_2^N \tag{14.17}$$

$$0=(1+r)b_2+y_3^T+p_3y_3^N-c_3^T-p_3c_3^N \tag{14.18}$$

联立上述这三个表达式可以得到跨期约束：

$$y_1^T+p_1y_1^N+\frac{y_2^T+p_2y_2^N}{1+r}+\frac{y_3^T+p_3y_3^N}{(1+r)^2}=c_1^T+p_1c_1^N+\frac{c_2^T+p_2c_2^N}{1+r}+\frac{c_3^T+p_3c_3^N}{(1+r)^2} \tag{14.19}$$

在式(14.19)的约束下，代表性消费者通过选择$\{c_1^T,\ c_1^N,\ c_2^T,\ c_2^N,\ c_3^T,\ c_3^N\}$来最大化自己一生的效用式(14.5)。相应的一阶条件[在我们通常的假设下，$\beta(1+r)=1$]意味着：

$$c_1^T=c_2^T=c_3^T \tag{14.20}$$

$$p_ic_i^N=c_i^T,\qquad i=1,\ 2,\ 3 \tag{14.21}$$

14.4.2 均衡条件

不可贸易商品的市场均衡意味着：

$$c_1^N=c_2^N=c_3^N=y^N$$

① 《世界经济展望》有一章报告显示，在87个资本流入事件中（73个出现在新兴国家中，14个出现在发达开放经济体中），突然中断的有34个，货币危机的有13个。在7个案例中，突然中断与货币危机同时发生（“突然中断”的定义是当事件结束时，资本流入的下降幅度超过GDP的5%）。

考虑到这些均衡条件，我们可以重新将式(14.16)、式(14.17)和式(14.18)重新写为：

$$CA_1 \equiv b_1 = y_1^T - c_1^T \tag{14.22}$$

$$CA_2 \equiv b_2 - b_1 = rb_1 + y_2^T - c_2^T \tag{14.23}$$

$$CA_3 \equiv -b_2 = rb_2 + y_3^T - c_3^T \tag{14.24}$$

这相当于是经济的经常账户。

同样利用上述均衡条件，我们可以得出经济资源约束条件：

$$Y^T = c_1^T + \frac{c_2^T}{1+r} + \frac{c_3^T}{(1+r)^2} \tag{14.25}$$

这里

$$Y^T \equiv y_1^T + \frac{y_2^T}{1+r} + \frac{y_3^T}{(1+r)^2}$$

代表可贸易商品禀赋的折现值。

14.4.3 求解

通过定义 c^T 为根据条件式(14.20)为特征的可贸易商品的固定消费水平。然后，通过式(14.25)，我们可以得到：

$$c^T = \frac{Y^T}{1+\beta+\beta^2} \tag{14.26}$$

我们现在来计算贸易余额的路径。回忆一下，根据定义，$TB_i \equiv y_i^T - c_i^T$，$i=1, 2, 3$，并使用式(14.26)，我们可以得到：

$$TB_1 = \frac{1}{1+\beta+\beta^2}[\beta \underbrace{(y_1^T - y_2^T)}_{-} + \beta^2 \underbrace{(y_1^T - y_3^T)}_{-}] < 0$$

$$TB_2 = \frac{1}{1+\beta+\beta^2}[\underbrace{(y_2^T - y_1^T)}_{+} + \beta^2 \underbrace{(y_2^T - y_3^T)}_{-}]$$

$$TB_3 = \frac{1}{1+\beta+\beta^2}[\underbrace{(y_3^T - y_1^T)}_{+} + \beta \underbrace{(y_3^T - y_2^T)}_{+}] > 0$$

由于恒定的消费水平将下降到 y_1^T 和 y_3^T 之间的某处，显然 $TB_1<0$ 和 $TB_3>0$。因此，$CA_1<0$。理论上 TB_2 的符号是不确定的，但我们将假定参数也是这样，以至 TB_2 是负的（即 $c^T > y_2^T$）。因此，由于 $TB_2<0$ 和 $b_1<0$，所以从式(14.23)可以看出，$CA_2<0$，这又意味着 $b_2<0$，因此，从式(14.24)看出，$CA_3>0$。

从式(14.21)可以看出不可贸易商品的相对价格的路径以及不可贸易商品市场的均衡为：

$$p_1=p_2=p_3=\frac{c^T}{y^N}$$

14.4.4 约束条件下的均衡

现在让我们求解下面这个模型：假设经济在时期 2 经历了"突然中断"，在这个意义上——出于一些我们已经给出的理由——从时期 2 开始，外国决定不再为这个经济提供借贷。正式地，我们施加$CA_2 \geqslant 0$ 和$CA_3 \geqslant 0$ 的约束。

为了简化起见，我们将求解计划者的最优化问题（我们稍后将得出维持竞争均衡的跨期价格）。计划者会在式(14.16)、式(14.17)和式(14.18)以及 $b_2-b_1 \geqslant 0$ 和$-b_2 \geqslant 0$ 的限制条件下，通过选择$\{c_1^T, c_1^N, c_2^T, c_2^N, c_3^T, c_3^N, b_1, b_2\}$来最大化消费者的终身效用式(14.15)。显然，一个或两个约束将是紧的，因为我们上面推导出的无约束路径违反$CA_2 \geqslant 0$ 的约束。

为了求解这个约束问题，我们构造如下拉格朗日函数：

$$\begin{aligned}\mathcal{L}=&\log(c_1^T)+\log(c_1^N)+\beta[\log(c_2^T)+\log(c_2^N)]+\beta^2[\log(c_3^T)+\log(c_3^N)]\\&+\lambda_1(y_1^T+p_1y_1^N-c_1^T-p_1c_1^N-b_1)\\&+\lambda_2[(1+r)b_1+y_2^T+p_2y_2^N-c_2^T-p_2c_2^N-b_2]\\&+\lambda_3[(1+r)b_2+y_3^T+p_3y_3^N-c_3^T-p_3c_3^N]\\&+\psi(b_2-b_1)\end{aligned}$$

为了简化最大化问题，我们推测约束$-b_2 \geqslant 0$ 在均衡时将不是紧的，因此将它从问题中省略。一旦我们得出最优解，我们当然会验证这在均衡时确实是成立的。

一阶条件给定如下：

$$\frac{1}{c_1^T}=\lambda_1 \tag{14.27}$$

$$\frac{\beta}{c_2^T}=\lambda_2 \tag{14.28}$$

$$\frac{\beta^2}{c_3^T}=\lambda_3 \tag{14.29}$$

$$\frac{1}{c_1^N}=p_1\lambda_1$$

$$\frac{\beta}{c_2^N}=p_2\lambda_2$$

$$\frac{\beta^2}{c_3^N}=p_3\lambda_3$$

$$\lambda_2(1+r)=\lambda_1+\psi \tag{14.30}$$

$$\lambda_3(1+r)=\lambda_2-\psi \tag{14.31}$$

$$b_2-b_1\geqslant 0, \qquad \psi(b_2-b_1)=0 \tag{14.32}$$

显然，$\psi=0$ 不能是一个解，因为我们将获得上面导出的无约束解，这违反了约束 $CA_2\geqslant 0$。因此，$\psi>0$ 并且 $b_2=b_1$。为了求解 $\psi>0$ 的模型，结合式(14.27)到式(14.31)的一阶条件，可以得到：

$$\frac{c_1^T}{c_2^T}=\frac{\lambda_1+\psi}{\lambda_1} \tag{14.33}$$

$$\frac{c_3^T}{c_1^T}=\frac{\lambda_1}{\lambda_1-r\psi} \tag{14.34}$$

由于 $\psi>0$，条件式(14.33)和式(14.34)各自意味着 $c_1^T>c_2^T$ 和 $c_3^T>c_1^T$，换句话说：

$$c_3^T>c_1^T>c_2^T$$

此外，注意 $c_2^T<c^T$ 一定成立，其中，c^T 是由式(14.26)给出的值。如果不是这样，消费路径的折现值将高于禀赋的折现值。最后，我们可以证明(参见附录 14.8 中的命题 1 和命题 2)$c_2^T<y_2^T$ 以及 $c_3^T<y_3^T$。

图 14.3 显示了在受约束和无约束的情况下可贸易商品消费的时间路径。[①]在无约束的情况下，c^T 随时间的推移是平滑的(在图中表示为 $c_1^T=c_2^T=c_3^T=c^T$)。在有约束的条件下，与无约束的情况相比，时期 1 消费会更高$[(c_1^T)^s>c_1^T]$，时期 2 消费会更低$[(c_2^T)^s<c_2^T]$，时期 3 消费也会更高$[(c_3^T)^s>c_3^T]$。[②]

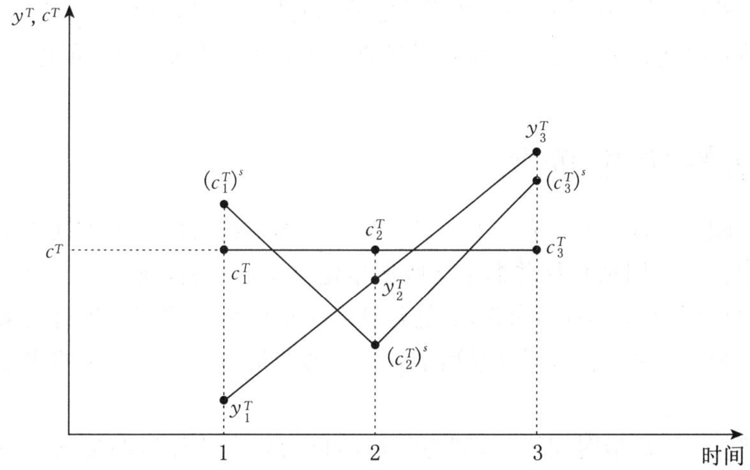

图 14.3 可贸易商品消费的"突然中断"

直观上看，要求 $CA_2\geqslant 0$ 是紧的约束条件，因此意味着时期 2 消费的影子价格更高——正如方程式(14.33)和式(14.34)中 $\psi>0$ 的事实所刻画的那样。较高的影子价格是因为除了直接成本之外，额外每单位的消费贡献会使约束成为紧约束。这就引起了消费

① 在受约束情况下，我们用上标"s"表示有"突然中断"时的均衡值。

② 我们已经从数值模拟上确定解的存在，其中 $(c_1^T)^s>c^T$，如图 14.3 所示。

中的跨期扭曲,如在第 3 章中介绍的那样。时期 2 消费的影子价格相对较高,这促使消费者减少时期 1 和时期 3 的消费。

p_t 的行为会是怎样的呢? 从式(14.21)可以看出:

$$p_t=\frac{c_t^T}{v^N}, \qquad t=1, 2, 3$$

因此,与无约束均衡相比,p_1^s 会更高,p_2^s 更低,p_3^s 较高,如图 14.4 所示。

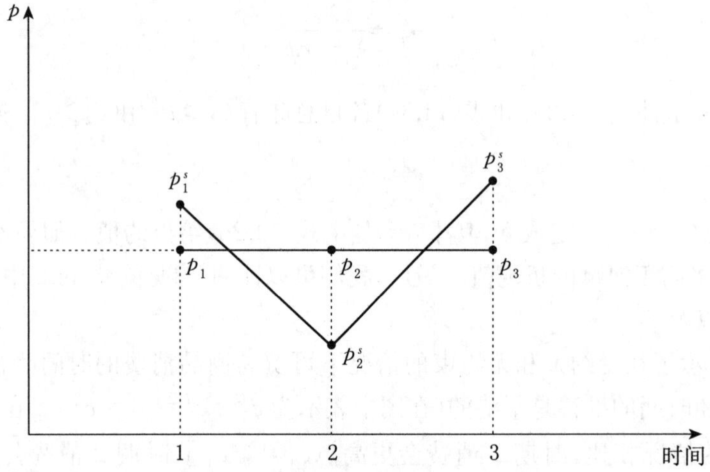

图 14.4 不可贸易商品相对价格的"突然中断"

因此,"突然中断"的影响在"突然中断"之前的时期会引起消费繁荣和实际货币升值,而在"突然中断"时期会出现可贸易商品消费的急剧下降以及实际货币贬值。①

14.5 黏性价格模型

14.2 节回顾了与资本流入有关的典型化事实。本节将发展一个黏性价格模型——沿着第 8 章的思路——用来解释并揭示这些典型化事实。然而,我们不会按照第 8 章的模型,在效用函数中引入实际货币余额,而是延续第 7 章模型中的现金先行约束的精神。我们这样做是因为我们希望将货币与模型中因实际消费价格变化而产生的实际影响之间潜在交互作用纳入其中。

我们将建立一个离散时间模型,因为我们的目的是在计算机的帮助下通过数值模拟来求解它。②我们假设商品市场首先开放,然后是资产市场,这正如第 7 章所讨论的那样,可以在消费中引入跨期扭曲。一价定理成立且外国名义价格假定为 1;因此有 $P_t^T=E_t$,其中,P_t^T 是可贸易商品的国内价格,E_t 是名义汇率。

① 正如本章末尾的习题 1 所分析的那样,如果时期 2 的突然中断是未预料到的,那么时期 2 的含义将是相同的(消费下降和实际贬值),但时期 1 的消费繁荣将自然不会发生。

② 尽管我们可以按照 13.5.2 节中分析的暂时性稳定的思路来求解模型的解析解,但从数值解中可以很容易地看出主要的经济观点。

14.5.1 消费者

偏好给定如式(14.35)：

$$\sum_{t=0}^{\infty}\beta^t\alpha_t\{\log(c_t^T)+\log(c_t^N)\} \tag{14.35}$$

其中 β 是折现因子，α_t 是偏好冲击，c_t^T 和 c_t^N 分别表示可贸易商品和不可贸易商品的消费。

消费者的流量约束由下式给出：

$$b_t+\frac{M_t}{E_t}=(1+r_{t-1})b_{t-1}+\frac{M_{t-1}}{E_t}+\tau_t+y_t^T+\frac{y_t^N}{e_t}-c_t^T-\frac{c_t^N}{e_t} \tag{14.36}$$

其中 b_t 表示私人部门持有的外国净资产(以可贸易商品为单位计价)，M_t 为名义货币余额，r_{t-1} 为世界实际利率，τ_t 为政府的一次性转移支付，y_t^T 和 y_t^N 分别代表可贸易品和不可贸易品的产出，e_t 是可贸易品的相对价格。

现金先行约束要求购买今天的消费组合需要用昨天获得的名义货币余额①：

$$M_{t-1}=E_t\left(c_t^T+\frac{c_t^N}{e_t}\right) \tag{14.37}$$

由于与时期 t 相关的名义货币余额是在时期 $t-1$(即 M_{t-1})进行选择的，所以按照如下方法定义实际货币余额将是有用的：

$$m_t\equiv\frac{M_{t-1}}{E_t} \tag{14.38}$$

利用方程式(14.38)，可以将现金先行约束条件重新写为：

$$m_t=c_t^T+\frac{c_t^N}{e_t} \tag{14.39}$$

同样，利用式(14.38)，可以将流量约束条件重新写为：

$$b_t+m_{t+1}(1+\varepsilon_t)=(1+r_{t-1})b_{t-1}+m_t+\tau_t+y_t^T+\frac{y_t^N}{e_t}-c_t^T-\frac{c_t^N}{e_t} \tag{14.40}$$

其中：

$$\varepsilon_t\equiv\frac{E_{t+1}}{E_t}-1$$

表示 t 期和 $t+1$ 期间的货币贬值率。

在由式(14.40)给出的一系列流量约束以及现金先行约束式(14.39)的限制下，消费者

① 由于名义利率在我们将考虑的所有均衡路径上都为正，因此我们施加了条件，即现金先行约束将取等号。

通过选择$\{c_t^T, c_t^N, m_{t+1}, b_t\}_{t=0}^{\infty}$来最大化由式(14.35)给出的终身效用,根据拉格朗日函数:

$$\mathcal{L}=\sum_{t=0}^{\infty}\beta^t\alpha_t\{\log(c_t^T)+\log(c_t^N)\}$$
$$+\sum_{t=0}^{\infty}\beta^t\lambda_t\left[(1+r_{t-1})b_{t-1}+m_t+\tau_t+y_t^T+\frac{y_t^N}{e_t}-c_t^T-\frac{c_t^N}{e_t}-b_t-m_{t+1}(1+\varepsilon_t)\right]$$
$$+\sum_{t=0}^{\infty}\beta^t\psi_t\left[m_t-\left(c_t^T+\frac{c_t^N}{e_t}\right)\right]$$

其中,λ_t 和 ψ_t 分别是与约束式(14.40)和式(14.39)相关的拉格朗日乘子。相应的一阶条件由下式给出:

$$\frac{\alpha_t}{c_t^T}=\lambda_t+\psi_t \tag{14.41}$$

$$\frac{\alpha_t}{c_t^N}=\frac{\lambda_t}{e_t}+\frac{\psi_t}{e_t} \tag{14.42}$$

$$\beta(\lambda_{t+1}+\psi_{t+1})=\lambda_t(1+\varepsilon_t) \tag{14.43}$$

$$\lambda_{t+1}\beta(1+r_t)=\lambda_t \tag{14.44}$$

要将一阶条件写成更熟悉的形式,注意到完全的资本流动性意味着利率平价条件成立,即:

$$1+i_t=(1+r_t)(1+\varepsilon_t) \tag{14.45}$$

将表达式(14.43)滞后一期,并将其代入方程式(14.41),使用式(14.44)的滞后一期以及式(14.45),可以得到:

$$\frac{\alpha_t}{c_t^T}=\lambda_t(1+i_{t-1}) \tag{14.46}$$

这个表达式应该使读者想起第7章中的连续时间下现金先行模型,在最优时,消费可贸易商品的边际效用等于拉格朗日乘子乘上消费的实际价格 $1+i_{t-1}$。

使方程式(14.46)在两个连续的时期中取比值,这使我们能够写出欧拉方程为:

$$\frac{c_{t+1}^T}{c_t^T}=\left(\frac{\alpha_{t+1}}{\alpha_t}\right)\left(\frac{1+i_{t-1}}{1+i_t}\right)\beta(1+r_t) \tag{14.47}$$

这个表达方式明确了决定可贸易商品消费动态变化的三个渠道。第一个是 α_{t+1}/α_t,它刻画了偏好的变化(即暂时性需求冲击),第二个是$(1+i_{t-1})/(1+i_t)$,反映了消费的实际价格随时间的变化。第三个为 $\beta(1+r_t)$,刻画了消费中的跨期替代,它源于折现率和世界实际利率之间的差异。①

① 在第7章的连续时间模型中不存在此渠道。在目前情况下,我们将允许 $1+r$ 与 $1/\beta$ 之间出现暂时性的偏离。

最后，结合式(14.41)和式(14.42)，我们可以得到一个熟悉的期内条件：

$$c_t^T=\frac{c_t^N}{e_t} \tag{14.48}$$

作为进一步地参考，请注意通过将最后一个方程式代入现金先行约束式(14.39)，我们可以将上式改写为：

$$m_t=2c_t^T \tag{14.49}$$

和在第8章中一样，令 n_t 表示用不可贸易品衡量的实际货币余额(即 $n_t \equiv M_{t-1}/P_t^N$)。可以推出：

$$e_t m_t=n_t \tag{14.50}$$

因此，我们可以把式(14.49)重写为：

$$n_t=2c_t^N \tag{14.51}$$

14.5.2　供给侧

供给侧遵循在第8章中引入的黏性价格的标准设定并且用在第13章中的离散时间模型版本中。有一个外生给定的(也是固定的)可贸易品禀赋：

$$y_t^T=y^T$$

相反，不可贸易商品的产出是由需求决定的。它的名义价格是黏性的(即在每一个时点就预先决定了)，并遵循Calvo(1983)离散时间条件下的交错价格行为(参见附录8.8.1)。

$$\pi_{t+1}-\pi_t=\theta(y_f^N-c_t^N)$$

其中，π_t 是不可贸易品的通货膨胀率，y_f^N 是充分就业水平下不可贸易品的产出水平，θ 是一个正的参数。

14.5.3　政府

政府的预算约束由下式给出：

$$h_t=(1+r_{t-1})h_{t-1}+\frac{M_t-M_{t-1}}{E_t}-\tau_t$$

其中，h_t 表示国际储备水平。将式(14.38)考虑进来，我们可以将这一条件重写为：

$$h_t=(1+r_{t-1})h_{t-1}+m_{t+1}(1+\varepsilon_t)-m_t-\tau_t \tag{14.52}$$

14.5.4　均衡条件

不可贸易品市场的均衡要求：

$$c_t^N = y_t^N \tag{14.53}$$

如前所述,完全的资本流动性意味着由式(14.45)给出的利率平价条件成立。

根据定义,$e_t = E_t / P_t^N$。因此:

$$\frac{e_{t+1}}{e_t} = \frac{1+\varepsilon_t}{1+\pi_t}$$

令 k_t 表示经济体中的国外资产净额(即 $k_t \equiv h_t + b_t$)。从式(14.52)中求解出τ_t,将其代入家庭的流量约束式(14.40)中,并使用式(14.45)和式(14.53),可以得到经济的流量约束:

$$k_t = (1+r_{t-1})k_{t-1} + y_t^T - c_t^T$$

作为进一步的参考,让我们将上式重写为:

$$\underbrace{h_t - h_{t-1}}_{\Delta IR} = \underbrace{-(b_t - b_{t-1})}_{KA} + \underbrace{r_{t-1}(h_{t-1} + b_{t-1}) + y_t^T - c_t^T}_{CA} \tag{14.54}$$

其中,ΔIR、KA 和 CA 分别表示国际储备的增加、资本账户和经常账户。因此,表达式(14.54)陈述了熟悉的等价关系,即国际储备的增加等于资本账户和经常账户之和。

14.5.5 预先决定汇率制

我们首先在预先决定汇率制下(有一个固定贬值率)来求解这个模型。与第 13 章一样,我们使用金-普罗索-里贝罗方法在稳定状态下将模型线性化。然后我们分析经济对两个暂时性冲击的反应:正的需求冲击和世界实际利率的下降。

1. 暂时性需求冲击

图 14.5 显示了经济对暂时性且正向需求冲击的反应;也就是说,参数 α_t 在 $t=1$ 期会增加,直到 $t=10$ 期(图 14.5a)。[①]由于欧拉方程式(14.47)明确了可贸易商品的情况,所以 α_t 的暂时性增加提高了两种商品在 $t=1$ 时的需求,并减少了在 $t=10$ 之后的需求。对两种商品较高的需求体现在可贸易商品和不可贸易品的更高消费上,直到冲击被改变前(图 14.5b 和 d)。

对两种商品的需求增长是如何得到适应的?一如往常,经济通过贸易赤字从世界其余地区获得了额外的可贸易商品的输入(图 14.5c)。那么,不可贸易商品呢?在禀赋经济中,对不可贸易商品需求的增加将充分反映在不可贸易商品相对价格上涨的影响中(即 e_t 的下降)。在这种情况下恰恰相反:由于在预先决定汇率下,e_t 不能在冲击下发生改变(因为名义汇率由决策者控制且 P_t^N 有黏性),对不可贸易商品的更大需求完全反应在不可贸易商品产出的增加上。[②]然而,从时期 2 开始,实际汇率开始下降(图 14.5g),从而一定程度

① 参数具体数值如下:$r=0.015$,$k=5$,$\theta=0.5$,$y_f^N=1$,$y^T=1$,$\varepsilon=0.1$ 和$\pi^*=0.1$。在该图以及图 14.6—图 14.13 和图 14.15—图 14.17 中显示了与初始稳态的百分比偏差。

② 由于不可贸易商品的产出是由需求决定的,因此图 14.5d 也可被解读为描述不可贸易品产出的路径。

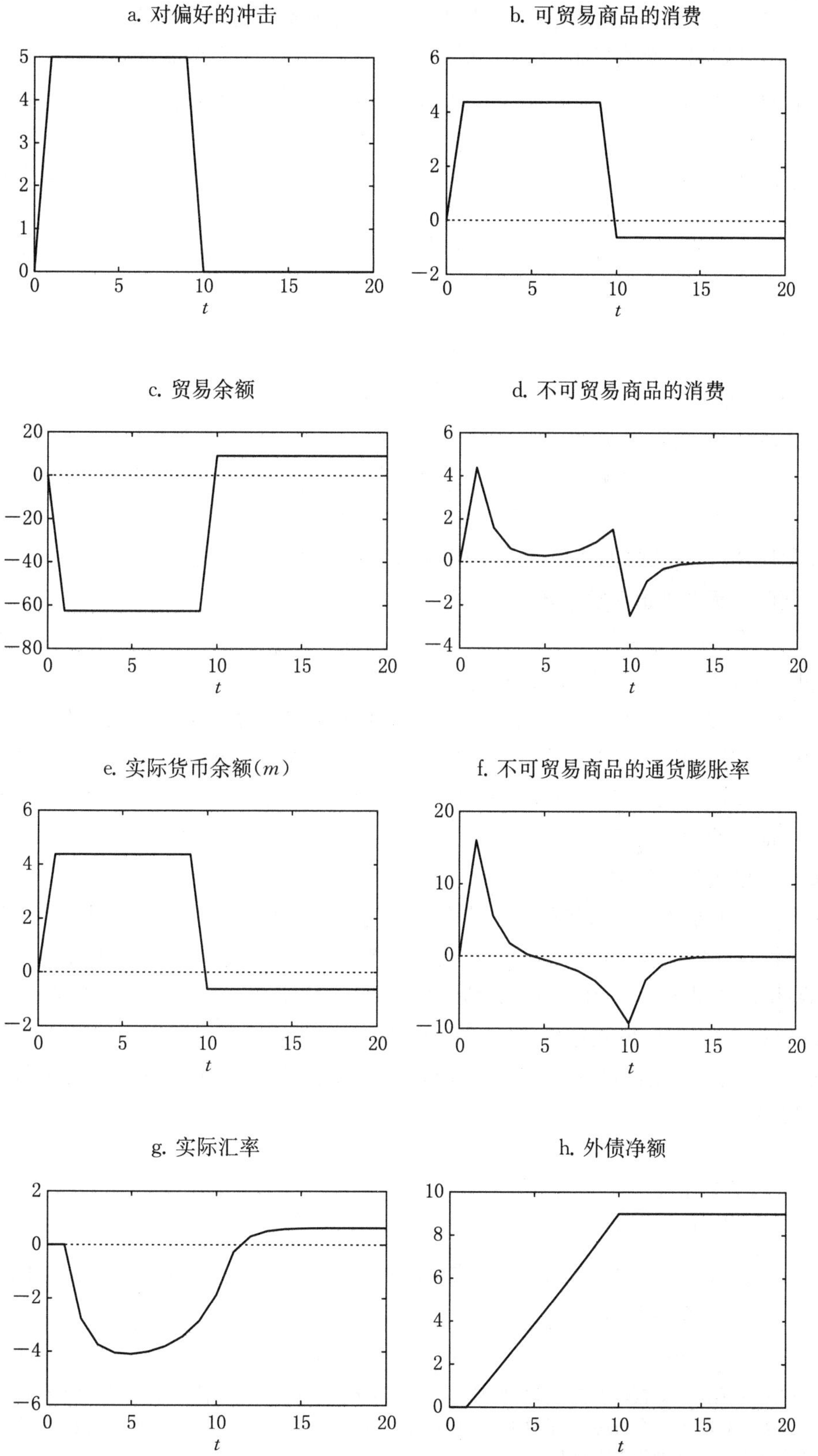

图 14.5　预定汇率下暂时性且正向的需求冲击(可分离的情形)

上满足了对不可贸易品的较高需求。鉴于经济是在预先决定汇率制下运行的，实际升值必须通过不可贸易品更高的通货膨胀来实现(图 14.5f)。[①]对两种商品较高的消费增加了实际货币需求[回忆一下式(14.49)]，在预先决定汇率制下，它是通过中央银行来被动适应的(图 14.5e)。

正如预期的那样，图 14.5h 表明经济的总债务稳步上升，直到冲击消失，这意味着经常账户在整个过程中都处于赤字状态。此外，从中央银行的资产负债表($h_t+d_t=m_t$)以及像通常的事实一样，在预先决定汇率下我们会假定实际国内信贷是恒定的，可以得出：

$$h_1-h_0=m_1-m_0$$

因此，在 $t=1$ 时期，实际货币余额的增加意味着中央银行将增加国际储备。

最后，我们用国际收支恒等式(14.54)推断出，在时期 1 资本账户会显示出盈余，因为国际储备有所增加且经常账户是赤字。此外，资本账户会继续显示盈余直到冲击消失，因为尽管国际储备不变，但是经常账户在整个过程中都是赤字的。换句话说，经济正通过资本流入(即通过私营部门得到国外债务)来为经常账户赤字进行融资。

2. 国际实际利率暂时性下降

图 14.6 显示了当经济对国际实际利率的暂时性下降作出反应时，如何产生类似的动态变化(图 14.6a)。由于国际实际利率的下降，今天的消费相对于明天的消费会变得更为便宜[回忆一下方程式(14.47)]，可贸易商品和不可贸易商品的消费都将增加(分别为图 14.6b 和 d)。从性质上讲，这两种商品的需求增加如何被适应的方式与上面探讨的相同。因此，经济对需求冲击还是国际实际利率的下降所作的反应本质上是一样的，这也与在第 14.3 节中提出的理论实例完全一致。

3. 货币贬值率的暂时性下降

为了说明通货膨胀行为将取决于冲击来源的观点，图 14.7 说明了货币贬值率暂时性减少的情况。[②]引人注目的是，所有变量(除了通货膨胀)的变化轨迹都与图 14.5(正向需求冲击)和图 14.6(世界实际利率的暂时性下降)中的轨迹相同。然而，通货膨胀在图 14.5 和图 14.6 中都是增加的，但在这里是下降的(图 14.7f)。

因此，我们得出结论，根据冲击的来源，我们可能会看到资本流入伴随着更低或者更高的通货膨胀。

14.5.6 浮动汇率制

我们现在讨论在浮动汇率制下，经济对两种冲击(暂时性的正向需求冲击与国际实际利率的暂时性下降)的反应。

① 回忆一下图 14.2，数据表明通货膨胀率略有下降，但是正如已经提到的，这反映出样本中存在多个通货膨胀稳定方案。正如第 13 章所述，基于通货膨胀稳定计划的汇率将导致相同的动态(消费繁荣、贸易和经常账户赤字、实际升值)，除了通货膨胀行为外。

② 当然，该实验与在第 13 章中分析的、并在图 13.10 中描述的基于稳定的暂时性汇率变化相一致。

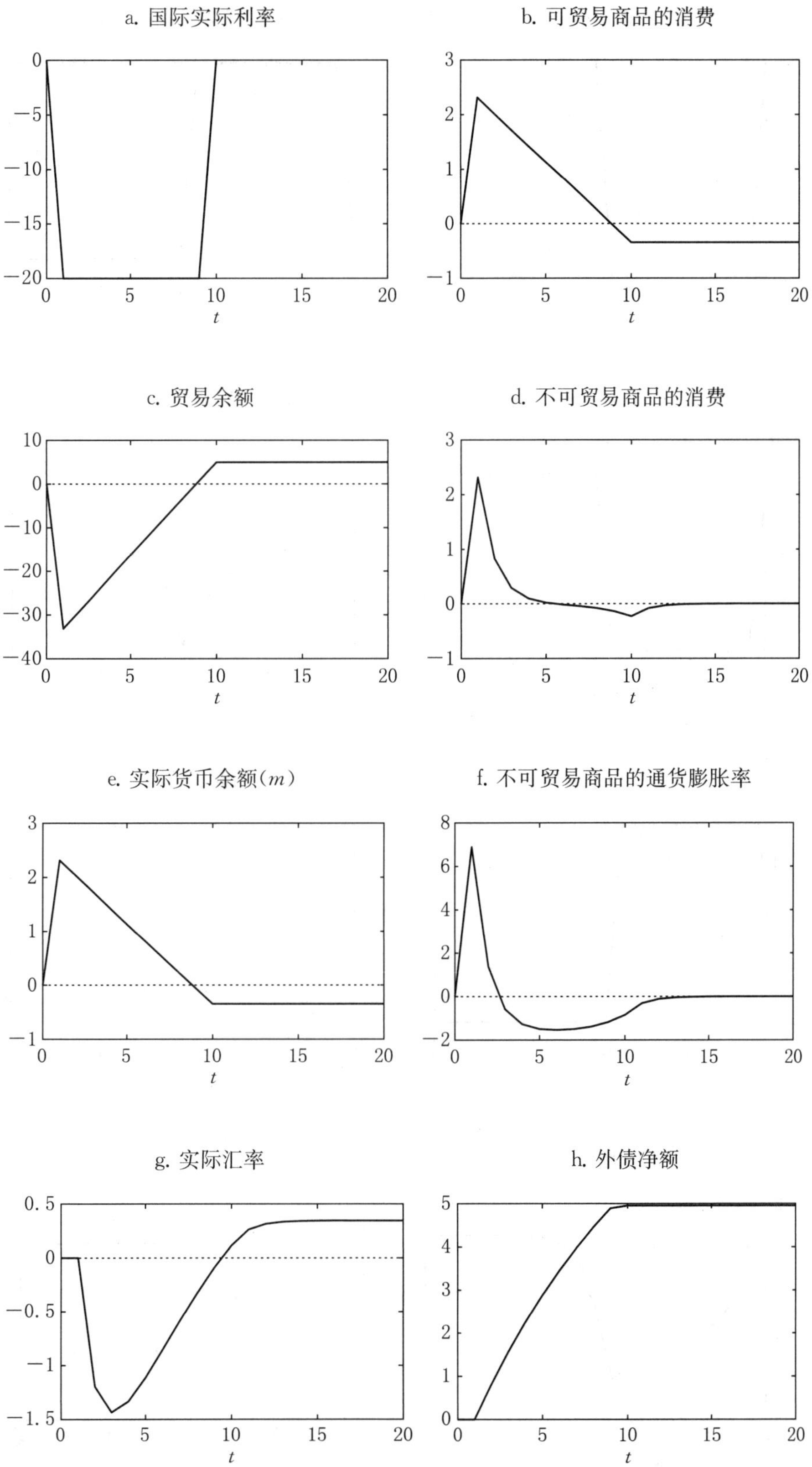

图 14.6　预定汇率下国际实际利率的暂时性下降(可分离的情形)

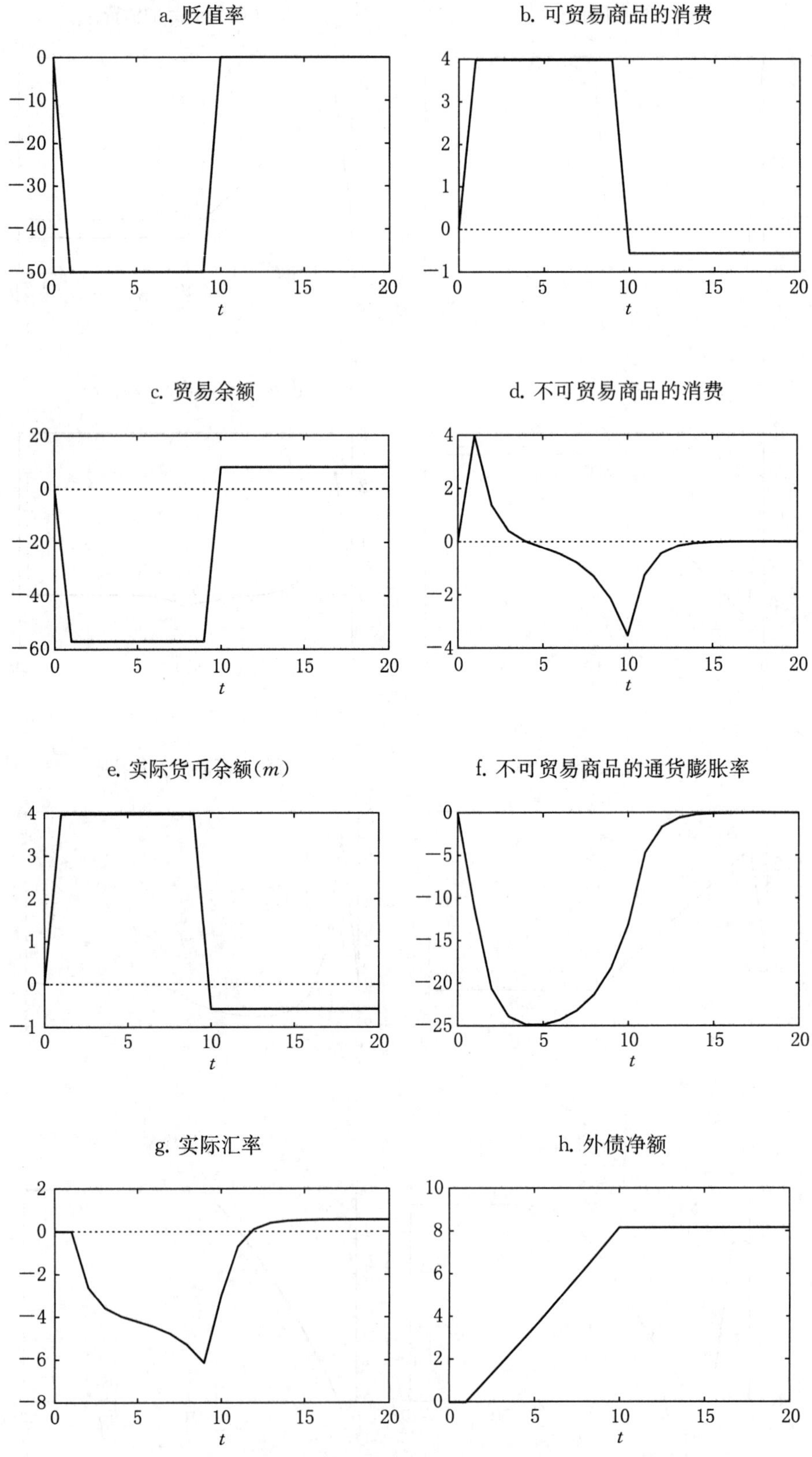

图 14.7 预定汇率下货币贬值率的暂时性下降(可分离的情形)

1. 暂时性需求冲击

图 14.8 显示了暂时性正向需求冲击的情况。引人注目的是，尽管可贸易商品消费会增加(图 14.8b)，但不可贸易品的消费根本没有发生变化(图 14.8d)。换句话说，对不可贸易品需求的增加完全被不可贸易商品相对价格的上涨所抵消(即 e_t 的下降；图 14.8g)。要理解这一点，回想作为刻画货币市场均衡的方程式(14.51)。由于实际货币供给 n_t 在冲击下不会发生变化，所以不可贸易商品的消费也不会改变。为了促使家庭对不可贸易商品的消费保持不变，不可贸易商品的相对价格必须增加(即 e_t 必须下降)，且要与 c_t^T 等比例增加[回忆方程式(14.48)]。由于不可贸易商品的价格是黏性的，所以最初的实际升值是通过名义汇率的下降来发生的。在整个过程中，不可贸易品的通货膨胀水平保持不变(图 14.8f)。尽管不可贸易品的消费行为和通货膨胀率关键取决于偏好在可贸易商品和不可贸易商品的消费之间是可分离的假设以及现金先行约束的出现，但它确实阐释了一个观点，即在浮动汇率制下的货币政策是一个强有力的名义锚。尽管在不可分离的偏好下，不可贸易商品的消费将不再是固定不变的，但与可贸易商品的消费相比，其变化幅度将相对较小。①

2. 国际实际利率暂时性下降

图 14.9 描绘了国际实际利率暂时性下降的情况。再一次，不可贸易品部门没有受到不可贸易商品相对价格的上涨的冲击。②

14.5.7 比较

虽然对于浮动汇率制下，其含义有些极端，但可分离的情形使我们能够隔离开在不同汇率制度(包括预定汇率制和浮动汇率制)下资本流入事件之间的关键差别。在两种情形下，由于偏好冲击或者由国际实际利率下降所导致的总需求的增长，在短期内均会导致不可贸易品相对价格的上涨。然而，关键的差异在于这种实际升值是如何被影响的。在预先决定的汇率制下，实际升值必须通过不可贸易商品更高的通货膨胀来实现。相比之下，在浮动汇率制下，它是通过名义汇率的下降来实现的。换句话说，浮动汇率制允许政策制定者能够控制国内的通货膨胀，而预先决定的汇率制无法实现这一点。

14.5.8 不可分离的案例

现在假设偏好给定如下：

$$\sum_{t=0}^{\infty}\beta^t\alpha_t\left[\frac{c_t^{1-1/\sigma}-1}{1-1/\sigma}\right] \tag{14.55}$$

① 为了获得对该实验以及下一个实验的进一步了解，本章习题 2 要求分析求解该模型的连续时间版本。

② 本章习题 3 要求你说明经济对货币增长率下降的反应。请注意，正如预期的那样，通货膨胀的行为也会有所不同。

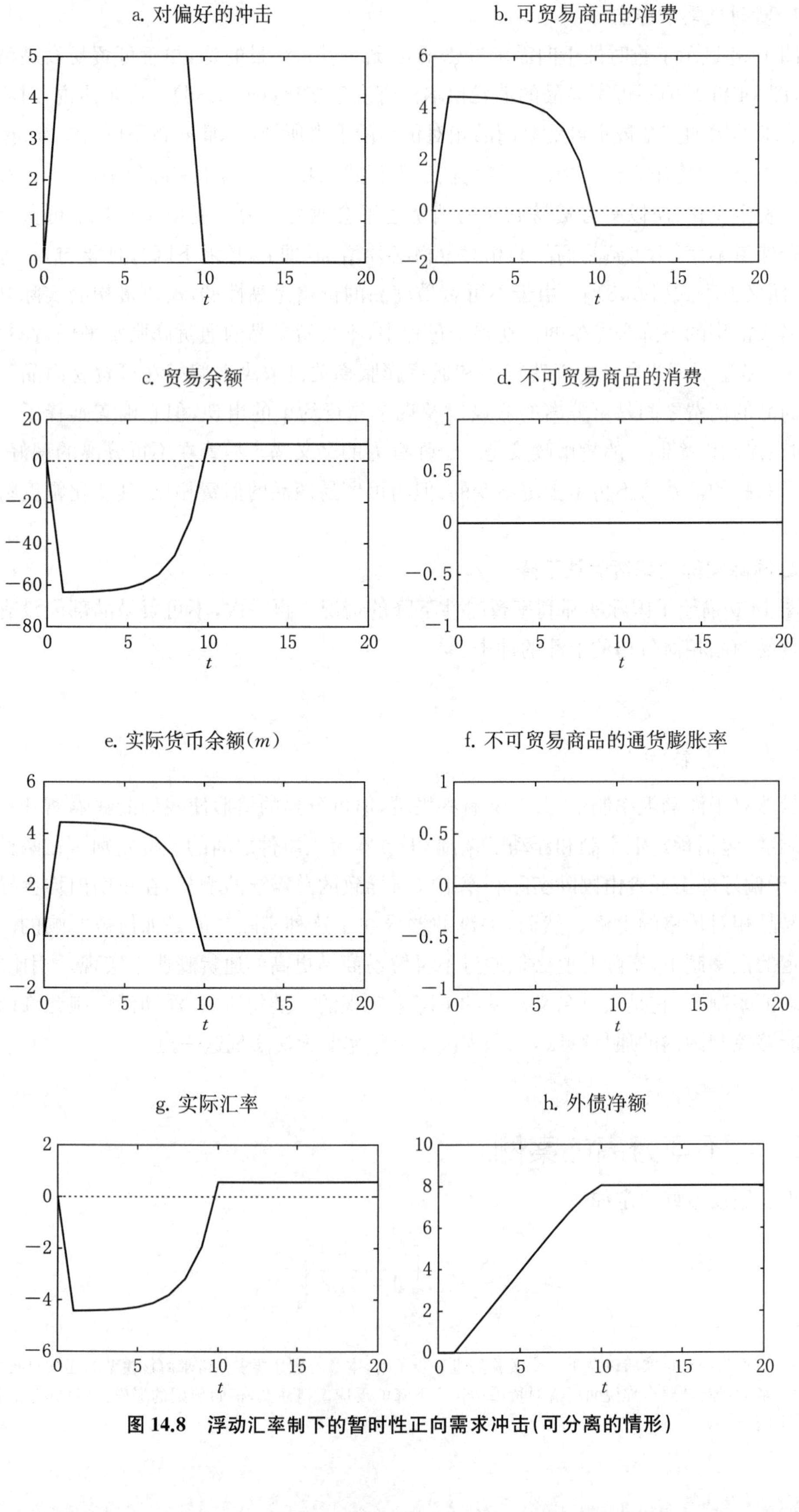

图 14.8　浮动汇率制下的暂时性正向需求冲击(可分离的情形)

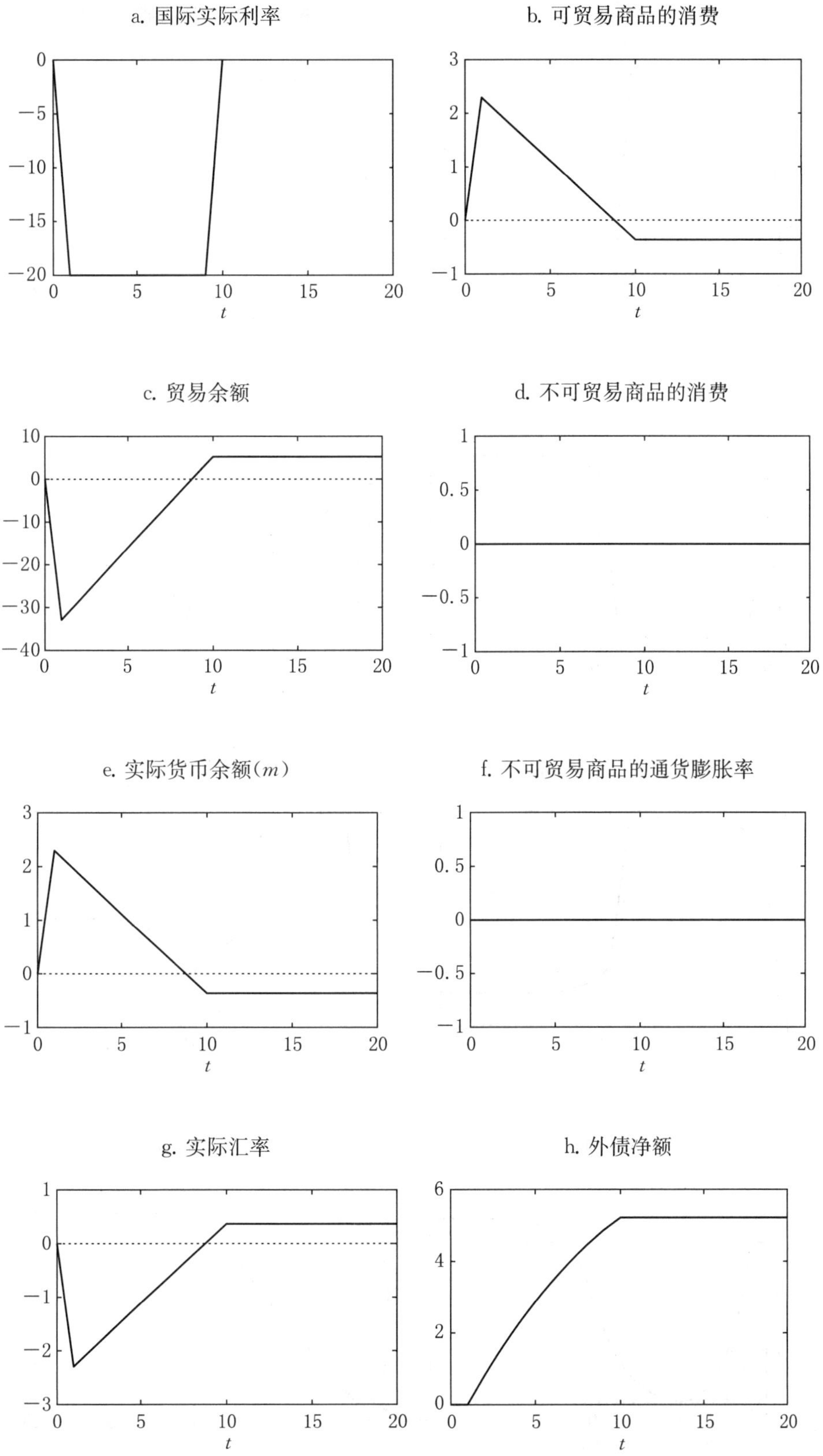

图 14.9　浮动汇率制下的国际实际利率的暂时性下降(可分离的情形)

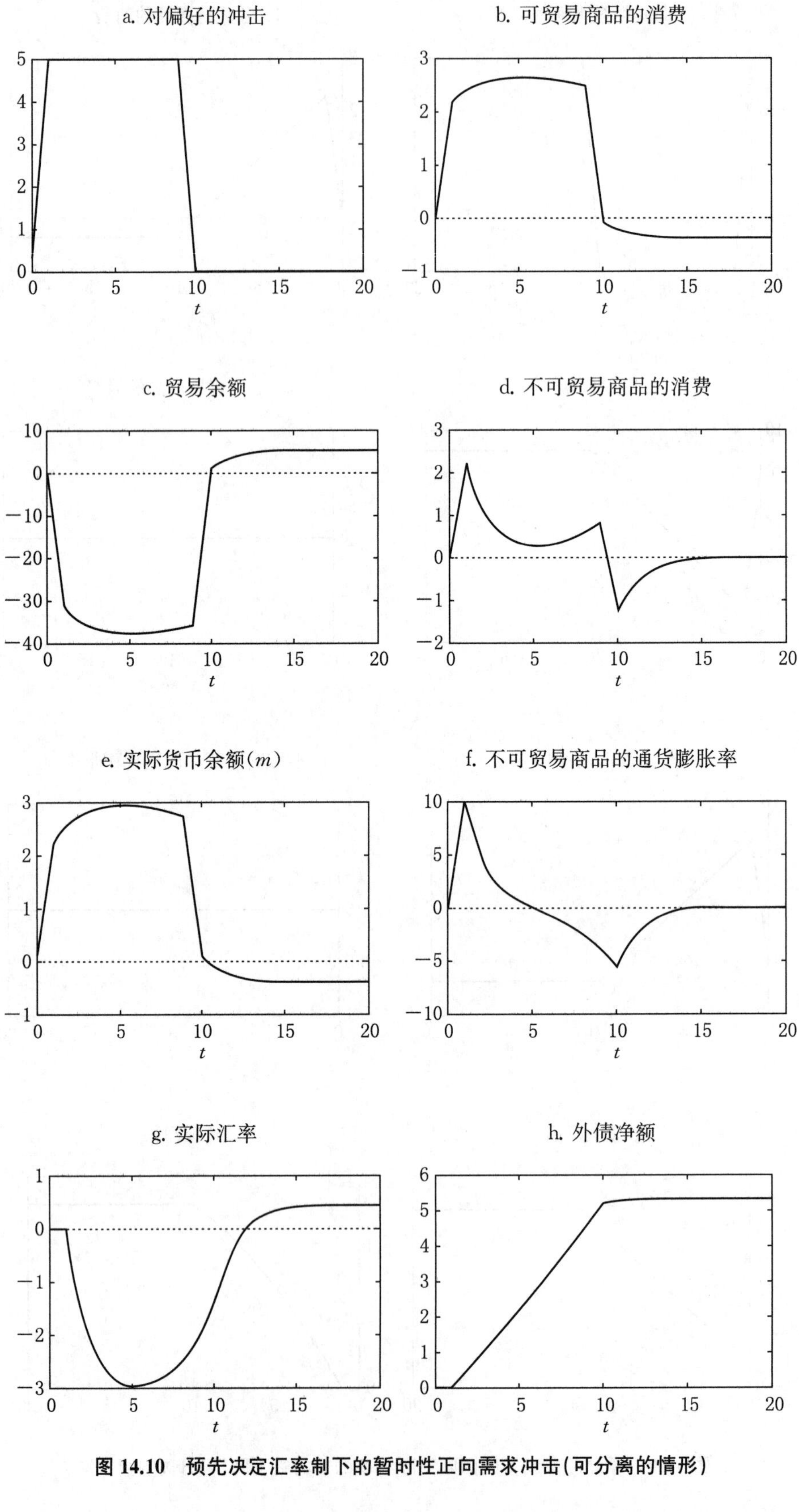

图 14.10　预先决定汇率制下的暂时性正向需求冲击(可分离的情形)

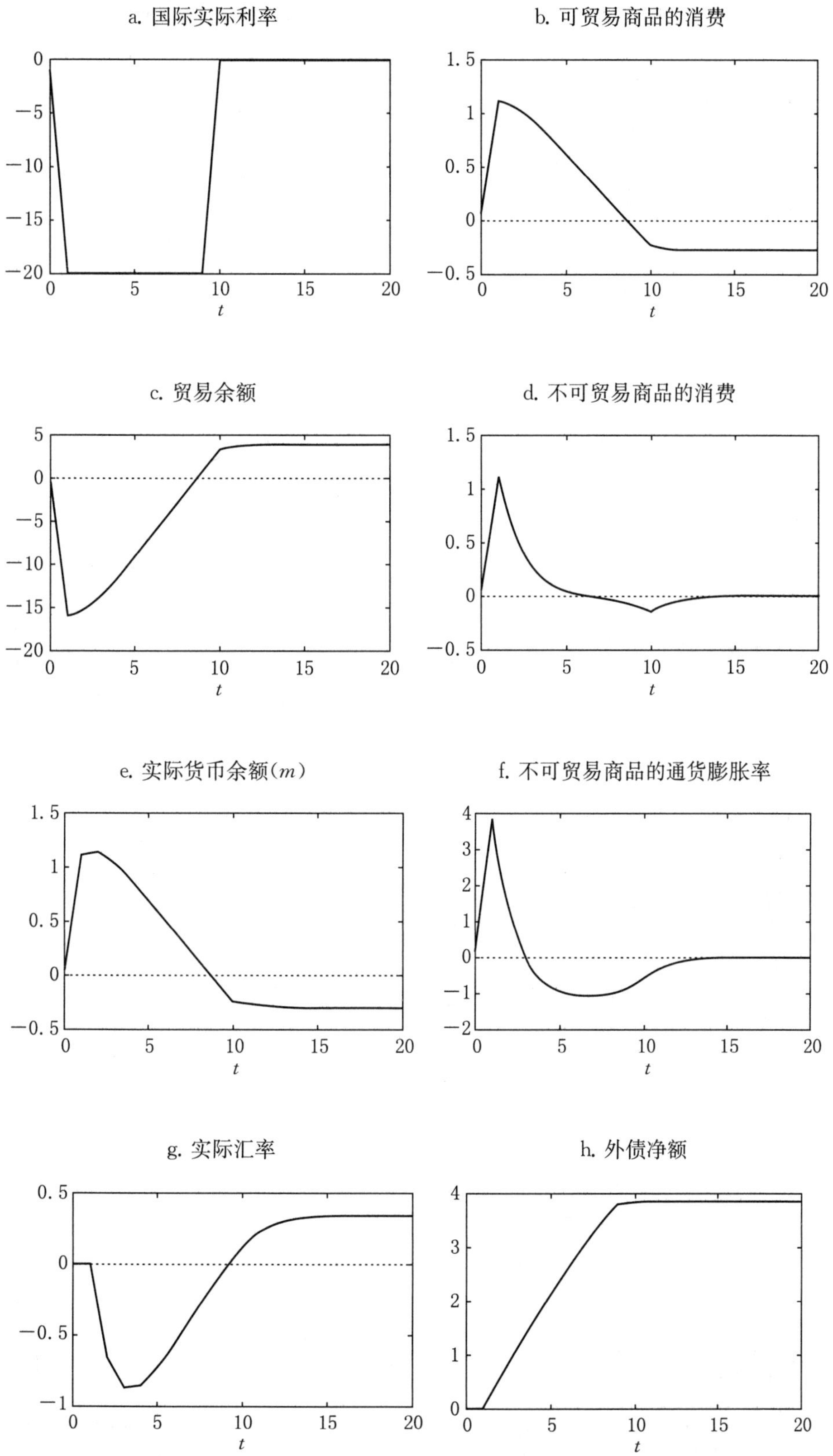

图 14.11 预先决定汇率制下的国际实际汇率下降(不可分离的情形)

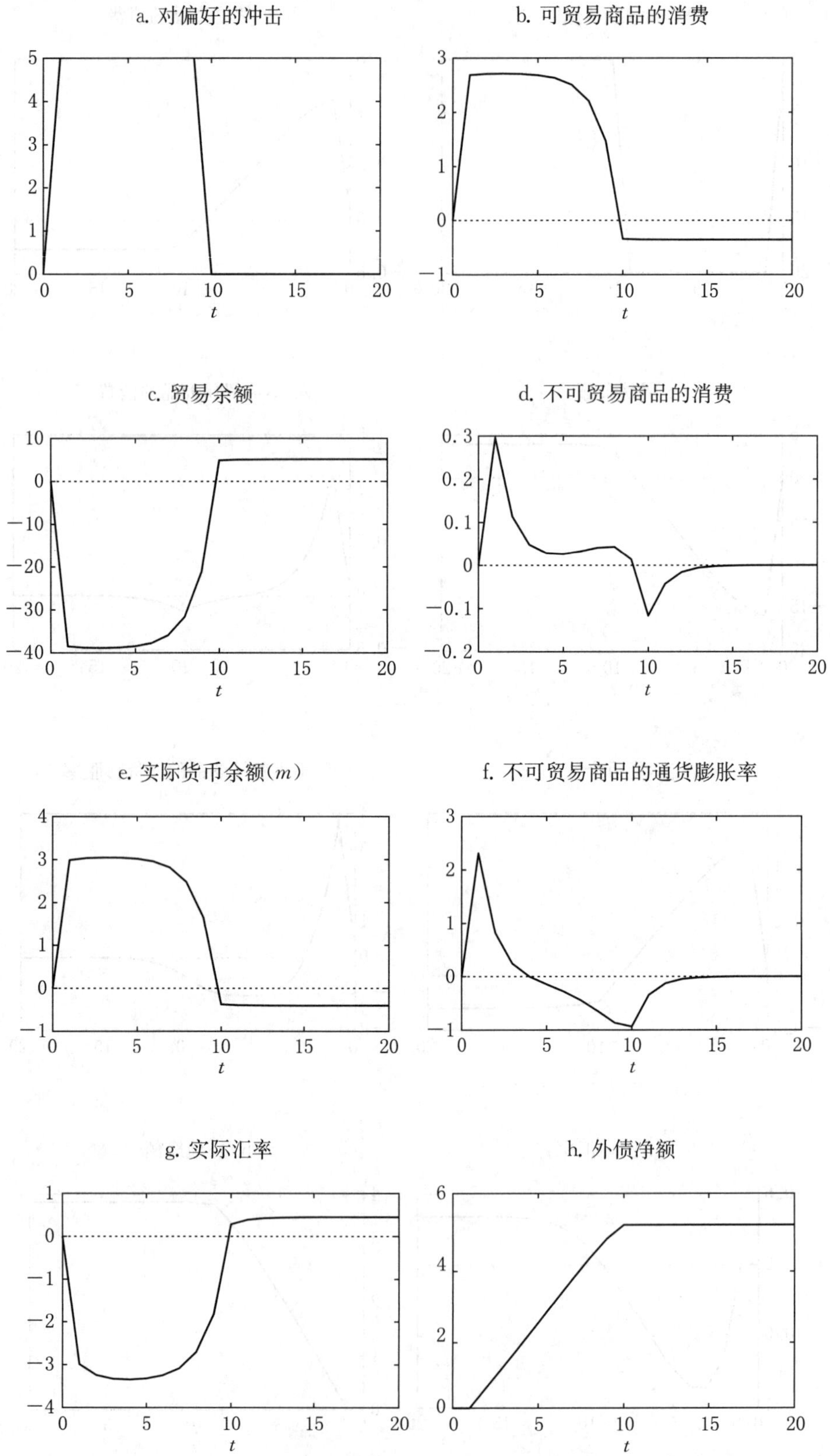

图 14.12　浮动汇率制下的暂时性正向需求冲击(不可分离的情形)

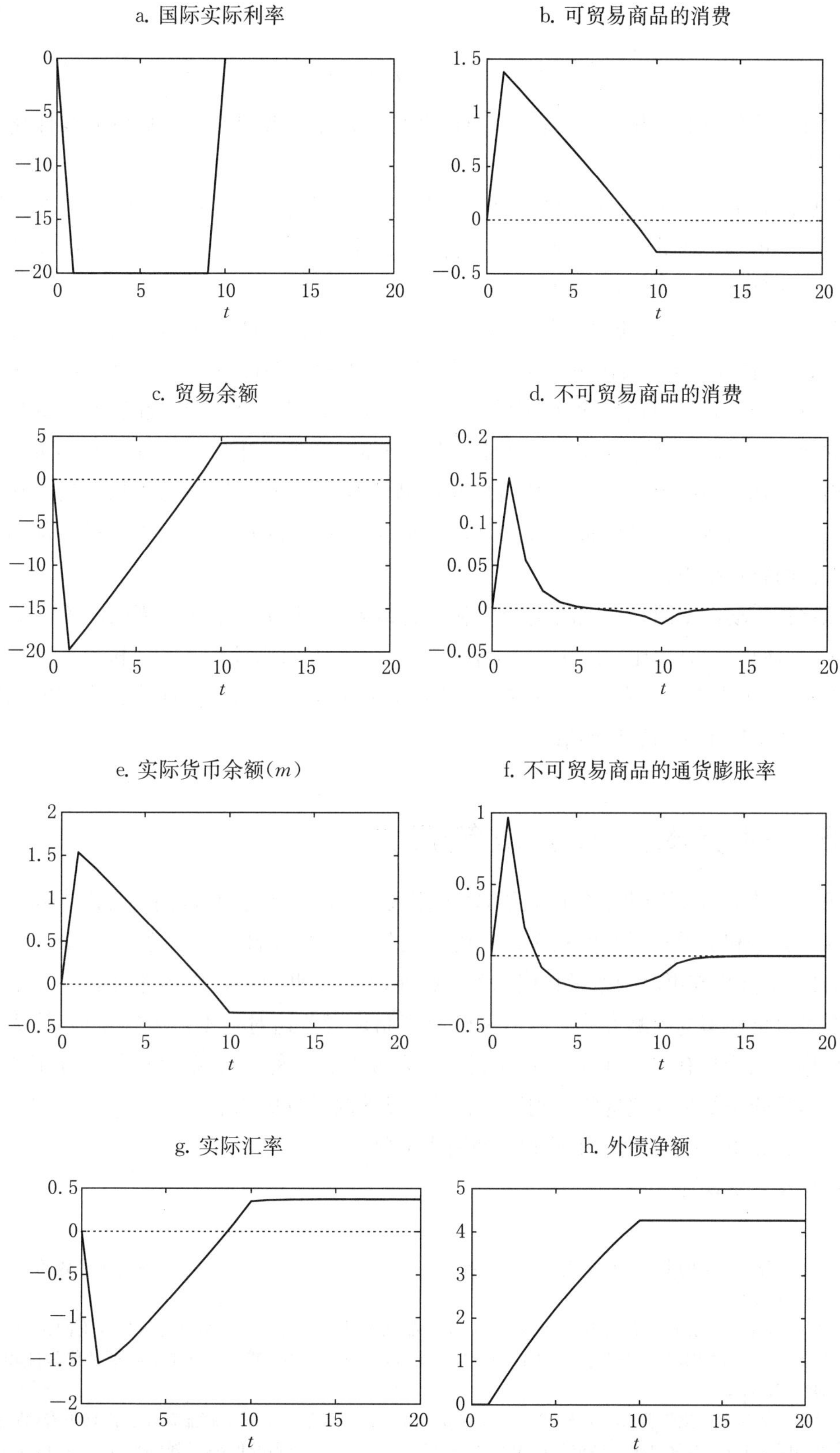

图 14.13　浮动汇率制下国际实际汇率的暂时性下降(不可分离的情形)

其中：

$$c_t=[\gamma(c_t^T)^{(\rho-1)/\rho}+(1-\gamma)(c_t^N)^{(\rho-1)/\rho}]^{\rho/(\rho-1)}$$

模型的其余部分与上文相同。与前文一样，我们使用金—普罗索—里贝罗的线性化方法来求解它。

然后我们重复上面进行的两个试验。[①]图 14.10 和图 14.11 描绘了在预先决定汇率制下暂时性的需求冲击和国际实际利率暂时性下降的影响。显然，这些结果与图 14.5 和图 14.6 中在可分离案例下所得结果基本相同。[②]

图 14.12 和图 14.13 说明了在浮动汇率制下进行同样的两次实验的结果。与图 14.8 和图 14.9 所示的可分离案例下的关键区别在于不可贸易商品部门不再被隔离。换句话说，不可贸易商品需求的增加现在反映在不可贸易商品相对价格的上涨和不可贸易商品产出的增加上。但是，请注意，对于暂时性的正向需求冲击(如图 14.12 所示)，不可贸易商品产出(和消费)的增加(0.3%)要比可贸易商品消费的增加(2.7%)低十倍左右。在全球实际利率下降的情况下也是如此(如图 14.13 所示)。从数量上看，不可贸易商品部门受到这些冲击的影响很小。

从比较浮动汇率制和预先决定汇率制下的结果看，上述关于通货膨胀的不同效应的观察仍旧有效。一方面比较图 14.10 和图 14.12，另一方面比较图 14.11 和图 14.13，我们可以看到，在预先决定汇率制下，同样的冲击所导致的不可贸易商品通货膨胀率的涨幅要比在浮动汇率制下大约高出四倍。[③]

14.6 对资本流入的政策反应

第 14.2 节的实证结果清楚地表明，资本流入事件与经济过热(较高的总需求和产出)、经常账户赤字和货币实际升值相关。尽管对通货膨胀的影响不太清楚，但大量经验证据表明，许多事件也与更高的通货膨胀相关。此外，所有这些典型化事实都与第 14.5 节中我们的黏性价格模型的预测大体一致。尽管政策制定者普遍对资本流入很欢迎，认为它对经济的中长期增长有利，但他们厌倦了资本流入带来的不利的宏观经济后果，并试图通过各种政策措施来尽量规避这些不利后果。最常见的政策反应如下：

- 外汇市场干预(冲销式干预和非冲销式干预)；
- 财政紧缩政策；

① 不可分离情况的参数与可分离情况的参数相同，此外，$\rho=0.8$ 且 $\sigma=0.5$。这均为这些参数的“实际值”(请参阅第 3 章中的专栏 3.1 和第 4 章的习题 2)。

② 例如，在比较图 14.5 和图 14.10 时，关于可贸易品和不可贸易品的消费响应的数量级不同是由于以下事实：在图 14.5 中，σ 的隐含值为 1，而在图 14.10 中，该隐含值为 0.5。由于图 14.10 中的跨期替代弹性较低，因此消费的响应较小。

③ 对于某些参数化设置(例如，尝试 $\sigma=1.5$ 和 $\rho=1.5$)，在浮动汇率下通货膨胀甚至会出现下降(程序已发布在该书的网站上)。本章习题 3 要求举例说明经济对货币增长率下降和贬值率下降的反应。注意，除了通货膨胀的行为外，结果与文本中所示的情况相似。

● 资本控制。

我们将对上述三项反应政策依次进行分析。①

14.6.1 外汇市场干预

1. 非冲销式干预

我们已经通过分析看到，相比于预先决定汇率制，在浮动汇率制下，一个给定的冲击将导致实际汇率下降得更快（即将使实际货币更快地升值）。例如，考虑一下暂时性的正向需求冲击的情形。比较图 14.10 和图 14.12g，我们可以看出，在浮动汇率下，时期 1 的实际汇率就下降了 3%，但在预先决定汇率下实际汇率保持不变。在预先决定汇率下实际汇率总共要花 5 个时期才下降了 3%。图 14.10 和图 14.12c 显示，与预先决定汇率制相比，在浮动汇率制下，更大的实际升值会伴随着更高的贸易赤字（在浮动汇率制下，贸易余额下降了 38.5%，而在预先决定汇率制下，贸易余额只下降了 31.5%）。

为了阻止名义汇率和实际汇率的升值，中央银行经常购买外汇（通常是美元）以增加 1 美元的名义价格（即名义汇率），从而导致国际储备的增加。图 14.14a 描绘了在两个不同时期资本流入事件中外汇市场的干预指数，变化范围在 0 和 1 之间（0 代表没有干预，1 代表全面干预）。②我们可以清楚地看到外汇市场干预增加暗示了中央银行一直在积极努力阻止本国名义货币的升值。

为了更简单地理解这个问题，让我们专注于上面分析的不可分离和浮动汇率下的情况。具体来说，让我们假设，为了应对世界实际利率的暂时性下降，货币当局会根据需要增加名义货币供应量，以防止名义汇率在冲击下发生变化。③严格说来，尽管名义货币供给增加不必然需要外汇市场的干预（这一增加的对应物是国内信贷的增加而不是国际储备的增加），它刻画了货币政策对名义汇率的影响。这种类型干预措施的影响如图 14.15 所示，其中，作为一个参照点，实线描绘了非干预的情形，而带圆圈的线代表了干预下的情形。图 14.15g 显示，干预政策的确实现了减少实际升值的目标。具体而言，尽管在没有干预的情况下，e_t 最初下降幅度为 1.5 个百分点，在有干预的情况下，在 $t=1$ 时实际汇率不变，但是在 $t=3$ 时，降幅最大达到 1%。从图 14.15c 可以清楚地看到，这与一个更小的贸易赤字有关。然而，政策制定者想实现更小的实际升值的目标，就要以经济过热（图 14.15d）和更高的通货膨胀为代价（图 14.15f）。直观上看，由于在冲击下实际汇率保持不变，那么，所有总需求的增长都会反映在更高的产出上，从而导致更高的通货膨胀。

---

① 其他但不太常见的政策回应包括贸易政策（例如，补贴出口）和银行存款的边际准备金要求；参见 Calvo (2010)；Calvo、Leiderman 和 Reinhart(1993)；以及 De La Torre、Ize 和 Schmukler(2012, Ch.11)。

② 外汇市场干预指数的计算方法是，将国际储备的变化除以"汇率市场压力"（名义汇率和国际储备变动的组合）的指数。因此，外汇市场干预指数在浮动汇率下为 0，在固定汇率下为 1。图 14.14 是基于图 14.2 所述的 73 个事件所描绘，这些事件已被分为两个不重叠的时段。

③ 要看到这总是可能的，请考虑一个 e_1 值（即在发生冲击那一期的实际汇率值）等于 e_0 的值（即在发生冲击前一期的实际汇率值）求解模型，然后，退回到与这种均衡相一致的名义货币供应量的值。

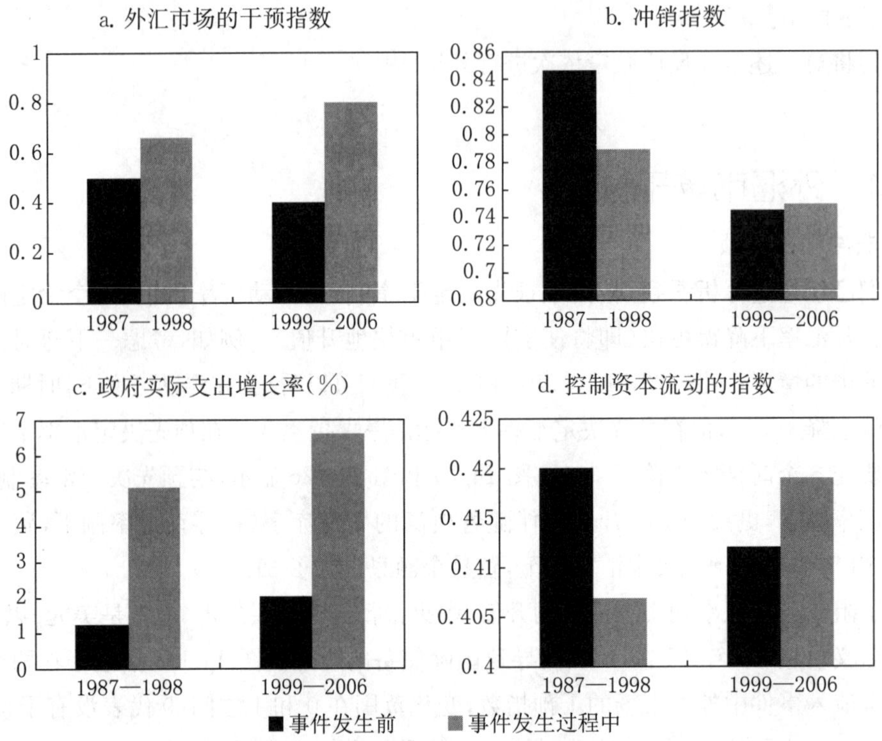

图 14.14　对资本流入事件的政策反应

注:基于新兴市场经济国家发生的 73 个资本流入事件。
资料来源:WEO(2007)。

2. 冲销式干预

到目前为止,我们的讨论都是假设外汇市场干预是非冲销的(nonsterilized),也即国际储备的增加是完全反应在货币基础的相应增加上。然而,在现实中,政策制定者往往担心经济中额外流动性带来的后果,正如我们已经看到的那样,它往往会与更高的通货膨胀以及经济的过热相关。尝试处理这些不良后果的一种方法是出售政府(或中央银行)债券来吸收这种额外的流动性。这被称作冲销式干预(sterilized intervention)。完全冲销相当于中央银行减少国内信贷以使基础货币不发生变化。这相当于中央银行以国内债券换取外国债券(即国际储备)。国内债券的较高供给往往会降低它的价格,从而提高利率。这反过来会导致中央银行出现损失(通常被称为"准财政"成本),因为国外债券通常利率要低于国内债券(根据汇率的变动进行调整后)。

图 14.14b 显示了之前提到的两组资本流入事件发生之前和发生过程中的冲销指数。①图中显示,平均来说,资本流入过程中冲销没有增加。基于不严谨的证据,这也许是因为冲销干预通常是短暂的,因为事实上,(1)冲销提高了国内利率,这倾向于鼓励进一步的资本流动;(2)意味着产生巨额的准财政成本。

① 这个冲销指数表示了货币当局收缩国内信贷以抵消伴随外汇市场干预而产生的基础货币增长的程度(有关详细信息,请参阅 IMF, 2007)。值 1(或更高)表示完全冲销,而值 0(或负)表示没有冲销。

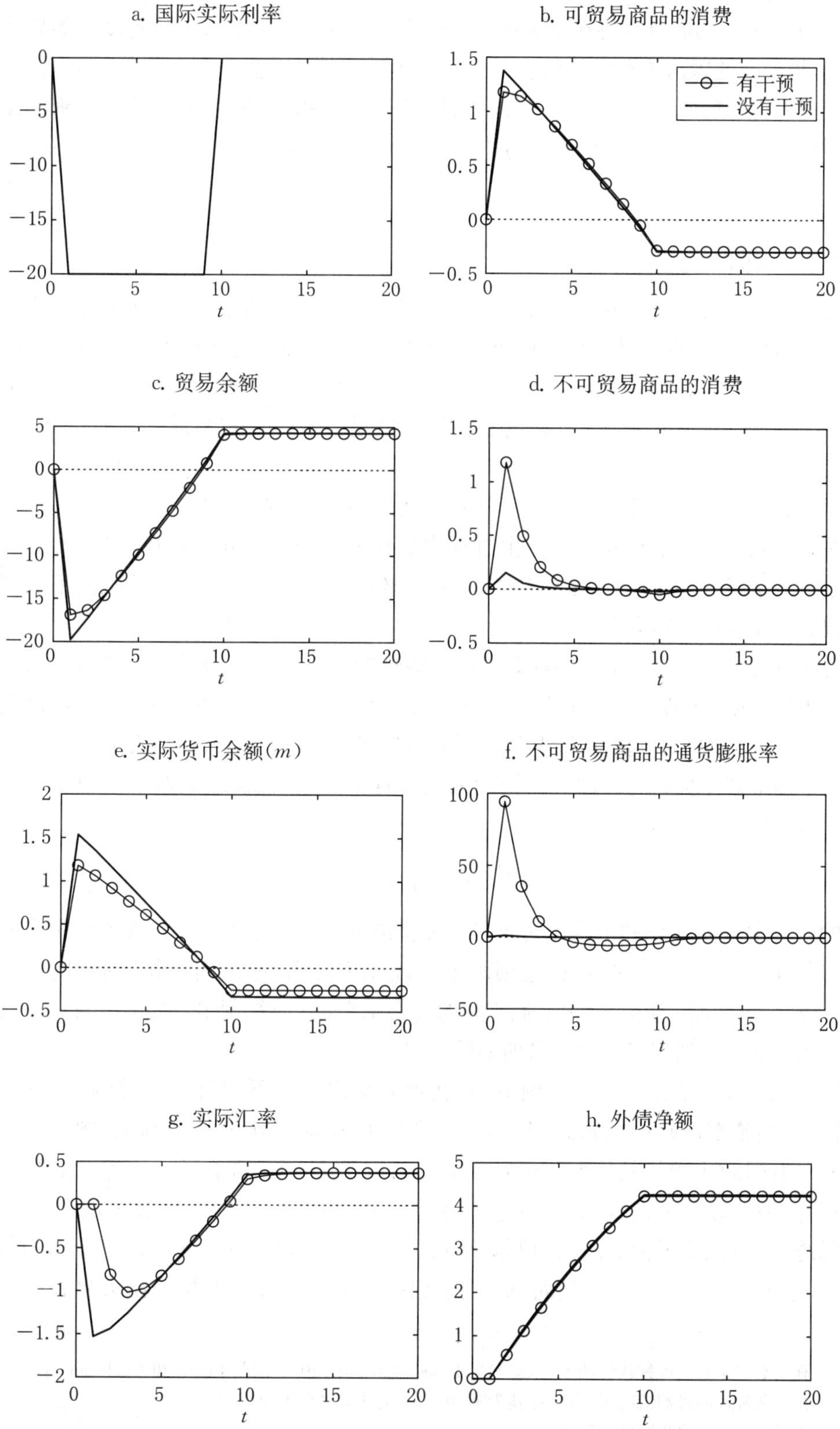

图 14.15　浮动汇率制下国际实际汇率有干预的暂时性下降(不可分离的情形)

根据我们的模型来刻画冲销干预，我们需要引入国内外债券之间的不完全资产可替代性。①冲销干预的有效性将在很大程度上取决于国内外债券的可替代程度。如果替代程度较低，则较高的国内债券供给将会导致名义利率上升，这会减少实际货币需求，因而倾向于使国内货币贬值。替代程度越高，政策的有效性会越低。②经验上，关于冲销干预对名义汇率影响的有效性的证据是正反均有的(例如，参见 Craig and Humpage，2001)。

14.6.2 财政紧缩

另一个应对资本流入事件的政策措施是财政紧缩。特别是，政策制定者往往会减少政府开支(通常是减少不可贸易品的支出)以引起实际贬值，这至少可以部分抵消伴随资本流入事件而产生的实际升值。事实上——正如在第 4 章中讨论的那样——在一个禀赋经济中减少政府对不可贸易品支出的直接影响将是减少不可贸易品的相对价格(即实际贬值)。

图 14.14c 显示了每个资本流入事件发生之前和之中实际政府支出的增长。证据清楚地表明政府支出在资本流入事件发生过程中的快速增长。这并不奇怪，因为发展中国家的财政政策是高度顺周期的(参见专栏 10.1)。政府支出的顺周期性似乎抵消了被观察到的财政紧缩反应的个别案例。

说明政府缩减支出以应对实际升值的有效性的最简单的模型是一个灵活价格下的预付现金先行模型(在第 7 章中介绍过)。实际上，在本章习题 4 表明，减少 g_t^N 可以完全抵消由资本流入事件所引起的实际升值。尽管有些极端，这个例子显示了财政政策的作用。

为了用本章中提到的黏性价格模型来处理这个问题，假设政策制定者遵循如下给定的财政政策规则：

$$g_t^N=\overline{g^N}+\phi(e_t-e_{ss}) \tag{14.56}$$

其中的$\overline{g^N}$是外生给定的政府在不可贸易商品上的支出部分，g_t^N 是政府在不可贸易商品上的支出总额，ϕ 是一个正的参数，它刻画了财政政策规则“逆风向操作”的程度。方程式(14.56)要求一旦现行实际汇率 e_t 低于它的稳态水平 e_{ss}，政策制定者要减少对不可贸易商品的支出。反之要增加对不可贸易商品的支出。

图 14.16 说明了在可分离案例中，并在预先决定汇率下，当国际实际利率发生暂时性下降时，实施财政政策规则式(14.56)所产生的影响。③作为一个基准，图 14.11 中实线表示没有财政干预下的情形。带圆圈的线对应于 $\phi=10$ 的情形。作为对最初实际升值的反应，根据政策规则式(14.56)，g_t^N 会减少(图 14.16i 所示)。反过来，在 $t=2$ 时，e_t 的下降约 35%(从不干预下的 0.74%降至 0.48%)，如图 14.16g 所示。政府支出的收缩在 $t=4$ 时达到顶峰，约为 5%。④然而，更小的实际升值在 $t=2$ 时开始产出大幅收缩为代价

① 有关不完全资产可替代性的模型，请参见 Flood 和 Jeanne(2005)以及 Lahiri 和 Végh(2003)。

② 在完全替代的极端情况下，有效性就为零，因为名义利率完全不受影响。

③ 我们保持与上述相同的参数设定，令$\overline{g^N}=0.5$。

④ 如果政府支出占 GDP 的 20%，则相当于 GDP 约 1%的峰值收缩。

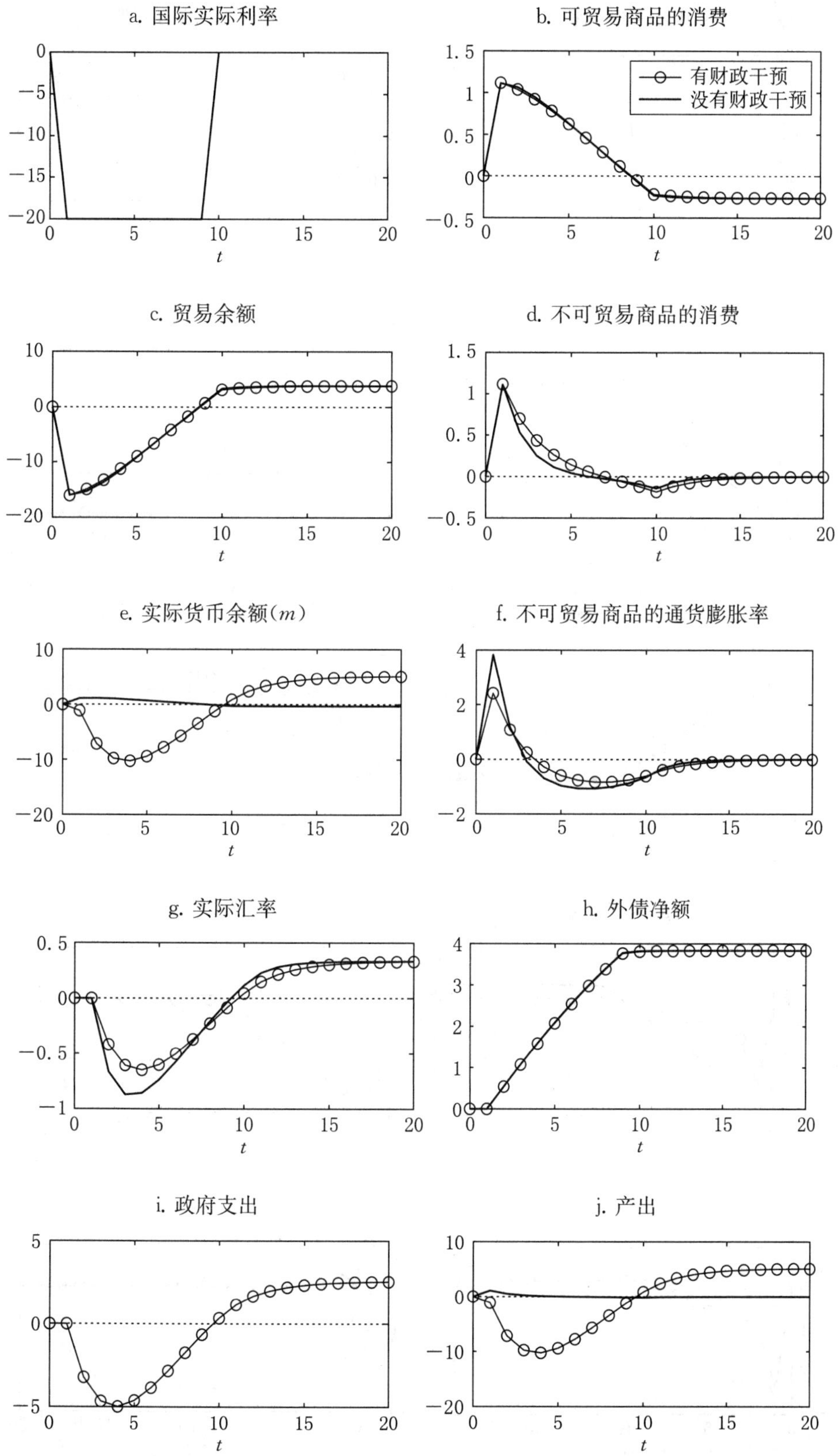

图 14.16　在预先决定汇率并实施财政政策规则下世界实际利率的暂时性下降(不可分离的情形)

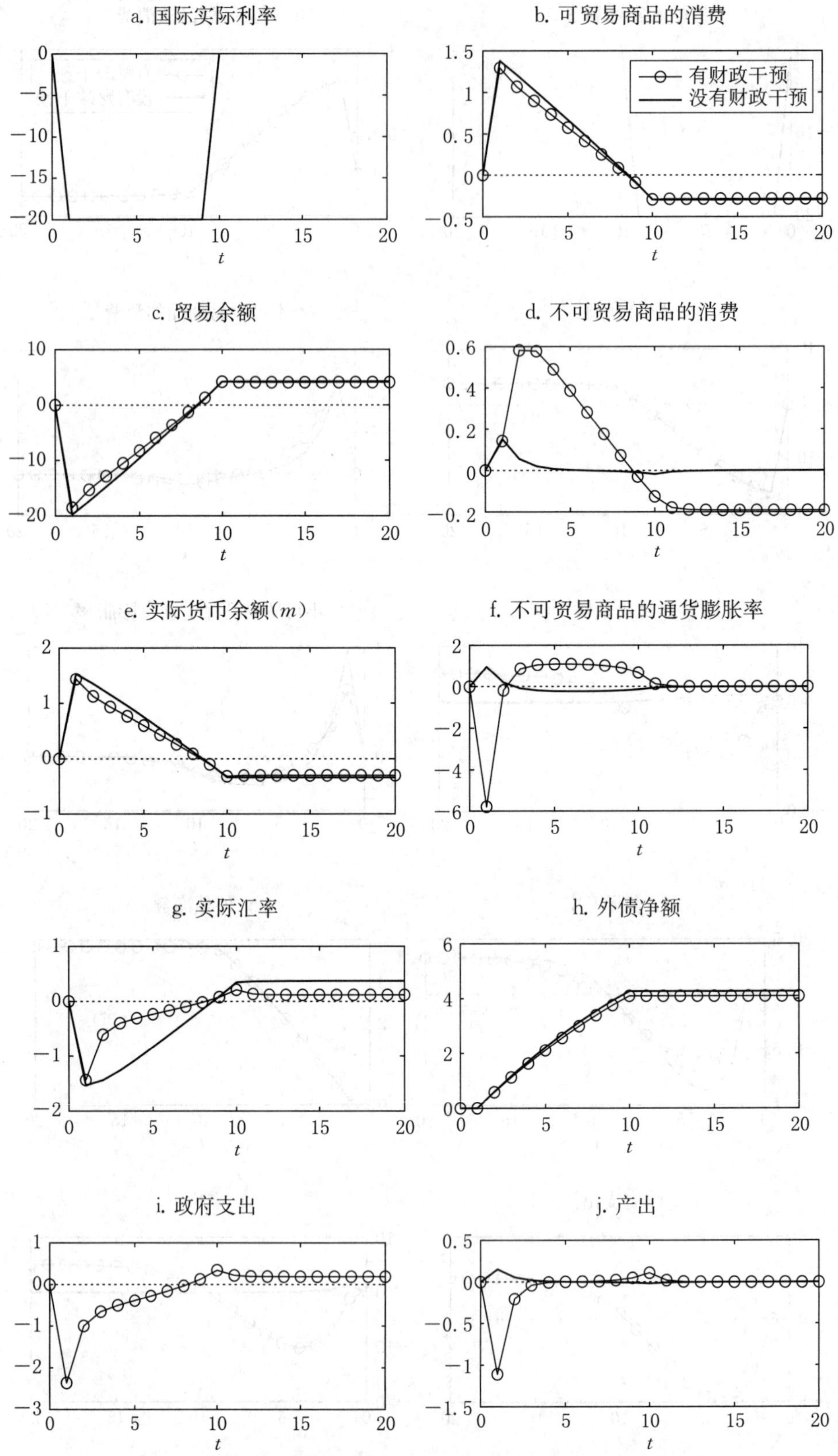

图 14.17　在浮动汇率制并实施财政政策规则下世界实际利率的暂时性下降(不可分离的情形)

的(图 14.16j)。[①]

图 14.17 说明了在浮动汇率制下财政收缩在减少初始实际升值方面的有效性。[②]在冲击下,e_t 的下降幅度减少了约 7%,且在 $t=2$ 时减少了约 60%(图 14.17g)。和在预先决定汇率下一样,这是在以产出开始大幅收缩为代价的 $t=1$ 时出现的(图 14.17j),在这种情况下,出现的是通货紧缩(图 14.17f)。

14.6.3 资本控制

另一种解决资本流入带来不良后果的方法(包括一旦资本流动方向出现逆转而产生金融危机的可能性)是对短期资本流入进行控制,如在专栏 14.2 中所述的那样。这个想法可以追溯到 Tobin(1978)著名的建议,即在平滑的全球资本市场的车轮下扔一些沙子。这类政策的最著名的例子是智利在 1991—1998 年间对短期资本流入实施无偿准备金管制。当然,资本管制可能采取专栏 14.2 中讨论的各种其他形式。资本管制的有效性是复杂的。尽管资本管制似乎改变了流向更长远目标的资金构成,给予了决策者一些货币自主权,但有观点认为这些管制的成本——特别是当出现社会性无效的寻租活动时,这对较少能够规避这些管制措施的中小企业来说,信贷会变为更昂贵——通常会超过其收益。[③]

专栏 14.2 往车轮下扔沙子

许多新兴经济体一般会对数量巨大且暂时性的资本流入诉诸资本管制。一般来说,资本管制实施背后的想法是减缓短期资本流入,从而防止国内货币的实际升值以及经济过热(即高通胀和贸易赤字)。原则上说,资本管制也将增强货币当局对在固定或者预先决定汇率制度下采取独立的货币政策的能力。常常提到的另外一个目标是减少国内银行系统因突然的资本外流而产生的安全隐患(即"突然中断")。

虽然对资本流入的控制可以采取多种形式,最常见的包括以下几种:

- 银行和投资组合流动的无偿储备金要求;
- 对投资组合流入和银行的非居民存款直接征税;
- 对银行的外债水平进行控制。

资本管制有效吗? 根据 Magud 和 Reinhart(2007)的研究,资本管制的有效性可以根据他们对以下事件的能力来进行评估:

- 限制资本流入;
- 将资本流动转移到长期流动;
- 缓解实际汇率压力。
- 通过切断国内利率与国际利率之间的联系来保持一些货币政策的自主权。

① 从第 8 章的习题 2 中我们知道,在黏性价格模型中,g_t^N 的减少是收缩性的。

② 此处我们设定 $\phi=0.9$。

③ 有关资本管制的微观经济成本的详细分析,请参见《福布斯》(2007)。

表 14.2 展示了研究文献中的发现总结,这些研究应用了各种实证工具(从复杂的计量模型到关于时间序列的描述性和比较性分析),以检验对资本流入管制的有效性。总体结论似乎是:资本管制在实现上述第二和第四个目标方面取得了最大成功,而对于第一个和第三个目标的结论并不明确。

表 14.2　经历过资本控制的国家

国　家	时　期	政策工具	目标是否实现?			
			减少净流入规模	使资本流入组合长期化	减小实际汇率压力	更独立的货币政策
智利	1991—1998 年	● 要求银行和投资组合流动缴纳无偿准备金	否	是	否	是
巴西	1993 年	● 延长外部借款的最低期限 ● 限制外商的投资组合投资 ● 金融交易税	否	否	否	否
马来西亚	1994 年	● 禁止居民向非居民售出货币市场基金 ● 限制银行对非本地居民的外部债务水平 ● 改变银行无偿准备金要求	是	是	是	是
哥伦比亚	2007 年	● 改变银行无偿准备金要求 ● 限制银行衍生品的头寸	否	是	否	是
巴西	2009—2011 年	● 对外商的投资组合征收投资税 ● 改变银行无偿准备金要求	?	?	?	?

资料来源:Cardoso 和 Goldfajn(1997),Ariyoshi 等(2000),De Gregorio、Edwards 和 Valdes(2000),Magud 和 Reinhart(2007),Clements 和 Kamil(2009),Ostry 等(2010)以及 Gallagher(2011)。

应该指出的是,表 14.2 中总结的大多数分析工具都旨在针对阻止资本的短期流入而不是长期流入进行设计的。在对资产投资征税方面,通常是一次性征收的税款,从而惩罚相对较多的短期资金流入(对于给定的利率差异)。至于在无偿准备金方面,不管资本流入的时间范围是多少,中央银行通常都会保存无偿准备金大约一年,这再次说明了资本管制对短期资本流入更有影响,而对长期的资本流入基本没有影响。事实上,惩罚短期资本流入的想法在对金融交易征税的过程中已经做到了极端情形,因为对金融交易征税只应用于资本流入在不到一年内就又流出的情形,因而对长期资本流入没有任何影响。

虽然传统的共识是反对使用资本管制,但由于金融危机已经变得司空见惯,使得这种传统智慧不断受到挑战,当前政策制定者和国际组织如国际货币基金组织正在努力制定有效的资本管制政策工具。截至 2011 年,巴西是主要新兴国家中的最新例证,不仅实行了资本管制(参见表 14.2)而且还制定了直接限制国内借款的措施,例如将消费信贷税从 1.5%提高到 3%。即使国际货币基金组织也认为,在通常的宏观经济政策补救办法不合适的情况下(出于对通胀的关注、货币虚高或储备水平过高),或者当可能无法通过国内结构改革来迅速解决金融脆弱性问题时,资本管制可能是应对资本流入激增的政策反应的一个合理组成部分(参见 Ostry et al., 2010)。

然而，对于国际货币基金组织立场也有清醒的批判，Calvo(2010)认为即使作为最后的手段，反周期性的准备金要求在平滑信贷周期方面也必定比资本控制更有效，并且减轻资本流入带来的不良宏观经济后果。反对资本管制的另外一个观点应该引起更多的关注，它会产生大量的寻租活动，这可能会促进和培育出潜在的腐败和裙带资本主义的环境，而这又会导致产生大量的难以衡量的效率成本。

14.7 总结性评论

新兴市场经历了反复的资本流入和流出周期。资本流出——特别是突然性的——通常会伴随着国际收支和金融危机的出现，这些会在第 16 章和第 17 章进行讨论。相反，从长远来看，资本流入不管从什么角度来说都是非常重要的，因为它们为可能没有实施的项目提供非常需要的资金。然而，当资本流入是短期的或者采取投资组合投资形式时，资本流入会产生一系列的短期宏观经济问题，并且使得决策者进退两难。

本章既说明资本流入的宏观经济后果，也分析了一些可能的政策回应。我们首先证明伴随着资本流入而出现的一些宏观经济情境——消费增长、贸易与经常账户赤字、国内货币的实际升值——可能与资本流入是由国内还是国际因素触发的无关。这在概念上是重要的，因为尽管在大多数模型中资本流入被视为是对一些冲击的内生回应，但在政策制定者圈内，资本流入被隐含地或明显地认为是外生的，并且反映了国际资本市场的变动。我们的分析表明，就理解宏观经济含义而言，资本流入的来源并不重要。

如果有人认为资本流动周期主要是被外部因素所驱动的，那么有人会问这样的问题：什么是“突然中断”的宏观经济影响(定义为资本流入的外生结束)？我们可以看到一个预期到的“突然中断”能通过在第 3 章模型基础上引入跨期扭曲而加以解释，并因此会导致出现消费繁荣和货币实际升值，然后跟着消费萧条和实际贬值的循环。

我们随后比较了在预先决定汇率制和浮动汇率制下资本流入所带来的经济反应。我们发现不管是何种汇率制，都会造成货币的实际升值，政策制定者可以选择以何种方式形成升值。在预先决定汇率制下，实际升值的出现主要是借助不可贸易品更高的通货膨胀来实现；而在浮动汇率制下，主要是借助名义汇率的下降来实现。

最后，我们分析了两个旨在缓解初始实际升值的关键政策反应：外汇市场干预和财政紧缩。两种政策都能缓减实际升值。但前者是以较高的通胀为代价，后者是以产出收缩为代价。

14.8 附录：14.4 节命题的证明

命题 1：$y_2^T-c_2^T>0$。我们用反证法证明。

假设 $y_2^T-c_2^T=0$。然后，因为 $b_2-b_1=0$，从式(14.23)可以看出，$b_1=0$。因此，根据式(14.22)，$y_1^T-c_1^T=0$。进一步由于 $b_1=0$，可以推出 $b_2=0$。因此，根据式(14.24)，有 $y_3^T-c_3^T=0$，这意味着消费总是等于禀赋，因此有 $c_3^T>c_2^T>c_1^T$，这是矛盾的，因为我们已知

$c_1^T > c_2^T$。

假设 $y_2^T - c_2^T < 0$，然后，因为 $b_2 - b_1 = 0$，从式(14.23)可以看出，$b_1 > 0$。因此，根据式(14.22)，有 $y_1^T > c_1^T$。因为 $y_2^T > y_1^T$，这意味着 $c_2^T > c_1^T$，这是矛盾的。

由于 $TB_2 > 0$ 和 $b_1 = b_2$，然后，根据式(14.23)，有 $b_1 < 0$。然后，根据式(14.22)，有 $y_1^T < c_1^T$，因此，$TB_1 < 0$。

命题 2：$c_3^T < y_3^T$。我们用反证法证明。

假设 $c_3^T = y_3^T$，由于 $y_3^T - c_3^T = -(1+r)b_2$，这意味着 $b_2 = 0$。但是，由于 $y_2^T - c_2^T = -rb_1$，$b_1 = 0$ 意味着 $c_2^T = y_2^T$，这是一个矛盾，因为我们已经知道 $c_2^T < y_2^T$。

假设 $c_3^T > y_3^T$。由于 $y_3^T - c_3^T = -(1+r)b_2$，这意味着 $b_2 > 0$。由于 $y_2^T - c_2^T = -rb_1$，$b_1 > 0$ 意味着 $c_2^T > y_2^T$，这是一个矛盾。

命题 3：$c_3^T > c^T$。回忆一下，在正文中有 $c_3^T > c_1^T > c_2^T$。我们也证明了 $c_2^T < c^T$。假设 $c_1^T \geqslant c^T$，显然可得 $c_3^T > c^T$。假设 $c_1^T < c^T$，那么也必须是 $c_3^T > c^T$，否则消费路径的折现值将低于禀赋的折现值。

习　题

1. (未预期到的突然停止)考虑 14.4 节中的三期模型。初始时，经济通过在正文中讨论的无约束解来加以刻画。然而，当到了时期 2，有一个未预期到的突然停止发生，这要求时期 2 和时期 3 的当前账户是非负的。在这样的背景下：
   a. 求解时期 2 和时期 3 可贸易商品的消费、实际汇率、贸易余额和当前账户。
   b. 这个解与在正文中讨论的预期到的突然停止的解相比较是怎样的？如果有差异，请解释原因。
2. (浮动汇率下的冲击)为了获得显示在图 14.8 和图 14.9 结果背后的经济学直觉，这一习题要求你去求解 14.5 节中连续时间版本下的模型(所使用的符号是相同的)。令偏好由下式给出：

$$\int_0^{\infty} \alpha_t [\log(c_t^T) + \log(c_t^N)] \exp(-\beta t)\,\mathrm{d}t \tag{14.57}$$

跨期预算约束采取如下的形式：

$$a_0 + \int_0^{\infty} \left(y_t^T + \frac{y_t^N}{e_t} + \tau_t\right) \exp(-rt)\,\mathrm{d}t = \int_0^{\infty} \left(c_t^T + \frac{c_t^N}{e_t} + i_t m_t\right) \exp(-rt)\,\mathrm{d}t \tag{14.58}$$

现金先行约束由下式给出：

$$m_t = c_t^T + \frac{c_t^N}{e_t}$$

这里出于标记的简单，我们把与连续时间相联系的现金先行的约束参数设定为 1。

模型的供给侧遵循第 8 章中有卡尔沃定价(Calvo pricing)的方法。在这样的背景下：

a. 推导出一阶条件并设定一个关于 n_t 和 π_t 的动态系统。

b. 分析 α_t 发生一个未预期到且暂时性增加的影响。

c. 分析 r_t 发生一个未预期到且暂时性下降的影响。

3. (通货膨胀动态和资本流动)使用放在教材网站中的 MATLAB 程序完成如下实验：

a. 对于可分离情形，在浮动汇率制下货币增长率发生暂时性减少。

b. 对于不可分离情形，在浮动汇率制下货币增长率发生暂时性减少。

c. 对于不可分离情形，在预先决定汇率制下货币贬值率发生暂时性减少。

4. (作为对资本流动政策反应的紧缩性财政政策)本习题举例说明了如何利用紧缩性财政政策来作为缓解随着资本流动事件而出现的实际汇率升值的方法。考虑一个运行在预先决定汇率制下的小型开放经济体，它是完全融入世界商品和资本市场的，分别拥有固定不变的可贸易品禀赋(y^T)和不可贸易品禀赋(y^N)。偏好由下式给出：

$$\int_0^{\infty}[\log(c_t^T)+\log(c_t^N)]\exp(-\beta t)\mathrm{d}t$$

这里的 c_t^T 和 c_t^N 分别代表可贸易品和不可贸易品的消费量，β 是折现率。跨期约束采取如下的形式：

$$a_0+\int_0^{\infty}\left(y^T+\frac{y^N}{e_t}-\psi_t\right)\exp(-rt)\mathrm{d}t=\int_0^{\infty}\left(c_t^T+\frac{c_t^N}{e_t}+i_tm_t\right)\exp(-rt)\mathrm{d}t$$

其中，a_0 是初始的实际金融资产，$r(=\beta)$ 是世界的实际利率，e_t 是实际汇率(即用不可贸易品衡量的可贸易品的相对价格)，ψ_t 代表总额税，i_t 是名义利率，m_t 是用可贸易品衡量的实际货币余额。

现金先行约束由下式给出：

$$m_t=\alpha\left(c_t^T+\frac{c_t^N}{e_t}\right)$$

这里的 α 是正参数。政府的流量预算约束由下式给出：

$$\dot{h}_t=rh_t+\dot{m}_t+(\varepsilon_t+\pi_t^*)m_t+\psi_t-\frac{g_t^N}{e_t} \tag{14.59}$$

其中，g_t^N 是政府对不可贸易品的支出(在这里我们把它作为政策工具使用)，ε_t 是贬值率，π_t^* 是国外通货膨胀率。政府设定一个固定的贬值率 ε。一次性税收内生地进行调节以确保政府的预算约束成立。

不可贸易品的市场均衡要求：

$$y^N=c_t^N+g_t^N$$

利率平价定理成立：

$$i_t=i_t^*+\varepsilon$$

在这样的模型背景下：

a. 假设从一个初始的静态均衡开始，在时点 0 与 T 之间，i_t^* 有一个未预期到且暂时性的减少（假设 g_t^N 是固定的）。证明这会导致可贸易品部门的消费繁荣以及实际升值。

b. 假设现在作为对 i_t^* 暂时性减少的反应，政府也暂时性地减少了 g_t^N，其减少的数量恰好足以保证在时点 0 与 T 之间的实际汇率保持在冲击前的水平上。为 g_t^N 计算出一个简化形式的解，以确保 e_t 维持固定不变。

参考文献

Alfaro，Laura，Sebnem Kalemli-Ozcan，and Vadym Volosovych. 2007. Capital flows in a globalized world：The role of policies and institutions. In Sebastian Edwards，ed.，*Capital Controls and Capital Flows in Emerging Economies：Policies，Practices，and Consequences*. Chicago：University of Chicago Press，19—72.

Ariyoshi，Akira，Karl Habermeier，Bernard Laurens，Inci Otker-Robe，Jorge Iván Canales-Kriljenko，and Andrei Kirilenko. 2000. Capital controls：Country experiences with their use and liberalization. IMF Ocassional Paper 190. International Monetary Fund，Washington，DC.

Baek，In-Mee. 2006. Portfolio investment flows to Asia and Latin America：Pull，push or market sentiment? *Journal of Asian Economics* 17(2)：363—373.

Burnside，Craig，Isaac Kleshchelski，and Sergio Rebelo. 2011. Do peso problems explain the returns to the carry trade? *Review of Financial Studies* 24(3)：853—891.

Calvo，Guillermo A. 1983. Staggered prices in a utility-maximizing framework. *Journal of Monetary Economics* 12(3)：383—398.

Calvo，Guillermo A. 1998. Capital flows and capital-market crises：The simple economics of sudden stops. *Journal of Applied Economics* 1：35—54.

Calvo，Guillermo A. 2010. Controls on cyclical capital inflows：Some skeptical notes. Unpublished manuscript. Columbia University.

Calvo，Guillermo，Leonardo Leiderman，and Carmen Reinhart. 1993. Capital inflows to Latin America：The role of external factors. *IMF Staff Papers* 40(1)：108—151.

Cardoso，Eliana，and Ilan Goldfajn. 1997. Capital flows to Brazil：The endogeneity of capital controls. IMF Working Paper 97/115. International Monetary Fund，Washington，DC.

Chuhan，Punam，Stijn Claessens，and Nlandu Mamingi. 1998. Equity and bond flows to Latin America and Asia：The role of global and country factors. *Journal of Development Economics* 55(2)：439—463.

Clements，Benedict，and Herman Kamil. 2009. Are capital controls effective in the 21st century? The recent experience of Colombia. IMF Working Paper 09/30. International

Monetary Fund, Washington, DC.

Craig, Ben, and Owen Humpage. 2001. Sterilized intervention, non-sterilized intervention, and monetary policy. Working Paper 01/10. Federal Reserve Bank of Cleveland.

De Gregorio, Jose, Sebastian Edwards, and Rodrigo Valdes. 2000. Controls on capital inflows: Do they work? *Journal of Development Economics* 63(1):59—83.

De La Torre, Augusto, Alain Ize, and Sergio Schmukler, 2012. *Financial development in Latin American and the Caribbean: The Road Ahead*. Washington, DC: World Bank.

Edison, Hali, and Francis E. Warnock. 2003. Cross-border listings, capital controls, and equity flows to emerging markets. IMF Working Paper 03/236. International Monetary Fund, Washington, DC.

Edwards, Sebastian. 1999. How effective are capital controls? *Journal of Economic Perspectives* 13(4):65—84.

Fernandez-Arias, Eduardo. 1996. The new wave of private capital inflows: Push or pull? *Journal of Development Economics* 48(2):389—418.

Flood, Robert P., and Olivier Jeanne. 2005. An interest rate defense of a fixed exchange rate? *Journal of International Economics* 66(2):471—484.

Forbes, Kristin J. 2007. The microeconomic evidence on capital controls: No free lunch. In Sebastian Edwards, ed., *Capital Controls and Capital Flows in Emerging Economies: Policies, Practices, and Consequences*. Chicago: University of Chicago Press, 171—202.

Gallagher, Kevin. 2011. Regaining control? Capital controls and the global financial crisis. Working Paper 250. Political Economy Research Institute. University of Massachusetts, Amherst.

International Monetary Fund. 2007. *World Economic Outlook*. Washington DC: International Monetary Fund.

Kim, Yoonbai. 2000. Causes of capital flows in developing countries. *Journal of International Money and Finance* 19(2):235—253.

Lahiri, Amartya, and Carlos A. Végh. 2003. Delaying the inevitable: Interest rate defense and BOP crises. *Journal of Political Economy* 111(2):404—424.

Magud, Nicolas, and Carmen M. Reinhart. 2007. Capital controls: An evaluation. In Sebastian Edwards, ed., *Capital Controls and Capital Flows in Emerging Economies: Policies, Practices, and Consequences*. Chicago: University of Chicago Press, 645—674.

Ostry, Jonathan D., Atish R. Ghosh, Karl Habermeier, Marcos Chamon, Mahvash S. Qureshi, and Dennis B. S. Reinhardt. 2010. Capital inflows: The role of controls. IMF Staff Position Note 10/04. International Monetary Fund, Washington, DC.

Taylor, Mark, and Lucio Sarno. 1997. Capital flows to developing countries: Long- and short-term determinants. *World Bank Economic Review* 11(5):451—470.

Tobin, James. 1978. A proposal for international monetary reform. *Eastern Economic Journal* 4:154—159.

Ying, Yung-Hsiang, and Yoonbai Kim. 2001. An empirical analysis on capital flows: The case of Korea and Mexico. *Southern Economic Journal* 67(4):954—968.

▶15

美元化

15.1 引言

国内货币常常成为变幻多样的高通货膨胀的牺牲品。不足为奇的是,家庭不希望货币一直贬值或者震荡很剧烈。国内货币作为价值贮藏手段也许是最易遭受到损失的,因为国内存款的真实回报往往会变为负数。公众会在国内银行进行外币存款以防止风险。在涉及房地产、汽车等高价资产时,计价单位的功能就会显现出来。家庭不是试图跟上国内货币巨大和不断上涨的形势,而是习惯于以稳定的货币来保值。不久之后,大额交易往往开始以外币的方式进行。但是,持有国内货币通常是作为小额交易中介的功能。①

不幸的是,文献中没有统一的术语来描述这种用外币代替本币以作为价值贮藏、计价单位和交易媒介的过程。就本章的目的而言,我们会遵循由 Calvo 和 Végh(1996)所建议的术语。术语货币替代(currency substitution)用来指使用外币作为交易媒介(medium of exchange)的现象,而术语美元化(dollarization)用来指使用外币来发挥货币的三种传统功能中的任何一种:价值贮藏、计价单位和交易媒介。②然而,我们通常会保留使用美元化一词来表示资产替代(asset substitution),即使用外币作为价值储藏的手段。本章的一个重要主题实际上就是比较货币替代与资产替代两个概念的不同。

由于现金的自然属性,在世界上各个国家流通的外币总额是难以衡量的。但是,仍有少数可以获得的估计值。例如,Porter 和 Judson(1996)估计在 20 世纪 90 年代中期,约有 50%—70%的美元在美国以外地区流通,而如图 15.1 所示,Doyle(2000)认为 1996 年这一数字大约是 30%。并且如图 15.1 所示,Doyle(2000)估计 1996 年分别在国外流通的德国马克和瑞士法郎的数量为 70%和 76%。虽然这些测量高估了货币替代量——因为大量的外币可能被保留在床垫下作为价值储藏手段,而并不用于交易——但它们低估了美

① 关于此部分内容更详细的讨论可以参见 Calvo 和 Végh(1992, 1996)以及 Reinhart、Rogoff 和 Savastano(2003)。

② 当然,术语"美元化"也反映了美元是发展中国家被最为广泛持有的外国货币这一事实,但这一术语通常是表示持有任何外国货币的现象。

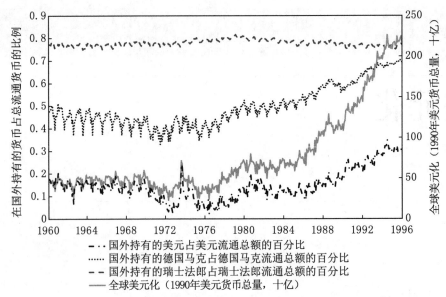

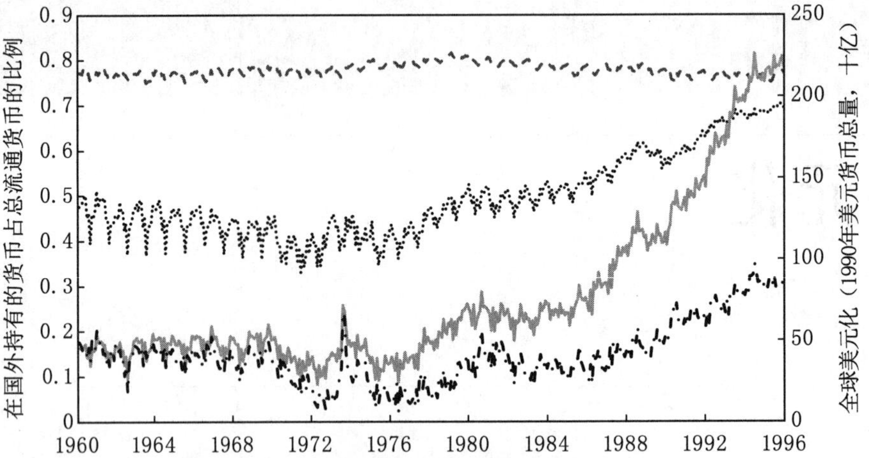

图 15.1　全球美元化和美元、德国马克、瑞士法郎在各自境外的货币流通量

资料来源：Doyle(2000)。

元化的程度，因为它们不包括其他以外币计价的资产。图 15.1 还说明了从 70 年代中期开始，美元化急剧增加。这并不令人奇怪，因为许多发展中国家在那个时候开始开放金融市场。

最常见的衡量美元化的实证测量方法是在国内银行体系中外币存款占 M2（包括外币存款）的比例，因为这些数据容易获取。图 15.2 显示了 10 个被选定的新兴国家该指标随时间的演化过程。尽管常与拉美国家相联系，但美元化已经是世界各地普遍存在的现象。这可以在图 15.2 中出现的埃及、以色列、黎巴嫩、波兰和土耳其的数据所证明。①除了反映市场力量（即前文提到的逃离疲软的国内货币）外，美元化进程也对每个国家特有的制度特征作出反应。最明显的一个问题是是否被允许外币存款。例如，乌拉圭允许外币存款作为 1974 年金融系统自由化的一部分，这随后导致了金融系统的完全美元化。在其他案例中，著名的是 1982 年的玻利维亚和 1985 年的秘鲁，政府颁布法令要求把外币存款兑换为本币，仅仅是为了当宏观经济不稳定泛滥时可以重新允许再进行外币存款。

货币替代现象和更普遍的美元化为开放宏观经济学带来了许多迷人的问题。作为一个自然的起时点，15.2 节将外币引入我们最简单的货币模型（第 5 章）。在这样一个世界中，对外币的需求就像对本币的需求一样，正向地依赖于消费水平而负向地依赖于持有它的机会成本（外国名义利率）。如果沿着一个完全预见的均衡路径（PFEP），对外币有一个正向的流动性冲击，消费者会在国际货币市场中将国外债券兑换成外币，并且无论是在预先决定或浮动汇率制下，这种调整都会立即发生。

① 参见 Savastano(1992)以及 Reinhart、Rogoff 和 Savastano(2003)中详尽的经验证据。特别是 Reinhart、Rogoff 和 Savastano(2003)提出了一个更宽泛的美元化定义（例如包括以外币发行的政府债务）。

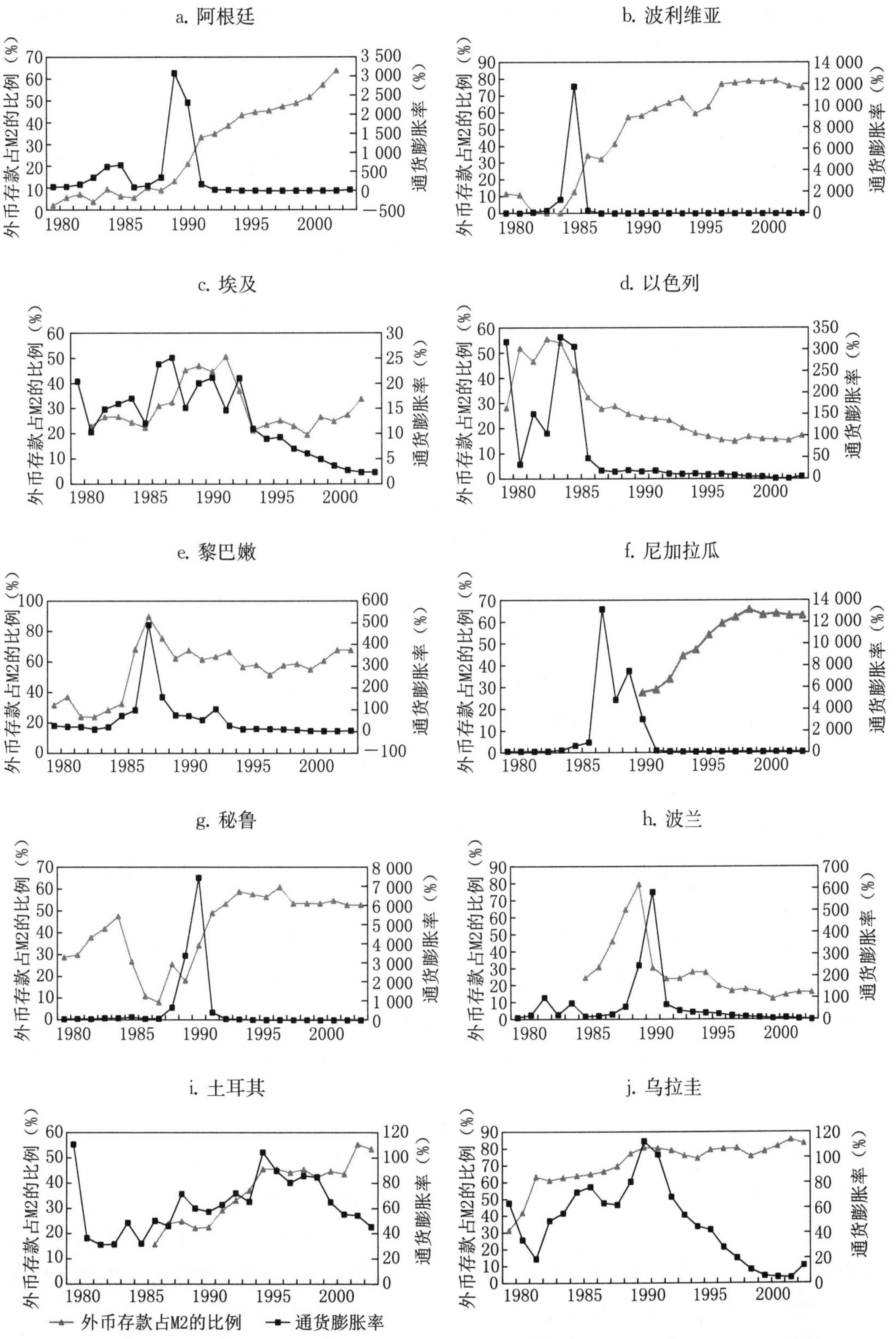

图 15.2　外币存款和通货膨胀率

资料来源：Reinhart，Rogoff 和 Savastano(2003)；世界经济展望数据库(2009 年 10 月 IMF)。

相反，如果对本币和外币都有正向的流动性冲击，那么在预先决定汇率制和浮动汇率制下调整是不同的，原因在第 5 章已经探讨过了。在预先决定汇率制下，家庭可以在中央银行的窗口立即增加对本币的持有量，然而在浮动汇率制下，实际本币余额只能慢慢增加。因此，在两种汇率制度下，外币与本币之比会表现得完全不一样。关键一点是，即便在一个没有摩擦的世界中，当存在货币替代时，对整个流动性的冲击将导致出现完全不同的动态过程。

直到 1971 年 8 月 15 日，当美国总统尼克松宣布停止美元兑换黄金时，世界上大多数国家都是在固定汇率制下运行的。从那时开始，世界各国才逐渐转向浮动汇率制。然而，以现代标准来看，资本流动还是相当受限制的。描述这种情况的一个合适的模型是第 6 章中介绍的在浮动汇率制下的无债券模型。然而，如第 6 章所示，该模型的“问题”是：货币水平或其增长率的变化没有任何实际效果。因此，该模型对于解释现实中观察到的货币增长率的提高将导致本币实际贬值的现象——正如 1975 年在阿根廷发生的那样——将没有什么用处。一个天然缺失的部分——正如由 Calvo 和 Rodriguez(1977)以及 Kouri(1976)所提出的那样——是货币替代。这个假说与高通胀国家的事实是一致的，其消费者持有大量的外币。这个分析框架会对如下问题提供一个非常好的回答：货币扩张率的增加会对实际汇率产生怎样的影响？

第 15.3 节通过在第 6 章无债券模型中引入不可贸易品来试图回答这个经典问题。在这样的设定下，本币和外币按固定的比例持有。货币增长率的上升会导致不可贸易品的相对价格的增加(实际升值)，正如 Liviatan(1981)指出的那样。直观上说，货币增长的上升，从而导致通货膨胀提高，会减少对这种“复合”货币在稳定状态下的需求。想让经济摆脱外币余额的唯一方法是实行贸易赤字，这需要增加可贸易品的消费。在实际汇率不变时，这会引起对不可贸易品的超额需求，进而导致货币实际升值。

我们继而建立了一个有流动性先行约束的该模型版本，在这个模型中存在两种货币之间的替代但没有消费和流动性服务之间的替代。我们证明在这种情形下可以获得相反的结果[我们与 Calvo 和 Rodriguez(1977)相关的研究成果]：货币增长率的增加会导致实际贬值。直觉上说，货币增长率的增加意味着在稳定状态，消费者希望增加外币对本币的比率。因为“流动性服务”不会在稳定状态下发生变化，这要求在稳定状态下的外币余额增加而本币余额下降。为了增加外币的持有量，经济必须增加贸易盈余。因此，在冲击下可贸易品的消费必须下降，这是通过不可贸易品的超额供给造成的，并会导致出现实际贬值。

在本节的结尾，我们通过构建一个一般的货币替代模型以说明货币增长率的提高是否会导致实际升值或贬值，这取决于两种货币之间的替代弹性(ρ)和消费与流动性服务之间的替代弹性(σ)之间的相对大小。如果 $\rho<\sigma$，则货币增长的提高可以导致实际升值。如果 $\rho>\sigma$，相反结论成立。由 Bufman 和 Leiderman(1993)提供的基于以色列的数据进行的可用估计值表明，在实践中，本币和外币之间的替代弹性会大于流动性服务与消费之间的替代弹性，这为货币扩张会导致国内货币的实际贬值的观点提供了支持。

根据传统的货币替代模型，通胀率下降(因此名义利率下降)将导致外币与本币的比率下降。然而令人困惑的是，在一些因通货膨胀而导致名义利率已经大幅下滑的国家，货币替代率并不总是下降。这种现象通常被称为“滞后”。实际上，正如图 15.2 所示，有关“滞后”现象很好的例子是乌拉圭：从 1990 年起，乌拉圭通胀率逐步并持续下降，但是美元化率始终保持在 80%左右。15.4 节提出一个 Guidotti 和 Rodriguez(1992)模型的简化版本，它提供了对滞后现象的解释。这个想法是转换交易币种存在固定成本。因此，一旦在许多交易中使用外币，则经济就会达到均衡，那么，再要转回到仅仅使用本币的均衡时，成本会是高昂的。换句话说，存在一个“不反应带”(inaction band)，在这个范围里即使国内通胀下降，货币替代率也不会变化。

在执行货币政策方面，文献中有关政策性讨论中提出的典型问题是，在一个货币替代程度很高的经济中(和浮动汇率制下)，货币当局失去了通过设定名义货币供给来锚定价格水平(或者在单一商品世界中锚定名义汇率)的能力。简单来说，考虑 $M+EF$(其中 E 是名义汇率，M 和 F 分别表示为本币和外币名义货币余额)作为在一个具有较高货币替代弹性的经济体中货币供应量的相关指标。尽管价格水平可以由 $M+EF$ 决定，但决策者只能控制 M，因此无法全面控制价格水平。

这一想法更为极端的版本可以在 Kareken 和 Wallace(1981)的经典论文中发现。15.5 节通过假设本币和外币在交易中是完全替代的，在一个最为简单的货币先行模型背景下阐释了这一想法。在这一背景下我们发现，名义汇率是不确定的。换句话说，有无限多个名义汇率值可以与一个外生给定的国内货币供应相一致。虽然完全可替代的情形是一种极端的情形，但是模型很好地说明了当本币和外币的替代程度很高时，浮动汇率可能会变得非常不稳定。在这样的世界中，固定汇率可能是一个更合适的选择。

本章的最后一节，我们回到了“滞后”这个难题。重要的一点是，就我们把美元化视为货币替代而言，滞后确实是一个难题。的确，只要外币作为交换媒介被持有，我们应该预期外币与本币的比例会随着国内通货膨胀的下跌而下降。然而，如果我们将美元化视为资产替代，则以外币计价资产与本币计价资产的比例将取决于实际收益，而不是名义收益，因此“滞后”不再成为难题。为了说明这一点，15.6 节发展了一个由 Thomas(1985)提出的模型，在该模型中国内外的通货膨胀是不确定的。通货膨胀的不确定性导致了以本币和外币计价的债券实际收益也不确定。在这个模型中，外币计价的资产份额取决于实际收益而不是名义收益。国内名义利率的下降将不会影响美元化率。我们认为，这是思考美元化现象最为相关的一个模型，毕竟，它主要关注于资产而不是货币替代。

本章内容安排如下：15.2 节将外币引入我们第 5 章介绍的基本货币模型中。15.3 节将不可贸易品引入第 6 章的无债券模型中，以分析货币增长率的变化对实际汇率的影响。15.4 节建立了一个更改交易的币种存在高昂成本的模型来分析“滞后”现象。15.5 节着重关注了一个本币和外币是完全替代的模型，以说明货币政策如何失去对名义汇率的控制。最后，15.6 节发展了一个模型，以突出货币的决定因素和资产替代之间的关键区别。

15.2 一个货币替代的基本模型

考虑一个完全融入世界商品和资本市场的小型开放经济。假设只有一种可贸易(非耐用)的商品。一价定律成立，即 $P_t=E_tP_t^*$，其中，P_t 是商品的本币价格，P_t^* 是商品的外币价格，E_t 是名义汇率(按每单位外币计算的本币)。消费者可以持有三种金融资产：外国债券、外币和本币。

15.2.1 消费者的问题

名义上的总金融资产(A_t)由下式给出：

$$A_t \equiv E_t B_t^* + M_t + E_t F_t$$

其中，B_t^* 为以外币计值的净外国债券，M_t 为名义货币余额，F_t 为外币余额。两边同时除以 P_t，并使用一价定律，我们得到：

$$a_t \equiv b_t + m_t + f_t \tag{15.1}$$

其中，$a_t(\equiv A_t/P_t)$，$m_t(\equiv M_t/P_t)$，$b_t(\equiv B_t^*/P_t^*)$ 和 $f_t(\equiv F_t/P_t^*)$ 分别表示实际金融资产、实际货币余额、实际外国债券和实际外币余额。

消费者的流量预算约束给定为：

$$\dot{a}_t = ra_t + y + \tau_t - c_t - i_t^* f_t - i_t m_t \tag{15.2}$$

其中，c_t 是消费，r 是固定的世界实际利率，i_t^* 是世界名义利率，i_t 是国内名义利率，y 是固定的商品禀赋，而τ_t 是来自政府的一次性转移支付。

施加标准的横截性条件后，可以得出相应的跨期约束条件：

$$a_0 + \frac{y}{r} + \int_0^\infty \tau_t \exp(-rt)\mathrm{d}t = \int_0^\infty (c_t + i_t m_t + i_t^* f_t)\exp(-rt)\mathrm{d}t \tag{15.3}$$

偏好给定如下：

$$\int_0^\infty \{\log(c_t) + \alpha_t[\log(m_t) + \log(f_t)]\}\exp(-\beta t)\mathrm{d}t \tag{15.4}$$

此处的参数 α_t 严格为正，表示流动性冲击。

消费者在跨期约束式(15.3)的限制下，通过选择$\{c_t,\ m_t,\ f_t\}_{t=0}^{\infty}$来最大化终身效用式(15.4)，根据拉格朗日函数：

$$\begin{aligned}\mathcal{L} = &\int_0^\infty \{\log(c_t) + \alpha_t[\log(m_t) + \log(f_t)]\}\exp(-\beta t)\mathrm{d}t \\ &+ \lambda\left[a_0 + \frac{y}{r} + \int_0^\infty \tau_t \exp(-rt)\mathrm{d}t - \int_0^\infty (c_t + i_t m_t + i_t^* f_t)\exp(-rt)\mathrm{d}t\right]\end{aligned}$$

一阶条件给定如下(像通常一样，假设 $\beta = r$)：

$$\frac{1}{c_t} = \lambda \tag{15.5}$$

$$\frac{\alpha_t}{m_t} = \lambda i_t \tag{15.6}$$

$$\frac{\alpha_t}{f_t}=\lambda i_t^* \tag{15.7}$$

结合前两个最优条件，得到标准的货币需求方程：

$$m_t=\frac{\alpha_t c_t}{i_t} \tag{15.8}$$

通过组合式(15.5)和式(15.7)，得到类似的外币需求方程：

$$f_t=\frac{\alpha_t c_t}{i_t^*} \tag{15.9}$$

在一个外币用于流动性目的的世界里，它的需求与消费量成正比，而与持有外币的机会成本 i_t^* 成反比。

最后，结合式(15.6)和式(15.7)，我们得到流动性需求的投资组合方程：

$$\frac{f_t}{m_t}=\frac{i_t}{i_t^*} \tag{15.10}$$

方程式(15.10)是典型的货币替代模型中的方程。它说明在最佳条件下，外币与本币的比率取决于机会成本比率。对于给定的 i_t^*，持有本币的机会成本(i_t)提高会增加外币和本币的比率。这说明在其他条件不变的情况下，高通胀国家(即 i_t 较大的国家)应该具有较高的外币与本币的比率。

15.2.2 政府

政府预算约束是标准的，并给定如下：

$$\dot{h}_t=rh_t+\dot{m}_t+(\varepsilon_t+\pi_t^*)m_t-\tau_t \tag{15.11}$$

其中，h_t 表示政府的净外国资产存量(即国际储备)，ε_t 是贬值率，π_t^* 是国外通胀率。

15.2.3 均衡条件

由于资本完全自由流动，利率平价条件成立：

$$i_t=i_t^*+\varepsilon_t \tag{15.12}$$

令

$$k_t\equiv b_t+f_t+h_t$$

代表经济体的净国外资产。结合消费者的流量约束与政府的流量约束——分别由方程式(15.2)和式(15.11)给出——并施加利率平价条件式(15.12)，我们可以得到经济的流量约束(即经常账户)：

$$\dot{k}_t=rk_t+y-c_t-i_t^*f_t$$

最后一项 $i_t^* f_t$ 在货币替代模型中很典型，它刻画了这个小型开放型经济体向世界其他国家(外币发行方)支付的通胀税收入。换句话说，持有价值 f_t 单位外币的机会成本是 $i_t^* f_t$。①

相应的资源约束条件给定为：

$$k_0+\frac{y}{r}=\int_0^{\infty}(c_t+i_t^* f_t)\exp(-rt)\mathrm{d}t \tag{15.13}$$

专栏 15.1　放弃国家货币的代价是多少？

一个国家明确放弃自己的货币并使其经济充分美元化的决定是非常不寻常的。作出这个决定的最大的经济体有 1904 年是巴拿马、2000 年的厄瓜多尔、2001 年的萨尔瓦多。像巴拿马的案例中，这样的决定主要是基于政治和历史考虑，而不是基于成本效益分析(参见 Goldfajn and Olivares, 2000)。然而，当实行美元化的决定是基于纯经济考虑的，应该如何考虑其成本和收益？[a]

在收益方面，美元化通常被视为消除通胀的极端但高效的方式。通过放弃本国货币，该国将基本上继承美国的通胀率。[b]理论上说，美元化应该也会施加更为严格的财政原则，因为国家放弃了具有通货膨胀倾向的财政。[c]特别是在厄瓜多尔的案例中，当决定采纳美元化时，该国正在经历严重的金融危机。分析人士认为，需要进行结构性改革，并与经济中高度非正式的美元化相结合，将使完全美元化成为可能且可信的改革策略。

完全美元化的成本也非常显著。通过美元化，国家放弃了货币政策，这可能会使未来的危机更加糟糕。国家也失去了作为最后贷款人的权利，因为中央银行无法通过印刷货币来帮助国内银行度过金融危机。同时，国家也失去了铸币税收入。另外，伴随着美元化也会产生一次性成本，因为中央银行需要获得用于替代流通中的本币所需的大量高能外币。

Fischer(1982)强调指出，因为铸币税的流失，很多国家会阻止美元化。他提出了一个决定要美元化的经济将承担的两项成本的估计：上述提到的一次性成本和铸币税的流失。他认为年度流动成本通常是国民生产总值的 1%，而存量成本约占国民生产总值的 10%。

对于已经美元化的经济体，我们能估计这些成本吗？这样做的主要困难是缺乏相关货币总量的数据。通过选择美元化，没有货币当局能够控制货币供应量。流通中的有效货币不仅包括中央银行提供的初始美元，还包括通过汇款、旅游和非法活动进入经济体的货币。对于厄瓜多尔的案例，Vera(2007 提供了一个间接计算 M1 和 M2 的方法。该方法有两个步骤：首先计算 1999 年底流通中的货币存量(即美元化之前的量)，然后计算随后期间的存量。在第一步中，维拉(Vera)使用货币乘数与其他与

① 这个术语在实践中有多重要？专栏 15.1 讨论了当国家仅使用一种外币的极端情况下的完全美元化的经验估计。

基础货币的关系来估计1999年12月的货币存量。然后,利用中央银行和货币机构的汇款和持有美元数据,计算出每个时期的变化,因而得到在每年年底的未偿还金额。

基于维拉对基础货币的估计,图15.3描绘了随着基础货币变化而发生的铸币税损失相对于国内生产总值的比例。在2001—2007年(在维拉的样本中的最后一年)间,厄瓜多尔流失的铸币税平均占GDP的1.3%。使用维拉对1999年12月流通中货币的估计,以厄瓜多尔苏克雷兑换美元的成本约占GDP的3.3%。

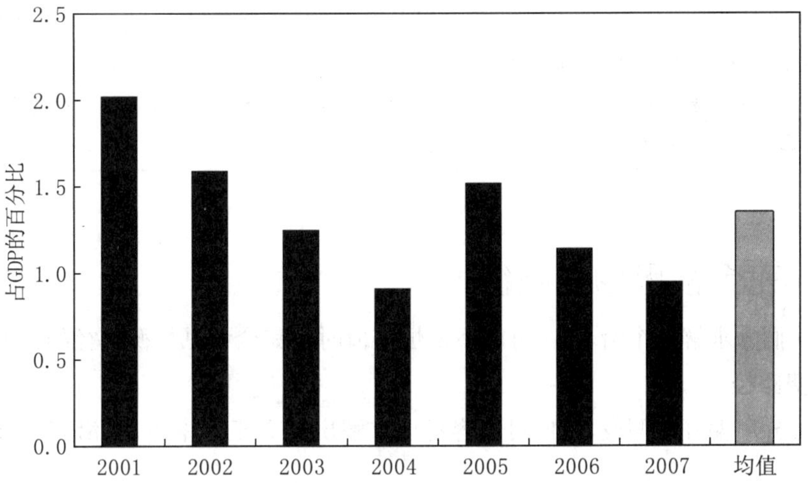

图15.3 厄瓜多尔的铸币税损失

Fischer(1982)估计了将本币转化为美元的初始成本,占国内生产总值的变化范围从澳大利亚、新西兰和南非的3.6%到中东国家的19.8%。对"其他西方国家"的估计是国内生产总值的5.6%,比厄瓜多尔的估计数高出近两个百分点。与费舍尔估计的每个时期的铸币税损失相比,厄瓜多尔的数值更大。费舍尔(Fischer)对"其他西方国家"的流动成本估计为GDP的0.5%,而在厄瓜多尔的案例中,铸币税的平均损失是GDP的1.3%。

还有一些研究关注到了厄瓜多尔美元化带来的收益(Quispe-Agnoli and Whisler,

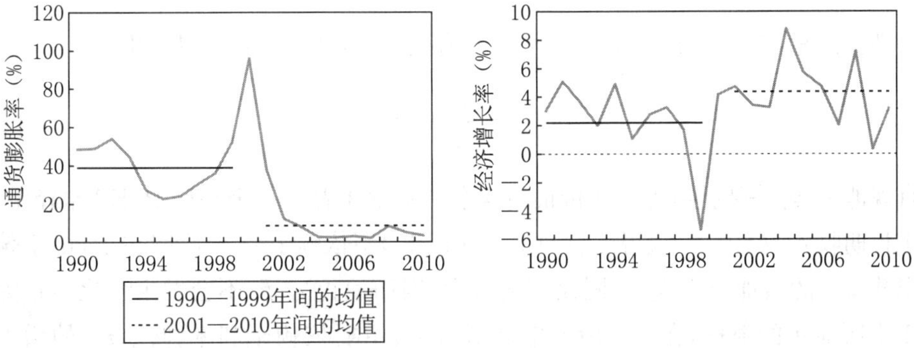

图15.4 厄瓜多尔的通货膨胀率和GDP增长率

资料来源:IFS和世界经济展望。

2006; Banco Central del Ecuador, 2001, 2010)。正如图 15.4 中所显示的那样,美元化似乎已经有效地降低了通胀率,并促进了经济实际增长。特别是 1990—1999 年间厄瓜多尔的平均通胀率从 39%下降到美元化 10 年后的 9%,而同期经济增长率则从 2.2%上升至 4.4%。

专栏注:

a. 详细内容参考 Fischer(1982)。

b. 当然,要求相对价格变化的异质性冲击仍然可能导致国内通货膨胀率偏离世界通货膨胀率,但是我们希望这种差异较小且是暂时性的。

c. 考虑到美国加州等地区和欧元区中希腊等国家的经历,这一论点还是存疑的。在这两种情况下没有自己国家的货币将导致没有太多的财政原则。

15.2.4 完全预见均衡路径

现在我们来求解一个沿着 α_t 可能不是恒定值时的完全预见均衡路径的模型。

1. 消费路径

鉴于可分离偏好的假设,我们可以容易地求解出独立于汇率体制,沿着 PFEP 路径的消费。

一阶条件式(15.5)显示沿着 PFEP 路径,消费将保持不变;即对所有 $t\in[0,\ \infty)$,有 $c_t=c$。从资源约束式(15.13)可以推出:

$$c=rk_0+y-r\int_0^{\infty} i_t^* f_t \exp(-rt)\mathrm{d}t \tag{15.14}$$

但是我们从投资组合条件式(15.10)中可知 $i_t^* f_t=i_t m_t$。从货币需求条件式(15.8)可以推出 $i_t^* f_t=\alpha_t c$。将其代入表达式(15.14),我们能够得到:

$$c=\frac{rk_0+y}{1+r\int_0^{\infty}\alpha_t \exp(-rt)\mathrm{d}t}$$

特别要注意,如果对于任何 $t\in[0,\ \infty)$,有 $\alpha_t=\alpha$,那么上式可以简化为:

$$c=\frac{rk_0+y}{1+\alpha} \tag{15.15}$$

直观地说,经济体持有外币代价很高这个事实意味着在一个平稳 PFEP 路径中,消费会低于长期收入 rk_0+y。值得注意的是,式(15.15)不依赖于 i_t^* 。原因在于,由于偏好是对数形式,i_t^* 的增加会引起 f_t 同比例地减少,因而使得 $i_t^* f_t$ 不会发生变化。正如本章习题 1 中所显示的那样,在更一般的偏好形式下,主要依赖于利率弹性,i_t^* 的增加可能会增加或减少消费(在下文不失一般性的情况下,我们分别假设π_t^* 是不变的,因此 i_t^* 是不变的)。

2. 预先决定汇率制

假设决策者设定一个不变的贬值率 ε。然后根据利率平价条件式(15.12)，名义利率 i 随时间也保持不变。从式(15.8)中可以得到实际货币需求为：

$$m_t=\frac{\alpha_t c}{i} \tag{15.16}$$

如果 α_t 随时间保持不变，m_t 将相应变化。m_t 的变化将由中央银行控制。

类似式，由式(15.9)可以推出：

$$f_t=\frac{\alpha_t c}{i^*} \tag{15.17}$$

同样，如果 α_t 随时间发生变化，则 f_t 将相应地变化。f_t 的变动由什么决定呢？当 α_t 沿 PFEP 路径增加时，消费者将会卖出一些外国债券以换取外币。当 α_t 下降时，情况恰恰相反。

沿着 PFEP 路径，外币与本币的比例保持不变，给定为：

$$\frac{f_t}{m_t}=\frac{i}{i^*} \tag{15.18}$$

作为一个 α_t 沿着 PFEP 路径具体变动的例子，图 15.5 描绘了在 $t=T$ 时刻，α_t 从 α^L 变到 α^H，$\alpha^L<\alpha^H$(图 15.5a)的情形。正如已经分析的那样，消费沿着 PFEP 路径是平滑的(图 15.5b)。①名义利率(图 15.5c)与外币和本币的比率(图 15.5d)也是保持不变。从式(15.16)和式(15.17)可以知道，在 $t=T$ 时 m_t 和 f_t 都会增加(图 15.5e 和 f 分别描述了这一点)。因为由式(15.1)给出的消费者的实际金融财富沿着 PFEP 路径是固定的，我们能推断出 m_t 和 f_t 的增加以牺牲 b_t 为代价。换句话说，在时点 T，消费者会向中央银行出售外国债券以获得国内货币余额，并在国际货币市场上出售外国债券以获取外币。

3. 浮动汇率制

现在假设决策者设定了不变的货币增长率 μ。像通常一样，我们将推导一个关于 m_t 的微分方程。因为根据定义有：

$$m_t\equiv\frac{M_t}{E_t P_t^*}$$

因而能推出：

$$\frac{\dot{m}_t}{m_t}=\mu-\varepsilon_t-\pi^*$$

使用由式(15.8)给出的货币需求方程，式(15.12)给出的利率平价条件，并考虑到 $i^*=r+\pi^*$，我们可以将此表达式重写为：

$$\dot{m}_t=m_t\left(\mu+r-\frac{\alpha_t c}{m_t}\right) \tag{15.19}$$

① 当然——也很容易证明——对于所有 $t\geqslant 0$，消费将会比 $\alpha_t=\alpha^L$ 时更低。

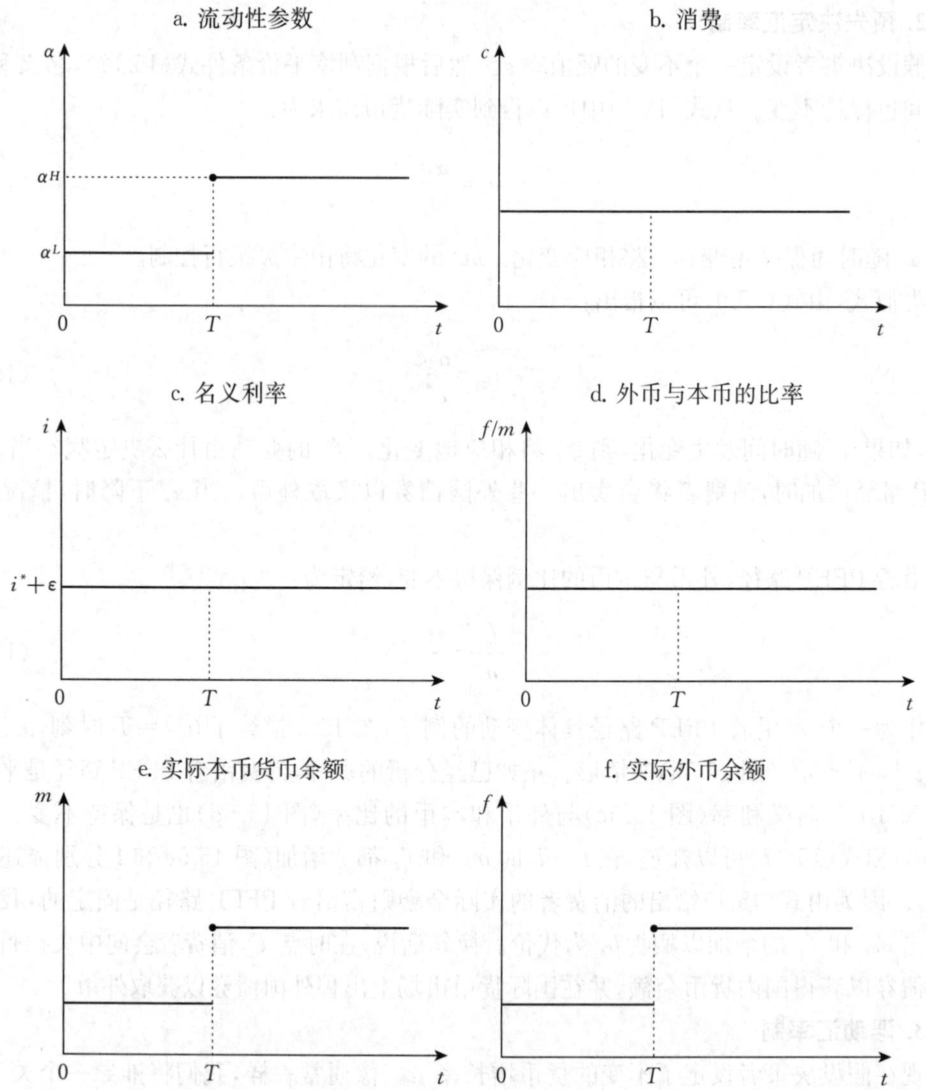

图 15.5　在预先决定汇率制下正向货币需求冲击

m_t 的平稳值 m 将由下式给定：

$$m=\frac{\alpha_t c}{\mu+r}$$

微分方程式(15.19)与 m_t 在时点 T 的变动将一起决定 m_t 的时间路径。

外币余额继续由表达式(15.17)给出。外币与本币的比率将由下式所支配：

$$\frac{f_t}{m_t}=\frac{i_t}{i^*} \tag{15.20}$$

由于当 α_t 随时间波动时，沿着 PFEP 路径的 i_t 将无需保持不变(以下例子会说明清楚)，因此 f_t/m_t 的比例可以随时间而变化。

为了说明这个思想，图 15.6 说明了在浮动汇率制下，在 $t=T$ 时 α_t 发生增加的情况。

为了求解相应的PFEP路径,我们首先需要确定在时点 T 可能发生的跳跃。在时点 T,m_t 不能跳跃,因为 M_t 是一个政策变量。名义汇率沿着PFEP路径也不会跳跃,因为它会产生无限套利机会。由式(15.8)可以推出 i_t 需要在时点 T 增加。方程式(15.20)之后会告诉我们 f_t 在时点 T 会有一个跳跃。

给定 m_t 在时点 T 不发生跳跃,并且由不稳定的微分方程式(15.19)所控制,我们推断 m_t 必须遵循图15.6e所示的路径。①从式(15.17)可以看出,f_t 在[0, T)和[T, ∞)保持平滑,因此遵循图15.6f所示的路径。直观地说,外币余额的调整与预先决定汇率制下的调整相同,因为它涉及用外国债券兑换外币,这一操作不依赖于汇率制度。根据式(15.8)

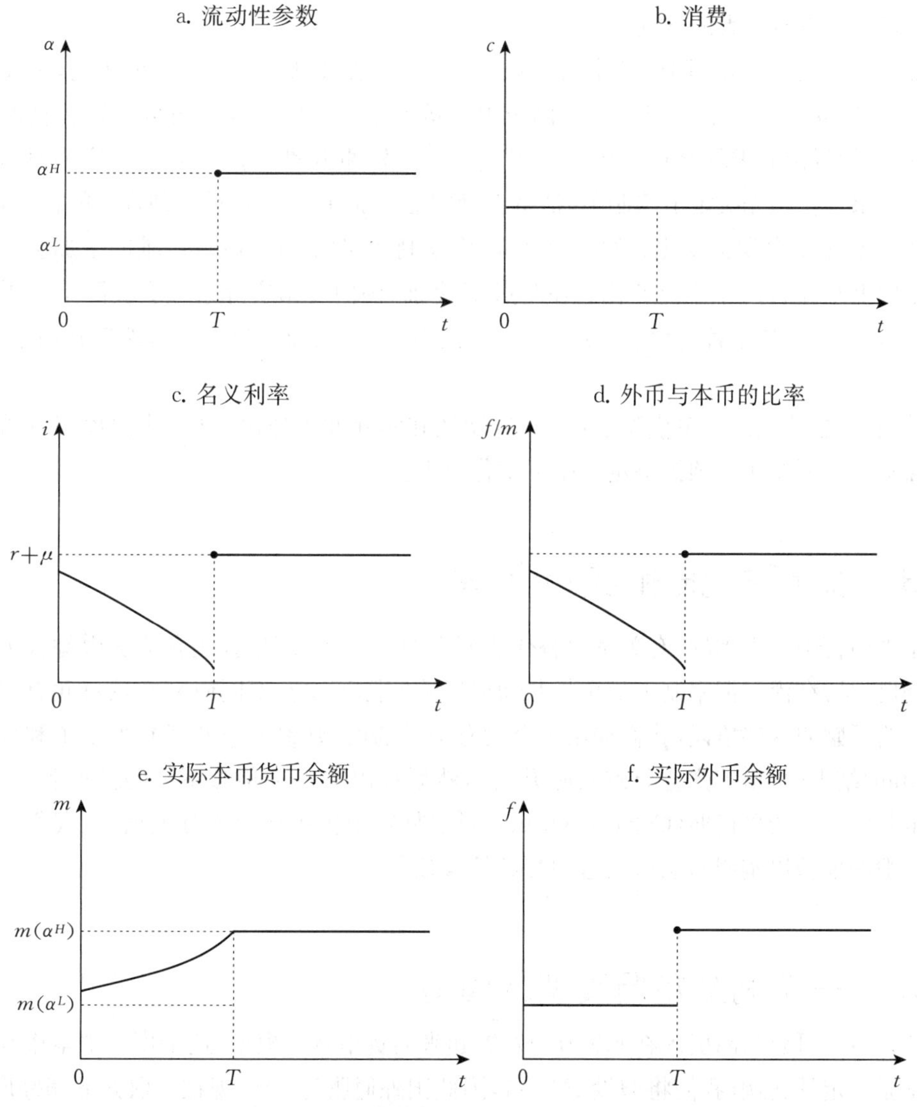

图15.6 在弹性汇率制下正向货币需求冲击

① 注意,在 T 时刻 m_t 的平稳值会上升,因此在0和 T 之间,微分方程受到 $m(\alpha^L)$ 相应的运动定理所控制,然而对于 T 时刻以后,方程受与 $m(\alpha^H)$ 相一致的运动定理所控制。

和已经确定的事实，i_t 将在时点 T 有一个跳跃，如图 15.6c 所示。从式(15.8)中我们推断，在$[0, T)$期间有$\dot{m}_t>0$，在同一时间内有 $i<0$。根据方程式(15.20)和在图 15.6c 所示 i_t 的路径，我们能得到 f_t/m_t 的路径，如图 15.6d 所示。

4. 比较

图 15.5 和图 15.6 之间的比较清楚地说明了货币变量在预先决定汇率制和浮动汇率制下的调整有何不同。在浮动汇率下，在预期到时点 T 的流动性冲击，名义利率会下降，这减轻了在时点 T 之前经济体的美元化。在时点 T，名义利率和外币实际余额都会发生跳跃。与此形成鲜明对比的是，外币与本币的比率在预先决定汇率下是完全平滑的。因此，根据这一模型，对流动性冲击的反应，我们预期货币替代率在浮动汇率制下要比在预先决定汇率制下有更大的波动。

如本章习题 2 所示，即使冲击会造成实际影响，结果也是一样的。事实上，尽管机制是相同的(即 m_t 和 f_t 的反应与刚才例子中分析的是一样的)，我们可以将这种情况重新解释如下：假设沿着 PFEP 路径在时点 T 的一个偏好冲击增加了消费，这会增加对本币和外币的需求。在预先决定汇率制下，消费者确实能增加在时点 T 对两种货币的持有量，因而 f_t/m_t 比率不会发生变化。然而，在浮动汇率制下，时点 T 对 m_t 需求的增加会导致名义利率的上升，因为 m_t 不能变化。在时点 T 之前，国内货币实际余额会实际上不得不逐步上升，这意味着货币替代率 f_t/m_t 在 0 时刻到时点 T 之间将会下降，然后在时点 T 发生跳跃。

总而言之，我们的简单模型表明，对流动性和实际冲击作出反应，我们预期货币替代率在浮动汇率下要比在预先决定汇率下变化更大。

15.3 货币扩张和实际汇率

正如引言中所提到的，有关货币替代研究中的一个经典问题(让有关货币替代为人所知的问题)是：在浮动汇率制下货币扩张如何影响实际汇率？不同研究文献对此有不同的看法。为了阐明这些争议，我们提出一个没有债券的模型(参见第 6 章)，得出了利维娅坦(Liviatan)结果(货币扩张会导致实际升值)，然后提出是一个稍微不同的模型版本，可以得出卡尔沃—罗德里格斯(Calvo-Rodriguez)结果(货币扩张导致实际贬值)。我们将遵循一个一般的模型以阐明影响该渠道的“深层”参数。

15.3.1 一个利维娅坦类型的模型

我们将不可贸易品引入在 6.5 节中发展起来的货币替代模型，这个模型中本币和外币的需求是固定的比例(我们将假设 $P_t^*=1$，因此国外通胀为 0)。现在采取如下偏好形式：

$$\int_0^{\infty}[\log(c_t^T)+\log(c_t^N)+\log(x_t)]\exp(-\beta t)\mathrm{d}t \tag{15.21}$$

其中，c_t^T 和 c_t^N 分别表示可贸易商品和不可贸易商品的消费，x_t 是流动性变量，使得：

$$qx_t = f_t \tag{15.22}$$

$$(1-q)x_t = m_t \tag{15.23}$$

其中，$0 \leqslant q < 1$，m_t 和 f_t 分别表示实际国内货币余额和外币余额(所有实际变量均以可贸易商品衡量)。因此，可以将 x_t 视为本币与外币的组合。请注意，如果 $q=0$，则模型将变为 6.2 节的模型(当然有不可贸易品)。①

令 a_t 表示实际金融财富，定义为：

$$a_t \equiv m_t + f_t \tag{15.24}$$

消费者的流量预算约束现在给定为：

$$\dot{a}_t = y^T + \frac{y^N}{e_t} + \tau_t - c_t^T - \frac{c_t^N}{e_t} - \varepsilon_t m_t \tag{15.25}$$

其中，y^T 和 y^N 分别表示可贸易品和不可贸易品的固定禀赋，e_t 表示实际汇率(定义为用不可贸易品衡量的可贸易品的相对价格)。

在求消费者最大化之前，先用 x_t 来表示流量约束可以被证明是有用的。为此，应用式(15.22)、式(15.23)和式(15.24)将流量约束式(15.25)重写为：

$$\dot{x}_t = y^T + \frac{y^N}{e_t} + \tau_t - c_t^T - \frac{c_t^N}{e_t} - (1-q)\varepsilon_t x_t \tag{15.26}$$

直观上看，正如我们所预期的，注意到持有复合货币 x_t 的机会成本是 $(1-q)\varepsilon_t$。

现在我们可以写出现值汉密尔顿方程为：

$$H \equiv \log(c_t^T) + \log(c_t^N) + \log(x_t) + \lambda_t \left[y^T + \frac{y^N}{e_t} + \tau_t - c_t^T - \frac{c_t^N}{e_t} - (1-q)\varepsilon_t x_t \right]$$

最优条件由下式给出：

$$\frac{1}{c_t^T} = \lambda_t \tag{15.27}$$

$$\frac{1}{c_t^N} = \frac{\lambda_t}{e_t} \tag{15.28}$$

$$\dot{\lambda}_t = \beta\lambda_t - \frac{\partial H}{\partial x_t} = \lambda_t[\beta + (1-q)\varepsilon_t] - \frac{1}{x_t} \tag{15.29}$$

作为进一步的参考，注意将式(15.27)和式(15.28)相结合，我们可以得到：

$$e_t = \frac{c_t^N}{c_t^T} \tag{15.30}$$

1. 政府

因为经济在浮动汇率制下运行，我们假设政府没有国际储备，这样政府的流量约束

---

① 如果国外通货膨胀不为 0，那么，在方程式(15.25)的右边将再加一项 $-\pi_t^* f_t$。

如下：

$$\tau_t = \frac{\dot{M}t}{E_t} \tag{15.31}$$

像往常一样，在浮动的汇率下，货币当局将设定名义货币供应的路径。

2. 均衡条件

不可贸易品市场的均衡要求：

$$c_t^N = y^N \tag{15.32}$$

将政府的流量约束式(15.31)代入消费者的流量约束式(15.25)——并考虑到式(15.32)——我们获得了经济的流量约束：

$$\dot{f}_t = y^T - c_t^T \tag{15.33}$$

这个方程式说明为了给私营部门积累外汇，必须保持贸易顺差。

3. 动态机制

为了求解这个模型，对于一个固定的货币增长率 μ，我们将构建一个关于 c_t^T 和 x_t 的动态系统。为此，对一阶条件式(15.27)求导，并运用式(15.29)和式(15.27)，能够得到：

$$\dot{c}_t^T = c_t^T \left[\frac{c_t^T}{x_t} - \beta - (1-q)\varepsilon_t\right] \tag{15.34}$$

因为$(1-q)x_t = m_t$ 和 $\dot{m}_t / m_t = \mu - \varepsilon_t$，可以推出：

$$\varepsilon_t = \mu - \frac{\dot{x}_t}{x_t} \tag{15.35}$$

利用方程式(15.33)和$qx_t = f_t$ 的事实，我们可以将上式重写为：

$$\varepsilon_t = \mu - \frac{y^T - c_t^T}{qx_t}$$

将这个方程代入式(15.34)并假定——为了简化动态机制——$q = 1/2$，我们得到：

$$\dot{c}_t^T = c_t^T \left(\frac{y^T}{x_t} - \beta - \frac{\mu}{2}\right) \tag{15.36}$$

其中，μ 表示货币当局设定的恒定的货币增长率。使用式(15.22)，我们将式(15.33)重写为：

$$\dot{x}_t = 2(y^T - c_t^T) \tag{15.37}$$

对于一个给定的 μ 值，方程式(15.36)和式(15.37)构成关于 c_t^T 和 x_t 的动态系统。稳定状态由下式给出：

$$c_{ss}^T = y^T \tag{15.38}$$

$$x_{ss} = \frac{y^T}{\beta + \mu/2} \tag{15.39}$$

在动态系统稳定状态附近的线性近似是：

$$\begin{bmatrix}\dot{c}_t^T \\ \dot{x}_t\end{bmatrix}=\begin{bmatrix}0 & -\dfrac{c_{ss}^T y^T}{x_{ss}^2} \\ -2 & 0\end{bmatrix}\begin{bmatrix}c_t^T-y^T \\ x_t-x_{ss}\end{bmatrix}$$

因为与线性近似相关的矩阵行列式是：

$$\Delta=-\frac{2c_{ss}^T y^T}{x_{ss}^2}<0$$

这意味着该系统是鞍点路径稳定的。

我们现在可以绘制图 15.7 所示的相图。为了绘制$\dot{c}_t^T=0$ 和$\dot{x}_t^T=0$ 的轨迹，令方程式(15.36)和式(15.37)分别为零，可以得到：

$$x_t=\frac{y^T}{\beta+\mu/2}$$

$$c_t^T=y^T$$

因此，$c_t^T=0$ 轨迹是垂直线，而 $x_t=0$ 轨迹是水平线。这两条线划分出了四个区域。像以前一样处理，我们可以通过标箭头的方式来确定在每个区域当中系统将会怎样运动，我们的结论如图 15.7 所示，鞍点路径的斜率为正。

4. 货币增长率的永久性增加

假设经济最初处于如图 15.7 所示的点 A 稳定状态。在 $t=0$ 时，货币增长率发生一个未预料到的且永久性的增长，从μ^L 增加到μ^H(图 15.8a)。经济会如何反应？

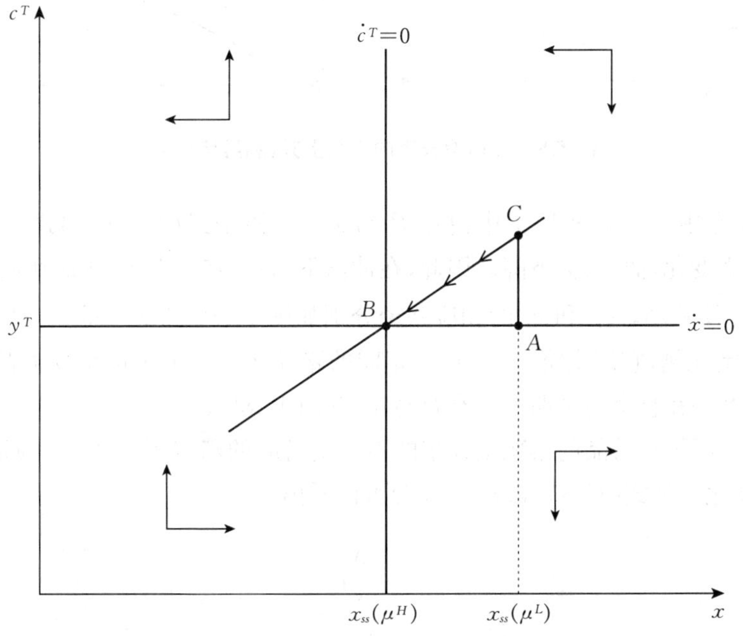

图 15.7　货币替代模型：相图

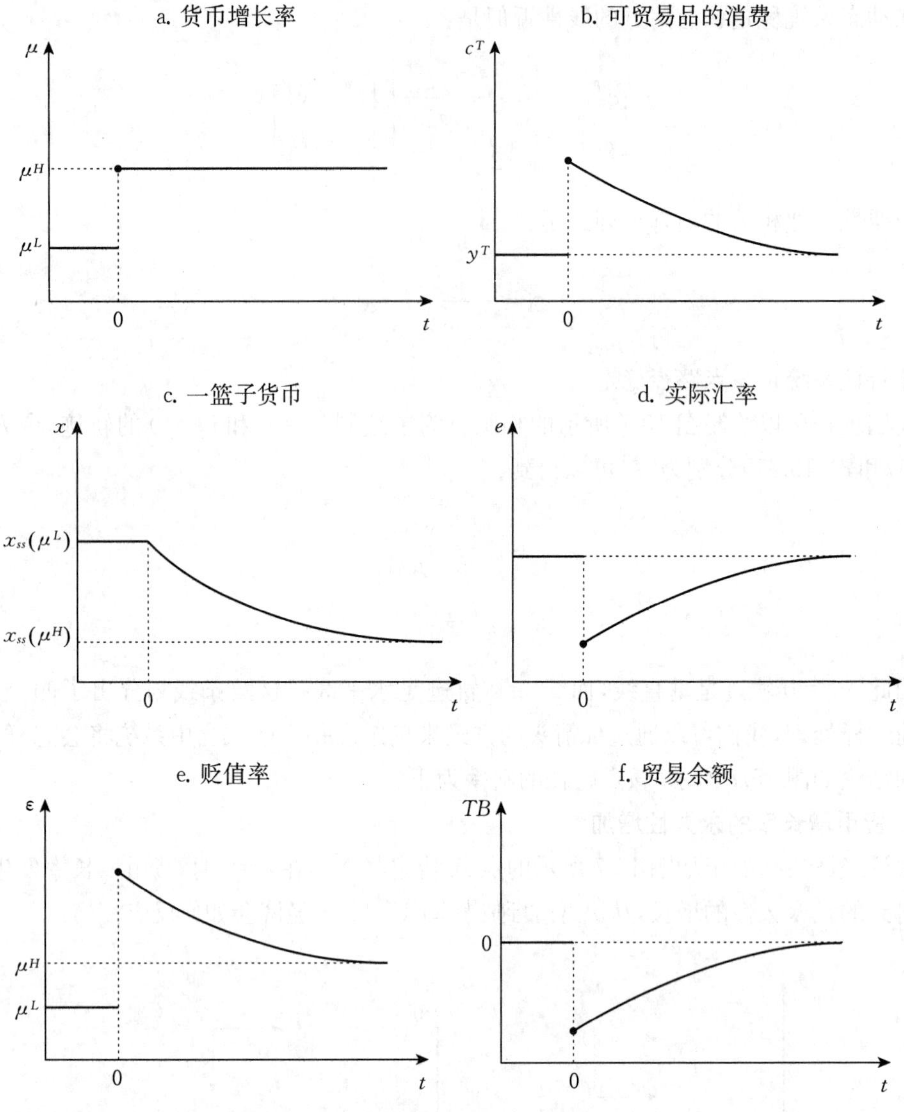

图 15.8　货币增长率的永久上升(利维坦情形)

在新的稳态中——在图 15.7 中由点 B 给定——根据式(15.38)和式(15.39)可以推知,c_{ss}^T不会发生变化,而 x_{ss} 会下降。因此,在冲击下,系统将从点 A 跳跃到点 C,然后沿着鞍点路径向点 B 移动。c_t^T 和 x_t 的相应路径分别如图 15.8b 和 c 所示。当然,由于 m_t 和 f_t 与 x_t 呈固定比例,它们也将遵循与 x_t 相同的路径运动。由于可贸易商品的消费在冲击下会上升,经济在整个转型期间会有贸易赤字(图 15.8f)。

当然,由于不可贸易品的禀赋是固定的不可贸易品的消费不会改变。那么,实际汇率会发生什么变化?从式(15.30)和式(15.32)可以看出:

$$e_t = \frac{y^N}{c_t^T} \tag{15.40}$$

因此,实际汇率和 c_t^T 变化的路径一样。在受到冲击以后它将先下降(实际升值)。随后随着时间的推移，它上升到不变的稳定状态(图 15.8d)。

贬值率会如何？给定式(15.35)，我们能写出：

$$\varepsilon_t = \mu^H - \frac{\dot{x}_t}{x_t} > \mu^H$$

这里的不等式是根据在过渡时期有 $\dot{x}_t < 0$ 这一事实得出的。此外，我们知道在稳态时，贬值率等于 μ^H。由于所有变量的调整都是单调的(因为只有一个负根)，我们可以推断出贬值率应该遵循图 15.8e 中的路径。我们也可以知道名义汇率在冲击下不会有跳跃，因为 x_t，因此 m_t 在冲击下不会有跳跃。

我们的结果背后的直觉是什么？货币增长率的增加意味着一个更高的复合货币(x_t)的机会成本。因此，公众希望从长期来看减少复合货币的数量。由于复合货币中本币和外币呈固定比例，长期中外币持有量必须下降。为了实现这一目标，经济体必须在贸易赤字下运行，这就要求增加可贸易品的消费。给定可贸易品消费的增加，在冲击之前的实际汇率下，消费者也会增加对不可贸易品的消费。对不可贸易品的超额需求会导致在冲击下其相对价格的上涨(即实际升值)。

最后，注意到这个调整机制与第 6 章强调的国际收支的货币方法类似。尽管在浮动汇率制下，名义汇率可以调整使得持有合理的本币数量，但它无法改变外币持有数量。因此，外币持有量的变化必须通过贸易不平衡来实现，正如货币方法所强调的那样。

15.3.2 卡尔沃-罗德里格斯类型的模型

现在我们发展一个模型，在该模型中由于存在流动性先行约束(liquidity-in advance constraint)，消费和流动性服务之间不能相互替代。我们将看到，在这种情况下，货币扩张速度的上升将导致国内货币的实际贬值(与前文一样，我们假设货币当局设定恒定的货币增长率 μ)。除非另有说明，否则我们继续使用相同的符号。

1. 消费者

假设消费者偏好给定如下：

$$\int_0^\infty [\log(c_t^T) + \log(c_t^N)]\exp(-\beta t)\mathrm{d}t \tag{15.41}$$

消费者受流动性先行约束，因而他的消费必须由流动性服务提供融资，这种流动性服务是通过投入实际国内货币余额与国外货币余额的流动性函数而产生的：

$$c_t^T + \frac{c_t^N}{e_t} = \alpha v(m_t,\ f_t) \tag{15.42}$$

假设函数 $v(\cdot)$ 对每个变量都是单调递增且是一次齐次的凹函数。流量约束仍然由式(15.25)给出。

为了建立现值汉密尔顿方程，利用 $a_t = m_t + f_t$ 消去在流动性先行约束中 f_t 是有帮助的。因此，控制变量将是 c_t^T、c_t^N 和 m_t，而状态变量为 a_t。因而，现值汉密尔顿方程给定为：

$$H=\log(c_t^T)+\log(c_t^N)+\lambda_t\left(y^T+\frac{y^N}{e_t}+\tau_t-c_t^T-\frac{c_t^N}{e_t}-\varepsilon_t m_t\right)$$

$$+\psi_t\left[\alpha v(m_t, a_t-m_t)-\left(c_t^T+\frac{c_t^N}{e_t}\right)\right]$$

其中，λ_t 和 ψ_t 分别是与约束式(15.25)和式(15.42)相关联的乘子。一阶条件由下式给出：

$$\frac{1}{c_t^T}=\lambda_t+\psi_t \tag{15.43}$$

$$\frac{1}{c_t^N}=\frac{\lambda_t+\psi_t}{e_t} \tag{15.44}$$

$$-\lambda_t\varepsilon_t+\psi_t\alpha(v_m-v_f)=0 \tag{15.45}$$

$$\dot{\lambda}_t=\beta\lambda_t-\psi_t\alpha v_f \tag{15.46}$$

结合式(15.43)和式(15.44)，我们能得到熟悉的条件：

$$c_t^T=\frac{c_t^N}{e_t} \tag{15.47}$$

因为模型剩余的部分保持不变，所以政府流量约束式(15.31)和经济流量约束式(15.33)仍保持不变。

作为进一步参考，请注意，我们可以使用式(15.47)将流动性先行约束式(15.42)重写为：

$$2c_t^T=\alpha v(m_t, f_t) \tag{15.48}$$

2. 模型求解

这个模型不容易求解，因为它不能像以前那样简化为一个由两个微分方程组构成的动态系统。幸运的是，为了表明这一点，在冲击下，货币扩张率的上升会导致货币实际贬值，我们可以采取一个简化的方法。我们将首先推导出涉及 m_t、f_t 和 μ 的稳态关系，并且表明在稳态下，μ 的增加会导致 f_t 的增加和 m_t 的减小。然后，我们将表明，要实现更高的稳态值 f_t，经济需要存在贸易盈余，这要求在冲击下有实际货币贬值。

为了简化陈述——且不失一般性——我们假设函数 $v(m_t, f_t)$ 采用如下形式：

$$v(m_t, f_t)=m_t^\gamma f_t^{1-\gamma}, \quad 0<\gamma<1 \tag{15.49}$$

如果 $\dot{\lambda}_t=0$，则从式(15.46)中可知 $\beta\lambda_t=\psi_t\alpha v_f\beta$。将其代入方程式(15.45)并且重新整理，我们得到：

$$\frac{f_{ss}}{m_{ss}}=\frac{1-\gamma}{\gamma}\left(\frac{\beta+\mu}{\beta}\right) \tag{15.50}$$

这里我们使用了在稳态情况下 $\varepsilon_t=\mu$ 的事实。正如预期的那样，比率 f_{ss}/m_{ss} 正向依赖于持有国内货币的机会成本(μ)。

利用方程式(15.42)、式(15.49)和式(15.50)，并考虑到 $c_{ss}^T=y^T$，我们可以推导出稳态下对 m_t 和 f_t 的需求：

$$m_{ss}=A\frac{y^T}{[(\beta+\mu)/\beta]^{1-\gamma}} \tag{15.51}$$

$$f_{ss}=By^T\left(\frac{\beta+\mu}{\beta}\right)^{\gamma} \tag{15.52}$$

这里，A 和 B 是由下式给定的正常数：

$$A\equiv\frac{2}{\alpha[(1-\gamma)/\gamma]^{1-\gamma}}>0$$

$$B\equiv\frac{2}{\alpha}\left(\frac{1-\gamma}{\gamma}\right)^{\gamma}>0$$

因此，方程式(15.51)和式(15.52)表示 μ 的增加会使 m_{ss} 下降并使 f_{ss} 增加。直觉上看，更高的货币增长率提高了比率 f_{ss}/m_{ss}。有鉴于此，从式(15.48)可以推知，总流动性——由 $v(m_{ss}, f_{ss})$ 来测量——在稳定状态下是固定不变的，因为 c_t^T 在稳态下是恒定的，比率 f_{ss}/m_{ss} 的增加必然意味着 f_{ss} 增加而 m_{ss} 下降。

3. 货币增长率的增加

现在考虑一个未预期到且永久性的货币增长率 μ 的增长。由于动态系统只有一个状态变量 f_t，所以只有一个稳定的根。这意味着在初始的跳跃之后，系统将在瞬间调整到其新的稳定状态。此外，我们知道 f_{ss} 增加。因此，沿着过渡路径有 $\dot{f}_t>0$(参见图 15.9d)。从方程式(15.33)可以看出在冲击下，c_t^T 必须下降到 $\dot{f}_t$ 变为正。然后它将逐渐恢复到其不变的稳定状态(图 15.9b)。由于对于任意 t 都有 $c_t^T=y^N$，我们能从跨期条件式(15.47)推断出 e_t 在冲击下会跳跃(即货币的实际贬值)。然后它将逐渐向其不变的稳定状态下降(图 15.9c)。

m_t 会发生什么？根据式(15.48)，由于我们已经确定了在冲击下 c_t^T 会下降，而 f_t 不变，我们能推断出在冲击下，m_t 必须下降。①

我们得出结论，货币增长率的上升导致实际的贬值。直观地说，由于流动性服务在整个稳定状态下是不变的，货币增长的增加导致稳定状态下国内实际货币余额下降，而外币余额增加。为了在转型期间积累外币余额，经济需要经营贸易顺差以从国外“进口”这笔钱，这就要求在冲击下减少可贸易品的消费。因此，在最初的实际汇率下，会出现不可贸易品的超额供给，这要求其相对价格下降(实际汇率贬值)。

15.3.3 一般的模型

上述模型分析解决了两个极端案例，我们现在将在离散时间的基础上建立一个货币

① 为了发现 m_t 随着时间推移如何变动，我们需要对此模型的解挖掘的更加深入，但这不是我们关注的重点。

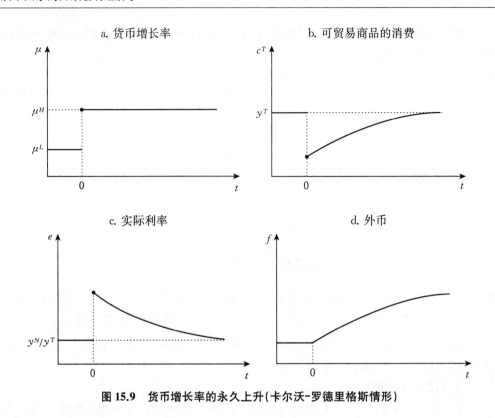

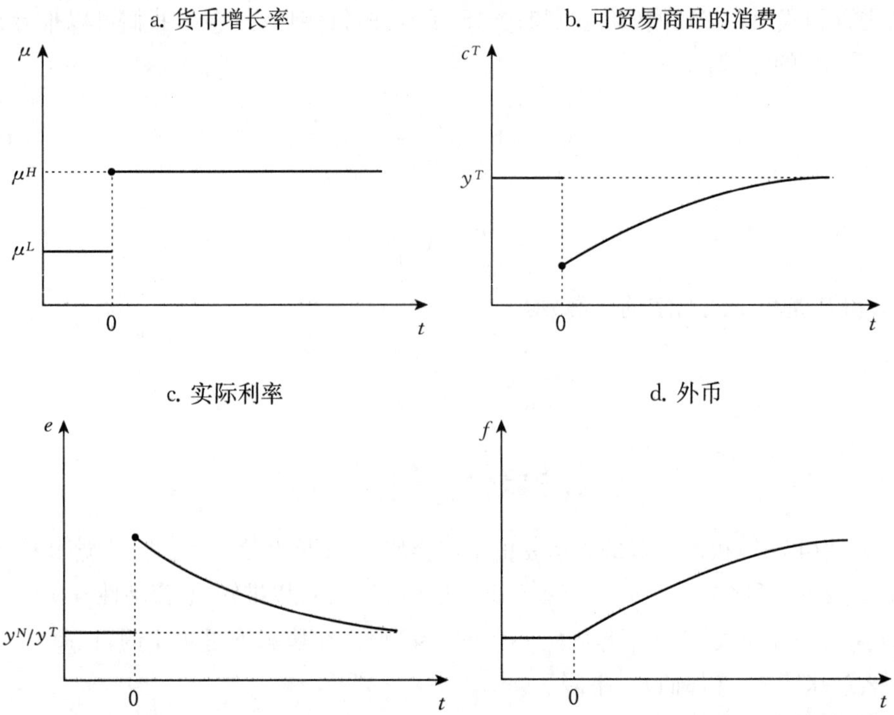

图 15.9　货币增长率的永久上升(卡尔沃-罗德里格斯情形)

替代的一般模型,这将允许我们能够关注本币与外币的替代弹性以及消费与流动性服务之间替代弹性的作用(除非另有说明,否则我们继续使用相同的符号)。由于要求出解析解是相当复杂的,我们将以数值模拟方式求解模型。[①]

1. 消费者

消费者的偏好给定如下:

$$\sum_{t=0}^{\infty}\beta^t \log z(c_t,\ \ell_t) \tag{15.53}$$

其中:

$$c \equiv (c^T)^{\alpha}(c^N)^{1-\alpha}$$

$$\ell(m,\ f)=\left[\gamma(m)^{(\rho-1)/\rho}+(1-\gamma)(f)^{(\rho-1)/\rho}\right]^{\rho/(\rho-1)}$$

$$z(c,\ \ell)=\left[\eta(c)^{(\sigma-1)/\sigma}+(1-\eta)(\ell)^{(\sigma-1)/\sigma}\right]^{\sigma/(\sigma-1)}$$

偏好被定义为是消费组合 c_t 和流动性组合ℓ_t 的函数,其中,消费组合 c_t 采用柯布—道格拉斯形式;流动性组合ℓ_t 采用 CES 函数形式;参数 $\rho(>0)$表示在本币货币余额(m_t)和外币余额(f_t)之间的替代弹性。参数 $\sigma(>0)$表示消费组合和流动性服务之间的替代弹性。为了简化且不影响我们最终分析的结果,我们将通过设定一个随时间变化的对数型偏好来隐含地假设跨期替代弹性是 1。

① 参考 Calvo(1985)对主要解析解的数学证明。

从概念上讲，15.3.1 节和 15.3.2 节讨论的两个模型其实是这个一般模型的特殊情况：在利维坦模型中，本币与外币是不存在替代弹性的(即 $\rho=0$)；在卡尔沃—罗德里格斯模型中——由于存在流动性先行约束——消费和流动性服务之间的替代弹性为零(即 $\sigma=0$)。

以名义变量衡量的流动性约束由下式给出：

$$M_t+E_tF_t=M_{t-1}+E_tF_{t-1}+E_ty^T+P_t^Ny^N-E_tc_t^T-P_t^Nc_t^N+E_t\tau_t \tag{15.54}$$

假设对于任意 t，有 $P_t^*=1$，定义 $f_t\equiv F_t/P_t^*=F_t$ 以及 $m_t\equiv M_t/E_t$，使用实际变量，约束式(15.54)就变成了：

$$m_t+f_t=\frac{m_{t-1}}{1+\varepsilon_{t-1}}+f_{t-1}+y^T+\frac{y^N}{e_t}-c_t^T-\frac{c_t^N}{e_t}+\tau_t \tag{15.55}$$

其中：

$$\varepsilon_{t-1}\equiv\frac{E_t}{E_{t-1}}-1$$

用λ_t 表示与约束式(15.55)相关的乘子。一阶条件意味着：

$$\frac{\alpha}{1-\alpha}\frac{c_t^N}{c_t^T}=e_t \tag{15.56}$$

$$\frac{1}{z_t}z_\ell\ell_t^{1/\rho}\gamma m_t^{-1/\rho}=\lambda_t-\beta\lambda_{t+1}\frac{1}{1+\varepsilon_t} \tag{15.57}$$

$$\frac{1}{z_t}z_\ell\ell_t^{1/\rho}(1-\gamma)f_t^{-1/\rho}=\lambda_t-\beta\lambda_{t+1} \tag{15.58}$$

让我们现在关注稳定状态，结合式(15.57)和式(15.58)，我们得到：

$$\frac{\gamma}{1-\gamma}\left(\frac{f_{ss}}{m_{ss}}\right)^{1/\rho}=\frac{1-\beta/(1+\varepsilon_{ss})}{1-\beta}$$

这是货币替代模型中典型的投资组合方程。这个表达式告诉我们，作为对货币增长率提高(ε_{ss}增加)的反应，稳态比率 f/m 会增加。

现在我们来看三种不同的情形：

(1) 基准情形：$\sigma=\rho$。

(2) 利维坦情形：$\sigma>\rho$。

(3) 卡尔沃—罗德里格斯情形：$\sigma<\rho$。

基准情形 假设 $\sigma=\rho$。①考虑μ_t 发生未预料到的且永久性的增加。图 15.10 显示了经济的调整。②由于稳态下外币余额不会发生变化，所以经济没必维持贸易不平衡，因此，经济能够在瞬间进行调整。为了满足更高的 f_{ss}/m_{ss} 比率(图 15.10b)，通过名义汇率的增

① 我们设定 $\sigma=\rho=0.5$。

② 参数水平设定如下：$r=0.1$，$\alpha=\eta=\gamma=0.5$，$y^T=y^N=1$，$\mu=0.1$。如同在第 13 章和第 14 章中一样，我们利用金—普罗索—里贝罗线性化方法求解模型。图 15.10 到图 15.12 展示了从初始稳态开始的偏离百分比。

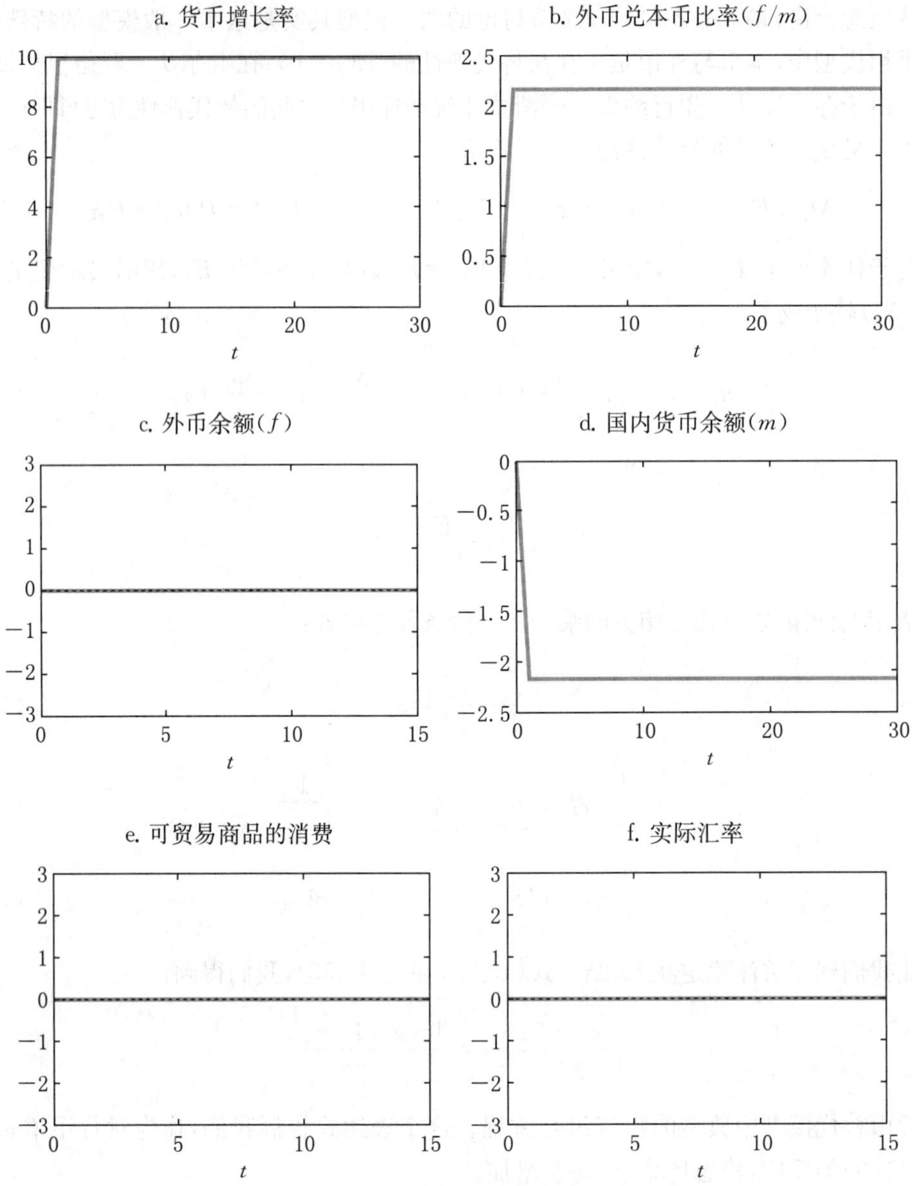

图 15.10　货币替代模型中货币增长率的提高(基准模型)

加，m_{ss}瞬间下降(图 15.10d)。[①]

利维娅坦情形　假设 $\sigma>\rho$。[②]换句话说，消费和流动性服务之间的替代弹性高于本币和外币之间的替代弹性。在这种情形下，如图 15.11 所示，稳态下为应对持有本币机会成本的增加，对外币余额的需求会下降(图 15.11c)。换句话说，流动性效应(要求较低的 f_{ss})主导货币替代效应(需要较高的 f_{ss})。为了随着时间的推移降低外币余额，经济需要经历贸易赤字。可贸易品的消费在冲击下会发生跳跃(图 15.11e)。因此，在实际汇率处于受

① 本章习题 3 将要求你证明分析在 $\sigma=\rho=1$ 且偏好是可分离情形下，经济会做出瞬时调整。

② 我们设定 $\sigma=0.9$ 且 $\rho=0.5$。

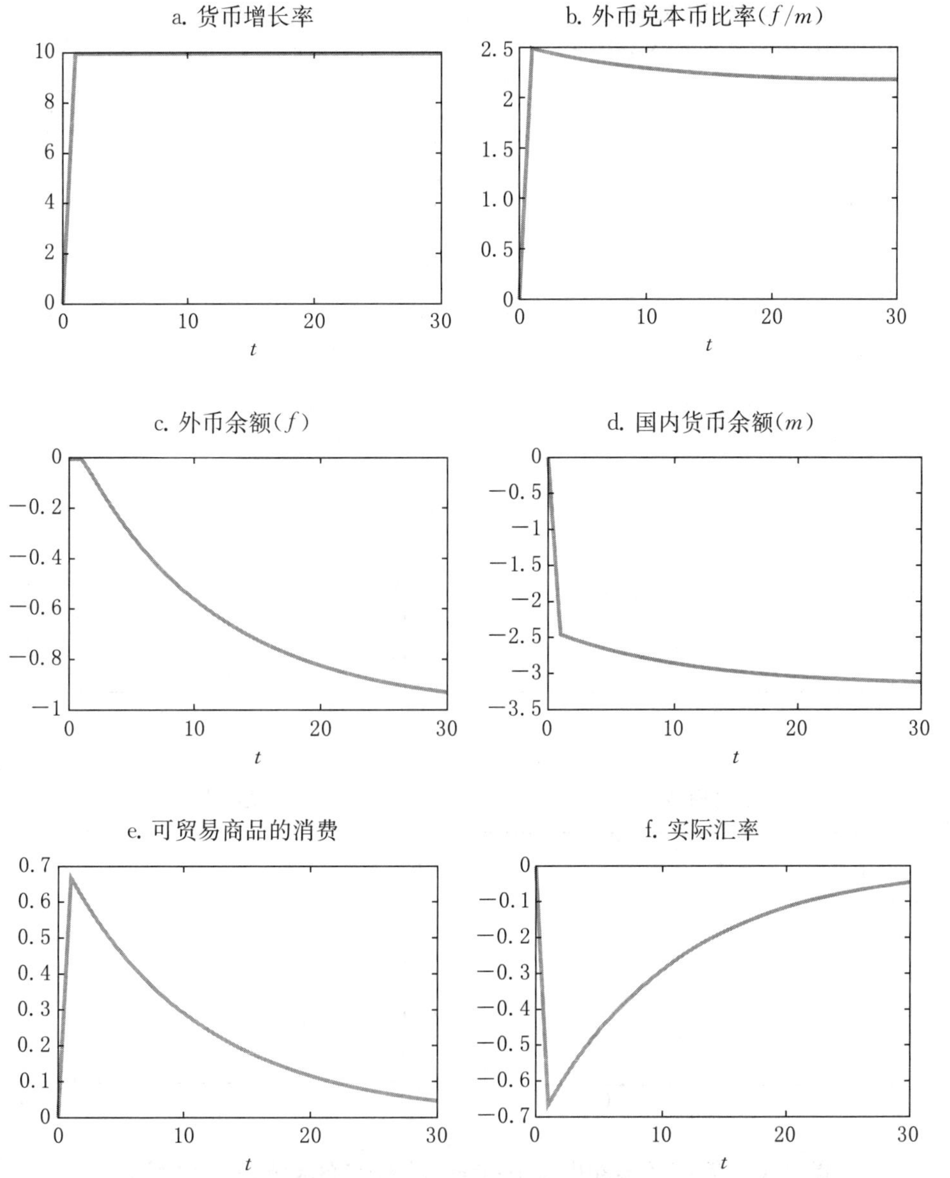

图 15.11　货币替代模型中货币增长率的提高(利维娅坦情形)

到冲击之前的水平时,对不可贸易品会出现超额需求。这要求增加不可贸易品的相对价格(实际升值),如图 15.11f 所示。

卡尔沃-罗德里格斯情形　假设 $\sigma<\rho$。①在这种情况下,如图 15.12 所示,稳态下对外币余额的需求随μ_t 的增加而增加(图 15.12c)。因此,可贸易品的消费必须下降,以使经济随时间的推移累积外国货币余额(图 15.12e)。在真实利率处于受冲击前的水平时,不可贸易品会有一个超额供给。因此,其相对价格必须下降(实际贬值),如图 15.12f 所示。

① 我们设定 $\sigma=0.5$ 且 $\rho=0.9$。

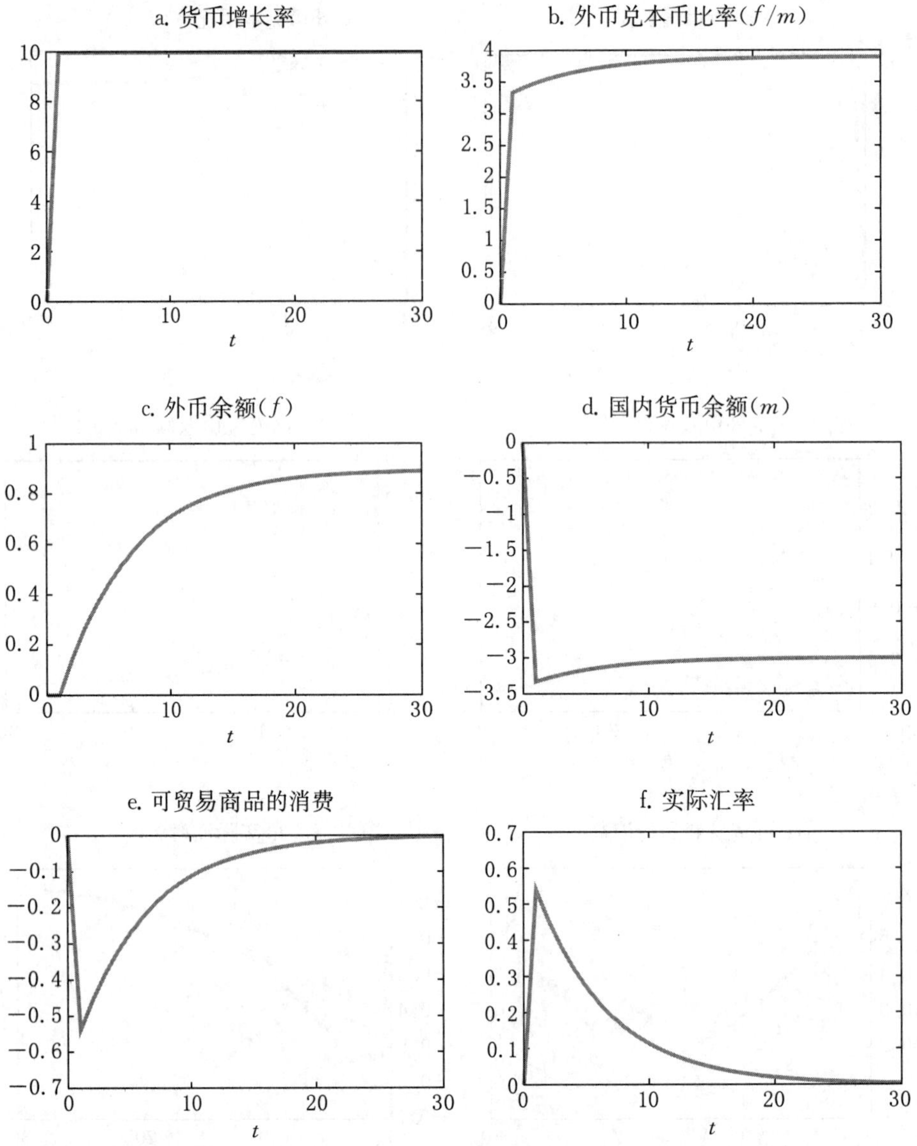

图 15.12 货币替代模型中货币增长率的提高(卡尔沃-罗德里格斯情形)

Bufman 和 Leiderman(1993)就以色列提供的估计数表明,参数 σ 在 0.1—0.3 之间,而参数 ρ 在 1.3—3.6 的范围内。实际上对于每一个估计,$\rho>\sigma$。因此,现有证据表明,卡尔沃—罗德里格斯模型是最接近实际情况的。

15.4 滞后现象

货币替代的传统模型,例如上述提到的几个,能够预测在成功解除通货紧缩之后外币与本币的比例应该下降。原则上说——暂时搁置测度问题——这似乎不是数据暗示的。我们已经在图 15.2 中观察到,在许多国家中,作为对通货膨胀急剧下降的反应,外币存款占广义货币的比重——传统上衡量美元化的方法——并未显著下降。在 Reinhart、

Rogoff 和 Savastano(2003)计算得出更多美元化测度的方法传达了类似的信息。实际上,正如图 15.13 所示,我们看到价格下降前后的美元指数大致在 45 度线上。①所谓的"滞后"被认为是寻求解释的难题。由于 Guidotti 和 Rodriguez(1992)提供了这个难题的解释,我们在这里介绍了他们模型的简化版本。②

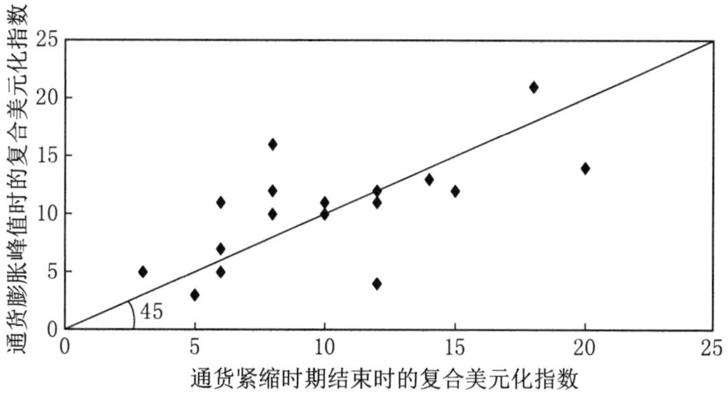

图 15.13 美元化过程中的滞后现象

资料来源:Reinhart、Rogoff 和 Savastano(2003)。

15.4.1 一个简单的模型

考虑一个完全融入世界商品和资本市场的小型开放经济体。只有一个(可贸易)商品。商品的禀赋是恒定且等于 y。我们假设经济体运行在预先决定汇率制度下且贬值率恒定为 ε。外币名义利率也假设为随着时间的推移恒定在 i^* 水平上(除非另有说明,我们继续使用相同的符号)。

偏好给定如下:

$$\int_0^{\infty} u(c_t)\exp(-\beta t)\,\mathrm{d}t \tag{15.59}$$

其中,c_t 代表消费。我们假设总消费的一部分(c_t^m)受制于国内货币先行约束,而剩余部分(c_t^f)可以为零,则受制国外货币先行约束:

$$m_t = \alpha c_t^m \tag{15.60}$$

$$f_t = \alpha c_t^f \tag{15.61}$$

$$c_t = c_t^m + c_t^f$$

其中,α 是正参数。该模型的关键特征是消费者在购买时可以选择商品计价的货币。为简单起见,我们假设 c_t^f 只能取两个值:

① 该复合美元化指数包括(1)外币存款占广义货币的比例;(2)外币债务总额占 GNP 的份额;(3)以外币计价(或关联)的国内政府债务占政府债务总额的份额。图 15.13 显示了 17 个新兴国家的数据(详细信息请参见 Reinhart, Rogoff and Savastano, 2003)。

② Uribe(1997)提供了一个相关的解释。

$$c_t^f=\begin{cases}0\\ \gamma c_t\end{cases} \tag{15.62}$$

换句话说，消费者必须在两种选择中选择一项：(1)完全不使用外币；(2)使用总消费的 γ 部分。①我们将假设在 $t=0$ 时，消费者必须决定是否"美元化"(在该模型中被定义为转化他们消费的 γ 部分的计价货币)，如果他们选择"美元化"，他们每单位消费必须支付 ϕ 单位的成本作为他们转换计价货币的代价。

为求解这个问题，我们将让消费者在非美元化情形和美元化情形下选择最优消费，然后比较哪一个给予他/她更高的效用。令 c^{nd} 和 c^d 分别代表非美元化和美元化下的总消费。因此，美元化的总成本是②：

$$\Phi=\phi\gamma c^{nd} \tag{15.63}$$

1. 非美元化情形

如果不选择美元化(即 $c_t^f=0$)，消费者的跨期约束如下(这里已经施加我们通常的假设 $r=\beta$)：

$$\frac{y}{r}+\int_0^{\infty}\tau_t\exp(-\beta t)\mathrm{d}t=\int_0^{\infty}(c_t^m+i_tm_t)\exp(-\beta t)\mathrm{d}t$$

使用式 (15.60)并注意到 $c_t^{nd}=c_t^m$，将上式重写为：

$$\frac{y}{r}+\int_0^{\infty}\tau_t\exp(-\beta t)\mathrm{d}t=\int_0^{\infty}c_t^{nd}(1+\alpha i_t)\exp(-\beta t)\mathrm{d}t \tag{15.64}$$

消费者在式(15.64)的约束下，通过选择 c_t^{nd} 来最大化式(15.59)，根据拉格朗日函数：

$$\mathcal{L}=\int_0^{\infty}u(c_t^{nd})\exp(-\beta t)\mathrm{d}t+\lambda\left\{\frac{y}{r}+\int_0^{\infty}\tau_t\exp(-\beta t)\mathrm{d}t-\int_0^{\infty}c_t^{nd}(1+\alpha i_t)\exp(-\beta t)\mathrm{d}t\right\}$$

可以得到熟悉的一阶条件：

$$u'(c_t^{nd})=\lambda(1+\alpha i_t)$$

由于在均衡中，根据利率平价条件($i=i^*+\varepsilon$)，名义利率将保持恒定，所以随时间推移消费会在 c^{nd} 的水平保持不变。从式(15.64)可以推知：

$$c^{nd}=\frac{y+r\int_0^{\infty}\tau_t\exp(-\beta t)\mathrm{d}t}{1+\alpha i} \tag{15.65}$$

---

① 按照 Guidotti 和 Rodriguez(1992)的思路，这种选择也可以是连续的，但要付出增加技术分析难度的代价。模型的结论是完全一样的。

② 我们可以假设 $\Phi=\phi\gamma c^d$。这会增加陈述的复杂性但并不能带来新的洞察。我们还将假设世界上其余国家会退还因持有该外币而缴纳的通货膨胀税，这意味着在这两种情况下，从政府向消费者的转移都是相同的。

2. 美元化情形

如果消费者选择美元化，那么跨期约束给定为：

$$\frac{y}{r}+\int_0^{\infty}\tau_t\exp(-\beta t)\mathrm{d}t-\Phi=\int_0^{\infty}(c_t^m+c_t^f+i_tm_t+i^*f_t)\exp(-\beta t)\mathrm{d}t \quad (15.66)$$

其中，由(15.63)给出的 Φ 是美元化的固定成本。使用式(15.60)和式(15.61)，我们可以将式(15.66)重写为

$$\frac{y}{r}+\int_0^{\infty}\tau_t\exp(-\beta t)\mathrm{d}t-\Phi=\int_0^{\infty}[c_t^m(1+\alpha i_t)+c_t^f(1+\alpha i^*)]\exp(-\beta t)\mathrm{d}t$$

利用 $c_t^d=c_t^m+c_t^f$ 的事实可以进一步简化上式为：

$$\frac{y}{r}+\int_0^{\infty}\tau_t\exp(-\beta t)\mathrm{d}t-\Phi=\int_0^{\infty}c_t^d\{1+\alpha[(1-\gamma)i_t+\gamma i^*]\}\exp(-\beta t)\mathrm{d}t \quad (15.67)$$

直观上看，消费者使用 $1-\gamma$ 比例的本币以及 γ 比例的外币，每单位消费的有效价格就为 $1+\alpha[(1-\gamma)i_t+\gamma i^*]$。

消费者在式(15.67)的约束下，通过选择 $\{c_t^d\}$ 来最大化式(15.59)。根据拉格朗日函数：

$$\begin{aligned}\mathcal{L}=&\int_0^{\infty}u(c_t^d)\exp(-\beta t)\mathrm{d}t\\&+\lambda\left\{\frac{y}{r}+\int_0^{\infty}\tau_t\exp(-\beta t)\mathrm{d}t-\Phi-\int_0^{\infty}c_t^d\{1+\alpha[(1-\gamma)i_t+\gamma i^*]\}\exp(-\beta t)\mathrm{d}t\right\}\end{aligned}$$

这里的 $c_t^d=c_t^m+c_t^f$。对 c_t^d 一阶条件由下式给出：

$$u'(c_t^d)=\lambda\{1+\alpha[(1-\gamma)i_t+\gamma i^*]\}$$

因为通过利率平价条件，随着时间的推移，消费的有效价格在 $1+\alpha[(1-\gamma)i_t+\gamma i^*]$ 的水平上保持恒定，所以随着时间的推移，消费也在 c^d 的水平上保持恒定。因此，从式(15.67)可以推出：

$$c^d=\frac{y+r\int_0^{\infty}\tau_t\exp(-\beta t)\mathrm{d}t-r\Phi}{1+\alpha[(1-\gamma)i+\gamma i^*]} \quad (15.68)$$

3. 要美元化还是非美元化？

如果在美元化情形下的消费水平要高于非美元化情形下的消费水平，消费者就会选择美元化：

$$c^d\geqslant c^{nd}$$

使用式(15.65)和式(15.68)，我们可以将这个条件写为：

$$\frac{y+r\int_0^{\infty}\tau_t\exp(-\beta t)\mathrm{d}t-r\Phi}{1+\alpha[(1-\gamma)i+\gamma i^*]}\geqslant\frac{y+r\int_0^{\infty}\tau_t\exp(-\beta t)\mathrm{d}t}{1+\alpha i}$$

根据式(15.63),这个条件可以简化为:

$$\frac{\alpha(i-i^{*})}{r}\geqslant\phi \tag{15.69}$$

直观上说,考虑 $i-i^{*}>0$ 的情形并考虑是否进行美元化的决策。对于使用外币的每个消费单位,流动储蓄等于 $\alpha(i-i^{*})$,其折现值为 $\alpha(i-i^{*})/r$。每单位消费的成本是 ϕ。因此,如果每单位储蓄的折现值大于每单位的成本,则消费者将选择美元化。其他条件不变时,$i-i^{*}$ 越高,条件式(15.69)越可能成立,消费者越会选择美元化。

条件式(15.69)的一个关键特征是,$i-i^{*}$ 为正值是美元化发生的必要条件,但不是充分条件。如图 15.14 所示,名义利率差异需要足够大以抵消美元化成本。为加深理解,考虑值 $i-i^{*}\geqslant 0$。如果所有 $i-i^{*}$ 值小于 $r\phi/\alpha$,那么,经济维持非美元化。只有当 $i-i^{*}$ 达到值 $r\phi/\alpha$,经济才会选择美元化(即总消费中的 γ 部分以美元计价)。

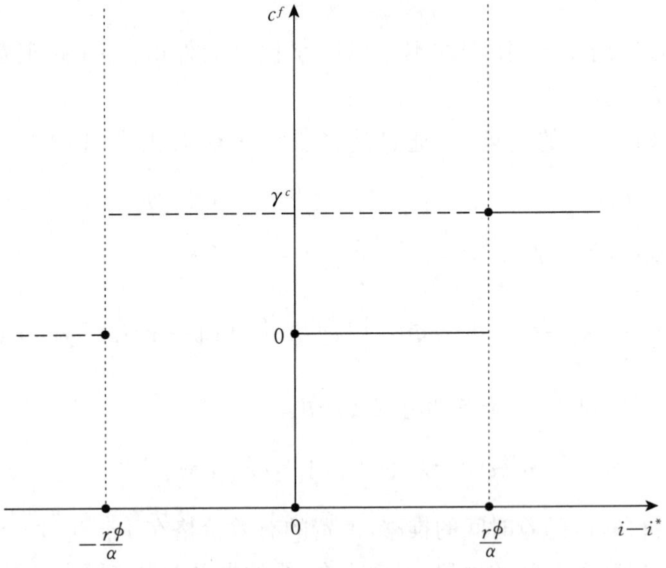

图 15.14　滞后模型:非行动区间

15.4.2　去美元化和滞后现象

假设在时点 0 之前,经济处于上述描述的美元化均衡状态。在 $t=0$ 时,ε 出现一个未预期到且永久性的减少。根据利率平价条件,名义利率也会下降。消费者将选择去美元化吗? 为了回答这个问题,我们需要进行与上述相同的分析,唯一的区别是现在运用于去美元化过程的固定成本将由下式给出:

$$\Phi=\phi\gamma c^{d} \tag{15.70}$$

如果按这种方式展开,容易证明消费者将会选择去美元化,只要:

$$\frac{y+r\int_{0}^{\infty}\tau_{t}\exp(-\beta t)\mathrm{d}t-r\Phi}{1+\alpha i}\geqslant\frac{y+r\int_{0}^{\infty}\tau_{t}\exp(-\beta t)\mathrm{d}t}{1+\alpha[(1-\gamma)i+\gamma i^{*}]}$$

使用式(15.70),可以将上述条件简化为:

$$\frac{\alpha(i^*-i)}{r}\geqslant\phi$$

这也就是说,要使去美元化发生,国内名义利率不仅需要减少,而且要减少到低于外国名义利率,其下降幅度足以确保弥补消费者在去美元化中的固定成本。根据图 15.14,虚线表示即使 i 降到 i^* 以下,经济仍会保持美元化,除非利率差 $i-i^*$ 变为负值,并实际上达到 $-r\phi/\alpha$,去美元化才会发生。因此,这个模型在如下意义上可以预测滞后现象,即便发生本币通胀,经济将维持美元化,因而名义利率下降。

15.5 货币政策与货币替代

通常认为在高度美元化的经济中,货币政策会失去锚定名义变量的一些能力。为了从理论上说明这一点,我们发展了一个 Kareken 和 Wallace(1981)在一篇经典论文中对汇率不确定性进行研究的模型。我们将采用第 7 章中提出的简单的货币先行模型,并假定本币和外币在满足一些所需的流动性服务下是完全替代的。

考虑一个完全融入国际商品和资本市场的小型开放经济,假设只有一种商品(可贸易但不可储藏),国外名义利率假定是固定在 i^* 水平上不变。经济在浮动汇率制下运行,除非另有说明,否则相关符号都维持不变。

15.5.1 消费者

令偏好由下式给定:

$$\int_0^\infty u(c_t)\exp(-\beta t)\mathrm{d}t \tag{15.71}$$

按照我们以前模型的实质,我们将要求消费中的 $1-\gamma$ 部分需要使用本币进行购买。剩余消费(即 γ 部分)既可以用本币,也可以用外币进行购买。①

$$m_t^e=\alpha(1-\gamma)c_t \tag{15.72}$$

$$m_t^n+f_t=\alpha\gamma c_t \tag{15.73}$$

$$m_t^e+m_t^n=m_t \tag{15.74}$$

这里的 m_t^e 表示"必要的"实际货币余额,m_t^n 表示非必要的货币余额。请注意,不像我们之前所述的模型,在这里本币与外币的转换是没有成本的。换句话说,当涉及为总消费中的 γ 部分进行支出时,这两种货币都是可以完全替代的。由于原则上消费者可以选择不使用任何外币,或者设定 $m_t^n=0$,我们需要施加以下非负约束:

① 与往常一样,我们假设由于名义利率为正,因此货币先行约束在最优时将取等号。

$$m_t^n \geqslant 0 \tag{15.75}$$

$$f_t \geqslant 0 \tag{15.76}$$

令实际总金融资产给定为：

$$a_t \equiv b_t + m_t + f_t$$

其中，b_t 表示净国外资产。

消费者的跨期约束仍然由式(15.3)给出。使用式(15.74)，我们可以将它写为：

$$a_0 + \frac{y}{r} + \int_0^{\infty} \tau_t \exp(-rt)\mathrm{d}t = \int_0^{\infty} [c_t + i_t(m_t^e + m_t^n) + i^* f_t]\exp(-rt)\mathrm{d}t \tag{15.77}$$

在式(15.72)、式(15.73)、式(15.75)、式(15.76)和式(15.77)的约束下，代表性消费者通过选择$\{c_t, m_t^e, m_t^n, f_t\}$来最大化式(15.71)。根据拉格朗日函数：

$$\begin{aligned}\mathcal{L} = &\int_0^{\infty} u(c_t)\exp(-\beta t)\mathrm{d}t \\ &+ \lambda\left[a_0 + \frac{y}{r} + \int_0^{\infty} \tau_t \exp(-rt)\mathrm{d}t - \int_0^{\infty} [c_t + i_t(m_t^e + m_t^n) + i^* f_t]\exp(-rt)\mathrm{d}t\right] \\ &+ \int_0^{\infty} \phi_t [m_t^e - \alpha(1-\gamma)c_t]\exp(-rt)\mathrm{d}t + \int_0^{\infty} \theta_t (m_t^n + f_t - \alpha\gamma c_t)\exp(-rt)\mathrm{d}t\end{aligned}$$

一阶条件给定为(假设 $\beta = r$)：

$$u'(c_t) = \lambda + \phi_t \alpha(1-\gamma) + \theta_t \alpha\gamma \tag{15.78}$$

$$-\lambda i_t + \phi_t = 0 \tag{15.79}$$

$$-\lambda i_t + \theta_t \leqslant 0 \qquad m_t^n \geqslant 0, \qquad m_t^n(\theta_t - \lambda i_t) = 0 \tag{15.80}$$

$$-\lambda i^* + \theta_t \leqslant 0, \qquad f_t \geqslant 0, \qquad f_t(\theta_t - \lambda i^*) = 0$$

作为进一步的参考，请注意$-\lambda i_t + \theta_t < 0$ 和$-\lambda i^* + \theta_t < 0$ 两者不可能同时成立。如果是这样的话，它将意味着 $m_t^n = f_t = 0$，这将违背的现金先行约束条件式(15.73)。因此，这两者当中至少要有一个必须取等号。

我们现在讨论可能出现的三种情况。由于经济在浮动汇率制下运行，所以国内名义利率是内生变量，我们将通过假设 i_t 相对于 i^* 的一个值来求解消费者的问题，然后证明我们对 i_t 的初始假设是与均衡相一致的。

15.5.2 仅有国内货币的均衡

假设 $i_t < i^*$。因为$(\theta_t - \lambda i_t)$或者$(\theta_t - \lambda i^*)$必须为零，因此，$i_t < i^*$ 的事实意味着 $\theta_t - \lambda i_t = 0$ 和 $\theta_t - \lambda i^* < 0$。因此，有 $m_t^n > 0$ 和 $f_t = 0$。进一步有 $m_t^n = \alpha\gamma c_t$。使用式(15.72)和式(15.74)，我们得到：

$$m_t = \alpha c_t \tag{15.81}$$

进一步，因为 $\phi_t = \theta_t = \lambda i_t$，式(15.78)可以重写为：

$$u'(c_t) = \lambda(1 + \alpha i_t) \tag{15.82}$$

因此，我们回到了第 7 章的世界。我们将建立一个关于 i_t 的不稳定的微分方程。因此，对于所有的 t，有 $i_t = r + \mu$，其中，μ 是货币当局设定的固定不变的货币增长率。①从式(15.82)可以看出，随着时间的推移，消费是固定的，在均衡的情况下，可以由经济体的资源约束来确定。一旦固定不变的消费水平被确定，在均衡中，实际货币余额可以通过方程式(15.81)来确定。对于给定的 M_0，这也将确定名义汇率的初始水平 E_0。

15.5.3 美元化下的均衡

假设 $i_t > i^*$。再一次，因为 $\theta_t - \lambda i_t = 0$ 或者 $\theta_t - \lambda i^* = 0$，它一定是 $\theta_t - \lambda i^* = 0$，然后是 $\theta_t - \lambda i_t < 0$ 的情形。因此，有 $f_t > 0$ 和 $m_t^n = 0$。货币先行约束(15.73)现在采用如下形式：

$$f_t = \alpha \gamma c_t$$

进一步，由于 $\phi_t = \lambda i_t$ 和 $\theta_t = \lambda i^*$，我们可将式(15.78)重写为：

$$u'(c_t) = \lambda\{1 + \alpha[(1-\gamma) i_t + \gamma i^*]\} \tag{15.83}$$

因为消费中 $1-\gamma$ 比例的部分是使用本币，而 γ 比例的部分是使用外币，伴随着消费而出现的机会成本是$(1-\gamma) i_t + \gamma i^*$。再次为了确定 i_t，我们将建立标准微分方程，并得出 $i_t = r + \mu$ 的结论。②因此，消费是随着时间的推移而保持固定，并可以通过经济的资源约束来确定。最后，我们将使用现金先行约束式(15.72)来确定初始名义汇率水平。

因此，在这种均衡中，只要本币的机会成本高于外币，消费者会尽可能少的使用本国货币。

15.5.4 不确定下的均衡

假设 $i_t = i^*$。由于 $\theta_t - \lambda i_t = 0$ 或者 $\theta_t - \lambda i^* = 0$，在这种情况下两者都必须为零。因此，我们可以将一阶条件式(15.78)重写为：

$$u'(c_t) = \lambda(1 + \alpha i_t) \tag{15.84}$$

因此，随着时间的推移，由资源约束条件所确定的消费会固定在 c 的水平上。③使用式(15.72)、式(15.73)和式(15.74)，我们可以得到：

---

① 注意一下，只要 $\mu < i^* - r$，那么假设 $i_t < i^*$ 就会成立。

② 我们总是可以通过对 μ 的选择来满足 $i_t > i^*$ 的条件。

③ 再次通过推导包含 i_t 的微分方程，我们可以证明 $\mu = 0$ 将会导出 $i = i^*$。

$$m_t + f_t = \alpha c$$

注意，存在有无限多个 $m_t \geqslant m_t^e$ 和 $f_t \geqslant 0$ 的组合可以满足这个方程。模型中没有什么可以确定这些数值。我们将根据初始名义汇率来表达这种基本的不确定性。为此，将最后一个方程重写为：

$$\frac{M_t}{E_t} + f_t = \alpha c$$

考虑在 $t=0$ 时的这一条件：

$$\frac{\overline{M_0}}{E_0} + f_0 = \alpha c \tag{15.85}$$

其中，$\overline{M_0}$表示货币当局设定的 M_0 值。根据定义，在 $t=0$ 时，有：

$$a_0 = b_0 + f_0 + \frac{\overline{M_0}}{E_0} \tag{15.86}$$

最后的两个方程式决定了 E_0、f_0 和 b_0 的值。但是这个系统是不确定的。对于 E_0 的每个值，存在唯一满足方程式(15.85)的 f_0 值，f_0 的这个值然后通过方程式(15.86)决定了唯一的 b_0 值。换句话说，更高的 E_0 值意味着更低的国内实际货币余额，这要求有更多的外币实际余额来满足现金先行约束。这种更高的 f_0 是通过出售外国债券(即更低的 b_0)来实现的。有无限多个三元(E_0，f_0，b_0)组合可以满足方程式(15.85)和式(15.86)。因此汇率是不确定的。一个给定的$\overline{M_0}$值会与任意的 E_0 相一致。这说明在货币替代条件下的经济，通过钉住名义汇率值的货币政策将会是失败的。

加上一点点不完全替代就足以使名义汇率确定。但在这种情况下，货币政策的微小变化将导致名义汇率的大幅波动。特别是，货币增长率的小幅增长可能导致货币的大幅度名义贬值。因此，这种模型告诉我们，在本币和外币高度可替代的世界中，我们预期会看到与经济基本面无关的名义汇率的大幅波动。更一般来说，模型揭示了在货币高度替代的世界中，货币政策可能会是无效的。正如专栏 15.2 所讨论的那样，在浮动汇率下，货币替代将修补货币政策的无效性的观点一直是许多货币替代实证研究背后的主要推动力之一。

15.6 一个资产替代模型

正如 15.4 节所讨论的那样，滞后的经验现象被视作一个谜，因为传统的货币替代模型会预测外币与本币的比率应该随着通胀程度(或名义利率)的下降而下降。然而，问题在于，测量数据显示(主要是资产替代)并不是理论所说的(货币替代)。因此，理论与实证之间存在着不匹配。

为了弥补这一点，我们现在发展一个由 Thomas(1985)提出的资产替代模型。在这个模型中，消费者有一个非平凡的投资组合决策，因为不同资产的真实回报是不确定的。不确定性对于模型至关重要，因为模型的主要思想是消费者通过持有以本币和外币计价的资产来实现风险多样化。我们会看到，美元化(用以外币计值的资产组合的份额来测算)并不取决于通货膨胀水平(或名义利率)，而是取决于实际收益和风险度量。在这样的世界里，我们不会期望国内名义利率的下降对美元化程度有影响。①

专栏 15.2 货币替代是否会破坏货币政策独立性?

早期对货币替代的实证研究认为货币的高度替代性会主要通过两种渠道破坏货币政策的独立性。首先，如15.5节所分析的那样，高度的货币替代将使得名义汇率对货币政策的微小变化产生强烈的反应。第二，货币替代的存在会破坏货币政策在浮动汇率制下的有效性。根据我们的基本模型，这一点可以在第6章中发展的无债券模型的背景下得到最清楚的解释。在浮动汇率条件下，例如货币增长率的下降会立即引起通货膨胀率的下降而不会产生实际效应。然而，在存在货币替代的情况下，同样的货币增长率减少将导致在短期内消费和贸易顺差的下降，这是私营部门调整外币余额所必需的。因此，降低通胀率的过程是成本昂贵的。在这个意义上，货币政策变得不那么有效。因此，确定货币替代程度对于评估货币政策独立性至关重要。

表 15.1 关于货币替代的研究

作　者	数据库	方　　法	主要结果
Miles(1978)	1960—1975年加拿大的季度数据	基于科克兰-奥克特过程的 OLS 估计	● 美元和加元不是完全替代的 ● 美元和加元之间的替代弹性很大(整个期间为5.8)，似乎是浮动汇率次周期(1970.III—1975.IV)替代固定汇率次周期(1962.III—1970.II)的结果
Bordo 和 Choudhri (1982)	1970—1979年间加拿大的季度数据	基于科克兰-奥克特过程的 OLS 估计	● 在浮动汇率时期，外币预期收益率对加拿大国内货币需求的影响微不足道
Savastano (1992)	玻利维亚、墨西哥、秘鲁和乌拉圭的季度数据	基于哈弗-海因和米勒过程的 OLS 估计	● 外币存款的存在对这些国家本币需求的稳定产生了不利影响 ● 随着国内银行体系中外币存款的自由化，本币余额逐渐被外币存款所取代。但是，缺乏财政原则最终导致在玻利维亚、墨西哥和秘鲁重新实行管制
Bufman 和 Leiderman (1993)	以色列1978—1988年间的季度数据	在一个非期望效用模型中进行的广义矩估计	● 本币和 Patam(以汇率为指数的存款)之间的货币替代估计弹性范围为0.8—3.6 ● 消费和流动性服务之间估计的替代弹性范围为0.1—0.3 ● 本币在产生流动性服务方面比类似的 Patam 单位更为有效

① 从技术上讲，我们需要引入一种新工具：随机微积分。连续时间随机模型是金融学和宏观经济学(尤其是投资理论)中方便且广泛使用的工具。举例来说，可以参考 Malliaris 和 Brock(1982)及 Dixit 和 Pindyck(1994)。

续表

作　者	数据库	方　法	主要结果
Imrohoroglu(1994)	加拿大 1974—1990 年间月度和季度数据	在一个货币效用函数中进行的广义矩估计	● 美元和加元之间货币替代的估计弹性范围为 0.29—0.43,这表明美元是加元的弱替代货币 ● 但是,美元在降低加拿大国内消费计划相关的交易成本方面具有统计学意义上显著的作用
Reinhart,Rogoff 和 Savastano(2003)	48 个长样本国家在 1980—2001 年间的年度数据和 90 个短样本国家在 1996—2001 年间的年度数据	使用一种综合指数,定义了四种不同的美元化	● 在 20 世纪 80 年代初至 90 年代后期,发展中国家美元化的程度和发生率增加 ● 美元化方面的区域差异很大。非洲是世界上美元化程度最低的地区,其次是亚洲和中东,而南美是美元化程度最高的地区
Serletis 和 Feng(2010)	1982—2006 年间加拿大的季度数据	半非参数方法-AIM(渐近理想模型)	● 基于蒙德拉克的替代弹性,他们发现货币资产之间的可替代性较低 ● 基于马歇尔的需求弹性,他们发现美元存款是对本币资产的补充

早期研究估计了包含本币和外币需求的简单回归方程,作为这两种货币的函数(关于货币替代研究的总结参见表 15.1)。货币替代程度由这些产出变量的系数决定。Miles(1978)发现在实施浮动汇率期间,美元和加元之间存在显著替代性。然而,Bordo 和 Choudhri(1982)则得到了相反的结论——加拿大的货币替代性很弱——迈尔斯(Miles)的模型有误。Savastano(1992)研究了 4 个拉丁美洲国家的美元化情况,并发现外币存款的存在对这些国家本币需求的稳定性有不利影响。这当然会影响货币政策的有效性。

这种早期研究的经验方法可能存在的一个问题是,所估计的方程式(隐含或明显地)基于静态模型,从而抽象掉了潜在跨期传输渠道的重要性。正如在 15.3.3 节中所讨论且被 Calvo(1985)所强调的那样,货币政策变化的影响不仅取决于货币替代程度,也取决于消费与流动性服务之间的替代程度。Bufman 和 Leiderman(1993)采用这种方法,并使用 GMM 过程来估计以色列的货币替代。他们发现货币替代的估计弹性大于 1 且比消费与流动性服务之间的跨期弹性更大。应用这些参数值去设想稳定状态,他们发现货币替代程度的相对较小的变化可能对铸币税产生显著影响,从而破坏货币政策的独立性。然而,Imrohoroglu(1994)使用了类似的方法,发现美元和加元之间货币替代的弹性范围为 0.29—0.43,表明货币替代相对较弱。

Reinhart、Rogoff 和 Savastano(2003)扩大了货币替代(通常以外币计价的 M2 的比例)的传统经验定义,引入了包括私人和公共机构的外币计价债务。他们表明,美元化的发生率在发展中国家 1980—2000 年间增加了,而且地区之间的差异也很大。然而,他们也认为美元化不会阻碍货币政策的有效性,特别是在通胀的控制方面。

Serletis 和 Feng(2010)在最近的一篇文章中挑战了 GMM 方法。他们首先通过半参数方法估计了对流动资产的需求,然后估计本币和外币存款之间的替代弹性来研究加拿大的情况。他们发现货币资产之间的可替代性较低,这应该能保证货币政策的有效性。此外,他们发现美元存款是对国内货币资产的补充,因此得出结论,浮动汇率制对加拿大是最优的选择。

总而言之,研究显示货币替代似乎不是工业化国家的主要因素,因此对货币政策的有效性几乎没有影响。相比之下,货币替代在许多发展中国家似乎是重要的,尽管它对货币政策有效性的影响仍然是一个悬而未决的问题。我们还应该记住,整个实证研究文献受到区分货币和资产替代问题的困扰。这显然是重要的,因为至少在理论上,资产替代在浮动汇率下,并不会影响到货币政策的独立性。回想一下,我们在第 5 章中引入的基本货币模型假设国内债券和外国债券之间完全替代,而货币政策保留了封闭经济中所具有的全部有效性。如 15.5 节讨论的,只有货币替代才能使货币政策的有效性受到质疑。

15.6.1 家庭

家庭的偏好给定如下:

$$E_0\{\int_0^{\infty} u(c_t)\exp(-\beta t)\mathrm{d}t\}$$

其中,$E_0\{\cdot\}$表示在 0 时刻的期望值,效用函数 $u(\cdot)$是严格递增且严格凹的,c_t 为消费,β 为正折现率。如 7.4 节所述,我们将通过交易成本技术来引入货币,并假设本币和外币都可以降低交易成本:

$$s_t = c_t v\left(\frac{m_t}{c_t}, \frac{f_t}{c_t}\right) \tag{15.87}$$

其中,m_t 和 f_t 分别表示国内外货币余额,$v(\cdot, \cdot)$满足 $v\geqslant 0$, $v_1\leqslant 0$, $v_2\leqslant 0$, $v_{11}>0$, $v_{22}>0$, $v_{12}>0$ 和 $v_{11}v_{22}-v_{12}^2>0$。换句话说,额外的实际货币余额会以递减的速率减少交易成本(即交易技术是凸的)。

国内价格 P_t 和国外价格 P_t^* 假设根据如下的伊藤过程(Ito's processes)变化:

$$\frac{\mathrm{d}P_t}{P_t} = \pi \mathrm{d}t + S\mathrm{d}Z$$

$$\frac{\mathrm{d}P_t^*}{P_t^*} = \pi^* \mathrm{d}t + S^* \mathrm{d}Z^*$$

其中,(固定的)过程漂移 π 和 π^*,代表每单位时间预期的通胀率;S^2 和 S^{*2}是每单位时间的过程方差;$\mathrm{d}Z$ 和 $\mathrm{d}Z^*$ 是维纳过程的增量(S^{c2}将表示这两个过程的协方差)。根据构造,$\mathrm{d}Z$ 和 $\mathrm{d}Z^*$ 是随时间的推移保持独立(把维纳过程想象为类似于连续时间的随机游走过程)。

B_t 和 B_t^* 分别表示国内和外国名义债券的持有量，i 和 i^* 分别为国内和国外名义利率。实际持有量将由 b_t 和 b_t^* 表示。如附录 15.8.2 所示，b_t 和 b_t^* 遵循以下过程：

$$\frac{\mathrm{d}b_t}{b_t}=r\mathrm{d}t-S\mathrm{d}Z$$

$$\frac{\mathrm{d}b_t^*}{b_t^*}=r^*\mathrm{d}t-S^*\mathrm{d}Z^*$$

其中：

$$r\equiv i-\pi+S^2$$

$$r^*\equiv i^*-\pi^*+S^{*2}$$

分别代表国内债券和外国债券的(固定)预期实际收益。

同样，本币和外币的实际预期收益率将分别由下式给出：

$$(-\pi+S^2)\mathrm{d}t-S\mathrm{d}Z=(r-i)\mathrm{d}t-S\mathrm{d}Z$$

$$(-\pi^*+S^{*2})\mathrm{d}t-S^*\mathrm{d}Z^*=(r^*-i^*)\mathrm{d}t-S^*\mathrm{d}Z^*$$

因此，实际金融财富 a_t 给定为：

$$a_t\equiv m_t+f_t+b_t^*+b_t$$

令 θ_t^m、θ_t^f、θ_t^b 和 θ_t^{b*} 分别表示在消费者财务投资组合中，本币、外币、国内债券和外国债券的份额。当然，$\theta_t^m+\theta_t^f+\theta_t^b+\theta_t^{b*}=1$。$\Gamma_t^f$ 定义为用美元计价资产的份额，即：

$$\Gamma_t^f\equiv\theta_t^f+\theta_t^{b*} \tag{15.88}$$

例如，如果 $\Gamma_t^f=0$，消费者持有的已经被融资的外币完全是通过美元借款实现的。如果 $\Gamma_t^f<0$，美元借款超过外币持有量。

实际金融财富根据如下规则演进：

$$\begin{aligned}\mathrm{d}a_t=&\theta_t^m a_t\underbrace{[(r-i)\mathrm{d}t-S\mathrm{d}Z]}_{\text{本币的流量收益}}+\theta_t^f a_t\underbrace{[(r^*-i^*)\mathrm{d}t-S^*\mathrm{d}Z^*]}_{\text{外币的流量收益}}\\&+\theta_t^b a_t\underbrace{(r\mathrm{d}t-S\mathrm{d}Z)}_{\text{国内债券的流量收益}}+\theta_t^{b*}a_t\underbrace{(r^*\mathrm{d}t-S^*\mathrm{d}Z^*)}_{\text{外国债券的流量收益}}\\&+\left[y-c_t-c_t v\left(\frac{\theta_t^m a_t}{c_t},\ \frac{\theta_t^f a_t}{c_t}\right)\right]\mathrm{d}t\end{aligned} \tag{15.89}$$

利用式(15.88)，可以将方程式(15.89)重写为：

$$\begin{aligned}\mathrm{d}a_t=&\left\{[\Gamma_t^f r^*+(1-\Gamma_t^f)r-\theta_t^m i-\theta_t^f i^*]a_t+\left[y-c_t-c_t v\left(\frac{\theta_t^m a_t}{c_t},\ \frac{\theta_t^f a_t}{c_t}\right)\right]\right\}\mathrm{d}t\\&-\Gamma_t^f a_t S^*\mathrm{d}Z^*-(1-\Gamma_t^f)a_t S\mathrm{d}Z\end{aligned} \tag{15.90}$$

实际金融财富的演进有一个非随机的组成部分(右端第一项)和一个随机组成部分(右端

最后两项)。

根据附录 15.8.3,我们可以将这个随机动态规划问题表达为:

$$\beta J(a_t)=\max_{\{c_t,\theta_t^m,\theta_t^f,\Gamma_t^f\}}\left[u(c_t)+\left\{\begin{matrix}[\Gamma_t^f r^*+(1-\Gamma_t^f)r-\theta_t^m i-\theta_t^f i^*]a_t\\+\left[y-c_t-c_t v\left(\dfrac{\theta_t^m a_t}{c_t},\dfrac{\theta_t^f a_t}{c_t}\right)\right]\end{matrix}\right\}J'(a_t)\right.$$

$$\left.+\frac{1}{2}[(\Gamma_t^f)^2S^{*2}+(1-\Gamma_t^f)^2S^2+2\Gamma_t^f(1-\Gamma_t^f)S^{c2}]a_t^2J''(a_t)\right]\quad(15.91)$$

对 c_t、θ_t^m、θ_t^f 和 Γ_t^f 的一阶条件为:

$$u'(c_t)=\left[1+v\left(\frac{m_t}{c_t},\frac{f_t}{c_t}\right)-v_1\left(\frac{m_t}{c_t},\frac{f_t}{c_t}\right)\frac{m_t}{c_t}-v_2\left(\frac{m_t}{c_t},\frac{f_t}{c_t}\right)\frac{f_t}{c_t}\right]J'(a_t)\quad(15.92)$$

$$-v_1\left(\frac{m_t}{c_t},\frac{f_t}{c_t}\right)=i\quad(15.93)$$

$$-v_2\left(\frac{m_t}{c_t},\frac{f_t}{c_t}\right)=i^*\quad(15.94)$$

$$(r^*-r)a_tJ'(a_t)+\frac{1}{2}[2\Gamma_t^fS^{*2}-2(1-\Gamma_t^f)S^2+2S^{c2}(1-2\Gamma_t^f)]a_t^2J''(a_t)=0$$

(15.95)

15.6.2 货币持有量

货币持有量将像在任意标准货币替代模型中那样被确定。方程式(15.93)和式(15.94)隐含地定义以下货币需求函数:

$$m_t=c_t\tilde{m}(i,i^*),\ \tilde{m}_i<0,\ \tilde{m}_{i^*}>0$$

$$f_t=c_t\tilde{f}(i,i^*),\ \tilde{f}_i>0,\ \tilde{f}_{i^*}<0$$

联立这两个等式,可以得到:

$$\frac{m_t}{f_t}=\Psi(i,i^*),\ \Psi_i<0,\ \Psi_{i^*}>0\quad(15.96)$$

因此,对于给定的 i 和 i^*,货币持有量与家庭消费成正比,根据式(15.87),交易成本 s_t 也与 c_t 成正比。

15.6.3 资产持有量

为了进一步简化分析,假设 $u(c)=c^{1-\sigma}/(1-\sigma)$,其中,$\sigma>0$ 是不变的风险回避系数。由于资产回报的均值和方差是非时变的(time-invariant),交易成本与家庭消费成正比,可以证明 $J(a)=\kappa a^{1-\sigma}/(1-\sigma)$,$c_t=\omega a_t$,$\theta_t^m$、$\theta_t^f$ 和 Γ_t^f 是非时变的。κ 和 ω 连同投资组合

份额是常数,可以通过求解式(15.92)—式(15.95)及与式(15.91)一起来确定。

因为$-aJ''(a)/J'(a)=\sigma$,表达式(15.95)可以重新整理为:

$$\Gamma^f=\underbrace{\frac{S^2-S^{c2}}{S^{*2}+S^2-2S^{c2}}}_{\text{套期保值项}}+\underbrace{\frac{r^*-r}{\sigma(S^{*2}+S^2-2S^{c2})}}_{\text{投机项}} \tag{15.97}$$

这个表达式告诉我们,美元化的程度(即以外币计价的资产份额)有两个组成部分,第一部分是套期保值项,第二部分是投机项。

投机部分比较好理解。以外币计价的债券的实际收益越高,以美元计价的资产份额就应该越大;相对风险回避系数越小,越有可能投机。

要理解套期保值的组成部分,请考虑以下特别情形:

- 实际收益率和方差是相同的(即$r^*=r$和$S^2=S^{*2}$)。那么,$\Gamma^f=1/2$而不管协方差是多少。因为风险和收益是相同的,协方差是无关紧要的。消费者将选择以外币持有其一半的财务投资组合。
- 实际收益率相同,协方差为零(即$r^*=r$和$S^{c2}=0$)。那么,投资组合选择减少到:

$$\Gamma^f=\frac{S^2}{S^{*2}+S^2}$$

如果两者方差相同,那么$\Gamma^f=1/2$,与前一个例子一样。如果$S^2>S^{*2}$,那么$\Gamma^f>1/2$。国内资产更具风险,因此投资组合偏向外国资产。

- 实际收益率是相同的,国内通货膨胀的方差更高,协方差为正(即$r^*=r$, $S^2>S^{*2}$和$S^{c2}>0$)。在这种情形下,对于给定的方差,协方差越大,Γ^f越大。正式地,在方程式(15.97)中施加$r^*=r$,并让它对S^{c2}求导数可以得到:

$$\frac{d\Gamma^f}{dS^{c2}}=\frac{(S^2-S^{*2})}{(S^{*2}+S^2-2S^{c2})^2}>0$$

因为$S^2>S^{*2}$。这很容易理解,因为随着协方差增加,国内货币资产仍然更具风险,而且提供更少的分散投资机会。因此,投资组合应该偏向外币资产。

15.6.4 含义

这个简单的模型使得货币与资产替代之间的重要区别变得明显。一方面,货币替代被式(15.96)所刻画。这是由Calvo和Rodriguez(1977)以及Kouri(1976)所给出的传统定义。另一方面,资产替代(即美元化)被式(15.97)所刻画。

关键点是资产替代程度(美元化)不取决于名义收益,它只取决于实际收益(除了通货膨胀的变化)。从这个角度来看,滞后现象并不是一个难题,因为模型预测i的减少不应该对美元化程度产生任何影响。在这个模型中,像在传统的货币替代模型中一样,随着i的减少将增加实际的国内货币余额的持有量,并减少外币的持有量,从而使m/f的比例上升。因此货币替代程度将下降,但美元化程度不会改变。换句话说,为了交易方便,消费者希望减少对外币交易的持有量,但不希望改变以外币计价的资产在整个资产中的持有量。为了达到这个目标，消费者只需用外币买入以外币计价的债券。他的外币风险敞口并没有变化。

当然，如果 i 的下降伴随着国内通货膨胀方差的下降，那么由于本国货币资产的风险变小，美元化将会下降。

15.7 总结性评论

本章研究了在开放宏观经济学各种重要问题中有关货币替代(定义为出于交易动机而使用的本币和外币)的含义。第一，我们考察了在预先决定汇率和浮动汇率下经济对冲击的反应，并得出结论：外币对本币的比率在浮动汇率下要比在固定汇率下更容易发生变化。第二，我们分析了实际汇率对货币增长扩张的反应，并得出这种反应一方面取决于本币与外币之间相对替代弹性的大小，另一方面取决于消费和流动性服务之间的替代弹性。根据这两个弹性的现有估计，货币增长的提高应导致货币的实际贬值。第三，我们发现滞后现象(在实践中观察到作为对通胀率下降的反应，外币和本币的比率并不会下降)的存在可以通过增加货币兑换而得到合理的解释。最后，我们说明了两个货币之间非常高的替代程度可能导致汇率不稳定的想法。

在如何考虑美元化方面，我们认为数据显示的是资产替代(即使用外币作为价值储藏手段)而不是货币替代。如同货币替代模型一样，我们建立了一个能够很好说明这两者区别的模型，并指出资产替代取决于实际收益率而不是名义收益率(即名义利率)。在这样的一个世界里，滞后现象不再是一个难题，因为国内名义利率的下降不会明显影响到实际收益率，因此不存在理论上的预测，一个经济体将随着通货膨胀的下降而实行去美元化行为。

15.8 附录

15.8.1 伊藤引理

伊藤引理(Ito's Lemma)是连续时间随机微积分的基础。在这里我们介绍它的一般形式。①

假设我们有许多如下所述的随机过程：

$$\frac{dP_i}{P_i}=\sigma_i dt+s_i dz_i \qquad i=1, \cdots, n \tag{15.98}$$

对于维纳过程的任一增量 dz_i 是独立且均值为 0、方差为 dt 的正态分布。直观上说，将维纳过程看作是类似连续时间下的随机游走过程。在 t 步骤之后，随机游走是呈现均值

① 有关随机微积分的简要介绍，请参见 Kamien 和 Schwartz(1991, ch.22)。有关更全面的论述以及经济学和金融学中的众多示例，请参见 Dixit 和 Pindyck(1994)以及 Malliaris 和 Brock(1982)。方便起见，下面的讨论都省去了时间下标。

为 0、方差为 t 的正态分布。

微分元素 dz_i 和 dz_j 满足：

$$E\{(dz_i)^2\}=dt \tag{15.99}$$

$$E\{dz_i dz_j\}=\rho_{ij}dt \tag{15.100}$$

令 $F(P_1,\cdots,P_n,t)$ 是依赖于随机过程并且至少是二阶可微的函数。根据伊藤引理，F 的随机微分最多包含二阶项，给定为：

$$dF=\sum_i^n \frac{\partial_F}{\partial P_i}dP_i+\frac{\partial F}{\partial t}dt+\frac{1}{2}\sum_i\sum_j\frac{\partial^2 F}{\partial P_i\partial P_j}dP_i dP_j \tag{15.101}$$

其乘积 $dP_i dP_j$ 是利用式(15.98)，乘法规则式(15.99)—式(15.100)计算而来。dt 的更高阶项被忽略。

作为一个列子，考虑一个单一的过程：

$$\frac{dP}{P}=\sigma dt+s dz \tag{15.102}$$

和函数 $F(P)$。然后通过二阶泰勒级数展开可以得到：

$$dF=F'dP+\frac{1}{2}F''(dP)^2 \tag{15.103}$$

使用式(15.102)，并回忆一下$(dz)^2$ 与 dt 成比例，而在$(dP)^2$ 中的其他项则为 dt^2 和 $dt^{3/2}$的级数，通过忽略 dt 的高阶项，伊藤引理允许式(15.103)重写为：

$$dF=F'\sigma P dt+F'Ps dz+\frac{1}{2}F''s^2P^2 dt$$

接下来的附录会将伊藤引理应用于由两个伊藤过程构成的系统。①

15.8.2 计算实际收益率

本节计算 15.6 节分析的随机问题中的实际收益率。②我们将计算以本国货币计价的债券的实际收益。外国名义债券收益的推导类似。

我们有两个给定如下的伊藤过程：

$$\frac{dP}{P}=\pi dt+S dZ \tag{15.104}$$

$$\frac{dQ}{Q}=i dt \tag{15.105}$$

第一个过程描述了价格水平，而第二个过程描述了债券的名义收益。

① 本章习题 4 提供了如何求解与常微分方程不同的随机微分方程的说明。

② 本附录遵循 Malliaris 和 Brock(1982，ch.4)。有关在指数债券中的应用请参见 Fischer(1975)。

我们现在使用伊藤引理来计算变量 $q=\tilde{q}(P, Q)=Q/P$ 的随机过程，即债券的实际价值。跟随式(15.101)，我们对 q 求微分，并包括二阶项：

$$\mathrm{d}q=\frac{\partial q}{\partial t}\mathrm{d}t+\frac{\partial q}{\partial P}\mathrm{d}P+\frac{\partial q}{\partial Q}\mathrm{d}Q+\frac{1}{2}\left(\frac{\partial^2 q}{\partial P^2}\mathrm{d}P^2+2\frac{\partial^2 q}{\partial P\partial Q}\mathrm{d}P\mathrm{d}Q+\frac{\partial^2 q}{\partial Q^2}\mathrm{d}Q^2\right) \quad (15.106)$$

让我们计算涉及的不同项：

$$\frac{\partial q}{\partial t}=0 \qquad \frac{\partial q}{\partial P}=-\frac{Q}{P^2} \qquad \frac{\partial q}{\partial Q}=\frac{1}{P}$$

$$\frac{\partial^2 q}{\partial P^2}=\frac{2Q}{P^3} \qquad \frac{\partial^2 q}{\partial Q^2}=0 \qquad \frac{\partial^2 q}{\partial P\partial Q}=-\frac{1}{P^2}$$

将这些项代入式(15.106)，可以得到：

$$\mathrm{d}q=-\frac{Q}{P}\frac{\mathrm{d}P}{P}+\frac{1}{P}\mathrm{d}Q+\frac{1}{2}\left(\frac{2Q}{P^3}\mathrm{d}P^2-2\frac{1}{P^2}\mathrm{d}P\mathrm{d}Q\right) \quad (15.107)$$

忽略 $\mathrm{d}t$ 的较高阶项，消去 $\mathrm{d}P\mathrm{d}Q$ 项，意味着 $\mathrm{d}P^2=S^2P^2\mathrm{d}t$。然后，根据伊藤引理，有：

$$\mathrm{d}q=\frac{1}{P}\mathrm{d}Q-\frac{Q}{P}\frac{\mathrm{d}P}{P}+\frac{Q}{P}S^2\mathrm{d}t$$

使用式(15.104)和式(15.105)，上式可以重写为：

$$\frac{\mathrm{d}q}{q}=(i-\pi+S^2)\mathrm{d}t-S\mathrm{d}Z$$

$(i-\pi+S^2)$项刻画了债券的预期实际收益率。在没有不确定性的情况下，实际的收益将简化为 $i-\pi$。这个有点令人惊讶的特征是詹森(Jensen)不等式的结果(例如参见 Eden, 1976)。

15.8.3 连续时间随机模型中的动态优化

对于那些在随机过程中不熟悉最优控制技术的人，本节提供了一个“菜单”，用于在这样的设定中得出最优控制条件。①

1. 标准情形

首先考虑标准情形。该问题由如下最优化构成：

$$J(x_0)=E_0\left\{\int_0^{\infty}f(x_t, u_t)\exp(-\beta t)\mathrm{d}t\right\} \quad (15.108)$$

受制于：

$$\mathrm{d}x_t=\alpha\mathrm{d}t+\gamma\mathrm{d}W\text{，给定 } x_0 \quad (15.109)$$

① 该节很大程度上参考了 Driscoll(2001, ch.4)。另请参见 Kamien 和 Schwartz(1991, ch.22)，以及 Dixit 和 Pindyck(1994)。

其中，x_t 是状态变量，而 u_t 是控制变量。这只是附录 6.7.1 中分析的连续时间问题的简单随机版本。

第一步是写下贝尔曼方程：

$$\beta J(x_t)\mathrm{d}t=\max[f(x_t,\ u_t)\mathrm{d}t+E\{\mathrm{d}J(x_t)\}] \tag{15.110}$$

接下来是应用伊藤引理得到 dJ 作为二阶扩展：

$$\mathrm{d}J(x_t)=J'(x_t)\mathrm{d}x_t+\frac{1}{2}J''(x_t)(\mathrm{d}x_t)^2$$

然后取期望得到 $E\{\mathrm{d}J(x_t)\}$：

$$E\{\mathrm{d}J(x_t)\}=J'(x_t)E\{\mathrm{d}x_t\}+\frac{1}{2}J''(x_t)E\{(\mathrm{d}x_t)^2\} \tag{15.111}$$

使用式(15.109)，并回忆一下 $E\{\mathrm{d}W\}=E\{\mathrm{d}t\mathrm{d}W\}=0$ 和 $E\{(\mathrm{d}W)^2\}=\mathrm{d}t$，将式(15.111)写为(忽略 d$t$ 的更高阶项)

$$E\{\mathrm{d}J(x_t)\}=\alpha J'(x_t)\mathrm{d}t+\frac{1}{2}\gamma^2J''(x_t)\mathrm{d}t$$

现在将这个表达式代入贝尔曼方程式(15.110)中，得到：

$$\beta J(x_t)\mathrm{d}t=\max[f(x_t,\ u_t)\mathrm{d}t+\alpha J'(x_t)\mathrm{d}t+\frac{1}{2}\gamma^2J''(x_t)\mathrm{d}t]$$

最后对控制量 u 去导数，这可以得到 $u=g(x)$。将其代入贝尔曼方程中，得到 J 中的二阶微分方程，就可以求解出了。

2. 托马斯的情形

第 15.6 节的资产替代模型要求对刚刚描述的标准情形进行微调。在这种情况下，作为约束的伊藤过程采用如下形式：

$$\mathrm{d}a_t=\alpha\mathrm{d}t-\Gamma^f a_tS^*\mathrm{d}Z^*-(1-\Gamma^f)a_tS\mathrm{d}Z \tag{15.112}$$

其中，α 是表达式(15.90)中 dt 的系数。与约束式(15.109)不同，该约束依赖于两个维纳过程(dZ 和 dZ^*)。与上面的标准情形相比，$E\{(\mathrm{d}a_t)^2\}$的表达式变化如下。从式(15.112)可以得到：

$$E\{(\mathrm{d}a_t)^2\}=[(1-\Gamma^f)^2a_t^2S^2+(\Gamma^f)^2a_t^2S^{*2}]\mathrm{d}t+2\Gamma^f(1-\Gamma^f)a_t^2S^{c2}\mathrm{d}t \tag{15.113}$$

使用 $E\{\mathrm{d}t\mathrm{d}Z\}=E\{\mathrm{d}t\mathrm{d}Z^*\}=0$，$E\{\mathrm{d}Z\mathrm{d}Z^*\}=\rho\mathrm{d}t$ 和 $S^{c2}=\rho SS^*$，忽略 dt 的更高阶项。

将 $E\{\mathrm{d}a_t\}=\alpha\mathrm{d}t$ 和式(15.113)代入式(15.111)中，得到：

$$E\{\mathrm{d}J(a_t)\}=\alpha J'(a_t)\mathrm{d}t+\frac{1}{2}J''(a_t)a_t^2\{[(1-\Gamma^f)^2S^2+(\Gamma^f)^2S^{*2}]\mathrm{d}t+2\Gamma^f(1-\Gamma^f)S^{c2}\mathrm{d}t\}$$

最后，将这最后一个表达式代入贝尔曼方程式(15.110)中，得到：

$$\beta J(a_t)=\max\{f(a_t, u_t)+\alpha J'(a_t)+\frac{1}{2}J''(a_t)a_t^2[(1-\Gamma^f)^2S^2$$
$$+(\Gamma^f)^2S^{*2}+2\Gamma^f(1-\Gamma^f)S^{c2}]\}$$

这对应于方程式(15.91)。

习　　题

1. (对外国名义利率的冲击)在如下偏好形式下,求解在 15.2 节中的基础货币替代模型:

$$\int_0^\infty\left\{\log(c_t)+\alpha_t\left[\log(m_t)+\frac{f_t^{1-1/\sigma}-1}{1-1/\sigma}\right]\right\}\exp(-\beta t)\mathrm{d}t$$

在这一背景下:

a. 求解一个有固定 i_t^* 的 PFEP 路径。

b. 分析 i_t^* 发生一个未预期到且永久性增加的效应。证明结果会依赖于 σ 是大于 1 还是小于 1,解释这一结果背后的经济学直觉。

2. (实际冲击下的货币替代率行为)考虑一个有如下偏好形式的在 15.2 节中的模型:

$$\int_0^\infty\alpha_t[\log(c_t)+\log(m_t)+\log(f_t)]\exp(-\beta t)\mathrm{d}t$$

求解出一个 PFEP 路径,沿着这一路径,无论是在预先决定汇率制下还是在浮动汇率制下,α_t 在时点 T 都是增加的。

3. (货币替代的一般模型)考虑一个 15.3.3 节中的一般货币替代模型。在这一背景下:

a. 对于 $\sigma=\rho$ 的情形,利用一阶条件证明经济将瞬间根据货币增长率的变化进行调整。

b. 对于 $\sigma=\rho=1$ 的情形,证明描述在式(15.53)中的一般偏好形式可以简化可分离的情形。

4. (普通微积分对随机微积分①)为了说明为什么随机微分方程的积分规则确实是与普通微分方程的积分规则是不同的,考虑如下的微分方程:

$$\mathrm{d}y=y\mathrm{d}z$$

a. 假设 dz 是非随机的。证明解是 $y=\exp(z)$。

b. 假设 dz 是一个维纳过程。证明解是 $y=\exp[z-(t/2)]$。

参考文献

Banco Central de Ecuador. 2001. La Dolarización en Ecuador. Un año después.

Banco Central de Ecuador. 2010. La Economía Ecuatoriana Luego de 10 Años de

① 源自 Kamien 和 Schartz(1991, ch.22)。

Dolarización. Dirección General de Estudios.

Bordo, Michael D., and Ehsan U. Choudhri. 1982. Currency substitution and the demand for money: Some evidence for Canada. *Journal of Money, Credit and Banking* 14 (1):48—57.

Bufman, Gil, and Leonardo Leiderman. 1993. Currency substitution under non-expected utility: Some empirical evidence. *Journal of Money, Credit and Banking* 25(3): 320—335.

Calvo, Guillermo A. 1985. Currency substitution and the real exchange rate: The utility maximization approach. *Journal of International Money and Finance* 4 (2): 175—188.

Calvo, Guillermo A., and Carlos A. Rodriguez. 1977. Amodel of exchange rate determination under currency substitution and rational expectations. *Journal of Political Economy* 85(3):617—626.

Calvo, Guillermo A., and Carlos A. Végh. 1992. Currency substitution in developing countries: An introduction. *Revista de Analisis Economico* 7:3—27.

Calvo, Guillermo A., and Carlos A. Végh. 1996. From currency substitution to dollarization and beyond: Analytical and policy issues. In Guillermo Calvo, *Money, Exchange Rates, and Output*. Cambridge: MIT Press, 153—175.

Dixit, Avinash, and Robert S. Pindyck. 1994. *Investment under Uncertainty*. Princeton: Princeton University Press.

Doyle, Brian M. 2000. Here, dollars, dollars ... Estimating currency demand and worldwide currency substitution. International Finance Discussion Papers 657. Board of Governors of the Federal Reserve System, Washington DC.

Driscoll, John C. 2001. Lectures notes in macroeconomics. Mimeo. Brown University.

Eden, Benjamin. 1976. On the specification of the demand for money: The real rate of return versus the rate of inflation. *Journal of Political Economy* 84 (6): 1353—1359.

Fischer, Stanley. 1975. The demand for index bonds. *Journal of Political Economy* 83 (3):509—534.

Fischer, Stanley. 1982. Seigniorage and the case for a national money. *Journal of Political Economy* 90(2):295—313.

Goldfajn, Ilan, and Gino Olivares. 2000. Full dollarization: The case of Panama. Mimeo. Pontificia Universidade Catolica(Rio de Janeiro, Brazil).

Guidotti, Pablo E., and Carlos A. Rodriguez. 1992. Dollarization in Latin America: Gresham's law in reverse? *IMF Staff Papers* 39(3):518—544.

Imrohoroglu, Selahattin. 1994. GMM estimates of currency substitution between the Canadian dollar and the U.S. dollar. *Journal of Money, Credit and Banking* 26(4): 792—807.

Kamien, Morton I., and Nancy L. Schwartz. 1991. *Dynamic Optimization*. Amsterdam:

North Holland.

Kareken，John，and Neil Wallace. 1981. On the indeterminacy of equilibrium exchange rates. *Quarterly Journal of Economics* 96(2):207—222.

Kouri，Pentti. 1976. The exchange rate and the balance of payments in the short run and in the long run：A monetary approach. *Scandinavian Journal of Economics* 78(2)：280—304.

Liviatan，Nissan. 1981. Monetary expansion and real exchange rate dynamics. *Journal of Political Economy* 89(6):1218—1227.

Malliaris，A. G.，and W. A. Brock. 1982. *Stochastic Methods in Economics and Finance*. Amsterdam：North Holland.

Miles，Marc A. 1978. Currency substitution，flexible exchange rates，and monetary independence. *American Economic Review* 68(3):428—436.

Porter，Richard D.，and Ruth A. Judson. 1996. *The Location of U.S. Currency：How Much is Abroad?* Federal Reserve Bulletin. Washington DC：Board of Governors of the Federal Reserve System.

Quispe-Agnoli，Miriam，and Elena Whisler. 2006. Official dollarization and the banking system in Ecuador and El Salvador. *Federal Reserve Bank of Atlanta Economic Review*(third quarter):55—71.

Reinhart，Carmen M.，Kenneth S. Rogoff，and Miguel A. Savastano. 2003. Addicted to dollars. Working Paper 10015. National Bureau of Economic Research，Cambridge，MA.

Rodriguez，Carlos A. 1993. Money and credit under currency substitution. *IMF Staff Papers* 40(2):414—426.

Savastano，Miguel A. 1992. The pattern of currency substitution in Latin America：An overview. *Revista de Analisis Economico* 7(1):29—72.

Serletis，Apostolos，and Guohua Feng. 2010. Semi-nonparametric estimates of currency substitution between the Canadian dollar and the U.S. dollar. *Macroeconomic Dynamics* 14(1):29—55.

Thomas，Lee R. 1985. Portfolio theory and currency substitution. *Journal of Money，Credit and Banking* 17(3):347—357.

Uribe，Martin. 1997. Hysteresis in a simple model of currency substitution. *Journal of Monetary Economics* 40(1):185—202.

Vera，Wilson. 2007. Medición del circulante en circulación. *Cuestiones Económicas* 23(2):2—3.

▶16

国际收支危机

16.1 引言

发展中国家经常出现难以维持固定(或事先决定)汇率制度的问题。通常情况下,国家会被迫放弃这种制度,以应对国际储备的逐步但持续的损失,通常这种情况最易出现在国家为了阻击手段成熟的"国际资本大鳄"专业性投机攻击而耗尽了中央银行的库房时。发展中国家出现国际收支危机的频率和严重程度引出了几个令人着迷且高度相关的问题:它出现的原因和变化过程是什么以及相应有效的措施有哪些。

总的来说,国际收支危机的最常见原因是薄弱的财政基础。国际收支危机的"传统观点"——由 Krugman(1979)以及 Flood 和 Garber(1984)所开创的——它仍旧是我们对国际收支危机理解的支柱,也是本章所研究的理论模型的核心。[①]在 16.2 节中,通过发展 Krugman(1979)经典论文中的最佳版本为我们的分析奠定了基础。然而,这个模型认为,当财政赤字出现时,如果使用的是固定汇率制,将导致国际储备的持续损失,最终迫使货币当局放弃钉住汇率。但也许克鲁格曼-弗诺德-伽伯(Krugman-Flood-Garber,后文简称 KFG)模型中最显著的特征就是认为放弃钉住汇率是由于国际储备的突然下降而造成的(由"投机性攻击"而引起),而即使在经济中所有的事情都能被预期到的情况下这种突然性下降也会发生。这种"投机性攻击"(显然,它是实践中国际收支危机中最显著的特征)能在简单的完全预见模型中被引入,使得 KFG 模型成为现代国际金融中最具智力性的模型之一。本章的其余部分将探讨 KFG 模型的几个重要扩展和修正。

从政策角度来看,KFG 模型中明显的缺陷是有一个隐含的假设:中央银行只是观望其储备减少,而不会试图通过提高利率使国内资产更富吸引力来捍卫固定汇率制这一典型作法。跟随 Lahiri 和 Végh(2003)的思路,16.3 节修正了这个基本模型:允许利率防御发挥作用,并证明通过主动的利率防御政策能使中央银行推迟危机的发生,从而获得宝贵的时间(在实践中,这能给予财政当局一个解决潜在财政问题的机会)。

---

① 在一篇由 Burnside、Eichenbaum 和 Rebelo(2001)撰写的著名论文中——主要受 1997 年亚洲金融危机启发而写成——关注了未来(或者"预期的")财政赤字的问题,但财政起源仍旧是论文分析的核心。

主要是为了分析简单，基本的 KFG 模型假设存在一个国内信贷膨胀的外生利率，这与现有的事先决定汇率制度是不一致的。大概这反映出通过印钱来为财政赤字进行融资的需要。16.4 节通过假设外部财政赤字必须通过货币当局来进行融资来明确这个观点。换句话说，现在国内信贷创造率是内生决定的。我们会发现这与 16.2 节的结论是相同的。

在实践中，国际收支危机出现一般会出现在消费繁荣、本币实际升值和严重的贸易赤字之后。在危机之后，消费暴跌、货币实际贬值、贸易赤字急剧下降。16.5 节说明我们若只是允许消费受到名义利率变化的影响，那么基本的 KFG 模型就能轻松地解释所有这些典型化事实，这些都是对第 7 章内容的延伸。

1994 年 12 月墨西哥国际收支危机的一个特殊表现是似乎没有经历大规模的财政赤字。这使观察者认为如果严重的经常账户赤字是由私人决策引起的(而不是反应财政不平衡)，那就没必要引起担心。这种情况被称为劳森原理(Lawson doctrine，以财政大臣的名字命名)。16.6 节建立了一个具有扭曲效应的 KFG 模型——这主要归功于 Talvi (1997)的贡献——在这个模型中，由于引入了消费税，危机前的消费繁荣将增加消费税，所以财政收入是内生的。我们展示了一个例子，在这个例子中，通过建构使得危机具有与在基本的 KFG 模型中那样的财政起源，危机前的初始赤字为 0，在达到危机时国际储备事实上也会上升。这个例子严厉警告了对仅仅依靠财政数字而不是周期性调整来判定固定(或者预先决定的)汇率制度的可持续性所具有的危险性。

最后，16.7 节解决了 KFG 模型的一个重要方法论上的缺点(也与模型的预测有关)。如前所述，固定汇率下财政的不可持续性是在 KFG 模型中产生危机的最直接原因。但是什么决定了固定汇率在何时应该被抛弃？KFG 模型处置的方式是假设一个任意的阈值规则，要求当且仅当国际储备达到一定的关键阈值时，政府就必须放弃固定汇率制。显然，这一规则暗示决策者的行为是非理性的(与私营部门的最优行为相反)。毕竟，如果制度是不可持续的，为什么不立即放弃固定汇率(即在储备达到某个任意阈值之前)并避免潜在的昂贵成本？跟随 Rebelo 和 Végh(2008)的思路，16.7 节偏离了 KFG 模型的放弃规则，相反，它允许政策制定者去选择最优的放弃时机(在拉姆齐意义上)。换句话说，只要从社会角度来看这样做是最方便的时候，政策制定者就应该选择放弃固定汇率制。在这种情况下，我们发现无论国际储备水平如何，一旦发现固定汇率制无法持续了，放弃它就是最优的选择。背后的直觉也是清楚的：既然这一制度必须在某个时候被放弃，任何拖延都将通过在消费中引入繁荣—萧条的周期来增加社会的扭曲成本。立即放弃可以避免这个昂贵的周期。我们得出结论，KFG 放弃规则一般不是最优的，并且在理性决策者的世界中去理解它，人们需要引入一些放弃钉住汇率的代价。

16.2 基本模型

考虑一个小型开放型经济，它有着大量相同的、生活无限期的消费者，他们具有完全的预见能力。只有一种(可贸易和不可储存)的商品。商品的国内价格是由一价定律给出的。商品的国外价格假设为 1，经济拥有一个商品的固定流量 y，行为人能以一个给定的

(根据假设是固定不变的)国际真实利率 r 借出或借入所想要的资本,在这个意义上说,资本是完全流动的。

16.2.1 消费者

令实际金融资产 a_t 给定为:

$$a_t \equiv m_t + b_t$$

其中 m_t 是实际货币余额(即名义货币余额 M_t 经由商品的国内价格 E_t 进行平减以后而得到),b_t 是净外国资产的持有量。

消费者的流量约束由下式给出:

$$b_T - b_{T-} = -\frac{M_T - M_{T-}}{E_T}$$

$$\dot{b}_t = rb_t + y + \tau_t - c_t - \dot{m}_t - \varepsilon_t m_t, \quad \text{如果 } t \neq T \tag{16.1}$$

其中,c_t 是消费量,ε_t 是贬值率,τ_t 是政府转移支付,为了完整阐述并遵循第 5 章中附录 5.8.2 的思路,我们允许在 $t=T$ 时 b_t 和 M_t 可以发生一个可能的离散变化。[①]不断向前积分并施加条件 $\lim_{t\to\infty} e^{-rt} b_{t=0}$,我们能得到消费者的终身预算约束:

$$b_0 + \frac{y}{r} + \int_0^\infty \tau_t e^{-rt} \mathrm{d}t = \int_0^\infty (c_t + \dot{m}_t + \varepsilon_t m_t) e^{-rt} \mathrm{d}t + \frac{M_T - M_{T-}}{E_T} e^{-rT} \tag{16.2}$$

此处的 b_0 表示初始的净外国资产。[②]

如果我们施加条件 $\lim_{t\to\infty} e^{-rt} m_t = 0$ 并使用利息平价条件式($i_t = r + \varepsilon_t$),我们可以进一步简化这个跨期约束为:[③]

$$a_0 + \frac{y}{r} + \int_0^\infty \tau_t e^{-rt} \mathrm{d}t = \int_0^\infty (c_t + i_t m_t) e^{-rt} \mathrm{d}t \tag{16.3}$$

消费者的终身效用给定为:

$$\int_0^\infty [u(c_t) + v(m_t)] e^{-\beta t} \mathrm{d}t \tag{16.4}$$

其中,$\beta(>0)$是主观贴现率,函数 $u(\cdot)$和 $v(\cdot)$关于各自的变量都是严格递增且严格凹的函数。

消费者的问题是在给定的 τ_t 和 i_t 的路径及给定 y 和 a_0 的值后,在式(16.3)的约束下,为所有 $t \in [0, \infty]$选择$\{c_t, m_t\}$以最大化终身效用式(16.4)。

---

① 根据定义,T 是国际收支危机将发生的时点,在以后的分析中它将被内生地决定。在本节所分析的完全预见世界中,仅仅在 T 这一时点上 b_t 和 M_t 可以发生离散的变化。在 16.7 节我们将研究一个在时点 0 政府支出发生一个未预期到的变化,同时在时点 0, b_t 和 M_t 也将发生一个离散的变化。

② 当我们在本章后面研究在 $t=0$ 时发生未预期到的冲击时,这些就是在冲击前一瞬间的存量(严格讲,应该像在附录 5.8.2 中那样,用上标 0^- 来表示。)

③ 这一条件在均衡时将成立,因为在最优时,m_t 的选择将是有限的。

在 $\beta=r$ 的标准假设下，一阶条件意味着：

$$u'(c_t)=\lambda \tag{16.5}$$

$$v'(m_t)=\lambda i_t \tag{16.6}$$

其中，λ 是与约束式(16.3)相关联的拉格朗日乘子。从式(16.5)可以看出，沿着完全预见均衡路径，消费将保持不变。使用等式(16.5)从方程式(16.6)中消掉 λ，可以得到具有标准特性的实际货币需求函数：

$$m_t=L\,(\underset{+}{c_t},\ \underset{-}{i_t}) \tag{16.7}$$

此处变量下的符号表示相应偏导数的符号。

16.2.2 政府

令 h_t 表示政府的净外国资产存量(即国际储备)。政府的流动约束作为一个整体将由下式给出：

$$\begin{aligned} &h_T-h_{T-}=\frac{M_T-M_{T-}}{E_T}, \\ &\dot{h}_t=rh_t+\dot{m}_t+\varepsilon_t m_t-\tau_t, \quad \text{如果 } t\neq T \end{aligned} \tag{16.8}$$

这里与消费者的情形中一样，我们允许 h_t 和 M_t 在时点 T 有离散的变化。

如果我们不断朝前积分方程式(16.8)，并强加 $\lim_{t\to\infty}e^{-rt}h_t=0$ 的条件，我们可以得到如下的政府跨期约束：

$$\int_0^\infty \tau_t e^{-rt}\,\mathrm{d}t=h_0+\int_0^\infty(\dot{m}_t+\varepsilon_t m_t)e^{-rt}\,\mathrm{d}t+\frac{M_T-M_{T-}}{E_T}e^{-rT} \tag{16.9}$$

其中，h_0 表示初始的国际储备水平。注意，实际货币余额的离散下降意味着政府的收入损失。这跨期约束简单地说就是，转移支付的折现值必须通过国际储备的初始存量加上从货币创造(包括离散跳跃)中获得收入的折现值来进行融资。

现在让我们把注意力转向货币当局(即中央银行)。如标准的处理一样，假设中央银行的净财富为零。然后中央银行的资产负债表表明：

$$m_t=d_t+h_t \tag{16.10}$$

其中，d_t 表示实际国内信用的存量(即 $d_t=D_t/E_t$)。令名义国内信贷的增长率给定为 θ_t，即：

$$\frac{\dot{D}_t}{D_t}=\theta_t \tag{16.11}$$

让式(16.10)对时间进行微分，并考虑进式(16.11)，可以推得：

$$\dot{h}_t=\dot{m}_t-d_t(\theta_t-\varepsilon_t) \tag{16.12}$$

这个方程将决定国际储备的路径。

最后，在财政方面，定义财政平衡 s_t^g 为：

$$s_t^g \equiv rh_t - \tau_t \tag{16.13}$$

利用式(16.8)，可以把上式重写为：

$$-s_t^g = \dot{m}_t + \varepsilon_t m_t - \dot{h}_t \tag{16.14}$$

这说明了财政赤字(即 $-s_t^g$)必须或者通过印钱或减少国际储备来弥补。

16.2.3 均衡条件

资本可以完全流动的假设(加上外国通胀率为零的假设)意味着：

$$i_t = r + \varepsilon_t \tag{16.15}$$

令 k_t 表示经济体中外国净资产总存量(即 $k_t \equiv b_t + h_t$)。结合分别由方程式(16.1)和式(16.8)给出的消费者和政府的流动约束，我们可以得到整个经济体的流动约束(即经常账户)：

$$\dot{k}_t = rk_t + y - c_t$$

不断朝前积分上述表达式，并施加适当的横截性条件，可以得到经济的资源约束：

$$k_0 + \frac{y}{r} = \int_0^\infty c_t e^{-rt} \mathrm{d}t \tag{16.16}$$

16.2.4 实际均衡

如式(16.5)所示，消费在任何完全预见路径上(在一个以 c 表示的水平上)将是恒定的。从式(16.16)中，可以得到：

$$c = rk_0 + y \tag{16.17}$$

无论政府采取的货币政策或财政政策如何，消费将保持不变且等于永久收入这一事实大大简化了模型的求解。

将式(16.17)代入式(16.7)中，我们可以获得沿着完全预见均衡路径(PFEP)上的实际货币需求：

$$m_t = L(c, i_t) \tag{16.18}$$

实际货币需求依赖于名义利率 i_t 的路径，因此也依赖于贬值率的路径。

16.2.5 汇率和国内信贷政策

到目前为止，我们没有对货币政策和财政政策作出任何行为假设。我们现在来说明这种政策。

1. 货币当局

假设货币当局设定名义国内信贷(D_t)的路径和名义汇率(E_t)的路径。换句话说,货币当局设定国内信贷的初始水平(D_0)和恒定的增长率($\theta = \dot{D}_t / D_t$)。类似地,它设定初始汇率($E_0 = \bar{E}$)并将贬值率(ε_t)设定为零。因此,利率平价条件式(16.15)简化为:

$$i_t = r \tag{16.19}$$

请注意,设定的 D_0 和 $\bar{E}$ 决定了国内实际信贷的初始水平 $d_0 (= D_0 / \bar{E})$。

初始储备水平 h_0 如何确定? 根据由式(16.10)给出的中央银行的资产负债表,计算在 $t=0$ 时的值,我们有:

$$h_0 = m_0 - d_0 = L(c, r) - \frac{D_0}{\bar{E}} > 0 \tag{16.20}$$

因此,初始的储备水平是由 $t=0$ 时的实际货币需求和实际国内信贷之间的差额来确定的。我们将假设参数配置能确保初始储备为正(即 $h_0 > 0$)。

最后,为了完成货币政策的说明,我们假设货币当局自 $t=0$ 时就宣布,如果国际储备存量一经达到临界阈值(出于简化,假设为零),就放弃固定汇率制而实施浮动汇率制。①

2. 财政当局

财政当局被假设是被动适应货币当局的。换句话说,根据式(16.8),转移支付 τ_t 将由下式给出②:

$$\tau_t = r h_t + \dot{m}_t + \varepsilon_t m_t - \dot{h}_t \tag{16.21}$$

16.2.6 固定汇率制度的可持续性

我们想要问的第一个问题是:给定上文规定的外生放弃规则,固定汇率是否可以随着时间的推移而维持下去? 正如第 5 章所述,这个问题的答案取决于国内信贷增长率的值 θ。如果 $\theta = 0$,固定汇率是无限期可持续的。但如果 $\theta > 0$,则固定汇率是不可持续的,因为国际储备在某个时间点(称之为 T)将达到其临界阈值,然后固定汇率必须被放弃。在后一种情形下,我们想研究什么决定了 T,并刻画出国际储备和实际货币余额的完全预见路径。

1. 可持续的钉住汇率

假设 $\theta = 0$。由于 $\varepsilon_t = 0$,从式(16.12)可以看出:

$$\dot{h}_t = \dot{m}_t \tag{16.22}$$

---

① 我们把这种政策称为"外生放弃规则"以突出它特别的(即任意性)性质。正如在 16.7 节中将明确阐明的,假如政府行为是最优的(在拉姆齐意义上),那么这样的规则就不一定是最优的。

② 假设财政支出是一个会根据外生国内信贷创造水平而进行调整的内生变量,可以确保我们能用一种非常简单而明了的方式来求解这个模型。更为现实的情形是,财政支出是外生的,而国内信贷则是内生的,这种情形会在 16.4 节进行分析。

换句话说，国际储备的变化将只反映实际货币需求的变化。但是，从式(16.7)和式(16.19)中可以看出，实际货币需求沿着 PFEP 是不变的：

$$m_t = L(c,\ r) \tag{16.23}$$

因此，对于任意 $t \geqslant 0$，有 $\dot{m}_t = 0$，这意味着对于任意 $t \geqslant 0$，也有 $\dot{h}_t = 0$，所以：

$$h_t = h_0$$

其中，h_0 由式(16.20)给出。因此，国际储备将随着时间的推移而保持恒定，并等于其初始值。

内生的转移支付值可以根据式(16.21)，并同时考虑 $\dot{m}_t = \varepsilon_t = 0$ 而推出：

$$\tau_t = rh_0 \tag{16.24}$$

由于 $h_0 > 0$，所以财政当局只是给予消费者储备的利息。最后，注意给定式(16.24)，式(16.13)意味着财政收支随时间推移是固定的，且等于 0：

$$s_t^g = rh_0 - rh_0 = 0$$

总而言之，可持续的固定汇率的特点是具有不变的消费水平和实际货币余额水平以及零财政余额。

2. 不可持续的钉住汇率

现在假设 $\theta > 0$。首先要注意的是，实际货币需求继续由式(16.23)给出，因此 $\dot{m}_t = 0$。从式(16.12)可以看出：

$$\dot{h}_t = -\theta d_t < 0$$

国际储备将随着时间的推移而下降。此外，由于在实施固定汇率制度期间，$d_t = d_0 e^{\theta t}$，储备水平下降的速度不断加快(即 h_t 的路径是时间的严格递减且严格凹的函数)：

$$\ddot{h}_t = -\theta^2 d_t < 0$$

因此，可以推断国际储备将在有限的时间内达到临界阈值(零)。在某些时候，中央银行将放弃固定汇率而选择浮动汇率。

令 T 表示固定汇率被放弃的时间点(我们也称为"危机"点)。一个快速(但是错误的)反应是认为 T 将是国际储备的路径将以连续的方式达到零的时间点(即图 16.1d 的点 T^*)。事实上，我们将证明危机会发生在此之前。

因为对于 $t \geqslant T$，经济将在浮动汇率下处于平稳平衡状态，我们从第 5 章中知道此时有 $\varepsilon_t = \theta$。[①]因此，贬值率的路径将由下式给出(参见图 16.1a)：

$$\varepsilon_t = \begin{cases} 0, & 0 \leqslant t < T \\ \theta, & t \geqslant T \end{cases} \tag{16.25}$$

① 要证明这一点，仅仅需要注意对于 $t \geqslant T$，实际货币余额将由一个不稳定的微分方程所支配。因此，对于 $t \geqslant T$，有 $\dot{m}_t = 0$，这意味着 $\varepsilon_t = \theta$。

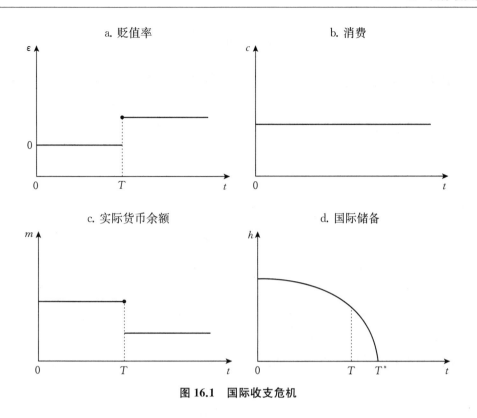

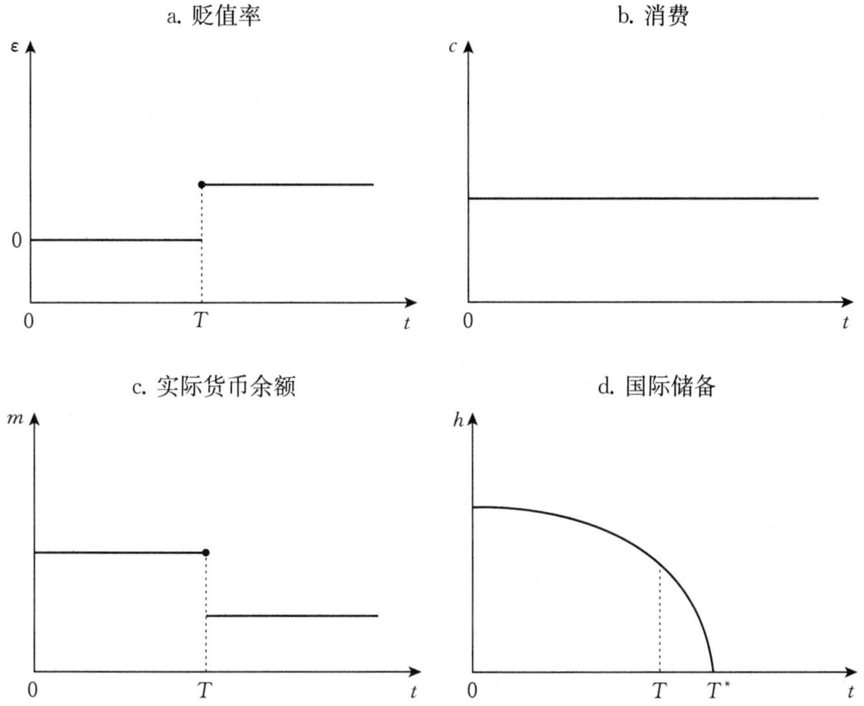

图 16.1 国际收支危机

给定利率平价条件式(16.15),名义利率的路径将由下式给出:

$$i_t=\begin{cases}r, & 0\leqslant t<T\\ r+\theta, & t\geqslant T\end{cases} \tag{16.26}$$

考虑到式(16.26),我们可以写出实际货币余额的路径(参见图 16.1c)为:

$$m_t=\begin{cases}L(c, r), & 0\leqslant t<T\\ L(c, r+\theta), & t\geqslant T\end{cases}$$

这告诉我们在时点 T,作为对名义利率的提高的反应,实际货币需求将会出现一个离散的下降。由于在任何瞬时点上实际国内信贷是给定的,因此实际货币需求的离散下降将转化为等额的国际储备损失。正式地,在时点 T 国际储备的损失由下式给出:

$$\Delta h=L(c, r+\theta)-L(c, r)<0$$

值得注意的是,储备的损失只取决于 θ,而与发生的时间无关(即与 T 无关)。

T 如何确定?用于确定 T 的一条关键信息是沿着完全预见均衡路径,名义汇率不能发生跳跃(即汇率的路径不能是非连续的)。如果它发生跳跃,就会有无限的套利机会,这与均衡的套利机会不一致。具体来说,就是在预期名义汇率要增加之前,公众因预期到资本会遭受一个无限大的损失而会导致对货币的需求跌至到零,这与均衡是不一致的。

因为名义汇率在时点 T 不能跳跃,在时点 T 的货币市场均衡要求①:

① 另一种推导这个条件的方法请参见 16.9 节。

$$L(c,\ r+\theta)=\frac{M_T}{\bar{E}} \tag{16.27}$$

因为根据建构,国际储备在时点 T 为零(否则固定汇率将不会被放弃),我们可以从中央银行的资产负债表 $M_T=D_T$ 中知道这一点。而且,由于名义国内信贷以速率 θ 增长,有 $D_T=D_0e^{\theta T}$。因此 $M_T=D_0e^{\theta T}$。将其代入式(16.27),我们得到:

$$L(c,\ r+\theta)=\frac{D_0e^{\theta T}}{\bar{E}} \tag{16.28}$$

这个均衡条件将 T 隐含地定义为 c、θ 和 D_0 的函数:

$$T=f(c,\ \theta,\ D_0)$$

图 16.2 展示了通过式(16.28)中的左端和右端作为 T 的函数来确定 T 的方法。由于实际货币需求不依赖于 T,所以等式的左端(实际货币需求)是一条水平线。相反,等式的右端(实际货币供应量)是 T 的增函数。两条曲线的交点 A 确定了 T 的均衡值。正如图 16.1d 所示,时点 T 正是发生投机冲击的时间点。

财政收支的路径是什么,它又是如何进行融资的?从式(16.14)可以看出:

$$s_t^g=\begin{cases}\dot{h}_t<0, & 0\leqslant t<T\\ -\theta L(c,\ r+\theta)<0, & t\geqslant T\end{cases}$$

因此,财产当局一直处于财政赤字状态(当然,这是被迫的,因为假设财政赤字总能适应货币当局的行为)。在危机爆发之前,财政赤字通过减少储备来进行融资,而在危机之后,财政赤字通过通货膨胀税来进行融资。

因此,我们完全地刻画了与不可持续的固定汇率制有关的完全预见均衡路径的特征(参见图 16.1)。KFG 模型更引人注目的结论是:即使一切都是完全预期的,在 T 时刻仍会存在离散的投机攻击,现在没有人会惊讶这一点了。直觉上看,理解这一结果的关键在于冲击的规模大小(由实际货币需求的变化而决定的)仅取决于 θ 而不依赖于冲击发生的时间。就此而论,应该清楚为什么这个最终的冲击必须精确地发生在攻击完全耗尽中央银行国际储备的时间点上。如果在之后发生,并不是所有的行为人都能摆脱他们所不需要的货币余额。如果在之前发生,国际储备的损失不会将库存降至零,因此中央银行不会放弃固定汇率(这将使得运行与均衡不一致)。①

最后,较高的 θ(这会反映较大的潜在财政赤字)是如何影响完全预见均衡路径的?从图 16.2 可以看出,由 θ^H 表示一个较高的 θ,意味着向上倾斜曲线的向左移动,而货币需求曲线向下移动,两种效应都会导致出现较低的 T(B 点)。因此,危机将会更快发生,危机的规模也会更大。

① 在实践中——正如专栏 16.1 所记录的那样——我们确定看到在危机发生之时国际储备会发生急剧下降。然而我们也能看到名义汇率会发生突然上升,在我们的模型中因为有完全预见的假设这种情况不会发生的。正如在专栏 16.1 中所讨论的那样,引入不确定性也将产生这一特征。

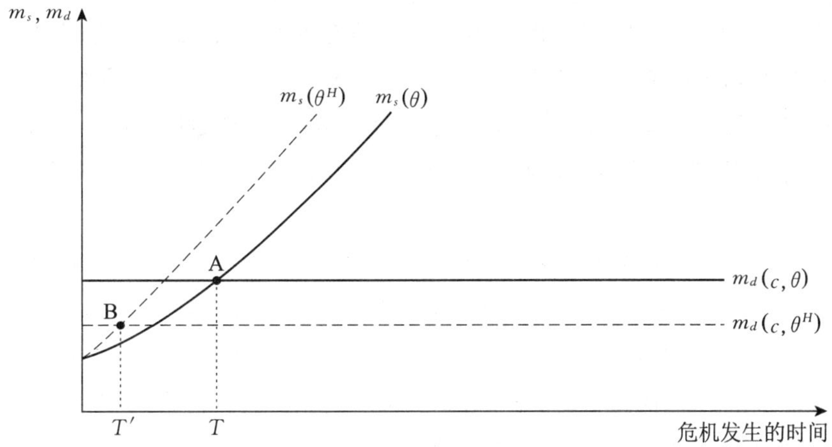

图 16.2 危机发生的时间

16.3 捍卫利率

刚刚描述的模型假设随着时间的推移中央银行只是被动地看着储备库存量稳步下降,直到被最终的投机攻击彻底消灭。但在实践中,几乎没有任何一家中央银行会扮演如此被动的角色。恰恰相反,中央银行在放弃钉住汇率之前通常会做长期而努力的斗争。中央银行武器库里的主要武器是一些短期利率。中央银行为了尽力诱使公众持有本币资产,从而为财政部门赢得时间来解决基本的财政失衡问题,会把短期利率提高到极不平常的水平。①因此,利用较高的利率来捍卫货币是一个关键性的政策事项,但直到最近都一直被相关的研究文献所忽视。

专栏 16.1 在重大货币危机中名义汇率和国际储备的行为

第 16.2 节的基本模型预测,传统上国际收支危机的特点是国际储备的稳步下降,随后在危机时期急剧下降。由于缺乏不确定性,我们的模型预测危机时的名义汇率不会向上跳跃。然而,如果我们假设国内信贷增长是随机的,那么在危机时期,名义汇率就会向上跳跃(参见 Flood and Garber, 1984 以及 Dornbusch, 1987 的研究)。

---

① 用更高的利率来捍卫货币(无论是在固定汇率下还是在浮动汇率下)是 IMF 领导的救援方案中的一个标准组成部分。就这一点而言,这里引用 Fischer(1998)的评论是值得的,那时他是 IMF 的第一副总裁和主要的政策设计者:

在 1997 年 7 月泰国危机之后亚洲的进展是太紧了? 在权衡这个问题时,回忆一下他们什么时候开始达到 IMF 的要求,泰国和韩国的储备低到非常危险的程度,印度尼西亚的卢比被极度地贬值。因此,第一件要做的事情是,现在仍然是去恢复公众对货币的信心。要实现这一目标,经济体不得不想办法让持有本币更具有吸引力,这反过来要求暂时性地增加利率,即便更高的利率会恶化已经很脆弱的银行与企业的状况。这是从 1994—1995 年发生在拉美的龙舌兰酒危机中总结出来的关键教训,也是从更最近的巴西、捷克、中国香港和俄罗斯的经历中吸取的教训,所有的这些经济体在最近几个月都成功地抵挡住了对本币的攻击,主要是采取一个及时且强有力的利率收紧政策,同时再辅之以其他的政策措施。一旦信心恢复了,利率自然能恢复到其正常的水平。

直觉上看，名义汇率可以跳跃，因为不确定性的存在排除了无限的套利机会，这又是因为行为人无法确定钉住汇率是否会在下一个时期被放弃。只要在下一个时期储备有一定可能性触及零阈值，这就会以正向的预期贬值反映出来。因此，在出现不确定的情况下，基本的 KFG 模型将预测储备应该下降，名义汇率在危机时应该会增加。

我们在数据中能观察得到这种模式吗？表 16.1 列出了六个著名的国际收支危机——乌拉圭(1982 年 11 月)，墨西哥(1994 年 12 月)，泰国(1997 年)，俄罗斯(1998 年 8 月)，巴西(1999 年 1 月)和阿根廷(2002 年 1 月)——并量化了危机前后名义汇率和国际储备的变化[a]。除泰国外，名义汇率都是钉住美元的(随后的制度安排略有差异，阿根廷实行固定汇率，墨西哥和俄罗斯则实施汇率变动区间制)。图 16.3 绘制了危机前和危机后 36 个月内的国际储备和名义利率的变化。[b]表中的一条竖线表示危机出现的月份。大体而言——正如理论模型所预测的那样——我们看到在危机时期，名义汇率发生急剧上升，国际储备则下滑。在国际储备发生急剧下滑之前会逐渐且稳定的下滑。

专栏注：

a. 专栏 13.2 分析了阿根廷 1991 年可兑换计划的细节。

b. 数据来源于国际金融统计(IFS)。储备以百万美元为单位。

表 16.1　重大的国际收支危机

国家	T	货币贬值		国际储备在 12 个月中的变化				汇率制度	
		在时点 T 的月贬值率	在时点 $T+11$ 的年贬值率	时点 T 前一年	时点 T 前半年	时点 T 前 3 个月	时点 T	直到危机	危机之后
乌拉圭	1982.11	39%	178%	−2%	−73%	−61%	−72%	事先宣布的爬行钉住	浮动
墨西哥	1994.12	54%	122%	33%	−28%	−29%	−75%	汇率局	浮动
泰国	1997.7	24%	64%	15%	4%	−4%	−23%	钉住一篮子货币	浮动
俄罗斯	1998.8	27%	288%	62%	−8%	−39%	−58%	汇率局	浮动
巴西	1999.1	64%	48%	−9%	16%	−22%	−35%	汇率局	浮动
阿根廷	2002.1	40%	232%	5%	−36%	−22%	−46%	根据美元固定的汇率	管理浮动

注：T 对应的是固定/管理汇率体制被抛弃的日期。

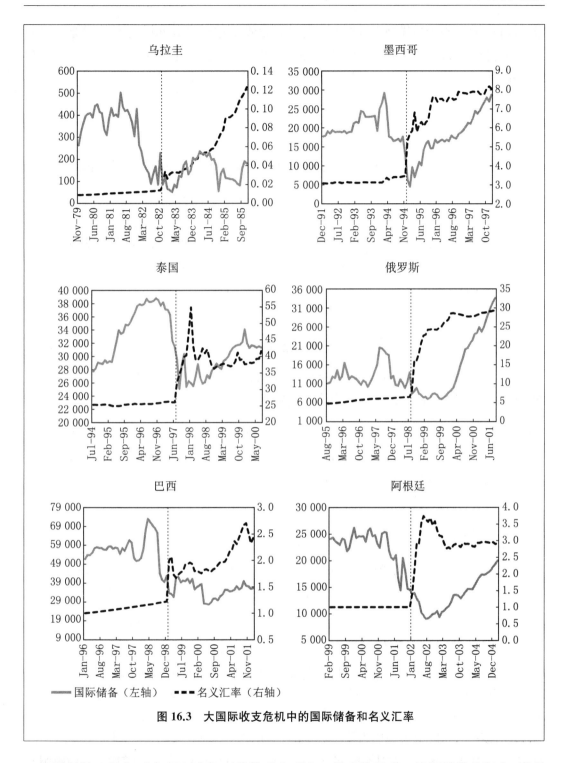

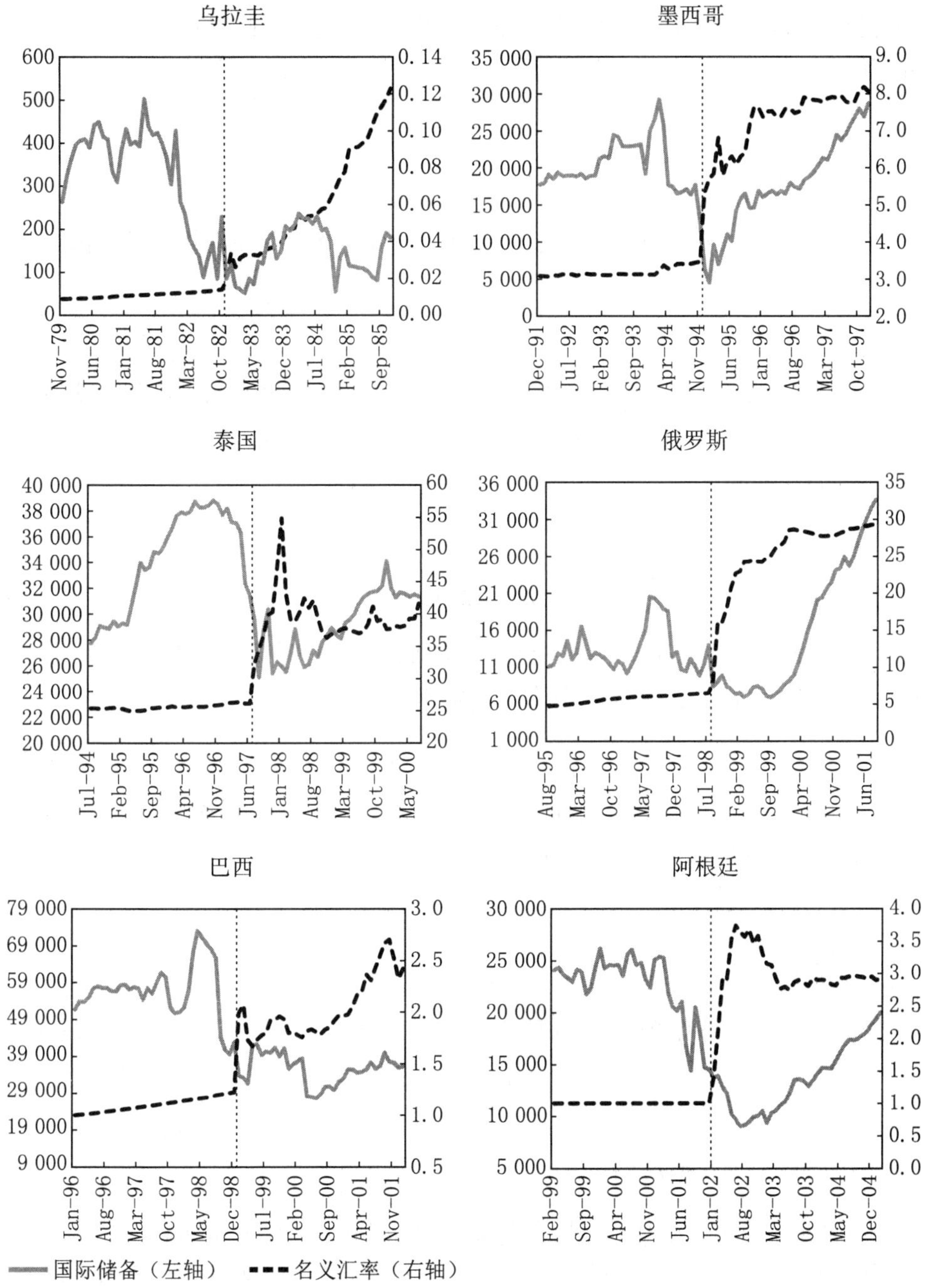

图 16.3 大国际收支危机中的国际储备和名义汇率

说到捍卫利率，我们需要在上面的模型中引入一些摩擦因素。按照目前的版本，模型显然没有办法来处理这个问题，因为给定一个固定汇率，名义利率完全由利率平价条件式(16.15)决定。为了让利率政策发挥作用，我们遵循 9.4 节中介绍的方法，并在 Lahiri Végh (2003)研究国际收支危机的模型背景下进行。具体来说，我们通过假设货币当局会对货币支付利率i_t^m来对上述模型进行微小改进。[①]根据假设 $i_t^m < i_t$；换句话说，货币总是支付低于市场的利率。除此之外，该模型保持不变。事实上，之前的模型可以被视为是 $i_t^m = 0$ 时的特殊情形。

16.3.1 消费者

由于货币现在是有利息的，所以先前由式(16.3)给出的消费者的跨期预算约束现在变为：

$$a_0 + \frac{y}{r} + \int_0^{\infty} \tau_t e^{-rt} \mathrm{d}t = \int_0^{\infty} [c_t + (i_t - i_t^m) m_t] e^{-rt} \mathrm{d}t \tag{16.29}$$

消费者的问题是在给定的τ_t、i_t 和i_t^m 的路径以及给定y 和a_0 值后，在式(16.29)的约束下，为所有 $t \in [0, \infty]$选择$\{c_t, m_t\}$以最大化终身效用式(16.4)。

在标准的$\beta = r$ 假设下，一阶条件意味着：

$$u'(c_t) = \lambda \tag{16.30}$$

$$v'(m_t) = \lambda (i_t - i_t^m) \tag{16.31}$$

再次，条件式(16.30)意味着沿着完全预见均衡路径，消费将固定不变。方程式(16.30)和式(16.31)一起隐含地定义了如下实际货币需求：

$$m_t = L(c_t, i_t - i_t^m) \tag{16.32}$$

请注意，对于给定的i_t，i_t^m 的上涨将降低持有货币的机会成本，从而增加实际货币需求。这是该模型中利率政策运作的关键渠道。

16.3.2 政府

考虑到现在的货币是有利息的，政府的流动约束——以前由式(16.8)给出——现在变成：

$$h_T - h_{T^-} = \frac{M_T - M_{T^-}}{E_T}$$

$$\dot{h}_t = rht + \dot{m}_t + (\varepsilon_t - i_t^m) m_t - \tau_t \quad 如果 t \neq T \tag{16.33}$$

新特点是现在货币当局有三种政策手段：汇率、国内信贷存量和货币的利率。[②]关于汇率政策，我们假设货币当局最初设定了固定汇率并宣布相同的放弃规则：如果储备金为零，固定汇率将被放弃。我们将分析不可持续的钉住汇率情形，因此假设 $\theta > 0$。

i_t^m 的路径会怎么样？我们假设这个政策利率在危机之前被设定为零[即对 $t \in [0, T)$，有 $i_t^m = 0$]，如果市场利率在某个时间点发生变化，那么这个政策利率将遵循下面的规则而

① 这种安排可以解释为，消费者持有为交易目的而发行的有息活期存款，这些存款由银行持有 100%现金储备按利率 i_t^m 支付的。

② 参见 9.4 节和本章习题 2 的有关讨论。

发生变化(这一点也是在 0 时刻之前就宣布的)：

$$\Delta i_t^m = \gamma \Delta i_t, \qquad \gamma \in [0, 1] \tag{16.34}$$

这里，γ 是政策参数。特别是如果 $\gamma=0$，则该模型简化为上面分析过的标准 KFG 模型，其中政府不会参与捍卫利率。当 $0<\gamma<1$ 时，中央银行通过提高政策利率来宣告她捍卫货币的决心与意图，从而部分抵消了市场利率的上涨。当 $\gamma=1$ 时，货币当局正好恰好匹配市场利率的上涨。

16.3.3 捍卫货币

现在我们来看一下相对于之前分析的 KFG 案例，积极的捍卫利率(我们的意思是设 $\gamma>0$)是怎样来延迟危机的。①

如前所述，很容易知道消费水平仍然由式(16.17)给出(参见图 16.4b)。而且根据前文所述，初始的固定汇率是不可持续的，因为货币当局正在以越来越快的速度失去国际储备。令 T 表示固定汇率被放弃的时间。因此，ε_t 和 i_t 的路径如前所述，分别由式(16.25)和式(16.26)给出。然而，决定货币需求的相关变量是机会成本，由 $i_t-i_t^m$ 给出。这个变量的路径由下式给出：

$$i_t-i_t^m=\begin{cases} r, & 0\leqslant t<T \\ r+(1-\gamma)\theta, & t\geqslant T \end{cases} \tag{16.35}$$

给定式(16.35)，实际货币余额的路径将由下式给出：

$$m_t=\begin{cases} L(c, r), & 0\leqslant t<T \\ L(c, r+(1-\gamma)\theta), & t\geqslant T \end{cases}$$

因此，实际货币需求在时点 T 的跳跃将由下式给出：

$$\Delta m = L(c, r+(1-\gamma)\theta) - L(c, r) \leqslant 0$$

请注意，时点 T 实际货币需求的下降是 γ 的递减函数。换句话说，捍卫利率越激进——由更高的 γ 来刻画——实际货币需求的下降就越小。如果 $\gamma=1$，事实上时点 T 实际货币需求就不会下降(图 16.4c)。在这种情况下会有危机，但危机不会运行。

再次，T 由在时点 T 的货币市场均衡所决定，由下式给出：

$$L[c, r+(1-\gamma)\theta] = \frac{D_0 e^{\theta T}}{\bar{E}} \tag{16.36}$$

从中可以看出，T 是 γ 的增函数。换句话说，利率捍卫越激进，危机的时间就越能被延迟。在 $\gamma=1$ 的情况下，危机延迟的时间达到最大。因此，值得注意的是，即便货币当局在危机实际发生之前实际上并没有做任何事情，只是简单地通告了式(16.34)代表的政策规则，这就足以延迟危机的发生，甚至可以延迟到当固定汇率被放弃时危机也不会发生的时点。

---

① 尽管没有明确地模型化，这一观点意味着延迟危机可以帮助政府处理潜在的财政问题以及转移危机。

很容易看出，在这种简单版本的模型中，延迟危机不会带来财政或产出成本，最优的利率捍卫政策是设定 $\gamma=1$，并尽可能长地延迟危机发生。当然，在实践中，拖延危机会有一定的经济代价。需要考虑两个主要成本。首先，较高的利率会增加公共债务的负担，从而需要忍受未来更高的通胀水平。第二，较高的利率将会导致产出收缩，这不仅仅它自身代价昂贵，而且实际上会通过降低传统的税收收入而恶化财政问题。从积极的角度来看——正如 Lahiri 和 Végh(2003, 2007)所证明的那样——财政和/或产出成本的出现意味着利率有所增加，这最大化了延迟危机，并且把利率提高到可以产生"不良效应"的点，实际上使危机提前爆发。从规范的角度来看，他们证明存在一整个利率上调的范围，在这个范围内，进一步推迟危机是可行的，但这样做并不是最优的。因此，政策的教训是，虽然提高利率的常规反应(国际货币基金组织特别支持的)是适当的，但是利率提高太多会出现负面影响，这也验证了一些批判者的观点，其中影响最大的是由萨克斯(Sachs)和斯蒂格利茨(Stiglitz)所提出的。①

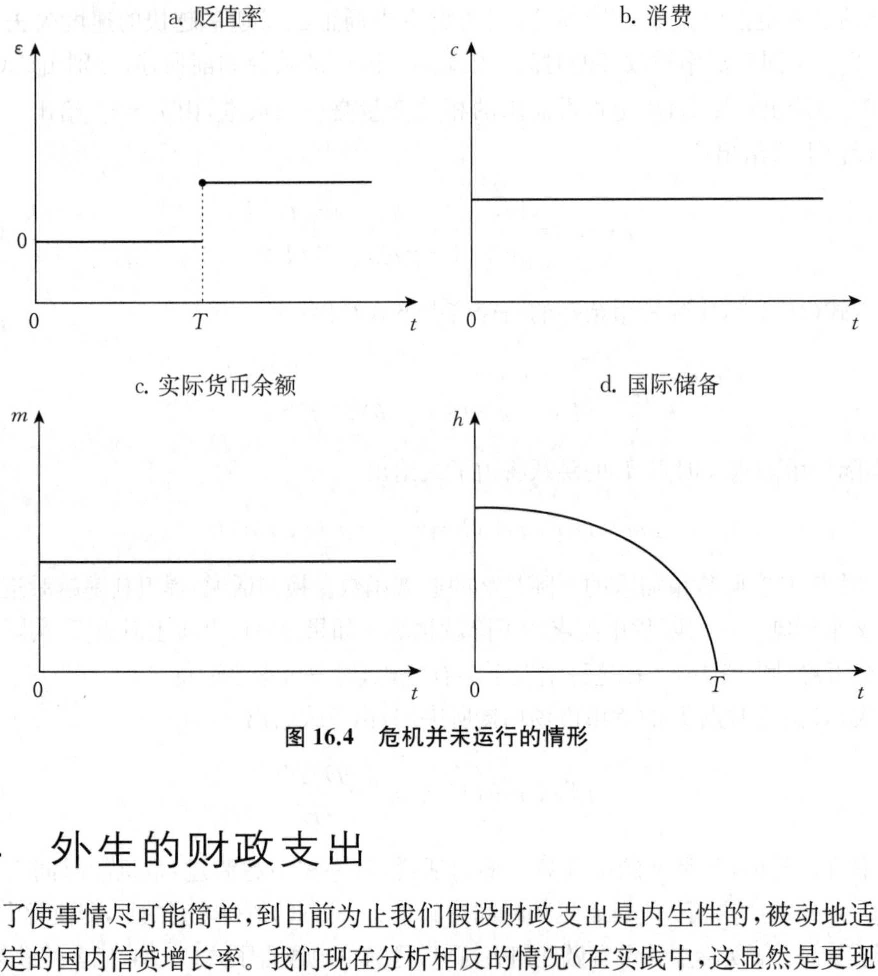

图 16.4　危机并未运行的情形

16.4　外生的财政支出

为了使事情尽可能简单，到目前为止我们假设财政支出是内生性的，被动地适应货币当局规定的国内信贷增长率。我们现在分析相反的情况(在实践中，这显然是更现实的情形)：财政支出是外生的，必须由货币当局内生地提供资金。

① 例如，可以参看 Furman 和 Stiglitz(1998)以及 Radelat 和 Sachs(2000)。

由于消费者的问题不受影响，沿着 PFEP 路径，消费和实际货币需求继续分别由方程式(16.17)和式(16.18)给出。现在让我们把注意力转向政府。

16.4.1 政府

自然而然，由式(16.8)给出的流量约束仍然有效，现在外生给定的转移支付恒定为 τ。考虑到这一步，沿着在本节要探讨的完全预见路径，实际货币余额只可能在 T 时刻出现跳跃，我们可以将政府的跨期约束式(16.9)重写为：

$$\frac{\tau}{r}=h_0+\int_0^{\infty}(\dot{m}_t+\varepsilon_t m_t)e^{-rt}\mathrm{d}t+(m_T-m_{T-})e^{-rT} \tag{16.37}$$

由于转移支付外生给定，国内信贷的路径现在将由内生决定。货币当局仍将初始汇率设定为 $\bar{E}$，并宣布相同的放弃规则。现在时点 0 的国际储备存量 h_0 被视为是外生给定的。①进一步，我们将假设在时点 0 之前存在财政赤字，即 $rh_0-\tau<0$。

16.4.2 不可维持的钉住汇率

我们首先证明固定汇率确实是不可持续的。为了表明这一点，注意考虑 $\tau_t=\tau$，$\varepsilon_t=0$，以及实际货币余额是固定不变的，政府的流量约束式(16.8)变为：

$$\dot{h}_t=rh_t-\tau \tag{16.38}$$

求解这个(不稳定的)微分方程，我们得到：

$$h_t=\frac{\tau}{r}+e^{rt}\left(h_0-\frac{\tau}{r}\right) \tag{16.39}$$

因为根据假设 $h_0-\tau/r<0$，h_t 将在有限时间内达到零阈值。

如前所述，定义 T 为放弃固定汇率的时间。在时点 T，政府将必须设定一个正(根据假设为固定值)贬值率 ε。ε 是如何确定的？这将是为了弥补 $t\geqslant T$ 时的财政赤字所需的贬值率(通胀率)。由于根据建构，对于 $t\geqslant T$ 时，有 $h_t=0$，所以从式(16.8)可以看出，对于 $t\geqslant T$ 时的财政约束将由下式给出：

$$\tau=\varepsilon L(c,\ r+\varepsilon) \tag{16.40}$$

这里，$L(c,\ r+\varepsilon)$是危机后的实际货币需求。根据这个专门的货币需求，方程式(16.40)可能有多个解。我们将假设实际货币需求对于 ε 是无弹性的，因此是唯一解。②

---

① 注意在前面的情形中(内生转移支付)，h_0 是内生的而 d_0 是外生的。现在正好相反。

② 将是这样一种情形，例如，假如 $v(m)=\left(m^{1-\frac{1}{\sigma}}-1\right)\Big/\left(1-\frac{1}{\sigma}\right)$，且 $\sigma<1$。在这种情形下，实际货币需求给定为 $m=\left[\frac{1}{u'(c)i}\right]^{\sigma}$，这是从一阶条件式(16.5)和式(16.6)中推导出来的。货币需求对 ε 的弹性由 $\sigma\varepsilon/i$ 给定，这比 σ 更小，因此小于 1。

ε 值确定后，我们现在来确定 T。直觉上看，因为通胀率的路径（即贬值率的路径）已经被确定了，T 将维持政府的跨期约束成立。因此，请注意政府的跨期预算约束式(16.37)可以重写为：

$$\frac{\tau}{r}=h_0+\frac{e^{-rT}}{r}[\varepsilon m_T-r(m_0-m_T)]$$

直觉上说，这个方程刻画了这一事实，即除了国际储备的初始库存之外，政府的唯一其他收入来源是在时点 T 之前征收的通货膨胀税收入，以及在时点 T 实际货币余额的净减少（这意味着收入的减少）。然后，我们可以求解出 T[考虑进方程式(16.40)]：

$$T=\frac{1}{r}\log\left[\frac{\tau-r(m_0-m_T)}{\tau-rh_0}\right]>0$$

假设 $r(m_0-m_T)<rh_0$。因此，我们已经证明，在 τ 为内生情形中得出的观点现在仍然成立。伴随投机性攻击而出现的危机会迫使政府采用浮动汇率制度，在这个制度下，通胀率（贬值率）将达到使政府恰好可以藉此弥补支出的程度。

16.5 国际收支危机的动态过程

在实践中，国际收支危机爆发之前通常会出现消费繁荣，经常账户赤字和国内货币的实际升值。实际上，经常有观点认为正是这些动态政策周期“导致”了随后国际收支危机的发生。为了阐明这些问题，我们现在按照第 7 章的方式，通过引入消费与名义利率之间的联系来修改 16.4 节的模型。为了这个目的，我们将在现金先行的背景下来重新表述16.4节的模型。[①]此外，本章末尾的习题 1 增加了不可贸易商品到这一模型中，并显示了危机前的消费热潮和贸易赤字情况如何伴随着实际的升值。为了简化模型的解，我们将假设对数型偏好，并且财政支出是社会浪费。

16.5.1 消费者的问题

偏好给定如下：

$$\int_0^{\infty}\log(c_t)e^{-\beta t}\mathrm{d}t \tag{16.41}$$

这里，c_t 表示唯一的（可贸易）商品的消费。

现金先行约束要求：

$$m_t=\alpha c_t \tag{16.42}$$

其中，α 是正参数。

① 正如第 7 章习题 1 清楚显示的那样，同样的结果也可以在消费和实际货币余额不可分离的 MIUF 背景下获得，只要消费和实际货币余额之间的交叉偏导数为正。

消费者的跨期约束现在由下式给出：

$$a_0+\frac{y}{r}=\int_0^{\infty}(c_t+i_t m_t)e^{-rt}\mathrm{d}t \tag{16.43}$$

这里，y 是（固定的）禀赋。请注意政府转移支付不再是消费者收入的一部分（由于假设财政支出是一种社会浪费）。将现金先行约束式(16.42)代入式(16.43)，我们可以将实际货币余额消除掉从而成为只有一个选择变量的方程：

$$a_0+\frac{y}{r}=\int_0^{\infty}c_t(1+\alpha i_t)e^{-rt}\mathrm{d}t \tag{16.44}$$

对于给定的 i_t 路径和给定的 y 和 a_0 值，消费者在式(16.44)约束下，通过选择 c_t 来最大化式(16.41)。相应的一阶条件为（假定 $\beta=r$）：

$$\frac{1}{c_t}=\lambda(1+\alpha i_t) \tag{16.45}$$

16.5.2 政府

政府的约束条件相对于上述分析过的外生财政支出模型来说并没有改变。然而，我们会对符号做轻微地改变，以强调政府支出现在是一种社会浪费，并通过 g 来代表其恒定的水平。随着符号的这种变化，流量和跨期的财政约束现在分别由下式给定为：

$$\begin{aligned}&h_T-h_{T-}=\frac{M_T-M_{T-}}{E_T}\\&\dot{h}_t=rh_t+\dot{m}_t+\varepsilon_t m_t-g,\quad \text{如果 } t\neq T\end{aligned} \tag{16.46}$$

$$\frac{g}{r}=h_0+\int_0^{\infty}(\dot{m}_t+\varepsilon_t m_t)e^{-rt}\mathrm{d}t+(m_T-m_{T-})e^{-rT} \tag{16.47}$$

政策假设也与上述外生的财政支出模型相同。货币当局设定一个固定的汇率，并宣布如果国际储备一旦达到零，钉住汇率制将被放弃。

16.5.3 模型的解

给定式(16.38)，但用 g 代替 τ，以及假设 $h_0-g/r<0$，固定汇率是不可持续的。如前所述，用 T 表示政策放弃时间，用 ε 表示在 $t\geqslant T$ 时的贬值率（两者都将是内生决定的）。因此，名义利率的路径将由下式给出：

$$i_t=\begin{cases}r, & 0\leqslant t<T\\ r+\varepsilon, & t\geqslant T\end{cases} \tag{16.48}$$

因为正如下面将显示的那样，ε 必须为正才能弥补财政赤字，消费的有效价格（由 $1+\alpha i_t$ 给出）不会随着时间的推移而不变，因此消费者将面临跨期扭曲（像在第 3 章和第 7 章中一样）。因此，在直觉上应该很清楚，在实行固定汇率期间可贸易商品的消费将会变高，然后

变低(参见图 16.5b)。正式地,考虑到式(16.48),我们可以将一阶条件式(16.45)重写为:

$$\frac{1}{c^1}=\lambda(1+\alpha r) \tag{16.49}$$

$$\frac{1}{c^2}=\lambda[1+\alpha(r+\varepsilon)] \tag{16.50}$$

这里,c^1 表示在 $0\leqslant t<T$ 时的恒定消费水平,c^2 表示在 $t\geqslant T$ 时的恒定消费水平。显然,$c^1>c^2$。所以,在时点 T 之前将会有贸易赤字$\left(假设 k_0-\frac{g}{r}=0\right)$(图 16.5c),也会有经常账户赤字(图 16.5d)。给定在图 16.5b 所示的消费路径,实际货币余额的路径(图 16.5e)将遵循现金先行约束式(16.42)。

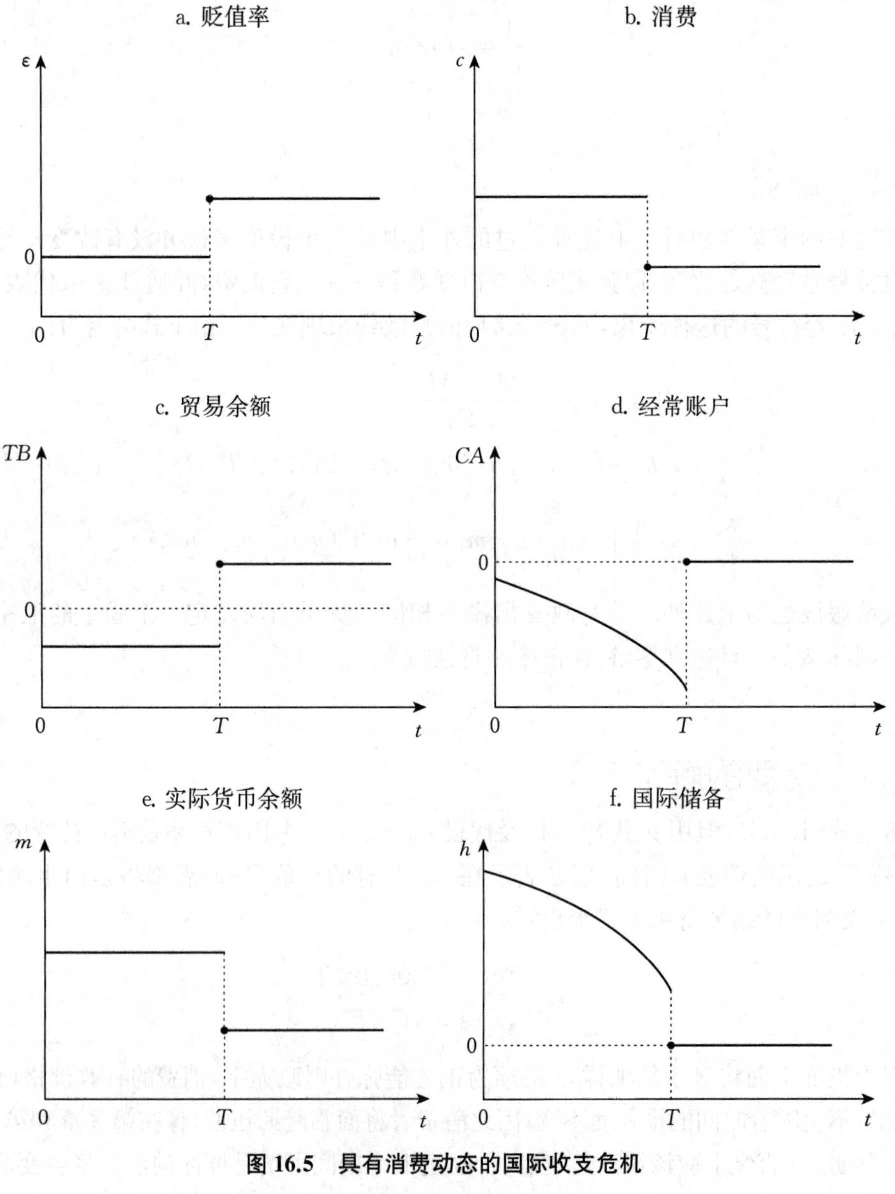

图 16.5 具有消费动态的国际收支危机

使用式(16.44)、式(16.49)和式(16.50)，我们可以推导出 c^1 和 c^2 的简化表达式：

$$c^1=\frac{ra_0+y}{1+\alpha r} \tag{16.51}$$

$$c^2=\frac{ra_0+y}{1+\alpha(r+\varepsilon)} \tag{16.52}$$

我们现在可以从财政约束中推导出 ε。ε 的推导类似于上面所分析的 τ 外生的情形。根据式(16.46)，对于 $t\geqslant T$，流量财政约束现由式(16.53)给出：

$$g=\varepsilon m^2 \tag{16.53}$$

此处的 m^2 表示 $t\geqslant T$ 时的实际货币需求。使用式(16.42)和式(16.52)，我们可以求解出 ε：

$$\varepsilon=\frac{1+\alpha r}{\alpha}\left(\frac{A}{1-A}\right) \tag{16.54}$$

这里的 $A\equiv g/(ra_0+y)$ 可以解释为政府支出占 GDP 的比例。如预期的那样，ε 是 g 的严格递增函数，如果 $g=0$，则 ε 将为 0。

我们现在转向确定 T 的问题。再一次，我们以与 τ 外生情形相同的方式进行处理，并且使用跨期财政约束来确定 T。根据式(16.47)，并使用式(16.42)和式(16.53)，可以推出：

$$T=\frac{1}{r}\log\left\{\frac{g-r\alpha(c^1-c^2)}{g-rh_0}\right\}>0$$

注意，在 $\alpha(c^1-c^2)<h_0$ 的假设下(即在 T 时刻实际货币需求的下降要小于初始储备时)，正如所显示的那样，T 是正的。国际储备的路径如图 16.5f 所示。

总之，在危机出现之前，消费升高，会出现贸易赤字。在 T 时刻，消费下降，贸易赤字转为盈余。如果我们将不可贸易品引入到模型中——如本章习题 1 那样——我们可以看出，初始消费繁荣会伴随着相对较低的实际汇率(即实际货币升值)，而在时点 T 发生的危机会引起实际汇率出现急剧上升(即实际贬值)。因此，模型的预测与在专栏 4.2 中所评论的九个重大的国际收支危机案例所呈现的证据是一致的。

16.6 没有同时出现财政赤字的危机

如上节所述，国际收支危机往往发生在消费繁荣之前。在实践中，消费的高涨会导致税收收入急剧增加——特别是在税收制度对消费税有重大依赖的发展中国家。随着税收收入在繁荣期间的增加，初始赤字会急剧改善，这往往导致政策制定者和观察家都认为没有潜在的财政问题，经济活动的繁荣和货币的实际升值真实地反映了“结构性改革”的成功。当然，虽然繁荣发生，但很难说出哪一个解释是正确的。①跟随 Talvi(1997)的思路，我

① 尽管用周期性调整的财政指标将对这个问题提供一个同期证据，周期性调节在发展中国家的高度不稳定性经常使他们自己充满方法论问题。

们现在提供一个例子，它可以很好地说明依靠同期的财政指标来判断固定汇率的可持续性的危险。

正式地，我们的出发点是16.5节发展起来的现金先行模式，其中政府支出是外生性的(也是社会浪费的)。我们将采取以下修改方式：(1)除了通货膨胀税收入外，政府还从消费税中获得收入；(2)偏好是CES型的且跨期替代弹性大于1。[①]

16.6.1 消费者的问题

偏好给定如下：

$$\int_0^\infty \frac{c_t^{1-1/\sigma}-1}{1-1/\sigma}e^{-\beta t}\mathrm{d}t, \qquad \sigma>1 \tag{16.55}$$

这里，c_t 表示唯一商品的消费。定义(不变的)消费税为 θ。消费者的跨期预算约束因此变为：

$$a_0+\frac{y}{r}=\int_0^\infty [c_t(1+\theta)+i_t m_t]e^{-rt}\mathrm{d}t \tag{16.56}$$

现金先行约束继续由式(16.42)给出。将式(16.42)代入式(16.56)，我们可以将跨期预算约束重写为：

$$a_0+\frac{y}{t}=\int_0^\infty c_t(1+\theta+\alpha i_t)e^{-rt}\mathrm{d}t \tag{16.57}$$

对于给定的 i_t 路径和给定的 y、θ 和 a_0 值，消费者在式(16.57)的约束下通过选择 c_t 来最大化式(16.55)。相应的一阶条件由下式给出(假定 $\beta=r$)

$$c_t^{-1/\sigma}=\lambda(1+\theta+\alpha i_t) \tag{16.58}$$

此处包括消费税在内的现在消费的有效价格由 $1+\theta+\alpha i_t$ 给出。然而，由于假设 θ 随时间推移是不波动的，所以在随着时间的推移诱使消费路径出现波动的过程中将不起作用。

为进一步参考，注意从式(16.57)和式(16.58)可以看出，对于一个永久性固定汇率(即 $i_t=r$)，由 $\tilde{c}$ 来表示恒定的消费水平将给定为：

$$\tilde{c}=\frac{ra_0+y}{1+\theta+\alpha r} \tag{16.59}$$

16.6.2 政府

与16.5节一样，政府面对一个外生给定的支出水平 g，然而除了从通货膨胀税中获取收入外，现在还从(外生给定的)消费税中获取收入 θ。有了这种修改，政府的流量和跨期预算约束变为：

① 第二个假设的关键性作用将在后面讨论。

$$h_T - h_{T-} = \frac{M_T - M_{T-}}{E_T}$$

$$\dot{h}_t = rh_t + \theta c_t + \dot{m}_t + \varepsilon_t m_t - g, \qquad 如果\ t \neq T \tag{16.60}$$

$$\frac{g}{r} = h_0 + \int_0^{\infty} (\theta c_t + \dot{m}_t + \varepsilon_t m_t) e^{-rt} \mathrm{d}t + (m_T - m_{T-}) e^{-rT} \tag{16.61}$$

定义财政平衡为：

$$s_t^g \equiv rh_t + \theta c_t - g \tag{16.62}$$

此外，由于现在有从传统税中获取的收入，所以定义如下的初始财政收支（不包括储备利息）是有用的：

$$s_t^{pg} \equiv \theta c_t - g \tag{16.63}$$

为了产生不可持续的钉住汇率，将假设对于与可持续固定汇率相关的消费水平[由公式(16.59)给出]和初始的储备水平存在财政赤字。换句话说，我们假设 $rh_0 + \theta\tilde{c} - g < 0$。

政策假设保持不变：货币当局设定固定汇率，并宣布如果国际储备一旦达到零，钉住汇率将被放弃。

16.6.3 没有财政赤字的例子

我们将通过构建一个特定的例子而不是提供模型的一般解，来说明内生财政收入的戏剧性后果。①在这个例子中，在危机之前的时期，主要的财政赤字将为零，国际储备实际上将会上升。

首先应该清楚的是，固定汇率制度是不可持续的。如果贬值率被预期会确定为零，则消费将由式(16.59)给出，实际货币余额也将保持不变。因此，流量财政约束式(16.60)变为：

$$\dot{h}_t = rh_t + \theta\tilde{c} - g$$

像以前一样，这是一个不稳定的微分方程。因此，国际储备将在有限的时间内达到临界阈值。因而政府必须在某个时点 T 放弃钉住汇率政策，并转向一个正的贬值率，以便通过通货膨胀税收入来弥补财政赤字。我们用 ε 表示 $t \geqslant T$ 时的贬值率。由于 ε 必须是正的，所以从式(16.58)可以看出，在时点 T 之前消费(由 c^1 表示)将提高，而时点 T 之后的消费(由 c^2 表示)将降低：

$$(c^1)^{-1/\sigma} = \lambda(1 + \theta + \alpha r) \tag{16.64}$$

$$(c^2)^{-1/\sigma} = \lambda[1 + \theta + \alpha(r + \varepsilon)] \tag{16.65}$$

根据设定，我们希望危机前的财政赤字为零。根据式(16.63)，这需要 c^1 是：

① 本章习题 2 会要求你计算出在对数型偏好下模型的一般解。

$$c^1=\frac{g}{\theta} \tag{16.66}$$

为了简单起见，定义一个新变量 $x\equiv c^1/c^2$。然后从式(16.64)和式(16.65)可以得出：

$$x^{1/\sigma}=\frac{1+\theta+\alpha(r+\varepsilon)}{1+\theta+\alpha r} \tag{16.67}$$

对于时点 T 之前，国际储备将为零。因此，从式(16.60)中可以推出：

$$g-\theta c^2=\varepsilon m^2$$

使用现金先行约束式(16.42)以及式(16.66)，并回忆一下，根据定义 $x\equiv c^1/c^2$，我们可以从上面的方程中求解出 ε：

$$\varepsilon=\frac{\theta}{\alpha}(x-1) \tag{16.68}$$

将式(16.68)代入式(16.67)中，可以得到：

$$x^{1/\sigma}=1+\frac{\theta}{1+\theta+\alpha r}(x-1) \tag{16.69}$$

这将决定 x 的均衡值。图 16.6 显示了通过将方程式(16.69)中左边部分[在图中用 $f(x)$ 表示]和右边部分[在图中用 $g(x)$ 表示]作为 x 的函数如何来确定 x 值。在 $\theta/(1+\theta+\alpha r)<1/\sigma$ 的假设下，并且回忆 $\sigma>1$，我们看到方程的左端将与右端在 $x>1$ 的地方相交，在图 16.6 中表示为 x^*。①由于 x 的均衡值大于 1，所以从式(16.68)可以得出 $\varepsilon>0$。

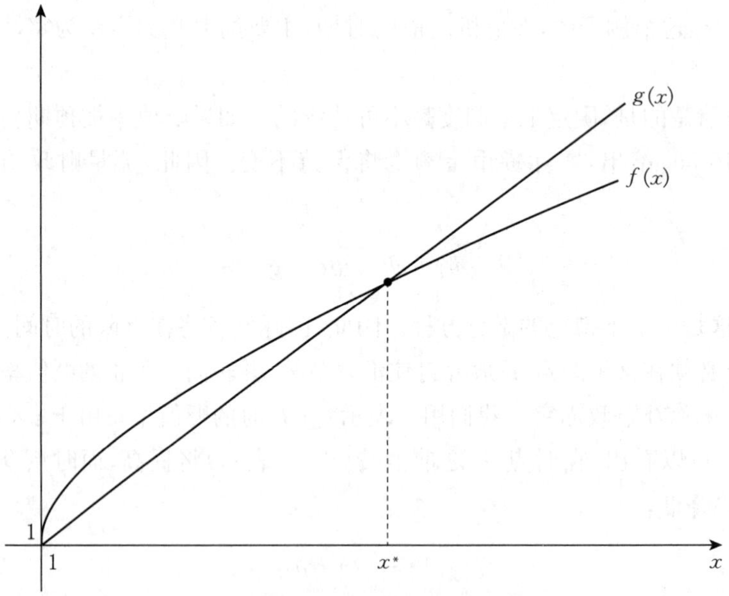

图 16.6　x 值的确定

① 注意，$\theta/(1+\theta+\alpha r)<1/\sigma$ 确保了在 $x=1$ 处，方程左端的斜率会比右端的更大。$\sigma>1$ 的假设[因此，$(1/\sigma)<1$]确保了方程左端会在 $x>1$ 的某处与右端相交。注意，$x=1$ 不可能是一个均衡，因为它将意味着 $c^1=c^2=g/\theta$，这将违背资源约束条件。

国际储备的路径是什么？根据式(16.60)并考虑到 $\varepsilon_t=\dot{m}_t=0$ 以及初始赤字设定为 0，可以推出：

$$\dot{h}_t=rh_t$$

因此，国际储备会随着时间的推移而增加。直觉上看，由于初始财政平衡是零，当财政当局积累了(再投资)储备的利息会导致出现一定的财政盈余。

T 如何确定？它的确定方式与以前相同。也就是说，T 的取值要保证跨期财政约束得以成立。因此，从式(16.61)、式(16.66)和式(16.68)可以推出：

$$T=\frac{1}{r}\log\left(\frac{m_{T^-}-m_T}{h_0}\right)>0$$

因为实际货币余额的下降将大于初始储备的下降(因为储备必须随着时间的推移不断积累)。

图 16.7 显示了主要变量的时间路径。请注意，在[0，T)期间，通货膨胀(也即货币贬

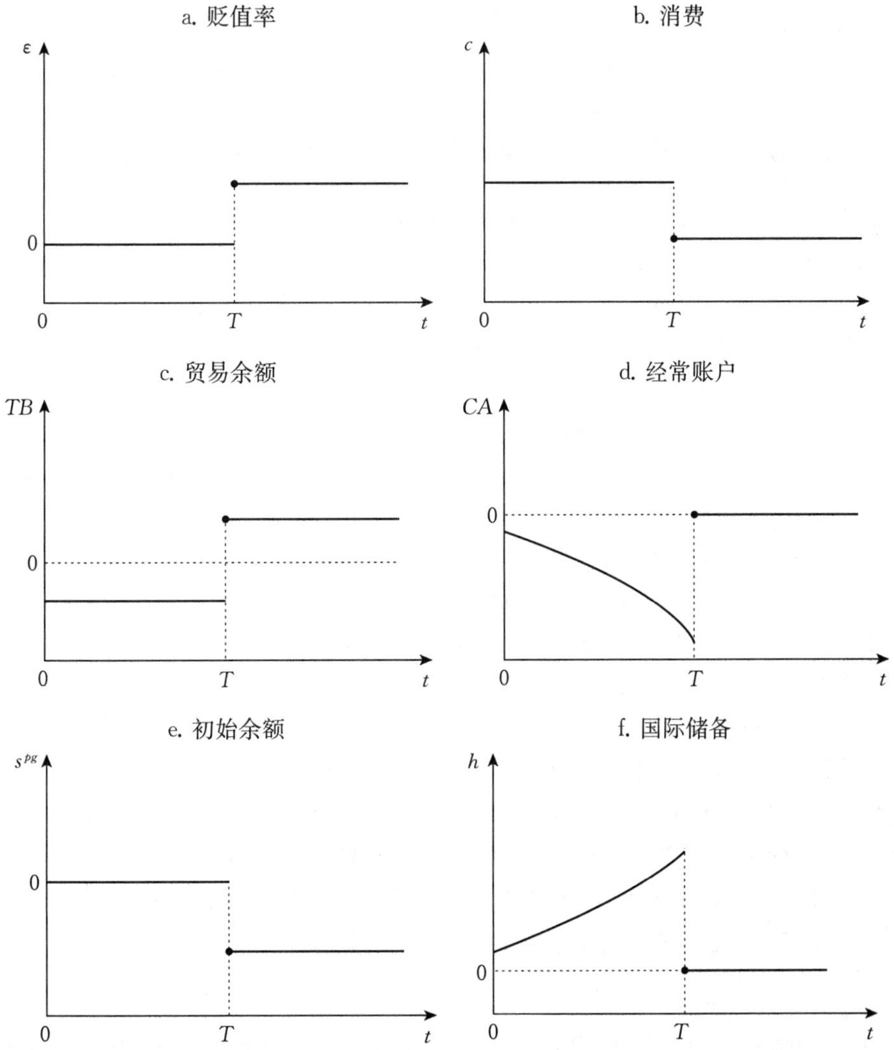

图 16.7　没有初始财政赤字的危机

值率)为零,初始赤字为零,国际储备是增加的。这一结果自然可以解释为计划成功的信号。然而,在现实中,它反映出的是计划中潜在的财政不可持续性问题。

16.7 最佳的放弃规则

尽管有着非凡的洞察力,KFG 模型也有一些令人不安的特征:虽然家庭的行为是最优化的,但政府却采取完全任意的放弃规则(即当且仅当储备达到一定的阈值时才放弃钉住汇率)。换句话说,如果固定汇率是不可持续的,并且必须在某个时候放弃,为什么不立即放弃(即在时点 0),以避免国际储备的损失和保持经济繁荣周期。本节放宽了经典 KFG 模型的特别放弃规则,并研究了当决策者作出最佳放弃行为时会发生什么。①

优化模型的一个主要优点是,它们提供了评估替代政策和建立最优方案的福利结果的可能性。因此,最优政策是在现有约束下能最大限度地提高消费者福利的政策,这样的政策是作为竞争均衡加以实施的。因此,我们有必要来回答以下问题。假设最初(即在时点 0 之前)的固定汇率是可持续的。随着时间的推移,在时点 0 有一个未被预期的冲击发生,并导致固定汇率的不可持续(即跨期的财政约束不能满足零贬值率)。何时放弃固定汇率是最优的?

专栏 16.2 第二代和第三代的国际收支危机模型

第二代和第三代货币危机模型被发展出来用以解释 20 世纪 90 年代和 21 世纪 00 年代的一些危机,这些危机不适用于本章描述的第一代模型的框架。

货币危机的第二代模型是在 1993 年 9 月欧洲汇率机制危机达到顶点之后诞生的。有人认为,在投机冲击时,没有一个汇率制度是可持续的,这是第一代模型背后重要的假设。因此,研究人员发展了一个新的分析框架,在该框架中,投机性攻击会因为固定汇率制度是不可持续的这一自我实现的预期而产生(因此第二代模型的基本特征是它们表现出多重均衡)。关于第二代模型的两篇经典论文是由 Obstfeld (1994, 1996)提供的。

在奥布斯特费尔德(Obstfeld)的模型中,中央银行是一个最优化的行为人,追求最小化损失函数,这个函数依赖于通货膨胀与产出和潜在产出之间的偏差。产出水平由菲利普斯曲线确定,这条曲线提供了产出和通货膨胀之间的权衡,中央银行据此决定是否维持固定汇率制还是维持浮动汇率制。在这种情形下,行为人会预期政府会进行贬值,进而引起通货膨胀,如果中央银行没有贬值,就会使得通货膨胀处于出乎预料的低水平上,进而使得产出处于低于潜在水平的状态。这会使得捍卫货币成本高昂。如果与贬值相关的成本(失去信誉或通货膨胀大幅波动)足够低,政府将会贬值,以确认行为人的期望。相反,如果行为人预期汇率将保持固定,那么如果来自意外贬值的产出增长不是太大,政府确认行为人的预期就是最优的。根据政府的行为和行为人预期的成本和收益,会存在一个以上的均衡。[a]

① 更激进的偏离 KFG 模型的方式是通过所谓的第二代和第三代国际收支危机模型来加以刻画,将在专栏 16.2 中进行讨论。

如专栏17.4所述，许多货币危机与财政部门的危机相吻合。这种观察促使研究者强调银行在导致和放大货币危机中所起的作用，这构成了第三代模型的基础。这种模型的关键机制依赖资产负债表效应的作用。在一些模型中，当银行(和企业)存在明显的货币错配时，资产负债表问题就会出现。通常情况下，银行和公司会面临货币风险，因为收入是以不可贸易品计价，而负债则以可贸易品计价。错配会导致贬值，这会增加用不可贸易品衡量的可贸易品的相对价格。在其他的一些模型中，当银行和企业面对流动性冲击时，资产负债表的问题也会出现，因为他们用短期借贷来为长期项目进行融资。这两种风险来源都是通过资产负债表效应使新兴市场面临货币危机。

Velasco(1987)可能是这种类型的模型的第一个例子。[b]作者将第一代模型扩展到私人银行系统能被明确建模的情况。在这种模型中，国内信贷创造比率过高并不是由外生决定的财政赤字的结果，而是由政府承诺一旦银行破产会保证银行系统的负债引起的。这个负担的规模是由银行破产前的行为决定的。特别是如果银行是通过向国外借贷来弥补自身的损失，那么经由负面的实际冲击而触发的破产会推迟并扩大政府的负担。政府继承足够多的负债总额后，在第一代模型中导致国际收支危机的模式就会出现。McKinnon 和 Pill(1996)、Burnside，Eichenbaum 和 Rebelo(2004)，Chang 和 Velasco(2001)以及 Caballero 和 Krishnamurthy(2001)是对这一文献的其他重要贡献者。

专栏注：

a. 参见 Jeanne(2000)对第二代模型的综述以及 Morris 和 Shin(1998)对这类模型的批判。

b. 17.7 节中提供了一个 Velasco(1987)版本的模型。

我们将表明，无论国际储备水平如何，立即放弃固定汇率(即在 $t=0$ 时)是最优的。因此，在没有放弃钉住汇率的成本的情况下，KFG 模型中假定的外生放弃规则一般不会是最优的。①

16.7.1 消费者的问题

消费者的问题仍然与16.5节相同，偏好和现金先行约束条件分别由式(16.41)和式(16.42)给出。

与方程式(16.2)相对应的消费者终身约束现在由下式给出(注意没有政府转移支付)：

① 我们说“一般”是因为即便出现特别的 KFG 放弃规则，立即放弃钉住汇率仍旧可以是最优的，只要财政赤字相对于已有的国际储备存量足够大。

$$b_{0-}+\frac{y}{r}=\int_0^{\infty}(c_t+\dot{m}_t+\varepsilon_t m_t)e^{-rt}\mathrm{d}t+\frac{M_0-M_{0-}}{E_0}+\frac{M_T-M_{T-}}{E_T}e^{-rT} \quad (16.70)$$

上式考虑到在时点 0 和 T 处，实际货币余额可能会有离散变化。[①]在时点 0 之前（即在 b_t 和 m_t 在时点 0 可能发生跳跃变化之前）的净外国债券的存量由 b_{0-} 表示。

施加 $\lim_{t\to\infty}e^{-rt}m_t=0$ 的条件并考虑到现金先行约束式(16.42)，方程式(16.70)可以重写为：

$$b_{0-}+\frac{M_{0-}}{E_0}+\frac{y}{r}=\int_0^{\infty}c_t(1+\alpha i_t)e^{-rt}\mathrm{d}t \quad (16.71)$$

在式(16.71)约束下消费者通过选择 c_t 来最大化式(16.41)。像往常一样，假设 $\beta=r$，一阶条件为：

$$\frac{1}{c_t}=\lambda(1+\alpha i_t) \quad (16.72)$$

16.7.2 政府

如 16.5 节所述，政府支出 g_t 并收取铸币税收入。政府的跨期预算约束现在为：

$$\Gamma_{0-}=h_{0-}+\int_0^{\infty}(\dot{m}_t+\varepsilon_t m_t)e^{-rt}\mathrm{d}t+\frac{M_0-M_{0-}}{E_0}+\frac{M_T-M_{T-}}{E_T}e^{-rT} \quad (16.73)$$

此处根据定义，Γ_{0-} 是在时点 0 之前政府支出的折现值：

$$\Gamma_{0-}\equiv\int_0^{\infty}g_t e^{-rt}\mathrm{d}t$$

因此，式(16.73)中的表述允许名义货币供给在时点 0 和 T 发生离散变化。

16.7.3 初始均衡

首先，注意将式(16.70)和式(16.73)相结合，我们能获得经济的资源约束：

$$b_{0-}+h_{0-}+\frac{y}{r}=\int_0^{\infty}c_t e^{-rt}\mathrm{d}t+\Gamma_{0-} \quad (16.74)$$

我们假设在 $t=0$ 时点之前，经济在可持续的固定汇率制下运行。换句话说，政府能够利用其初始净外国资产来弥补其支出的折现值，因此不需要从货币创造中获取收入。为了确保这一点，假设：

$$\Gamma_{0-}=h_{0-}$$

① 事实证明，在均衡时，只有 b_t 和 m_t 在时点 0 将会发生离散变化而在时点 T 不会。然而，当我们在本章习题 3 中增加了放弃钉住汇率时的成本后，在时点 T 也可以产生离散变化。

这个条件意味着我们能把经济的资源约束式(16.74)重写为：

$$b_{0-}+\frac{y}{r}=\int_{0}^{\infty}c_{t}e^{-rt}\mathrm{d}t \tag{16.75}$$

我们现在来证明最初的固定汇率制度确实是可持续的。注意，如果 $\varepsilon_t=0$，则 $i_t=r$，再结合一阶条件式(16.72)，现金先行约束式(16.42)和经济资源约束式(16.75)，意味着消费和实际货币余额随着时间的推移是固定不变的，且给定为：

$$c_{0-}=rb_{0-}+y \tag{16.76}$$

$$m_{0-}=\alpha c_{0-}$$

由于实际货币余额随着时间的推移是恒定的，且 $\varepsilon_t=0$，跨期的财政约束式(16.73)可简化为 $\Gamma_{0-}=h_{0-}$。因此，初始的净外国资产的水平足以弥补政府支出。

16.7.4 未预期到的财政冲击：什么时候放弃钉住汇率？

假设在时点 0，政府支出的折现值发生一个未预期到的且永久性地增加，从 Γ_{0-} 增加到 Γ_0，此处 $\Gamma_{0-}<\Gamma_0$。显然，鉴于这种财政冲击，固定汇率不能维持，因为如果是的话，方程式(16.73)将意味着：

$$\Gamma_0>h_{0-}$$

因此为了满足跨期财政约束，政府将需要放弃固定汇率，并设定一个正的贬值率(即正的通胀率)，以弥补更高的支出。问题是：何时放弃固定汇率是最优的？

我们现在来证明立即放弃固定汇率(即在 $t=0$ 时)是最优的。请注意在冲击发生后，对应于式(16.75)的新的资源约束变为：

$$b_{0-}+\frac{y}{r}-\Delta\Gamma=\int_{0}^{\infty}c_{t}e^{-rt}\mathrm{d}t \tag{16.77}$$

这里，$\Delta\Gamma=\Gamma_{0-}\ \Gamma_{0-}$ 表示额外财政支出的折现值。

显然，可用于私人消费的资源的折现值——由方程式(16.77)的左边给出——并不依赖于固定汇率制度被放弃的时间。此外，根据第 3 章可以知道，对于某一给定的社会财富，平滑的消费路径永远都是优于不平滑的消费路径。因此，立马可以推断出对于拉姆齐计划者而言，在 $T>0$ 处放弃钉住汇率绝对不可能是最优的，因为这样做意味着设定一个正的贬值率(由跨期财政约束决定的)，这将在消费中产生跨期扭曲。①因此，最优策略显然是立即放弃固定汇率制(即在 $T=0$ 时选择放弃)。

由于在时点 0 放弃钉住汇率将要求从时点 0 开始贬值率固定不变(下面会讨论)，新的消费水平将是恒定的，根据式(16.77)，等于：

① 注意，因为在一个完全预见模型中，一个预期到的汇率增加是和均衡不一致的，在 $T>0$ 的某个时刻放弃钉住汇率制必然意味着贬值率的变化是需要跨期平衡预算的。

$$c_0 = rb_{0-} + y - r\Delta\Gamma \tag{16.78}$$

$t=0$ 时的名义汇率和贬值率取决于政府选择的特定货币政策。在 $t=0$ 时的财政冲击之后，跨期的财政约束变为(考虑到消费，因此实际货币余额将随着时间的推移而保持恒定)：

$$\Delta\Gamma = \int_0^\infty \varepsilon_t m_t e^{-rt}\,\mathrm{d}t + \frac{M_0 - M_{0-}}{E_0} \tag{16.79}$$

政府有两种选择(或其组合)，两者都与平滑的消费路径一致。第一种是保持货币供给在 $t=0$ 时刻(即 $M_0 = M_{0-}$)不变，并设定一个恒定的货币增长率(即贬值率)，这是由满足跨期财政约束式(16.79)的需要所决定的。从式(16.79)中解出 ε，并考虑到现金先行约束式(16.42)，可以得到：

$$\varepsilon = \frac{r}{\alpha c_0}\Delta\Gamma$$

使用式(16.42)、式(16.76)和式(16.78)，我们看到这个政策将伴随汇率在时点 0 的离散变化，给定为：

$$\frac{E_0 - E_{0-}}{E_{0-}} = \frac{r\Delta\Gamma}{c_{0-} - r\Delta\Gamma}$$

第二个选择是通过在 $t=0$ 时印制更多的货币来弥补增加的支出。这意味着通过对现有的实际货币余额进行征税(相当于一次总付税)来补充政府支出。根据式(16.79)，这意味着：

$$\Delta\Gamma = \frac{M_0 - M_{0-}}{E_0} \tag{16.80}$$

运用式(16.42)、式(16.76)、式(16.78)和式(16.80)，我们看到时点 0 的贬值率为：

$$\frac{E_0 - E_{0-}}{E_{0-}} = \frac{(1+\alpha r)\Delta\Gamma}{\alpha c_{0-} - (1+\alpha r)\Delta\Gamma}$$

在这种情况下，在 $t=0$ 时会出现更大的贬值，但贬值率仍为零。

当然，这两个政策的结合也是一个最优政策。然而，无论时点 0 的具体政策如何，任何政策都意味着在 $t=0$ 时放弃固定汇率是最优的。

我们刚刚得出结论，在放弃钉住汇率不会生产任何代价的情况下，一旦固定汇率制变得不可持续，最好是立即放弃它。此外，放弃钉住汇率的决定完全独立于储备存量和/或财政冲击的规模大小。因此，我们得出结论，当政策制定者行为是理性的时候，特别的 KFG 放弃规则是不容易合理化的。

一旦固定汇率出现不可持续时，为了使危机延迟放弃固定汇率的行为成为合理化的，我们实际上需要引入一些放弃钉住汇率的成本。最简单的一个例子是假设放弃钉住汇率会产生一个外生成本 Φ，它既是财政成本又是社会成本(参见本章习题 3)。这种成本可能代表在发生危机时的产出损失和/或救助银行体系成本。如果在固定汇率存在的情况下，有一定概率进行财政改革，使该制度继续持续下去，那么，它还可以刻画钉住汇率制的期权价值（细节请参见 Rebelo and Végh, 2008）。习题 3 的重点在于，即使放弃钉住汇率也存在固定成本，对于任何一个高于确定阈值之上的财政冲击，放弃这一制度仍是最优的选择。因此，为了使 KFG 放弃规则是合理化的，既需要放弃钉住汇率所需的成本，也需要一个“小”的财政冲击。

16.8 总结性评论

本章详细研究了国际收支危机模型，其中放弃预先确定汇率制度是由于货币政策和财政政策不一致所致。这个基本模型得出了显著的结果，即使所有事件都被完全预期到，在危机爆发的时刻储备仍会有离散的损失。然后，本章分析了具有重要政策含义的基本模型的几个扩展结论。首先，我们看到，积极的捍卫利率可以延缓危机，从而为解决潜在的财政问题赢得时间。然而，这样的捍卫利率会引起产出损失和更高的公共债务负担。第二，如果危机前的消费繁荣刺激税收收入，那么我们可能会遇到一个国际支付危机，而之前不会有同期的财政赤字。外部观察者可能会错误地得出结论：没有理由担心。因此，通过查看同期的财政赤字来判断固定汇率制度的可持续性可能会导致高成本的政策错误。最后，当放弃规则是内生化的时候，我们看到不管国际储备水平如何，一旦固定汇率制度变得不可持续时，马上放弃固定汇率制度就可能是最优的选择。

16.9 附录：另一种推导 T 的方法

本附录显示了另一种推导出 T 的方法。通过求解出控制国际储备路径的微分方程，并寻找到一个储备水平恰好等于实际货币需求发生跳跃完全相同的时间点。具体来说，考虑到 $\dot{m}_t=\varepsilon_t=0$，通过在 0 和 t 之间进行积分以求解微分方程式(16.12)，得到：

$$h_t=h_0-d_0(e^{\theta t}-1) \tag{16.81}$$

由于名义汇率不能在时点 T 发生跳跃变化，在时点 T 之前一瞬间的国际储备水平必须等于实际货币需求的变化：

$$h_{T^-}=L(c, r)-L(c, r+\theta)$$

利用式(16.81)，我们能将上式重写为：

$$h_0-d_0(e^{\theta T^-}-1)=L(c, r)-L(c, r+\theta)$$

此处给定 $h_0+d_0=L(c, r)$，可简化为：

$$d_0e^{\theta T^-}=L(c, r+\theta)$$

当然，这与条件式(16.28)是相同的。

习　　题

1. (有不可贸易品的国际收支危机动态)本习题遵循卡尔沃(Calvo, 1987)的思路,但将不可贸易品添加到16.5节的模型中。具体而言,假设家庭仅仅消费不可贸易品,并且不可贸易品是用可贸易品作为唯一的投入要素进行生产的,其生产技术给定如下:

$$c_t^N=f(c_t^T),\quad f'(\cdot)>0,\quad f''(\cdot)<0$$

　　在这一模型背景下:

 a. 证明在时点 T 的国际收支危机将伴随着出现不可贸易品相对价格的下降(也即实际贬值)。

 b. 假设政府仅仅在可贸易品上进行支出。为 ε 和 T 推导出一个简化的表达式。

2. [有对数型偏好的 Talvi(1997)模型]本习题要求你为在对数型偏好情形下16.6节中的模型提供一个一般解。关键点是尽管原始赤字要比在可持续的固定汇率下更低,但它仍旧为正,因而国际储备会随时间的推移而不断下降(与在图16.7中显示的例子形成鲜明对比)。

 a. 考虑有对数偏好的16.6节中的模型。求解在 $t=0$ 时基于稳定化的汇率发生一个未预期到且暂时性变化的影响。

 b. 证明国际储备在初始时会发生下降。

3. (有固定放弃成本中的最优放弃策略)本习题遵循 Rebelo 和 Végh(2008)的思路。考虑在16.7节中提供的模型,但有如下修改。假设放弃钉住汇率有一个外生且固定的成本 ϕ。这不仅是财政成本也是社会成本,因此不仅应该进入财政约束中也应进入资源约束中(为保证消费是正的,你需要对 ϕ 的取值进行限定)。在这一背景下:

 a. 推导出消费者的间接终身效用(即把消费者的终身效用表示为参数和 $p(\equiv(1+r+\varepsilon)/(1+r)$ 的方程),这是不同制度下消费的相对实际价格)。

 b. 把跨期财政约束重写为参数和 p 的函数。

 c. 用你刚刚得到的跨期财政约束,把 p 表达成 T、ϕ 和 $\Delta\Gamma$ 的函数。

 d. 考虑到你刚刚得到的 p 的表达式,求解最优的 T(提示:选择 T 来最大化消费者的间接效用函数)。证明对于任何 ϕ(在允许的取值范围内),存在一个确定的财政冲击值(即 $\Delta\Gamma$),在该值之上,把 T 设为零总是最优的(即立即放弃钉住汇率是最优的)。

参考文献

Burnside, Craig, Martin Eichenbaum, and Sergio Rebelo. 2001. Prospective deficits and the Asian currency crisis. *Journal of Political Economy* 109 (6):1155—1197.

Burnside, Craig, Martin Eichenbaum, and Sergio Rebelo. 2004. Government guarantees and self-fulfilling speculative attacks. *Journal of Economic Theory* 119 (1):31—63.

Caballero, Ricardo, and Arvind Krishnamurthy. 2001. International and domestic collateral constraints in a model of emerging market crises. *Journal of Monetary Economics* 48(3):513—548.

Calvo, Guillermo A. 1987. Balance of payments crises in a cash-in-advance economy. *Journal of Money, Credit and Banking* 19(1):19—32.

Chang, Roberto, and Andres Velasco. 2001. A model of financial crises in emerging markets. *Quarterly Journal of Economics* 116(2):489—517.

Dornbusch, Rudiger. 1987. Collapsing exchange rate regimes. *Journal of Development Economics* 27(1—2):71—83.

Fischer, Stanley. 1998. The IMF and the Asian crisis. Forum Funds Lecture. University of California, Los Angeles.

Flood, Robert P., and Peter M. Garber. 1984. Collapsing exchange-rate regimes: Some linear examples. *Journal of International Economics* 17(1—2):1—13.

Flood, Robert P., and Olivier Jeanne. 2005. An interest rate defense of a fixed exchange rate? *Journal of International Economics* 66(2):471—484.

Furman, Jason and Joseph E. Stiglitz. 1998. Economic crises: Evidence and insights from East Asia. *Brooking Papers on Economic Activity* 29(2):1—136.

Jeanne, Olivier. 2000. Currency crises: A perspective on recent theoretical developments. Special Papers in International Economics 20. International Finance Section, Princeton University.

Krugman, Paul. 1979. A model of balance-of-payments crises. *Journal of Money, Credit and Banking* 11(3):311—325.

Lahiri, Amartya, and Carlos A. Végh. 2003. Delaying the inevitable: Interest rate defense and BOP crises. *Journal of Political Economy* 111(2):404—424.

Lahiri, Amartya, and Carlos A. Végh. 2007. Output costs, BOP crises, and optimal interest rate policy. *Economic Journal* 117:216—239.

McKinnon, Ronald, and Huw Pill. 1996. Credible liberalizations and international capital flows: the overborrowing syndrome. In Takatoshi Ito and Anne Krueger, eds., *Financial Deregulation and Integration in East Asia*. Chicago: University of Chicago Press, 7—50.

Morris, Stephen, and Hyun Song Shin. 1998. Unique equilibrium in a model of self-fulfilling currency attacks. *American Economic Review* 88(3):587—597.

Obstfeld, Maurice. 1994. The logic of currency crises. *Cahiers Economiques et Monétaires* 43:189—213.

Obstfeld, Maurice. 1996. Models of currency crises with self-fulfilling features. *European Economic Review* 40(3—5):1037—1047.

Radelet, Steven, and Jeffrey Sachs. 2000. The onset of the East Asian financial crisis. In Paul Krugman, ed., *Currency Crises*. Chicago: University of Chicago Press: 105—53.

Rebelo, Sergio and Carlos A. Végh. 2008. When is it optimal to abandon a fixed exchange rate? *Review of Economic Studies* 75:929—955.

Talvi, Ernesto. 1997. Exchange rate-based stabilization with endogenous fiscal response. *Journal of Development Economics* 54(1):59—75.

Velasco, Andres. 1987. Financial crises and balance of payments crises: A simple model of the southern cone experience. *Journal of Development Economics* 27(1—2): 263—283.

▶17

金融危机

17.1 引言

最近的全球金融危机使世界遭受了暴风雨般的袭击。在2008年秋季之前，很难预测美国次级市场（次贷抵押市场）看似轻微的危机将最终导致金融危机，这种危机在世界各地如野火一般迅速地传播。许多经济分析师都很快指出，宏观经济学在分析方面可能存在严重的失败，并满怀希望地警告世界，宏观金融联系是这场危机的罪魁祸首。[①]尽管如此，越来越多的工作试图揭示危机的原因，以及可能需要将摩擦添加到标准模型中，以理解宏观经济与金融机构之间的联系。尽管想要了解最近危机的所有方面将是一个不可能的任务——当然也超出了专注于构建基础理论的教科书的范围——本章试图对一般金融危机的关键方面获得一些重要的见解，当然，其中一些是受到最近危机的启发而作出的。

如果有什么区别的话，美国最近的金融危机将高度杠杆化的金融机构所带来的特殊和系统性风险摆在首位。虽然有若干关于杠杆测量的方法，但我们将把杠杆作为资产与净收益的比例。如专栏17.1所述，大型金融机构在危机爆发前一直在提高它们的杠杆率。例如，雷曼兄弟的杠杆比率在20世纪90年代后期和21世纪初期低于10，但到2007年大幅增加到30。图17.1中描绘的其他三大金融机构也有类似的变化模式。当然，这种现象引起出的许多疑问不会在这里解决（例如，企业如何承担这样巨大的风险？相关的系统风险是什么？）。相反，并且总是本着回归基础知识的精神，17.2节对杠杆的计算作出了一个看似简单但至关重要的阐述：如果潜在资产的价格仅下跌3.33%，一个具有杠杆比率为30的机构将看到其净资产被消除。这说明了围绕房地产抵押贷款建立的各种资产的巨大脆弱性，并且这类资产的定价模型实质上排除了在国家范围内住房价格下跌的可能性。

毫无疑问，在金融奇才们的眼中，冒着这么大的风险是“合理”的，因为伴随着杠杆带来了巨大回报。以一个给定的利率借款并以更高的利率进行投资的能力意味着，以30倍的杠杆比率运作的金融机构将会得到资产回报率和借款利率之间超过29倍的价差！当

① 参见Krugman(2009)对过去40年所谓的“淡水学派”宏观经济学的正面攻击，以及Cochrane(2009)所作的坚定回击。

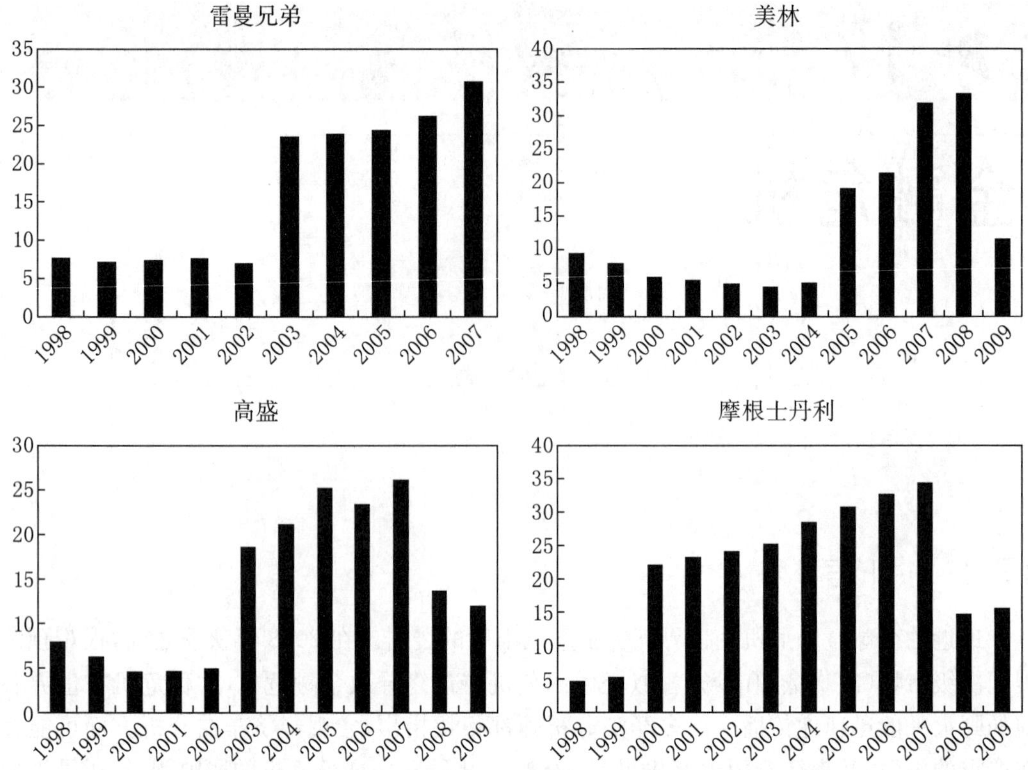

图 17.1 杠杆率

资料来源：由每家公司每年提供的美国证券交易委员会年度报告(Form 10-K)

然，损失也会因此而放大。

专栏 17.1 在金融危机爆发前，金融机构的杠杆达到多少？

如正文中所讨论的那样，“杠杆作用”刻画的是为了获取资产而进行的借贷。有很多不同的方法来测量杠杆的大小。两个最常见的方法是(1)债务对股东权益(即资产净值)或者(2)资产对股东权益。我们将运用第二个定义。

图 17.1 显示了危机爆发前四家主要投资银行的杠杆率。这四幅小图讲述了一贯的故事。20 世纪 90 年代末和 21 世纪初期，杠杆率较低(即低于 10，摩根士丹利是例外)。然而，到 2003 年和 2004 年，杠杆比率明显上升，2007 年达到 30。如正文中所示，杠杆为 30，为了便于讨论，如果我们将所有资产都想象为抵押担保证券，这些证券的价格只要下跌 3.33%，就可以使得其资产净值全部消除！回想起来，这些大型公司所承担的风险水平看起来确实像一场灾难。

在这四家银行中，只有两家在金融危机中幸存下来——高盛和摩根士丹利——尽管他们转为商业银行。雷曼兄弟(Lehman Brothers)申请破产，美林(Merrill Lynch)被美国银行(Bank of America)收购。由纽约联邦储备委员会(New York Federal Reserve)进行的一次拯救尝试失败后，摩根大通(J.P.Morgan Chase)收购了贝尔斯登(Bear Stearns)银行——它没有被显示在图中。

导致金融机构愿意承担如此不可思议高风险的因素将在未来几年内被研究和讨论。显然，非常低的利率加上通过证券化抵押贷款来分散风险的能力，以及对住房价格将保持上涨的认知——或者至少不会在全国平均水平上下降——为金融机构通过借款来获取利润提供了强烈的动力。也有人认为，高管薪酬取决于股票价格，而不考虑债务数额，也为提高杠杆提供了激励。最后，回想起来可以很清楚看出，大型企业并没有将由自己的行为可能导致的任何系统性风险进行内在化。

毫不奇怪，在工业化国家里，经济学家和立法机关都有就如何防止类似的危机重演展开了一场激烈的辩论。特别关注的是如何防止金融机构再次形成如此高的杠杆率。尽管在可预见的将来这一辩论将会继续下去，但是在规章制度中有可能出现的一些新的关键因素。首先，银行的平均杠杆比率有一定的法定限制(欧洲建议杠杆比率上限为25)。其次，通过迫使金融机构将5%的贷款捆绑到证券中，以便保留一些风险，从而有效地增加融资成本。再次，在某种程度上强制贷款人在提供贷款时要保持更高的标准。最后，要使高管的报酬也取决于公司的债务水平，防止他们采取过大的杠杆作用来提高股价。

17.3节通过在最简单的模型中分析杠杆的决定因素，将一些内容引入宏观经济学中。虽然该模型不能解释“超额”杠杆(定义为杠杆已经超过经济基本面所要求的水平或者由于系统性风险存在已经不是社会最优的)的出现，但它解释了理性金融行为人将增加杠杆以应对更富有成效的投资机会，更高的风险容忍度，更小的不确定性作出反应。因此，我们的模型将表明，21世纪初是一个减少不确定性和更高的风险承受能力的时期，我们应该预期公司增加杠杆的使用。

17.3节讨论了有关杠杆的宏观经济学基础，在17.4节中，我们转为讨论因金融摩擦而导致的冲击潜在放大问题。为此，我们发展了一个由Jeanne和Korinek(2010)提出的模型来阐释所涉及的一些问题。在该模型中，行为人可以从国外借款，但受到有限的承诺，由于行为人有激励对现有义务进行重新谈判因而会产生金融摩擦。为了补救这一点，放款人需要一些抵押品才能愿意贷款。抵押品的价值又取决于资产价格。作为对负面冲击的反应，资产价格的下降会减少抵押品的价值，这又会引起借款的减少，从而进一步引起消费的减少，如此等等。这种费舍尔主义的债务紧缩机制(Fisherian debt deflation mechanism)会放大原始冲击的后果。

一些观察家(参见Calvo, 2009)认为，美国最近发生的金融危机的关键因素之一是发展了一个“影子”银行系统，这个“影子”银行系统发展非常庞大且没有受到监管，更重要的是没有最终贷款人。而且，这种“影子”银行系统通过诸如债务抵押债券(CDO)等金融创新工具成功地实现了“印钞”功能。[①]这一过程大大增加了与标的资产相关的流动性或“货币性”程度。图17.2绘制了2000—2009年间全球CDO发行量，以十亿美元为单位。CDO

① 债务抵押债券是一类资产支持证券，它的价值和支付来自固定收益基础资产的投资组合。他们通常依据风险水平被分解成不同的“份数”。债务抵押债券是在1987年由一家现在已经不存在的垃圾证券承销商——德崇证券(Drexel Burnham Lambert)首先创造出来的。

发行量在2006年达到高峰，为5 200亿美元。到2008年快速下降为620亿美元。为了理解这个过程的影响，17.5节介绍了一个由Calvo(2009)提出的模型，该模型通过把土地引入效用函数作为流动性服务的源泉来刻画相关基础资产的流动性。当然，土地的价格成为反映这一流动性的一部分。该模型说明了土地流动性增加如何提高土地的相对价格。如第9章一样，我们还通过假设政策制定者控制付现利率来模型化货币政策的作用。我们的主要实验是由分析完全可预见均衡路径组成的，这个均衡会沿着一个反应土地流动性价值的参数先高后低的路径展开。这将对应于美国房地产市场的繁荣—萧条周期。有意思的是，资产价格即使在流动性发生外生下降之前就开始下滑。我们的实验也突出了货币政策的潜在作用。通过宣布在流动性出现外部下降的情况下将降低政策利率，货币当局能够完全消除资产价格周期性！尽管这是一个极端的例子，但它确实为美联储自雷曼破产以来实行宽松货币政策提供了一个合理的解释。

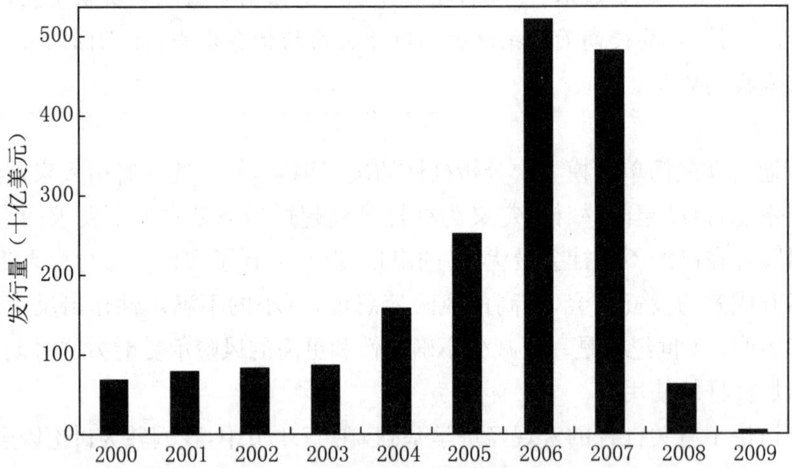

图17.2　全球债务抵押债券发行量

资料来源：汤森路透(证券行业与金融市场联合会，SIFMA)

在传播方面，爆发于美国次贷行业的危机具有令人困惑的一个特征是，首先，新兴市场经济体不仅免疫，而且还继续表现强劲并伴随有大量资金的流入。金融媒体界迅速提出了“脱钩”这个术语来指代这种现象。新兴市场经济的领导人也在炫耀这一点。①然而，在2008年秋天的时候，脱钩时期戛然而止，新兴市场进入了全球危机，股市和货币价值大幅下滑。17.6节介绍了一个简单的模型——归功于Korinek、Roitman和Végh(2010)——这一模型为观察到的脱钩-重新挂钩周期循环提供了理论依据。该模型中有一个家庭部门，他们进行储蓄并为两个国家(或企业)提供资金。这两个国家可能面临杠杆限制，但仅限制在一个国家，例如在B国。在B国发生的一个负面冲击首先会被负面传播，因为冲击降低了B国的借款需求，从而导致了世界实际利率的下降。然而，如果冲击变得更大，该国就会违约，无法偿还这些家庭的债务，这会减少在任何给定利率下的储蓄数量。因此，A

① 在2008年9月中旬，巴西总统卢拉·达席尔瓦在回答危机是否可能蔓延到巴西时是这样说的：“什么是危机？去问布什。”几个星期以后，巴西的股市和货币分别骤然下跌了20%和13%。

国也会遭受损失。这会导致重新挂钩。

最后，但肯定不是最不重要的是，我们关注所谓的“共生危机”。这一术语是因 Kaminsky 和 Reinhart(1999)的开创性实证研究而被推广开来，指的是银行和国际收支同时发生危机。在他们的研究中，银行危机通常在国际收支危机之前，当然这并不一定表明他们之间存在因果关系，因为这些共生危机最有可能是由共同的(坏的)基本面原因造成的。17.7 节发展了一个优化版本的 Velasco(1987)模型，这一模型会产生共生危机。在这一模型中，银行持有由未来产出流支撑的住户存款。存款回报有保证。当负面冲击减少银行资产时，银行依靠债务积累来向存款人支付合同回报。一旦银行债务达到一定水平，政府就会接管外债(根据定义，这构成了银行危机)。政府维护银行债务的义务会触发克鲁格曼式的国际收支危机，正如在第 16 章中所指出的那样。因此，该模型提供了对共生危机现象背后的机制的合理描述。

17.2 基本的杠杆计算

许多观察家认为高杠杆(根据我们的目的定义为总资产与净资产的比率)是美国最近爆发金融危机的核心。这个想法是，高度杠杆化的机构是极其容易受到资产价格波动的伤害。为了理解这一点，我们现在来说明在高杠杆率的情况下，资产价格的小幅下降如何可以完全消除金融机构的净资产。

17.2.1 计算

金融机构的资产负债表示意表如下：

资产负债表

qk	d
	n

其中，k 是某类资产的存量，q 是资产的价格，d 是债务，n 是资产净值，定义为：

$$n \equiv qk - d$$

杠杆率定义为：

$$\theta = \frac{qk}{n} \tag{17.1}$$

我们现在来证明如果杠杆是 x，则 $100/x\%$的下降将消除净值。例如，如果杠杆比率为 40，则资产价格下降 2.5%将使净值降至零。

令 n_0 表示初始净值(即 $n_0 = q_0 k_0 - d_0$)。假设资产价格下降了 $100/x\%$。换句话说，新的资产价格 q_1 由下式给出：

$$q_1 = q_0\left(1 - \frac{1}{x}\right) \tag{17.2}$$

净值 n_1 的新水平由下式给出：

$$n_1=q_1k_1-d_1 \tag{17.3}$$

将式(17.2)代入式(17.3)中，并注意到 $k_0=k_1$ 和 $d_0=d_1$，我们得到：

$$n_1=q_0\left(1-\frac{1}{x}\right)k_0-d_0$$

重新整理上式，并利用 $n_0=q_0k_0-d_0$ 的事实，我们得到：

$$n_1=n_0-\frac{q_0k_0}{x}$$

要使 $n_1=0$(即净值完全消除)，x 需要为：

$$x=\frac{q_0k_0}{n_0}$$

这就说如果杠杆比例为 40(即 $x=40$)，资产价格只要下跌 2.5%(即 100/40%的跌幅)将彻底消除净值。鉴于专栏 17.1 中记录的巨大杠杆水平，这并不奇怪(至少在事后!)，由于大型金融机构一直以借款方式购买抵押担保证券，因此房价急剧下滑就触发了危机。

17.2.2 带杠杆和不带杠杆的收益

金融机构使用杠杆的主要动机是追求更高的回报。我们现在来证明杠杆可以放大回报率(无论是上涨还是下跌时期)。

假设资产收益率为 r^*，你可以在利率水平 r 借款。用借款资金进行投资所得的收益为：

$$收益=\frac{(n+d)(1+r^*)-d(1+r)}{n}$$

该表达式可以重新整理为：

$$收益=(1+r^*)+\frac{d}{n}(r^*-r)$$

由于 $d/n=\theta-1$，我们可以将这个表达式写成：

$$收益=(1+r^*)+(\theta-1)(r^*-r)$$

因为自有资金的投资收益为 $1+r^*$，我们能把资金的投资收益总结如下：

自有资金收益 $=1+r^*$

借款资金收益 $=(1+r^*)+(\theta-1)(r^*-r)$

因此，如果 $(r^*-r)>0$，对于一个杠杆比率为 30 的金融机构，其超额回报率是资产收益率和借款利率之间利差的 29 倍！然而，相反的情况也是如此。如果 $(r^*-r)<0$，杠杆就会放大损失。

17.3 一个简单模型中的杠杆决定

到目前为止，我们一直在处理会计账户。尽管它富有洞察力，但它肯定不能为我们提供“杠杆理论”。为此，本节发展了一个简单的两期模型，其中在第二期具有不确定性（延续第 2 章的思路），用它来分析杠杆的主要决定因素。

17.3.1 模型

考虑一个完全融入世界商品和资本市场的小型开放经济。只有一种可贸易商品可以被消费或用作资本品。家庭是经济中唯一的行为人，他们消费和开展生产活动。只有非或有状态资产（即金融市场是不完全的）。

偏好给定如下：

$$U=\frac{c_1^{1-\sigma}}{1-\sigma}+\beta E\left\{\frac{c_2^{1-\sigma}}{1-\sigma}\right\} \tag{17.4}$$

其中，c_1 和 c_2 表示消费，σ 是相对风险回避系数，$\beta(0<\beta<1)$是折现因子。

时期 1 的生产 y_1 由下式给出：

$$y_1=A_1k_1 \tag{17.5}$$

其中，A_1 是生产率参数，k_1 是外部给定的初始资本存量。

时期 2 的生产是随机的，给定为：

$$y_2=\begin{cases}y_2^H=A_2^Hk_2\text{，概率为 }p\\ y_2^L=A_2^Lk_2\text{，概率为 }1-p\end{cases} \tag{17.6}$$

其中，$A_2^H>1+r>A_2^L$①，时期 1 的流量预算约束给定为：

$$b_2=(1+r)b_1+y_1-c_1-k_2 \tag{17.7}$$

其中，b_i，$i=1, 2$，表示外国净资产，b_1 是外生给定的。为简单起见，我们假设资本在期末完全折旧。②时期 2 的流量预算约束取决于生产率的冲击：

$$0=(1+r)b_2+y_2^H-c_2^H \tag{17.8}$$

$$0=(1+r)b_2+y_2^L-c_2^L \tag{17.9}$$

其中，c_2^H 和 c_2^L 分别表示经济在良好状态和不良状态下的消费。

家庭选择$\{c_1, c_2^H, c_2^L, k_2, b_2\}$来最大化由式(17.4)给定的终身效用，受式(17.7)、式

① 这一条件与假设$E\{A_2\}>1+r$一起确保了b_2 和 k_2 会有内点解。例如，如果 $A_2^L=1+r$，那么资本将根据收益支配债券。假如 $A_2^H=1+r$，那么，债券将支配资本。

② 这确保了时期 1 的投资。

(17.8)和式(17.9)的约束，产出由式(17.5)和式(17.6)给出，给定初始值 k_1 和 b_1。拉格朗日函数为：

$$\mathcal{L}=\frac{c_1^{1-\sigma}}{1-\sigma}+\beta\left[p\frac{(c_2^H)^{1-\sigma}}{1-\sigma}+(1-p)\frac{(c_2^L)^{1-\sigma}}{1-\sigma}\right]+\lambda_1[(1+r)b_1+A_1k_1-c_1-k_2-b_2]$$
$$+\lambda_2^H[(1+r)b_2+A_2^Hk_2-c_2^H]+\lambda_2^L[(1+r)b_2+A_2^Lk_2-c_2^L]$$

假设 $\beta(1+r)=1$，关于 $\{c_1,\ c_2^H,\ c_2^L,\ k_2,\ b_2\}$ 的一阶条件各自由下式给出：

$$c_1^{-\sigma}=\lambda_1 \tag{17.10}$$

$$\beta p(c_2^H)^{-\sigma}=\lambda_2^H \tag{17.11}$$

$$\beta(1-p)(c_2^L)^{-\sigma}=\lambda_2^L \tag{17.12}$$

$$\lambda_1=\lambda_2^HA_2^H+\lambda_2^LA_2^L \tag{17.13}$$

$$\lambda_1=(1+r)(\lambda_2^H+\lambda_2^L) \tag{17.14}$$

结合一阶条件式(17.10)、式(17.11)、式(17.12)和式(17.14)，我们可以得出随机欧拉方程：

$$c_1^{-\sigma}=p(c_2^H)^{-\sigma}+(1-p)(c_2^L)^{-\sigma} \tag{17.15}$$

当然，这一表达式能重新写为：

$$u'(c_1)=E\{u'(c_2)\} \tag{17.16}$$

如第2章所述，随机欧拉方程要求现在的边际效用与未来预期的边际效用相等。

将一阶条件式(17.10)、式(17.11)和式(17.12)代入式(17.13)，我们得到投资决策的套利条件：

$$c_1^{-\sigma}=\beta[p(c_2^H)^{-\sigma}A_2^H+(1-p)(c_2^L)^{-\sigma}A_2^L] \tag{17.17}$$

上式可以重写为：

$$u'(c_1)=\beta E\{A_2u'(c_2)\} \tag{17.18}$$

上述表达式告诉我们，人们是在现在就消费一个单位还是把它用来购买资本等到未来再消费之间作选择。等式左侧(即 c_1 的边际效用)刻画了放弃一单位今天的消费而用以购买资本的机会成本。右侧表示未来预期的边际效用的贴现价值(用效用衡量)。一单位资本在经济处于良性状态下的收益为 A_2^H，这产生了 $A_2^Hu'(c_2^H)$ 的边际效用，在经济处于不良状态下，一单位资本的收益为 A_2^L，这产生了 $A_2^Lu'(c_2^L)$ 的边际效用。因此，预期的边际效用是 $E[A_2u'(c_2)]=pA_2^Hu'(c_2^H)+(1-p)A_2^Lu'(c_2^L)$。

另一种强调考虑资产定价的解释如下。重写方程式(17.18)为：①

$$u'(c_1)=\beta E\{A_2\}E\{u'(c_2)\}+\beta\text{Cov}\{A_2,\ u'(c_2)\}$$

① 回忆一下，对于两个随机变量 X 和 Y，有 $E\{XY\}=E\{X\}E\{Y\}+\text{Cov}\{XY\}$。

利用式(17.16)并考虑到$\beta=1/(1+r)$，我们可以把这个表达式重写为：[1]

$$E\{A_2\}-(1+r)=\frac{\mathrm{Cov}\{A_2,\ -u'(c_2)\}}{E\{u'(c_2)\}}$$

注意，由于$-u''(c_2)>0$，正的协方差表明A_2和c_2之间的正相关性。因此，这个表达式表明，风险资产的预期超额收益越高(等式左端)，行为人愿意承担的协方差(即更高的风险)越多(等式右端)。按照标准资产定价模型，风险是通过回报和时期2消费之间的协方差来衡量的。

在开始求解模型之前，让我们在这个模型的背景下先给出杠杆率的定义。家庭的资产负债表采取如下形式：

资产负债表

k_2	$-b_2$
	n_2

其中，n_2表示净值。遵循式(17.1)中的定义，我们将杠杆率定义为资产与净值的比率：

$$\theta=\frac{k_2}{k_2+b_2}$$

请注意，仅靠债务融资进行的更高投资将使净值不变，从而会增加杠杆。同样地，完全以降低债务方式所反映出来的投资降低也将使净值不变，从而减少杠杆。在下面的实验中，第一期消费将发生变化，因此投资变化不会在债务变动中一对一地被反映出来，但是更多(更少)投资将增加(减少)杠杆的基本观点仍然成立。

17.3.2 求解模型

为了求解这个模型，我们可以将等式(17.7)、式(17.8)和式(17.9)代入式(17.15)和式(17.17)中，这将产生含有两个未知数b_2和k_2的两个非线性方程。利率的参数在该模型中是A_2^H、A_2^L和σ。我们通过数值模拟方法求解出该系统中的b_2和k_2，然后用式(17.7)、式(17.8)和式(17.9)求解出c_1、c_2^H和c_2^L。

我们将进行三个实验。首先回答这个问题：对于一个给定的方差，随着投资的平均回报增加，经济的均衡状态会发生怎样的变化？图17.3说明了这种情况。[2]正如预期的那样，k_2会增加(图a)，平均来说，资本在未来会有更高的生产率。这种较高的资本存量是通过更高的债务来进行融资的(图b)。第一阶段消费会增加(图c)，因为平均而言，家庭变得更富有了。杠杆率也会随着平均收益的上升而增加(图d)，这反映了家庭更多地借贷以为增加的投资进行融资的事实。所以，毫不奇怪，在其他条件不变的情况下，一个生产率更

---

① 我们也用到了如下事实，即$a\mathrm{Cov}\{X,Y\}=\mathrm{Cov}\{X,aY\}$。

② 图17.3假设$\sigma=2$，从$A_2^H=1.2$和$A_2^L=1$开始，增加A_2^H和A_2^L但$A_2^H-A_2^L$两者的差保持固定不变。因为很容易证明，$\mathrm{Var}(A)=(A_2^H-A_2^L)^2p(1-p)$，这个实验保持方程固定不变。

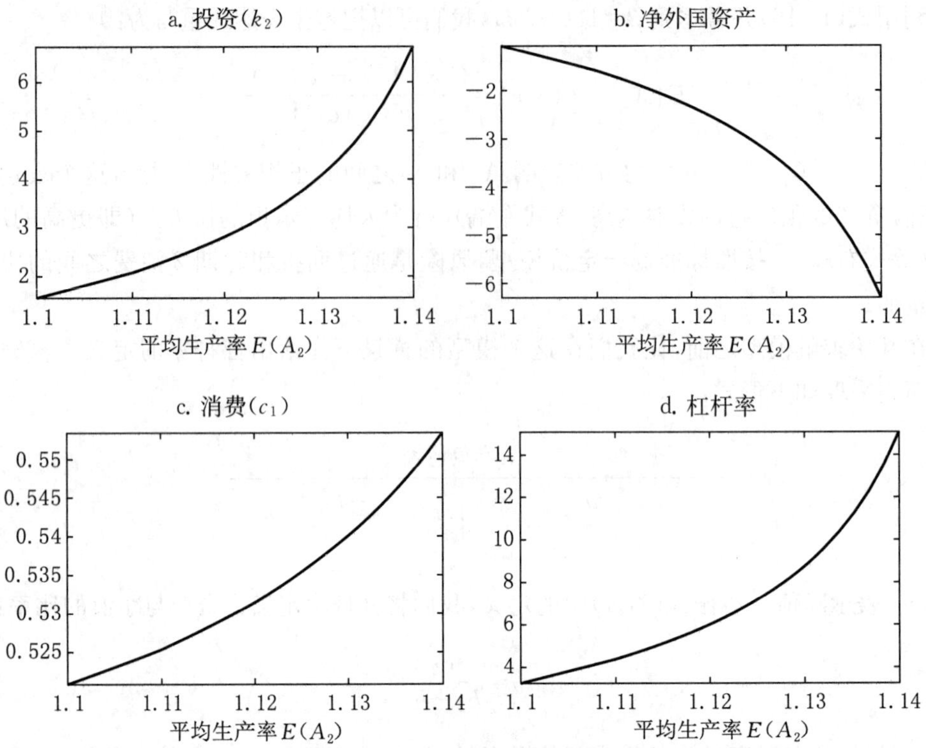

图 17.3　方差给定下平均生产率的增加

高的经济，其杠杆也会越大。

第二个问题是：均衡如何作为期望均值的函数而变化（即当波动性增加时）？①如图 17.4 所示，k_2 会下降（图 a），因为增加的不确定性使得投资对家庭的吸引力下降了。作为结果，借款也会下降（图 b）。第一期消费会减少，这反映了较高的不确定性（图 c）。投资的下降会导致杠杆率下降（图 d）。因此，更多的不确定性降低了杠杆。

第三个问题是：风险回避系数的增加会如何影响均衡变化？如图 17.5 所示，投资（k_2）会随风险回避系数的增加而下降（图 a），这又会导致较低的债务（图 b）。②这是可以预期的，因为风险回避系数越高，家庭越不愿意承担与投资相关的风险。因此，随着风险回避系数的增加，杠杆率也将减少（图 d）。有趣的是，尽管 k_2 随风险回避系数的降低而变大，但变动仍然是有限的。为什么？原因是稻田条件意味着 c_2^L 不能变为零，所以这对家庭的借款金额施加了一个上限。③如本章习题 1 的基准参数化所示，当风险回避系数趋向于零时，杠杆率的极限为 $(1+r)/(1+r-A_2^L)$。④

---

① 图 17.4 假设 $\sigma=2$，从 $A_2^H=1.21$ 和 $A_2^L=0.99$ 开始，增加 A_2^H 和减少 A_2^L，均值保持固定不变。

② 图 17.5 假设 $A_2^H=1.2$ 和 $A_2^L=1$。

③ 注意 $c_2^L=(1+r)b_2+A_2^L k_2$ 以及 $A_2^L<1+r$。因此，对于一个给定的 c_1，为了一个更高的 k_2 融资所需要的 b_2 的下降，将导致 c_2^L 降到零。

④ 因为在我们的参数中 $A_2^L=1$，最大的杠杆率成为 $(1+r)/r$。对于 $r=0.05$，这个数值是 21，这就是图 17.5d 所示的当风险回避系数接近零时的极限值。

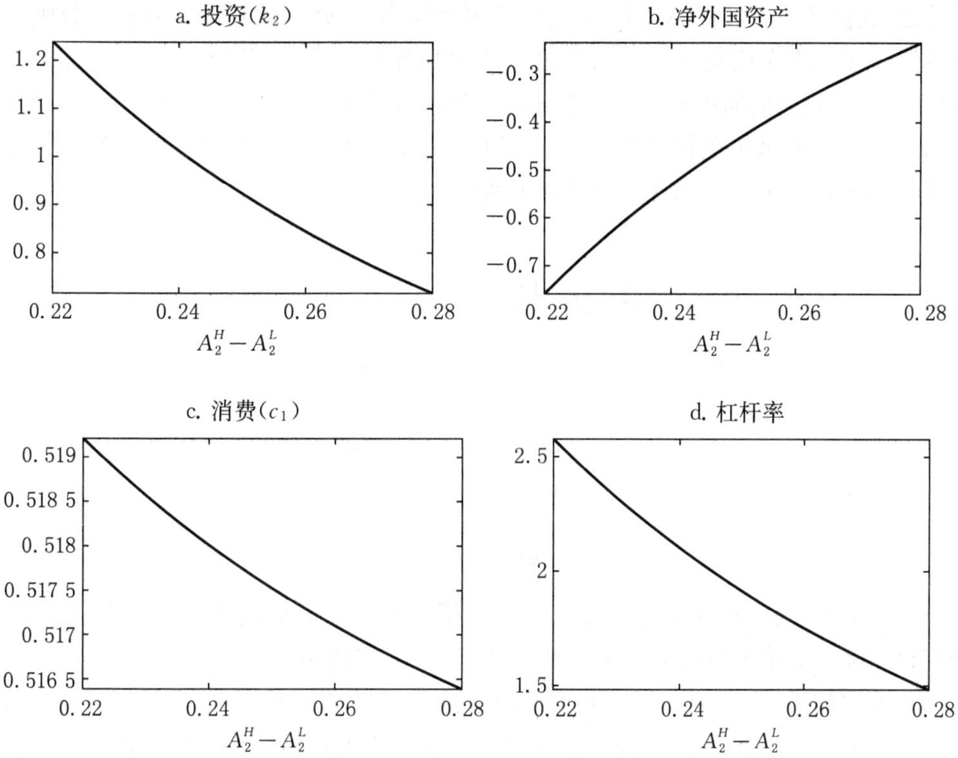

图 17.4　给定期望均值的分布

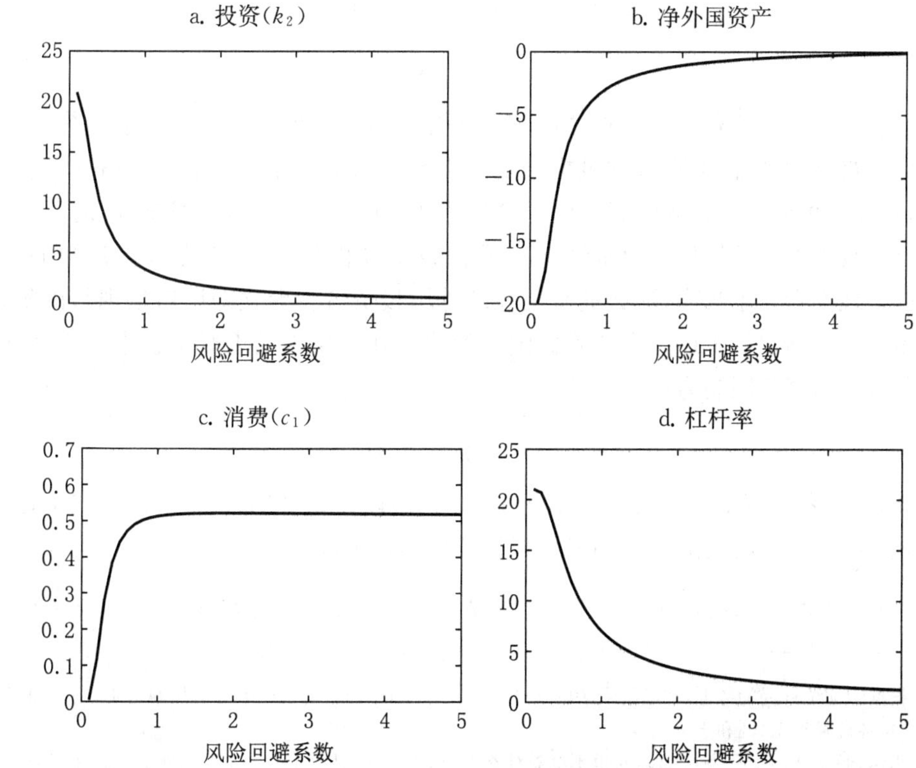

图 17.5　风险回避系数

总之,我们证明了杠杆率越高,平均生产率就越高,不确定性和风险回避系数则越低。那么我们有理由认为正是这三个因素多年的累积导致了2008年秋季金融危机的爆发。在这种情况下,我们的简单模型可以正确地预测在实践中可以观察到的杠杆增长(参见专栏17.1)。[1]当然,在我们的模型中,杠杆率的增加是社会最优的。因此,我们没有考虑到可能会导致经济采取低效率、高杠杆水平的扭曲。

17.4 作为放大机制的杠杆

为了阐释杠杆会放大冲击的这一想法,我们进一步拓展了Jeanne和Korinek(2010)提出的一个说法。考虑一个只有一种商品的世界中的两期($t=1, 2$)小型开放经济。经济由本质上相同的消费者组成,数量被标准化为1。消费者在时期1发行债券d,并在时期2偿还。代表消费者的效用由下式来给出:

$$u(c_1)+c_2 \tag{17.19}$$

在无风险的世界,利率被标准化为零。而由于第2期的偏好是线性的——这一点在下面将会变得明确——第1期消费的最佳水平由c^*表示,将满足$u'(c^*)=1$。

消费者被赋予$\ell_1=1$单位的土地,分别在时期1和时期2产生y_1和y_2的收成。在时期1,土地可以在国内消费者中以价格p进行交易。土地在时期2会完全折旧。因此,消费者的流量预算约束给定为:

$$c_1=y_1\ell_1+d+(\ell_1-\ell_2)p \tag{17.20}$$

$$c_2=y_2\ell_2-d \tag{17.21}$$

我们引入一种基于有限承诺的财务摩擦,假定借款人在时期1结束可能会拖欠债务。那么为保护自己的利益,国际贷款机构会要求土地作为抵押品。如果国内消费者试图重新谈判,贷款人可能会威胁从他们那里扣除高达$\phi\leqslant 1$单位的土地。但是,国内消费者在耕地上具有较强的比较优势。为简单起见,我们假设如果外国投资者在时期1和时期2之间持有的土地不会产生收成,那么拥有土地的外国投资者将会立即以市场现行的价格p在国内市场上重新出售土地。为了确保国内消费者在时期1结束时不会进行重新谈判,国际贷款人会将贷款限制为:[2]

$$d\leqslant\phi p \tag{17.22}$$

因此,消费者在流量约束式(17.20)和式(17.21)以及抵押约束式(17.22)之下通过选择$\{c_1, c_2, \ell_2, d\}$来最大化式(17.19)。根据拉格朗日函数:

$$\mathcal{L}=u(c_1)+c_2+\lambda_1[y_1\ell_1+d+(\ell_1-\ell_2)p-c_1]+\lambda_2[y_2\ell_2-d-c_2]+\psi(\phi p-d)$$

① 根据劳动统计局的数据,在经济繁荣的2002—2007年间年均劳动生产率的增长率是4.1%。而在2008年和2009年各自降到1.1%和1.8%。

② 当然,假如把约束写为$d\leqslant\phi\ell_1 p$也不会有什么变化,因为ℓ_1是给定的。本章习题2分析了抵押约束采用$d\leqslant\phi\ell_1 p$的情形,最终结论不会有什么变化。

关于$\{c_1, c_2, \ell_2, d\}$的一阶条件分别由下式给出：

$$u'(c_1)=\lambda_1 \tag{17.23}$$

$$1=\lambda_2 \tag{17.24}$$

$$-\lambda_1 p+\lambda_2 y_2=0 \tag{17.25}$$

$$\lambda_1-\lambda_2=\psi \tag{17.26}$$

结合式(17.23)、式(17.24)和式(17.26)，我们得到：

$$u'(c_1)=1+\psi \tag{17.27}$$

这种最优性条件可以被认为是在给定时期 2 的效用为线性的，以及借款约束是紧的可能性之下的标准欧拉方程。

结合式(17.23)—式(17.25)，我们得到：

$$p=\frac{y_2}{u'(c_1)} \tag{17.28}$$

这个条件指出，土地价格等于其在时期 2 的收益乘以时期 2 消费的边际效用(在这里为 1)除以时期 1 消费的边际效用。

我们首先关注无约束均衡。如果借款约束不是紧的，则 $\psi=0$。从条件式(17.27)可以看出，$c_1=c^*$ 和 $p=y_2$。当且仅当抵押品的价值足够高而足以偿付债务时，这种解决方案才是可行的；即 $d=c^*-y_1\leqslant\phi y_2$(注意，土地市场出清意味着 $\ell_1=\ell_2=1$)，这要求第 1 期产出要高于某个临界值：

$$y_1\geqslant c^*-\phi y_2 \tag{17.29}$$

对于给定的 c^*，我们当然可以选择参数，使得式(17.29)成立。

然而，如果条件式(17.29)不成立，则均衡会受到限制并以下式为特征：

$$c_1=y_1+\frac{\phi y_2}{u'(c_1)} \tag{17.30}$$

方程式(17.30)的两边都会随 c_1 的增加而增加，如图 17.6 所示。①具体而言，方程式(17.30)的左边被绘制为一条 45 度的线，而右边被绘制成 c_1 与 c^* 相交于点 A，过了 c^* 点，图形是沿着 c^* 的一条直线，这是一个无约束解。②因此，点 A 是无约束的解。

---

① 对于 $c_1\leqslant c^*$，我们施加 $\phi y_2\partial\left(\frac{1}{u'(c_1)}\right)/\partial(c_1)<1$ 的限制以确保模型有唯一解。这保证了方程式(17.30)右端对 c_1 的导数是严格小于 1 的，即右端要比左端更平滑。假如这一条件不满足——正如在本章习题 3 所详细分析的那样——多重均衡将会出现，这样土地价格的下降可以自我实现，因为它抑制了国内消费 c_1。对于足够低的 ϕ 和 y_2，这个条件总是会得到满足的。

② 换句话说，图 17.6 是方程式(17.30)右端作为$\{c^*, f(c_1)\}$中最小值的图形，其中，$f(c_1)\equiv y_1+\phi y_2/u'(c_1)$。出于画图的方便，我们把右端画成线性的了，虽然它可能不是这样的(然而，如果偏好是线性的，图形就确实是线性的，且斜率为 ϕy_2，这样的话，就像图中所显示的那样，会与 y 轴交于 y_1)。

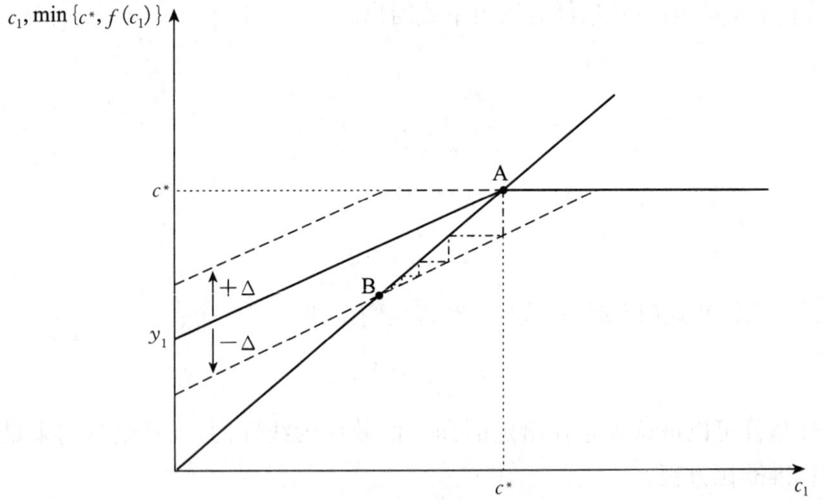

图 17.6　放大机制模型

在受约束的区域(即 $c_1 < c^*$ 区域)，两条线都向上倾斜，因此，时期 1 收成的小幅变动都将带来消费和地价的大幅波动。要看清这一点，想象一下经济如何对收成 y_1 每减少一个 Δ 的冲击作出反应，在图中表现为向下移动的虚线。①作为一个基准，首先要注意到在没有抵押限制的情况下，这种冲击将不会对 c_1 起作用，这意味着消费将保持在 c^* 水平。而经济仅仅是通过借贷更多来保持与时期 1 相同的消费水平。然而，在我们有约束的模型中，在原来的消费水平上，借款约束将被违反，而新的均衡实际上将在如图 17.6 中所示的点 B 上。

当然，在模型中，均衡会从点 A"跳跃"到点 B。但是为了便于理解，我们可以想象成调整是"动态"的，沿着图中 Z 字形的曲线展开。c_1 的初始下降会降低由式(17.28)给出的土地价格，从而使得抵押约束变得更紧，导致消费螺旋状的下降以及资产的减值。这是金融放大模型背后的一般机制。②相比之下，如图 17.6 上方的虚线所示，y_1 的增加不会对 c_1 产生影响，因为它们处于无约束的区域。

请注意，在由方程式(17.29)所决定的无约束的状态下，资本流入量会减少 y_1，因为更大的收成减少了消费者从国外借款的需求(如我们在第 1 章的基本模型展示的一样)。相反，如果经济受到信贷约束(在"突然停止区域")，资本流动会是顺周期的。实际上，通过降低土地价格因而降低抵押品的价格，一个更低的 y_1 会导致外国借款减少(即资本外流)，从而放大冲击对消费的影响。③根据式(17.30)，我们可以用根据收成变化所得出的消

---

① 形式上看，我们实际上应该比较两个不同 y_1 值的经济体，但在这里，我们相当于在作一个比较静态分析。

② 金融放大现象也经常被称为"金融加速器"。我们更愿意用"放大"一词，因为"加速度"在物理上是指一个变量的二阶导数的增加，而这在"金融加速器"模型中是不会发生的。这一现象也经常与欧文·费雪(Irving Fisher, 1933)用以描述大萧条时期"债务紧缩"的术语有密切的关系，尽管长期的名义债务契约是固定的，但当一般价格水平的下降时，名义收入和价格还是会下降。

③ 这与 Kaminsky、Reinhart 和 Végh(2003)在文献中提供的资本流入具有顺周期性的记录是一致的。第 7 章提供了一个基于消费繁荣-萧条周期性循环的替代性解释。

费变化作为描述放大效应的因子：

$$\frac{\mathrm{d}c_1}{\mathrm{d}y_1}=\frac{1}{1+\phi y_2 u''(c_1)/[u'(c_1)]^2}>1$$

17.5 流动性在资产市场中的作用

我们在导言中认为，影子银行体系的发展以及诸如CDO之类的金融机构增加了基础(有时是实物)资产的流动性。为了捕捉这种过程对资产价格的影响和货币政策的可能作用，我们发展了一个由Calvo(2009)提出的模型。

考虑一个完全融入世界商品和资本市场，并在预先决定汇率体制下运作的小型开放经济。只有一种(不可储存但可贸易的)商品。假设外国商品的名义价格是1。在模型中货币因能产生流动性服务而能提供效用。

17.5.1 消费者

偏好由下式给出：

$$\int_0^\infty [u(c_t)+v(m_t+\eta_t p_t \ell_t)]e^{-\beta t}\,\mathrm{d}t \tag{17.31}$$

其中，c_t 是唯一(可贸易和不可储存的)商品的消费，并作为计价物表示；β 是贴现率；m_t 是有息的实际货币余额；ℓ_t 是土地价格；p_t 是用消费品衡量的土地相对价格；$\eta_t(\geqslant 0)$ 刻画了流动性程度或土地的“货币性”。①原则上，η_t 可以随时间变化。事实上，我们的实验主要就是描述一个完全预见均衡路径，在这个路径上，η_t 在开始时是高的，然后变低。

令总实际资产 a_t 由下式给出：

$$a_t \equiv b_t + p_t \ell_t + m_t$$

其中，b_t 代表净国外债券。生产(y_t)采用线性形式：

$$y_t=\rho \ell_t$$

这里，ρ 是一个正参数。消费者的流量预算约束可表示为：

$$\dot{a}_t = rb_t + (\rho+\dot{p}_t)\ell_t + \tau_t - c_t - (\varepsilon_t - i_t^m)m_t \tag{17.32}$$

其中，τ_t 是来自政府的一次性总转移支付，ε_t 是货币贬值率，i_t^m 是货币支付的利息。土地的经济回报由生产回报(ρ)加上土地的价格变化($\dot{p}_t$)组成。重新组合这一表达式，不断朝前积分，并施加适当的横截性条件，我们能得到消费者的生命周期约束：

$$a_0+\int_0^\infty [(\rho+\dot{p}_t - rp_t)\ell_t + \tau_t]e^{-rt}\,\mathrm{d}t = \int_0^\infty [c_t + (i_t - i_t^m)m_t]e^{-rt}\,\mathrm{d}t \tag{17.33}$$

① 我们将在 η 下面施加一个上限值，以确保土地在生产流动性服务时是被货币所支配的，这将确保土地存在一个定义明确的价格。

代表性的消费者在跨期约束式(17.33)的限制下通过选择$\{c_t, m_t, \ell_t\}$来最大化由式(17.31)给出的终身效用。相应的拉格朗日函数为：

$$\mathcal{L}=\int_0^{\infty}[u(c_t)+v(m_t+\eta_t p_t \ell_t)]e^{-\beta t}\mathrm{d}t$$
$$+\lambda\{a_0+\int_0^{\infty}[(\rho+\dot{p}_t-rp_t)\ell_t-c_t-(i_t-i_t^m)m_t+\tau_t]e^{-rt}\mathrm{d}t\}$$

像往常一样，假设$\beta=r$，一阶条件由下式给出：

$$u'(c_t)=\lambda \tag{17.34}$$

$$v'(m_t+\eta_t p_t \ell_t)=\lambda(i_t-i_t^m) \tag{17.35}$$

$$v'(m_t+\eta_t p_t \ell_t)\eta_t p_t+\lambda(\rho+\dot{p}_t-rp_t)=0 \tag{17.36}$$

一阶条件式(17.34)令人熟悉。一阶条件式(17.35)隐含地将流动性$(m_{t+}\eta_t p_t \ell_t)$定义为$\lambda$(因此是$c_t$)和$i_t-i_t^m$的函数：

$$m_t+\eta_t p_t \ell_t=L(\lambda(i_t-i_t^m)) \tag{17.37}$$

其中，L是$v'(\cdot)$的反函数。因此，对实际货币余额的需求由下式给出①

$$m_t=L(\lambda(i_t-i_t^m))-\eta_t p_t \ell_t \tag{17.38}$$

因此，实际货币需求与土地的流动性价值$(\eta_t p_t \ell_t)$成负相关。土地流动性价值的提高(即η_t或p_t的上升)将会减少货币需求。

要理解方程式(17.36)背后的机理，证明可以将它重写为下式：

$$\frac{v'(m_t+\eta_t p_t \ell_t)\eta_t p_t}{\lambda}+\rho+\dot{p}_t=rp_t \tag{17.39}$$

等式的左端刻画了持有土地的边际收益，它由两个部分组成：第一部分代表用消费衡量的直接边际收益，而第二部分$(\rho+\dot{p}_t)$是土地在金钱上的收益。等式的右端刻画了持有土地的机会成本(消费者可以使用p_t单位商品去购买债券而不是土地，并获得r的流动收益)。

17.5.2 政府

政府的流量预算约束给定为：

$$\dot{h}_t=rh_t+\dot{m}_t+(\varepsilon_t-i_t^m)m_t-\tau_t \tag{17.40}$$

其中，h_t代表政府的净外国资产。

---

① 注意，给定$u(\cdot)$、$v(\cdot)$、η_t和$i_t-i_t^m$，我们总能通过选择初始资产，以确保消费(以及因此产生的λ)使得$m_t>0$。

17.5.3 均衡条件

由于外国通货膨胀是零，利率平价理论要求：

$$i_t = r + \varepsilon_t \tag{17.41}$$

土地的全部存量固定为 $\bar{\ell}$，所以土地市场的均衡要求：

$$\ell_t = \bar{\ell} \tag{17.42}$$

结合由式(17.32)给出的消费者流量约束和由式(17.40)给出的政府流量约束，并使用式(17.42)，我们能得到经济的流量约束：

$$\dot{b}_t + \dot{h}_t = r(b_t + h_t) + \rho\bar{\ell} - c_t$$

不断朝前积分并施加适当的横截性条件，我们能获得经济的资源约束：

$$b_0 + h_0 + \frac{\rho\bar{\ell}}{r} = \int_0^{\infty} c_t e^{-rt}\,\mathrm{d}t \tag{17.43}$$

17.5.4 完全预见均衡路径

货币当局设定汇率路径和 i_t^m 的值。①假设货币贬值率和利率政策都不随时间而变化，分别等于 ε 和 i^m。那么，根据利率平价条件，由 $i = r + \varepsilon$。这意味着 $i_t - i_t^m$ 也将不随时间而变化，其值会固定在 $i - i^m$ 水平上。通过将式(17.35)代入式(17.36)中，我们可以推导出如下含 p_t 的微分方程：

$$\dot{p}_t = p_t[r - \eta_t(i - i^m)] - \rho \tag{17.44}$$

这是关于 p_t 的不稳定微分方程。②假设 η_t 随时间变化是恒定的(即对于 $t \geqslant 0$，$\eta_t = \eta$)。在一个静态的均衡中，p_t 的值由下式给出：

$$p = \frac{\rho}{r - \eta(i - i^m)}$$

为了简便起见，假设 $\rho = r$，我们有：

$$p = \frac{1}{1 - \frac{\eta}{r}(i - i^m)} \tag{17.45}$$

为了确保经济沿着收敛的均衡路径行进，p_0 必须保持平稳值。因此，沿着完全预见均

---

① 这种设定能被解释为消费者出于交易目的而持有由银行发行的生息活期存款，银行持有百分之百的现金储备，回报率为 i^m。参见 9.4 节和 16.3 节。

② 我们施加条件 $r - \eta_t(i - i^m) > 0$。当然，在标准的 $\eta_t = 0$ 的情形下这将总是成立的。

衡路径(PFEP)①,有:

$$p_t=\frac{1}{1-\frac{\eta}{r}(i-i^m)},\text{对于所有的 } t\geqslant 0 \tag{17.46}$$

一阶条件式(17.34)表明消费沿 PFEP 路径是不变的,保持在 c 的水平上。根据式(17.43)可以推出:

$$c=r(b_0+h_0)+\rho\bar{\ell} \qquad \text{对于所有的 } t\geqslant 0 \tag{17.47}$$

从式(17.35)中我们能推出沿着 PFEP 路径,$m_t+\eta p_t\ell_t$ 将是恒定的,用 x 来定义其固定的水平。给定式(17.42)以及在式(17.46)中推导出的 p_t 的不变值,沿着 PFEP 路径,m_t 也将保持不变,根据式(17.38),其值给定为:

$$m=L(\lambda(i-i^m))-\eta p\bar{\ell} \tag{17.48}$$

我们将在这个模型的背景下进行三个实验。

17.5.5 η 的增加

假设从刚刚描述的稳定均衡出发,η 发生一个未预料到的且永久性的增加。当然,经济体将立即调整到新的稳定均衡。我们从方程式(17.46)中可以推断 p 将会增加。根据式(17.47),消费水平将不会发生变化。由于 η 和 p 都增加,所以从方程式(17.48)可以看出,新的均衡中的实际货币余额将会更低。

p 上升背后机制是什么? η 上升增加了与土地相关的流动性,从而使得土地更有价值。因此,对土地的更高需求导致其相对价格的上涨。正如 Calvo(2009)所强调的,这个非常简单的实验可以说是 2008 年 9 月雷曼兄弟破产之前房价上涨的一个关键因素。新型工具(例如债务抵押债券或 CDO)增加了与土地或土地衍生工具相关的流动性。

17.5.6 i^m 的政策减免

现在让我们分析政策利率 i^m 的永久性变化。考虑 i^m 出现一个未预期到且永久性的下降。再次,经济体将立即调整到新的均衡。从方程式(17.46)可以看出,p 将会增加。如式(17.48)所示,实际货币余额将会下降。直观地说,i^m 的减少意味着持有实际货币余额 $(i-i^m)$ 的机会成本增加。结果,家庭会把资产从货币转向土地,这增加了土地的价格。这样简单的做法就表明了一个观念,即美联储的宽松货币政策可能会导致房价上涨,正如批评家所评论的那样(参见专栏 17.2)。

减少 i^m 的实验也可用于考虑美联储从 2008 年 12 月开始将联邦基金利率降至零的回

① 注意条件 $r-\eta(i-i^m)>0$ 确保了 p 是有限的。假如 $i^m=0$ 和 $i=r$,这一条件可简化为 $\eta<1$。假如,在 $\eta=1$ 的情形下,土地则将支配货币(同样的流动性服务加实际收益),并且土地的相对价格将是"无限的"。

应。在我们模型的背景下，我们可以捕捉到 η 的下降导致住房价格的下降。美联储——降低 i^m 的反应将是防止房价急剧下降的主要目的。

专栏 17.2 美联储该为房价泡沫负责吗？关于泰勒与格林斯潘间的争论

在 2009 年的一本书中，约翰·泰勒(John Taylor)指责美联储制定宽松的货币政策造成房价泡沫，最终导致 2008 年的金融危机。[a]泰勒用图 17.7 解释，如果美联储继续使用泰勒规则，政策利率不应该长时间内保持如此低的水平。泰勒认为，保持低利率有助于提高房价。如果美联储根据泰勒规则设定利率——图 17.7 中标记的反事实路径——可能会避免繁荣和随之而来的破产吗？

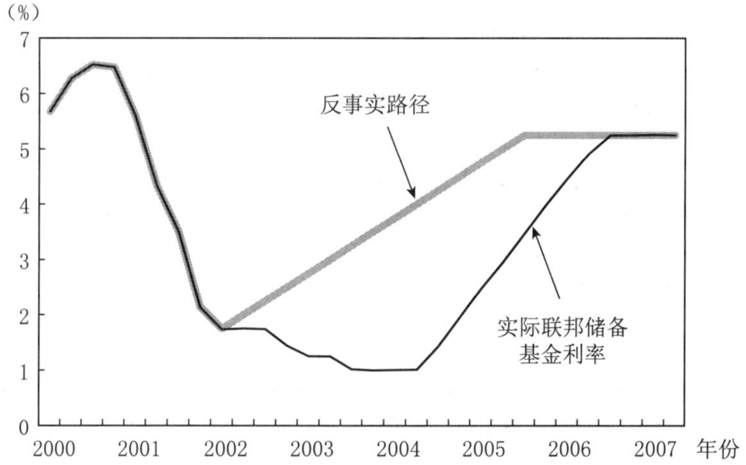

图 17.7 联邦基金利率：实际情形和反事实路径

资料来源：美联储委员会和 Taylor(2009)。

泰勒用 2007 年关于住房和货币政策的文章的结论来证明这点。泰勒认为，住房部门的繁荣主要是供给推动的。他估计了利率(即联邦基金利率)和房屋开工率的关系模型，然后使用这些系数来模拟如果是根据泰勒定律来确定利率将会发生什么结果。结果可以在图 17.8 中看到。基本上，正在建设的房屋数量并没有大幅增加，而且下降幅度会更加平缓。为了解释各国房价的高涨，泰勒认为，其他国家的央行基本上跟随美联储来设定本国的利率。因此，美联储采取的低利率政策也对其他国家的房价产生了影响。

格林斯潘(Greenspan)强烈反对泰勒的看法。[b]在一篇在《布鲁金斯经济活动》上撰写的论文中，格林斯潘认为房价主要取决于长期利率，不会受到货币政策的影响。他的观点——不是没有逻辑的——是房屋的价格主要由长期利率决定，联邦基金利率和长期市场利率之间的关系在 2002—2005 年间房价涨幅最大的时候是最为薄弱的。表 17.1 支持这一争论，从长远来看，联邦基金利率和抵押贷款利率之间的相关性一直很高，但 2002—2005 年间也相对较低。

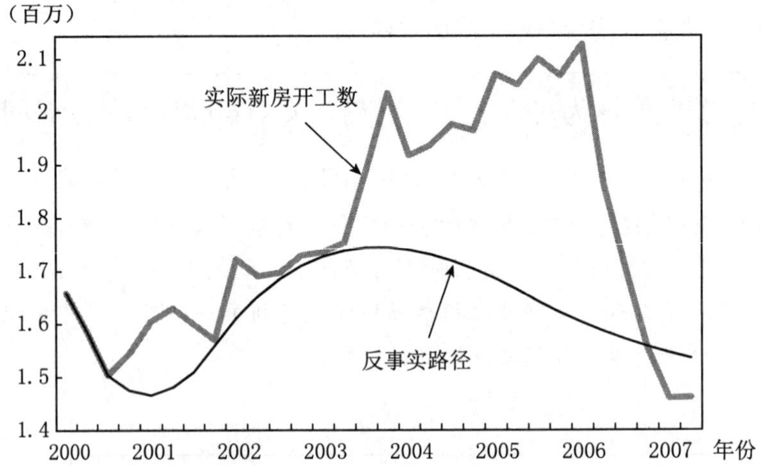

图 17.8 新房开工数:实际情形和反事实路径

资料来源:圣路易斯联邦储备银行(FRED)和 Taylor(2007)。

表 17.1 联邦基金利率和抵押贷款利率之间的相关性

1964 年 1 月—2010 年 6 月	0.86
1964 年 1 月—1999 年 12 月	0.84
2000 年 1 月—2010 年 6 月	0.76
2002 年 1 月—2005 年 12 月	0.02

资料来源:作者基于从联邦储备委员会和圣路易斯联邦储备银行获取的数据自行计算得出。

格林斯潘也认为,由于泰勒规则是为了确定适当的联邦基金利率来平衡失业与通胀的关系,它不能被用于资产定价(即房价)。他还解释说,泰勒规则规定的利率高于美联储所设定的利率是因为产品价格通胀是一种威胁。然而,在 2002—2005 年间,通胀仍然很低。因此,泰勒规则也未能提供正确的政策信号。

泰勒和格林斯潘可能都会同意的一点是,低利率是危机的主要决定因素。不过,格林斯潘认为,虽然长期利率偏低,但联邦基金利率却没有。格林斯潘认为,长期利率的下降是由于发展中国家的储蓄增加,特别是发达国家的投资下降所致。低利率导致过度杠杆,这被证明是不可持续的。

泰勒与格林斯潘间的争论对危机是否可以避免有重要的影响。泰勒认为,如果联邦基金利率上涨,泡沫就不会发生,而且危机将会避免。格林斯潘认为,政策制定者在理论上可能总是能通过设定足够高的利率来消除资产价格泡沫,但这样做的代价太高了。因此,格林斯潘认为防止泡沫是不可行的,最好的政策是学会一旦泡沫爆炸,如何减轻泡沫对通缩的影响。

在最近的一篇文章中,Glaeser、Gottlieb 和 Gyourko(2010)建立了一个模型来研究较低的实际利率和宽松的信贷多大程度上可以解释近期的房地产繁荣。他们发现利率只能解释在 1996—2010 年间价格上涨的五分之一。另外,作者发现批准率数据和首付款要求都不能解释大部分的房地产繁荣。他们推断 Case 和 Shiller(2003)的说法可能有一些道理，即推动房地产繁荣的原因就是买家对未来房价的过度乐观。然而，他们认为，除非我们能够理解非理性信念被创造和传播的过程，否则我们不能讨论不同的货币政策是否会导致不同的结果。

总而言之，对 2008 年金融危机的原因和政策影响目前还没有定论。有一件事是肯定的：在未来的 5—10 年中，将会出现成千上万研究这个话题的论文，这将有助于更好地了解危机的原因并从中吸取教训。

专栏注：

a. 约翰·泰勒(出生于 1946 年)是一位当前在斯坦福大学任职的美国学院派经济学家。"泰勒规则"是根据他的名字命名的。他热心于公共政策，在乔治·布什第一任总统任期内曾在财政部担任负责国际事务的副部长。

b. 艾伦·格林斯潘(出生于 1926 年)是一位美国经济学家，在 1987—2006 年间担任美联储主席。

17.5.7 资产价格的繁荣-萧条周期

我们的最后一个实验是计算一个 PFEP 路径，其中 η_t 一开始较高，然后降低(参见图 17.9a，政策制定者保持 i_t^m 固定在 i^m 水平不变)。从一阶条件式(17.34)中，我们知道沿着这样一个 PFEP 路径，消费是平滑的(图 17.9b)。为了排除无限的套利机会，我们不能在时点 T 上允许 p_t 发生离散跳跃。否则，如果预期在时间 T 上，p_t 将发生向上的离散跳跃，对土地的需求将是无限的。

基于式(17.45)，我们推断出 $\dot{p}_t=0$ 对应的轨迹将在时点 T 下降。由于 p_t 不能在时点 T 发生跳跃，这意味着 p_t 必须在 0 时刻开始下降，如图 17.9c 所示。有趣的是，地价在 η_t 实际下降之前已经开始下降了。

实际货币余额的时间路径遵循方程式(17.38)，使用均衡条件式(17.42)，这可以重写为：

$$m_t=L(\lambda(i_t-i^m))-\eta_t p_t\bar{\ell} \tag{17.49}$$

从这个方程式中可以得到两条信息。首先，在 $t=T$ 时，m_t 将随着 η_t 的下降而上升。第二，对于 $t\in[0,\ T)$ 有 $\dot{p}_t<0$，$\dot{m}_t>0$。因此，实际的货币余额遵循图 17.9d 所示的路径运行。

当然，我们假定政策制定者保持政策利率 i_t^m 不变。但是，有趣的是，决策者可能会降低 i_t^m，以维持 $\dot{p}_t=0$ 轨迹的恒定。这将完全消除资产价格周期！i_t^m 减少将导致更高的土地需求，完全符合由于 η_t 的下降导致的土地需求减少。图 17.10 说明了这种情况。

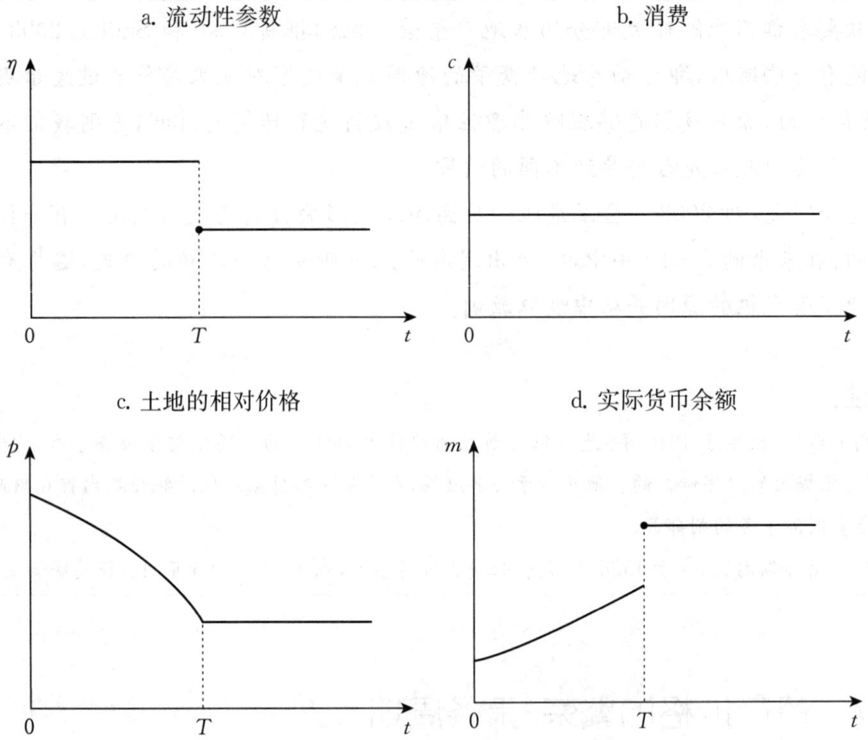

图 17.9 资产价格的繁荣-萧条周期

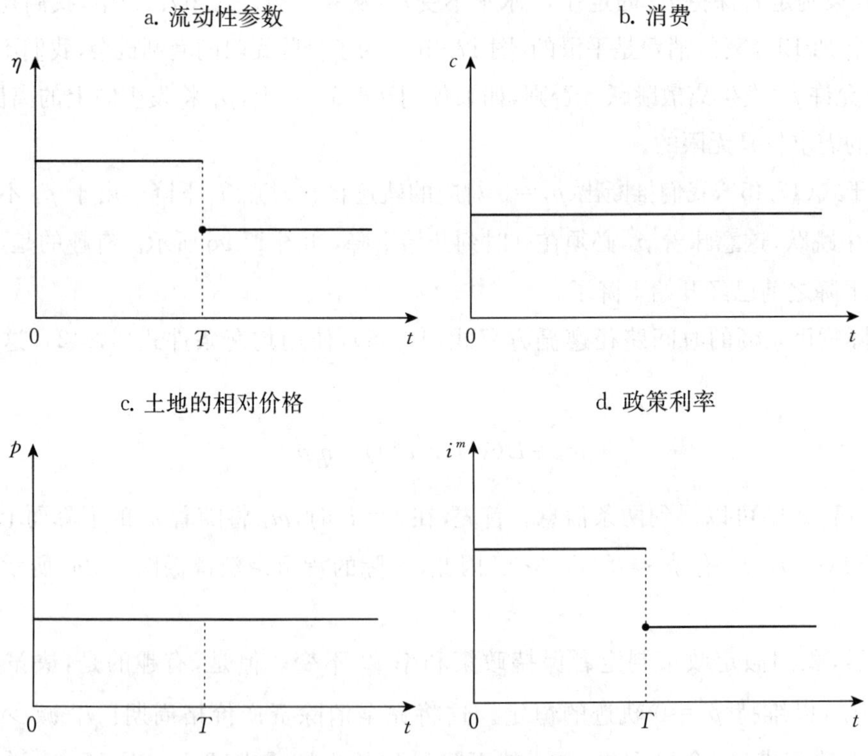

图 17.10 反周期货币政策

17.6 脱钩-再挂钩模型

正如专栏 17.3 所述，有证据表明，金融危机会伴随着脱钩-再挂钩的周期出现。本节发展了一个模型——由 Korinek、Roitman 和 Végh(2010)提出——它可以解释这一现象。

考虑一个两期经济模型，一个家庭用于消费和为生产供应资金，两个企业部门(以 X 和 Z 标记)从家庭融资并进行生产。家庭获取一个固定不变的禀赋收入 y。这种设定可以解释为(1)具有两个不同生产部门的封闭经济；(2)世界的家庭向两个或两组不同的国家 X 和 Z 提供资金的开放经济。正如后文将清楚阐释的那样，X 部门的负面冲击可能会正向或负向地向部门 Z 传递。因此，在封闭经济中，我们可以把其想象成美国，X 和 Z 部门可以分别视为房地产和制造业部门。在开放经济的解释中，我们可以将世界上的家庭看作是向美国(X 部门)和整个新兴市场(Z 部门)提供融资的普通贷款人。①

专栏 17.3　脱钩-再挂钩现象[a]

2008 年和 2009 年全球金融危机的触发因素是美国次级房地产行业的危机。[b]美

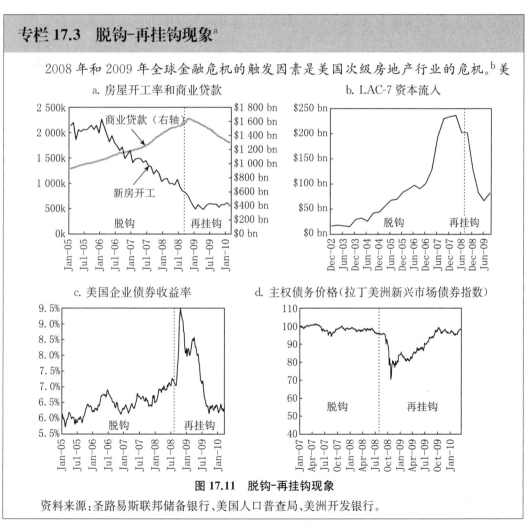

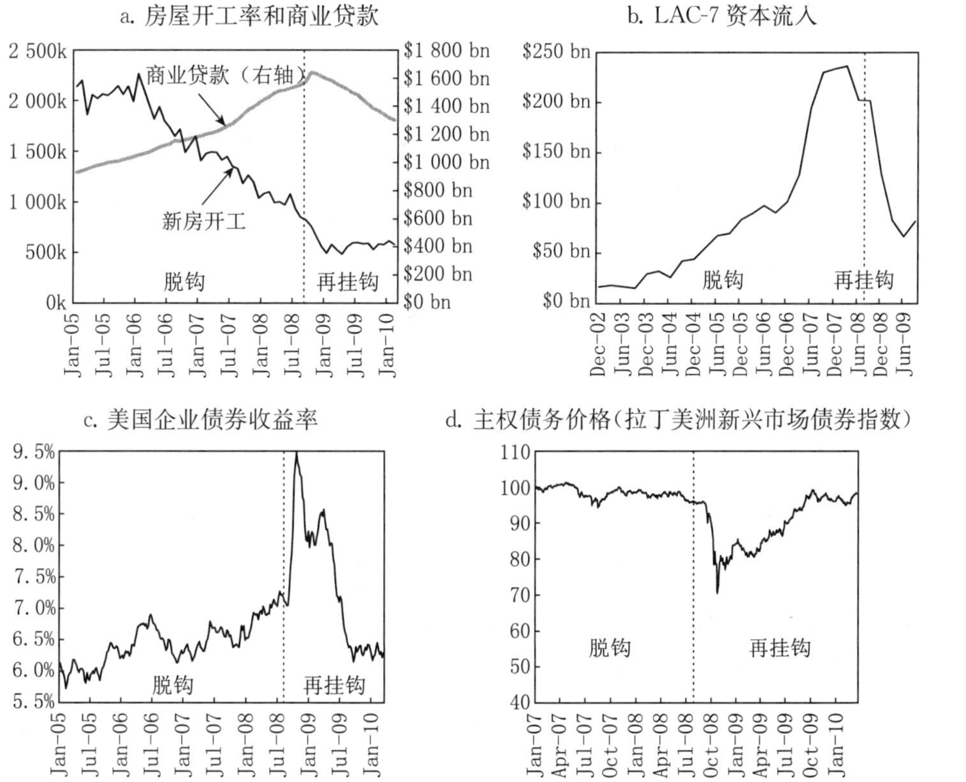

图 17.11　脱钩-再挂钩现象

资料来源：圣路易斯联邦储备银行、美国人口普查局、美洲开发银行。

① 参见 Kaminsky、Reinhart 和 Végh(2003)，该篇文献证据表明负面冲击的扩散事件通常涉及一个共同的贷款人。

国利率从 2004 年中期的 1%上涨至 2006 年的 5%,加上宽松的贷款标准导致一波抵押贷款违约,特别是次级贷款违约,造成房地产市场出现严重放缓。如图 17.11a 所示,房屋开工率在 2006 年初达到顶峰,此后大幅下降。

起初(直到 2008 年 5 月左右)次级部门的危机不会影响到美国或美国之外国家的经济,包括新兴市场国家。实际上,正如图 17.11a 所示,美国的商业贷款在此期间都持续强劲增长,如果有什么不同之处,那就是资本流入 LAC-7(在拉丁美洲最大经济体)的增长更快(图 17.11b)。在这一时期,企业效益和主权债券价格也保持相对稳定(图 17.11c 和 d)。这个"脱钩期"当时被认为是新兴国家在 21 世纪头十年追求的健全的宏观经济政策有效性的核验。甚至有人认为,世界经济将经受住美国经济出现显著放缓的考验,因为新兴市场将成为世界经济的"增长发动机"。不幸的是,这个"盲目乐观"的世界观——从 Izquierdo 和 Talvi(2009)借用来的术语——在 2008 年 5 月左右,特别是在"雷曼日"(2008 年 9 月 15 日)[c]之后就戛然而止。此时,危机不仅席卷了整个美国经济,而且像野火一样迅速地在全球传播开来。美国的公司债券收益猛涨(图 17.11c),而主权债券价格则大幅跳水(图 17.11d)。在新兴市场国家,货币和股市的价值也大幅下滑。

专栏注:

a. 本专栏的内容主要参考了 Korinek、Roitman 和 Végh(2010)。也参考了 Izquierdo 和 Talvi(2009)以及 Dooley 和 Hutchison(2009)。

b. 术语"次级"贷款(与主级贷款相对照)是指那些存在相当高违约风险的抵押贷款。这些贷款中的大部分是浮动利率的抵押贷款,并且出于分散风险的目的经常被捆绑在一起(即证券化)。

c. 盲目乐观观点,来自伏尔泰著名的小说《老实人》中天生乐观的邦格勒斯博士。

17.6.1 家庭

偏好给定如式(17.50):

$$U(c_1, c_2)=\log(c_1)+\beta\log(c_2) \tag{17.50}$$

其中,c_i, $i=1, 2$ 表示时期 i 的消费,$\beta(>0)$是折现因子。

第 1 期和第 2 期的家庭流量预算约束分别由下式给出:

$$b_2=(1+r_1)b_1+y-c_1 \tag{17.51}$$

$$0=(1+r_2)b_2+y-c_2 \tag{17.52}$$

其中,b_i 和 r_i, $i=1, 2$ 分别是从家庭流到企业家的资产(即贷款)和平均实际利率。$(1+r_1)b_1$ 项表示在第 1 期开始时企业家给家庭的回报。

家庭在视 r_1、r_2 和 b_1 为既定的条件下,并在受式(17.51)和式(17.52)的约束下,通过选择$\{c_1, c_2, b_2\}$来使由式(17.50)给出的终身效用最大化。相应的拉格朗日函数为：

$$\mathcal{L}=\log(c_1)+\beta\log(c_2)+\lambda_1[(1+r_1)b_1+y-c_1-b_2]$$
$$+\lambda_2[(1+r_2)b_2+y-c_2]$$

一阶条件由下式给出：

$$\frac{1}{c_1}=\lambda_1$$

$$\frac{\beta}{c_2}=\lambda_2$$

$$\lambda_1=\lambda_2(1+r_2)$$

结合这三个一阶条件，我们能得到欧拉方程：

$$\frac{c_2}{c_1}=\beta(1+r_2) \tag{17.53}$$

让我们推导出一些局部均衡的简化形式，这将有助于后续的分析。结合约束条件式(17.51)和式(17.52)，我们能得到家庭的终身预算约束：

$$c_1+\frac{c_2}{1+r_2}=(1+r_1)b_1+y+\frac{y}{1+r_2} \tag{17.54}$$

利用式(17.53)求解出 c_2，并代入式(17.54)中，我们能得到 c_1 的局部均衡简化表达式①：

$$c_1=\frac{1}{1+\beta}\left[(1+r_1)b_1+y+\frac{y}{1+r_2}\right]$$

因此，时期 1 消费是 r_2 的减函数。正如我们预期的那样，从式(17.51)可以推出，b_2(即对企业家的贷款)是 r_2 的增函数。正式地：

$$b_2=\tilde{b}_2(\underset{+}{r_2}) \tag{17.55}$$

请记住，这种向上倾斜的资金供给需要作为时期 1 的偿还。

17.6.2 企业家

每个企业部门都由一组连续的本质上相同且风险中立的企业家组成。每个部门的利润为 π^i，他们会在时期 2 末消费掉这个利润，效用函数是线性的②：

$$U^i=\beta\pi^i, \quad i=X, Z \tag{17.56}$$

① 在一般均衡中，r_2 将会内生地被决定。

② 注意，每个部门只消费它们自己的产品，因为唯一可贸易的产品是无风险债券。

令 d_1^i 为第 i 部门代表性企业家的初始债务，r_1^i 为相应的实际利率。[1]每个企业家进入时期 1 时有一个预先决定的债务 $(1+r_1^i)d_1^i$。两个时期的产出给定：

$$y_1^i = A_1^i F(k_1^i)$$

$$y_2^i = AF(k_2^i)$$

其中，A_1^i 是生产率参数，能在 $[0, \bar{A}]$ 区间取值，k_1^i 是一个预先决定的资本水平，在时期 1 结束时会完全贬值，$F(\cdot)$ 是规模收益递减的生产函数。请注意，我们假设在时期 2，在各个部门生产率参数是相同的。

这里会出现两种情况。如果产出足够偿还家庭，企业家会这样做并在时期 2 继续经营企业。如果生产不足以偿还家庭，企业家就破产，贷款人（即家庭）占有整个产出。那么，企业家的还款是由下式正式给出：

$$x_1^i = \min\{(1+r_1^i)d_1^i,\quad A_1^i F(k_1^i)\}$$

如果企业继续经营，那么在时期 2 的利润就给定为：

$$\pi^i = AF(k_2^i) - (1+r_2)d_2^i \tag{17.57}$$

这里，d_2^i 是企业家在时期 2 的借款。

企业家在时期 1 结束时的净值（n_1^i）由下式给出：

$$n_1^i = \max\{A_1^i F(k_1^i) - (1+r_1^i)d_1^i,\ 0\}$$

时期 2 的投资可以或者通过从资产净值或者借款来进行融资：

$$k_2^i = n_1^i + d_2^i \tag{17.58}$$

最后，我们假设有一个道德风险问题限制了部分企业家的借款。在时期 1 借款后，企业家有机会进行诈骗，允许他们隐藏他们在时期 2 的收入。债权人可以对此提起法律诉讼，但因为存在执行不完善，至多只能恢复 $[\alpha/(1+\alpha)] \in (0, 1)$ 部分的企业家的总资产。结果，债权人（即家庭）限制了他们向企业家的贷款：

$$d_2^i \leqslant \frac{\alpha}{1+\alpha} k_2^i$$

利用式(17.58)，我们可以将上式重写为：

$$d_2^i \leqslant \alpha n_1^i \tag{17.59}$$

我们现在准备设定企业家的最大化问题。给定线性偏好式(17.56)，对于一个给定的 n_1^i 值，企业家在式(17.58)和借款约束式(17.59)的限制下，通过选择 k_2^i 和 d_2^i 来最大化由式(17.57)给出的利润函数。通过从式(17.58)中求解出 k_2^i 并将其代入式(17.57)，我们可以把这个优化问题表达为通过选择 d_2^i 来最大化下式：

---

① 我们通过 i 来区分 r_1^i，因为——虽然这已经超出模型的范围——根据违约的概率，不同的部门会面对不同的实际利率。相反，我们假设在时期 2 没有违约，因此只有单一的实际利率。

$$\mathcal{L}=\beta[AF(n_1^i+d_2^i)-(1+r_2)d_2^i]-\phi^i(d_2^i-\alpha n_1^i)$$

其中，ϕ^i 是与约束式(17.59)相关的乘子。一阶条件由下式给出：

$$\beta AF'(n_1^i+d_2^i)=\beta(1+r_2)+\phi^i \tag{17.60}$$

如果借款约束是不紧的(即 $\phi^i=0$)，那么：

$$AF'(k_2^i)=1+r_2$$

这个熟悉的条件将 k_2^i 定义为仅仅是经济中实际利率 r_2 的函数：

$$k_2^i=\tilde{k}_2(r_2) \tag{17.61}$$

其中，$\tilde{k}_2(\cdot)$是函数 $F'(\cdot)$的反函数。在这种情况下，贷款需求可以从式(17.58)和式(17.61)中推出：

$$d_2^i=\tilde{k}_2(r_2)-n_1^i \tag{17.62}$$

为进一步参考，请注意，对于给定的 r_2，资产净值的减少会增加对贷款的需求。

在这种情况下，利润由下式给定：

$$\pi_{\text{unc}}^i=AF(\tilde{k}_2(r_2))-(1+r_2)[\tilde{k}_2(r_2)-n_1^i]$$

由此可得：

$$\frac{\partial\pi_{\text{unc}}^i}{\partial n_1^i}=1+r_2>0$$

$$\frac{\partial\pi_{\text{unc}}^i}{\partial r_2}=-[\tilde{k}_2(r_2)-n_1^i]<0$$

此处的最后一个表达式是根据包络定理推导出来的。利润随资产净值增加而增加，随实际利率的下降而增加(只要企业家是净借款人)。直观上看，更高的资产净值减少了借款需求，从而增加了利润。较高的实际利率增加了第 2 期偿还额，从而减少了利润。

如果借款约束是紧的(即如果 $\phi^i>0$)，那么，从式(17.60)可以看出，$AF'(n_1^i+d_2^i)\geqslant 1+r_2$。换句话说，资本的边际生产率超过了市场的实际利率，因为企业家不能借到他/她所希望的数额。由于借款约束是紧的，根据式(17.59)可知借款由下式给出：

$$d_2^i=\alpha n_1^i \tag{17.63}$$

然后，资本水平可以从式(17.58)和式(17.63)中推出：

$$k_2^i=(1+\alpha)n_1^i \tag{17.64}$$

现在，资本存量与实际利率无关，仅取决于企业的资产净值。将式(17.63)和式(17.64)代入式(17.57)可以得到：

$$\pi_{\text{cons}}^i=AF((1+\alpha)n_1^i)-\alpha(1+r_2)n_1^i$$

进一步可以推出在无约束条件下，有：

$$\frac{\partial \pi_{\text{cons}}^{i}}{\partial n_{1}^{i}}=AF'((1+\alpha)n_{1}^{i})(1+\alpha)-\alpha(1+r_{2})>0$$

$$\frac{\partial \pi_{\text{cons}}^{i}}{\partial r_{2}}=-\alpha n_{1}^{i}<0$$

这里的第一个表达式的符号是从如下事实中推出的，即 $AF'[(1+\alpha)n_1^i]>1+r_2$。直观地说，如果企业家是受到约束的，那么，净资产的增加可以让他/她借贷更多并赚取更多的利润，因为，资本的边际生产率是高于资金成本的。

17.6.3 均衡条件

贷款市场的均衡要求家庭提供的贷款等于企业家所进行的借款：

$$b_2=d_2^X+d_2^Z$$

17.6.4 无约束下的均衡

现在我们把经济中的均衡定义为 A_1^X 的函数，它可以在$[0, \bar{A}]$范围内变化。我们将假设部门 Z 始终是不受约束的。如果 X 部门的生产率足够高——即 $A_1^X \geqslant A_{\text{unc}}^X$——那么，$X$ 也是不受约束的，经济符合新古典主义理论。阈值 A_{unc}^X 由 A_1^X 的水平来确定，以至净值 n_1^X 就足以使借款约束式(17.59)保持成立，以作为最佳的资本水平：

$$(1+\alpha)n_1^X=\tilde{k}_2(r_2)$$

即使 A_1^X 的略微下降也不允许企业家借入投资最佳资本水平所需的金额。

r_2 是如何确定的？图 17.12 显示了贷款市场。来自家庭的贷款供给由式(17.55)给出，它是关于 r_2 的增函数。式(17.62)给出每个部门的贷款需求，因此，贷款的总需求是 r_2 的减函数。贷款需求视 n_1 为给定。供需交点(图 17.12 中的点 A)描述了 r_2 的均衡值。

在这个区域内，如果 A_1^X 有所下降，会发生什么？较低的 A_1^X 可以减少净值 n_1^X，这反过来会使贷款需求曲线向右移动(参见图 17.12)。新均衡点位于点 B，其中 r_2 变高。较高的 r_2 减少了部门 Z 的利润。部门 X 的利润也会下降，这一方面是因为 r_2 的增加，另一方面是由于 n_1^X 的下降。换句话说，在该区域内，冲击是被正向传递的(即一个对 X 部门的负向冲击意味着对 Z 部门会带来一个负向的结果)。

17.6.5 脱钩

假设 A_1^X 降到 A_{unc}^X 之下但仍高于 A_{fail}^X 的水平，一旦在 A_{fail}^X 水平之下，则 X 部门的企业家就会破产。

在这一区域，A_1^X 的下降与以往一样会减少净值(n_1^X)。净值的减少意味着对一个给定的 r_2，X 部门对贷款的需求会下降[回想方程式(17.63)]。然而，由于部门 Z 对贷款需求

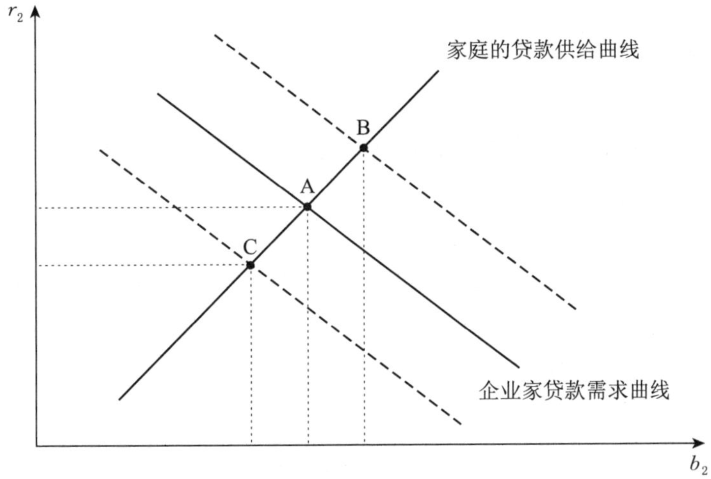

图 17.12　脱钩

继续由式(17.62)给出,因此是 r_2 的减函数,企业家贷款的总需求仍然是 r_2 的递减函数,在图 17.12 中表现为向左移动。新平衡点位于点 C,r_2 会更低。由于 r_2 下降而有助于利润有所增加的部门 Z。X 部门最终会受到损害。①因此,冲击是负向传递的(即有脱钩)。

17.6.6　再挂钩

如果 A_1^X 降到 A_{fail}^X 之下,X 部门会破产,家庭获得的总补偿为 $(1+r_1)d_1=(1+r_1^Z)d_1^Z+A_1^X F(k_1^X)$。当 A_1^X 下降,补偿也会减少,从而导致家庭更贫穷。贷款的供给会向左移动(参见图 17.13),这增加了均衡的 r_2 值(点 B),这对部门 Z 造成损害。因此,冲击是正向传递的(即有再挂钩)。

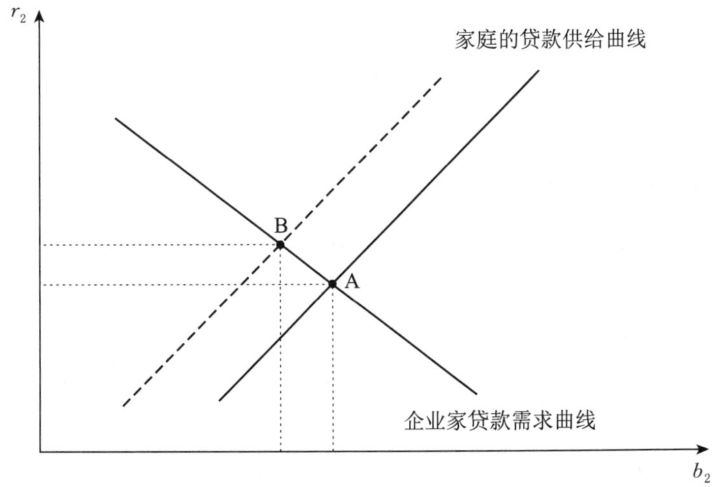

图 17.13　再挂钩

① 对 X 部门的福利有两种影响(一方面因为约束变紧而受到伤害,但另一方面也会因为利率变低而获得收益)。然而,正如 Korinek、Roitman 和 Végh(2010)所认为的那样,负向的影响将总是占据主导地位的。

17.6.7 例证

图 17.14 提供了脱钩—再挂钩周期的数值说明。①当我们从右向左移动时,A_1^X 的值会下降。在最右边的区域(无约束的),冲击是正向传递的。实际利率上升,这也降低了 Z 部门的利润。随着我们进入第二个区域(脱钩),A_1^X 的下降导致更低的实际利率,这增加了 Z 部门的利润。部门 X 的利润最终达到零。在最后一个区域(再挂钩)冲击会被正向的传递:实际利率上升,这降低了部门 Z 的利润。因此,该模型为专栏 17.3 中讨论的脱钩—再挂钩现象提供了一个合理的例子。②

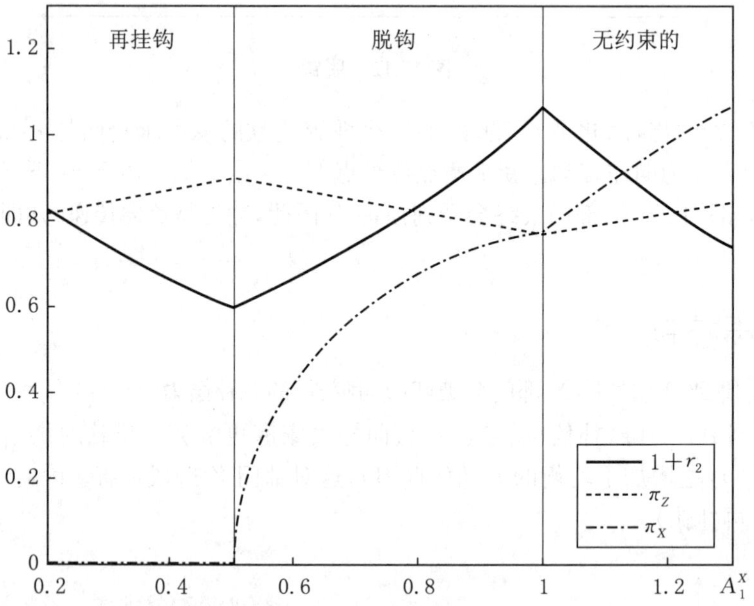

图 17.14 脱钩与再脱钩

17.7 双重危机模型

如专栏 17.4 所述,从 Kaminsky 和 Reinhart(1999)的贡献之后,所谓的双重危机(即同时发生国际收支和银行危机)一直是实证文献中的一个重要主题。本节发展了一个由 Velasco(1987)早期分析提出的有微观基础的模型版本,该模型提供了一个与双重危机现象相一致的理论叙事。③形式上而言,我们可以将这个模型看作是内生化了 16.4 节外生给

① 我们用 $F(k)=\sqrt{k}$ 以及如下参数值:$\alpha=0.5$, $y=0$, $A=1.2$, $A_1^Z=1$, $k_1^i=1$ 以及 $(1+r_1)b_1=0.5$。

② 严格来说,我们是在作比较静态分析。在现实中,脱钩—再挂钩现象本质上应该是动态的。要真正刻画这种动态特征,我们需要构建该经济体的多期版本,在这里对 A_1^X 的一系列冲击会逐渐地耗尽 X 部门的净值,逼迫它进入破产状态。这样的处理除了增加分析的复杂性以外并不能增加我们对这一问题的基本认识。

③ 也可以参考 Singh(2009),他通过资产价格建立了双重危机之间的关系,并证明在出现政府救援和通货膨胀风险时,危机可以自我加强。

定的财政支出水平。银行危机将迫使政府接管私人银行的外债，并为其提供服务。该债务偿还服务需要通过储备损失来进行融资，这最终将导致国际收支(BOP)危机。

考虑一个小型开放的经济。该经济中有三个行为人：消费者、银行和政府。该经济与世界商品和资本市场完全融为一体(除了下面提到的有银行抵押上限的以外)。一价定律成立且商品的国外价格被标准化为1。

作为介绍模型的指南，图17.15给出了将会出现的主要事件的时间表，当我们着手分析这个经济体中的不同行为人时这将会变得清楚。然而，在目前，它可能有助于读者记住故事中的三个关键时刻：(1)在时点0有一个产出冲击，这将导致银行随着时间的推移增加外债；(2)在时点 T_1 银行发生危机(定义为银行达到债务限额)，这会迫使政府接管银行的外债，并利用国际储备来补偿；(3)由于政府用尽了国际储备，在时点 T_2 国际收支危机会按照第16章介绍的方式发生。

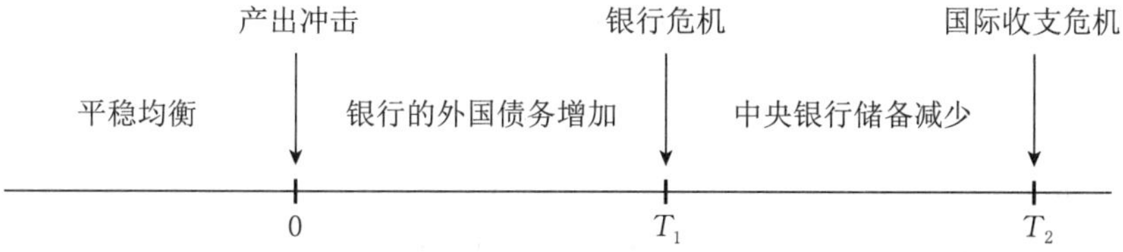

图 17.15　时间轴

17.7.1　消费者

消费者的偏好给定如下：

$$\int_0^{\infty}[u(c_t)+v(m_t)]e^{-\beta t}\,dt \tag{17.65}$$

其中，c_t 表示唯一可贸易商品的消费，m_t 表示用可贸易商品衡量的实际货币余额。真实的金融资产 a_t 包括外国债券(b_t)、国内银行存款(b_t^d)和实际货币余额：

$$a_t=b_t+b_t^d+m_t \tag{17.66}$$

消费者拥有一个初始产出流 y。我们假设只有在 $t=0$ 时点之前消费者能向银行出售他们的禀赋所有权，并得到实际国内存款 y/r 作为回报。因此：

$$b_0^d=y/r$$

进一步，银行承诺在这些存款上支付利率 r。因此，外国债券和国内债券在消费者的投资组合中是可以完全替代的。

消费者的流量约束为：

$$\dot{a}_t=ra_t+\psi_t-c_t-i_tm_t+\tau_t^h \tag{17.67}$$

其中，ψ_t 是来自银行(由家庭拥有)的分红，i_t 是名义利率，τ_t^h 是来自政府的一次性总转移支付。①进一步，在 $T_1>0$ 时，家庭可以从外国(例如，世界银行)得到一个到0时刻的折

① 正如我们在后面将证明的那样，在均衡时股息将为零。来自政府的转移支付直到时点 T_1 都会是正的，之后为零(参看后文的讨论)。

现值为 Ω^h 的转移支付。不断朝前积分流量约束式(17.67)并施加适当的横截性条件,我们可以得到消费者的终身约束:

$$a_0+\Omega^h+\int_0^{\infty}(\psi_t+\tau_t^h)e^{-rt}\mathrm{d}t=\int_0^{\infty}(c_t+i_tm_t)e^{-rt}\mathrm{d}t \tag{17.68}$$

对于一个给定的 a_0,消费者在式(17.68)的约束下,通过选择$\{c_t, m_t\}$来最大化式(17.65)。

熟悉的一阶条件由下式给出:

$$u'(c_t)=\lambda \tag{17.69}$$

$$v'(m_t)=\lambda i_t$$

结合这两个一阶条件得到了具有标准特征的实际货币需求函数:

$$m_t=L(c_t, i_t) \tag{17.70}$$

17.7.2 银行

银行持有对产出流的索取权(y/r)和净外国债券(f_t)作为资产。同时银行持有存款作为负债。因此,代表性银行的净资产(n_t)由下式给出:

$$n_t\equiv\frac{y}{r}+f_t-b_t^d \tag{17.71}$$

银行的流动预算约束给定为:

$$\dot{n}_t=rf_t+y-rb_t^d-\psi_t+\tau_t^b \tag{17.72}$$

其中,ψ_t 是支付给消费者的分红,τ_t^b 是来自政府的转移支付。[①]

我们将假设银行会面对一个如下的债务限制:

$$f_t\geqslant-\Psi$$

这里的 $\Psi>0$。根据定义,当银行的债务($-f_t$)达到债务限制 Ψ 时,我们会说出现"银行危机"。基本理念是债权人愿意向国内银行放贷,因为有隐含/明确的担保,但是当债务达到一定水平时,他们不愿意这样做,因为担心担保不会超出这个水平(正如下面将证明的以及图 17.15 所示,银行危机将在时点 T_1 发生)。

在 $t=0$ 之前,$\tau_t^b=0$,因为没有预期到银行危机。对于 $t<0$ 时,我们可以对流量约束式(17.72)进行积分,以得到:

$$n_{0^-}=\int_0^{\infty}\psi_te^{-rt}\mathrm{d}t$$

由于 $n_{0^-}=y/r+f_0-b_0^d$ 和 $y/r=b_0^d$,则(为了简单起见,假设 $f_0=0$):

① 正如在后文将清楚讨论的那样,万一银行危机发生,来自政府的转移支付将为正,并且政府需要接管银行的债务。

$$\int_0^{\infty} \psi_t e^{-rt} \mathrm{d}t = 0$$

因此，银行股息的净现值为零。

在 $t=0$ 时，发生了两个意料之外的事件，这些事件对银行的预算约束有影响。首先，银行从消费者那里购买的产出流量从 y 降到 y^L，有 $y>y^L$。其次，银行有资格从国际货币基金组织那里获得特遣援助，这只有在发生银行危机的情况下才能获得。正如下面将证明的，因为银行危机将在 $T_1>0$ 时刻发生，这将是救助资源可获得的日期。截止时间 T_1 的资金价值为 $(y-y^L)/r$。①因此，到时刻 0 由 Ω^b 表示的折现值是：

$$\Omega^b \equiv \left(\frac{y-y^L}{r}\right) e^{-rT_1} \tag{17.73}$$

为了得出 $t \geqslant 0$ 时银行的终身约束，我们将流量约束式(17.72)进行积分——并考虑到在 $t=T_1$ 时银行会从国际货币基金组织获得或有的救助——以获得：

$$\int_0^{\infty} \psi_t e^{-rt} \mathrm{d}t = n_0 + \Omega^b + \int_0^{\infty} \tau_t^b e^{-rt} \mathrm{d}t, \quad t \geqslant 0 \tag{17.74}$$

此处(回忆一下 $f_0=0$)：

$$n_0 = \frac{y^L}{r} - b_0^d$$

假定从政府那里获得的转移支付到时点 0 的折现值(参见附录 17.9)为：

$$\int_0^{\infty} \tau_t^b e^{-rt} \mathrm{d}t = \left(\frac{y-y^L}{r}\right)(1-e^{-rT_1}) \tag{17.75}$$

直觉上看，当时点 T_1 发生银行危机，银行不能再偿还债务时，政府接管银行的债务。上面的表达式只是从时点 T_1 开始的银行债务利息支付流的折现值(折现到 0 时刻)。

考虑进式(17.75)以及 $\Omega^b = \left[\frac{y-y^L}{r}\right] e^{-rT_1}$ 和 $y/r=b_0^d$，表达式(17.74)现在可以简化为：

$$\int_0^{\infty} \psi_t e^{-rt} \mathrm{d}t = 0$$

需要注意两个地方。首先，银行的设定只决定了股息的折现值，但是股息的特定时间路径是不确定的。因此，我们假定随着时间的推移银行支付不变的零股息，即：

$$\psi_t = 0 \tag{17.76}$$

其次，给定刚刚假设的分红政策，银行的行为完全是机械的，因为银行没有可供选择的变量。给定其初始外国资产 f_0，其合约责任 rb_t^d 及其分红政策，银行的流量约束决定了其净资产的变化。

① 产生这一特殊值的理由将在后文明确说明。

17.7.3 政府

政府的流量预算约束采用如下常用的形式：

$$\dot{h}_t = rh_t + \dot{m}_t + \varepsilon_t m_t - \tau_t^h - \tau_t^b \tag{17.77}$$

其中，h_t 表示国际储备，ε_t 是贬值率，$h_0>0$ 是给定的。

经济最初在固定汇率制度下运作。直到银行危机发生的 T_1 时，这个制度是可持续的。直到时点 T_1 为止，政府的国内信贷创造率为零(即与固定汇率一致)。固定汇率和恒定实际货币需求意味着 $\dot{m}_t=\varepsilon_t m_t=0$。对于 $0\leqslant t<T_1$，转移给银行的转移支付，τ_t^b 将为零(但正如下面会解释的，对于 $t\geqslant T_1$ 将为正)。因此，对于 $0\leqslant t<T_1$，政府的流量预算约束式(17.77)简化为：

$$\dot{h}_t = rh_t - \tau_t^h, \quad 0\leqslant t<T_1 \tag{17.78}$$

而且由于储备将是固定的且等于 h_0，所以我们有：

$$\tau_t^h = rh_0, \quad 0\leqslant t<T_1$$

对于 $t\geqslant T_1$，转移到家庭的支付被假定为是外生的且等于零。

在 T_1 时刻，银行危机将会发生，且 τ_t^b 将为正值，因为政府接管了银行并开始偿还它的外债。在时点 T_2，将发生国际收支危机(回忆一下图 17.15)，且储备已经耗尽。因此，从 $t=T_2$ 开始，政府的流量预算约束式(17.77)变为：

$$\tau_t^b = \varepsilon_t m_t, \quad t\geqslant T_2$$

换句话说，政府将从家庭收取通货膨胀税，并将这些资源转入银行以弥补他们的债务。

17.7.4 均衡条件

完全的资本流动意味着：

$$i_t = r + \varepsilon_t$$

我们现在来推导经济体的约束条件。结合消费者、银行和政府的流量约束——分别由式(17.67)、式(17.72)和式(17.77)给出——并考虑进式(17.66)和式(17.71)，我们能得到：

$$\dot{b}_t + \dot{f}_t + \dot{h}_t = r(b_t + f_t + h_t) + y - c_t \tag{17.79}$$

在时点 T_1，经济一方面从国际货币基金组织获得救助，另一方面从世界银行获得救助。国际货币基金组织援助 Ω^b(用时点 0 表示)给予银行，由式(17.73)给出。而世界银行将 Ω^h(用时点 0 表示)给予家庭，根据假设，将由下式给出：①

① 做出这样假设的理由是从技术上考虑的，因为这样允许私人消费在时点 0 仍旧保持不变，就整个故事而言并不是必要的。在没有这笔援助的情况下，同样的故事仍旧会发生，但模型会更难以求解，因为私人消费将在时点 0 就下降。

$$\Omega^h \equiv \left(\frac{y-y^L}{r}\right)(1-e^{-rT_1}) \tag{17.80}$$

由于经济体获得这些救助，我们需要推导 $t<0$ 和 $t\geqslant 0$ 两者的资源约束。对于 $t<0$，对式(17.79)进行积分，并施加适当的横截性条件，我们能得到：

$$b_0+h_0+\frac{y}{r}=\int_0^{\infty} c_t e^{-rt}\mathrm{d}t \tag{17.81}$$

对于 $t\geqslant 0$，对式(17.79)进行积分，并考虑到在 $t=T_1$ 时经济获得(以时点 0 表示)Ω^b 和 Ω^h 的援助，我们能得到：

$$b_0+h_0+\frac{y^L}{r}+\Omega^b+\Omega^h=\int_0^{\infty} c_t e^{-rt}\mathrm{d}t \tag{17.82}$$

将式(17.73)和式(17.80)代入上述表达式，我们能得到：

$$b_0+h_0+\frac{y}{r}=\int_0^{\infty} c_t e^{-rt}\mathrm{d}t \tag{17.83}$$

比较表达式(17.81)和式(17.83)可以看出，经济的资源约束在 $t=0$ 时不会发生变化。直观上看，银行和家庭收到的救助正好补偿了产出从 y/r 降到 y^L/r 的损失折现值。世界银行转移到家庭的部分补偿了经济在 0 到 T_1 之间的产出损失，而 IMF 向银行转移则补偿了经济从时点 T_1 开始的产出损失。

在该经济范围内，存在从政府(即中央银行)的转移支付和家庭向银行的转移。具体来说，政府在时点 T_1 接管银行，并负责在此之后的债务偿还，首先是利用国际储备，然后，从时点 T_2 开始使用通货膨胀税。当然，通货膨胀税是由家庭支付的，这相当于从家庭转移到银行。

17.7.5 平稳均衡

现在我们来刻画一个固定值为 ε_t 的 PFEP 路径。特别是我们将把这个经济体看作是实行固定汇率的(即 $\varepsilon_t=0$)。一阶条件式(17.69)告诉我们，沿着 PFEP 路径，c_t 将保持不变。像通常一样，资源约束式(17.81)可以帮助我们确定消费水平：

$$c=rb_0+rh_0+y \tag{17.84}$$

由于 $i_t=r$，实际货币需求——由式(17.70)给出的——随着时间的推移也保持恒定。

17.7.6 产出的永久性下降

假设在 $t=0$ 时之前，经济体处于上述描述的平稳均衡状态(参见图 17.15 以了解模型的时间轴)。在 $t=0$ 时，禀赋出现一个未预期到且永久性的减少(从 y 降到 y^L，$y>y^L$)，如图 17.16a 所示。消费在新的 PFEP 路径中将保持不变，因为经济的资源约束——现在由式(17.83)给出——仍旧保持不变，消费水平继续由式(17.84)给出，如图 17.16b 所示。

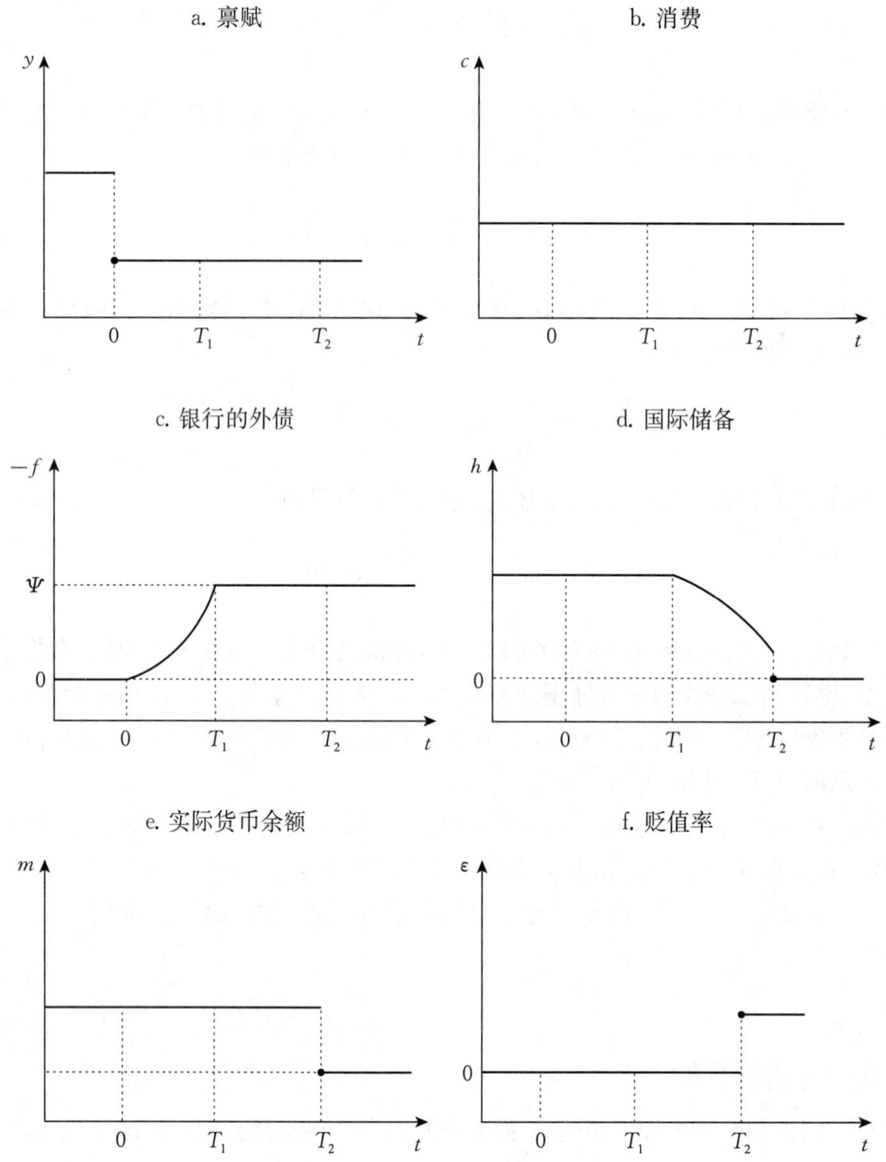

图 17.16 贝拉斯科模型中的双重危机

即使其资产价值已经下降到 y^L/r，银行也有合同义务支付其存款利息 $rb_0^d(=y)$。作为一个结果，银行开始积累债务。为了看清这一点，考虑式(17.71)，分红政策式(17.76)以及 $b_t^d=b_0^d$ 的事实，当 $0\leqslant t<T_1$ 时的式(17.72)重写为：

$$\dot{f}_t=rf_t+y^L-rb_0^d<0 \tag{17.85}$$

这是一个不稳定的微分方程。进一步，在 $t=0$ 时，方程式(17.85)变为：

$$\dot{f}_0=y^L-rb_0^d<0 \tag{17.86}$$

因此，在 $t=0$ 时，银行的净外国资产开始下降(即债务开始增加)，如图 17.16c 所示。由于债务增长的速度越来越快，它将在有限的时间内达到债务限额 Ψ。让我们用 T_1 表示银行达到债务限额的时间点。根据定义，我们将把这点称为银行危机，如图 17.15 中的时间轴所示。

国际储备在 $t=0$ 和 $t=T_1$ 之间会发生什么？当然，它们仍旧保持不变。实际货币需求继续保持在 $t=0$ 时之前的水平上，因为消费和名义利率都是相同的。

17.7.7 银行危机

如上所述，银行的债务在 $t=T_1$ 时达到债务上限，根据定义，这构成银行危机。我们假设政府接管银行，在时点 T_1 的资产负债表看起来像：

$\frac{y^L}{r}$	b_0^d
$\Omega^b e^{rT_1}$	$-f_{T_1}$
	n_{T_1}

其中，Ω^b 由式(17.73)给出。因为发生危机，现在可以使用或有救援基金。该救助基金将弥补银行资产 y^L/r 与其对存款人义务的折现值 $b_0^d=y/r$ 之间的缺口。换句话说，$y^L/r+\Omega^b e^{rT_1}=b_0^d$。据此，我们可以将银行的资产负债表重写为：

0	$-f_{T_1}$
	n_{T_1}

换句话说，银行的净值为负，等于 f_{T_1}。因此，通过接管银行，政府的净债务变成了：

$$-n_{T_1}=-f_{T_1}>0$$

政府因而接管了银行的全部外债。我们假设中央银行的国际储备不足以支付这笔债务：

$$0<h_0<-f_{T_1} \tag{17.87}$$

这使得政府别无选择只能诉诸印钞。从时点 T_1 开始，政府开始向银行转移其偿还债务所需的资源。在形式上，这个固定的转移水平由下式给出：

$$\tau^b=-rf_{T_1}, \quad t\geqslant T_1 \tag{17.88}$$

17.7.8 国际收支危机

从 $t=T_1$ 时刻开始，我们回到第 16 章分析的国际收支危机的世界。由于消费和名义利率都是不变的，实际货币需求也将是不变的。因此 $\dot{m}_t=0$，当然还有 $\varepsilon_t=0$。政府的流量约束式(17.77)因此简化为(回忆一下，对所有 $t\geqslant T_1$，有 $\tau_t^h=0$)

$$\dot{h}_t=rh_t-\tau^b \tag{17.89}$$

鉴于此，根据式(17.87)，储备不足以支付债务，即 $rhT_1-\tau^b<0$。因此，$\dot{h}_{T_1}<0$。进一

步，由于式(17.89)是一个不稳定的微分方程，可以推断储备水平在有限的时间内将达到零的下限。定义达到这一点的时间点为 T_2(参见图 17.15 中的时间轴)。在时点 T_2，政府会耗尽国际储备，因而需要放弃钉住汇率制度。

从 $t=T_2$ 开始，政府将需要通过通货膨胀税来为赤字进行融资。令 ε_{T2} 表示固定的贬值率。从政府的预算约束式(17.77)和式(17.88)可以推导出：

$$\varepsilon_{T_2} m_{T_2} = -r f_{T_1} \tag{17.90}$$

其中，m_{T_2} 由下式给定：

$$m_{T_2} = L(c,\ r+\varepsilon_{T_2}) \tag{17.91}$$

如果实际货币需求是无弹性的，方程式(17.90)有唯一的解，正如 16.4 节所讨论的那样。然后，我们可以用政府的跨期预算约束来求解 T_2。具体来说，将 $t \geqslant T_1$ 时的政府预算约束式(17.77)朝前积分可以得到：

$$\frac{\tau^b}{r} = h_0 + \frac{e^{-r(T_2-T_1)}}{r}\left[\varepsilon_{T_2} m_{T_2} - r(m_{T_1} - m_{T_2})\right] \tag{17.92}$$

这个表达式的左端表示，从 $t=T_1$ 开始，政府支出的折现值为 τ^b/r。表达式右端揭示了融资的来源：在时点 T_1 的国际储备存量，给定为 h_0，加上在时点 $t=T_2$ 时开始产生的通货膨胀税收入的折现值减去在 $t=T_2$ 将发生的国际储备的离散损失。①

从式(17.92)中求解 T_2，可以得到：

$$T_2 = T_1 + \frac{1}{r}\log\left[\frac{\varepsilon_{T_2} m_{T_2} - r(m_{T_1} - m_{T_2})}{\tau^b - r h_0}\right]$$

总而言之，这种模型为双重危机现象提供了一个合理的解释。在模型中——在数据中(参见专栏 17.4)也一样——银行危机先于国际收支危机。然而，危机的根源可以回溯到 $t=0$ 时的受到负向的产出冲击。理想情况下，消费者应该会对这种冲击作出永久性减少消费的决策。但是，由于存款担保，消费者不会内部化这种社会损失并使消费继续维持在冲击前的水平。银行资产的下降加上不变的债务，迫使银行继续负债并最终达到债务上限。政府对银行的接管反过来又为最终的国际收支危机埋下了种子。

专栏 17.4 双重危机

Kaminsky 和 Reinhart(1999)研究了银行与货币危机之间的相互作用，这一研究在该领域的贡献巨大。作者对 1970—1995 年间发达国家和发展中国家发生的事件进行了实证分析(1997 年东南亚金融危机除外)。[a]他们的目标是(1)对任何可能的因果模式进行推论；(2)确定围绕金融危机的共同宏观经济发展模式，以确定在什么点上它们是可预测的。表 17.2 显示了货币和银行危机的频率分布。

① 注意，因为对于 $0 \leqslant t < T_1$ 有 $\dot{h}_t = 0$，我们有 $h_{T_1} = h_0$。

表 17.2 危机数目

危机类型	危机数目					
	1970—1995 年		1970—1979 年		1980—1995 年	
	总数	年平均数	总数	年平均数	总数	年平均数
国际收支	76	2.92	26	2.6	50	3.13
双重危机	19	0.73	1	0.1	18	1.13
单一危机	57	2.19	25	2.5	32	2.00
银行	26	1.00	3	0.3	23	1.44

注：银行危机事件开始后 48 个月内的防处理危机被归类为双重危机。
资料来源：Kaminsky 和 Reinhart(1999)。

为了研究银行和货币危机的联系程度，作者首先计算了其样本中发生的任何一种危机的无条件概率。然后他们计算出不同的条件概率。这个想法是，例如，如果知道过去 24 个月内发生银行危机有助于预测货币危机，那么以银行危机为条件的货币危机的概率应该大于货币危机的无条件概率。

表 17.3 表明，知道银行危机的发生增加了货币危机爆发的可能性：货币危机的无条件概率为 29%，而以银行危机开始为前提的概率为 46%。此外，银行危机更可能发生在金融自由化之后，银行危机的高峰期通常会遭遇国际收支危机。

表 17.3 国际收支和银行危机的概率

国际收支危机概率		银行危机概率	
类　型	概率(%)	类　型	概率(%)
无条件	29	无条件	10
关于银行危机开始的条件	46	以国际收支危机为条件的银行危机爆发	8
关于银行危机达到顶峰的条件	22	以金融自由化为条件的银行危机爆发	14
		以国际收支危机为条件的银行危机顶峰	16

资料来源：Kaminsky 和 Reinhart(1999)。

根据论文的主要研究结果，卡明斯基(Kaminsky)和莱因哈特(Reinhart)证明双重危机是 20 世纪 80 年代和 90 年代的现象，而不是 20 世纪 70 年代金融市场被压制时的现象。他们能够识别的危机的一般时期如下：银行危机的出现一般早于货币危机，反过来，货币危机的出现又在银行业危机的顶峰时期之前。这里有一个恶性循环：金融部门的问题削弱了货币和贬值，这反而加剧了银行业现有的问题。但是，笔者谨慎指出，银行业危机不能被视为货币危机的直接原因。普遍存在的宏观经济基本面不断恶化，在一定程度上意味着首先发生的危机是一个环境问题。

这篇论文不仅导致了大量(理论和经验的)文献来进一步研究不同类型危机之间的相互作用(例如,Chang and Velasco 2001; Demirgüç-Kunt and Detragiache, 1998, 1999),也传播了"早期预警文献",其试图确定在危机之前出现异常行为的变量(例如,参见 Kaminsky, Lizondo and Reinhart, 1998)。

专栏注:

a. 货币危机用货币市场的波动指数来确定,这个指数含有汇率变化和储备变化的加权平均值。银行危机的开始是这样定义的:假如发生了"银行挤兑并导致关闭、合并或者被一个或多个金融机构公共部门接管(与委内瑞拉 1993 年发生的那样)",或者面对如下停止运营的情况,即"关闭、合并、接管或者一个重要金融机构(或者一组金融机构)的大规模政府援助,这标志着其他金融机构也会出现一系列相似结果的开始(如泰国 1996—1997 年那样)。"(更多细节,读者可以参见卡明斯基和莱因哈特的论文)

17.8 总结性评论

本章分析了金融危机的各个方面,主要是受到近期全球金融危机的启发。只要看一下非常简单的杠杆计算,我们看到如果杠杆比为 40,那么基准资产价格只要有 2.5(100/40)%的下降就足以完全消除金融机构的净值。然而,借款投资的动机是非常大的,因为杠杆越高,投资回报率就越高。然后,我们在一个简单的模型中分析了杠杆的根本决定因素并得出结论,所有其他条件不变时,杠杆效应越高,预期生产率越高,不确定性越低,风险回避程度越低。某种程度上这三个因素在进入新世纪的头十年确实存在,我们应该预期一个杠杆率更高的经济体。不用说,杠杆比率已经达到超出基本面可以解释的水平,特别是由于借贷的外部性以及其他不会被经济中的行为人内部化的系统性摩擦风险的存在,因此,我们可能需要采取纠正行为的政策。①另外,我们看到杠杆约束的存在,这可能取决于资产本身的价格,可以放大负面冲击的影响。

然后,我们分析了与实际资产(例如通过 CDO 和其他资产支持的证券)相关联的"流动性"如何可能导致更高的资产价格,从而导致危机本身。这种模式也对货币政策发挥了作用。在我们简单的世界中,在潜在破产时,政策利率的下降实际上可以防止资产价格的繁荣—萧条周期。

最近金融危机爆发出的另一个迷人的典型化事实就是脱钩—再挂钩现象。当次贷危机首次浮出水面时,美国的其他行业以及新兴市场经济国家继续表现强劲。但到了雷曼兄弟在 2008 年 9 月的倒台之后,危机就开始变得普遍。我们发展了一个可以解释这个现象的模型。首先,对该部门(国家)的负面冲击会导致信贷需求下降,进而导致实际利率下降,这对其他部门(国家)是有利的。然而,更大的冲击可能会导致部分受影响

① 例如,参看 Caballero 和 Krishnamurthy(2003), Lorenzoni(2008), Korinek(2009), Bianchi(2011)以及 Jeanne 和 Korinek(2010)。

的部门破产，对业主（家庭）的财富产生负面影响，并减少信贷供应，最终导致实际利率上升。

最后，我们提出了一个可以解释所谓双重危机背后动力（即同时发生银行和国际收支危机）的模型。在一个有存款保证的世界中，对银行资产的负面冲击迫使他们从外部借款以偿还国内存款。一旦达到债务限额，政府就接管并需要偿付外债。政府只能诉诸于印钞才能实现这一目的，这又为国际收支危机的爆发埋下了种子。

17.9 附录：双重危机模型下政府向银行的转移支付

在 17.7 节的模型中，假设时点 T_1 的利息支付的折现值等于时点 T_1 的银行债务。在时点 0 到 T_1 之间的银行债务的来源在于，银行需要向存款人支付 y，而只收到 y^L（$y^L < y$）的资源。截至时点 T_1 的银行债务形式上给定为：

$$f_{T_1} = e^{rT_1}\int_0^{T_1}(y - y^L)e^{-rt}\,\mathrm{d}t$$

这也可以表述为：

$$f_{T_1} = \left(\frac{y - y^L}{r}\right)(e^{rT_1} - 1)$$

因此，通过将该表达式的两端同时乘以 e^{-rT_1}，就可以获得时点 0 银行债务的折现值。等式右端的结果就是截至时点 0 政府向银行转移支付的折现值，正如方程式（17.75）所表述的那样。

习　题

1. （17.3 节模型中的最大化杠杆率）考虑 17.3 节中的模型。假设 $b_1 = 0$ 以及 $A_1 = A_2^L = 1$。证明当风险厌恶程度倾向于等于零时，杠杆率倾向于等于 $(1+r)/(1+r-A_2^L)$。
2. （17.4 节模型中另一种抵押约束）考虑 17.4 节中的模型。求解抵押约束采用如下形式情形下模型的解：

$$d \leqslant \phi \ell_2 p$$

结果会发生怎样的变化？
3. （17.4 节中模型的多重均衡）考虑 17.4 节中的模型。假设时期 1 效用是对数型的并且经济运行在受约束的均衡中。判断在什么条件下多重均衡会出现。

参考文献

Bianchi, Javier. 2011. Overborrowing and systemic externalities in the business cycle. *American Economic Review* 101(7):3400—3426.

Caballero, Ricardo, and Arvind Krishnamurthy. 2003. Excessive dollar debt: Financial development and underinsurance. *Journal of Finance* 58(2):867—894.

Calvo, Guillermo A. 2009. Financial crises and liquidity shocks: A bank-run perspective. Working Paper 15425. National Bureau of Economic Research, Cambridge, MA.

Case, Karl E., and Robert J. Shiller. 2003. Is there a bubble in the housing market? *Brookings Papers on Economic Activity* (Fall):299—342.

Chang, Roberto, and Andrés Velasco. 2001. A model of financial crises in emerging markets. *Quarterly Journal of Economics* 116(2):489—517.

Cochrane, John. 2009. Why did Paul Krugman get it so wrong? Unpublished manuscript. Chicago Business School.

Demirgüç-Kunt, Asli, and Enrica Detragiache. 1998. The determinants of banking crises in developing and developed countries. *IMF Staff Papers* 45(1):81—109.

Demirgüç-Kunt, Asli, and Enrica Detragiache. 1999. Financial liberalization and financial fragility. In Boris Pleskovic and Joseph Stiglitz, eds., *Annual World Bank Conference on Development Economics* 1998. Washington DC: World Bank. 303—331.

Dooley, Michael P., and Michael M. Hutchison. 2009. Transmission of the U. S. subprime crisis to emerging markets: Evidence on the decoupling-recoupling hypothesis. Working Paper 15120. National Bureau of Economic Research, Cambridge, MA.

Fisher, Irving. 1933. The debt-deflation theory of great depressions. *Econometrica* 1(4): 337—357.

Glaeser, Edward L., Joshua D. Gottlieb, and Joseph Gyourko. 2010. Can cheap credit explain the housing boom? Working Paper 16230. National Bureau of Economic Research, Cambridge, MA.

Greenspan, Alan. 2010. The crisis. *Brookings Papers on Economic Activity* (Spring): 201—246.

Izquierdo, Alejandro, and Ernesto Talvi. 2009. *Policy Trade-offs for Unprecedented Times*. Washington, DC: Inter-American Development Bank.

Jeanne, Olivier, and Anton Korinek. 2010. Excessive volatility in capital flows: A Pigouvian taxation perspective. *American Economic Review*, *Papers and Proceedings* 100 (2):403—470.

Kaminsky, Graciela L., and Carmen M. Reinhart. 1999. The twin crises: The causes of banking and balance-of-payments problems. *American Economic Review* 89(3): 473—500.

Kaminsky, Graciela L., Carmen M. Reinhart, and Carlos A. Végh. 2003. The unholy trinity of financial contagion. *Journal of Economic Perspectives* 17(4):51—74.

Kaminsky, Graciela, Saul Lizondo, and Carmen M. Reinhart. 1998. Leading indicators of currency crises. *IMF Staff Papers* 45(1):1—48.

Korinek, Anton. 2009. Excessive dollar borrowing in emerging markets: Amplification effects and macroeconomic externalities. Manuscript. University of Maryland.

Korinek, Anton, Agustin Roitman, and Carlos A. Végh. 2010. Decoupling and Recoupling. *American Economic Review, Papers and Proceedings* 100(2):393—397.

Krugman, Paul. 2009. How did economists get it so wrong? *New York Times Magazine*. September 2, 2009.

Lorenzoni, Guido. 2008. Inefficient credit booms. *Review of Economic Studies* 75(3): 809—833.

Singh, Rajesh. 2009. Asset prices and twin crises. *Journal of International Money and Finance* 28:26—55.

Taylor, John. 2007. Housing and monetary policy. Working Paper 13682. National Bureau of Economic Research, Cambridge, MA.

Taylor, John. 2009. *Getting off Track: How Government Actions and Interventions Caused, Prolonged, and Worsened the Financial Crisis*. Hoover Institution Press Publication 570. Stanford, CA: Hoover Institution Press. Stanford University. California.

Velasco, Andrés. 1987. Financial crises and balance of payments crises. *Journal of Development Economics* 27(1—2):263—283.

图书在版编目(CIP)数据

发展中国家的开放宏观经济学 /（乌拉圭）卡洛斯·A. 韦格著；何樟勇译. — 上海：格致出版社：上海人民出版社，2024.4
（当代经济学系列丛书 / 陈昕主编. 当代经济学教学参考书系）
ISBN 978-7-5432-3526-7

Ⅰ. ①发… Ⅱ. ①卡… ②何… Ⅲ. ①宏观经济学 Ⅳ. ①F015

中国国家版本馆 CIP 数据核字(2023)第 234051 号

责任编辑 唐彬源
封面设计 敬人设计工作室 吕敬人

发展中国家的开放宏观经济学
[乌拉圭]卡洛斯·A.韦格 著
何樟勇 译

出　版 格致出版社
上海三联书店
上海人民出版社
(201101 上海市闵行区号景路 159 弄 C 座)
发　行 上海人民出版社发行中心
印　刷 浙江临安曙光印务有限公司
开　本 787×1092 1/16
印　张 46.25
插　页 3
字　数 1,063,000
版　次 2024 年 4 月第 1 版
印　次 2024 年 4 月第 1 次印刷
ISBN 978-7-5432-3526-7/F·1552
定　价 198.00 元

Open Economy Macroeconomics in Developing Countries
By Carlos A. Végh

Published by the MIT Press

上海市版权局著作权合同登记号　图字　09-2014-701

当代经济学教学参考书系

发展中国家的开放宏观经济学/卡洛斯·A.韦格著
经济学中的主体基建模/琳恩·哈米尔等著
可计算一般均衡模型的基本原理与编程(第三版)/张欣著
金融学原理(第七版)/彭兴韵著
博弈与社会讲义(第二版)/张维迎著
微观经济学:原理和分析(第二版)/弗兰克·A.考威尔著
贸易理论与政策的数值模拟导论/约翰·吉尔伯特等著
经济增长(第二版)/罗伯特·J.巴罗等著
信息与激励经济学(第三版)/陈钊著
合作的微观经济学/何维·莫林著
不确定性与信息分析(第二版)/苏希尔·比克查恩达尼等著
博弈论教程/肯·宾默尔著
精通计量:从原因到结果的探寻之旅/乔舒亚·安格里斯特等著
开放经济的宏观经济学/马丁·乌里韦等著
宏观经济学(第四版)/查尔斯·I.琼斯著
货币经济学——理论、实践与政策(第二版)/田素华编著
博弈论与信息经济学/张维迎著
博弈论/迈克尔·马希勒等著
法和经济学(第六版)/罗伯特·考特等著
金融市场学/彭兴韵著
《微观经济学:现代观点》题库(第九版)/H.范里安等著
微观经济学:现代观点(第九版)/H.范里安著
《微观经济学:现代观点》练习册(第九版)/H.范里安等著
基本无害的计量经济学:实证研究者指南/乔舒亚·安格里斯特等著
组织经济学手册/罗伯特·吉本斯等主编
策略:博弈论导论/乔尔·沃森著
合同理论/帕特里克·博尔顿等著
经济理论中的最优化方法(第二版)/阿维纳什·K.迪克西特著
公共经济学/安东尼·B.阿特金森等著
公共经济学(第二版)/吉恩·希瑞克斯等著
公共经济学习题解答手册(第二版)/尼格尔·哈希 马沙德等著
金融经济学十讲(纪念版)/史树中著
宏观经济学数理模型基础(第二版)/王弟海著
货币理论与政策(第四版)/卡尔·瓦什著
鲁宾斯坦微观经济学讲义(第二版)/阿里尔·鲁宾斯坦著
机制设计理论/提尔曼·伯格斯著
经济增长导论(第三版)/查尔斯·I.琼斯等著

劳动经济学：不完全竞争市场的视角/提托·博埃里等著
衍生证券、金融市场和风险管理/罗伯特·A.加罗等著
劳动和人力资源经济学——经济体制与公共政策(第二版)/陆铭等著
国际贸易理论与政策讲义/理查德·庞弗雷特著
高级微观经济学教程/戴维·克雷普斯著
金融基础：投资组合决策和证券价格/尤金·法玛著
环境与自然资源经济学(第三版)/张帆等著
集聚经济学：城市、产业区位与全球化(第二版)/藤田昌久等著
经济数学引论/迪安·科尔贝等著
博弈论：经济管理互动策略/阿维亚德·海菲兹著
新制度经济学——一个交易费用分析范式/埃里克·弗鲁博顿等著
产业组织：市场和策略/保罗·贝拉弗雷姆等著
数量金融导论：数学工具箱/罗伯特·R.雷伊塔诺著
现代宏观经济学高级教程：分析与应用/马克斯·吉尔曼著
政府采购与规制中的激励理论/让·梯若尔等著
集体选择经济学/乔·B.史蒂文斯著
市场、博弈和策略行为/查尔斯·A.霍尔特著
公共政策导论/查尔斯·韦兰著
宏观经济学：现代原理/泰勒·考恩等著
微观经济学：现代原理/泰勒·考恩等著
微观经济理论与应用：数理分析(第二版)/杰弗里·M.佩洛夫著
国际经济学(第七版)/西奥·S.艾彻等著
新动态财政学/纳拉亚纳·R.科彻拉科塔著
全球视角的宏观经济学/杰弗里·萨克斯著
《微观经济学》学习指南(第三版)/周惠中著
《宏观经济学》学习指南/大卫·吉立特著
宏观经济理论/让-帕斯卡·贝纳西著
国际经济学(第五版)/詹姆斯·吉尔伯著
计量经济学(第三版)/詹姆斯·H.斯托克等著
微观经济学(第三版)/周惠中著
应用微观经济学读本/克莱格·M.纽马克编
理性的边界/赫伯特·金迪斯著
经济社会的起源(第十三版)/罗伯特·L.海尔布罗纳著
政治博弈论/诺兰·麦卡蒂等著
发展经济学/斯图亚特·R.林恩著
宏观经济学：现代观点/罗伯特·J.巴罗著
高级微观经济学/黄有光等著
货币、银行与经济(第六版)/托马斯·梅耶等著
全球市场中的企业与政府(第六版)/默里·L.韦登鲍姆著